国企管理系列丛书

主　编：季晓南　刘尚希　黄群慧
副主编：黄速建　王朝才　卢　俊
执行主编：孙明华

新国企·新动力·新增长

国企价值的重塑与再造

上册

经济管理出版社
ECONOMY & MANAGEMENT PUBLISHING HOUSE

图书在版编目（CIP）数据

国企价值的重塑与再造 / 季晓南，刘尚希，孙明华主编. —北京：经济管理出版社，2017. 8
ISBN 978-7-5096-5196-4

Ⅰ. ①国… Ⅱ. ①季… ②刘… ③孙… Ⅲ. ①国有企业—企业改革—研究—中国 Ⅳ. ① F279.241

中国版本图书馆 CIP 数据核字（2017）第 150368 号

组稿编辑：陈　力
责任编辑：杨国强　张巧梅
责任印刷：黄章平
责任校对：陈　颖　赵天宇

出版发行：经济管理出版社
　　　　　（北京市海淀区北蜂窝 8 号中雅大厦 A 座 11 层　100038）
网　　址：www.E-mp.com.cn
电　　话：（010）51915602
印　　刷：玉田县昊达印刷有限公司
经　　销：新华书店
开　　本：880mm×1230mm / 16
印　　张：34.5
字　　数：919 千字
版　　次：2017 年 8 月第 1 版　　2017 年 8 月第 1 次印刷
书　　号：ISBN 978-7-5096-5196-4
定　　价：992.00（上下册）

新国企·新动力·新增长
编委会名单

目 录

第三篇　优秀论文

目　录

综合运用"加减乘除"法，推进央企供给侧结构性改革（代序）

——国务院国有重点大型企业监事会主席季晓南
在"首届全国国企管理创新成果与优秀论文"发布仪式上的讲话

推进供给侧结构性改革，是我国适应国际金融危机发生后综合国力竞争新形势的主动选择，也是适应我国经济发展新常态的重大创新。

国有企业的改革和调整，是推进供给侧结构性改革的重要内容。习近平总书记在全国国企党建工作会上讲的国有企业发挥"六大力量"既是供给侧结构性改革的重要内容，也是重要推力，对于顺利推进供给侧结构性改革具有重要影响和重要意义。近年来，面对经济发展新常态和经济持续下行的压力，国有企业包括中央企业面临巨大压力和严峻挑战，特别是经济效益大幅下滑，据财政部的数据，2016 年 1~8 月，全国国有企业盈利收入呈现微增长。

同期，非国企主要是民企和外企，同样是面对国际金融危机以来的经济持续调整和经济下行压力，利润却有增长，这一升一降说明很大问题。国有企业 9 月份数据有所好转，值得关注，到底是短期性的、季节性的，还是开始出现拐点？

造成这种状况的原因有多方面，既有中央企业自身的原因，也有外部原因，既有主观原因也有客观原因，既有历史原因也有现实原因，对此要做客观分析和全面对待。

所以，2016 年 7 月 4 日召开了全国国有企业改革座谈会，习近平总书记给这个会议有个批示，他强调要按照创新协调、绿色开放、共享发展理念的要求，推进结构调整、创新发展、布局优化，使国有企业在结构性改革中发挥带头作用。

下面结合国资委的工作和部署，讲讲如何做好"加减乘除"，实际上是介绍内在逻辑关系，我们到底着重在结构上，还是体制上，抑或技术创新上，如何全面布局。概括起来说，就是要积极做好"加法"，主动做好"减法"，全力做好"乘法"，努力做好"除法"。

一、积极做好"加法"

主要是立足于关系国家安全和国民经济命脉的关键行业和重要领域，加快发展新技术、新产品、新业态，做强做大战略性新兴产业，积极培育增长新动力，拓展中央企业发展新空间，同时抓住有利时机进行全球布局。

李克强总理指出，新经济要蓬勃发展，老经济也要让它焕发生机。这里的"加法"是要做新经济，进一步精干主业，防范中央企业同质竞争、大而全的问题，这也是中央企业普遍存在的问题。据国资委的调查，我国经济行业20个门类，90个行业大类中，中央企业涉及19个门类，几乎覆盖所有经济行业。

推进中央企业积极做好"加法"，一是做好分类工作。国务院同意，根据不同中央企业在经济社会发展中的作用及需要，对中央企业进行分类，在此基础上，进一步深化分类考核、分类管理、分类监管的政策措施。同时，指导中央企业对下属企业的管理，清晰发展方向和重点领域，增强主业核心竞争力，提升运行效率，进一步发挥中央企业在国民经济中的骨干作用。

二是优化国有资本投向，要推动国有资本向国家安全、国民经济命脉重要行业和关键领域集中，向有核心竞争力的优势企业集中，投资的重点大多是新经济，包括智能制造、新一代核电、高铁、航空航天装备、新一代信息技术、新能源、新能源汽车、节能环保、海洋工程、生物制药等。这些领域的中央企业基础较好，也有人才储备，问题是如何通过深化改革，调动各方面创新的积极性，突破一些技术难关。为了加快国有资本的投向，8月18日，中国国有资本风险投资基金股份有限公司在京成立，该基金由中国储蓄银行、中国建设银行、深圳市投资控股有限公司共同出资设立，它既是风险投资基金，也是未来国有资本运营平台。

三是推进协同发展，加强国有企业之间的沟通交流，互相支持，产业链上下游企业要加强合作，互利共赢，同行企业要有序竞争，避免恶性竞争，顺应整体发展。

四是创新合作方式，通过业务整合、资产重组、股权合作、资产置换、战略联盟、联合开放等多形式、多渠道，推动协同发展。

二、主动做好"减法"

"减法"，主要针对的是推动中央企业兼并重组，积极盘活产量，稳妥化解产能过剩。

主动做好"减法"的措施包括压缩过剩产能，压缩管理层级和法人层级，加大重组整合力度。"加法"和"减法"投入精力和力度方面，加法相对少，这说明中央在新经济方面，在动能转换方面可能相对弱一点。

一是压缩过剩产能。6月29日，国资委专门召开中央企业化解钢铁、煤炭过剩产能工作会议，明确了化解钢铁、煤炭过剩产能的目标和任务，确定从2016年开始用5年时间压减钢铁、煤炭现有产能的15%左右，用两年时间压缩现有产能的10%左右。

二是加大僵尸企业处理。中央企业符合僵尸级标准的大中型企业约345个，还有不少的小企业。具体任务是用3年时间基本完成僵尸企业的处置任务，这里涉及大量的员工和债务的处理，任务很艰巨。

三是加快促进非主业低效资产剥离。比如，中石化、中石油的培训机构、疗养院、餐饮将近300家，前几年它们就想剥离，但因为背靠大树好乘凉，不愿意改革，所以目前改革的艰巨性、长期性还是有的。

四是压缩央企的管理层级和法人层级。李克强总理在国务院会议上明确提出，中央企业要瘦身健体。根据总理的指示，国资委进行了摸底，2015年底，34家中央企业管理超过5级，最多达到8级。2003年，国资委组建到今天13年了，我们的家底还没摸清楚。所以我们要求2~3年时间，把管理层级压缩到3~4级，法人单位减少20%，国资委选了2家企业作为压缩管理层级试点，力争三年以内，多数企业的管理层级压缩到3~4级。

五是剥离企业办社会职能，解决历史遗留问题。这项工作得到国务院及社会各界大力支持，在物业管理以及剥离社会职能、退休人员方面做了大量工作，但这方面任务还很艰巨。据统计，中央企业办社会职能的负担，年均要900多亿元，负担沉重。要把这个负担推到社会，而现在很多地方政府是以土地、房产收入为主，县、市级公务员发工资都有困难，它怎么把这些包袱背过去呢？但最终还是要有人埋单，这个问题最终还是要解决的。

7月13日，国资委、财政部共同召开移交工作会议，国资委也选择了央企，在两三个城市进行推进，开展中央企业办教育、办医疗的剥离改革，采取的措施包括分离移交、专业化运作等，方式多种，关键是资金筹措。

六是加大重组整合力度。这个社会比较关注，资本市场也很关注，往往企业一整合，股价就大涨。近期武钢、宝钢双双涨停，但它真正产生效益要有个过程，涨停属于炒概念性质。9月6日，国资委召开中央企业产业整合座谈会，提出进一步加大中央企业重组整合力度，推动同业和产业链上下游重组。

国企改革是个根本性体制创新问题，难度很大。改革的红利，我们希望能充分显示，但可能要慢慢分析、解决，快了、急了，不一定能达到。

三、全力做好"乘法"

主要措施是加大国有企业改革力度，全面推进体制机制、科技管理市场改革创新，加快在重要领域取得新成就。

"乘法"的内容比较多，比如，加大公司股份制改革力度，建立市场化选人用人机制，加强和改进国有资产监管机制，国资委自身进一步转变职能，大力推进技术创新等，虽然有难度，但目前"乘法"做得还不错，现在面临的主要问题是抓紧国有企业改革稳健体系的配套落地。

9月13日同时出台了14个专项改革意见，还有8个正在履行程序。各地结合实际，共制定出台改革文件394件。另外，国资委2016年开展了推行职业经理人制度、国有资本运营投资公司组建等10个方面的改革试点。

加大公司股份制改革力度，按要求2017年底前，中央企业集团层面全部完成公司制改革。国资委成立13年来，到2015年底，还有71%的企业是按《企业法》注册的。另外，积极探索中央企业集团层面股权多元化，稳妥发展数字经济。改革的动力从哪儿来？根本的动力是人的动力，你要满足他的需求，符合他的需要，然后通过市场化的动力，实现经济共赢。

建立市场化的选人用人机制，深化内部三项制度改革。现在的机制转化很难，我们的专家学者更多注重于体制，实际上对股份制来说，我们80%的资产进入了上市公司，中央企业380多家是国有控股；央企控股的全国1000多家企业，能上能下，能进能出，能高能低，这个问题不解决，国企市场竞争力难以提高。对于我们来讲，对产权结构不太关注，更关注的是有什么权，需要的员工留下来，不需要的就出去，想要的资产就买进来，不想要的就清除。

但是，要转换机制并不容易。国资委组建以来，中央文件出台十几年了，三项制度改革讲了新提法。考虑到我们目前干部体制，一种是完全市场化的，就是职业经理人；一种是原来的正式职工，过去叫国家干部；一种是过渡式的，就是董事会聘用，如果完不成考核任务，免去行政职位。

关于深化国有资产管理体制改革，开展了落实董事会职权试点，将21项权利授予试点公司。国有资产管理体制改革，大家记得最多的是组建投资运营模式，诚通、国新就是运营公司形式。

国有资产监管方面，集中监管企业占比超过90%，有些国企，不是能立刻改，还有一个过程。

目前已向 10 家中央企业委派了总会计师，不断加强外派监事会的地位和作用。

国资委自身也在进一步转变职能，已经取消了审批事项 20 项，宣布废止和失效的规范性文件 13 件。国资委内部机构也做了一些调整，9 月 13 日已经公开，其中有外部监管、出资人监管、监事会监管等。国资委今后要发挥和承担更多的监管职能，如果国有资本投资运营公司普遍建立，其权限会放到资本运营投资平台上。最近他们正在研究，初步框架已经形成。

四、努力做好"除法"

主要是推进中央企业进一步降本增效，提高运行质量效率，这里面包括深入推进降本增效，做好去杠杆工作，加强管理提升效率，健全全面风险管理体系。

第一是深入推进降本增效，2016~2017 年两年，国资委提出的目标，中央企业力争实现降本增效 1000 亿元以上，2016 年目标是 600 亿元，这些都已经落实了。

第二是做好中央企业去杠杆工作。国资委最近在中央企业开展专项管理工作，大力压减应收账款，力争在两年内使中央企业应收账款规模压缩 15% 以上。

第三是加快清理无效库存，力争在两年内库存压缩 8%。

第四是提高集团资金集中度，中央企业 2008 年以来杠杆率上升还是比较快的，这两年做了一些工作，在缓慢下降，但整体上升还是比较快。大家已经看出，利润是负增长，企业总资产还在整合，那么你的资金从哪儿来？你的融资从哪儿来？你的财富肯定增加了，所以要"三去一降一补"，中央去杠杆既是自身需要，也是推进整个供给侧结构性改革的重要内容。

第五是加大亏损企业专项治理力度。国资委专门针对部分效益下降幅度较大的中央企业，开展亏损专项治理，力争使特困企业亏损额每年下降 20%，亏损面缩减 50%。

第六是加强管理，提升效率。

第七是健全全面风险管理体系，我们前两年对中央企业进行了全面风险排查，每个企业都写了全面风险报告，但从 2008 年以来，暴露出了一大堆投资重大失误。

虽然这项工作量多面广，任务也很艰巨，但只要我们认真贯彻中央推进供给侧结构性改革总体部署，通过综合运用"加减乘除"法则，中央企业的活力、竞争力一定会有明显提高，质量效益一定会有明显改善，希望中央企业在 2016 年能扭转利润负增长，实现正增长，为我们实现中国梦、两个一百年做出新的贡献。

第一篇　权威论道

新经济与国有企业管理创新

中国企业管理研究会理事长、中国社会科学院工业经济研究所所长 黄群慧

一、国有企业管理创新的背景

国有企业管理创新，要考虑四个背景。

第一个背景是市场化。十八届三中全会以来，市场化的规划目标列出，这两年一直在推进中，出台了一系列政策。在这种改革推进过程中，我认为本质还是如何将中国特色社会主义和市场经济结合，并体现在国有企业中。改革30多年来，我们一直在探索社会主义和市场经济的结合点，尤其是在国有企业上。在这种市场化背景下，国企管理创新，包括发展治理结构，涵盖各种领域，都要创新。

第二个背景是工业化。一个国家的现代化就是工业化。现在我们是世界第二大经济体，但是我们拿得出手的管理模式还很少，或者几乎没有。20世纪80年代，日本成为世界经济总量第二的时候，有很多日本的管理方式引起了世界的注意。但迄今为止中国的管理模式还没有，有待各位企业家创新，也有待企业管理研究人员在企业家创新的基础之上进行总结。

第三个背景是国际化。习总书记提出了"一带一路"伟大构思，在国际化的大背景下，国有企业需要思考管理模式如何创新。

第四个大背景是信息化。不仅是国有企业，所有的企业都面临着这一背景。从2015年以来，经济形势下行压力比较大，但也可看到，在信息化的驱动下，有很多新的经济增长亮点。那么在新的经济趋势下，管理如何创新，也是国企应该关注的一个主题。

前面三个背景都是一些大的问题，从近几年来看，信息化驱动了中国的经济增长。经济增长主导力量中有一个亮点，我们叫新经济。李克强总理反复提新经济，但新经济在现在来看，经济下行压力比较大，2015年5.9%的工业增速是23年以来的最低增速，2016年9月变成一个正的增长，似乎从数字上好看了一些，但很多人担心无法持久，更寄希望于供给侧结构性改革能够发力。

二、供给侧结构性改革推行中存在的问题

供给侧结构性改革是2015年中央经济工作会议提出的方向，而且我们"十三五"都要朝这个方向努力。在现有的情况下，无论你刺激投资、刺激消费、刺激出口，对经济增速都很难发挥强烈的作用。以前投入1元钱也许能产生0.6~0.7元的GDP增长，现在最多能产生0.1~0.2元。也就是说，这种刺激已经没有意义，还是要从供给侧入手，增加劳动力的质量。这些质量来自于创新。也就是说，我们要改善经济的增长力，这是一个核心所在。

供给侧结构性改革从推行到现在已经取得了一些效果，包括企业成本下降等方面，有一定的效果。但是，我认为一些地方政府在推进供给侧结构性改革方面，可能对很多问题还没有理解到位。供

给侧结构性改革，其实是可以拆开的，供给侧反映的是问题所在，结构性反映的是原因，而改革是对策。就是说，一定要通过深化体系机制改革的方法，去解决结构性存在的一些根源问题，而通过结构性根源的化解，最后解决产能、库存、杠杆、成本、短板这一系列的问题，这是一个逻辑链条。

但这个逻辑链条在应用中出现了偏差。本来是要用深化体制改革、机制改革来解决结构性问题，但一些地方政府在推进过程中，将前面一步省掉了，直接由政府出手去解决结构性问题。如果不深化体制机制改革，而直接出手去调整结构，问题会很大，短时间内经济数字好看，但长期看可能问题会更多。

我认为，真正要搞好供给侧结构性改革，需处理好几个方面问题。

第一个要发挥市场机制和政府作用。现在来看，市场机制发挥作用不是太强，应该强化市场机制的作用。这意味着我们政府要出手，主要是针对深化体制机制改革，通过体制机制改革来解决结构调整，而不是由政府直接去调整结构。

第二个要处理好长期结构性的改革和短期供给侧问题的关系。讲"三去一降一补"，事实上，你把注意力盯在了短期改革，忽略了长期改革，短期内去库存、去产能会有些作用，但从长期看，根源问题没有解决。

第三个是一定要处理好整体改革和单项任务推进的关系。现在我们急切感觉到，"去库存"在一些领域走得太厉害了，房地产的去库存走得很快。我们原来目标是一二线城市房地产去库存，但现在三四线城市的问题还没有解决，反而一二线城市库存没了，导致短时间内房价上涨 50% 甚至更高，最后影响了"去产能"，并影响了"降成本"。国企，尤其是做实体经济的国有企业，通过这种降成本，包括税率降低以及金融利率的优惠，所降低的一点点成本，和房地产涨价带来的实质影响根本没法比。

所以，"三去一降一补"之间应该协调、协同。但一些地方觉得降成本不好做，去产能也不好做，而去库存好做，于是就专做去库存。现在地方政府热衷于去库存、补短板。所以还是要将整体改革和单项任务在推进中结合好。

供给侧结构性改革是技术创新，创新是核心。创新过程中，政府应该发挥什么作用？企业家是创新的核心主体，政府的作用是要创造一个生态，有利于创新的生态。

现在也有实证表明，凡是房地产涨得很高的城市，创新的投入都远远不足。前些年深圳涨得快，很多企业都要离开，所以二者之间一定要处理好。政府是创造一个很好的生态，而不是直接去干涉调整结构。

从房地产的变化可以看到，现实已经突破了我们一些想象，甚至有的政府打着"去库存"名义，打着供给侧结构性改革的旗号，最终结果可能是破坏了供给侧结构性改革。

三、真正的经济增长动力来自新经济

真正的经济增长动力来自哪里？是新经济。我们传统的产业，包括传统的产业环节、增长有问题，那么我们就需要一些新的经济，进行动能转换。

"新经济"这个词并不新，20 世纪 90 年代美国就在提，当时甚至美国认为新经济非常好。但是问题也来了，2000 年下半年泡沫产生了。我认为，原因在于，互联网技术只促进了信息技术和金融两个领域来主导新经济，而没有把它和制造业连在一起。仅仅靠信息技术的科技发明和金融，泡沫就会出现。

到了 2010 年之后，信息技术已经和制造业深刻结合在一起，新经济的真正价值呈现出来，它

表现出四个方面的特点。

第一个是形成了以物理技术、数字技术渗透的新一代高新技术，基本上构成了新经济的技术基础。现在我们正在提颠覆性技术，意味着这些技术一产生，会把以前所有的人才、产业、规则归零。现在提得最多的说法是"德国工业4.0"，日本又提了一个新词"社会5.0"。"德国工业4.0"非常有传播力，但仅仅停留在工业；日本从工业的作用对社会影响的角度提出"社会5.0"，认为这个更有穿透力，会超过4.0，认为将来是一个智慧社会，甚至是超智慧社会，要把智能制造贯穿整个产业的链条，随之带来整个社会的变革。

第二个是信息技术会改变经济运行效率，关键是数字。无论是机器人，还是智能制造，如果没有数据，那些都是死的机器。如果说以前的工业化的替代工具，仅仅替代了体力劳动，那么现在机器人要替代人的脑力劳动，其中关键是数据。大数据以及大数据流动性增加，是一个关键。新经济的动力来自于三方面，除了我们资本、劳动力之外，数据变成了一个新的要素，工业互联网的基础设施建设，以及大数据、云计算、互联网、物联网、智能终端等都要大量投资，也会推动经济增长。

第三个也是讨论最多的共享经济、网络协同、众包等。现在大家讨论出租车，这也是新的分工协作方式产生的变化。新的分工协作方式为什么会改变经济效率？经济学中说大规模的工业化生产，改变的是提高了规模经济效率，而新的分工这种商业模式，改变的是范围经济。由于信息技术突破，使数据的可获得性、流动性提高，大幅度降低了信息不对称。比如打车，通过网络，通过APP，就能确切知道谁需要谁不需要、汽车在哪里、消费者在哪里，信息不对称的程度降低了。不对称程度的降低解决了两个问题，一个是企业内部的生产可以品种多样，另一个是人与人之间、人与企业之间交易成本降低。两方面都解决了范围经济，一个是内部范围经济，另一个是外部范围经济，于是经济效率提升。

第四个是智能制造可以作为未来产业体系的先导。真正地通过数据，通过制造业，最后能够重新构造我们现代的产业，包括智慧农业、智慧城市、智慧交通、智慧电网等，塑造出全新的现代产业体系。而且智能制造本身不仅仅是一个企业内部的生产环节，从新材料、新工艺、新装备，到企业与企业之间的协作，以及产品到服务，其实是一个全生命周期的变化，最后发展到个性化的定制、智能化的生产、网络化的协同，给我们带来了制造业的全新革命性变革。

四、新经济下企业管理方向的变化

在这种新经济下，企业管理方向也会发生变化。

以前核心是规模经济主导，现在变为范围经济主导，即由生产力驱动的管理，现在变为消费者驱动的管理。在生产管理上，大规模流水生产的方式会被个性化的、智能化的制造方式取代。

人力资源管理以前是针对传统、简单的劳动力进行科学管理，现在是针对现代知识型员工的管理。

营销管理以前针对生产为中心的专业生产模式，即4TS，"我生产出来的产品我去定制、我去推销"，未来是以消费者为中心，需要4TS一体化，即"我不管谁生产、谁是制造商，只要我需要的东西，就要有一个企业一体化地给我拿出来"。这样，消费管理会有一个颠覆性的变化。平台战略要逐渐成为主导，即要打造一个能够让消费者、生产者、研发者合在一起都实用的管理平台。

同时，组织管理也会变化，原来是金字塔形的机械化管理，未来要结合网络进行有机管理模式。

所以，在新经济背景下，管理创新是我们一个主要的方向，也是国有企业面临的一项任务和挑战。如果能够在管理创新上有所突破，那么企业在市场化竞争中就会立于不败之地。

国企管理者的新使命

中国企业管理研究会副理事长、《国企管理》杂志总编辑　孙明华

10月10~11日，在全国国有企业党的建设工作会议上，习近平总书记发表重要讲话。总书记用"六大力量"对国有企业的重要作用进行了深刻阐述。国有企业要"成为党和国家最可信赖的依靠力量，成为坚决贯彻执行党中央决策部署的重要力量，成为贯彻新发展理念、全面深化改革的重要力量，成为实施'走出去'战略、'一带一路'建设等重大战略的重要力量，成为壮大综合国力、促进经济社会发展、保障和改善民生的重要力量，成为我们党赢得具有许多新的历史特点的伟大斗争胜利的重要力量"。

"六大力量"的新提法，是习总书记站在新的历史起点上，对国有企业提出的殷切希望，是对国有企业地位作用的最新表述。不仅指明了国有企业未来发展方向，还对国有企业领导人员作出了新的定位。

总书记强调："国有企业领导人员是党在经济领域的执政骨干，是治国理政复合型人才的重要来源，肩负着经营管理国有资产、实现保值增值的重要责任。"同时，总书记特别指出，要大力宣传优秀国有企业领导人员的先进事迹和突出贡献。

作为国务院国资委系统中唯一专注国资、国企管理的财经媒体，《国企管理》创设以来，一直致力于对优秀领导人员先进事迹的宣传，致力于对国企管理创新和改革发展先进经验的总结推广，不仅传播了国资国企好声音，做到了上情下达、下情上传，也对树立国企良好形象、改善舆论环境发挥了重要的、不可替代的作用。

面对新的使命、新的任务，《国企管理》有责任也有义务和大家一起，站在国际国内的新高度，以全新视角分析并推动解决国企改革中的一个个问题和难题，探索出切实可行的方法。

面对新的定位、新的方向，国有企业管理者必须思考如何变中求进，不断提高，才能适应新形势下的角色转变，思考如何将企业管理创新与自身角色转型完美结合，推动企业战略转型，保障国有企业做大做强做优。也正是基于这样一个认识，我将今天的题目定为"国企管理者的新使命"。

从政策储备年到框架调整年，国企改革和供给侧改革叠加发力，今年，乃至今后几年，国企改革的任务将更加务实与艰巨。国资监管内部结构调整，"三度空间"合并重组，处置落后产能和僵尸企业，多重任务叠加，都对国企管理提出了新的要求、新的使命，就是要打造新国企，激发新动力，创造新增长。

围绕"国企管理者的新使命"，本次年会设计了多个与之相关的论题，其中包括"国企价值的重塑与再造"、"国企改革如何促进供给侧改革"、"新国企需要怎样的企业领袖"、"下一个增长点在哪儿"等。这将是一场前所未有的思想碰撞和智慧激荡。

今天，官产学研齐聚，这是一场践行国企管理新使命、汇聚对策、凝聚智慧的思想盛宴。

国企改革中的重点和难点

国务院发展研究中心企业研究所原所长 陈小洪

今年的《政府工作报告》，关于国企改革的表述更具可实施性，不仅给出了目标、时间表，也确定了路线图和重点内容。进一步深化国企改革的信号已非常明确，如何在多项改革叠加发力中获得充足的内生动力，以改革促发展。

一、系统工程要抓重点和难点

国企改革发展就是要抓关键点、抓重点。国企改革是系统工程，但又必须抓住关键和重点，否则你没法推进，没法突破。

一是进一步做好改革，包括三方面。首先，企业制度改革，比如人员的内部市场化解决问题，比如产权自主解决问题，主要是投资者、债权人、经营者之间的关系以及不同投资者之间的关系，解决治理层面的决策体制架构问题，国企大多数是这样。所以国企的现代企业制度涉及很多方面的改革，产能改革也是必需的，因为它是顶层决策设计。其次，国资的监管体制要改，突出问题是企业的经营权责不够，比如劳动融资问题，它是在我们这个体制下形成的劳动融资体制。所以，现代企业是一种契约，国资体制本身的一些问题要改，这不仅仅是国资委的事，仅靠国资委难以解决这个问题。最后，要加强市场竞争的改革，因为国企有一部分处于寡头垄断的领域。它是一个系统，我们不要指望通过一件事情解决所有问题，把我们所能做的全部做完，不要依赖，不要等待。我们的管理要深化要改进，现在国资委很重视，我觉得从战略上要进一步明确，怎么做好自己的主业，砍掉不必要的东西，怎么跟新经济结合。

二是进一步改革管理体制。这种多层级的、内部利益关系复杂的管理层级，需要进一步改革。本来一个公司内部的利益关系就很复杂，现在内部层层分级就更复杂了，所以应该是整体的、分类的、有利于流动的。比如，现在国外大公司是扁平化，不是说中间没有管理层级，但它的信息是全面贯通的。大型企业从职能管理到流程管理，内部管理太复杂就没法搞。

三是管理思路授权不够，监督不到位。国外强调的是靠内部信息，事后检查为主。我们是什么都要批，什么都要审，没有内部授权，不管国家、社会还是市场的关系，要解决这个问题。从战略到管理架构，到管理的理念方式流程，都需要改。另外，我觉得创新也要更重视，推进技术创新、产品创新、商品创新、管理模式创新。我认为在改革、管理、创新问题上，我们国企有很多工作要做，而且应该去做。

二、解决好国企的经济问题

一定要解决好国企的经济问题。近期在理论学习中，讨论到市场经济下大企业的经济问题，这正好是我们国企遇到的问题。

经营者和主要员工不是资产所有者，现在大公司这些特点是明显的。当然，顶层高管可能还有一些激励股权。底下的股权激励一直不是很大，当然若有很好的奖励也一样。总的来说，这不是控制权，当然和股东控制权、控制股东的控制权不是一回事。

在这种情况下，委托人和代理人就非常重要。有两个方法，一是代理人变成股东，我2000年在美国做过调查，两权合一对大公司是不现实的。二是讲团队激励和合作，公司往往是个大型团队，如果市场没有压力，所有被激励的对象都会迎合委托人，我就跟着指标走，至于好坏我不管，因为它没有真正的市场动力和压力在里面。此外，动态合同激励也很重要，就是说未来的合同跟你现在的合同是有关系的，你现在的表现影响未来，这种合同更能发挥激励作用。

对这方面理解，现在国内是很片面的，我们如何解决这个问题呢？这就是企业制度比较关心的问题，后来用的一个基本办法就是要解决代理人的经济问题。顶层的代理人特别强调动力来进行监督管理，有利于解决整个团队的激励问题。

评价一个企业效益好不好，有几个概念，一个就是经济学上讲的，个人利益跟社会利益、企业利益是一致的，这是最佳的一种模式。还有一个模式，叫财政预算模式，它跟收入挂钩，跟效益挂钩，现在证明这两种是不可能一致的。怎么解决？就是授权给最主要的代理人，让他敢于在必要的情况下打破所谓预算平衡，给予贡献者奖励，一定要给代理人激励。

其实，代理人的激励和内部各层的激励都很重要。代理人是和股东签合同，底下的人是跟公司签合同，激励不是只有股权激励，还有高层的激励，实际就是最高层级的代理人激励，如果我们国企最高层级的代理人没有激励，只有底下的人有激励，这不是一个最好的激励模式。高层激励可以有两种，比如名誉激励，比如干部晋升激励，不过，大多数可能是选择市场化激励。

供给侧结构性改革的税收思考

中国国际税收研究会副秘书长 靳东升

企业的治理离不开税收，我从税收角度谈一下关于供给侧结构性改革中税收政策方面的一些思考。

一、税收角度的"去杠杆"

第一个是供给侧结构性改革的问题。为什么国家会提出供给侧结构性改革？原先我们说是三驾马车，投资、消费、出口拉动经济增长。但现在背景已经不同了，一是供给侧方面，供求不相适应。出现供求不相适应时，需求引导供给的作用没有充分发挥，供给释放需求的作用没有得到有效利用。二是消费结构向多样化、高端化、服务化的需求升级。原有的供给结构已不适应市场需求的变化，供给过剩与不足的矛盾并存。

第二个是供给侧结构性改革的主要目标。目标是推动经济保持中高速增长，迈向中高端水平，实现全面建成小康社会目标。通过经济结构改革，促进经济的进一步发展。

第三个是供给侧结构性改革的方法。一些方法是去产能、去库存、去杠杆、降成本、补短板。关于供给侧结构性改革中的"去杠杆"，是不是去掉货币政策和财政政策呢？我理解的去杠杆，对企业、对生产领域，其一是要减轻企业的行政负担，这是中国特色的一个问题，现在就采取了许多措施来减轻企业的行政负担。其二是要减轻企业的税收负担。实体经济所面临的这些问题，实际上都是长期积累下来的，需要政府采取措施去解决，这就是去杠杆。

二、结构性改革税收问题

供给侧结构性改革税收政策与供给学派税收政策有哪些异同？

一是产生的背景不同。供给学派面对的背景是西方国家的高通胀、低增长，需要解决经济"滞胀"的问题。我国进入经济新常态，经济非停滞，也非通胀，需要解决的是无效供给高、有效供给不足，低端供给过多、中高端供给不足，即供需结构失衡的问题。

二是目标要求不同。供给学派的目标要求是促进私有化、促进市场竞争、促进企业家精神的发挥、促进技术创新和智力资本投资。我国供给侧结构性改革的目标要求是从提高供给质量出发，用改革的办法推进结构调整，矫正要素配置扭曲，扩大有效供给，提高供给结构对需求变化的适应性和灵活性，提高全要素生产率，更好地满足广大人民群众的需要，促进经济社会持续健康发展。

三是最终目的不同。供给学派是新自由主义经济理论，归根结底追求的是全面市场化、自由化、私有化。我国供给侧结构性改革的根本目的是提高社会生产力水平，落实好以人民为中心的发展思想，是在适度扩大总需求的同时，着力提高供给体系的质量和效率，增强经济持续增长动力，推动社会生产力水平总体跃升。

我国供给侧结构性改革的税收政策与西方供给学派的税收政策既有相同之处，又有许多不同。

相同之处表现为：都是从供给方出发解决经济增长问题；都是把税收作为重要的工具调节经济活动；都是采取减税放权的手段达到目的。

不同之处表现为：

一是我国供给侧结构性改革的税收政策是有选择的、有增有减的结构性减税，体现了产业结构调整的目标；西方供给学派的税收政策是普遍实施的、不加区别的减税。

二是我国供给侧结构性改革的税收政策是以增值税为主，辅之以其他税种的配合；西方供给学派的税收政策是以所得税为主，所得税是唯一税收政策的调整工具。

三是我国供给侧结构性改革的税收政策更有直接性和针对性，西方供给学派的税收政策更具有间接性和盲目性。

四是我国供给侧结构性改革的税收政策是国家主导的有序行为，非中性特征；西方供给学派的税收政策是自由放任，中性税收为主。

五是我国供给侧结构性改革的税收政策是既要调整供给侧，同时也不放弃扩大需求；西方供给学派的税收政策是片面强调供给创造需求，供应学派和团体学派之间是对立的，片面强调供给创造需求，放弃了需求。

以上种种不同，决定了我国供给侧结构性改革税收政策的系统性、综合性和复杂性。

三、税制改革要适应供给侧结构性改革的思路

第一要稳定宏观税负。西方供给学派减税政策实施的结果并没有降低宏观税负，美国通过"扩大税基、降低税率"维持了宏观税负的总体稳定。我国面临的现实是宏观税负低，企业税负重，这是与我国处于转轨经济的发展阶段相一致的。我们必须在坚持稳定宏观税负的同时，清理各种收费基金，通过取缔乱收费，实施费改税（例如，环境保护的费改税），切实降低企业负担。

第二要巩固和完善"营改增"成果。2016年实施的全面"营改增"是实施供给侧结构性改革的重大举措。"营改增"的减税效果明显而且巨大。据报道，98%以上参加"营改增"的企业都不同程度分享了"营改增"的红利，2015年试点减税约2400亿元，全面实施"营改增"预计减税5000亿元。但是，完善增值税还有较大空间，需要进一步研究降低制造业增值税税率，甚至普遍降低增值税标准税率，还需简化增值税税制，优化纳税申报手续，尽快推动增值税立法，实现增值税的法定、规范和简化。

第三要深化所得税体系的改革。现行企业所得税已经比较规范，也与国际惯例基本接轨，但是，在世界性税制改革的影响下，各国的企业所得税税率不断降低，我国企业所得税25%的税率已经是比较高的水平，降低企业所得税的税率已经非常必要。同时，还要加大支持企业研发投入的力度，采取鼓励企业创新的税收政策。另外，企业所得税需要更加简单易懂，减少与会计口径的差别，降低复杂性。目前个人所得税工资薪金项目的边际税率达到45%，已经比较高了，形成了对劳动征重税的结果。应该适当降低个人所得税工资薪金项目的边际税率，同时增加个人所得税合理的扣除项目。

第四要加快资源税立法。2016年7月1日，在产品价格下降的形势下，资源税对开采资源是

有利的，它的成本会降低，这是配合我们结构性调整的重要手段。接着应以法律的形式把这个方式固定下来，建立一个稳定的挂钩。资源税在税制体系中属于典型的生产过程中征税，也是供给侧的重要税种。资源税在我国转变经济增长发展方式中具有重要作用。在贯彻结构性减税和供给侧改革中，资源税由从量定额征税改变为从价定率征税，直接与市场价格联系，同时，综合进行资源税费改革，规范政府收入行为，正是配合我国结构性调整的重要手段。

第五要改革财产税收。我国财产税收主要是房产税和城镇土地使用税。我国对居民持有居住房产免税，导致投资和投机房地产行为相当普遍，房屋需求无限扩张，而土地供应稀缺有限，最终造成产业结构扭曲，房价居高不下。加快房地产税立法，是挤出闲置房、增加房屋供给、实现抑制房价的重要手段。现阶段，改革财产税收，加快房地产税立法非常迫切和必要。

国企改革中的公司治理难点

天津财经大学校长　李维安

国企改革已经到了一个很关键的时刻，目前大部分公司都在"修改章程"，从这就可以看出企业有许多方面需要改革和完善。

一、正确理解国企改革问题

万科和宝能之争，让许多企业开始重视并修改企业章程，包括国企、上市公司及新兴的、网络型的、创业型的、高科技的公司。对国企来说，章程是根本性的，可到现在为止，法人定位还没有完全解决。

10月10~11日，全国国有企业党的建设工作会议召开，这也会引发修改企业章程的可能性，因为此次会议的精神就是两个"一以贯之"：一个是党对国企的领导一以贯之，一个是现代法人制度要一以贯之。

两个一以贯之好解决，但国企定位还需要继续明确，因为这是方向性问题，关系到我们接下来怎么做。举个例子，当年我做过一个课题，是央企董事会改革试点方案。一个公司的董事会代表着每一个股东的权益，而央企是百分之百国有控股，但它们的股东是不是多元化，那不是国资委说了算，所以才设董事会。同样，央企推行两个一以贯之，从治理上要讲政治。然而企业组织的治理属于经济治理，特别是企业属于营利性组织。因此，央企不能简单地当作意识形态组织。

在央企当中如何突出党的政治核心作用，以及在嵌入法人治理结构时如何体现政治要求，非常重要。所以，当时央企的董事会做改革试点，有的董事长就淡化双向进入交叉任职，有的不当党委书记，当副书记；有的董事长让退休的干部来当。希望发挥法人治理结构作用。

但这一次改革又提了两个核心，第一个是党组织的领导核心，第二个是政治核心，即党组织的作用和法人治理的结合。这样一来，变化就大了，因为我们原来叫政治核心方向把关，那么现在就是领导核心。

公司章程的反复修改、变化，使国企如何定位有很大的变数。比如说我们多年来在海外，总是淡化国企、央企的概念，不然的话我们就走不出去，"买什么都贵"。所以我们就淡化概念，只强调国企是一个上市公司。那么现在，国企的特色就是党的领导，党组织要进入法人治理结构。

当国企进行海外并购后，海外资产就成为国企的另一部分。所以这个章程的修改，包括它的落实，和国际化的衔接怎么做，出现了很多新的课题，包括国企的定义，我们都要有所考虑。国企往哪儿走，是偏重于经济，还是偏重于治理。作为企业管理者，都要学习领会，然后再做设计。

在这个背景下，国企改革应该纳入国家治理体系。从狭义的国家治理体系上看，它属于上层建筑。比如，这次党建工作会议，明确提出国有企业是国家治理体系的重要组成部分。这就是说，治理体系就是公司制。当前，国企改革到了关键时期，所有问题都涉及政府治理和其他治理改革的问题。政府治理有政府治理的逻辑，公司治理有公司治理的逻辑，社会治理有社会治理的逻辑。但现在把现代公司制度纳入国企，这是很大的课题。

二、供给侧改革与国企改革

越是难点就越是关键点。国企治理改革实际上取决于配套改革，比如说，现在允许高管持股，而将来再退股了怎么办？该如何考核党员干部呢？如果按企业管理来考核干部，就会带来一些新问题。政府治理、公司治理、社会治理这三类治理协同推进才行。

"三去一降一补"，包括去产能、调结构，属于政府治理。在这个问题上，国企首当其冲。因为国企当中，过剩的产业多。再从利润上、效益上看，国有控股企业降得最多。但我们现在又提出做强做大国企，一方面是去产能做减法，一方面又要做强做大，很难看懂。

做强做大国企，首先是战略要求，因为它属于全民所有制，我们有义务把它做好。改革开放前，国民经济百分之百属于供给侧，国企占据大多数，而到了前年，国企在工业企业中占的比重只有20%多。但是，不能说国企做小了。国民经济多元所有制的发展，使得国企的比重逐渐进入新的领域，这也是势在必行。

但是，在既要做大做强国企，又要去产能的情况下，怎么办？必须尊重国企，使其代表的国民经济要有控制力、影响力，只有保持国企的领先优势，才可以去产能。现在很多地方，特别是混合所有制企业，为了做大而混改。如果再这样下去，这一轮重组，又会成为过剩补贴的代名词。事实上，这个风险很大。

在这方面，政府治理与社会治理的配套，确实有所发展。举个例子，按照政府角色，现在负面清单给企业很宽松了，但为什么还不敢做？就是因为我们很大程度上，在负面清单管理上，只学了一半，另一半没有弄懂，很多就半途而废了。此次国务院颁发新规定，到2017年全部市场准入的领域，全部到负面清单里，但是加了一条，即新的商业模式、新的领域，要给予充足的制度供给，不要轻易列入负面清单。混合所有制改革，也应该导入负面清单，那些不能搞混合所有制的，现在却反而是先搞试点。

三、从万科事件看国企改革

做公司治理，为什么要做企业章程，它看似一张纸而已。举例说明，最近有个央企并购了另一家央企，它们要求重新做章程。这在很大程度上受到了万科事件的影响。显然，中国的治理不是靠文件推动，而是靠事件改动。这个事件，对我们有很大的启示。

第一，万科事件是一个真正的市场化并购。它使国企的并购，从演习过渡到实战。国企包括央企，很多重组并购，就是"文件直播"的过程，安排得天衣无缝，谁也不能有反对意见，这样怎么能看出敌我攻防？这次万科事件，就是"野蛮人进入"，让王石难以招架。这样一比较，如果外资进入，国企的漏洞会暴露更多。

第二，万科在管理与治理的关系上出现了问题。我们常说，"两手抓，两手都要硬"，也就是管理和治理都要抓。公司治理制度建设要有预见性，不能后来设置，当然过早的设置也不好。并购反映市场，在这两种关系中，如果没有治理机制也不行。就好比小偷可以随便上你家来，但你为了防贼装上防盗门，就会把门全锁死了，这样客人也进不来了，那就过度了。所以我们现在要防止另一个倾向，就是对于收购，国企的措施不要太过，那样的话就没有收购了。没有并购，市场就没有竞争了。

第三,万科的治理流程出现了问题。万科事件伊始,其最大股东华润也反目了。这就说明,万科不注意治理流程。彼时,万科和深圳地铁达成合作协议,作为第一大股东的华润提出开董事会商议,结果万科要求私下沟通,解释说按交易所的规定,可以不开董事会,但万科又以董事会的名义发布信息,这样一弄就和大股东"闹掰了"。

再来说外部监管的挑战。众所周知,监管部门其实不会出手,很大的原因,它要放点儿融资,不仅用于银行、保险、证券,所有的选择都时时会变动。银监会都是各自管一块,面对这种混合融资,还显得很分散。当然,这样带来的变化,证监会、保监会,特别是保监会一看都懂了,所以保险公司选择收购有了新规定,比如不能和非保险公司一齐合作。

另外,对于开放优先股、控制权的优先股也提出一个问题。像马云这种企业创始人,能不能开放,谁又有最终的控制权,这些问题都要提到议事日程上来。通过公司治理,在本源上又有了认识。有的人提出来,资本决定一切,公司治理就是大股东说了算,把所有的内部董事免掉、把独立董事也免掉,这些都是过时的治理观念,因为大家知道,从市场竞争管理上说,以前那种"你死我活"早已变成和谐共赢的生态圈了。

这次的万科事件,对公司治理、对外资并购、对监管都提出了很好的启示和改进,国企不能停留在原先的老路上,要做到既有本源的定义,又有现代公司所具有的国际化、网络化。总而言之,国企改革任重道远。

最重要的在于观念的转变

中电建路桥集团有限公司董事长　汤　明

在企业转型的道路上，最重要的在于观念的转变。改革等于正确的理念加强有力的领导。人类在思考如何改进自身社会处境时，常常受传统的既有观念的支配。冲不破思想的牢笼，摆不掉观念的束缚，企业转型发展只能是一句空谈。边界条件已变，决策因应市场而变。

一、中央企业的发展轨迹

中央企业的市场化进程从执行计划、命令的主体转化为自求生存的市场参与者，大量企业的重组、兼并、破产导致了中国的巨大震荡。1978 年以后的中国走上了一条不得不融入世界、不得不现代化的道路。与我们新生的国家一同成长的中央企业，同样经历了由"延安模式"、命令执行者到市场经济参与者转化的阵痛过程。随着中国逐步向理性的真正的市场经济国家回归，中央企业的转型轨迹为命令执行者→分配市场→寻找市场（早期）→创造市场→创造价值获得市场→国际合作（加入全球合作）。

中国已成为世界第二大经济体，与之相适应的世界一流大型企业集团呼之欲出。当前全球发展的历史进程必然选定大型中央企业担当此使命。然而令人担忧的是，从中国央企成长壮大的过程看，基本上是因局部垄断而大，因中国市场巨大而大，因权力的重组而大，因政策倾斜而大，处于大而不强、量大而质不高的状态。当然，中央企业除了具有得天独厚的优势外，也存在其先天不足。

第一，正如亚里士多德所言"最多人拥有的东西，最少人关心"，很容易形成公权私有化，只关注自身或自身小群体利益，而忽视企业利益，造成的是真正的所有者缺位和搭便车现象。

第二，中央企业从计划经济而来，计划经济时代企业的本质是任务的执行者，所以央企中一直存在着"不惜一切代价拿下山头"的战争思维的经营模式，对成本的控制基本上处于粗放型经营阶段。中央企业从计划经济的条块分割而来，各部委、各行业都有其自身的行业标准和评价体系，使得所有的中央企业跨领域的合作存在很多的行业壁垒。

第三，大量潜水艇似的人存在，这些人经常处于不吃亏的临界点，有名有利的时候浮起来，有责任和风险的时候沉下去，更有甚者像啄木鸟似的依附和栖身于企业这棵大树上，让企业为其提供水分、阳光、食物，稍不如意就会啄伤企业的筋骨。中国企业家大多数时间都在官场和内斗中对冲，真正思考企业的时间和精力却少之又少。

第四，受中国传统官本位影响，中央企业领导人的价值取向往往最终归依到官场，"身在曹营心在汉"、"人在商场，心在官场"，把做企业作为从政的路径和台阶，缺少将做企业视为安身立命之本的价值取向。

第五，中央企业领导人任期的客观实际造成了其永远是跑接力棒，都希望自己春天的花是最美的，大家都只注重眼前的业绩，缺乏经营百年老店的长远战略和深谋远虑。在一定程度上，中央企业的经营权比产权更重要。

第六，中央企业没有试错机制。任何创新与发展都允许试错，但是央企不允许试错。中央企业的工作既要开拓创新，又要保守稳健；既要激情，又要理性。中央企业领导人本应该扮演具有开拓创新精神的企业家角色，应该思考"如何做正确的事"，但在"不出差错即是成功"的思想指导下，他们只能与政府官员一样，思考"如何正确地做事"。

二、企业转型六大规律

企业是人类真正"以利相聚"、"为生存而生"的经济组织。如果说国家是以血腥和暴力划定界线，而企业的边界则由自己的综合能力划定。

企业竞争有三个层面。第一是物质层面。物质层面实质上是资源组合方式的竞争。它是由实物、资本、信息、人力资源、知识、关系、角色使命七大要素组成，其中知识、资本、人才是这个层面上最核心的要素。第二是制度层面。制度层面首先取决于对国家制度、国际规则的尊重，内部制度优的企业总是能够在市场竞争中胜出。一个企业要生存下去，一定要靠制度吸引人、留住人、培育人、激励人，让人高产，让人的成就感和幸福感最大化。第三是企业之间竞争的本质是企业家思想力的竞争。这个层面的竞争才真正决定了一个企业是不是能够胜出。企业家最大的能力是在信息不对称和未来不确定情况下的判断和决策能力。

改革转型要成功，必须遵循六大定律：第一，改革实际是利益的重新分配和生产力的重新创造。改革必须以不损害人的既得利益为前提，因此，在市场上自己活得很好，而让其他同类企业走投无路的企业，必然不可能得到可持续发展。第二，改革必须是既得利益阶层领导、参与使之获得超越既有的物质和精神收益方能成功。第三，改革是第一领导者与全体管理阶层共同行动才能成功，切忌叶公好龙、画饼充饥。第四，改革需要实干家和实干精神，要有执行力强的人拿出切实可行的方案，切忌纸上谈兵。第五，成功是失败之父。在企业转型的道路上，最重要的还在于观念的转变。改革等于正确的理念加强有力的领导。失败是成功之母，但是从另外一个角度而言，成功也是失败之父，太成功就会形成路径依赖，就会造成思想的僵化和单一。冲不破思想的牢笼，摆不掉观念的束缚，企业转型发展只能是一句空谈。第六，企业改革转型的过程永远是目的、手段和道德伦理的博弈过程，大企业永远不应该忘记对正当性的追求。

三、中央企业的定位及走向

中央企业没有必要通过改变自己的"基因"变为完全西方标准的企业，且西方标准也不是市场经济唯一的模式，中央企业完全可以在保留本国和本民族特色的基础上成为市场经济中一道亮丽的风景线。

中国中央企业最根本的特色，就是其承担的角色使命，正如季晓南先生所说，"中国央企在国家战略中扮演着两个重要的角色：一是对内弥补市场失灵，二是对外体现国家战略"。这体现了出资人的意志，构成了企业的生产要素，当企业运行和行使这一使命时就要支付成本，这是中国央企理论上的核心问题。

中国的问题由于其独特性，不能完全用西方经济学解释，中央企业也不可能复制和重走西方企业之路，完全的自由经济、绝对的公有制和凯恩斯主义所倡导的绝对国家干预都是不适合中国的。自由经济和国家干预之间应有一条黄金分割线。

　　中央企业与民营企业应该如何分工？中央企业与民营企业也要划分好各自的"生态领域"，这个"生态领域"的划分原则是：满足人的自然属性功能，由民营企业来提供；满足人的社会属性功能，由国有企业承担。国有企业应该多考虑公共产品和非盈利产品。

　　若按要素组合，中央企业应该更加注重研发和创新。作为中央企业，应像传统的木桶理论一样，关注每一个短板；民营企业应该充分发挥长板效应。中央企业与民营企业定位清晰、分工明确，各居产业链的不同位置，就能够有效避免中央企业与民营企业争利。

　　中央企业要坚持做高尖端产品，做公众不愿做的事，靠资本资源和知识资源做大事，将能力的提升聚焦在研发和创新方面，不与民营企业争利。中央企业要做产业标准的制定者、产业链上资源的组织者、市场秩序的维护者，同时也是市场经济道德的楷模，是人类经济生活方式的引领者。

　　对企业而言，产品是企业集体人格的延伸。企业家必须专注、必须创新，精益求精。企业家应该钟情于产品和品牌，利润应该是社会给予企业创造价值的褒奖，以单纯追求利润为唯一目的的企业不会拥有持久的生命力。

探寻新经济下的国企增长点

中国财政科学研究院公共资产研究中心主任　文宗瑜

在中国经济下行的大背景下，在国有企业指标框架下，国有企业在推进供给侧改革过程中如何转型，如何培养新的增长点，显得尤其重要。

一、国有企业亟待转型

在交流这个问题之前，先跟大家交流几组数据。过去几年中，我国国有资本权益价值每年按照3.7%的速度回落，已经从127万亿元减少到106万亿元，如果按照这个速度，我个人判断，再过三年，国有资本的权益价值可能会滑落到90万亿元以下。而且在这里面，我们还没有考虑人民币贬值的因素。如果将这一因素考虑在内，我们国有资本价值会有大幅度滑落。这是我们当下国有经济中的第一个现实问题。

第二个现实问题。我们从财政部监控的过去三年国有企业经营财务报表状况来看，一部分国有企业已经至库底，包括一部分央企。在这个现状之下，我们要发展混合实体经济，但我们可以看到，在过去的三年半，这一进程推进很慢。2016年提出推进供给侧结构性改革。我认为有两个现实条件决定了这一改革的必要性。

一是世界消费模式的转型，2008年全球金融危机所带来最大的影响是改变了全世界的消费结构、消费模式，使中国的产业结构、出口结构、产品结构面临挑战。国家统计局刚刚公布了2016年1~9月中国的进出口数据，1~9月出口、进口仍然是负增长，显然进出口形势十分严峻。应该说，中国的出口由原来的高增长变成了负增长，其中一个很重要的原因就是世界消费模式、消费结构的转变。要推进供给侧结构性改革面临的一个问题，就是世界消费的模型，对于中国的产品结构带来的一个新的要求。

二是全世界快速发展的互联网经济。我们看到欧美发达国家都在推进实体经济的发展，美国在2007年推出了一个新兴制造业。可以看到，发达国家制造业都在和互联网对接，依托互联网支持制造业。当然我们也在推动实体经济，"十三五"规划里面一个最重要的内容，就是"中国制造2025"，我们要推进中国制造业十年的升级规划。

二、发展消费品制造业

在这两个大背景之下，国有企业如何转型？国有企业新的增长点在哪儿？我认为转型的第一个增长点是消费品制造业。

中央在推进供给侧结构性改革中，摆在优先地位的是消费品的推进。我们的消费品质量很低，科技附加值低。我们再看欧盟，欧盟最大的竞争优势是给全世界提供最好的消费品。全世界有4万个奢侈品的品牌，99%在欧盟国家。中国当下最大的缺口是没有品牌知名度的、产品质量好的、科技附加值高的消费品。因此，我认为在推进供给侧结构性改革中，国有企业第一个新的增长点是消费品工业制造。

还要解决一个和互联网相对接的问题，依托互联网，满足个性化需求。为什么讲互联网是人类文明经济的最大一次变革？是因为它能够满足每个个体的个性化需求。因此在互联网经济时代，什么样的企业有竞争力？就是提供的产品和服务能够充分满足个性化需求。

我们看在互联网时代的竞争，不再是规模化，而是个性化。因此，我们第一个新的增长点应该是消费品工业制造。而这样一个消费品工业制造，我们还必须同时给它增加一个新的要素，就是和互联网对接，依托互联网满足个性化需求。

到目前为止，中国的服务业互联网，还存在一定问题。一个我们只是把线下搬到线上，产品的科技附加值没提高，也就是说产品质量提高、产品科技附加值提高的问题还没有解决；二是满足不了个性化需求，因此消费品工业制造，它不是一个简单的O2O模式，也不是一个简单的线上线下模式，它要依托互联网，满足个性化需求，通过满足个性化需求，来适应世界消费结构、消费模式转型的需要。这是另一个新的增长点。

三、实现第二、第三产业跨界

国有企业的第二个新增长点，是在第二产业和第三产业之间打开一个通道，实现第二产业、第三产业的跨界。这是我们未来的转型方向。我认为大的制造业企业，应该是跨界的经营模式，既在第二产业，也在第三产业。跨界模式中的一个典型是苹果公司，苹果的模式也叫软硬对接，除了各种信息产品制造，苹果还建立了一个庞大的信息平台。我们再看美国另一家公司，特斯拉，其汽车生产也是跨越第二产业和第三产业，实现了一种软硬通吃的模式。

我们的国有企业，也面临着一个转型的问题。但从事实体的企业如果只是简单地转到第三产业，很可能会半途而废，而且这种转型很可能会失败。我认为制造业企业不应是简单地转到第三产业，而是要在第二产业的工业制造和第三产业的服务业之间打开一个通道。为什么？因为国家"十三五"的产业制造是加快第三产业的发展，降低第二产业。

中国经济过去三年转型中出现了三个变化，第一个是消费超过投资，第二个是服务业比重超过制造业比重，第三个是内需超过出口。这三个变化里面，一个很重要的变化，服务业超过制造业。在"十三五"产业政策规划中提出，加快第三产业的发展，在加快第三产业的发展里面，我们加快现代服务业，什么叫现代服务业？金融、教育、医疗、养老、体育、健康、电影电视等。在发达国家发展现代服务业的一个方法，是依赖第二产业提供两个支持，第一帮助支持，第二技术支持。因此未来中国现代服务业的加快发展，必须要解决第二产业对第三产业的支持。

第一个是帮助支持。举一个最简单的例子。在过去10年，中国电影业发展速度很快，电影带动的税收和就业也在高速发展，但是跟美国相比，其速度仍然低了25%，就是因为我们现在的电影没有办法为我们的电影业提供良好的支持。

第二个是技术支持。比如美国电影《阿凡达》，它在国内的票房是180亿元，创纪录。凭借什么创造了180亿元的票房收入？是因为它里面有两个创新，技术创新和装备创新，这两个创新谁给它提供的？美国强大的制造业。我们先看技术创新。实际上3D电影在10年之前就开始探索了，在《阿凡达》时期，用了3000台电脑，1500名专业工程师同时工作，同时合成，形成震撼的3D效果，这背后就是美国的强大工业制造业，为它提供了支持。再看装备创新。《阿凡达》用了一个最重要的装备——超屏，超级大的液晶显示屏。2009年，这部电影上映的时候，美国有2800块长屏，我们中国只有 4 块。为什么我们这么少？因为到目前为止，我们没有这么长屏的设计生产能力，我们所有电影院里的长屏都是从美国进口，进口一块多少钱？ 1300 美元到 2300 美元。我看了一下数据，现在全国大约有 168 块长屏，美国有 6800 块，因此现在大多数电影院都没装配长屏。通过这个例子我们可以看到，第三产业服务业的发展，依赖第二产业提供技术支持和装备支持。

因此，在供给侧结构性改革中，国企未来新的增长点是在第二、第三产业之间打开一个通道，连接第二、第三产业，实现跨界。

转换体制机制，促进效益增长

国务院国资委研究中心研究员　胡　迟

国有企业提质增效问题，这两年以来显得尤为迫切，从数据上看，2015 年央企利润涨幅和收入都是反向增长，这在国资委成立以来是没有的。以往收入和利润都是以两位数增加，利润涨幅有所降低，2015 年财政部给的数字，国企利润涨幅下降 9.8%，央企 11.3%，地方国企 6.9%，所以央企是重灾区。

分析原因，从整个舆论环境看，虽然国有企业改革一直在推进，但通过和各界人士的交流，我个人感觉，我国国有企业改革的社会舆论环境不是太好，社会上对国有企业有很多质疑，尤其是在国有企业效益下降的时候，对国有企业改革的质疑声更大，或者更多一些，说法很多，例如机制体制不行等。

一、国企效益与社会背景关系密切

央企或者国企效益的下降，我觉得可能跟社会背景有很大关系，当然，企业自身也有问题。

（一）投资规模过大形成产能过剩

国有企业投资规模比较大，现在遇到经济下行周期之后，就显得产能过剩了。作为国企，还有一部分原因是，在执行国家政策的时候，前几年把经济给拉上来，4 万亿中间它们占有很大的份额，当时社会也认为，4 万亿投资国有企业占了很大份额，占了便宜，民企受到了歧视。在现在的经济形势下，回头看这个问题，投资建设成了包袱。如果当时不投那么多，现在产能过剩也不会有这么厉害，所以这就是成也萧何败也萧何。

（二）经济环境影响国企效益

一般国有企业的定位都在重化工行业，这个行业跟经济增长的周期是一致的，不像轻工业。重化工行业相对而言是比较稳定的，在经济增长的时候，发展比较快，到经济下行的时候落差也比较大。所以，央企或国企的下滑，可能受经济环境的影响更大一些。当然国企在其自身的改革中，体制机制也不是没有问题。

二、依靠改革推动国企转换体制机制

国资委自 2003 年成立以来，10 多年的经历反映出一个过程：前期发展得很快。很多人认为，国有企业改革取得很大成绩。从 2015 年 9 月以来，国有企业改革文件陆续出台，2016 年国有企业改革各项政策也陆续落地。三中全会规定，到 2020 年，重大的改革要取得进展，我们现在也在按照这个目标往前推进，这是整个国有企业改革的过程。

（一）国家积极制定政策，提质增效

从国有企业提质增效的角度看，2015 年底，提出了去杠杆、去产能、降成本等措施。相关方面也提出了一些政策，主要是五点：一是组建科技集团，特别是要求央企中的研究所、研究院发挥其创新作用，推动新产业发展作用，多开发一些新产品，这是一个重要的抓手；二是去产能，对长期亏损企业，即僵尸企业处理；三是压缩成本；四是剥离企业社会职能；五是和银行相关，即推动商业银行处理国企的不良资金。

2016 年的政府工作报告中，李克强总理谈了国有企业提质增效的要求，即两手抓：一是发展新兴产业，这是央企的一个策略，就是要发挥科技集团的作用，推动新兴产业的发展；二是对传统产业改造提升，包括去产能、降低杠杆率等措施。我注意到有的媒体对国资委政策调整的分析，说2015 年、2014 年我们写一些相关报告的时候，当时国资委提的是"保增长"，而 2016 年谈的是"提质增效"。提质增效，不是单纯提保增长，有媒体分析到这一点，我们也注意到这一点，国资委和国务院已经保持了一致，国资委的政策也是提质增效，对原来保增长的概念范围，可能更大一些，增效就是要在保证提升效益的基础上促增长，目标更明确。

这些政策，都是没有问题的，有一些是以前用过的，有一些是根据新形势提出来的。随着政策的实施，现在来看已经见到一些效果了，最新发布的现值指数显示，PVI 已经转正，也就是说，过剩的情况得到了好转。从需求方面看，后半年有一些大的投资项目，能够提升总需求，供需增加了，PVI 就上去了。

（二）提质增效是系统工程

国有企业提质增效，是一个比较复杂的问题，我个人看是系统工程。虽然我们制定了政策，但是它的实施要见效，可能有一个过程，不能太乐观，也不能太急躁。

有些改革是相互牵制的，比如僵尸企业的处理，还有剥离企业社会负担，这其实是改革中的老问题，相应的改革如果动不了的话，它也没法动。我和国资委的很多人员到一些地方调研过，地方国企、地方政府谈到，由于国有企业的性质，它不可能像一般企业那样，由于效益不好就马上将它关闭，国有企业有社会性，有维持社会稳定的一面，所以它不可能纯粹是一个经济实体，遇到这种问题，也不可能完全从经济角度对它进行考量。

另外，国有企业效益的下滑，以央企为例，主要是经济周期下行的影响，国有企业正好处于这样的一些产业上面，是由布局决定的。一般企业为了提高效益可能转产，但对国有企业来说，特别是央企，它不可能完全转产。我曾经到一家大型钢铁企业调研，他们提出，现在钢铁搞得很无趣，很不赚钱，但不可能完全摆脱原来的行业再进入新的领域，可以发展多元化，但原来的主导行业肯定是要保留的。这也制约了其效益难以迅速提高。

（三）转换机制，从长期来改善效益

从根本上看，有一些局部性的措施，可能只是解决短期的问题，从长期看，还是要靠改革的作用来推动国有企业转换体制和机制，从长期实现效益。改革开放的时候，国企效率也很不好，通过改革转换经营机制，提高积极性，国有企业实现了效益的提升。当时我在财政部工作，我也注意到一些国有企业，最后的三年，当时朱总理通过改革，转化机制实现效益提升，迎来了国有企业效益的发展。所以，从长期看，还是要靠改革来转化机制体制，实现国有企业经济效益的提高。

国企分类改革与财务管理

中央财经大学教授　祁怀锦

关于分类改革的问题。早在 1995 年，董乃武先生就第一次提出了国有企业要实施分类改革。但究竟怎么改？改了怎么管？用什么样的机制？用什么样的考核指标？那时候还没有详细地展开。

现在国企要实施分类改革，不同的企业，财务目标是不一样的。那么差别体现在哪里？国有企业分类管理模式中，每一类模式的功能定位都不一样；定位不同决定了考核的不同；如果考核的内容不同，则决定了预算是不一样的。

关于财务管理目标，有人说是利润最大化，有人说是股东财富最大化，有人说是相关利益最大化，还有人说是现金流的净现值最大化。结合国企实践，一个企业必须能够创造利润、创造财富，为大家都带来更大的利益与福利，这是企业最根本的目标。

但任何企业无论处在哪个时代，它都会有一些相关的责任背景。国企讲利润最大化的同时，实际上背后还需满足一个条件，就是要履行足够社会责任的基础上实现利润最大化。利润最大化需要满足什么条件？条件是在企业遵守相关的法规基础上，再经过审计之后，实现衡量的利润最大化。这个衡量的利润最大化，是通过会计核算出来的。

针对企业高管的薪酬与激励，有很多争论。我们在做一项研究——建立一个模型，希望通过把企业的高管划到这个完整的模型下，每个高管的薪资与激励都能依据他们所做的贡献，这才是合理的、公平的。当然，现在这个模型想要建起来比较困难。我们在构建社会模型研究的时候，要加入的因素非常多，比如经济发展的水平有影响，消费指数发生了变化，以及管理的努力程度发生了变化等。这里面存在很多变量，这是当今国企管理面临的一个难题。我们现在也在努力尝试构建这个模型。

再讲监督和激励。监督分为内部监督和外部监督，外部监督我觉得很重要的一个点是放开媒体的监督；内部监督我觉得可以形成一种机制，比如现在互联网运用。激励有显性激励和隐性激励，对于某一部分隐性激励是有作用的。另外，内部高管的激励和员工的激励，如何区分？如何实现公平？这都值得探讨与研究。薪酬标准应该也要有监督。前些年媒体报道高管天价薪酬，这就是媒体监督的作用。

第二篇　创新成果

基于两化融合构建航空发动机离散制造管控一体化

创造单位：中国南方航空工业（集团）有限公司

主创人：彭建武 方 正

创造人：刘凌川 丰 欣 杨志利 易必胜 李 贺 肖 文

[摘要] 业务管理系统中的数据规模迅速扩增，出现了"数据丰富、互相独立、知识贫乏"的矛盾，并形成了"信息孤岛"现象。导致公司管理体系建设出现了系统较多较散，缺乏统一的核心数据支撑平台、各类业务数据较散且有较多冗余，利用率不高。南方航空工业（集团）有限公司深度挖掘生产系统业务数据，结合生产精益管理理念，探索及实践生产管控一体化，目的是对各生产单元的生产任务执行进行全过程管理，通过统计、分析、归纳、预测后，实现生产数据可视化管理，为全景展示公司生产任务执行情况，提供企业决策支持分析，确保公司生产任务按质、按量的准时完成，满足客户需求。

主要做法包括：建立健全组织机构，保证生产管控一体化顺利推进；变革生产管控方式，发挥信息流优势；生产管控一体化主要功能及作用；推进管控变革，强化显性管理；优化生产流程，促进持续改进；建立管控标准，强化过程监控；宣传精益理念，夯实 AOS 文化。

[关键词] 数据平台；信息化管理；生产管控

当前，随着市场经济的飞速发展，企业一方面需面对市场竞争压力，另一方面需不断地降低生产制造成本。为解决压力和成本问题，唯有借助现代管理手段，消除在生产制造环节中存在的"信息孤岛"、"应用孤岛"、"资源孤岛"等难题，提升企业管理水平。中国南方航空工业（集团）有限公司航机产业为尽快融入世界航空产业链，致力成为世界一流的中小航空发动机供应商，借鉴世界先进的管理方法，形成具有南方特色的生产管控一体化管理模式，提升航机生产运行管理效率。

一、基于两化融合构建航空发动机离散制造管控一体化的背景

（一）智能制造体系发展趋势

生产制造是智能制造的价值核心，而生产智能管控是实现价值核心的根本。智能制造体系建设经历了四次工业革命，以水和蒸汽为动力的机器生产—以电能为动力和基于劳动分工的大批量生

产—基于电子和 IT 的自动化生产—基于 CPS 的智能制造，实现了从模型化到自动化到智能化的转变。

（二）中国南方航空工业（集团）有限公司制造体系现状

中国南方航空工业（集团）有限公司是国内唯一中小航空发动机生产制造基地，其生产制造复杂性可归纳为四点：

一是典型的多机种、小批量、计划多变的离散型生产制造系统。

二是产品具有军工体系的特点，即多层次、多工艺、产品品种齐全、制造过程复杂。

三是质量管理严格，对质量信息管理、制造过程管理有极高的要求，从产品的投入、加工、转工、入库、装配交付需进行全过程质量和生产信息管理。

四是客户要求高，生产能力有限，资源缺乏。新机、科研、修理交叉混线生产，协调难度大，生产能力平衡较为冲突。

（三）粗放式生产管理存在的问题

中国南方航空工业（集团）有限公司生产管理包括生产计划、过程控制管理、经营管理、产品质量管理、工具工装管理、设备管理、采购管理、仓储管理、装配试车管理等。面对如此庞大而复杂的管理系统，凭借传统的粗放式生产管理模式，出现了严重的信息不对称、管理不到位，进而无法及时做出有效的科学决策，严重阻碍了生产的发展。

一是信息不对称，形成信息孤岛。

二是手工计划管理，缺乏科学性。

三是粗放式生产管理，造成生产过程控制混乱。

四是生产不精益，制造成本居高不下。

五是缺乏系统性，生产管理被动。

六是统计、分析、考核不到位。

（四）中国南方航空工业（集团）有限公司生产管控现状

随着中国南方航空工业（集团）有限公司生产任务量不断攀升，生产系统的业务数据也不断上升，企业内各种管理系统已积聚大量业务数据信息资源。目前，这些业务管理系统中的数据规模还在迅速扩增，出现"数据丰富、互相独立、知识贫乏"的矛盾，并形成了"信息孤岛"现象。导致公司管理体系建设出现了系统较多较散、缺乏统一的核心数据支撑平台、各类业务数据较散且有较多冗余，利用率不高。当前，公司基层的业务系统已基本建设到位，但缺乏领导层的决策支持分析系统和管理层的数据分析系统，导致大量的数据信息不能为生产服务。

（五）实现航机"均衡生产、同步制造"，助推公司快速发展的战略需要

企业推行"均衡生产、同步制造"，同时，管理层和控制层之间依然缺失有效联系，信息传递是否及时和准确，直接影响到企业管理应对市场的决策速度。近几年，公司产量以每年超 15% 的速度增长，南方公司当前内部物料号 30000 多个；南方公司订单月均数量 12000 多张；生产信息系统每月产生的数据量已经超过百万级，已经进入大数据的范围（包含时间、地点、人员、物料等）；公司的管理创新和均衡生产要求生产控制的时间矩阵越来越短（从月到周再到日）。随着信息量的增加，管理要求的提高，人工的统计和控制已经无法适应现在公司的生产实际情况，因此需要借助信息化和数理分析的手段进行生产决策和控制。

二、基于两化融合构建航空发动机离散制造管控一体化的内涵

在与国际企业的合作中，中国南方航空工业（集团）有限公司不断学习借鉴、探索实践，逐步形成了中国南方航空工业（集团）有限公司生产管控一体化模式。

内涵：以企业生产管理的物流、信息流为主线，为公司生产决策提供科学依据，实现航机生产控制的合理性、科学性。主要从以下三个方面展开：

1. 变革生产管理的顶层框架结构

在传统的生产管控职能型组织中，企业很难因计划变化而做出合理性生产调整，因此，造成生产保障能力不足，关键设备利用率较低，无法满足对生产管理精益化的要求。生产管控要素决定执行层面的生产管控组织方式，变革目前生产管控组织方式，建立起与之相适应的组织架构。将职能型组织管理（如计划处、调度处）向流程型项目制组织（涡轴处、涡桨处、小发处）管理转变，规范型号项目组管理流程和职责，提升生产应变管控能力。运用生产管控信息平台的展示功能，以数据分析为基础，发现流程差异，及时做出科学决策，达到提升生产应变能力的目的。

2. 重组生产管理业务模型

构建生产计划流程体系框架，梳理计划流程，重点优化主要生产计划流程，完善生产中心计划管理和编制内部控制管理制度，增强采购／外协计划管控作用，以供应商管理流程促进计划体系建设。改变了计划运行模式，缩短了计划下达周期，将传统的四级手工计划模式变为 ERP 自动控制的两层计划模式。

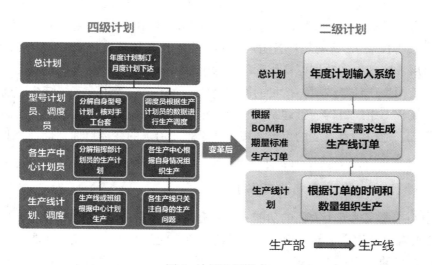

图 1　计划运行模式

3. 构建数字管控平台对生产实施全过程监控

针对管理层和控制层之间缺乏有效而细致的控制方法，生产资源利用不充分，产品质量波动较大，生产流程风险突出的特点，以企业生产管理、信息管理和质量管理为主线，依托网络操作系统，功能强大的数据库和信息展示平台，通过数据采集、分析、查询以及由此生成各种统计数据浏览，

优化生产业务管理流程，建立航机生产整体业务的预警、报警、反馈管控机制，消除分散在各个系统的"信息孤岛"，对生产进度实施监控，为公司生产决策提供科学依据，促进企业生产管理向精益化生产方式转变，实现航机生产效率提升。

三、基于两化融合构建航空发动机离散制造管控一体化的主要做法

（一）建立健全组织机构，保证生产管控一体化顺利推进

根据公司 2015 年 IBSC 和航机生产"均衡生产、同步制造"工作目标，公司成立推进委员会，由主管信息化工作的副总经理担任项目经理；办公室设在生产指挥部，生产指挥部部长担任项目副经理；各直属单位成立推进办公室，由党政一把手牵头，班子成员分工负责，指定专干从事推进工作，班组相继设立推进员负责班组改善。

组建生产管控一体化推进要素组。针对公司目前航机生产中的不精益环节，按专业组建若干专业要素小组，分析各专业方面存在的问题，选择合适的管理工具和管理方法，结合信息技术集成，解决"生产数据如何沉淀为信息、信息如何转化为知识、知识如何精练为情报、情报如何驱动企业业绩"的问题。

（二）变革生产管控方式，发挥信息流优势

生产制造流程型企业对于生产管理要求已不局限于生产现场的状态控制，而应建立一个完整的信息化体系，从底层的生产设备、生产单元及物料控制系统一直向上延伸到企业的最高管理层，才是一个最先进的信息化系统。因此，生产管控一体化的实施是一项系统工程，应该以总体规划在先、分步实施在后的方式进行。首先以生产信息管控平台为基础，在平台功能上划分三个层面（领导层、执行层、生产中心管控层），目的是对各生产单元的生产任务执行进行全过程管理，通过统计、分析、归纳、预测后，实现生产数据可视化管理，为全景展示公司生产任务执行情况，提供企业决策支持分析，确保公司生产任务按质、按量的准时完成，满足客户需求。三层结构的确定，必然导致整个企业的业务流程、组织机构、管理制度、业务报表等做相应完善，实现生产控制层到领导管理层的无缝信息集成，适应瞬息万变的市场环境，才是企业追求的终极目标，也是企业提升竞争力的必然之路。

（三）生产管控一体化主要功能及作用

生产管控中心主要实现五个方面的功能：①具有生产管理功能（计划、组织、指挥、协调、监控、考核）；②具有对各生产单元的物流、信息流、资金流进行实时监控的功能；③具有采集各生产单元生产运行信息的功能；④具有收集各类生产问题信息供领导决策的功能；⑤利用信息化平台实现公司均衡生产的功能。

作用是通过整合现有业务系统，建立对业务系统影响小、扩展性佳、数据准确一致的系统，为全景展示公司战略规划执行情况，提供企业决策支持分析。分三个层面展现：第一层，决策层通过 BI 系统直观效果图了解生产过程中出现的重要信息，掌控整个企业生产执行情况，为领导做决策提供支撑；第二层，职能层通过生产管控中心，监控全公司生产任务执行过程，及时处理生产意外情

况，为生产任务及时完成提供保障；第三层，业务层通过生产指挥平台及时反馈生产意外信息，并执行管控中心下达的各项任务指令。最终形成公司可视化生产管控体系。

（四）推进管控变革，强化显性管理

1. 变革生产管控方式，增强生产应变能力

在传统的生产管控职能型组织中，企业很难因计划变化而做出合理性生产调整，因此，造成生产保障能力不足，关键设备利用率较低，无法满足对生产管理精益化的要求。生产管控要素组决定"在执行层面变革目前生产管控组织方式"，建立起与之相适应的组织架构，将职能型组织管理向流程型项目制组织管理转变，运用生产管控信息平台的展示功能，以数据分析为基础，发现流程差异，及时做出科学决策，达到提升生产应变能力的目的。

2. 加快信息流动，助推柔性生产

在传统的生产方式中，生产线一旦确定，企业生产线的产能也就随之确定，但很难做到柔性化生产。运用生产管控一体化模式可将生产线设计为柔性化的生产线，它的产能完全可以根据计划变化做出调整，这样既能降低成本，又能满足生产配套需求。

提升柔性生产制造可从五个方面优化：①优化生产信息流程，提升生产管控柔性；②优化转工流程，提升物流速度；③优化快速装夹，提升设备柔性；④优化工艺流程，助推流程柔性；⑤优化人力资源配置，提升员工用工柔性。

3. 运用动态采集技术，促进生产透明化管理

生产透明化管理使企业里所有的生产信息和生产管理实施公开化、透明化。运用动态采集技术，实现生产过程控制层（DCS）与管理层（BI、ERP）的数据互通互联，使生产控制过程与生产管理透明化，为企业决策管理提供数据信息支持。

目前公司生产透明化管理主要有三种形式：①运用数据采集技术，实行生产进度看板；②运用信息管控系统，实现装配作业拉动；③运用安灯系统，保证过程顺畅。

4. 深化生产管控应用，提升生产绩效管理

对于很多企业来说，生产绩效管理是一个较为薄弱的环节，目前公司为了提高生产绩效管理，结合 AOS 管理活动，深化生产管控应用，辅助企业生产管理，规范生产业务流程，杜绝生产管理中出现的漏洞，通过生产管控能力，实现精细化管理，不断促进生产绩效管理指标。

目前，公司深化生产管控应用主要从五个方面进行：①生产安全（S）控制；②生产质量（Q）控制；③生产成本（C）控制；④生产交付（D）控制；⑤生产效率（P）控制。

（五）优化生产流程，促进持续改进

1. 梳理生产计划流程，强化计划管控作用

生产计划是企业生产系统运行管理的龙头，没有一个好的生产计划，生产系统就没有明确运行目标，计划执行就会在生产流程中陷入泥潭。目前，生产计划及控制环节比较粗放，由此带来了生产应变能力不足，订单交付周期较长，待处理品和库存资金占用大问题较为突出。为迅速解决这些问题，应从计划管控环节入手，优化计划流程管理，使计划管控环节的事前控制、事中控制、事后控制得到加强，不断改善偏差，以确保预期计划目标的逐步实现。

2. 优化物流方式，加快半成品生产物流速度

运用生产管控一体化模式，优化航机半成品生产物流，推动基于职能的半成品管理方式向基于流程的半成品管理方式转变，促进航机半成品物流管理流程向精益供应链转型，通过优化、规范、职能调整等措施，缩短产品物流移动距离，控制过剩生产，建立持续改进机制。

3. 优化生产管控流程，加快问题反馈速度

企业生产过程控制涉及企业的运行效率，针对生产过程现状，合理地调配生产资源可以有效节约资源，增加企业利润。目前，公司为优化生产管控流程，减少生产制造成本和提高生产能力，运用生产一体化模式对生产数据进行分析，找出生产管控流程优化的切入点，即产品的质量、产量、成本、消耗等相关信息生产指标与生产控制系统动作之间的联系，突破目前发展的瓶颈，制定出优化改进措施，提升生产服务支持的响应速度。

（六）建立管控标准，强化过程监控

管控标准是指以生产管理事项为对象而制定的标准。从广义上讲，管控标准的内容很广，涉及生产管理过程中的各个环节和各个方面，例如生产经营计划管理、生产工艺管理、生产组织与劳动用工管理、质量管理、设备管理、物资管理，等等。从狭义上说，生产管控标准仅涉及与产品加工、制造和装配等活动直接相关的生产组织管理等方面。目前，为强化过程监控，有效地提升生产现场管理，创造出最佳的提升整体的生产能力，让生产管控平台中的 ERP 系统数据与现场作业／生产设备之间的实时数据准确，主要从以下四个方面入手，从而进一步提升企业的生产效率、产品品质和客户满意度。

1. 规范制度建设，强化过程标准

制度建设是制定制度、执行制度并在实践中不断检验和完善制度的过程。强化制度建设，就是规范流程管理的执行力是否到位。因此，强化制度建设应从三个方面深入：一是建立例会制度，规范例会流程；二是基于数据集成，规范数据维护；三是建立管理者作业标准，预防岗位职责偏差。

2. 建立风险管控，强化机制效应

企业的条件无论多优越，所做的工作准备无论多充分，实施的风险仍然存在，在"生产管控一体化"的实施周期中，各种影响因素随时都可能发生变化。如何有效地管理和控制风险是保障生产管控一体化运行的重要环节，依托管理机制效应，运用管理工具或方法，消除风险事件发生的各种可能或造成的损失。

3. 运用质量诊所，关注质量风险

对于质量分析，通常以开质量分析会形式，查找问题、分析问题也只局限于头脑风暴法等方法，效果不明显，根源问题查找也不彻底。目前，质量控制要素组在生产控制层面统一规范质量诊所管理，指导各生产中心运用质量诊所，将质量诊断的问题分析标准化，防止问题重复出现。例如，转包中心每周定期召开一次 QCPC 例会，在例会上对所收集的"误工"现象进行分类，利用甘特图排出行动顺序，运用"五个为什么"找出根本原因，制定改进措施，确定责任人和完成时间，在信息板上进行问题的跟踪展示，让员工能有效地从中举一反三，杜绝类似问题再次发生，并降低质量风险。

4. 实行"双率"考核，健全激励机制

"双率"考核是基于激励与约束的前提和基础，与绩效考核相配套。"双率"是指"转工完成率"

和"报工准确率"。目前,生产管控要素组在生产执行层面推行"双率"考核,将原有的生产过程"定性"考核向"定量"考核方式转变,不仅减少了人为因素多或领导意志对考核的影响,而且用数据说话,关注了人为控制到数据管理的升华,关注了系统各个监控点的数据统计、分析和真实的生产实际情况,以及领导层解决问题的能力与速度。"双率"考核效果的排名体现了与激励引导的有机结合,对公司生产系统不断完善考核体系,以及规避公司航机生产运营风险有一定的指导作用。

(七)宣传精益理念,夯实 AOS 文化

为营造公司 AOS 管理活动氛围,文化建设要素组牵头,夯实 AOS 文化活动,把精益思想贯穿于"管理层—执行层—控制层"改善活动全过程,强化员工对精益知识的理解和工具的运用,表彰优秀个人或团队,激发员工参与 AOS 改善活动热情。

四、基于两化融合构建航空发动机离散制造管控一体化的主要成效

开展基于两化融合构建制造管控一体化的活动,有效地推动了南方航空公司航机生产精细化管理的持续与健康发展,促进了 2015 年主要任务目标(KPI)全面完成,企业的各项能力明显提升、效率显著提高,核心价值逐步上升。

(一)各项能力明显提升

1. 核心能力不断提升

通过模式驱动,促进了公司科技创新平台建设,深化了院校战略合作和成果转化应用机制。如2015 年 11 月 5 日中航工业发动机 ERP 建设与应用情况交流会在中国南方航空工业(集团)有限公司召开;航空发动机抗疲劳制造技术研究、工艺控制规范及检测标准建立,助推军机服务保障水平进一步提升。

2. 科研能力不断提升

中国南方航空工业(集团)有限公司研发和基础应用能力不断提升,如某重点型号实现当年定型、当年批产的佳绩;非航及现代服务业领域得到拓展,成功推出"二战"模型飞机产品;与斯奈克玛公司在珠海航展期间签署涡桨发动机部件(动力涡轮与火焰筒)合资框架协议,展现了公司实力与形象。

3. 生产能力不断提升

面对内外配套制约、生产管理模式改变、技术质量问题等方面的挑战,周密部署,精准发力,优化生产流程,加快产品物流速度,减少加工工序间等待浪费,提高生产配套能力,保证了航机批产、贯改排故及修理交付任务顺利完成,2015 年航机产量比 2010 年增长 1.75 倍。

4. 生产管理能力不断提升

开展实践活动,强化生产管控平台的组织保障能力,促进各生产中心基础管理提升。如精密加工中心轴线精益生产单元完成整体搬迁并投产使用,生产制造推行全流程管理,设备有效利用率相比上年提升 10% 以上,中心的精益单元工作得到集团公司表扬;叶片加工中心调整工艺布局,以工序提质提效为目的,推行"一人多机"操作,实现目视化管理、分层例会、工具工装配送等在现

场的实施和应用，生产提效明显。总之，加班加点现象逐步减少，员工幸福指数逐步提升，员工的质量责任感和使命感不断增强。

（二）企业效率显著提高

1. 经济规模

公司生产任务完成情况有明显好转，在任务增加、人员未增加及加班加点减少条件下，全面完成了集团公司下达的年度指令性任务，2015 年营业收入 45.42 亿元，计划完成率 104%；实现利润总额 3.29 亿元，同比增长 15%。

2. 运营效率

夯实管理基础，合力同心抓批产、攻型号、增效益，有力地促进了全年经营目标的完成。如公司新机项目节点完成率由 76% 提高到 91%；关键订单完成率由 70% 升高至 95%；航机修理周期由原先的 90 天降低至 60 天；成本费用占营业收入比例 96.22%，同比改善了 3.5 个百分点。

3. 各项管理全面达标

实践活动的有效开展，促进了公司各项管理的全面达标，如 2015 年 8 月通过中国新时代认证中心对公司军品、民品质量管理体系监督审核；2015 年 12 月通过国家环境管理体系认证。

（三）核心价值逐步上升

在推进生产管控一体化管理的同时，企业坚持以 EVA 为中心，把 EVA 理念贯穿于研发、制造、采购、销售、售后服务、经营管理全过程，不断提升价值创造能力。2015 年 EVA 达 1.91 亿元，同比增长 6%；利润、EVA 均完成了发动机公司下达的卓越目标，企业发展态势良好。

五、结束语

随着中国南方航空工业（集团）有限公司信息化的运用不断深入，生产管控一体化的模式发展趋势应积极向下延伸，以先进的制造技术与应用信息技术相结合为基石，逐步转变为智能型的生产指挥中心，将企业的物流、资金流、信息流、决策流"四流"合一，最终形成企业控制系统（ECS）模式，即全价值链管理。

低品位黄金矿山成本管控的创新与实践

单位：中国黄金集团陕西太白黄金矿业有限责任公司

主创人：李宏斌　贺小庆

创造人：薛炳科　薛志刚　朱文兵

[摘要] 在企业发展战略中，成本控制处于极其重要的地位。成本控制管理目标必须首先是全过程的控制，不应仅是控制产品的生产成本，而应控制产品寿命周期成本的全部内容。企业无论采取何种改革、激励措施都代替不了强化成本管理、降低成本这一工作，它是企业成功最重要的方面之一。近年来，入选矿石品位平均为 0.80 克／吨的陕西太白黄金矿业有限责任公司，之所以能够在当前国际及国内市场黄金价格波动下跌、市场原材料价格上涨、劳动力成本上升、职业健康安全环保投入成本上升、黄金矿山盈利空间缩小等因素造成生产经营压力日益加剧、亏损风险持续扩大的现状下生存和持续发展，是因为企业独创并应用的"低品位黄金矿山成本管控的创新与实践"模式，是博采众长与自身实践积累而融合提炼的结晶。本文主要从该管理模式的实施背景、内涵和主要做法、实施成效等方面进行了详细阐述，以期能够为矿山企业成本管控提供参考和借鉴。

[关键词] 低品位；黄金矿山；成本管控；太金公司；创新；实践

陕西太白黄金矿业有限责任公司（以下简称"太金公司"）地处秦岭南麓陕西省宝鸡市太白县太白河镇，2001 年由原陕西太白金矿实施债转股成立，现由中金黄金股份有限公司控股经营，处理量 5100 吨／日，是集黄金采、选、冶，水力发电、矿山设备制造于一体的大型黄金生产企业，是我国黄金矿产低品位资源开采利用的典型代表。矿山开采方式为地下开采，开拓方式为平硐—竖井联合开拓，采矿方法以阶段矿房法为主，2015 年实施选矿工艺技术改造后，选矿方法由全泥氰化——炭浆吸附提金工艺改为浮选——精金矿氰化提金工艺。公司注册资本 11581.9 万元，年产黄金 1.2 吨、产值 4 亿元、发电量 3500 万度；现有在册职工 1810 多人，大专以上 270 人，中级以上技术职称 103 人。有权属子公司陕西略阳铧厂沟金矿、甘肃中金黄金矿业有限责任公司、宝鸡金旭工矿设备公司。

太金公司先后被授予"全国矿产资源开发整合先进矿山"、"全国绿色矿山试点单位"、"全国设备管理先进单位"、"全国职工培训先进单位"、"全国矿产资源节约与综合利用示范工程"、"全国机械冶金建材系统劳动关系和谐企业"、"中央企业先进基层党组织"、"陕西省安全生产先进单位"、"全国黄金行业科技工作先进集体"、"中国黄金集团先进基层党组织"等荣誉称号；先后获国家科技进步二等奖 1 项，省部级科技进步二等奖 13 项；为 ISO9001 质量、ISO14001 环境、OHSAS18001 职业安全健康管理体系"三标一体"认证企业，是中国黄金集团公司特级企业、人才培养基地和黄金生产基地；拥有地质勘查丙级资质。

一、成本管控创新与实践的实施背景

（一）优质地质资源储量减少，矿石品位自然持续下降导致黄金生产投入产出率下降

太金公司是全国典型的低品位黄金矿山，尤其从原陕西太白金矿到目前太金公司经过20多年的连续开采，大面积高级别的优质地质资源储量明显减少，矿石品位自然持续下降。近年来，生产入选矿石品位平均仅为0.80克/吨，导致黄金生产投入产出率下降，生产成本上升，压缩利润空间，增加了亏损风险。

（二）近年来企业生产经营面临的客观问题

（1）2013年以来，来自国际、国内黄金市场价格下跌的推断，基本已知黄金价格下跌已成定局。作为低品位黄金矿山企业提前做好成本管控工作，积极稳妥应对黄金价格低位期的到来成为必然的内在要求。

（2）劳动力成本显著升高。受物价上涨影响，市场、行业、区域劳动力薪酬水平上涨的带动，劳动力薪酬水平显著上涨，企业职工薪酬支出明显增加。

（3）国家政策调整使成本费用增加。根据国家要求对职业健康、安全生产、环境保护投入费用大幅增加，国家税费政策调整，部分征收标准提高，致使管理费用投入显著增加。

（4）全员参与成本管理意识薄弱。部分管理人员对成本管理和控制没有足够的重视，依赖成本核算代替成本管理，依赖财务人员去管理成本。员工成本意识淡薄，在生产过程中不能充分利用原材料，生产资料浪费较为严重。定期成本分析通报的机制不够完善，造成控制成本的措施稍显滞后。

（5）矿山日常实际成本费用控制不到位。虽然企业事前有做出费用预算，但实际情况却很难依照计划进行。比如生产设备的大修费用摊销、大宗材料的冲减、预算外费用的审批等，压缩利润空间。

（三）企业持续发展的内在要求

1. 成本控制是增加利润的有效途径

成本控制措施得当，企业利润就有可能成倍增加。有效控制成本，是应对客观因素变化的必要手段，真实体现企业价值。同时，也会使员工的福利待遇提高，从而有效地调动员工工作的积极性和工作信心，为企业带来更多的利润。

2. 成本控制是延长矿山服务年限的有效保证

目前，矿山企业普遍存在着对现有资源不能充分利用、资源浪费较严重的现象。矿山通过控制成本费用、准确测算生产经营定额和金属盈亏平衡点，适当地调整最低工业品位，可有效地扩大和利用工业地质储量，使原来"暂不能利用的储量"变为可以利用，增加地质资源储量，延长矿山服务年限，还遏制了资源的浪费。

3. 成本控制是提高市场竞争力的重要保证

成本控制水平的高低，直接决定着企业的经济效益，也影响企业的生存与发展。当前，黄金价格低迷时期已经到来，只有能够有效控制成本，拓宽盈利空间的企业才能在激烈的市场竞争中站稳脚跟，否则，将会因为成本的原因而丧失市场竞争力，出现亏损，甚至倒闭。因此，控制成本是提高企业核心竞争力、实现可持续发展的重要保证。

4. 成本控制为有效利用低品位地质资源储量和扩大生产规模创造了条件

由于成本控制得当可以使用低品位地质资源，使地质资源储量大幅增加，从而为企业进行扩大生产规模、实施新工艺技术改造创造了条件。同样，通过扩大规模可增加产量，有效分摊成本，进一步降低成本费用，也带来了新的经济增长点，增加利润，实现矿山良性发展。

（四）黄金矿山生产经营成本的构成

黄金矿山生产经营成本的构成要素界定是进行成本管理的基础，应当合理地对成本费用进行界定。黄金矿山生产经营活动是以工程设计、生产组织、产品以及销售为主线的一个完整性系统，因此，成本可分别按作业项目及成本要素加以分类。笔者所在矿山成本详细分类如表1和表2所示。

表1　按作业项目及工艺流程成本分类

两大类	18 项作业成本项目
原矿作业成本	采矿、掘进、剥离、钻探、提升、运输、排水、通风、支护、制造费用
选矿作业成本	碎矿、磨矿、浮选、电解、冶炼、尾矿及制造费用

表2　按成本要素分类

三大类	26 项成本项目
固定成本	折旧费、无形资产摊销、地质探矿摊销、安全生产费、矿产资源补偿费、矿权摊销、保险费、税金（管理费用）、财务费用
半变动成本	职工薪酬（工资、福利费、社保费等）、黄金整顿经费、外购备件、业务招待费、修理费、水资源费、排污费、其他
变动成本	外购材料、外购燃料、动力、差旅费、办公费、采矿对外承包费、掘进对外承包费、其他

二、成本管控创新与实践的内涵和主要做法

太金公司近两年矿石平均入选品位从未超过1克/吨，这种情况下，公司本着对集团、对职工负责的使命精神，按照"全员参与、创新管理、精细运营、降本增效"的思路，积极创新管理理念，全面优化管理流程。把思想和行动统一到"降成本、保生存、谋发展"上来，打好成本管控"组合拳"，增强战胜困难的信心和决心，确保生产经营全过程成本管控"零漏项"，实现公司成本管理全员参与，成本目标全面受控，预算利润正向增长，主要成本技术经济指标保持集团领先。通过公司、部门、工段（班组）、岗位"四级"联动机制，开展"全员、全方位、全过程、全工艺、全环节"的精细化管理和降本增效活动，有效降低了成本，提高了经济效益。

（一）优化定额体系，强化定额的贯彻执行与检查考核，使费用支出全面受控

1. 优化定额体系

定额管理是企业基础管理工作的重要组成部分，是企业开展经济成本核算的重要依据。太金公司根据多年来的管理实践经验和历年各项定额写实数据资料积累，结合年度地质资源储量条件变化、采选能力、作业环境、生产技术工艺更新、装备提升、工人技术操作水平提升、外部市场影响等企业生产经营实际情况，以"五定（定岗、定员、定薪、定消耗、定费用）"为基础进行认真细致的

成本测算、梳理、修订、制定新年度劳动定额、能源消耗定额、材料消耗定额、仓库资金定额、资金费用定额、工程单价定额，编制各部门新年度成本预算和财务费用等管理费用的控制计划。近年来，共编制梳理规范单项定额 2000 多项，修订绩效考核 500 多项，从小到一支笔大到球磨机全部纳入定额管理，从部门到个人，凡是生产经营涉及的岗位和全体职工均纳入绩效管理，使成本控制更加深入具体，费用支出全面受控。

2. 强化定额的贯彻执行与检查考核

按照"细化运营定额到物、量化考核指标到人、优化管理制度到岗、强化班组建设到班"的要求，按照定额考核管理制度将各类定额严格贯彻到经济责任制中。由人力资源部负责劳动定额及定岗定员、供应部负责对材料消耗定额和物资储备资金定额及备品备件储备定额、总调度室负责对能源消耗定额、资产财务部负责对成本费用定额及专项资金定额、生产计划部负责对工程单价定额建立管理台账并进行日常管理及检查考核。进一步明确岗位职责，理顺运营流程，降低成本费用。这样，通过严格的定额管理，从总体上严格控制了生产成本和各项费用支出。

（二）确定四大类总目标，分解分目标，全过程成本管控实现公司成本管控效益最大化

太金公司全面分析生产经营全过程成本结构、成本要素和成本行为，将公司生产经营涉及到的原矿成本、选矿成本、期间及其他费用和资金管理"四大类"成本细化、量化为具体目标，分解到生产经营的各个环节中，形成实际可操作的目标责任成本，使全员、全过程重视目标成本控制和成本责任履行，不断根据序时进度对实际成本与目标成本进行对比分析，针对偏差，分析原因，制定整改措施，主动进行全过程成本动态跟踪和监管，实现公司成本管控效益最大化。

1. 原矿成本管控措施

设计优化：严格执行"施工不完、优化不止"的理念，按照方案对比、初步设计、施工设计、优化变更四个阶段进行，通过技术、经济、安全三方面进行对比，从中优选方案，设计会审按专业级、部门级、施工级、公司级四级进行，从符合专业规范，及时发现问题，安全施工和降低费用的要求出发；加强对钻探工程、坑探工程、开拓工程、采切工程、采矿工艺参数进行设计优化；优化碎矿设备工作参数，合理调整磨矿运行参数，合理调整浮选药剂添加量。

加强现场管理：优化施工组织、合理安排出渣机台、减少辅助费用，提高人员效率，提高台钻单班进尺及设备使用率，减少监护人员（辅助工）；加强副产矿管理、加大残矿回收力度；提高施工质量，杜绝不合格工程；优化浅采布孔方式，控制大块率，减少二次爆破，优化浅孔采矿人员调配，提高台效；改革支护方式，提高支护质量；强化放矿管理。

2. 选矿成本控制管控措施

工艺优化：科学确定碎矿设备工作参数；合理调整磨矿运行参数，合理调整浮选药剂添加量；精确控制滤饼水分。现场管理：加大手选废石力度；加强活性炭管理；采用机械筑坝。节能降耗：躲峰用电；充分回收利用井下涌水及地表自然径流降低水费；按照定额消耗控制材料领用、使用。

技术革新及小改小革：增设活性炭火法再生工艺延长活性炭使用周期，节省换炭成本；分析金流失状态，采取相应措施，提高选矿回收率；应用药剂自动添加系统，降低药剂耗量；改造除屑筛、提炭筛、安全筛，降低成本。

修旧利废：废旧阀门重新装配二次利用；隔膜压滤机滤布二次利用；将破碎机、球磨机等 A 类设备更换的润滑油重新处理，应用到给料机、浓密机、圆筒筛等不是很关键的设备上，实现润滑油再利

用；对已磨损的圆锥破碎机配重护板进行加固，使其得以二次利用，延长使用周期两个月。

3.期间费用控制管控措施

加强管理费用精细化管理工作，降低非生产性支出：加强"三费"管理，加强办公用品管理，进行定额管理；控制和降低办公费；控制招待标准，杜绝浪费；加强信息化建设，推广无纸化办公；加强使用车辆管理，降低维护成本、提高使用效率。

加强财务费用精细化管理工作；加强物资设备采购成本精细管理工作，创造采购效益：加强大宗材料集中采购、市场调研、对标比价、厂家直供、网购等方式的完善及管理；加强物资"采购、入库、使用、报废"四关，做到物材去向明，尽其用；精细化设备管理，加强保养维护，降低设备临停率，提高重点设备运转率；严格加强设备采购成本、库存、质量、设备大修管理，全面监督备品备件发放、使用环节管理，实现从完成采购任务向创造采购效益转变。

4.资金管理措施

加强财务与资金管理，实现财务有效控制，努力落实事前预算、过程控制、年终考核相结合的管理过程，确保财务收支实现全过程、全要素控制和重要财务收支项目的重点控制；精细筹划涉税事项，争取更多税收政策支持；筑牢资金链条，加强银企合作力度，降低利息支出；加强效能监察，使成本节约落到实处。

加快库存物资处理力度，应收款项清理，严控自有资金使用。更新设备采取集采、招标形式，降低设备成本；工程投资采取自营方式，降低投资成本，减少自有资金支出。每月制订自有资金计划与付现成本资金计划，确保自有资金沉淀。加强付现成本管理，按时支付工资、社保、税金、动力费用。选择付现成本低的物资采购，缓解资金压力，偿还借款降低财务费用。

（三）加强员工培训，提高生产效能

公司对涉及生产经营管理的各个方面进行了扎实细致的"无死角"优化提升。明确经营层、各部门责任分工，落实工作措施和考核办法。强化员工素能培训，组织员工技能培训20余次，参加员工1600多人，做到了人人经过专业培训，人人掌握一至二项操作技能，切实提高了员工综合素质和操作技能，人均劳动生产率明显提升。

（四）加强现场和定置管理，降低事故率

增添道路交通标志150多块，印制管理制度120套，更新各区域定置图500余块，制度、网络、流程图上墙600件，新增班组活动阵地4处，新增安全环保健康警示标志、标牌300多处，新增企业文化宣传牌400多块等，使整体面貌焕然一新，安全环保健康态势持续向好，事故率显著降低。

（五）以专项活动促管理提升和降本增效

在"管理创新月"活动中，以"强基础、优细节、抓管理、降成本"为重点，通过自我查找、对标创优，形成"部门竞争比管理，工段竞争比节约、班组竞争比产量、岗位竞争比安全、员工竞争比技能"的强管理、重竞争、学技能、比贡献的管理新文化、新理念、新亮点，使生产指标更优化，成本费用更节约。

在"设备管理月"活动中，对全公司设备采购和资产管理水平做了重新评价定位，形成了"全员参与、主动保养"的设备管理常态化机制，为降低成本、高效生产创造了条件。在"安全生产月"活动中，实施"三查、三汇集、三清除"工作，通过查作业环境、设备安全、防护用品，汇集完善事故应急预案，征集职工合理化建议，形成了人人参与安全管理的活动氛围。

在"技术创新月"活动中，以生产经营为中心，以技术创新为引领，重点围绕产能扩大、降本增效、安全环保、节能减排、提高劳动生产率等课题开展了一系列技术创新工作，实现了科技管理优化升级，达到技术催生降本增效的目的。

（六）加强计量、台账、信息化管理，挖掘各类生产要素潜力

修订完善了计量、台账、信息管理的规章制度、安全操作规程及管理办法 50 多个。及时调整定岗定员，确保生产单位管理人员控制在 8% 以下，修改更新了定置管理体系，达到了生产现场布置规范合理，物料浪费现象绝迹，人力资源配置科学，各项生产要素、资源价值和潜力最大限度发挥。

（七）加强生产细节管理，实现降本增效

全面优化施工设计、降低采切比，加强施工费用的控制，强化施工现场管理，提高工程质量、减少可修工程；细化掘进作业项目，定额、限额材料使用，对超出限额的进行详细分析控制；加强设备维护，特别是井下矿车维护，提高设备运转率；开展修旧利废；加强通风管理、优化通风模式；加强用水、用电管理，杜绝长流水、长明灯；提高尾矿回收率；严格控制探矿成本等。实现采矿、选矿和管理费用最优化，达到降本增效目的。

（八）加强绩效考核力度，每月考核，奖惩兑现，确保降本增效出实绩

按时考核，奖惩兑现，是落实降本增效管理的关键环节。太金公司精心设计了与各下属部门年度绩效考核目标责任书相对应的 4 套实施细则考核表（部门、工段、班组、岗位及个人），将定额管理、安全环保职业健康、成本费用管控、优化五率（损失率、贫化率、设备运转率、选冶回收率、劳动生产率）、设备管理、现场管理、精细化管理、基础管理、降本增效等分解指标纳入绩效考核，严格落实奖罚措施，实现长效化推进，不断总结好经验、好做法，实现员工"要我怎么做"到"我要怎么做"的转变，实现企业"被动发展"到"良性发展"的转变。

三、成本管控创新与实践的实施成效

（一）增加了可利用黄金资源量，延长矿山服务年限

在单位变动成本保持不变的情况下，随着黄金价格的变化，原矿入选品位盈亏平衡点可以不断降低。此时，地质边际品位可由企业根据生产经营实际需要进行科学调整，金属盈亏平衡点越低，可利用的黄金资源量就越多，矿山的可服务年限就越长，生产风险就越低。太金公司根据生产实际，果断扩大了边际工业品位，使已探明开采范围内低品位矿石量 859.36 万吨，金属量 16939 千克，可全部开发利用，延长了矿山服务年限近 10 年，见图 1。

（二）为扩大规模生产及技术工艺改造提供了保障，带来了新的经济增长点

随着生产规模的不断扩大，吨矿综合成本持续下降，在入选品位不断下降的情况下，金属盈亏平衡点同时保持下降，企业的盈利空间越来越大。鉴于此，太金公司实施了一系列技术改造工程，将生产规模由 2000 吨 / 日扩大到 5100 吨 / 日，相当于建设了一个中型黄金矿山，形成了新的经济增长点。

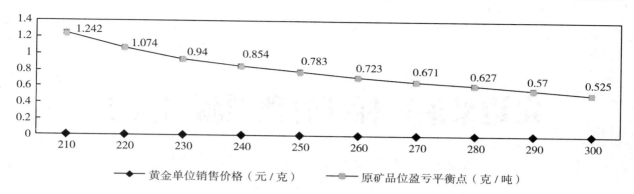

图1　太金公司黄金价格变化时原矿品位盈亏平衡分析
资料来源：陕西太白黄金矿业有限责任公司。

（三）盈利能力明显增强，有效弥补了入选品位下降造成的损失

矿山选矿入选品位虽然呈下降趋势，但随着生产规模的不断扩大，处理矿量的增加，黄金产量保持平均水平，综合成本得到有效的控制和下降，主要是摊薄单位固定成本，扣除材料、人工上涨及资源税调整等因素，因增加处理矿量使成本节约额已将由于品位下降产生的损失全额弥补。太金公司通过扩大生产规模的实践，每年可增加净利润1162.95万元。

（四）抵御亏损风险的能力增强

在当前黄金价格波动较大的情况下，已经与国内多数矿山黄金生产经营平均综合成本持平，更有部分矿山发生亏损。太金公司通过一系列的成本控制措施，矿山生产经营成本得到有效控制，克金成本盈亏平衡点比行业平均水平低了10~20元/克，这就明显比行业同类黄金矿山更具有抵御亏损风险的能力。

实践证明，持续创新管理，全方位狠抓成本控制，持续加强员工培训，建立定额、定置、定员管理体系，强化绩效考核，适时进行技术改造扩大生产规模，是黄金矿山挖潜增效、降低成本、提高效益的重要途径，更是抵御亏损风险的必由之路。太金公司探索出的这条"低品位、低成本、低风险、高回报"的道路，为我国黄金矿山塑造了一个良好案例。

定边采油厂标杆管理创新与实践

创造单位：延长油田股份有限公司定边采油厂

主创人：张　斌　汪　冰

创造人：刘　勇　霍　璇　张浩恩　陈育竺

[摘要] 定边采油厂是一个有着 20 年石油开发历程的原油生产企业，经过多年高效开发、快速发展，目前所辖区域的资源品位越来越差、单井产量逐年递减、综合含水率逐年上升，特别是近两年来，由于上产压力大，新打井数量逐年减少，且技改挖潜难度逐年加大，导致实物工作量不断增加，生产成本不断攀升，给油田的进一步深度开发带来了前所未有的困难和矛盾，定边采油厂提出开展标杆管理。截至 2014 年 12 月底，该厂已在所属 63 个采油区队（站）实现了标杆管理全覆盖。

油水井是油田最小的管理单元，管理呵护好最小的单元，才能夯实管理基础。定边采油厂创建了"221"管理工具，推行精细化管理模式。第一个"2"是给每口油水井建立一张"健康评价表"和"一井一策"管理方案。第二个"2"是设置两块管理指标看板，即"主要生产经营管理指标"和"主要标杆管理指标"两块看板。"1"是制订一本区队（站）《综合管理手册》。

2015 年生产原油 219.3 万吨；交售原油 212.66 万吨。继 2012 年建成 200 万吨级油田以来，原油产量连续 9 年稳中有增。

[关键词] 生产管理；挖潜；精细化管理

延长油田股份有限公司定边采油厂（以下简称"定边采油厂"）地处陕北榆林市定边县，始建于 1993 年，是延长油田股份有限公司为数不多的 200 万吨原油产能基地之一，也是延长石油集团油气产业科学发展的中流砥柱。20 余年来，定边采油厂以 9 口废弃旧井垫底、年产 2000 吨原油起步，广大干部职工埋头苦干、锐意进取，克服了资金、技术和设备匮乏等重重困难，走过了改造边缘残次井、自钻自采、规模经营和科学管理的奋斗历程，取得了跨越式发展。特别是 2005 年陕北地方石油重组后，定边采油厂依靠科技进步，强化自主创新，开发与管理并重，开源与节流并举，进入持续快速发展的快车道。2006 年生产原油 52 万吨，2008 年建成 100 万吨级油田，2010 年跨上 150 万吨台阶，2012 年跻身 200 万吨级油田行列，2015 年生产原油 219.3 万吨，谱写了新的辉煌篇章。2016 年上半年，定边采油厂克服国内经济下行压力加大、成本费用控制从紧、后备石油资源匮乏等严峻形势和诸多困难，保持了平稳向好态势，生产原油 101.59 万吨，实现销售收入 17.85 亿元，实现利税费 7.81 亿元（其中：利润 4.67 亿元、税金 3.56 亿元、规费 0.08 亿元）。

现如今，定边采油厂已成为集勘探、开采、储运、研发于一体的现代化石油开采企业，下设 23 个科室、5 个党群组织机构、16 个生产单位、9 个直属非生产部门，现有职工 6100 余人、油水井 8500 余口，总资产 153.49 亿元，年可实现销售收入 67 亿元。自成立以来，累计上缴税费 220.78 亿元，是名副其实的地方财政支柱和经济命脉企业，先后被评为中国优秀企业、全国精神文明建设先进单位、陕西省优秀企业、绿色企业、安全生产单位、重合同守信用企业、先进集体，榆林市县经济效益明星企业、管理先进单位、技术改造先进企业等。

一、标杆管理开展的基本背景

定边采油厂开展标杆管理创新与实践，主要是基于如下考虑：

一是客观形势的变化为企业内涵发展带来新挑战。定边采油厂是一个有着 20 年石油开发历程的原油生产企业，经过多年高效开发、快速发展，目前所辖区域的资源品位越来越差、单井产量逐年递减、综合含水率逐年上升。特别是近两年来，由于上产压力大，新打井数量逐年减少，且技改挖潜难度逐年加大，导致实物工作量不断增加，生产成本不断攀升，给油田的进一步深度开发带来了前所未有的困难和矛盾。在这种严峻形势下，该厂清醒地认识到，在依靠科技创新上产和减缓产量递减的同时，必须坚持向管理要产量，向管理要效益，推行精细化管理，眼睛向内，苦练内功，走内涵式发展之路，才能实现定边采油厂提出的"200 万吨产量稳产 20 年"和延长石油集团、延长油田公司提出的"建成国内一流标准化大油田"的奋斗目标。

二是企业持续增长对管理方法的创新提出了新要求。多年来，该厂的工作重心都是围绕"增储上产"这个总目标，可以说是举全厂之力在上产。在全体干部职工的不懈努力下，原油产量取得了突破性的进展。但在看到成绩的同时，定边采油厂在企业管理方面也不可回避地存在着一些问题，例如，虽然产量连年攀升，但日常的生产组织和基础管理还在原地踏步或进步缓慢。一些基层原油生产单位管理手段简单、粗犷，缺乏精细化的有效管理措施和方法，重产量、轻成本、轻管理的思想依然蔓延；部分基层管理人员管理能力差，对日常工作、生产缺乏具体的实施计划和保障措施，"尽量抓"、"差不多"、"我也没办法"等口头禅常常挂在嘴边作为工作任务完不成的理由；部分岗位工人日常工作缺失规范的操作流程和标准，员工不知道自己每天应该做些什么、什么时间做、做到什么程度；有的基层区队（站）技术人员、专业操作工短缺严重，导致许多工作得过且过，毫无章法；一些员工工作散漫、效率低下，无责任心，整天只知道怨天尤人……以上等等问题严重制约着定边采油厂的持续、健康发展。所以如何提高基层标准化、精细化管理水平，如何提高基层员工综合素质，如何提高油水井运营能力、运营效率、降低运营成本，如何使企业的管理思想、管理手段、管理方式与当前的发展规模、发展阶段相适应、相匹配，成了定边采油厂亟待解决的首要问题。

二、标杆管理的主要内涵

标杆管理是一种寻找和研究同行一流公司的最佳实践，并以此为基准与之进行比较、分析、判断，从而使自身得到不断改进，进入或赶超一流公司，创造优秀业绩的良性循环过程。其本质是通过不断学习、模仿企业内外部先进的管理经验、管理模式，改善自身不足，追赶或超越标杆水平。其核心是通过学习重新思考和改进经营实践，实施模仿创新，并通过系统优化，不断完善并持续改进。

标杆管理按照标杆的来源可划分为外部标杆管理和内部标杆管理两大类。外部标杆管理是以企业外部或同行业竞争对手为基准，通过模仿、学习其在产品、服务和工作流程等方面的先进经验，最终达到改进或超越的一个过程。内部标杆管理就是以企业内部操作规范为基准,通过确立内部标杆管理的主要目标,辨别企业内部最佳职能、最佳实践或流程,然后有计划地引导和推广至组织内的其他单位。内部标杆管理由于不涉及商业秘密和其他利益冲突等问题,且容易取得标杆学习对象的配合,所以是企业提升绩效最便捷的方法之一。

为了有效提升基层精细化管理水平,定边采油厂党政一班人先后多次召开企业管理创新研讨会,最终提出了"眼睛向内、手心向下,苦练内功、稳产增效"的内部标杆管理工作思路。

为了将管理思路转化为落实的措施,定边采油厂先后组织各级生产管理人员在长庆油田采油三厂、采油六厂和河南油田采油一厂进行了对标交流学习,经多次讨论、对比和结合实际情况分析后,该厂提出了以"标杆管理"为抓手,以"提高产量、杜绝安全环保事故、降低生产成本"为目标,以规范基础管理、提高队伍素质为核心,通过"抓单耗、找差距、定措施、控节点"等方法,有效提升基层精细化管理水平,最终实现企业持续、健康、稳定发展的指导思想。

三、标杆管理的主要做法和开展步骤

推行标杆管理是一项系统工程,需要积极慎重、大胆稳妥、全员参与、逐步推进。结合定边采油厂实际情况,该厂加强组织领导,制订实施方案,建立指标体系,编制工作手册,健全考核机制,构建了规范有序、高效运行的良性机制。

(一)成立组织机构,制订标杆管理实施方案

2012年,按照集团、油田公司标杆管理工作的总体部署,该厂积极行动,成立了以采油厂厂长为组长、分管企业管理和生产经营的副厂长为副组长、各基层生产单位及相关科室负责人为成员的标杆管理领导小组和标杆管理办公室,制订了以基层原油生产单位为重点的标杆管理工作实施方案。2012年10月,经厂党政联席会议同意,决定选取该厂东仁沟采油大队王圈集输站作为全厂标杆管理工作试点单位。目的是通过在王圈集输站先期引入标杆管理工作模式,完善总结标杆管理工作经验、优化工作流程,最终实现用以点带面的形式有序推进全厂整体标杆管理工作的目的。

2013年5月,定边采油厂在王圈集输站召开了全厂标杆管理推进会,会上对厂标杆管理办公室从2012年11月进驻王圈集输站以来6个月的标杆管理工作进行了全面的梳理和总结,肯定了王圈集输站标杆管理的基本工作思路、工作流程和取得的成效,同时决定以王圈集输站标杆管理经验为基本模板,在其他各采油队分别选定一个区队(站)进行复制和推广。在全体参与标杆管理干部、职工的共同努力下,到2013年底该厂共建立了8个标杆管理示范区队(站),通过这些标杆区队(站)的引领和带动,有效地提升了基层的精细化、标准化管理水平,基本实现了全年预定的各项工作任务。截至2014年12月底,该厂已在所属63个采油区队(站)全部开展了标杆管理工作,目前标杆管理已和日常的生产经营紧密地融合在一起,并得到了基层广大干部职工的认可和支持,企业的精细化、标准化管理有了长足的进步。

(二)规范运行机制,建立标杆管理指标体系

为了扎实推进基层各区队(站)标杆管理工作,采油厂标杆管理办公室专门成立了标杆管理工作组,进驻基层各区队(站),从影响产量、成本、安全因素等方面,逐一指导帮助基层建立标杆指标体系(见图1)。主要从以下几个方面进行:

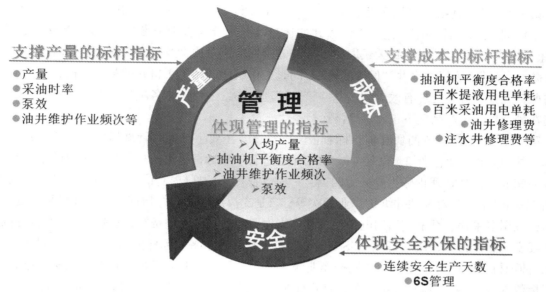

图 1 定边采油厂标杆管理指标体系

（1）召开了标杆管理启动会，制订实施方案。工作组每到一个采油大队，首先召开标杆管理启动会，成立了大队、区队（站）两级标杆管理组织机构，同时对开展标杆管理区队（站）的油水井现状、机泵设备、生产状况、成本费用和安全环保等方面的基本情况进行摸底，采集相关数据、建立数据库，并结合实际情况制订具体的标杆管理工作实施方案。

（2）创建"221"管理工具，推行精细化管理模式。油水井是油田最小的管理单元，管理呵护好最小的单元，才能夯实管理基础。为此工作组和基层员工一起根据摸底情况，创建了"221"管理工具（见图2）。具体为：

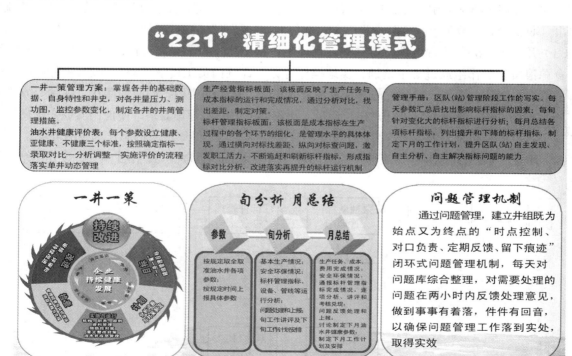

图 2 "221"精细化管理模式

第一个"2"是给每口油水井建立一张"健康评价表"和"一井一策"管理方案（见附件1、附件2）。即按照人体健康理论，将油水井的运行状况细分为若干个参数，确定健康标准值，建立"健康评价表"，职工通过把每天录取的参数与健康标准值对比，及时发现问题、及时把脉问诊，提前预防"疾病"，确保油水井"健康长寿"。同时工作组还调阅了每口井的基础数据、自身特性和井史情况，逐井制订了合理有效的"一井一策"管理方案，适时调整各项生产参数，确保每口油水井都能在最合理的生产制度下正常、经济运行。

第二个"2"是设置两块管理指标看板。即设置"主要生产经营管理指标"和"主要标杆管理指标"两块看板（见附件3、附件4）。目的是通过若干项标杆管理指标的达标来保障生产经营管理指标的完成。标杆管理指标主要分为四类：一是支撑产量的标杆指标，主要有人均产量（或处理液量）、采油时率、泵效和油井维护作业频次等；二是支撑成本的标杆指标，有抽油机平衡度合格率、百米提液用电单耗、百米采油用电单耗、油井修理费和注水井修理费等；三是体现安全环保的指标，有连续安全生产天数、HSE管理、6S管理；四是反映管理水平的标杆指标，有人均产量（或处理液量）、抽油机平衡度合格率、油井维护作业频次、泵效等。同时对各项标杆管理指标，制订了统一的指标数据来源、指标统计标准以及标杆指标统计口径和计算方法。各项指标完成情况每月公布后，要求员工对所控制的各项经营指标完成情况全面分析，使月度各项生产运行指标、数据的变化情况人人熟知，让经济技术指标显形化。同时，在纵向上对控制指标进行月度对比，看指标是否提升，横向上与其他兄弟区队（站）对比，找到自己的位置和差距，针对差距制定下一步优化改进措施，做到指标有源头，源头有控制，控制有进步。

"1"是制订一本区队（站）《综合管理手册》（见附件5）。将其作为管理油水井的一条主线。按照"参数录取—分析对比—措施制定—跟踪评价"的流程，将油水井反映出来的问题清楚地呈现出来，引导员工学会分析问题、解决问题和总结经验，有效提升了区队（站）、班组的精细化管理水平。

通过实施"221"精细化管理模式，使产量任务、降本增效和安全环保落实到具体的油水井运行参数和"标杆"指标之中，形成基层"能发现问题、善分析问题、会解决问题"的独立运行机制，营造出"职工看着参数干，干部盯着指标干，部门围着问题干"的良好氛围。

（3）开展了"6S"管理培训，将"6S"管理工作常态化。为了提高工作效率，保证工作质量，减少资源浪费，工作组通过集中培训、实地操作等方式详细向员工讲解"6S"管理各要素（整理、整顿、清扫、清洁、素养、安全）的含义及在具体实际工作中的应用，同时用照片、视频等方式对工作场所实施"6S"管理前后进行对比，让员工深刻体会"6S"管理效果，使他们养成一个良好的工作、学习习惯。同时也为员工营造一个安全生产、快乐工作、健康成长的工作和生活环境。

（4）建立"问题处理闭环操作流程"（见图3）。为了加快问题梳理能力，落实责任，工作组结合部

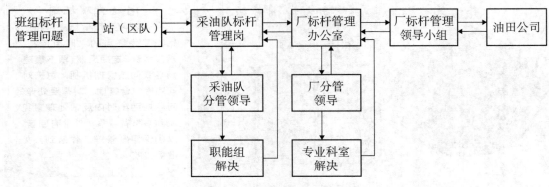

图3 问题处理闭环操作流程

门的职能分工和岗位职责，建立了一套"问题处理闭环操作流程"。让问题能够逐级上报，逐级处理反馈，加快了问题处理的时效。形成了问题追踪处理路线和及时发现、分析、解决问题的运行机制。

（5）制定《岗位作业指导书》、《标准岗位工作流程》（见附件6、附件7）。为了强化岗位责任制的落实，进一步明确细化各层级岗位权责，工作组结合实际情况制定了区队（站）各层级《岗位作业指导书》和《标准岗位工作流程》，将岗位责任清晰地量化分解至每个员工身上，让每个岗位的操作人员都知道本岗位的任职资格、工作职责及所做的主要工作，清楚自己该干什么、什么时间干、干到什么标准、该负什么责任。

（6）合理优化人力资源配置。为减轻一线人员短缺压力，工作组根据采油厂"四定"方案和《岗位作业指导书》，按照工作量与用工量合理经济匹配的原则，首先确定岗位编制，然后按照岗位职责和工作环境、工作强度要求，充分考虑倒班、轮休等因素，以提高劳动生产率为目的，优化组合、合理配置，确保人岗匹配、人事相宜、人尽其才。如王圈集输站在未开展标杆管理之前全站共有干部职工52人，经优化后只用46人就完成了过去的全部工作量。

（三）健全考核机制，扎实推进标杆管理工作

为了保证标杆管理工作的开展效果，激励全员投身标杆管理工作，该厂制定了《标杆管理考核实施细则》（见附件8），并对开展标杆管理所有区队（站）工作进行了全面考核。考核主要从以下四个方面进行：

一是标杆管理工作开展情况。主要看标杆管理组织机构是否健全、是否有专人（标杆管理员）负责此项工作，基层反馈的问题是否有记录、有解决、有回访或上报的痕迹，采油大队标杆管理机构指导、帮助基层解决了哪些问题。

二是标杆管理"221"工具运用情况。查看各基层单位是否会利用工具进行工作，油井健康指标值设置是否合理，主要经营和标杆指标值录取是否真实、有效；《综合管理手册》填写是否齐全、不缺项、不回避问题；标杆管理员是否能从数据上及时发现问题，管理人员是否能制订相应的对策等。

三是标杆管理指标完成情况。现场查看、计算各单位指标达标情况，指标提升幅度，指标值计算的准确性，同时考核由于指标提升或下降影响成本费用节、超情况等。

四是管理水平提升情况。通过开展标杆管理，基础管理在哪些方面得到了有效的提升？标准化、精细化管理方面有哪些举措、取得了哪些成效？总结固化了哪些方面的工作方法和流程？人力资源得到了怎样的优化？6S管理在哪些方面得到了提升和改善？

经考核评比，得分排名前三位的单位分别是姬塬采油大队伙场湾集输站、白马崾先采油大队左崾先区队和东仁沟采油大队王圈集输站。其主要特点为领导高度重视、各项工作开展扎实、表现突出，标杆指标值提升及成本费用节支效果明显。考核过程中，考核组及时总结推广了一些单位的好做法和好经验，同时对各单位标杆管理工作中存在的问题进行了反馈，促使各单位之间取长补短，扎实推进标杆管理工作。为了弘扬先进、树立榜样，采油厂对在标杆管理工作中涌现出的3个先进集体和13个先进个人进行了表彰奖励，奖励金额共计13.3万元。

（四）总结管理经验，制定《标杆管理工作手册》

为了进一步全面深化标杆管理工作，使基层单位在开展此项工作时有一个指导性、实践性较强的工具，2014年5月，该厂标杆管理领导小组根据一年多以来在基层开展标杆管理工作的实践和经验，组织编写了定边采油厂《标杆管理工作手册》，其目的是为基层单位在实际工作中提供一些指导、带来一些便利，避免工作无头绪、没思路等现象的发生。《标杆管理工作手册》内容覆盖了

标杆管理的基本概念、指导思想、工作目标和工作流程、开展步骤等方面的工作要点和方法。期望全厂干部职工通过对手册的认真学习和领会后，能将标杆管理的精髓融入日常生产经营中，总结固化多年来工作中积淀的好经验、好做法，把工作中还存在的非标准、非规范和非程序转化为标准、规范和程序，把全体员工的工作热情、责任履行和专业能力发挥到极致，把采油厂的基础管理逐步转向科学化、标准化、精细化。

四、标杆管理实施后取得的成效和工作体会

定边采油厂开展标杆管理以来，有力地促进了生产、安全环保、降本增效等各项工作的有机融合，各项经济技术指标得到了有效提升，基本达到了"全面对接、重点剖析、取长补短、整体提升"的目的，取得了"两个提升"、"四个转变"的较好成绩，精细化管理水平迈上了一个新的台阶。

（一）实现了基础管理、经济效益"两个提升"

1. 基础管理水平、主要标杆指标明显提升

开展标杆管理以来，定边采油厂基层管理人员的管理水平、管理思路和管理方法有了明显提升，在日常的生产组织、成本费用控制、安全环保管理等方面，会制订具体的工作计划、会授权安排工作、会检查控制工作的进度和质量，出现问题会分析、会解决，对重复出现的问题或事项，会制订合理的工作步骤和程序，并能总结固化。广大干部职工都能够主动围绕生产经营指标和经济技术指标的提升，集思广益、献计献策。同时，每位员工在工作中都能找准自身的定位，找到学习的榜样，可以随时拿自己的实际水平与标准、先进对比，查找差距，制定对策，提升指标。目前标杆管理工作已融入日常生产经营过程中，并形成了长效机制，企业的核心竞争力得到了进一步增强。

自开展标杆管理工作以来，该厂在采油、集输系统内，基层各区队（站）先后有122项次标杆纪录被刷新，62项次标杆纪录得到大幅提升，有32项次标杆指标纪录连续保持前列，全厂主要标杆指标得到显著提升。

2012~2015年，开展标杆管理区队（站）的抽油机平衡度合格率从62%上升到87%，采油时率从84%上升到97%，油井维护作业频次从2.8次／井降低到0.98次／井，百米提液用电单耗从7.1千瓦时／立方米降低到5.1千瓦时／立方米。

例如：王圈集输站注水车间共有注水泵3台（其中2台功率为250千瓦，1台功率为220千瓦），通过测算一台250千瓦注水泵满负荷运行可注水600立方米左右，而由于该站实际日平均注水量为800立方米左右，故每天同时运行2台泵存在能力富余状况，因此该站认为还有一定的优化提升空间。经工作组与采油队技术人员分析研究后，提出解决方案：一是给注水泵安装节能配电柜，通过调整电机运转频率，降低电费单耗；二是按照程序上报采油队和厂注水大队，由其综合考虑将一部分注水量分解至周边站点承担，或者将周边站点的注水量调整至该站承担，以减少无效做功，降低费用。目前第一种方案已实施，月节电9000千瓦，月节电费约6800元。

2. 成本费用节支效果明显，经济效益显著提升

2015年，该厂通过开展调整抽油机平衡、调节机泵设备电机频率和回流流量等方式，动力费较计划节约220.03万元；通过实施"一井一策"的加药、检修制度，油水井修井作业费较计划节约80.89万元；通过实施抓单耗、定措施、定标准等办法，较计划节约燃煤费46.59万元、节约各类药剂费用5万元。2016年1~6月，累计较计划节约各类成本费用247.35万元。

原油产量稳步增长：2015 年生产原油 219.3 万吨；交售原油 212.66 万吨。继 2012 年建成 200 万吨级油田以来，原油产量连续 9 年稳中有增。

主要经济指标逐年递增：2015 年实现营业总收入 53.17 亿元，实现利税费 38.56 亿元，企业各项经营态势步入良性循环。

（二）实现了精细化、定量化、预算化、主动化"四个转变"

一是各项工作逐渐向精细化管理模式转变。通过开展标杆管理，定边采油厂的干部职工学会了盯着指标主动安排工作、主动干工作，盯着数据主动分析问题、解决问题。工作中会准确定位生产、经济、技术运行状况，管理的各个层面和节点都能在标杆指标中找准位置，解剖差距，明确目标方向。各项管理工作逐渐形成由突击性管理向经常性管理，由模糊粗放管理向精细化、过程量化管理的转变。

二是工作检查考评逐步实现向定量化的转变。本着依据指标看实绩的指导思想，目前定边采油厂已初步建立了一整套覆盖全员的检查考评体系，干部、职工的个人考评与所在单位的生产经营状况及标杆指标先进程度紧密挂钩，无论是考核还是评先，用指标说话，用数据说话。在具体的考核中凡是指标能量化的都进行量化打分，不易直接量化计分的先评出等次、后确定分值，通过计分汇总，将考核结果进行综合排序，使考评结果直观、可比，便于运用，增加了考评的透明度和说服力，以此促进干部、职工把心思放在本单位生产任务的完成和标杆指标的提升上。

三是全面预算逐步实现了与标杆管理相结合的转变。定边采油厂根据标杆管理工作开展实际，制订出台了各项定额消耗标准，逐步形成了各项成本费用预算按标准自下而上地归集、申报，自上而下审核、下达的模式，一线各生产单位严格按照采油厂下达月度全面预算进行细化分解，同时加大各生产过程、节点的成本消耗管理，实行"谁负责、谁控制；谁节约，谁受益；谁超支，谁受罚"的管理机制。逐步养成了在预算内做计划，并严格执行和控制结果的良好习惯。在推行全面预算的同时，定边采油厂标杆管理的工作绩效也在该厂的财务报表上得到了显性化的体现。

四是全员工作质量、效率和岗位责任制、HSE 管理体系落实逐渐实现由被动向主动的转变。定边采油厂标杆管理构建了一个公开、公平、公正的竞争平台，使不同层次、不同层面的管理围绕标杆指标，形成良好的"比学赶帮超"的动态竞争机制。

该厂通过开展"6S"管理，使全员的工作环境有了明显改观，员工工作效率、工作质量有了明显提高；通过建立《标准岗位工作流程》和整合基层生产报表、优化人力资源、工效挂钩考核等工作，每位员工工作绩效直接与当月绩效工资挂钩，员工的工作状态和岗位责任的落实得到明显加强；HSE 管理体系的持续推行，使全员的安全生产理念和环保意识有了明显提升，通过不懈努力，自开展标杆管理以来，全厂未发生一起一般以上的安全、环保责任事故，被延长油田公司、延长石油集团和陕西省环保厅分别授予"安全先进单位"和"陕北油气开发整治先进集体"等荣誉称号。

（三）标杆管理工作体会

一是立足实际、实事求是，不搞花架子、坚持简捷、实用、高效的原则，是标杆管理取得成效的基本前提。

二是上下统一思想，领导重视，带头推广，部门联动、全员参与，是标杆管理发展壮大、走向深入的关键因素。

三是坚持不懈地持续改进、不断完善，是标杆管理得以改进提高、一步一个脚印走向成熟的根本保障。

四是传承创新、按规律办事，扎实推进、科学实践，是标杆管理发挥作用、取得成效的重要条件。

五、结束语

综上所述，定边采油厂在推行标杆管理过程中，进行了大量的探索和实践，初步形成了一套较为适合本企业发展的标杆管理模式，总结了一些经验，也取得了一定的成绩。但精细化管理无止境，科学实践永无终点。今后该厂将进一步完善标杆管理体系，深化标杆管理活动内涵，让标杆管理在全厂各单位、各项工作中落地生根、开花结果，持续有效提升企业精细化、标准化管理水平，推动全厂各项经营管理工作再上新台阶。

附件1 油井一井一策表

基础数据						
完钻日期	2006-11-15	完钻井深/米	2360	地理位置	东仁沟王圈	
完钻层位	长7未穿	人工井底/米	2344	井位	X	4147984
补心高/米	3.18	水泥返高/米	1433	坐标	Y	36480287
固井质量	合格	生产层位	长7	海拔/米	1538	
冲程冲次	4×4	射孔段/米	2302.0~2307.0/5米	泵径/毫米	38	泵挂/米	2272
检泵周期	180天	抽油机型号	宝鸡十型	电机功率/千瓦	22	直（斜）	斜井
结蜡（垢、腐蚀）		结垢严重		抽油机平衡	已调整	

生产简史
定1215-1井于2006年11月30日射孔压裂投产长21，射孔段：1814.0~1815.5/1.5米，127弹，16孔/米。压裂加石英砂5.9方，压裂施工顺利。投产后出明水：20方左右。
2007年1月23日停抽，停时出明水13方。
2008年7月20日水泥挤封长21，试采长7油层，射孔段：2302.0~2307.0/5.0米，16孔/米，127弹。压裂加砂30方尾追陶粒5方，施工15天后产液：4.154方，产油：3.822方，含水：8%。
2008年10月平均产液：4.795方，产油：2.224方，含水：7%。泵挂：1997米，动液面：1865米。
2009年12月28日停抽，停时产液：1.072方，产油：0.986方，含水：8%，泵挂：1998米，动液面：1991米。该井场现为落地油回收储放点，修井车无法进入。
2011年3月30日修井后开抽，第六天产量达最高，产液15.996方，产油14.876方，含水7%。第十三天产液降至1.2方，产油1.104方，含水8%。6月17日产量低采取间抽，从间隔一天、五天，到间隔十天。3月至5月，氯离子含量35000~37000毫克/升。2011年10月16日产液2.301方，产油2.094方，含水9%。泵挂1998.54米，气锚2028.82米，丝堵2057.93米。2011年11月11日对该井进行二氧化氯解堵，施工前对该井进行5~10天的间抽，产液1.39方，产油1.265方，含水9%。施工后第十天产液3.169方，产油0.451方，含水87%。
2012年4月4日产量低停抽，停时产液0.572方，产油0.057方，含水90%。氯离子含量25000毫克/升左右。2012年9月13日修井恢复生产，开抽后产液9.876方，产油1.876方，含水81%。10月2日不上液再次修井，10月17日完井开抽，产液11.09方，产油0.111方，含水99%。11月5日卡泵停抽，停抽时产液10.718方，产油0.214方，含水98%。该井提起管柱时泵内有杂物，开抽期间容易卡泵。

存在问题
技术方面：该井泵效为53%
三抽设备：
电力设备：
井场建设：
其　他：

解决对策
①更换全井油管、油杆，建议内衬油管；该井目前停抽，建议研究所尽快出技改方案
②开抽后，2~3天加阻垢剂1500毫升，稀释至10000毫升水溶液由套管环空加入

附件2　油井健康评价表

冲程:　　　冲次:　　　泵径:　　　泵深:

内容	评价指标名称	健康等级标准 健康	亚健康	不健康	1月	2月	3月	4月	5月	6月	7月	8月	9月	10月	11月	12月
油藏评价	产液量（立方米）	大于上限值为健康值	指标第一行数值为亚健康值	小于下限值为不健康值												
	产油量（吨）	大于上限值为健康值	指标第一行数值为亚健康值	小于下限值为不健康值												
	含水（%）	小于或等于下限值为健康值	指标第一行数值为亚健康值	大于上限值为不健康值												
井筒评价	电流 上行(A)															
	电流 下行(A)															
	抽油机平衡率（%）	80~110	75~80 110~115	<75 >115												
	泵效（%）	大于上限值为健康值	第一行数值为亚健康值	小于下限值为不健康值												
	油井免修期（天）	第一行数值为健康值														
地面评价	采油时率（%）	>96%	90%~96%	<90%												
	井口压力（MPa）															
成本评价	单井电量（kW·h/d）															
	单井修理费（元）															
安全评价	连续安全生产天数（天）															
备注																

附件 3　主要标杆管理指标看板

指标		人均产量 (t/人)	采油时率 (%)	泵效 (%)	油井作业维护频次 (次)	抽油机平衡度合格率 (%)	百米采油用电单耗 (kW·h/t·百米)	百米提液用电单耗 (kW·h/m³·百米)	产油井修理费 (元/口)	注水井修理费 (元/口)	连续安全生产天数 (天)	人均处理液量 (m³/人)	液量处理药剂单耗 (kg/m³)	集输系统单耗 (kW·h/m³)	注水用电单耗 (kW·h/m³)	定额煤耗 (kg/m³)	定额电耗 (kW·h/m³)
目标值		40.3	90	27	1.93	60	6.75	2.13	740	690	365	565.9	0.2	1.3	7.4	15	1.2
1月	完成	43.94	90	27.6	0.11	10.71	6.58	2.13	872.58	0	31	579.88	0.19	1.28	7.19	16.04	1.2
	对比																
2月	完成	40.24	95	27.4	0.25	10.71	5.78	1.97	494.29	0	59	482.34	0.23	1.28	7.48	16.78	1.22
	对比																
3月	完成	39.13	90	25.2	0.64	14.29	6.75	2.17	460.67	0	90	578.19	0.19	1.29	7.09	11.94	1.22
	对比																
4月	完成	41.16	98	25.4	0.79	21.43	6.07	2.13	440	0	120	584.4	0.18	1.27	6.74	11	1.22
	对比																
5月	完成	44.05	96	26	0.89	25	5.66	2.09	443.92	0	151	636.13	0.16	1.39	6.7	10.24	1.12
	对比																
6月	完成	39.98	94	24.2	1.18	25	5.86	2.16	208.03	0	181	632.05	0.16	1.35	6.34	8.21	0.67
	对比																
7月	完成	42.98	97	26.1	1.25	28.57	5.42	2.05	280.15	0	212	670.93	0.16	1.32	6.32	5.68	0.87
	对比																
8月	完成	44.77	97	26.2	1.43	29.63	5.27	1.98	410.33	0	243	684.61	0.15	1.38	6.12	9.32	0.82
	对比																
9月	完成	47.15	93	26.8	1.54	32.14	4.3	1.51	265.4	0	273	705.27	0.15	1.34	6.07	8.91	0.85
	对比																
10月	完成	58.31	94	30.1	1.64	35.71	5.16	1.58	361.7	0	304	725.72	0.14	1.48	6	8.6	0.81
	对比																
11月	完成	72.43	97	31	1.79	35.71	5.28	1.62	312.5	0	334	672.15	0.16	1.36	6.32	7.94	0.85
	对比																
12月	完成	87.52	94	33	1.85	39.29	5.32	1.76	312.5	0	365	761.19	0.16	1.32	6.55	8.4	0.91
	对比																

附件4 主要生产经营管理指标看板

项目		产量（吨）	动力费（元）	修井作业费（元）		修理费（元）		燃煤（元）	脱水剂（元）
				油井	注水井	油井	注水井		
1月	计划	2006	416466	138256	9665	32866	30740	234213	45340.03
	实际	1845.63	310794.5	68312.09	55817.09	24432.2	0	254684.3	52688.66
2月	计划	1751	416466	138256	9665	32866	30740	213213	44380.03
	实际	1689.96	286512.3	16866.87	0	13345.9	0	223118.2	67206
3月	计划	1866	416466	138256	9665	32866	30740	213213	44380.03
	实际	1643.32	287334.1	127133.14	5775.21	12898.62	0	186559.9	64152
4月	计划	1731	495359.85	131620.11	9707.34	32910.23	9783.92	209154	75642.52
	实际	1728.9	273898.57	11111.57	3245.3	12320	0	171374.4	63568.8
5月	计划	1733	344710.1	132242.46	9753.24	32588.78	9953.12	210154.89	79643.05
	实际	1850.14	277677.36	24369.99	0	13317.45	0	172682.43	64006.2
6月	计划	1941	375028.15	143873.49	10611.06	33588.78	11115.28	218154.91	80643.81
	实际	1679.08	270166.06	78639.81	0	5824.73	0	138395.12	63860.4
7月	计划	1836	385338.45	165465.72	9682.32	33500	9826.4	219154	70643.72
	实际	1805.31	262492.3	65492.73	0	8242.3	0	100732.8	63787.5
8月	计划	1898	385344.93	165302.07	9527	32245.22	9715	218894	70400
	实际	1880.42	245843.02	58822.28	0	11489.15	0	177472.28	63860.4
9月	计划	1972	386169.08	165421.52	9489	32043	9700	218628	70350
	实际	1980.24	245698.16	47282.3	0	10085	0	169762.56	63321.3
10月	计划	2150	397061.74	170087.56	9426	32673.2	9682	218540	70330
	实际	2449.19	245241.81	43250.8	0	9527	0	162536.94	64034.55
11月	计划	2419	403857.9	171003.96	9403	32623.2	9624	218177.6	70211
	实际	3042.01	245778	41275.6	0	9916	0	134998.08	65076
12月	计划	3158	281123	138752	9000	31160	9821	176987	66180
	实际	3686.37	265241.81	132584.2	0	19870	5521	161389.96	67567.5

备注：站外每电按0.76元计算；站内每度电按0.63计算

附件5 综合管理手册

综合管理手册

1905

延长石油
YANCHANG PETROLEUM

延长油田股份有限公司
定边采油厂

附件6 定边采油厂员工岗位作业指导书

单位：××采油队 ××区队（站）　　　　　　　　　　　　　　　　　岗位编码：

班组名称	××井组	岗位名称	采油工	直接上级	井长	区队（站）长	××	岗位定员	×人
上岗须知	①按规定穿戴工作服及劳动保护用品，挂胸牌上岗 ②上岗人员须经厂、队、区队（站）安全教育培训考核合格后方可上岗								
准点工作时间	工作项目	工作内容				日常检查			
11：40 ~ 16：40	加药数据录取	①对当日所需加药的油井定时、定量加入阻垢剂、清蜡剂和缓蚀剂等药品，并记录数据 ②定时录取各井的电表度数，并记录数据 ③定时录取抽油机上下行电流，计算出抽油机平衡度，汇总全部平衡度数据上报站部				①检查发现未按规定时间加药、取样、测平衡和录取电表数据的，一次兑现 -30元 ②检查中未按实际情况填报报表、记录，弄虚作假的，一次兑现 -50元			
	6S管理	根据6S管理要求，整理、整顿、清扫、清洁内务、井场设备、工具和卫生				未按对顶时限开展6S活动的或6S管理活动不到位的，一次兑现 -30元			
	修井监督	当日有修井作业需要现场监督，要求施工方严格按照操作规程施工				未按规定监督修井作业的，每次兑现 -20元			
17：30 ~ 19：30	晚间巡查	①对辖区油水井进行巡回检查，并对油水井取样化验 ②清理当日生产中产生的垃圾废弃物 ③检查抽油机、电动机等设备运行情况 ④完善当日所有记录				未按对顶时限开展6S活动的或6S管理活动不到位的，一次兑现 -30元			

附件7 定边采油厂员工岗位准时准点工作流程

时间		工作内容
早晨	6：00	起床
	6：30~7：30	量罐，录取电表、电流读数、计算液量、填写报表，做到及时上报
	7：30~8：00	洗漱，开展6S工作，整理内务
	8：00~9：00	巡查所管辖井场安全及设备运转情况。主要巡查井场是否存在安全隐患（井口有无刺漏、灌区、阀门开关情况），设备运转是否正常（抽油机运转情况、循环泵、注水泵、锅炉等）。收集数据（包括发油、排水、转液、排污、井口油压、套压；注水井的实注、配注、管压和套压）
	9：00~10：00	填写报表（生产记录卡、油井动态分析、注水井受益分析、加药记录、管线巡查记录、交接班记录等）；按时进行安全巡检工作。须报发油、排污的井在13：30以前上报区队
	10：00~11：30	吃早饭
	11：30~12：00	巡查所管辖井场安全及设备运转情况（抽油机运转情况、井口有无油污、灌区、阀门开关情况、循环泵、锅炉）
中午	12：00~14：00	午休
	14：00~17：00	巡检设备，标准化井场建设（清除井场杂草、清理井场油污、回收落地油进灌、平整井场、擦拭井口油污、定期保养设备、整修防洪设施）
	17：00~18：30	吃晚饭，巡查所管辖井场安全及设备运转情况
下午	18：30~21：30	观看新闻，天气预报，写学习笔记
	21：30~22：00	巡查井场：6个巡检点（抽油机运转情况、井口有无油污、灌区、阀门开关情况、循环泵、锅炉）
	22：00	洗漱，休息

附件8 定边采油厂标杆管理考核细则表

标杆管理经营指标考评

被考核单位：　　　　　　　　　　　　　　　　　　　　　考核时间：　年　月　日

项目		单位	1~6月份计划	1~6月份实际	节超（%）	分值	得分	考核方法
产量		吨				30		每超、欠1%，奖、扣0.5分，上限最多增加8分，下限扣完为止
动力费		元				20		每超、欠1%，奖、扣0.5分，上限最多增加5分，下限扣完为止
修井作业费	油井	元				15		每超、欠1%，奖、扣0.3分，上限最多增加3分，下限扣完为止
	注水井	元				5		每超、欠1%，奖、扣0.1分，上限最多增加2分，下限扣完为止
修理费	油井	元				15		每超、欠1%，奖、扣0.3分，上限最多增加3分，下限扣完为止
	注水井	元				5		每超、欠1%，奖、扣0.1分，上限最多增加2分，下限扣完为止
燃煤		元				5		每超、欠1%，奖、扣0.1分，上限最多增加2分，下限扣完为止
脱水剂		元				5		每超、欠1%，奖、扣0.1分，上限最多增加2分，下限扣完为止
合计						100		
存在的问题和不足								
改进意见和建议								

考核领导（签字）：　　　　　　　区队、站长（签字）：　　　　　　　考核人（签字）：

标杆管理指标考评（区队）

被考核单位：　　　　　　　　　　　　　　　　　　　　　　　　　考核时间：　　年　　月　　日

标杆管理指标	1月份标杆指标值	6月份标杆指标值	指标提升率（%）	分值	得分	考核方法
人均产量（吨/人）				3.5		指标每提升、降低1%，奖、扣0.1分，上限最多增加1分，下限扣完完为止
采油时率（%）				10.5		指标每提升、降低1%，奖、扣0.5分，上限最多增加4分，下限扣完完为止
泵效（%）				10.5		指标每提升、降低1%，奖、扣0.5分，上限最多增加4分，下限扣完完为止
油井作业维护频次（次）				10.5		指标每提升、降低1%，奖、扣0.5分，上限最多增加4分，下限扣完完为止
抽油机平衡度合格率（%）				10.5		指标每提升、降低1%，奖、扣0.5分，上限最多增加4分，下限扣完完为止
百米采油用电单耗（kW·h/t·百米）				8.5		指标每提升、降低1%，奖、扣0.3分，上限最多增加3分，下限扣完完为止
百米提液用电单耗（kW·h/m³·百米）				8.5		指标每提升、降低1%，奖、扣0.3分，上限最多增加3分，下限扣完完为止
油井修理费（元/口）				6.5		指标每提升、降低1%，奖、扣0.1分，上限最多增加3分，下限扣完完为止
注水井修理费（元/口）				6.5		指标每提升、降低1%，奖、扣0.1分，上限最多增加3分，下限扣完完为止
连续安全生产天数（天）				5.5		达到既定指标得满分，否则得零分
液量处理药剂单耗（kg/m³）				6.5		指标每提升、降低1%，奖、扣0.2分，上限最多增加3分，下限扣完完为止
注水用电单耗（kW·h/m³）				4.5		指标每提升、降低1%，奖、扣0.2分，上限最多增加2分，下限扣完完为止
热网系统　定额煤耗（kg/m³）				5.5		指标每提升、降低1%，奖、扣0.2分，上限最多增加2分，下限扣完完为止
定额电耗（kW·h/m³）						指标每提升、降低1%，奖、扣0.1分，上限最多增加1分，下限扣完完为止
合计				100		
存在的问题和不足						
改进意见和建议						

区队、站长（签字）：　　　　　　　　　　　　　　　　考核人（签字）：

— 56 —

标杆管理指标考评（站）

被考核单位： 考核时间： 年 月 日

标杆管理指标	1月份 标杆指标值	6月份 标杆指标值	指标提升率（%）	分值	得分	考核方法
人均产量（吨/人）				3		指标每提升1%，奖、降低1%，扣0.1分，上限最多增加1分，下限扣完完为止
采油时率（%）				10		指标每提升1%，奖、降低1%，扣0.5分，上限最多增加4分，下限扣完完为止
泵效（%）				10		指标每提升1%，奖、降低1%，扣0.5分，上限最多增加4分，下限扣完完为止
油井作业维护频次（次）				10		指标每提升1%，奖、降低1%，扣0.5分，上限最多增加4分，下限扣完完为止
抽油机平衡度合格率（%）				10		指标每提升1%，奖、降低1%，扣0.5分，上限最多增加4分，下限扣完完为止
百米采油用电单耗（kW·h/t·百米）				8		指标每提升1%，奖、降低1%，扣0.3分，上限最多增加3分，下限扣完完为止
百米提液用电单耗（kW·h/m³·百米）				8		指标每提升1%，奖、降低1%，扣0.3分，上限最多增加3分，下限扣完完为止
油井修理费（元/口）				6		指标每提升1%，奖、降低1%，扣0.1分，上限最多增加3分，下限扣完完为止
注水井修理费（元/口）				6		指标每提升1%，奖、降低1%，扣0.1分，上限最多增加3分，下限扣完完为止
连续安全生产天数（天）				5		达到既定指标得满分，否则得零分
人均处理液量（m³/人）				3		指标每提升1%，奖、降低1%，扣0.1分，上限最多增加1分，下限扣完完为止
液量处理药剂单耗（kg/m³）				6		指标每提升1%，奖、降低1%，扣0.2分，上限最多增加3分，下限扣完完为止
集输系统单耗（kW·h/m³）				4		指标每提升1%，奖、降低1%，扣0.2分，上限最多增加2分，下限扣完完为止
注水用电单耗（kW·h/m³）				4		指标每提升1%，奖、降低1%，扣0.2分，上限最多增加2分，下限扣完完为止
热网系统 定额煤耗（kg/m³）				5		指标每提升1%，奖、降低1%，扣0.2分，上限最多增加2分，下限扣完完为止
热网系统 定额电耗（kW·h/m³）				2		指标每提升1%，奖、降低1%，扣0.1分，上限最多增加1分，下限扣完完为止
合计				100		

存在的问题和不足

改进意见和建议

区队、站长（签字）： 考核领导（签字）： 考核人（签字）：

标杆管理季度专业考评（一）

考核时间： 年 月 日

被考核单位：
考核单位：

考核得分：

考核指标	分值	考核细则	评分	备注
开展进度	5	采油队、区队、站标杆管理组织机构是否健全，是否有专职标杆管理员，组织机构不健全扣2分，没有专职标杆管理员扣1分，当前采油队所开展标杆管理的区队站数占本采油队总区站数的比例，站数的比例不得低于30%，只开展一个区队、站（指只开展2013年每个采油队设立的标杆示范点）的不得分，开展区队、站数（电表安装结束，基础资料完善建档）大于1，但开展的比例低于30%的扣3分，开展的区队、站比例大于30%的加2分		
宣传与培训	8	采油队要落实标杆管理宣传与培训工作，宣传要以展板、图册、报道等形式不限，基层人员进行1~2次的培训，包括去其他采油队观摩学习，使基层员工要对标杆管理工作认识到位，没有展开的扣2分，有宣传但宣传不到位的扣2分，宣传工作。熟知标杆管理开展目的反意义。没有组织宣传的扣3分，采油队内部培训的扣2分。仅有一次观摩学习或采油队内部培训的加2分，宣传工作、观摩学习、采油队内部培训的，加3分，培训效果良好的，加3分		
帮扶	9	采油队标杆管理组织机构成员每月至少下新中开展的区队、站帮扶指导标杆管理工作3次，且要有帮扶记录。没有帮扶的不得分，帮扶记录每少一次扣0.5分，频繁下基层进行帮扶，站记录。没有帮扶记录的扣分，帮扶记录每少一次扣，标杆管理工作显著提升的加4分		
考核	10	采油队要制定月度标杆考核与奖惩办法，每月对本采油队开展标杆管理的区队、站进行月度考核，有考核记录，并将考核结合落到实处。彻底没有考核办法的不得分，有考核办法但未实施考核结果的扣5分，考核与奖惩办法不完善，考核记录每少一次扣1分，考核与奖惩办法相结合，使员工受益的加3分，核结果与奖惩办法相结合，使员工受益的加4分		
问题反馈机制	12	问题反馈机制是否是闭环的操作流程。问题反馈有记录，有上报且能及时解决。没有问题管理记录的不得分，只有记录、没有反馈的扣6分，有记录、有上报，有解决但不及时的扣3分，能通过问题反馈馈机制解决基层问题，大大提高工作效率的加3分		
电表安装	6	检查现场电表安装，电流、电量数据取取。如发现电表安装有误扣5分，发现电流、电量数据录取有误，不按时录取数据的扣4分		
管理水平	0	基层开展标杆管理后，基础管理水平明显提升加2分，在标准化与精细化管理举措所取得的良好成效，电量数据录取的工作经验及流程加2分，人力资源得到合理优化配置加1分，6S管理对于提升工作效率与质量方面效果明显加2分		加分项

开展情况

存在的问题和不足

改进意见和建议

考核领导（签字）： 区队、站长（签字）： 评价人：

标杆管理季度专业考评（二）

被考核单位：

考核时间： 年 月 日

考核得分：

考核指标		分值	考核细则	评分	备注
	油水井健康评价表	10	油水井健康评价表不完善的扣 3 分，计划值设置不合理的扣 2 分，对于油水井长期处于不健康的项目未采取任何措施的扣 2 分，有措施但未执行的扣 1 分，数据未及时更新的扣 2 分，使油水井长期处于不健康状态的扣 4 分。能通过油水井健康评价表来管理油水井、对于油水井长期处于不健康状态的加 4 分		
	一井一策	10	一井一策填写是否真实具体，存在的问题及对策是否有针对性，措施落实是否到位。若基础数据填写不完善的扣 2 分，未及时更新的扣 2 分，对于存在问题制定相应对策，措施落实不到位的扣 2 分。对于存在针对性的实施解决策略，实施效果不明显的扣 2 分。若能及时准确发现油水井存在的技术、三抽、动力、井场等问题，并将问题、及时地解决，效果明显的加 3 分		
221管理工具	标杆指标	15	生产经营指标计划与全面预算紧密结合，采油队生产经营指标下达的及时性、准确性、计划与实际偏离度在 15% 内为合格，若超出 ±15% 扣 4 分。标杆管理指标原始数据要真实、有效，计算方法准确无误，若原始数据有误，录取数据不真实，计算方法与误差有其中之一的扣 2 分，每月 10 日前报送本单位上月标杆管理指标数据，每少报一次或延迟报送一次扣 2 分。区队、站长不能够通过看板准确知晓各项指标的影响因素的扣 2 分，区队、站长通过看板指标合理安排本区队、站各项工作，且标杆管理指标逐月持续提升的加 4 分		
	管理手册	15	管理手册要根据要求填写完善。旬分析、月总结会（上、中旬、月总结会），如果不按开、没有会议记录扣 12 分，开会，但流于形式，走过场，没有抓住实质性的指标，问题进行分析总结的扣 8 分，少一次会议记录扣 0.5 分处理。能通过会议分析、月总结会进行分析，总结、处理相关问题，并有后期创新性地新地开展此项工作的加 5 分		
存在的问题和不足					
改进意见和建议					

考核领导（签字）： 区队、站长（签字）： 评价人：

标杆管理6S管理季度考评

被考核单位： 考核时间： 年 月 日

项目	标准内容	分值	评分	项目	标准内容	分值	评分
作业地面	地面物品摆放有定位、有标识，地面应无污染、无积水、无油污，无卫生死角，主干通道畅通，标志线清晰，区域划分合理，警示区划分清晰并有明显的警示标志	8.5		有毒有害危险品	有明确的摆放区域，分类定位、标识明确、隔离摆放，远离火源，并有专人管理危险品，有明显的警示标识	5.5	
仪器仪表	开关、控制面板标识清晰，控制对象明确，设备仪器保持干净，摆放规范整齐	6.5		作业通道	通道划分明确，无障碍物，保持通畅，通道线及标识保持清晰完整，两侧物品不超过通道线	3.5	
物料	不合格品应分类隔离存放，并有明显的标识标记，物料、产品上无积尘、杂物、脏污，定置定位区内物料码放有序，防护得当	8.5		墙面墙身	墙身、护墙板及时修复，无破损，墙面墙身无蜘蛛网，贴挂墙身的各种物品应整齐合理，表单通知归入公告栏，墙身保持干净（如过期标语、封条等），主要区域、自建房内检验现场应无遮断遮挡，生产现场无标识牌及摆放整齐、牢固、干净，作业指导书、记录、标识牌等挂放或摆放整齐	11	
库房料架	料架应保持干净，存放标识清楚，无过期及残余标识，料架本身无破损及严重变形	6.5		电线开关	开关须有控制对象标识，无安全隐患，电线布局合理整齐，无安全隐患（如裸线、上挂物等）	3.5	
搬运工具	定置停放、停放使用的，应有安全使用性及定责任人及日常点检记录	5		消防器材	摆放位置合理，标识清楚，位置设置合理，有黄色警示线，线内无障碍物，状态完好，按要求摆放，干净整齐	6.5	
工作台面	工作台面标识明确，上下分类对应，工具、检具及辅助工装分类摆放，明确品名、规格、数量，各类工具、工装辅助工装应保持完好、清洁，保证使用性，工作台面无杂物，工作台上下保持清洁	6.5		辅助设施	风扇、照明灯、空调等按要求放置，清洁无杂物，无安全隐患，风扇、照明灯、空调等各种电器无人时应关电源，无浪费现象，门窗及玻璃等各种公共设施干净无杂物，废弃设备及电器应标识状态，及时清理，保持设备完好、干净，各类管道不得放杂物	8.5	
清洁用具	定位合理堆放，及时归位，清洁用具本身干净整洁，回丝存放定位放置，符合安全要求	5		劳保用品	劳保用品明确定位，整齐摆放，分类标识，按规定穿戴工作服，着装整齐、整洁，按规定穿戴好防护眼镜、安全帽等防护用品	5	
油料油桶	有明确的摆放区域，分类定位放置，标识明确，加油器具定位放置，油类混用，防止混用、油桶、油类应有隔离防污清措施	6		私人生活用品	定位标识，公私物品分开，水壶、水杯按要求摆放整齐，保持干净	4	
存在的问题和不足							
改进意见和建议							

考核领导（签字）： 区队、站长（签字）： 评价人：

"三算合一"财务管控体系的构建与实施

创造单位：华北制药股份有限公司
主创人：王立鑫 肖志广
创造人：李建军 赵诗海 付世雄

[摘要] 华北制药股份有限公司前身是华北制药厂，是"一五"计划期间的重点建设项目，开创了我国大规模生产抗生素的历史，结束了我国青霉素、链霉素依赖进口的历史。2009 年 6 月，冀中能源集团重组华药，开始了华药历史发展的新篇章。

华北制药通过四大步骤的分步实施，实现了用友 NC 系统全面预算、资金管理、会计核算及 IUFO 报表的深度集成式应用，通过运用预算、结算、核算的内在联系，将全面预算、资金结算、会计核算有机结合，形成以预算管理为载体、以资金控制为核心，以会计核算为结果的多位一体式财务管控体系，实现财务预算、资金结算、会计核算的"三算合一"，公司总体财务管理水平实现质的飞跃，实施三年来效益显著，企业各项财务指标稳步向好。

[关键词] 财务管控；全面预算；三算合一

一、创建背景

（1）从大环境来讲，在当前的新形势下，市场竞争日趋严峻，企业财务管理需求相比传统的记账式管理发生了巨变，现代企业财务管理正在由核算型向管理型、决策型、价值创造型转变。财务系统的工作重心正在从业务处理向决策支持转变，除了报销、核算、记账、报表等基础财务工作以外，更重要的是预测、决策、控制、考核等管理职能，财务管理或将成为企业新的价值增长点。

（2）作为集团企业，华北制药的下属子分公司较多，业务范围较为广泛，实施"三算合一"之前，采用分散式管理，公司主要以收入、利润等指标对下属单位进行考核，存在诸多问题：一是预算管理手段落后，停留在事后控制阶段，对于预算执行的过程控制采用人工台账控制方式，预算执行不能与资金控制结合起来，往往造成无预算或超预算业务事项发生、资金先行支付，预算控制难以发挥作用。二是资金没有集中管理，各单位资金自行调配，无法实时监控下属企业的资金动向，对子公司大额资金支付管控不足，资金风险管控不到位。加之各单位经营状况差异较大，缺乏资金的总体协调，一些单位拥有大量的闲散资金放在银行吃利息，而一些单位由于资金短缺影响了施工或生产活动，表现为"存贷两高"，总体资金使用效率较低。三是会计政策及财务平台没有统一，业务处理不够规范，报表效率偏低。

因此，统一财务平台、创新资金管控模式，运用信息化手段，构建一个把全面预算管理、资金结算管理、会计核算管理结合起来的财务控制体系，实现财务预算、资金结算、会计核算的实时联动控制，是华药改革发展的迫切需要。

二、"三算合一"财务管控体系简介

（一）"三算合一"基本原理

从财务管理相关理论来说，预算管理、资金管理、会计核算之间存在着密不可分的相互关系，这种关系体现在：

（1）预算管理与资金管理至少在预算编制和预算执行阶段有交集，控制住了资金在很大程度上也就控制住了预算。

（2）会计核算反映了企业可用货币资存量，资金管理为会计对账提供了货币资金流入流出记录，是对会计核算的一种检查和监督。

（3）会计核算一方面体现预算管理的成果，另一方面也为改进预算管理提供数据支持。

（二）"三算合一"的实质

"三算合一"是指通过运用预算、结算、核算的内在联系，将全面预算、资金结算、会计核算有机结合，形成以预算管理为载体、以资金控制为核心、以会计核算为结果的多位一体式财务管控体系，对提升企业集团的财务管理水平有重大意义。

"三算合一"的实质是资金流、信息流与管理流程的高度结合与充分利用，简单表述为：以预算编制为起点，将各种业务活动转化为信息流，并通过集成系统实时的完成信息流的共享，按照管理权限划分出特定的管理责任人，对相关事项的信息作出决策方案，最终通过控制资金流完成对整个业务活动的控制。

（三）"三算合一"的设计思路

全面预算管理是一种整合性的管理系统，聚集企业各项经济资源，包括人力、财务、信息等，使之形成一种强有力、有序的集合，并具有全面控制的能力，是企业战略执行的有力工具，是经营目标达成的有效管控手段；资金是企业运转的血液，一切经营活动都离不开资金的支持，资金控制是预算控制最重要的手段。会计核算则是将包括资金活动在内的一切生产经营活动，通过特定的规则表述为会计核算信息的过程。预算管理是企业内部一把无形的"尺子"，要这把"尺子"真正融入到生产经营中，必须有一个科学的信息化管控平台，将预算管理与资金结算、会计核算协同起来，实时、动态、全方位地监控各项指标的完成情况，进而提高控制水平。

"三算合一"管控体系的基本设计思路是：根据全面预算、资金结算、会计核算在管理流程上的紧密关系，形成一个互通、互联、相互证实、相互牵制的管理闭环。互通，是指三个系统之间的信息是可以流通的；互联，是指三个系统之间是联动的；互相证实，是指三个系统的相关数据应该具有一致性；相互牵制，是指运用具有以上三种特质的信息形成控制。

三、"三算合一"财务管控体系的构建与实施

整个体系的构建与实施共分四大步骤：

（一）统一财务平台

遵循统一会计政策、统一报表体系、统一资金管理、统一系统平台的"四个统一"基本原则，在整个公司范围内实施了NC-ERP项目。NC总账、报表上线，同时发布《会计业务规范》、《财务会计报表编制说明》、《银行账户管理办法》、《资金结算管理办法》、《资金预算管控办法》等管理制度并进行培训，明确日常会计基础工作、资金管理、财务报表等各项业务的处理规范，成为公司级财会人员处理各类业务的基础依据，统一了会计政策、报表体系、资金管理及财务系统平台，为提升会计基础工作水平，实施"三算合一"奠定了坚实基础。

（二）资金集中管理

成立销售分公司和供应分公司，建立集中销售和集中采购平台，"集中回款、统一分配"，由原有的各公司独立收支资金，改变为集中收款与集中付款的方式。

成立结算中心，开设内部账户，建立"现金池"与"票据池"，清理各单位外部银行账户，推行"收支两条线"，制定资金预算管控办法及大额资金审批制度，为资金集中提供制度保障。迅速盘活企业资金，杜绝"贫富不均"、"存贷两高"现象，降低了融资成本。

（三）资金预算系统上线

通过实施NC资金预算系统，将资金收付从内部、外部、现金、票据四个维度进行细化分解，按经营活动、投资活动、筹资活动对所有收支行为进行预算控制，实现了资金支付环节的系统化预算控制；实施了银企直连，实现NC系统与网银系统的无缝对接，资金调控更加及时、便捷、安全、准确；制定《资金预算管理办法》，各内部企业按月上报资金预算，经核准后，利用NC资金预算系统关联控制付款，做到"先预算后用钱，没有预算不支付"。

1.建立资金预算管控体系

通过对月度资金预算、资金结算报表进行整合，设计了8张报表，即年度资金预算表、月度资金预算表、应付票据变动表、银行筹资活动变动明细表、投资项目明细表、管理费用预算表、制造费用预算表、营业费用预算表。

（1）管控维度。预算报表从单维度管理变成了四个维度，即内部、外部、现金、票据。分开内外部，主要是便于合并现金流量表的自动编制，原则上内部收支平衡后，外部数据即为合并现金流量表数据。分开现金和票据主要是为了方便统计销售回款中现金和票据的比例，通过四个维度的设置，实现现金流量合并报表的自动编制。

（2）预算项目管理。预算报表从粗略项目管理转变为精细项目管理，分别对经营活动以及投资活动的现金流量收支项目进行了细化。为了满足集采集销的管理要求，经营活动现金收支项目中，医药产品销售收入中细化了五个回款来源项目。为了满足上市公司报表披露以及管理的要求，经营活动现金收支项目中，其他经营活动收入中细化了五个主要收入项目，包括补贴收入、利息收入、租赁收入、代缴收入、其他收入，其他经营活动支出中细化了八个主要支出项目，包括研发支出、大修费、日常修理费、制造费用支出、其他管理费用支出、销售费用支出、代缴支出、其他经营支出。投资项目中，固定资产支出细化到每一类的每一个明细项目，新增一张"投资项目明细表"，将每个公司的每个明细项目都管控起来，在系统中建立了项目管理档案，为整个公司对投资的管理提供了依据，加强了投资支出的过程控制。

（3）预算管控方式。在资金管控方面，细化了预算管控点，主要设定了24个主控制指标，其中投资支出按照分类的每个项目预算进行控制，涉及更新和零购项目按总额控制，对于资金收支预算的控制有提示控制、预警控制和刚性控制三种方式刚柔并济。

2. 加强资金大额审批控制，防范资金风险

利用预算管理平台，通过建立报账中心、搭建预算场景、设置资金审批流程等手段，突出具有华药特点的资金审批及控制手段，对于预算内资金支出的审批额度划分，突出集团公司的"大额管控、内外有别"的思想，合理划分审批权限。

3. 初步建立票据信息池，实施票据的集中调控

对分散的票据业务进行统一信息管理，对票据实行全生命周期的管理，逐步建立票据到期预警机制。主要实现三个方面的管控：一是票据信息集中，在资金系统中建立票据集中平台，各公司通过此平台登记票据信息台账，做到实时更新、日清日结、账实相符；二是票据池管理，通过资金系统已经建立票据信息池，可以实时掌握票据信息，结算中心成立后将建立票据实物管理池，进行票据的统一管理；三是统一票据的开立和贴现，股份公司对票据集中开立和贴现进行管理，统筹确定主办银行和贴现利率。

（四）费用预算系统上线

实施 NC 费用预算系统，对营业费用、管理费用、财务费用、制造费用实施横向到边、纵向到底的全方位系统化管控，与资金预算实施联动，非付现费用、付现费用均纳入系统管控，实现费用制单通过报账中心传递至 NC 总账生成凭证。针对专项费用金额大、时效性强、实施灵活等特点，不能简单地按照年度预算控制，利用用友 A8 协同办公系统，对专项费用预算进行事前电子审批，实现对专项费用双重控制，最大限度地杜绝不必要的支出。

NC 费用预算系统基本工作流程：月度预算定稿后，录入 NC 费用预算，财务部在系统内进行费用预算批复并启用控制，实际业务发生时，各单位在预算范围内进行单据录入，对于超预算部分系统提示预算不足，无法制单。每月结账后，各单位出具费用预算执行表，根据费用预算执行表出具月度预算执行分析。

至此，基于 NC 系统上的财务预算、资金结算、会计核算"三算合一"财务管控体系构建成功，公司预算管控水平实现了质的飞跃。借助于对 NC 系统全面预算、资金管理、会计核算及 IUFO 报表的深度应用，所属企业只要录入收付款单据，相关凭证、各类账簿和财务报表生成等后续工作由系统自动处理，通过财务信息化平台，能够使得预算在线上报、核准，付款关联预算控制，没有预算不允许付款，付款后自动生成会计凭证，打通了预算、结算、核算，形成了"三算合一"的财务管控体系。公司通过每月对各二级预算单位的预算目标完成率进行考核评价，不断提升预算的管控、分析、执行能力，形成以预算为目标强化过程管控、以执行为结果促进预算管理的良性闭环管控体系。

四、应用成效

华北制药基于 NC 系统，成功打通预算、核算、结算，实现"三算合一"的财务管控体系，突破工作低效、控制力差、抗风险能力不足等方面的桎梏。财务管理嵌入各个业务环节，财务审批、核算流程发生了巨大变化，大大增强了事前控制和事中控制，财务控制力得到大幅提升。

在实施"三算合一"以前，财务控制停留在事后控制，无预算或超预算支付现象普遍，预算刚性较差。实施"三算合一"以后，通过严格的系统化控制，下属公司资金使用的随意性降低，真正做到了"先预算后用钱，没有预算不支付"的刚性控制，预算执行偏差大幅降低；费用控制能力大幅提高，实施当年公司可比管理费用同比降低 6300 余万元。

通过实施"三算合一"，统一了会计政策、报表体系、资金管理及系统平台，由原来五花八门的各类财务软件，改为统一使用用友 NC；由原来的直接执行国家会计准则改为执行企业内部统一的会计政策；统一了会计科目设置及报表编制原则，统一设定月度报告格式及报表提取公式，提高月度报告的自动化程度，月度报告报送时间由原来的每月 5 日提前到每月 1 日。

实施"三算合一"后，结束了原来的分散的"放羊式"资金管理，改为统一投融资、统一资金账户、收支两条线的资金集中管控模式，各单位资金状况可实时查阅，做到了实时监控，降低了资金风险。资金预算管理系统对公司整体筹资方案制定、平衡资金余缺、提高资金使用效率意义重大，实施资金预算系统后，通过开展内部融资和资金调剂，充分发挥资金池作用，累计节约财务费用达1.2 亿元。

通过实施"三算合一"，实现了财务向业务的延伸，企业 ERP 粗具雏形。财务信息化作为企业 ERP 核心，其成功实施是企业全面推行 ERP 的坚实基础，财务信息化项目顺利上线运行后，为下属成员企业进一步推动 ERP 实施创造了条件。

上述是华北制药在探索企业财务管理道路上的一些做法和经验总结，财务管理是集团企业管理的核心，如何建立科学的财务管控体系，实现事先预测、事中控制和事后监督，是所有企业管理者所关注的话题，经过几年的探索和实践，华北制药初步构建了一套适应自身发展的管理手段和管控模式，希望能为广大集团企业财务管理探索实践提供一定的借鉴。

"智慧城市"理念在土地一级开发规划设计管理中的应用

创造单位：北京新奥集团有限公司

主创人：段　旺　李　珊

创造人：李雯雯　董瑞玲　暴　伟　李培杰

[摘要] 北京新奥集团有限公司成立于 2005 年，集团公司注册资金 18 亿元，集团总资产 200 亿元，净资产 90 亿元。新奥集团是 2008 年北京奥运会主场区的开发建设单位和奥运赛时保障企业。随着中国城市化进程快速发展，新奥集团在土地一级开发规划设计管理工作中将"智慧城市"的理念融入，以"立足智慧园区，面向智慧城市"为出发点，根据园区所在区域不同、功能定位不同，按照智慧城市的要求开展园区规划。集团在 2010 年组织编制的《奥体文化商务园区低碳生态规划研究》中，提出奥体文化商务园区智慧园区的规划建设理念。

奥体文化商务园区从规划阶段统筹考虑区域智慧化技术的全面覆盖式应用，充分应用新一代互联网技术、物联网、云计算、大数据等，从园区能源、水资源、景观、交通、环卫等方面开展智慧园区规划设计研究，优化规划设计管理工作，助推智慧园区的建设。建成后的园区通过物联网等创新技术的应用，提高园区信息化水平，实现能源资源节约监控、公共安全、智慧交通、环境监测、智能停车库、智能垃圾清运、智能浇洒、智慧物业等多类功能，为区域管理提供了前所未有的手段，降低能耗、减少运行成本和人力的投入，有效破解园区发展可持续的瓶颈和难题，实现更高的开发价值，提升更高的区域价值，创造全新的智慧化生活方式，为生活和工作在这里的居民创造安全、舒适、便捷、高效的环境。

[关键词] 智慧园区；土地开发；信息化

一、引言

北京新奥集团有限公司（以下简称"新奥集团"）是北京市国资委所属的大型国有集团公司。新奥集团在市委、市政府的领导下，在市国资委等政府相关部门的直接指导下，遵循奥林匹克公园统一规划、有序建设、和谐管理的原则，按照市政府批准的奥林匹克公园控制性规划方案并结合奥运会赛时具体需求，高质高效完成了奥林匹克公园中心区的土地一级开发市政基础设施建设、奥体文化商务园区征地拆迁和各项奥运配套设施的建设工作。奥林匹克公园中心区规划占地面积约315公顷，地上总建筑面积约361万平方米，集团在第二十九届奥运会前完成了地下通道、地下车库、多功能演播塔等奥运会配套设施工程，龙形水系、中轴铺装、景观绿化、景观灯柱、下沉花园、旱喷等景观工程，奥体中路、规划1~6路等市政道路工程的建设任务。新奥集团圆满完成了奥运会、残奥会整体运行保障服务任务。

奥运会后，新奥集团已经逐步发展成为"以土地一级开发为特色的房地产开发、以奥运中心区经营为核心的区域运营、以公共项目运营为内容的服务平台"三大业务板块为主的发展格局，正在实施建设的奥体文化商务园、通州新城核心区、丽泽金融商务区等大型城市综合区，逐步成为北京城市发展建设的重要力量。新奥集团作为北京重点项目的土地一级开发企业，在规划建设的过程中，逐渐总结了一套土地一级开发的管理模式。规划设计作为土地一级开发的龙头，作用至关重要，在某种程度上决定着一个项目的品质。

随着中国城市化进程快速发展，新奥集团在土地一级开发规划设计管理工作中将"智慧城市"的理念融入，而智慧园区作为智慧城市的重要组成部分，在"互联网+"的推动下，充分运用移动互联网、大数据、云计算、物联网等新一代信息技术，推进传统行业的融合发展、优化资源配置、提升管理服务水平，并同时推动企业创新转型、智能设施与智慧交通建设、低碳生态环保、物业管理服务等方面的高效发展。

在新的形势和技术面前，新一轮的智慧园区规划也重新起航。新奥集团在2010年组织编制的《奥体文化商务园区低碳生态规划研究》中，已提出智慧园区的规划理念。奥体文化商务园区位于奥林匹克公园南部，是奥林匹克公园的重要组成部分，是以文化商业、国际交流、会展旅游、休闲娱乐功能为核心的综合性城市职能中心，占地面积约62公顷，规划总建筑面积约144万平方米，目前已完成征地拆迁工作，正在进行市政基础设施和配套设施建设。奥体文化商务园区的规划建设融入智慧园区的理念，通过物联网等创新技术的应用，提高园区信息化水平，将园区建设成为一个具有智能化基础设施的智慧园区，实现精细化的新区管理，创造安全、舒适、便捷、高效的环境。

图1 奥体文化商务园（奥体南区）效果图

二、课题背景

（一）适应国家智慧城市建设的需要

智慧城市就是运用信息和通信技术手段感测、分析、整合城市运行核心系统的各项关键信息，从而对包括民生、环保、公共安全、城市服务、工商业活动在内的各种需求做出智能响应。其实质是利用先进的信息技术，实现城市智慧式管理和运行，进而为城市中的人创造更美好的生活，促进城市的和谐、可持续成长。国家住建部在2012年发布了《国家智慧城市（区、镇）试点指标体系（试行）》，2013年公布了全国193个智慧城市试点名单，并于2014年发布了《智慧社区建设指南

（试行）》。近年，自"智慧城市"的理念提出以来，全球关于智慧城市的发展从概念和模型阶段进入规划和建设阶段，我国的智慧城市建设全面展开，无论从数量还是规模上已走在世界前列，智慧城市建设已经成为实现党的十八大提出的"新型城镇化"战略的一种途径和载体。在我国建设智慧城市的大环境下，新奥集团正在开发建设的奥体文化商务园、通州新城核心区、丽泽金融商务区，针对所在区域不同、功能定位不同，按照智慧城市的要求开展智慧园区规划，优化规划设计管理工作，助推智慧园区的建设。

（二）递推土地一级开发规划设计管理创新的需要

土地一级开发规划设计管理工作贯穿于整个开发周期的全过程，从项目可行性研究、方案设计、初步设计、施工图设计、施工实施、竣工验收到投入使用，每个阶段规划设计都需要跟踪、管理，并且对项目的功能定位、品质标准、成本控制、不同专业之间的设计配合及进度协调等工作都需要规划设计管控。

传统的土地一级开发园区建设只能做到"七通一平"，基本都是水电气、交通、建筑等基础设施建设，信息化、智能化都由入驻的二级企业自行完成，企业自身的投入和维护成本高。这导致园区内各信息系统相互独立，行程"孤岛信息"，缺乏相应的集成与互联机制，无法支持开发商、园区管委会、二级企业以及物业管理者之间业务的顺畅交流。随着新信息技术的逐渐成熟，促使规划理念、规划方法、规划手段更加具有前瞻性和科学性，规划设计管理工作要从粗放到精细，土地一级开发企业在园区规划设计阶段要充分考虑到为二级开发预留接口。

（三）推进集团项目可持续发展的需要

新奥集团应奥运而生、因奥运而成长，曾在奥运工程建设中取得过辉煌成绩，建造了具有震撼力的中心区场地，通过对交通网络的打造，环境治理，信息化建设，气、热、水、电等设施的建设，促使整个城市风貌和基础建设有所提升。奥运会后，随着社会大环境和中心区使用需求的变化，新奥集团与政府、设计师们不断探索，北京奥林匹克中心区从规划、土地利用情况到建筑功能、运营都发生了不同程度的改变。奥体文化商务园区、通州新城核心区、丽泽金融商务区的规划建设也得到了各方的高度评价，新奥集团将智慧园区的规划理念融入园区建设，增强企业在行业内的核心竞争力，加快集团发展，真正实现集团做大做强的目标，实现集团项目可持续发展和经济效益增长。

三、内涵及基本特征

（一）土地一级开发规划设计管理的基本特征

1. 土地一级开发规划设计全过程管理

规划设计管理是贯穿于房地产开发始终的、针对设计成果的，兼顾任务管理、资源管理、进度管理、成本管理、技术管理的系统化的管理工作。涉及房地产开发的全过程，从项目决策中对意向地块的规划研究分析到编制设计任务书，从方案设计到施工图设计，从施工现场的配合到后期运营，以致到后期物业的维修、整改的技术支持，规划设计都要全过程管控。

2. 土地一级开发规划设计动态化管理

土地一级开发的规划设计不是一成不变的，是一个动态的过程。随着项目的进展，方案不断深化，对原规划指标（用地、建筑面积、建筑高度、容积率等）反复研究推敲，进行不断调整和改善，实现区域整体规划目标。

3.土地一级开发规划设计前瞻性管理

土地一级开发在规划设计阶段就要为二级开发考虑，对二级开发建设项目进行设计配合，前期会预留出市政条件，为各个地块预留市政接口、地下隧道接口连接各个地块，为二级开发建设留有设计空间，做好二级项目服务工作，为地块上市做好准备。

（二）项目内涵

智慧园区是指融合新一代信息与通信技术，具备迅捷信息采集、高速信息传输、高度集中计算、智能事务处理和无所不在的服务提供能力，实现园区内及时、互动、整合的信息感知、传递和处理，以提高园区产业集聚能力、企业经济竞争力、园区可持续发展为目标的先进园区发展理念。作为土地一级开发建设主体，规划设计要从规划阶段统筹考虑区域智慧化技术的全面覆盖式应用，利用新技术、新理念、新思路来提升园区管理的智能化水平，以智能化、信息化的手段协助智慧园区提升园区的管理效率，充分应用下一代互联网技术（IPV6、移动互联）、物联网技术（传感网、三网融合等）、云计算技术（云服务、云存储等）、大数据技术等新技术成果，实现物与物、物与人、人与人的各种互联，创造全新的智慧化生活方式，向全方位的可持续发展园区发展，实现更高的开发价值，提升更高的区域价值。

在开展奥体文化商务园区规划工作中，以"立足智慧园区，面向智慧城市"为出发点，从能源、水资源、景观、交通、环卫等方面开展智慧园区规划设计研究，将智慧园区的规划理念很好地融入常规规划体系，使得其具备实际可操作性。智慧园区系统可控制能源、资源、信息和城市废物等，维护安全健康平衡的新区环境，优化建成后的园区的整体运作效能，实现能源资源节约监控、智慧交通、公共安全、环境监测、智慧家居、智慧生活、智慧物业等多类功能。构建园区物联网智能管理中心，实现公共安全、智能停车库、智能交通、远程医疗、垃圾清运、智能浇洒、能源水资源监测、环境监测等物联网子系统应用，建设成一个具有智能化基础设施的智慧园区。

四、主要做法

（一）明确园区定位，做好统筹规划

面对智慧园区土地一级开发规划设计管理工作在前期可研分析阶段就要明确园区的定位，收集整理关于智慧城市、智慧园区相关的政策，对园区的数字化、智慧化建设需求进行认真的、科学的、实事求是的分析，提出土地一级开发智慧园区规划设计标准。顶层设计对智慧园区的总体功能和关键经济技术指标等进行科学分析，确定智慧园区建设的指导思想、目标任务、经济技术路线、协调实施原则等，使方案朝着所期望的方向发展。

在开展奥体文化商务园区规划设计工作中，新奥集团在2010年与相关设计单位、科研单位组织编写了《奥体文化商务园区低碳生态规划研究》，新奥集团与设计单位根据项目定位对园区的各个体系进行了深入的剖析，从"基础设施高效、生态环境优美、园区管理精细"三个层面构建了奥体文化商务智慧园区总体框架，完成了"低碳城市形态、三联供技术、太阳能风能技术、区域水资源综合利用、固体废弃物分类转运技术、物联网技术及信息化"6项技术专题研究以及"投融资及运营模式"1项经济专题研究。从能源、水资源、景观、交通、环卫等方面开展智慧园区规划设计研究，将智慧园区的规划理念很好地融入常规规划体系，使得其具备实际可操作性。例如构建园区物联网智能管理中心，可以控制能源、资源、信息和城市废物等，维护安全健康平衡的新区环境，优化建成后的园区的整体运作效能，实现能源资源节约监控、智能交通、公共安全、环境监测、垃圾清运、智能浇洒、智慧家居、智慧生活、智慧物业等多类功能，如图2所示。

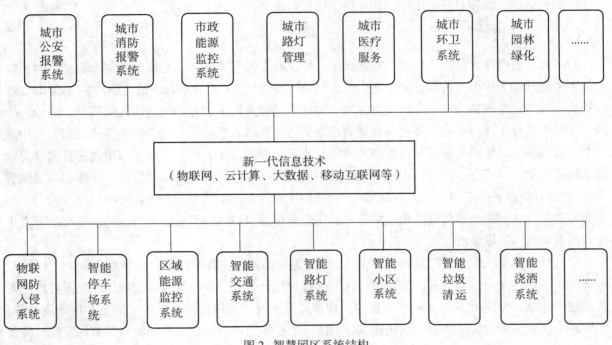

图2 智慧园区系统结构

（二）强化集团内外沟通，提高规划设计管理工作效率

相对于传统规划设计管理工作，智慧园区的开发建设从一开始就要做好集团内外部沟通协调工作。在规划阶段，准确、及时的沟通，保证了项目朝正确的方向有序地发展。规划设计管理主要的沟通及集团内部沟通和集团外部的沟通。

1.加强集团内部沟通，严格管控项目品质

在智慧园区规划设计开始实施前，规划设计部门内部人员明确分工，建立每周设计例会制度。专人专项及时跟踪，及时掌握设计动态，汇报一周的工作计划，把智慧园区规划设计过程中出现的问题，及时反馈部室负责人和同事寻求解决方案或意见，并加强项目各专业之间的横向沟通和交流，使各专业有效衔接，智慧园区规划设计管理经验得到共享。同时，为避免智慧园区规划设计偏离重心，集团组织召开专家评审会，专家组认真听取关于奥体文化商务智慧园区汇报，仔细审阅相关研究资料，对智慧园区研究内容进行提问，并形成意见。规划设计部门根据专家组形成的意见及建议进一步深入研究和落实智慧园区设计导则、指标体系及实施方案等相关内容。

此外，规划设计部组织集团相关部门参与智慧园区专题会研究，一般由集团领导、经营、财务、造价、工程管理等部门参与，在规划过程中各部门通力合作，及时、科学地决策，确保园区智能化设计成果符合集团规定要求。同时，相关部门提前介入智慧园区规划设计研究，有利于后期园区建设、成本控制、人员配备等工作的推进，保证智慧园区规划设计的顺利进行。另外，具体设计阶段，通过规划设计管理流程，协同工程管理、造价等相关部门对设计方案、初步设计、施工图设计中的智能化部分进行严格审查。

2. 协调集团外部沟通，助推项目有效开展

智慧园区的建设是一个大型、系统、复杂的工程，在规划设计阶段，除了集团内部的高效沟通外，还离不开外部众多合作伙伴的帮助与支持，除了传统的设计单位，还需要政府部门、研发机构、软硬件供应商等，尤其是与政府规划部门的沟通要及时甚至超前。

（1）与政府有关部门的积极沟通是项目实施的前提。智慧园区项目顺利进行，离不开政府部门的支持和指导，对于土地一级开发企业来说，与政府部门的沟通需更加密切。面对关于智慧城市、智慧园区政策方面的问题及时征询政府部门意见，尽早发现问题，提前解决问题。在智慧园区规划设计过程中，配合各相关行政部门的审批审查，是规划设计管理工作的重要内容之一。从规划条件的确定，到建设用地许可证、方案审查、方案批复及建设工程规划许可证，各报批阶段积极与政府规划部门沟通智慧园区的规划意图、方案、技术等，推进项目开发的真正实施。此外，从设计到建设规证批复阶段，规划设计还要协调环境、交通、消防、人防、节能、水务等各专项设计审查与报批，同时，协调各专项设计与智能化技术的衔接，组织设计进行不断深化，并对政府相关部门及各委办局提出的专项疑问进行解答。

（2）与设计团队的良好沟通是项目实施的关键。智慧园区的规划设计离不开强有力的设计团队。规划设计管理在实际委托设计单位过程中，往往不是一家，而是一个设计团队，按照阶段及专业的不同，首先邀请国内外知名设计事务所进行咨询，帮助厘清思路，获得一些创新性想法和启发，从宏观去把握智慧园区的规划；在规划设计实施阶段，委托规划设计单位、建筑设计单位、景观设计单位、园区市政综合设计单位等，从实际具体技术上去推进项目的开展，做好园区水、电、气、热、路、通信等公共基础设施中智能化相关部分的规划布局。规划部负责编写设计任务书，提出设计要求，在与设计团队沟通的过程中，不能只是电话或口头沟通，要有详细的过程记录和书面确认，一是便于明确要求，二是项目完结后可进行统计分析，避免今后类似问题的再次发生。

（3）与研发机构及软硬件供应商的沟通是项目实施的保证。新一代信息技术日新月异，更新较快，物联网、云计算、大数据等新概念层出不穷。在这个快速变化的行业里，源源不断从研发机构里获取新技术、吸收新思维，是推动智慧园区业务不断进步的重要因素。除了与传统的设计单位合作，在智慧园区的规划设计过程中，还委托IT研发机构、软硬件供应商为智慧园区的实施提供技术支撑。规划部把新奥集团土地一级开发的规划设计原则和意图很好地传达给IT研发机构和软硬件供应商，并且在方案设计阶段引入研发机构的参与，把后期可能遇到的智能化技术问题提前解决，使得设计单位在规划设计时必须考虑到与智能化系统的高效融合。这也是通过借助资源来管理资源的一种方式，通过这些工作的穿插，让每一个参与智慧园区设计的单位在进行委托范围工作的同时，也参与了对其他单位的管理。

（三）严格贯彻事先成本控制管理原则

规划设计阶段成本控制是实现事前成本控制的重要阶段，对整个项目成本的影响起着重要作用。好的设计管理并不只是针对设计，而是要跳出设计来谈设计，更多地参与到策划分析、成本测算的工作中，任务的编制才能有的放矢。新奥集团规划设计管理在规划阶段对功能品质、设计标准提出要求、提供方案设计、设计概算的同时，会同经营、造价等一起研究智慧园区成本分析，规划设计

阶段事前成本控制能够有效避免或减少在项目施工实施过程中成本变动带来的影响。在奥体文化商务园的规划研究中，规划设计管理工作就对未来智慧园区的投资及运营模式做了投资估算，一是测算实现智慧园区建设目标所要投入的资金数量，为项目开展做好前期的融资和筹资准备；二是分析资金的来源和筹资渠道，在项目计划期内实现充足资金保障；三是明确智慧园区建设各项技术的经济合理性，分析项目的投资价值，完成投资估算，结合项目阶段，根据不同项目特点分析智慧园区投资运营模式，并最终实现市场化、盈利性的运营。在具体设计阶段，考虑智慧园区需要投入更多的智能系统、智能设备、先进材料，提前与造价部门沟通，控制好成本，有效避免施工过程中经常发生的成本增加或为提升项目品质导致的成本增加。

（四）为物业后期管理服务打下坚实基础

在智慧园区规划设计阶段要充分考虑为物业后期管理服务带来便利。园区构建的物联网智能管理中心所涉及的领域有防入侵系统、停车管理系统、区域能源监控系统、智能交通、智能路灯、智能垃圾清运、智能浇洒等，各系统均由末端传感器识别现场信息，并通过光纤或互联网传输到物联网中心，中心进行数据的存储、计算、甄别等一系列措施后，把切实可行的信息、方案发送到园区物业管理部门或反馈回现场，大大减少物业人力资本投入，还提高了工作效率。

1. 物联网防入侵系统

物联网防入侵系统通过在园区周界和重点区域外围或在虚拟围栏周围地面布设多个或多种探测器，可有效识别攀爬围栏、破坏围栏、越过围栏等各种入侵方式，并加以区分。当入侵行为触发报警时，系统立即联动围栏视频监控系统，在调出的视频图像里值班人员可迅速直观地看到现场的实际情况，该系统白天处于撤防状态，晚上处于设防状态，既可节省人力、提高效率，又可实现园区的安全防范。

2. 智能停车系统

智能车辆管理系统可以为车辆通行提供独立、不间断的系统设备，实现对车辆的方便管理，具有可靠性高、识别率高、安装维护简便等特点，不需人工干预，通过智能停车场系统、出入口智能管理系统和数据采集系统，自动完成一系列现场数据的采集、比较和开关闸控制工作等，对车辆信息进行管理，节省人力，提高工作效率，满足管理上的需求，减少人为干预。

3. 智能路灯

路灯照明系统不仅给人类出行带来便利，而且给人们的夜生活增添色彩。传统的节能方法只能通过集中控制路灯亮灭，无法根据具体情况更改亮度，而且也无法实现实时获得每盏路灯的状态。智能路灯系统能够通过路灯上的射频识别路上的车辆，并提前将该车辆即将行进路线上的路灯打开，为其提供"星光大道"服务。可以节省大量的电费成本和管理成本，是当今提倡节约型社会的一个很好的科学智能化管理设备。

4. 智能垃圾清运系统

该系统通过智能超声波物位探测器检测出垃圾箱中垃圾的量，然后把信息传达到区域物业或环卫中心，环卫工人可以准确及时地清运垃圾。垃圾物位探测器的设置通过无线网络与物联网系统通信，在区域内每个地埋式垃圾桶内均设置该设备。

5. 智能浇洒系统

该系统由智能节阀、智能流量计及智能湿度检测仪等组成,并与气象信息联网,能够及时自动对园区内绿地进行浇灌,无须人工干预。

(五)建立网络安全意识

智慧园区建设高度集成了物联网、大数据、云计算等众多新形态的信息技术,这些都是实现园区智能化的基础,是一项复杂大型的系统工程,在感知层、通信传输层、应用层、智能分析处理等诸多层面存在安全风险,网络安全管理也成为规划设计阶段需要考虑的棘手问题。一旦在网络安全防护上不能得到有效保证,可能造成园区管理混乱、隐私信息泄露、应急决策失误、各类事故频发乃至局部社会动荡的局面。因此,新奥集团在智慧园区的规划设计阶段,就树立防范信息安全风险的观念,建立网络安全技术体系,组织专家专项研究网络安全技术,认真研究抵御来自外部和内部可能受到窃取、干扰和攻击等关键技术,加强重要信息系统安全防护能力,推动智慧园区的建设,保证园区信息资源的安全。

五、效益分析

(一)经济效益

奥体文化商务园智慧园区系统的投资估算约 6561 万元,智慧园区的投资会根据开发深度和需求有较大的不同,虽然奥体文化商务园尚在建设实施阶段,按照规划阶段投资测算的经济指标,仅太阳能应用技术系统的经济效益就能达到 103.44 万元/年。另外,智慧化、科技化的理念在建成的奥林匹克公园中心区已经得到了很好的体现,IPV6 数字化景区照明控制、雨洪利用系统、太阳能光伏发电等一系列技术的应用,为园区的建设提供了有力的支撑。依托雨洪利用系统建立的中心区水利调蓄系统大大节省了水费以及日常维护费用,并且在 2012 年北京的"7·21"特大暴雨中,保证了中心区安全度汛;利用太阳能光伏发电减少了常规的能源消耗,运行费用低,节能效益十分显著。未来,依托新一代信息技术,将有更多的智能系统、智能设备应用于奥体文化商务园、通州国际新城、丽泽金融商务园,这些都使园区实现节能减排,同时也带来巨大的经济效益。

表1 奥体文化商务园区规划区域智慧园区系统投资估算

智慧园区系统名称	系统投资（万元）	应用对象
物联网防入侵系统	282	园区周界及重点区域
智能停车	508	中心绿地地下停车场
区域能源监控	3316	区域水、电、气、热计量
智能交通	103	区域道路、公交站点、信号灯
智能路灯	102	区域路灯
智能垃圾清运	100	区域地埋式垃圾收集桶
智能浇洒	150	中心绿地及各地块绿地
区域公共安全、生活	2000	主要出入口、公共广场设置信息站点
合　计	6561	

（二）社会效益

后奥运时代新奥集团结合奥运会时积累的宝贵经验，结合目前世界、国家的发展趋势，在智慧城市的大背景下通过对奥体文化商务园的智慧设计，将信息技术嵌入传统基础设施之中，成为基础设施一部分，形成园区智能管理体系，为区域管理提供了前所未有的手段，降低能耗、减少运行成本和人力的投入，有效破解园区发展可持续的瓶颈和难题。

正在施工的奥体文化商务园、通州国际新城、丽泽金融商务区，在智能化的建设上响应国家政策积极创新，利用信息和通信技术使园区更加智能，提升园区品质，改变传统公共服务的方式，促进基础设施的智能升级，为园区创造智能、便利、舒适、优美、安全的环境。未来在这里工作和生活的人群将有最方便、最便捷的工作和生活方式，也必将逐步辐射周围的办公及居住小区，从而推动智慧园区的建设，为北京其他重点区域的发展提供良好的典范。

文化理念创新在企业转型发展中的应用

创造单位：中交二公局第四工程有限公司

主创人：刘宏伟　李海亮

创造人：刘明伟　吴　俊　杨锋辉　代红杨　樊　昊

[**摘要**] 近年来，随着公司管理方式、经营结构、改革步伐的不断调整，企业发展规模不断扩张，发展步伐持续加快，综合实力持续攀升，硬实力发展强劲有力，大力培育优秀的文化理念，建立与企业发展相适应的先进文化体系便成为了企业发展的重中之重。

自 2010 年起，公司结合企业发展实际，按照中国交建、二公局企业文化建设要求，把企业文化建设提升到企业发展战略的高度，公司上下正确认识，统一共识，准确定位，认真践行，创新实践，总结提炼，明确提出了"领先文化·文化领先"的企业文化顶层设计，梳理、补充完善了领先文化的深层次内涵，提出以"四高"为标准，以"五创"为手段，以"四个领先"为目标，最终实现"四个满意"效果的先进管理文化，大力践行"只有目标，不讲条件；只有结果，不讲借口"的卓越执行力文化，积极培育厚植"没有完美的个人，只有完美的团队"的团队文化，在持续强化制度建设的基础上，有效创新构建了具有公司特色的先进文化体系。

[**关键词**] 理念创新；管理文化；制度建设

一、前言

中交二公局第四工程有限公司（原交通部第二公路工程局第四工程处、二公局（洛阳）第四工程处）成立于 1982 年，是国务院国资委管理的特大型国有企业、世界 500 强、"最具核心竞争力的中国企业"、第一家成功实现境外整体上市的特大型国有基建企业——中国交通建设股份有限公司全资控股的三级公司，直接隶属于拥有"国家级企业科学技术研发中心"称号、具有公路工程施工总承包特级资质的中交第二公路工程局有限公司。

公司注册资本 3.01 亿元，拥有公路工程施工总承包一级资质，桥梁、公路路面、公路路基、隧道工程专业承包一级资质，市政公用工程施工总承包一级资质，预拌混凝土专业承包资质，工程遍布全国 30 个省、市、自治区及也门、卢旺达、巴基斯坦、肯尼亚等国。现有管理和技术骨干约 1500 人，拥有各类大中型施工设备近 500 台（套），资产总额超 50 亿元，年施工能力达 60 亿元。

自成立以来，公司所承建的工程，其技术、工艺、质量均处全国同行业先进水平，多项工程荣获国家、省（部）级大奖，其中沪宁高速公路获鲁班奖和詹天佑奖。江苏宿迁至淮安高速公路、南京至淮安高速公路、沿江高速公路盐城至南通段、辽宁沈大高速公路改扩建工程获公路交通优质工程一等奖，湖北襄十高速公路襄樊至武当山段、江苏汾水至灌云高速公路获公路交通优质工程二等奖，甬台温高速公路乐清湖务街至白鹭屿公路获公路交通优质工程三等奖。西安市三环路CO2标道路排水工程获全国市政金杯示范工程。山东济莱高速公路、陕西永咸高速公路路面四标、河南商周高速公路周口段路面四标获中国交建优质工程奖。公司参建的哈大铁路客运专线、兰渝铁路客运专线、贵广铁路客运专线、成绵乐铁路客运专线、山西中南部铁路（重载铁路）、怀邵衡铁路等多个项目荣获"火车头"奖杯，多名参建员工荣获"火车头"奖章。

公司始终坚持创新驱动，注重科技创新、管理创新，有计划开展了50余项科技攻关和技术创新，在江南软基、淤泥强化处理，北方干旱地区粉砂填筑等特殊路基施工方面取得了重大技术突破，路基、路面、桥梁等施工技术、工艺、质量在全国同行业中具备领先水平，在SBS、SMA沥青混凝土面层、连续布筋大坡度钢筋混凝土面层、橡胶改性沥青应力吸收层（SAMI）施工、大粒径排水性改性沥青混合料（LSPM）施工、CRTS I 型无砟轨道板预制施工，桥梁工程连续预应力混凝土箱型悬臂浇筑施工，大跨度钢桁梁拖拉施工，双线铁路隧道下穿泥石流沟施工，山区超高墩小半径曲线大纵坡多跨连续弯箱梁施工，隧道工程软岩隧道锚喷、黄土隧道新奥法施工等领域具有绝对的技术优势。公司自主研发的施工项目信息管理系统（CPMIS）、公路工程仿真系统、办公服务系统（OA）等信息化管理软件实现了路桥施工动态管理数字化、图形化及网络化，完成了工程产品从结果控制到过程控制的根本转变，为国内施工企业项目管理首创，并被记入2005年中国企业新纪录。截至2015年，公司所获中国企业新纪录达4项，实用新型专利4项，软件著作权6项；4项管理创新成果获全国交通行业创新成果奖；4个项目获全国工程优秀项目管理成果奖。

公司现为中国建设银行河南分行AAA信用企业、中国施工企业团体会员，先后荣膺"全国优秀施工企业"、"公路建设行业诚信百佳企业"、河南省建筑业"骨干企业"、"全国模范职工之家"等省部级以上称号70余项。

二、实施背景

近年来，中交二公局第四工程有限公司始终以党的十八大和十八届三中、四中、五中全会精神为指导，积极落实"四个全面"战略布局，在中国交建"五商中交"顶层设计引领下，严格执行二公局发展规划，结合公司发展实际，始终坚持强化管理和创新驱动，积极探索符合企业发展的管理模式和科学有效的组织形式，不断思考、研判、总结和提炼，有效构建了具有公司特色的"领先文化·文化领先"的文化建设体系，依托生产实践大力实施文化兴企，倡导正能量、传播正思维、树立正引领，以文化创新驱动企业转型发展，助推企业稳健向好，取得了良好成效。

十八大以来，国家调整宏观调控思路，作为基础设施建设领域，市场的主体地位越来越凸显，工程项目的综合化、集中化、高端化特征越来越突出，工程承包模式不断创新，客户越来越需要提供全方位、立体化、复合式的施工服务方案，整个行业对企业的专业化、高端化、精细化以及服务能力和水平要求也越来越高，对企业的管理水平、管理层级也提出了更高要求。面对行业大势，作为施工单位，积极把内在精神力量转变成经营管理等各个工作环节的实际效率，把文化优势转化成发展优势，把文化软实力转化成企业核心竞争力，以先进的文化理念凝聚企业发展的向心力和凝聚力，汇聚总体的内在合力，助推企业向精细化、集约化和品牌化迈进，带动企业向更高竞争层级、更高管理水平提升发展，这是企业主动适应新常态，持续做强做优、不断前行的发展需求。

公司"领先文化·文化领先"的文化理念提出并非偶然，一方面得益于传统优秀文化理念的积淀和传承，一方面得益于企业总体实力提升与文化建设发展相互作用。2005年，公司以承建永咸项目为依托，先后提出了"高起点、高标准、高要求"、"质量零缺陷、业主零投诉、职工零抱怨"和"质量第一、进度第一、效益第一、管理第一"的管理目标，提炼出了"爱岗、敬业、诚信、自信、求实、创新"的永咸精神，并以"没有任何借口、自动自发、打造卓越执行力"为切入点，大胆首创了"逢一必争、逢冠必夺"的经营理念，项目经营效果凸显，项目经营团队也因此荣获中国交建"品牌团队"称号。近年来，随着公司管理方式、经营结构、改革步伐的不断调整，企业发展规模不断扩张，发展步伐持续加快，综合实力持续攀升，硬实力发展强劲有力，大力培育优秀的文化理念，建立与企业发展相适应的先进文化体系便成为了企业发展的重中之重。这也是企业自我加压，主动作为，持续提升核心竞争力，推动企业全方位提升的内在驱动。

结合发展外部环境的新变化，内部发展的新要求，面对多元的思想、多样的人群和多变的情况，公司迫切需要依托生产实践，继承、积累、汲取、创新、固化优秀的文化内涵，为公司企业文化体系的逐步形成注入新的文化元素，助推文化软实力与发展硬实力的节拍步调一致，均衡发展，同步提升；迫切需要锻造信仰认同、增强理论认同、汇聚价值认同、凝聚利益认同、形成话语认同、营造情感认同，形成文化认同和文化自信；迫切需要以独具公司特色的企业文化引领企业发展，实现企业总体发展稳健有力。这对新形势下国企深化改革，转型升级至关重要。

三、创新文化体系建设

自2010年起，公司结合企业发展实际，按照中国交建、二公局企业文化建设要求，把企业文化建设提升到企业发展战略的高度，公司上下正确认识，统一共识，准确定位，认真践行，创新实践，总结提炼，明确提出了"领先文化·文化领先"的企业文化顶层设计，梳理、补充完善了领先文化的深层次内涵，提出以"四高"为标准，以"五创"为手段，以"四个领先"为目标，最终实现"四个满意"效果的先进管理文化，大力践行"只有目标，不讲条件；只有结果，不讲借口"的卓越执行力文化，积极厚植"没有完美的个人，只有完美的团队"的团队文化，在持续强化制度建设的基础上，有效创新构建了具有公司特色的先进文化体系（见图1）。

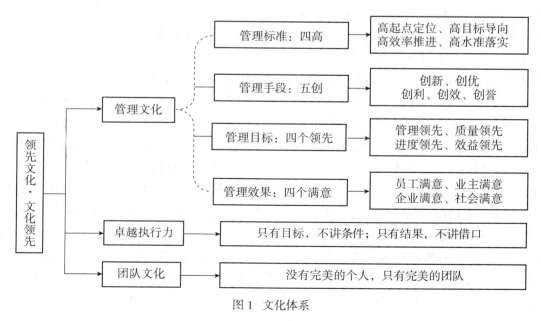

图1 文化体系

（一）管理文化：四高、五创、四个领先、四个满意

公司结合行业发展实际和具体的管理特点，通过不断摸索并在实践中总结锤炼，把领先文化融入具体管理实践，创造性地提出"四高"、"五创"、"四个领先"、"四个满意"的企业管理文化理念，逐步形成了管理要素具体、管理特色鲜明、极具特色的企业管理文化体系。在具体的管理实践中，公司上下凝聚共识，以创新管理为驱动，以"四高"为标准，以"五创"为手段，以"四个领先"为目标，以"四个满意"为最终管理效果，持续完善管理文化理念的深层次内涵，应用指导于生产实践。经过多年管理实践的验证和持续充实完善，"领先文化·文化领先"的管理文化体系在公司全范围内形成广泛认同，全体员工内化于心、外化于行，自觉主动成为文化传播的践行者、监督者和维护者，逐步实现了管理理念的正确引导，企业发展活力不断激发。

在工程建设过程中，公司承建的一大批国家级重点项目以领先的管理文化为导向，高目标引领施工建设，项目经营效果凸显，实现名利双收。公司承建的贵州安江高速，以"四高"为导向，以"五创"为标准，发挥团队协作优势，管理、质量、进度、效益始终全线领先，项目管理稳居全线第一梯队，实现了"四个满意"的管理目标；承建的湖南怀邵衡铁路项目以领先文化为引领，标准化建设成效显著，2015年通过全国铁路标准化观摩，全线唯一一家获铁路总公司"火车头"奖杯。在"一带一路"倡议的指引下，公司承建的肯尼亚蒙内铁路项目坚持高起点定位、高目标导向、高效率推进、高水准落实，严格控制施工质量，高质效推进施工建设，进度领先、成本管控有效，综合管理位居全线前列，施工期间受到国内外媒体多次现场采访，迎来非洲13国驻肯尼亚使节的集体观摩学习，树立了良好的国际形象。

（二）卓越执行力文化：只有目标，不讲条件；只有结果，不讲借口

近几年，公司将"只有目标，不讲条件；只有结果，不讲借口"的卓越执行力文化作为提升公司管理水平的重要突破口，号召全体员工牢固树立"只有目标，不讲条件"、"只有结果，不讲借口"的卓越执行力理念，不断明确总部决策层和项目执行层的目标定位和工作导向，逐步形成执行政策不动摇、执行纪律不走样、执行制度不变通的卓越执行力的文化内涵，动员全体员工逐渐养成服从企业要求、执行企业制度、遵守企业纪律的良好习惯，主动养成能做事、做成事、做好事的积极向上的良好习惯，主动养成认真负责、追求卓越的良好习惯，使卓越的执行力文化入脑、入心、入行，在公司上下达成共识，广泛传播，为推动企业健康发展提供了有力的文化支撑。

在具体实践中，公司总部敞开思路，细化阶段性考核指标，提高工作效率和服务质量，全力提高总部执行力；各项目紧紧围绕公司下达的经营目标，全员参与、全力以赴，强力管控、赢在执行；公司全体员工紧盯工作目标，积极落实各项具体工作事项，形成公司上下全方位有效互动的良性发展局面。各级管理人员始终保持高度的思想认同，树立强烈的使命感和责任感，凝心聚力、锐意进取、砥砺奋进、合力攻坚，强力推进各项战略部署成功落地。自2013年起，公司先后在西藏、青海承接工程项目近8个，这些地区平均海拔近4000米，面对高海拔、空气稀薄，气候寒冷干燥，风、雪、冰雹、地震自然灾害常发等恶劣的自然条件和气候环境，全体员工以"只有目标，不讲条件；只有结果，不讲借口"的执行力文化为导向，积极发扬"缺氧不缺精神"的精、气、神，迎难而上、敢于攻坚，圆满完成各项施工建设任务，获得交通运输厅的高度认可，公司在西藏市场信用评价获得AA评级，在青海市场获桥梁专项AA评级，市场滚动开发成效凸显。在巴基斯坦、肯尼亚等国家，公司承建了巴基斯坦喀喇昆仑公路改扩建工程、蒙内铁路、内马铁路等多项大型工程，面对远离家乡、远离亲人以及动荡不安、条件艰苦的国外环境，赴外员工不忘初心，以咬定青山不

放松的执行力，高水准强化施工建设，企业品牌效应显著提升。其中，公司承建的巴基斯坦喀喇昆仑公路改扩建工程获中国交建优质工程奖。

（三）团队建设文化：没有完美的个人，只有完美的团队

近年来，公司始终将团队建设放在企业发展的突出位置，在持续完善人才选拔、培养、任用等管理程序的基础上，积极探索、提炼企业独具特色的团队建设文化，明确提出"没有完美的个人，只有完美的团队"的优秀团队文化理念，目的在于充分考虑个人的能力特长、气质特点、工作阅历等因素，使团队中的每个成员都能成为企业效益的贡献者和创造者，达到团队整体在知识上相济互补、性格上刚柔相容、经历上多元丰富，实现团队建设"1+1>2"的效果，形成同心同向的发展合力，全力打造结构合理、精干高效、充满活力的优秀团队，助推企业综合管理水平的有效提升。

在具体的管理实践中，公司高度重视团队文化建设，明确要求项目领导班子在开展项目生产经营的同时，要有自己的团队灵魂、自己的管理精神、自己的战斗意志。每个新组建的项目自组建之日起就要在项目文化、企业精神上有追求一流、追求卓越的精神状态和工作思路。面对项目生产经营中遇到的问题与困难，领导干部要团结一致，凝心聚力，加强沟通，做到优势互补、取长补短，全力率领全体员工克服困难、战胜困难。领导班子在沟通方面要做到"有分歧、有统一；有争执、有沟通"。公司各级管理干部要做到"绝对靠得住、一直能干事、时时在状态、处处善合作"。经过持续的倡导和培育，公司团队建设成效显现。在团队文化的引领下，公司管控成效明显，市场布局不断优化，综合管理水平持续提升，品牌形象不断提升，企业向心力不断增强。具体到项目经营，安江项目发挥团队协作优势，管理、质量、进度、效益全线领先，充分彰显了公司的大型项目管控能力；西藏项目充分发挥片区优势，协同作战，优势明显。

四、文化活动建设

公司以"领先文化·文化领先"的顶层设计为导向，积极创新文化活动载体，搭建有效活动平台，实现对文化的有效支撑；通过更加注重文化的内涵式发展，持续加大文化践行力度，重点发挥典型示范引领作用，实现对领先文化的诠释和解读，达到潜移默化和"润物细无声"的效果。

（一）品牌文化创建活动

1."最美四公司人"评选活动

2015年，公司在全公司范围内组织开展首届"最美四公司人"评选活动，大力营造积极、健康、向上的文化氛围，强力推进正能量文化建设。通过树立典型、表彰先进，积极发挥文化的正向引领和示范带动作用，让员工明白企业在提倡什么、反对什么，崇尚什么、摒弃什么，促进价值取向的正向回归，激发全员爱岗敬业的精神和创业创新激情。

活动开展期间，通过层层挖掘，逐级推荐，共35个单位的137名干部员工入围"最美四公司人"初选，经网络投票和集中评审，最终产生首届"最美四公司人"10名，首届"最美四公司人"提名人选20名。2016年工作会期间，公司举行了规模宏大、激情澎湃的表彰典礼，充分发挥了典型示范效应，塑造了一批具有广泛影响力的先进集体和典型人物，讲述"好故事"、传播"好声音"、树立"好榜样"，营造出"崇尚先进，学习先进，争当先进"的良好氛围。

2."企业·我的家"、"放飞梦想·奋斗的青春最美丽"系列主题演讲比赛

2014年以来，公司以"领先文化·文化领先"的领先文化为导向，通过开展"企业·我的家"、

"放飞梦想·奋斗的青春最美丽"等主题演讲比赛，用身边的典型、生动的事例、真切的情感、优美的语言，展示了四公司人立足岗位建功立业、为实现企业发展目标奋力进取的精神面貌，展现了公司优秀的企业文化，彰显了企业改革发展成果。公司连续两届演讲比赛活动开展均效果突出、反响强烈，不仅进一步弘扬了企业的优良传统，推动了公司企业文化建设的深入开展，更持续传播了公司"领先文化·文化领先"的领先文化理念，凝聚起企业发展的强大内聚力。演讲比赛成为践行公司"领先文化·文化领先"领先文化理念的重要载体，成为彰显公司文化特色及凝聚正思维、正能量的重要手段。

3. "路之韵"、"路之情"、"路之缘"主题摄影大赛

为进一步展示员工与企业同奋进共成长的心路历程，凝聚和传递企业发展正能量，大力弘扬领先文化，全力推进企业做强做优，自2014年开始，公司先后启动"路之韵"、"路之情"、"路之缘"主题摄影大赛。以"路"为主题开展摄影大赛，既体现了企业强烈的行业特色，又丰富了公司企业文化建设的形式，是公司践行"领先文化·文化领先"企业文化理念的重要创新，是彰显公司文化特色，凝聚正思维、正能量的重要手段，更是积极探索形式新颖、易于操作、便于开展的文化活动的新形式，为企业软实力的不断提升注入新的文化元素、文化载体。活动开展过程，公司全员积极参与，在全公司范围内积极树立健康向上的浓厚氛围，凝聚和传递了企业发展的正能量，增强了企业的凝聚力和向心力。

（二）创新文化宣传载体

公司有计划地推进新媒体建设，在发挥传统媒体的舆论引导作用外，积极关注微博、博客、网络论坛、"微视"、电子书等新媒体传播渠道。公司注册新浪微博、腾讯微博，开通微信公众号，充分运用青年人的社交平台传播好声音，传递正能量；公司以微视频、电子书等形式为主重点宣传的"我和国旗合个影"主题团建活动，表示形式灵活多样，内容彰显有力度；公司在春节期间录制新年致辞，以视频形式上传公司网站，为公司全体员工拜年。公司充分利用新媒体拍摄微视频《希望》、《在那遥远的地方》以及《别样家书》，在全体职工中引起强烈反响，其中《别样家书》获全国职工微影视大赛最佳制作奖。目前，公司微视频大赛正在积极开展。

（三）精神文明建设活动

公司以领先文化为引领，积极创新工作方式，不断丰富精神文明建设载体，持续巩固企业和谐发展局面。坚持以提高员工的思想道德素质为主线，积极践行社会主义核心价值观，扎实开展道德讲堂、学雷锋文明礼貌月、困难帮扶送温暖、普法宣传、职业道德宣传以及评先树优等活动，最大限度地凝聚公司发展正能量。积极组织开展节日文化活动、"中国梦　社区美"洛阳市社区"好人颂"文艺展演、离退休职工迎新春茶话会等活动，丰富员工精神文化生活，提升企业文明程度和职工群众文明素质，提高文明创建水平，营造企业文明和谐的发展氛围。自2012年起，公司先后以道德、孝道、传统文化、商务礼仪、廉洁等主题组织开展道德讲堂13期，大力宣扬凡人善举，弘扬中华美德，带领全体员工扬正气、树清风，大力营造崇德向善、风清气正的发展氛围。

（四）"红色"教育系列活动

公司以企业文化为引领，围绕党建主题，大力开展寻访红色足迹、颂扬革命精神红色教育活动，先后组织开展庆祝抗战胜利70周年文艺晚会、电影周、图片展、公司主要领导猴场会议旧址重温

入党誓词、参观八路军驻洛阳办事处、参观焦裕禄事迹展览馆等系列活动。各项目结合自身实际，组织党员到古田会议旧址开展"寻访红色足迹，瞻仰革命遗迹，做一名合格党员"主题活动，"红色之旅，延安之行"红色教育活动，中国工农红军西路军纪念馆参观学习活动，参观遵义娄山关红军战斗遗址、遵义会议会址参观学习等红色教育活动，深入推动"两学一做"教育学习，带领党员领导干部牢记历史，铭记过去，坚定理想信念。

（五）节日主题文化活动

以传统节假日为重点，积极开展丰富多彩的文化建设活动。公司社区群众元宵节文化展演每年在基地院内隆重举行，充分彰显了社区群众昂扬奋进、积极向上的精神面貌，增强了公司职工群众的凝聚力、向心力；公司依托"十一"国庆节，积极组织开展"我和国旗合个影"主题团建活动。各项目结合生产实际，在"五一"、"元旦"等节日期间积极开展形式多样、易于操作、寓教于乐的文化活动，丰富员工的文化生活，营造积极健康向上的文化氛围。

五、文化驱动效果显著

经过近几年来的持续实践和运营，公司将"领先文化·文化领先"的文化顶层设计真正融入企业，服务企业，引领企业，通过对企业文化内涵的正确认识和准确定位以及公司上下对领先文化的认真践行和创新实践，领先文化在战略管控中的引领作用、在领导班子建设中的导向作用、在员工队伍建设中的激励作用、在协作队伍中的辐射作用、在生产经营中的促进作用、在品牌传播中的推动作用逐步显现，企业发展效果凸显，市场形象不断改善，品牌效应明显提升，员工幸福指数不断提高，凝聚力和向心力不断增强，荣誉感和自豪感油然而生，企业精神面貌焕然一新。

（一）总体实力持续增强

通过多年来的凝心聚力、持续攻坚，公司改革创新、市场布局、管控体系、团队建设等方面成效显著，企业各项经营指标稳中有升，企业凝聚力和向心力不断提升，发展质效稳步提高。2011~2015年，企业累计承接任务253亿元、完成营业收入241亿元、实现利润总额6.31亿元，各项经营指标不断创出历史新高。尤其2012年至今，年度利润总额每年均超过1亿元，逐年攀升，企业发展势头强劲，稳健有力，驶向了企业发展的快车道。公司先后获"全国优秀施工企业"、"公路建设行业诚信百佳企业"、河南省建筑业"骨干企业"、"河南省双文明建设先进单位"、"河南省文明单位"、"中央企业五四红旗团委"、国家版权局计算机著作权、企业信息化系统管理创新成果奖等各类国家及省部级荣誉共计70余项。

（二）综合管理水平持续提升

"十二五"期间，公司紧跟集团"五商中交"战略，围绕局"做强做优"企业使命，以深化改革和强化管控为抓手，以领先文化为导向，企业的基础管理水平、内部运行效率、生产经营质量、整体形象面貌都得到较大改观。

公司积极推进适应性总部建设，健全体制机制、优化组织架构、理顺管理关系、创新管理模式，总部的战略引领、决策协调、业务统筹、平台支撑功能不断加强；公司积极加强全面预算管理工作，不断完善定性和定量管理相结合的综合考核体系，充分发挥考核的激励导向作用，提升了经济活动分析的主动性和有效性，实现了各项业务的有效对接和常态化管理；公司积极抓好抓实项目策划工作，完善流程、落实责任、明确重点、优化方案、动态管理、及时纠偏，确保项目策划的可操作性、实效性和可控性；公司的成本合同工作从加强体系建设和标准化管理入手，深入推进限量限价、劳务结算、合同评审等基础管理工作，严格结算流程、强化红线意识，有效规避了经营风险、提升了盈利能力；公司积极加强财务管理工作，完善财务管理体系，推进会计基础管理，强化财务考核力度，优化资金融资渠道，资金集中度稳步提高，蓄水池作用发挥显著，资金管理水平得到有效提高；公司持续强化人力资源管理工作，积极做好人才战略规划和培养体系建设，优化人力资源配置，完善薪酬管理和绩效考核，有效缓解了公司经营规模不断扩张和人力资源匮乏的矛盾，员工的凝聚力得到不断提升，工作潜能得到有效激发；公司不断加强物资设备管理工作，提升物资设备管理水平，加强集约化管理，强化集中采购招标，落实限量限价管理，严控审批流程，降低了成本，提高了效率；公司狠抓质量、安全管理工作，不断健全制度和责任体系建设，夯实管理基础、开展专项整治、加强过程管控、强化责任落实，质量安全形势总体平稳。

（三）品牌形象大幅提升

公司以"领先文化·文化领先"的领先文化理念为导向，深入推行标准化、精细化、节约化管理，重点提升企业品牌塑造，企业的美誉度、知名度和影响力持续提升，赢得了良好的市场口碑和社会效应。

以克塔、三莎等项目为代表的传统公路板块，以山西中南部铁路、怀邵衡铁路为代表的铁路板块，以乌鲁木齐市政为代表的市政工程板块，以福州地铁为代表的新型业务板块，以肯尼亚铁路为代表的海外业务板块，以安江项目为代表的投资业务板块都为企业树立了良好的社会形象，达到了名利双收的效果。尤其是标准化建设成绩突出，怀邵衡铁路项目顺利通过全国标准化现场观摩，一次性高分通过国家生产许可证取证审查，勇夺"火车头"奖杯。云南宣曲五分部梁场、四分部石马龙山隧道迎来云南全省84家单位300余人的标准化观摩和安全质量学习，五分部还成为非云南本土施工企业在云南市场第一个获得"平安工地"创建A级称号的单位，为公司树立了良好的企业形象和社会形象。公司承建的山东济莱高速公路四标、陕西永咸高速公路路面四标、西安市三环路C02标、河南商周高速路面四标、巴基斯坦喀喇昆仑公路改扩建工程等多个项目获中国交建优质工程奖。

（四）创新管理效果明显

公司积极开展解放思想大讨论活动，对标先进，不断更新观念，坚持"走出去、引进来、再创新"的创新理念，学习先进的管理经验、管理思路和文化理念，助推企业健康发展。

2012年至今，通过创新驱动，公司先后获得国家版权局计算机软件著作权6项，获得实用新型专利2项，3项管理创新成果分别获全国交通行业创新成果一、二等奖，多项科研成果获中国交建优秀QC小组成果。在具体工程建设过程中，项目以"创新、创优、创利、创效、创誉"为抓手，主动创新、敢于创新，怀邵衡铁路项目主动更新观念，成功将自行式液压模板系统应用于铁路T梁预制，为全国首创；花久10标、乌鲁木齐市阿勒泰项目等全套引进桥面铺装和护栏施工设备与工艺，达到了工程实体内实外美的效果，均受到了参建各方的高度评价；云南宣曲五分部龙门吊供电系统、福州地铁10标防水基面处理施工工艺、花久DJ22标桑赤秀伟拿隧道保温板等新技术、新工艺应用受到全线学习，反响较好。

（五）市场布局不断优化

在领先文化的带动下，公司不断调整经营结构，优化市场布局，持续做强做优主营业务，大力培育战略新型业务和海外业务，形成了"主业突出、多元发展"的经营格局，走出了一条"专业化为主、差异化并进"的可持续发展之路。公司传统市场业务稳中有升、新兴市场业务进展顺利、海外市场开拓稳步推进。公路板块、铁路板块、城市轨道交通板块、投资板块多元经营结构日趋合理。

中国交建"五商中交"战略实施以来，公司加强高端对接、抢抓市场机遇、深耕传统市场、做强核心业务、推进海外业务、加快转型升级，各业务板块发展更趋合理，为企业稳健发展提供了强力支撑。尤其是"十二五"期间，公司顺应市场导向，紧跟市场变化，紧抓国家基础设施建设由东部转向中西部的战略机遇，运筹帷幄、超前谋划，积极在新疆、西藏、青海、甘肃等西部市场提前布局，成效初显。特别是新疆市场、西藏市场、青海市场的成功运作为公司可持续发展奠定了坚实基础。

（六）信用评价取得实效

公司深入践行"现场保市场、信用拓市场"理念，高度重视信用评价工作，制定各区域市场信用评价目标，明确片区负责人信用评价职责，强化在建项目责任落实，不断完善公司—片区—项目"三位一体"信用评价体系建设。各级信用评价管理人员牢固树立"抓好信用评价是本职，抓不好信用评价是失职"的理念，超前谋划布局，细分区域类别，重视对接高端，强化现场管理，明确目标责任，强化督察落实，不断夯实信用评价机制，信用评价工作取得实效。2016年，经交通运输部6月27日公告，陕西、西藏、云南、河南等多个市场获得AA评级，贵州、青海获得路基、桥梁专项AA评级，公司勇夺2015年度全国公路施工信用评价最高等级——AA级，信用评价得分96.49分，荣膺二公局全局AA企业之首。

（七）文化建设活力激发

公司大力倡导正能量文化建设，通过不断培育、总结和提炼优秀文化，形成了"四高"、"五创"、"四个领先"、"四个满意"、"只有目标，不讲条件"的企业文化理念体系。通过会议、网络、视频、摄影、画册等载体，加强对"领先文化·文化领先"的宣传引导，使每位员工对文化理念内化于心、外化于行，成为正能量文化的忠实践行者、传播者和维护者。公司大力推进文化引领的认同作用，通过增强全员价值认同和营造情感认同，树立了企业文化在公司战略中的引领作用、在队伍建设中的导向作用和在品牌传播中的推动作用，成为企业持续健康发展重要的软实力。通过大力开展文化活动创建，公司全体职工幸福指数不断提高、归属感不断增强、凝聚力不断提升，企业作风风清气正、领先文化高度趋同、精神风貌意气风发，凝聚力、向心力持续增强。

六、结语

企业文化是公司核心价值观和企业精神的具体体现，也是公司生存、竞争和发展的灵魂，培育起来十分艰难。但是，企业文化一旦形成，取得的效果却牢不可破。近年来，公司通过大力厚植"领先文化·文化领先"的领先文化理念，持续拓展领先文化的内涵和外延，使企业持续保持了稳中有进、稳中向好的良好发展局面，文化创新驱动企业转型发展效果凸显。在后续发展过程中，中交二公局第四工程有限公司将以"领先文化·文化领先"的领导文化理念为指导，全力助推管理提升，引领带动企业持续前行。

以实现战略落地为目标的国有电力企业平衡计分卡绩效考核体系

创造单位：中国电建集团海外投资有限公司

主创人：盛玉明

创造人：丁新举　李胜会　杨　玲　齐晓凡　费一鸣　邱　清　田赋珺

[摘要] 中国电建集团海外投资有限公司是专业从事海外投资业务市场开发、项目建设、项目运营与投资风险管理的法人主体。在实践中，电建海投采用平衡计分卡实施绩效考核，不断提升总部价值创造能力，探索出一套集投融资、设计、监理、施工等于一体的开发模式，有效带动了中国电建投融资结构优化和产业升级，促进了中国电建海外业务产业链向价值链的转变。

电建海投平衡计分卡绩效考核方法创造性地以企业的战略规划为根本引领，把企业及其内部各部门的任务和决策转化为多样的、相互联系的目标，然后再把目标分解成多项指标的多元业绩评价系统。该体系的实施有效激发了电建海投总部部门积极履行部门职责，并且在上级单位的考核中取得良好成绩。

[关键词] 平衡计分卡；投融资；绩效考核

中国电建集团海外投资有限公司（以下简称"电建海投"）是中国电力建设集团有限公司（以下简称"中国电建"）专业从事海外投资业务市场开发、项目建设、项目运营与投资风险管理的法人主体，电建海投以投资为先导，带动海外EPC业务发展，成为中国电建调结构、促转型、优先发展国际业务的重要载体与运作平台。在实践中，电建海投采用平衡计分卡实施绩效考核，不断提升总部价值创造能力，探索出一套集投融资、设计、监理、施工等于一体的开发模式，有效带动了中国电建投融资结构优化和产业升级，促进了中国电建海外业务产业链向价值链的转变。

一、采用平衡计分卡实施总部绩效考核的背景

（一）企业国际化对总部能力建设的迫切需要

近20年来，在国家"走出去"战略、"一带一路"倡议和企业国际化趋势引领下，国有企业逐步加快"走出去"步伐，主动参与国际竞争，积极融入全球经济一体化进程，与世界强企同台竞技，从国有企业成长为国际企业。"走出去"企业面临着多重竞争，企业总部承载着引领、决策、管控、评价、服务等多项职能，企业总部能力打造在推进企业国际化进程中发挥着日益重要的作用，而实

施科学的绩效考核便成为提升总部能力的有效载体和工具,为促进总部功能作用发挥和企业战略落地提供了强有力的支撑。

基于此,电建海投与中国电建子企业、国内同行企业、国际相关企业进行多方面对标,将总部能力打造为提升企业国际化经营水平的重要战略举措。

（二）企业生产经营特性决定了绩效考核的路径

电建海投的全部业务都在境外开展且专业从事投资这一新兴业务,这就决定了电建海投生产经营的国际化、专业化特性。要做好电建海投的境外项目投资开发业务,高效的总部管理和绩效管理是应对复杂、系统生产经营活动的必要手段。电建海投生产经营难题集中体现在以下四方面:

一是公司的专业管理难度较大,公司业务涉及特许经营、直接投资和收购与兼并这三种境外投资的形式,业务领域涵盖电力、矿业、建材等,这些都造成了公司管理难度较大的困境。

二是境外投资业务具有时限长的特点,对运营管理、风险防范要求高。目前,国有电力、建筑企业在境外的业务主要集中为国际承包业务,该领域经过多年的发展和竞争,已呈现了市场饱和、利润空间下降等态势。而电建海投所从事的境外投资业务则属于行业的新兴方向,在拥有广阔前景的同时,还具有复杂、烦琐的业务性质。与国际承包业务相比较而言,境外投资业务从项目前期各类审批程序,到投资开发相关协议谈判签署,再到特许经营期资产运营管理环节,无不体现出工作程序众多、各项事务繁杂、风险防范要求更高的特性。

三是公司项目分处多个国别市场,点多面广,组织管控、模式创新、本土化经营与多元文化融合任务重。

四是公司海外电力能源投资业务对专业人才要求较高,海投公司员工来自五湖四海,员工队伍呈现高学历、年轻化、教育背景多样化、工作语言多元化等特点。这些特点对电建海投国际化经营的决策能力、专业能力和协调能力都带来了巨大挑战。

要做强做优海外投资业务,首先要做强做优企业总部,而实施与国际接轨的先进绩效考核体系,成为打造一流总部的优先选择。

二、采用平衡计分卡实施总部绩效考核的内涵和做法

（一）采用平衡计分卡实施总部绩效考核的内涵

平衡计分卡绩效考核方法是以企业的战略规划为根本引领,把企业及其内部各部门的任务和决策转化为多样的、相互联系的目标,然后再把目标分解成多项指标的多元业绩评价系统。

平衡计分卡绩效考核方法于20世纪90年代由美国学者和企业家提出,其核心是将绩效考核与公司战略挂钩,被誉为20世纪最伟大的管理工具之一。电建海投作为开展海外电力投资业务的中央企业,在引入国外先进管理体系,并将该体系与央企的实际情况相结合、做好国外管理体系在央企落地方面做出了有益尝试。

海投公司总部绩效考核采用平衡计分卡作为主要评价体系,力争实现"突出重点、优化配置、提高效率、绩效导向、均衡发展"的目标。具体目的是确定总部部门工作目标并达成共识,指导部门明确思路、制订计划、提出举措,保证其与公司战略相匹配,激励部门全面或超额完成年度工作任务目标,推动公司发展战略落地。此外,利用奖惩措施激励各部门有针对性地改进短板、攻克瓶颈,提高公司整体管理水平。

（二）采用平衡计分卡实施总部绩效考核的做法

1.科学合理地设计平衡计分卡内容

电建海投平衡计分卡的内容设计首先在总体内容框架上进行了全盘构思。从平衡计分卡管理方法的成熟经验出发，电建海投结合公司自身的业务状况，将公司的平衡计分卡总体设计思路确定为定性与定量相结合，将公司战略目标任务细化分解为可操作的衡量指标和区间目标值，在公司决策层、管理层、执行层间搭建一种新型的、行之有效的绩效管理模式。

首先，平衡计分卡由相互关联的一系列指标组成，每个指标均可量化，具有详细的计算方式、计分标准，并根据其重要程度在平衡计分卡中设定不同的权重。指标分值基准为100分，最高分为150分，最低分为50分（见附件1）。

其次，电建海投的平衡计分卡内容设计尊重各个部门的实际情况，倡导因地制宜地确定各部门的具体指标。在上文提到的总体框架基础上，电建海投平衡计分卡的具体内容由各个部门自行提出设计方案。各部门的方案需要从公司年度任务目标出发，遵循4个维度指标加1个加减分项指标的框架（简称"4+1"指标），结合部门职责定位和具体工作开展情况确定各自的指标设定。每个部门的指标数量控制在15~20个。

最后，电建海投的平衡计分卡注重多维度地考核总部部门绩效，这一点集中体现在"4+1"指标体系的设计当中。电建海投平衡计分卡的4个基础维度分别是经济财务、履职情况、部门管理、综合评价。这4个维度全面地衡量了总部部门的各项工作。

经济财务指标是指为实现公司股东等利益相关方价值、确保公司可持续发展和国有资产保值增值而设定的衡量指标。作为开展海外电力能源投资开发与资产运营业务的专业化投资公司，电建海投将经济财务指标放在平衡计分卡考核的首位，强调了各部门工作以促进公司业务发展、服务生产经营中心大局的根本出发点，体现了平衡计分卡绩效考核体系促成公司战略落地的核心目的。

履职情况指标是指为确保部门有效履行职责、积极响应上级组织对本部门考核要求和努力完成年度任务目标而设定的衡量指标。该部分是平衡计分卡最主要的指标内容，占所有考核指标分值的70%。履职情况的指标设计从各部门的职责出发，将相应的部门职责细化为具体的年度考核内容，并根据工作的重要程度制定相应的得分区间（最高分、基本分、最低分），同时依据工作性质和工作内容设计相应的计算方法和计分标准，让各项工作以实在的、可操作的方式呈现出来。如海投公司的投资部门有一项工作职责是"负责项目的初评、立项和报批工作，包括前期筛选、分析和立项，谅解备忘录的签订，经济技术可行性，社会与环境影响，配合风险的识别与管理评价和评审的组织"。在平衡计分卡的履职情况中，上述工作职责便会一一对应为考核指标，如"新国别市场相关研究"、"可研报告复核"、"合作方选择及开发合作协议MOU的签订完成率"等，在各项考核指标下还会明确相应的工作细节，如需要完成的项目名称，需要实现的项目开发里程碑节点等。由此，各个部门的工作职责便细化为具体的年度任务。

部门管理指标是指为保证部门内部正常运行、不断提升业务水平和管理效能而设定的衡量指标。在该项指标下涵盖了部门反腐倡廉工作、部门培训情况以及部门月例会召开情况三项基础指标。这些指标的设置，一方面确保了部门管理的基础工作顺利开展，另一方面也为公司总部的战略规划落地和部门管理动向提供了路径，也就是说，公司可以将年度战略重点和管理重点落实为具体的指标内容在这一部分体现。如2015年，公司响应国家号召、遵照电建集团部署，积极参与"一带一路"建设，这一重要战略指向便落实在各部门的部门培训和部门例会工作中，公司相关部门开展了"一带一路"培训以及"一带一路"项目建设分享活动，并且将具体的工作规划和节点成果体现在部门例会中供全公司查阅。由此，公司层级的统一部署便通过平衡计分卡考核体系有效地落地到各部门的基层工作中。

综合评价指标是指为确保部门保持良好的工作表现、工作纪律、团队协作、精神面貌和集体荣誉感而设定的衡量指标。为了客观公正地对部门工作的综合表现进行考量，该内容下的指标结合了部门自评、公司领导评价、其他部门评价三种评分标准，目的在于让考核评价的衡量体系更加全面，让平衡计分卡考核体系更加科学、准确。

在四个基本维度之外设立的加减分指标主要是指激励部门勤勉尽责、创新进取获得上级组织及外部嘉奖，杜绝安全质量事故、违规违纪行为、不良影响事件发生而设定的衡量指标（见附件2）。通过加减分指标的设置，平衡计分卡绩效考核体系便将各部门的主观能动性调动了起来，鼓励各部门在完成部门职责基本工作的基础上创新进取，为公司的整体利益做出贡献。

2.明确总部绩效考核机构职责

为了保证平衡计分卡绩效考核体系的效能得以发挥，公司层面组建了专门的绩效考核机构，即公司绩效考核与薪酬管理委员会（以下简称绩委会），负责考核方案和考核结果的审议与调整，并对各部门平衡计分卡中的量化指标考核情况进行核定。绩委会由公司主要管理层亲自把关，体现了公司的管理思路通过平衡计分卡绩效考核体系落地实现的宗旨。

在绩委会的统筹下，电建海投还设立了总部绩效考核工作组，由企业发展、财务资金、审计监察等部门人员组成，具体负责各部门平衡计分卡中量化指标的审核与打分工作。考核机构的设立为考核体系如期发挥功效提供了有力保障，多个职能部门参与考核机构，也保证了考核的科学有效与客观公正。

3.设置严密的考核程序

第一，各部门自主制定考核指标。在描述平衡计分卡指标内容时已经提到，平衡计分卡的具体考核指标在"4+1"的大框架下由各部门自主制定。每年初各部门根据年度任务目标、部门职责定位和"4+1"指标体系，编制本部门平衡计分卡初稿，由分管领导审核后，经绩效考核工作组核定，提交公司主要领导审核。公司主要领导会与部门面对面沟通确定最终指标，据此编制平衡计分卡责任书，经公司决策机构审批后，由公司法定代表人与部门负责人签订。当部门工作因故有较大变动或调整时，该部门可提出申请调整当年的平衡计分卡指标，经公司领导审核后，报公司绩委会审批，该部门年度考核将依据最新批准的平衡计分卡进行。

第二，按部就班组织考核实施。每年初，待上级公司对电建海投经营业绩考核和管理评价考评结果公布后，各部门依据部门平衡计分卡进行定量部分自评，并提交部门点对点述职报告和定量自评支持性材料，经分管领导审核、绩效考核工作组核定、绩委会审定后，确定定量部分得分。同时，绩委会组织召开总部部门述职会，在听取部门述职的基础上，对定性部分进行现场打分，由绩效考核组按照计分程序统计得分。以上定量、定性得分相加便是各部门最终考核得分。

第三，科学合理运用考核结果。每次考评结束后，绩效考核工作组都将形成包括考核实施、考核结果、考核分析、改进措施等内容在内的《综合考评报告》，经绩委会审定，提交公司决策机构审批后，公布考评结果、考评分析，推进查漏补缺、优劣比较、管理提升。人力资源部门依据此结果进行年度绩效兑现，并将考核结果作为总部员工调岗调薪的重要依据之一。

三、采用平衡计分卡实施总部绩效考核的实际效果

采用平衡计分卡实施目标化、差异化、实效化的总部绩效考核，契合了电建海投实际和海外投

资业务特点，既积极响应上级公司管控要求，又将公司战略、年度目标、员工成长具体分解到岗到人，为培育总部核心能力和推动战略落地提供了有力支撑，更是国有电力企业借鉴国外先进管理方法的一次成功尝试。

（一）公司海外投资业务成效显著

通过平衡计分卡绩效考核体系建设，电建海投各部门的部门职责得到了有效发挥，从而推动了公司业务的发展。公司一直把企业总部能力打造纳入公司重要战略任务部署，确立了"强总部、精管理、创价值"的具体思路，通过采用平衡计分卡实施总部绩效考核，建立了目标导向明确、组织引领有力、激励奖惩到位的考核评价机制，以总部部门管理绩效的显著提升促进了公司总体管理绩效的显著提升。在该考核体系实施的三年中，电建海投的海外投资业务已经粗具规模，截至2015年底，电建海投在全球14个国家和地区设立了29个子公司，拥有6个运营项目，4个在建项目，多个前期项目。公司的资产总额、营业收入、利润总额等重要经济指标连续三年实现高增长。公司区域布局、市场拓展、生产经营、内部管理、党群工作等呈现出良好的发展态势，为电建集团和整个国有电力企业开拓海外投资业务积累了宝贵经验。

（二）激励导向作用明显

平衡计分卡绩效考核体系在实施过程中对该体系的激励导向作用给予了十足的重视，涵盖了各部门各项工作的多维度、全流程，各部门积极履行部门职责，各项职责的顺利完成同样保证了各自的良好考核结果。以2015年的考核为例，本次考核涉及14个部门4个维度共近300个指标的考核评价，涵盖了上级公司经营业绩、管理评价考核的所有要素指标，其中有160个指标为绩委会考核评价，122个指标由公司领导考核评价，14个指标由公司领导和部门领导打分评价；最终考核结果为8个部门得分超过150分，4个部门得分为150分，2个部门为140~150分，而同年电建海投在上级公司综合考核中位列控股类公司第一名。

（三）总部核心功能有效发挥

根据战略定位和上级管控要求，电建海投总部承担"战略管控、投资决策、资源配置、风险防范、绩效评价、价值创造"6项功能，这6项功能按照组织架构设计分布在15个总部职能部门。采用平衡计分卡实施绩效考核三年多来，总部责权利划分和各种管理边界关系进一步明晰，职能制度化、工作标准化、业务流程化、管理信息化的运行机制进一步顺畅，总部目标化、精益化管理进一步见效，构建形成了海外投资业务管理体系和运行机制，总部逐渐成为公司的价值创造中心、人才培养中心和风险控制中心，为构建海外电力能源投资开发和资产运营为主具有国际竞争力的专业化投资公司创造了条件和基础。

（四）专业化海外投资人才队伍建设成效突出

总部部门平衡计分卡、项目公司经营业绩责任制、全体员工绩效考核共同构成了电建海投全覆盖多维度的三层全面绩效考核体系，极有力地促进了总部能力建设，总部人才结构不断优化，员工素质能力持续提升。总部员工现平均年龄为34.38岁，其中党员占58.5%，博士占4.4%，硕士占45.9%，本科及以上占98.6%，中级以上职称人员占52.7%；公司全员劳动生产率逐年大幅增长。一支具有专业化、国际化、复合型的海外投资人才团队正在逐步成长成熟，这为应对复杂的国际市场、推进中国电建海外投资业务发展战略落地提供了有力的人才保障。

附件 1 平衡计分卡示例

部门考核指标类型	部门考核指标	指标编号	考核目标内容	部门职能				计算方式	计分标准	评价人
				基本分	最高分	最低分				
经济财务（10%）	成本控制		控制部门费用，提高公司利润总额					实际费用/预算费用×100%	每超过预算3%，扣1分；每低于预算2%，加1分	绩委会
履职情况（70%）	指标一							按照工作节点满意度为评价	完成全部工作节点得基本分，评价为A得最高分，B为基本分，C为最低分	绩委会
	指标二									
	…	…								
	…	…								
部门管理（10%）	部门月例会		部门每月召开例会，形成会议纪要报公司领导审阅						全部提交得基本分，评价为A得最高分，B为基本分，C为最低分	绩委会
	反腐倡廉责任制考核		按照《××年度反腐倡廉责任制考核表》具体内容考核					按照年终纪委对各部门反腐倡廉责任制考核结果评价	据考评结果，95分以上得最高分，90~94分得基本分，89分以下得最低分	公司领导
	员工培训		按照工作节点和培训完成情况评价						培训完成100%得最高分，每减少10%扣1分	绩委会
综合评价（10%）	综合表现评价		部门工作表现 部门工作纪律 部门团队协作 部门精神面貌					领导满意度评价	评价为A得最高分，B为基本分，C为最低分	公司领导
	部门配合协调		积极配合、协调、支持相关工作						评价为A得最高分，B为基本分，C为最低分	绩委会
加分项1		（填写具体内容）								绩委会
加分项2										绩委会
…		…								
减分项1										绩委会
减分项2										绩委会
总分				100	150	50				

附件 2 加减分项示例

	指标名称	加／减分分值	评价人
加分项	部门获得或公司获得部门承担工作范围内的国家级表彰及经验交流等	1	绩委会
	部门获得或公司获得部门承担工作范围内的省部级表彰及经验交流等	0.8	绩委会
	部门获得或公司获得部门承担工作范围内的集团（股份）级表彰及经验交流等	0.5	绩委会
	股份公司管理评价考核，在 39 家成员企业中排第 1 名的，指标归口部门加 1 分；排第 2~5 名的，指标归口部门加 0.8 分；排第 6~10 名的，指标归口部门加 0.5 分	1/0.8/0.5	绩委会
	股份公司经济责任制考核，得分 150 分，归口部门财务资金部加 1 分；145 分及以上，财务资金部加 0.5 分	1/0.5	绩委会
减分项	发生重大质量、安全责任事故	-1	绩委会
	上级公司对部门或部门承担工作进行通报批评	-0.6	绩委会
	部门发生违规违纪，受到处分	-0.5	绩委会
	股份公司管理评价考核，在 39 家成员企业中排倒数第 1 名的，指标归口部门减 1 分；排倒数第 2~5 名的，指标归口部门减 0.5 分	-1/-0.5	绩委会

中航工业昌飞基于价值观趋同的"四位一体"企业文化体系构建与实施

创造单位：中航工业昌河飞机工业（集团）有限责任公司

主创人：周新民　胡世伟

创造人：余建华　熊文华　万首明　冯上涛　范飞虹　徐海霞

[摘要] 中航工业昌飞作为我国直升机科研生产基地和大型航空制造企业，围绕企业和员工价值观趋同性的提升，构建了以"宗旨信仰、思想理念、行为准则行为底线、品牌形象"为主要内容的"四位一体"的企业文化建设体系，通过强化常态化、岗位化、故事化、形象化、规范化、制度化等实施路径，充分发挥企业文化铸魂、立道、塑形功效，为企业战略目标的实现提供了强有力的思想保证和文化支撑。

中航工业昌飞企业文化建设体系中，宗旨信仰主要用于聚焦目标，强化"航空报国、强军富民"价值牵引。思想理念主要用于统一员工思想，强化"敬业诚信、创新超越，精益求精、团队快乐"员工心态。行为准则告诉员工"怎么干"是对的，是公司当前及至今后较长期内制定各项管控制度的基本依据；行为底线告诉员工什么"不能干"，通过制度（法）来约束。品牌形象着眼于铸就基业常青，不断做强、做优、做厚企业的品牌积淀。

[关键词] 企业文化；制造企业；品牌形象建设

文化力是企业的核心竞争力。在当今这样一个价值多元的时代，如何培育全体员工普遍认同的价值理念，实现企业和员工价值观的趋同，形成全员普遍认同并自觉遵循的一系列价值理念和行为方式，打造企业的软实力，是企业文化建设的重大任务。

中航工业昌河飞机工业（集团）有限责任公司（以下简称"中航工业昌飞"）作为我国直升机科研生产基地和大型航空制造企业，围绕企业和员工价值观趋同性的提升，坚持深植导入中航工业集团"航空报国、强军富民，敬业诚信、创新超越"价值观，构建了以"宗旨信仰、思想理念、行为准则行为底线、品牌形象"为主要内容的"四位一体"的企业文化建设体系，充分发挥企业文化铸魂、立道、塑形功效，为企业战略目标的实现提供了强有力的思想保证和文化支撑。公司以年均20%以上的速度快速发展，获"全国先进基层党组织"、"中国企业文化建设十佳单位"、"全国企业文化建设优秀单位"、"中国国防科技工业军工文化建设示范单位"、"中航工业集团文化示范单位"、"江西省企业文化建设示范单位"系列殊荣。

一、中航工业昌飞"四位一体"企业文化体系的基本内涵

（一）中航工业昌飞"四位一体"企业文化体系的基本构成

表1 基本构成

序	构成	理念内容
一	宗旨信仰	航空报国 强军富民
二	思想理念	敬业诚信 创新超越
		精益求精 团队快乐
三	行为准则 行为底线	执行第一、表单办事 问题透明、日清日毕 数据说话、持续改善
		禁止诽谤伤害、禁止滥用职权 禁止弄虚作假、禁止玩忽职守 禁止损公肥私、禁止泄愤破坏 禁止造谣泄密
四	品牌形象	质量至上、客户满意、形象一流

（二）中航工业昌飞"四位一体"企业文化体系的建设目标

1. 培育共同的宗旨信仰

信仰是人们的根本信念和价值所在。中航工业昌飞把"航空报国、强军富民"集团宗旨明确为全体员工的共同信仰和核心价值追求，大力培育员工的使命责任意识。围绕共同的宗旨信仰，公司进一步提出"努力打造技术先进、效益优良、持续发展、客户满意、员工幸福快乐的现代一流航空企业"发展目标和"品牌、质量、诚信、创新"方针，齐心协力向"精益昌飞、创新昌飞、和谐昌飞、幸福昌飞"共同愿景前进。

2. 强化一致的思想理念

在共同的宗旨信仰统领下，中航工业昌飞要求广大员工树立践行"敬业诚信、创新超越"和"精益求精、团队快乐"思想理念。为把理念落到实处，转化为员工工作态度，公司进一步把理念具体化，大力倡导"认真才能做好，细节决定成败"、"我的工作无差错，我的岗位请放心"、"做好岗位要求的每天的每一件事是我的职责"、"团队高效，竭尽全力，永远不为自己找借口"、"科技打造品牌、诚信赢得市场"等员工座右铭，着力打造精益文化、执行力文化、团队文化、问题文化和数据文化五大文化，弘扬专注、热爱、创新、精益求精的工匠精神，以制造直升机精品为己任。

3. 践行行为准则、坚守行为底线

在共同的宗旨信仰和理念引导下，中航工业昌飞进一步强调规范全员岗位行为，确立了以"执行第一、表单办事、问题透明、日清日毕、数据说话、持续改善"为主要内容的员工岗位行为准则。其中，"执行第一、表单办事、问题透明、日清日毕"侧重于科研生产计划任务的完成，"数据说话、持续改善"侧重于通过统计分析发现差距或问题，逐步实现持续改善。公司通过将员工岗位行为准则的考核逐步纳入干部及员工的绩效评价中，渗透到科研、生产、经营、管理的方方面面，做到入

脑入心入行，成为员工自觉行动。

在建立员工岗位行为准则的同时，中航工业昌飞按人与人、人与事、人与企业、人与社会四个层面，划定了7类20条员工岗位行为底线。公司从忠诚于岗位、企业，取信于同事、客户等方面，划定不诚信表现的红线，建立员工和单位诚信档案，培养说老实话、办老实事、做老实人的诚信观。通过建立"红线"警戒机制，告诉大家什么不可为、不可干，不做坏事，形成全员按规矩办事的素养和习惯。

4. 建设优秀的品牌形象

中航工业昌飞坚持军民融合发展战略，围绕通航产业的发展，从战略高度加强品牌管理顶层设计，提出"质量至上、客户满意、形象一流"的品牌形象建设目标，强化品牌和服务理念，着力提升企业及产品品牌价值和影响力。

二、中航工业昌飞"四位一体"企业文化体系的模型构建

（一）中航工业昌飞"四位一体"企业文化体系的逻辑关系

在中航工业昌飞"四位一体"企业文化建设体系中，宗旨信仰主要用于聚焦目标，强化"航空报国、强军富民"价值牵引。思想理念主要用于统一员工思想，强化"敬业诚信、创新超越，精益求精、团队快乐"员工心态。行为准则告诉员工"怎么干"是对的，是公司当前及至今后较长期内制定各项管控制度的基本依据；行为底线告诉员工什么"不能干"，通过制度（法）约束。品牌形象着眼于铸就基业常青，通过强化品牌价值导向、狠抓产品质量和优质服务这个关键，塑造良好诚信品德基础，持续提升企业形象、员工形象和产品形象，进而不断做强、做优、做厚企业的品牌积淀。

（二）中航工业昌飞"四位一体"企业文化体系的工作主线

为促进"四位一体"企业文化体系落地，便于员工理解和牢记，中航工业昌飞进一步提炼，确立以品牌塑企、质量兴企、诚信立企、创新强企为工作方针，以"形、心、言、行"作为企业文化建设的工作主线，贯穿于公司"宗旨信仰、思想理念、行为准则行为底线、品牌形象"企业文化建设四个维度之中。

品牌是企业核心竞争力的综合体现。好的品牌代表的是企业的信誉、承诺和责任，是社会对企业的广泛认可，能为公司产品和服务带来增值。质量是品牌的根本保证。通过持续改进质量管理体系，提升质量管理能力，实现满足并超越顾客期望，树立公司直升机质量品牌，将质量打造成公司核心竞争优势之一。诚信是品牌的底线。"人无诚信不立、业无诚信不兴、国无诚信不强"。深入推进公司诚信体系建设，大力开展诚信宣传教育，弘扬诚实守信的道德风尚，强化员工诚信意识，通过严格的考核奖惩，形成鲜明的价值导向。创新是品牌的动力线。培育和创造品牌的过程本身也是不断创新的过程，企业拥有了创新的力量，就能在激烈的市场竞争中立于不败之地。

在"形"方面，通过强化品牌形象建设，把"质量至上、客户满意、形象一流"的建设目标深植到员工心中，并赢得客户的满意。在"心"方面，强化宗旨信仰和思想理念教育，以客户为中心、以奋斗者为本，着力营造全公司激情奋进、创新超越、干事创业的浓厚氛围。在"言"方面，以诚信为本，讲好"昌飞"故事，大力倡导言行一致、务实诚信。在"行"方面，深入做好员工岗位行为准则

和行为底线的宣贯，使员工岗位行为准则和行为底线成为基本的岗位素养，形成高度的行动自觉，达到"内化于心，外化于行"的知行合一境界。大力弘扬工匠精神，进而收获成就感、被尊重感。

通过外在"形象"的宣传及价值理念的培训教育即入"脑"入"心"的过程，使企业文化融入并贯穿于员工的"言、行"中，即导入的过程；践行的过程则是通过员工"言、行"，推动企业的价值观入"脑"入"心"，进而彰显"形象"。正、反双向同时发力，通过文化沉淀培育企业和员工共同价值恪守。

（三）中航工业昌飞"四位一体"企业文化体系的导入与培育

中航工业昌飞"四位一体"企业文化体系通过"管理"与"培育"双向发力，实现企业价值导向和员工价值践行的一致性，并沉淀为企业和企业员工的共同价值恪守。在"航空报国、强军富民"宗旨信仰的统领下，由"敬业诚信、创新超越"及"精益求精、团队快乐"思想理念引导员工践行行为准则、坚守行为底线，并通过员工践行行为准则、坚守行为底线推动企业品牌形象的构建，这是文化导入即"管理"的过程。同时，企业员工在品牌形象的牵引下，通过践行岗位行为准则、坚守行为底线，强化思想理念的一致性，朝着"航空报国、强军富民"宗旨信仰坚实迈进，这是文化践行即"培育"的过程。

企业文化是企业价值观和个人价值观相趋同而形成的思想观念和行为。企业作为组织，有企业的利益和与之相适应的价值观；员工作为个体，有个人的利益和价值观，有差异性，但也有共性，绝大部分员工都认可的思想工作观念和共同的行为，这个共同点与企业价值观相结合而形成的思想观念和行为。企业文化建设，关键就是要使两者的趋同性越来越大，差异性越来越小。

三、中航工业昌飞"四位一体"企业文化体系的实施路径

中航工业昌飞企业文化体系建设的推进，主要是通过强化常态化、岗位化、故事化、形象化、规范化、制度化等实施路径，促进企业和员工价值观趋同性越来越大，进而实现企业文化与科研生产经营管理工作的共鸣共舞共发展。

（一）文化活动常态化

从 2012 年开始，公司坚持在每年春节和国庆节后上班第一天组织举办升旗仪式；坚持在职代会、干部大会等大型会议开始前集中组织唱国歌活动；组织开展党员突击队授旗仪式，强化全员共同信仰和使命意识，增强员工的责任感和集体荣誉感。

（二）文化理念岗位化

公司着力抓好行为准则、行为底线及诚信档案建设，推进价值理念向员工岗位行为转化。公司党政主要领导亲自在干部大会宣讲行为准则的内涵及要求。制作 6000 余份行为准则行为底线宣传卡，发放到每个员工。根据"问题透明、日清日毕、数据说话、持续改善"等准则要求，在全公司各班组、处室及职能部门分层级推行 SQCDP 可视化管理，晒问题、亮业绩，发挥员工参与管理、提出问题、解决问题的积极性、主动性，形成浓厚的问题文化氛围。

（三）典型推介故事化

公司充分发挥企业内部报纸、刊物、电视、看板及微信等宣传媒介作用，深入挖掘践行企业文

化理念先进典型，评选"明星职工"，讲好"昌飞故事"。通过举办劳模颁奖晚会、编印文化故事书籍、建立企业文化教育基地等方式，展示先进人物的先进事迹及亮点，凝聚人心、激发干劲，增强使命感、责任感、荣誉感。

（四）文化宣传形象化

组织艺术节、情景剧、大合唱、青年集体婚礼等主题活动，艺术化宣贯文明礼仪、形象化展示文化理念和企业形象。

（五）文化建设规范化

编制公司《企业文化手册》、《中航工业昌飞视觉识别系统手册》等发放到各基层单位，形成一整套企业文化操作实施规范。修订企业文化建设考评办法，作为公司党委对各基层单位党建及企业文化建设考核的重要组成部分。坚持按季度定期进行企业文化考评，分数纳入党群联合考核，与各单位KPI绩效挂钩，使企业文化建设工作人人有责，有为有位。

（六）文化要求制度化

文化管理强调内心的自我约束，强调"是"与"非"、"对"与"错"的价值判断，制度管理具有刚性和相对稳定性。中航工业昌飞注重把文化理念和要求贯穿到干部管理考评、员工奖惩条例、行为规范及制度流程、标准等各个方面，促使员工把内在价值理念转化为外在行动。在干部年终和日常考核中，公司把员工岗位行为准则作为考核基本指标，量化评价干部的准则践行情况，发挥干部的表率作用，从而带动全体员工把员工岗位行为准则作为基本的岗位遵循。结合行为准则"表单办事"要求，公司广泛推行业务工作表单化。2015年以来，共设计业务表单2080份，其中1500余份已正常使用，共计89700人次，以表单化为载体保证业务工作的流程化。

四、体会与感悟

在推进公司企业文化建设中，公司改革发展到了新阶段，部分员工面对企业的管理变革感到迷茫、迟疑而不愿跟进，有的甚至表现出明显的排斥行为。其原因在于员工的价值理念与思维方式没有跟随企业变革要求而变化。关于企业文化建设如何增强价值观趋同性，我们主要有以下几点体会。

（一）企业领导的首位推进是关键

企业文化作为群体的价值追求和共同信仰，通常并不是从企业一产生就有的，而是企业领导团队在多年经营管理实践的基础上，对实践经验进行例行的提炼和加工进而确认和形成的。在这个过程中，它要经历由经验上升为理念，由理念内化为信仰，最终达成共识的演化过程，其中，企业领导层尤其是主要领导的高度重视、首位推进显得尤为重要。

（二）教育引导员工广泛认同是基础

企业文化形成的过程，是从领导文化到精英文化，再到最终成为大众文化的过程。在这个过程中，要通过广泛宣传、形成共识，树立榜样、典型引导，加强培训、提高素质等方式，教育引导员工在思想上真正认同企业文化，形成广泛认员。引导不是"灌鸭式"教育，而是要让员工自我感悟，真正明白为什么要树立这样的理念，为什么要有这样的行为，从而形成企业文化。

（三）抓好企业文化理念的落地是根本

企业文化的真正落地，关键是要抓好熟悉、模仿、服从、领悟、认同、内化六个阶段，从而在员工内心和行为上形成共识。其中，熟悉企业文化是基础，模仿是行动，服从是约束，领悟是提升，认同是自觉，内化是自愿。通过这些阶段的层层推进，企业倡导的价值观就成为员工个人的内在信仰，构成一个认知、情感和意向三种成分协调一致的、稳定的态度体系，员工做到了"知行合一"。只有到这个时候，才可以说企业文化真正落地了。

（四）通过严格的管理来促进习惯的养成是重点

文化靠管理养成。要对各项管理制度进行系统梳理，将公司企业文化，尤其是员工岗位行为准则的要求纳入具体的管理制度、流程和标准中，与对各单位及干部的考核要求相结合。要强化各项管理推进应用，做到敢于管理、勤于管理，善于从管理的角度思考和解决问题，使员工对管理由陌生到熟悉、由抵触到接受，以严格的管理养成习惯，进而形成文化。

规章制度系统建设创新

创造单位：中国葛洲坝集团第三工程有限公司

主创人：冯兴龙 舒敬辉

创造人：胡 勇 祁 斌 冉小华 刘冬来 蔡得全 吴昌江

[摘要] 随着电网主辅分离和国有企业的改革重组，企业规模正不断扩大，新近组建的国有大型企业基础管理难度也越来越高，如何建立系统、全面、行之有效的规章制度，增强企业的管控能力，加强企业的基础管理显得尤为重要。本文结合中国葛洲坝集团第三工程有限公司（以下简称葛洲坝三公司）的管理现状，对系统规章制度建设进行研究、探讨和实践。

[关键词] 规章制度；系统；体系

葛洲坝三公司由葛洲坝新疆工程局（有限公司）和中国葛洲坝集团股份有限公司西北分公司于2013年11月重组而成，注册地为陕西省西安市，注册资本金3亿元。

葛洲坝三公司控股股东——中国葛洲坝集团股份有限公司（以下简称"股份公司"），是特大型中央能源建设企业——中国能源建设集团（世界500强）的核心成员，主要从事水利、水电、火电、核电、风电、输变电、公路、铁路、桥梁、市政、机场、港口、航道、工业与民用建筑等工程项目的设计、施工、投资与运营，同时兼营房地产开发、水泥和民爆产品生产以及高端装备制造等业务。股份公司拥有强大的融资能力，是中国最具竞争力的上市公司之一。

葛洲坝三公司以水利水电、市政工程、房屋建筑、隧道筑坝和矿山工程为主营业务，拥有国家住建部颁发的水利水电工程施工总承包一级资质等各类资质11项。

葛洲坝三公司在国内外建造了一大批地标性建筑精品。截至2015年底，累计共获中国建筑工程鲁班奖3项、国家优质工程奖2项、中国土木工程詹天佑奖2项、中国水利工程大禹奖1项、湖北省科技进步特等奖1项，其中，有1项工程入选中国百年百项杰出土木工程。

葛洲坝三公司承建的高坝洲水电站工程创造了国内同类型工程建设的最短新纪录，被誉为"水电工程火电速度"；承建的瀑布沟砾石土心墙堆石坝工程被国际大坝委员会主席、中国大坝协会理事长和巴西大坝委员会主席联合签名授予"国际里程碑工程"；承建的巴基斯坦尼鲁姆·杰卢姆水利枢纽工程是股份公司目前在建的、最大的国际工程项目，也是中国承包商在海外承建的最大水电工程项目，成为中国海外优质工程的典范。

葛洲坝三公司形成了自己独有的关键技术，如面板堆石坝施工中大坝变形控制技术、大坝渗流控制技术、大坝施工与质量控制技术以及高寒地区水利水电工程施工技术、高发地震区水库工程施工与修复技术等，在国内同行中居于领先地位。

葛洲坝三公司历经三次转型跨越，欣逢国家"一带一路"、"创新驱动"、"新一轮西部大开发"等难得机遇，肩负着为股份公司发展国际业务和为国家区域经济社会发展服务的崭新使命。近年来，葛洲坝三公司主要经济指标实现快速增长，综合实力位居股份公司同级次建筑企业前列，是国内最具竞争力和成长性的建筑企业之一。

一、实施背景

2013 年，股份公司决定整合葛洲坝新疆工程局（有限公司）和中国葛洲坝集团股份有限公司西北分公司，组建葛洲坝三公司。新组建的葛洲坝三公司缺乏企业管理经验，在基础管理方面相对薄弱，规章制度建设未成体系，缺乏适用性。

葛洲坝三公司成立后，股份公司审批通过了葛洲坝三公司《战略发展思路》，就葛洲坝三公司的管理方向、管理模式进行了明确，对其管理载体进行了调整优化，为系统性地进行规章制度建设奠定了基础。

与此同时，自从国家推进央企建立现代企业制度以来，股份公司也一直在进行探索和实践。2013 年，随着股份公司《指导意见》的出台，股份公司的管理模式、运行体系发生了系统性的变化，同时也对所属子公司治理提出了更高的要求，就下属子公司开展治理结构调整工作提出了明确的时间节点要求，要求进行"制度新建"和"流程再造"，葛洲坝三公司作为其中一员，及时进行系统建设，适应集团发展责无旁贷。

葛洲坝三公司正是在这样的背景下，根据自身的基础管理实际，扎根陕西本土，辐射西北，以打造具有较强国际竞争力的工程公司为奋斗目标，通过学习借鉴和自我创新，理顺各业务领域的管理关系，明确各专业管理的管理范畴，系统地开展规章制度建设，强化总部的管控力，切实从根本上增强了葛洲坝三公司自我约束和自我发展的能力。

二、主要内涵与做法

（一）主要内涵

1.搭建清晰的规章制度建设体系

葛洲坝三公司经过深入调查研究后，结合该公司自身实际和葛洲坝集团的制度建设要求，系统策划了该公司的规章制度建设体系。葛洲坝三公司规章制度主要包括产权制度、组织制度和管理制度，其中管理制度包括管理规定、管理办法、实施细则和规程规范。

（1）产权制度。产权制度特指葛洲坝三公司及其子公司和控股子公司的《公司章程》，定位为该公司规章制度的核心，从最前端决定了公司财产的组织形式和经营机制。

（2）组织制度。组织制度主要包括《治理结构》、《运行规则》和《员工手册》。葛洲坝三公司定义其为企业组织的基本规范，是全体成员必须遵守的行为准则，规定了该公司的组织系统、决策系统、职责分工和制度体系。

其中，《治理结构》和《运行规则》根据《公司章程》建立，《治理结构》和《运行规则》统领"管理制度"的建立。

（3）管理制度。管理制度是对该公司管理活动的制度安排，是企业管理组织以及各业务职能领域活动的规定，是企业员工在生产经营活动中必须遵守的规定和准则的总称。

葛洲坝三公司的管理制度按照"金字塔"结构分级建立，自上而下、环环相扣，葛洲坝三公司总部按照"管理规定、管理办法、实施细则"三级建立。葛洲坝三公司所属单位按"管理办法、实施细则、规程规范"三级建立。葛洲坝三公司所属控股子公司参照公司总部建立完善相应的产权制度和组织制度。管理制度项下主要包括：

1）管理规定：管理规定是对各业务领域管理工作做出的全面系统的、指导性的管理制度，是公司决策事项的流程设计，是公司总部管理和处理问题的强制约束性法则。

2）管理办法：管理办法是对各业务领域管理工作中某一方面的专业管理工作做出的操作性的管理制度。"管理办法"是对"管理规定"的补充、完善和细化。

3）实施细则：实施细则是对专业管理工作的具体开展、实施操作做出的说明性的管理制度。"实施细则"是对"管理规定"或"管理办法"的补充、完善和细化。

4）规程规范：规程规范是指设备操作或业务办理的具体程序、实施步骤和方式方法。

2. 明确全面的规章制度建设范畴

在规章制度建设中，以系统性原则为指引，葛洲坝三公司对其日常运行管理的各个业务领域和各个专业管理进行了全面的梳理，并按照在运行过程中的前后关系、紧密联系和管理领域相近度明确了90项管理制度。

一方面，葛洲坝三公司在分类分级的基础上，从纵向上，以《制度建设管理规定》为始，按照方向、管理对象、管理手段和方法、保障资源与设备、生产过程控制、技术信息和人财机制保障的逻辑顺序进行策划，最后以《内控管理规定》为终，形成一个大的管理闭环。

另一方面，该公司在规章制度策划过程中，按照从属和包含关系，对各项管理规定延伸的管理办法，以及管理办法延伸的实施细则进行了对应和明确，保证了各业务领域和各专业管理的补充完善和相对应性。

3. 梳理畅通的决策审批授权流程

葛洲坝三公司在制度建设过程中，按照"程序清晰、授权合理、决策高效"的原则进行管理流程构造，大力推行"管理制度化、制度流程化、流程表单化"，不断规范公司运行管理行为，着力提升公司运行管理水平。

（1）管理制度化。通过系统化的制度体系构建和制度建设，让公司所有生产经营和运行管理行为严格按制度执行，做到"有章可依、有章必依、违章必究"，逐步形成"按制度管事、按制度管人、按制度经营业务、按制度治理企业"的制度文化。

（2）制度流程化。根据公司制度建设体系和公司领导分工、专业委员会职责定位和职能部门职责分工，在对各业务领域及专业管理流程和需公司总部决策事项进行全面、系统梳理的基础上，公司分类、逐项设计决策流程，科学、合理建立授权体系。公司各业务领域及专业管理事项决策流程暨授权体系。

（3）流程表单化。根据公司各业务领域及专业管理事项决策流程和授权体系，对需公司总部决策的事项按"报审决策"和"会议决策"两种方式进行决策。对报审决策事项，由事项发起机构编制"输出文件"，填写公司报审决策事项审批表，按规定流程逐级进行决策，并按最终审批意见执行。对会议决策事项，由发起部门（会议决策事项一律由公司职能部门发起）编制"输出文件"，填写公司会议决策事项审查表，按规定程序审查后提交会议组织部门安排会议决策，并按会议决议执行。

4.建立持续的规章制度建设机制

为保障葛洲坝三公司规章制度建设体系的有效性，该公司按照"科学评价、适时修订、系统调整"的原则进行制度完善，确保公司制度有效、有力，确保公司管理有据、有序。

（1）执行评价。根据制度执行、反馈、监督和检查情况，由葛洲坝三公司风险控制部和机关工作委员会分别从风险控制及内部控制的角度对制度的制定与执行进行综合评价，在其专项报告中提出制度完善建议并进行评估决策。

（2）制度修订。根据决策的制度完善意见，对属于制度本身的问题，由制度制定责任主体组织修订。

（3）体系调整。同时，对属于制度体系的问题，由其企业管理部制定专项制度体系调整方案，主要包括职责或流程调整、制度废止或增加。

（4）葛洲坝三公司对"试行"或"暂行"的制度在两年内进行修订。同时，界定临时性或过渡性工作通知不纳入制度体系，有效期超过一年的，及时对相关制度进行修订。

（二）主要做法

通过整体策划，分类、分级、系统构建的制度体系，全力筑牢了制度的"笼子"，强化了管理制度的"刚性"约束，实现了多角度创新。

《规章制度系统建设研究》的主要内涵做法，从其成果名称可见一斑，即"系统性"表现尤为突出。

1.建设方向明确

葛洲坝三公司的规章制度建设是以《战略发展思路》为指向的，按照其发展定位、发展目标、管控模式、运行机制、项目管理体系和组织机构设置确定了"管理制度化、制度流程化、流程表单化、表单信息化"的管理目标，力争做到"制度成体系、管理无盲区、运行有章法"。

2.建设领导权威

葛洲坝三公司在进行制度建设方案策划时，建立了以董事长为组长的"制度建设领导小组"和在董事长授权下的以总经理为组长的"制度建设工作小组"。通过强有力的"一把手"工程保证制度建设的权威性和有效推动。同时，为统筹协调制度建设工作，葛洲坝三公司以"企业管理部"为制度体系建设的归口部门，制定了《制度建设方案》，明确制度体系和构成，确定建设节点，统筹协调制度建设工作，保证制度建设的统筹策划、系统协调，做到循序渐进，系统构建。

3.建设主体明确

在制度体系建立的基础上，为保证各类、各层级制度建设的有序推进和体系的健全完整，葛洲坝三公司明确了"产权制度、组织制度和管理制度中的管理规定，由公司成立工作小组进行编制"、"管理制度中的管理办法和实施细则，由公司所属职能部门组织编制"、"公司所属单位根据公司的管理制度制定相应的管理办法、实施细则和规程规范"的建设职责，为制度的首次建立和今后的健全完善明确了责任主体，并充分保证了所属单位在制度框架下的管理自主能力。

4.建设层次到位

葛洲坝三公司按照"先策划、后编制"的原则，确保制度成体系、高效能，不得随意制定、粗制滥造。葛洲坝三公司策划建立的90项规章制度，形成了宏观至《公司章程》，微观至《总部机关食堂管理实施细则》的覆盖面。《公司章程》、《治理结构》、《运行规则》、《员工手册》和27项"管理规定"、54项"管理办法"、5项"实施细则"分别覆盖了27个业务领域和54项专业管理，做到了生产经营和运行管理的全覆盖。

5. 建设主线清晰

在"管理规定"层级中，排序在第一位的即为《制度建设管理规定》，第二位的为《战略管理规定》，第三位的为《投资管理规定》，第四位的为《国际市场开发管理规定》，而后依次按照生产管理顺序为商务、项目、生产、安质环、人资、财务、审计和党群等；排序在最后一位的为《内控管理规定》，倒数第二位的为《风险管理规定》。由此可以看出，在进行制度的划分和衔接时，是以生产经营主线为基础的，各项制度的接口清晰，前后衔接顺畅，相辅相成。

与此同时，每项管理规定项下均有其对应的管理办法，如《财务产权管理规定》项下的《预算管理办法》、《非生产性费用管理办法》、《资金管理办法》、《税务管理办法》、《会计核算管理办法》、《会计档案管理办法》，而《非生产性费用管理办法》项下有《总部机关非生产性费用管理办法》，管理层级清晰可见，引用辅助功能完善。

6. 建设标准统一

葛洲坝三公司的规章制度建设是具有"统一风格"的，共计90项规章制度的章节划分均是按照时序或管理顺序进行谋篇布局的，每一项规章制度都有各自的管理目标、原则、体系、范畴以及适用范围等。无论是在语言表述上还是在行文排版上，都做到了统一标准。与此同时，各项有关联的规章制度，比如《商务管理规定》的生产经营周期与《集中采购管理规定》的采购周期等均以年、季、月为周期；涉及的各个管理机构，采用代码形式进行明确，以方便在分级授权中使用，如董事长的管理代码为"301"，"标准化"作业痕迹突出。

7. 实现分级授权

在规章制度建设过程中，"管理规定"侧重进行管理流程的描述，着重理顺管理的脉络和主线，指导生产经营管理，而与之相配套使用的《运行规则》侧重于分级授权，着重进行决策审批流程的梳理，明确生产经营和运行管理的权限，不仅较好地承接了集团的治理结构，更理顺了管理关系。

三、实施成效

就目前看，葛洲坝三公司的规章制度系统建设创新主要有以下几个方面的成效：

（一）奠定了快速发展基础

葛洲坝三公司通过规章制度建设，在新公司成立初期，理顺了生产经营和运行管理，为公司后续快速发展奠定了坚实的运行管理基础，为强化总部建设、缩短管理链条、走专业化道路进行了正向积累。

（二）延展了治理调整内涵

本次规章制度的系统建设，按照集团《子公司治理结构调整试点方案》制定公司《治理结构》制度，对葛洲坝三公司的治理结构设计、权责分工和议事规则进行了明确，规范了"五大会议"决策平台和"三驾马车"的职权体系，对葛洲坝三公司董事长、党委书记、总经理的分工和批准（签发）事项进行了明确规定，一定程度上延展了股份公司治理结构调整的内涵。

（三）建立了分级授权体系

通过制度建设，系统梳理了涉及27个业务领域的54项专业管理的393项决策审批流程，结合集团公司的治理结构调整文件，进行层层授权，依据《治理结构》制定的《运行规则》重点解决了授权体系的建立问题，初步建立了分级授权体系，促进了决策规范。

（四）促进了"大监督"体系形成

葛洲坝三公司通过制度体系建设实现了对公司总部机关的职能运行监督，实现对公司全范畴的内控监督管理。即由机关工委对其总部职能部门的职能履行情况进行内控监督，由职能部门对其所属单位进行专业监督。通过内控管理，确保公司发展战略方向明确、高度统一，确保公司运营计划科学合理、如期实现，确保公司规章制度健全有力、严格执行，确保公司管理流程高效顺畅、有序运转，确保公司岗位职能清晰合理、高质承启，确保公司员工队伍敬业精干、高效履职。

与此同时，在制度设计中，着重设计了审计、纪检监察、风险控制和内控管理的联动效应，通过互相促进和提供管理线索，为建立"大监督"体系进行了积极探索。

（五）提升了管理履职能力

企业的运营管理是一个有机的整体，管理效力和管理水平最终取决于单位个体的履职能力。深入进行系统化规章制度建设，明确各个机构和个人的职责所在，切实加强履职能力，促进员工保质保量、尽职尽责地完成本职工作，确保员工所在岗位的工作质量，以此确保了机构、公司的工作质量，通过工作质量的提高促进公司管理效力和管理水平的提升。

（六）形成了高效决策机制

在制度体系建设的大背景下，构建科学的决策体系、组建合理的决策机构、搭建高效的决策平台、建立规范的决策规则，促进了葛洲坝三公司的科学、高效决策，为规范的运作创造条件、奠定基础。

总之，葛洲坝三公司的规章制度建设，是向着具有卓越气质的企业而努力的，其体系的建立健全是一个实验、实践的过程，是一个建立、否定、再建立的过程。我们相信，只要顺应股份公司的发展趋势，把握系统建设的实际，立足企业实际，就一定能够通过创新推动企业发展。

北新建材双线择优管理模式

——全国性企业集团管理模式的探索和创新实践

创造单位：北新集团建材股份有限公司
主创人：王　兵
创造人：杨艳军　陈豪雅　管　理

[摘要]伴随着企业规模和市场覆盖面的逐步扩张，面临着如何既有效发挥总部优势，又增进基层活力的问题，需破解国企"一收就死、一放就乱"的困境。为此，北新建材在设计并实施了双线择优管理模式，分三次调整将全国大一统的经营决策分解至各区域实现"聚焦区域"，各区域得以根据前方竞争格局的情况制订因地制宜的经营策略；在区域自治的基础上，通过"双线择优"来激发内部竞争，使业务部门、职能部门相互耦合、相互监督，以透明化的运作来达到效率、效果的优化选择，激发了企业的活力、管控了经营风险、提高了经济效益和经营质量。

[关键词]管理模式；双线择优

北新集团建材股份有限公司（以下简称"北新建材"）是国务院国资委直属中国建材集团旗下的 A 股上市公司，1979 年在邓小平同志亲切关怀下成立，是全球最大石膏板产业集团和中国最大新型建材产业集团。目前是国家级创新型企业、国家技术创新示范企业、全国工业品牌培育示范企业，获全国工业企业质量标杆、全国专利示范企业、全国最佳股东回报上市公司等称号和全国管理现代化创新成果一等奖、全球石膏工业突出贡献奖等殊荣。

自 2004 年以来，北新建材石膏板业务规模 3 年实现中国第一，5 年实现亚洲第一，8 年实现全球第一，目前石膏板业务规模 20 亿平方米，继续稳居全球第一。在激烈的市场竞争中，北新建材以"绿色建筑未来"为产业理念，通过品牌建设、技术创新两大战略引擎，全面推行制高点战略，打造了在技术、质量、品牌影响力都全面超越外资世界 500 强同行的中国自主品牌，全国各地地标建筑和"鲁班奖"等获奖工程 90% 都是北新建材的产品而不是外资品牌；通过持续不断的经营优化和管理创新，提升企业活力和竞争力，经济效益和经营质量持续保持稳健较快增长。

一、公司实行双线择优管理模式的背景

北新建材自 2004 年明确了集中发展石膏板主业的战略后，逐渐步入发展的快车道，从最初北

京总部单一基地，陆续扩展到全国 60 个基地，石膏板业务产能从最初的 4500 万平方米，增长到 20 亿平方米。另外，大型集团企业特别是国有企业"一抓就死、一放就乱"的现象成为困扰一代又一代企业管理者的难题。北新建材通过多年探索和实践，确立了"四个充分"的管理原则：上级对下级要"充分信任、充分授权"，下级对上级要"充分透明、充分监督"。现代社会管理模式不能再搞泰勒式管理，信任和尊重成为企业文明和激发活力的基础。充分合理的授权和流程也是责权利一致的保障。同时，充分透明是充分信任的前提，充分监督是充分授权的前提。根据"四个充分"的管理理念，北新建材逐步探索和实行"双线择优"的管理模式，这是企业在规模逐渐扩大成为全国性企业集团的过程中不断总结探索的有益实践，也是事实证明行之有效、激发企业活力、管控经营风险、提高经济效益和经营质量的有效模式。

（一）规模做大后避免大企业病的需要

与多数以自身扩张建设为主，而不是以兼并收购为主所发展起来的集团性企业类似，北新建材一个显著的特征就是拥有强大的总部。公司总部从直管业务起家，熟悉一线运作、熟悉市场发展，并且会集了行业内产供销的大量人才，所以在逐渐扩张的过程中，最初一直沿袭总部做大一统决策的习惯。但是随着企业规模的增长，管控的幅度越来越大，总部机构不可避免地不断膨胀，很容易滋生官僚化、行政化的习气。与此同时，随着企业规模的不断扩大，市场触及的范围不断扩大，总部因远离市场一线，决策合理性、及时性都难有保障，即使有优秀的"敬业爱厂"的企业文化，即使总部人员竭尽所能地统筹尽责，也渐渐力不从心，一方面是总部不堪重负，另一方面是一线抱怨丛生，缺少积极性。这便是企业扩张发展中通常所谓的"大企业病"。北新建材实施双线择优管理模式的第一个出发点，就是破解规模做大后的"大企业病"。

（二）提高一线活力，同时也要保障企业整体控制力的需要

分而治之，是破解"大企业病"最容易也最常用的策略，然而如何摆脱"一收就死、一放就乱"的宿命？如何避免总部因放权而被架空的失控局面？为了提高一线的活力，总部可以忍痛缩编机构、削减权力，但无数的前车之鉴告诉我们，仅仅放权不仅削弱了总部的影响力、控制力，还造成诸侯割据、尾大不掉、一盘散沙，滋生出大量的内耗和跑冒滴漏，甚至酝酿巨大经营风险。所以，北新建材在思考酝酿管理模式调整时，将提高一线战斗力、保障公司整体控制力同时作为约束目标，成为实施双线择优管理模式的第二个重要背景。

（三）区域化运作基础上发挥整体协同性的需要

除了破解"一放就乱、一收就死"的困境，使分权经营的活力，有效运行在总部的控制轨道之上，北新建材的管理模式调整，还提出了更高的目标要求，即要发挥作为集团性企业的优势，形成整体合力，实现"1+1>2"的效果，而不是"1+1=2"，更不是"1+1<2"。要实现这种整体合力效果，就要考虑在机制设计上有助于增进内部协同性，使各方能共同受益于集团性企业的综合实力、综合竞争力，这便是北新建材实施双线择优管理模式的更深思考。

二、"双线择优"管理模式的内涵

罗马不是一天建成的，北新建材探索实践的双线择优管理模式也不是一蹴而就的空中楼阁，而是深深植根于公司持续倡导的"充分信任、充分授权，充分透明、充分监督"的管理理念氛围环境。

多年来，公司在选人用人策略上，坚持用人不疑，给各级干部在所辖业务领域授以充分的决策自主权，同时强调层层负责，每级干部都要贯彻落实公司的这一原则精神，不搞"一言堂"，要求各单位不能在公司授权后形成自己的独立王国。在持续巩固深化"四个充分"原则的过程中，北新建材结合内外部经营环境的变化，总结形成并完善了深度体现"四个充分"原则的双线择优管理模式。

（一）从总部大一统到构建区域经营公司＋总部专业部门架构的本质就是将经营决策权下放至各区域，是"充分信任、充分授权"的体现

聚焦区域，按地域分布、市场竞争的特点，将全国的业务划分为几大战区——区域公司，每个区域公司是利润中心，代表公司在本区域开展全产品、全业务的经营，在本区域负责公司所有产品的经营，实现市场和客户的深耕。

为充分发挥每个区域公司的经营者主体意识，公司对区域公司总经理做出"充分授权"，日常所有经营决策都由区域公司总经理来直接负责。区域公司总经理在被"充分信任"的基础上，发挥本区域公司产供销各级干部的积极性、能动性，根据本区域的市场环境和竞争格局，根据本区域消费者的特点，制定有区域自治特色的产品策略、市场策略、经营策略，在市场一线出现"战情"时，迅速做出反应。根据本区域生产工厂的工艺和设备特点、库存周转情况、基地环境，制定因地制宜的生产策略、技术改造方案，开展必要的基建和技改技措项目。

聚焦区域的优势是显而易见的，主要包括以下五点：

一是通过分散化的授权经营，使每个区域能做精做透，每个区域公司建立在区域腹地，相当于将战地指挥所直接前移到前线阵地，在听得到炮声的地方做精准的决策，依据本区域的情况实现差异化的打法，避免整齐划一决策对局部环境的不适应性，提高了对市场的快速反应能力。

二是公司建立了类似动车组的多驱动模式，每个区域公司就是一节可独立驱动的车厢，替代传统机车中由总部一个动力机组带动整列火车前进的方式，既使提速成为可能，也使整列为车的抗风险能力大大增强。

三是释放了基层的活力，充分的授权增进了基层的工作积极性，而对市场快速反应的成效也激发了基层的工作成就感，从而使基层的创造性、能动性得到充分发挥，提高了区域自身的凝聚力、战斗力。

四是锻炼培养了一批优秀的职业经理人队伍。每个区域公司总经理都需统筹本区域的产供销全局，像一个真正的总经理那样全面思考问题，工作舞台的历练增进了大家的综合经营能力，培养了一批敢于决策、能打硬仗、有勇有谋的成本杀手、市场能手、创新高手、经营管理多面手。

五是形成了比学赶帮超的良性竞争氛围。实施聚焦区域的多区域经营模式后，每个区域的业绩指标更加显性化，外部环境对各区域的业绩影响趋势基本一致，所以各区域的业绩相对位次便体现出大家的经营水平和质量，由此形成了各区域不甘落后、力争上游的大好局面。

（二）"双线择优"的本质就是对授权的科学制衡，是"充分透明、充分监督"的体现

经查阅相关文献，"双线"通常有三种含义的理解：第一种含义与组织架构有关，指业务部门（如事业部）的职能部门同时接受本级业务部门及上级职能的双重领导，形成一线为实、一线为虚的矩阵式管理；第二种含义来自于财务收支两条线的概念，强调两条线的运行要独立不兼容；第三种含义来自于IT界的灾备策略，即两条线互为备份，应对各种可能的风险。我们这里所讲的"双线择优"，有别于上述三种含义，有更加丰富的内涵。

双线择优，是指业务的运行与决策，不是由一个部门独立"黑匣子"运作，而是要有第二个部门的参与和见证，即通过交叉参与审核机制，实现发起方对审核方的透明，审核方对发起方的监督。具体而言，就是在投资、采购、生产、销售、技术、项目建设等各领域，按照充分授权的思路由发起部门做出最终的决策，但是该决策要面向相关部门开放透明，接受相关部门的审核，在保证第一条线的决策自主权的同时，发挥第二条线的监督作用。

双线择优，不同于实线虚线各自分工有主有次的矩阵式结构，每一条线都可以提出更优的方案替代另一条线的方案，也就是说每一条线都可以成为实线；双线择优，不同于僵化的金字塔科层结构，打破总部和区域、职能和业务、上级和下级的界限，在持续优化"正确地做正确的事"方面成为扁平化、网络化的智慧组织；双线择优，不同于简单的集中结构，每一个部门都不能垄断某项关键经营信息和权力，比如采购工作，既有总部统一集中的采购商务部，负责适宜全公司统一采购的物资，各区域公司各工厂基地也有适宜本区域本基地统一采购的物资，每一条线对于其他条线负责的采购工作负有监督和优化替代的责任，并且把这种责任要细化到工作流程机制和绩效考核里面；双线择优，不同于九龙治水的分权结构，每项工作明确负责部门和负责人，让他们有积极性接受、鼓励、支持其他"线"对于本工作的改善和贡献（哪怕是否决替代了本部门发起的现行方案，比如区域公司发起对某项总部统一采购物资的供应商替代），让他们有压力改进本部门工作经得起其他"线"的考察和替代方案的PK，这些都有利于促进本项工作业绩，利益是一致的。双线择优，不是双备份、双系统设置的重复浪费，而是分工各有侧重、既互补又耦合的两条线。

双线择优的运作机理，是促使区域公司的行权更加谨慎，同时敦促职能部门的履职更加到位。双线的合作产生于分工互补关系，双线的竞争产生于择优替代关系，通过"双线择优"实现内部竞合，促进效率的提升和效益的改善。双线择优的本质，是建立竞争关系，以竞争来促优化。但这种竞争，既不等同于你死我活的外部竞争，也不等同于不同部门间你高我低的内部竞争，而是一种良性的共生共存、共荣共享的开放式竞争、学习型竞争，是一种保持组织活力、促进组织进化的机制。

三、北新建材"双线择优"管理模式的应用实践

北新建材在实践中摸索总结的"双线择优"管理模式，以采购工作为起点，在逐步完善清晰整体的指导思想框架后，不断扩展深化应用领域，并成为北新建材经营管理的一项根本宗旨。我们按照时间线索梳理北新建材的应用实践，以期能对更多的公司有借鉴意义。

（一）在采购领域率先推行双线择优管理模式

公司设有采购商务部，作为统一的采购平台，负责所有石膏板生产基地大宗材料的集中采购；事业部（未分拆为区域公司之前，石膏板的经营在全国仅设立一个事业部）作为采购材料的消费者，也是最终的成本承担者，也设立采购部门由事业部总经理直管。大宗材料由采购商务部作为采购的责任主体，收集事业部的需求后通过招标选择供应商、确定采购价格，在实施订单评审时，事业部如对采购价格、供应商有异议，可提出充足理由、依据后选择自行采购，同时其自行采购的供应商，也将被采购商务部评估后纳入公司的供应商合作名录，参与今后的招标。

事业部各下辖基地在当地也要寻找发现适宜的供应商，向采购商务部推荐，评估后进入公司的供应商合作名录。

事业部对零星材料实施本地化采购，此本地化采购也要接受采购商务部的职能监督，采购商务

部可通过基地间采购数据的对标提出改进性建议。

（二）实施聚焦区域的区域化调整

2012 年，北新建材所处的石膏板行业重新面临全国范围硝烟弥漫的局面，为了在新的行业竞争形势下提前完成组织机构调整和竞争模式调整，在外资企业投资的新工厂年底陆续投产之前提前完成战略部署，北新建材宣布实施区域化调整，按生产线所在区域布局及外资板分区情况，组建区域事业部，将经营主体前移到市场竞争的前线，实现快速决策，快速反应，有针对性地与竞争对手开展竞争，确保在竞争中捍卫并扩大公司的竞争优势地位，捍卫公司在北方市场的核心利润区，提升强化公司在华东市场的领导地位，全面拓展南方市场，在中西部区域市场建立主导型核心利润区。

通过聚焦区域，公司以市场为导向，将整体一盘棋的经营根据不同市场、不同竞争格局进行战区重组，基于各区域差异竞争环境的经营策略灵活组建区域公司。与以往全国统一管理模式相比，区域公司每个战斗单元的精细化管理成为可能。

（三）明确双线择优的指导思想

区域经营的模式，给公司带来了巨大的活力，充分的授权激发了极大的能动性、创造力，这时如果一味强调授权，就容易出现总部的空壳化。为此，北新建材按照"小总部、大业务"的调整思路一手组建强大高效的区域公司，一手打造精干有力的总部职能体系。公司充分发挥区域化经营的对标优势，通过对标来暴露每个木桶的短板，并了解每个木桶的容量潜能；通过对标发现最优的运作模式，并运用职能管理的手段在更多的区域推广。区域公司当发现其他区域的优秀实践时，除直接学习外，也可运用比较优势的原理来寻求与其他区域的协作。公司还通过整合优化，组建了采购商务部、整合营销部、项目发展建设部三大业务支持部门，并明确业务支持部门要用优质的服务来吸引区域公司，通过在"双线择优"中的胜出来创造部门价值。

（四）按照双线择优模式在生产领域推行"竞价生产"

按照综合成本最低的原则，公司所有生产基地实施"竞价生产"，区域公司可根据不同工厂的生产条件，综合不同生产策略下的生产成本、物流成本，统筹制定区域公司内不同工厂的任务分工。对于需要跨区域调拨协调以发挥比较优势的，由财务部和整合营销部根据整体利润最大化原则进行统筹安排，并进行合理的利润分配，谁的贡献更大，谁分配的利润就更多。

（五）投资、选址、技术领域的双线运作

按照总部职能的统一规划，在投资、项目建设、技术领域都建立了区域公司、职能部门的竞争模式，公司考察的拟投资项目，最终都要投入到区域公司的运营范围，所以考察、论证都充分吸收区域公司的意见，如果区域公司对该投资项目的盈利模式没有信心，公司不会坚持投资。同样，在生产线选址方面，公司总部投资发展部与区域公司并行开展，都可以推荐候选地，经由双方共同论证评估达成一致后确定选址地点；生产线投资项目立项审批通过后，在区域公司无暇顾及生产线项目建设的时候，公司项目发展建设部代为组织开展项目建设，但如区域公司有人手、精力保障，公司同样鼓励区域公司自行开展；区域公司各生产基地日常的零星基建、技改技措项目，如果不能独立开展完成，立项后可以寻求第三方的合作支持，而公司总部的技术力量如果能提供有竞争力的服务，同样可作为服务供应商参与竞争，最终由区域公司决策。

（六）坚持具有双线择优特点的财务委派制度和垂直管理

坚持财务委派制度和垂直管理，是"四个充分"管理原则的基础，也是"双线择优"管理模式安全运行的保障，对避免"一放就乱"发挥了重要的作用。通过财务的垂直委派，实现了区域公司经营的"充分透明"，确保公司总部的政令能够在区域公司畅直贯通，确保了公司整体信息和资源的共享，确保了总部及时统一筹决策和协同，确保了监督的深入和有效。另外，区域公司财务系统作为区域公司和基地公司的经营部门的一部分进入区域公司驻地并肩工作，以职业化的素养和专业化的能力为区域公司提供经营分析和增值支持，成为区域公司总经理经营工作的重要团队成员，日常工作也要接受区域公司领导，区域公司从日常工作状态和经营支持方面对于驻地财务部门也有一定的监督和考核权重。

四、实施效果

2004 年以来，北新建材经过多年探索和实践，逐步形成并全面推行"四个充分"管理原则和"双线择优"的管理模式，保持了企业核心竞争力的持续提高、经济效益的持续增长、经营质量的持续改善：实现了年均 30% 的净利润复合增长率，净资产回报率（ROE）21%，总资产回报率（ROA）15%，应收款占营业收入比降至 3%，资产负债率降至 32%，按照可分配利润 30% 对全体股份现金分红，打造了北新建材发展历史上的黄金十年。北新建材全国 60 个生产基地已有 6 家实现"投资 1 亿，净利润 5000 万"的全球领先绩效，公司品牌价值评估高达 405.28 亿元（世界品牌实验室，2016 年），公司以其稳健的经营、强劲的增长和亮丽的业绩，为建材行业、上市公司、国企，乃至中国制造做出贡献，下一步将继续积极探索经营管理新思路，致力于打造名副其实的中国工业界标杆。

国有企业"五位一体"绩效体系的构建和实施

创造单位：江铜贵溪冶炼厂
主创人：陈羽年 陈平华
创造人：张 帆 吴 军 吴伟栋 汪飞虎

[摘要] 在强调"人本管理"的时代，企业"绩效管理"根本目的是实现企业"共性"追求与员工"个性"要求的和谐互动与相互支撑。江西铜业股份有限公司贵溪冶炼厂不断推进组织绩效与个人绩效的有机结合，构建了"五位一体"的绩效管理模式。"五位一体"绩效管理模式鲜明体现了中国国企特色，构建了中国国企绩效管理新样本。首先，实现行政工作与党建工作的有机统一，解决了"两张皮"如何变成"一张网"的问题。其次，实现定量考核与定性考核的高度融合，解决了普遍存在的定性考核易、量化考核难的问题。最后，实现了民主管理与绩效导向的完美结合，解决了职工群众主人翁地位如何体现的问题。"五位一体"绩效考评管理为企业生产经营发展提供强大动力，打造了业绩增长新常态。

[关键词] 五位一体；绩效管理；人本管理

江西铜业集团公司（以下简称"江铜"）成立于 1979 年，是中国最大的铜生产商和江西最大的国企。年产阴极铜 122 万吨，2014 年实现销售收入 2078.5 亿元，列全球矿业公司第 12 位。2015年世界 500 强列第 354 位、中国企业 500 强列第 71 位。贵溪冶炼厂（以下简称贵冶）是江铜的骨干工厂，年产阴极铜超过百万吨，是我国最大的铜冶炼工厂，也是黄金、白银、硒、碲、铼等稀贵金属和硫化工产品的重要生产基地。不仅单个工厂产能规模世界第一，而且工艺、技术、装备、管理水平先进，是世界最好的炼铜工厂之一。贵冶先后获得"全国五一劳动奖状"、"全国环保先进单位"、"全国优秀基层党组织"等多项荣誉称号。

一、国有企业"五位一体"绩效体系的构建和实施背景

（一）建设世界最好炼铜工厂的需要

建设世界最好炼铜工厂，是实现江铜"巩固冶炼"战略、提升工厂核心竞争力的需要，也是贵冶自身发展到一定阶段的内在必然要求。贵冶年产铜过百万吨，单厂规模已是世界第一。再发展规模，由于区位优势明显不足，必将造成"规模边际收益递减"，很可能无利可图，甚至出现负效益。因此，贵冶的选择就是"眼睛向内挖内潜，苦练内功提指标，内涵发展做贡献"，从"世界最大"

向"世界最好"挺进，建设世界最好炼铜工厂，为江铜继续领跑铜业、保持中国铜工业领头羊地位，建设全球最具竞争力的矿业公司提供重要支撑。要达成这个目标，必须要有一套与之相配套的以业绩为导向、量化考核、奖扣有据、科学公正的绩效考核管理体系，发挥制度"指挥棒"的作用，充分激发每个组织、每个员工的内生动力，使工厂整个机体和全部细胞都活跃起来，更加生机勃勃、充满活力，为建设世界最好炼铜工厂目标的实现提供强有力的保障。

（二）创新国企党建工作的要求

党组织是国企的政治优势和不可或缺的重要资源。加强国企党建工作是中央的一贯要求，企业党组织既要保证党建工作任务和目标的完成，又要围绕"中心工作"促进生产经营目标的实现。

一直以来，贵冶都十分重视党建工作，始终坚持"党建工作不是要不要，而是如何不断强化和创新"的理念。贵冶30年来的发展实践表明，党建工作是企业管理的重要组成部分，是企业改革发展稳定的重要保证。国企的经济属性和政治属性，决定党建工作必须以创新为手段，借鉴先进的管理方法，融入经济抓党建，抓好党建促经济，以地位保证作为，以作为提升地位，党政相互支持，确保党建工作必要的资源。

因此，必须创新途径、方法和手段，加强对党建工作的有效管理和考核，寻找一个最佳着力点，既实现对党建工作目标完成情况的检查测评，又促进"党政同心、目标同向、工作同力"机制的形成。

（三）国企绩效管理自身发展的需要

中国国企的绩效管理自20世纪80年代以来，经历了"一无所有"、"平均主义思想下的赏罚调剂"、"主观考核"等过程，目前正逐步进入"量化考核"阶段。但目前仍然存在体系不完整、覆盖不全面、标准不高、激励不到位的缺失，而且在"量化考核"的同时，干部和员工普遍渴望得到"公正、公平、公开"的评价，获得尊重，成就自我。因此，建立一套适应现代国企发展，将企业战略和员工利益紧密相连，增强核心竞争力的绩效管理体系具有十分重要的意义。

二、国有企业"五位一体"绩效体系的构建和实施内涵及主要做法

贵冶在认真分析自身优势、识别现有资源的基础上，以战略目标为指引，融合行政和党建工作要求，发挥好国企党组织政治优势，充分整合已有的五个考评办法，构建起了"五位一体"绩效管理完整体系。具体来说，通过经济工作与党建工作相结合的管理体制，实现"有形产品"和"无形产品"有机融合；通过"五位一体"绩效考评，解决了国企长期以来存在的两个文明建设"两张皮"如何转化为"一张网"的问题，实现了"党政同心、目标同向、工作同力"，提高了管理效能。

"五位一体"绩效管理体系正式形成时间定位在2013年初，而其涵盖的五个考评办法则是在工厂的发展过程中陆续推出并逐步完善的。"五位一体"绩效管理体系是以双文明建设考评和经济责任制考评为组织绩效，中层干部考评、全员创星考评、机关绩效考评为个人绩效，五个考评办法既相对独立、覆盖全员，又相互关联、互为应用，一体考核，构成体系，且每个考评办法都有一定程度的创新。

贵冶"五位一体"绩效管理体系形成历程模型如图1所示。

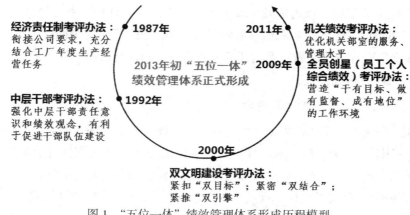

图1　"五位一体"绩效管理体系形成历程模型

（一）推进双文明建设考评，以两个文明协调发展统领全局

双文明建设考评是贵冶的年度组织绩效，以"两个文明"建设目标为导向，以全厂所有二级单位为对象，考评内容覆盖精神文明建设暨党群的全部工作，并纳入经济责任制考评方案中的主要和关键指标，以两个文明协调发展统领全局。

1. 党政融合，物质文明与精神文明并重

双文明建设考评办法对两个文明建设的任务目标有效识别后，按照"建设世界最好炼铜工厂"、"构建和谐平安贵冶"、"工作创新"三个维度，设定可量化、可考核的具体指标，制定具体的测评办法。

"建设世界最好炼铜工厂"维度分数设定为490分。其中：必须执行的工厂各项规章制度共性指标230分，包含"现场管理、设备管理、风控管理、厂规厂纪执行情况、档案管理、专利申报、体系建设"等；必须完成的刚性任务260分，包含"产量、作业量、技术经济指标、生产成本、费用、利润总额"等。

"构建和谐平安贵冶"维度分数设定为450分。其中：和谐平安贵冶贡献度指标400分，包含"组织建设、群团建设、安全环保、文化建设、廉政建设、综合治理"等；和谐平安贵冶满意度指标50分，包含"民主管理、内部治安、团结友爱、组织关怀、廉政建设"等。

为了鼓励"追求卓越、勇担重任、敢当标杆"的精神，提升创新成就，特别设置了"工作创新"维度，分数60分。其中包含工作任务及指标创水平（40分）和管理创新（20分）两个子维度。另外，各单位可根据重点工作取得突破的情况、核心技术经济指标创历史最好水平的情况、本单位获得重大综合表彰的情况、维护工厂形象做出重大贡献的情况等方面提出加分申请，由考评领导小组最终审核、确定。

2. 突出重点，定量与定性考核相结合

按照双文明建设的总体要求，在经济责任制考核的基础上，突出重点工作，据此确定考评内容及指标；以定量考核为主，定性考核为辅；既考核各单位重点工作、主要指标的完成情况，又考评各单位整体工作的绩效；既追求实现双文明考评的公平、公正，又体现不同单位的工作难度。

物质文明指标分组分类考核。根据单位的不同，按照生产成本、利润经营和部门服务三种性质，将被考核单位分成三个小组实施考核。指标设置上通过分析指标的全局性、重要性、难易度，分为保证指标、标杆指标和其他指标，63个保证指标只扣不奖、16个标杆指标和63个其他指标有奖有扣，标杆指标达到奋斗值的，加10分，其他指标达到奋斗值的加5分。

精神文明指标定性任务量化考核。党建工作考核开展情况和取得成效两个方面，开展情况以项数和程序是否符合规定为依据，取得成效则通过评比的方式进行评价，所有考核尽可能地做到定量为主，纳入《双文明建设考评方案》和谐平安贡献度维度。民主管理、团结友爱、组织关怀等无法量化的指标，则接受群众评议，以满意度测评的方式进行，测评时是由测评组成员到各单位的现场，随机发放，以保证测评的客观公正。

3.严格过程控制，月度考评与年度考核相支撑

严格过程控制，确保各项工作的完成进度。双文明考评由月度考评、年中预考评、年度考评三段组成。月度考评重点围绕现场管理、综合治理、规章制度落实、重点工作推进情况等方面进行，结果纳入月度经济责任制考核，以奖金的形式当月兑现，并以分值的形式进入年度双文明建设考评中。

年中预考评是对全厂双文明建设情况的年中检验：一是重点考察产量、成本利润、综合治理、廉政建设等必须完成的刚性任务有没有缺项；二是汇总整理在技经指标方面新的增长点和突破点，为全年双文明建设任务的完成提供参考。

年度考评在次年1月完成，按照单位自评、专业部门提供数据、领导小组实地核定的程序进行综合评定，尤其注重将指标的完成情况与设定指标进行对比，发现工厂在工艺技术、设备管理、能源管理、环境保护、安全生产、组织建设、群团建设、文化建设的成功经验和努力方向，形成年度考评报告，以实现持续改进。

4.注重结果应用，物质奖励与精神奖励并举

精神奖励通过评优评先的方式体现，每年"两会"表彰"双文明建设先进单位"和"双文明建设达标单位"；物质奖励则是将双文明建设考评得分结果应用于各单位领导班子及成员的业绩评价，作为单位年中和年终绩效奖的计算依据，与年度收入挂钩。如图2所示。

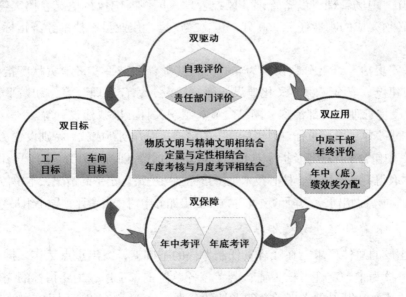

图2 "五位一体"绩效管理体系双文明建设考评模型

（二）推进月度经济责任制考评，支撑工厂技经指标持续优化

月度经济责任制考评主要是以物质文明目标为导向，又纳入"双文明建设"月度考评的内容，以技经指标持续优化和规范现场管理为目标，以经济奖励及处罚为手段的月度组织绩效考评办法。其主要特点是：

1. 按"最好"考核，减少上下级的博弈

坚持"横向比对世界最好、纵向超越历史最佳"的指标设置原则。所有指标按"最好"考核，考核标准客观统一，最大限度减少上下级的博弈。贵冶建立经济技术指标对标系统，收集全球范围75家铜冶炼厂、86家铜精炼厂的指标，精确实时掌握行业发展水平，对全厂所有考核指标均实行动态对标管理，确定贵冶年度考核指标。能找到世界最好水平的，按世界最好进行考核；世界上找不到的，按自身历史最好考核。

2. 分类管理指标体系，促进指标和效益的快速提升

一是将指标按照重要程度分类管理，以2013年考核24家单位的207个指标为例，选择37项重要或关键指标作为厂控重点管理，由相关职能部门实时跟进，并从中筛选出16个具有全局性和代表性、对提升工厂经济效益有重要影响的指标作为标杆指标，由厂部成立专门管理机构进行管理。对三类不同指标制定相应的考核办法。

二是分组考核成本费用，根据各单位责任成本占总成本比重及成本管理难易程度的不同，设置不同的奖罚权重，采取月度累计考核，季度兑现奖罚，年终清算的方式进行考核。

三是分段考核多经单位利润总额，对多经单位利润设置保证值和奋斗值两个档次，超过保证值未超过奋斗值的按超过绝对额的20%提奖；超过奋斗值的按超过绝对额的30%提奖。指标的分类考核，绩效管理结果在薪酬分配上应用比例逐年加大，促进了指标和效益快速提升。

3. 指标联挂，强化协作和大局意识

作为现代化的铜冶炼工厂，贵冶高度连锁的生产性质决定了有许多指标具有全局性和关联性。经济责任制考评将铜冶炼总回收率、金回收率、银回收率、吨铜综合能耗、硫化钠单耗等12个指标列为联挂考核指标，考核所有涉及到的责任单位，并按照不同单位与指标的关联程度设定不同的考核权重。联挂考核强调了单位之间的大局意识和工序服从，从管理制度上打破了单位部门之间各自为政的壁垒，使全厂各单位思想同心、目标同向、行为同步。

"五位一体"绩效管理体系月度经济责任制考评操作流程如图3所示。

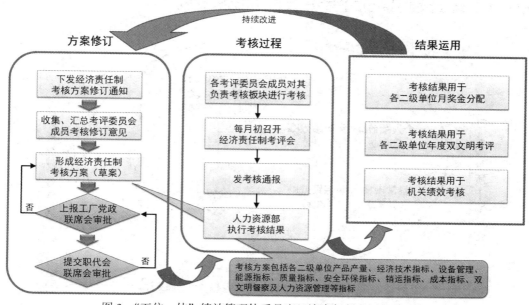

图3 "五位一体"绩效管理体系月度经济责任制考评操作流程

（三）推进中层干部考评，强化中层干部的示范效应

中层干部考评是利用 K 值来定量描述干部业绩的个人绩效考评办法，采用年度考评方式，以"上级认同、业绩优先、群众公认"为原则，采取 360 度考评法、关键事件法和系数法相结合的考评办法。考评单元由个人业绩（多维测评）、党政评价、日常考评、包保业绩四大块构成，与考评对象的"薪酬收入、评价任用、评优评先"等挂钩。

K 值的具体计算方法如下。

1. 设定四个板块

将中层干部的履责情况分为个人绩效（即多维测评，包含德、能、勤、绩、廉 5 个方面，50分）、包保绩效（本单位双文明考核结果中个人包保指标完成得分，30 分）、党政评价（包含素质、能力、业绩 3 个方面，20 分）和日常考评（关键事件扣分），综合考评总分为 100 分。

2. 确定分值系数

将每个干部的个人绩效、包保绩效、党政评价三个板块得分在不同范围内进行比较，分别计算各自的分值系数（K1、K2、K3）：

K1 为个人绩效（多维测评）得分与同单位中层干部测评平均分的比较系数。

K2 为个人包保绩效得分与同性质单位之间中层干部包保绩效平均分的比较系数。

K3 为党政评价得分与同一主管领导管理的中层干部党政评价平均分的比较系数。

3. 确定最终 K 值

采用以下公式计算出每位中层干部的 K 值：

K=（K1× 个人绩效标准分 +K2× 包保绩效标准分 +K3× 党政评价标准分 – 日常考评扣分）/标准总分

利用 K 值进行年度排名，前 20 名的为优秀；倒数第 4~10 名的为基本合格，由主管厂领导提醒谈话；倒数第 3 位的为不合格，由厂纪委牵头警示谈话；连续两年为不合格的，调整工作岗位；连续三年不合格的，免去担任的领导职务。

"五位一体"绩效管理体系中层干部考评操作模型如图 4 所示。

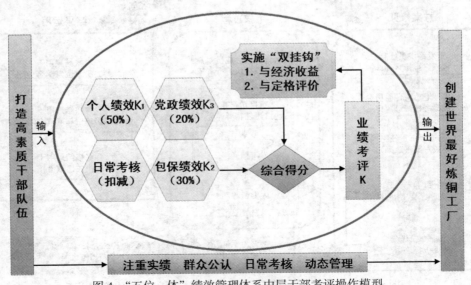

图 4 "五位一体"绩效管理体系中层干部考评操作模型

（四）推进全员创星考评，提升全员执行力

全员创星考评是对工段以下的普通员工的个人绩效考评，和一般意义上绩效考评的不同在于融入了基层党建工作和党员职责要求。为了简单和形象表达考核内容和结果，将个人的若干指标转化为"星"，化繁为简，以"创星"为载体和导向，以班组考核为核心，实行逐级负责、逐级考核、日检日清。其重要创新点在于党员与员工的考核同步部署、考核过程同步进行，考核结果同步比较，让党员和员工清楚自己该干什么、要怎么干、干好干坏有什么区别，既体现党员先进性，又增强全员的执行力。

全员创星是一项长期的基础性工作，包含修订完善工作标准和管理制度，认真分解工作任务和工作目标，合理应用考评结果，持续改进创星考评全过程。通过考核，逐步培育员工职业操守，养成良好的职业习惯，从"要我干"转变为"我要干"，将日常工作转变为自觉行动。

1.修订完善岗位工作标准和管理制度

（1）开展岗位描述。对工段、班组和岗位工作流程进行梳理，确定岗位划分和岗位接口，明确岗位工作内容、作业程序、联络程序，形成岗位职责，根据岗位工作性质、劳动强度、技能要求等，在民主讨论的基础上，确定各岗位奖金系数。

（2）完善操作文件。按照5W1H（What、Who、When、Where、Why、How）要求，梳理和完善操作规程（包括生产操作、设备点检和工作联络等），让所在岗位员工知道做什么、谁去做、什么时候做、在哪做、为什么做、如何做，使操作文件成为员工工作规范。

（3）修订管理制度。全面盘点本单位管理制度，征集群众对现有制度的意见和建议，并结合本单位实际进行必要的修订和完善，以民主协商方式让员工知道什么能做、什么不能做，取得多数员工对制度的认同，夯实制度的群众基础，提高制度可操作性，使制度成为每个员工必须遵守的行为准则。

2.建立以绩效为导向的分层级考评体系

（1）确定考评框架。根据工厂双文明建设要求，结合各单位重点工作，以岗位职责、工作标准为基础，以工作业绩为主要依据，一般按照"生产任务、创新创效、学习培训、安全环保、遵章守纪和文明和谐"六个方面设"星"，形成基本考评框架。每颗"星"都包含若干相应的考核指标，比如安全环保星包含安全学习、工伤事故、劳保用品穿戴、违章作业、环保事故等内容，定量指标考核定性表达。

（2）设定和分解关键指标。车间在分解工厂"双文明"建设目标的基础上，结合本单位实际，对应"全员创星"框架要求，设定本单位关键绩效指标，逐级分解到工段（党小组）、班组和个人。在分解过程中，需要让员工参与进来，对指标的确定、考核标准、员工的疑虑、可能存在的困难及应提供的资源进行讨论，充分沟通，达成一致。党员考评指标增加党建工作要求，比如学习培训星中考核党员参加组织生活（三会一课、民主生活会以及党组织举办的各项活动）情况，生产任务星中考核党小组长按党建作业手册要求的各项工作。

（3）制定考评细则。明确检查人、检查周期、检查方法、计分方法和创星规则。建立车间考核工段（党小组）、工段考核班组（党小组考核党员）、班组考核个人的逐级考核机制；建立考核信息逐级公开、接受下级申诉的公开反馈机制；建立考评结果与员工奖惩、评优评先等挂钩的结果应用机制。

3.严格开展全员创星考评

（1）实行"日检日清"。运用"日检日清"管理方法，对照考评标准，实施分层次考核，及时记录员工每天完成的工作情况，指出存在的不足。

（2）公开考核结果。结合民主管理工作要求，对每天的考核结果进行公开，接受员工申述并及时予以核实、答复。

（3）加强督导检查。上级对下级"全员创星"工作进行指导、督促和检查，发现工作不力，责令限期改正。

（4）固化管理制度。考核与制度相辅相成、相互促进，制度是考核的基础，考核是制度生根落地的保证，通过严格考核，使员工把行为准则和工作规范以铁的纪律执行并得到固化。

4. 综合应用创星考评结果

全员创星考评结果分为两个部分：一是根据计分方法得出每位员工六颗"星"的月度总分数；二是根据创星规则得出每位员工总星数。总分属于综合性指标、星数属于先进性指标。月度总分是月奖分配的依据，年度总分和星数是党员与员工排名的依据，而排名又是评优评先、岗位定格和工资调档的依据。

5. 持续改进"创星"工作

从制度完善和过程纠偏两个方面持续改进创星工作。一是每年初要对上年度全员创星运行情况进行梳理总结，并根据年度重点工作对考评目标进行修订，完善考评细则，使之更具科学性和可操作性。二是在运行过程中，搜集整理意见和建议，发现基础管理和管理机制中的疏漏和偏差，及时纠正执行过程中的偏差，提升整体管理水平。

"五位一体"绩效管理体系全员创星考评操作流程如图5所示。

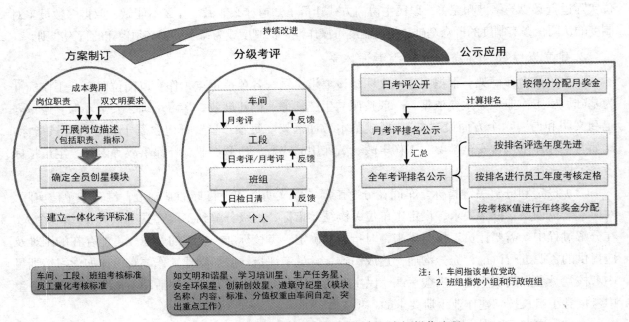

图5 "五位一体"绩效管理体系全员创星考评操作流程

（五）推进机关绩效考评，优化机关部室的服务水平

机关绩效以机关部室为考评对象，既考评各部室整体履职情况，又考核机关一般工作人员个人履职履责情况，个人绩效由部室职能履行情况和个人职责履行情况按比例构成。具体做法如下：

1. 实行分层考核

分层考核，即机关绩效管理办公室考核各部室，各部室考核本部室工作人员。

分三个方面考核部室：一是日常考评，每月组织一至二次对各部室的检查考核，内容包括管理效率、遵章守纪、工作环境等，占部室绩效的20%。二是满意度测评，定期测评机关部室的联系基层、办事效率和协作精神等方面，占部室绩效的10%。三是指标考核，年度考核部室保证指标、联挂指标和奋斗指标完成情况，占部室绩效的70%。

个人职责履行情况由各部室自行考核。按照日常管理、工作任务、服务基层、遵章守纪、精神文明等方面的工作标准，制定考核流程，量化考核指标，实行月度考核，并与月奖挂钩。

2. 量化考核指标

部室考核指标由保证指标、联挂指标和奋斗指标构成。保证指标和联挂指标根据各部室的主要工作职责和工厂两个文明建设的要求，按照量化、细化、可测量的标准，由部室和考评办公室共同商议，合理选择，考评委审定。奋斗指标由各部室年初自主申报，但必须体现先进性和挑战性，且可测量。年底，测评奋斗指标完成的价值度和部室对该指标完成的贡献度，按照报告法和因素评分法由相关领导打出分数。保证指标、联挂指标只扣不奖，奋斗指标只奖不扣，这样既能保证部室较好地履职担当，又能够激发部室主动创新。

个人履职情况则从工作量、工作质量、工作效率三个维度来量化。例如：党委宣传部的记者岗位用撰写的宣传稿件数量、拍摄的电视新闻条数，编辑岗位用编辑的报纸版面数、杂志的栏目数衡量工作量；财务管理部的成本管理岗位需要工作的信息的准确无误，用结算记录中的差错数衡量工作质量；工程管理部的预算管理岗位在接到预算报审表后一周内要完成审核，以此来衡量该岗位的工作效率。考评标准的制定由各部门负责人与员工两方面共同确认，与部门中员工达成共识，这也是考核最终得以贯彻、实施并赢得一致拥护的前提。

3. 确定个人综合绩效

各部室每月要将考核结果和排名情况报机关绩效管理办公室，不得轮流坐庄，全年并列人员不得超过本部室参加排名人员的30%。这样的考核有三个方面的优势：一是通过部室考核个人，可以做到考核内容贴合岗位实际；二是通过要求对员工排名，规避了以前各部室开展考核打分，力度不均无法比较的难题；三是通过规定同名次均值不得大于30%，杜绝了部分部室领导采取轮流坐庄、不愿得罪人的行为。以上问题的解决，倒逼部室加强管理，调动了员工的积极性，促进了部室和员工双绩效的提升。

为了强化机关部室和员工的团队意识，考评方案决定将部室的组织绩效引入到个人绩效，计算出机关员工的个人综合绩效排名。但是机关部室人数不一，内部排名均值不一，导致机关各员工的排名值标准不一，不同部室员工内部的排名名次不能直观比较，贵冶引入了排名调整系数和等比例计算相结合的机关排名分值计算公式，实现了全机关个人大排名，统一了排名标准。

具体做法是：

一是先用"部室个人排名调整系数"β对各部室员工的"个人在部门年均排名值"A进行调整，"调整后个人在部门年均排名值"为A′，$A'=\beta \times A$。这是由于各部室考核差异，各部室员工年度排名均值不同，直接导入到机关大排名会引起不公平，$\beta = K'/K$。其中：

A = Σ部室员工个人每月排名名次 / 考核次数

K（部室员工年度排名平均值）= Σ部室员工每月排名名次 / 部室员工参与排名次数

K′（部室员工年度最大排名均值）= Σ部室员工每月按自然数排名名次 / 部室员工参与排名次数

二是在得出 A′后，运用等比例换算公式 B=1+（A′−1）×（机关中值−1）/（本部室中值−1）将员工个人的 A′值换算成员工个人年度在机关中排名分值 B。

三是工厂机关绩效管理考核办公室每月对机关各部室进行组织绩效考核，通过每月检查各部室内部考核情况及业绩指标完成情况，每半年对各部室进行机关满意度测评，每年对各部室完成攻关任务的能力评估，得出各部室组织绩效排名值 C。

四是将员工个人的 B 值按 80%、其所在部室 C 值按 20% 导入计算出员工个人在机关最终排名分值 D，即 D=B×80%+C×20%，根据该分值由小至大排出员工在机关名次。

通过以上排名方法，解决了机关员工被考核后在整个机关横向对比问题，统一了对机关员工的评价标准。

4. 结果统一应用，培育团队协作的价值取向

通过各部室的内部日常考核，结合所在部室取得的组织绩效转化成的机关员工大排名，结果每月应用于员工月度绩效工资发放，年底运用其评先、评优及工资进、退档，严格兑现，产生了考核权威。同时，将考核结果输出到中层干部考核体系中，作为相关部室领导的考核依据之一。机关员工的个人绩效既要考核个人履职情况又要考核其所在部门完成任务的情况，既激励了员工也激励了部室领导干部，使员工在努力完成个人业绩指标的同时还会主动关心所处部室的集体业绩，解决了个人绩效与组织绩效相统一的问题。这种双考核双激励的模式，培育了团队协作的价值取向。

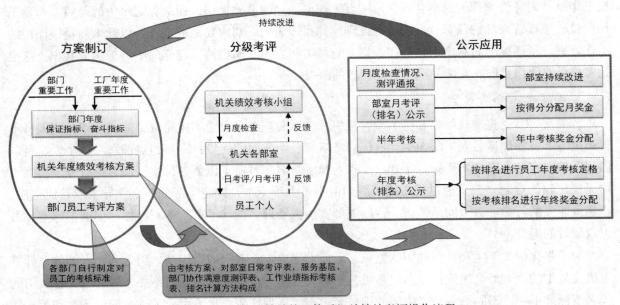

图 6 "五位一体"绩效管理体系机关绩效考评操作流程

（六）五个绩效考评办法构成有机整体

"五位一体"绩效管理内涵上覆盖了国企两个文明建设的全部内容，外延上融入了制度建设、目标管理、支部建设、民主管理、党员管理、评优评先、持续改进等方面工作。

一方面，双文明考评作为年度组织绩效统领工厂两个文明建设，物质文明和精神文明的考评分值比重大体相当，其中的"物质文明"指标从经济责任制考评的主要指标中筛选导入，充分体现党

政融合、具有鲜明的价值取向导向性。经济责任制考评侧重物质文明建设，体现了作为企业的经济属性，而其作为月度组织绩效考评办法又成为年度组织绩效考评办法（双文明建设考评）的过程控制手段，强有力地支撑双文明建设考评。

另一方面，作为组织绩效，双文明建设考评和经济责任制的要求是制定中层干部考评、全员创星考评、机关绩效考评办法三个个人绩效考评办法的依据。个人绩效考评分解组织绩效考评的目标和要求，组织绩效的结果又引入到个人绩效的计算和业绩排名。例如：机关个人年终总绩效分值计算时，部门组织绩效占 20%，个人目标任务的完成占 80%；中层干部考评中，单位双文明考评结果占个人总体绩效的 30%。也就是说，个人的总体绩效不仅需要个人承担的任务完成好，而且还要所在单位、部门整体完成任务好。这就使个人的努力和组织的绩效紧密相关，强化了团队意识。

（七）积极稳妥地推进"五位一体"绩效管理体系的建设和运行

1. 强化资源配置，保证绩效管理顺利实施

贵冶领导班子高度重视"五位一体"绩效管理体系的建设和运行，建立分级组织领导机构，保证体系顺利实施。2013 年 1 月成立了由厂长、书记任组长，其他班子成员任副组长的领导小组，负责制订绩效管理体系的总体方案。领导小组办公室由人力资源部部长任主任，相关部门领导参加。

绩效管理体系分设双文明建设考评、经济责任制考评、中层干部考评、全员创星考评和机关绩效考评五个领导小组，组长都由厂长和书记担任，办公室主任分别由党委宣传部部长、计划发展部部长、党委组织部部长和纪委监察室主任担任。各二级单位和部门均成立由党政主要领导任组长的领导小组，并指定专门的副职负责实施工作，为绩效考核的顺利实施提供组织保障。

2. 设定科学公平的考评指标和标准

科学的考核指标、公平的考评标准是绩效管理有效运行的基础。为了保证考核指标的科学，"五位一体"绩效管理中的指标尽可能做到量化考核，不能量化的尽量细化、流程化、标准化，而且具备可操作性；量化指标也要求目标明确、标准清晰、易于操作。考核中指标也注重分级分类，按照关键绩效指标确立的原则即 SMART 原则，确立标杆指标、重要指标和一般指标。通过关键绩效指标的合理提取，组织和个人目标的有机分解与结合，使得每个员工清楚地认识到自己的努力为组织做了多少贡献。

3. 加强培训和沟通，提升管理者水平和员工认同度

为了提高"五位一体"绩效管理的工作效率，充分发挥绩效考核的激励和约束作用，贵冶多年来通过中层干部、工段长、班组长培训，专题研讨和经验交流等方式，对各级管理人员进行考核方法的培训，保证各级管理层具备一定的绩效管理责任心和工作技巧，掌握绩效考核所需技能，保障绩效考核结果的可靠和有效。

民主管理融入绩效管理全过程。五个考评办法在方案修订前都要广泛征集意见、在修订目标和指标时考核者和被考核者共同参与、考核方式群众公认，过程执行中公开公示、绩效结果要及时充分沟通。绩效管理的全过程让员工自始至终参与其中，公开透明、民主公正，增强了员工的主人翁意识，有利于考评体系的顺畅运行，也有利于企业的和谐稳定。

组织绩效"双文明建设考评"、"月度经济责任制考评"方案制订前，首先由考评领导小组办公室广泛征集意见和建议，考评牵头部门组织被考评单位召开座谈会，经过充分沟通后，两个方案合并召开由全部厂领导、考评小组成员、被考评单位代表共同参加的研讨会，确定方案中每一个指标

的设定。方案制订后，首先提交党政联席会审议，再报厂职代会联席会审议、票决通过后下发。

个人绩效"全员创星"方案要提交本单位的民主管理委员会通过，班组的修订方案和指标要在本班组讨论通过。在方案执行过程中，按照厂务公开要求，进行公开公示，接受员工和上级监督，被考核对象对考核公示结果有不同意见的，可在 3 天之内向考核方反映情况，考核方查实后可以进行修正。

4. 完善一体化职责，体现一岗双责

"五位一体"绩效管理在注重职、责、权科学分配、合理界定的同时，每个岗位职责都有包括产量、质量、安全、环保、成本在内的统一明确表述，要求党组织中的每个干部、党小组中的每个党员都要在完成本职工作的前提下，不断加强自身建设，更好地起到表率作用。目的是为了既能将全厂每一个员工的岗位职责和行为统一到服务工厂大局上，也能使党组织职责、党员职责在生产任务的完成中得到完美体现。

在一体化职责中，厂人力资源部负责"五位一体"绩效管理总体方案的策划、指导，计划发展部、党委组织部、党委宣传部、纪委监察室等党政部门对各自牵头负责的绩效考评办法进行策划、检查、改进；各单位部门的行政和党支部共同负责本单位和部门绩效管理办法的策划、过程控制及改进。

工厂通过授权考核，充分发挥基层管理人员管理才干，发挥好各支委在队伍建设中的骨干作用，这样不仅使工厂党员、员工的岗位职责得到了统一，工厂党政每一级的管理职责也得到了强化统一。

党群干部的职责是为了全面提升本单位的党建工作水平，并为单位各项生产经营目标的实现提供强有力的保证作用。为了更好地履行职责，党群干部必须要熟悉了解并融入到本单位的各项生产经营之中，工厂也为此配置相应资源，提供便利条件。党群干部与行政干部不再是独立地开展各自的工作，而是可以更好地进行沟通、交流，互相支持，协同配合，并在职能互补中显示出共同承担工厂和单位管理责任的合力。

5. 拓宽考核结果应用，实现绩效管理价值

考核结果应用是保障绩效管理有效运行的必备条件。"五位一体"绩效管理方案规定：考核结果必须作为被考核单位和部门、个人薪酬依据；考评结果必须全部用于单位和个人排名，排名结果作为单位和个人评优评先依据，作为综合评价员工、党员和干部、推进人力资源管理的依据。

6. 坚持持续改进，促进绩效管理的发展

绩效管理的核心目的是真实反映绩效成绩，通过考核提升业绩。工厂在每年底都要集中收集对绩效管理考评办法的意见，并且通过对当年的考核情况进行梳理总结、分析研究，进而对相关制度、考评细则和目标进行修订，使之更具科学性和可操作性，保证绩效管理体系的可持续运行，促进工厂业绩持续提升。比如：为保证测评考核的公正性，测评工作全部改由业务、利益不相关的第三方组织，医院服务满意度测评工作由医保办改为工会实施；维修单位满意度测评工作由主管部门改为双文明考评办实施。

三、国有企业"五位一体"绩效体系的构建和实施效果

真考核，考核真业绩，贵冶"五位一体"绩效管理体系不仅是工作的指挥棒，更以工厂的奋斗目标为支点，撬动了企业强大的内生动力。

（一）探索了绩效管理新模式

"五位一体"绩效考评管理，通过行政与党建工作有机统一，解决了"两张皮"如何变成"一张网"的问题；通过科学设计绩效管理体系、科学设定考核指标、考核的全流程化管理，解决了绩效管理运行有效性的问题；通过民主管理与绩效导向的完美结合，确保了结果公平公正，员工服气；通过党员与群众的同台考核，解决了党员先进性如何体现的问题。探索出"职责明确、流程优化、高效顺畅"的国企绩效管理模式。

（二）打造了业绩增长新常态

"五位一体"绩效考评管理为企业生产经营发展提供强大动力，打造了业绩增长新常态。

一是产能规模稳居世界第一。以 2015 年为例，产阴极铜 101.04 万吨，全球第一，金锭 26.12 吨，伴生矿冶炼全国第一，银锭 570.82 吨，伴生矿冶炼全国第一，精碲 55 吨，占全球份额 1/8。

二是技经指标跻身世界先进行列。2015 年铜回收率 99.01%，世界第一，金回收率 98%，银回收率 96.7%，世界领先。

三是经济效益持续得到大幅提高。在落实公司"刚性成本下降 2%"的基础上，贵冶技经指标得到不断优化。相较于 2012 年，2013~2015 年，仅铜回收率、金回收率、银回收率、渣尾矿含铜 4 项指标的大幅优化，就创造经济效益 12.94 亿元。

四是生态环保持续优化。目前，贵冶每年环保设施运行费用超过 5 亿元。实现金属冶炼与生态建设和谐共进、经济效益与社会效益的双赢。铜冶炼企业的主要环保指标工业废水利用率达 97.6%，铜冶炼综合能耗 174.65kgce/tCu，吨铜新水消耗 14.86t/tCu。贵冶先后获"全国环境保护先进企业"、"全国工业污染防治十佳企业"、"国家环境保护百佳工程"、"全省主要污染物总量减排先进企业"等 40 余项重大环保荣誉称号。

（三）提升了党建工作新境界

"五位一体"绩效考评体系提升了党建工作新境界，创新党建工作有了目标、有了动力、有了抓手，从制度上保障了党的路线、方针、政策贯彻落实到国企各项工作中，强化了"围绕发展抓党建，抓好党建促发展"的党建工作理念，促进了党组织政治核心作用、支部战斗堡垒作用、党员先锋模范作用更好的发挥，实现了国企党建工作与战略目标的高度对接、深度融合，真正把党建大旗树正、树直、树强。贵冶党委荣获"全国优秀党组织"称号，先后两任党委书记荣获江西省"优秀党员"和"优秀党务工作者"称号。贵冶电解车间党总支、熔炼车间党总支先后荣获全国"争先创优先进基层党组织"和江西省国资委"先进基层党组织"称号。

（四）取得了和谐建设新成果

通过"五位一体"绩效考评体系，员工参与民主管理的积极性显著增强，员工的执行力显著增强，员工的自我管理能力显著增强。管理者不再充当"救火队"，员工致力于自我管理，各个层级的工作忙而不乱，有条不紊，井然有序，不断趋于标准化和精细化。形成了人人你追我赶的良好氛围，激发了大家干事创业的热情。干事的人有平台、干得成事的人有舞台、成就显著成果丰硕的人有成就感。涌现出肖小军、夏兴旺等一大批国家级劳动模范、技能大师，各种人才得以充分释放自身潜力，在奉献企业发展进程中实现自我价值。贵冶电解车间党总支、中心化验室成品组、熔炼车间党总支先后荣获全国"争先创优先进基层党组织"、全国"工人先锋号"和江西省国资委"先进基层党组织"称号。

大型港口物流企业提高战略执行力的
精益六西格玛管理

创造单位：珠海港控股集团有限公司

主创人：欧辉生　梁学敏

创造人：黄志华　黄文峰　张庆红　冼　亮　高春光

[摘要] 珠海港于 2011 年引进了精益六西格玛管理这一世界先进的管理方式。为了做好精益六西格玛管理的引进，消化和吸收，使精益六西格玛管理方法成为未来支撑企业战略目标实现的重要方法和能力，在项目伊始就关注工作的实用性和可持续性。因此制定了珠海港精益六西格玛持续改进五年规划，以 2011 年为起点通过五年推进实现精益管理的突破。

珠海港精益六西格玛的推行为公司提供了从战略到执行的有效路径。从公司整体战略出发，通过精益六西格玛的方式识别支撑战略落地的核心项目，并借由精益六西格玛的方法指导每个具体项目的指标达成。

珠海港通过五年的精益六西格玛推行，自成了一套项目管理、带级人才建设、文化建设的体系。该体系不但有效地指导战略项目的开展，还为珠海港从内部培养了具有内训师能力和内部顾问能力的精益六西格玛带级人才，最终让各成员企业人员都具备客户意识、流程意识和风险意识，形成精益六西格玛的实事求是的企业文化。

[关键词] 精益六西格玛；管理模式；企业文化

珠海港控股集团有限公司（以下简称"珠海港集团"）是 2008 年 7 月 25 日成立的国有独资企业，主要从事港口及其配套设施的开发、建设、管理和经营，是珠海市港口建设的具体承担者和以港立市战略的具体推动者。旗下有全资、控股、参股企业 30 家，其中控股的珠海港股份有限公司（以下简称"珠海港股份"）是下辖 46 家全资、控股、参股企业的上市公司。

珠海港集团是珠海市最大的综合物流服务商及能源供应商，珠海港集团和珠海港股份业务覆盖集装箱、干散货、油气化学品等码头装卸及其配套仓储业，通用普通、保税仓储业，陆路、水上运输业，船代、货代、报关、理货、拖轮等港口物流配套服务业，港口基础设施的投资开发、港口物流配套设施开发建设、航道疏浚等建设产业，总包物流、境内外金融物流、全程供应链物流等现代物流业，管道燃气、电力能源、新型绿色能源投资建设及运营等综合能源产业，此外，还有工业制造、港口物流信息技术开发等产业。

截至 2015 年 12 月 31 日，珠海港集团资产总额为 205.77 亿元，比 2008 年组建时的 19 亿元增长了 983.00%；净资产为 58.29 亿元，比 2008 年组建时的 13 亿元增长了 348.37%；2015 年度实现营业收入 38.17 亿元，比 2008 年组建时的 3.3 亿元增长了 1056.67%。

2015 年，珠海港集团货物吞吐量完成 7076.08 万吨，比 2010 年增长 234.57%。集装箱吞吐量完成 121.05 万 TEU，比 2010 年增长 180.86%，2011 年珠海港集装箱从全国沿海 24 个主枢纽港集装箱吞吐量增速看，排在第 13 位，到 2014 年珠海市全港集装箱吞吐量达到 117.67 万标箱，增速达到 33.55%，在我国 24 个沿海主要港口集装箱增速中排名前列，全集团经营集装箱吞吐量达到 109.45 万标箱，同比增长 38.55%。

一、大型港口物流企业提高战略执行力的精益六西格玛管理背景

（一）引领企业战略目标落实的需要

珠海市具备建设深水大港的天然条件，被国家定位为全国综合运输体系重要枢纽。珠海港集团成立之初，被珠海市政府赋予了以港立市的历史使命。与周边的广州港和深圳港相比，珠海港尚处于发展初期，因此确立了差异化发展方式，力争把珠海港打造成"一港（集装箱干线港）、二中心（华南地区大宗散货、油气化学品集散中心和区域物流中心）、一门户（我国内地对外开放的门户）"的港口发展战略，并制定了至 2015 年实现港口吞吐量超亿吨，把珠海港集团打造成为国内一流港口营运商的战略目标。

为了实现上述战略，珠海港集团提出了坚持港口"硬件、软件"建设两手抓方针，在实施港口规模扩张的同时，大力提高港口现代化服务水平，从根本上提升珠海港集团的市场开拓能力和港口综合竞争实力。

截至 2011 年，经过两年多的大规模投资和建设，珠海港集团码头设施硬件建设实现了突飞猛进，工作重心急需从"建设港口"向"建设和经营管理并重"的阶段转变。珠海港集团认识到，如不进行管理变革，提升管理水平，战略执行力就得不到提升，战略目标就无法落到实处，珠海港集团就无法承担起以港立市的历史使命。

（二）提高企业竞争力，打造品牌吸引力的需要

珠海港集团成立时，珠三角已形成了成熟而强大的香港、深圳、广州等港口集群，珠海港作为后发的地级市港口，竞争压力巨大；珠海市直接腹地经济相对滞后，受本地经济总量制约，2010 年珠海市区内集装箱生成量不足 100 万标箱，对港口的发展支撑不足；珠海港货物吞吐量、集装箱吞吐量分别仅占珠海市全港的 34.92%、61.29%。为提高企业的竞争力，打造优质、高效的管理品牌，推行精益六西格玛管理，优化企业内部管理成为了一项重要的举措。

（三）建立企业持续改进机制，打造持续改进能力的需要

随着珠海港集团近几年的快速发展，客户意识、价值意识和流程思想淡薄，管理方法老旧，效率低，成本高，竞争力不强，集团下属成员企业行业众多，核心层企业规模偏小，管理理念不统一，企业缺乏项目管理和持续改进能力等问题成为制约企业深度发展与变革的瓶颈。因此，需要企业借鉴成熟管理工具与理论，解决快速发展过程中所带来的这一系列问题，确保企业可持续发展。

经过周密的分析和调研，结合当时国际国内异常严峻的市场环境以及企业面临的实际情况，珠海港集团决定通过应用先进的精益六西格玛管理理念、管理方法，苦练内功，有效提升生产效率与质量，降低成本，增加收入，解决经营发展存在的问题，打造管理方面的核心竞争力，为股东、社会和员工做出更大的贡献。

二、大型港口物流企业提高战略执行力的
精益六西格玛管理内涵与主要做法

珠海港集团围绕企业愿景、使命、战略目标，面向财务、流程、顾客、内部员工学习成长四个层面，集团及各成员企业运用精益六西格玛方法聚焦战略 KPI，选取短、中、长期项目，由易及难，由精益至六西格玛，以精益六西格玛项目管理的模式解决问题，创造符合物流行业特点的精益六西格玛带级认证体系，以推动企业持续改进，确保战略落地，如图 1 所示。

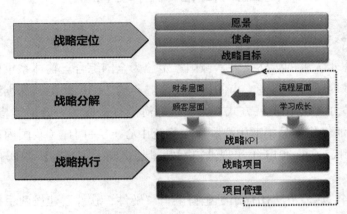

图 1　提高战略执行力的精益六西格玛管理

（一）制订整体推进规划，建立组织架构

长期以来，精益六西格玛被主要应用于工业领域，在物流行业的应用鲜有案例可陈。2011 年 9 月，珠海港集团借助外脑，引入精益六西格玛管理，拉开持续改进系统建设的序幕，踏上了致力于企业管理模式创新实践的征程。

作为长期管理创新实践，珠海港集团决定向世界 500 强标杆看齐，从一开始就制定了精益六西格玛持续改进的两期推进规划，如图 2 所示。

图 2　精益六西格玛五年规划

为了管理和开展精益六西格玛持续改进工作，建立精益六西格玛持续改进体系，珠海港集团成立层次高、成员涵盖面广的精益六西格玛持续改进机构：珠海港集团精益六西格玛持续改进指导委员会（以下简称"集团持改委"）、珠海港集团持续改进办公室（以下简称"集团持改办"）、成员企业持续改进办公室（以下简称"企业持改办"）。集团持改委由一把手挂帅，成员涵盖经营班子、部门负责人和成员企业一把手，集团持改办由企业管理部有关人员兼任，企业持改办则由总经理出任主任（见图3）。精益六西格玛持续改进机构按照不同层级分别履行战略规划、重大决策、政策审批、资源配置、有关事项审批、有关事项审核、日常事务管理等职能，形成了互相支撑、稳定有序、层次分明、职责清晰的决策、管理机构。

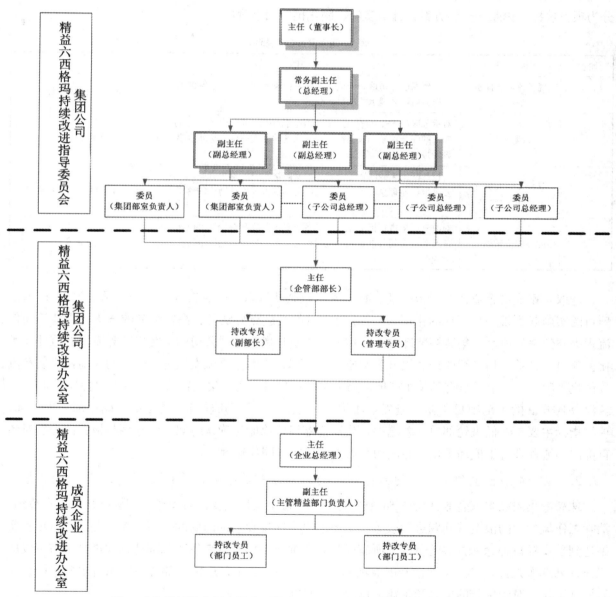

图3　珠海港控股集团有限公司精益六西格玛持续改进指导委员会组织结构

（二）从精益改进入手，开展示范项目、自主项目

2011 年，珠海港集团鉴于刚开始精益六西格玛管理活动，采取了示范项目与自主项目相结合的方式开展精益项目，对选取出的示范项目进行重点推进，树立示范区，同时推动在试点范围内全面开展自主精益项目，扩大覆盖范围，并通过评优活动对优秀项目和团队进行奖励。为了规范精益项目的做法，珠海港集团制定《精益六西格玛持续改进项目管理制度》，规范项目选择、项目审批、项目实施、项目评审、指标跟踪、效果验证、固化推广的工作流程。

1.设立 4 个示范项目以解决重点、难点问题，对自主项目起到示范、标杆作用

示范项目由顾问全程辅导，项目团队遇到的困难和问题可以及时得到顾问的帮助。实施的方法分为项目选择、诊断评估、方案设计与实施、固化推广四个阶段。

表 1 示范项目工作说明

阶段	主要工作	工作说明	工作交付物
1	现场评估选择示范项目	深入现场进行访谈和评估，在物流板块下的各单位选取试点区作为后续开展示范项目的载体	示范项目立项书
2	诊断评估	对示范区从 5S、目视化、标准化、价值流、防错等角度进行深入的问题诊断，收集数据验证问题的严重程度，从而得出诊断报告	诊断报告
3	改善方案的设计和实施	依据诊断出来的问题结合现场的实际情况设计解决方案，主要采取精益理念和工具，通过改善周的方式推动措施的落实执行	改善方案和初步成果总结
4	成果固化和推广	对改善成果进行标准化，起草各类管理制度和流程文件以保证改善成果的长期有效，同时确定可能的推广机会以取得更大成效	成果汇总

选取 4 家成员企业作为示范企业，每一家示范企业选取一个关键问题作为"示范项目"，示范项目的实施起到带头和标杆的作用。4 个示范项目的改进点分别是：高栏港务的《优化集装箱操作流程提高效率》项目：集装箱装卸效率；珠海港泰管道燃气有限公司的《客户服务流程的梳理及优化》项目：精益求精持续改进、提升客服质量与效率；珠海港物流发展有限公司的《高栏集装箱流程优化》项目：一个是自有车单车产值，另一个是项目管理人员集装箱人均产值（包含外协车辆）；珠海外代开展的示范项目《业务流程整体优化》，全面覆盖了班轮部、货运部、船务部和报关部，项目指标主要是降低班轮部单证差错率，货运部缩短货物舱位确认时间，船务部与报关部分别对各自部门的流程进行了梳理优化，并成功合力创建了船货同代流程。

2.开展 54 个自主项目，学习示范项目的做法，普及精益六西格玛理念、工具和方法

珠海港集团在多家企业开展了 54 个自主项目。自主项目主要针对现场管理标准化，成本节约，消除工作流程中的浪费等问题进行改善，主要解决本岗位和本部门内的一些具体问题，通过项目实施达到普及精益理念和方法的目的。所有成员企业都要根据珠海港集团总部持续改进办公室下发的工作计划选派人员，参加培训，开展立项和实施等工作，4 个月后由总部统一组织自主项目的评比和评优工作，对于优秀的项目和企业进行表彰和奖励。

在自主项目开展中也有一些优秀的项目，2012 年 1 月项目立项后，珠海港信息技术有限公司开展《优化弱电项目采购流程》项目，在全体员工的紧密配合下，通过优化采购流程管理，优化采购审批流程，提高服务质量，降低项目成本，创造企业效益。通过头脑风暴、会议讨论、客户需求

分析、工作流程图分析、因果图等精益管理工具，对问题进行分类整理、诊断分析、方案设计、实施推广。

珠海港港达供应链管理有限公司开展《货物出库分拣效率提升》项目，针对客户对 JIT 配送及时性的高要求高标准，提高港达供应链仓储作业效率，进一步完善出入库作业流程。通过精益管理学习，物流课全员把持改活动列入工作日程中，每次部门召开会议，都要对现有的作业流程进行深入的梳理及分析，发现了在库货物摆放不合理、分工方式与出货需求不兼容等问题。在经过深入讨论及实地论证后，物流课采取重新划分库位、调整分工等改善措施，逐步落实改善各个流程细节，提高货物出库分拣效率。

（三）建立精益六西格玛带级认证体系框架，开展分级培训

珠海港精益六西格玛带级系统参照国际惯例，根据珠海港集团的情况，按照循序渐进、稳步推进的原则，将人员按照能力分为绿带、绿带内训师、黑带、黑带内训师、黑带大师五个级别，如图4 所示。

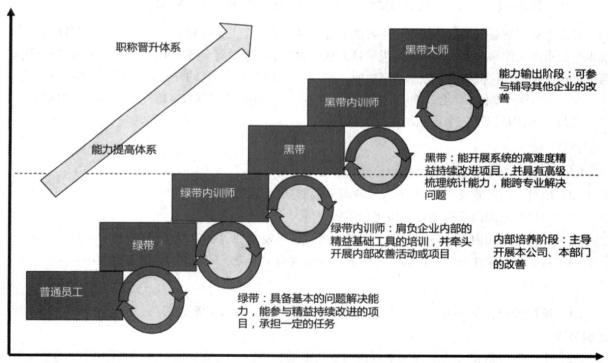

图 4　珠海港精益六西格玛带级系统

珠海港集团为了系统推进精益六西格玛带级认证体系，制定《珠海港集团精益人才认证制度》，其核心内容包括带级培训、带级项目、带级考试、带级认证和激励办法。珠海港集团在精益六西格玛第二年推行了精益六西格玛绿带的培训、项目开展和认证工作。

2012~2013 年，顾问公司针对集团领导开展了《如何让精益管理真正融入企业》的领导培训，使领导了解并接受精益六西格玛绿带，为精益六西格玛绿带的培养提供良好的高层支持氛围。

随后，珠海港集团针对各企业中高层和基层骨干员工开展精益六西格玛绿带工具专题培训、精益六西格玛绿带认证培训、精益六西格玛高阶培训，并举行了精益六西格玛知识竞赛活动，为珠海

港精益六西格玛文化的建设提供广泛的员工基础。

（四）内训师培养，开创自主培训与自主辅导持续改善模式

经过 2011~2013 年的基础能力培养和大量的项目实践历练，2013 年 11 月，在 413 名已经接受精益六西格玛绿带培训的人员里面挑选了 60 人作为珠海港内部讲师的培养对象，并邀请顾问公司对其进行针对性的培训指导。

2014~2015 年连续两年对这 60 名内部讲师进行了反复的精益六西格玛理论的进阶培训。复训期间，要求内训师继续带领公司内部更核心的精益六西格玛持续改进项目，通过理论与项目实践相结合的方式给予内训师在为公司创造价值的同时更充分地掌握和理解精益六西格玛方法论的精髓。2015 年，内训师已经能胜任企业内部的绿带培训，33 名内训师成功通过认证。通过带级人才培养系统为企业培养一批精英团队，使他们成为传播精益六西格玛思想、工具和方法的"种子选手"，独立带领团队完成精益项目，变项目找人做为人找项目做，推动项目持续改进，这些"种子选手"作为珠海港精益六西格玛的骨干力量，推动精益六西格玛管理的持续发展。

（五）紧扣战略目标和经营管理需要，务实筛选精益六西格玛绿带项目

珠海港集团精益六西格玛的第二年开始推行了绿带项目，主要有两个目标：一是希望各级企业围绕本企业重点工作和主题，以精益带级项目为载体和抓手，推动落实各项重点工作，对公司整体战略目标进行支撑，以获得精益管理的实际成效。二是希望通过绿带项目的开展，给予绿带学员一个实践的平台，让培训与项目相结合，围绕"精益人才培养"这一中心培养珠海港精益六西格玛人才队伍。

珠海港集团从以下三个层面筛选绿带项目：

1. 必要性

（1）项目与企业中长期战略的相关性和重要度。

（2）项目年财务收益不低于 30 万元或有显著的社会效益。

（3）项目与企业内部的绩效考核指标挂钩。

（4）项目在集团内部或各成员企业间的示范性，可复制性等影响力。

（5）领导重点关注的工作内容，提升客户满意度有关问题，政策和社会影响力相关问题。

2. 可行性

（1）所需投资：基本无须或仅需少量额外软硬件投资，需要软硬件投入，但已有预算或预期肯定能解决。

（2）不可控因素：无明显外部不可控因素（市场、政策、人员变化），可能有不可控因素发生，但是有应对方案。

（3）寻找原因的挑战性：原因不知道但是预计能够找到，具有挑战性，但是经过努力有可能找到。

3. 否决性

（1）已经确定要实施的技改项目。

（2）属于新上装置且处于试生产阶段。

（3）预计停产或不能持续运行的装置上的项目。

（4）涉及的问题已有解决方案。

（5）使用传统管理方法或不需使用精益六西格玛方法就能解决的问题。

根据上述评审标准，持改委最终评审通过了部分绿带项目，如表2所示。

表2 珠海港部分绿带项目

序号	公司名称	项目名称
1	珠海港高栏港务有限公司	优化集装箱操作流程提高效率
2		完善码头操作服务保障体系
3		提高冷卷船舶卸船效率
4		降低安全隐患数量
5	洪湾港务有限公司	提高门机集装箱装卸效率
6		强化对外服务
7		提升码头业务吞吐量
8		完善码头合作单位生产经营管理体系
9	云浮新港港务有限公司	降低翻箱率
10	珠海港远洋运输有限公司	优化"粤珠233"船安全管理
11		提高船舶装载率
12		提高高栏—黄埔航线产值
13		优化船舶营运管理
14	珠海港拖轮有限公司	船舶设备操作精益化
15	珠海港物流发展有限公司	仓库装卸效率优化
16		提高客户满意度
17	珠海港港达供应链管理有限公司	港达供应链管理信息化建设
18	中国珠海外轮代理有限公司	缩短船舶在港时间，提高船舶代理服务效率
19		提高拖车到厂时间的准确率
20	珠海外轮理货有限公司	理货作业流程优化
21		优化易流态货物取样送样流程
22	珠海港泰管道燃气有限公司	管道燃气用户满意度提升
23		工程施工流程管理
24		优化物流管理流程
25		降低工商用户计量器故障率
26		提升燃气管道泄漏检测准确率
27		提高PE管连接口一次焊接成功率
28	珠海港港兴燃气有限公司	降低物料库存率
29	珠海港开发建设有限公司	优化工程变更风险控制
30		软基处理过程控制
31	珠海港信息技术有限公司	优化软件项目需求开发与上线实施管理流程
32		改善弱电施工管理流程项目
33		客户服务及拓展体系建设
34		优化VMI数据中心信息化业务流程
35	珠海港电力有限公司	降低风力发电机组高速刹车故障次数
36	珠海港富物业管理有限公司	降低香域中央电梯维修成本

从表2我们可以看到，两个码头公司洪湾港务有限公司、高栏港务有限公司均从集装箱装卸效率定位项目，服务于"集装箱干线港"的战略目标，成果在成员企业间有可复制性，可供云浮新港公司参考。表2绿带项目年财务收益都高于30万元或有显著的社会效益，都具备可行性要素，不具备否决性要素。

（六）运用 DMAIC 循环，科学合理推进绿带项目

绿带项目按照严谨的精益六西格玛管理方法，分为 D、M、A、I、C（定义、测量、分析、改善、控制）五个阶段逐步推进，如图5所示。

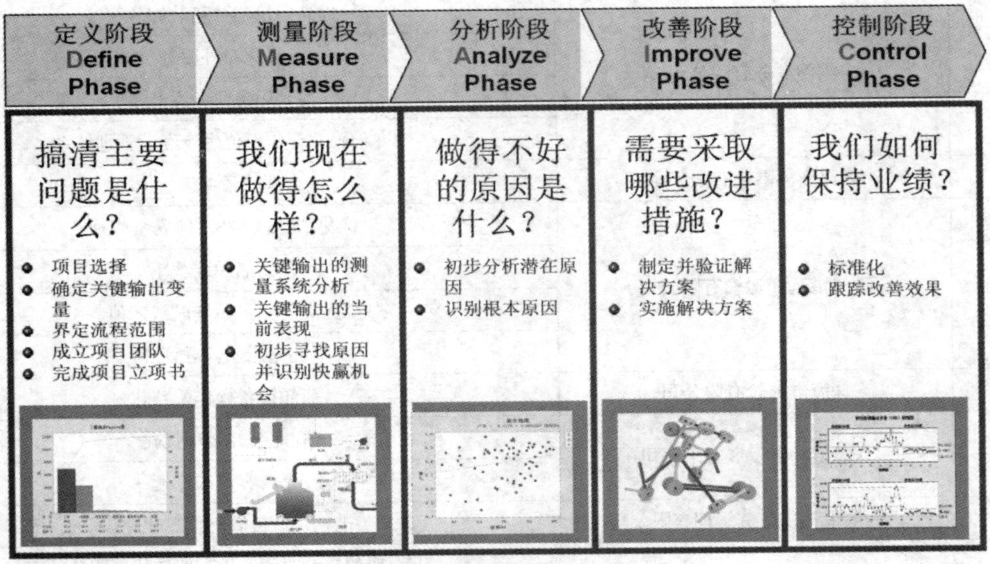

图5　精益六西格玛问题解决路径

1. D 阶段（定义阶段）

本阶段的任务是确定项目方向：通过识别战略需求、客户需求、立标、对标等来明确企业需要解决的问题。所需要被解决的问题的影响、相关流程范围、现有水平和目标水平都将需要被填入《珠海港精益六西格玛持续改进项目立项书》中，并报各级持改办审核，持改委审批完成。

2. M 阶段（测量阶段）

本阶段的主要任务是了解现状。改善都必须是基于现状的改善，只有对现状了如指掌之后，才能洞察问题的症结所在。本阶段项目组运用流程图、跨职能流程图、物理流图（面条图）、合理化判定等定性分析方法，同时也运用数据采集、统计分析等定量分析的方法重新多角度审视各自的工作流程。

3. A 阶段（分析阶段）

本阶段的任务是确定关键影响因子，对初级原因进行分析，找出潜在原因，识别根本原因。避免纯经验式的解决方案，挖掘对问题症结根因的系统管控措施是本阶段核心工作。解决措施主要有两类：①预防性的措施能尽可能避免问题的发生，从根源上杜绝风险机会；②查侦性的措施能帮助及时发现流程变异的发生，及时作出反应。本轮工作将首先邀请流程专家（包括一线操作者）和逻辑专家结合专业能力、经验、系统能力和逻辑能力，运用头脑激荡、失效树结构、5个 Why、防错、FMEA 等管理工具开展广泛的讨论，梳理因果关系，尽量多地盘点可能原因。然后依据讨论的结论

到现场确认并适当收集数据验证根本原因，确认影响的严重度、根因的发生频率和对根因的当前控制措施的有效性，以决定本次项目的攻关方向。

4. I 阶段（改善阶段）

本阶段的任务是执行上一阶段制定的管控措施，并验证对策的有效性。

第一，项目组将被要求提出综合性的系统解决方案，而非单一经验式的对策。如此能避免陷入无谓的争论，原因和系统解决方案都呈现在纸上，能使参与者清晰认清问题的核心。

第二，召开项目评审会议。会议邀请相关领导和流程相关部门共同就项目所寻找的根因和对策进行评审，以便取得共识。同时，恰当地争取各级领导的支持。

第三，协同各部门开展对策的实施。

第四，持续监控相关可量化数据，随时验证对策的有效性，或者采用二次 FMEA 评分与一次 FMEA 评分对比，从问题发生的频率和风险识别能力上判断对策的有效性。

第五，如果在本阶段确实发现有效对策，也可以尽快安排推广复制。

5. C 阶段（控制阶段）

最后这一阶段的主要任务是对改善成果进行监控、固化及推广。

（1）完善数据统计系统，以便持续监控流程的变异和效果的变化。

（2）标准化最优的操作流程。

（3）完整执行风险控制措施。

（4）对关键岗位或环节开展必要的点检。

（5）把成功经验推广到项目开展企业类似的流程和设备上。

（6）由集团组织成功经验分享会，把有效对策和项目管理的成功经验推广到其他成员企业。

（七）完善配套措施，提供保障支持

珠海港集团为有计划、持续地推行精益六西格玛管理，制定了系列配套措施，在多个角度提供保障支持：

（1）组建精益六西格玛指导委员会，明确委员会职责。制定《珠海港精益六西格玛持续改进指导委员会、精益六西格玛持续改进办公室和各部室的工作职责》。

（2）制定并执行《珠海港精益六西格玛五年规划》，形成精益六西格玛管理战略。

（3）建立精益六西格玛管理相关制度。制度包括《珠海港精益六西格玛带级人才认证体系》、《珠海港精益六西格玛项目管理制度》、《珠海港精益六西格玛持续改进标志使用规范》、《珠海港 5S 管理制度》、《珠海港对标管理制度》、《珠海港提案管理制度》、《珠海港本部提案工作实施细则》和《珠海港提案奖励办法》。

（4）合理安排预算，为推行精益六西格玛提供必要的培训支持和对标学习支持。

（5）在总部及各成员企业中开展立体的、全方位的文化宣传和成果展示活动，持续打造精益六西格玛改进文化。为了建立起珠海港精益六西格玛持续改进文化，珠海港集团制订并推行精益文化宣传总体方案，开展了精益口号的征集活动，发行《精益扬帆》、《精益周刊》，专门编印了一期内部刊物《港·通天下》的精益六西格玛专刊，并在《港·通天下》开辟精益六西格玛专栏，还在总部和各成员企业内通过门户网站、电子屏、板报、易拉宝、海报等多种形式进行宣传。通过这些宣传活动，精益六西格玛的理念、方法、理论得以普及，先进人物及带级人才的事迹得以宣扬，带级项目的经验得以传播，珠海港精益六西格玛持续改进文化逐步建立起来。

（6）隆重举行优秀绿带项目表彰及绿带人员颁证会议。全集团隆重举行会议，对优秀绿带项目分为金奖、银奖和铜奖进行表彰，给通过认证的绿带人员颁发董事长亲笔签名的珠海港精益六西格玛绿带证书和徽章。

（7）对带级人员进行系列激励。激励措施主要包括颁发项目奖金，每年核拨一定的项目经费，更多的学习和培训机会，年终绩效考评时给予相应的加分，薪资提高等。

（8）持续围绕战略目标和客户需求开展绿带项目，切实形成持续改善运营体系。

三、大型港口物流企业提高战略执行力的精益六西格玛管理效果

（一）全面提高了企业基础管理水平，保证了企业的战略执行

珠海港集团经过5年的精益六西格玛探索与实践，逐步形成了精益六西格玛管理创新的文化，客户意识、价值意识和流程思想成为企业管理的基本理念，养成了以数据说话、以DMAIC思路分析问题的习惯，较大地提高了工作效率，不仅优化了企业内部管理，为企业增收，有力地推动企业的战略执行落实。珠海港集团推行精益六西格玛管理的项目，就是将企业战略分解为企业各部门的关键指标，并以改善指标为目标推行项目，通过学习精益六西格玛培训课程与项目执行实践相结合，最后使项目达到预期的效果。

面对外部激烈的市场竞争，内部企业发展需要更高效的管理，推行精益六西格玛在很大程度上帮助企业解决了在内部管理、业务管理上存在的问题，优化了工作流程，提升了工作的效率，保持企业的高效运作。在码头操作流程方面，高栏港务推行的绿带项目《优化集装箱操作流程提高效率》实施改善之后，集装箱装卸效率提升一倍有余，大型固定设备如龙门吊、场地吊等设备完好率达99%，流动装卸设备如堆高机、叉车等设备完好率达94%，同时码头机械设备的操作员工的熟练度也通过不断培训，规范操作获得了大幅提升，码头的营运水平获得了大幅提高。在物流仓储操作方面，港物流项目实施后，仓库单包切片装卸效率由平均70秒/包提升至30秒/包，单车装卸效率由每车平均35分钟提升至15分钟，装卸效率已得到显著的改善，优化仓储管理流程，规范仓储作业模式，提高作业效率。

珠海港集团推行精益六西格玛管理，不仅从内部提高管理水平，保持企业高效运作，而且也提高了服务质量和服务意识，还直接或间接地为客户创造了价值，实现共赢。珠海外轮理货有限公司《集装箱理货作业流程优化》项目实施改善之后，2013年1~12月集装箱船舶理货准确率由95.8%升至98.34%。项目完成初定指标的改善，不仅提高了外理公司的服务质量，降低了差错率，同时也为客户提供了更精准的计量、盘点服务。中国珠海外轮代理有限公司实施的项目《缩短船舶在港时间，提高船舶代理服务效率》，为客户缩短船舶在港时间，节省船舶滞期费：外贸船（集装箱船除外）USD1750/船次，按每年144船次算，年收益达USD252000；内贸船（拖、驳船除外）USD100/船次，按每年168船次算，年收益达USD16800，合计能节省USD268800费用。珠海港集团精益六西格玛管理为外部客户增加收益约3510万元，取得的一项项工作成果也得到了客户的肯定。

2014~2015年，珠海港集团运用精益六西格玛的逻辑方法在服务创新和产品创新上做了更前沿的探索。珠海港信息技术股份有限公司把精益六西格玛的工具方法直接运用到为客户珠海港港达供

应链管理有限公司开发的 VMI 数据系统的过程中。通过精益+IT 工具，不但帮助客户建设了系统，还提高流程效率，减少浪费和节约成本，实现港达提高客户满意度，缓解公司人力资源压力，成功为客户节约了每年 32.5 万元的成本支出。本项目充分体现了精益六西格玛与 IT 技术结合的魅力，它们不但为珠海港港达供应链管理有限公司提供了优质的服务，也明显提升了珠海港信息技术优先公司的竞争优势。另外，珠海港信息技术股份有限公司《客户服务及拓展体系》项目组利用设计六西格玛 CDOC 的工具方法领先行业成功设计了一套满足需求的客户服务流程/体系，即 NPS 体系。NPS 体系能及时了解客户情绪，帮助公司有效地定期回访贬损者，针对客户反馈问题不断提出改进。

（二）为企业培养了一批精益六西格玛带级人才

通过举行闭卷考试，把好人才知识关。闭卷考试作为绿带认证和内训师认证的最后关口，针对参加了精益六西格玛培训且精益六西格玛项目通过评审的绿带和绿带内训师候选人，检测其理论知识掌握程度。珠海港集团以精益六西格玛培训教材为基础，结合部分实际案例，编制了内部绿带试题和绿带内训师试题，组织了闭卷形式考试。5 年来，珠海港集团已认证精益六西格玛绿带 112 名，绿带内训师 33 名。珠海港集团首批绿带人员来自各个行业，有基层管理者，也有中层干部。珠海港认证绿带和认证内训师的诞生，为珠海港集团精益六西格玛的长期稳定发展打下了重要基础。

（三）促进企业发展，创造了经济效益

2011 年 9 月至 2015 年 12 月，珠海港集团共开展 58 个自主改善项目、61 个绿带项目，其中 4 个精益示范项目创造的可量化年总收益为 238 万元，58 个精益自主项目创造的可量化年总收益为 808 万元，61 个绿带项目共产生可量化的年总收益达 4668.9 万元。2012 年 10 月至 2015 年 12 月，珠海港集团收取公司各部门及成员企业提案共 232 条，直接为公司创造 757.08 万元的年总收益。

珠海港集团精益六西格玛项目及提案可量化的总收益达 5425.98 万元，如表 3 所示。

表 3　财务收益汇总

收益来源	收益数量
4 个示范项目	238 万元
58 个自主项目	808 万元
61 个绿带项目	4668.9 万元
232 条精益提案	757.08 万元
总计	5425.98 万元

节点成本管理体系的创建与实施

创造单位：中国石油集团长城钻探工程有限公司井下作业分公司
主创人：蔡长宇　刘　宝
创造人：刘沫言　逯向阳　戚方莉　刘英姿　杜永辉　郭海峰

[摘要] 按照"推进开源节流，降本增效"管理提升要求，公司对成本管理工作进行了剖析，决定将"节点成本管理"作为管理提升课题，将优化生产组织运行与成本控制紧密结合、有机联动，调动和发挥基层队、项目部、机关部门各方面的力量，达到提高成本管控水平、促进管理提升的工作目标。

经过深入细致的实地调研、数据采集工作后，制定了节点成本管理方案和具体实施操作办法，重新梳理了业务流程，划分了关键节点，建立了油材料、运费、加工修理等大项费用的标准价格库，配备了关键节点标准操作成本，完成了节点成本管理体系的构建和管理网络的搭建，经过 3 年多的运行，收到了明显效果，生产性变动成本百元产值消耗下降 5.3%，生产性变动成本同口径下降 285 万元，实现了管理的创新和管理提升，提高了企业整体竞争能力。

[关键词] 成本管理；节点；成本

中国石油集团长城钻探工程有限公司井下作业分公司于 2008 年 3 月组建，主要从事修井作业、带压作业、连续油管作业、试油（气）测试、稠油注汽、油田地面设施维护及工程技术总包、分包等业务。按照精细化管理的要求，井下作业分公司一直坚持"一个中心、四个前线"的管理模式和"四种商务创效模式"，通过内强管理、外闯市场、开源节流、降本增效，深化改革和结构调整等，建立了以市场为导向的运行和管理机制，在技术、装备、高端人才等方面形成竞争力，公司市场竞争力、品牌影响力和国际化运营能力大幅提升，实现了有质量、有效益、可持续发展。成绩的取得离不开精细化节点成本管理，2015 年的综合变动成本同比下降 5.3%，全面超额完成上级下达的各项指标。

一、节点成本管理体系提出的背景

按照中国石油集团"推进开源节流，降本增效"管理提升要求，井下作业分公司对成本管理工作进行了剖析。近年来，公司在成本控制、考核机制上主要采用与预算、与上年同期参照对比的考核模式。在核算上，多采用事后记账模式管理等。随着管理的不断深入和精细化，存在的问题逐渐暴露出来：单井、单车成本下浮的空间到底有多大，制定的下浮比例是否科学合理，什么标准才是最优成本，以及已成事实的事后记账模式缺少事前、过程控制等一系列问题逐渐显露，成为制约公司成本管理的短板。针对管理短板，井下作业分公司决定将"节点成本管理"作为管理提升课题，建立了"财务搭台、生产经营唱戏"的节点成本管理体系，公司主要领导带头，研究成本控制方法，提出将成本费用的发生控制在前端，而不是单纯的事后算账，对成本实行了专业化、过程化、数字化、模块化管理，真正将优化生产组织运行与成本控制紧密结合、有机联动，调动和发挥基层队、项目部、机关部门各方面的力量，达到提高成本管控水平，促进管理提升的工作目标。

二、节点成本管理的内涵和要素

（一）内涵

节点成本管理是财务、经营与生产有机结合，在优化业务流程的基础上，进行成本动因分析，划分关键节点，建立标准价格库，配备操作成本，并用对标指标进行考核的一种管理方法。节点成本管理，即依据成本动因分析的结果，在优化业务流程的基础上，利用节点成本控制的方法划分各个关键节点，将标准成本配置到业务流程的各个节点上，用对标指标对节点成本进行控制，并将对标的结果落实到考核指标上来。通过控制各关键节点的费用来控制整个流程的主要成本费用，实现了成本的过程管理，提高了成本控制水平。该方法将业务流程、节点控制、预算编制、对标指标和考核指标融为一体，是精细成本管理在井下作业分公司的具体应用。

（二）要素

节点成本管理主要有四个要素，即成本动因分析、划分关键节点、配备标准操作成本、确定对标指标，如图1所示。

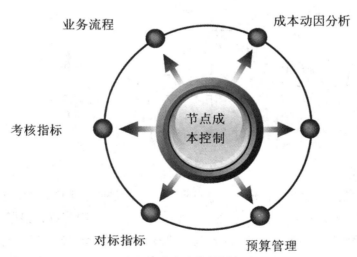

图1　节点成本控制

1. 成本动因分析

成本动因也是成本驱动因素，是指决定成本发生的那些重要活动或事项，它可以是一个或多个事项、影响因素、活动或作业。

在井下作业分公司，总包业务、分包业务所占的比重分别为23%、24%，但这两项业务收取的管理费是固定的，分包成本相对固定，因而在可控成本中影响成本的最重要事项是公司主营业务当中的自营业务部分，即带压作业、大修作业、试油试气。

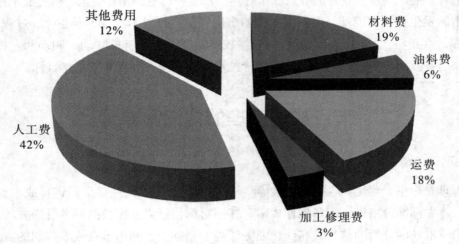

图 2　成本动因

如图 2 所示，以水井带压作业施工为例，影响单井成本费用的因素较多，但通过分析主要成本费用项目，占总成本比重相对较大需要重点加强管控的费用主要包括材料费、油料费、运费、加工修理费、人工费五个大项成本费用。

通过上述成本动因分析，可以确定成本动因量是带压作业、大修作业、试油试气等主营业务项目中的材料费、油料费、运费、加工修理费、人工费 5 个大项成本费用，是实施节点成本管理工作的重点，如图 3 所示。

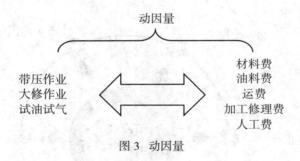

图 3　动因量

2. 划分关键节点

划分节点的目的是便于配备操作成本，节点划分的原则是便于生产管理、录取资料和实施考核。根据带压作业、大修作业、试油试气业务施工工序，确定主要关键节点，根据各关键节点的施工特点，配备各节点的标准施工工时、天数，配备成本要素，为下一步配备各节点标准操作成本做准备。

（1）打造标准操作流程。将各项主营业务施工工序，按照具体施工内容详细梳理列示，形成该项业务全面、系统的标准操作流程。

（2）划分关键节点，配备节点标准工时和成本要素。结合各项业务标准操作流程及施工工序，进行成本动因分析，找出影响成本变化的关键控制点，确定为主要关键节点，配备各节点的标准施工工时、天数，匹配各关键节点涉及的成本费用要素，为下一步配备节点操作成本、录取资料和实施考核做准备。以水井带压作业施工为例，关键节点有三个：开工前准备、生产施工、收尾，主要节点有七个：钻前准备、搬家、施工准备、起原井管杆、增加工序、下完井管杆、收尾，如图4、表1所示。

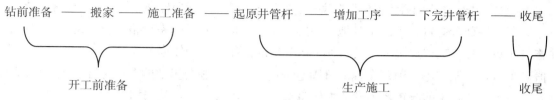

图4　带压作业关键节点划分

表1　水井带压作业工时定额

序号	项目	1.0~7MPa						
		500	1000	1500	2000	2500	3000	3500
		工时（小时）						
	标准工序							
1	井距搬迁	8.0	8.0	8.0	8.0	8.0	8.0	8.0
2	施工准备	6.0	6.0	6.0	6.0	6.0	6.0	6.0
3	封堵井口	2.0	2.0	2.0	2.0	2.0	2.0	2.0
4	安装带压作业装置	8.0	8.0	8.0	8.0	8.0	8.0	8.0
5	试提管杆	3.0	3.0	3.0	3.0	3.0	3.0	3.0
6	封堵油管	16.0	16.0	16.0	16.0	16.0	16.0	16.0
7	起原井管杆	8.7	13.7	16.3	18.9	21.5	24.1	26.7
8	下完井管杆	10.7	15.7	18.3	20.9	23.5	26.1	28.7
9	拆卸带压作业装置	8.0	8.0	8.0	8.0	8.0	8.0	8.0
10	施工收尾	4.0	4.0	4.0	4.0	4.0	4.0	4.0
	标准工序小计	74.4	84.4	89.6	94.8	100	105.2	110.4

3. 配备标准操作成本

在各个关键节点之间，需要执行标准的流程操作，根据生产实际需要而配备节点操作成本。

结合生产关键节点和标准施工时间，由机关各业务主管部门负责本部门所主管业务或费用的标准价格库、生产基本信息资料库的建立和日常维护，完成对应标准操作成本库的配备。

（1）材料费。由物资管理科负责建立各项业务的材料标准价格库和摊销材料价格库，列明材料名称、规格、单价等。确定直接材料与分摊材料。其中：

直接材料：在生产过程中直接使用一次性消耗的材料。确定不同井深及压力条件下各关键节点工序使用的直接材料名、数量和价格，计算节点所需材料费，测算不同井深及压力条件下各关键节点直接材料标准操作成本。

分摊材料：在生产过程中可多次、长时间使用的各项工具、物资，测算不同井深及压力条件下单井分摊材料标准操作成本，因费用发生不均衡，按照月度节点总金额进行控制、考核。

（2）油料费。由物资管理科负责测算各单位各种设备在不同工序、功率情况下的设备耗油量标准，作为口井施工前测算各关键节点油料标准操作成本的依据。

（3）加工修理费。由设备管理科负责结合各关键节点施工工时、工作量，测算出不同井深及压力条件下单井加工、修理费标准操作成本，该费用因发生不均衡，按照月度节点总金额进行控制、考核。

（4）运费。由生产协调科负责包括搬家车、特种车、值班车运费标准库的建立与日常维护。其中：

搬家车及特种车运费：汇总出各地区不同车型、不同运距的运费价格，形成运费价格库，作为口井施工前测算各关键节点搬家车及特种车运费标准操作成本的依据。

值班车运费：制定不同值班车辆的日固定费用价格和行驶公里数的费用标准，建立值班车运费价格库，作为口井施工前测算各关键节点值班车运费标准操作成本的依据。

（5）人工费。由组织人事科负责采集各项目部全体人员的人工费信息，根据人工费发放标准，测算每名职工在施工、等停、休假等不同情况的日人工费，建立人工费价格库，作为口井施工前测算各关键节点人工费标准操作成本的依据。

（6）其他费用。由财务资产科负责除以上费用外的其他费用，按全年预计金额测算出各队单日费用，作为口井施工前测算各关键节点其他费用标准操作成本的依据。

4. 确定对标指标

成本的对标管理是目标成本管理的重要内容，井下作业分公司将各单位前期成本控制的最低标准作为标杆，通过与标杆相比较，不断增强自信，超越自我，从而更有效地推动公司向业界最好水平靠齐。以水井带压作业为例，井下作业分公司制定了节点控制标准价格库，既作为施工前算账依据，也作为事后考核依据。

三、节点成本管理的主要做法及实施情况

（一）主要做法

为确保节点成本管理工作切实有效推行和落到实处，井下作业分公司实施了6项举措，如图5所示。

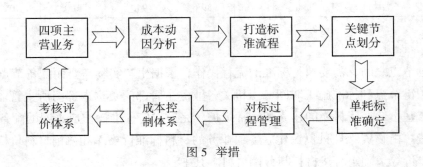

图5 举措

1. 建立了节点成本管理体系

在2012年前期准备工作的基础上，2013年下发了《节点成本控制实施细则及考核办法（暂行）》（井下〔2013〕30号），制定了实施方案、具体操作办法、保障措施及考核办法。2014~2015年，对管理办法进行了完善，出台了标准价格库，建立了生产技术与财务经营紧密结合、有机联动的成本控制管理体系。

2. 搭建了节点成本管理网络

公司成立了以主管生产副经理、总会计师任组长的节点成本控制工作领导小组，明确了管理职责和分工，建立了基层节点成本管理网络，由主管经营的副经理主抓节点成本管理，制定了各基层单位节点成本日常管理办法，指导项目部和基层队开展本单位的成本节点控制工作。

3. 开展节点成本管理操作培训

2015 年，针对机关及各项目部先后组织 10 批次共计 305 人次开展节点成本管理操作培训，采取理论讲解、现场培训、示例、讨论、解答、一对一辅导多种方式，扎实开展节点成本控制操作培训。经过培训，各生产单位对关键节点成本管理有了正确的理解和认识，对关键节点成本管理的日常数据收集与填报能够熟练掌握，培训取得了良好效果。

4. 机关异地办公深入一线"解例题"

按照"抓流程、到基层；抓业绩、重考核"的工作要求，全面推行生产、物资、设备、安全等主要生产科室两地或三地办公制度，对异地办公的机关人员，实行机关总支和前线双重管理，并将奖金与办公效果挂钩。异地办公人员除了要做好科室业务工作之外，在前线重点是强化对节点成本管理、开源节流降本增效等工作的调研指导、动态分析，及时完善各专业的节点成本管理报表，结合实际制定有针对性的成本控制措施，确保了成本核实精细、准确，降本措施落实到位。同时，对科室层面能够协调解决的问题，及时帮助基层单位协调解决，让基层单位把更多的精力投入到市场开发和生产组织上，机关对基层的服务保障作用得到更进一步的发挥。

5. 定期召开节点成本分析会

公司每两周召开一次节点成本分析会，及时总结试点单位运行过程中好的做法，发现存在的问题，把握运行过程中的难点和重点，寻求解决问题的办法，提出完善改进建议，推进了节点成本控制工作的扎实开展。结合试运行情况，每月召开一次节点成本分析会，节点成本管理工作得到持续有效的推进。

6. 建立考核兑现长效机制

公司按照"三个一"考核模式，按季度开展预考核及兑现工作。公司对节点成本管理进行专项考核，并将全部奖金的 20% 用于考核。

（1）考核方式方法。采取过程考核与定期考核相结合、管理性指标与控制性指标相结合的方式，月度针对管理性指标进行过程考核打分，季度增加控制性指标考核打分。

过程考核：由前线组织，每月 8 日，联合机关业务科室，针对各项目部日常节点成本控制工作开展情况，对照《节点成本控制考核打分表》对各项目部节点成本控制的管理性指标考核打分，结果在考核结束后 5 日内通报，纳入季度考核之中。

定期考核：季度考核，季度结束后到次月 8 日，公司统一组织综合考核组，对照《节点成本控制考核打分表》对各项目部节点成本控制的管理性指标和控制性指标综合考核，结果在考核结束后 5 日内通报；年度考核，结合季度考核情况对各项目部进行年度评比排名。

（2）评定标准。

1）考核分数评比原则：季度考核打分在 90 分（含）以上的为"优秀单位"，打分在 80~89 分的为"良好单位"，打分在 70~79 分的为"达标单位"，打分在 69 分（含）以下的为"不达标单位"。

2）发生下列情况之一的单位为"不达标单位"：①关键节点成本金额总量超支；②控制在标

准范围内的节点个数在 60% 以下。

表2　节点成本控制考核打分

被考核单位：　　　　　　　　　　　　　　　　　　　　　　考核日期：

分类	项目	主要工作内容	标准分值	评分规则	实际得分
管理性指标	节点成本控制工作开展及保障情况	建立本单位节点成本控制工作实施考核办法，明确项目部、基层队工作内容、操作流程等	5	无实施考核办法扣5分，内容不全每缺一项扣2分	
		节点成本控制组织机构健全，指定一名项目部副经理以上干部负责该项工作。项目部、基层队指定1~2名兼职节点成本控制管理人员	5	无管理组织机构扣1分，无分管领导扣1分，无兼职成本控制管理员扣1分	
		建立完整的材料、油料、运费、加工费、修理费等各项费用登记台账，要求填写及时、内容齐全、准确、版面整洁，手续完备；有主管领导、填写人的签章，月底形成完整的月度汇总	5	无台账扣5分，填写不规范，每点扣1分	
		施工前口井关键节点标准操作成本测算，要求测算及时，依据充分，成本测算准确	5	无标准操作成本测算扣5分，测算数据不及时、不认真，数据不准扣1分	
		施工过程中，每日关键节点发生成本数据填写要及时、准确，字迹清楚，没有漏填、错报的项目。项目部汇总各基层队每日节点数据上报及时、准确，节超情况有原因分析	5	填列数据准确，内容完整，上报及时得满分，每迟填列1天扣1分，填列不准确或钩稽不正确1次扣1分	
		每月进行节点成本节超和单井盈亏情况分析，次月6日上报分析材料	5	符合要求的满分，每迟报一天扣2分	
控制性指标	控制在指标内节点的数量和节点总成本金额	考核期间控制在标准成本范围内的节点数量和节点总成本金额的控制情况	20	控制在指标范围内的节点个数达到100%得满分，控制在标准范围内的节点个数达到90%以上的，得18分，控制在标准范围内的节点个数达到80%以上的，得16分，控制在标准范围内的节点个数达到70%以上的得14分	
	单项费用节点成本消耗金额	材料费单项费用节点成本实际消耗金额控制在标准成本范围内	8	按完成指标的百分比作为成本单项考核得分	
		油料费单项费用节点成本实际消耗金额控制在标准成本范围内	8	按完成指标的百分比作为成本单项考核得分	
		运费单项费用节点成本实际消耗金额控制在标准成本范围内	8	按完成指标的百分比作为成本单项考核得分	
		加工修理费单项费用节点成本实际消耗金额控制在标准成本范围内	8	按完成指标的百分比作为成本单项考核得分	
		人工费单项费用节点成本实际消耗金额控制在标准成本范围内	6	按完成指标的百分比作为成本单项考核得分	
		折旧摊销及资产占用费单项费用节点成本实际消耗金额控制在标准成本范围内	6	按完成指标的百分比作为成本单项考核得分	
		其他费用单项费用节点成本实际消耗金额控制在标准成本范围内	6	按完成指标的百分比作为成本单项考核得分	
总计			100		

　　（3）奖惩标准。

　　季度考核：按照季度考核打分及评比结果排序，"优秀单位"奖金兑现系数1.5，"良好单位"奖金兑现系数1.2，"达标单位"奖金兑现系数1.0，"不达标单位"奖金兑现系数0.5。

　　年度综合考核：年终考核结合四个季度考核的平均分及日常工作完成情况，评选出全年节点成本控制"优秀单位"、"良好单位"、"达标单位"、"不达标单位"，奖励"优秀单位"2万元（排在

前三名的单位)。

通过公司内部模拟考核, 2015 年公司节点成本管理优秀单位 5 个、达标单位 5 个、不达标单位 5 个。通过考核, 有效地促进了各单位成本管理工作的积极性。

（二）实施情况

井下作业分公司于 2013 年在吉林项目生产经营保障组、大庆项目生产经营保障组、大修项目一部、西部项目部率先试点运行, 2014 年全面铺开, 2015 年收到了明显效果。具体操作方法及过程如下。

1. 施工前单井关键节点标准操作成本的测算

基层队根据甲方的作业井施工设计, 录入该井基本信息, 如井号、类型井、井深、压力、距离等, 测算出各关键节点工时和操作成本发生要素, 依据价格库中对应成本项目价格信息, 计算形成该井各关键节点标准操作成本。根据施工工时计算该井分摊的其他成本, 各关键节点操作成本与该井分摊成本累加形成单井成本。对照甲方工序价格定额计算该井预计收入, 形成该井单井盈亏情况, 为该井施工中的决策提供依据, 促进优化生产组织的运行和有针对性的强化成本控制。

项目部将口井关键节点标准操作成本表同时发送至各业务主管部门及前线财务, 各业务部门收到后与项目部充分结合, 于当日将修改后的口井关键节点标准操作成本表反馈至前线财务, 前线财务汇总平衡后发至项目部和各科室。

表 3 DY06712 队民 43-3 井关键节点操作成本

类型井: 水井带压作业 井深: 1330m 压力: 8.6（MPa） 运输距离（35 千米） 预计收入: 80608 元

关键节点	工作时间（h）	成本费用要素										
		材料费（元）	油料费（元）	加工费（元）	修理费（元）	搬家车运费（元）	特种车运费（元）	值班车运费（元）	人工费（元）	折旧摊销费（元）	其他费用（元）	合计（元）
一、搬家	8	454	288			5653						6395
二、施工准备	6	1803	180				1275					3258
三、封堵井口	2	159	144									303
四、安装带压作业装置	8	1423	252									
五、试提管杆	3	596	144									740
六、封堵油管	16	325	72									
七、起原井管杆	16	1596	2793.6									4389.6
八、下完井管杆	18	1596	2736									
九、拆卸带压作业装置	8	230	194.4									424.4
十、施工收尾	4	932										932
总时间（h）	89.6											0
总人次												0
日分摊费用合计		2000										2000
合计		11114	6804	1000	2000	5653	1275	5112.9	34566.48	10848.78	7000	85374.16

2. 施工过程关键节点成本控制

基层队每日归集录入各关键节点成本项目的实际消耗量，根据价格库中对应成本项目价格信息，测算出各关键节点实际发生成本，业务主管部门每日对基层队录入信息的真实性、准确性、完整性复核检查后，汇总整理出所主管费用当日节点的实际消耗。

（1）材料费。井下施工耗用的材料应按材料费预算和口井材料费标准操作成本严格控制。

领料：口井施工前各基层单位根据测算的口井材料费标准操作成本据实向转供超市申报口井材料计划，领用材料时，填制领料单，记录井号、施工内容、井深、施工压力等相关信息，以便正确计算有关成本。凭项目部经理审核后的领料单到转供超市领料。超计划的材料需写明具体原因，经物资管理科审核批准后方可领用。

用料：基层队领用的材料据实做好材料使用登记。需记录材料领用日期、施工井号、消耗材料明细、数量等基本信息，根据材料标准价格库中材料价格，按材料费成本归集办法，生成当日节点材料实际消耗金额，物资管理科每日复核基层队录入信息的真实性、准确性、完整性后，汇总整理出材料当日节点的实际消耗。

成本归集办法如下：

1）直接材料：直接计入关键节点操作成本中。

2）分摊材料：领用金额小于1000元的材料，直接计入关键节点操作成本中。领用金额大于1000元的材料，应编制分摊材料汇总表（包括材料名称、数量、单价、领用时间、使用单位），从发生之日起，按照当年剩余的日历天数摊销，计入单井成本，如表4所示。

表4　DY06712队分摊材料摊销

序号	材料名称	单位	单价（元）	数量	金额（元）	开始摊销时间	摊销天数（天）	日摊销金额（元）	备注
1	钢丝绳	米	24.03	240	5767.2	2015年2月23日	312	18.38	
2	档位选择器	套	14120	1	14120	2015年2月23日	312	45.26	
3	油管液压钳	套	9208.56	1	9208.56	2015年3月5日	302	30.49	
4	滚筒刹车片	片	163.2	22	3590.4	2015年4月2日	273	13.15	
合计								107.28	

3）井下作业施工使用的打捞工具等，应按规定的摊销标准计入成本。工具在使用中因故提前报废时，应按工具的剩余价值一次性计入成本。

4）领用后因故未用的材料，办理退料返还手续，冲减成本。

（2）油料费。

领料：口井施工前各基层单位根据测算的各关键节点标准油料使用数量，据实向转供超市申报口井油料计划，审批后组织拉油车运送上井使用。遇特殊施工情况需增加油料消耗的向生产保障科提出申请。

用料：基层队领用的油料据实做好材料使用登记。需记录油料领用日期、施工内容、施工井号、油品、油量、金额等基本信息，按油料费成本归集办法，生成当日关键节点油料实际消耗金额。物资管理科每日复核基层队录入信息的真实性、准确性、完整性后，汇总整理出油料当日节点的实际消耗。

余料：施工结束后，各基层队设备剩余油量结转至下一施工井中使用，根据设备剩余油量匹配下一口井拨付油量。

成本归集办法：油料费直接计入关键节点油料操作成本中。

表5　DY06712队民43-3井油料消耗登记

序号	日期	关键节点	标号	单价（元/升）	加油量（升）	作业机		液控设备		剩余量（升）
						使用数量（升）	金额（元）	使用数量（升）	金额（元）	
1	2015年4月28日	搬家35公里、施工准备	0	7.2		55	396	10	72	195
2	2015年4月29日	封堵井口、安装带压作业装置	0	7.2		25	180	15	108	155
3	2015年4月30日	试提管杆、封堵油管	0	7.2	400	20	144	10	72	525
4	2015年5月1日	起原井管62根	0	7.2		60	432	100	720	365
5	2015年5月2日	起原井管48根	0	7.2		70	504	125	900	170
6	2015年5月3日	下完井管46根	0	7.2	400	70	504	125	900	375
7	2015年5月4日	下完井管62根	0	7.2		60	432	110	792	205
8	2015年5月5日	拆卸带压作业装置、施工收尾	0	7.2		15	108	6	43.2	184
合计						375	2700	501	3607.2	

（3）加工、修理费。各基层队确需发生加工、修理劳务时，向设备管理科提出申请，论证通过后，提交物资管理科由其对预计加工、修理工作量备案。加工、修理劳务完成后，由基层队上报实物工作量至设备管理科、物资管理科，由其对具体结算价格进行审核。基层队发生加工、修理劳务要据实做好使用登记。需登记施工井号、加工、修理工作量等基本信息，加工、修理完成后，按审定的价格，根据加工、修理费关键节点成本归集分配方法，将费用分配到关键节点，生成当日节点修理费实际消耗金额。设备管理科每日复核基层队录入信息的真实性、准确性、完整性后，汇总整理出修理加工当日节点的实际消耗。

成本归集办法如下：

1）发生的金额在2000元以内的加工、修理项目，直接计入该节点成本。

2）大项加工、修理费用，因费用发生不均衡且发生的金额较大，发生金额2000元以上的，从发生之日起，按照当年剩余的日历天数摊销，计入单井成本。

（4）运费。搬家车和特种车运费：基层队各关键节点运费发生时，按照车辆使用情况登记。准确录入各项信息，结合区域运费价格库，计算各关键节点运费实际消耗，直接计入关键节点运费操作成本中。安全生产科每日复核基层队录入信息的真实性、准确性、完整性后，汇总整理出运费当日各关键节点运费的实际消耗。

值班车运费：基层队根据每日用车情况做好值班车使用时间、行驶里程等信息记录。根据值班车标准价格库测算当日值班车运费，直接计入单井成本。

（5）人工费。基层队每日施工结束后，做好考勤表的填报工作，据实记录员工出勤情况。根据当日各关键节点施工工时及员工出勤状态（施工、等停、休假等），在人工费价格库中对应的施工、等停、休假等标准定额，选择每名职工的当日人工费，汇总生成口井当日人工费实际消耗，计入该井成本。组织人事科根据调度室提供各单位施工内容,每日复核基层队录入信息的真实性、准确性、完整性后,汇总整理出人工费当日的实际消耗。

（6）其他费用。除以上费用外的其他费用,在当月施工项目中按工时、产值等分配方法进行分摊计入口井成本。其他费用发生不均衡且数额较大的,可以采取分期摊销办法分期计入口井成本。

工时分配法:

工时比率 = 口井当月工时 / 当月总工时 × 100%

口井某项成本分配额 = 某项成本总额 × 工时比率

产值分配法:

产值比率 = 口井当月产值 / 当月总产值 × 100%

口井某项成本分配额 = 某项成本总额 × 产值比率

（7）每日节点成本归集。各业务主管部门审核汇总当日主管费用节点消耗,汇总至前线财务,形成当日节点各项费用实际成本消耗,与当日计划节点成本对比,分析查找节超原因。

（8）当月节点成本归集。前线财务根据每日关键节点成本消耗,汇总当月关键节点各项费用实际成本消耗。与当月关键节点标准操作成本对比,查找并分析当月各项成本节超情况及原因,总结通报。根据每日关键节点消耗和月末分摊的其他费用成本,汇总出当月单井实际成本消耗,结合单井预计实现收入,得出单井损益情况,查找、分析影响单井损益的主要因素,并制定应对措施,以加强成本控制,提高单井经济效益。

（9）每季度节点成本归集。前线财务根据每月节点消耗汇总当季度节点成本,结合基地等管理类费用分摊,形成季度节点各项费用实际成本消耗,与季度计划节点成本对比,分析查找节超原因,总结通报,根据季度节点消耗情况考核打分。

四、节点成本管理的实施效果

（一）实现了内部管理创新

节点成本管理法与以往的事后算账考核方式相比,更加注重成本消耗的过程管理,从整体上把握成本的控制节奏,先进行口井的效益评价,根据评价结果按照口井标准操作成本,从生产过程中实施关键节点成本控制。

（二）促进了管理水平的提升

节点成本管理设置了各关键环节和关键节点的控制指标,对井下作业业务流程更为适用,通过节点成本管理,有助于公司不断提升科技水平和作业质量,控制成本发生,提升成本的使用效率,在实践中发挥了重大作用。通过开展节点成本管理,公司上下齐努力想办法,在各项成本管理方面采取了一系列管理措施,公司整体管理水平得到大幅度提升。

在材料费管控方面,结合公司国内业务"一个中心、四个前线"的管理模式,分别在辽河、东部、西南前线设置三个物资转供超市,极大提高了生产急需物资的保障力度和质量管理力度,同时对基层物资的使用也起到了核实和监督的作用。实现了物资的集中靠前管理和生产"零库存"的目标,减少因需求计划不准确等因素造成库存物资的积压和资金占用,提高了综合供应保障效率,物资质量管理更具实效。

在油料费管控方面，首先重点加强施工设备油料费的控制，对各型号设备在不同工况（怠速、低速档、中速档、高速档、行驶），进行设备油料耗油标准现场写实，制定油料消耗标准，每日核对基层队加、用、余油的真实准确性，现场生产用油加强责任管理，真正做到加油有记录、消耗有标准、余油有监督，避免跑冒滴漏现象的发生，降低油料消耗。其次在值班车油料费控制上，结合生产实际，优化生产组织模式后，针对不同情况，将值班车进行了压缩、合并或是取消，值班路线只允许从 A—B 或 B—A，降低值班车辆的随机台次，全面降低了值班车辆的油耗。

在加工修理费管控方面，根据"管办用"分开管理的原则，成立了设备管理科，由设备管理科负责设备的日常维护、保养的专业化管理，提高设备使用完好率。各单位物资、设备如需加工修理时，由设备管理科进行专业论证，由设备管理科、物资管理科进行过程检查、核实工作量，与项目预算进行核对；待项目完毕后，由设备管理科牵头进行项目验收，相关科室参加。强化"以保减修"工作，实现降本增效 130 万元。上述过程中，公司纪检和审计部门全过程监控。

在运费管控方面，一是改变运费经营模式降低运费成本支出，针对大庆、吉林地区施工的区域集中、工作量大、现场离驻地距离远的特点，改变原按次结算运费模式为运费全年大包的模式，服务商固定车辆在现场值班，减少了驻地到现场的调迁距离，既保证了现场运输工作的及时，又降低了运费成本。二是优化生产组织、合理车辆安排，搬家拉运前做好行驶路线探勘和周边情况掌握，避免因道路、人为因素造成的车辆等停现象，既保证生产组织的及时，又避免了运费无效支出。大修项目二部将原有厕所合二为一，以降低运输空间与吊车费用；苏里格、永和等地区的外雇值班车实行计次雇用，与月度包干制相比，每月可减少外雇运费 1.25 万元。合理优化拉运的设备物资摆放，减少拉运车辆数量，合理降低运费支出，严格搬迁车辆关键节点控制，规定大庆带压作业，凡换管不超过 50 根、换杆不超过 60 根不允许使用吊车，全部采用现场职工抬管杆，节约 1 台吊车费用；换管超过 50 根不超过 150 根只允许使用 1 台吊车 1 台卡车，不允许使用 2 台卡车，节约 1 台卡车费用。仅此一项 2015 年可节约搬家运费 6 万元。三是完善外雇车辆管理制度，明确基层小队、项目部、前线和主管科室三级控制责任。落实基层小队现场盯岗干部岗位责任，做到车辆计划和使用的准确性、真实性。落实项目部的主体责任，做到项目部主管领导亲自到现场组织搬家工作，对搬家货物合理组装；严肃搬家计划执行，认真进行现场搬家距离、车次、路单确认；大庆带压项目充分利用现有的 3.5 千瓦发电机和污水泵，进行收液施工，节约 1 台泵车费用。落实前线和安全生产管控责任，前线每季度定期对各项目部特种车辆使用情况和台账记录至少检查一次，每季度到现场跟踪写实、帮助制定生产运行措施、解决实际问题。

在人工费管控方面，采取优化定员的模式，对公司存在的富余人员进行合理优化与调配，让合适的人到合适的岗位上去，消灭冗余人员成本，提高人均创效能力，同时在全公司范围内全面推行计件工资的薪酬管理模式，充分体现多劳多得、少劳少得、不劳不得的分配机制。通过实行"三支队伍"管理、向分包队伍派驻人员、辞退劳务工、内部劳务输出等措施，实现降本增效 78 万元。

（三）全员成本控制意识显著增强

通过三年多的节点成本管理体系的创建与运行，节点成本管理取得明显效果，特别是 2015 年的效果更为明显，让职工切身感受到成本降幅的空间有多大，成本的高低与自身利益紧密相连，企业的发展与职工的个人利益息息相关，激发了职工的责任感，全员成本控制意识显著增强，涌现出许多控制成本的典型事例。比如在擦工具工序中，职工改变以往直接浸泡去油的浪费做法，采取先刮去油污、均匀喷洒汽油浸润、再用棉纱擦洗的方法，有效节约，减少消耗；为了避免设备的不正常油料消耗，组织人员对设备进行现场监测，必要时把修配厂师傅请到现场鉴定，及时对高压泵、喷油嘴等进行校对，提高设备性能，确保设备以最佳经济车速运转，达到既环保又节能的目的；通过积极开展修旧利废，仅大修项目就节约成本 15.5 万元；通过倡导节约行动，实现公司机关经费节余 18 万元。同时，涌现了一批基层建设样板队，2015 年，井下作业分公司被评为中国石油长城钻探工程有限公司基层建设管理先进单位，3 支队伍被评为基层建设示范队，19 支队伍被评为基层建设先进队。

（四）取得了良好的经济效益

全面推行节点成本管理，有助于不断优化业务流程，提升对标指标，从而改善生产经营业绩指标、降本增效，将经济指标贯穿于生产经营的全过程，实施以来产生了较好的效果。生产性综合变动成本百元产值消耗下降 5.3%，其中：材料费百元产值消耗下降 3.15%，油料费百元产值消耗下降 7.4%，加工、修理费百元产值消耗下降 4.48%，运费百元产值消耗下降 6.72%，生产性变动成本同口径下降 285 万元。2015 年，井下作业分公司实现收入 11.59 亿元，实现利润 4174 万元，全面超额完成上级下达的各项指标。

五、节点成本管理的认识与体会

（1）节点成本管理是财务搭台、生产经营唱戏、提高生产效益的一种重要手段和载体。

（2）节点成本管理有利于设置各关键环节和节点控制指标，不断提升成本使用效率。

（3）节点成本管理融入了系统管理、过程控制、大预算和对标管理的思想，有助于将成本费用的发生控制在前端，而不是事后算账，有助于改善生产经营业绩指标。

"二维点阵"考核体系的创新研究与实践

创造单位：陕煤集团神南产业发展有限公司
主创人：乔少波
创造人：杨 林 白亚军

[摘要] 绩效考核作为组织最主要、最有效的激励制度，一直以来，产业公司以"平衡计分卡"为架构设计考核体系，从而保证公司战略规划的分解执行。虽每年有不同程度的优化，但长期无法避免考核指标数量多与管理目标不明确、考核权责区分不清楚与组织积极性不高、对企业管理的执行过程不够关注等弊端，影响了企业整体效能和绩效，更与现阶段企业外部市场开拓及企业转型升级不相适应。基于此，"二维点阵"考核体系是产业公司在客观分析所面临现状及吸取以往考核制度经验的背景下，结合自身特点和管理需要，针对组织绩效而创新并实践的一项管理创新成果。

"二维点阵"由纵轴与横轴两个维度组成。横轴主要衡量结果性指标，关注价值创造的结果；纵轴主要衡量执行力，聚焦价值创造的过程及企业长期的持续发展。横轴设置七项量化指标：利润、产值、安全环保、生产技术机电、库存管理、客户满意度、成本控制，纵轴设置三项过程指标：生产类重要事项、非生产类重要事项、制度流程执行。

[关键词] 绩效考核；二维点阵；平衡计分卡

陕煤集团神南产业发展有限公司（以下简称"产业公司"）是陕西煤业化工集团为在榆林神府南区所辖原煤生产矿井实现专业化、集约化的矿井生产辅助配套模式而成立的大型生产服务型企业。公司注册资本金13.78亿元，下设8个专业化生产中心，业务范围包括煤矿生产服务；矿用大型设备的修理及配件的加工与制作；矿用设备采供与租赁；生产配件材料的采供与销售；机电设备润滑技术咨询及服务，润滑油脂的理化检测及分析；普通货运、大型物件运输；矿山救护及消防；工程质量监督与检测；地质测量服务；职工教育培训；煤炭质量检测；煤矿工作面准备；煤矿矿井巷道维护。2008年成立至今，累计完成产值超过90亿元，服务区域覆盖周边晋、蒙、陕地区260多家企业，已发展具备1.5亿吨矿井生产专业化保障能力，使在一个矿区实现矿井和生产服务企业并列运行的"N+1"专业化生产保障模式向规模化、产业化方向发展的效益优势显著凸显。面对新形势、新机遇和新发展，公司提出了"以服务促营销，以创新求发展，以诚信树品牌"的发展方针，积极推进企业转型升级战略，构建煤炭生产运营服务、专业技术服务、物资供应服务、人力资源服务及金融创新服务的"4+1"商业模式，聚合行业资源，竭诚为合作伙伴持续创造价值，致力于打造国内一流煤炭生产综合服务商。

一、研究实践背景

（一）企业面临现状

1.宏观经济层面

新经济形势下，国家宏观经济从高速增长转为中高速增长，经济结构不断优化升级，从要素驱动、投资驱动转向服务业发展及创新驱动。煤炭行业在经历了黄金十年后，受经济增速放缓、能源结构调整等因素影响，煤炭需求大幅下降，供给持续过剩，据中煤协会数据，2015年全国大中型煤炭企业亏损面已达95%以上，行业经济持续下滑的局面在短时间内很难有所改变，将成为煤炭企业今后一定时期内一种趋势性、不可逆的发展新状态。2016年中央政府针对煤炭、钢铁行业产能严重过剩，出台了一系列去产能意见和办法，严格控制新增产能，加快淘汰落后产能和其他不符合产业政策的产能，有序退出过剩产能，促进行业调整转型，严格控制超能力生产。可见，随着国家供给侧改革各项政策的推出，煤炭行业的未来发展方向及产业转型升级问题成为目前日益关注的热点问题，调整产业结构，创新发展模式，势必成为煤炭行业各企业未来发展的必然选择和出路。

2.企业自身层面

一是面临巨大的经营压力。受宏观经济影响，煤炭行业各企业为应对经营困境，普遍持续减产和压缩成本，煤炭生产专业服务市场竞争空前激烈，导致产业公司业务量不饱和，专业化服务价格大幅下跌，回款难度空前加大，企业经营面临巨大压力。

二是面临企业管理创新。产业公司初始设计主要为陕煤化集团在榆林神府南区所辖原煤生产矿井提供专业化服务。从2014年下半年开始，公司决策实施"走出去"战略，在满足神南矿业内部矿井生产任务保障的同时，主动开拓周边市场，参与市场竞争，服务区域内矿井生产。因此，由传统国有企业的计划经济管理模式向市场经济对接转变，就需要进行与之相适应的企业管理创新，打破以往管理思路和方法，从运行机制上充分激发企业内在活力，增强持续为客户创造价值的能力。

三是面临企业转型升级。随着国家经济新常态和供给侧改革，传统的煤炭行业调整结构，转变经济发展模式已经成为大势所趋。就产业公司而言，虽是煤炭生产专业化细分下的生产性服务企业，但是受其服务半径及核心竞争力的天然缺陷，未来极易达到发展的"顶板"。在这种情况下，产业公司2015年精细谋划，提出通过构建生产运营服务、专业技术服务、物资供应服务、人力资源服务及金融服务"4+1"商业模式实现企业转型升级。产业公司转型升级必然要整合与优化各项生产要素，以及高质量的落实和执行一系列顶层设计，从而保障和支撑转型升级战略目标的顺利实现。

（二）研究实践目的

面临煤炭行业日益严峻的形势，行业内部的管理研究和实践就更加突出其重要性，煤炭企业要想取得竞争优势，迎来新的转机，就需要不断提高其整体效能和绩效。绩效考核作为组织管理的重要制度，已经成为各企业普遍关注的重点。研究绩效考核对企业意义重大。全球经济的一体化、竞争范围急速扩大、竞争程度愈加激烈，人才的竞争程度也随之激烈，流动速度也不断加快。因此，现代竞争环境下，企业如何借鉴先进的绩效管理理念和绩效管理技术，制定和实施适合本企业的绩效管理战略和工具，以保持或提高企业的竞争优势，是企业面临的重要挑战。

绩效考核作为组织最主要、最有效的激励制度。产业公司组织绩效考核分别经历过KPI和平衡计分卡两种考核方式，在运用过程中也发挥了积极的作用，但同时也分别存在一些问题。在运用

KPI 考核过程中，考核指标针对的主要是当期年度的关键绩效指标，没有兼顾到学习成长和企业长远发展。而后又改用平衡计分卡的考核方式，将当期指标跟企业成长指标结合起来，虽绩效效果有所改善，但仍出现组织的效益和受到的激励没有很好地显现，组织积极性不高、执行力不强等弊端。基于此，结合 KPI、平衡计分卡的优点和产业公司管理需要，对所应用的组织绩效考核方式进行了评估和研究，最终创新性地建立了适合产业公司特点的"二维点阵"绩效考核体系。

（三）绩效管理国内外研究现状

1. 国外研究现状

西方国家围绕绩效管理理论的研究起步较早，也取得了较多的成果，其中目标管理是西方国家绩效管理研究的重要里程碑成果，由管理学大师德鲁克在 1954 年首次提出，他认为每个职务都要向着整个企业的目标，才能有所成功。管理人员预期的成就必须和企业的成就预期一致，其成就由对企业的贡献来衡量。德鲁克注重管理行为的结果，而不是对行为的监控，这是对绩效管理理论的重大贡献。

如果说目标管理是绩效管理理论中的里程碑，平衡计分卡无疑可以称得上丰碑。20 世纪 90 年代初，罗伯特·卡普兰（Robert Kaplan）和戴维·诺顿（David Norton）共同提出平衡计分卡绩效评价体系，将企业战略分为财务视角、客户视角、内部运营视角、学习与成长四个维度，其主要目的是将企业战略转化为具体的行动，以创造竞争优势，打破了传统单一使用财务指标衡量组织绩效的方法。

丹尼尔·麦克唐纳和艾比·史密斯通过系统研究绩效管理与公司业绩之间的关系，结果表明，绩效管理可以帮助企业改善组织绩效，完成组织目标。另外，高绩效公司较低绩效公司更注重绩效管理。

托尼·阿德金斯（Tony Adkins, 2006）认为，绩效管理关注的是计划如何转化为结果，是组织战略落实的管理方法。

绩效管理研究尤其是其中的激励问题近年来取得突破性进展，诺贝尔经济学奖获得者、美国明尼苏达大学经济学教授哈维茨（Hurwiez, 2007）提出著名的"激励相容"理论，认为存在一种机制可以使经济人追求个人利益的同时，能够与企业整体价值最大化的目标相一致。

综上所述，国外对绩效管理的研究比较早，绩效管理在国外得到重视和积极的研究及应用，已经形成了比较完善的理论体系，其定义和内涵在不断地延伸，研究领域也在不断加深和拓宽。

2. 国内研究现状

国内已有很多学者和咨询公司在研究绩效管理，但总体上看，国内绩效管理理论绝大部分是沿用西方绩效管理理论。

王怀明（2004）开发了绩效管理系统模型，涵盖绩效目标体系、管理过程、考核设计和组织与责任体系四个方面的内容。

顾琴轩（2006）提出，在企业中建立 KPI 体系，是对传统绩效考评理念的一种创新，认为绩效管理是个体绩效与组织绩效相融合的管理系统。

杨建奎（2007）编写的《国有大型企业经营绩效评价研究》指出在经济全球化的背景下，企业经营目标已由追求利润最大化向提升企业价值转变，绩效评价作为企业战略管理的一部分，已成为企业实施价值战略管理的重要工具。钱滔（2007）提出，绩效管理不等同于绩效考评，管理者要充当"教练"式领导者。

邓婕（2008）提出，企业绩效应包括员工个人绩效、团队绩效和总体企业绩效三个层次。

李宝元（2009）提出企业三层次四维关键绩效整合战略管理框架。

刘进（2010）提出，只有科学的绩效管理才能调动员工的积极性，绩效管理必须建立在对员工个体利己性的认同上。

章宏（2010）认为，绩效管理是管理者与员工在目标以及目标如何实现达成共识的过程，是一套有机整合的流程和系统。

黄美美（2011）认为，在现代人力资源管理中，绩效考评必将走向绩效管理，管理思想上由科学管理到人本管理，管理手段上由行政约束到沟通激励。

王艳艳（2012）在对战略性绩效管理理论研究基础上，认为战略性绩效管理理论应由控制论、绩效成因理论、绩效测量理论三大模块构成。

廖建桥（2013）提出，中国式绩效管理的方向应是战略驱动下的现代管理，应是绩效导向而不是绩效至上。

综上所述，中国对于绩效管理的研究起步较晚，更多停留在理论研究层面，对于应用层面的研究涉及不多，且更多的研究方向是绩效考评。

本文在此背景下，以理论为基础，结合实务考核，制定本企业组织绩效考核体系，为企业转型发展奠定坚实的绩效管理基础。

二、研究方法

在本文研究中，重点采用实证分析法和文献研究方法。本文从理论切入，结合产业公司具体情况，在全面分析产业公司管理现状的基础上，提出了"二维点阵"绩效考核方案。文献研究方法，主要收集和分析了现存的，以文字、数字、符号、图表等信息形式出现的文献资料来分析产业公司的绩效管理机制，本文资料收集方法以企业考察实例为主，辅以文献资料。

三、"二维点阵"绩效考核体系实践

（一）"二维点阵"绩效考核体系内涵及做法

1."二维点阵"考核体系内涵

"二维点阵"由纵轴与横轴两个维度组成。横轴主要衡量结果性指标，关注价值创造的结果；纵轴主要衡量的是制度的执行力、流程的执行力以及公司重要而且紧急任务的执行力，聚焦的是价值创造的过程及企业长期的持续发展，重点在绩效的管理。如图1所示。

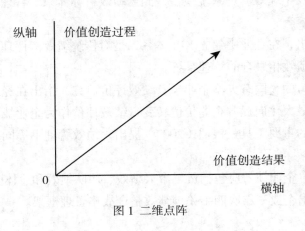

图 1　二维点阵

2. "二维点阵"考核体系做法

（1）考核指标设置。横轴设置七项量化指标：利润、产值、安全环保、技术机电、库存控制、客户满意度、成本控制。纵轴设置三项过程指标：生产类重要事项、非生产类重要事项、制度流程执行，如表1所示。

表1 二维点阵指标

横轴指标	指标名称	利润	产值	安全环保	技术机电	客户满意度	库存控制	成本控制
	指标权重（%）	45	15	13	18	5	4	加减指标
纵轴指标	指标名称	生产类重要事项		非生产类重要事项		制度流程执行		
	指标权重（%）	25		25		50		

（2）指标及标准下达。横轴考核指标及标准由每年初集中制定会审确定下达；纵轴生产类重要事项与非生产类重要事项指标及标准依据各类会议、通知文件内容，制度流程执行根据下发的各项管理制度流程内容标准考核。指标权重根据各组织的特点具体分析，有差异的设置。

（3）考核周期。考核周期分月底考核、年度考核，其中成本控制、客户满意度为季度指标，部分被考核组织考虑到其业务特点，利润与产值指标实行半年、年度考核。

（4）考核指标计算。

1）综合指标结果计算。横轴考核结果用C1表示，纵轴考核结果用C2表示，综合得分用C表示。

C=（C1×C2）/100，其中：

C1=利润×40%+产值×15%+安全环保×13%+生产技术机电×18%+客户满意度×5%+库存控制×5%±成本控制

C2=生产类重要事项×25%+非生产类重要事项×25%+制度流程执行×50%

2）单项指标计算。利润、产值指标得分上不封顶，其他指标满分值100分。

利润指标得分=100+（月度利润成本率−标准利润成本率）×100%

其中：月度利润成本率=当月净利润÷当月完全成本

标准利润成本率=全年预算净利润÷全年预算完全成本

产值指标得分=100+（月度产值完成率+全年月度均衡产值完成率）÷2×100%

技术机电/客户满意度/成本控制指标得分=（IF（月度实际得分≥达标分值，100，IF（月度实际得分＜达标分值，月度实际得分）））

安全环保指标=满分值−扣分值

重要事项/制度流程指标得分=满分值−扣分值

（5）考核结果运用。月度、年度考核结果均运用于被考核组织当期工资总额结算，其中年度考核结果仅运用于被考核组织生产经营班子成员。

1）月度考核。组织生产经营班子人员工资结算总额=标准工资总额×C

组织生产经营班子以下人员工资结算总额=C1

2）年度考核。组织年度考核兑现=经营指标完成得分×80%+月平均得分×20%×C2

（6）指标完成数据获取。该考核体系数据获取主要是考核部门根据各项指标所属范围，每月定期与不定期收集整理和验证，包括现场查验、统计报表、财务记账、沟通交流等方式。

（二）"二维点阵"绩效考核体系创新点

与产业公司原有考核体系相比，结合自身管理特点，归纳起来有四点创新。

1. 价值结果与过程关注同等化

在"二维点阵"考核体系下，交易价值与价值创造过程分别属于不同的考核维度，考核的不仅仅是组织的交易结果，更从另外一个独立的维度考量组织的执行力和创新力。传统考核做法是以各项既定指标数据为核心，这种围绕数据考核的方式，离数字很近，却与管理目标很远。"二维点阵"考核体系完全解决了这种弊端，在考核体系中，将企业各种管理方案的执行与创新上升到与价值结果同等重要的关注维度，兼备了短期利益和企业长远发展质量，如图2所示。

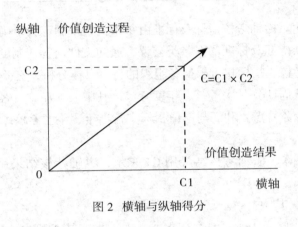

图2　横轴与纵轴得分

2. 横纵轴考核结果运用差异化

横轴得分运用于被考核组织生产经营班子以下人员，横轴与纵轴相乘得分运用于生产经营班子成员，这种考核结果的不同计分方式差异化运用，体现了责权利对等原则。以往公司层面对各组织的考核一刀切，各项指标累加得分就是该单位的考核结果，并适用于所有人员，显然这种考核结果的运用是不科学的。企业一般员工按照职责权限，对组织管理目标及整体绩效的影响一定程度上是有限的，而掌握更多资源的主要生产经营管理层则是推动组织绩效提升的核心力量，故采用差异化的考核方式，可改变平均分配弊病，确保各层级人员根据权责大小承担相应的绩效责任。

3. 组织班子成员考核乘数化

各组织横轴考核得分无上限，可以充分发挥价值创造积极性和潜能，纵轴考核得分可以为零分，两个维度均不作为唯一考核结果，以乘数的关系放大和缩小最终考核得分。放大是被考核组织两个维度都实现较好目标情况下的考核得分，缩小的是两个或单个维度目标实现不理想情况下的考核得分。在两个维度绩效同优时，被考核组织班子成员可享受乘数关系的激励，不佳时则承担相应乘数关系的处罚，摒弃了传统考核各占比例的累加方式，使组织绩效目标由"线"覆盖到"面"，极大提升了考核的弹性。

4. 指标设置简单科学化

以重要事项、制度流程指标，取代以往一系列繁多的非结果性指标，既简化了考核项目又能把企业的各项决策和制度流程落到实处，指标设置简单化但实际管理目标范围更广、更细、更灵活。

在具体指标的评分标准上，特别考究其科学性和技术性，如对利润指标效果用利润成本率来衡量，可客观度量考核期内被考核组织的投资与收益匹配情况。对技术机电、客户满意度、库存控制等指标的考核计分实行达标就得满分，不达标则按实际得分计算的办法，使管理目标更加科学化。对安全管理指标的评分坚持零容忍原则，即发现问题就考核扣分，不设达标分，计分均以满分减去考核扣分为最终得分，确保安全管理严谨到位，只要发现隐患就必须消除。

四、"二维点阵"考核体系实践效果

在产业公司现阶段面临的企业内外部环境背景下，研究创新并实践的"二维点阵"考核体系，显示出了良好的应用效果，适应了生产经营现状，调动了组织的积极性，提高了执行力，帮助解决了企业短期和长期利益协调发展的矛盾，实现了科学的管理目标。

（一）成本费用相比同期大幅下降

新的考核体系下，由于节省的成本费用带来利润增加，进而体现到利润成本率考核指标结果上，使得考核直接反映到被考核组织当期的薪酬总额兑现，且上不封顶。因此，被考核组织在大力开拓市场的同时，非常注重对成本控制的研究和挖掘，想办法、下功夫去降成本，精算每项业务的投入和收益账，在经营目标的完成上更加积极和主动。2015 年，产业公司在营业收入基本持平的情况下，营业成本比 2014 年同期下降 4.5%，达到 7500 万元。如图 3 所示。

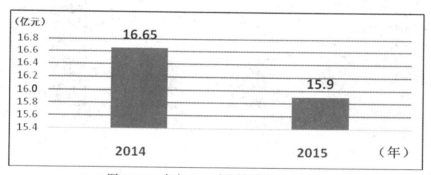

图 3 2015 年与 2014 年同期营业成本对比

（二）组织积极性得到充分激发

由于根据权责利不同采用差异化的考核结果运用方式，薪酬分配更加科学合理，充分体现了价值导向原则，使各层级人员的工作和生产积极性得到极大调动，从而劳动生产效率显著提高，市场开拓成绩斐然，创新成果大批涌现，形成了良好的企业发展环境。2015 年，外部市场收入 1.35 亿元，比 2014 年增长 50%，创新项目达 177 项，是过去三年的总和。外部市场收入增长如图 4 所示，创新项目成果增长如图 5 所示。

（三）内部运营系统更加规范高效

纵轴考核依据制度流程和相关文件为过程考核重点，保证了内部运营各项既定的制度流程及文件得到规范和有序执行。尤其是制度与流程涉及企业生产、经营、市场等方方面面，执行的规范顺畅直接关系到企业内部运营效率和质量。2015 年，在制度流程和重要文件执行考核中，共发现各类问题 120 余项，发展这些问题不是目的，更重要的是以此解决了超过 120 项的管理风险。

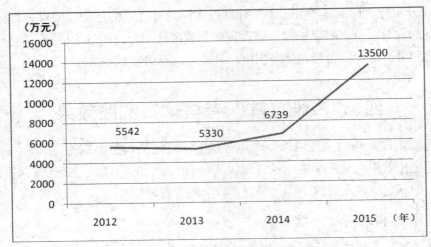

图 4 外部市场收入增长

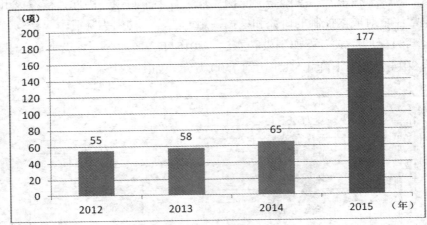

图 5 创新项目成果增长

（四）转型升级各项举措执行有序

在企业转型升级的关键时期，一系列顶层设计办法需要落地。按照"二维点阵"考核体系设计，这些文件执行自然全部纳入考核体系重要事项指标，作为督办工作进行考核，保证了各项管理措施实施时自动形成"执行"和"监督"机制。从执行情况来看，落实公司各项管理方案已经成为各组织的习惯动作。

五、"二维点阵"考核体系实践应用配套措施

组织绩效考核是一项复杂而又系统的工作。因此在实践应用中，"二维点阵"考核需要辅助以下相关制度或措施配套执行。

（一）收入和成本匹配

"二维点阵"考核体系中利润考核采用的是利润成本率计算得分，故收入和成本的匹配度至关重要，偏差过大将会造成考核结果失真。

配套措施是建立《单独项目管理制度》，对每项业务的收入和成本要按照单独项目记账与核算，

有收入必须有成本，应避免收入、成本滞后或提前计入，否则无法体现当期经营成果。

（二）各项管理措施的质量

由于纵轴考核重点关注制度流程及其他管理措施的执行力考核，那么制度流程及管理措施的可执行性和质量则非常重要，不适用会引起执行效果走偏或效率低下。

配套措施是每项制度流程及管理措施制定时要严谨慎重，遵循相关程序，并进行广泛的调研和讨论研究，待形成比较成熟的文件后再下发执行。

（三）组织与个人考核对接

从企业完整的考核系统看，在组织考核体系下，绩效要体现在个人分配上，"二维点阵"考核体系是对组织的考核，故还需要完整的个人绩效考核体系与其对接，从而将相关收益与责任分解到个人。

配套措施是建立"个人绩效考核体系"，一方面要把对组织的考核结果兑现到相关责任人，另一方面可根据组织内部实际制定其他必要的补充考核指标。

六、结语

产业公司对组织绩效考核体系的创新是源于本企业现状的管理需要，仅仅是在企业管理方法上的一次探索与实践。本文虽对"二维点阵"考核体系的内涵与具体做法及实践效果和配套措施进行了一定归纳和整理，但该考核体系还有巨大的优化提升空间，以期在今后的实践过程中不断总结提炼和吸取各方管理优点，争取升级成"二维点阵"考核体系的2.0版、3.0版，进而更好地服务于企业战略目标的实现需要。

参考文献

［1］H.J.Berdardin and R.W.Beatly. Performance Appraisal[M]. Kent Publish，1984.

［2］Campbell J.P.，McCloy R.A.，Oppler S.H.，Sager C.E. A Theory of Performance[M]. The Cromwell Press，1993.

［3］J.P.Campell. A Theory of Perfornance[M]. In N.Schmit and Borman，1993.

［4］Michael Armstrong and Angela Baronl. Performance Management[M]. The Cromwell Press，1998.

［5］Core J.and W.Guay. Stock Option Plans for Non-executive Employees[M]. Journal of Financial Economics，2001.

［6］陈凌芹. 绩效管理 [M]. 北京：纺织工业出版社，2004.

［7］付亚和，许玉林. 绩效管理 [M]. 上海：复旦大学出版社，2003.

［8］方振邦. 绩效管理 [M]. 北京：经济科学出版社，2005.

［9］王继承. 绩效考核操作实务 [M]. 广州：广东经济出版社，2003.

［10］朴愚，顾为俊. 绩效管理体系的设计与实施 [M]. 北京：电子工业出版社，2006.

［11］韦恩·蒙迪. 人力资源管理 [M]. 北京：人民邮电出版社，2011.

［12］宋联可，杨东涛. 高效人力资源管理案例 [M]. 北京：中国经济出版社，2009.

与供给侧结构改革相适应的
新产品开发体系建设

创造单位：中国石油辽河石化分公司
主创人：李京辉
创造人：屠规龙　余昌信　相养冬

[摘要] 供给侧结构性改革的根本目的是提高社会生产力水平，就是要在适度扩大总需求的同时，去产能、去库存、去杠杆、降成本、补短板，从生产领域加强优质供给，减少无效供给，扩大有效供给，提高供给结构适应性和灵活性，提高全要素生产率，使供给体系更适应需求结构变化。辽河石化公司作为"稠油加工基地和特色产品生产基地"，石油沥青和特种工艺润滑油是公司的特色产品。为了进一步突出公司稠油加工特色，实施以新产品研发为动力的创新驱动发展战略，遵循"特色化、差异化、高端化"发展方向，着力构建了特色产品开发"研、产、销、服"一体化体系。

[关键词] 石油；创新驱动；差异化

辽河石化公司是隶属于中国石油的地区炼化企业，始建于 1971 年 9 月。现有主体装置 28 套，原油加工能力 520 万吨 / 年。在中国石油建设世界一流综合性国际能源公司进程中，辽河石化以"建设稠油加工基地，打造现代化特色精品企业"为发展目标，将打造"素质好、贡献大、受尊重、可信赖的优秀企业"作为阶段性目标。公司立足于稠油特色资源，在资源、产品、技术三个方面形成了自身特色。

一、新产品研发体系建设的背景

当前，世界经济仍处在国际金融危机后的深度调整期，总体经济复苏疲弱态势难有明显改观。我国经济发展由高速增长进入中高速增长的新常态，结构性产能过剩严重，优胜劣汰、适者生存的市场竞争时代全面来临。受国家宏观经济持续下行影响，实体产业特别是能源行业正在经受着自上次金融危机以来最严酷的"寒冬"。

供给侧结构性改革的根本目的是提高社会生产力水平，就是要在适度扩大总需求的同时，去产能、去库存、去杠杆、降成本、补短板，从生产领域加强优质供给，减少无效供给，扩大有效供给，提高供给结构适应性和灵活性，提高全要素生产率，使供给体系更适应需求结构变化。辽河石化公司作为"稠油加工基地和特色产品生产基地"，石油沥青和特种工艺润滑油是公司的特色产品。为了进一步突出公司稠油加工特色，实施以新产品研发为动力的创新驱动发展战略，遵循"特色化、差异化、高端化"发展方向，着力构建了特色产品开发"研、产、销、服"一体化体系。

二、新产品开发体系建设的主要做法

管理创新的灵魂是管理思维的变革。只有不断创造和拥有新思想、新观念，企业管理才能常变常新。辽河石化公司以新产品开发体系为着力点，抓住了供给侧结构改革的"牛鼻子"，为企业持续健康发展提供内生动力，用管理模式的不断有效应对了各种市场竞争挑战。

（一）科技研发：让科技创新成果"落地开花"

科技引领未来，创新驱动发展。在行业产能严重过剩、同质化竞争日益激烈的形势下，谁的产品质量好、成本低，谁拥有核心技术，谁就能在激烈的竞争中生存下去。

2009年，集团公司"劣质重油轻质化关键技术研究"重大科技专项正式启动。辽河石化牵头了6个课题中的4个、22个专题中的10个，完成了9个加工委内瑞拉超重油工业化试验，几乎承担了80%以上的工业化试验任务，承担项目研究的总工作量占专项的60%以上，为专项的完成起到了核心保障作用。

在实施过程中，公司成立专项领导小组，克服重重困难，确保各项工业试验的顺利进行。经过四年刻苦攻关，取得了一系列重要科技成果：完成国内首次委内瑞拉超重油延迟焦化工业试验，攻克了百分之百委内瑞拉超重油减压渣油延迟焦化加工这一世界级难题，使中国石油成为世界第三个（继美国Foster Weeler和Conoco-Phillips公司之后）掌握委内瑞拉超重油延迟焦化核心技术的公司，提升了集团公司延迟焦化加工劣质重油的整体技术水平；完成了委内瑞拉超重油减粘裂化和供氢热裂化改质工业试验，满足了委内瑞拉超重油改质后船运回国的需要，为集团公司和委内瑞拉国家石油公司深入合作赢得了话语权；立足辽河稠油和委内瑞拉超重油资源优势开发出了4F级机场跑道沥青、极寒改性水工沥青、环保橡胶油生产技术，丰富了特色产品的内涵，填补了国内空白；依托公司研发优势开发的劣质重油电脱盐脱水、加工腐蚀防护和污水达标排放等劣质重油加工配套技术达到国内先进水平。

2014年，公司承担了重油专项（二期）"劣质重油加工新技术研究开发与工业应用"的研究工作，一年多以来，公司全力推进专项的研发进程，取得了一定的阶段性成果：完成了焦化装置技术改造，保证了劣质重油焦化加工技术在国内领先的技术优势；开发出了CA>20%的高芳烃环保芳烃橡胶油、温拌沥青、温拌阻燃沥青和高模量沥青等系列新产品，进一步为打造中国石油稠油加工基地提供技术支撑。

此外，公司在研究院选定3个重点科研攻关项目进行项目经理负责制推广试点工作。对承担重点科研攻关项目的经理实行公开招聘，对参加重点科研攻关项目的人员由项目经理进行选聘，招聘成功的项目经理将与公司主管副总经理签订任期责任书，对于任期内按责任书完成工作目标的项目经理，公司给予奖励。通过推行项目经理负责制，鼓励更多科技人员参加科技创新活动，推进公司特色发展的进程。

（二）优化生产：以"大平稳"实现大效益

辽河石化以效益为指挥棒，开展"日优化、周评价"工作。根据每天生产动态和外界条件变化信息进行效益测算，将测算结论以量化的生产指令下达给各装置单元，以效益为先的原则实现每日生产全流程、产品调运和销售最优。

优化生产运行，精心组织生产。协调解决各装置优化运行中遇到的问题，根据原油罐存变化和原油进厂情况，及时调整每日的加工方案、加工量，确保原油及产品进出厂平衡。

优化产品结构，增产厚利产品。瞄准效益"靶心"，实施原油分储分炼，优化原油、资源结构，做到"粗粮细做、细粮精做"，优质原料优先满足效益好的装置和产品，增产负号柴油、沥青等，减少黑色产品。

优化营销调运，确保产品快进快出。做好沥青产销对接，努力拓展区外以及出口市场，增加下海和铁路运量；开展沥青提标工作，增加 90A 级沥青的产量，开展冬储和自储；努力增加国Ⅳ柴油和负号柴油的计划量和调运量，做好国Ⅴ成品油的产销准备。

走低成本发展之路，辽河石化牢固树立过紧日子的思想，把"节支降耗，控本增效"延伸到生产和管理的每一个环节。公司全面实施"8+82"项开源节流降本增效方案。蜡油组分深加工项目，比上年减少 12 万吨蜡油产品，全年创效 3564 万元；催化装置、120 万吨/年柴油改质装置掺炼焦化蜡油，将低附加值产品转换成高附加值产品，降低黑色产品比例，提高轻油产品收率。全年掺炼蜡油 4.6242 万吨，创效 2200 万元。

（三）产品销售：瞄准市场风向标，开发特色产品

为了保证公司新产品开发集中发力，除了突出科技引领，重点在产品的销售环节开展工作，公司成立了以专项新产品研发人员牵头，生产、销售和技术服务人员全程参与的专题技术攻关小组，研发人员担任专项新产品开发攻关小组组长，全方位统筹掌控新产品开发的节奏。开发办全程监控各专项新产品开发小组的工作节奏，定期召开专题研讨会和工作推进会，协调解决各专项工作的重点和难点问题，及时向公司决策层反馈信息，明确各相关部门的工作目标和任务。通过努力，公司"研、产、销、服"一体化体系建设不断完善，推进了特色产品的开发工作。

公司加强市场信息跟踪反馈，打通销售"最后一千米"，先后组织人员到华北、华南、华东和东北等销售企业沟通市场信息，反馈产品质量和用户意见。同时，时刻关注石油化工产品市场行情和产品走向，抓住生产旺季，多生产创效益。

（四）售后服务：强化售后服务，提升品牌形象

公司为了进一步提升公司沥青产品的品牌形象，做到主动把握市场，对市场变化能够做出快速反应，落实"研、产、销、服"一体化策略，充分发挥公司在沥青生产和研发方面的技术优势，成立了沥青销售技术服务领导小组，加强对沥青产品生产过程中质量的监督和管理，及时将公司的各种销售政策和沥青产品信息传达给客户，跟踪沥青产品使用情况，收集客户的意见和建议，以便及时高效处理质量投诉事件和因质量问题与客户发生的纠纷，同时调研掌握同行业的沥青产品质量的管控情况。

开拓海外市场，开拓提质增效渠道。面对成品油市场萎缩、沥青产品需求不旺的不利局面，公司通过开展来料加工业务，开拓海外市场，摊薄加工成本，解决生产后路不畅等瓶颈问题。

三、新产品开发体系建设取得成效

（一）特色新产品开发思路更清晰

由于创新了工作机制，新产品开发由分散管理纳入了集中管理，保证了新产品开发特色优势发

挥更加充分。通过组织专题研讨会和推进会，明确了新产品开发立足稠油资源、新产品开发方向围绕新型沥青和特种工艺润滑油进行持续攻关的思路。

（二）新产品开发工业化试验推进更高效

推进特种工艺润滑油工业化试验方面，在充分研究国际、国内可利用资源的基础上，对开发AP19高芳烃环保橡胶油工业化生产方案进行了规划和部署，完成了首批工业化试生产任务。硬质沥青工业化生产和应用推广方面，对现有生产装置进行改造，保证了批量生产和市场投放的需要。

（三）新产品开发"研、产、销、服"更融洽

专项新产品开发研发人员主动跟踪市场信息和参与市场服务，科技部门主动参与工业化设施的技术改造设计，生产系统主动研究产品试生产的工艺条件和装置改造方案，营销调运系统主动研究市场信息和参与市场调研，新产品开发的各个环节工作更加融洽，保证了新产品开发进度，并为用户提供了优质服务。

（四）特色新产品开发成果更显著

创新工作机制的同时，新产品开发也取得了阶段性成果。面向轮胎应用企业，AP19高芳烃环保橡胶油每吨直接经济效益在2700元以上；NAP10-2中芳烃环保橡胶油每吨直接经济效益在2000元以上。面向橡胶制品生产企业，NAP10-1中芳烃环保橡胶油每吨直接经济效益在1500元以上。

公司开发的雾封层专用沥青产品通过交通部科学研究院检测中心检测，产品质量与美国同类产品相当，尤其抗磨耗性能优于美国同类产品。低温水工沥青铺设在北京冬奥会赛场制雪水库。机场沥青铺设的昆明长水国际机场，荣获国家优质工程金质奖、中国建设工程鲁班奖、中国土木工程詹天佑奖。沥青系列产品获得了国家免检产品、国家名牌产品、中国石油优质产品、中国沥青行业最具影响力品牌、辽宁省名牌产品等多项荣誉。

公司承担了中国石油"劣质重油轻质化关键技术研究"重大科技专项中60%内容，填补了国内委内瑞拉超重油渣油延迟焦化加工的空白。公司"劣质重油生产高端沥青和特种润滑油技术开发与工业应用"成果，获集团公司科技进步一等奖。

四、新产品开发体系建设的启示

要让科技创新成果"落地开花"，确立以企业为主体的创新体制机制至关重要。

一是要鼓励科研人员围绕企业的市场开发需求开展研究工作，并以知识产权入股企业，以此调动他们的创新积极性。

二是要鼓励科研人员领衔创办科技企业，实现科学研究与科技产业的良性互动。同时，要努力打造公共科技创新平台。企业要多出科技创新成果，必须拥有自己的技术研发中心。同时，积极以高校、科研院所为研发载体，利用既有的优质科研资源打造全新的"孵化器"。

三是要进一步完善和规范自主知识产权创新体系，积极顺应世界经济一体化的要求，形成一整套科学规范的工作流程，这样才能促进和保障科技创新成果围绕市场需求校正"准星"，最终实现"适销对路"。

航天企业集团内部协作价格
管控体系构建与实践

创造单位：中国运载火箭技术研究院

主创人：王晓美　刘　靖

创造人：方世力　杨志翔　林　松　于　亮

[摘要] 2011年初，中国运载火箭技术研究院下发了《一院精益成本工程建设实施意见》，提出建立"以整体效益优化为目标的内部市场化经营管理模式"。院依托精益成本工程工作，开展内部协作价格管控体系构建工作。

成果主要创新点包括：①创建内部协作价格管控体系。依托院精益成本工程建设工作，创建了一套完整、顺畅、有效的内部协作价格管控体系，完善和规范了内部协作价格管理，为市场化管理模式奠定了基础。②形成内部协作收费标准体系。内部协作价格的应用形式是制定具体协作项目的收费标准、整理、编制院内部协作收费目录，辅以信息化手段，加速院内部协作价格的推广与应用；协作收费标准涵盖项目涉及院属单位覆盖率达到100%（不包括全资和控股公司）。③创新内部协作价格制定方法。通过开展基础价格课题研究，对过去无法精细化管理的间接费用转化为直接成本，拓展自身经营种类与范围，重点对服务类协作项目成本形成计价标准（试验计价、仿真计算、物资价格指数测试、人力资源计价等）。为院属单位间的协作谈判提供依据，支撑军品报价、拓展外部市场提供依据，均得到外部单位与军方的高度认可。

[关键词] 精益；成本管理；内部协作价格

中国运载火箭技术研究院（以下简称"航天一院"）成立于1957年11月16日，隶属于航天科技集团公司，下属11个中央在编事业单位，3个预算内企业单位，6个院属非法人实体单位，3个院级全资公司，1个上市公司。

航天一院为我国最大的运载火箭研制、试验和生产基地，培育了中国第一、世界知名、在国家高科技产业具有自主知识产权的长征运载火箭品牌，奠定了中国航天事业发展的基础，使中国运载火箭技术处于世界先进水平。

航天一院正经历二次创业、推进市场化转型的崭新历史阶段，全面完成大型科研生产联合经营管理新体系建设，形成符合市场要求和不同业务发展特点的科学、高效、协调的经营机制和管理机制，提升软实力，做强导弹武器系统、航天运输系统、航天技术应用产业和现代服务业三大主业。

航天一院下属单位数量、规模、专业种类、各单位之间的业务关联度等均已发展得日趋成熟与完善，院属各单位之间提供产品或服务等协作越来越紧密，各单位之间内部协作价格是否合理的制定与使用，会影响到全院的整体价值最大化财务战略目标的实现，所以正确、合理、统一规划的内部协作价格管理方法能够加快推进航天一院的内部市场化经营管理模式，有利于航天一院的整体发展与利益最大化的财务战略目标相一致。

一、实施背景

1981~2010 年，院对与型号密切相关、院属单位协作交易频繁、存在矛盾争议较大、应用范围较广的协作项目制定协作价格，共计发布执行协作收费标准 50 余项。在规范价格管理、维护价格水平、指导院内协作交易、协调院属各单位间矛盾等方面发挥了较大作用，但随着外部经济环境不断变化、技术飞速发展和更新换代、物价水平逐年升高、人工成本持续增长，收费标准不适用于当前，且新增协作项目未制定协作价格，使得其所发挥的作用和功能逐渐削弱。

为全面贯彻落实院第六次党代会精神，加速推进二次创业、市场化转型，促进院"十二五"发展规划目标全面实现，院下发了《关于印发一院精益成本工程建设实施意见的通知》（院财〔2011〕1828 号），提出建立"以整体效益优化为目标的内部市场化经营管理模式"。

为完善和规范院内部协作价格管理，强化内部协作，保障各方利益。院组织院属各单位全面系统梳理基于专业布局和能力建设形成的服务于科研生产、经营管理等的各类协作项目；按照实际需求紧迫程度，分年度、有计划、有步骤地开展院协作收费标准制（修）订工作，形成协作收费标准体系；探索协作价格制定方法，并辅以信息化手段提高管理水平。

院构建内部协作价格管控体系工作目标如下：

（1）为院内部市场化经营管理模式建立奠定基础，促进全员市场意识、成本理念的提升，助推院市场化转型；

（2）提升院经营管理能力，优化内部资源配置、强化院属单位之间协作、降低内外部交易成本、扩大经济和规模效应等发挥作用；

（3）为型号报价与审价工作提供支撑，提高内外部合同谈判效率。

二、主要做法与创新过程

（一）总体思路

航天企业集团内部协作价格管控体系构建与实践经历了单项收费价格制定、收费价格目录编制、收费标准体系建立等几个阶段，逐步形成了方法有效、流程清晰、标准规范、制度健全的内部协作价格管控体系。截至 2010 年，院内部协作价格管理存在的问题主要集中在以下几方面：

（1）院尚未形成与经营管理直接相关的成本价格管理体系，各类基础支撑不足，管理较为粗放，在经营理念意识的转变、思想认识的统一、管理方法和手段的精细、科学、规范、流程和制度的配套、保障等方面存在较多问题。

（2）院属单位间的协作与交流越发紧密，但现行内部协作收费标准种类和数量较少（仅 50 余项），无法满足院属单位间协作计价准则，经常出现先协作再付款，拖欠付款、打折付款等现象严重，给外部市场进入可乘之机，使得内部资源无法合理配置，又导致外协外购成本大幅增加、延长协作价格谈判周期等问题，严重影响院与院属各单位的经济效益。

（3）院属单位之间协作项目种类的个性差异加大，非完全市场化，较为成熟的价格定价方法又不适应院的实际情况，目前院制定协作价格收费标准的周期长、成本资料收集手段落后，定价方法较为单一、固定，无论制定协作价格收费标准的速度与质量均受到严重影响，无法满足院属单位间的协作需求。

针对以上问题，2011 年初，为全面贯彻落实院第六次党代会精神，加速推进二次创业、市场化转型，促进院"十二五"发展规划目标的全面实现，院制定下发了《关于印发一院精益成本工程建设实施意见的通知》（院财〔2011〕1828 号），其中明确提出建立"以整体效益优化为目标的内部市场化经营管理模式"。

内部协作价格的制定与合理使用，对全院各单位的经济关系进行合理有效的调节与控制，避免市场缺陷造成全院的负面影响、有效减少全院生产经营风险与降低交易成本，更加合理配置全院内部资源，实现全院业务协调、有序发展，实现整体利益最大化。

应用跨国公司转移价格和内部转移价格理论，深入分析院内部协作价格现状，总结归纳过去 30 年，院已取得的实践成果，依托《一院精益成本工程建设实施意见》要求，研究建立院内部协作价格管控体系。

内部协作价格管控体系主要包括定价原则、管理权限、项目分类、定价方法、矛盾协调与处理、监督与检查、修订与调整等。院内部协作价格管控体系如图 1 所示，依据此管控体系理念与思路，展开院内部协作价格体系的构建与实践工作。

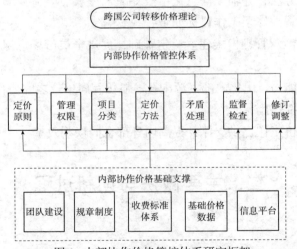

图 1 内部协作价格管控体系研究框架

预计取得效果如下：

（1）依据内部协作价格管控体系框架，建立内部协作价格管理模式，形成合理有效的内部协作价格管理方法，规范院内部协作交易。

（2）归纳整理院已发布制（修）订的内部协作价格收费标准，分析与梳理当前的协作项目种类与现行收费标准间的差异，开展相关工作，形成内部协作价格收费标准体系，明确协作项目的分类与范围、管理权限等。

（3）通过开展价格基础课题研究，针对个性差异较大的协作项目，研究符合国家政策、适用于院实际情况、且能够获得军方认可、有效推广的协作价格制定方法。

（二）实施方案

1.协作价格管控体系建立

（1）管控体系五大要素。建设一个体系，即建成符合院以整体效益优化为目标的内部市场化经营管理模式，以跨国公司转移价格和内部转移价格理论为指导，依托院精益成本工程建设工作，总结整理过去 30 年，院开展的内部协作价格工作取得的成绩，提出建立内部协作价格管控体系，有效指导与开展工作。

1）管理层级设定。院对院属各单位的内部协作价格进行统一管理，通过建立相关规章制度、编制年度工作计划、审核协作价格编制依据及制定收费标准、应用管理信息系统、过程监督与效果评估等手段相结合。按照院级、院属单位、单位内部各车间 / 事业部三级管理，协调处理内外部之间的协作关系等，对应各层面常使用的定价方式与方法等，分等级、分情况地开展管理监督工作。院内部协作价格管理开展工作流程，如图 2 所示。

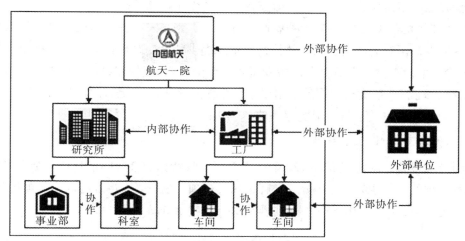

图 2 内部协作价格管理模式

2）管理方式确立。主要分为直接干预与监督调控两种。直接干预是根据院战略需要，从全院整体目标出发，确定院属各单位的产品和劳务的协作计划，院属各单位间按院制定的协作价格收费标准进行内部交易。监督调控是允许院属各单位之间的交易，依据院制定的指导价格或者以各单位自主制定的价格为基础，通过共同协商的方法，确定互相转让产品和提供劳务的内部价格，院主要是对交易进行监督、协调与沟通。

3）矛盾协调与处理。院在执行产品或劳务的内部协作价格时，不可避免地会涉及各院属单位的经济利益，为保证全院生产经营活动的正常进行，以及维护院属各单位应有的权益，院制定了三项规范：规范价格纪律、建立价格否决机制和规范矛盾处理程序。

4）监督检查与评估。院属各单位、部门严格执行国家有关政策、法律法规和院有关制度，针对任意改变协作收费价格、使用范围及故意转嫁成本等行为，造成不良影响的，院主管部门按照有关规章制度处理。确属违规操作、情节严重的，将追究有关单位和个人责任。院属各单位、各部门均具有监督的权利，发现违反内部协作收费管理规定的行为，有权拒绝执行，并及时向上级主管部门反映情况。

5）修订与调整。院根据外部市场环境和内部经营要素的变化，定期组织院属有关单位对内部协作价格的内容、执行情况等进行自查与评估，针对无法适应变化要求的，及时修订与调整，建立修订与调整机制包含协作项目的权限变更、外部市场或内部环境变化导致成本波动幅度达到规定比例时触发调整机制。保证内部协作价格体系合理有效运行。

（2）完善五个支撑。

1）完善人员支撑。依托院精益成本工程组织机构的功能，开展内部协作价格管理团队建设，由院到所再到各基层科室，设置兼职的成本管理专员，有效融入精益成本工程中。

2）完善制度支撑。总结和整理过去 30 年，院内部协作价格制定的收费标准或结算价格，已有的管理流程等，结合院实际情况，提高管理效率，分批次开展内部协作价格规章制度的建立与修订工作。

3）完善业务支撑。内部协作价格的制定与使用，表现形式是内部协作收费标准的发布与执行，对协作收费标准的制定由过去的单一、固定的定价方式和针对专项的协作项目制定收费标准，转变为以院整理效益最大，降低内外部交易成本、减少各方矛盾为目标，按项目分类、协作性质等因素，有计划、有步骤地制定协作收费标准，有效支撑内部协作价格体系。

4）完善基础价格数据支撑。院开展基础价格课题研究，采集各项目的基础价格数据，为掌握产品或劳务的成本提供有力支持，为有效控制成本、提供外部谈判价格支撑提供有力依据。

5）完善信息平台支撑。全面整合价格方面的信息化建设，规划建设"价格数据信息管理系统"、"货架产品价格管理信息系统"、"军品价格要素信息统计系统"、"工时定额信息平台"等多模块信息共享平台，为信息资源共享与运用奠定基础。

2. 内部协作收费标准体系建立

（1）项目分类设置。对已发布的 120 余项内部协作收费标准进行归纳整理，结合当前院整体发展形势与预测后续的工作规划，对比分析外部市场交易项目的分类，将院内部协作项目分为产品类、服务类、综合类三类，有利于协作项目的分类管理，详见表1。

表 1　内部协作项目分类

序号	类别	项目分类	适用类别
1	产品类	产品结算项目	型号（非型号）产品、软件、半成品、设备、仪器、工装、工具等
		物资结算项目	金属材料、非金属材料、机电产品、元器件等
2	服务类	技术服务项目	计量、检验、检测、鉴定、试验、监测、工艺工序协作、知识产权与技术成果转让、仿真计算、软件测评等
		管理服务项目	公共资源有偿使用（设备、仪器使用、IPT办公室、仿真楼等院统筹建设、网络信息维护）等
		劳务服务项目	项目团队人力资源计价、摄影摄像等
3	综合类	水电气暖项目	自来水、地热水、供暖、供电、蒸汽、高低压空气、天然气等
		物业服务项目	物业服务、家政服务、绿化养护等
		文化教育项目	复印、翻译、多媒体制作、幼儿园收费、参观门票等
		交通运输项目	铁路自备车运输、汽车运输、证件管理等
		电信通信项目	电话通信、宽带业务、有线电视业务、电视广告业务等

1）产品类：院与院属各单位、院属各单位之间为经营管理、科研生产等提供产品而收取的费用。主要分为产品结算项目和物资结算项目。

2）服务类：院与院属各单位、院属各单位之间为经营管理、科研生产等提供劳务服务而收取的费用。主要分为技术服务项目和管理服务项目。

3）综合类：院及院属各单位为院科研生产、居民生活提供有偿服务或供应，依据有关政策规定并结合实际情况所收取的各项费用。按照行业管理内容主要分为：水暖电气项目、交通运输项目、电信通信项目、物业管理项目、文化教育项目。

（2）定价权限设置。院制定内部协作价格形成分级定价权限设置，分为院统一定价、院指导定价以及院属经营单位自主定价三类，内部转移价格定价权限与适用范围详见表2。

1）院统一定价。按照价格管理权限直接规定出售产品或提供劳务的价格，院属各单位执行统一价格。与院科研生产紧密结合、与职工生活联系紧密、由院统筹建设、统一组织和管理、属于资源稀缺或垄断的、外部市场不充分及其他不适宜由院属经营单位自主定价的重要产品或劳务。

2）院指导定价。按照价格管理权限规定的基准价及其浮动幅度，指导院属单位在规定范围内制定的价格，由院属各经营单位申报，经院价格主管部门审批发布执行。主要针对外部市场可借鉴、个性差异较大、协作范围覆盖较广、边界条件变化对价格影响较大的协作项目。

3）院属经营单位自主定价是由协作项目承担单位（或单位内部各组织机构），对执行院统一定价和院指导定价以外的产品或劳务价格进行自主协商定价，按照价格管理权限自主制定和调整，必要协作项目需提交院备案。通过自行协商能够顺利完成内部协作交易，达成一致完成交易，且能够保证院及相关单位的整体利益最大化的协作项目。针对内部协作次数较少、一次性或临时性的协作内容，由供需双方自行协商协作价格，保证内部协作秩序正常运行，能够保证院及相关单位的整体利益最大化。

表2　定价权限与范围

定价权限	收费标准制定形式	适用类别
院统一定价	①院发布 / 批复协作价格收费标准的通知 ②要求有关单位遵照执行	型号产品（半成品）、大宗原材料、重要辅助材料、元器件、原材料检测检验、大型试验、环境监测、综合收费（物业服务、文化教育、水、电、气、暖、绿化养护、铁路、车辆运输等）、公共资源有偿使用等
院指导定价	①院发布 / 批复基础价格收费标准的通知 ②要求有关单位参照执行，可适当调整	计量、检验、检测、鉴定、试验、工艺工序协作、知识产权、技术成果等有偿使用或转让、仿真计算、软件测评等技术服务、特许经营使用权等
院属单位自主定价（院备案必要项目）	①院属单位发布文件，必要项目到院备案 ②各单位以文件为基础自行协商	非重要主辅材料、备品备件、非型号用产品（半成品）、摄影摄像、图文制作等技术服务、中介代理服务、维修保养、单位内部各非法人实体之间协作等

（3）定价方法制定。较为通用的内部协作价格的制定方法，可根据内部协作项目的行业、市场以及内部情况不同，多数采用市场定价法、成本定价法和协商定价法，辅以财务成本核算，提高工作效率，此类方法主要以理论与原则为基础。

1）市场定价法。在完全外部市场环境下，以提供产品或劳务的外部市场价格为基础制定内部协作价格。

2）成本定价法。以成本为基础制定的内部协作价格。主要包括：

以实际成本为基础制定内部协作价格，依据财务会计信息账目的实际成本费用，加计一定的合理利润作为内部协作价格。

以标准成本为基础制定内部协作价格，即按照预期的目标成本，加计一定的合理利润作为内部协作价格。

3）协商定价法。以外部市场价格、协作成本、自身特点为基础，结合交易双方各自利益，按照交易双方协商的结果，制定内部协作价格。

遵照精益成本工程精神，参照以上定价方法，并结合内部协作项目种类多样性、非完全市场化的特点，根据协作项目分类，进行本量利分析，开展相关协作定价方法研究。

第一，产品类协作价格制定方法。

型号产品价格：非市场化，按照以"成本为基准，审批价结合"的方式；

非型号产品价格：按照市场价格为基准制定价格；

物资结算价格：到货价格（1+结算加收比例）+外协检测费用。

第二，服务类协作价格制定方法。

技术服务项目：基础费用+作业计时时间（次数）×计价标准；

管理服务项目：资产折旧+日常运营成本+管理费用；

劳务服务项目：人力成本（取得成本+开发成本+使用成本+替代成本）+管理费用。

第三，综合类协作价格制定方法。

水电气暖项目：与国家、北京市等主管部门发布执行的价格相一致，随国家、北京市的收费标准通知同步调整；

其他分类项目：以市场价格为基础，参考运营实际成本，保证具备内外部市场竞争力，加强内部协作，降低外协成本，合理利用内部资源，制定综合类协作价格。

3.基础价格课题研究，制定协作方法

对无法有效计价的服务类协作，院开展基础价格课题研究，院与院属各单位有计划、有步骤、分批次开展研究工作，如表3所示。

表3　基础价格课题研究

序号	项目类别	课题名称	开展批次
1	技术服务	总体设计回路物化价值研究	第一批
2	技术服务	软件成本组成与测算	第一批
3	产品类	伺服机构指标对成本价格影响分析	第一批
4	技术服务	试验收费标准研究	第一批
5	物资结算	一院军品物资价格指数研究	第二批
6	技术服务	弹（箭）总装及出厂测试计价模型研究	第二批
7	技术服务	控制系统综合（仿真）试验计价模型研究	第二批

序号	项目类别	课题名称	开展批次
8	技术服务	加速老化试验（非金属）计价模型研究	第二批
9	管理服务	研发技术成果计价方法研究	第三批
10	技术服务	数字化模型装计价方法研究	第三批
11	劳务服务	项目研制团队人力资源计价方法研究	第三批

（1）确定了以企业内部资源商品化，有偿使用、体现价值为原则。以课题研究的形式开展并完成"航天型号静力学试验"、"总装及出厂测试"、"控制系统综合试验"、"非金属材料贮存及延寿试验"等大型试验计价办法及首飞标准。

（2）针对数字化设计手段的大量使用，成本在生产和技术双方进行补偿的思路存在异议，建立以"总体设计回路物化价值"、"型号数字化模装"、"软件测试成本"为代表的仿真试验计价方法。

（3）针对 CPI 和 PPI 无法准确反映航天型号物资价格变动趋势和程度的问题，形成"航天型号物资价格指数测算方法"。

（4）通过核定不同类别、不同级别人员的人工成本，形成"人力资源内部计价模型"，体现资源有偿使用原则，为适应 IPD 工作模式，搭建内部人才市场，实现人力资源的合理调配、科学配置奠定基础。

通过对部分服务类协作项目的研究，形成协作收费标准，对过去无法精细化管理的间接费用转化为直接成本，拓展自身经营种类与范围，对外在型号产品报价、审价工作中，提供价格测算依据，有力地支撑产品价格形成；为型号成本价格策划工作奠定基础；对内为协作双方谈判提供有力支撑，缩短谈判周期提供效率。

（三）实施效果

1. 协作价格管控体系构建

（1）制定规章制度。

1）发布一院综合服务收费管理办法。2010 年底，为加强全院综合服务项目协作收费的统一管理，规范综合协作收费行为，保障服务单位经济利益和维护消费者的合法权益，院制定与发布《一院综合服务项目收费管理办法》（院财〔2010〕2723 号）。规定了定价原则、职责分工、项目分类、定价方式、管理权限、监督检查等内容。

2）起草一院内部协作价格管理办法。2015 年全年，内部协作价格执行过程中的经验与不足，在已取得的内部协作价格知识成果的基础上，结合对内部协作价格的效果评估结果，以及院属有关单位的反馈意见，起草完成了《一院内部协作价格管理办法（征求意见稿）》。主要阐述了定价原则、管理权限、项目分类、定价方法、组织与职责、管理流程、监督与检查、矛盾协调与处理、调整与修订等内容。

3）制定基础价格课题论证报告格式、内部协作项目收费申报说明和内部协作收费项目费用编制明细表，共计 3 项模板，定期发布内部协作价格收费标准。

（2）建立监督运行的评估机制。内部协作价格管控体系的建立，杜绝了过去有协作收费标准折扣执行或降低标准执行，无收费标准的协作项目拖延付款或减少付款、外协到外部单位的情况，定期开展内部协作价格执行情况的自查与效果评估等工作，通过设立监督与执行评估机制，使内部协作价格体系有序运营。

2. 内部协作收费标准体系建立

"十二五"期间，院完成制（修）订内部协作价格收费标准共计 76 项，其中制定标准 59 项，修订标准 17 项，是过去 30 年间发布收费标准总数量的 1.73 倍，年平均制定收费标准数量是过去的 10.4 倍。协作收费标准涵盖项目涉及院属单位覆盖率达到 100%（不包括全资和控股公司）。

"十二五"期间，服务类协作收费标准的制定是工作重点，其制定将无法精细化管理的间接费用转化为直接成本，形成计价模型及收费标准使得协作双方有据可依，提高双方服务认可度，加强双方协作交流，缩短谈判周期，有效提高工作效率，如表 4 所示。

表 4 内部协作项目制定统计

序号	类别	项目分类	制定收费标准	修订收费标准
1	产品类	型号产品结算	6	0
		物资结算项目	1	0
2	服务类	技术服务项目	41	3
		管理服务项目	5	1
3	综合类	水电气暖项目	0	8
		物业服务项目	2	2
		文化教育项目	3	2
		交通运输项目	1	1
合计			59	17

形成收费标准的项目分类、定价权限设置、分类的制定方法，形成收费标准的制定计划与调整机制。有计划、有步骤、分类别地开展内部协作收费标准的制定工作。院通过对内部协作项目收费标准进行分类整理、定期发布内部协作项目收费标准目录。

院选取部分正式发布执行的内部协作项目收费标准为样本，开展经济运行的效果评估工作，得到了院属有关单位的多数单位认同。院属各单位按照院发布的相关规定，单位之间的协作交易过程中，在院指导下，各协作收费单位制（修）订适时本单位的内部协作项目收费标准约 70 项。

3. 内部协作价格制定方法研究

"十二五"期间，院与院属单位针对院在市场化转型中面临的突出问题和矛盾，院开展内部协作价格相关原理性研究与成本价格基础性课题研究等工作，进行积极探索。通过开展基础价格课题研究，取得内部成本核算模型、人力资源计价模型、软件测试成本计价模型、大型试验计价模型等，将过去无法精细化管理的间接费用转化为直接成本，拓展自身经营种类与范围，丰富了定价手段，有效提高工作效率；内部协作价格相关理论知识研究成果，为院内部协作价格管控体系的建立奠定了良好基础。

4.价格管理信息系统建设

院在成本价格信息化方面开展研究工作，现已形成价格信息系统建设规划，包括"价格数据信息管理系统"、"货架产品价格管理信息系统"、"军品价格要素信息统计系统"、"工时定额信息平台"等多模块资源信息共享平台，为院内部协作价格的信息资源共享与运用奠定基础，丰富管理手段，提高工作效率。

5.经济效果分析与评估

院组织院属有关单位，对"十二五"期间，院发布的76项内部协作价格收费标准，结合正在执行的收费标准进行专题的统计与分析。应用内部协作收费标准完成院与院属单位、院属单位之间的交易总金额为2679600万元，平均年度合同金额为535920万元/年，合同签订金额年增幅在6.33%以上。其中，院与院属各单位、院属各单位之间协作交易占总金额的90.70%，院属各单位内部交易金额占总金额的2.60%，以内部转移价格收费标准为基础与院外单位协调谈判签订合同占交易总金额的6.70%。

（1）产品类：内部协作产生交易总金额为2414178万元，其中包含型号和非型号产品结算价格为2128558万元和物资结算价格为285620万元。平均年度结算合同金额为482836万元/年，平均年增幅6.01%。

（2）综合类：内部协作产生交易总金额为196815万元，平均年度结算收款合同金额为39363万元/年，平均年增幅为3.70%，如表5所示。

表5　综合类收费金额统计

单位：万元

协作项目	2011年	2012年	2013年	2014年	2015年
水电气暖	27819	29402	33713	33998	34295
物业收费	3713	3733	3759	3759	3819
文化教育	630	675	680	700	710
交通运输	2600	2610	2600	2650	2650
电信通信	400	400	500	500	500
小计	35162	36820	41252	41607	41974
年增幅（%）	—	4.72	12.04	0.86	0.88
总计	196815				

（3）服务类：内部协作产生交易总金额为68607万元。平均年度增幅为33.51%，平均年度合同金额为13721万元。共签订合同（协议）5767份，年平均合同签订数量约2880份，如表6所示。

表6　服务类运营合同签订额统计

单位：万元

	2011年	2012年	2013年	2014年	2015年	单位合计
服务类	5569.19	9921.29	13458.31	18063.49	21594.89	68607.17
年增幅（%）	—	78.15	35.65	34.22	19.55	

注：2015年较多内部协作收费标准执行时间在12月份，新标准合同签订在2016年。

服务类内部协作收费标准，其中单位内部协作交易金额为 7370.45 万元，占交易总额的 10.74%；院与院属各单位、院属各单位之间协作交易金额为 33271.86 万元，占交易总额的 48.50%；应用此内部协作价格收费标准为基础与院外单位谈判，签订合同金额为 27964.86 万元，占交易总额的 40.76%。分析可知，院内部单位之间、单位内部的交易额合计占总交易额的 59.24%，相同的协作项目，院内部交易市场份额大于外部市场份额，服务类的内部协作价格收费标准对外部市场交易的合同谈判提供了有力支撑，如表 7 所示。

表 7　服务类执行单位交易明细　　　　　　　　　　　　　　　　　单位：万元

单位	付款单位性质及金额			合计
	单位内部	院属单位之间	院外单位	
合计	7370.45	33271.86	27964.86	68607.17
付款单位金额占比（%）	10.74	48.50	40.76	

综上所述，内部协作收费标准体系的建立，继承了院前期的内部协作项目收费价格，收费标准的单项制定，由过去单一为型号服务为主，逐步扩展为型号、综合、服务等多类别的协作项目收费标准制定与修订，在"十二五"期间，集中发布内部协作收费标准 76 项，是过去 30 年间发布收费标准总数量的 1.73 倍。为院与院属各单位、院属各单位之间，单位内部之间提供产品或劳务提供了有效的收费标准，得到院属各单位的高度认可及广泛应用，起到了很好的作用，缩短合同谈判周期，同时也降低了内外部交易成本，提高工作效率，既加强了各单位之间的联系，又合理配置院的内部资源，使整体与局部的利益均大幅提升，进一步加快推进内部市场化管理。另对报价、审价工作、内部核算（结算）工作、合同谈判工作等方面都有不同程度的指导，提高了院内部经济效益。

6. 发挥作用与取得效果

（1）加速市场化进程。市场的主体、客体及定价机制是建立内部市场化经营管理模式的三个前提条件。内部协作价格管理模式的运用，为院内部市场化经营管理需求提供必要条件，同时促进员工市场意识、理念的提升，助推院内部市场化转型。

（2）促进成本管控工作。在维护企业内部价格水平稳定的同时，通过引入市场机制使责、权、利较好地结合起来，有效增强员工关心成本核算和成本管控意识。使成本管理由事后成本计算开始转向事前制定标准控制。

（3）提高合同谈判效率。收费标准明确了业务种类、工作环境、技术条件、时间周期等内容，协作价格指导性更强，院属各单位的认同度较高，为院属各单位间签订合同提供价格参考依据；缩减合同谈判周期，减少谈判和交易成本，提升工作效率，减少人为因素造成价格随意性。

（4）助力经费管理精细化。将部分间接费用转化为项目直接成本，促进设计类单位间接费用直接化，实现成本结构优化；为业务成本与收费水平对比分析提供支撑；为成本核算、归集提供必要指导；也指导针对具体协作项目的年度预算制定方面。

（5）支撑型号报价、审价获得军方认可。计量、检测、鉴定、大型试验等内部协作收费标准的制定与使用，院内各单位之间签订合同，在型号产品报价、审价工作中，提供价格测算依据，有力地支撑产品价格形成；为型号成本价格策划工作奠定基础；在型号的报价、审价过程中获得军方和上级部门认可，体现价格权威性。

（6）为内部绩效考核奠定基础。制定收费标准使各专业、项目之间的劳动价值评价比过去更为合理和精细化，使经费收入经济指标作为评价具体工作量和技术含量成为可能，从而为绩效考核从定性评价向定量评价奠定基础。

三、创新点

（一）创建内部协作价格管控体系

依托院精益成本工程建设工作，创建了一套完整、顺畅、有效的内部协作价格管控体系，完善和规范了内部协作价格管理、明确了内部协作定价原则和项目分类、形成了不同项目类别定价方法，顺畅的管理流程，较为合理的价格构成方式，规范价格说明报告格式和成本填报方式，以收费标准为执行方式，建立监督、检查与评估机制，为市场化管理模式奠定了基础。包括：

（1）《成本与成功并重——中国运载火箭技术研究院一至三期成本工程工作总结》；
（2）《通过财务重组有效推进产品体系建设》；
（3）《跨国公司转移价格对军工企业集团的借鉴》；
（4）《航天型号物资采购价格管控新体系建设》。

（二）形成内部协作收费标准体系

内部协作价格的应用形式是制定具体协作项目的收费标准、整理、编制全院内部协作价格目录，辅以信息化手段，加速院内部协作价格的推广与应用。

"十二五"期间，院发布内部协作收费标准76项，其中制定59项，修订17项。是过去30年间发布收费标准数的1.73倍。年平均发布收费标准约14项，是过去的10.4倍。协作收费标准涵盖项目涉及院属单位覆盖率达到100%（不包括全资和控股公司）。院指导院属有关经营单位自行制定本单位内部各科室／事业部之间的内部协作价格收费标准，共计编制70余项。在各单位也得到广泛应用。

内部协作收费标准发布与执行，节省内部交易成本，减少外协外购成本，增加员工成本意识，有效提高各单位经济效益，缩短谈判周期，为与外部市场谈判和军方报价、审价提供了有力支撑，且得到外部单位与军方的高度认可。包括：

（1）《对内部成本核算模式的研究》；
（2）《劳动定额管理信息化平台建立》；
（3）《企业集团内部转移价格制定策略与分析》（已收录，通知2016年11月发表）。

（三）创新内部协作价格制定方法

通过有计划、分批次地开展基础价格课题研究，将过去无法精细化管理的间接费用转化为直接成本，拓展自身经营种类与范围，重点对服务类协作项目成本形成计价标准，为院属单位间的协作谈判提供依据，支撑军品报价、拓展外部市场提供依据，均得到外部单位与军方的高度认可。包括：

（1）《运载火箭总体设计回路物化价值评估研究》；

（2）《软件成本预测方法研究》；

（3）《型号静力学试验项目收费标准研究》；

（4）《航天型号产品价格指数 APPI 测算标准化研究》；

（5）《航天型号物资价格指数测算研究及应用》；

（6）《基于工时评价系数调整型作业成本法的军工装备非制造费用分配研究》；

（7）《航天型号产品原材料价格指数测算研究》。

四、国内外同类成果比较

随着近几十年生产与资本国际化进程的进一步加快，跨国公司转移价格由过去的公司内部经营管理工具转变为实施其全球战略的重要策略。其主要目标转变为：为企业集团高层管理者提供决策信息、有效评估集团子公司经营绩效、实现企业集团全球利润最大化，以及利用各国税收差异合理地避税。

国内近 10 年来关于内部协作价格理论方面研究较为广泛，主要对协作价格原理、制定原则、制定方法、问题分析与建议等方面开展深入研究，取得不错的效果。但在国内企业集团中实际运用较少，理论成果指导实际工作发展相对缓慢，应用范围较小，应用内部协作价格较多的企业集团主要为煤炭、钢铁、电力、医院、汽车制造等几个行业。在钢铁行业推广较好，如邯郸钢铁厂、攀枝花钢铁厂、武汉钢铁集团等。其主要为企业集团内部制定内部协作价格，从产品（半成品）、原材料、辅助材料、备品备件、劳务（收费）价格。几方面开展实际应用。其仍以市场价格为主，以实际成本为基础定价。主要目的是划分责任中心、确定中心责任人的经济责任指标，实施责任会计核算，考核责任中心业绩等，使各责任中心充分认识到费用（成本）管理的重要性，提高管理效率，由于应用范围较窄，受市场波动较大，发挥作用受到一定限制。

院在借鉴国内外，关于内部协作价格的理论与实践的应用成果基础上，结合自身特点，根据"精益成本工程建设"提出建立院内部市场化经营管理模式。院通过对内部协作价格的理论体系建立与实践工作的不断归纳、总结，形成一套完整有效的内部协作价格管控体系并付诸实践，取得良好效果。

（1）创建内部协作价格管控体系。将过去单一、固定模式、监督不强转变为以院整体经济效益最大化为目标，形成明确、清晰的管控体系，包含原则、分类、范围、定价方法、执行、监管、评估与调整、处理等。

（2）形成内部协作收费标准体系。辅助信息化手段、开展基础价格课题研究，采集成本数据，对协作项目进行分类研究，制定内外结合、符合自身、分类项目的协作价格制定方法，将间接费、管理费等不容易计价的服务协作，建立理论计价模型，付诸实践得到上级单位认可。

院与院属各单位依据此管控体系，结合单位自身特点，在日常管理中开展实践工作，将理论与实际有效结合，应用范围更广，与院的经营战略一致，随着外部市场变化适时调节，内部经营需求发生变化适当调整，发挥出应有的作用。

五、应用情况及前景

（一）应用情况

经过五年探索、研究和工作实践，院财务部已建立了一套完整的、有效的内部协作价格管控体系，形成协作收费标准体系，完成基础价格课题研究，形成部分协作价格制定方法，均得到良好的应用。具体应用情况如下：

（1）规章制度建设方面：制定综合收费管理办法，起草内部协作价格管理办法，形成内部协作价格申报等模板 3 项，定期整理与发布内部协作收费目录。

（2）形成内部协作收费标准管理体系，制定收费标准 76 项，构建全院成本价格管理信息平台，利用信息化手段，辅助内部协作价格的管理与指导院属各单位开展工作。

（3）通过开展基础价格课题研究，取得内部成本核算模型、人力资源计价模型、软件测试成本计价模型、大型试验计价模型等，丰富了定价手段，有效提高工作效率。

"十二五"期间，应用内部协作价格收费标准签订合同数量约 9000 份，总金额为 2679600 万元，平均年度合同金额为 535920 万元／年，合同签订金额年增幅在 6.33% 以上。其中院与院属各单位、院属各单位之间协作交易占总金额的 90.70%，院属各单位内部交易金额占总金额的 2.60%，以内部转移价格收费标准为基础与院外单位协调谈判签订合同占交易总金额的 6.70%。节省了院属各单位之间的内外部交易成本，减少了外协外购数量，优化内部资源，加强院属单位间的协作与交流，扩大生产范围、经济和规模效应。

（二）应用前景

随着院内部协作价格管控体系构建与实践的不断深入，预计"十三五"期间，协作项目分类进一步细化、应用范围将进一步扩大，将加速利用信息化手段，将加大对服务类、新增类型协作项目类型细化与定价方法的研究，提高管理水平，指导院属各单位开展内部的协作价格工作，扩宽应用领域，使内部协作价格覆盖全院，进一步完善监督、检查与评估机制，指导各单位降低内部交易成本，增加经济效益，实现全院利益最大化。

预计"十三五"期间，院内部协作项目签订合同金额平均增幅能够保持在 5.0% 以上，预计"十三五"末，院内部协作项目交易总金额约在 3419924 万元，相比约是"十二五"期间，院内部协作项目交易总金额的 1.28 倍。

六、获得成果与奖励

（1）完成有关内部协作价格学术文章 14 篇，其中正式发表论文 13 篇，已收录 1 篇。

（2）与院属相关单位合作完成基础价格研究课题 11 项，获得院级合理化建议和技术改进奖励 7 项，一等奖 2 项、二等奖 2 项、三等奖 3 项。

（3）院财务部获 2012 年和 2015 年院级"突出贡献团队"称号 2 次。

（4）院财务部获 2013 年集团级"航天成本工程建设先进集体"称号 1 次。

附件 1

学术论文统计

序号	专著书名	刊物名称（期号）	发表时间及场所
1	成本与成功并重——中国运载火箭技术研究院一至三期成本工程工作总结	《航天工业管理》（2011 年第 4 期）	2011.04，北京
2	运载火箭总体设计回路物化价值评估研究	《航天工业管理》（2011 年第 4 期）	2011.04，北京
3	软件成本预测方法研究	《航天工业管理》（2011 年第 4 期）	2011.04，北京
4	对内部成本核算模式的研究	《航天工业管理》（2011 年第 4 期）	2011.04，北京
5	型号静力学试验项目收费标准研究	《航天工业管理》（2011 年第 4 期）	2011.04，北京
6	劳动定额管理信息化平台的建立	《航天财会》（2011 年一院分会专辑）	2011.10，北京
7	航天型号产品价格指数 APPI 测算标准化研究	《中国管理信息化》（2013 年第 9 期）	2013.09，吉林
8	航天型号物资价格指数测算研究及应用	《航天工业管理》（2014 年增刊）	2014.09，北京
9	通过财务重组有效推进产品体系建设	《航天工业管理》（2014 年第 11 期）	2014.11，北京
10	基于工时评价系数调整型作业成本法的军工装备非制造费用分配研究	《中国市场》（2015 年第 50 期）	2015.12，北京
11	跨国公司转移价格对军工企业集团的借鉴	《航天工业管理》（2016 年第 6 期）	2016.06，北京
12	航天型号物资采购价格管控新体系建设	《中国航天》（2016 年增刊）	2016.06，北京
13	航天型号产品原材料价格指数测算研究	《中国航天》（2016 年第 8 期）	2016.08，北京

附件 2

院合理化建议和技术改进奖统计

获奖编号	获奖项目名称	奖项等级
2016Y10169	航天企业集团内部协作价格管控体系构建与实践	一等奖
2015Y30425	航天型号物资价格指数 APPI 测算研究	三等奖
2014Y10101	项目团队人力资源计价方法研究	一等奖
2014Y20269	拓展结算价格构成内涵，合理将超标准验收及外协成本计入结算价格	二等奖
2013Y30277	构建试验收费体系，探索经济发展模式	三等奖
2012Y30318	非金属材料贮存及延寿试验计价模型研究	三等奖
2012Y20241	关于完善物流中心型号物资结算价格体系的建议	二等奖
合计		7 项

附件3

航天一院内部协作价格收费目录

序号	类别	性质	文件名称	文件编号	制定方式	执行时间	备注
1	综合类	修订	关于调整一院南苑地区物业服务收费标准的通知	院财〔2010〕1671号	院统一定价	2010.12	
2	综合类	修订	关于调整一院南苑地区供暖价格的通知	院财〔2011〕237号	院统一定价	2011.05	
3	服务类	制定					一院理化检测收费标准
4	服务类	制定					一院理化检测收费标准
5	服务类	制定	关于明确物流中心外协检测项目收费标准的通知	院财〔2011〕1488号	院统一定价	2011.07	一院超声探伤收费标准
6	服务类	制定					一院DPA收费标准
7	服务类	制定					一院仪器仪表检测收费标准
8	服务类	制定	关于下发电磁兼容试验基础价格的通知	院财〔2011〕1491号	院指导定价	2011.07	
9	产品类	修订	关于院物流中心物资结算价格的通知	院财〔2011〕2120号	院统一定价	2011.07	
10	服务类	制定	关于长征学院培训收费标准（暂行）的通知	院财〔2011〕2849号	院统一定价	2011.10	
11	服务类	制定	关于下发微波紧缩场测试系统基础价格的通知	院财〔2011〕2937号	院指导定价	2011.12	
12	服务类	制定	关于下发高速摄像测试系统基础价格的通知	院财〔2011〕2938号	院指导定价	2011.12	
13	产品类	制定	关于长征××批产品价格的通知	院财〔2011〕3214号	院统一定价	2011.12	
14	综合类	修订	关于调整一院南苑地区非居民用电价格的通知	院财〔2012〕382号	院统一定价	2012.01	
15	服务类	修订	关于下发失效分析收费标准的通知	院财〔2012〕812号	院统一定价	2012.01	
16	综合类	修订	关于调整一院幼儿园捐助学费价格的通知	院财〔2012〕1048号	院统一定价	2011.05	
17	产品类	制定	关于下发某艇上艇设备产品价格的通知	院财〔2012〕1265号	院统一定价	2012.05	
18	产品类	制定	关于某型号××批产品结算价格的批复	院财〔2012〕1397号	院统一定价	2012.06	
19	综合类	制定	关于多媒体业务收费标准的批复	院财〔2012〕1458号	院指导定价	2012.06	
20	服务类	制定	关于下发微波介质测量收费标准的通知	院财〔2012〕1737号	院指导定价	2012.07	

续表

序号	类别	性质	文件名称	文件编号	制定方式	执行时间	备注
21	服务类	制定	关于下发高压氦吹试验收费标准的通知	院财〔2012〕1738号	院指导定价	2012.07	
22	服务类	制定	关于下发再入机动弹头光学跟踪测量收费标准的通知	院财〔2012〕1739号	院指导定价	2012.07	
23	服务类	制定	关于下发平衡炮地面炮射试验收费标准的通知	院财〔2012〕1740号	院指导定价	2012.07	
24	服务类	制定	关于下发真空试验收费标准的通知	院财〔2012〕1741号	院指导定价	2012.07	
25	综合类	修订	关于调整车辆收费价格的批复	院财〔2012〕2209号	院统一定价	2012.07	
26	综合类	制定	关于下发科研指挥大楼运行管理费用分摊系数的通知	院行〔2012〕2765号	院统一定价	2012.10	
27	产品类	制定	关于下发武警哨位信息管理系统一期产品价格的通知	财字〔2012〕2841号	院统一定价	2012.09	
28	服务类	制定	关于下发例行环境试验收费标准的通知	院财〔2012〕3131号	院指导定价	2012.12	
29	服务类	制定	关于百万亿次计算机收费标准（暂行）的批复	院财〔2012〕3245号	院指导定价	2013.01	
30	服务类	制定	关于下发辐射加热试验收费标准的通知	院财〔2012〕3247号	院指导定价	2013.01	
31	服务类	制定	关于下发弹射试验收费标准的通知	院财〔2012〕3248号	院指导定价	2013.01	
32	服务类	制定	关于下发淋雨试验收费标准的通知	院财〔2012〕3249号	院指导定价	2013.01	
33	服务类	制定	关于下发跑车试验收费标准的通知	院财〔2012〕3250号	院指导定价	2013.01	
34	服务类	制定	关于明确院内生产区废水在线监测系统运行管理费收取标准的通知	院财〔2013〕917号	院统一定价	2013.01	
35	综合类	制定	关于下发翻译服务等两项收费标准的通知	院财〔2013〕1159号	院指导定价	2013.01	翻译服务收费标准
36	服务类	制定					高速摄像拍摄及图像判读测量收费标准
37	服务类	制定	关于下发透波低气压测量等三项收费标准的通知	院财〔2013〕1161号	院指导定价	2013.01	透波低气压测量收费标准
38	服务类	制定					三轴仿真转台试验收费标准
39	服务类	修订					发动机燃气流防热试验收费标准
40	服务类	制定	关于下发IPT办公室收费标准的通知	院财〔2013〕1835号	院统一定价	2013.09	

续表

序号	类别	性质	文件名称	文件编号	制定方式	执行时间	备注
41	综合类	制定	关于院铁路自备车收费价格补充说明的通知	院财〔2013〕1900号	院统一定价	2013.09	
42	综合类	修订	关于调整一院南苑地区供暖价格的通知	院财〔2013〕1901号	院统一定价	2013.09	
43	服务类	制定	关于下发建设项目环境影响评价服务收费指导标准（试行）的通知	院财〔2013〕2334号	院统一定价	2013.12	
44	服务类	制定	关于下发疲劳试验等二项收费标准的通知	院财〔2013〕2335号	院指导定价	2013.12	一院疲劳试验收费标准
45	服务类	制定					一院包带直拉标定收费标准
46	服务类	制定	关于下发质量特性测量等二项收费标准的通知	院财〔2013〕2336号	院指导定价	2013.12	一院质量特性测量收费标准
47	服务类	制定					射频注入式电子对抗半实物仿真试验收费标准
48	综合类	修订	关于调整一院南苑地区非居民用电价格的通知	院财〔2014〕923号	院统一定价	2014.01	
49	服务类	制定	关于全流程可视化演示系统收费标准的批复	院财〔2014〕1044号	院指导定价	2014.07	
50	服务类	制定	关于下发一院网络信息系统维护收费标准的通知	院财〔2014〕1045号	院统一定价	2014.01	
51	产品类	制定	关于下发某艇上艇设备产品结算价格的通知	院财〔2014〕1155号	院统一定价	2014.07	
52	综合类	修订	关于长征学院培训收费标准的通知	院财〔2014〕1328号	院统一定价	2014.07	
53	综合类	修订	关于调整一院南苑地区用水价格的通知	院财〔2014〕1663号	院统一定价	2014.05	
54	服务类	制定	关于印发一院靶场发射及地面试验经费管理办法的通知	院财〔2014〕1823号	院统一定价	2014.11	
55	服务类	制定	关于下发标准紧固件检测等二项收费标准的通知	院财〔2014〕1962号	院统一定价	2015.01	一院标准紧固件检测收费标准
56	服务类	制定					一院非金属材料检测收费标准
57	服务类	制定	关于下发阀门试验收费标准的通知	院财〔2014〕1966号	院指导定价	2015.01	
58	综合类	修订	关于调整一院南苑地区供暖价格的通知	院财〔2014〕2164号	院统一定价	2014.11	

续表

序号	类别	性质	文件名称	文件编号	制定方式	执行时间	备注
59	服务类	制定	关于下发一院动态环境模拟试验收费标准的通知	院财〔2014〕2166号	院指导定价	2015.01	
60	服务类	制定	关于下发一院型号软件第三方评测收费标准的通知	院财〔2014〕2167号	院指导定价	2015.01	
61	服务类	修订	关于印发一院型号元器件检测收费标准的通知	院财〔2014〕2225号	院统一定价	2015.01	
62	综合类	修订	关于调整一院南苑地区供暖价格的通知	院财〔2015〕1671号	院统一定价	2015.09	
63	产品类	制定	关于××型号后续批次产品价格的批复	院财〔2015〕1953号	院统一定价	2015.11	
64	综合类	修订	关于调整一院南苑地区养护项目协作收费的通知	—	自主定价（院备案）	2015.01	
65	服务类	制定	关于一院系统级电磁兼容试验（一部）收费标准的批复	院财〔2015〕2219号	院指导定价	2015.12	
66	服务类	制定	关于一院动态力学性能测试收费标准的批复	院财〔2015〕2220号	院指导定价	2015.12	
67	服务类	制定	关于一院科技查新服务收费标准的批复	院财〔2015〕2221号	院指导定价	2015.12	
68	服务类	制定	关于一院HTFRFT系列产品化发射平台修及发射服务收费标准的批复	院财〔2015〕2222号	院指导定价	2015.01	
69	服务类	制定	关于一院环境监测服务收费标准的批复	院财〔2015〕2223号	院统一定价	2015.01	
70	综合类	制定	关于仿真楼管理和使用收费方案的批复	院财〔2015〕2246号	院统一定价	2015.12	
71	服务类	制定	声像、影像、影视专题片制作协作收费价格的备案	—	自主定价（院备案）	2015.12	
72	服务类	修订	关于调整一院靶场发射及地面试验经费管理办法的通知	院财〔2016〕136号	院统一定价	2015.12	
73	服务类	制定	关于型号靶场发射及地面试验经费管理补充说明的通知	院财〔2016〕136号补充说明	院统一定价	2015.12	推进剂监测一致性标定试
74	服务类	制定			院统一定价	2015.12	冗余惯组方位一致性标定试验收费标准
75	服务类	制定					型号地面瞄校试验收费标准
76	综合类	修订	关于调整一院南苑地区供暖价格的通知	院财〔2016〕218号	院统一定价	2015.12	

注：统计周期2010~2015年。

经坊煤业低碳发展模式的探索与实践

创造单位：山西省长治经坊煤业有限公司

主创人：李广俊　景剑峰

创造人：李毅杰　成一伟　刘兴滨　柴新峰　武　翀　叶仁涛

[摘要] 综观经坊煤业这些年的发展，从当初一个年产不足 10 万吨原煤的地方小煤矿，经过 10 多年的发展，经坊煤业一跃成为年出 300 万吨原煤的国内知名大中型企业，并且成为全国特级安全高效矿井；在煤炭市场持续低迷的今天，经坊煤业有限公司还能够连续获得高额的利润回报，企业的各项工作也都做得井井有条，这不得不说与经坊煤业的卓越管理息息相关。更难能可贵的是，经坊煤业从一开始就拥有低碳发展的理念，并且成功地将这种低碳发展理念转化为企业的管理实践。现在的每一个经坊人，都自觉地将环境保护、低碳发展的思想应用到自己的工作之中，他们用自己的一言一行履行着经坊煤业的社会责任，他们用自己的骄人业绩不断地回报着社区、回报着社会。

本研究以经坊煤业过去的发展历程为主要研究对象，通过系统研究经坊煤业有限公司在发展中所面临的形势和问题、经坊煤业有限公司所采取的对策和政策，经坊煤业有限公司所构建的组织管理体系和所采取的组织管理方法等，研究揭示支撑经坊煤业有限公司这么多年低碳快速发展的公司理念、企业文化、发展要素、管理方式等。

[关键词] 节能减排；绿色管理；企业文化；煤炭企业

一、研究问题的提出与意义

（一）经坊煤业概况

经坊煤业有限公司（以下简称经坊煤业）由山西煤炭进出口集团公司和长治县国有集体资产经营管理局共同投资组建。公司股本总额为 1.89 亿元，其中山西煤炭进出口集团公司占总股本的 75%，长治县国有集体资产经营管理局占总股本的 25%。公司位于山西省长治县，是全国特级安全高效矿井和全国煤炭工业百强企业之一。公司位于全国魅力城市长治市西南 17 千米，长治县城北侧。

经坊煤业是一个集煤炭开采、煤炭洗选、矸石制砖、新能源产品生产、商贸发展等于一体的现代化新型企业。经坊煤业有限责任公司目前自有铁路专用线 12.6 千米，与太焦线接轨；自有公路专营线 4.6 千米，与 207 国道和长晋高速公路交会。经坊煤业的矿井井田面积 30.34 平方千米，煤种为贫瘦煤，生产大中小块炭和末煤。产品销售遍及山东、河北、河南、江苏、上海等省市，并远销日本、韩国等国家和地区。

自 1921 年凿井开矿，到 1955 年 12 月公私合营后成为了地方国营的石炭峪煤矿，后来又依次更名为仙泉煤矿、经坊煤矿，经坊煤业从诞生到现在已经走过了 90 余年的发展历程。

改革开放为经坊煤业提供了新的发展机遇，公司顺应市场需要，锐意进取，不断取得一个又一个的发展成就。综观经坊煤业自改革开放以来的发展过程，大致可以将它分为三个阶段，即初期发展阶段、快速发展阶段和变革发展阶段。

1. 初期发展阶段（改革开放初期至 2000 年）

改革开放初期的经坊煤业还只是一个地方国营的煤矿企业，与其他中小企业一样，当时的经坊煤业发展面临着各种问题，矿井生产能力小，安全形势严峻，各种人员关系复杂，企业中的矛盾也很多，企业的处境十分艰难。然而，经煤人不畏艰难、勇于探索，在艰难与磨砺中，实现了初期的较稳定发展。在当时整体煤矿行业效益不好的情况下，经坊煤业生存了下来，并取得了较好发展，为企业后来抓住机遇，实现快速发展奠定了基础。

2. 快速发展阶段（2000~2012 年）

进入 21 世纪后，煤炭行业迎来了黄金十年。经坊煤业抓住机遇，不断进行煤炭产能升级和设备改造，不断强化企业的安全管理体系构建，2002 年生产能力达到 100 万吨。2003 年进行股份制改革，山西煤炭进出口集团公司注资并对企业进行控股管理。随后，在山西煤炭进出口集团公司的正确领导下，经坊煤业紧紧围绕长治市委、市政府转型跨越发展战略部署和发展规划，按照依托煤、发展煤、延伸煤、超越煤的总体思路，走出了一条新型工业化的发展道路。先后自筹资金 3.5 亿元完成了矿井接替改造，形成了年生产能力达 300 万吨的现代化矿井。同时还自筹资金 2 亿元建成了年入洗能力 300 万吨的两座选煤厂（一座 120 万吨 / 年和一座 180 万吨 / 年）；自筹资金 1.1 亿元建成了年产 1 亿块矸石砖的新型建材厂；自筹资金 2.1 亿元建成了 5000 吨大列煤炭战略装车站；自筹资金 500 余万元建成了日处理 3000 立方米污水处理厂。截至 2012 年，当年生产原煤 339.63 万吨，实现销售收入 25.86 亿元，实现利润 13.05 亿元，上缴税金 9.28 亿元。公司同时积极拓展地面新型产业，发展壮大循环经济，先后投资组建了节能产品生产企业和地方商贸城投资管理公司等，极大地推展了公司的发展空间。

3. 变革发展阶段（2013 年至今）

进入 2013 年以来，由于国内煤炭产能日趋过剩，煤炭市场行情急转直下，加之自身企业内部的诸多不利因素，经坊煤业经历着一次前所未有的严峻考验。面对挑战，经坊煤业人并没有等待，也没有气馁，而是精诚团结，迎难而上。2013 年生产原煤 270 万吨，实现销售收入 15 亿元，实现利润 5.5 亿元。虽然 2014 年国内煤炭市场依然没有起色，很多煤炭企业都面临严重亏损，但经坊煤业苦练内功，通过实施精细化管理，加强成本控制，改善销售策略等，到目前为止，公司依然实现了较大幅度的盈利。面对当前这种不确定的发展环境，经坊煤业正精心筹划、严密安排、信心百倍地迎接自己发展道路上可能遇到的各种艰难险阻。

（二）问题的提出

经坊煤业由当初的小煤窑发展为现代化的全国安全高效矿井，犹如一颗璀璨的明珠镶嵌于黎都大地，绽放出耀眼的光芒。经坊煤业的发展史，是一部不畏艰难、勇于探索的创业史，是一部与天斗、与地斗的开拓史，在艰难与磨砺中，造就了经坊煤业人顽强的意志品质和开拓创新的探索精神，在这种精神的感召下，经坊煤业创造了不朽的业绩，立足省内、叫响全国，在社会上赢得了广泛赞誉。

特别是在过去 10 多年的发展历程中，经坊煤业在许多方面都取得了突出的成绩。

在生产方面，近几年的原煤生产都在 300 万吨以上，年洗选原煤几乎为 100%，年均实现产值 20 亿元以上，年利润高达近 10 亿元，年上缴税金数亿元，净资产收益率和总资产报酬率也都处于很高的水平。职工的收入也稳步提高，2012 年的职工人均收入超过 10 万元。公司连续四年被评为山西省百强企业，连续七年被评为全国煤炭工业百强企业。

在安全方面，公司不断加强职工安全教育和培训工作，加大现场管理工作力度，严格各类隐患排查和隐患治理过程，逐步构建起了安全生产管理的长效机制，公司连续多年实现了零死亡和零重大责任事故。为此，公司先后并被评为全国安全质量标准化煤矿、山西省一级安全质量标准化煤矿、连续六年被评为全国特级安全高效矿井。

在技术设备及生产工艺方面，经坊煤业积极开展设备改造和生产工艺革新，确立了以公司总工程师为首，集安全、生产、矿井、机电、掘进、通风、防治水、轨道运输八大专业副总为辅的技术支持体系。近年来先后建设完成了多项绿色节能环保工程，例如矿井总回风工程建设项目、矿井排水余热利用技术项目，矸石砖厂余热循环利用工程项目，小区外墙节能保温及管网改造工程项目等。另外，还开展了一系列重大科研项目，例如矿井回风及矿井水余热利用研究项目、井下清挖系统研究项目、水质化探研研究项目等。

在社会责任方面，经坊煤业通过建立两个污水处理厂和煤矸石制砖厂，使污水处理和煤矸石处理达到了 100%，并创新运用制砖余热进行供暖和澡堂洗浴，消除了锅炉供热，减少了煤炭的消耗以及废气的污染，目前是利用制砖余热供暖的全国首家煤矿企业。有效减少了企业三废的污染。同时，为确保公司长期稳定发展，有效开采被村庄压覆的煤炭资源，经坊煤业坚持以"政府主导、村企配合"为原则，积极加强同地方政府、搬迁村庄之间的沟通工作，稳步推进村庄的整体搬迁工作，合理处置村庄压煤开采中出现的各种问题。

另外，公司目前全面通过了安全、质量、环保三合一的体系认证，公司被评为山西省质量信誉 AAA 级企业。同时，公司还连续四年被评为省属文明企业，连续五年被评为全国企业文化建设优秀单位，公司还荣获全国"五一劳动奖状"，全国安康杯竞赛优胜"连胜杯"单位，全国军民共建社会主义精神文明先进单位等。

随着企业的发展壮大，经坊煤业正朝着企业集团的目标不断迈进，坚持延伸产业链条、发展新型经济，先后建成了洗煤厂、新型建材厂，企业的新型工业化道路越走越宽。如今，经坊煤业正在朝多种产业并举、延伸产业链条、发展低碳经济的方向大踏步迈进。

纵观经坊煤业这些年的发展，从当初一个年产不足 10 万吨原煤的地方小煤矿，经过 10 多年的发展，经坊煤业一跃成为年出 300 万吨原煤的国内知名大中型企业，并且成为全国特级安全高效矿井；在煤炭市场持续低迷的今天，经坊煤业还能够连续获得高额的利润回报，企业的各项工作也都做得井井有条，这不得不说与经坊煤业的卓越管理息息相关。更难能可贵的是，经坊煤业从一开始就拥有低碳发展的理念，并且成功地将这种低碳发展理念转化为企业的管理实践。现在的每一个经坊煤业人，都自觉地将环境保护、低碳发展的思想应用到自己的工作之中，他们用自己的一言一行履行着经坊煤业的社会责任，他们用自己的骄人业绩不断地回报着社区、回报着社会。

经坊人拥有什么样的发展理念和核心价值观？经坊煤业人是如何将这些发展理念和核心价值观传达到企业中的每个人员和各项工作之中的？是什么支撑着经坊煤业这么多年的良性快速发展？不可否认，研究和探索这些问题对于经坊煤业的进一步发展具有十分重要的指导意义，对于中国其他类似企业的良性发展也具有十分重要的参考价值。

（三）研究的意义

本项目以经坊煤业过去的发展历程为主要研究对象，通过系统研究经坊煤业在发展中所面临的形势和问题、经坊煤业所采取的对策和政策，经坊煤业所构建的组织管理体系和所采取的组织管理方法等，研究揭示支撑经坊煤业这么多年低碳快速发展的公司理念、企业文化、发展要素、管理方式等，为科学认识今天的经坊煤业，更为经坊煤业的未来发展，提供理论支撑。具体地，本项目研究具有如下研究意义。

1.挖掘经坊煤业的绿色低碳发展内涵，进一步深化经坊煤业的绿色低碳发展理念

绿色低碳发展是在传统发展基础上的一种模式创新，是建立在生态环境容量和资源承载力的约束条件下，将环境保护作为实现可持续发展重要支柱的一种新型发展模式。绿色低碳发展主要包括以下几点：一是要将环境资源作为社会经济发展的内在要素；二是要把实现经济、社会和环境的可持续发展作为绿色低碳发展的目标；三是要把经济活动过程和结果的"绿色化"、"低碳化"、"生态化"作为绿色低碳发展的主要内容和途径。

在过去的10多年里，经坊煤业虽然取得了快速发展，但是其发展过程却处处体现着绿色低碳发展的理念。从矿井生产污水的收集和全部处理，到整个矿井生产系统水循环的使用和完善；从污水处理后的自身循环用水，到地面的灌溉用水、人工湖聚集水；从煤矸石的制砖回收使用，到制砖过程中的余热使用、再到使用其他废弃物进行充填开采；从回风系统的废气处理，到回风中的余热利用。这些都处处体现了经坊煤业人的绿色低碳发展思想。经坊煤业的绿色低碳发展思想是怎样产生的？这些绿色低碳发展思想又是怎样转化为经坊煤业人的具体行动的？挖掘经坊煤业过去的这些绿色低碳发展内涵，无疑对经坊煤业的进一步发展，特别是进一步深化企业的绿色低碳发展理念，具有十分重要的意义。

2.提炼经坊煤业的成功管理模式，进一步强化经坊煤业的高效管理机制

管理模式是指企业为实现其经营目标组织资源、经营生产活动的基本框架和方式。通俗地讲，管理模式就是一个企业在管理制度上和其他企业不一样的地方。一般来说，不同的国家的企业有不同的管理模式，而且同一企业在不同时期也有不同的管理模式。管理模式决定其管理特征的差异性。

经坊煤业的成功发展自然有其独特的管理模式，例如，经坊煤业有自己的公司经营理念，经坊煤业有自己的公司文化，经坊煤业有自己的公司决策方法，当然经坊煤业也有自己的各种管理方式和管理方法等。经坊煤业的这些独特管理模式是其获得良性快速发展的坚实基础。要想强化经坊煤业的管理机制，进一步提高经坊煤业的管理效率，就必须系统地研究和揭示经坊煤业过去的成功管理模式。通过分析经坊煤业独特管理模式的理论内涵，系统总结经坊煤业的公司文化、管理理念、战略要素和管理方式等，是经坊煤业进一步强化自身管理机制的基础和前提。

3.总结经坊煤业的发展经验，进一步促进优秀企业管理理论研究及其实践工作的深入开展

人类社会是在不断总结过去经验的基础上得到发展的。经验就是人们在实践活动中取得的知识或技能，是通过对实践活动中的具体情况进行归纳与分析，使之系统化、理论化而形成的。经坊煤业的绿色低碳发展也需要不断总结自身的发展经验，通过总结绿色低碳发展经验，努力去除绿色低碳发展中形成的不良思想、知识和行为，努力弘扬发展中优良的管理思想、管理知识和管理方法等，

通过扬长避短，不断取得新的发展成果。

他山之石可以攻玉，总结经坊煤业的绿色低碳发展经验不但能够促使经坊煤业自身获得良性发展，也会对其他企业的良性发展发挥重要作用。毕竟，总结推广先进经验是人类历史上长期运用的较为行之有效的方法之一。总结经坊煤业的绿色低碳发展经验，能够为中国其他中小煤炭企业的成功发展提供成功引导和理论借鉴。

二、经坊煤业的低碳发展模式

（一）经坊煤业低碳发展模式的基本框架

长期以来，煤炭产业在为我国经济发展做出巨大贡献的同时，其传统的粗放型生产和经营模式也导致矿区生态危机日益严重，并带来诸多难以回避的社会问题。

在大力推进生态文明建设的背景下，经坊煤业坚持以科学发展观为指导，以可持续低碳发展为核心理念，努力建设资源节约型和环境友好型矿区，经过长期的探索和实践，逐渐形成一套适应矿区发展要求、具有经坊煤业特色的低碳发展模式。该低碳发展模式以绿色和谐为主要特点。所谓绿色，是指经坊煤业以生态经济学理论和方法为指导，以绿色技术体系为基础建立起来的以清洁生产、资源节约、废弃物多层次循环利用为特征，以煤炭资源最优化配置和生态环境影响最小化为目标的一种运营模式，绿色是低碳发展的外在表现形式；所谓和谐，则是指经坊煤业坚持"义利合一"的经营理念，遵循自然法则和社会发展规律，以建立相同相成、相辅相成、相反相成、互助合作、互促互补、互利互惠的和谐关系为途径，以员工自身的和谐、管理者与被管理者的和谐、企业与社会的和谐为内容，最终形成员工、企业、社会三者共赢的一种管理模式。

具体而言，经坊煤业的低碳发展模式是以五大发展理念为指导，以建设绿色集约的资源流、高效通畅的信息流和持续改进的管理机制为重点，以目标管理、现场管理、自主管理、队组管理、安全监督、"三违"整治、"三废"治理、修旧利废、文化管理等特色鲜明、行之有效的管理模式为抓手，以具有整体性、层次性、关联性和开放性的生产经营模式为支撑的企业发展模式，其基本框架如图1所示。

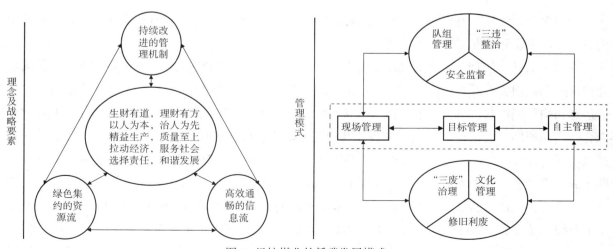

图 1　经坊煤业的低碳发展模式

如图1所示，经坊煤业的低碳发展模式由三个逐级递进的层次构成：

第一层为发展理念，先进科学的发展理念是整个经坊煤业低碳发展模式的顶层建筑，也是实现经坊煤业可持续发展的指导方针和灵魂，贯穿于公司生产、经营的各项活动之中，并起到引领作用。

第二层为战略要素，包括高效通畅的信息流、绿色集约的资源流和持续改进的管理机制三个方面，既是企业发展理念的实现途径和战略支撑，也是企业建立各项管理制度、管理措施和管理手段的重要依据；既是将企业发展理念灌输到各生产单位、职能科室和职工个人的枢纽，也是将发展理念同现实结合的重要纽带，在整个框架结构中起到承上启下的作用。

第三层为管理模式，包括目标管理、现场管理、自主管理、队组管理、安全监督、"三违"整治、"三废"治理、修旧利废、文化管理等，这些管理模式相辅相成，共同构成一套机制完备、体系健全、管理科学、关联闭合的企业运营管理系统，是整个经坊煤业低碳发展的抓手，也是实现企业可持续发展的重要手段。

总之，"五大低碳发展理念"是原则、"三项企业战略要素和九个独具特色管理模式"是途径手段。在具体运作中，将"三个企业战略要素和九个企业管理模式"纳入经坊煤业低碳发展的全过程，并建立完善的管理制度、管理措施和管理手段来保证员工、班组、科区、全矿的贯彻落实，将企业低碳发展理念真正落实到基层，做到层层递进，和谐统一。

（二）经坊煤业低碳发展模式的科学内涵

1. 发展理念

理念是行动的先导，推进企业低碳发展首先要在理念上进行引领。经坊煤业在长期的发展过程中不断摸索，形成了一套基于企业利益相关者的发展理念，为经坊煤业的可持续发展提供了坚实的理论依据。这五大企业发展理念分别为：①"生财有道，理财有方"的经营理念；②"以人为本，治人为先"的人才理念；③"精益生产，质量至上"的产品理念；④"拉动经济，服务社会"的社会理念；⑤"选择责任，和谐发展"的环保理念。经坊煤业"五大低碳发展理念"是一个统一的整体，体现了经坊煤业利益相关者的利益诉求，共同构成了经坊煤业低碳发展模式的"魂"。

2. 战略要素

经坊煤业低碳发展模式的"三个战略要素"是一个互相依托、循环往复的有机整体，它们共同构成了经坊煤业低碳发展模式的"魄"。

资源—信息—管理是一个循环往复的有机整体，是经坊煤业低碳发展理念的重要支撑，是满足经坊煤业利益相关者诉求、将企业理念具象化的重要内容。在实际工作过程中，经坊煤业建立完善的信息扫描预警机制，筛选有用信息，形成独特的"信息"战略；按照绿色化、集约化、循环化标准合理利用资源，促进经济效益和环境效益的同步增长，总结出有利于企业发展的"资源"战略；通过闭环管理系统，不断消除工作中的不良因素，整合和补充利于企业进一步发展的关键要素，不断更新管理理念和管理方式，形成经坊煤业高效的"管理"战略。与此同时，三个战略要素之间相互支撑、彼此促进，通过闭环管理总结的经验完善信息扫描机制，进而采用更好的方式利用企业掌握的资源，形成了一套可持续、循环改进的战略理念，为经坊煤业的五个发展理念提供现实的支撑。三个经坊煤业战略要素监督和促进企业整体的经营行为和发展战略，为经坊煤业的具体规章制度提供依据，是经坊煤业解决办事有理、有据的关键过程。

3. 管理模式

经坊煤业在管理理念的领导下，从三个战略要素出发，总结了企业管理过程中最重要的九个管理模式，作为一切工作的出发点和落脚点，这九个管理模式中以"目标管理"为出发点，目的是为了不断改进管理方式，提高管理效率，通过现场管理和自主管理相结合的方式，推进管理方法的落实，并在实际运用过程中发现问题、及时改进；而队组管理、安全监督和"三违"管理又构成一个整体，用来监督企业安全操作和行为，保障企业安全管理落到实处，切实保障员工生命安全；"三废"管理、修旧利废和文化管理保障企业的日常工作紧张有序，通过教育和培训不断增强员工的自身素质并坚定地执行企业的低碳发展模式。

（三）经坊煤业低碳发展模式的运行机制

1. 低碳发展模式的基本思想

经坊煤业低碳发展模式共分成三个层次，自上而下依次递进，不断具体化、形象化，最终实现企业生产经营活动的目标，指导企业在经济形势下行时的战略调整，进而保障企业的健康可持续发展。经坊煤业低碳发展模式主要具有以下特点：

（1）五大特色理念是先导。经坊煤业五大企业管理理念是企业长期坚持和坚定不移贯彻的根本，是企业经营行为和管理调整的先导。基于利益相关者的管理理念涵盖了与企业相关的各个利益群体，实现企业与周围环境的有机结合，帮助经坊煤业实现经济效益和环境效益的双丰收。

（2）自上而下不断具象化。经坊煤业三层低碳发展模式是一个自上至下不断具象化的过程，从看不见摸不着的企业理念到企业发展依据的战略要素，再到指导企业具体经营活动的九个管理模式，各层级之间相互独立又形成不可分割的有机整体，从上到下不断地具体化、形象化，是企业的生产经营不断细化、不断改进，保障了经坊煤业长期低碳发展的经营目标。

2. 经坊煤业低碳发展的运作机制

经坊煤业低碳发展模式三个层次共同构成经坊煤业管理的整个过程，与此同时，经坊煤业每个层级内部又形成独特的运行机制。

（1）发展理念互补完善。五个企业发展理念涵盖了所有企业的重要利益相关者，是企业整体低碳发展目标的重要概括，从股东、员工、客户、政府和社区五个角度细化了企业的最终经营目标，并为企业的经营管理奠定理论基础。

（2）三个战略要素循环往复。经坊煤业三个战略要素资源、信息、管理形成了一条完整的企业工作链条，即获取资源、收集信息到最终提出管理策略。它是经坊煤业低碳发展理念的具象化，也是企业处理一切事务的必经过程。经坊煤业经过长期的积累和总结，概括出了这样一条战略路径，循环往复为企业经营活动提供战略指引并帮助企业在工作中不断改良。

（3）九个管理模式抓住企业重点。经坊煤业总结概括出的九个管理模式突出了企业经营管理的重点，也是企业理念的具体表现，抓住了煤炭企业最重要的安全、利润和效益。在三个战略要素的指引下，帮助企业的领导和员工充分认识到自己的职责和目标，充分学习和掌握更加先进的方法和知识，不断增强企业的软硬件竞争力。

三、经坊煤业的低碳发展理念与战略要素

经坊煤业低碳发展模式的核心是五个企业理念，即立足市场、以人为本、质量至上、服务社会、和谐发展，它是企业各项生产、经营和管理活动的出发点，也是企业发展的最终目标。为了实现这一目标，经坊煤业经过长期的探索和实践，提出三个关键性战略要素，即资源、信息和管理，将企业的发展理念同具体的管理要素连接起来，从而推动经坊煤业的健康可持续发展。

（一）科学先进的发展理念

经坊煤业低碳发展理念是在充分学习和贯彻国家发展要求的同时，联系经坊煤业实际情况制定的符合企业实际情况的企业经营方向，指导经坊煤业在经济起伏中适时调整战略方针，不断总结经验教训，从而使企业始终保证高额的利润回报和良好的企业形象。

1. 基于利益相关者的企业理念

随着经济全球化和信息化的发展，越来越多的企业认识到企业利益相关者诉求的重要性，并且把利益相关者诉求作为企业经营管理的出发点和落脚点，成为企业生产经营活动的最终目标。经坊煤业经过长期的摸索和总结，依据企业利益相关者的诉求，充分考虑企业经营现状和未来趋势，形成了一整套企业管理理念。

在众多关于利益相关者的定义中，弗里曼的观点最有代表性，他在《战略管理：一种利益相关者的方法》一书中提到"利益相关者是能够影响一个组织目标的实现，或者受到一个组织实现其目标过程影响的所有个体和群体"。对于经坊煤业而言，利益相关者是指影响经坊煤业组织生产活动，或者在经坊煤业生产过程中受到影响的个人和群体，对经坊煤业的生产活动进行了专用性投资，能够并且切实承担了企业经营风险，与经坊煤业在长期的发展过程中与之形成互惠共生的各个社会利益群体。经坊煤业利益相关者选取主要遵循以下三个方面：第一，利益相关者必须对企业进行专用性投资，这就排除了网络媒体和竞争对手以及众多非社会性群体；第二，利益相关者应该能够并且承担实际企业经营管理过程中的经营风险，并且专用性越强，风险越大；第三，以弗里曼的定义为出发点，保证选取的利益相关者与企业活动相关联，无论是主动型关联还是被动型关联。根据这些选取要求，经坊煤业从经济和社会两个方面对企业主要利益相关者进行了界定和选取，最后确定的主要利益相关者包括股东、员工、客户、政府和社区五类。

2. 经坊煤业利益相关者的利益诉求分析

企业利益相关者利益诉求的根源是企业与其利益相关者在生产过程中形成的社会性契约，企业的经营管理活动必须考虑利益相关者的利益诉求。一般认为，股东追求的利益是利润最大化和实现战略目标；员工追求的是更高的薪水、晋升机会和职业声誉；客户追求的是稳定安全的产品，并期望获得较高的消费者剩余；政府追求的是企业更多的税收贡献；社区追求的是企业在生产经营过程中能够改善周边环境，实现绿色生产，可持续发展。经坊煤业作为资源依赖型企业，不仅符合一般企业的经济规律，也在生产经营过程中表现出其资源依赖的特色，因此在分析企业利益相关者利益诉求的时候应充分考虑这些特点，经坊煤业利益相关者的各种利益诉求及其关系如图2所示。

由图2可以看出，经坊煤业利益相关者的利益诉求差异比较大，具体内容分析如下：

（1）股东的利益诉求。煤炭企业股东的利益诉求主要包括：①高额利润回报。煤炭企业作为一个庞大的组织系统，它的运行不可避免地需求大量资金的支撑，而获得高额利润则是企业生存发展

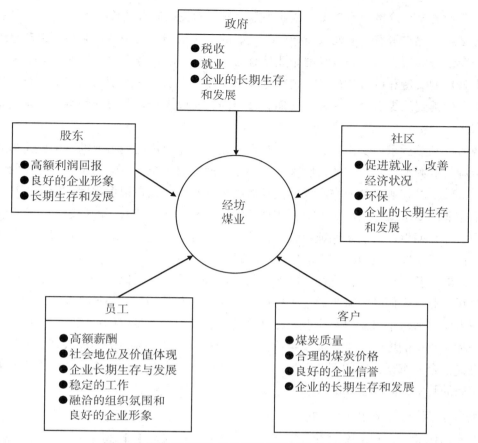

图2　经坊煤业有限公司的利益相关者及其利益诉求

的基础，特别是现在煤炭行业处于低谷，利润的获得变得尤为重要。②良好的企业形象。一直以来，煤炭企业给人的印象都是比较辛苦、比较危险、工作条件差，合理的改善企业形象不仅可以帮助企业留住人才，还能帮助企业更好地获得客户的认可。改善公司同员工家属、消费群体的关系。③长期生存发展。对于当今中国多而乱的煤炭市场，煤炭企业因其所处区域煤炭储量、煤炭质量和开采难易程度差异很大，因此长期生存发展成为很多企业发展过程中需要考虑的首要问题。

（2）员工的利益诉求。煤炭企业员工利益诉求主要包括：①高额薪酬。马斯洛需求层次理论告诉我们，在解决生理需求的前提下，安全需求，包括财产所有权的需求是大多数人的基本追求之一。②较高的社会地位、价值实现。工作带来生活所必需的物质资料来源的同时也会给员工带来精神上的满足感，因此社会地位和价值实现是员工满足生活需要后的追求之一，长期被人歪曲的煤炭企业，社会地位的提升变得尤为重要，特别是这也满足马斯洛需求层次中的尊重需求一项。③企业长期生存发展。无论什么时候，企业的长期发展都是企业和员工的共同追求之一，也是一切组织活动开展的首要前提。④稳定的工作。煤炭企业工作的不稳定性已经成为很多员工担心的重点，随着煤炭效益的下降，许多中小型煤矿被迫关闭，导致煤炭工作从业者失去工作，也成为现如今煤炭企业员工的需求之一。⑤融洽的组织氛围和良好的企业形象。煤炭企业长期以来形成的不利的社会形象不利于煤炭企业吸引员工，获得发展所必需的优秀形象，而良好的组织氛围会对员工满意度和员工工作积极性的提升产生重要的作用。

（3）客户的利益诉求。①较好的煤炭质量。由于不同煤矿生产的煤炭质量存在较大差异，使得煤炭的价格存在巨大的差异，好的煤质成为客户关心的首要问题，这也是客户获得更高消费者剩余的基础。②合理的煤炭价格。因为煤炭企业和客户的买卖关系通常是长期和稳定的，所以长期来看，煤炭价格势必影响煤炭消费者的购买意向。③良好的企业信誉。信誉是企业在其生产组织活动中争取和维护公众信誉的自觉信念，较高的企业信誉必然带来好的企业形象，好的企业形象很多时候能为企业带来公众的支持和认可，也是客户在选择合作商时必然会考虑到的问题。④企业长期生存和发展。就如上面提到的煤炭交易一般是长期和稳定的，所以煤炭企业长期的生存和发展是煤炭企业客户的需求之一。

（4）政府的利益诉求。①稳定的税收。在现今政府工作评价的最重要的一项就是税收，尤其是拥有煤炭资源的资源型城市，它的税收来源主要是当地的煤炭企业贡献的税收，所以收税是政府的主要需求。②较多的就业。就业率不仅影响着居民生活水平，还在很大程度上影响着社会秩序，所以政府对于企业的要求就包括解决就业，实现就业率的上升和社会秩序的稳定。③企业长期的生存和发展。企业的长期生存发展是保证税收和就业率的基础，特别是现如今煤炭行业正处于低谷，煤炭企业的生存和长期发展成为政府不能忽视的问题。

（5）社区的利益诉求。①促进社区就业，改善社区经济状况。以煤为主的资源型城市的主要就业方式是煤炭企业，人们的收入来源也主要依靠煤炭企业和其相关支持性产业，所以改善社区经济状况、提高人民生活水平就是煤炭企业所在社区的首要需求。②良好的社区环保。随着人们生活水平的提高和环保意识的增强，加之煤炭企业在煤炭开采过程中极易造成生态破坏，所以越来越多的环保法律也要求企业重视社区的环境保护。③企业的长期生存和发展。企业长期存在是解决就业和保障经济发展的基础，因此企业的长期生存发展也是社区的重要需求。

3. 经坊煤业基于利益相关者的企业理念

根据上面描述的利益相关者需求，经坊煤业不断总结，提炼出企业的总体理念是：品位、正气、发展、奉献。依据各个利益相关者的利益诉求，总结出企业"五大"经营管理理念：①生财有道，理财有方；②以人为本，治人为先；③精益生产，质量至上；④拉动经济，服务社会；⑤选择责任，和谐发展。

（1）生财有道，理财有方。一切经营活动都必须遵循市场经济的发展规律，善于分析形势，捕捉商机，准确把握市场脉搏，超前预测，快速反应，求得最佳经营效果。与此同时，把有限的资金用在刀刃上，集中财力办大事，解决好企业生存发展的关键问题，为企业发展增强后劲。经坊煤业一直坚持做自己擅长并且能够为企业创造利润的事，坚持以市场需求为导向，不断创新，在煤炭生产和综合开发领域取得竞争优势并始终保持竞争优势，主张"市场需求是企业生产活动和经营管理的出发点"，坚持市场定位、战略引领、风险可控的原则，坚持规模增长与价值增长并重、优先价值增长的发展思路，科学决策，诚信立业。

（2）以人为本，治人为先。万事人为本，治企人为先。人力资源是企业发展的原动力，企业和员工已经成为利益共同体，"以人为本，治人为先"是经坊煤业一直坚持的育人理念。它是经坊煤业提高员工工作满意度和工作热情的重要方式，是经坊煤业长久以来坚持人才资本化战略的重要体现。经坊煤业珍视每一位为企业做出贡献的员工、发掘员工的潜力，坚持岗位是赛场，赛场识真才的观念，充分发掘员工潜力，提高员工积极性。注重满足员工的物质需求、精神需求和情感需求，从而提高员工工作效率、保障员工工作积极性、帮助员工努力工作、幸福生活。

（3）精益生产，质量至上。企业的价值通过产品来体现，客户的需求也需要高品质的产品来满足。经坊煤业坚持高效开采，精益生产，不断降低生产成本，提高煤炭质量。通过改善生产工艺、节约管理成本，保障煤炭的稳定、优质供应，在长期的销售过程中与客户形成良好的合作共赢的伙伴关系，保障彼此之间的长远合作，降低了企业的经营风险，树立了良好的企业信誉，扩大了经坊煤业的竞争优势。

（4）拉动经济，服务社会。志向高远，服务社会，经坊煤业在经营过程中一直以积极的进取意识，牢固的经营理念，始终坚持履行合同、恪守承诺、合法经营、依法纳税，树立起了诚信可靠、服务社会的企业形象。与此同时，经坊煤业积极践行社会义务，重视相关利益，促进地方就业，为地方经济发展做出了突出贡献，提高了当地的经济发展水平，为企业的长远发展提供了保障。

（5）选择责任，和谐发展。开发新的工艺、使用新的技术，承担社会责任，实现和谐发展，经坊煤业在生产经营过程中努力承担社区责任、维护地区生态环境，促进社区和谐发展。始终坚持清洁生产、绿色消费，努力实现资源集约化利用、循环化生产，减少环境污染，保护生态环境。与此同时，经坊煤业坚定执行国家方针政策，践行国家能源战略，为社会提供绿色、经济、环保的产品。承担社会责任，在保障企业生产活动和发展路径的同时维护生态环境，保障企业长远发展、不断进行生态文明建设将一直引导经坊煤业实现更大的企业价值。

经坊煤业的五个经营管理理念相互联系、相互支撑、密不可分，既体现了经坊煤业的特色，也奠定了经坊煤业的总体优势，为经坊煤业的低碳发展提供着源源不断的动力。经过不断的实践和总结，现已构成了经坊煤业企业理念体系。

（二）高效通畅的信息流

1.市场信息的内涵

市场信息是指在一定的时间和条件下，同商品交换以及与之相联系的生产与服务有关的各种消息、情报、数据、资料的总称，是商品流通运行中物流、商流运动变化状态及其相互联系的表征。狭义的市场信息，是指有关市场商品销售的信息，如商品销售情况、消费者情况、销售渠道与销售技术、产品的评价等。广义的市场信息包括多方面反映市场活动的相关信息，如社会环境情况、社会需求情况、流通渠道情况、产品情况、竞争者情况、原材料、能源供应情况、科技研究、应用情况及动向等。总之，市场是市场信息的发源地，而市场信息是反映市场活动的消息、数据，是对市场上各种经济关系和经营活动的客观描述和真实反映。近阶段，以信息技术为先导的高新技术革命正在引发煤炭企业生产、管理、决策的重大变化，煤炭企业作为社会经济的重要组成部分，煤炭企业信息化通过充分开发和利用内、外部信息资源与人力资源，建立相适应的组织模式与运行模式，及综合的企业管理信息系统，提高了信息资源利用率、扩大了煤炭企业竞争领域，最终实现企业管理模式的变革。

2.经坊煤业的信息结构

经坊煤业的信息结构包括两个大的方面，即企业内部信息和企业外部信息。其中，企业内部信息包含了企业战略信息、市场营销信息、组织结构信息、生产管理信息、物资管理信息五个方面，企业外部信息包含了社会环境信息、相关市场信息、竞争对手信息三个方面，如图3所示。

3.经坊煤业的信息管理

在人才方面，经坊煤业一直十分关注信息资源的管理，企业的各级人员特别是管理人员充分认识信息资源在企业发展中的重要地位和作用，高层领导从战略的高度重视信息资源的开发与运用，加大对信息资源管理的力度，充分发挥了信息资源管理的强大效力。注重信息资源管理人才特别是具有经营头脑、良好信息素养、有较强专业技术能力、创新能力、市场运作及应变能力的复合型高级管理人才的培养、引进和任用。

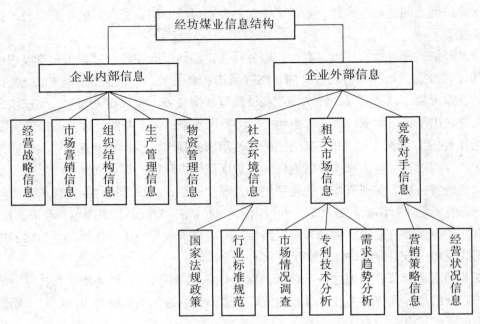

图3 经坊煤业的信息结构

在信息基础工作方面，加强信息资源管理的基础工作。应用先进的管理理论和方法加强煤炭企业的安全生产经营管理，规范管理手段和方法，建立了完善的规章制度，构建了高效益的业务流程和信息流程。经坊煤业根据自身发展需要建立了自己的OA办公系统，各个科室之间通过OA办公系统达到信息的共享。每个科室都会订报阅读，了解自己科室最新的行业动态。

在体制机制建设方面，经坊煤业通过一系列的会议来使得各个科室之间进行信息的传达和沟通交流。每天下午4：30准时开协调会，所有队长都要到调度主任处签字，通过协调会各个科室将一天的工作和问题进行交流沟通，有效地进行了信息的共享。比如安全科就使得从矿领导—安全指挥中心—各作业场所—各作业队、组形成了高效畅通的信息流，如图4所示。

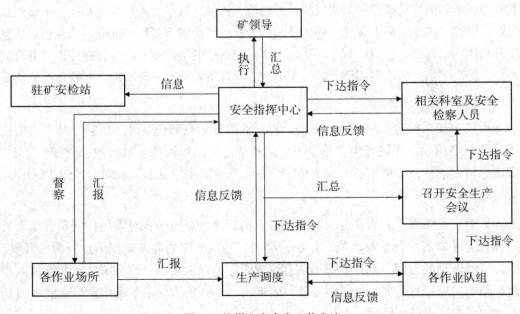

图4 经坊煤业安全中心信息流

经坊煤业根据信息收集—信息加工—信息利用依次建立了环境扫描机制、信息筛选机制、信息共享机制，使企业信息资源的获取、传递、处理、储存、控制建立在全面、系统、科学的基础之上，保证了信息的完整、准确和及时。

（1）经坊煤业的环境扫描机制。经坊煤业根据自身特点确定了扫描目的、扫描范围和扫描周期，形成了经坊煤业特有的环境扫描机制，如图5所示。

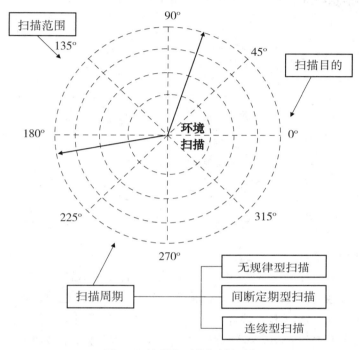

图5　经坊煤业环境扫描机制

1）环境扫描目的。环境扫描是指企业寻找、收集外部环境事件、趋势和变化的信息以指导企业未来的行动。经坊煤业根据不同情况及时进行环境扫描，识别企业外部机会、适应环境，了解它当前及未来面临的环境，以便自己及时进行战略上的调整。

2）信息扫描范围。煤炭市场信息内容十分广泛，只要可能影响市场走向的信息都包括在内，大到国家政策、小到企业生产产量变化等，具体来说，主要包括：①客户信息收集。经坊煤业注意从客户的角度收集信息，了解客户的欲望需求。②产业市场信息收集。经坊煤业的信息管理机构十分注重收集本行业的发展、现状、趋势、行业生存条件等方面内容，注意新技术在本行业的运用，同时关注与本行业相关行业动向，如房地产业对建材行业的影响。③竞争信息收集。对竞争者的信息收集，经坊煤业注重对其市场行为规律的分析，特别是主要大型煤矿的变动及其他动向。④营销渠道的信息收集。市场网络成员的地区、数量、规模、性质、营销能力、信用等级，代替竞争者产品情况、合作情况、主要经营者的情况等做专案记录，并需做动态的调查，定期更新一次。⑤宏观环境信息收集。经坊煤业注意经济环境的变化，特别是主要产业的发展变化对本行业的影响，中国经济仍处于转型期，各项法规政策及政府主管部门职能都在转变之中，对于煤炭企业来说，受政府的政策法规影响极大。因此经坊煤业十分注重产业发展趋势的要求与政府行为的力度。

3）信息扫描周期。经坊煤业根据自身企业的发展特点，针对不同的扫描对象确定了不同的扫描周期。由于煤矿行业受政府政策、煤炭消费市场的影响极大，因此经坊煤业对于宏观环境信息、消费者信息和营销渠道信息采取的是连续型扫描。即对它们进行实时的关注、收集和扫描，确保企业在第一时间获得自己想要的信息。对于竞争对手的信息采用的是间断定期扫描，这主要是因为煤炭企业的产品品种和机器设备较为稳定，更新速度较慢。因此对竞争对手的信息收集不需要采取连续型扫描，这样会加大企业的成本，只需间断定期扫描即可。

（2）经坊煤业的信息筛选机制。经坊煤业的信息筛选机制主要包括了信息筛选的基本要求、信息筛选的指标体系和信息筛选的方法三个方面。如图6所示。

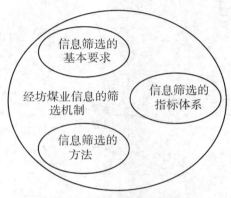

图6 经坊煤业信息筛选机制

1）信息筛选的基本要求。

可靠性。煤矿市场的信息量在激增，煤炭企业每天都有很多信息涌向决策机构，哪些信息有用，哪些信息无用，哪些信息将来有用，都要作出挑选。经坊煤业在挑选前，首先要作出信息可靠性的判定。对可靠性的要求主要是：事实是否准确、推论的根据是否可靠、推论的算法是否正确、推论的逻辑是否准确严密、观点与看法是否符合辩证唯物主义、科技成果及研究课题水平的估计是否恰当、信息的时间和地点改变后信息的价值是否失效等。

先进性。只有新的、先进的信息才有价值。就煤炭企业而言，先进性一般表现为是否有新的技术、新的政策、新的发展或应用范围有所扩展。经坊煤业充分考虑时间和地点等因素变化的影响。

针对性。只有适用于本企业的信息才是有价值的信息，经坊煤业只关注与本企业生产发展有关的最新信息。公司的信息机构所提供的有关市场、政策、技术、客户等方面的信息都是与企业关联度较强的，并决定其是直接使用还是只作参考。

2）信息筛选的指标体系。经坊煤业根据企业自身特点，设计了适合企业信息筛选的指标体系全面、准确地描述各个信息的特点。根据对信息进行筛选的基本要求，衡量可靠性、先进性、针对性的指标有20个，它们构成了信息筛选的指标体系，如图7所示。

3）信息筛选的方法。经坊煤业的信息管理机构根据上述筛选指标体系的基本要求，对所收集的信息进行归纳、分析、对比、鉴定。符合这种要求者保留，否则予以剔除。

利用企业的经验、所存贮的资料、所具有的验证手段、纵向与横向信息网络及内部信息网络对所收集的信息进行判断，采用归纳法、类推法、比较法、统计分析法、系统分析法、交叉影响法等来判断数据的准确性、整个信息的真实性。对市场信息要判明是否符合统计分布规律，有无讹传，传递是否失真，该信息是否与一般消费者的心理一致，所决定的市场行为是否与当时、当地的文化环境、社会购买力等相一致。通过这些综合分析将使错、假、旧的信息被剔除，准、真、新的信息被选取。

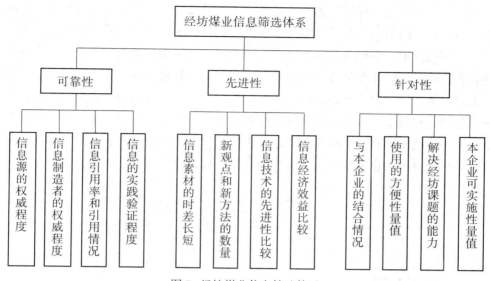

图7　经坊煤业信息筛选体系

创造条件同信息来源地及时联系，核对稽查信息的准确性。

经坊煤业在筛选信息时，根据两种或三种资料难以作出判定时，会多方面收集资料，然后再去进行分析对比，从而作出正确的判断。正是由于经坊煤业的这一筛选方法，使得企业的决策层及时地收集了多方面的资料，才使经坊煤业领导做出正确的决策，为企业带来了巨大的效益。

（3）经坊煤业的信息共享机制。经坊煤业的信息共享机制的构建主要是通过OA办公系统来实现的。主要分为外部信息交换、内部信息交换和信息的集成共享三个方面，如图8所示。

图8　经坊煤业信息共享机制

1）外部信息交换。经坊煤业通过OA办公系统，一方面完成了对企业在不同地域的供应商、下属公司、合作伙伴的信息沟通与控制，实现对重要客户的实时访问与信息收集；另一方面实现了企业的电子商务，在网上搜集共享信息。

2）内部信息交换。经坊煤业的内部信息交换主要是通过OA办公系统的不同的子系统来实现的，包括安全、物资、财务等。通过这些信息系统将信息在部门与部门之间进行流通。依靠成员企业部门内部独立的个人计算机应用系统组成的局部网络进行共享信息。

3）信息的集成共享。经坊煤业通过信息的集成共享大大提高了信息准确率和信息传递的及时率。并定期在OA办公系统更新共享信息，使得共享单位之间能够及时地了解各个单位的最近动态，数据延误和决策失误的发生率降低，保证了决策的合理性。

（三）绿色集约的资源流

1. 经坊煤业的绿色开采模式

（1）绿色开采的内涵。煤炭企业资源绿色开采，涉及矿区生产、开发全过程，所有开采和开发范围内的煤炭资源、矿井水、煤层气体、伴生矸石，以及与开采资源邻近的所有地下矿床，都是矿区生产开发和重点保护的对象。在实施煤与伴生资源绿色开采过程中，需要采用相应配套的开采技术、加工技术、利用技术、治理伴生污染技术，高效清洁地利用好煤炭、煤层气、矿井水、矸石等可以利用的各种资源。把防止和最大限度地减少资源开采对其他资源和生态环境的不良影响作为根本出发点，把尽可能多地获取最佳的经济效益、社会效益、生态环境效益作为最终目标，结合煤炭企业资源开采与开发现状，实施煤与伴生资源绿色开采，其涉及的范围主要包括：煤炭开采的安全高效技术、综合回收技术；矿井水资源的保水开采技术、清洁利用技术；瓦斯资源的抽采技术、综合利用技术；煤矸石资源的充填技术、二次加工和循环利用技术等。具体情况如图9所示。

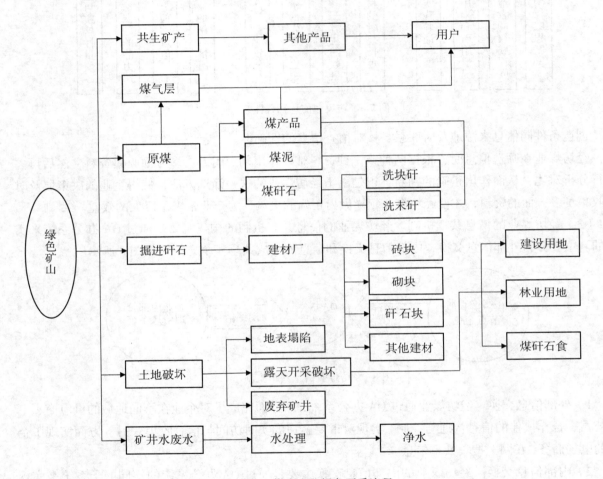

图 9　煤炭企业绿色开采流程

（2）经坊煤业绿色开采模式。经坊煤业始终高度重视资源高效利用和生态保护，围绕实现绿色开采，积极创新和落实各项技术管理措施，重点推进了煤炭资源及伴生的煤层气、矿井水、煤矸石的绿色开采和综合利用，逐步达到"采煤不见煤、出矸不排矸、排水不见水"，实现绿色开采、低碳发展，具体情况如图10所示。

1）煤炭资源绿色开采。

加强技术设计。经坊煤业结合地质赋存情况，克服储量分布不均和地质条件复杂的现实困难，积极采取各种方式推进煤炭资源的绿色开采。按照科学合理、高效发展、资源节约原则，从技术设计入手，重点推广了采区阶段小煤柱布置方法，扩大巷道使用断面，增加了工作面开采尺寸和可采

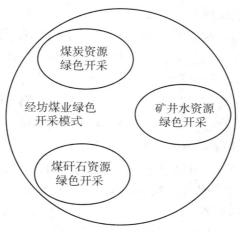

图 10　经坊煤业绿色开采模式

量。坚持综采化、综掘化方向，大力推广综采、综放、轻放等新技术、新工艺，积极探索复杂块段高效矿井建设的有效途径，逐步淘汰二放和炮采等落后工艺，取消水采工艺。为综采工作面引进过渡支架、端头支架和配套的大功率皮带机、桥式转载机、破碎机等连续运输设备，为回掘系统装备大扭矩锚杆、锚索钻机和大功率综掘机，为开拓系统引进液压钻车、侧卸式装岩机和反井钻机，提高掘进效率和施工速度。

加强管理。结合矿区各生产煤层的赋存条件，注重加强煤矿开采场所和煤炭运输管理，加大对资源储量相对较少的边角煤和已开采块段二次复采力度；对顶煤较硬煤层采取注水软化、松动爆破等措施，提高了顶煤可放性；利用煤矿三维地震勘探技术，对煤层赋存范围和煤岩构造情况进行详细勘查，提高矿井、采区和工作面回采率。近年来，在矿井开采难度不断增加的情况下，采区和工作面回采率呈现基本稳定，并逐年略有提升的态势。

加大洗选。经坊煤业深入挖掘各厂洗选加工潜力，不断扩大原煤入洗比重，有效促进了煤炭高效清洁利用。

控制消耗。经坊煤业始终高度重视节约自用煤，为此制定出台了自用煤管理办法，要求企业生产用煤能烧煤泥的烧煤泥，能烧型煤的烧型煤，在不影响锅炉效率的前提下，在锅炉中优先使用劣质煤，提高劣质煤使用比重。

2）矿井水资源绿色开采。经坊煤业矿井水属中等碱性，废水处理达到100%，其中循环使用率达到70%~80%，主要运用到井下再循环，洗煤厂使用。为推进矿井水资源绿色开采，减少矿井水直排对环境造成的污染，经坊煤业制订了相关规划，对全公司所抽排的矿井水全部实行净化处理，煤矿采掘工作面防火除尘、灌浆喷暄、采掘设备过热冷却系统对水质要求较低，结合这一用水特点，应用矿井水井下处理技术，把矿井水通过沉淀和过滤后，将经过简单处理的矿井水引入固定水仓，并与井下防火、喷暄、除尘管路进行连接，井下所有防火除尘、灌浆喷暄、采掘设备过热冷却所需用水，全部直接利用经过简单处理的井下水仓收集的矿井水资源，降低了矿井水外排发生的成本费用，减少了矿井水外排对地面环境造成的影响和破坏。

3）煤矸石资源绿色开采。

减少总量。优化井巷和采区设计，在条件适宜块段推广煤代岩巷布置方式，减少了岩巷工程量和煤柱损失，降低了岩巷万吨掘进率，从源头上减少矸石产生量。

置换开采。主要包括三种技术方法：①矸石膏体充填开采技术。就是用工业固体废弃物置换煤炭，用体积换体积，其技术工艺流程为：先将矸石破碎加工，把矸石、电厂粉煤灰、胶结料和矿井水等物料按比例混合搅拌，在地面加工成膏状浆体，然后利用充填泵通过管道输送到井下，充填到采空区，置换出煤炭，同时实现地面零塌陷。②矸石置换充填开采技术。其原理就是在条块开采煤柱中掘出充填巷，一次性投入锚网索联合支护巷道，用抛矸机进行矸石抛射充填。在每两条巷道之间留设 4 米煤柱以备相邻巷道沿空掘进巷道，随着时间推移，虽会发生塑性流变，但仍能起到局部支撑作用，避免顶板过度沉降。同时，在地面设置沉降变形观测站，以观测充填效果，并根据观测数据及时调整充填设计参数。通过采取一系列技术措施，达到采出部分煤柱后，对地面建筑物影响轻微的目的。③高水充填开采技术。此项技术是相对于膏体而言，充填物含水比率较高，为浆状流体，水分占到 60% 以上，其他成分为电厂废弃粉煤灰和少量添加剂，高水充填物经 6 小时后凝固为固体，逐渐承压并达到设计抗压值。以上三种方法，实现了资源利用最大化，有效减少了因采煤造成的地面塌陷，而且矸石不升井还防止了对地表环境的污染。

生产建材。经坊煤业十分注重洗选矸石和粉煤灰的综合利用工作。截至目前，已经建成一座 1 亿块 / 年煤矸石砖厂。新型建材厂主要运用煤矸石制砖，使大量煤矸石得到回收利用，而且矸石砖的质量很好（95% 矸石，5% 黏土）。

2. 经坊煤业的资源循环系统

（1）资源循环的内涵。资源循环是以最低的资源投入达到资源的最高效率的使用和最大限度的循环，使污染物排放最小化和人类经济活动生态化。煤炭企业发展资源循环就是把传统的粗放产业转为资源综合利用型的生态产业，走一条科技含量高、经济效益好、资源消耗低、环境污染少的新型工业化道路。这条道路也是保障煤炭资源有效供给，实现资源高效利用的必由之路。煤炭企业发展资源循环就是要形成资源—产品—再生资源的闭环反馈流程和具有自适应、自动调节功能的反馈系统，它可以使企业内的物质、能量、信息在时间、空间、数量上得到最佳、合理的运用。从而实现煤炭企业整个系统的低开采、高利用、低排放的新型发展模式，可以在保护环境的前提下，实现资源的有效循环利用，降低企业的成本。我们可以说发展资源循环的核心内容就是要实现资源的有效循环利用，降低企业的发展成本。煤炭企业进行资源循环利用的模式如图 11 所示。

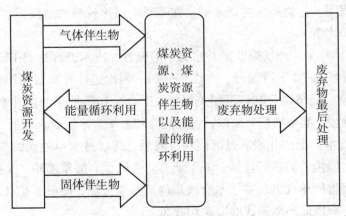

图 11　煤炭企业资源循环模式

（2）经坊煤业集约的资源循环模式。对于煤炭开采过程中产生的废弃物，经坊煤业通过延长产业链来提高对它们的综合利用。按照煤—电、煤—化、煤—建的发展模式，提高资源的利用率，形成企业间的循环网络，使煤炭企业的废弃物成为另一个企业的原料，从而实现了企业间的资源的梯级利用，实现了煤炭生产污染物的零排放或是最小排放，消除了企业的生产对环境产生的负面影响，达到了人与环境的和谐相处。经坊煤业循环经济模式如图 12 所示。

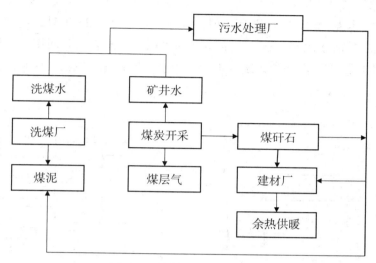

图 12 经坊煤业循环经济模式

1）采煤—煤矸石—建材绿色产业链。煤矸石综合利用对于减少环境污染、创造新的经济增长点都具有相当的重要性。经坊煤业的煤矸石储量极为丰富，且费用低廉。经坊煤业充分发挥自身优势利用煤石、粉煤灰发展新型建材，采用一次码烧工艺生产煤矸石烧结砖，其中的 6000 万块烧结砖生产线总投资 4142.7 万元，砖厂用大量煤矸石为原材料，既可以治理环境污染，减少堆场占地，又节约了能源和黏土，每年利用煤矸石 20.7 万吨，减少了对环境的污染。具体利用过程如图 13 所示。

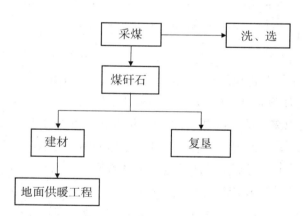

图 13 经坊煤业煤矸石综合利用

在做烧结砖的过程中，煤矸石本身的发热量基本上能满足砖坯干燥和制品焙烧要求，无须另耗大量燃料，这就使该产品在成本上具有很大的优势，加之选用的原料处理、成型、干燥、焙烧等工序设备均为国内领先水平，因此可以保证煤矸石空心砖的各项技术指标大大优于黏土实心砖，这种产品具备很强的市场竞争能力。

2）原煤开采—矿井水—净化水—再生循环绿色产业链。经坊煤业按照"水资源全面回收、水能量深度利用、水污染综合治理、水系统绿色循环"的原则，发挥自身优势，确保人、财、物投入，大力实施矿井水、自备井水、自来水设施（设备）建设，形成采煤—排放矿井水—净化—工民用水—循环回用，从"水源、供水、用水、回用、排水"5个环节使水资源消耗最小化、水能量利用最大化、废水产生最小化。

经坊煤业废水处理达到100%，其中循环使用率达到70%~80%，工程总投资14628.96万元。污水处理厂对2000立方米/天的矿井水进行处理，处理站采用全天24小时工作制，小时处理规模约为83立方米。处理之后清水用于景区内企业生活用水水源、采矿生产回用、绿地喷洒、农田灌溉等。整套水处理设施包括矿井水处理系统、生活饮用水处理系统、农田及园林灌溉系统。具体过程如图14所示。

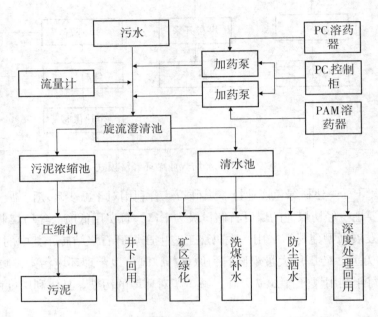

图14 经坊煤业矿井水利用流程

3）原煤开采—选煤—洗煤高效产业链。经坊煤业建有两座洗选厂，分别为经坊煤业选煤厂和经坊国华选煤厂。其中经坊煤业选煤厂于2005年建成，总投资6400万元。经坊国华选煤厂的注册资金为2000万元，后又追加投资9000万元，总投资1.1亿元，是一座集选煤、洗煤于一体的现代化洗选厂。自洗选厂建成以来，为经坊煤业平均每年洗选原煤100万吨以上，精煤所占的比重在70%以上，为经坊煤业带来了巨大的经济效益。具体数据如图15、图16所示。

由图15和图16可以看出，近年来两座洗选厂的洗选总量都有所下降，这是因为经坊煤业两座洗选厂的洗选量是跟着生产计划和销售计划走，以销定产。这两年煤炭市场不景气，市场需求小，经坊煤业实时根据市场需求来制定生产计划，减少采煤量，最大限度地降低成本，减少不必要的开采所带来的成本，使公司的利润达到最大化。

4）建设高产高效现代化矿井，实现煤炭高效集约化生产。经坊煤业是全国特级安全高效矿井和全国煤炭工业百强企业之一，高度重视煤炭的集约化生产，积极引进高新技术，加快现代化矿井的建设。目前公司生产能力300万吨/年，现有两座选煤厂（一座120万吨/年和一座180万吨/年）。逐步实现了"四高"、"四好"："四高"即采掘技术装备水平高、单产水平高、劳动效率高、资源回收率高；"四好"即经济效益好、安全状况好、劳动条件好、环境治理好。

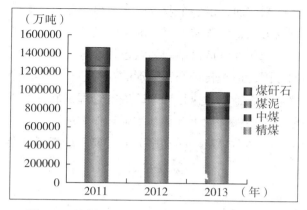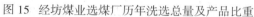

图 15 经坊煤业选煤厂历年洗选总量及产品比重

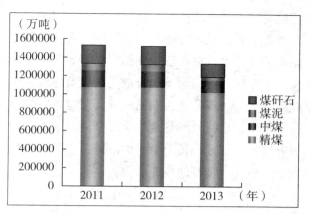

图 16 经坊国华选煤厂历年洗选总量及产品比重

充分利用煤层赋存条件，优化矿井和采区设计。充分利用煤层赋存条件，优化矿井和采区设计为实现煤炭高效集约化生产提供自然优势。经坊煤业根据各矿井的煤层赋存和开采条件，简化开拓设计，减少岩石巷道，推广应用锚杆支护，优化采区布局，优化工作面设计尺寸，实现生产高度集中。对 5 米 以下的厚与中厚煤层，采取一次采全高开采方法，对储量丰富的厚及特厚煤层采取综采放顶煤采煤工艺。

采用先进的技术和装备。将先进的机电一体化技术、计算机自动控制技术、先进制造技术应用于煤矿机电设备，使传统的采煤、掘进、运输等主要工艺过程全部采用先进的技术装备来完成，从而实现高效率、高可靠性和高安全性集约化生产模式。采煤机采用电牵引，实现微机监控、故障诊断、可自动调节截煤高度和辅助操作自动化；液压支架采用电液控制，使采煤机、液压支架和工作面运输机紧密结合成一个整体，实现动作的快速协调，提高采煤过程的自动化水平和生产能力，最终实现少人或无人的自动化采煤工作面和计算机辅助采煤；掘进采用连续采煤机和掘锚综合机组、锚喷支护和联运系统，提高掘进系统的机械化水平；主要运输系统胶带化，辅助运输无轨胶轮化；在综合机械化的基础上，应用自动化技术实现煤矿生产工艺过程及安全环境的自动监测和控制，包括安全环境的监控、生产工艺过程与设备工作状况监控、矿井生产系统自动监控等。

提高管理信息化水平，促进高效集约化矿井建设。经坊煤业在高效集约化矿井建设过程中，注重加强煤炭企业信息化建设，以信息化带动工业化。要以信息技术的应用为重点，加快改造提升煤炭产业的步伐，努力提高一批骨干企业的生产过程自动化、控制智能化和管理信息化水平。积极推进信息技术与制造技术的紧密结合，提高煤炭生产、技术研发和装备制造企业的产品质量、技术水平，降低成本，缩短生产周期，提高劳动效率和企业综合竞争能力。建立基于全矿井自动化的煤矿信息化网络体系，提高煤矿信息网络标准化，实现煤矿安全生产监控、生产调度系统、工况监测与生产控制系统、企业管理信息系统、办公自动化和指挥决策系统的互联互通和资源共享。不断完善煤矿信息系统数据库，提高煤矿信息系统数据的分析能力和利用率。以管理规范化、标准化促进企业信息化，以企业信息化保障煤炭管理的科学化，将企业管理的变革与信息化建设相结合，逐步规范管理流程和管理方式，实现管理信息化，促进经坊矿井的高效集约化生产。

（四）持续改进的管理机制

经过改革开放以来的快速发展，我国煤炭企业在管理制度和管理组织架构方面有了较为长远的发展，呈现出良好的整体运行状态。但是随着经济危机及能源消费习惯的转变，煤炭企业的生产运行遭受到了严重的打击，暴露出了许多问题。首先在体制方面，很多企业没有实现事企分离，导致市场竞争弱、经营分散、管理层级过多等；其次在创新方面，由于原先巨大的经济效益使得很少的企业关注技术改良和管理创新，最终导致许多企业在全球化经济危机中因为缺乏核心竞争优势而被淘汰。在这其中固然有国家缺乏相关具体政策引导的原因，但是转变经营管理的根本还是在煤炭企业自身。经坊煤业在长期的经营管理过程中注重效率与创新，坚持执行持续改进的管理机制，形成了一整套行之有效的管理体系，帮助企业在后经济危机之中保持竞争优势，增强运作效率，明确发展方向，充分挖掘每个员工的潜能，进而更好地满足了顾客对煤炭产品和服务的需要，承担了社会责任，树立了良好的企业形象。

1. 持续改进的闭环管理基本思想

持续改进这一概念首先是在日本形成和发展的，源于产品的质量管理，是一种管理思想，它将产品和工序改进作为一种永不终止的、不断获得进步的过程。经坊煤业管理机制是指经坊煤业管理活动中内在的管理要素有机组合过程中发挥作用的过程和方式，在具体的实施过程中主要包括约束机制、激励机制、流动机制和效率与公平机制，针对管理机制实施后出现的各种问题，对其进行分析，以获得解决的方法，使经坊煤业的管理机制成为一个与时俱进、不断创新的有效系统。

经坊煤业持续改进的管理机制主要建立在 PCDA 循环（即戴明循环）的基础之上，它最早由美国质量管理专家戴明提出，由代表计划（Plan）、实施（Do）、检查（Check）和行动（Action）四部分组成。在 PCDA 循环中，持续改进是最后一个阶段，也是下一个阶段的开始，也形成了企业发展的永恒动力。经过长期的摸索和改进，经坊煤业管理机制主要包括如下特点：

（1）各个机制的内部循环推动整体循环的建立。PCDA 循环作为质量管理的基本方法，不仅适用于经坊煤业的整体管理机制，也适用于企业管理机制下的分支机制，每个分支机制都呈现各自不同的 PCDA 循环，并最终形成经坊煤业整体的闭环管理机制。各子循环围绕企业整体管理目标朝同一方向转动，将企业上下层级和工作内容联系起来，彼此协同，共同进步。

（2）持续不断地更新和改进。PCDA 循环就像楼梯一样，一个循环结束，各机制会根据实际运作情况发生变化和改进，然后再制定进一步的循环路径，再运转，继续提升，不断更新，使企业的管理机制得到不断的改进。经坊煤业各子循环均朝同一方向转动，并在一个循环结束后自动根据实际情况改进和再循环，不断前进、不断完善。

2. 持续改进的闭环管理机制

经坊煤业闭环管理机制是一个首尾相连、互相推进、符合"PCDA"管理思想的闭环体系，具体过程如图 17 所示。

"5 个企业理念"给予整个运作系统以理论基础。"4 个企业管理机制"构成了一个大的运作体系，"4 个企业管理机制"的每一项又构成了一个小的闭环体系。因此，"5+4"企业管理机制闭环运作是一个大环相套下的四个小环运作，这既体现了运作系统的完整性，同时也显示了整个体系运作的内部逻辑性。

（1）约束机制闭环运作。所谓约束机制就是如何发挥每一个职工和各部门的作用，激励全员都来关心企业的效益和发展。这种管理约束存在于管理过程的各个环节，目的是促使管理活动合法、有序、有效；它是企业管理活动的一部分，是企业管理部门或部位按照企业一定时期的生产经营目标，依据各自担负的职责，检查其管理状况，评价结果，找出偏差，采取措施而实施的有计划的自我调节和控制活动。

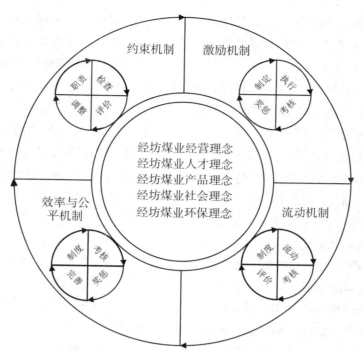

图 17 经坊煤业持续改进管理机制的闭环运作

1）职责：经坊煤业约束机制的基础是企业将经营目标细化到每一个员工时的职责，它是每位员工工作必须遵守的规则，也是衡量每位员工是否完成本职工作的重要依据，保障了企业的经营目标得到贯彻落实，如经坊煤业各级领导安全生产责任制就合理约束了领导干部的日常工作，保障了经坊煤业各项工作的正常开展。经坊煤业的安全联保互保制度在赋予员工充分自主性的同时利用互相监督加强了对员工工作行为的控制。

2）检查：员工职责完成状况需要完善的检查机制来监督，建立健全监督检查机制不仅能够合理地约束员工的行为，也能为企业节约大量的资源，帮助企业实现资源的合理分配，提高员工工作效率，进而增强企业竞争力。

3）考评标准应包括两个方面：第一，员工应该做什么，他们的任务、职责、工作要点是什么，这是数量方面的要求；第二，员工应该做到什么程度，应该怎样做，达到什么样的标准，这是工作质量方面的规定。经坊煤业建立了科技工作管理制度，为约束机制发挥作用提供制度保障。

4）调整：经过对员工职责执行状况的评价所发现的问题需要企业及时地作出调整，帮助企业及时改进管理方式、完善管理制度，帮助员工认清职责并更好地完成工作内容及承担工作职责，做到人尽其才、物尽其用，为企业的长远发展打下基础。

（2）激励机制闭环运作。激励机制是指在有机组合企业管理内在要素中，发挥激发、鼓励、支持、关怀等作用的过程和方式。通常，有多种形式的激励方式，包括理想激励、目标激励、物质激励、制度激励、精神激励等。其中，制度激励的内容包括民主管理制度、责任制度、信息沟通制度、思想政治工作制度、荣誉制度、人才开发制度等。激励机制发挥作用的过程主要包括激励制度的制定、激励制度的执行、激励制度执行状况的考核和根据激励制度进行奖惩。

1）制定：经坊煤业激励机制的制定首先体现了公平的原则，在广泛征求员工意见的基础上出台一系列大多数人认可的激励制度，如经坊煤业科技工作管理制度、经坊煤业人力资源管理制度等，并且把这些制度公布出来，在激励机制过程中严格并长期坚持按制度执行；其次要和考核制度结合起来，进而激发员工的竞争意识，将这种外部的推动力量转化成一种自我努力的动力，充分发掘人的潜能；最后是在制定制度时体现科学性，也就是做到工作细化企业必须系统地分析、搜集与激励相关的信息，全面了解员工的需求和工作质量的好坏，不断根据情况的改变制定出相应的政策。例如经坊煤业的人力资源管理制度就力求把员工放在他所适合的位置上，并在可能的条件下轮换一下工作用以增加员工新奇感，并赋予工作更大的挑战性，培养员工对工作的热情和积极性。

2）执行：激励制度的执行是激励制度发挥作用的最重要的过程，管理人员将根据员工个人的特长、能力、素质和工作意向给他们安排适当的岗位，提出适当的努力目标和考核办法，采取适当的管理方式并付诸行动；而员工则采取适当的工作态度、适当的行为方式和努力程度开始工作。

3）考核：考核是对员工已经取得的阶段性成果和工作进展及时进行评判，以便管理者和员工双方再做适应性调整。这种考核要选择适当的考核周期，可根据员工的具体工作任务确定为一周、一个月、一个季度或半年等。

4）奖惩：这一步的工作是在考核之后进行的，员工要配合管理人员对自己的工作成绩进行评价并据此获得组织的奖酬资源。同时，管理者要善于听取员工自己对工作的评价。在这一阶段，员工还将对自己从工作过程和任务完成后所获得的奖酬与其他可比的人进行比较，以及与自己的过去相比较，看一看自己从工作中所得到的奖酬是否满意，是否公平。通过比较，若员工觉得满意，将继续留在原组织工作；如不满意，可再与管理人员进行建设性磋商，以达成一致意见。若双方不能达成一致的意见，双方的契约关系将中断。

（3）流动机制闭环运作。流动机制是指在有机组合企业管理内在要素中，通过市场流动发挥作用的过程和方式。通过建立企业员工能上能下、能进能出的经坊煤业人力资源管理制度等若干通畅有效的流动制度。对资源利用行为进行考核并对流动机制最终发挥的作用进行评价。

1）制度：流动机制的建立和发展主要通过建立流动竞争制度、流动激励制度和柔性流动制度。其中流动竞争制度是帮助流动机制发挥作用的有效手段，如经坊煤业的人力资源管理制度就坚持机会均等、竞争择优的原则；流动激励制度是从制度上保证流动过程中劳动和报酬画等号，并且要针对不同的环境、不同时期的需求层次，在各个部门都能建立起发挥资源潜力的激励制度；柔性流动制度是指要勇于打破传统的约束条件，将资源以"长租短借"等方式实现共享，也可以通过合作、咨询、交换等途径实现资源的柔性流动。

2）流动：流动是流动机制的关键环节，这也是市场化企业内部要素通过流动获得竞争优势的重要方式。如建立企业员工能上能下、能进能出的就业机制；建立资源共享、责任共担机制等。流动机制的执行是实现企业经营目标的重要手段，是帮助企业实现资源合理分配的重要途径。

3）考核：流动机制也需要考核，用以避免资源的重复使用和不当利用，因为流动机制更加强调灵活性和自主性，所以考核方式也更加需要灵活和变通，从而更好地发挥流动机制的作用，避免不必要的矛盾和麻烦。

4）评价：合理有序的流动机制是企业发展的动力，然而无序的流动极易造成资源的浪费，所以对流动机制执行状况的评价对于改进流动机制、帮助企业实现资源合理利用、减少资源浪费具有重要的作用。经坊煤业的流动机制评价秉承"三不"的原则，即绝不放过任何有利于企业的流动方式，绝不姑息浪费资源的流动行为，绝不改变基于流动机制的经营理念。

（4）效率与公平机制闭环运作。效率与公平机制是指企业管理活动从价值取向上必须在注重经济效益提高的同时兼顾公平，避免两极分化。主要通过制度的制定和规范、制度执行状况的考核、对考核结果进行奖惩以及根据考核结果反馈的信息进行完善，从而促进企业内形成效率与公平兼顾机制。

1）制度：效率与公平是两个不同层面的范畴，对于企业而言，效率反映企业对利益的追求，而公平则反映企业处理生产和员工中的关系，前者是可以通过数量来描述的精确的客观现实，后者虽然也可以用员工满意度之类来表达，但是对于公平这一范畴更多是客观现实和主观价值判断的混合体。因为在这种提法背后实际上是效率第一，效率就是一切，公平必须以效率为先。在这种政策思路下，很难将职工的工作诉求与企业发展联系起来。为了达到真正的效率与公平，经坊煤业首先通过建立无差别、无歧视的经坊煤业科技工作管理制度、经坊煤业精细化管理制度等保障企业内活动主题的竞争机会和规则上的公平；其次通过提供非营利的辅助性服务，尤其是经坊煤业安全指挥中心的成立帮助企业建立公正的秩序；最后通过建立覆盖全体员工的经坊煤业人力资源管理制度，促进企业成果的分享，减少了不公正的不利影响。

2）考核：发挥效率与公平机制作用的最重要环节是考核，只有完善的考核制度和健全的考核方式才能保障效率与公平最大限度地激发员工的工作积极性，发掘员工的潜力，帮助企业实现最终的效益最大化，经坊煤业民主管理实施细则就完善地保障了考核的公平与效率。

3）奖惩：发挥效率与公平机制的重要环节是进行合理奖惩，对企业有贡献的员工，经坊煤业奖惩办法不仅可以满足员工的生理需求，还注重员工的自我实现的需求，通过晋升、加薪等物质激励帮助员工建立归属感，通过大会表扬、内部宣传等途径帮助员工建立个人荣誉感，推动企业形成良好的工作作风和进取势头，实现企业效率的提升和利润的增长。

4）完善：实现公平是个不断努力的过程，要不断地调整企业制度、考核和奖惩，也就是要不断地"变"。企业外界环境是不断变化的，内部员工思想也是不断改变的，因此企业也要随着改变、随着调整，只有在不断的改变中，才能逐步地接近合理、走向公平，促进企业的发展。"变"是不变的，它是个持续不断的过程，"变"的意识和思想必须坚持如一。当然，"变"要变得合理，无论是管理制度、组织结构，还是业务组合，都要变得井然有序，符合实际，恰到好处；另外，还要把握好时机，提前准备，争取能够领导变化。

（5）四大机制问题处理闭环运作。经坊煤业问题处理闭环机制是经坊煤业闭环机制的基础和关键组成部分，主要指经坊煤业在处理公司内外部问题时的态度和规范化操作，主要包括问题的发现、问题的反馈、问题的考察、问题的解决四个部分，构成一个完成的闭路循环，从而帮助公司上下更好地分工合作，从而更好地解决问题。

1）问题的发现：经坊煤业管理中采用事业部制管理方式，因此各个班组可以对本班组内部的问题进行深入的挖掘和探讨，及时发现工作中存在的问题，从而避免了无人问津的现象。

2）问题的反馈：经坊煤业注重上下级沟通，执行良性沟通机制，各职能科室一直强调为工人和各班组服务的态度与下级进行及时的沟通，通过良好的沟通充分了解问题，帮助问题及时传达和迅速处理。

3）问题的考察：基于对各个班组的充分信任和完善的监督体系，各个职能科室在了解问题的过程之后，充分考察问题的起因和经过，及时对问题与各队组进行充分的讨论并达成共识，帮助问题最终解决。

4）问题的解决：经过对问题的充分讨论和调查，各职能科室在获得上级许可的情况下，配合各个班组对问题进行系统解决，并总结出统一的操作和制度规范，方便问题的推广和避免再一次发生，从而充分调动员工积极性，帮助员工及时解决工作中的问题，最终帮助企业减少经济损失、扩大经济效益。

四、经坊煤业独具特色的管理模式

与其他企业一样，经坊煤业在自身的发展过程中遇到了各式各样的问题。但是经坊人面对问题不害怕、不气馁，勇于探索新领域，敢于实践新方法，经过多年的企业实践，经坊煤业在许多方面都探索出独具特色的管理方法和管理模式。这些管理方法和管理模式是经坊煤业低碳发展模式的重要组成部分和强有力支撑。经坊煤业在实际的管理实践中摸索出了许多独具特色和卓有成效的管理模式，而下面这些管理模式只是经坊煤业众多优秀管理实践的一小部分。

（一）经坊煤业的目标管理模式

目标管理是以重视成果的管理思想为基础，以一定时期既定目标为依据，通过目标制定、组织实施、检查、监督和考评奖惩，运用科学的管理手段使之得以落实的系统管理方法。经坊煤业的目标管理就是要制定某一时期内需要完成的各项目标（包括利润、产量、进度、安全等），并将其分解到系统内的各个部门和个人，提出明确的考核标准，使全体成员能自觉地领会、落实指标，管理人员能围绕目标进行管理，最终达成目标的过程。

目标管理的流程如图18所示。

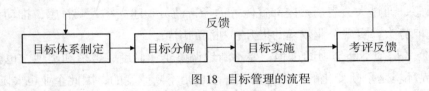

图18　目标管理的流程

1. 目标体系的制定

经坊煤业目标体系的制定是一个多方参与、多方沟通、全盘考虑、持续改进的过程，其基本思路如图19所示。

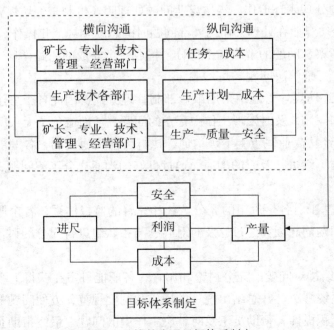

图19　经坊的沟通目标体系制定

首先，由公司总经理向公司领导层及机关各部门明确本企业各项指标任务的同时，亲自主持召开各专业、技术、管理与经营部门之间的沟通交流会议，在听取各部门对任务和各项成本费用指标的需求与安排方案之后，就生产经营指标的分解与落实工作定目标、提要求、作部署。

其次，要求各技术部门根据当年该矿各项生产计划任务的实际需要进行重新编排，实事求是地与当年的成本指标紧密地结合起来综合考虑问题，方案要有针对性和可操作性。

最后，要求设计、生产技术、机电、通防等相关部门，就产量、煤质、进尺、巷修、抽采、安装、拆除以及基本建设等生产、质量、指标任务进行充分的沟通与联系，通过对生产过程包括采场布局、接替以及进尺的结构安排等方面的进一步了解，并参考技术部门提供的各项基础资料，分别对各项指标与生产任务进行细致的核算与分解，并结合上年度各项相关的结算数据，在充分考虑安全生产正常运行情况下各类因素的同时，从"控成本"的角度，对各部门、分单位及分类指标拿出初步的解决方案。

2. 目标体系的分解

在确定了各部门的任务后，就要分解任务，分解落实责任，做好各项任务计划的编排工作。图20是经坊煤业目标任务的纵向分解示意图。

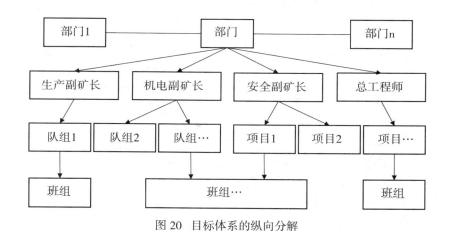

图20 目标体系的纵向分解

在确定了各部门的任务后，就要分解任务，分解落实责任，做好各项任务计划的编排工作。以生产部门为例：

（1）明确各项生产任务：即产量、进尺及煤质指标、瓦斯抽采钻孔、抽采量及抽采率等指标。

（2）如何将这些任务指标根据实际分解到各口、各部门和各单位，并结合各自的采场设计、分布及接替状况，如何安排好进尺、巷修、安装、拆除工作面、打钻与抽采工作，要求各部门在充分考虑安全生产因素的同时，结合经营指标的承受力，从提高效率入手，分轻重缓急，对那些近两年内不影响安全生产的项目往后排，尽量以当年成本能承受的项目为主进行任务组合与安排，优化各项任务方案的编排。

（3）将具体编排的责任领导与部门界定清楚。各项任务的安排由总工程师牵头，组织设计科、生产技术科、通风防突科、机电科等部门，对当年生产计划实际需要进行编排，企管科、人力资源部参与其中了解编排过程。

3. 目标考核与反馈

公司成立了由考核委员会、考核办公室和考核小组组成的三级目标考核管理机构，分别由公司领导、职能部门负责人及工作人员组成，按照管理层次进行了职责分工。

为了更加规范、透明地使用考核资金，考核办在财务部设置"考核账户"，建立目标考核和单项考核科目由人力资源部统一管理考核资金。考核资金采取专款专用的原则，实行专项账户管理，需建立完整、清晰的资金使用台账。考核资金主要用于连续性指标年终兑现、总经理嘉奖、其他考核奖励等项目，或由考核办公室确认的其他项目。

目标管理对朝向目标的进步要不断提供反馈，通过对每位职工提供持续的反馈，使他们能控制和修正自己的行为。在检查进度时，要给阶段性评价和相应的物质及精神鼓励，以进一步激发职工对组织目标的认同感和工作的自豪感；在评价过程中，是注重成果，而不是过程，即考核评价只能是目标的实施结果，而不是努力的程度。经过严格的考核评价，使目标管理进入良性循环。

（二）经坊煤业的现场管理模式

1.现场管理的组织形式

经坊煤业的组织形式主要分为四个层次和两个核心。四个层次包括：领导层、科室层、队组层和员工层。两个核心包括"以领导理念为核心"，"以队组实施为核心"，领导和队组对现场管理做到齐抓共管，形成良好的现场管理体制。

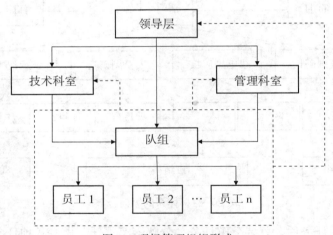

图 21 现场管理组织形式

如图 21 所示，第一层次为领导层，主要负责拟定现场管理方针和目标。经坊煤业领导层根据企业实际状况，通过对企业外部优秀现场管理经验的学习，并对企业自身现场管理实践的总结，确定现场管理的目标和任务，并下达给科室和队组。第二层次为技术科室和管理科室，主要负责具体的工作计划制定和实施方法。科室的主要任务是将领导提出的现场管理理念进行细化，根据不同科室针对自身分管的不同领域，制定详细的现场管理工作制度，并细化出可执行的现场管理方案供队组实施。第三层次为队组，由于现场工作任务基本都是由队组来完成，因此，队组在现场管理中占有重要地位。队组的工作任务主要是领会领导的现场管理理念，并将上层科室下达的现场管理任务继续细分，分配到每一个员工的身上。并按照上级的要求，对员工进行教育培训和宣传，深化员工对现场管理理念和规章制度的学习和掌握。第四层次为员工，员工是现场管理任务的实施层，按照队组分配的任务要求，员工干好每一项工作，做好每一件事情。经过这种层层分解，经坊煤业将现场管理从理论到方法运用到实际工作中。

经坊煤业同时还建立了良好的反馈机制和奖惩机制，当队组和员工在工作中遇到不合理的现场管理制度时，可以及时反映到技术科室和管理科室，并能让领导层知晓，使现场管理制度持续改进，更加有效地指导队组的日常生产工作。对在现场管理中表现优异的队组和员工进行奖励，对表现不佳的队组和员工进行警告惩罚，更能有效地激励队组和员工在工作第一线认真贯彻现场管理的理念，有助于经坊煤业整个现场管理水平的提升。

2. 现场管理的主要任务与流程

如图22所示，现场管理的主要流程包括两个方面：日常工作流程和改进工作流程。日常工作流程包括对现场工作流程进行设计，对现场工作任务进行分解和队组实际的现场工作。其中，现场工作流程设计由领导层负责，主要包括制定现场管理方针目标，明确现场管理的实施目的，并制定初步的现场工作流程设计。现场工作任务分解主要由相关科室负责，需要依据现场工作流程设计，负责编写更加详细的工作任务分解书，并下达到队组中去。队组的实际现场工作主要包括队组接班工作、现场工作作业和队组交班工作。经坊煤业明确要求队组交接班程序化，做到班与班、组与组、岗与岗、手与手按规定交接，交接不清交班员工不能离岗，接班员工不能上岗。改进工作流程主要包括提出现场管理改进想法和设计现场管理改进方案，经坊煤业领导通过参观学习其他优秀煤矿的现场管理优秀做法，结合企业现场管理出现的新情况、新问题以及队组和员工的反馈，提出现场改进的想法，并结合科室部分根据想法设计出现场管理改进方案，从而更好地指导现场工作任务的分解。

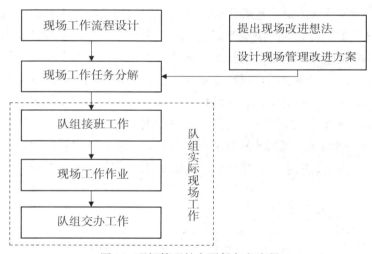

图22 现场管理的主要任务和流程

3. 现场管理的主要方法

经坊煤业领导层树立了正确先进的现场管理理念，以"8S"现场管理思想、质量标准化思想、管理精细化思想和持续改进思想作为指导现场管理的准绳，指导经坊煤业现场管理各种制度和方法的确定。经坊煤业各级科室坚持工作流程化、质量标准化和管理制度化的设计理念，做好现场工作任务和相关制度的设计。队组依据"人人有责任，事事有考核"的基本准则，将工作任务继续分解，使工作任务明确到个人，每一个员工在现场管理中的职责明确。并在每周二和每周五进行学习和考核，坚持每日一题，每月一考，在井下随机抽考，现场手指口述，使现场管理理念、方法和工作任务贯彻到每一个员工身上。在队组实际现场工作中，要求队组长和员工班前三做到：心态静、方向明和任务清；班中三必到：薄弱环节必到，特殊地段必到，关键地点必到；班后三汇报：汇报人的思想、物的状态和环境隐患。施行精细化接班和交班制度，交接班均有详细的记录。

此外，经坊煤业运用科学的标准和方法对生产现场各生产要素进行分析，对人（工人和管理人员）、机（设备、工具、工位器具）、法（生产工艺）、环（工作环境）等要素进行合理有效的计划、组织、协调、控制，使其处于良好的结合状态，以达到优质、高效、低耗、均衡、安全、文明生产的目的。经坊煤业设置专业的人员对现场管理的"人机环管"进行监督和检查。安全员对现场机器及现场环境进行巡查和抽查，保证机器和工作场所的安全。培训中心对员工现场管理的知识进行抽考，并对员工的行为进行观测和监督。而队组长主要负责三问、三查、三测和一处罚，对现场管理措施实施起到保障作用，其中三问包括：问上一班工作情况、问班前会工作部署、问人员岗位对标；三查包括：查隐患落实、查措施到位、查违章人员。三测包括：测瓦斯浓度、测工程质量、测保护措施；一处罚包括：针对不合格的事，处罚不负责任的人。

在此基础上，经坊煤业基于质量标准化、生产精细化和持续改进的管理思想，以作业程序化，操作标准化和管理精细化为核心工作设计方法，经坊煤业在长期的煤矿企业的现场管理实践中，结合国外先进的现场管理理念，总结出煤矿企业的"8S 精细管理"，如图23所示。"8S 精细管理"包括整理（Seiri）、整顿（Seiton）、清扫（Seiso）、清洁（Seiketsu）、素养（Shitsuke）、安全（Safety）、节约（Save）、学习（Study）八个项目。整理是区分要用和不要用的，不要用的清除掉；整顿是把要用的东西依规定定位、定量摆放整齐，明确标示；清扫是清除工作场所内的脏污，并防止污染的发生；清洁是将上面3S实施的做法制度化、规范化，并维持成果；素养是人人依规定行事，从心态上养成好习惯；安全是管理上制定正确作业流程，配置适当的工作人员监督指示功能；节约是养成降低成本习惯，加强作业人员减少浪费意识教育；学习是学习长处、提升素质，使企业得到持续改善、培养学习型组织。整理、整顿、清扫和清洁构成现场管理的作业循环，员工的素养的提升是执行这四项措施的关键，经坊煤业根据煤矿企业的现实，强调现场管理的安全生产和成本控制，建立学习型组织以实现现场管理的安全化、精细化和持续改进。经坊煤业提倡"8S"实施是手段不是目的，是长期要求不是短期行为，是自律行为不是强制执行，是工作而不是形式，通过实行"8S精细管理"，经坊煤业要求全员了解 8S 的定义及其意义，并建立了完善的检查考核制度，保证"8S精细管理"造就安全、舒适、明亮的工作环境，提升员工真、善、美的品质，从而塑造一流公司的形象。

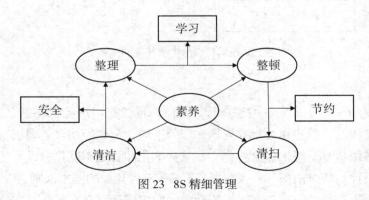

图23 8S 精细管理

通过实施现场管理，经坊煤业通过对井下地面现场进行管控，使员工工作场所达到整洁、有秩序的标准，并向着美观的高级标准努力，使员工可以在良好舒适的环境中进行工作，提升他们的士气。一方面，有效降低了生产中的各项成本支出，另一方面也提高了经坊煤业的生产效率，达到了经坊煤业安全、文明、有序生产的目的。

（三）经坊煤业的自主管理模式

经坊煤业自主管理模式是指员工在对经坊煤业安全文化认同和接受的基础上对自己的行为进行自我控制和约束，是管理机制的具体化和操作化，是为了充分发挥经坊员工自我安全保护意识，加强员工自我发现问题、自我分析问题、自我解决问题的能力，变被动管理为主动管理，进而实现员工自我提高、自我超越的目的。经坊煤业推行自主管理，是从保护职工生命安全出发，实现企业平稳发展、健康发展的根本要求。与此同时，自主管理也是构建经坊煤业安全诚信体系的重要组成部分，是经坊煤业面对新形势新任务抓好安全管理的新举措，对于构建经坊煤业安全生产长效机制具有重要意义。

1. 自主管理的基本模式

根据系统控制理论中"事前控制、事中控制、反馈控制"的思想，经坊煤业结合闭环管理机制的基本要求，在充分吸取总结以往的经验之后建立了"班前控制、班中控制、班后控制"的员工自主管理基本模式，如图 24 所示。

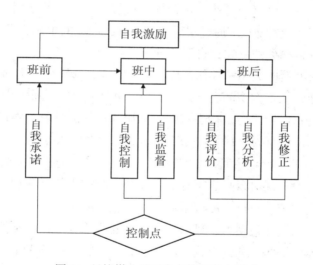

图 24 经坊煤业员工自主管理基本模式

从图 24 可以看出，经坊煤业提出的自主管理基本模式通过班前自我承诺，班中自我控制、自我监督，班后自我评价、自我分析、自我修正，以及贯穿始终的自我激励，形成了一套闭合的安全生产自我约束机制，将管理机制真正落实到安全管理上来。

（1）自我承诺。员工的自我承诺既是对安全工作的承诺，也是以道德范畴和个人信用规范约束自身的安全行为。在进入工作现场前，召开班前会，就遵章指挥、遵章作业、"三不伤害"、依法组织安全生产、如实汇报各类事故等事项，在员工中开展"安全从我做起，安全从我抓起，安全向我看齐"的安全承诺，增强员工的安全意识和责任意识，使安全诚信建设形成强大的舆论氛围，激发员工安全生产的主动性。

（2）自我控制。在做好隐患排查和安全检查工作的前提下，员工以本工种的岗位操作规范为指导，熟悉岗位工作流程，细化工作标准，上标准岗、干放心活；长时间的井下劳作，工作环境的影响难免会使员工产生厌烦疲倦的情绪，因此，员工要不断地进行自我提醒，保持冷静的头脑与清醒的意识；在生产中，员工与员工之间加强协作与沟通，使班组成员产生一致的安全行为，避免"三违"行为的发生，强化"我的责任我知道，我的责任我落实，企业安全我负责"的自我控制理念。

（3）自我监督。员工在生产中自觉按照国家安全生产法律、法规及经坊煤业的安全管理要求开展工作，树立安全荣辱观，增强自主保安意识；员工与员工之间相互监督、相互防护，树立团队精神的组织安全认同感和安全管理的认同感，提高整个班组的安全生产绩效；不瞒报工伤和其他各类非伤亡事故等违规活动；对于有关管理人员的违章指挥和严重不履职行为，员工充分行使抵制违章权，并予以举报、投诉。

（4）自我评价。对照国家安全生产法律、法规及经坊煤业安全管理实施细则及员工岗位责任书，员工主动评估自身生产行为是否达到"四无"考核目标，即无欠勤、无违章、无事故、无违纪，根据"三提高"考核指标，评估自身业务素质和操作技能是否有提高；从职业道德素质、思想政治素质和科学文化素质等方面，评估自身的安全生产意识、思想道德和知识素养是否有提高。自我评价的目的在于充分调动和激发煤矿职工安全生产积极性，使其主动自觉提高自身安全素质、规范作业行为，防控和减少各类重大、特大事故的发生。

（5）自我分析。根据自我评价结果，找出生产过程中存在的问题，分析问题产生的表层原因和深层原因、引发该问题的源头因素、源头的可控性、可控因素失控的原因、保证不再失控的措施以及该问题对整个班组生产造成的影响；通过层层追问，寻找问题的根源，发现更多需要改进的问题，从偶然中发现必然，并进行深刻的反省和自我反省。

（6）自我修正。针对问题的类型和性质，及时同上级有关领导进行沟通，寻找合理的解决方法，在后续的生产中加以实施，杜绝类似问题再发生；进一步了解和掌握危险源如何辨识，隐患如何排查、消除和报告，增强自我保护能力；加强对专业知识和技能的学习，端正安全生产态度，养成良好的安全习惯，不断规范作业行为，提升现场工程质量水平和个人职业安全技能。

（7）自我激励。在员工履行自主管理的整个过程中，经坊煤业通过各类宣传教育和培训，充分运用员工内在的约束性提高其对自身、家庭、企业和社会的责任感，积极引导员工树立"职工生命如天，安全至高无上"、"一言一行，法规至尊"、"安全是职工的最大幸福"的安全信念，突出安全生产的极端重要性。以此信念为动力，班前切实做好安全检查工作，确保安全的工作环境；班中严格按照安全生产规程开展工作，加强自我控制和监督，消除人的不安全行为；班后认真进行自我评价和分析，对存在的问题不断修正，提高工作效率，进而在整体上提高班组生产绩效。

2. 自主管理的实现途径

经坊煤业员工自主管理强调以人为本，既把人看作生产力中最活跃的因素，充分调动员工的积极性，又把人看作企业的根本，重视人的思想意识和能力素质的培养与提高，从而唤起员工的主人翁意识，确立员工的主人翁地位。因此，实现员工自主管理应从充分激发员工的工作热情和潜力入手，变被动管理为自主管理。

（1）教育培训。经坊煤业有限责任公司大多数一线职工学历偏低，职工队伍面临青工多、人员杂、素质差的现状，员工整体素质低与企业快速发展要求之间的矛盾日益凸显。因此，经坊煤业坚持"授人以鱼不如授人以渔"、"以人为本，治人为先"的人才理念，帮助员工树立"敬业、精业、勤业、创业"的职业道德理念。一方面通过报纸、网络、多媒体等手段，深入宣传安全生产方针、政策、法规，开展安全思想教育，督促员工加强安全标准、质量标准、工作标准、规程及安全确认知识的学习，端正安全生产态度，切实提高员工对事故的综合防范能力；另一方面多渠道、多棱角地强化员工安全技能培训，内容涵盖安全生产法律法规、入井须知、岗位操作规范、煤矿生产技术、矿井通风与灾害预防、自救互救与创伤急救等各个方面，科学系统、生动形象，大大提高一线职工的学习积极性和技能水平，努力打造一支知识结构合理、素质优良的一线职工队伍。

（2）安全行为养成。通过教育培训，一方面使员工深刻理解安全生产的重要性，在工作中自觉地构筑安全"自我防线"；另一方面使员工掌握岗位安全知识和操作技能，达到持证上岗，同时，在生产中强力推进"手指口述"操作法进行安全确认，促使员工不断规范作业行为，切实从源头消除安全隐患。以"预知、预想、预报、预警、预防、预备"的行为理念为指导，变员工"要我安全"的观念为"我要安全"的观念，在班前做好安全检查，班中坚决杜绝"三违"行为，班后对个人安全行为进行评估，及时修正存在的问题。员工在生产过程中充分行使维护安全生产的权利，如拒绝任何人违章指挥，拒绝任何人违章作业，拒绝在危及人身安全的危险场所作业，对忽视职工安全和健康的错误行为和决定提出批评和控告等，在维护其切身利益的同时，对他人的行为进行约束和监督，形成浓厚的安全生产氛围。

（3）绩效考核。经坊煤业建立了职工素质提升档案，制定了"四无三提高"量化考核目标，即无欠勤、无违章、无事故、无违纪，学习有提高、学历有提高、技能有提高，对员工进行定时和随时考核，并将考评结果与工资挂钩，利用经济杠杆激发员工的能动性。在认真总结"四无三提高"考核标准、召开座谈会调研论证、反复征求意见的基础上，经坊煤业提出了以提高职工思想政治素质、职业道德素质、科学文化素质、职业技能素质和健康身心素质为重点的"提升五大素质"考核目标，并修订"星级"职工考核标准，围绕职工培训考试、安全质量、生产任务与出勤、学习与技能、思想政治与行为规范、技术创新与合理化建议等方面加强考核，不断优化一线职工的专业结构、知识结构和技能结构，使职工队伍的整体素质得到明显改善。

（4）自我完善。根据绩效考核结果，利用经济手段和行政手段奖励工作成绩突出者，惩罚违章违纪者，形成正反面的安全典型，促使获奖者的工作热情和积极性得到进一步激发，受罚者认真吸取经验教训，查缺补漏，加强理论知识和岗位操作技能的学习，切实提高自身素质。以"主动学习、持续更新"的学习理念为指引，员工通过积极参加岗位练兵、技术比武活动，进一步夯实专业技能；将"八小时以外"的主要精力转移到学理论、学业务技能上来，转移到参与继续教育、更新知识上来，营造"工作学习化，学习工作化"的良好氛围，达到自我完善、自我提高的目的。将正反面的安全典型应用到下一轮的安全教育培训中，进而形成了一套完整、闭合的自主管理实现路径，如图25所示。

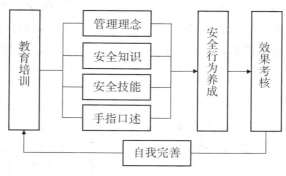

图25　员工自主管理的实现途径

（四）经坊煤业的队组管理模式

1. 队组管理的组织形式

队组是煤矿生产的最基层组织，煤矿几乎所有的生产活动都是通过队组进行的，是煤矿开展各项工作的基本着力点和最终落脚点。经坊煤业为了提高队组的管理水平，建立了完善的队组管理模式。

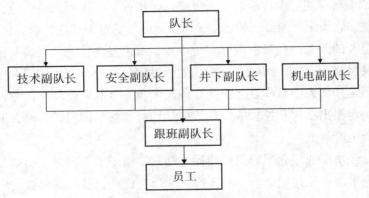

图 26　二级首长制管理方式

如图 26 所示，经坊煤业队组管理的组织形式采取二级首长制管理，在一个队组中，拥有一个队长，四个常任副队长和四个跟班副队长。队长是队组的总负责人，需要对上级下达的工作任务和指示认真分析和把握，并将具体的工作任务分配给副队长。队组的工作很多时候需要不同工种员工协作共同完成，队长起到组织和沟通的作用，注重队组内不同员工的协调和配合问题。四个常任副队长包括技术副队长、安全副队长、井下副队长和机电副队长，主要负责生产技术方面的问题，是对关键人员、关键工序进行控制。专业副队长根据自己负责的领域，制定完整详细的作业指导计划，明确具体的操作步骤和控制检查标准，同时确保相关设备工具等条件的安全稳定。队长和副队长构成了队组领导的第一个层级。为了加强井下员工的生产安全，经坊煤业创新提出了跟班副队长这个职位。跟班副队长享受副队长级待遇，并且在井下拥有很大的权力，可以随时对员工进行安全监督，纠正员工不安全行为，在井下的职能权力相当于队长亲临现场。由于煤矿一般实行三班倒制度，经坊煤业设置四个跟班副队长，如果有某个副队长临时有事，可以随时调整，保证每个班都有一名跟班副队长下井进行安全监督。跟班副队长构成队组领导的第二个层级，与第一层级的队组领导相互呼应，队长和专业副队长对跟班副队长实施职能式管理，跟班副队长代替队长和专业副队长实施首长制管理，构成有特色的二级首长制管理方式。该管理方式可以充分发挥队长的综观全局的作用，专业副队长的技术专长，跟班副队长的现场监督作用，使他们各司其职，共同管理好队组工作。而且这种管理方式可以确保现场管理的权力集中和连续，并且权责明晰，有利于对队组的制度、文化进行建设和营造。

2. 队组管理的核心要素

经坊煤业为了促进队组的和谐，提升队组的凝聚力和战斗力，使员工有章可循，减少员工不安全行为的发生，达到增加整个队组工作绩效的目的，提出了队组管理的核心要素，主要包括队组制度、队组文化和队组监督三个方面。三个核心要素与二级首长制紧密相连，其中队组制度实施和队组文化传播属于队长和专业副队长职责，队组监督主要是跟班副队长的职责。

队组制度是队组管理的基础，良好的队组制度可以维护正常的工作、劳动、学习、生活的秩序，保证经坊煤业各项工作的正常开展。经坊煤业队长和专业副队长在实施队组制度时，以国家法律法规和经坊煤业企业相关规章制度为原则，为队组人员的工作和活动提供可供遵循的依据。不仅注重队组制度的指导性和约束性，同时注重队组制度的鞭策性和激励性，还注重队组制度的规范性和程序性。队组员工做什么工作、如何开展工作都有一定的提示和指导，同时也明确队组员工不得做些什么，以及违背了会受到什么样的惩罚；将制度张贴或悬挂在工作现场，随时鞭策和激励着队组人员遵守纪律、努力学习、勤奋工作；通过完善的队组制度实现工作程序的规范化，岗位责任的法规化，管理方法的科学化。

队组文化是队组管理的动力。良好的队组文化可以增强队组人员的归属感。经坊煤业队组在日常工作中任务重、压力大，不仅需要强有力的队组管理，又需要队组成员的积极配合。良好的队组文化能够帮助队组员工热爱队组，培养与队组共荣辱的意识，积极配合完成队组的工作。因此，队长和专业副队长将经坊煤业确立的优秀队组文化内涵传播给每位员工，大力发扬优秀队组精神，并树立良好的队组形象和队组员工形象，并评选优秀员工，以此来激励所有员工向优秀员工看齐。队组成员从管理者到员工，上下同心，齐心协力共同完成工作任务。

队组监督是队组管理的保障。监督是队组管理工作的一项重要的职能，在监督的过程中实际是发现偏差纠正偏差的过程。跟班副队长在日常工作中，把员工不符合工作操作规程或者安全的行为改正过来，使之符合安全规范，从而使安全生产得到保证。队组监督可以提高队组人员的安全意识，使员工在工作中时刻保持规范的工作流程并且注重自身的安全行为，减少出现违章现象。

3. 队组管理的基本方式

经坊煤业队组管理主要采用五种管理方法，包括：①情感管理；②班前会议；③精细的作业规程；④管理制度；⑤队务会议。这五种方法以员工情感管理为中心，班前会议、作业规程、管理制度、队务会议为队组四种基本的管理方式，构成一个循环。通过班前会议布置任务，工作中规范作业行为，工作完毕后按照队组管理制度进行员工绩效奖惩，最后根据每天和每周队组的工作情况进行总结，发扬优点，改正不足。图 27 是经坊煤业队组管理方式的示意图。

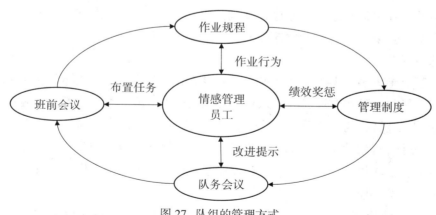

图 27 队组的管理方式

其中，对员工进行情感管理是队组管理的核心。经坊煤业通过柔性的工资绩效管理，员工每月的工资待遇不产生较大波动，使员工可以安心工作；提升员工的工作福利水平，经坊煤业建立了专业的生产调度中心大楼，每个队组均建立独立的浴室和会议室，并在会议室设立亲情墙，将每位员工的全家福挂在上面，关心爱护员工，使员工在队组中体会到家的温暖，增强员工的凝聚力。班前会议队长是主持人，主要负责下达总体工作任务，对员工进行安全教育，传达上级有关指令。副队长主要是对当班的任务、质量标准和安全操作程序等进行详细安排，使员工明确工作目标。跟班副队长需要明确作业规程的标准，以便对员工进行监督。在工作中，队级领导根据作业规程，促使员工做出合适的工作行为选择，增加员工的安全行为，减少员工的冒险行为和不安全行为，这部分管理主要由跟班副队长负责。在每班员工完成工作任务后，跟班副队长会根据管理制度和每个员工的工作表现，对员工的工作业绩进行考核打分，队长会以考核情况为依据，对员工实施奖惩。队务总结会议分为班后会和每周队组会议。员工每天下班后，并不是立即回家，而是需要在队长和专业副队长的带领下，进行今天队组工作总结，对每班员工在工作中出现的不安全行为进行批评纠正，对遵守安全规章制度的员工进行表扬，并总结今天的工作任务完成情况以及还需要注意改进的地方。队组每周还要进行一次队组会议，对这一周发生的问题进行总结，发现可以改进的地方，不断完善队组的管理水平。运用情感管理等手段，配合采用这四种队组管理方法，经坊煤业的队组管理水平不断提高，使队组在安全管理、生产管理、质量管理、劳动管理中能发挥良好的管理效用，促进班组和谐融洽，做到生产和安全双达标。

（五）经坊煤业的安全监督检查模式

安全监督检查是保证煤矿生产安全的重要一环，安全生产检查的最终目的在于及时发现工作人员的不安全行为并及时纠正，及时发现设备隐患，消除不安全因素，及时发现和弥补管理缺陷，逐步建立现代化安全管理体系，及时发现、总结推广安全生产先进经验，贯彻安全生产的方针、政策和法规，最终达到通过检查消除事故隐患，完善各项规章制度，提高安全管理水平的目的。

经坊煤业从安全监督的对象入手，不断健全安全监督的管理流程，细化安全监督管理的内容，逐步建立起了一个有经坊煤业鲜明特色的"双动双静"安全监督检查模式，有力地保障了经坊煤业生产的安全运作。

1. 安全监督检查的内容

经坊煤业安全检查的内容既体现了对安全重点环节的高度关注，也体现了对安全流程细节的把握，也对安全理论、制度因素进行了程序化和规范化。具体而言，经坊的安全检查内容分为三类：安全检查重点环节、安全流程规范检查与安全学习检查。

（1）安全重点环节检查。

1）查"三违"。绝大多数煤矿安全事故的发生都是由于人的"三违"行为造成的，每次"三违"都有可能酿成安全事故。经坊煤业充分认识到，要想从根本上消灭因人的不安全因素造成的安全事故必须坚决制止"三违"行为。为此，经坊煤业人认真分析每一次"三违"的成因和危害，能够做到减少和杜绝"三违"现象的发生。查"三违"成了经坊煤业建设本质安全型矿井，实现矿井长治久安的重点。因为，经坊煤业人都知道，对违反作业规程、违反操作规程、违反劳动纪律的人进行监督管理是保障安全的一项重要内容。

2）查隐患。隐患排查是贯彻落实"安全第一、预防为主"方针的主要手段之一，为了强化各级领导的安全生产责任制和各业务部门的业务保安责任制，强化现场安全管理，经坊煤业特别重视各种隐患的排查工作，千方百计地把安全隐患消灭于萌芽之中，杜绝重大事故发生。

3）查"一通三防"和重大问题。一通三防是指矿井通风、防瓦斯、防煤尘、防火灾事故的简称，它是每个煤矿安全工作的重中之重，也是杜绝重大事故，实现安全状况根本好转的关键。矿井水、顶板、机电等又是威胁煤炭安全的重大问题，对其进行精细化管理并实施有效监督检查是保证煤矿安全的关键。因此，经坊煤业安全监督检查的另一个重点就是对一通三防、矿井水、顶板、机电等安全环节的精细化安全管理进行监督检查，以保障矿井生产的安全。

（2）安全流程规范检查。

1）查特殊工种持证上岗。重点监督检查各种司机、放炮员、瓦斯检测员、电工等特殊工种是否持证上岗。无证者不准操作，按严重违章处理并追究允许、安排无证上岗的有关责任人的责任。

2）入井安全检查。主要是针对《煤矿安全规程》对入井人员的具体规定而进行的安全检查活动。凡是入井的人，无论工种和职业，也无论是管理干部还是普通生产工人，都必须遵守入井须知和有关规定，接受安全检查人员的安全检查，并且要互相监督，共同遵守有关安全规定。

3）查工程质量、操作质量、设备完好状态。工程质量、操作质量和设备完好是煤矿安全工作的基础，安全检查中应随时随地对工程质量、操作质量、设备完好和电气防爆进行检查，必要时要开展专项检查。对存在的问题和隐患，认真对待，严肃处理。

（3）安全学习检查。

1）查规程的编制、审批、贯彻、学习考试情况。煤矿有三大规程即《煤矿安全规程》、《工种操作规程》和《技术作业规程》，还有《各工种岗位作业标准》、《防止重大事故措施》、《矿井灾害预防处理计划》以及局矿制定的规章制度和措施。相对应的各单位都必须组织学习，并且编制出适合自己单位的各种规章制度等。经坊煤业特别重视对上述规程的编制、审批、学习和考核的监督和检查工作，通过监督检查促使国家的法律法规得到有效贯彻，以确保经坊煤业各项工作的顺利进行。

2）查区队的安全活动、班前安全教育和规程学习。一查活动开展形式，是否有主要干部主持，二查是否有专题和内容，三查是否有签到和记录。队组的安全活动是发动和宣传广大职工学习规程和有关安全会议、文件，讲评本单位安全工作，从而对工人进行全方位、多角度安全培训教育，提高职工安全素质，增强安全意识，具有较强针对性的好形式，是安全系统工程中的重要一环。

3）查各级干部跟班上岗情况。作业现场，尤其是采煤掘进工作面，多工种、多单位交叉作业现场，危险性和工作难度较大的作业现场（如运输综采液压支架等），尤其需要干部到岗到位，加强指挥和组织工作。对此，经坊煤业加大对各级干部跟班上岗情况的检查力度，通过指派责任心和业务能力较强的检查人员或干部进行相关的监督检查工作，收到了良好的监督检查效果。

2. 安全监督检查的途径

（1）矿领导监督检查。矿领导根据自己的工作重点，对所经过的路线和工作场所的安全隐患等进行协查和督查，并将协查情况告知责任单位，由责任单位安排责任人处理。

（2）矿职能部门管技人员监督检查。按照各自系统领导的安排，对所经过的路线和工作场所的安全隐患等进行协查和督查，并将协查情况告知责任单位，由责任单位安排责任人处理。

（3）安检员监督检查。按照值班人员的布置，安监员对所经过的路线和承包的工作场所的安全隐患等进行协查和督查，并将协查情况告知责任单位，由责任单位签字认可，并安排责任人处理。

（4）区队管理人员监督检查，如图28所示。

3. 隐患治理的流程

安全监督检查的目的是通过及时发现隐患，以采取适当措施加以消除。对检查出来的安全隐患熟视无睹不去处理，等于没有监督检查，必然威胁后继生产安全。安全隐患的治理工作主要包括以下内容：

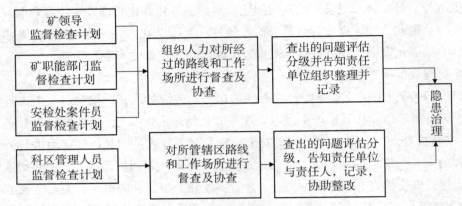

图 28 监督检查的途径及其工作流程

（1）基层单位对已查出的安全隐患等进行评估、分级。基层单位管理人员，主要是科区跟带班人员、班队长，根据相关制度或标准，对监督检查中已查出的安全隐患进行评估，判断能否自行整治，能够自行整治的隐患自行治理，不能够自行整治的安全隐患汇报上级部门。

（2）基层单位自主闭合处理隐患。对于能够自行治理的隐患，基层单位管理人员根据《作业规程》《技术措施》制定整治方案，安排治理责任人，并监督整改，最终检查验收、记录整理。当班不能处理完毕的隐患，汇报区队值班处，由区队值班处安排下一班次继续治理。

（3）上级管理部门闭合处理隐患。对于不能够自行整治的安全隐患，汇报监督管理部门，由监管部门协调相关部门及人员制定隐患治理方案，组织责任单位实施。

（4）安全监督管理部门负责监督检查。安全监督管理部门负责对基层单位自主处理的隐患和各级管理部门负责处理的隐患实施监督和检查，并对治理结果进行核查。当安全隐患威胁到安全生产时，勒令停止生产，等待隐患彻底消除后，处于安全状态下再继续生产。

经坊煤业实施的隐患治理工作及其相互关系如图 29 所示。

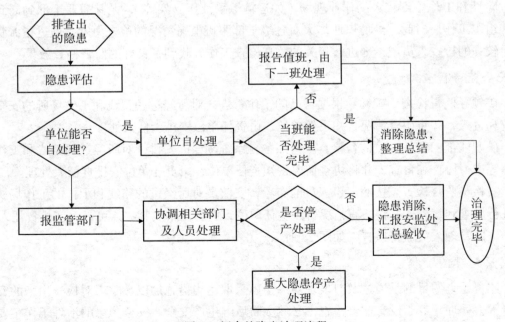

图 29 闭合的隐患治理流程

4. 安全监督检查的形式

在长期的管理实践中，经坊煤业摸索出一套行之有效的安全监督检查模式，即以班组、队组的自查为基础，以职能科室和管理科室的日常检查和专项检查为主体，以各级领导干部的突击检查和现场检查为辅助，通过对安全生产的重点环节、生产规程以及区队安全学习等的监督检查，保障企业安全生产的顺利进行。该模式以"双动"和"双静"检查为核心，具有经坊煤业的鲜明特色。图30是这种监督检查形式的示意图。

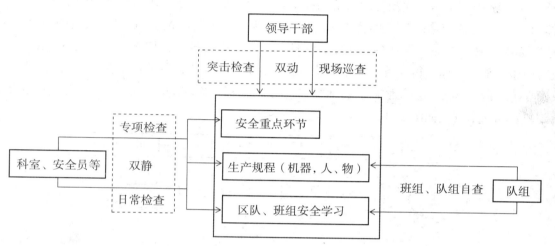

图 30 经坊煤业的安全监督检查模式

"双静"指经坊煤业以职能科室、专业科室等为主导的日常检查和专项检查。职能管理人员、各专业技术管理人员、安全员、瓦检员等按照日常工作安排，正常巡查工作现场，对现场的各种安全隐患和不安全行为等进行检查，并对管理人员下井带班等进行检查。同时，对安全制度、安全技术、设备运行、设备安装、人员培训等工作进行检查，对一些安全重点环境或区域实施实时监控或随时检查。并对相关的安全管理工作流程和实际安全管理行为等进行监督和检查。"双静"检查模式是常规的、程序化的检查，它有力地保障了经坊煤业每日、每班、每个生产现场、设备、人、物等时刻都处于安全监控的状态。

"双动"指经坊煤业以各级干部为主导的突击检查和现场巡查。生产现场和五大安全环节是突击检查和现场巡查的重点。通过对现场重点部位、薄弱环节、关键工序等实施有针对性的突击检查或巡查，能够有效控制现场安全的薄弱环节，确保现场的生产安全。突击检查和现场巡查还对现场的人、机、物等各方面工作进行仔细审视，对现场存在的各种隐患进行排查，尤其对人的不安全行为和一些关键生产环节进行不间断检查，严格监督施工人员的操作行为，预防施工过程中"三违"行为的发生。突击检查和现场巡查是一种动态检查机制，不但检查区队和现场人员的工作行为，而且还对职能科室、专业科室等日常检查和专项检查行为进行监督检查，因此也是确保"双静"检查的重要保障。

上述"双静"与"双动"相结合，共同形成了一套体系严密的安全监督检查机制，是经坊煤业安全检查的主要形式。

（六）经坊煤业的"三违"整治模式

加强"三违"整治是促使员工安全诚信和自我提升的一项重要约束机制和效率与公平机制。针对导致"三违"的主要原因，例如社会行为环境的文明缺失，家庭因素导致行为失调，员工个人不良习惯的影响，安全意识的淡薄，安全知识和操作技能的匮乏，超强度作业和过度疲劳的工作失误以及利益驱使，经坊煤业确立了以预防和教育为手段，以惩罚帮教为辅助，以自我认识、自我完善为目的的"三违"整治指导思想，并通过逐步完善"三违"的评判标准，扩大"三违"的整治范围，以此来不断提高员工的工作行为质量，使经坊煤业的安全生产向着更高的方向发展。

1. "三违"整治的基本方式

"三违"整治工作是一项复杂的系统工程，它至少包括"三违"评判标准的确定，工作人员的日常教育和培训、施工措施的制定和执行、工作行为的检查与纠正、"三违"人员的说服与帮教、"三违"标准的修改与完善等众多工作内容和环节。只有将这些内容和环节有机地整合在一起，才能使"三违"整治工作取得实效。在系统总结煤炭企业以往"三违"整治工作经验的基础上，经坊煤业确立了"群防群控、群反群帮、奖惩并重"的"三违"整治基本方式。这种"三违"整治模式的主要内容和基本方式如图31所示。

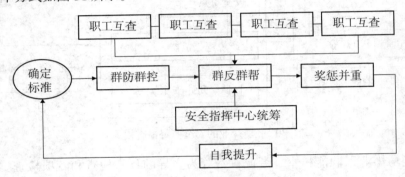

图31 经坊煤业"三违"整治基本模式

（1）群防群控。经坊煤业利用专门的培训中心，定期对各类人员进行相应的岗位知识和技能培训，让员工熟练掌握自己应具备的岗位知识和技能。各级管理部门也充分利用日常各种教育方式（如班前会、班后会、群众安全例会等）围绕职工生理和心理规律、社会和家庭生活对人的影响规律、安全与生产辩证发展规律等安全教育，使员工深刻认识"三违"行为的危害性，促使他们逐步养成自觉远离"三违"的良好行为习惯。

源头预防管理：生产科、安监科等相关职能部门要在开工前的设计、准入等环节给职工创造不"三违"的条件和环境，从源头上预防"三违"的发生。

全矿上下形成在安全指挥中心的领导下人人反"三违"的氛围，通过建立"三违"整治领导机构，完善"三违"整治管理办法，抓好安全规章制度、技术措施全方位全过程的落实，使职工达到"知、会、懂、能"，从现场施工过程中控制"三违"的发生。

（2）群反群帮。就是在反"三违"的过程中，要全员、全方位、全过程地参与，消除、抑制、融化违反规章制度的人和事，甚至是思想意识。在全矿形成职工互查、单位自查、安监检查、矿上督查的反"三违"高压态势，有效遏制或减少生产现场"三违"现象的发生。帮是"三违"整治的重要环节，在"三违"整治的过程中，查处只是手段，帮教才是真正目的，通过全过程、多层次的帮教使"三违"人员充分认识到"三违"危害，达到个人不"三违"、主动反"三违"的帮教效果。

（3）奖惩并重。奖惩就是形成反"三违"的激励机制，两者都是整治"三违"过程中不可或缺的重要手段。惩处不是目的，只是通过惩处达到警示"三违"本人教育其他职工的效果，使其本人不再"三违"别人不敢"三违"。另外通过对"三违"查处有功人员的奖励，形成以奖为主、以罚为辅的奖罚激励机制。

2."三违"整治的主要内容与流程

由"三违"整治基本模式可知，"三违"整治需要从三个方面同时开展工作，即工作前要培训预防"三违"，工作中要群反群控"三违"，"三违"发现后要惩处"三违"。

（1）预防"三违"。主要包括两方面的工作。一是对工作人员进行教育和培训，"三违"的外在表现是行为，根子在思想。即首先加强职工业务知识和操作技能的培训，特别是岗位应知应会的学习，让职工在实际工作中了解环境、掌握技能、规范行为、把握要领。另外，在不断提高工作人员安全知识和技能的同时，通过管理者行为、制度、文化的引导等，潜移默化地影响基层工作人员的安全意识，帮助职工把实现自我价值构筑在企业发展的平台之上，激发他们的主人翁意识，自觉主动地端正工作态度，用正确的心理支配行为，履行工作职责，逐步减少各类"三违"行为的发生。二是采取各种切实可行的方法和措施。首先管理的制度要规范。使职工在生产的全过程都能做到有令可行、有章可依。其次管理的手段要科学。要因地制宜、因人制宜，合理地安排工作任务；要科学有效地利用工时，提高生产效率，杜绝撒勾延点现象，使职工始终能够保持充足的体力和良好的工作状态。为职工在工作中远离"三违"创造条件。

（2）查处"三违"。主要是通过管理人员的走动式巡查、安监人员的检查、带班干部的自查自纠和岗位的互保联保相互提醒对要"三违"的人员进行纠正。这项工作要求各级管理人员严格落实各项规章制度，以"执法必严，违法必究"精神严肃查处各种违章现象，如果不查"三违"，就不能发现"三违"，对"三违"人员的说服帮教也就无从谈起；不检查"三违"还会给职工造成一种煤矿不重视"三违"整治工作的假象。因此，加大对"三违"行为的检查力度非常重要。查处"三违"的主要力量和方式如图32所示。

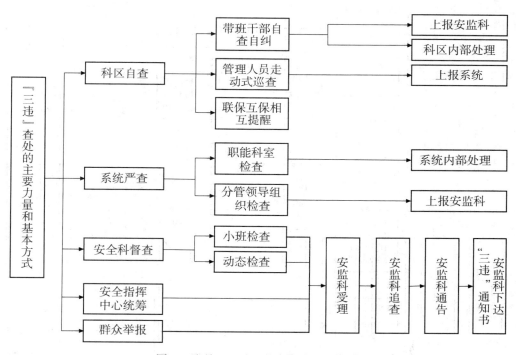

图 32 查处"三违"的主要力量和方式

（3）惩处"三违"。主要是对被查出的"三违"人员进行相应的处罚。这主要包括"确认"、"停工教育"、"复查"这三个环节。

首先是确认，即对检查出的"三违"进行确认，以防止检查错误的发生。对被查出的"三违"，由安监科负责审核、追查，在"三违"人员本人无异议后才能确认。

其次是停工教育，即对于"三违"人员按照规定给予停工教育处罚，对整个队组给予薪金处罚，形成连坐惩罚机制，确保队组成员之间相互监督、相互促进。停工教育主要目的是帮助"三违"人员重新梳理工作知识和技能，提高其风险识别能力，最重要的是提高"三违"人员对"三违"行为危害性的认识程度，影响和改变"三违"人员的风险意识和安全价值观，从而提高其自觉抵御"三违"行为的意识和能力。

最后是复查，经坊煤业对"三违"人员的停工教育是阶段性的，教育完毕之后给予员工继续工作的权利，并在员工工作过程中进行"三违"行为的复查。如果员工表现出色，则不影响员工接下来的工作，如果仍然存在"三违"行为，则再次对员工执行停工教育，屡教不改的予以辞退。具体如图33所示。

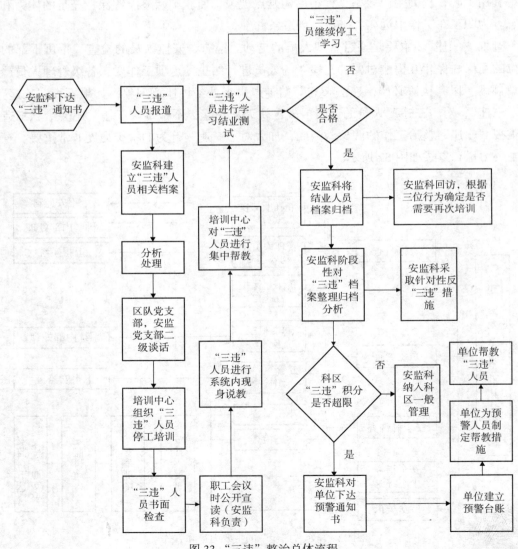

图33 "三违"整治总体流程

（七）经坊煤业的"三废"管理模式

煤炭企业要实现可持续发展，必须解决好煤炭资源开采所引起的环境问题。矿井水、煤矸石、土地塌陷是经坊煤业煤炭开采过程中的必然产物，矿井水如果不处理利用，直接排出地面，不仅浪费大量的水资源，而且严重污染地下水和地表水。矸石等固体废弃物既侵占农田又污染环境。堆积裸露的矸石山是重要的扬尘源，而且对土壤环境造成严重的污染。

经坊煤业始终坚守"致力为社会发展提供优质洁净能源"的企业使命，按照科学发展观，实施资源节约的基本国策，发展循环经济，提高资源利用效率，保护生态环境，建设资源节约型和环境友好型社会。在煤炭主业生产的同时，在废弃物处理再利用方面，对生产过程中产生的煤矸石、矿井水、粉煤灰、煤泥等工业废物进行综合利用，最大限度地循环使用煤炭开采加工过程中产生的一切物质资源，实现废弃物资源化，保护和改善生态环境，不断完善煤矿发展的新模式。图34是经坊煤业这方面面临的主要问题及其"三废"处理主要方式的示意图。

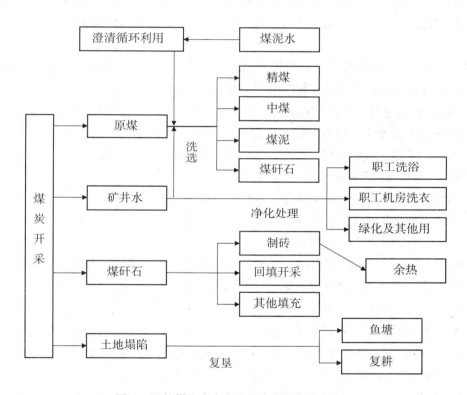

图34　经坊煤业废水废渣综合利用主要方式

概括地讲，在"三废"处理方面，经坊煤业最具有特色的是废水和废渣的综合循环利用。下面对经坊煤业这方面的管理模式做简要介绍。

1. 矿井水综合利用的管理模式

经坊煤业以矿井水的综合循环利用为目标，以技术创新和制度创新为动力，不断完善相关的配套政策，强化资源节约和环境保护意识，大力发展循环经济，缓解日趋紧张的水资源短缺与经济快速增长之间的矛盾，促进矿区与地方经济的持续快速发展。

经坊煤业矿井水综合利用的基本管理模式如图35所示。

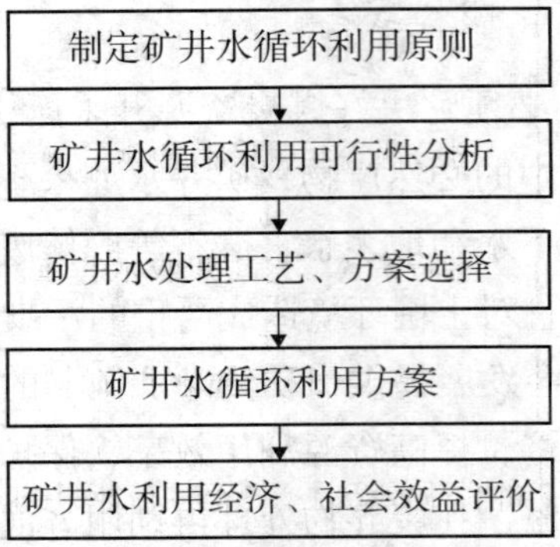

图 35　经坊煤业矿井水综合循环利用管理模式

（1）矿井水循环利用的原则。

1）坚持矿井水利用规划与矿区发展总体规划相结合。矿井水利用应纳入矿区总体规划与矿区同步建设，把“提高矿井水的综合利用率”作为解决矿区水资源短缺问题的重要措施，切实做好矿井水利用工作。

2）坚持量力而行、先易后难、先急后缓的原则。重点抓好重大涌水区、重点缺水区的矿井水利用工作，采取分步实施的办法，确保矿井水利用规划目标的实现。

3）坚持矿井水利用与矿区经济社会发展相结合。矿井水利用规模必须与矿区及周围生产、生活用水结合起来，因需而用，因地制宜。要优先建设矿区及当地生活饮用水保障工程，缓解部分矿区生活用水困难的矛盾，同时要尽可能满足矿区周边洗选厂、电厂、煤化工、冶金等高耗水行业的需要，尽可能多地替代地下水或地表水，保护有限的水资源。

4）坚持政府支持和市场开发相结合的原则。积极鼓励矿井水利用，加大对矿井水利用的支持力度，同时要通过市场化运作，促进矿井水利用的产业化发展。

（2）矿井水综合循环利用的可行性分析。

1）矿井水资源状况：对矿井水年排放量、资源化利用率以及市场开发前景进行估算。一方面矿区缺水严重，影响矿区居民的生活，制约了矿区的经济发展；另一方面大量的矿井水外排，不仅对周边环境造成污染，同时更是对水资源的巨大浪费。对矿井水进行综合利用，能够变害为利，并且通过建立矿井水的循环利用管理模式，能够坚持走资源节约和循环利用型发展道路。

2）矿井水水质状况：经坊煤业矿井水水质受当地地质构造、生物成分、煤层特性、采煤工艺、水源特征、气候环境等因素的影响，主要污染物的构成情况以及性状。

3）再生水利用去处：矿井排水按照工业、民用用水标准，通过净化处理，水质分别达到排放标准和使用标准，不同煤矿矿井水的水质和排放情况差异较大，总体上污染程度较轻，比较容易处理，回用时应根据利用方向按因地制宜、经济方便的原则，适当处理后优先保证矿区内用水，尤其要优先考虑井下用水，做到先井下后井上，先矿内后矿外，先生产后生活，充分发挥矿区内现有水利设施的潜能，避免重复建设。可考虑的综合利用方向有以下几个方面：井下消防洒水、洗煤补充用水、热电厂循环冷却用水、绿化道路及贮煤防尘洒水、施工用水、矸石山灭火用水、农田灌溉用水以及生活用水等。

4）矿井水再利用成本分析：包括矿井水处理基建投资及运行费用。一般含悬浮物、高矿化度和酸性矿井水的处理基建投资；矿井水经处理后的经济效益，包括工业、生活、农灌及生态等方面。

（3）矿井水的处理工艺、方案选择。经坊煤业矿井水为一般含悬浮物矿井水，采用混凝、沉淀、过滤、消毒的处理技术。选用聚合氯化铝为处理药剂，采用水泵混合方法进行加药。

矿井水净化处理采用沉淀池或澄清池作为主要处理单元。沉淀池采用平流式沉淀、斜管（板）沉淀，其处理能耗小，机械加速澄清池、水力循环澄清池都是集混凝反应和沉淀过程于一体的水处理设施，实际应用中采用处理效果好的水力循环澄清池，水力循环澄清池具有处理过程中动力消耗低、耐负荷冲击能力强、设施维护简单和操作方便等优点。

矿井水处理常用的过滤设施采用重力式无阀滤池。重力式无阀滤池能自动反冲洗，操作简便，管理和维护方便。滤池通常采用石英砂双层滤料。矿井水净化处理后作为洗浴用水时再经过消毒处理，一般采用二氧化氯消毒，次氯酸钠两者都可以达到处理效果。

经坊煤业矿井水处理工程的设计处理能力为 3000 吨 / 天，处理后作为洗煤、煤矸石电厂生产用水、职工洗澡用水以及绿化等用途，采用混凝反应、澄清、过滤及消毒工艺，流程如图 36 所示。

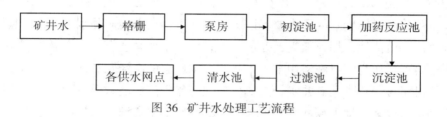

图 36　矿井水处理工艺流程

矿井水由井下排水泵提升至预沉调节池，自流进入吸水井，由提升泵提升进入水力循环澄清池，泵前加入混凝剂、泵后加入絮凝剂，水力循环澄清池出水自流进入重力式无阀滤池，滤池出水自流进入清水池，清水池前投加二氧化氯进行杀菌消毒。无阀滤池的反冲洗水自流进入集水池，由潜污泵提升进入预沉调节池，以提高矿井水资源的利用率。水力循环澄清池内泥斗中的煤泥水定时排放至煤泥浓缩池，浓缩后经渣浆泵提升进入压滤系统处理。

这种处理工艺具有如下鲜明的特点：根据矿井水水质特点确定工艺技术参数，采用一次提升到水力循环澄清池，再自流进入后续各处理构筑物，出水水质稳定可靠，动力设备较少，能耗较低；采用水力循环澄清池与重力式无阀滤池相结合的工艺技术，主要处理构筑物采用钢筋混凝土结构，具有占地面积小、使用寿命长、工程投资省、工艺简单、操作管理方便、运行成本低等特点。另外，矿井水中浮化油在投入电解质混凝剂后脱稳，被水力循环澄清池内大量的回流泥渣截留和吸附，得以有效去除。

（4）矿井水的循环利用方案。结合现有矿井排供水系统、水质、周边工矿企业分布、工业用水和生活用水需求状况，对矿井水处理与利用系统进行规划。图 37 是经坊煤业矿井水的循环利用方案的示意图。

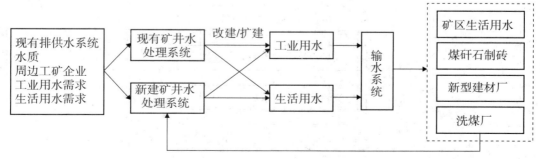

图 37　经坊煤业矿井水的循环利用方案

1）根据矿区用水需要，扩建改造现有生产矿井的矿井水处理系统，按照工业、民用用水标准，通过净化处理，水质达到使用标准。建立完善矿井水利用输水系统。加大矿井水利用力度，提高矿井水利用率。

2）对在建和规划新建矿井执行"三同时"制度，矿井水处理及利用工程与主体工程同时设计、同时施工、同时投入运行。按照工业、民用用水标准，通过净化处理，水质达到排放标准和使用标准，为逐步加大矿井水利用创造条件。

3）结合矿区实际，矿井水利用规模与矿区及周围生产、生活用水相结合，因需而用，因地制宜，加大矿井水资源的开发利用力度。优先建设矿区安全生产及当地生活饮用水保障工程，并结合矿区周边洗选厂、电厂、煤化工等高耗水行业的用水需要，提高矿井水利用率，保护有限的水资源。

（5）矿井水利用的经济、社会效益评价。经坊煤业为减少污水排放，有效利用水资源，建成了日处理能力 3000 吨的矿井水处理厂。开发了矿井水复用和洗煤厂水闭路循环系统，实现了水资源的重复利用和电厂、洗煤厂废水的零排放。该矿把从井下抽上来的矿井水，先进入初沉池初步沉淀后，经泵提升至循环澄清池，加入絮凝剂处理后可直接用于地面选煤厂洗煤循环利用及煤矸石电厂生产用水，再经消毒后作为职工洗浴用水和下井职工工作服的洗涤及其他生产和绿化用水。经坊煤业矿井水处理厂每年可净化利用矿井水量为几百万吨，年经济效益数千万元。矿井水净化处理后作为生产和生活用水可以减少地下深井水的开采量，节约地下水资源，保护矿区地下水和地表水的煤矿井水净化处理后作为生产和生活用水，可以减少地下深井水的开采量，节约地下水资源，保护矿区地下水和地表水的自然平衡；可以解决过度开采地下深井水带来的环境问题，改善煤矿企业和周围村庄之间的关系；可以解决矿区用水量日益增加和水资源越来越短缺的矛盾，保证煤矿企业的正常生产和经营，提高煤矿企业的综合效益，真正实现节能减排，有效促进矿区的可持续发展。

2. 煤矸石综合利用管理模式

煤矸石是煤炭生产和洗选过程中排出的含碳岩石及岩石等多种矿岩组成的混合物，主要成分有煤炭、碳质页岩、泥质页岩及砂岩等。煤矸石大量无序排放和堆积，不仅占用大量土地，煤矸石中硫化物的逸出或浸没还会污染大气、土壤和水质。煤矸石自燃时，排放大量有害气体，污染大气环境。如果对煤矸石加以适当的处理和利用，它仍是一种有用的资源。

经坊煤业特别重视对煤矸石的综合利用工作，不断加强煤矸石综合利用技术的开发和应用，加大对煤矸石综合利用的力度，最终实现了煤矸石的变废为宝，对促进经坊煤业的绿色开采具有重要的意义。

经坊煤业煤矸石综合利用的管理模式如图 38 所示。

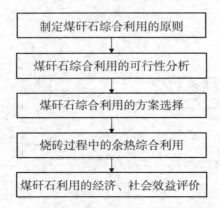

图 38 经坊煤业煤矸石综合利用的管理模式

（1）煤矸石综合利用的原则。

1）坚持"因地制宜，积极利用"原则。煤矸石性质是煤矸石综合利用的依据，常因开采煤层和采动的地层形成时的地质条件，形成后经受的地质作用、开采方式和加工方法的不同而有较大变化，因此各地区煤矸石的性质有较大差别。经坊煤业通过委托相关研究机构对生产过程中产生的煤矸石的物理、化学性能进行了分析和研究，并根据自身煤矸石的特点制定了煤矸石的综合利用方法。

2）坚持减少排放和扩大利用相结合、综合利用和环境治理相结合的原则。经坊煤业一方面不断优化生产过程，减少生产过程的煤矸石产出量；另一方面不断加强煤矸石利用的技术研发和资金投入，不断扩大煤矸石的利用面，增加利用量，实现经济效益与社会效益、环境效益相统一，提高利用率。另外，煤矸石对环境的污染不言而喻，把煤矿污染治理和综合利用结合起来，以用促治，治用结合使煤矸石获得充分利用，用光吃尽自然解决煤矸石污染、占地等问题，并在利用过程中实现经济效益、生态效益和社会效益。

3）坚持煤矸石产业化利用原则。经坊煤业特别重视煤矸石利用上的科技创新工作，努力开创一条上下游衔接的煤矸石产业链。进一步的利用规划是，使用质量好的煤矸石生产煅烧高岭土等非金属矿物，或生产瓷质砖；用质量稍差的煤矸石烧制墙体砖；余下的残渣用来生产免烧新型墙体材料或制造土壤改良剂，再用剩余的残渣用来进行充填开采或用来复垦塌陷地的土地；暂时利用不了的煤矸石山准备采取生物工程治理措施进行绿化，营造出优美的矿区环境。

（2）煤矸石综合利用的可行性分析。经坊煤业目前的煤矸石利用主要是制砖。而煤矸石制砖具有很好的市场前景，也具有很强的技术可行性。

在市场需求方面，随着我国近几年基础建设速度的加快，各地对建材的需求量越来越大，从而为建材企业提供了广阔的市场空间。煤矸石砖属于新型墙体材料，属国家鼓励使用材料，而黏土砖要加收墙改基金。煤矸石标砖的成本比传统更为节约，因此在价格上具有相当强的竞争力。

煤矸石制砖也具有很强的技术可行性。目前，经坊煤业煤矸石的来源主要是掘进矸石和选煤矸石两大类。虽然煤层结构和厚度有一定的变化，但目前的煤矸石排放量一般占煤产量的 10% ~ 20%。煤矸石的产量相对比较稳定，煤矸石的灰分一般在 70% ~ 85%，最高可达 90% 以上；固定碳含量一般在 5% ~ 25%；发热量一般在 3.3 ~ 6.3 焦耳 / 千克。通过利用与薪土成分相近的煤矸石制砖，可以做到烧砖不用土，不用煤或少用煤，既节地又节能。

（3）煤矸石综合利用的方案选择。煤矸石制砖一般采用一次码烧生产工艺，人工干燥和轮窑焙烧。各种煤矸石原料的特殊性是进行煤矸石制砖生产工艺选择的重要依据。当煤矸石原料发热量及塑性指数适宜时，可用全煤矸石制砖。当煤矸石的发热量为 1.67×10^6 焦耳 / 千克，塑性指数大于 4 时，宜采用全煤矸石制砖；而当煤矸石发热量不超过 2.93×10^6 焦耳 / 千克，而当地又无适宜的原料掺加时，也可采用全煤矸石制砖，但须采取低温长烧，焙烧周期延长，产量降低；当煤矸石本身发热量超过 2.93×10^6 焦耳 / 千克时，则不宜采用全煤矸石制砖。当煤矸石原料塑性较高，但由于某种矿物成分含量不足而无烧结性，可掺入粉煤灰弥补某种烧结矿物不足的缺陷，改善煤矸石原料的烧结性能。用煤矸石制砖的主要工艺流程为：破碎—粉磨—搅拌—压制—成型—干燥（排湿）—焙烧—成品。

近年来，经坊煤业根据生产过程产生的煤矸石特点，建成一座年生产能力达一亿块砖的新型建材加工厂。该新型建材加工厂以煤矸石为主要原料，以洗选产生的煤矸石和电厂生产的粉煤灰为辅助调节原料，利用煤矸石"余热"生产矸石砖，过陈化、搅拌、成型、切割制成砖坯，再经干燥、自燃焙烧而制成实心或空心的砌块。经坊煤业煤矸石制砖的生产工艺流程如图 39 所示。

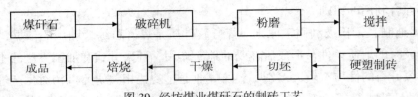

图 39 经坊煤业煤矸石的制砖工艺

（4）煤矸石烧砖过程的余热利用。在利用煤矸石烧砖过程中，一般需要及时进行排烟和排潮。而排烟回风中蕴含大量废热，以前煤矸石砖厂排潮、排烟回风直接由风道排入大气。同时，经坊煤业矿区建筑采暖、井筒保温和职工洗浴等，每年消耗大量能量，造成了环境污染和能源的浪费。

经坊煤业通过两期工程项目建设，建成了煤矸石烧砖余热综合利用项目。

项目针对煤矸石砖厂烟气余热情况和取暖防冻需求现状，提出了余热梯级回收利用工艺，开发了三级烟气余热回收装置，利用高效热风换热器，将煤矸石制砖过程中排烟高温热量提取出来，实现了 15℃以上排烟、排潮余热的高效回收利用，为煤矿原有建筑暖气片采暖提供热量；同时将排烟、排潮回风中蕴含的热能交换到循环水中，为热泵系统提供稳定的低温热源，替代锅炉为冬季采暖、井筒防冻和洗浴提供热水。

通过研究制定湿式防尘、脱硫一体化技术方案，解决了矸石砖厂余热回收利用烟尘污染和二氧化硫腐蚀问题。

项目采用梯级回收利用工艺，充分回收煤矸石制砖工艺中排潮、排烟废热，尽可能将废气中蕴含的所有热量收集并转化为能够为我们使用的热量。目前每天为煤矿提供 450 立方米的洗浴热水，在采暖季节为煤矿提供 9.2 万平方米建筑面积采暖及井筒防冻负荷，满足 2 万平方米建筑夏季空调制冷的要求。

（5）煤矸石利用的经济、社会效益评价。经坊煤业的煤矸石综合利用经济和社会效益非常显著。在煤矸石制砖方面，自从经坊煤业新型建材厂建成以来，每年运用煤矸石为主要原材料进行制砖，将生产过程中产生的所有煤矸石进行了循环利用，每年减少煤矸石的排放 30 多万吨，每年烧制近亿块煤矸石砖，这些砖块全部销售出去，为地方建材市场提供了重要原料。而煤矸石烧砖过程的余热利用项目每个采暖季 CO_2 排放减少 15808 吨，SO_2 排放减少 121.6 吨，年节约运行费用 662.5 万元，取代了现有的 6 台燃煤锅炉，为矿井 12 万平方米建筑物的供暖、井筒防冻、1200 人的职工洗浴提供了热源。

（八）经坊煤业的修旧利废管理模式

经坊煤业每年都要回撤或更换大量废旧物资，以前都做了简单处理或任其报废。然而，经过实践探索，经坊煤业逐步意识到修旧利废工作可以为企业减少大量材料投入，降低吨煤成本，增加经济效益。所谓修旧利废，就是将回撤或更换的设备、材料等直接或经修理后再投入使用，以充分发挥物资的价值，减少资源浪费。修旧利废工作每年都能为经坊煤业节约大量的材料成本，降低吨煤投入比，带来可观的经济效益和社会效益。另外，修旧利废工作还能够增强全体成员的成本意识，通过及时总结修旧利废工作中的好思路、好做法、好经验，建立健全生产管理的各项管理制度，不断提升经坊煤业的成本管理水平，提高企业生产管理的运行质量，促使经坊煤业的生产管理工作制度化、系统化、规范化，形成企业精细生产的长效机制。

1. 修旧利废的工作流程

经坊煤业的修旧利废工作主要包括界定回收物资、由使用单位回收物资并经回收部门鉴定、进行矿内修旧、外委修旧和报废、将经过修旧的物资重新进入生产、重新使用等。图 40 是经坊煤业修旧利废工作流程的示意图。

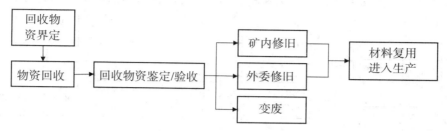

图 40　经坊煤业修旧利废工作流程

（1）回收物资范畴的界定。界定物资使用各部门回收的物资范围。经坊煤业界定的回收物资包括：①投入到安全生产中的大宗材料，例如主副钢丝绳、阻燃带、电瓶、10 平方毫米以上的电缆、各种设备及专用工具等；②各生产连队投入到安全生产中的主要材料，例如圆木、锚杆、金属网、锚索、锁具、铁托板、金属棚及以上管材、油桶等以及辅助材料等；③安全生产中各队使用的材料物资，例如铁锹、洋镐、电焊机、砂轮机、电钻、切割机、架子车、管钳、钻杆、钻头、各种闸阀、仪器仪表、机电配件、汽车配件、轮胎等。

（2）物资回收。物资回收主要包括掘进工作面物资回收和采煤工作面物资回收。物资回收采用谁使用谁负责回收的方式。掘进工作面完工后，掘进区使用的风泵、未使用完的轨道及轨道附件、铁管、工字钢、锚杆、金属网及其他支护用品，机械化后运多余的链条、溜槽、挡煤板及附件、皮带机及附件等材料、设备由使用单位回收。采煤工作面物资回收包括：①采煤工作面投产前，切眼安装时替下的各种材料由安装单位回收；切眼向外 50 米不用的风水管路及附件由回采单位回收；机巷不用的轨道及附件由回采单位一次性回收。②采煤工作面回采时，根据工作面推进度，由采煤区回收两巷内的支护材料、轨道及附件、风水管路及附件、两机中间部分，电缆及附件。③采煤工作面回采结束后，刮板机、皮带机及附件、电缆、开关、小电、绞车、钢丝绳、移变等由保运部门负责回收升井；收作线以外不用的轨道及附件、支护材料、风水管路及附件等由对应主管单位回收；柱鞋、铰接顶梁由拆除单位回收。

（3）回收物资鉴定与验收。皮带机、链板机拆除前由使用单位提出申请，机电科负责组织保运部门、经管科、使用单位进行验收，不经验收，不得拆除。回收升井的物资一律交各对应管理单位，有维修价值的由各归口管理单位进行一次挑选、加工、修复；无维修价值的交物管科，物管科要对回收入库的物资组织进行二次挑选评估，具有修复利用价值的要及时联系修理单位修复。

（4）修旧。回收材料经过鉴定后，会有三种流向：①矿内单位修旧、自制加工产品。②凡需要外委维修的设备、配件，由使用单位提出申请，经各相关管理办公室共同鉴定、审核并签订维修合同。③物资经使用后，无法继续使用、修复、再加工的，予以报废。外观可以判断的，在各单位职责范围之内的材料，由各单位提出报废申请，相关单位共同鉴定；具有一定技术含量、肉眼无法直接判断的材料性设备、配件等，由经管科牵头组织有关职能部门现场鉴定，并在鉴定书上签字备案。

（5）材料复用。本着节约的原则，井下材料就近移交；经机修厂修复、整形、焊接、喷漆等工序修复好的物资材料，由主管部门验收合格后交公司办理入库手续，保管统一发放，进入生产流程。

2. 修旧利废的管理工作

在修旧利废的管理上，首先是界定谁回收和回收标准，其次是制定回收计划，规定回收流程，对回收的物资进行价值考核和管理，对回收部门进行考核和奖励。

经坊煤业的各类物资修旧利废管理都遵守"谁使用谁管理，谁回收"的原则。图41是经坊煤业修旧利废管理工作流程的示意图。在明确修旧利废管理工作流程的基础上，经坊煤业还重点做好以下几方面的工作。

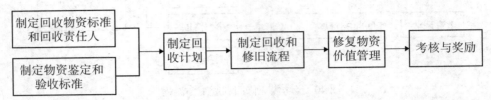

图41 修旧利废管理机制

（1）回收和修旧流程管理。专业部室在下达回收计划时必须注明回收地点、数量、规格、工程项目、接收单位、移交地点等。井下码放的要指定地点挂牌码放，井下移交、挂牌码放的由供销公司和精细化办公室联合组织检查验收，未按规定挂牌码放的考核责任单位。两道支护材料回收月底按照实际推进度进行考核。

（2）自制加工以机修厂为主体加工单位，回收部门集中统一管理模式。各单位回收材料的管理要安排专人负责，及时移交回收物资，并办理移交手续，不办理手续者视为没移交。对于需升井回收的锚杆、铁托板、托辊、H架、架杆交机修厂，皮带、40T刮板链及井下所有回收加工件和小型电器交回收部门，回收部门对回收的电器、配件、加工件进行分类码放，定期组织机运部、机修厂、供销公司、精细办、人力资源部鉴定一次，对可修复的移交机修厂检修，检修完验收合格后，交供销公司保管发放，并建立交接台账签字确认。对不可修复的按照相关规定的程序和流程进行处置。

（3）井下所有配件和设备附件的回收全部由机运部下达回收计划。原则在井下临时挂牌码放够一矿车时装车回收。杜绝井下回收料和垃圾混装。由机运队、选运队负责运输过程的监督，精细办、回收部门负责考核。

（4）鼓励井下就近移交，尽量避免材料升井，以免造成运输成本的浪费，提高材料的利用率。移交时填写统一制式移交单，必须由双方经办人、跟班队长共同签字、主管部门签字，将签字后的移交单交供销公司进行考核。

（5）回收部门确定一名业务员和一名保管员专门负责修旧物资的回收、修复、发放工作。对所有的修旧物资和加工件一律建账开票发放，修旧物资和加工件产生的费用纳入队材料费考核。

3. 修旧利废的回收与考核

（1）对专业部室下达的回收计划，由回收部门督促落实和考核，对未完成回收计划单位的，按回收率和核减材料费双重考核。核减的材料费用按原值计算，并在下月材料费核定中予以扣除。

（2）对超回收计划以外的材料，回收部门按材料原值的百分比进行收购（有复用价值的，不含交旧领新材料）。

（3）对有修复价值的加工制作件，制定收购物资价值。

（九）经坊煤业的企业文化建设模式

企业文化是企业在长期生产经营实践中逐步形成的，并为企业全体员工所共同认同和遵守的带有企业特点的使命、愿景（企业目标）、宗旨、精神、价值观和经营理念以及在生产经营实践、管理制度、员工行为方式、企业对外形象中体现的总和，是指导企业和企业人的思想和行为的灵魂。经坊煤业历来重视企业文化的构建工作，经过多年的实践和探索，不但逐步形成了一些优秀的企业文化，而且还探索出了一套行之有效的企业文化管理模式。

1. 经坊煤业企业文化的构成

经坊煤业企业文化建设的核心是坚持人本精神，围绕着以人为本的思想，经坊煤业逐渐打造出了企业的各种特色文化，包括和谐文化、领导文化、学习文化、执行文化、安全文化和创新文化。通过把不同层次、不同方面的人团结在企业的周围，使企业文化对企业员工产生一种向心力，使员工的生活、学习、工作都与企业紧密地联系在一起，赋予员工以很强的组织归属感。经坊煤业还逐步建立和完善能够体现企业使命、体现广大员工共同价值观的企业核心理念体系。

图 42 经坊煤业企业文化的主要内容

如图 42 所示，以人为本是经坊煤业企业文化的核心，经坊煤业做任何事情都是以人为本。经坊煤业特别尊重员工，信任员工，理解员工，关心员工。坚持公平公正原则，满足员工主导需求，注重员工发展，发挥员工潜能，提高员工幸福感。这是经坊煤业企业文化的核心和本质。一切从人出发，利益的落脚点是人，生产、创新发展离不开人。围绕着以人为本，经坊煤业将自己的企业文化又具体化为 6 种子文化，即和谐文化、领导文化、学习文化、执行文化、安全文化和创新文化。

（1）和谐：经坊煤业非常注重全面和谐发展，追求企业与社会的和谐，企业与环境的和谐，环境与资源的和谐，企业内部的和谐，人与自然的和谐。在日常管理中特别重视亲情化管理，通过企业文化建设，在经坊煤业中打造一个整洁、优美、诚实、和谐、进取的矿山环境。

（2）领导：经坊煤业普遍实施民主式的领导方式，特别注重领导干部的思想道德修养，对领导干部的业务培训精益求精，处处要求领导干部身先士卒，能够在员工中起到模范带头的示范效应，并且不断提高领导干部的精神境界。

（3）学习：经坊煤业一直努力将企业打造成一个学习型企业。通过在企业中营造出良好的学习氛围、创造出优越的学习条件、提供丰富的学习机会，并且不断提升员工的学习能力，激发员工学习的主动性和积极性，培养出学习型员工。

（4）执行：经坊煤业倡导与人性化管理相协调的军事化管理，用人性化的管理打造出一个军事化的企业。员工具备高度执行力，服从上级的指挥，严格按照各项规范制度，按质、按量、按时完成任务。通过军事化管理，打造出反应敏捷、行动迅速、诚实高效、勤奋高效的员工队伍。

（5）安全：安全是经坊煤业走向卓越，实现全面、协调、可持续发展的前提。经坊煤业处处尊重生命，在保障生产安全的同时，维护员工的生活安全，树立全方位的大安全观。安全是经坊煤业的"天"字号工程。通过让经坊人深入地理解安全的意义，从要员工安全转变到员工要安全，将安全理念落实到员工的日常行为习惯中，并且持之以恒地真抓实干，从每个员工做起，从自我做起。经坊煤业坚持"生命至上，安全为天"的信念，认为保证职工的生命安全就是最大的幸福。

（6）创新：经坊煤业敢于突破传统思维的束缚，在做好集成创新的基础上，能够自主创新，提升技术创新、管理创新与制度创新的能力。

经坊煤业的企业文化建设是经坊煤业一切管理工作的魂。在经坊煤业企业文化建设的强有力支撑下，经坊煤业日益呈现出与市场、环境的和谐发展，日益激发出员工的自豪感和创造性，从而为经坊煤业进一步的稳定高效发展奠定了基础。

2. 经坊煤业企业文化的建设途径

企业文化是经坊煤业日常运作的魂，经坊煤业通过有意识、自觉的企业文化建设工作，在全企业树立起了符合经坊煤业特点和具有独特经坊特质的团结务实、追求卓越的企业文化，构建出了一个为全体员工所接受，能够激励员工并转化为企业执行力和生产力、创造力的企业文化体系。经坊煤业主要从以下几个层面进行企业文化建设工作：

（1）凝练企业理念。企业理念是企业在持续经营和长期发展过程中，继承企业优良传统，适应时代要求，由企业家积极倡导，全体员工自觉实践，从而形成的代表企业信念、激发企业活力、推动企业生产经营的团体精神和行为规范。企业拥有的价值观和共同愿景都属于企业理念的范畴。经坊煤业从企业自身所处的地位、环境、行业发展前景以及其经营状况着手，通过大量的调研、分析，结合对企业发展的考量，从经坊煤业众多的发展可能性中，确认出企业的共同愿景。从共同愿景出发，经坊人依据企业发展必须遵循的价值观，确立了企业普遍认同、能够体现企业自身个性特征的、可以促进并保持企业正常运作的价值体系。

（2）企业文化的传播路径建设。凝练出了企业理念，就需要将它贯彻下去，就需要用它引导员工的理想，规范企业员工的意识和行为等，即将企业理念转化为企业的具体文化。为此，经坊煤业做了大量工作，开发建立了一系列企业文化的传播路径，逐步构建出经坊煤业特有的企业文化建设方式。如图43所示，经坊煤业着重从以下一些路径加强其企业文化的传播工作。

1）规章制度建设：要将企业理念落到实处，最重要的是应该将它体现在企业的规章制度中，通过这些规章制度将企业理念传达到员工的行为上。为此，经坊煤业明确了能够体现企业价值观的各种规章制度，例如员工行为规范、公共关系规范、服务行为规范、危机管理规范、人际关系规范等。

2）管理与领导原则建设：经坊煤业特别重视将企业理念反映到其日常管理工作和领导决策之中，通过企业各级领导者的以身作则，让企业员工加以效仿。

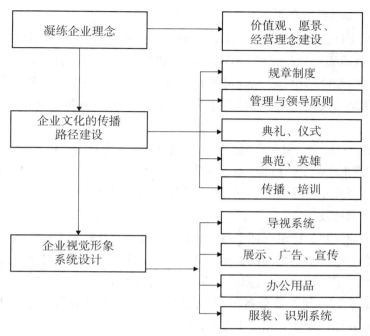

图 43 经坊煤业企业文化建设内容

3）典礼、仪式：企业的各类典礼和仪式可以有效推广企业理念，将企业文化丰富生动地贯彻到各个方面。为此，经坊煤业充分利用企业的各类会议、展览、庆典以及企业内外部节日等，加强企业的文化管理工作。

4）典范、英雄：为了实施和贯彻企业理念，需要有各个部门及员工学习的榜样。为此，经坊煤业通过树立一些典范和优秀人物，让全体员工能够感受到他们的影响，能够感受到企业文化所倡导的价值和行为。

5）传播途径、教育培训：为了有效地传播企业理念，共享企业价值体系，也为了让员工切实参与到企业文化中，经坊煤业逐步建立起了畅通而多样化的各种沟通途径，包括开发内部网络，举办内部报刊、论坛，扩展宣传阵地等，并充分利用这些途径对员工进行宣传、教育和培训。

（3）企业视觉形象系统设计。在企业文化的建设和传播过程中，视觉形象也是企业文化、理念的一种重要载体。这是因为视觉形象系统能够通过其艺术化、简洁化的设计，给员工以强有力的视觉冲击，促使其产生良好的企业形象。

经坊煤业在进行企业形象系统设计时，重点突出了企业标志、标准字、标准色、吉祥物等方面的特点。这方面的工作主要包括以下几个方面。

1）户内户外的导视系统设计。包括：欢迎牌、企业标牌、导视水牌、企业整体平面图、建筑指示牌、道路行车指示、门牌等。

2）户外展示、广告、宣传系统。包括：霓虹灯、灯箱、灯杆刀旗、阅读栏、车体展示、大型广告牌、旗帜、海报、报刊等。

3）办公用品系统。包括：信封、信纸、传真纸、便签、格式文件、文件袋、文件夹、笔记本、工作证等。

4）服装、识别系统。包括：统一识别、产品包装、员工制服、工作服、胸牌等。

5）礼品系统。包括：企业形象礼品、赠品、手提袋、文化衫、台历、挂历等。

3.经坊煤业企业文化的建设方法

一个公司的企业文化建设不是一个活动、一个月、一年就能够建立起来的。它是一个长期要做的工作，也是一件永远都做不完的工作。经坊煤业特别注意利用各种方法从事企业文化的建设工作。各种方法共同使用，各个部门相互配合，并且日日有活动，月月有总结，年年有表彰，通过长时间的坚持，经坊煤业的企业文化建设工作取得了突出成绩。下面这些都是经坊煤业用在企业文化建设方面使用的方法。

（1）晨会、夕会、总结会。就是在每天的上班前和下班前用若干时间宣讲公司的价值观念。总结会是月度、季度、年度部门和全公司的例会，这些会议已经成为公司从事企业文化建设工作的一部分。

（2）思想小结。思想小结就是定期让员工按照企业文化的内容对照自己的行为，自我评判是否做到了企业要求，又如何改进。

（3）张贴宣传企业文化的标语。把企业文化的核心观念写成标语，张贴于企业显要位置。

（4）树立先进典型。先进典型能够给员工树立一种形象化的行为标准和观念标志。经坊煤业利用树立各种先进典型员工，形象具体地让员工明白"何为工作积极"、"何为工作主动"、"何为敬业精神"、"何为成本观念"、"何为效率高"，从而提升员工的良好工作行为。上述的这些行为都是很难量化描述的，只有具体形象才可使员工充分理解。

（5）网站建设。经坊煤业利用网站进行企业方针、思想、文化宣传。企业网站建设专家米粒文化CEO指出，寻找专业的跟企业文化相关的网站建设公司进行，更符合、更贴近公司的企业文化。

（6）开展丰富多彩的文体活动。文体活动指唱歌、跳舞、体育比赛、国庆晚会、元旦晚会等，在这些活动中可以把企业文化的价值观贯穿进行。

（7）企业文化培训。企业文化培训是企业文化建设过程中一个非常重要的环节，通过培训能帮助企业全员明确公司战略、目标，更加系统有效地推行企业文化建设。

（8）外出参观学习。外出参观学习是建设企业文化的好方法。经坊煤业非常重视这方面的工作，经常组织人员外出参观学习。通过去企业文化建设工作优秀的企业参观学习，可以向广大员工暗示：企业管理当局对员工所提出的要求是有道理的，因为别人已经做到这一点，而我们没有做到这些是因为我们努力不够，我们应该改进工作向别人学习。

（9）开展互评活动。互评活动是员工对照企业文化要求当众评价同事工作状态，也当众评价自己做得如何，并由同事评价自己做得如何，通过互评运动，摆明矛盾，消除分歧，改正缺点，发扬优点，明辨是非，以达到工作状态的优化。

（10）创办企业报刊。企业报刊是企业文化建设的重要组成部分，也是企业文化的重要载体。企业报刊更是向企业内部及外部所有与企业相关的公众和顾客宣传企业的窗口。

（11）故事。将企业各种先进人物、先进事迹等编成故事，并且促进这些故事在企业内部的流传，是经坊煤业加强企业文化建设的主要方法之一。

（12）引进新人，引进新文化。引进新的员工，必然会带来些新的文化，新文化与旧文化融合就形成另一种新文化。

五、经坊煤业团结高效的运营体系

为了实践企业的低碳发展理念和战略要素，保障各种管理模式的成功运行，经坊煤业在长期的实践中逐步摸索出了一套行之有效的运营体系。该体系将经坊煤业的问题决策、组织运营、行为管控、考评奖惩等因素有机地联系起来，构成了一套相对完整的公司运营系统，不但具有经坊煤业的鲜明特色，而且也为经坊煤业的低碳发展奠定了基础。经坊煤业的运营体系主要由四方面的内容构成，即科学的决策体系、高效的运作形式、全面的员工行为管控体系和完善的奖惩体系，这四方面内容相互关联，其示意图如图44所示。

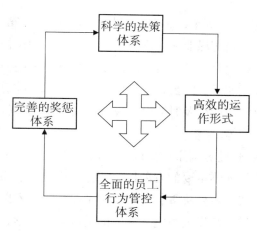

图 44　经坊煤业运营体系的主要构成

（一）科学的决策体系

决策层是组织运行的"大脑"，只有优化这个"大脑"，才能有效地调配组织的各种资源，促进组织的良性发展。经坊人在长期的企业实践中，逐步形成了一套科学的决策体系，使公司的"大脑"更具有智慧。

经坊煤业的管理决策过程主要分为三个阶段，包含五个决策要素。第一阶段主要是提出需要决策的问题，只包含一个决策要素，即决策问题。这个阶段的主要任务是确定组织管理需要决策的问题，如生产布局、业务拓展、问题解决等。第二阶段主要是制定和选择决策问题的解决方案，包含三个决策要素，即决策人员、决策理念和决策方法。这个阶段的主要任务是设计可行的问题解决方案，并使决策人员按照公司的决策理念和科学的决策方法对各方案进行评价和选择。第三阶段主要是将方案付诸实施并解决问题，只包含一个决策要素，即决策方案实施。这个阶段的主要任务是通过决策方案的实施，确保原先的决策问题得到解决。旧的问题通过上述决策过程后得到解决了，新的问题就又被提到决策的议程上，日复一日地不断进行着各种各样的问题决策，促使经坊煤业的各种问题得到很好的解决。上述经坊煤业的决策过程可以用图45来加以简要概括。

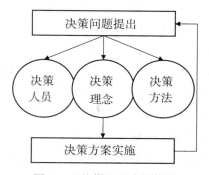

图 45　经坊煤业的决策体系

（1）及时提出决策问题。经坊煤业的发展是一个动态的连续过程，时刻面临着各种机会或机遇，也时刻面临着各种威胁或挑战。为此，需要公司决策层及时识别出公司发展过程中出现的各种问题，及时制定出各种应对方案，及时地做出正确的决策选择，以便协调好公司的各种资源，促使公司和谐发展。在实际工作中，经坊煤业的决策层始终将尽早发现问题、尽早做出选择、尽早付诸实施作为自身的首要任务。

1）公司决策层对外部环境非常敏感，总是能够及时识别出公司发展中遇到的各种机会或威胁，及时提出各种需要决策的问题。经坊煤业从事的主要是煤炭生产和销售事业，公司的发展容易受国家的法律环境、产业政策、市场状况、政府行为等因素的影响，有些因素的变化会对公司发展带来长期而深远的影响，因此决策层非常关注公司发展的政策、法律、政府、市场环境变化，根据预判适时提出一些新问题，以便决策层能够及时对公司发展可能面临的各种问题进行分析和判断，不失时机地做出各种问题的应对措施等。

例如，20世纪末，决策层通过对国家相关政策、措施和政府管理问题的分析，对煤炭市场状况的预判，及时识别出公司可能面临重要的发展机遇期，从而在煤炭市场好转之前就做出了扩大公司煤炭产能，改进公司生产方式的重要决策，从而抓住了煤炭价格不断攀升的时间阶段，促使公司获得快速发展，为经坊煤业的进一步发展奠定了坚实的基础。同样地，公司决策层根据政府不断加快各种环保问题的立法进程，不断规范各级政府的行政管理工作等，很快意识到公司低碳发展的实际意义，从而及时做出了公司低碳发展的各种战略布局。目前，这些工作已经凸显出对于公司进一步发展的重要作用。

2）公司决策层具有很强的问题意识，能够及时发现公司发展过程存在的各种潜在问题，超前地提出各种亟待决策的重要问题。公司决策层具有很强的前瞻意识，总是能够着眼于未来，立足于卓越，通过不时地分析公司未来发展中可能遇到的问题、目前公司管理中的各种实际做法、具体表现以及可能出现的问题等，努力将问题解决在萌芽阶段，尽力不让这些问题影响到公司的实际运作和发展。

公司决策层也具有明确的分权决策意识，通过合理的分权和授权，公司决策层只保留那些影响深远、涉及公司全面发展、具有全局性等问题的决策权，而将公司许多具体事务的决策权授予各级管理人员，实行逐级决策机制，从而既确保了公司各项工作的顺利决策，又提高了各种问题决策的质量。例如，公司决策层只负责决策的主要包括：制定公司的发展目标、形成公司的组织规划、进行组织结构设计与重要人事调配、制定公司的各种政策和管理制度、凝练公司的企业精神与企业文化、开展社会活动与推广企业形象等。

（2）科学选择决策人员。如何决策都是由人做出的，任何决策也都是由人执行的，因此决策人员是影响决策质量的最根本因素。为了做好公司各种问题的决策工作，提高公司决策层各种决策的质量，经坊煤业非常重视决策人员的选择工作。

随着公司规模的不断扩大，公司需要处理的事务也日益增多，各种事务的复杂性也增大，而公司发展又需要不断提高决策速度和质量，这就需要公司增大管理幅度，减少决策层次。为此，经坊煤业使用更多的人员对各项工作进行直接专门管理。因此，经坊煤业的决策层人员主要由公司的董事长、总经理、副总经理、总经理助理以及一些直接管理人员构成。

公司按照决策层负责公司全面和重大问题决策、具体事务谁负责谁决策的原则，在具体问题决策时，能够很好地根据决策问题的性质和特点，合理地确定决策人员，以确保决策问题的科学有效。另外，公司十分重视决策人才的培养工作，并且不断吸收优秀人员参与到公司的各项问题决策工作之中。通过各级决策人员的自身学习和组织培养，不断提高各级决策人员的决策技能和决策水平。

（3）坚持先进决策理念。组织中的任何管理人员在决策时都会存在双重评价标准的矛盾问题。这是由个体与组织之间的不可避免的矛盾造成的。任何组织都不可能实现每个人的利益与组织整体的利益的完全一致，总是存在一定的矛盾或不一致性。也就是说，组织中的任何个体都具有与组织整体不一致的利益。在组织决策时，决策人员一方面拥有个人价值的评价标准，即按照自身利益最大化的标准去评价和选择决策方案；另一方面也拥有组织价值的评价标准，即按照组织利益最大化的标准去评价和选择决策方案。

经坊煤业充分认识到决策人员可能存在的上述问题。在公司决策中，特别重视对决策人员价值观的引导，通过强调使用公司的经营和管理理念去分析和判断各种决策问题，引导决策人员使用公司的统一评价标准去评价和选择决策方案。

在重大问题的决策前，董事长总是组织参与决策人员学习和体会公司的经营管理理念，明确决策问题的具体目标和战略趋向，了解所决策问题对公司发展的意义等，努力将各决策人员的决策心理调整到良好的状态，努力减少决策者在决策时受其个人利益最大化决策标准的影响。对涉及个人利益问题的决策，相关人员严格地实行回避制度。

在决策时，十分强调个体利益服从集体利益，局部利益服从整体利益，个人决策服从集体决策。在一些涉及公司全体或集体利益的地方，实行群体决策原则，并且严格实行少数服从多数的群体决策原则。

在个人负责的一些重要问题决策上，实行群体智慧下的个体决策制度。也就是在个体从事一些重要决策之前，决策人员要做好充分的调查研究工作，要充分听取各方面的意见，特别是一些不同或相反的意见。通过召开有相关人员的会议，让不同意见者充分表达自己的意见或建议，在充分了解各种不同意见的基础上进行决策，从而最大限度地减少决策失误。

（4）遵循科学决策方法。科学的决策离不开科学的决策方法，特别是在从事复杂的组织问题决策时。从提出决策问题，到形成不同的决策方案，到对不同决策方案的分析与评价，再到最终选择出具体的决策方案并付诸实施，这期间要涉及一系列复杂的因素或现象，涉及众多的决策人员，也涉及具体的决策方案和实施措施等，遵循科学的决策程序，选择合适的决策方法，能够形成更加科学合理的决策方案。凡是重要问题的决策，经坊煤业均遵循如下决策程序：

首先，鉴别并界定需要决策的问题。为了提高决策质量，任何重要决策之前都需要对所要决策的问题经过充分的调查研究，并且正确地鉴别并界定所要决策的问题。鉴别问题需要相关人员进行大量的考察和思考，而界定问题需要管理者找到问题的"关键因素"。许多问题，乍看之下是"关键因素"，而实际上这些因素却多半既不重要，也不相关。在界定问题时，还要思考解决问题需要什么条件，同时想清楚具体的决策目标。决策目标不但要反映公司目标，还要在短期和长期利益之间取得平衡，并且还需要将企业整体以及企业经营所需要的所有活动纳入思考之中。同时，还需要思考限制解决方案的各种规定，思考在解决问题时必须遵循的原则、政策和行为准则等。

其次，分析决策问题并寻找相应的事实。先是按照决策的未来性（企业采取行动所承诺的时间长短，以及决策会多快改变）、决策对于其他领域和其他部门的影响、决策的品质、决策的独特性或周期性对所要决策的问题进行分类，以确定谁是必须做出决策的人，以及应该把决策内容传达给哪些人。另外，良好的决策还需要各种事实或者实际资料作为支持，在收集相关的资料时，通常会以书面的形式将它们记载下来，并且根据决策问题的性质和复杂程度确定搜集资料的数量和搜集信息的范围等。

再次，寻找解决问题的可供选择的方案。寻找各种可供选择的行动方案，可以避免我们未经深思熟虑的思考就做出错误的决策，同时也是我们增强想象力、训练想象力的不二法则。在这一阶段，决策人员通过开拓思维，充分发挥想象力，尽可能多地设计出可供选择的方案。可供选择的方案越多越好。寻求解决问题的备选方案的过程是一个具有创造性的过程，决策者过去的经验、创造性以及关注管理方面的最新实践都有助于拟定备选方案。根据决策问题的性质，决策者也可以使用"头脑风暴法"、"集思广益法"等一致性决策方法获得各种备选方案。

最后，确定最佳的解决方案。所有决策人员依据自己的评价标准对各种可供选择的方案进行分析和评价，并依据一定的方法确定出最佳的解决方案。在确定方案优劣时，一般要求决策人员同时考虑以下因素：收益与风险的对比度、付出努力和投入资源的规模效应、时机。除了要求决策者要考虑各备选方案的优越性，还要求他们充分考虑各种方案的可利用资源等问题。

（5）重视决策方案实施。选择出最佳方案，决策过程还没有结束，决策者还必须使方案付诸实施，并且取得预期的决策成效。为此，经坊煤业在选择出最佳决策方案之后，还非常重视决策方案的实施工作。

在决策实施中，通过进一步明确方案的实施单位和责任人来促进方案的实施工作。这就促使相关人员真正认识方案实施的重要性和复杂性，认真思考方案实施中的各种影响因素、可能遇到的抵制，尤其是来自受决策影响员工的抵制，系统地寻求各种问题的解决途径或方法，通过制定出具体的实施方案或者实施计划来应付和处理各种可能发生的意外情形。

在决策实施中，通过建立及时、有效的反馈机制来解决方案实施中可能出现的问题。决策层通过定期检查决策的执行情况，并将实际情形与决策目标进行对比，以认识决策方案的具体实施效果，并以此来进一步提高决策者的决策技能与水平。

为了促使决策方案的良好实施，决策者特别重视自己的身体力行。决策实施前，决策人员能够进行充分的调查研究，决策中能够严格遵循科学的决策程序，决策后能够严格按照既定的方案办事，不折不扣地执行既定的决策方案。这些都为公司各项决策方案的顺利实施奠定了基础。

（二）高效的运作形式

经坊煤业之所以能够取得今天这么辉煌的发展成就，离不开公司高效的组织运作形式。概括地讲，经坊煤业的运作形式可以用四个方面来描述，即功能性分划、首长制管理、全局性思维、个体化运作。如图46所示，经坊煤业在功能性分划的前提下实施首长制管理，这是公司日常运作的基本形式；每个基本单元的管理又以全局性思维为指导，以个体化运作作为基础，这是各单元运作的基

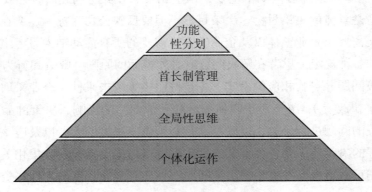

图46 经坊煤业的组织运作形式

本形式；整个公司在决策层的领导下，基本单元相对独立地管理和运作，公司员工表现出良好的工作行为。就是因为经坊煤业根据自己公司的实际情况，将整个公司进行了科学合理的划分，组建出一个个充满活力的基本单元，通过合理方式将它们有机地统一起来，并且采用了行之有效的组织管理方式，公司的各项工作才得以高效完成，公司的各种问题才得以有效解决，公司才获得和谐有序的发展。下面简要叙述上述四个方面的具体内容。

（1）功能性分划。随着公司规模的不断扩大，公司的组织管理工作越来越繁重而复杂，需要将整个公司的组织工作进行分划，形成一个个较小的组织单元，以降低组织管理工作的难度，提高组织工作的效率。经坊煤业主要是根据完成各项任务的功能性需要来划分其具体的组织单元的。

首先，根据公司生产活动的特点，通过组建各种各样的队组，来满足完成各种生产任务的功能需要。队组是完成某些特定工作任务的最基层工作单元，其功能就是完成一些特定的生产任务。根据完成生产任务的功能需要，队组一般实行工作团队式的管理方式进行管理。公司组建的这种队组，如综掘队组、综采队组、机运队组、选矸队组、装车队组、安装队组、机修队组等。

其次，根据煤矿生产管理的特点，通过组建各种专业科室，来满足专业化管理的功能需要。按照专业化管理的功能需要，公司组建的这种科室，如生产科、通风科、防治水科、机电科、安检科等。其中，生产科主要负责确定生产进度、分配生产任务、确保队组工作质量、协调各队组之间的劳动生产、对各队组实施日常管理，以保障全公司生产任务的完成。安检科主要负责对队组的安全生产活动进行监管，同时对安检人员进行日常管理工作。其他各科室负责对生产过程的各种专业问题进行技术指导和专业管理。

最后，根据公司管理工作的特点，通过组建各种职能科室或部门，来满足各种职能管理的功能需要。按照职能管理的功能需要，公司组建的这种科室或部门，如技术科、总工办、环保科、企管科等。其中技术科主要负责组织编写、汇总、管理技术文件。例如，负责为公司的生产活动设计具体的技术方案，负责为生产过程遇到的问题提供可行的技术方案，负责技术情报收集、整理和发布工作等。总工办负责创新项目的技术研究和开发管理，负责编写新技术、新工艺、新材料进入生产过程中的指导性文件，负责公司的应急预案编制等。

另外，公司还根据实际工作需要，通过组建各种各样的"突击队"来解决各种突发的或者紧急的工作任务，并且根据实际情况灵活地调整各队组、各科室和各部门。

通过上述的功能性分划，公司组建出了许许多多的功能单元。各功能单元由具有相同或互补专业知识和技术能力的人员构成，他们的工作目标一致，工作任务相同或相似，因此更加便于分工协作，便于在一起进行良好的沟通和交流，也便于集中在一起完成艰巨的工作任务或者解决特定的技术难题等。虽然各功能单元只能完成特定的功能或任务，但是各功能单元能够按照业务流程或工作需要关联在一起，这些不同的功能单元通过相互协作，能够提高整个公司的管理工作效率。

经坊煤业通过将决策层领导进行合理分工，将各功能单元进行合理组合，构建出由公司决策人员直接领导下的各功能单元有机协调的组织结构。各功能单元在各决策人员的直接领导下相对独立地运行，各功能单元相互关联构成整个公司的组织架构。这种中间大两头小的菱形组织结构非常适应公司的组织管理需要，它既与公司的工作任务特点相吻合，也能够满足"团队式"的日常生产需要、专业化的职能管理需要和"突击队式"的临时工作需要。这种组织分划也很好地实现了直线和功能专业化管理的需要，将复杂的、多样的、繁重的公司管理工作分划为一个个相对简单的、专业化的管理，从而极大地降低了公司管理的难度，减轻了管理者的负担，提高了整个公司的管理效率。

（2）首长制管理。经坊煤业在各层、各类功能单元中均实行首长制管理。首长制又称独任制，是组织的最高决策权由首长一人执掌的组织管理体制。也就是说，首长对自己管理的组织部门拥有各种事务的最终决定权，该组织部门的其他管理人员均为首长的幕僚，只有建议权，而无决定权。

这种组织管理方式使得各单位的负责人能够认真地按照分工，大胆独立地开展工作。负责人的责任意识得到加强，从而促使其高质量、高标准、按时限完成本单位工作或领导交办工作，确保各项工作不积压、不拖延、不失误。

由于实施了首长制管理，经坊煤业的各个功能单元的组织权力都集中到了该功能单元的负责人身上，使得各种工作任务和各种问题的决策责任都十分明确，从而能够快速地做出各种决策，迅速地执行各种决策，也使得管理者在各项工作中的指挥权力得到加强，避免了因责任不清等造成的相互扯皮、延误决策时机、延长工作过程、降低效率等现象。

首长制的实施充分调动了各功能单元负责人的积极性和创造性。负责人能够将单元管理的职责真正承担起来，能够将自己的所有知识、经验和精力用于功能单元的各项管理工作之中。同时，也能够充分激发各单元负责人从事各项工作的主动性和创造性，主动承担组织创新管理的职能，创造性地做好各种组织管理工作。

考虑到组织管理工作的复杂性和个人能力的局限性，各单位负责人有权推荐或提名自己单位的各级管理人员，经过上级组织管理部门的考查后加以聘用。并且实行谁提名谁负责。负责人有责任管理好、使用好自己提名的管理人员和下属，对下属的工作行为和工作业绩负责，并对他们实施适当的考评和奖惩工作。

为了防止负责人可能发生的独断专行、滥用权力、营私舞弊等危害组织利益的现象，上级组织管理部门对负责人及其提名的各级管理人员实施定期和不定期考核。同时鼓励所有组织成员对各级管理人员的工作行为和工作业绩等实施监督，对工作行为不当、工作业绩不突出、管理效果不理想的当事人进行举报。负责人提名和使用的下级管理人员考核不理想或者行为不端等，负责者承担相应的连带责任，从而极大地预防了随意任命下级、专断弄权等现象。

（3）全局性思维。系统并不是系统各种组成部分之和。系统总是有其组织部分及其相互关系所不能涵盖的内涵。各功能单元是公司为了更好地实施管理工作而人为分划出来的更小的组织单元，因此公司的管理工作并不能简单地分划成公司层面的管理工作和各个功能单元的管理工作。这就要求各功能单元不能只考虑自己单元的工作，而要有整体意识和全局观念，要更多地从全局的视角来看待各功能单元所面临的问题。

首先，促使各功能单元负责人拥有全局性思维。负责人是各个功能单元的"大脑"，只有负责人具有全局性思维，各功能单元才可能具有全局性思维，因此，经坊煤业特别重视培养各功能单元负责人的全局性思维。通过促使各单位负责人牢固树立整体观念和大局意识，使其在日常工作中具有"一盘棋"思想，通过各功能单元之间的相互支持，密切配合，共同促进整个公司的工作高效、运转规范。

其次，促使各功能单元在做好本单元工作的同时，努力做好与本功能单元有关的工作。各个功能单元的工作任务既有明确的部分，也有非明确的部分。各单位工作分划和职权范围内的工作，各单位必须主动解决，尽力做好。超越本单位职权范围或者本单位单独解决不了的工作要逐级向上一级组织管理部门请示或者及时向上一级组织管理部门汇报。凡上级部门领导交办的工作，要及时向上级部门领导汇报工作的完成情况。

最后，鼓励各功能单元更多地从全局的观点看待问题、承担工作。各功能单元要在完成自身既定工作任务的基础上，更多地分析全局的问题、全公司的工作任务，更多地承担全局性的工作任务。不能只管自己的事情，只顾完成自己单元的工作。同样，考核工作也具有全局观念。公司对各功能单元的考核，既重视考核各单元本身工作的完成情况，也重视考核各单元承担或完成公司的各种工作及其成效。

（4）个体化运作。任何组织都是以人的协作为基础建立起来的，组织中的任何工作也都是以人为中心展开的。因此，公司的运营系统实际上就是人的协作管理体系。

经坊煤业的公司运营主要是建立在其组织成员的个体行为管理之上。首先，煤炭生产是通过一线员工的工作行为实现的。毕竟采煤的不是煤炭企业的经理们或矿长，而是煤炭企业的一线员工。正是煤炭企业一线员工的具体工作行为，才实现将煤炭源源不断地从地下转移到地上。其次，组织管理工作也是通过各级管理人员的具体管理行为实现的。正是通过各级管理人员的一个个具体的计划、设计、分派、教导、指挥、监督等管理工作行为，才促使被管理者工作行为的发生或改变，从而实现完成组织生产任务的目的。没有组织成员的个体工作行为，就没有组织的生产和经营活动，当然也就没有整个组织的管理工作。最后，组织的个体工作行为管理得好，则组织的管理工作就好，组织的运营效率就高。概括地讲，组织的所有工作都是由组织成员的具体工作行为实现的，离开组织成员的具体工作行为，组织工作就根本无法进行。组织成员的工作行为管理得好，组织中的每个人都有自己适当的工作任务，都能够积极主动地做好组织的各项工作，组织的各项工作必然会完成得很顺利，组织运营中遇到的各种问题也必然会解决得很好，其结果必然是组织运行顺利、运转高效。

具体地，经坊煤业特别重视将组织管理的各种工作任务落实到组织个体上，通过全面加强对组织成员工作行为的管理，来实现整个公司和各功能单元的高效运作。首先通过员工的预知管理，促使所有组织成员都能够充分认知到各自的工作任务与意义、工作职责、行为规范、工作绩效与奖惩等，使得整个公司中人人有事干，人人乐意干，人人干得好。其次通过员工的预想管理，促使所有组织成员在实际工作行为之前思考一下自己即将从事的工作内容、行为要求，激发员工的安全工作意识，确保员工的工作行为符合组织的需要。最后通过员工的工作行为管控，促使所有组织成员在实际工作中都能够严格履行自己的工作职责，规范自己的工作行为，努力完成既定的各项工作任务。

上述员工工作前的预知管理、员工行动前的预想管理、员工工作中的行为监控，不但实现了员工个体的知识、意识和行为的管理，而且还实现了对所有组织成员、所有组织工作过程、所有工作系统要素的全覆盖，能够实现对组织成员的系统而科学的管理。这种建立在组织成员个体工作行为基础之上的组织管理方式，极大地调动了所有组织成员的工作热情，使得组织运营实现真正的良性发展。

（三）全面的员工行为管控体系

经坊煤业根据员工在工作中做出行为选择的影响因素及其特点，将将员工的工作行为分成工作前、行动前和工作中三个阶段，分别对员工的工作知识、安全意识、工作行为实施有效的影响和控制。这种管理以组织成员的个体行为为主要着眼点，通过对组织成员工作行为的全面管理，实现了工作系统中人、机、环、管各要素的和谐统一，是确保经坊煤业高效运行的重要基础。经坊煤业的员工行为管控体系如图47所示。

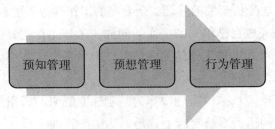

图 47　员工的行为管控体系

1. 员工工作前的预知管理

人在组织中的工作行为往往具有目的性，并且主要受其认知的支配。认知是组织成员从事工作行为选择的基本依据。员工的个体行为管理首先需要让每个组织成员认识到自己应该从事什么样的工作，从事这样工作对自己或者组织的意义，以及如何才能更好地完成这些工作等。

员工的预知管理就是运用各种手段影响员工的学习和认知，使其在工作前掌握足够的知识和技术等。组织成员只有具备了完备的知识，在工作中他才能按照既定的作业程序或正确的操作方法等组织生产，并根据自己所掌握的知识及时预防或制止不正当行为的发生。组织成员也只有具有相关的认知，当突发事件发生时他才可能按照自己已经掌握的相关知识实施有效的应对，不至于不知所措而延误时机。预知管理的目的就是让每一个员工都知道自己该干什么、该如何干并认识自己工作的价值或意义等，促使其有意识地选择并做出相应的工作行为。

为了做好企业员工的预知管理工作，经坊煤业不但制定了十分完备的规章制度等，为员工编制了各种各样的学习材料，还建立健全了全体员工的知识学习、教育培训、认知考核等员工预知管理体制，促使每一个员工都熟练掌握应有的工作知识，确保煤矿安全生产的顺利进行。在员工的预知管理中，经坊煤业构建了多种行之有效的学习和考核方法或途径，形成了一套科学的员工预知管理系统。经坊煤业员工预知管理中的学与考体系如图 48 所示。

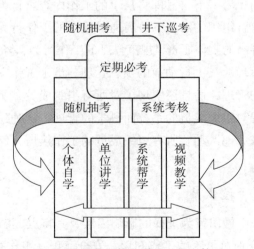

图 48　员工预知管理中的学与考体系

（1）经坊煤业通过个人自学、单位讲学、系统帮学、视频教学等多种途径和方法促使煤矿员工学习和掌握与自己工作相关的各种知识，强化其个体的认知能力。

1）个体自学。员工根据煤矿编制的各种手册或材料进行学习，自觉学习与安全生产有关的各种知识，提高对相应工作的认识等。员工具备相应的知识、技能和安全意识，不论在何时、何地、何种作业环境和条件下，都知道相应的安全操作规程等，杜绝因缺少知识而导致的人为失误，提高人的行为效率和安全。安全是煤矿工作永恒的主题，学习安全知识是保障安全生产的基础。只有认认真真地学习各种安全生产知识，熟练掌握各种自我保护的安全认识和技能，才能在日常工作中有效地避免意外伤害，提高安全生产的效率。

2）单位讲学。企业有计划地聘请讲师对员工进行系统教学，帮助员工消除在自学过程中出现的疑虑和问题。为了保证单位讲学的效果，企业首先坚持不断地对员工进行培训，促使其努力学习各种知识。因为环境在不断变化，要适应条件和新技术的要求，杜绝"一劳永逸"的学习态度，树立不断培训和努力学习的思想。其次，煤矿要认真选聘教员，提高授课效果。对教员的选择应根据培训内容有针对地进行，并注意教员的真才实学和实际教学能力，要注重最终的教学效果。煤矿单位还应抓好讲学控制，获取信息反馈。这是对讲学工作成效进行测量、衡量和评价，并采取相应纠正措施的过程。同时，还应该制定一些与讲学相关的激励制度，让学员自愿学习，从而提高讲学效果。

3）系统帮学。各部门、各专业之间的互相帮助、互相交流学习。系统帮学既能解决彼此的矛盾和冲突，又能弥补因专业差异带来的知识上的缺陷、思维的局限，将个体的自学变为团队之间的帮学和不同部门之间的交流与沟通，促进员工自我反省和完善，同时也培养了员工的合作意识、团队精神和集体观念。各部门之间互相学习，取长补短，相互借鉴，克服不足能更有效掌握与自己工作相关的各种知识。

4）视频教学。利用具有情景化、可视化特点的视频教学工具，帮助员工更加有效地从事相关知识的学习。视频教学具有使隐性知识显性化的特点，可以再现真实、即时的课堂，是全方位、多感官的，能够提高员工学习知识的效率，激发学习兴趣，使有意识的学习活动和无意识的学习活动相结合。而且视频教学更方便学习，员工可以将视频拷贝保留，在需要的时候可以随时打开学习，减少了现场教学限时间、限地点带来的阻挠，从而提高了学习效率。视频教学还更有针对性，员工可以根据自身学习情况选学其中一个片段，及时有效解决难题。

总之，经坊煤业通过积极开展个人自学、单位讲学、系统帮学、视频教学等多种形式的学习活动，每一个煤矿员工都很好地掌握了与自己工作相关的知识，为自己的安全而高效的工作行为提高基础和前提。

（2）经坊煤业综合使用员工自考、井下巡考、定期必试、随机抽考等不同形式，及时了解员工的知识学习与掌握情况，促进其尽快地达到从事各项工作的知识标准。主要方法包括：

1）单位考核。各单位制定本单位知识考核承包办法及台账，承包人员由本单位值班人员组织，负责所承包范围内员工知识的学习和考核。承包人每周要做到对承包范围内员工的全覆盖考核。每周把上周考核台账进行上报。

2）系统考核。各系统制定本系统员工的知识学习、考核台账和员工知识考核承包办法及台账。承包人员由本系统领导及职能科室人员组织，负责所承包范围内员工知识的学习和考核。承包人每周要做到对承包范围内员工全覆盖考核，每周把上周考核台账进行上报。

3）井下巡考。副总以上领导及机关职能部门管技人员每次下井至少抽考一名员工，填写在下井汇报卡上由被考核人员现场签名，升井后将下井汇报卡上报办公室。办公室每周根据上周各系统、各单位抽考情况，对抽考得分较低的员工进行复查或组织相关人员在本周知识竞赛上进行演练。

4）随机抽考。利用班前班后会、工作例会、施工现场等，根据每名员工实际工作的相关内容开展抽考。每次班前会根据任务分配，至少抽 2 名员工进行手指口述或者安全确认演练，每次工作例会至少抽 4 名员工进行演练考核。通过不断的学习、演练，真正使每一个员工结合具体工作任务掌握确认内容、熟记操作要领，逐步养成良好的工作习惯，把预知预判作为工作前的第一道工序。各单位每半月必须对所有员工抽考一次，考试情况报办公室进行积分管理。

基层跟、带班人员及班队长班中按照各自巡查范围对岗位人员进行现场知识和手指口述安全确认考核，每班考核不少于 2 人，每旬要做到对本班组人员全覆盖考核。考核结果填写在相应卡片上，并由被考核人员现场签名。单位对照点名簿建立考核登记台账，每天登记考核情况，单位负责人负责检查考核台账，确保考核覆盖面符合要求。

5）定期必试。每周分系统开展工作知识和手指口述安全确认争先赛，会前系统负责分层次按工作任务安排争先赛人员、提供争先赛考核标准，每次至少考核 6 人次，奖优罚劣，参加人员以相关任务与现场从事的工作任务相结合进行演练。

党群各部门、基层各单位加强各种工作知识的宣传，通过广播、电视、橱窗和各种会议宣传相关知识和相关文件，通过宣传营造氛围，引导全矿干部职工积极参与到知识管理的推进之中。各系统、各单位高度重视知识管理的推进工作，各系统领导和各单位一把手为知识管理的第一责任人，认真组织本系统、本单位的知识管理推进工作，各级管理干部自觉承担责任，在知识管理的推进中带头参与，带头执行制度，确保知识管理的扎实推进。

参照公司制定的煤矿员工岗位知识达标标准，对考试成绩优异、知识竞赛表现突出、顺利达标的煤矿员工实施奖励，对考试、知识竞赛等成绩不理想、在规定时间内知识达不到岗位要求的煤矿员工给予处罚，促进煤矿员工加强知识学习，尽快达到岗位知识标准要求。

经坊煤业经过几年的探索和实践，目前无论是企业一线工人、队组管理人员、科室管理人员或工作人员、决策人员，都对自己的工作内容和工作行为要求十分了解，对各种工作行为的奖惩措施也十分清楚，对自己工作的意义等有了更加明确的认识，从而大大减少了公司员工工作的盲目性和随机性。

2. 员工行动前的预想管理

员工的工作行为不但受员工认知水平的影响，而且也受其即时意识状态的影响。人只有有了安全意识，才会做出更多的安全行为；只有做出更多的安全行为，才能保证安全生产。员工预想管理就是以员工实际工作前的意识为主要着眼点，通过激活每一个员工的安全意识，让每一名员工真正把"安全第一"的安全理念作为一切工作的出发点和落脚点，在实际工作时更多地选择安全的工作行为，确保企业的生产安全。

员工的即时意识状态主要受员工的知识记忆状态、生理状态、心理状态、对实时环境的感知状态等因素的影响，而当员工的实时意识状态模糊或者不能对劳动对象、工具、环境等进行客观判断时，他就很容易做出不良工作行为的选择。鉴于此，经坊煤业充分利用各种可能的途径或渠道，采取行之有效的方法对员工实际工作前的安全意识状态施加影响，以激活他们的安全意识，减少员工不良工作行为的发生。这些方法包括：入井前的安全宣誓、开工前的安全确认、工作中的"手指口述"、工作任务的风险告知等，如图 49 所示。

（1）入井前的安全宣誓。入井前的安全宣誓是激活员工安全意识的重要环节。煤矿员工在工作前和工作中的安全意识状态是截然不同的。为了使员工尽快达到煤矿生产的安全意识水平，利用班前会来激活员工的安全意识状态是不可缺少的重要环节。但是，有时班前会在激活员工安全意识方面的作用是有限的，而且有时从开完班前会至入井作业还需要间隔一段时间，在这段时间里，员工

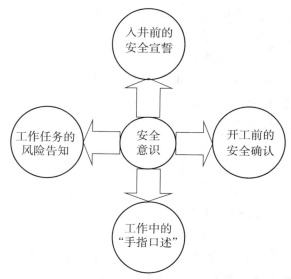

图 49　员工预想管理的主要内容

的行为是自由的，员工的思想也很容易分散。因此，员工入井前的安全宣誓对激活员工的安全意识有着更为重要的意义。

安全宣誓一般由带班队组长组织实施，由值班队组长或带班领导监督执行，当班所有上岗人员必须全部参加。每天班前会后，由当班工长统一带领更衣，统一打卡，列队下井，实行半军事化管理。负责入井宣誓带班人员按要求严格组织纪律；有专门人员负责对每天带班领导和队组宣誓人员出勤情况进行考核，值班队组长要在值班台账上记录下宣誓的时间、参加人数和组织宣誓人的姓名，月底对安全宣誓进行考核，对无故不参加的人员进行通报批评与处罚。

为进一步强化安全宣誓效果，在推行过程中，各基层队组统一制作了精美、醒目的"职工全家福温馨园地"，在全家福温馨园地上醒目处制作了相应的宣传宣誓标语，如"你是家里顶梁柱，亲人盼你平安归"、"家中事情留给我，安全责任交给你"、"月亮因你而圆，生活因你而美"等，让职工从亲人叮嘱的角度感受到"一人安全、全家幸福"的责任，进而提高员工在工作过程中的安全行为意识。公司制定了"规定动作不走样，具体内容有创新"的入井宣誓总体要求，对班前礼仪、集体入井、乘罐、乘车和井下行走等整个过程进行统一规范，制定了相应的标准和内容、细化了具体的操作流程，实现了入井宣誓从口号到行动的转变，保证了入井宣誓对提高员工安全意识的提醒作用。

（2）开工前的安全确认。开工前的安全确认是激活员工安全意识的有效手段。开工前安全确认是指员工在行为实施前对行为实施对象及实施环境的确认、确信、确实的统称。

安全确认以事故预测技术为依据，以系统控制理论为指导，通过对所从事工作任务中存在的人、机、环等可能导致危害的不安全因素的分析预测，全面掌握生产现场的安全状况，将现场"物"的不安全状态和"人"的不安全行为全部纳入安全确认的重要内容，以有效地控制和消除"物"的不安全状态和"人"的不安全行为，形成事故预防的有机整体，从根本上杜绝不安全因素，防止事故的发生，实现企业的安全生产。因此，安全确认实际上就是员工对作业现场和作业过程中的危险因素、可能发生的事故进行预想、辨识、控制的过程，以便使员工对作业现场的安全状况了如指掌，消除隐患，安全作业。

经坊煤业从以下几个方面从事开工前的安全确认工作：

1）带班领导进行开工前重大危险源的安全确认。带班领导到达工作场所后，对工作场所重大危险源进行——巡查，确认重大危险源管理到位后，向安全生产调度中心汇报，得到许可后才能下达开工命令。通过开工前带班领导的重大危险源安全确认，可以有效控制较大以上事故的发生。

2）带班队组长进行开工前风险预控管理安全确认。带班队组长到达工作现场后，对所辖工作区域各类机和环的危险源进行——巡查，确认没有发现不安全因素后向带班领导汇报，得到开工许可后方可下达开工命令。通过带班队组长风险预控管理安全确认，可以有效控制由于盲目施工对员工造成的伤害。

3）岗位人员进行开工前岗位风险预控管理安全确认。岗位工作人员到达工作岗位后，必须对工作岗位的机器和环境所创造的风险进行——检查，确认设施完好，环境安全后向带办队组长汇报，得到开工许可后方可开工。通过岗位人员风险预控管理安全确认，可以有效控制由于环境、设施的不安全对员工产生的伤害。

4）转换工序进行风险预控管理安全确认。在工作过程中，所有工作人员，必须执行一工序一确认，完成一道工序后必须先确认再进行下一道工序。通过转换工序的安全确认，可以时刻提醒职工规范自身的行为，控制由于不规范行为对员工产生的各种伤害。

开工前的安全确认是提高煤矿员工安全意识的重要途径之一，也是促进安全生产的有效方法和预防事故发生的重大举措。通过全面推行各种"安全确认"，员工自我安全管理意识和水平能够得到明显加强，加快了员工由过去"要我安全"向"我要安全"和"我能安全"的转变，有效地控制各类事故的发生，达到提高员工自身安全意识的目的。

（3）工作中的"手指口述"。煤矿生产是一个环境恶劣、条件复杂、多人员、多工作点、协同作业的过程。任何一个人的疏忽大意，不但可能给自身，而且可能给所有共同工作的人员造成严重的伤害。因此，在多人协作或在同一地点多工种同时作业的过程，需要随时提醒每一个作业人员注意安全事项。

"手指口述"就是针对煤矿生产具有高危、复杂等特点，在工作分析描述的基础上，通过心想、眼看、手指、口述等一系列行为，对工作过程中的每一道工序进行确认，使人的注意力和物的可靠性达到高度统一。"手指口述"能够有效地预防员工在工作中出现恍惚、走神等无意识或注意力分散而引起的误操作，是避免违章、消除隐患、杜绝事故的一种十分有效的管理方法。

经坊煤业通过使"手指口述"操作法涵盖全矿的每一个作业岗位、每一个工作工序，从班前会、安全宣誓开始，到入井乘车、行走路线、作业点的安全状况检查、设备设施检查，再到每一道工序的准备和实施，直到所有工作安全完成后升井下班等一系列的工作过程，每一个环节都有相应的"手指口述"操作方法，从而使系统缺陷、管理漏洞、设备障碍和人的不安全行为等均处于受控的状态，使生产过程的人、机、环始终处于最佳的安全匹配状态。

经坊煤业的"手指口述"主要包括：①操作前的"手指口述"。这又分为两种情况：一种是当班作业开始前的"手指口述"；另一种是在作业过程中工种的变更或一种关键性的操作开始前的"手指口述"。②操作过程中连续性的"手指口述"。当某一操作过程中含有若干个具有危险性的关键操作时，员工需要执行连续性的"手指口述"，即一边操作、一边"手指口述"。③操作结束前的"手指口述"。这又分为两种情况：一种是当班作业全部完成，即将离开现场前；另一种情况是阶段性作业结束或一项操作完成。

（4）工作任务的风险告知。风险告知的目的是提醒员工注意工作中可能遇到的或者已经遇到的不安全因素，提升其风险防范及风险处理意识。

在煤炭企业中需要对员工进行任务风险告知的情况有以下几种：第一，员工在日常的教育培训中没有学习到其所从事的工作任务中的危险因素，因而需要在其工作中进行风险告知；第二，员工由于知识记忆状态或者是由于生理因素、心理因素等情况发生对风险的遗忘或者错误感知的情况下从事具体工作时需要对员工进行风险告知；第三，由于员工的省能心理、侥幸心理、逆反心理、凑兴心理、群体心理等因素的影响，在工作中往往表现出故意违规倾向，对于这类具有故意违规倾向的不安全行为，管理者要对其进行再教育等形式的风险告知以控制其做出更多的不安全行为选择；第四，由于煤矿环境的复杂性与多变性，管理者应当在班组任务完成后及时对工作过程中出现的新情况、新问题以及可能导致安全事故的新风险及时向班组成员进行通报，以提高员工的安全风险防范意识。

　　针对以上情况，经坊煤业从多个方面进行了工作任务的风险告知工作，主要内容包括：第一，员工通过风险管理卡的学习，事先获知工作任务中的各种风险。公司为不同工种和不同工作任务制定了相应的风险管理卡，并且让每一个员工进行充分的学习和领悟，促使其在具体从事这些工作前充分了解工作中可能存在的各种风险。第二，带班队组长在安排当班工作任务时检查职工持有的风险管理卡情况，做到持什么卡、上什么岗、干什么活，从源头上杜绝无技能施工。第三，带班队组长和带班领导在工作中进行重要危险源的安全确认，并向相关工作人员告知相应的危险源，提醒他们注意工作安全，再次唤醒员工的安全意识。第四，针对在工作中发现的新危险源或危险因素，先要让每一个员工充分了解其危险源的性质及其防范知识，再安排他们从事相关的工作。这种工作任务的风险告知可以有效地提高员工的危险因素防范意识，进而促使其更多地做出安全的行为选择，进而达到减少煤矿安全事故的目的。

　　3. 员工工作中的行为监督与控制

　　煤矿安全生产需要面临两方面的挑战，一方面是"物的不安全状态"的挑战，即煤矿生产组织难度大，安全设施不完善，安全威胁大；另一方面是"人的不安全行为"的挑战，即煤矿员工素质参差不齐，并且在工作过程中容易受省能心理、侥幸心理、逆反心理、凑兴心理、群体心理等因素影响。为了面对这些挑战，煤炭企业需要加强对员工工作行为的监督与控制，通过促使员工更多地选择安全的工作行为，以预防或减少生产事故的发生。

　　工作行为监控就是煤矿管理者或其他员工通过对员工在工作过程中的行为进行现场监督和检查，及时发现可能出现的不良行为倾向，并采取一定管理和控制措施来加以纠正，以预防其做出不良工作行为。对员工工作中的行为进行监督和控制可以最大程度规范员工的生产操作行为和日常管理行为等，提高企业的组织管理水平。

　　经坊煤业十分重视利用多种渠道和方法来监督和控制员工的工作行为，并且构建了员工工作行为的全方位监督与控制体系，这种监督与控制体系对规范员工工作行为，减少煤矿生产事故发挥了重要作用。如图50所示，经坊煤业主要从以下几个途径来加强员工的工作行为监控工作。

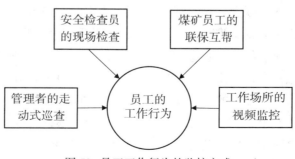

图 50　员工工作行为的监控方式

（1）管理者的走动式巡查。管理者的走动式巡查是指在工作过程中，各级管理人员按照规定到现场对员工的工作行为进行实时监督、检查和责任追究。

各级煤矿管理者到工作地点进行走动式巡查，能够及时发现煤矿员工可能从事的不安全行为，帮助其纠正自己的不安全行为，必要时对其进行现场指导或指挥，采取必要措施防止事故发生，并对相关煤矿员工进行说服教育，做好巡查记录工作。走动式巡查还能够对煤矿员工形成心理压力，影响煤矿员工的决策心理状态，促使其更多地做出理性的工作行为选择。管理者的走动式巡查是煤矿企业管理人员更深入地了解现场情况，向职工传达企业管理意图，渗透管理理念的一种有效途径。

经坊煤业实施的管理者走动式巡查方式如下：①进入工作地点后，现场管理人员组织班队长对施工现场进行安全确认，现场管理人员将发现的隐患填写在"走动式"管理卡上，班队长签字确认后，安排责任人落实整改。责任人整改完成后向现场管理人员申请验收，经现场管理人员验收合格后方可开工生产。②班队长在现场安全确认中发现隐患，填写"走动式"管理卡，由责任人签字整改，责任人整改后申请验收，经现场管理人员验收合格后，填写"走动式"管理卡，并签字确认。③现场安全确认后，班队长安排全班职工进入工作岗位开工。现场管理人员按照责任区域进行走动式巡查，针对发现的不安全行为进行纠偏或反"三违"，并按照规定记录在"走动式"管理卡上，视情节严重程度给予相应的扣分，并由责任人签字确认。④管理人员在走动式巡查中发现隐患，让责任人签字确认，并落实好整改工作。

（2）安全检查员的现场检查。安全检查员是在煤矿生产中专门从事安全方面检查工作的人员，他们对员工工作行为的管理与控制有着十分重要的影响作用。安全检查员通过不定期地对现场工作人员的工作行为进行观察或检查，能够及时识别出员工可能从事的不安全行为，可以及时采取措施加以纠正或制止，并做好相应的检查记录工作，是预防员工从事不安全行为的重要手段之一。

经坊煤业安全检查员的现场检查工作重点放在如下两个方面：①检查现场的安全环境状况。发现隐患后立即安排现场负责人进行整改；发现可能危及职工生命安全的隐患，立即组织人员撤出，并进行相关的汇报处理工作；对于查出的较大安全隐患必须盯住不放，直至整改完毕；对于不能立即整改的隐患，要求相关业务科室和单位限定整改时间，并制定、落实隐患未整改前的安全防范措施。②检查员工安全思想及行为状况。如果员工情绪波动、精力涣散、家有大事、粗心大意、事不如意、身心疲惫、侥幸蛮干就很容易发生事故，因此，安全检查员的主要工作之一就是检查员工在工作中的思想和行为状态，凡发现思想状况异常人员首先要劝其休息，待其思想或心理状态恢复正常后方才让其继续工作，并且实施重点监控。

（3）煤矿员工的联保互帮。安全生产不是"单打独斗"的个人行为，只有共同努力，确保生产现场所有员工的工作行为安全，才能确保安全生产目标的实现。煤矿员工的联保互帮是对现场员工工作行为监督和控制的重要手段之一。

联保互帮就是煤矿员工相互联合、相互帮助，共同实现安全生产的目的。在生产过程中，员工们要为其他员工着想，在工友遇到困难时应给予无条件的关爱，并且帮助他们克服困难；在工友做出不安全行为时，应及时提醒、纠正、制止或汇报，防止不安全行为造成更大的损失；在工友不留神时，及时提醒他们要注意安全，不要把生命当儿戏。联保互帮的具体内容包括：①工作中的联保互帮。每班根据工作地点、工作任务的情况职工结成2~3人的联保互帮小组，在生产现场根据工作面情况、生产进度及工友安全状态等，通过安全问候、安全叮嘱或安全手势进行善意的友情帮教。②工作外的联保互帮。工余时间，职工们可聚在一起说说以往的事故案例，讨论做好安全生产的重要性，算伤亡、"三违"等事故的生命账、经济账、幸福账及社会账，进一步明晰通过联保互帮做好安全生产的重要性。③对新员工的联保互帮。新入矿员工是一个特殊群体，是影响矿井安全的不可忽视的因素。然而，新员工对工作环境的适应和对自身不安全行为的认识与控制需要一个传、帮、带的引导过程，因此对新员工进行联保互帮对矿井安全生产非常重要。可安排责任心强、业务水平高的生产骨干带新员工共同生产。要做到同下井（同上班）、同上井（同下班）、同劳动、同公休，师傅要把各种安全操作和安全防护技能传授给徒弟并对徒弟的安全负责。

总之，联保互帮的作用主要体现在它所建立的是一种内部约束机制，促使员工自行控制其安全行为，同时对他人进行监督。相对于外部约束来说，这是内在的、决定性的，其作用更为显著。

（4）工作场所的视频监控。煤矿井下作业因为远离地面，地形复杂，环境恶劣，所以容易发生事故。利用视频监控系统，地面监控人员可以直接对井下情况进行实时监控，不仅能直观地监视和记录井下工作现场的安全生产情况，而且能及时发现事故的苗子，防患未然，也能为事后分析事故提供有关的第一手图像资料。

在一些重要的现场工作区域安装视频监视装置，对在这些区域工作的煤矿员工行为进行录像，安排专门人员在调度室进行实时监视，一旦发现不安全状态和不安全行为通过适当的通信手段及时告知当事人及其直接管理人员，及时纠正或制止其不安全行为，防止由于没有及时纠正而导致更多不安全行为的做出，甚至发生严重事故。

通过煤矿工作场所的视频监控，可以有效直观地观察到员工的工作行为，有效地及时制止员工不安全行为的做出，当出现不安全行为时还能最快速地弥补不安全行为造成的损失，做到及时纠正，减少损失。

（四）完善的奖惩体系

奖惩体系作为企业提高员工绩效的一种形式，是企业人力资源开发与管理的基础与关键，已经成为经坊煤业低碳发展中不可缺少的重要环节。经坊煤业为提高企业的竞争力和适应能力，探索提高劳动生产率和改善组织绩效的有效途径，建立了完善的奖惩体系。主要内容包括：岗位责任制度、绩效考评制度、薪酬管理制度、晋升管理制度和保障机制五个方面。该奖惩体系不但充分考虑经坊煤业工作任务的不确定性、难易程度、生产成本等因素，同时考虑员工收入的平稳性和激励性，使经坊煤业整个奖惩体系更加公平合理，充满柔性。奖惩体系的框架如图51所示。

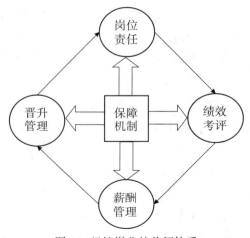

图51 经坊煤业的奖惩体系

1. 明确的岗位责任制度

为了顺利完成组织管理的各项工作任务，促进组织员工之间的相互合作，也为了加强员工的绩效考评与薪酬管理工作的顺利进行，经坊煤业根据自身实际情况，制定了岗位职责书，并实施岗位责任管理制度，使员工按照岗位需求去完成工作任务以及承担相应的责任，注重职务与责任的统一。岗位责任制度的实施，一方面使绩效考评和薪酬制度有更加明确清晰的依据；另一方面也更好地指导员工在生产中如何更明确地进行工作。

（1）责任明确。明确的岗位责任制度可以促使企业奖惩制度得到更好的实施，经坊煤业根据自身的实际情况，结合薪酬管理的需要，依据工作任务的需要确立工作岗位名称及其数量；根据工作岗位的需要确定岗位职务范围；根据工作性质确定岗位使用的设备、工具、工作质量和效率；明确岗位环境和确定岗位任职资格等；确定各个岗位之间的相互关系；根据岗位的性质明确实现岗位的目标的责任。这样，可以最大限度地实现劳动用工的科学配置，有效地防止因员工职责重叠而发生的工作扯皮现象，提高内部竞争活力，更好地发现和使用人才，提高工作效率和工作质量，规范操作行为，减少违章行为和生产事故的发生。

（2）权责对等。经坊煤业使每一个员工明确自己的岗位及职责所在，使员工明白任何岗位职责都是一个责任、权利与义务的综合体。有多大的权力就应该承担多大的责任，有多大的权力和责任就应该尽多大的义务。使员工明确自己的岗位职责，知道自己的定位，知道在工作中应该干什么、怎么干、干到什么程度。经坊煤业也防止把岗位职责中的责任和权利割裂开来。重视对管理者的职责规定，防止管理者重视了权力而忽视了责任，有活让人家干，甚至自己的活也让人家干，自己当裁判，当管人的人，这种不尽职又不担责的管理者在经坊煤业是非常少见的。有了明确的岗位责任制度，使奖惩工作有了科学的依据，也为公司构建科学的奖惩体系奠定了基础。

2. 柔性的绩效考评制度

绩效考评作为评价员工绩效的一种形式，是经坊煤业与员工之间进行管理沟通的一项重要活动。绩效考核的结果可以直接影响薪酬调整、奖金发放及职务升降等诸多员工的切身利益，其最终目的是改善员工在工作中的表现，一方面，有助于实现企业的经营目标；另一方面，提高员工在工作中的满意度。因此，绩效考评是整个奖惩体系中最重要的一环。经坊煤业绩效考评特点主要包括以下两个方面：

（1）综合考评。经坊煤业在进行绩效考评时，基于企业战略，把目标管理法、关键绩效指标法、360度绩效考评法等多种绩效考评方法结合起来；把月度考评、季度考评和年度考评结合起来；把个人考评和班组考评、队组考评结合起来；把业绩考评、态度考评和行为考评结合起来综合对员工工作绩效进行评价。不仅注重员工是否按时、按质、按量完成规定的任务，还注重员工在执行岗位职责时所表现出来的行为和工作态度，进行综合考评有利于使员工日常工作绩效得到真实的反映，使经坊煤业可以客观、全面地评价员工的工作业绩。

（2）柔性考评。由于煤矿开采的自然条件较为复杂，开采煤炭资源难易程度并不一致。当遇到较难开采的工作面时，员工将会由于工作难度的增加，导致开采煤炭资源量减少，影响工作绩效和工人工资，造成员工士气低落，对工作产生畏难情绪。经坊煤业充分考虑了工作任务的不确定性和难易程度，对员工实施柔性考评，将每月工作难度分为困难、普通、容易三个等级。如果某个月工作难度为困难，工作任务较难完成，达不到预计产量，公司会提高当月工作绩效的计算系数，并充分考虑员工在工作中的态度和工作行为进行绩效考评，努力使员工工资不会降低太多，打击员工的生产积极性。如果某个月工作难度为容易，公司会根据生产需求进行工作绩效计算系数调整，如果需要加大生产产量，就保持工作绩效计算系数不变，激励员工可以在工作任务难度小的情况下尽量扩大产量；如果需要降低或维持生产产量，当超出本月生产量时，就降低工作绩效计算系数。这样，无论工作任务困难还是简单，员工的收入都会维持在一定水平，较为平稳，保证员工情绪不会因为工作难易产生较大起伏，安心工作，有利于企业的生产持续稳定发展。

3. 科学合理的薪酬管理制度

薪酬是组织对员工的贡献包括员工的态度、行为和业绩等所做出的各种回报。经坊煤业通过制定科学合理的薪酬制度，不仅提升了员工工作的热情，使员工对工作更有积极性，对企业未来充满信心，还为企业的未来发展吸引到更多的优秀人才。此外，经坊煤业在执行薪酬制度时，尽量做到公正公平公开原则，努力减少一线员工和高层管理者间的工资差距，从董事长到员工每一级工资都有公示，领导干部配偶、子女状况、房产、汽车也进行了公示。高层领导和一线员工的工资差距并不十分大，有利于提高员工的生产积极性和保持员工对企业的信任。通过科学合理的薪酬激励，将短、中、长期经济利益相结合，促进经坊煤业的利益和员工的利益共同增长，使经坊煤业的发展目标与员工的发展目标相一致，从而促进员工与经坊煤业结成利益共同体关系，最终达到双赢。经坊煤业的薪酬制度主要包括基本岗位工资、绩效奖金、岗位津贴和福利四大部分：

（1）基本岗位工资。基本岗位工资是员工根据职称、技能水平确定的基本工资。经坊煤业实施岗位工资制，以职位为主线，同时考虑技能和工龄，使员工从企业获得较为稳定的经济报酬。为员工提供了基本的生活保障和稳定的收入来源，并且以基本薪酬作为可变薪酬绩效奖金、补贴福利确定的一个主要依据。

（2）绩效奖金。绩效奖金主要反映员工在工作中的业绩，是对劳动者在创造超过正常劳动定额以外的社会所需要的劳动成果时，所给予的物质补偿。经坊煤业制定的奖金具有较大的弹性，它可以根据工作需要，灵活决定其标准、范围和奖励周期，有针对性地激励某项工作的进行，也可以抑制某些方面的问题，有效地调节经坊煤业生产过程对劳动数量和质量的需求。

（3）岗位津贴。岗位津贴是对劳动者在特殊条件下的额外劳动消耗或额外费用支出给予补偿的一种工资形式。由于煤矿企业的工作环境较为艰苦，经坊煤业津贴依据不同岗位实际状况，结合国家政策对员工进行津贴补助。主要包括矿山井下津贴、高温津贴、夜班津贴等。

（4）福利。福利是指除了工资、奖金和津贴以外，根据国家、省、市的有关规定所应享受的待遇以及公司为保障与提高员工生活水平而提供的相关福利措施。经坊煤业制定的福利政策是全体员工都能享受到的福利，给员工以强烈的归属感和组织认同感。经坊煤业福利政策特别强调其长期性、整体性和计划性，主要包括法定的五险一金（养老保险、医疗保险、失业保险、工伤保险和生育保险、住房公积金）。此外，企业还根据自身实际情况，制定了节日福利、医疗福利、教育福利、住房福利、生育福利等相关政策。

4. 公开透明的晋升管理制度

职务晋升是经坊煤业奖惩体系中的一个重要方面，它充分体现了经坊煤业对人才的重视。经坊煤业通过对员工进行一系列考核，选择合适的人做合适的事情，实现员工能力和职位的匹配。完善的晋升机制标志着员工个人能力得到展现并被认可，能够增强员工的自信心；而且员工职位得到晋升，个人在组织及社会上的地位提高，会给员工带来极大的心理满足；职务晋升意味着薪酬和待遇的提高，能给自己和家人带来更多的实惠；它推动了实现个人价值的过程，为实现自身价值提供了一个更高的起点。公开透明的晋升机制，不仅激励晋升的本人，同时，也会对企业其他员工起到激励作用，使企业每一位员工看到自身发展的希望和前景，只要自身努力，就会得到更好的回报，因此，他们也会更加努力地为企业进行工作。目前经坊煤业的晋升机制主要有以下三个方面：

（1）临时工转正。经坊煤业注重临时工的待遇及临时工的权益，实现临时工与正式工同工同酬。而且，临时工只要3年被评为先进生产工作者就可以转为正式工。这一举措，为企业吸收到更多优秀的基层员工。

（2）基层员工提干。基层员工只要工作优秀，并有承担管理岗位的能力，就可以被本队组领导推荐为基层管理者，通过民主选举，竞职演说成为班组长。经坊煤业十分重视基层领导的选拔，保证基层员工通往管理层的上升渠道畅通，并且保证竞聘基层管理者的过程公开透明，选举基层管理者都需要通过职代会进行，所有选举信息都进行公开，接受广大员工的监督。

（3）基层管理者晋升。经坊煤业也十分重视从基层管理者中提拔优秀的人才补充到更高级的管理层中，为企业中级以上管理层输送新鲜血液，保持企业的活力。在经坊煤业，基层管理者只要在班组、队组中工作优异，3年被评为优秀基层管理者的人员，就可以由其主管高层领导进行推荐，通过调查考核、民主选举，晋升为中层领导。

5. 不断完善的保障机制

良好的制度体系需要强有力的保障才能推行下去。经坊煤业制定了完善的奖惩体系，为了保障该体系可以得到顺利施行，经坊煤业也制定了强有力的保障措施，使奖惩体系可以自上而下得到良好的贯彻。主要包括以下两个方面：

（1）监督保障。强有力的保障措施是奖惩体系得以实施和推行的根本，经坊煤业在奖惩体系实施过程中，重视奖惩各项制度实施的公开透明性，在实施过程中接受员工监督、认真听取员工所提出的建议，在实施中不断完善奖惩制度。通过制定公开、公正、公平的绩效综合考评体系，在企业内部建立良好的竞争氛围。

（2）持续改进。为了促使经坊煤业奖惩体系更好地实施，企业通过下发文件，组织学习告知所有员工奖惩体系的内容，使员工对具体奖惩措施有详细了解，提高员工的生产积极性和工作绩效。此外，对于奖惩体系存在不完善的地方，经过施行，员工反馈，进行修改，继续施行的步骤，进一步提高奖惩体系的实用性和可操作性，逐渐根据企业生产的实际情况，对奖惩体系进行修改和完善。此外，经坊煤业一切以企业员工为中心，对于员工较为拥护的条款，细致分析原因，总结经验，将这些条款进行更好的完善；对于员工较为诟病的条款，通过意见收集，分析讨论，对条款进行整改，使奖惩条款更加符合员工的实际情况，而不是使规章制度看上去很美，实施起来很难。不断完善和改进的奖惩制度，进一步促进了企业员工的积极性，使员工在工作中更加主动，努力提高自身工作绩效，从而提高了企业的工作效率。

六、经坊煤业成绩斐然的企业实践

经坊煤业是由山西煤炭进出口集团有限公司控股管理，集采煤、洗精煤、矸石制砖、新能源产品生产、商贸服务于一体的现代化新型企业，是全国特级安全高效矿井和全国煤炭工业百强企业之一。在近几年的低碳发展过程中，经坊煤业不但在许多方面探索出具有经坊煤业特色的成功做法，也取得了许多令人瞩目的成绩。下面这些成绩只是经坊煤业这些年所取得的成绩中的一部分。

（一）生产方面

经坊煤业生产实力雄厚，公司目前拥有七队二厂 22 个科室。矿井井田面积 30.34 平方千米，地质储量 2.3 亿吨，可采储量 1.3 亿吨，地质条件稳定，水文条件简单，属低沼气矿井。矿井年生产能力 300 万吨，煤种为贫瘦煤，生产大中小块炭和末煤。目前已经形成机械化程度较高的煤矿开采企业，在山西省地方同类矿井中属领先地位。经坊煤业凭借自身高效的生产效率，过硬的煤炭产品质量，其产品销售范围遍及山东、河北、河南、江苏、上海等省市，在国际市场上也远销日本、韩国等国家和地区，并得到卖方的一致好评与长期合作。

经坊煤业在生产产量方面有骄人成绩，连续六年被评为全国特级安全高效矿井，连续七年被评为全国煤炭工业百强企业，在 2006 年 9 月被评为"山西省百强企业"，在 2004 年、2005 年、2006年和 2007 年连续四年被评为全国煤炭行业百强企业。

在最近几年，经坊煤业无论是在总产量、个人产能、煤炭洗选，还是生产技术创新方面都取得了令人瞩目的成绩。

（1）煤炭产量方面。经坊煤业在确保安全生产的情况下，近几年的煤炭产出量一直维持在 300万吨 / 年左右，这与矿井的设计和核定生产能力保持基本一致。在个人产能方面，通过对员工技术培训等工作的重视与一系列培训方案的实施，经坊煤业的个人产能也在先进技术的配合下有了明显提高。经坊煤业最近五年的煤炭产量和个人产能如表 1 所示。

表 1　近五年的个人产能

年份	一线工人数	煤炭产量（百万吨）	个人产能（百万吨 / 人）
2009	386	265	0.68
2010	455	314	0.69
2011	466	325	0.697
2012	460	339	0.73
2013	434	276	0.636

（2）煤炭洗选方面。经坊煤业现有两座选煤厂，一座年产 120 万吨左右，另外一座年产约 180万吨。目前，经坊煤业生产的原煤全部进入这两个选煤厂，全部经过洗选后进入销售市场，不但大大提高了公司煤炭产品的发热量，减少煤炭消费所造成的环境污染等，而且也极大地提高了公司产品的市场竞争力，为公司带来十分可观的经济效益。

表 2、表 3、表 4、表 5 分别显示了经坊煤业近三年来两座选煤厂的中煤产量、精煤产量、煤泥产量、煤矸石产量，以及各自所占的份额。

表 2　经坊煤业洗煤厂中煤产量及产率

年份	中煤产量（万吨）	产率（%）
2011	18.25	12.93
2012	17.54	12.28
2013	13.63	10.25

表3　经坊煤业洗煤厂精煤产量及产率

年份	精煤产量（万吨）	产率（%）
2011	10.77	76.27
2012	10.73	75.07
2013	10.20	76.68

表4　经坊煤业洗煤厂煤泥产量及产率

年份	煤泥产量（万吨）	产率（%）
2011	7.41	5.25
2012	7.39	5.17
2013	3.06	2.30

表5　经坊煤业洗煤厂煤矸石产量及产率

年份	煤矸石产量（万吨）	产率（%）
2011	20.1	14.24
2012	19.81	13.86
2013	14.65	11.01

上述各类洗选产品所占的比例如图52所示。

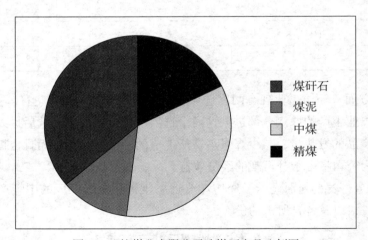

图52　经坊煤业有限公司洗煤厂产品比例图

（3）生产技术方面。经坊煤业为了提高自身的生产效率，十分重视在煤炭开采技术上的创新和投入。经坊煤业加大投入，不断创新采煤技术，革新采煤设备，从2012年开始，经坊煤业先后开展了26项技术研究项目，并将最新的研究成果应用到煤炭生产过程中。具体的技术研究项目如表6所示。从表中可以看出，仅2013年，经坊煤业就有20项技术投入到实际生产之中。也正是因为经坊煤业在技术和设备上的大量投入，使得矿井下机械化水平不断提高，生产效率稳步提高，安全生产形势实现根本好转。

（4）现场管理方面。在煤炭生产过程中，经坊煤业特别重视生产现场的管理工作。经过多年的探索，经坊煤业的现场管理工作已经远远走在了全国同类企业的前列。就是因为经坊煤业在现场管理工作方面取得了突出的成绩，各级领导、各类企业经常到公司调研、参观学习和召开相关现场会。

在现场管理方面，经坊煤业探索出了许多行之有效的方法。例如，"五盔法"、8S 精益管理法、把"三关"法、"3331"现场管理法等。这些具有经坊煤业特色的现场管理方法，不但提高了经坊煤业的日常生产效率，而且在同行业中树立了很好的典范。

表6 经坊煤业有限公司项目研发及投入

年份	项目名称	技术研发投入（万元）
2011	矸石砖厂余热利用	3200
2012	机掘工作面除尘工艺优化与技术研究	75
	无极荧光灯科技成果转化与示范工程	580
	水仓煤泥快速清淤工艺研究及研制关键设备	130
	立井提升系统中闸瓦间隙监测保护装置的精确性分析	30
	皮带防跑偏架的研制及应用	10
	煤矿井下广播系统的开发及应用	20
2013	矿井瓦斯抽采系统的技术研究	500
	大倾角胶带输送机抓捕器的研发与应用	45
	防爆型移动空压机	27.5
	智能化架空乘人装置的开发与应用	300
	矿井充水水源快速识别技术在经坊煤业的应用研究	70
	选煤厂集中控制与自动化技术研究	650
	厚煤层安全高效轻放工艺技术研究	1870
	KJ160N 监测监控传输方式的应用与改进	25
	提升数字化集成控制快速装车系统关键技术	1120
	基于絮凝沉降技术的煤泥水处理工艺优化	500
	基于重介工艺的选煤介质降耗工艺研究	1200
	高应力开拓巷道支护技术研究	420
	复杂地质构造边角资源合理开发利用关键技术	290
	综采工作面端头支架的研究与应用	220
	皮带中部折返装置研发与应用	20
	钢绳胶带全断面智能化在线监测技术应用研究	130
	智能化矿灯超市研究与利用	320
	矿井充水水源快速识别技术在经坊煤业的应用研究	70
	智能化综合调度系统应用技术研究	1300

1）形象高效的"五盔法"。"五盔法"是在现场管理中具有经坊煤业特色的方法。不同的安全帽颜色被经坊煤业人赋予了特殊的寓意。跟班队长戴蓝色帽子，蓝色象征天空，表示跟班队长要对下矿员工负责，带领员工安全进入井下工作，又将员工安全带出地面。队干戴黄色帽子寓意警示，这就要求队干随时要注意发现员工在工作中的不安全行为并进行指正和规范。安全管理员戴红色帽子表示停止，寓意着一旦发现问题应当以安全为重，停下有危险的工作，认真检查并发现问题加以提升和改正。普通员工戴黑色帽子，象征着黑色的煤炭。对安全帽进行编号管理，以代表自己的形象。通过这种经坊"五盔法"，使不同职位的职工在明确自身工作使命的同时，也提升了员工的责任心。在工作上，职工自身也感觉到比以往拥有更多的主动性与责任感，从而有效提升日常煤炭的生产效率。

2）基于精益思想的"8S"现场管理法。经坊煤业在现场管理方面融合了准时制生产理论、全面质量管理理论、约束理论、并行工程和工业工程技术的最新成果，从精益生产组织方式出发，以"8S"为准则，即整顿、整洁、整理、素养、安全、节约、学习、清扫，利用看板、目视、标准化三大工具，从而充分实现了煤矿现场管理的精细化，规范了煤矿生产过程中的各项细节，在促进生产效率提高的同时，也提高了井下工作环境的安全水平，有效降低了生产过程中的人员的伤亡率和事故的发生率。

3）现场工作控制的把"三关"。经坊煤业现场管理的过程控制主要是通过把"三关"来实现的。一是严把现场关。通过将责任与考核挂钩，定期制定达标规划，并划分责任区，明确标准要求，分清责任范围，落实到个人，使得工程质量的问题与现场施工人员、联点包队人员以及高中层的管理人员挂钩，落实责任，形成全员责任倒挂，全面动态管理。值班领导在实现与员工同上同下的同时，做到"三走到、三必到"。现场监管紧抓过程控制，施工不留隐患，保证了生产过程的动态安全和达标。二是严把验收关。按照安全质量标准化验收标准严格验收，对不达标的工程严格按照考核制度横向到边、纵向到底进行全面考核。强化责任追究到底，杜绝有始无终、有头无尾的工作安排，维护制度的权威性。三是严把考核关。以安全控制指标作为安全生产考核与奖惩的重要依据，根据安全总体目标进行责任分解，具体对各单位目标承担单位或个人进行考核，依据安全生产考核细则，安全科、企管科、人事劳资科配合落实，专设安全绩效考核、安全风险抵押和个人安全技能工资考核机构，每月实行"一动一静"检查验收，综合打分，一月一评比，一月一考核，将标准化逐渐覆盖到每一个区域，每一个环节，每一个工种，每一个项目，不留死角，创造安全、舒适、可靠的安全工作环境。

4）"3331"现场管理法。经坊煤业的"3331"现场管理法总共是由3个"3331"组成。具体是指：①三管、三学、三比和一总结；②班前三做到、班中三必到、班后三汇报和上岗一带头；③三问、三查、三测和一处罚。这三种管理手段分别从管理者素质、工作流程和现场监督三个方面，对经坊煤业管理者如何进行工作现场管理提出了要求。其中，三管包括敢管、会管、管好；三学包括互学、对学、请学；三比包括比现场隐患少、比现场违章少、比现场精细化管理好。一总结是班后总结当日工作情况。要求参与现场管理的管理者在管理、学习以及日常总结方面提高自身的管理素质，更好地应对煤矿现场管理状况。在现场管理工作流程方面，要求班前三做到：心态静、方向明和任务清；班中三必到：薄弱环节必到，特殊地段必到，关键地点必到；班后三汇报：汇报人的思想、物的状态和环境隐患；上岗带头遵守规章制度。使现场管理人员在工作流程中有效对各个工作环节进行管理和控制。现场监督主要是对现场管理措施实施起到保障作用，其中三问包括：问上一班工作情况、问班前会工作部署、问人员岗位对标；三查包括：查隐患落实、查措施到位、查违章人员。三测包括：测瓦斯浓度、测工程质量、测保护措施；一处罚包括：针对不合格的事，处罚不负责任的人。

经坊煤业的现场管理工作成效突出，引起了各级领导的关注，也引起了许多企业的重视。省、市的许多领导先后到经坊煤业进行考察和调研，各兄弟企业也先后派人到经坊煤业来参观学习。

（二）经营方面

经坊煤业不但在煤炭生产方面取得了突出成绩，而且公司的经营业绩也十分突出。公司目前财务状况良好，企业发展动力强劲。这可以从经坊煤业近几年的一些财务数据中得到证实。

从企业的流动比率来看，近两年经坊煤业的短期偿债能力不断提高，如表 7 所示。

表 7　经坊煤业流动比率

年份	2011	2012
流动资产（亿元）	23.71	20.52
流动负债（亿元）	10.23	14.34
流动比率	2.32	1.44

从企业的流动资产周转率来看，经坊煤业的流动资产的运营效率在近两年的发展时间里有较为明显的增长，从而反映出经坊煤业的经营较为高效，如表 8 所示。

表 8　经坊煤业流动资产周转率

年份	2011	2012
主营业务收入（亿元）	21.88	23.86
平均流动资产总额（亿元）	22.12	18.11
流动资产周转率	0.99	1.32

从企业的主营业务毛利率表可以看出，经坊煤业自 2010 年到 2011 年在主营业务的获利能力方面一直维持着良好的状态，如表 9 所示。

表 9　经坊煤业主营业务毛利率

年份	2010	2011
主营业务收入净额（亿元）	21.77	25.18
主营业务成本（亿元）	5.10	6.97
主营业务毛利率	0.76	0.72

从企业的成本利用率方面可以看出，从 2010 年到 2011 年经坊煤业的经营投入得到了较为充分利用，在两年的时间里，经坊煤业有限公司的利润创造能力一直较为强劲，如表 10 所示。

从企业的主营业务利润率表来看，经坊煤业拥有较强的通过主营业务获利的能力，说明企业在近期有着良好的市场销售业绩，其煤业产品受到市场的认可，如表 11 所示。

表 10　经坊煤业成本利用率

年份	2010	2011
净利润（亿元）	10.65	11.58
主营业务成本（亿元）	5.10	6.97
销售费用（亿元）	0.41	0.56
管理费用（亿元）	1.82	2.70
财务费用（亿元）	0.22	0.31
成本费用利用率	1.41	1.09

表 11　经坊煤业主营业务利润率

年份	2010	2011
净利润（亿元）	10.65	11.58
主营业务收入净额（亿元）	21.77	25.18
主营业务利润率	0.49	0.46

从企业的总资产利润率可以看出，经坊煤业的各项资产在生产经营的过程中，得到了最大程度的有效利用，使得企业在近两年的发展力拥有较为强劲的盈利能力，说明企业在各方面的不断改进，有所回报，如表 12 所示。

表 12　经坊煤业总资产利润率

年份	2011	2012
利润总额（亿元）	15.87	12.55
平均资产总额（亿元）	63.66	41.4
总资产利润率	0.25	0.3

（三）安全方面

经坊煤业的各级领导对安全管理的重要性认识高度统一，并且切实把安全工作放在第一位。目前，公司所有员工都拥有一个安全理念，那就是"安全管理由小保大"的理念。

通过深化这个理念，全公司牢固树立了"大安全"思想，并且将安全目标责任分解到基层科队、班组和个人，层层签订目标责任书，建立了纵向到底、横向到边的"包、保、核"安全管理体制。在实际操作中，公司从标准、目标责任、措施、考核等各个环节入手，结合实际，细化内容，量化标准，井下和地面同步规范和部署，提高了大家对安全工作的认识，转变了全体职工的观念和认识，逐步实现"被动管理"向"主动管理"的转变，由原来的安全员集中管理转为队组管理，从而达到队组、班组具有独立的安全管理体系和机制，真正实现了由"我管你"变"你管你"的状态。

概括地讲，经坊煤业在安全工作方面取得了如下一些突出成绩：

（1）健全了公司的安全培训体制。在员工的安全培训工作上，经坊煤业十分看重培训工作的针对性和实效性，能够做到分层次、有重点地对各级员工实施安全培训和教育工作。每年由培训中心组织全员的安全培训工作，安全教育和培训工作实现了全覆盖。安全员、瓦检员的培训合格率达到 100%，特殊工种和持证上岗率也达到 100%。

（2）健全了公司的安全宣传工作机制。经坊煤业着力加强公司安全文化建设，健全完善宣传教育基地工作，办好安全文化宣传专栏，每年出版《安全月刊》12 期，不断更新井下大巷及队组工作地点的宣传牌板，牌板形式和内容灵活多样，增加了安全宣传内容，营造了浓厚的井下安全生产氛围。

　　每年的公司安全生产活动月以及百日安全大检查期间发放大量宣传资料，每次悬挂安全宣传条幅达数十条，极大丰富了安全宣教的形式，充分发挥了宣传教育的主导作用。

　　在加强对职工日常安全宣传教育的同时，让各个队组利用每周的安全活动时间和班前班后会展开学习活动，进行事故案例教育，使职工能够深刻吸取教训，为安全生产打下了坚固的思想基础。

　　（3）健全了公司的隐患排查机制。为切实抓好隐患排查工作，公司制定隐患排查奖惩制度、挂牌督办制度、建档管理、信息报送和责任追究等各项隐患排查制度，为隐患排查提供了可靠的制度保障。明确各级人员隐患排查责任，并严格按制度执行和考核。

　　（4）健全了公司的隐患治理机制。公司建立了公司、队组、班组三级隐患排查治理网络，充分体现煤矿管理的强制性。实行队组日排查，科室周排查的管理方式，对各单位安全质量标准化工作坚持不定期检查和动态抽查，突出对薄弱环节、重点区域、重点人员和关键岗位的跟踪检查，做到时间、地点、措施、标准、责任人"五落实"，强化现场管理，严格落实公司领导带班、跟班下井制度，建立健全了安全隐患排查治理长效机制，进一步推进了"零事故现场，零事故环境"的创建工作，使安全生产现场处于不间断的反馈与监控之下。此外，坚持专业检查促进标准化工作的提升，对照标准查找不足，按照"谁检查、谁签字、谁负责"的原则，对质量不过关的工程追究其责任，责任追究实行倒挂，逐条整改，逐项突破，确保不漏检，不漏人。

　　（5）健全了公司的隐患责任追究机制。公司不断强化隐患治理的责任追究机制，让不规范的行为都受到应有的处罚或惩罚，从而大大增强了员工做好安全生产工作的自觉性、积极性和主动性。目前违章蛮干、麻痹松懈等不利于安全生产的现象少了，按章操作、上标准岗、干标准活、做放心人的多了，形成了人人参与隐患排查治理的大好局面，打造出了一支规范生产、安全生产的团队，形成隐患排查管理的固定模式，为实现安全生产奠定坚实的基础。

　　（6）构建了有效的"三违"人员管理机制。对"三违"行为始终保持高压态势。对一般违规人员采取说服教育纠正其不安全行为，对严重"三违"人员进行了处罚并在其本人当月的安全绩效工资中进行考评。在抓"三违"的工作中不仅保持了处罚措施的严格执行，而且还每月坚持开办了"三违"人员学习班，以事故案例教育人、以亲情感化人，促进了"三违"人员思想转化，使他们在以后的工作中能够做到遵章作业。

　　通过长期不懈的努力，公司的"三违"行为呈现逐年减少的态势。2013年共排查严重"三违"人员17人，其他各类违章纠错300人次，违章罚款23.63万元，有效防止事故发生，高效保障了安全生产。图53显示了公司近几年来发现的违章人员数量。

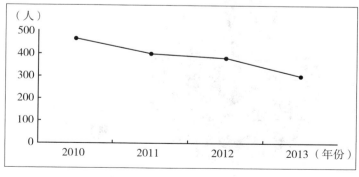

图 53　经坊煤业近期违章人数

（7）以优秀的安全文化引领公司的安全工作。在企业文化建设上，经坊煤业突出以人为本，培育人本文化，教育每位员工规范自己的行为，使公司在"自我管理、自我控制、自我监督、自我激励"的员工自律机制中提高绩效，增强竞争力。同时，通过知识讲座、智力竞赛、岗位练兵、技术培训以及军训、"三八"女职工才艺作品展、诗歌朗诵赛、"煤海之春"文化艺术节、庆"五一"迎"五四"职工运动会、"七一"系列活动、"八一"退伍军人座谈会、"九九"重阳节联欢会、红歌演唱会、盛世鼓韵民乐队慰问演出等文体活动，使广大职工在各种活动中受到先进思想的熏陶，温馨、和谐的人文环境，激发了党员、职工的工作热情。

公司以制度完善、行为规范、安全文化考核等方面为抓手，结合实际、把握重点，通过创新安全文化来催生新的理念、新的思路、新的机制、新的举措。经坊煤业在企业内部营造了自我约束、自主管理和团队管理的安全文化氛围，创造了一种团结友爱、相互信任，工作中相互提醒、相互发现不安全因素，共同保障了安全的和睦气氛，形成了凝聚力和信任力。最终在煤矿的生产过程中实现了无重大责任事故、无人员伤亡的好成绩。2010年获得了中国煤炭工业协会的"全国煤炭工业特级安全高效矿井"称号。

（四）人才方面

21世纪是以人才为主导的竞争社会。优秀人才也是煤矿企业的重要组成部分，是煤炭企业生存发展离不开的重要因素。煤炭企业员工的素质高低、能力大小、工作效率如何直接决定着煤炭企业发展的成败。经坊煤业历来十分重视人才方面的工作，在人才方面，经坊煤业也取得了不俗的成绩。

（1）当前人才状况。经坊煤业现有员工2825人。近年来，在井下从事一线工作的工人人数基本稳定在450人左右。表13是公司近几年每天工作在井下的一线工人人数。

表13　近几年一线工人人数统计

年份	2009	2010	2011	2012	2013
一线工人人数（人）	386	455	466	460	434

在学历方面，经坊煤业目前具有硕士研究生学历的人员共3人、大学本科学历人员166人、大专学历人员490人、中专学历人员1168人、高中学历以下人员998人。各种学历人员的分布情况如图54所示。

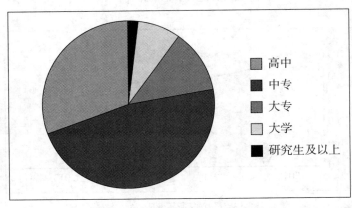

图54　职工学历分布情况示意图

在专业技术人才方面，经坊煤业当前拥有各类专业技术人员共计 149 名。其中，高级工程技术职称 2 人，中级专业技术人员 22 人，初级专业技术人员 125 人（其中助理级 45 人，员级 80 人）。

在特殊工作人员方面，经坊煤业目前已经有 460 人达到了煤矿特殊工作的学历准入标准（高中以上学历或中等职业教育学历），各种特殊工作人员的持证情况如表 14 所示。目前经坊煤业已经达到煤矿作业学历准入标准的人数占总工作人数数量的 69.9%，如图 55 所示。而具有煤矿专业管理学历准入标准的人数（煤炭相关专业大专以上学历）已经达到 100%。

表 14 特殊工种人员持证情况

工 种	人数	发证机关
安全检查工	69	山西省煤炭工业局
电 钳 工	161	山西省煤炭工业局
井下爆破工	29	山西省煤炭工业局
瓦斯检查工	67	山西省煤炭工业局
采煤机司机	33	山西省煤炭工业局
主提升机司机	19	山西省煤炭工业局
探放水工	24	山西省煤炭工业局
安全监测监控工	20	山西省煤炭工业局
掘进机司机	22	山西省煤炭工业局
瓦斯抽采工	16	山西省煤炭工业局
合 计	460	

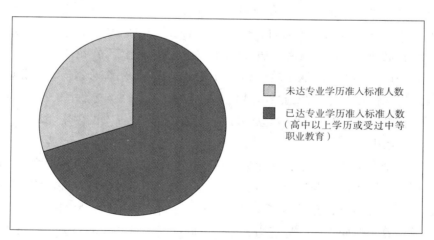

图 55 特殊工种专业学历准入人数比例

（2）明确了才培养的目标。虽然近年来经坊煤业的中高级人才和专业技术工人的数量不断增加，然而与公司的未来发展需要相比，公司的各类人才仍然显得十分匮乏，特别是既有理论又有丰富实践经验的复合型人才更加匮乏。经坊煤业的决策层已经十分清醒地认识到：人才问题将成为严重制约公司安全生产和长远发展的重要因素，公司能否持续、稳定、健康、快速发展，归根结底取决于公司是否拥有各类人才的数量和质量。

基于这种认识，经坊煤业以企业整体发展目标为出发点，明确了公司未来的人才培养目标。在人才培养目标的制定上，经坊煤业除了关注高层次人才的培养或引进，还十分注重职工的人力资本存量，并突出他们岗位能力的多元化目标。同时，在思想方面，加大对循环经济和环保发展方面理念的灌输，重视专门人才的发展，以促进企业在今后的发展过程中顺应经济发展趋势和国家、地方政策的相关要求。

经坊煤业还在职工的学历提升方面提出了明确的目标，为今后提升自身员工的整体素质，促进企业的长远发展铺下牢固的基石。经坊煤业制定的学历提升目标如表15所示。

表15 学历提升目标

年份	2014		2015		2016	
学历	本科及以上	大专	本科及以上	大专	本科及以上	大专
人数	25	65	30	70	30	70

（3）制定了人才培养的计划。除了制定明确的学历提升目标外，经坊煤业还制定了具体的专业技能提升目标和相应的培养计划，为指导经坊煤业未来的职工技能提升和素质培养提供指导。

首先是积极开展技术攻关活动，构建公司安全技术保障体系。激励各科室组织工程技术人员对制约安全生产的关键因素进行技术攻关，通过走出去或请进来等形式，把制约安全生产的关键因素一个一个地解决掉，从而增强公司的技术保障能力。同时，将落实分管领导和技术副总工程师的责任，通过分管领导和技术副总牵头实施，以保证技术攻关的效率与效果，并且服务于安全生产。

其次是积极拓宽人才选拔机制，不拘一格选拔优秀人才。公司在注重培养人才的同时，通过将优秀的大学生青年员工和通过学历提升的优秀青年员工选拔到相应的领导和技术岗位上来，给他们搭建一个能够施展自己的平台，让青年员工学有用武之地。

最后是积极开展学术研讨交流，提升公司整体科技实力。鼓励各科室、各队组进行相互交流，相互借鉴，相互学习，通过开展学术研讨，把工作中的心得和体会、在实践中积累的经验和教训，总结起来，再通过矿报和矿刊进行交流，切实提高全体员工的科技工作技能。

公司还通过各种途径加大职工队伍培训和学习力度，提高队伍综合素质和创新能力，为建设一个高标准、高起点的现代化矿井，开创经坊煤业人的美好未来提供人才保障。

（4）构建了各种学习型组织。为了建立起职工自我岗位素质提升的内生驱动力，经坊煤业积极营造企业内部的学习氛围。

通过公司营造一个全员"学技术、比业务、保安全"的学习氛围，全面提高员工的技术业务素质。通过自学考试、函授教育提升学历，培养专业基础知识。通过全员培训、特殊工种培训、岗位对标及"手指口述"等各种形式，增加专业实践知识。通过规程培训、班组研讨、井下实践提升专业综合知识。着重培养企业职工的跨界能力，鼓励不同部门人员的业务交流。经坊煤业通过定期召开各种形式的研讨会，来切实推动公司内部各种学习型团队的形成和发展。

截至2014年，全公司的每个基层队组和每一个职能科室都创建了自己的学习型组织，通过开展各种形式的学习活动，有效地激发了经坊煤业全体职工的学习热情，提高了职工的素质、知识和技能。

（五）社会责任方面

近年来，经坊煤业越来越重视企业的社会责任，在努力做好公司"三废"工作的基础上，也逐步向承担更多社会责任方面发展。经坊煤业在这方面的成绩也十分突出。

（1）废水处理与循环利用。为了减少生产污水排放给环境造成的污染，必须对矿井废水的水质进行处理，使其能够达到理想的排放标准。经坊煤业在对生产污水进行二级处理的基础上，利用消毒、过滤、活性炭吸附等措施，提高矿井出水的水质，实现了矿井废水的有效回收与综合利用。

经坊煤业的水循环综合利用工程总投资为 14628.96 万元。污水处理厂能够对 2000 立方米 / 天的矿井水进行处理，处理站采用全天 24 小时工作制，小时处理规模约为 83 立方米。目前的污水处理率达到了 100%，其中循环使用率到达 70%~80%，处理之后清水用于景区内企业生活用水水源、采矿生产回用、绿地喷洒、农田灌溉等。

（2）煤矸石创新利用。经坊煤业近几年的煤矸石产量呈整体上升趋势。截至 2013 年，产量已从 2003 年的 9.02 万吨，达到 11.7 万吨，其中 2010 年产量最为突出，达到 26.7 万吨。

煤矸石综合利用对于减少环境污染、创造新的经济增长点都具有相当的重要性。经坊煤业的煤矸石储量极为丰富，且费用低廉。

经坊煤业充分发挥自身优势利用煤石、粉煤灰发展新型建材，建立了新型建材厂，运用煤矸石为主要原材料制砖，以 95% 煤矸石，5% 黏土的比例为方法，采用一次码烧工艺生产煤矸石烧结砖，从而使大量煤矸石得到回收利用。砖厂用大量煤矸石为原材料，既可以治理环境污染，减少堆场占地，又节约了能源和黏土，每年利用煤矸石 20.7 万吨，减少了对环境的污染。

经坊煤业在制砖的过程中，利用制砖余热进行供暖和澡堂洗浴。由于砖坯的干燥主要是蒸发原料中的水分，利用隧道窑 100℃ ~ 200℃ 的余热足够干燥砖坯所需的热量，而矸石砖烧结过程中，窑内的温度达到 980℃ ~ 1100℃，大量的余热随着烟气排入空气中，从而造成了能源的浪费。但是经坊煤业通过余热锅炉的应用，充分地利用了在制砖过程中产生的余热，消除了锅炉供热，减少了煤炭的消耗以及废气的污染，目前是利用制砖余热供暖的全国首家煤矿企业。

经坊煤业的煤矸石综合利用经济和社会效益非常显著。在煤矸石制砖方面，自从经坊煤业新型建材厂建成以来，每年运用煤矸石为主要原材料进行制砖，将生产过程中产生的所有煤矸石进行了循环利用，每年减少煤矸石的排放 30 多万吨，每年烧制近亿块煤矸石砖，这些砖块全部销售出去，为地方建材市场提供了重要原料。而煤矸石烧砖过程的余热利用项目每个采暖季 CO_2 排放减少 15808 吨，SO_2 排放减少 121.6 吨，年节约运行费用 662.5 万元，取代了现有的 6 台燃煤锅炉，为矿井 12 万平方米建筑物的供暖、井筒防冻、1200 人的职工洗浴提供了热源。

（3）良好企业形象塑造。公司通过创新"五个好"、"五带头"活动，通过支部集体活动日、共同上党课、共同召开民主生活会，党员挂牌服务、党员联组保安全等形式，强化支部责任保障工作力度，设立党员先锋岗 36 个，党员责任区 11 个，党员示范班组 9 个，党员示范科室 15 个，增强了党员的责任意识，激发了党员先锋模范作用的发挥，为打造责任经煤示范引领。

（4）社会帮扶与其他社会责任担当。近年来，公司党委先后为周边村镇提供煤矸石砖 10858 万块，为新农村建设和回报社会资金 4476 万元，为希望工程和光彩事业出资 2200 余万元，为全县免费公交出资 250 万元，支持县调产资金 1.83 亿元，为地震灾区捐款 370 余万元，每年为社会冬季供煤 8 万多吨。通过积极履行社会责任，提升了企业形象、提高了职工素质。

构建高原矿山企业社会责任与
创新社会管理新模式

创造单位：西藏华泰龙矿业开发有限公司

主创人：王　平　任照华

创造人：王海军　汪文芳

[摘要] 华泰龙公司自进藏开发建设以来，始终遵循党中央、国务院开发西藏优势矿产资源精神，按照中国黄金集团公司提出的"环保扎根基，绿化提神气，和谐促发展，科技催新机"的建设理念，在自治区党委、政府的支持下，高举民族团结进步的旗帜，紧密结合矿山实际，做好矿权整合、地质勘探、生产经营、安全环保、绿化美化、和谐共建、企业文化建设等工作，快速将甲玛铜多金属矿建设成为西藏最大的矿业开发项目，同时在履行社会责任方面取得显著成效，有效促进了甲玛矿区和谐稳定发展，得到自治区各级政府和群众的广泛认可支持，先后获得全国五一劳动奖状、国家第二批绿色矿山试点单位、"中央企业先进基层党组织"、"全国民族团结进步创建活动示范企业"、"自治区先进基层党组织"、"西藏自治区民族团结进步模范集体"等多项荣誉称号，树立了央企良好的社会形象，构建了高原矿山企业社会责任与创新社会管理的新模式。

[关键词] 企业社会责任；创新社会管理；矿产企业

西藏华泰龙矿业开发有限公司（以下称"华泰龙公司"）是中国黄金集团公司直属控股子公司，2007 年 12 月 9 日在西藏自治区注册成立，开展以铜为主的多金属矿产开发业务，产品主要有铜精矿、锌精矿等，截至 2016 年底，注册资本 17.6 亿元，资产总额 76.68 亿元，员工总数 1046 人，其中少数民族 413 人。矿区位于拉萨市墨竹工卡县甲玛乡境内，距拉萨市 68 千米，海拔 4000~5407 米，矿权面积 144 平方千米。2010 年 7 月 19 日甲玛项目一期工程（6000 吨 / 日）正式投产运行，当年实现产值 1.5 亿元，并于 2010 年 12 月 1 日在香港成功上市交易。

华泰龙公司自进藏开发建设以来，始终遵循党中央、国务院开发西藏优势矿产资源精神，按照中国黄金集团公司提出的"环保扎根基，绿化提神气，和谐促发展，科技催新机"的建设理念，在自治区党委、政府的支持下，高举民族团结进步的旗帜，紧密结合矿山实际，做好矿权整合、地质勘探、生产经营、安全环保、绿化美化、和谐共建、企业文化建设等工作，快速将甲玛铜多金属矿建设成为西藏最大的矿业开发项目，同时在履行社会责任方面取得显著成效，有效促进了甲玛矿区和谐稳定发展，得到自治区各级政府和群众的广泛认可支持，先后获得全国五一劳动奖状、国家第二批绿色矿山试点单位、"中央企业先进基层党组织"、"全国民族团结进步创建活动示范企业"、"自治区先进基层党组织"、"西藏自治区民族团结进步模范集体"等多项荣誉称号,树立了央企良好的社会形象,构建了高原矿山企业社会责任与创新社会管理的新模式。

一、实施背景

(1)处理好矿山科学开发与和谐社区创建的关系,是当今世界矿业发展的一大主题。矿业发展所面临的普遍问题便是矿产资源的开采利用与矿山资源的日益减少之间的矛盾,以及矿区生态环境破坏与当地居民居住环境保护之间的矛盾,所以矿山企业必须始终注重矿产资源的科学开发利用,秉承可持续发展理念,处理好企业与当地老百姓之间的关系,在充分开发和利用矿产资源的同时,不忘拉动周边经济,创建和谐矿区,与当地居民共同致富、和谐发展。

(2)努力把党组织的独特优势转化为企业的发展优势,是央企履行好经济、政治和社会责任的新途径、新方法。西藏地处祖国西部,由于地理气候条件恶劣等原因,经济发展水平也比较落后,央企的进驻除了要拉动地方经济之外,还须尽最大努力履行社会责任,更需要党组织的独特优势和力量的引领,将党的力量转化成生产力和推动力,让当地群众从思想上转变对矿山企业的传统认识。

(3)企业不仅要提供高质量的产品和服务,在生态文明建设中是要确保地方湛蓝天空、清澈水流、绿茵大地。西藏地区高原生态环境极其脆弱,植被覆盖率低,水系亦是三江源头,一旦污染和破坏不仅难以恢复更会给下游流域带来严重问题。在甲玛矿区未整合前,由多家私营矿山进行开采,由于各小矿主不具备先进科学的开采工艺、环保理念,造成了高原生态环境的严重破坏,甚至难以恢复。因此矿山企业在高原必须始终把环境保护和节能减排放到最重要的位置,既要金山银山,又要绿水青山。

(4)在少数民族地区开发建设,必须结合实际突出民族团结、和谐共建这一特色,才能创新载体实现发展。华泰龙公司矿区位于藏民族聚居区,由于交通闭塞、地理气候环境恶劣、教育等条件极度落后、历史等一系列原因,藏族同胞普遍文化水平较低,语言沟通不畅,对矿产资源开发企业认识浅薄,害怕企业的进驻破坏当地居民的生活环境等,所以矿山企业要想在少数民族地区特别是青藏高原开展矿产资源开采业务,就必须突出民族团结,将企业发展和企地和谐共建融为一体,让当地居民真正体会和享受到企业带来的实惠和温暖,达到长远可持续发展的目的。

(5)社会管理是人类社会必不可少的一项实践活动,要形成和保持和谐稳定的局面,就必须加强和创新社会管理。企业进驻矿区进行矿产资源开发业务,必然会带来大量的外来人口,人口流动性和复杂性增大,加大区域内人口管理难度,加之矿山地处藏民族聚居区,藏汉语言不通、民族风俗习惯等不了解,更给企业长远发展带来很多不利因素。因此企业必须加强和创新社会管理,加强藏汉民族交流和融合,创建和保持企业与当地人民群众的和谐稳定发展局面。

二、内涵和做法

(一)认真履行央企社会责任,树立央企固边富民典范

1.创新高原少数民族地区经济运行模式

2009年12月末,华泰龙公司出资1600万元收购甲玛乡原有松散无序的车队,垫资组织全乡

655 户 3850 名农牧民，入股成立甲玛工贸有限公司，与我们开展工程、运输、绿化、环保、劳务、大棚种植等多领域合作。截至 2015 年末，甲玛乡农牧民群众已实现分红七次，金额达 854.3 万元，户均 13000 元；甲玛工贸公司 47 名职工全部为藏族群众，人均月收入 5600 多元，居西藏地区之首。

图 1　华泰龙公司网站创立社会责任专栏

2. 积极开展"强基础惠民生"活动

华泰龙公司积极响应西藏自治区党委"强基础惠民生"的号召，于 2011 年 10 月派出 12 名队员组成的 3 个驻村工作队，奔赴日喀则地区江孜县 3 个驻村点，围绕促进民族团结、加强基层组织建设、改善农牧民生产生活开展工作，在自治区扶贫帮困资金的基础上，公司还投入 50 余万元，为所驻村修缮房屋、水电、道路等设施。同时，每年为驻村小学设计定做校服，并在集团范围内组织员工为所驻村贫困群众捐赠衣物，被江孜县人民政府授予"先进驻村工作队"荣誉称号。

图 2　惠民生活动

（二）民族团结纳入长效机制，营造良好周边环境

1. 大力推进"用工本地化"

华泰龙公司紧紧围绕"共同团结奋斗、共同繁荣发展"的主题，大力推行"用工本地化"，积极解决周边农牧民子弟就业问题，企业现有职工 1064 人，其中少数民族职工 413 人（正式员工 284 人 + 甲玛工贸 47 人 + 保安 35 人 + 物业公司 47 人），约占职工总数的 38%，是一个少数民族最为集中的中央企业。结合公司生产建设实际，建立临时用工机制，全面合理地雇用当地百姓。截至目前，公司在当地临时用工人数 52602 人次，已支付人工工资 434.218 万元，较好地带动了当地农牧民群众致富奔小康，有效促进了甲玛矿区和谐稳定发展，赢得社会各界广泛好评，树立了中央企业固边富民的典范。注重招录本地大学生，公司 187 名大学生员工中，藏族大学生占 1/3，先期选送到东北大学深造的 17 名青年学生已学成归来成为企业的技术骨干，为二期工程建设招录的 80 名甲玛乡青年已赴内地接受系列职业教育培训归来上岗，使当地藏族同胞从矿业开发的旁观者变为参与者、建设者，共享企业发展成果。目前，公司藏族员工人均年收入达到 4.5 万元。

2. 积极为当地经济建设服务

2010 年 7 月 19 日甲玛项目一期工程（6000 吨／日）正式投产运行，当年实现产值 1.5 亿元，同年 12 月 1 日在香港成功上市交易。2011 年实现产值 6.65 亿元、利润 1.42 亿元，上缴税金 1.04 亿元；2012 年实现收入 7.04 亿元，利润 1.4 亿元，上缴税金 1.23 亿元，位居全区矿山企业纳税排行第 1 名、工业企业纳税排行第 8 名。截至 2016 年 4 月，累计实现销售收入 37.16 亿元，上缴税费 5.29 亿元，实现利润总额 5.11 亿元。

（三）积极践行生态环保责任，走绿色生态矿业之路

1. 积极改善矿区生态环境

华泰龙公司始终坚持可持续发展的环保理念，针对高原脆弱生态环境，扎实开展矿区水土保持、草皮移植复垦、废水循环使用、节水滴灌技术、植树种草栽花、太阳能取暖等系列工程，在外部联络路、矿山道路、公寓周边、护坡、绿化带、青年示范林等地栽种沙棘、栽种白杨、种植花草，绿化面积达到 58.40 万平方米，累计投入资金 2310.97 万元，极大改善了矿区生态环境。

2. 推进企业实现可持续发展

甲玛矿区牛马塘本底水重金属离子浓度高，水体酸度强，公司投入 2700 万元对污水实施治理，使处理后的酸性水达到了国家排放标准，铜置换率提高到 96% 左右；针对西藏地区日照时间长、光照度强的气候特点，企业投入巨资对矿区内近 2 万平方米的主要建筑物安装了太阳能采暖设施，有效解决了员工冬季取暖、洗浴问题，每年减少了二氧化碳体排放约 2500 吨、二氧化硫约 23 吨。

（四）建立和谐共建体系，开展帮扶结对子工程

1. 着力解决好群众合理诉求

华泰龙公司结合少数民族地区特殊性，成立和谐共建党支部和群众工作部，专门负责协调企业与地方和群众的关系，建立了有管理、有抓手、有制度、有保障的“四有”群众工作机制，以“脚印留在田野里，话语留在心窝里，身影留在院落里，口碑留在乡村里”为工作原则，深入田间村头，走家串户与藏族群众谈心、聊天、一起干农活，倾听群众合理诉求，对群众关心的征租地补偿、群众搬迁安置、草场生态保护等问题，采取切实可行的措施着力解决好。

2. 加强开展民风民俗教育活动

为了使全体员工全面深入了解藏族群众在生产、生活、宗教等各方面的风俗习惯、忌讳，掌握与当地群众交往时的注意事项，公司多次组织开展以“尊重当地风俗，加强民族团结，促进项目建设”为主题的民风民俗教育活动，通过活动增强员工的政治意识、大局意识、民族意识、团结意识、形象意识，进一步增强民族团结，营造和谐共建的良好环境。藏语民风民俗知识培训活动的开展，得到了中国黄金集团公司领导的高度重视，截至目前，藏语民风民俗知识培训班已举办了 30 多期，累计培训 1440 人次，已成为公司的一项长效机制。

3. 进一步扩大帮扶工作覆盖面

为了贯彻落实党的群众路线教育实践活动，进一步扩大帮扶工作覆盖面，华泰龙公司总经理助理

图 3　藏语及藏民风民俗培训班

图4 节日慰问　　　　　　　　　　　　图5 结对子帮扶

以上班子成员每人至少联系地方1户困难群众，每个月至少到联系户家中看望慰问一次，通过深入群众、宣传群众、团结群众、服务群众，切实帮助帮扶家庭解决生活中的实际困难和难题。在班子成员的带动下，公司全体党员也陆续参与到了帮扶活动中，定期深入到帮扶对象家中进行走访，通过开展送温暖献爱心、提供政策咨询、进行就业指导等活动，以实际行动帮助村民百姓和困难群众解决生活生产中的难题，在当地村民百姓中引起了热烈的反响。

（五）加强和创新社会管理，构建和谐矿区新模式

1. 大力加强和创新社会管理

华泰龙公司充分运用民主管理的方式、群众路线的方式、说服教育的方式来进行社会管理，特别是对"老西藏精神"，更要很好地传承，使其在社会管理中发挥积极作用。如成立职工之家、建设职工公寓、加强物业管理、丰富文化生活、矿区和谐维稳、举办集体婚礼、举办劳动竞赛，以及成立书法、摄影、文学协会等，继承发扬我们党高度重视思想政治工作、群众工作的优良传统和政治优势，探索新形势下动员组织群众参与社会管理的新途径新办法。

2. 抓好和创新教育实践活动载体

为顺应社会信息化的新形势，提升社会管理信息化水平。华泰龙公司紧密结合生产建设实际，在认真学习习近平总书记在党的群众路线教育实践活动工作会议的讲话精神，按照要求召开教育实践活动动员大会、开展领导干部"四风"民主测评的同时，还特别注重抓好和创新教育实践活动载体，以确保教育实践活动开局良好、进展顺利。通过开展"民族团结党员先锋行"活动，充分发挥党员在群众中的先锋模范作用，深入开展民族团结宣传教育、民族团结进步创建活动。

三、实施效果

（一）树立央企固边富民典范

华泰龙公司几年来累计投入和谐共建资金1.2亿元，用于土地和牲畜补偿，复垦、绿化美化，农业生产水利，基础设施建设，改善群众生活条件，扶贫捐赠和捐资助学等，以实实在在的行动为当地群众做好事，做实事，营造了和谐共建的良好氛围，创新了高原少数民族地区经济运行模式，得到了自治区各级党委、政府的肯定和称赞。与甲玛乡群众共同成立了甲玛工贸有限公司，参与华泰龙公司

工程运输、绿化环保、劳务用工等领域合作，积极引领和带动地方经济发展，通过增加就业岗位和安置农村富余劳动力等方式，致力于当地农牧民群众共同致富，开启了运输、农牧业、砂石厂等多种经营合作项目及多元化经济发展模式。同时，华泰龙公司驻村工作队遵照"树形象、创品牌，重品行、做表率，干实事、赢民心"的工作方针，拉近了与农牧民群众之间的距离，赢得了基层组织和广大百姓的信赖和支持，被江孜县人民政府授予"2012 年度先进驻村工作队"荣誉称号。

（二）打造和谐矿区创建标杆

华泰龙公司建立了以和谐共建党支部为主体的群众工作网络，形成了组织有序、联点共建、科学管理的长效机制，通过开展一对一帮扶结对子工程，以实实在在的行动展现了中国黄金人的大爱情怀，形成了企业员工与当地群众心心相印、鱼水交融的和谐关系。并通过"用工本地化"等一系列安置措施，搭建了密切群众和央企关系的桥梁纽带。树立了中国黄金固边富民的良好形象，成为高原矿业打造和谐矿区、推进实现可持续发展的标杆和典范。

（三）创建绿色生态矿业之路

华泰龙公司通过实施安全环保工程、地下平硐运输、循环用水工艺、植被剥离复植、节水滴灌技术、太阳能取暖等，打造了一个绿色、环保、科技现代化的大型矿山。同时，针对矿权整合之前的企业所造成的污染和隐患，投入大量资金和力量进行治理，其中生态环保工程投资远超国家规定不低于 3% 的标准，高达 11.7%，创少数民族地区矿业开发之最，创造了国内或者行业 8 个第一。全面改变了传统矿山企业"重效益、多污染、疏民生、轻责任"的负面形象，实现了"既要金山银山，又要绿水青山"的诺言，被誉为高原矿业打造绿色环保矿区、推进实现可持续发展的标杆和典范。

图 6 矿区绿化美化

（四）民族团结之花盛情绽放

华泰龙公司党员干部充分利用春节、藏历新年、雪顿节、"十一"国庆节、"六一"儿童节等节假日，积极开展"献爱心、送温暖"活动，把党和央企的关怀关爱送到群众心中，从而形成了企业与百姓和谐相处的鱼水关系，使民族团结之花在甲玛矿区盛情绽放。

（五）构建和谐矿区新模式

华泰龙公司通过打造的 5300 党支部品牌，努力把党组织的独特优势转化为企业的发展优势，使基层组织的战斗堡垒作用和党员的先锋模范作用在生产中得到了充分发挥，先后获得"全国创先争优先进基层党组织"、"先进基层党组织"和"自治区国资委创先争优先进基层党组织"荣誉称号。并通过加强和创新社会管理、创新教育实践活动载体等方式，促进了各民族牢固树立"三个离不开"思想，做到心连心、同呼吸、共命运，和睦相处、和衷共济、和谐发展，全面构建高原矿山企业社会责任与社会管理新模式。

互联网背景下的燃气智能服务云平台的构建

创造单位：无锡华润燃气有限公司

主创人：葛　彬　承灿赟

创造人：陈荣华　张红琴

[摘要] 无锡华润燃气有限公司以"云管理"理念建立燃气智能服务云平台，借助云计算、物联网和移动互联网技术的应用，整合自身组织界限，优化服务流程，搭建了高效智能燃气云平台，管理效果显著提升，人均服务用户增加 117.52%；运行成本显著降低，年均节约成本 2000 多万元；客户满意度显著提高；具有较强的行业示范效应和应用推广价值。

成果主要创新点包括：实现了服务流程的扁平化；完成了组织架构柔性化改造；提供"零距离"服务体验。畅通多元化服务渠道，实现客户互动零距离，即时满足客户需求。用户可以通过多种手段，实时了解需求完成情况；建设"以客户为中心"命运共同体，实现高效专业的服务；基于 SOA 架构智能燃气平台，满足多样性的需求；挖掘数据，实现资源价值的最大化；"先诊断，后治疗"的培训，快速提高服务技能。

[关键词] 管理现代化；云管理；成本控制；服务流程

无锡华润燃气有限公司（以下简称"无锡华润燃气"）成立于 2005 年 9 月，是华润燃气控股有限公司与无锡市市政公用产业集团有限公司的合资企业，华润燃气集团与无锡市政产业集团各占 50%。主要从事天然气设计、安装，燃气设备和器具的生产、加工、销售、维修，汽车加气以及道路危险货物运输等业务。合资至今，形成了锡城东南西北"一中心、四片区"健全的服务网络。城市燃气管网覆盖了全市 7 个区，遍布了锡城每个角落。截至 2015 年底，天然气管网总长度已达 5000 多千米，管道燃气民用户达到 100 多万户，管道燃气工商业用户达到 3000 多户，年销售收入 20 多亿元。

无锡华润燃气城市燃气智能管理平台被江苏省住房和城乡建设厅授予第三批"江苏城建示范工程"，被人力资源和社会保障部、国务院国资委评为"中央企业先进集体"等。

一、燃气智能服务云平台构建的背景

（一）适应企业快速发展的需要

国家西气东输、川气东送的实施，无锡华润燃气实现了飞跃发展。从 2007 年至今，无锡华润燃气天然气管网总长度每年以超过 10% 的速度快速增长，截至 2015 年底，无锡华润燃气天然气管网总长度已由 2007 年的 2000 多千米，实现翻番达 5000 余千米。居民用户数从 2007 年的 35 万户左右发展到 2015 年底的 100 万余户。

随着用户数量和燃气管网的逐年增加，客户服务、日常维护、突发事件也日益增多。作为典型的公用事业企业，客户需求的特征突出表现在：需求的不确定性、事件的突发性和不可预知以及高峰时段亦需满足。工业时代使我们习惯于线性的思维模式。从事制造业的公司通过采购并加工原材料，最后将已成型的产品投放到销售渠道中赚钱。服务行业通过雇用更多的人来保证供给。传统的模式都是通过在业内增加新的库存或能力来解决用户需求的，而平台方式正逐步成为一个拥有外部协同供应者的生态系统，为获取更多资源提供了可能。

（二）提升客户服务满意度的需要

随着人们生活水平日益提高，客户对相关企业服务水平的要求和期望也越来越高。公用事业企业往往从自身管理便利的角度设计规划服务流程和业务要求，很少真正从客户服务的角度关心用户实际的服务需求，因而总给人门难进、脸难看、话难听、事难办的服务印象，在用户心中垄断企业的服务形象根深蒂固。然而燃气供应涉及千家万户，与老百姓生活息息相关，除了给老百姓提供优质清洁的天然气以外，用户还需要满足享受形式各异的服务，提供快捷、个性和安全的服务，传统服务模式亟待改变。

（三）承担社会责任促进社会和谐稳定的需要

无锡华润燃气是个面向全社会提供燃气资源的公共服务性企业，保证社会的稳定性，保证老百姓的安居乐业是企业必须承担的社会责任。供气的稳定性，用气的安全性，减少供气过程中的各种浪费，为客户提供高效周到的服务与燃气企业管理水平、服务质量密切相关。

随着"互联网＋"、"工业 4.0"为代表的生产技术的革新，未来的生产方式和管理理念必将发生显著的改变。在新一轮产业变革正在兴起的背景下，更深层次地推动信息技术和市政产业城市燃气服务业的融合已成为大势所趋。在现今的互联网背景下，互联网俨然成为传统行业升级换代的引擎，是市场中一股颠覆性的力量。"互联网＋"已经幻化出无限的可能，互联网＋传统集市，有了淘宝；互联网＋传统百货商店，有了京东；互联网＋传统出租车，有了滴滴、快的；甚至看似牢不可破的传统银行，在遇到互联网后，演化出令各金融大佬疲于应付的各色互联网金融形态；要想改变公共事业企业在公众中的形象，高效满足和响应用户需求，就必须顺应潮流，融入到这股互联网风潮，来焕发传统行业的新活力。

二、燃气智能服务云平台的内涵和主要做法

在互联网背景下，以客户需求为导向，以开放、共享、共赢的平台思维为指导，打造一个以内部资源为核心，同时拥有无限的外部资源供给的多主体共赢互利的生态圈。

进一步讲，也即借助互联网、移动互联网、云计算和物联网等信息技术，打破原有组织界限和分工，释放各服务个体和要素，通过统一的平台进行管理，平台就是一个巨大的资源池，足以应对需求的变化和波动；同时，平台也是一个装配线，对资源进行重新分配和组合，来满足客户各种个性化的需求；平台更是一个价值再发现的利器，通过平台来共享服务资源和客户资源，服务的优劣直接影响服务者的业绩，优胜劣汰，是生态圈的法则，也是保障服务优质的前提，更是增强客户黏

性的需要，并为后续拓展增值服务提供了无限的可能。

（一）树立 3S（阳光透明、高效快速、微笑温馨）服务理念

传统的管理理念，以分工明确为目标，各部门各司其职，以自我目标实现为中心，完成目标任务。无锡华润燃气树立 3S（阳光透明、高效快速、微笑温馨）服务理念，随时随地都可提供满足客户需求的个性化服务。3S 即为：阳光透明（Sun）、高效快速（Speed）、微笑温馨（Smile），阳光透明即为：收费透明，服务透明，客户可以深入实时了解服务进展，甚至可以挑选服务人员；高效快速即为：通过内部业务流程的整合，快速响应客户需求，利用大数据分析手段，预先布防，高效响应；微笑温馨即为：专业的服务态度及服务手段，给用户优质服务，以期满足用户需求，获得满意的微笑。

为了满足客户需求，无锡华润燃气打破传统管理层级的限制，突破部门的间隔，解放生产资源，生产资源随客户需求改变，由中央集控平台统一调度。

（二）整合自身资源，依托市场化资源，打造无限供给的资源平台

互联网背景下，企业不再只是公司概念，应该是无边界组织，通过开放、共享来营造互利共赢的生态圈。权力指挥链不再是企业内部权力，而是市场的权利、市场的选择，组织方式不再是以职能为中心，而是客户为中心。内部资源、外包资源，甚至社会资源，都可以依托平台生态圈，来共同打造无限供给的资源平台。

1. 打破自身组织界限，重整内部服务资源，形成核心服务支撑体系

燃气业务需求的随机性、多变性等特点，导致了有的业务处理资源大部分时间闲置，有的生产资源大部分时间处于超负荷状态。这些都不利于客户服务。为了实现以客户需求为导向的服务，时刻高效快速响应用户需求，就必须解放生产资源，冲破传统的管理枷锁。无锡华润燃气打破组织界限，将分散于部门的各类服务资源，通过平台进行统一业务管理，原有部门、班组等组织仅仅为人力管理和后勤支持体系，一切人员和物资的业务调度，都以平台进行统一调配管理，集中使用，使每个人员或服务资源的利用最大化。同时，现有无锡华润燃气服务资源也是整个平台的服务资源的基础和核心。

2. 引入合作伙伴，通过服务外包，迅速扩大服务资源

对专业技能要求较低的抄表、巡查、安检等业务，引入合适的服务合作伙伴，在平台的基础上通过发放服务，外包响应，服务资源可以得到迅速的扩展，是对平台服务资源的有力补充。

3. 依托社会资源，为平台资源池提供无限的服务资源

对于公用事业企业来说，只有把服务推向市场，利用广阔的社会资源才能真正满足客户需求的多样性和解决需求不确定性的问题。将社会服务资源导入服务平台，利用服务平台进行统一的管理和任务分配，用无限的市场资源来解决无限的市场需求。

（三）优化服务流程，搭建高效智能的事件管理平台

1. 业务流程再造，形成扁平化的服务云平台

统一的服务接入客户的需求，中央集控中心根据客户、业务需求，结合服务资源的情况，统一调度服务资源，解决客户需求。原有的业务流程已不能满足业务的需求，必须进行流程的再造，如图 1、图 2 所示由流程原先的各自为政转变为现在的集中管控。

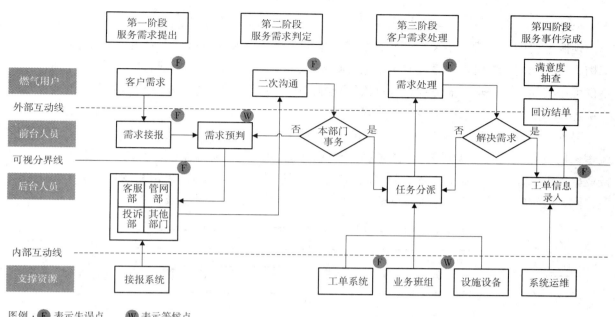

图例：Ⓕ 表示失误点　Ⓦ 表示等候点

图 1　客户服务原服务蓝图

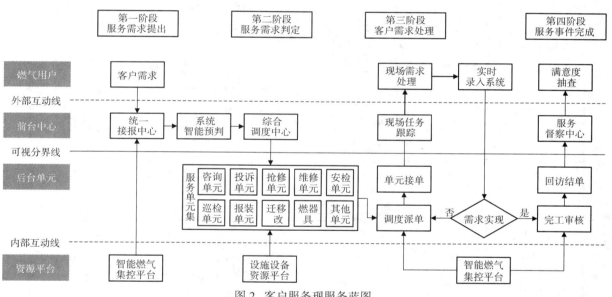

图 2　客户服务现服务蓝图

业务应用中最核心的系统节点是中央集中管控系统，通过对服务需求的分析，并且系统的智能判断，根据就近原则、任务优先等级、服务技能等级等策略，将合适的调度指挥方案推荐给值守的调度值班长或直接推荐给用户，由平台派发至外业服务单元（能独立完成某项服务资源组合，包括但不限于人、材料、设备和工具等），服务单元通过智能终端接收到作业信息，并及时将现场数据回传至中央系统。

无锡华润燃气借助现代互联网、物联网、计算机通信等技术，创建了国内领先的智能中央集控平台，搭建客户与生产资源之间的桥梁。借助云计算后台的工作流程引擎及其仿真技术，使各项服务业务形成了统一接报、集中调度、迅速处置、安全完工、督察、回访的业务闭环，快速实现业务流程的再造落地。

2. 采用松耦合平台、工作流引擎技术，构建智能化云平台

现服务蓝图的实现，主要得益于智能燃气集控平台所引入的 SOA（面向服务的体系结构架构）架构。SOA 架构能够将常规系统的应用进行服务化，可以将客服业务切分成粒度适合的各类服务元，不仅可按实际应用需求和业务场景进行松耦合的集成，而且也可对原应用进行灵活变更组装，以适应从客户角度出发的需求应用与功能实现。

另外，服务蓝图（见图 3）中所产生的变动主要是对业务流程的再造与重组，能够实现与适应流程性的变化主要得益于智能燃气集控平台所引入的 BPM（业务流程管理）技术。BPM 不仅能够按业务需求创建出新的业务流程，而且能够进行新流程的场景仿真以降低流程变化所带来的业务风险，同时能够实现同一业务采用不同流程版本以及监控其业务流转的实效。

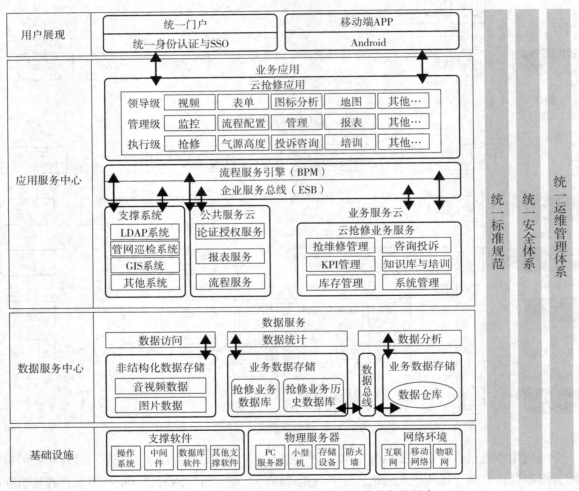

图 3　基于 SOA 架构和 BPM 流程引擎中央集控智能平台

智能燃气集控平台所突出的就是应用智能化，尽量减少人工干预和提高业务效率，提高服务水平，实现 3S 服务理念。从服务蓝图中的各流程节点来看，通过预先定制好的业务策略直接流转到下一流程节点，例如当无人值守时即可启用预判策略对统一接报所录入的信息进行预判与转发，以将其直接流转到合适的服务单元进行后续的处理。从客户服务工单派发来看，通过系统智能自动计算的结果给调度人员推送出当前工单适合的服务单元，例如为节省路程时间而智能选择距离优先、为一次性解决客户提出的问题而自动选择资源优先、为避免工单排队的情况而灵活选择任务优先，等等。

（四）互联网＋燃气服务，创造客户服务新体验

1. 丰富服务渠道，拉近客户与企业的距离

随着智能手机的推广普及，微信应用已成为广大手机客户安装率最高的手机应用。无锡华润燃气继统一接报热线、开通网上营业厅福气网、微博等互联网服务后，进一步拓展服务渠道，拉近客户距离、提升服务水平，开通无锡华润燃气微信平台，目前已投入运行。

"无锡华润燃气"微信平台上线初期，将向用户提供气费账单查询、缴费及缴费记录查询、实时气量查询、停气信息查询等，公司根据实际情况，推送相关安全用气资讯等。同时，微信平台还支持预约服务，全程对用户开放服务进展情况，做到阳光透明服务，实现零距离服务，用户能够实时地参与了解需求进展情况。

基于微信公众服务平台打造新型的燃气客户服务应用，将为广大燃气客户建立起全方位、立体化的互联网服务平台，让广大客户体验到真正的"3S"便捷、贴心的服务。

2. 移动互联技术，缩短后台与现场的距离

中央集控平台值班调度长根据现场情况，制定服务方案，并将方案、图纸等支持生产资源推送到现场服务单元的移动终端上，实现远程的技术支持。同时，根据现场实际需要，调配相应的支援力量和应急资源。调度环节与现场处置实时互动、及时调整，各类资源灵活应用，这一过程实现了电子化预判、系统值守、多点互动，降低了对一线服务人员的技能要求和对其的依赖度，使紧张的燃气现场服务，转变为有预案、有组织、有协作的有序工作。使单兵作业转变为团队作战，发挥团队协作的合力。将科室生产、技术、安全、服务专家等人员推向了一线，与一线生产资源构建了生命共同体，共同来完成客户需求。

当遇到重大险情的抢修事件时，系统通过消息、语音、图片、视频等方式将事件现场状况实时回传至抢险专案办公室，通过专家组的判断分析后直接下达作业指令至现场完成抢险处置，使其事件过程全程可视化，并且如果需要的话中央集控平台可以实现与省市应急调度平台对接。

中央集控智能平台有了面向服务的体系结构架构（SOA）总线架构，有了传感、物联和移动互联，从技术层面彻底解决了现场作业与管理后台失联或低效连接的问题。实时互联分析、全程监管和支持，使人和系统进行融合。

3 增强客户黏性，营造互利共赢的生态圈

通过各种网上营业厅、客户服务热线、现场服务评价、服务回访等多渠道，客户与无锡华润燃气能有更多的互动和交流。比如：咨询、投诉、评价、调查、分享、转发、定期活动等线上互动，以客户为中心来再造整个服务流程，让客户对无锡华润的燃气服务业务有需求，并给客户带来价值，让他们愿意长期在无锡华润的生态圈内生存，另外，将客户数据库作为最有价值的资产，进行分析，营造互利共赢的生态圈。

（五）大数据支持，超越客户需求，实现服务增值

1. 大数据分析客户需求，提前解决客户需求

燃气服务行业属于典型的资源调度型业务，除了根据客户的需求进行快速高效响应外，还需进行生产资源主动布控准备，主动解决客户问题。

无锡华润燃气建立大数据分析机制，分析业务需求变化，主动挖掘客户潜在需求，提前布局服

务资源，提高服务响应速度。根据业务沉淀数据，通过抽取客户需求提交发生的原因、地点、时间、频率和重复性等元素进行大数据分析，根据分析的结果，建立用户需求行为大数据，针对性地提供相应的服务资源，超越客户需求，急用户所急，替用户先解决问题。

通过地理信息系统、全球定位系统、数据采集与监视控制系统等应用系统，结合传感器、远控阀门、实时监测等现代物联技术，并依托移动智能终端，实现物联网实时数据采集技术和远程控制技术的应用，当发现有安全保供异常时，中央集控平台能够快速地提前响应，在客户提出需求前，生产资源已经赶赴需求地。

2. 挖掘分析数据库，提高业务决策水平

另外，为了做好业务工作，间接保障安全供气，做好3S服务，无锡华润燃气借助了数据仓库技术（Extract-Transform-Load，ETL）技术，将各相关的业务数据进行抽取、转换、清洗，通过数据质量碰撞形成操作数据存储（Operational Data Store，ODS）业务主题库，对这些主题数据持续沉淀与再碰撞，按照实际的业务逻辑对其KPI指标在云计算后台进行分析与提取，最后通过自动报表技术、报表平台发布技术和门户整合技术对最终呈现的业务数据进行了集中展示，从而实现了向管理者在进行业务调整、管理决策时提供必要的辅助依据。

对于自身业务进行的大数据分析，亦可划分出各类高风险区域，在高风险区域主动配置生产资源，生产资源按区域布控，重点布控大风险区域。根据数据分析结果和原因，加大风险区域的巡查监管力量，对可能发生的危险及时采取有效的预防措施、做好处置预案。这样，如果发生突发事件，生产资源可以立即赶赴事件现场，快速处置，提高了需求反应的速度。

（六）"先诊断，后治疗"的培训，快速提高服务技能

1. 科学培训机制，提高服务技能

无锡华润燃气采用的运用业务流程管理（Business Process Management，BPM）流程引擎和关键绩效指标（Key Performance Indicator，KPI）分析培训，体现在培训的做法。具体的做法如下：

第一步：根据每个员工实际工作中，完成任务的过程中智能燃气系统记录各种KPI进行观察和分析，来确定该员工是否需要培训，或者调离岗位。例如对低于KPI平均值30%进行梳理，初步确定培训对象。

第二步：对于初步确定的培训对象，采用BPM流程引擎跟踪分析，确定问题的所在。系统通过BPM流程引擎固化一个标准流程（实际操作流程），同时设置该流程的节点的关键控制点和关键点的KPI，这些关键节点主要包括工程质量、关键节点时间控制点、安全风险控制点，等等。分析时通过对关键节点的KPI采取，分别与标准流程关键节点的标准KPI设置值做出对比和分析，得到考核结果。对这些结果进行分析，寻找背后的原因，针对原因培训。

同时，平时也会对高于平均值30%的员工进行BPM流程测试分析，总结其优秀经验，并把它沉淀到中央集控平台中心分享，作为今后业务和技术支撑，同时也作为更新流程和标准KPI的依据，以此循环，不断优化标准流程和KPI。另外，对于经过培训的员工，重新上岗后，其绩效仍低于平均KPI30%的，甚至有下降趋势的员工，劝其调离岗位。通过这种淘汰机制，不断提高员工的水平，完善考核机制。

第三步：针对不同的原因进行培训，理论和技术不足的进行理论和技术培训。

通过"先诊断，后治疗"的培训方法，有针对性地组织抢修维修人员进行技能培训，并开展岗

位技能竞赛，促进了员工业务技能的快速提升，打造了一支"专业、高效"的服务队伍。

2.星级员工评定，激发员工的积极性

对于考核机制中的优胜者，也即 KPI 考核成绩排在前列的员工，建立了激励机制。建立《无锡华润燃气首席员工、五星级员工考评指标及评分标准》，每年根据笔试、操作技能考试、面试以及平台监测绩效成绩，进行综合评比。首席员工、星级员工将进行待遇的优待，从而激励其增强服务意识和服务潜力。

对每个操作岗位员工评定一个星级等级，从两星、三星、四星到五星，客户可以根据服务的优劣对每个服务员工进行打分反馈，同时，也可以根据自身条件选择各星级的服务。

3.客户全程评价，强化服务质量监督考核

客户全程参与服务质量的监督评价，可以通过网上营业厅、客户服务热线、现场服务评价、服务回访等多渠道、多途径监督，与此同时微信账号实时评价服务，同时能快速上传改进意见。

为提高用户满意度，同时捕捉提升服务能力、服务态度、服务仪表等有价值信息，特设置了服务督察中心，采用随机方式进行定期或不定期的满意度抽查。

从派单到接单再到现场处置皆由系统平台通过实时监控，可采集到各业务节点的处理时间与时长，以及跟踪到达现场的运行轨迹，如此不仅能实时洞察到现场的处置情况，而且能够充分实现业务绩效的实时量化考核。完工审核并不是业务流程的结束节点，而必须进行有效的业务回访之后方能代表本项业务工单结单，对任一项服务类皆是如此。从服务质量的有效提升来看，无论是派单、接单还是到达现场、现场处理都是直接由系统自动记录时间计算时长，并且在流程闭环节点必须进行业务回访和随机满意度抽查，这些都与服务单元与个人的业务绩效直接关联。

三、燃气智能服务云平台构建的实施效果

（一）管理效果显著提升

调度抢维修中心运行五年（2011 年初到 2015 年底）来效果显著。如表 1 所示，服务的客户数目得到了增长，但是人员、车辆等相反得到了精简；抢修派单时间、到达时间得到降低，提高了抢修反应速度，保证了抢修的快速完成，抢险半小时到达率达到 84.55%。

表 1　云平台实施前后的整体对比

项目	原办法	新系统	比例（%）
用户数（万）	58	100	增 72.41
抢修服务人员（人）	82	65	减 20.73
人均服务用户（户／人）	7073	15385	增 117.52
抢修车辆（辆）	16	15	减 6.25
车均服务用户（户／辆）	36250	66667	增 83.91
服务派单时间（分钟）	8	2	减 75
抢险到达时间（分钟）	50	23.55	减 50.26
抢险半小时到达率（%）	33	84.55	增 153.2

有效提高了工作效率，提升了客户满意度，塑造了"无锡华润燃气"优质高效服务新形象。此外，及时将问题反馈给运行部门，未雨绸缪消除隐患，相互进行监督，抢修与运行同心协力保障安全，第三方损坏从2011年的106起降低为2015年的65起，降低39%，泄漏自检率从2011年的20%增长为2015年的93.14%，增长366%。

（二）取得了良好的经济效益

经济效益的产生主要体现在三个方面，包括减少的车辆费用、人员费用以及减少的泄漏损失（一年约400万标方）。

经济效益对比如表2所示。

表2 云平台实施后各年减少费用明细

时间	用户数（万）	项目	原办法	实际	减少费用（万元）	减少泄漏损失（万元）	共计减少费用（万元）
2011年初	58	人员	82	82	0	0	0
		车辆	16	16	0		
2011年底	66	人员	94	58	432	1200	1681
		车辆	18	15	48.9		
2012年	75	人员	106	58	576	1200	1874
		车辆	21	15	97.9		
2013年	83	人员	117	58	708	1200	2038.5
		车辆	23	15	130.5		
2014年	89	人员	126	58	816	1200	2179
		车辆	25	15	163.1		
2015年	100	人员	142	65	924	1200	2336.1
		车辆	28	15	212.1		

共计减少费用 = 减少的人员工资（12万/人/年）+ 减少的车辆折旧（103125/辆/年）+ 减少的车辆运行费用（6万/辆/年）+ 减少的泄漏损失

（三）企业地位显著提高

服务派单时间达到了2分钟，抢险到达时间达到了23.55分钟，同时，抢险半小时到达率达到了84.55%。"云管理"获得了省级、华润集团、市级各界领导的关心及嘉奖。2013年4月获得江苏省住房和城乡建设厅第三批"江苏城建示范工程"等。同时，无锡华润燃气作为华润燃气集团内的标杆企业，自从"云管理"构建后，接待了华润燃气集团近200家成员公司和全国其他燃气公司的参观学习。

（四）客户满意度提升效果明显

"云服务"实施，实现了以客户为中心服务体系的落地，实现了3S。公司对所有接受到的服务需求单100%回访，进行客户满意度测评，测评包括服务及时率、服务形象、服务态度以及服务专业水平四个方面，由"云管理"平台自动生成满意度，2011~2015年客户满意度依次为81.2%、89.8%、95.3%、98.21%、98.3%，客户满意度显著提升。

（五）示范性和可复制性

无锡华润燃气依托"云管理"的运营理念，将人、设备、物料、环境等生产资源借助于互联网技术、物联技术、移动互联技术进行了全局性贯通，实现了业务一体化运营的平台应用，取得了突破性的社会价值、经济效益并形成了持续改进的生态循环，云管理平台和云服务成为燃气行业的标杆，起到了示范作用，未来还将向更多的云业务进行持续拓展，比如"云工程"、"云运行"等。

另外，在城市公共基础服务领域的水电气通信物流等行业，同样具有移动式服务，服务对象多、地域广、需求多样化、个性化等特点，具有高度的复制性，在公用行业和城市基础行业也起到了示范作用，在无锡自来水和排水得到推广和应用。

构建应用"五位一体"管理模式
全面提升老油田开发质量与效率效益

创造单位：中国石化胜利油田分公司胜利采油厂
主创人：王志鸿　李太勇
创造人：周广军　王居伟　钱良勇　于良顺　谢　强

[摘要] 胜利采油厂将开发、生产、技术、计划、财务深度融合，通过建立全方位、全过程、多层次的"五位一体"联动管理模式，以信息化建设为基础，利用一体化信息平台的共享与应用，集中显现油气勘探、开发动态、工程技术、投资计划、生产运行、成本管控、综合能耗、质量安全等生产经营各项数据，实现勘探开发、工程技术、财务管理、计划发展及生产运行五个业务系统相互关联和同步优化，确保决策、部署、运行和考核全盘统筹、同步推进、一体化管理。

"五位一体"管理模式的构建与应用，打破了过去单纯依靠一个部门或一个系统难以独立完成的决策、运行和评价工作，实现了开发需求、计划发展、技术支撑、资金平衡和运行保障的无缝连接，确保了领导决策更加科学、经营管理更加规范、生产运行更加高效。在全新的"五位一体"管理模式构架下，实现从各方独立运作模式向一体化运作模式、"单兵"作战向"集团军"联合作战的转变，实现决策科学、方案优化、运行高效、效益最大，对油田各单位特别是开发周期长的油田具有较好借鉴作用，为推动老油田步入良性发展轨道探索出了一条新路子。

[关键词] 战略转型；系统优化；五位一体

胜利采油厂（以下简称"胜采厂"）现有职工 7631 人，管辖着胜坨、宁海、王庄 3 个油田，含油面积 95.89 平方千米，动用地质储量 4.99 亿吨，标定采收率 40.8%，采出程度 38.37%，综合含水达到 96.35%。目前开油井 2221 口，水井 1120 口，日产油水平 5196 吨。近年来，面对老油田开发难度不断加大，生产成本逐步攀升的严峻生产经营形势，特别是 2014 年底以来，围绕打赢寒冬保效攻坚战，胜采厂将开发、生产、技术、计划、财务深度融合，通过建立全方位、全过程、多层次的"五位一体"联动管理模式，推动老油田步入了良性发展轨道，使精细管理不断深化，开发效益持续转化。

一、"五位一体"管理模式的提出背景

胜采厂 1964 年投入开发，是胜利油田最早的开发单位。随着近年来油田开发的深层次矛盾逐

步显现，出现了前所未有的困难和挑战。主要表现为"两个瓶颈、三个老化"。"两个瓶颈"即：一是资源瓶颈突出，储采不平衡，"十一五"期间储采平衡系数仅为 0.5 左右；二是开发技术时效性瓶颈突出，大幅度提高采收率、水驱经济有效开发和特高含水后期工艺技术配套方面亟待创新和突破。"三个老化"即：一是井网老化，受套损严重和更新不足影响，注采对应率只有 77.4%，水驱储量控制程度仅有 80.2%，失控储量高达 8200 万吨；二是井筒老化，年均新增套损井达到 150 口以上，开井数中套损井达到 1068 口，占 35.2%。由于杆管投入不足，躺井率最高达到 8.9%；三是地面老化，2010 年 7 座污水站中 4 座水质达不到 C 级标准。

面对低油价、新常态的严峻开发形势和石油企业的新任务、新要求，单纯依靠以往单一业务独立运作模式的老思路、老经验、老办法已经行不通，必须进一步解放思想、转变观念，引导多专业跳出各自系统，在"投入与产出"之间寻求最优平衡点，依靠一体化的创新运作方式，才能切实提高经济发展质量与效益。胜采厂立足谋长远、抓基础、重创新，特别是面对国际油价处于低位，投入不足、设备老化、结构性缺员等内外部发展环境带来的变化与挑战，对勘探开发、工程技术、财务管理、计划发展、生产运行五个业务系统实行统筹管理，构建了一体化决策、一体化部署、一体化运行、一体化评价考核的系统体系，对油田各单位特别是开发周期长的油田具有较好借鉴作用。

二、"五位一体"管理模式的内涵

"五位"即勘探开发、工程技术、财务管理、计划发展及生产运行五个业务系统。"一体"即以信息化平台为基础，将上述五个业务系统的决策、部署、运行和考核等业务领域集成为一个整体，实行统筹运作和一体化管理。"五位一体"着眼于开发单位决策、管理、运行各个环节，对"五位"进行优化整合，各业务既相对独立、各负其责，又能协同作战，发挥整体优势。在全新的"五位一体"管理模式构架下，实现从各方独立运作模式向一体化运作模式、"单兵"作战向"集团军"联合作战的转变，实现决策科学、方案优化、运行高效、效益最大。如图 1 所示。

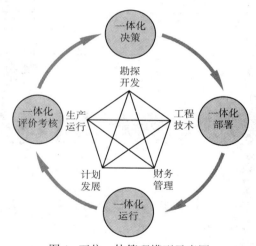

图 1 五位一体管理模型示意图

三、"五位一体"管理模式的实施过程

"五位一体"管理模式必须以信息化建设为基础，通过一体化信息平台的共享与应用，集中显现油气勘探、开发动态、工程技术、投资计划、生产运行、成本管控、综合能耗、质量安全等生产经营各项数据，实现勘探开发、工程技术、财务管理、计划发展及生产运行五个业务系统相互关联和同步优化，确保决策、部署、运行和考核全盘统筹、同步推进、一体化管理。

早在 2010 年，胜采厂就已建立了"生产经营信息集成平台"，集成经营管理、地质开发、采油工程、运行保障、质量安全监督五大模块，集中显现目前生产经营总体情况、油气生产运行情况、投资项目运行情况、油田勘探、开发动态、三次采油、采油工艺、注水工艺、作业施工、集输泵站、注水泵站、用电能耗、自然递减分因素、产量运行、新井运行、作业运行、时率时效、工作量运行、生产会汇报材料汇总、设备管理、油地费用运行、重大工程项目等一体化管理需求信息点近千个，为"五位一体"管理提供了快、准、全的信息支撑。如图2和图3所示。

图2 胜采厂生产经营信息集成平台

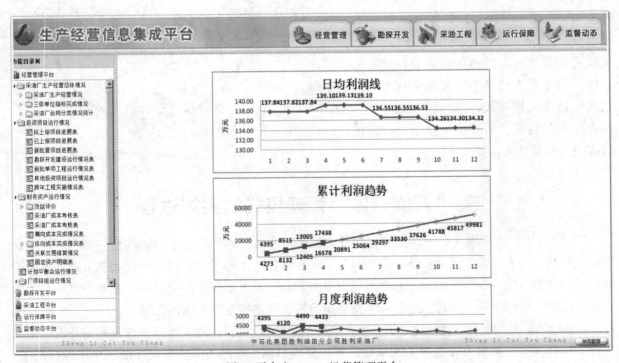

图3 平台之一——经营管理平台

（一）一体化决策

1.决策内容

由计划发展系统和勘探开发系统牵头，实行油气藏开发和地面工程相结合，制定中长期发展规划，满足开发生产需求；由财务管理系统牵头，组织各系统结合综合发展规划、历年指标变化趋势以及上级下达的年度效益指标，实行量、本、利一体化统筹，确定年度效益配产指标；由五个业务系统对生产形势和盈利能力做出研判，重点加大开发需求、工程技术、稳产基础、隐患治理、安全环保等重大资金投向和项目治理，确保中长期投入达到预期目标，过程中要根据内外部综合经济形势发展变化，对决策方案适时做出相应调整。

2.决策流程

五个业务系统按照 PDCA 循环统筹协作，对决策方案进行提出、论证、优化、评价和持续改进，形成效益最优的决策方案。如图4所示。

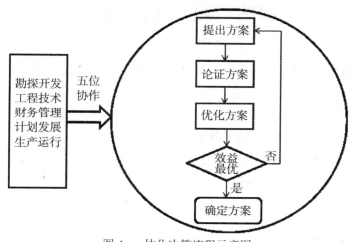

图4 一体化决策流程示意图

3.决策实施

按照效益优先、一体化运作、全口径预算、量价匹配、零基预算和事前算赢原则，根据中长期发展规划，确定年度效益配产，编制年度预算编制，明确重大资金投向。

（1）中长期发展规划。以确保开发单位经济可持续发展为中心，勘探开发、工程技术、生产运行、计划发展、财务管理一体化分析，按照近期和长远结合，技术与管理并重，地下和地上统筹原则，制定三年滚动计划和五年开发规划。

（2）年度效益配产。每年四季度对全厂及各管理区历年开发指标、成本指标等情况变化进行对标分析，结合中长期发展规划，为效益配产提供依据；在分公司生产经营指导意见下达后，根据历年指标变化趋势及工作方向，对分构成（新井、措施、老井）、分开发方式（常规、热采、化学驱）、分存增量、分单位指标进行优化匹配，进行初步配产，在此基础上根据初步配产及成本进行初步利润测算；根据利润初步测算的结果，对产量效益进行反复优化，最大限度压减各项非生产性支出、压缩高投入措施、压减高成本稠油规模、治理低产低效井，最终形成采油厂配产方案和利润目标。如图5所示。

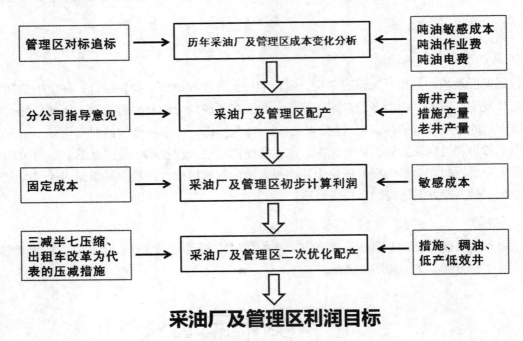

采油厂及管理区利润目标

图 5　采油厂年度效益配产流程

例如，2015 年围绕分公司下达的 4.998 亿元利润目标，胜采厂组织编制了不同产量规模的七套方案。以效益最大化为目标，优中选优，最终确定以方案 4 作为采油厂 2015 年生产计划部署，新井产量 5.5 万吨，措施产量 10.9 万吨，老井产量 175.6 万吨，自然递减控制在 9.8%，利润 5.01 亿元。

（3）年度预算编制。分公司年度利润指标下达后，结合中长期发展规划，以"五位一体作战室"为运行平台，通过勘探、开发、计划、财务、生产等相关部门的一体化运作，兼顾下级单位经营指标，围绕利润、产量、成本等重点指标进行一体化统筹论证，力求预算编制科学高效。如图 6 所示。

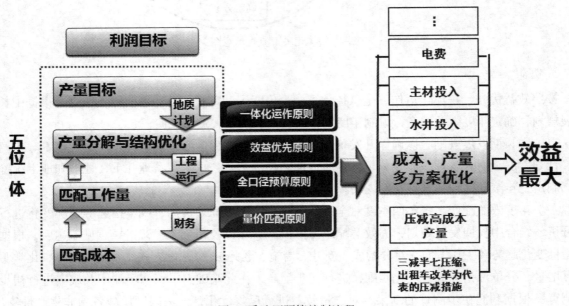

图 6　采油厂预算编制流程

例如，胜采厂每年 10 月中旬启动次年预算编制工作。由财务资产管理中心牵头，组织作业管理中心、生产技术科、技术监督科、人力资源科、地质所、工艺所等部门，结合近 3 年相关工作量、费用发生情况，以效益为中心，把分散于各效益管控节点的生产经营数据进行一体化整合，按照"燃料预算到单车"、"材料预算到单项资产"、"井口药剂预算到单井"、"劳保预算到单人"原则，细化（修订）单耗指标定额，填报《油气生产任务预算表》、《采油采气业务预算表》、《稠油工作量表》、《作业工作量表》、《人工成本统计表》等二十二大类 95 小项预算基础数据统计表，按照效益优先、一体化运作、全口径预算、量价匹配的预算编制四原则，充分体现事前算赢，开展预算编制。

（4）重大资金投向。通过地质、工艺、作业等工程技术系统对采油厂生产形势研判，财务管理、计划发展等系统对采油厂盈利能力深刻剖析，确保重大资金专项专用，相关资金指标以承包书的形式直接下达给职能科室（项目组），协调统一使用。通过全力压减高成本投入，压减无效、低效投入，千方百计把挤出的宝贵资金用到重大资金投入上。

例如：胜采厂经过测算，每年必须保持 1.2 亿~1.3 亿元中长效投入才能确保"三率"指标稳升。为此，采油厂在预算资金的部署安排上，加大对三采、内衬管、水井防腐管等重点资金投向的资金支持力度。如表 1 所示：

表 1　2015 年采油厂预算重大项目资金投向

项目名称	责任部门	金额（万元）
1. 三采材料	三采办	11055
2. 污水药剂	油气集输科	3150
3. 作业材料	作业项目组	24253
其中：		
普通油井管		400
内衬油管		2165
水井管		3500
抽油杆		2950
电泵材料		3670

通过一体化部署，采油厂 2015 年稀油自然递减率完成 9.5%，同比下降 0.67 个百分点；注采对应率完成 85%，同比上升 0.4 个百分点；分注率完成 50.1%，同比上升 1.4 个百分点；层段合格率完成 80.7%，同比提高 0.4 个百分点；躺井率完成 2.84%，同比下降 0.3 个百分点；特别是稀油自然递减率、躺井率两项指标形成突破，稀油自然递减率"破 10"、躺井率"破 3"，迈上了新台阶，中长效投入达到采油厂中长期发展规划预期目标。

（二）一体化部署

1. 部署内容

按照年度效益、产量、成本、开发等指标的分解与下达，五个业务系统以月度"五会联动"为手段，分路负责，统筹协作，分别做出月度安排部署与调整；以项目组为载体，对重点工作和重大资金投向实行专项治理，实现一体化生产经营部署。

2. 部署流程

在一体化决策方案形成后，五个业务系统分别针对方案中提出的目标任务，对决策内容进行分解目标、明确责任、分工负责、制定措施和下达运行计划。如图7所示。

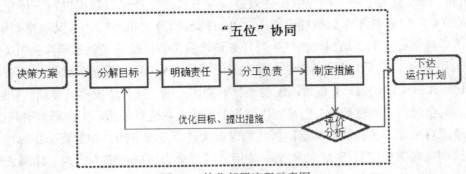

图7 一体化部署流程示意图

3. 部署实施

（1）五会联动部署机制。以月度综合计划平衡会为中心，五个业务系统分路牵头负责，统筹月度生产运行会、月度注采例会、月度开发形势分析会、月度经济活动分析会，建立"五会联动"的生产经营一体化部署协调机制。如图8所示。

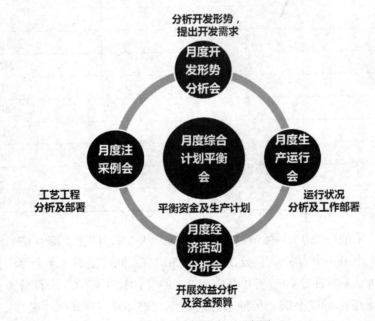

图8 "五会联动"示意图

月度开发形势分析会：由勘探开发系统牵头，围绕年度、月度勘探开发目标，对开发形势及生产形势进行分析，评价上一阶段工作效果及效益，提出下阶段开发需求与调整部署。

月度注采例会：由工程技术系统牵头，开展一体化工程技术分析，总结月度部署是否符合决策方向，及时做出相应技术安排与调整部署。

月度生产部署会：由生产运行系统牵头，按照一体化决策对生产运行需求，查找月度运行与决策方案之间的不适应性，及时做出生产运行安排及调整部署。

月度经济活动分析会：由财务管理系统牵头，围绕年初分公司下达的各项生产指标，组织各业务系统开展经济活动分析和一体化效益评价，及时做出资金预算与调整部署。

月度综合计划平衡会：由计划发展系统牵头，组织各系统对总体发展规划计划以及各系统安排部署情况统筹协调，平衡资金和生产经营计划。

（2）项目管理部署机制。围绕全年开发部署和重点资金调整方向，针对制约和影响开发单位资源接替、技术创新、精细管理的重点指标和关键因素，结合实际成立专项治理项目组，项目覆盖五个业务系统，严格落实各项指标，加强一体化项目管理，定期召开项目分析会议，查找存在问题，制定解决措施。

例如，2015年胜采厂成立了18个项目组，严格落实各项指标，切实加强一体化项目管理，定期召开项目分析会议，查找存在问题，制定解决措施。通过落实责任、细化措施、严格考核等一系列举措，大多数项目指标目前趋于好转。如表2所示。

表2 2015年胜利采油厂项目组成立情况

项目组名称	项目组长	副组长	项目组指标		
勘探新区项目组	王凤华	谭滨田	1	新区新井产量	
			2	新区新建产能达产率	
新井项目组	赵红兵	王家新	1	新井产量	
	杨圣贤	谭滨田	2	新井井数	
		郭振海	3	完钻井数	
			4	投产井数	
			5	新井投产平均天数	
			6	新增经济可采储量	
自然递减控制项目组	杨圣贤	崔文富	1	稀油自然递减率	
			2	稀油老井自然产量	
			3	含水上升率	
			4	单元达标率	
			5	井组稳升率	
重点区块优化项目组	杨圣贤	郭振海	1	一区1–3	单元产量
			2		注采对应率
			3		自然递减率
			4		含水上升率
			5		产能达标率
			6		水驱储量控制程度
			1	坨二十八7–8	……
			2	坨30块	……
			3	8–15单元	……
			4	二区11–15	……
重大先导试验项目组	……	……	……	……	……
稠油、堵调项目组					

项目组名称	项目组长	副组长	项目组指标		
油井措施项目组	……	……	……	……	……
工程维护控制项目组	……	……	……	……	……
高效注水项目组	……	……	……	……	……
大修管理项目组	……	……	……	……	……
生产运行项目组	……	……	……	……	……
地面工程维修费用控制项目组	……	……	……	……	……
用电治理项目组	……	……	……	……	……
水质治理项目组	……	……	……	……	……
设备保障项目组	……	……	……	……	……
信息化提升项目组	……	……	……	……	……
综合治理项目组	……	……	……	……	……
人力资源控制项目组	……	……	……	……	……

再以自然递减控制项目组为例，由分管地质副厂长任组长，副总地质师任副组长，成员包括地质所、工艺所、注采科、作业科等技术人员。同时，通过对影响自然递减的关键要素分析，项目组确定了 5 个分项控制指标，并制定目标计划，实施月度运行，每月对完成情况进行汇总剖析，查找运行中的问题，优化下一步措施。如表 3 所示。

表 3 自然递减项目组运行指标完成情况

项目组名称	项目组长	副组长		2015 年项目组指标	计量单位	2015年计划	当月完成情况				累计完成情况			
							计划	完成	对比	评价	计划	完成	对比	评价
自然递减控制项目组	杨圣贤	崔文富	1	稀油自然递减率	%	9.95	0.87	0.86	−0.01	完成	9.95	9.9	−0.05	完成
			2	稀油老井自然产量	万吨	170.43	13.7121	13.7178	0.0057	完成	170.4375	170.5417	0.1042	完成
			3	含水上升率	%	0.4	0.4	0.31	−0.09	完成	0.4	0.31	−0.09	完成
			4	单元达标率	%	50	50	53.8	3.8	完成	50	53.8	3.8	完成
			5	井组稳升率	%	52	52	52.9	0.9	完成	52	52.9	0.9	完成

（三）一体化运行

1. 运行内容

通过日度现场检查、督导、问题反馈和整改解决，五个业务系统实现部门责任清晰、运行机制到位、运行目标明确、信息反馈及时、协调联动有力。

2. 运行流程

按照月度一体化安排部署，通过日度运行和数据归集，形成情况汇总、问题分析、解决方案提出、效果预测、分系统执行的一体化运行流程。具体流程如图 9 所示。

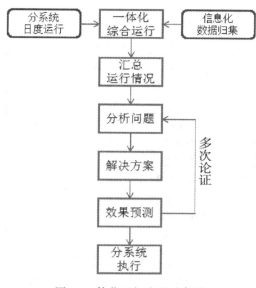

图9　一体化运行流程示意图

3.运行实施

（1）分系统日度运行。由主管生产运行副厂长主持，管理区、集输大队、水电大队、作业大队、特车准备大队、维修大队、油地科、地质所、工艺所、生产技术科、科技管理科、安全监督中心及安全环保科等20多个部门和单位参与，每天下午4:00组织运行，各系统分别汇报当天本系统工作运行情况，对运行中存在问题集中办公，要求所有问题当场提出，当场答复，当日解决。

（2）信息化数据归集。对开发数据、生产数据和成本数据等一体化整合，实现五个业务系统对日度生产、开发、经营大数据的实时监控，做到核算登记到时点，量价匹配到业务。通过把数据归集到日度，效益显现到当天，实现生产经营管理"日效清"目标，为开展效益评价、促进效益转换升级提供决策依据。

例如，胜采厂在作业费用控制上，依托生产经营信息平台，每天运行和通报与作业有关的8类18项信息。大到作业费用发生情况，小到修复管杆及电缆库存情况，通过把主要信息运行起来，让信息及时由电脑进入人脑，确保各级决策者都能听到、看到，真正在决策上产生信息影响力。如表4所示。

表4　胜二区作业费用发生情况统计

措施类型	月度规划			月度已完井费用			当日预交井费用		费用合计	正作业		当日上修		完全成本费用合计	剩余费用		
	井次	费用	单井平均费用	井次	费用	单井平均费用	井次	预算费用		井次	预算费用	井次	预算费用		井次	费用	单井平均费用
维护作业	23	288.7	12.6	8	119.1	14.9	0	0.0	119.1	4	53.6	2	25.3	198.0	11	116	10.5
工程措施	10	221.4	22.1	5	116.4	23.3	1	13.4	129.8	0	0.0	1	22.9	152.7	4	92	22.9
地质措施	18	576.0	32.0	10	291.5	29.2	0	0.0	291.5	6	248.2			539.7	2	36	18.2
水井维护	8	246	30.8	3	26.2	8.7	1.0	12.0	38.2			1	25.1	63.3	5	182.7	36.5
水井措施	8	220	27.5	4	119.5	29.9	1.0	41.0	160.5			1	12.3	172.8	4	47.2	11.8
未上动力				4	7.8	1.95	0	0									
合计	67	1552	23	30	680.6	22.7	3	66.4	747.0	10	301.8	5	85.6	1126.5	26	473.7	18.2

（3）一体化专家会诊。由副厂长牵头，首席专家、地质、工程、财务、计划、运行等业务部门组成前线专家组，每天8:00在前线作战室召开运行会议，力求集中集体力量，体现最高智慧。如表5所示。

采油厂每天油水井运行状况得到汇集，问题能够及时显现，同时为作战室一体化决策论证油水井治理措施提供信息支持。作战室对每一口作业井、每一步作业工序、每一项主材投入，强化专业协同作战，技术集成，优势互补，进行技术优化和效益评价，年讨论疑难复杂井工艺措施上千井次，确保每口井的工艺最优。

表5　专家会诊作战室成员职责

作战室成员	工作职责
采油管理区	汇报油井停井情况、上修情况、作业开井情况、作业过程中存在的问题、开井不正常井情况、重点监控作业油水井情况、待作业井情况、作业费用发生情况、待干油水井工作量以及需要作战室集体论证措施的重点作业井情况。通过的汇报，各管理区生产经营情况日清日结，技术问题当天发现、当天解决、疑难措施当天讨论、当天决策
井下作业大队	汇报作业动力运行情况、并对作业误工情况分为工农关系、震噪、车辆等工具等措施、鉴定、测井、井场道路及其他因素进行分因素分析。作业大队的汇报使作战室技术人员能够及时掌握作业动力运行情况，作业误工的主要因素等，能够更加合理优化作业动力，提高作业运行效率
特车准备大队	汇报车辆保障情况、现场车辆运行情况以及需要协调解决的重点问题
维修大队	汇报杆管工具收送情况、杆管修复情况、杆管库存情况、电缆库存情况、待修油管情况。维修大队汇报能够为作战室根据杆管库存修复情况及时优化调整油水井工艺措施
地质研究所	汇报当日油水井设计运行情况、旬度措施工作量完成情况、新井运行情况
工艺工艺所	汇报油水井设计运行、内衬管运行、普通管运行、抽油杆运行、水井运行及工艺措施井运行情况
作业管理中心	汇报作业动力、当日交井及上修井情况、停产井作业占产运行情况、待干工作量情况、待干旬度新井、措施剩余工作量
测试大队	汇报测试运行情况、月度工作量完成情况及存在的问题

（四）一体化考核

1.考核内容

由单位领导、勘探开发、工程技术、财务管理、计划发展、生产运行等部门组成一体化评价考核委员会，对一体化决策、部署和运行效果情况进行评价；对五个业务系统所承担的生产经营指标进行考核，督促和激励各部门按照时间进度、职能要求等，完成既定的各项生产经营目标。

2.考核流程

实行"阶段工作月考评，项目管理季考评、经营目标年考评"，实现对五位一体决策、部署、运行以及年度经营目标任务完成情况的一体化考核评价。如图10所示。

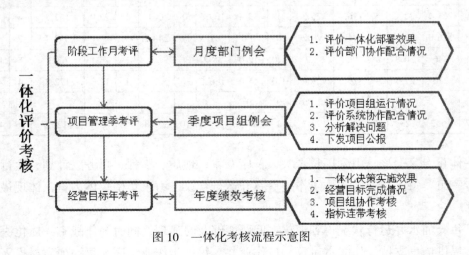

图10　一体化考核流程示意图

3.考核实施

对五个业务系统指标完成情况横向以项目组的方式考核到各业务科室部门，纵向以经营承包的方式考核到各系统执行层。对一体化决策、部署和运行的效果以月度考评的方式考核到各业务系统。全面提升“五位一体”运行效率和质量，提升单位整体效益和管理水平。

（1）阶段工作月考评。针对五位一体综合运行的质量、效率和效益，建立分业务系统、分科室部门的月度工作汇报机制，由一体化评价考核委员会对各业务系统的运行质量、效率和效益做出评价。

（2）项目管理季考评。根据承担责任和作用发挥大小，各项目组成员部门分为责任科室和参与科室，由责任科室牵头组织，参与科室协作配合，每季度召开五个业务系统参加的项目分析会议，下发项目公报，做出效果评价。年底根据项目指标完成情况，对各系统实行考核兑现，由责任科室负责制定本项目组兑现方案。如图 11 所示。

（3）经营目标年考评。年初，结合开发单位一体化决策与部署，对五个业务系统指标计划进行分解，与下属单位签订经营目标责任书，下达经营目标任务，实行月度考核预兑现，年度考核总兑现。如图 12 所示。

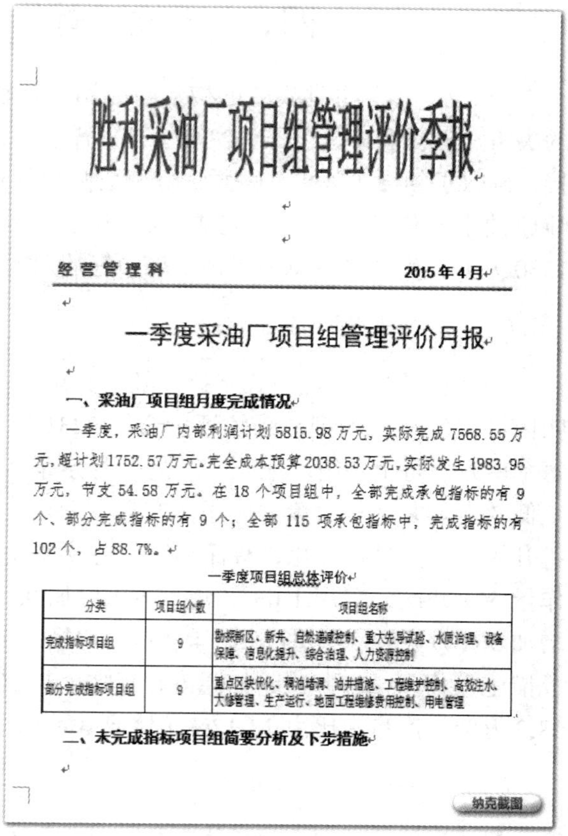

胜利采油厂项目组管理评价季报

经营管理科　2015年4月

一季度采油厂项目组管理评价月报

一、采油厂项目组月度完成情况

一季度，采油厂内部利润计划 5815.98 万元，实际完成 7568.55 万元，超计划 1752.57 万元。完全成本预算 2038.53 万元，实际发生 1983.95 万元，节支 54.58 万元。在 18 个项目组中，全部完成承包指标的有 9 个、部分完成指标的有 9 个；全部 115 项承包指标中，完成指标的有 102 个，占 88.7%。

一季度项目组总体评价

分类	项目组个数	项目组名称
完成指标项目组	9	勘探新区、新井、自然递减控制、重大先导试验、水质治理、设备保障、信息化提升、综合治理、人力资源控制
部分完成指标项目组	9	重点区块优化、稠油堵漏、油井措施、工程维护控制、高效注水、大修管理、生产运行、地面工程维修费用控制、用电管理

二、未完成指标项目组简要分析及下步措施

纳克截图

图 11　胜利采油厂项目组评价季报

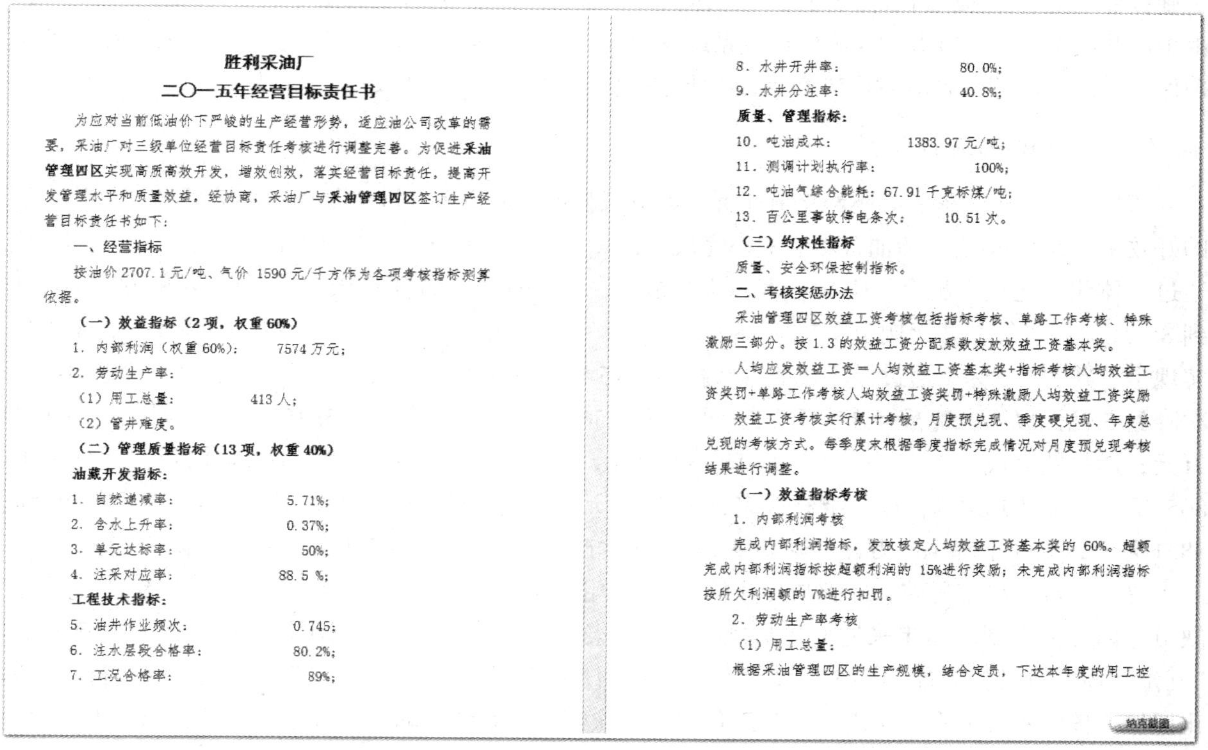

胜利采油厂

二〇一五年经营目标责任书

为应对当前低油价下严峻的生产经营形势，适应油公司改革的需要，采油厂对三级单位经营目标责任考核进行调整完善。为促进**采油管理四区**实现高质高效开发，增效创效，落实经营目标责任，提高开发管理水平和质量效益，经协商，采油厂与**采油管理四区**签订生产经营目标责任书如下：

一、经营指标

按油价 2707.1 元/吨、气价 1590 元/千方作为各项考核指标测算依据。

（一）效益指标（2 项，权重 60%）

1. 内部利润（权重 60%）：　7574 万元；

2. 劳动生产率：

（1）用工总量：　413 人；

（2）管井难度。

（二）管理质量指标（13 项，权重 40%）

油藏开发指标：

1. 自然递减率：　5.71%；

2. 含水上升率：　0.37%；

3. 单元达标率：　50%；

4. 注采对应率：　88.5 %；

工程技术指标：

5. 油井作业频次：　0.745；

6. 注水层段合格率：　80.2%；

7. 工况合格率：　89%；

8. 水井开井率：　80.0%；

9. 水井分注率：　40.8%；

质量、管理指标：

10. 吨油成本：　1383.97 元/吨；

11. 测调计划执行率：　100%；

12. 吨油气综合能耗：67.91 千克标煤/吨；

13. 百公里事故停电条次：　10.51 次。

（三）约束性指标

质量、安全环保控制指标。

二、考核奖惩办法

采油管理四区效益工资考核包括指标考核、单路工作考核、特殊激励三部分。按 1.3 的效益工资分配系数发放效益工资基本奖。

人均应发效益工资＝人均效益工资基本奖+指标考核人均效益工资奖罚+单路工作考核人均效益工资奖罚+特殊激励人均效益工资奖励

效益工资考核实行累计考核，月度预兑现、季度硬兑现、年度总兑现的考核方式。每季度末根据季度指标完成情况对月度预兑现考核结果进行调整。

（一）效益指标考核

1. 内部利润考核

完成内部利润指标，发放核定人均效益工资基本奖的 60%。超额完成内部利润指标按超额利润的 15%进行奖励；未完成内部利润指标按所欠利润额的 7%进行扣罚。

2. 劳动生产率考核

（1）用工总量：

根据采油管理四区的生产规模，结合定员，下达本年度的用工控

纳克截图

图 12　2015 年胜采厂与采油管理二区经营目标责任书

四、"五位一体"管理模式的实施效果

"五位一体"管理模式的构建与应用，打破了过去单纯依靠一个部门或一个系统难以独立完成的决策、运行和评价工作，实现了开发需求、计划发展、技术支撑、资金平衡和运行保障的无缝连接，确保了领导决策更加科学、经营管理更加规范、生产运行更加高效。2015 年全面完成 190.8 万吨原油生产任务，交气量完成 8437 万立方米，超交 847 万立方米，与油田考核指标相比，减亏 1350 万元，生产经营总体呈现平稳向好的发展态势。

（一）一体化决策增效

"五位一体"管理模式坚持以效益为中心，强化算账意识。算清低效无效在哪里，应用"三线四区"经济运行模型，系统评价全厂 2231 口油井，参照油田考核油价，将效益评价到每个单位、每个单元、每个井组。地质、工艺、财务等部门"五位一体"运行，算清转化方向和重点，科学制定低效无效井调整对策。应用"四类十六法"组合增效措施治理 319 口低产低效井，125 口实现效益升级。坚持过程优化，有保有压，持续加大水井、控躺井、扶长停等长效投入，全年完成水井工作量 564 井次，费用 1.63 亿元，同比增加 98 井次、3600 万元；投入内衬管资金 2805 万元，同比增加 562 万元，在装井达到 1462 口。主动压减措施产量规模，更加依靠老区稳产保效。2015 年完成措施工作量 250 井次、产量 6.8 万吨，与 2006 年高峰期相比，工作量下降 418 井次，产量下降 28.3 万吨，产量占比由 12.17% 下降到 3.47%。

（二）一体化部署提效

根据油价变动和油田总体安排，五位一体在部署上始终坚持以效定产，弹性运行，始终保持基础不松、队伍不散、效益最佳。年初，准确预判低油价下作业工作量不饱满、动力可能闲置，超前实施拔管工作量，拔出长停井内衬管 8.19 万米，盘活闲置资源 915 万元；超前实施封井工作量，由 107 井次上升到 140 井次，确保作业系统满负荷运行。一年来，正是得益于超前谋划、科学部署，确保了采油厂能够从容应对形势变化，牢牢掌握住了生产经营主动权。

（三）一体化运行保效

依托一体化矢量调整，不断提升单元单井开发效益，取得了"液量翻倍、油量翻倍、含水稳定"的好效果。2015 年全厂稀油自然递减率完成 9.5%，同比下降 0.67 个百分点，实现了首次"破 10"。通过一体化工艺技术配套，强化管理，优化措施，分注管柱 2~3 年有效率由 2010 年的 69.2% 上升到 85.2%，内衬管在井比例由年初的 78% 上升到 83%；躺井率完成 2.84%，同比下降 0.3 个百分点，实现了"破 3"目标。通过一体化成本管控，2015 年各项主要生产成本全面下降。作业费多年来首次降到 5 亿元以下，完成 46170 万元，同比下降 5679 万元；电费完成 58362 万元，同比下降 1604 万元；燃料费完成 1576 万元，同比下降 995 万元，降幅达 38.7%；常材完成 5363 万元，同比下降 865 万元，降幅 13.8%；设备维修费完成 1758 万元，同比下降 139 万元，降幅 7.3%；运输费完成 1821 万元，同比下降 182 万元，降幅 9.1%；非生产性费用完成 1305 万元，同比下降 15 万元。

总之，观念决定思路，思路决定出路。随着国际油价处于低位，投入不足、设备老化、结构性缺员等内外部发展环境带来的变化与挑战，仅凭老经验、老办法已远远不能适应生产开发新要求。"五位一体"管理模式能够突破传统观念，通过构建一体化决策、一体化部署、一体化运行、一体化评价考核的系统体系，实现了"分工负责、层次管理、系统联动、高效运行"的目标，为推动老油田步入良性发展轨道探索出了一条新路子。

新形势下煤矿法人治理结构体系的创新与应用

创造单位：山西煤炭运销集团临汾有限公司
主创人：贺彦平 贾逸凡
创造人：陈晓冬 张向虹

[摘要] 山西煤炭运销集团临汾有限公司为了建立依法决策、合法经营的体制机制，首先以煤矿为试点，规范和创新法人治理结构体系，构建煤矿管理大纲。煤矿管理大纲是用来解决管理方式管理路径以及管理责权划分的问题。管理方式管理路径主要是用来解决市公司如何通过管理外派股东代表、董事、监事的履职来体现意志、维护权益以及市公司职能部室在其中又如何发挥作用的问题；管理责权划分又是市公司用来解决煤矿公司股东会、董事会、监事会、经理层如何进行责权划分从而使其各司其职、各尽其力，达到决策科学、执行有力的问题。在实施过程中，主要从四大部分实施。一是公司的经营管理、投资管理；二是人事管理；三是财务管理；四是基本管理制度。

煤矿法人治理结构是对原有制度体系的一种拓展创新，是一种从煤炭企业整体角度考虑来构建实施的管理制度体系。对于煤炭企业来说，不仅包括了各种生产经营、采购、销售、技术、财务、人力以及基础管理制度的构建，而且包括了股东会、董事会、监事会、经理层的建立以及职责权限的划分。这种规范的法人治理结构体系的形成在煤炭企业以及在集团公司中都是首例，值得推广应用。

[关键词] 法人治理结构；机制改革；煤炭企业

一、公司简介

山西煤炭运销集团临汾有限公司（以下简称"临汾煤销公司"），其前身为山西省煤炭运销总公司临汾分公司，其成立于 1984 年 8 月，1992 年 9 月上划省煤炭运销总公司实行系统管理，2007 年 7 月，经省政府批准实施改制重组，由省、市国资委出资，正式改制为山西煤炭运销集团临汾有限公司。公司注册资本金 2 亿元，现有职工 9439 人。

临汾煤销公司的主营业务是煤炭生产和煤炭物流贸易两大产业，经过近几年的转型发展，已基本形成了"两产（煤炭生产、物流贸易）带一产（多元产业）"的产业格局。

煤炭板块方面，临汾公司在临汾市、运城河津市域共兼并重组 73 座矿井整合成 23 座，整合后形成：井田面积 239.7998 平方千米，保有储量 124143 万吨，产能 1620 万吨 / 年。其中，生产矿井 3 座，建设矿井 3 座，其余矿井正在进行论证或完善手续等前期准备工作。另外，运行的洗煤厂有 1 座，在建的 2 座。

物流板块方面，初步建成了一座综合物流园区，大型储配煤场 5 座，铁路装车点 7 个，自有大型车辆 302 辆，加盟 482 辆。控股建设了张台地方铁路，项目总里程 222 千米，预算总投资 241 亿元（双线）。

多元板块方面，涉及房地产、物资供应、现代物业等行业。

二、煤矿法人治理结构的实施背景

（一）规范与创新煤矿法人治理结构的迫切需要

随着改革开放的深入发展，我国的经济社会得到迅速发展，这不仅使得现代化生产对于社会能源的需求在不断增加，而其中资源的开采和利用更是为经济社会的发展做出了巨大贡献，但是大量资源的过度开发也带来了一系列的资源浪费、环境污染以及事故频发等问题，这些问题能否正确处理和解决已经成为了企业必须面临的重要问题。

近些年来，企业在社会主义市场经济条件下发生了巨大变化，随着我国煤炭产业结构调整的快速推进，煤矿企业改造升级和兼并重组步伐明显加快，很多企业也逐渐实现向股份制方面改进，煤炭产量、矿井生产规模、安全生产条件也相应不断提高。法人治理结构的规范与创新的相关问题也逐渐成为了企业经营管理的重要问题，而只有正确解决这些问题才可以更好地促进企业的又好又快发展。

2008 年以来，积极响应省政府政策，山西煤炭企业大批兼并重组，也使得对煤炭产业的生产规模及安全生产条件要求逐渐提高。

当前，宏观经济缓慢复苏，不稳定性与不确定性因素并存，经济下行压力较大；煤炭产业总需求不足、产能释放；环保制约、进口煤冲击；煤炭市场持续低迷，大量产品销路不畅，价格下降，收入锐减，使得企业的生存与发展面临严峻挑战。

加之临汾煤销公司在煤炭生产、经营方面起步较晚，专业技术人才不足，核心竞争力弱，法律意识不强，随着公司转型发展的深入，制度体制等这些问题也逐渐凸显。主要体现在：

1. 制度体制不完善

由于制度体制的不完善，长期以来煤矿企业生产管理比较粗放，一是受制于煤炭先天性地下赋存条件而导致的开采复杂性、多变性、困难性、高危性等特性的影响；二是受制于煤炭开采比较滞后的技术装备水平即生产力水平条件的影响；三是受制于前两个基础性条件"存在决定意识"而形成的传统思想观念影响等。

加之公司煤炭企业都属于资源整合后新整合煤炭企业，煤炭管理经验缺乏，各类生产管理制度虽然都有，但是都没有形成系统化，更没有全部实施执行，安全质量标准化及人才管理方面的制度也有待完善及考证。

2. 各层级职责划分不明确

以往的模式都是公司只管结果，矿上自主管理，进行生产经营。这样使得公司与煤矿企业生产与管理信息不对称，沟通不及时，消息滞后，影响生产；销售更是如此，而且中间缺乏监督单位进行监督，无法真正了解到煤炭企业的实际生产经营情况。

3. 法律意识不强

以往的煤矿管理者因不懂法，工程转包随意性大，在生产经营的过程中，为图轻省，与用人单位签订合同，只看总承包人资质，不关心是否进行分包或分包人资质，导致合同签订缺乏规范性，一是影响工程进度；二是责任无法转嫁。

4. 生产销售无衔接

煤炭企业生产出来由销售公司统一销售，以往煤炭企业只负责生产从不过问销售，使得销售与生产脱节，不能充分利用销售资源，达到信息共享，使得产品销售时间延误或者不能保证价格，最终影响效益。

（二）构建煤炭管理大纲的目的意义

鉴于公司的发展需要以及煤炭企业当今市场行情下行及基础管理相对薄弱的现状，规范煤炭企业生产管理，创新生产管理模式、夯实基础管理，加快领导及职工法律意识、提升煤炭企业竞争力、构建煤矿企业法人治理结构已成为提高企业核心竞争力的必要前提。

为此，公司以煤炭企业为试点，参照《公司法》、《公司章程》，按照"规划引领、抓点示范、组织支撑、基础突破、统筹推进"的工作思路，统筹策划、精心安排、多次研讨、科学论证，制定出台了《公司煤矿管理大纲及实施办法》，并逐步在公司中各煤矿及其他企业逐渐推广。

公司通过按照《煤矿管理大纲及实施办法》开展工作，试点煤矿基础经营管理制度已经逐渐完善，各单位层级职责已经明确，生产与销售也已合理衔接，煤矿生产工作氛围一片和谐，试点煤矿效益已见成效。

三、煤矿法人治理结构体系的内涵

（一）煤矿法人治理结构的创新点

公司经营管理模式是公司法人治理结构的核心问题，通过对不同形态的企业公司治理结构形成的因素分析比较，建立在新形势下与单位实际情况相适应的法人治理结构体系。具体有以下几个创新点。

一是针对自然垄断行业的国有煤炭企业，根据不同的功能作用、股权结构、规模范围设置了不同的治理模式。其中包含不同的股东会、董事会成员构成及配置方式。

二是明确董事会、监事会和经理层之间的权责边界。界定清楚权力机构、决策机构、执行机构和监督机构的权责边界，构建完整的责任体系。

三是坚持法人治理、基层党组织、职工民主管理"三位一体"。完善国有企业法人治理结构，必须充分发挥党组织的政治核心作用，保证国有企业资产不流失；加强职工民主管理，完善职工董事、职工监事制度，保证职工合法权益。

（二）煤矿法人治理结构的内涵

煤矿法人治理结构是对原有制度体系的一种拓展创新，是一种从煤炭企业整体角度考虑来构建实施的管理制度体系。对于煤炭企业来说，不仅包括了各种生产经营、采购、销售、技术、财务、人力以及基础管理制度的构建，而且包括了股东会、董事会、监事会、经理层的建立以及职责权限的划分。

从煤炭企业管理大纲的整体内容来说，它包括经营管理、投资管理方面方针、计划的决定以及实施细则；人事管理方面岗位的设置、人员的配置以及劳动用工；财务管理方面的预算管理、决算、利润分配方案、亏损弥补方案的管理、资金审批权限管理以及财务核算管理；基本管理制度方面销售的管理（含销售模式、价格的制定以及调整）、采购的管理、招投标管理、计量管理、公共关系管理、审计管理、安全管理以及技术管理。

煤炭企业管理大纲作为煤炭企业制度建设的重要组成部分，在执行过程中以相关法律法规为依据，矿管理大纲主要具有三方面的性质。

一是理顺管理层级结构，明确各层级职权，做到各行其职，各负其责。人事管理方面理顺了人员结构，明确了人员所需数量及岗位职责，能够适时培训或者及时招聘、选拔合适人才上岗，不仅避免了人才浪费而且及时解决了人才缺乏问题。

二是简化办事程序，提高办事效率。明确资金审批权限及额度，使得资金审批有了灵活性；创新销售模式使得销售者有了销售自主决策性，能够实时把握市场形势，精准抓握市场信息，快速出手。

三是规范了各种生产经营管理制度，不仅在原有制度的基础上精简不合理制度，而且充实了一些包括预算、核算、销售方面的重要制度。

四、煤矿管理大纲的实施办法

为规范煤炭企业管理，实现煤炭企业安全生产，提高煤炭企业效益，根据《公司法》、《公司章程》及相关三会议事规则，制定本《煤矿内部管理大纲及实施细则》。

（一）煤炭管理大纲的编制原则

为使煤炭管理大纲能够顺利实施，很好地起到指导引领作用，达到预期效果，必须严格遵循以下三大原则。

（1）严格遵照公司法、公司章程的规定，进行可操作性的细化；

（2）适用于由多股东构成的法人单位；

（3）公司化运作、完善法人治理结构是大势所趋，对其他公司有借鉴、启迪作用。

（二）各单位职责定位

（1）各煤矿单位职责定位。

1）煤矿单位必须是自主经营、独立核算、自负盈亏、自主承担民事责任的独立法人。

2）各煤矿单位必须严格遵守《公司法》、《公司章程》，通过股东会、董事会、监事会、经理层进行经营的法人单位，如图1所示。

（2）上属市公司职责定位。

1）出资人。严格遵守《公司法》，通过管理外派股东代表、董事、监事的履职，来实现对各煤矿公司生产经营的参与和管理，来保证股东权利的实施和股东利益的维护。

2）股东会代表。股东会代表行使表决权的背后是市公司所有职能部室、决策机构的支撑。

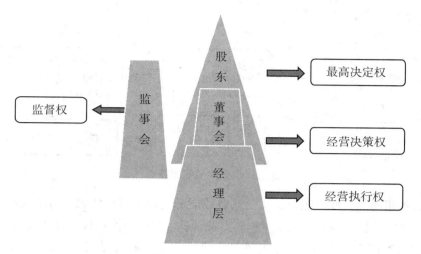

图 1　各层级结构定位

　　首先是股东会议案报送；其次是公司企管接收会议议案并分发各对口部室；再次根据现行制度、流程进行研究分析；又次报请相关领导；再其次决策机构研究并出具意见；最后由股东代表进行表决，如图 2 所示。

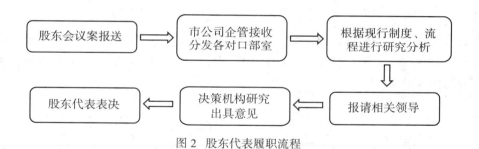

图 2　股东代表履职流程

　　3）董事履职。董事可根据专业知识、能力独立发表意见，但需要市公司研究、批复。

　　首先是董事会议案报送；其次是公司企管接收会议议案并分发各对口部室；再次根据现行制度、流程进行研究分析；又次报请相关领导；再其次决策机构研究并出具意见；最后由董事会代表进行表决。如图 3 所示。

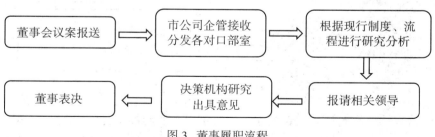

图 3　董事履职流程

　　4）监事履职。监事根据专业知识、能力可以独立发表意见或对一般问题直接对董事、高管人员进行纠正，但也需要市公司研究、批复。

　　首先是监事会议案报送或拟进行某项提案；其次是公司企管接收会议议案并分发各对口部室；再次根据现行制度、流程进行研究分析；又次报请相关领导；再其次决策机构研究并出具意见；最后由由监事进行履职，如图4所示。

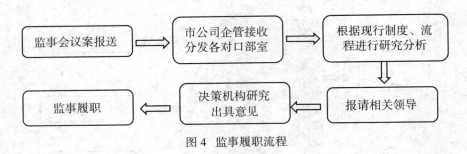

图4 监事履职流程

（3）市公司各职能部门职责定位。市公司各职能部门作为股东代表、董事、监事履职的支撑系统，代表股东行使决定权，为决策提供依据；代表股东行使监督检查权，煤矿公司董事会的组织下，对各煤矿公司各项管理工作进行监督、检查（定期、集中、联合原则），就检查出的问题反馈给董事会，责其整改。

（4）市公司企管部职责定位。市公司企管部负责各参控股公司上报议案的管理：收集、分类、分派对口部室、督促落实批复、回复外派人员；各参控股公司日常上报备案事项的管理；各参控股公司法人治理结构完善、三会的资料存档等。

（三）经营管理、投资管理

根据章程及议事规则的约定：股东会，决定公司经营方针、投资计划和战略规划；董事会，决定公司的经营计划和投资方案；经理层，负责组织实施公司年度生产经营计划和投资方案；实际操作中细则明确如图5所示。

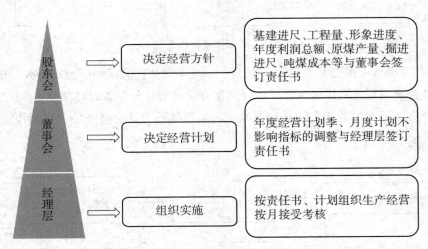

图5 经营管理实施细则

（1）关于经营方针、经营计划（含基建）的决定以及实施细则：

1）关于经营方针：基建矿井年度基建进尺、矿土安工作量、形象进度；生产矿井年度安全指标、利润总额、原煤产量、生产进尺、吨煤成本属于影响经营方针的重要指标。股东会议定年度重要指标后下达董事会、经理层，并与董事会签订《经营计划重要指标目标责任书》，按照年度进行考核。遇不可抗力需对影响经营方针的重要指标进行调整的，由董事长提出议案，报股东会审批。

2）关于经营计划：根据股东会下达的经营方针，董事会审批经理组织编制的年度、季度、月度经营计划，在不影响经营计划重要指标的情况下可以根据经营计划实施情况合理调整月度、季度经营计划。

3）关于经营计划的实施：董事会根据经营计划与经理层签订《矿井经营计划实施目标责任书》、《洗煤厂经营计划实施目标责任书》，按月听取经理关于经营计划实施情况的汇报，组织对经营计划实施情况进行月度、季度、年度考核。考核结果按月报送股东单位。

（2）关于投资计划、投资方案的决定以及实施细则如图6所示。

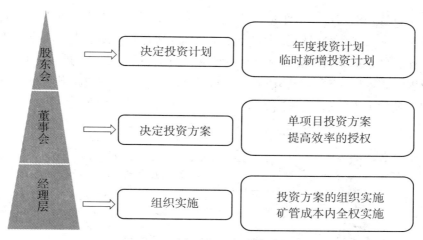

图6 投资管理实施细则

1）关于投资计划：每年第四季度，经理根据董事会下达的下年度经营方针组织拟订次年投资计划，经董事会审核，报请股东会批准后执行；临时新增投资计划由经理根据实际情况组织编制，经董事会审核，由董事长组织召开临时股东会批准后执行。投资计划内容包含矿管（厂管）成本范围以外涉及设备大修、设备更新、形成新的资产等各类专项基金工程全部内容。各类专项基金是按照国家相关规定在原煤中提取，统一提取，集中使用。

2）关于投资方案：投资方案由经理组织矿井、洗煤厂、相关职能部室负责拟订，经理办公会审核后，报董事会决定。年度投资方案应当结合各类《经营计划实施目标责任书》，列明计入矿管（厂管）成本的投资内容。

为简化程序、提高效率，董事会授权董事长在表1中的额度内审批投资方案。

表1 额度审批

项目类别 / 投资额 / 审批权限	采购办公设备	采购服务	采购大型设备材料	采购工程	其他项目
董事长审批	20万元以内	30万元以内	100万元内	200万元内	20万元内
	全年各项累计额度不超过500万元				

董事长在授权范围内批准的投资方案以月度为单位报董事会备案；董事会以月度为单位报股东备案。

3）关于投资方案的实施：经理负责组织投资方案的实施。为提高投资方案实施效率，每年度由经理办公会研究并提请董事会批准后，转授权矿长（洗煤厂厂长）负责矿管（厂管）成本（包含工资、材料、电费、福利、其他支出、小型修理、井巷工程费、综采搬家费等）内的投资方案的实施，包括合同签订、财务审批、队伍组织、期间验收及付款、竣工验收结算等。

矿管（厂管）成本外投资方案的实施由经理组织，在董事长的领导下实施。经理按月向董事会汇报投资方案实施情况，并报股东备案。

涉及安全管理的工程、设备由临汾公司安全监管部门组织进行验收并出具验收意见。

（四）人事管理

根据章程及议事规则的约定：股东会，选举和更换非由职工代表担任的董事、监事，决定有关董事、监事的报酬事项；董事会，聘任或解聘公司经理，决定其报酬事项；根据经理提名，聘任或者解聘公司副经理、财务负责人人选，决定其报酬事项；聘任前由董事会进行任职资格审查和考察。经理层，聘任或者解聘除应由董事会聘任或者解聘以外的管理人员并决定其报酬和奖惩；制定公司职工的聘用和解聘及其工资、福利、奖惩方案，如图 7 所示。

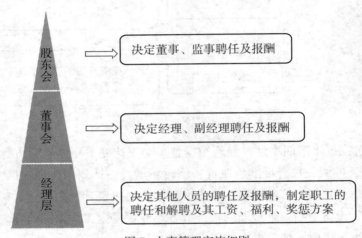

图 7　人事管理实施细则

实际操作中细则明确如下：

（1）关于经理层的设置。

1）经理兼矿长 1 人，副经理兼副矿长（生产、安全、机电、经营）4 人，总工程师 1 人，总会计师 1 人。

2）总会计师、经营副总经理由控股方推荐、经理提名，董事会聘任。

3）董事会聘任的高管人员由临汾公司根据政府监管要求完善相关任命文件。

（2）关于党工群管理层的设置。

1）董事长兼党委书记。

2）经理兼任党委副书记。

3）职工代表监事兼任公司纪检书记、工会主席。

（3）中层管理人员的设置。

1）中层管理人员指各科室正副职、采掘机运通队组正副职。

2）中层管理人员由分管副经理提名，监事会进行任职资格审查，经理办公会研究通过后任命，报董事会、股东单位备案。

3）生产经营关键岗位人员（由人力资源部确定）任职前，由监事会进行任职资格审查。

（4）劳动用工。

人员配备以人员"精干、高效"为原则，树立"配足一线、精干二线、一岗多责"的用人方针。具体操作细则明确如下：

1）人力资源总体规划属于战略规划的组成部分，股东会决定年度人力资源总体规划，包含用人标准、年度定编方案、人才储备计划等指标。

2）经理组织制定公司职工的聘用和解聘及其工资、福利、奖惩等劳动用工方案，报请董事会批准。

3）经理根据获批的劳动用工方案组织实施，为了提高矿井管理效率，经理办公会研究并提请董事会批准后，可转授权矿长（洗煤厂厂长）具体实施矿管（厂管）范围内劳动用工方案。

4）经理按月向董事会汇报当月劳动用工管理情况，并报股东备案。

（五）财务管理

根据章程及议事规则的约定：股东会，审议批准公司的年度财务预算方案、决算方案；审议批准公司的利润分配方案和弥补亏损的方案；董事会，制订公司的年度财务预算方案、决算方案；制订公司的利润分配方案和弥补亏损方案。如图8所示。

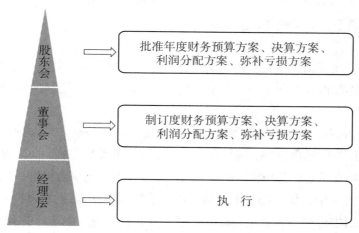

图8 财务管理实施细则

财务管理以预算管理为抓手，通过全面预算、精细管理、严格监控，确保相关财务制度执行到位，落实到位，维护好股东合法权益。

（1）预算管理。预算管理渗透和贯穿于每一项生产经营活动之中，以预算管理为基础，发挥预算对生产经营的指导作用，实现"事后算成本"变为"事前管成本"的效果。

每年第四季度，煤矿总会计师组织，财务科牵头，相关科室参与，根据获批的年度生产经营计划、投资计划编制次年财务预算，由经理办公会、董事会审核通过后，报请股东会决定。次年初，煤矿财务部根据煤矿全年计划，与各生产模块矿对接，编制全面预算计划，细化预算标准。

每月末，由煤矿总会计师组织，财务科、相关职能科室参与，根据获批的月度生产经营计划，编制次月财务预算方案，由经理办公会审核，董事会批准。

临时追加投资计划批准后，由煤矿总会计师组织，财务科、相关职能科室参与，编制追加财务预算方案，由经理办公会、董事会审核后，报股东会决定。

（2）决算、利润分配方案、亏损弥补方案管理。年初，由经理组织，总会计师牵头，相关职能科室参与，编制上年度决算方案、利润分配方案、亏损弥补方案，董事会审核通过后，报请股东会决定。

（3）资金审批权限管理。财务科根据年度资金预算，控制资金收支平衡。矿（厂）管成本内的各项资金支出，由经理审批签字后列支，各种单据需符合国家相关法律法规及企业内部财务管理规定；矿（厂）管成本范围外的资金支出，由经理审核，董事长审批签字后列支。

（4）财务核算管理。执行国家法律法规以及集团内部财务管理规定，依法财务核算，依法行使财务管理职能，每月末，由总会计师组织，财务科牵头，相关职能科室配合，编制当月财务报表和预算执行情况分析报告，经理办公会、董事会审核通过后，报股东单位、上级主管单位。董事长对当期财务报表的真实、完整、公允性负责。

（六）基本管理制度

根据章程及议事规则的约定：董事会，制定公司的基本管理制度；经理，拟订公司的基本管理制度，制定公司的具体规章。

（1）销售管理。

1）销售模式。按照"一个平台、一个调控、两种价格"的模式，煤矿精煤、中煤通过临汾煤炭运销公司进行统一销售；煤泥、矸石由煤矿公司销售科组织进行自主销售。在"供过于求"的买方市场形势下，能够充分发挥两个优势，实现"快产快销"，不仅能够发挥其他股东的信息优势、监督优势，而且政策灵活，能够快速适应市场。

2）定价管理。

第一，拟订方案。经营副经理根据市场销售行情，组织制定次月精煤、中煤、副产品的销售计划、预计销售价格，逐级报经理办公会、董事会批准后实施。逐月报股东单位备案。

第二，价格调整。

降价：实际销售过程中，如市场价格下跌，当月实际销售价格降幅在预计销售价格5%以内，经营副经理应及时组织调整销售价格，逐级报经理、董事长批准后实施，同时通报董事及股东单位。当月实际销售价格降幅在预计销售价格5%以上，由董事长提请董事会批准后实施。

涨价：实际销售过程中，如市场价格上涨，市场价格涨幅在预计销售价格的5%以内，经营副经理应及时组织上调销售价格，逐级报经理、董事长批准后实施。市场价格涨幅超过预计销售价格的5%，董事长（经理、1/3以上董事）可提请召开董事会，重新议定实际销售价格，同时通报股东单位。

紧急情况下，董事长可以电话与各位董事沟通获准后进行销售，事后15个工作日内完善临时电话董事会相关手续。

（2）采购管理。生产经营所需的设备、物资由煤矿公司委托临汾欣润安物资供应公司统一代为采购，成本范围内急需的材料配件、地材等经欣润安物资供应公司同意后由煤矿自行采购。

采购前，由煤矿提出需求标准、需求时间、推荐供应商、预计市场价格等交由欣润安进行采购；采购中，煤矿委派专人全程参与采购全过程，签订欣润安、煤矿、供应商三方买卖合同；首付款支付前，由煤矿出具《货物验收单》，第二批货款支付前，由煤矿出具《质量服务确认单》，欣润安据此进行付款；售后出现质量问题，由欣润安、煤矿共同对厂家进行索赔等事项。

（3）招投标管理。根据法律法规要求，需要招标采购的项目由煤矿提出技术要求、需求时间、推荐供应商、预计市场价格等参数，委托临汾公司招标办统一代为组织。

（4）计量管理。

1）经营副经理负责产品的计量标准、质量管理标准的建立，经理办公会研究后，报董事会批准后执行。

2）经理层负责产品数量、产品质量的确定，组织重大质量事故的调查处理，考核数据的提供。

（5）公共关系管理。董事会办公室在董事会的领导下，负责公司各种证照办理、复工复产手续办理，协调处理县、乡、村公共关系等。

（6）审计管理。股东会负责审计管理工作。可委派监事会或其他外部专业机构负责审计管理工作。包括常规审计、高管人员离任审计、项目审计、审计计划编制与实施、外部审计机构管理、审计结果应用等内容。

（7）安全管理。

1）煤矿公司作为企业法人，是安全生产的责任主体。其法定代表人是公司安全生产的第一责任人，对公司安全生产负全面责任；经理是公司安全生产的直接责任人，对公司的安全生产直接负责。

2）鉴于煤炭行业的特殊性及整合主体的安全责任，临汾公司有权对控股煤业公司的安全管理进行全面监管，临汾公司安全管理部门要对煤矿的安全管理工作进行定期和专项检查；监督检查过程中发现重大安全隐患有现场处理权。

3）煤矿发生安全事故，临汾公司视情节轻重组织或参与安全事故的调查，对事故出具处理意见。

（8）技术管理。

1）技术管理的范畴包括安全、生产、调度、一通三防、地测防治水、基建等技术管理内容。

2）中长期（年度及以上）技术规划：由经理组织编制，董事会审核后，按年度报请股东会批准后执行。

3）技术方案：由经理根据获批的中长期技术规划组织编制，报请董事会审批后执行，同时报股东备案。

4）技术方案的实施：由经理组织实施。为了提高矿井管理效率，经理办公会研究并提请董事会批准后，可转授权矿长（洗煤厂厂长）具体实施矿管（厂管）范围内技术方案的实施。

根据章程规定，经理层负责根据本大纲组织拟定各类基本管理制度，报请董事会批准后执行；各科室根据基本管理制度拟订具体的规章（业务管理办法），报经理办公会批准后实施。

董事会组织与各股东单位对接，明确各类相关报表的报送渠道、时间，制定详细、高效的工作报表并做好及时准确的报送工作。

各股东单位的职能部室代表股东行使业务方面的监督、检查职能时，应与煤矿董事会对接，在董事会的安排下统一进行，检查发现的问题由董事会统一安排部署整改。涉及安全事项、紧急事项的部门可随时进行监督检查，一般部门按照定期、集中、联合的原则在董事会的安排下进行现场合署办公。

（七）总结

为了更好地通过规范与创新法人治理结构体系，进而推进煤矿建设、煤矿生产经营管理规范化、制度化、流程化，各煤矿法人单位定期召开股东会、董事会、监事会，进行决策，行使职权。

会议主要是对会议内容进行研究分析，出具意见，最后通过代表表决，形成切实可行、科学合理的建议。

五、煤矿管理大纲的实施效果

煤炭管理大纲作为现代煤炭生产企业的内部管理体系，在三年的构建实施过程中，认真学习，仔细研读管理大纲内容，全面把握体系内涵，把煤炭管理大纲作为煤炭企业可持续发展的总抓手和指导引领工作的"指挥棒"，形成了阶段性成果。通过公司—煤矿为试点，然后向全系统所有煤矿以及其他单位逐步推广的模式，有效推动了煤矿系统基础管理的升级，促进了企业管理线和业务线的双线协调发展，提升了煤矿生产效益。总体来看取得以下几方面的效果：

（一）制度体制逐渐规范

煤矿管理大纲实施开展以来，真正形成了股东、董事、监事各层级相互制约的生产经营体制，与此跟体制相互配套的各种制度也应运而生，而且不断完善，逐步规范。煤矿管理大纲成为了市公司乃至集团公司内部的一项品牌工程。自 2014 年煤矿法人治理结构工作开展以来，试点煤炭企业共组织召开股东会 3 次、董事会 10 次、监事会 3 次。

通过法人治理结构建设，试点煤炭企业共构建制度 50 多条，规范制度 10 多条，删减制度 30 多条。煤矿单位在规范制度的同时，不仅严格规范了资金审批、预算以及核算制度，而且间接降低了费用，提高了煤炭生产能力，提升了煤炭企业核心竞争力。

（二）各层级职责渐渐明朗

煤矿法人治理结构关系到企业投资者、决策者、经营者、监督者的基本权利和义务，凡是法律有规定的，应当遵守法律规定。

通过法人治理结构建设，企业各组成部分有了明确的分工，在这个基础上各司其职，各负其责，解决了"单位、部门、职工因职责不清、分工不明而导致混乱现象"的问题，使得各部分按正常职责正常行使，发挥整体企业的整体功能。

（三）审批程序由繁到简

通过煤矿管理大纲的开展实施，各煤矿单位在资金审批、物资采购上逐渐有了自己的优势，变得更加灵活，不仅提高了工作效率，而且降低了审批成本。试点煤炭企业在 2015 年共简化了 10 多条审批程序，降低了十几万元的审批成本。

（四）生产、销售合理衔接

通过规范与创新煤矿管理大纲，形成了更加合理的销售模式，充分调动了销售公司以及煤炭生产企业的积极性。销售公司以及煤炭生产企业依托一个平台，充分利用各自的信息优势，共享市场信息、产品销售信息，做到及时沟通，合理衔接，能够优势互补，使得市场行情低迷的情况下，能够迅速面对市场变化，及时调整销售政策保证以最优的价格快速销售产品，确保销售通畅。

（五）煤矿安全逐渐平稳

各煤矿企业结合各自实际，完善矿井安全管理机构建设和人员配置，确定了企业法定代表人和管理人员每月下井带班次数，严格落实了领导下井带班制度。公司不断创新安全监管方法，对控股煤矿单位的安全管理进行全面监管，安全管理部门对各煤矿单位的安全管理工作进行定期和专项排查；监督检查过程中发现重大安全隐患有现场处理权。有力促进了煤矿安全管理机制建设和煤矿安全生产管理水平的提高，减少了安全生产事故的发生。

（六）经济效益已经凸显

通过规范与创新煤炭企业管理大纲，一定程度上降低了企业成本，拿试点煤矿来说，吨煤成本在原有 400 多元 / 吨的基础上降低了 100 多元 / 吨，在当今煤炭市场下行的局势下，充分展现了煤炭企业的优势，提高了煤炭企业的效益。在煤炭企业大多亏损的情况下，试点煤炭企业实现盈利，保证了煤炭企业的正常可持续发展。

煤矿管理大纲为煤炭生产企业日常生产经营提供了合理、有效的参考依据，使得煤矿企业以及公司能够更加健康地可持续发展。

企业低风险扩张模式的实践

创造单位：广州珠江实业集团有限公司
主创人：郑暑平　梁宇行
创造人：罗小钢　韩　巍　侯月玲　唐　盛　陈东存

[摘要] 在激烈的市场竞争中，企业必须要不断地向外扩张，加快发展。而在企业向外扩张的过程中，创新经营理念、形成企业的核心竞争力，是每个房企的必由之路。从珠江实业集团的规模和国资背景来看，就必须要发挥自身优势、扬长补短，走创新之路，走低风险扩张的途径来获取核心竞争力要素。珠江实业集团低风险扩张模式的基本理念是"发挥比较优势，科学规避风险，坚持低成本扩张，实现企业稳健可持续发展"，其基本途径有三条：一是依靠国资背景，涉入政府项目领域。二是利用优势互补，项目合作开发。三是发挥资金比较优势，实施兼并收购。

[关键词] 资本扩张；低风险；创新管理

广州珠江实业集团有限公司（以下简称"珠江实业集团"、"集团"）成立于1979年6月，因承建白天鹅宾馆而开创了国内工程总承包的先河。集团目前注册资本35507万元，是广州市国资委直属大型企业集团，以房地产开发、工程服务、物业经营为三大主业，涵盖房地产投资、建筑设计、施工总承包、工程监理、工程装修、酒店物业经营、物业管理等业务的完整产业链，拥有22家主要子企业，其中1家国内A股上市公司——珠江实业（股票代码：600684）。2012年末，全集团总资产125.27亿元，全年利税总额为19.53亿元，近两年主营业务收入和归属于母公司所有者的净利润两项指标连续保持同比"双二十"增长，2013年上述两项指标预计将实现同比"双三十"增长，力争2015年主营规模突破150亿元，实现跨越发展。

一、实施背景

（一）曾经风险失控扩张陷入危机

1996~2005年，随着市场机制的逐步完善，各项招投标制度的建立、土地拍卖机制的规范，珠江实业集团在过度扩张的同时没有注意风险防控，粗放型的经济增长方式造成发展和管理上的脱节，加上20世纪90年代中期国家推行宏观调控和1997年亚洲金融危机的双重影响，集团遇到了前所未有的困难，管理失控、负债沉重、资金匮乏、业务萎缩，效益滑坡，企业生存面临着严峻的考验。1999~2005年，珠江实业集团年均主营收入6.48亿元。其中1999年仅实现净利润369万元，2005

年仅实现净利润 980 万元;"十五"期间的净资产收益率长期徘徊在 0.51%~1.24% 的低位。

(二)行业蕴藏风险历经持续调控

我国房地产业经过近 20 年的发展取得了巨大成就,房地产业已逐步成为我国国民经济的一个支柱性产业。随着越来越多的投资流入,房地产行业投资过热,行业泡沫却日渐凸显。为确保房地产行业持续健康的发展,2003~2013 年,国家出台以"限购、限贷"等限制需求的房地产宏观政策多达 43 次。尽管国家实施持续的宏观调控,但在经营性用地实行招拍挂制度下,地方政府对土地财政的过分依赖,致使土地价格持续上涨,"地王"频现,地价的上涨势必造成房价上涨。据统计,2003~2013 年的房地产宏观调控中,房价也随之上涨超过 10 倍。在中国房地产市场 10 年来调控效果不甚理想的前提下,行业蕴藏着较大的风险,坚持房地产宏观调控,建立房地产市场稳定健康发展长效机制,促进房地产开发投资平稳增长,仍是当前及未来房地产行业的主旋律。

(三)自身发展与政府要求、标杆企业有差距

国务院国资委对央企的要求是做到行业前三,否则需要重组,2010 年央企数量已比 2003 年国资委成立时减少了 64 家。2011 年,广州市政府召开加快推进国有企业又好又快发展会议要求,市属国有企业发展总体目标:"用 5 年左右时间大力培育 25 家重点企业,力争 1 户企业进入世界 500 强、10 户左右企业进入中国企业 500 强、8 户左右企业进入中国服务企业 500 强"。"大力推进国资国企改革发展,形成'大国资'监管格局,培育'航母级'国有企业"。虽然经过多年艰苦发展,珠江实业集团逐步具备了一定的规模和实力,但要在这一轮国有企业重组和结构性调整中牢牢把握自身发展的主导权,就必须进一步创新经营发展模式,加快做大做强企业。与此同时,我国房地产企业发展非常迅猛,尤其是珠三角地区一批起步晚的企业,因为决策准确、机制灵活、效率高效,积极进取并抓住了市场机遇,企业经历了超常规的发展,经营规模和综合实力迅速扩大和增强。在 2009 年销售额排行中,万科突破 600 亿元,中海、保利、恒大超过 400 亿元,同年珠江实业集团的主营规模只有 32 亿元,近两年,这些行业领军企业陆续突破 1000 亿元,进一步拉大了与集团的距离。"十二五"时期将是集团突破发展瓶颈的关键期,在关键时期不能乘势而上,就会进一步丧失市场地位。

(四)企业经营发展基础比较扎实

集团在"十一五"时期实现了较快发展,较快走出了低谷,资产质量、盈利水平、管控能力、主营规模均得到持续改善和大幅提高,特别是集团抓住机遇大力发展房地产主业,成功实现了低成本扩张,资金储备和投资能力具备一定规模和比较优势。2010 年在市国资委监管的 28 家企业中,以主营业务收入考核发展规模,珠江实业集团虽然仅属中游水平,但以主营业务收入增长率(20.37%)和净资产收益率(11.21%)分别考核发展速度和发展质量,集团排名进入前五,在行业中具备一定先进性。

上述背景,对珠江实业集团而言,是挑战和机遇并存:一方面,国家坚持房地产宏观调控不动摇;另一方面,在广州全面推进新型城市化发展的新形势下,国企面临着加快发展的新机遇。"十二五"时期是珠江实业集团实现跨越发展的关键时期,是创新经营模式促发展的重要时期,是集团抢抓机遇,实现低风险扩张的机遇时期。只有深刻认识到这一点,才能树立抢抓机遇的意识和不懈努力的决心,才能努力顺应国有企业改革发展的新要求,积极应对行业宏观调控的新变化,真正在高起点、高层次上科学谋划新一轮跨越发展的规划蓝图。

二、低风险扩张模式的基本内涵

在激烈的市场竞争中，企业犹如逆水行舟，不进则退。因此，企业必须要不断地向外扩张，加快发展。而在企业向外扩张的过程中，创新经营理念、形成企业的核心竞争力，是每个房企的必由之路，谁形成得早，谁形成得好，谁就能跑在行业的前面，使企业长时间内保持竞争优势，房地产企业的竞争主要集中在土地、资金和人才这三个要素上。结合珠江实业集团的实际，上述三个要素的优势并不明显：其一，作为老牌国有房地产企业，计划经济时期政府无偿获得的土地已基本开发完毕，低成本的土地资源优势不明显。其二，在资金方面，虽然旗下拥有一家上市公司，但相比较标杆企业，上市公司规模较小、融资能力有限、资金不够雄厚。其三，在人才队伍方面，经过几十年的房地产开发，珠江实业集团形成了一支能征善战的专业性开发队伍，有一定的竞争力，但与行业标杆企业相比仍有差距。因此，在"地王"频现的土地市场中，无论是上市公司还是集团都时刻保持着足够的清醒头脑，不追逐高风险的"地王"是首要前提。从珠江实业集团的现状和面临的挑战来看，适宜采用低风险、速度快的途径来获取核心竞争力要素。集团要构成其核心竞争力，就必须要发挥自身优势、扬长补短，走创新之路，走低风险为核心的发展之路。

珠江实业集团低风险扩张模式的基本理念是"发挥比较优势，科学规避风险，坚持低成本扩张，实现企业稳健可持续发展"，其基本途径有三条：一是涉入政府领域。珠江实业集团作为老牌国企，如何利用自身优势抓住机遇加快发展，是政府和企业需要共同面临的课题，当地政府一直以来都积极创造条件和提供机遇支持国有企业做大做强。因此，集团涉入政府主导的保障房项目、"三旧"改造项目等领域是走低成本、低风险经营之路的核心。二是合作开发。利用集团涵盖房地产开发上下游完整产业链的优势，与拥有互补优势的企业形成战略联盟（如合资，协作等）。这种途径风险最低，并且能够比其他途径以更低的成本，更快的速度获得竞争力要素。三是兼并收购。集团近年来科学研判形势稳健经营，没有在高位入市，有效规避了市场风险并储备了宝贵的资金实力，利用资金上的优势，收购拥有某种企业所需要的专长或竞争力要素的企业。这种途径要求企业具有一定财力。

三、低风险扩张模式的主要举措

（一）进入风险可控的保障房业务领域

近年来，珠江实业集团抢抓机遇、主动沟通，从开发、设计、监理、物业管理等多方面积极参与到政府主导的保障房和公共设施等领域。

（1）属下东建集团利用自用土地与广州市住房保障办合作开发菠萝山保障房项目，按照 BT 模式（即"建设—移交"）实施建设，即：企业提供符合保障性住房建设要求、具有完整权属且手续完备的建设用地，同时向国土规划部门申请办理规划、用地手续，并办结用地的拆迁补偿、人员安置、设备搬迁、地上建（构）筑物的拆卸、场地平整、三通一平等工作，以及先行提供相应建设资金完成建设，待项目建成且验收合格后，由政府按有关规定回购或委托企业对符合政策条件的居民出售。菠萝山保障房项目位于广州市天河区沐陂村后、岑村龙船头地段，总投资约 22 亿元，总建筑面积 46 万平方米，是广州市 2011 年开工建设的最大保障房项目，可建成经济适用房、公租房及廉租房共约 6900 套。项目建成后不仅能有效解决低收入居民住房难的问题，为构建和谐广州贡献一分力量，充分体现了集团关注民生、共建和谐的社会责任感，更为关键的是，项目是以国有企业为建设主体参与政府保障性住房建设的有效尝试，具有一定的示范作用。

（2）属下珠江设计院参与了菠萝山保障房项目的设计，并向海南拓展业务，积极参与了海口镇海村安置区保障性住房、文昌政法保障性住房、澄迈经济适用房、屯昌学校等民生项目的设计。

（3）属下住建公司负责施工龙归城保障性住房、大沙东保障房等项目，并获"省双优"荣誉。

（4）属下珠江监理公司参与监理了龙归城保障性住房、南方钢厂（第一期）保障性住房、萝岗中心城区保障性住房、宝盛沙地保障房等多个大型民生项目。

（5）属下广房物业公司管理了同德围聚德小区、海珠区凤阳小区、罗冲围惠泽雅轩等保障性住房项目，物业面积约100万平方米，涉及物业套数约1.4万套，取得了良好的社会效应。

（二）开展以规避风险为核心的项目开发合作

珠江实业集团有针对性、创造性地开展项目合作开发，走出了一条企业低风险、低成本扩张的有效途径。

（1）属下海南置业公司针对海南独特的房地产市场环境，积极抢抓三年严厉调控催生的房地产发展机遇，创造性地提出以较低风险取得三阶段回报且互利共赢为主要特征的"融资加股权并购"模式合作开发三亚金水湾项目。项目位于三亚市二线海景区域的未来城市活力中心区，拟合作开发为大型城央高端度假住宅区。项目用地面积6万多平方米，总建筑面积21万平方米，总投资约20亿元，预计住宅部分可实现销售收入约32亿元。该模式下，公司通过1：1对价对项目公司新增注册资本实现对项目公司的相对控股，在对项目公司实施管理后，公司向项目公司提供委托贷款（以项目土地权益为抵押），作为项目的建设资金，公司除了享有按年利率15%收取委托贷款利息以及按资本年化率12%收取投入注册资本金回报等两项保底收益外，当项目公司实现毛利超过约定的金额后，公司还享有按持股比例分配项目利润的权益。该模式既可以避免公司前期高额购地成本和股权收购款项的支出，将相关的刚性成本滞后变成柔性成本，又合理规避了市场风险，确保了集团的稳定收益，为集团在复杂的经营形势下实现扩张提供了很好的模式。

（2）加大与市属企业合作力度。集团积极参与市国资委主导下的国企合作项目，积极与各兄弟国有企业集团进行合作，实现资源互补、优势互补、互惠互利。一是集团与广州市地铁总公司采用"一方出地、一方出资"的模式合作开发从化首家温泉度假精品酒店——斯博瑞酒店，项目占地面积约150亩。二是集团与广州市城投集团以"成立合作项目公司竞拍地块"一级和二级开发联动、主要利润归政府的合作模式，合作开发广州市城投集团名下旧厂地块的改造项目，项目占地面积20.7万平方米，预计总投资逾100亿元。三是集团还与广州汽车集团积极推进了元岗五十铃旧厂的改造项目等。实践证明，市属国企之间的合作是双赢的，一方面集团可低成本、低风险扩大经营规模，另一方面兄弟企业也可加快转型升级。

（3）另外在海口五源河、萝岗萝峰村等项目中，集团均有针对性探索新的开发合作模式，走出了企业低风险、低成本扩张的新路。

（三）积极参与开发低风险的"三旧"改造项目

珠江实业集团在当地政府的支持下，积极参与开发各类低风险的"三旧"改造项目，取得了良好的社会效应。

（1）金蝶旧厂改造项目。自2010年起，珠江实业集团着手推进金蝶旧厂改造项目。项目原为属下金蝶公司历史用地，位于荔湾区珠江大桥西桥脚，用地面积为2.45万平方米，总建筑面积7.5

万平方米，总投资 16.91 亿元。两年多来，项目历经政府审批、用地结案、土地评估、纳入"三旧"改造计划、公开挂牌转让等程序。2012 年 11 月 30 日，珠江实业集团成功竞得该地块，是当年广州市"三旧"改造的几个成功案例之一，也是集团创新低成本、低风险经营模式的典型范例，为集团"十二五"规划目标的实现添砖加瓦。

（2）黄埔村"城中村"改造项目。项目是集团参与的另一"三旧"改造项目，拟实行全面自主改造的模式，改造范围为东围和新洲两条自然村的集体建设用地、历史留用地及返还地，占地面积约 31 万平方米，总建筑规模约 85 万平方米，预计总投资约 85 亿元。按照广州市政府有关"三旧"政策，珠江实业集团 2010 年 9 月与黄埔村签订《改造合作意向书》，2012 年的 5 月和 11 月，其中东围、新洲自然村与珠江实业集团签订《改造合作合同》并上报海珠区城市更新改造工作办公室。该改造项目具有以下"亮点"：一是项目的实施可以加快海珠生态城的建设，完善琶洲地区的市政和道路交通系统；二是该项目位于琶洲东部，人居环境相对落后，村集体及全体村民改善生活及经济环境的愿望强烈；三是项目总投资超过 100 亿元，对广州市的经济建设具有一定的贡献。

（3）在金蝶旧厂、黄埔村等"三旧"改造项目的基础上，集团继续争取市"三旧办"、市规划局的支持，一方面对广州地区具有开发价值的旧厂房、仓储用地进行开发改造；另一方面将集团所属不具开发价值的小面积旧厂房、仓库通过自主改造形式改造成商业、办公物业，提升存量房产、土地的经营价值。

（四）开发高附加值的绿色产品

珠江实业集团坚持"低碳、智慧和创新"的战略理念，始终将低碳环保的理念融入住宅产品的设计、施工技术、建材采购、建筑装修等诸多环节中，营造理想的人居环境。一方面充分保障客户的权益，营造理想的人居环境；另一方面可提升成品的附加值，提升开发产品的市场竞争力，降低企业的风险。

（1）菠萝山保障房项目学习借鉴新加坡公屋的设计，一层架空、二层连廊，突出岭南建筑文化、体现通透和融合，生态和宜居。一是采用建筑首层架空、二层局部架空的方式，在住宅与住宅、住宅与公共配套设施之间架设可遮阳避雨的连廊步行系统，实现了住宅与生活服务设置、公共交通及周边设置的无缝对接，形成全天候、无障碍的步行系统。二是岭南特色。突出岭南建筑文化，建筑屋顶采用坡屋顶形式，建筑风格充分体现了岭南建筑文化和传统。三是项目"大力发展低碳经济、低碳建筑"的总体要求，采用"节能与材料资源利用、围护结构隔声设计、建筑日照采光设计、室内自然通风设计"等新材料、新技术及新施工办法，全面达到绿色建筑的标准。

（2）珠江璟园项目由香港知名设计团队设计，住宅内部装修材料及配套机电设施均按最高标准定制、采购，外部配合中央大绿地和舒适、高档的社区园林，项目被消费者评为珠江新城乃至广州市区的住宅城市名片。

（3）属下珠江装修公司因在绿色环保中的突出贡献，先后荣获"2010 年度中国建筑装饰绿色环保设计百强企业"和"2012 年中国建筑装饰绿色环保设计五十强企业"。

（4）属下珠江设计院主导《岭南特色的绿色建筑设计导则》等广州市相关行业导则、行业标准的制定，受到业界好评。

（五）优化可分散风险的业务组合

珠江实业集团在发展广度上，采取对外拓展策略，集团鼓励下属企业大胆"走出去"，积极拓展外地市场，将公司的品牌价值和核心能力辐射至新的区域。在新的市场，实行新的体制机制，引入战略合作伙伴，与当地的优质资源合作，实现产权多元化，优化分散风险的业务组合。

（1）珠江装修公司近年来业务触角甚至延伸至北非，省外及国外业务份额占公司业务比重高达70%，先后参与成都太古汇、上海白玉兰广场W酒店、阿尔及尔国际机场、阿尔及利亚邮政总局新办公楼及阿尔及利亚峭壁商务中心等项目装饰工程。

（2）属下珠江体育文化公司利用先后成功地保障过全运会、亚运会、世界大学生运动会和世乒赛、苏迪曼杯羽毛球赛等国际国内重大竞技体育比赛的丰富赛事和大型活动保障经验，将大型体育场馆经营管理技术拓展到山东省。2013年7月，珠江体育文化公司与济宁市体育局正式签订《济宁奥体中心委托经营管理合同》，济宁市政府将济宁奥体中心"一场三馆"整体委托给体育文化公司经营管理，合作双方形成了"体育部门管理，专业公司运作"的经营模式，统筹场馆赛后运营和管理。项目的合作，将确保山东省第23届省运会提供一流的服务、一流的保障、一流的场地，创造一流的社会效益和经济效益；同时对珠江实业集团在北方区域宣传扩大品牌效应将产生重要影响，实现互利共赢。

（3）珠江设计院通过引入澳门当地合伙人作为战略伙伴，打造设计领域更广阔的平台。

（4）在"走出去"的同时，珠江实业集团还积极"请进来"，引入战略合作伙伴，在加快发展中起到了关键性的作用。如在集团招标采购业务中先后引入了木地板及瓷砖战略合作伙伴——东鹏集团、宏宇集团及圣象集团等企业，引入电梯战略合作伙伴——广日电梯公司；又如在集团融资业务上又引进了建行广东省分行作为战略合作伙伴。

（六）强化风险防范机制建设

珠江实业集团强化实施内部控制机制，进一步做好风险防范工作。一是完成了广州市国资委"两个100%"和"两个基本"的三年法制工作目标，一批重大历史遗留法律案件得到有效解决。二是法律管理工作逐步深化，全集团近年来无新增1000万元以上重大法律案件。三是制定《专职董事、监事工作指引》、修订《工程分包与采购管理办法》等相关工作细则，颁布实施了《集团合同管理制度（试行）》，进一步规范和强化集团监督管理制度体系建设。四是加大项目采购工作的监察力度。集团组织了超过40项内部采购项目现场鉴证和部分供应商考察工作，获取工程项目合同签订与履行、采购程序与结果、供应商选择以及相关信息，有效实施了专项效能监察工作。

四、项目实施成效

近年来，尽管受到国家对房地产行业的宏观调控等诸多不利因素的影响，珠江实业集团坚持实施以低风险为核心的扩张模式，充分利用现金储备较为充裕的比较优势，抢抓机遇，在"招拍挂"市场、项目合作以及融资等方面工作捷报频传，企业的发展后劲得到了显著增强，集团持续保持了"十一五"和"十二五"期间又好又快的良好发展局面。主要亮点体现在"三个显著"成效：

（一）主要经济指标显著增长

"十二五"期间，珠江实业集团承接了"十一五"时期良好的发展趋势，企业走上良性发展的快车道，主营业务收入、归属母公司所有者的净利润等主要经济指标连续两年保持同比"双二十"增长。其中，2012年全集团实现主营业务收入73.64亿元，分别是"十五"期末（2005年）和

"十一五"期末（2010年）的8.1倍和1.6倍；归属于母公司所有者的净利润7.25亿元，分别是"十五"期末（2005年）和"十一五"期末（2010年）的72.5倍和3.3倍，如图1所示。

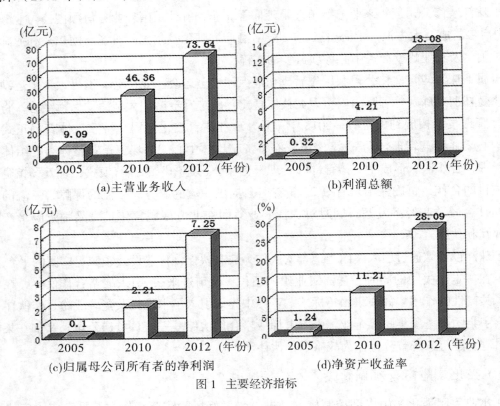

图1　主要经济指标

（二）市场竞争能力显著提高

（1）房地产板块取得快速发展。房地产开发板块是珠江实业集团最主要的核心业务，成立30多年来，累计开发总面积已近800万平方米。经过近几年的发展，珠江实业集团房地产开发业务取得突飞猛进的进步，房地产板块收入从2005年的2.5亿元跃升到2011年的16.8亿元，2012年达23.6亿元，占全集团主营收入比重约为32%，预计到2015年占全集团主营收入比重将达64%。目前珠江实业集团形成了是以广州为一大核心战略要地，以长沙、海南为两翼的"一核两翼"战略布局，"一核两翼"布局的主要开发项目（含在建、待建项目）共17个，总投资额预计达238亿元，土地面积达2727亩，总建筑规模达320万平方米。

（2）工程服务板块支柱作用凸显。建筑工程总承包是珠江实业集团传统的品牌业务和核心业务，涵盖了工程总承包、建筑设计、工程监理、建筑装修、建筑施工等业务。30多年来，珠江实业集团总承包建筑面积达600多万平方米，工程量超过100亿元。2012年集团实现工程服务收入32.62亿元，占全集团主营收入比重为44.3%，预计到2015年占全集团主营收入比重为30%。

（3）物业经营能力不断提升。以"两幢写字楼、两家酒店"为代表的物业经营及旅游酒店业是珠江实业集团重点支柱产业，物业建筑总面积近75万平方米，遍及广东省内各城市、中国香港、中国澳门、马来西亚、大连、长沙等国家和城市，涵盖商场、商铺、写字楼、厂房、批发市场、场馆、住宅、停车场等多种物业类型。2012年，全集团实现物业经营收入5.12亿元，占全集团主营收入比重为6.9%。

（三）企业品牌效应显著提升

近年来，珠江实业集团在综合实力、品牌效益等方面逐渐步入新的台阶。2012 年 7 月，珠江实业集团首次跻身"2012 年中国服务业企业 500 强"第 276 位。2013 年集团再次荣登"中国企业服务业 500 强"第 269 位，排名上升 7 位，标志着集团的综合实力、品牌效应等方面步上新的台阶，进一步彰显了企业的发展实力和品牌影响力。与此同时，集团各二级单位在各自专业领域均继续保持快速发展，市场竞争力和品牌美誉度不断提升。其中，珠江监理公司、珠江设计院、珠江装修公司、住建公司的多个项目获得国家级"鲁班奖"、"詹天佑奖"及省市建筑大奖，三亚珠江花园酒店荣获"中国饭店金星奖"。另外，珠江实业（股票代码：600684）2012 年 10 月以来接近 10 个涨停，2013 年入选"上证 180 指数"，在地产行业和资本市场的影响力显著扩大。

采油厂精细成本管理实践

创造单位：中国石油长庆油田分公司第六采油厂

主创人：唐　鑫　薛连军

创造人：殷　宏　张银霞　王晓芸　王　锋

[摘要] 2016 年，采油六厂关注重点由开发初期的上产、高产逐步转变为开发中后期的稳产，提出了实施"精细化管理"三年规划，原油产量逐步递减但生产成本却不断递增，单位成本不断加大，同时伴随着成本压缩的空间越来越小，采油六厂通过积极开展精细成本研究，以成本动因理论为主线，在作业活动精细化优化提升的基础上，划分采油厂作业中心，对各作业中心的具体作业进行了成本动因分析，建立起基于成本动因理论的"生产—经营基础数据对标"模式，将成本预算数据与实际成本费用进行对比，进行成本量化分析、定性评价，找出成本差距及原因，以成本动因分析为主线，综合考虑生产周期、工作周期、能耗强度等因素，核算出的成本预算数据在生产既定的原油产量的情况下，最大限度地减少费用投入和支出，从而提高经济效益，有效提升企业精细化管理水平。

[关键词] 精益管理；安全生产；成本管理

第六采油厂地跨榆林、延安两市及宁夏部分区域，定边、吴起、盐池三县，矿权面积 3238 平方千米，主要承担胡尖山、姬塬油田部分油藏及摆宴井油田 38 个区块的开发管理，共有各类站点 114 座，油水井 4966 口，日产油水平 5670 吨，单井日产油 1.8 吨。主要开采层系有侏罗系延 9、延 10，三叠系长 4+5、长 6、长 7。2015 年，采油六厂生产原油 228 万吨，原油产量每年以 30 万吨以上的速度递增，是长庆油田公司增储上产的"排头兵"。在实现企业规模扩张的同时，如何确保发展质量效益与规模速度同步，实现人、资源、环境相互协调，最大限度地减少费用投入和支出成为采油六厂持续发展的核心任务。采油六厂通过积极开展精细成本研究，以成本动因理论为主线，建立起一种基于成本动因理论的"生产—经营基础数据对标"模式，经营管理持续规范，降本增效成果显著，精细化管理水平显著提升。

一、精细化成本管理模式研究背景

（一）精细化成本管理是落实油田公司低成本战略的需要

"低成本"是长庆油田公司落实国家能源战略及集团公司建设国际综合性能源公司战略和建设"西部大庆"宏伟目标的重要战略举措，"有质量、有效益、可持续发展"是油田公司工作要求和目标，采油六厂连续三年原油上产幅度位居公司前列，承担着公司发展重任。在实施低成本战略过程中针对操作成本和管理费用等采取相应措施，但缺乏全局性，没有从油田开发全过程考虑低成本，不能实现真正意义上的精细化管理和降本增效。采油六厂正视问题，结合实际进行有针对性的成本管理研究，运用科学理论工具，从而有力践行油田公司的"低成本"战略要求。

（二）精细化成本管理是适应长庆油田数字化运营的需要

数字化建设是现代企业管理应用的主导方向，更是油田公司油气当量实现 5000 万吨，适应"大油田管理、大规模建设"需要的重要法宝。数字化管理给采油六厂的管理思路、方式、手段和流程都带来了很大变化，如何发挥好数字化的功效，充分运用好数字化降低生产运营成本、在更高层次、更广阔空间，实现人与资源利用的最大化，需要我们不断地探索和研究，采取积极的措施，促进成本管理水平的提升。

（三）精细化成本管理是采油六厂实现可持续发展的需要

近年来，采油六厂随着油田不断开发，地层情况越来越复杂，老井所占比例不断加大，部分老油田"双高"特征明显，持续稳产与节能降耗困难重重，成本挖潜增效的空间变得极为有限；老油田管理的难度上升，随之动态监测费、油井加药、污水处理、井下作业的工作量将持续增加，费用控制形势不容乐观；单井产能降低、含水上升、设施老化严重等问题逐渐凸显，生产运行中电费、运费、维修费居高不下，增加了成本控制的难度。同时，从长远发展来看，资源日益减少是客观的发展条件，因此，面对发展的重重挑战，通过精细化的成本管理，降低成本提高效益，已成为未来发展的必由之路。

二、精细化成本管理模式的思路和内涵

精细化成本管理模式的思路：以成本动因理论为主线，针对采油厂成本动因构成，运用对标管理方法，树立价值理念以"精"为目标，以"细"为手段，把精细化理念贯彻到管理全过程，以"精细化的规划，精细化的分析，精细化的控制，精细化的操作"，构建精细化成本管理模式。

精细化成本管理模式的内涵：以数字化为成本管理的支撑平台，运用全面预算管理、对标管理等成本管理方法以精细成本管理 PDCA 循环四个关键环节为核心控制点，以"人机料法环测"为保障，运用一个平台，把好四个环节，做好六个保障，实现成本管理的全面提升和持续改善。

一个平台：手段数字化，成本管理运行有力支撑。

四个环节：成本管理环节持续改善。

（1）目标精细化：实施全面预算管理，成本目标精细全面；

（2）改善持续化：实施对标管理，持续优化成本管理水平；

（3）措施多元化：实施多种措施对勘探、开发、生产等核心作业环节进行成本控制；

（4）考核精准化：对措施实施结果进行考核评估，严考硬兑。

六个保障：成本管理水平全面提升。

（1）人：队伍专业化，提高成本控制能力和成本意识；

（2）机：人机协同化，加强设备管理，降低设备维护成本；

（3）料：采购准时化，降低库存成本，减少等待浪费；

（4）法：创新常态化，通过技术工艺创新降低成本；

（5）环：环境受控化，降低安全环保风险成本；

（6）测：体系标准化，不断完善标准化体系，提供制度保障。

三、精细化成本管理的主要做法

（一）加强数字化建设平台，有力支撑成本管理运行

采油六厂按照油田公司要求，全面推进数字化管理，数字化覆盖达到97%，累计建设完成115座站点、3547口油井、577口注水井、71口水源井，数字化建设覆盖率达到100%，2.0平台安装和数据录入达到2800口。油井上线率达到95%以上、注水井上线率达到95%、站控数据全准率达到98%、视频上线率达到99%。在公司数字化建设考核中排名第一。在数字化建设中，采油六厂不断完善数字化成本分析功能，实现"四化"，为精细成本管理提供基础平台。

（1）应用实时化：实时监控设备运行状态，并生成分析图表，自动报警，分析结果能及时、直接应用于当前生产。

（2）采集自动化：设备运行数据自动采集，记录各类生产、故障、发生的时间、现象、原因等。

（3）信息标准化：基于使用者需求自动分析运行数据，形成针对性的成本分析结果，并智能提出预警与建议。

（4）手段数字化：进一步优化完善SCADA系统功能，以SCADA系统平台为基础，结合业务需求，发挥生产管理中各岗位的作用。建立专业数据库与应用系统，形成数字化管理平台，如地面建设信息系统，勘探数据库，开发数据，油藏模拟等，为成本科学分配奠定基础。

（二）抓好四个重点环节，成本管理水平持续改善

1.目标精细化——加强全面预算管理，成本目标精细分解

（1）预算制定保重点。坚持"三保三压一减少"（保障油田开发管理基础投入，技术创新推广投入、专项治理投入，压缩非生产性费用、管理性费用、外委劳务支出，减少低效、无效投入）的原则，充分做好业务预算与财务预算的结合，促进预算制定的合理性。

（2）滚动修订促平衡。以月度预算为管理手段，优化业务工作量及资金量计划，保证年度预算平稳运行。坚持月度例会制度，每月召开月度预算对接会。平衡会、预算符合率分析会，对月度预算执行差异较大的单位，及时进行通报，确保预算符合率和财务结算率。

（3）预算分解重匹配。围绕预算目标，以"零基预算"为主，水平法为辅，工作量与价值量相匹配，采用合理定额标准，按照"谁受益谁具体控制"的原则，科学、合理地分解预算指标。

（4）预算控制有区别。根据采油六厂内部不同单位实行不同的预算控制方法，例如，对生产单位实行年初指导性计划，运行过程中以月度预算控制为主的浮动管理模式，根据工作量、质量合格率与变动成本的关系管控；对地质所、工艺所等其他费用单位实行责任成本刚性控制闭口管理模式。

2.措施多元化——加强生产管理过程控制，从源头降低成本

（1）节约勘探成本。地质储量是采油厂的生存之基、发展之本和效益之源，采油六厂将节约勘探成本，提高勘探的成功率，作为成本控制的重要环节。

1）"滚动与外扩相结合，平面与剖面相结合"立体勘探，提高成功率。坚持"平面不放弃，剖

面上力度"的原则，深化对地质综合研究，提高含油规律认识；加大对护矿关键点区域的勘探，力争构筑"篱笆围墙"，促进有效护矿；复查老井资料、重新刻画古地貌特征，促进寻找滚动建产有利目标区。

2）对钻井队伍有效管理，控制市场化成本。制定业绩考核办法，对市场化钻井队伍作业质量定期进行量化考评，实行"按质分级、以级定价、优胜劣汰"分级管理法，促进各市场化队伍的良性有序竞争。

3）健全资料，规范录入，扩展勘探数据信息库。对勘探取得的现场资料、作业台账等第一手数据资料进行详细分类，做到资料清楚、录取准确、规范录入信息查询系统，为未来勘探开发技术研究提供数据支撑。

（2）降低采收成本。采油六厂转变以往"是油藏就上，见储量就拿"的做法，树立"有效益才动用，有价值才开发"的理念，开拓油藏精细开发的方法，提高采收率，降低采收成本。

1）油藏精细研究：一是开展基础地质研究，筛选增储建产有利区，为后续上产夯实储量基础；二是对三低井、停产井进行动态跟踪，对其油藏情况进行重新认识，寻找进一步挖潜的可能性；三是做好油水井的动态监测，规范资料录取，加强对获取信息的规律性认识，把握所辖区域油水井特性；四是持续推进精描地模、数模一体化建设，推进精描成果向现场应用的转化。

2）技术精细应用：一是充分利用内外部技术力量，组织研究、设计、生产、施工等单位和石油院校，研究总结三低油田中后期开发规律，探索三低油藏高含水期提高采收率开发技术；二是针对不同区块、不同单元的油藏特性，进行不同工艺技术配套；三是实施精细化注水工艺，对所辖区域油水井建立"档案"，并进行细分，实行动态监测，有针对性地进行温和注水、间歇式注水、优化注采比，改善欠注、过注的油井"营养不良"情况。

3）成本精细控制：一是针对油藏的特征和油水井的特点，制定不同的开发方案，促进开发效果的提升，起到节能降耗的作用；二是通过信息管理系统，建立成本运行、管理分析、单井电流分析、材料消耗等成本运行台账，并进行归纳分析；三是建立管线穿孔、电机损坏、皮带老化更新等管理分析台账，强化规律性研究。

（3）控制建设成本。采油六厂在产能建设方面，以产建项目组为核心纽带，有效利用数字信息系统，推进全面沟通，全力协调，提高建设项目的统筹规划性，有效促进产能建设与实际产能匹配，确保建成项目高效运行。

1）强化与相关业务部门的有效沟通，提高项目的建设效率：一是加强设计部门的沟通，将施工出现的问题、变化情况及时反馈，以便于及时优化；二是加强与基建工程部门的沟通，及时汇报工程进展情况、工作安排，以便于得到帮助和指导；三是加强与物资装备公司的沟通，在建工资料方面得到协调和帮助；四是加强与厂相关部门的沟通，在地面方案的确定及施工工程得到支持。

2）坚持项目组内部组室通力合作，确保项目建设的科学性：一是坚持地面服从地下，结合地质组的分析建议，对地面建设情况进行合理调整；二是加强与钻井试油组的协作，根据试油压裂情况，适时调整安排地面工程建设计划，确保超前注水和油井及时投产；三是加强与外协组的沟通协作，加快征借地，为地面工程顺利实施保驾护航。

3）加强对施工队伍的监督管理，提高项目施工质量：一是深入施工现场，及时掌握施工动态，解决存在问题和困难，为实现工期达标、质量优良创造条件；二是加强对施工单位有效考核，督促施工单位保质保量地完成施工工作。

4）结合使用单位反馈意见完善方案，提高建成项目实用性：认真听取作业区等使用单位合理化建议，完善工程建设方案，提高方案的可操作性。

（4）优化生产成本。从生产组织管理、生产计划制定及执行控制等生产管理的各个方方面面，不断探索，不断优化，实现生产精细化管理，确保生产平稳连续运行。

1）生产计划精细化：坚持"年度计划曲线控制，新井动态追加"原则，生产计划及曲线编制中，本着公平、公正、压力均衡的原则，对纯老井、上年产建井，分别使用指标预测法和运行安排法进行相互验证，当年产建井根据项目组产建部署及试油投产进度进行安排，最终形成生产计划和分月运行曲线。

2）生产监控数字化：利用数字技术，使生产数据和信息从井、站、井区、作业区到厂生产指挥中心直接传输，完善以采油厂层面生产指挥、调度、安全环保监控为核心功能的生产运行系统，实现"让数字说话，听数字指挥"使生产组织更加精细化、实时化、直接化。

3）过程控制节点化：建立厂—作业区—井区三级产量监控体系，厂级实行每日产量跟踪，五天产量分析，旬度产量分级汇报，月度专题研究，作业区实行班检查，日分析，小盘库专门分析；井区级实行单井动态跟踪；通过严格节点控制，及时发现问题，制定针对性措施，确保产量平稳运行。

4）考核兑现刚性化：以"薪酬靠业绩、增收靠导向"，作业区实行原油生产任务公示挂牌奖惩制，在厂网页设置原油任务完成情况公告栏，完成任务挂红牌予以勉励，完成任务98%以上挂黄牌警告，完成任务98%以下挂黑牌处罚，实现严考核，硬兑现，促进原油生产良性循环。

5）组织保障全面化：成立生产管理委员会、生产决策领导小组、生产管理前线指挥部及生产领导小组等四级组织，从生产建设重大决策审议、生产运行统筹组织、生产决策贯彻落实、日常生产措施制定实施等不同层面进行职责分工，保障生产平稳、连续运行。

3. 考核精准化——构建成本考核体系，控制结果全面监督

采油六厂根据预算确定成本考核目标，进行精细分解，精准落实，将考核目标的完成情况与各层级的经济收入相联系，实行硬性兑现。通过精准化的成本考核，一方面有利于评估成本管理的弱项，为下一步的对标优化明确方向；另一方面有利于调动全员参与成本管理的积极性。

（1）成本考核目标层层落实，实现经营压力逐级传递。建立厂、作业区、班组三级降本增效考核机制，以"可控、量化"为原则，把成本分解到班站岗位，把可控成本下达到每台设备上，做到班班算账。并坚持严考核、硬兑现，充分发挥考核工作的激励作用。

（2）成本考核指标精细分解，实现成本指标逐项落实。细化采油六厂具体考核目标，根据厂内各职能部门对成本的控制权限，将构成成本的各个项目精细分解，保障所有指标无遗漏。另外在成本考核指标的分解制定过程中，要坚持宽严相济的原则，即指标制定要切实合理，同时要具有一定的挑战性。

（3）成本考核节点控制，实现超支有效预警。加强成本考核过程控制，以产量及业务工作量的运行数据为基础，建立红、黄、绿牌成本预警机制，在厂网页进行公示。对没有工作量匹配的超支费用亮红牌警示，停止费用计划审批。有工作量但超预算费用亮黄牌预警，加强重点审批和结算控制。对平稳运行费用项目亮绿牌，执行正常审批和结算。

（4）成本项目考核双压制，实现成本多层面受控。在全厂推行"成本项目内外压"的考核办法，要求各单位在受到全厂统一考核的方式下，自己内部制定出相关管理措施，层层传递。针对特殊用料，如化学药剂等材料的消耗不仅影响到成本本身，同时会直接影响企业的经济效益，实行"单项材料项目双重压"制度，由主管部门对其考核的同时，作业区将其定额到每个人头上，形成人人管

理，全局共抓，全方位受控的局面。

4.改善持续化——实施成本对标管理，管理水平持续提升

采油六厂将对标管理作为持续推进成本管理动态完善的重要抓手，通过调动企业内部各部门、单位，进行影响成本因素的精细分析，推进全面对标，实现成本管理的系统改进，实实在在提升成本控制的效果。

（1）对标"点"多——利用信息系统建立对标数据库。定期搜集集团内外企业先进的成本管理做法，定期进行成本执行情况调研，利用信息系统实现信息共享，在此基础之上结合对本厂成本动因的分析，筛选多项关键指标，形成成本对比数据库。

（2）对标"线"长——形成"纵横对标"的对标主线。横向上将对标延伸至厂外，纵向上将对标延伸至三年内成本预算执行情况，形成贯穿于对标管理始终的纵横对标主线。厂内对标按照"区块内对标，阶梯式降标"的思路"同一区块内高成本的单位要向低成本单位水平看齐、高成本的区块平均水平要向低成本区块平均水平看齐"；厂外对标主要是采油六厂与地理位置相近、地质条件类似的三厂、五厂、八厂进行对标。历史同期比较，主要是与历年预算实施情况进行对标。

（3）对标"面"广——将所有单位纳入对标的范围。将所有单位纳入成本对标行列，扩展了成本对标面，具体来说，明确各单位在对标管理中的责任，由成本对标管理领导小组确定影响成本费用的动因统计表，各单位按照要求进行数据统计，进行差异原因的分析，并提出控降措施，如表1至表3所示。

表1 厂内对标统计分工

部门	统计表名称	表号	备注
财务资产科	20××年厂内部采油作业区对标对比表	附表2-1	
	折旧折损要素表	附表2-3	
地质研究所	技术指标统计表	附表2-2	
	油井投产情况统计表	附表2-5	
	油井分类统计表	附表2-6	
	水井分类统计表	附表2-7	
工艺研究所	油管更换对标统计表	附表2-8	
	油杆更换对标统计表	附表2-9	
	换油泵更换对标统计表	附表2-10	
	化学药剂对标统计表	附表2-11	
	清蜡剂对标统计表	附表2-12	
物资采办站	柴油机柴油消耗对标统计表	附表2-13	
	车辆耗油对标统计表	附表2-14	
	煤炭消耗对标统计表	附表2-15	
井下作业科	维护性井下作业对标统计表	附表2-16	
生产运行科	电费对标统计表	附表2-17	
	配属车辆对标统计表	附表2-18	
	拉油运费对标统计表	附表2-19	
设备管理科	设备修理对标统计表	附表2-20	
人事组织科	人员费用对标统计表	附表2-4	

表2　与邻近采油厂对标统计分工

部门	统计表名称	表号	备注
财务资产科	20××年与油田公司成本对标情况表	附表2-1	
	20××年折旧折损要素表	附表2-3	
地质研究所	20××年技术指标统计表	附表2-2	
	20××年油井投产情况统计表	附表2-5	
	20××年油井分类统计表	附表2-6	
	20××年水井分类统计表	附表2-7	
工艺研究所	20××年化学药剂对标统计表	附表2-8	
物资采办站	20××年柴油机柴油消耗对标统计表	附表2-9	
	20××年车辆耗油对标统计表	附表2-10	
	20××年煤炭消耗对标统计表	附表2-11	
井下作业科	20××年维护性井下作业对标统计表	附表2-12	
生产运行科	20××年电费对标统计表	附表2-13	
	20××年配属车辆对标统计表	附表2-14	
	20××年拉油运费对标统计表	附表2-15	
设备管理科	20××年设备修理对标统计表	附表2-16	
人事组织科	20××年人员费用对标统计表	附表2-4	

表3　采油六厂对标工作安排

阶段名称	时间安排	工作名称	具体工作内容	负责部门（单位）
第一阶段	9月12日～10月15日	完善基本资料阶段	建立资料数据链，确定费用影响因素、基础资料来源，优化报表格式，明确数据资料的统计与审核责任人与职责	计划科、生产运行科、人事组织科、井下作业科、设备管理科、物资采办站、数字化信息中心、地质研究所、工艺研究所、事务管理站、安五作业区、安边作业区、砖井作业区、试采作业区、生产保障大队、保安大队
第二阶段	10月15日～10月31日	资料收集阶段	完成2010年、2011年及2012年上半年基础资料收集、审核、汇总、整理工作	计划科、生产运行科、人事组织科、井下作业科、设备管理科、物资采办站、数字化信息中心、地质研究所、工艺研究所、事务管理站、安五作业区、安边作业区、砖井作业区、试采作业区、生产保障大队、保安大队
第三阶段	10月31日～12月31日	对标分析阶段	各部门按照方案中的方法，对全年资料进行统计，出具对标分析报告	计划科、生产运行科、人事组织科、井下作业科、设备管理科、物资采办站、数字化信息化中心、地质研究所、工艺研究所、事务管理站
			提出正式对标方案	财务资产科

（三）强化六项保障措施，成本管理水平全面提升

1.队伍专业化

（1）加强人力资源管理，提高成本管理能力。推行"四挂钩"人力资源管理法，将成本与岗位管理、员工培训、员工考核、薪酬激励等人力资源管理措施相结合，提高员工素质，增强员工成本控制能力。

1）成本与职责挂钩，明确成本控制责任：根据预算管理确定的成本管理目标，有效分解至各个岗位，并明确体现在岗位说明书中，使员工了解本岗位的成本控制任务，从而有效落实成本控制

责任。

2）成本与考核挂钩，落实成本管理目标：将成本考核指标分解到每位员工，将成本控制作为指标进行考核，提高员工对成本管理的重视程度。

3）成本与培训挂钩，增强员工成本控制力：转变培训主体，由员工自行推选培训导师，通过集中授课、现场操作与视频示范"三结合"的培训方式，通力提升员工岗位工作能力，增强员工成本控制能力。

4）成本与薪酬兑现挂钩，树立成本控制理念：将考核结果与员工的薪酬相挂钩，将超额节约的成本作为绩效奖金对员工进行奖励，从而树立员工成本导向的经营理念。

（2）加强精细成本文化建设，提高成本管理意识。

通过构建精细成本文化，培育正确成本意识，运用文化柔性力量减少采油厂不良浪费、过程浪费、运输浪费、库存浪费、动作浪费、过量生产浪费、等待浪费等现象，推动采油六厂精细成本管理工作不断完善。采油厂精益文化应包括四个方面：目标精细，数据精确，创新精进，做事精实。

2. 人机协同化——加强设备精细管理，提高设备使用效率

针对设备管理的关键环节，重点攻克，精细管理，降低设备故障率，降低设备维修成本，促进设备长周期运行，有力保障生产工作的顺利开展。

（1）增强设备与数字化匹配度，加快促进智能采油厂建设。

1）更换设备，上新设备综合评估原有设备情况、未来产能情况，数字化建设程度，最大限度地提高设备间的匹配性。

2）提高设备自动化程度，为加快智能化采油厂建设奠定基础。

（2）有效规范设备操作程序，降低设备人为损耗成本。

1）制定严谨的设备标准操作规范，并使标准操作规范达到准确、可量化、可实现的要求，同时使关键操作规范可视化。

2）将自我规范、专职检验相结合，并提倡互助检验，建立互助平台，配合激励机制，促进员工之间互相指出不规范操作行为，尽可能减少人的主观因素造成差错。

（3）提高设备养护维修能力，降低设备更新维修成本。

1）组织由专业维修公司、设备厂家主讲的设备维护、检修、维修的现场课程，使员工直接获取第一手的有效知识。

2）加强对设备台账信息的收集分析，建立对设备老化更新，问题维修的规律性认识，提高内部维护维修的动手能力。

3）加强与设备维修专业队伍协作能力，提高问题解决的及时性与精准性。

3. 采购准时化——加强物资供应管理，物资采供及时准确

利用物资供应信息系统，同时扎实开展物资供应基础管理工作，提高采购物资的效率与效益，确保采购物资及时、准确地配送到位。

（1）健全物资信息系统，促进物资采购流程高效运行。加强物资配送信息系统建设，利用该系统传递各单位物资需求计划、审批物资计划，进行物资调拨，并逐步实现电子接货、验收及查询，通过系统的运行，保障信息准确度，避免重复无效采购，有效节约采购成本；同时使物资供应流程运行平滑顺畅，无缝对接，从而提升物资配送效率。

（2）实行供应商综合考评，提高采购物资性价比。对供应商供货质量、价格、及时性进行综合

考评，实行质量一票否决制，综合成绩动态排名，促进与优良的供应商建立长期合作关系，提高采购物资的性价比。

（3）推行动态定额库存管理，加快物资周转效率。加强仓库的"5S"管理，实现对仓库现场物料的清晰管理，在此基础上实行"三清查"，即物资管理人员每日对需求计划信息清查，对物料消耗清查，对库存现状清查，有效了解物资信息，促进实行对库存的动态定额管理，保障安全库存，缩短物资储存周期，加快物资周转效率。

4. 创新常态化——加强技术创新，革新成本控制技术

始终把科技创新作为第一生产力，全面实施科技兴油战略，大力开展科研攻关，运用科学技术，攻克制约油田发展的瓶颈，走出一条科技水平高，能源浪费少，生产效率高的科技兴油之路。

（1）人才开发多手段。

1）推行科技人才梯队建设，通过设定全面的、不同层面的技术人员甄选条件，进行有针对性的外培、内培，壮大队伍，提高素质，形成内部技术专家梯队，促进科技力量的有效接替。

2）加大科技激励，对部分科技项目实行"投标承包制"，并匹配相应的激励政策，使技术人才感受到企业的尊重，有效发挥其作用。

（2）技术合作多途径。

1）加大外部合作，充分利用国内科研院所、大专院校人才、信息、装备等科技资源，走科技合作之路，形成优势互补、互惠互赢的开放式科技创新格局。

2）加大内部整合，在新技术研发，关键技术难题攻克时，集合地质研究所、工艺研究所以及基层的优秀技术人员，形成联合小组，从勘探开发的整体高度，分析问题，解决问题。

（3）技术研究多元化。

1）注重原始创新，注重结合所辖区域的地质条件、气候条件等综合因素，注重基础性、前瞻性研究，进行个性化、差异化的自主分析，增强原始创新能力。

2）注重引进集成创新，借助"外脑"增强科技攻关能力，走引进消化与集成创新相结合的科技之路，提高了科技创新效率，加快科技成果的实现。

5. 环境受控化——加强安全环保管理，降低风险成本

始终坚守"安全责任大于天"，通过精细安全环保管理，杜绝事故，安全生产，全面降低运营风险带来的成本。

（1）建立HSE责任网络，落实各级安全环保责任。明确HSE专业委员会，厂级、作业区、井区、班组、岗位的安全联保网络组织责任，推行"有感领导"方法，逐级签订安全责任书，促进企业上下形成共识，落实安全环保责任。

（2）借助数字化手段，形成安全管理系统。以数据库为基础，集成了网络技术、网络视频技术、通信技术、地理信息技术，形成了一个综合的安全管理系统，实现出现问题及时报警，及时显现现场情况，以利于迅速采取措施。

（3）实现承保商与采油厂内单位一体化安全环保管理。严格执行对承包商"谁主管，谁负责、谁准入谁负责、谁签字谁负责、谁验收谁负责、谁的区域谁负责"的"直线责任和属地管理"原则，严格对承包商进行安全培训、风险告知，严格审查其安全开工许可证、HSE作业计划书等。

（4）鼓励基层创新方法，实现安全环保自主管理。鼓励基层结合自身实际，举办具有针对性、特色化的安全环保活动，例如开展"安全述职会"、"安全经验分享会"、建立"安全互助平台"等。

（5）实施"八项措施"，确保特殊作业安全受控。严格执行"少、严、细"的危险作业管理原则，针对6类特殊（危险）作业，严格"方案设计、专业审批、监督备案、作业交底、现场监护、措施确认、过程监督、完工检查"八项措施。

（6）严把"五关"，确保交通安全受控。严把驾驶员准驾关、车辆准入关、道路风险关、车辆监控关、绩效考核关，落实交通安全管理机制，确保采油六厂车辆安全受控。

（7）坚持"两巡一蹲守"，扎实开展"保油"、"护矿"工作。建立油区警务室，利用人巡、车巡、蹲守相结合的方式进行昼夜不间断的巡视，打防结合、严防死守，确保石油安全工作。

（8）推进"三防四责"体系实施，促进属地环保安全。强化油气泄漏监控、预警、抢险的实施过程，落实厂级、作业区级、井区、岗位四级油气泄漏"属地管理"责任，确保环境敏感区环保安全。

6. 体系标准化——加强标准化管理，为精细成本管理提供制度保障

在数字化运营条件下，生产组织方式产生了巨大的变革，随之带来制度流程等要与之相匹配，因此需要通过对制度流程、岗位操作程序等进行标准化管理，去除无效作业、不增值作业，对科学的管理方法进行有效固化，促进工作效率的提高，减少不必要的浪费。

（1）制度流程全面标准。

1）把握"复杂工作简单化、简单工作流程化"的原则，梳理各项工作开展涉及的相关流程，并对先行流程进行优化；根据流程的执行要求，查缺补漏，健全流程涉及的各环节制度，努力实现事事开展有制度可依的要求，确保制度流程的全面性。

2）利用"上下结合"的方式制定制度流程，反复论证，保证了制度流程的有效性；同时用语规范、准确，形式明了统一，确保制度流程标准化。

3）建立制度流程稽核机制，对制度与流程老化现象及时予以更新，确保制度流程动态修订。

（2）岗位操作程序精细规范。

1）在岗位操作程序精细规范方面，结合国家行业标准，行业优秀实践经验由生产部门会同技术部门、安全质量环保部门等共同参与编制岗位操作规范，并反复实验、反复测算，最后进行形式上的统一，形成岗位操作规范说明书。

2）应用"望、闻、问、切、传"管理法，看员工怎么能操作，听员工如何讲解，问员工具体问题，判断员工操作正误，告诉员工正确的做法。通过这一系列方法促进了员工在日常操作中形成"只有规定动作，没有自选动作"的工作方式，实现工作高效安全的目的。

四、精细化成本管理模式取得的成效

（一）油田可持续发展水平显著提升

自2011年起，采油六厂原油产量以每年30万吨幅度快速增长，2013年实现200万吨生产能力，2015年完成原油生产任228万吨，新增地质储量1.2亿吨，储量和产量实现了"两个翻番"，同时建成了200万吨地面集输骨架工程，开发规模逐年扩大。在开发政策上，坚持"七项注水"政策，自然递减、综合递减指标逐年下降，全厂油藏整体保持I类开发水平。先后荣获"甘肃省五一劳动奖章"、"全国五一劳动奖章"、油田公司金牌生产单位、油田公司经营管理优秀单位等28项国家级、省部级荣誉。

（二）企业精细化管理水平持续提高

采油六厂精细成本管理模式注重利用考核评估，明确成本管理的弱项，再进行有针对性的对标优化，实现了成本管理纵向的持续优化；另外，转变传统的成本管理理念，更加系统准确地把握成本动因，从企业管理的各个单元、各个细节进行成本的有效管理，从横向上进行成本的全面管理，纵横形成合力，共同促进采油六厂精细成本管理水平的全面提升。

（三）数字化与成本管理实现良性互动

通过精细成本管理模式的应用，一方面使数字化的优势充分发挥，丰富了数字化的内涵，使数字化价值更加明显，有力促进采油厂对数字化的全面开发与应用，使数字化这种现代化手段，更加有效地服务于企业管理，提高管理的效率与质量；另一方面更加明确数字化未来提升空间，例如数字化在信息管理方面应着重加强。这将有利于数字化系统有针对性进行完善和优化，促进数字化采油厂的全面建成。

（四）全员成本控制能力显著增强

通过精细成本管理，逐渐扭转以往重生产、轻管理的传统观念，明确了人员素质是企业进行有效成本管理关键点之一，通过针对性的员工培训，使员工明确成本动因与自身工作息息相关，不断提升工作能力，进而增强成本有效管理能力增强员工对成本管理的重视程度，同时，通过成本责任"挂钩"制，将成本目标落实到员工岗位职责，同时与考核及薪酬兑现紧密挂钩，有效激励员工积极开展成本管理工作，将成本管理付诸个人实践中，形成了"时时想成本，处处控成本"的精细成本理念，使成本时时处处受控。

大型煤炭企业产销联动机制的构建与运行

创造单位：开滦（集团）有限责任公司

主创人：张文学　冬伯文

创造人：史国胜　齐志满　刘宝珠　吴新强　白瑞国　贺卫民

[摘要] 为了有效应对煤炭市场的低迷形势，提高企业管理水平，增加企业经济效益，为国有大型煤炭企业探索新的产销管理模式，开滦集团开展了产销联动机制的构建与运行工作。产销联动机制的作用机理包括信息传递与交流、价格协调、产品结构优化、市场结构优化、煤场存储结构优化、日常管理。

通过这一机制的运用，首先是在大型煤炭企业产销管控模式方面实现了创新和突破。丰富了企业管理内涵，探索了大型煤炭企业产销协同发展的新途径，并在产销管控模式运行、维护及配套机制建设等方面进行了有益的尝试，积累了宝贵的经验。其次在大型煤炭企业产销信息管理方面实现了创新和突破。通过构建产销联动机制，搭建了常态化的产销对接和信息沟通平台，统一进行产销决策部署，信息沟通及时高效，实现了市场压力向生产单位逆向传递，促进生产与市场需求的有效共振，有效解决了大型企业内部信息交流不通畅、不及时、不充分的弊端。最后是较好地将价值链管理思想融入了企业管理实践中，走在了行业前列，为大型煤炭企业管理提供了新的思路。

[关键词] 创新管理；产销管理；煤炭企业

开滦（集团）有限责任公司是中国特大型煤炭企业，始建于1878年，已有138年的历史，是世界500强、中国500强企业，中国煤炭100强企业，河北省煤炭、煤化工、现代物流领军企业。

目前，开滦集团已建成集煤炭生产、洗选加工、煤化工、现代物流、金融服务、文化旅游、装备制造、热电、建筑施工等多产业并举的大型企业集团；形成五大区域、七大战略基地的生产格局，分布在河北唐山、河北张家口蔚州、河北承德、内蒙古鄂尔多斯、新疆准东、山西介休和国外加拿大盖森地区；集团下辖45个分公司、70个子公司，拥有1个能源化工上市公司。截至2015年期末，总资产765亿元，在册合同制员工62265人。

2008年以来，开滦集团以科学发展观为指导，居安思危，未雨绸缪，科学研判形势，树立超前思维，调整企业发展战略，全力推进结构调整和经济转型。经过几年的努力，企业规模效益和影响力显著提高。2012年进入世界500强，排名第490位；2015年在世界500强中排名第400位，四年前移90位。在中国500强企业排名第85位，五年前移18位。

一、产销联动机制构建的背景

（一）适应煤炭市场形势变化的需要

目前，全国现有煤矿产能40亿吨，在建煤矿在10亿吨以上，还有部分违规建设煤矿的产能，即使考虑今后一个时期淘汰一批落后产能，全国煤炭产能过剩的问题仍然十分突出。在煤炭消费端，受宏观经济增速放缓、钢铁、水泥等行业持续低迷、石油价格下跌和大气污染治理影响，煤炭消费需求受到制约，全国煤炭消费增速由前10年年均增长10%回落到3%，煤炭需求增速大幅放缓。

受国家政策及煤炭市场形势影响，开滦集团面临的压力日益加大，主要表现在：一是国家加强了商品煤生产、销售、运输和使用的全过程质量管理，对煤炭质量提出了更高的要求，受煤炭赋存条件和超强度开采影响，开滦煤炭普遍发热量偏低，灰分、硫分较高，极大地限制了开滦集团煤炭销售和市场开发、布局工作；二是河北省实施了化解产能过剩的"6643"工程，作为开滦炼焦煤重要销售区域的唐山地区受到重大冲击，钢铁、焦化企业产能大幅压缩，炼焦煤需求急剧萎缩；三是受煤炭资源量和经济效益等因素影响，开滦煤炭产品性价比较低，竞争力不强，市场话语权不高。构建产销联动机制，是开滦集团面对日益严峻的煤炭市场形势，破解发展困局做出的重要选择，也是对国有大型煤炭企业产销管理模式的大胆创新。

（二）提升企业管理水平的需要

近年来，开滦集团产销管理水平有了长足进步。但是，产销工作中还存在着一些问题，影响了产销工作运行效率，错失了一部分市场机会，增加了企业管理风险，影响了企业经济效益的提升。主要表现为：

一是生产、销售单位间信息传递效率不高，没有实现对市场信息、价格信息的无障碍交流。

二是销售计划执行和落实不到位，个别生产矿井从自身经济利益出发，忽视了企业整体销售布局和效益最大化，过分追求矿井效益最大化，对矿井自身增效不明显的销售计划落实积极性不高，造成生产与市场和用户需求脱节，产品滞销，甚至丢失市场份额和市场机会。

三是生产单位对集团公司整体销售市场布局缺乏考虑，热衷于生产传统产品和抢占优质客户资源，对产品结构和市场结构调整积极性不高。

四是部分矿井对于煤炭售价的确定缺乏统一性和协调性，各矿井产品同质化问题依然存在，造成集团公司内部产品相互竞争，用户对煤价进行打压的不利局面。

五是现有煤炭存储场地没能充分发挥缓冲和调节作用，存储结构有待优化，利用效率有待提高。

六是由于产销配合缺乏统一协调，在个性问题如煤炭副产品销售、治理超限超载等方面仍需改进。

造成上述问题的主要原因是没有建立产销联动机制，缺乏集团层面对于生产、销售工作的统一管理和协调，产销衔接不顺畅，信息交流不充分，各单位各自为政，无法形成合力，难以应对日益严峻的外部环境。同时，产销业务流程涉及单位、部门众多，利益主体不同，单位性质各异，对于出现的问题，单纯依靠某个部门难以有效协调和解决。构建大型煤炭企业产销联动机制，就是要解决企业产销工作中的管理缺位问题，实现集团公司层面的产销全过程管理，统一决策、统一部署、统一行动，不断提高产销管理水平，巩固和扩大市场份额，提高企业的市场话语权和产品竞争力，有效避免管理风险，助力企业不断发展壮大。

（三）增加企业经济效益的需要

近年来，受国民经济结构调整、环保治理力度加大、煤炭供大于求以及进口煤炭冲击等因素影响，煤炭市场一直低位运行，需求直线下滑，煤企库存快速上涨，煤炭价格持续下跌，导致煤炭企业经济效益不断下滑，行业亏损面不断扩大。

市场环境日益恶化，企业收益不断下滑，要求煤炭企业必须开拓新的增收途径，寻找新的利润增长点。构建产销联动机制，以市场需求指导煤炭生产，最大限度满足用户个性化需求，积极挖掘外部市场潜力，拓展新渠道，开发新品种，稳定煤炭价格，培植优质客户，增加发运比例，巩固和扩大企业的市场份额；对内实现企业内部挖潜，提高企业产销衔接效率，快速反应，协调联动，抓住有限的市场机遇，实现企业内部资源的优化配置，通过制度创新、管理创新，促进企业经济效益的提升。

二、产销联动机制的内涵与主要做法

（一）确立指导思想、原则和目标

1. 指导思想

构建大型煤炭企业产销联动机制，是适应国民经济发展新常态要求，顺应煤炭市场新变化，为创新企业管理模式，增加企业经济效益，增强企业核心竞争力而实施的重要举措。是从集团公司效益最大化出发，打造产销衔接和信息交流平台，实现产销各环节高效衔接，市场和生产信息无障碍交流，产销双方共同承担市场压力和风险，形成合力，提高企业的市场应变能力，以市场需求为导向，实现企业内部资源优化配置，提高产品竞争力和市场话语权，确保企业在日益严峻的市场形势下健康、平稳发展。

2. 原则

（1）信息共享、风险共担原则。产销双方依托联动机制平台，及时传递信息，加强相互交流，实现信息共享，以集团公司效益最大化为目标，共同承担市场压力和市场风险，协调联动，不断提高集团公司抵御风险能力和承压能力。

（2）利益兼顾、共同发展原则。产销双方应正确处理眼前利益和长远利益、整体利益和局部利益的关系，有效协调各方利益，在实现集团公司整体效益最大化的基础上，兼顾产销各方的收益，创新产销管理模式，提高集团公司产销工作管理水平和运行效率，向管理和效率要效益，实现集团公司和产销各单位共同发展。

（3）统一部署、协调联动原则。产销双方要严格按照集团公司产销统一安排和部署开展工作，有关部门积极指导和协调产销衔接工作，加强督导和考核，激发产销双方协调联动积极性，确保产销无缝对接，高效运行。

3. 目标

搭建常态化的产销对接和信息沟通平台，统一产销决策部署，信息沟通及时高效，实现市场压力向生产单位逆向传递，促进生产与市场需求有效共振，产品结构、市场结构和煤场存储结构进一步优化，提高开滦煤炭的性价比和市场竞争力，巩固和扩大市场份额，不断开拓新的销售渠道，提升开滦市场话语权，提高产销工作管理水平和运转效率，实现创新驱动，打造企业核心竞争力。

（二）构建产销联动机制

1.建立领导机构

为了健全和完善煤炭销售管理体制和运行机制，提高煤炭销售管理水平，开滦集团修订发布了新的《开滦集团煤炭销售管理办法》。《办法》中明确规定，建立煤炭销售工作领导小组（以下简称销售领导小组），统一管理集团公司销售工作，集团公司负责运销工作的副总经理担任组长，企业管理部主任、运销分公司总经理担任副组长，成员包括企业管理部、纪委监察部、审计部、洗选加工部、质检中心以及股份公司、蔚州矿业公司、煤业分公司、煤炭运销分公司（以下简称运销分公司）等部门及单位负责人，在企业管理部设立销售领导小组办公室（以下简称领导小组办公室），负责集团销售领导小组日常管理工作。销售领导小组的职能定位是：组织制定煤炭销售管理机制和销售办法；组织审定集团公司煤炭营销发展战略、煤炭销售规划、年度煤炭订货方案和营销策略；定期或不定期听取有关单位及部门的反馈情况；依照集团公司煤炭销售管理办法，实施煤炭销售政策管理；审定销售部门制定的销售实施细则、煤炭产品结构调整、价格调整方案及煤炭销售计划；协调、平衡和解决煤炭销售管理各环节中出现的各种问题。与之前建立的煤炭销售管理委员会相比，新建立的销售领导小组具有以下特点：一是成员构成更加合理，涵盖了集团公司产销各个环节，去掉了与产销工作关系不大的单位和部门，更加突出了销售工作的特点；二是职能定位更清晰、具体，增加了"审定销售部门制定的销售实施细则、煤炭产品结构调整、价格调整方案及煤炭销售计划"等更具操作性的内容；三是责任落实到人，每个销售领导小组成员单位确定一名负责领导担任小组成员，集团公司以正式文件的形式对销售领导小组成员进行任命，保证了销售领导小组的权威性和成员的相对固定；四是提高了管理层级，销售领导小组办公室由原来设在物贸管理部，改为设在企业管理部，纳入集团公司层面的业务管辖范围，更利于协调产销日常工作，提高工作效率。

销售领导小组是开滦集团销售管理和决策的最高机构，也是开滦集团产销联运机制的领导机构，它的成立为构建开滦集团产销联动机制提供了强有力的组织保障，如图1所示。

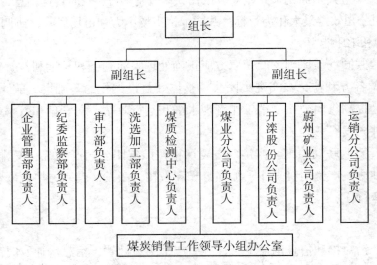

图1　开滦集团煤炭销售工作领导小组架构

2.规范产销会议，搭建产销联动平台

为确保产销联动机制顺利运行，开滦集团对原有产销相关会议进行了规范和整合，本着高效、

务实的原则，建立了以销售领导小组会、产销例会为主，辅以专题会、现场会等多种形式的会议制度，搭建了产销联动平台。通过不同的会议平台，销售领导小组开展下达销售计划、审核煤炭销售价格、协调产销关系、传递市场信息、解决产销具体问题等工作，同时，有关各单位分别通过会议平台传递生产、销售、煤质以及产销衔接等信息，并进行充分的交流和互动，确保产销各环节的无缝对接和高效运转。

（1）销售领导小组会。销售领导小组会由集团公司主管煤炭销售工作的副总经理主持，参会人员和单位包括：销售领导小组全体成员单位及负责人、运销分公司有关人员及领导小组办公室有关人员。会议内容包括：运销分公司汇报煤炭及相关行业市场形势，对未来煤炭市场走势进行分析预测；对已备案的上月月中价格调整情况以及销售回款情况进行说明；向会议提交当月价格调整汇报及月度销售计划安排以及其他需要销售领导决策或解决的问题。销售领导小组对运销分公司汇报内容和事项进行讨论研究，对上月月中的煤炭价格调整情况进行补议和确认，对当月销售计划、价格调整方案提出修改意见，就相关问题进行决策，对后期产销工作进行安排部署。会后，运销分公司根据销售领导小组会的审核意见，对销售计划和价格调整方案进行修改完善，形成正式的月度销售计划和价格调整方案，并报领导小组办公室备案执行。销售领导小组会参会成员包括煤类生产单位负责人，便于从集团公司层面对产销联动工作进行决策，对于销售计划和价格调整方案提出的意见和建议也更能体现产销联动的管理思路，确保了产销联动决策、部署的贯彻落实效果。

除了常规的月度销售计划和价格调整方案的审核流程外，煤炭销售领导小组对于运销分公司月中的价格调整方案和其他销售重要事项，采取"一事一议"的方式进行决策，作为销售领导小组会的重要补充和日常管理形式，即：由领导小组办公室核实备案后报销售领导小组各位成员，在限定时间内对运销分公司呈报事项进行审核，审核通过后，领导小组办公室向运销分公司反馈审核意见并交由执行。销售领导小组会制度，确保了集团公司产销决策的权威性和统一性，保证了产销各单位在集团公司效益最大化的框架下开展工作，为产销联动机制的运行奠定了良好的基础。

（2）月度产销工作例会。为进一步加强产销衔接管理，确保产销决策执行效果，促进产销双方信息顺畅交流和沟通，集团公司将原有的月度产销平衡会（物贸管理部承办）和产销沟通会（运销分公司承办）合并为月度产销工作例会（企业管理部承办），以此为平台传达销售领导小组会的产销决策和工作部署，发布销售计划和价格调整情况，传递产销信息，促进产销双方的无缝对接和协调联动。产销例会由集团公司主管煤炭销售工作的副总经理主持，参会单位及人员包括：运销分公司经理，所属营销部、市场信息部等部门负责人；煤业分公司、开滦股份公司、蔚州矿业公司等煤类生产公司及其所属矿业公司主管经营的经理；集团公司内部主要煤炭用户单位负责人；企业管理部、财务部、洗选加工部及质检中心等部门负责人。产销例会的主要内容包括：运销分公司汇报上月销售完成情况和存在问题，当月销售计划和价格方案，提出各矿井商品煤结构优化建议，通报煤炭市场及相关行业市场走势；煤业分公司、股份公司汇报上月煤炭生产完成情况和当月生产安排，所属生产矿井汇报产销衔接相关情况，提出需求会议解决的问题；质检中心汇报商品煤质量完成情况；集团公司内部电厂、焦化厂等煤炭用户通报相关行业市场走势，提出煤炭需求数量和质量建议。产销例会的作用在于，贯彻销售领导小组会的管理思路，确保产销联动决策、部署的落地，引导产销双方从集团公司大局出发，正确处理产销联动工作，协调解决产销联动相关问题，对后期产销联动工作进行安排。与之前的产销平衡会相比，从参会人员层次、单位构成、会议内容等方面都进行了提升和完善，突出了统一性和协调性，提高了产销衔接效率和沟通效果。

（3）专题会、现场会。煤炭企业产销工作影响因素多、业务流程长、涉及部门和单位众多，在产销衔接过程中难免出现问题，而且可能涉及产销环节之外的单位和部门。针对这种情况，开滦集团在销售领导小组会和产销例会的基础上，以各种专题会和现场会作为辅助手段，根据实际需要，组织相关单位和部门参加，突出专业性、精准性和及时性，切实高效地解决问题，确保产销联动机制的高效稳定运行。通过专题会或现场会的形式，顺利解决了部分矿井煤炭副产品销售和存储场地问题，配合唐山市政府开展治理超限超载工作，妥善解决了范各庄矿、钱家营矿精煤降灰提级相关工作，协调了运销分公司与部分自主经营矿井在煤炭销售及入洗原料煤采购工作方面的分工合作事宜。

3. 保障措施

为了促进产销双方密切配合，协调联动，确保产销联动机制顺利运行，开滦集团制定了煤类公司与运销分公司的利润捆绑考核政策。所谓利润捆绑考核政策，就是在对煤类公司、运销分公司利润总额指标计分时，以本公司利润总额完成度按 60% 权重计分，以对方公司利润总额完成度 40% 权重为本公司计分，在确保各单位享用自营成果的基础上，构建煤类公司与运销分公司的利益共同体，激发产销各单位推进产销联动工作的积极性，同时，在相关单位的年度绩效考核中，增加了对产销联动工作推进情况考核的内容。此外，按照记账式管理要求，对煤炭收购、结算还原市场价格，真实反映各单位经营情况，提高产销单位开展产品结构调整的积极性。

（三）产销联动机制运行机理

1. 管理层级

从管理层级看，产销联动机制由核心理念、管理层、产销联动平台和执行层构成，体现了扁平化管理思想，如图 2 所示。

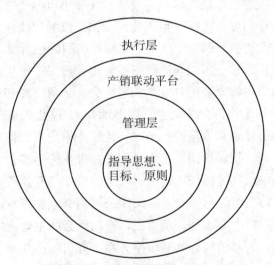

图 2 开滦集团产销联动机制管理层级

核心理念，是指产销联动机制构建的指导思想、原则和目标，它是产销联动机制运行的原动力，是整个产销管理流程的初始点。产销联动机制内各单位的工作都应围绕这个核心理念开展。

管理层：根据《开滦集团煤炭销售管理办法》的规定，销售领导小组是开滦集团销售工作的最高管理和决策机构，是产销联动机制中的管理层。

产销联动平台：是产销联动机制管理层与执行层之间进行联系的桥梁和纽带，管理层通过产销联动平台履行管理职能，协调、督导执行层推进产销衔接工作。同时，产销联动平台也是执行层各单位间交流传递生产信息、销售信息和市场需求信息的信息传递通过和处理平台。产销联动平台主要由销售领导小组会、产销例会及专题会、现场会及其他形式会议构成。

执行层：是产销决策、部署、作业计划的具体执行者，是产销联动机制的责任主体，也是产销联动机制的管理对象。执行层主要包括：总部有关职能、技术、质检部门、销售单位、煤类公司及所属生产矿井、内部用煤单位等。执行层通过产销联动平台进行信息传递和交流，用信息指导生产和销售工作，实现与市场和用户需求共振。

2.信息传递与交流

通过构建产销联动机制，搭建产销各环节信息交流和传递的平台，理顺信息传递通道，消除信息孤岛，实现信息共享，发挥信息的最大效用：生产单位依据生产衔接、煤质变化等实际情况，按销售单位提供的市场和用户信息指导生产，合理安排生产作业计划，积极组织适销对路的产品；销售单位及时准确地提供市场信息和用户需求信息，对煤炭市场走势进行科学研判，结合生产单位提供的生产衔接、井下煤层赋存变化等信息，有针对性地组织销售发运和市场推介，确保集团公司产销平衡；内部用煤单位及时反馈开滦自产煤质量信息，结合煤类公司、销售单位提供的煤质、市场信息，从技术、经济层面深入研究，提高开滦自产煤使用比例和用煤量，充分发挥开滦集团产业链延伸优势；其他相关单位从各自业务管辖范围和专业角度提供信息，及时掌握生产、销售、市场信息，从不同角度和层面推进产销联动机制的顺利运行。

信息传递平台由销售领导小组会、产销例会及各种专题会议构成，生产、销售和其他执行层单位间的信息传递都是双向性的，互为补充，如图3所示。

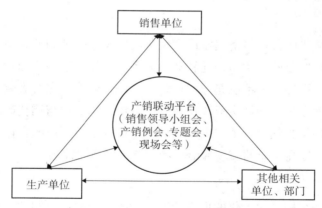

图3 开滦集团产销联动机制信息传递示意图

3.价格协调

开滦集团通过产销联动机制对煤炭销售价格进行统一管理和协调，确保煤炭价格体系的完整性和协调性。一是加强对煤炭销售价格的统一管理，完善了煤炭定价机制和决策审批流程。年初，由企业管理部会同运销分公司制定了《运销分公司煤炭价格调整管理暂行办法》，全面涵盖需要进行价格调整的各种情况，使煤炭销售价格的确定和调整更趋科学合理，同时完善了价格审核、备案制度，所有价格方案均需销售领导小组审核通过，并在领导小组办公室备案后方可执行，通过对煤炭销售价格的全程管理，有效避免了管理风险。二是加强对集团公司自主经营单位的煤炭价格监管，要求煤炭价格调整幅度和时间上要保持与集团公司价格调整方案的统一性，在坚持价格调整备案制的基础上，由运销分公司统一平衡并确认后方可执行，避免了集团公司内部各矿点之间的竞争，实现企业内部资源的优化配置。

4.产品结构优化

产品结构优化是从集团公司效益最大化出发，坚持集团公司整体利益和各单位局部利益兼顾的原则，根据市场形势和用户需求，结合原煤生产和洗选加工能力，有针对性地调整产品结构，改善产品质量，最大限度满足用户需求，巩固和扩大中长期协议用户的市场份额，增加优质客户的销售发运比例，提高产品性价比和市场竞争力，提升企业市场话语权，维持煤炭售价的相对稳定，增加企业经济收益。

产品结构优化工作涉及生产、洗选、存储、发运、预算考核等多方面工作，单个部门难以有效协调和解决，构建产销联动机制，可以有效协调和解决产品结构优化过程中出现的各种问题，引导各单位打破眼前利益和局部利益的束缚，从集团公司整体利益及长远利益出发，积极参与、配合产品结构优化工作。

为了统一管理和协调产品结构调整工作，集团公司组建了优化商品煤结构工作小组，由企业管理部主任、副主任担任组长、副组长，成员包括：洗选加工部、企业管理部、质检中心、运销分公司、煤业分公司、能源化工股份公司相关负责人。集团公司销售领导小组统筹安排煤炭产品结构调整工作，优化商品煤结构工作小组在其领导下进行工作。优化商品煤结构工作小组依照市场变化和集团公司生产经营需要不定期地召开专业会议，总结商品煤结构优化工作，协调解决相关问题；煤类公司、运销分公司是商品煤结构调整优化方案实施的主体责任单位，负责商品煤结构优化方案的研究、执行和落实工作；洗选加工部是商品煤结构优化方案实施的检查督导单位，为生产单位在执行优化方案过程中提供技术支持和指导；企业管理部负责督导商品煤优化方案的落实情况。

5.市场结构优化

指导和协调各单位从集团公司经济效益最大化角度出发，打破局部利益的束缚，考虑集团公司整体市场布局，正确处理好眼前利益与长远利益的关系，树立产销一体的管理理念，产销双方共同推进市场结构优化工作。引导有关单位充分发挥开滦在铁路运输、应对极端天气和满足用户个性化需求等方面的区位优势，立足开滦煤炭资源现状，把市场结构优化与调整产品结构统筹谋划、协调推进，拓宽产品线，开展定制化和订单式生产，巩固与传统重点用户的合作，增加市场份额，开发培育新的长期协作用户，提高企业的市场话语权和抵御市场风险能力。

6.煤场存储结构优化

根据产品结构和市场结构优化工作的推进情况，发挥产销联动机制的决策和协调作用，适时开展煤场存储结构的调整和优化工作。指导生产单位根据销售计划合理安排生产作业计划和存储布局，运销分公司合理安排销售发运计划，在路车计划和请车方面大力配合，提高现有存储场地的利用效率，充分发挥煤场的调节和缓冲作用。

7.日常管理

煤炭产销工作具有连续性和多变性的特点，要求产销联动机制建立专门机构履行日常的管理和协调职能，对产销联动工作实行常态化管理。为此，集团公司成立了销售领导小组办公室，办公室设在企业管理部。职能主要包括：组织修改、拟定集团公司销售管理办法和相关规定，提交销售领导小组审定；督导销售管理办法、相关规定以及销售领导小组确定事项的落实情况；受集团销售领导小组委托，组织或参与有关销售事项的分析、协调和处置；搜集和掌握市场信息，及时向销售领导小组反馈；协调及平衡产销过程出现的问题。此外，领导小组办公室还负责临时销售价格方案的备案和上传下达工作。领导小组办公室是产销联动机制管理层与执行层之间的沟通桥梁，实现了决策信息和产销信息快速传递，进一步提高了产销联动机制的运行效率，提高了企业快速反应和捕捉市场机遇的能力。

三、产销联动机制运行效果

（一）增加了企业经济效益

通过产销联动机制的构建和运行，实现了真正意义上的需求引导生产的产销模式，大力推行按订单生产定制化产品，精煤产品由过去的三个品种、两个等级，增加到三个品种、七个等级，满足了不同用户的个性化需求，提高了开滦煤炭的性价比和市场话语权，拓宽了销售渠道，巩固和扩大了市场份额，增加了企业经济效益。

根据唐山区域市场需求特点，启动钱家营矿产品结构优化工作，增加 15 级精煤生产。1~10 月份，钱矿 15 级精煤销售发运量完成 66.4 万吨，超上年同期 33 万吨，增加效益 1650 万元，11 月份 15 级精煤产销量达到 11.75 万吨，占当月精煤销产销量的 56%，首次超过传统精煤品种所占比重，预计全年销售发运量超上年同期 43 万吨，增加经济效益 2150 万元。

启动股份公司范各庄矿 15 级精煤生产，在 15 级精煤销售方面实现历史性突破，10 月份完成销售发运量 3.6 万吨，实现增收 100 万元，预计年生产 15 级精煤 10 万吨，增加经济效益 500 万元。

针对宝钢提出的新的精煤质量要求，启动了钱、范两矿精煤提级降灰工作，宝钢精煤合同兑现量从原来的每月一船增加到了每月两船，实现增收 5500 万元。

产品结构优化推动和支撑了市场结构优化工作，使商品煤资源向优质客户倾斜，巩固了用户关系，拓宽了销售渠道，实现了产销的积极平衡，提升了企业的市场话语权和产品定价主动权，维持了煤炭售价的相对稳定。通过对同行业煤炭售价进行跟踪分析，开滦集团在煤炭价格调整时间和幅度方面均优于对标企业，实现了早涨晚降、多涨少降，预计全年增效 2.8 亿元。

通过煤场存储结构优化，提高了企业内部资源配置效率，降低了管理成本，增加经济效益 500 万元。

（二）提升了企业管理水平

1. 产销衔接效率进一步提高

建立健全了产销管理组织，加强了统一管理和协调，打破了过去生产、销售单位各自为政的利益藩篱，共同面对市场风险，共同承担市场压力，共同分享经营成果，理顺了业务流程，明确了各自职责，提高了产销双方协调联动的积极性，实现了市场压力的逆向传递，确保了信息在产销双方的及时传递和充分交流，提高了产销衔接效率。

2. 确保了产销平衡

对各矿井煤炭库存实施了动态管理，针对个别矿库存压力大的情况，发挥了统一管理和协调的优势，一方面协调运销分公司加大销售工作力度，重点推介，拓宽销售渠道，有效削减库存，确保了集团公司和矿井产销平衡；另一方面引导各生产矿井主动承担市场压力，积极向市场需求靠拢，生产适销产品，有效化解了高库存带来的资金回笼、煤场管理等一系列问题。

3. 产品结构、市场结构和煤场存储结构进一步优化

通过开展产品结构调整工作，开滦集团由过去生产 Ad11、Ad12 等级精煤，转变为目前生产 Ad10.50、Ad11、Ad 12、Ad12.50、Ad 13.50、Ad14、Ad17.50 等级精煤，提升了产品性价比和市场竞争力，满足了不同用户的个性化需求，用户由过去使用开滦单一等级精煤，改为使用开滦多等级精煤，巩固和扩大了开滦煤炭的市场份额；通过开展提级降灰工作，提升了商品煤质量，更好地满足了用户需求，提高了用户的接煤积极性，巩固和扩大了优质客户的市场份额，实现了市场结构进一步优化，提高了企业的市场话语权和抗市场风险能力；针对钱家营矿精煤提级降灰后精煤品种较多、存储场地有限的实际情况，指导生产单位合理安排精煤生产作业计划和存储布局，提高现有场地的利用效率，协调运销分公司在路车计划和请车方面给予大力配合，加强与用户的沟通，合理安排销售发运计划，妥善解决了矿井多品种阶段性生产和单品种连续发运之间的问题，化解了场地存储紧张矛盾，实现了煤场存储结构优化。

4. 煤炭销售价格管理进一步完善

完善了煤炭销售定价机制和价格审核流程，提高了煤炭价格决策的科学性和客观性，避免了人为因素影响，规避了企业管理风险。对各矿井间的煤炭销售价格进行了有效监管和协调，确保了集团公司煤炭销售价格体系的统一性和协调性，避免了企业内部煤炭产品的同质化竞争。

（三）社会效益

（1）积极落实国家有关产业、环保政策的要求，严格按照国家颁布的《商品煤质量管理暂行办法》组织煤炭生产销售，积极开展产品升级和产业链延伸工作，实现煤炭生产销售使用的低碳化、绿色化，充分体现了大型国有煤炭企业的模范带头作用。

（2）探索了国有大型煤炭企业转型发展的新途径，丰富了煤炭企业产销管理工作的内涵。

（3）配合政府有关部门顺利开展了环境治理和治理超限超载等工作，为社会稳定和谐发展贡献了力量。

四、经济效益测算说明

本报告经济效益测算采用了相关因素合成计算法，分别计算开滦集团产销联动机制构建与运行后各单项工作产生的效益，再合成为总效益。

根据测算，各单项工作产生的经济效益分别为：钱家营矿产品结构调整产生效益（S_1）；范各庄矿产品结构调整产生经济效益（S_2）；钱、范矿提级降灰产生经济效益（S_3）；市场结构优化产生经济效益（S_4）；煤场存储结构优化产生经济效益（S_5）。在测算单项工作所产生经济效益过程中，均进行了单独的成本分析和效益测算，效益测算过程中剔除了非成果实施产生的效益，各单项工作效益之间也没有重复计算的情况，因此 $F=0$，$H=0$，$C_b=0$，$I=0$。

将各单项工作经济效益代入公式 $E_P = \sum_{a=1}^{n} S_a - F - H - \left(\sum_{b=1}^{n} C_b + I \right)$，可得出产销联动机制运行后产生的综合经济效益：

$E_P = S_1 + S_2 + S_3 + S_4 + S_5 = 2150 + 500 + 5500 + 28000 + 500 = 36650$（万元）

本报告数据来源为开滦集团煤炭销售牌价、煤炭销售量、运销分公司煤炭销售价格贡献分析。

特大型火电企业机组检修全过程标准化管理 提升设备检修质量

创造单位：河北西柏坡发电有限责任公司

主创人：张春雷 靳永亮

创造人：张寿岩 全国庆 范 林 师文洪 罗夫旗 方 芳

[摘要] 打造精品检修工程，为公司建设集团旗舰型企业奠定坚实的基础势在必行。为此，河北西柏坡发电有限责任公司实施安全文明检修标准化、全过程标准化管理，确保人员行为无违章、环境作业无风险、安全管理无漏洞，并实施检修文件包管理模式，推进技术进步，提升检修管理水平。通过实施标准化规范化检修管理，装机容量占河北南网近10%的西柏坡发电厂，未发生过影响河北南网系统稳定运行的不安全事件，继电保护投入率和正确动作率连续几年实现了"双百"，并且多次在对侧发生故障后能快速响应、准确动作，为确保河北南网系统稳定做出了不小的贡献。

[关键词] 电力检修；安全管理；安全作业

河北西柏坡发电有限责任公司（简称"西柏坡电力"）是河北建投能源投资股份有限公司控股的河北南网主力发电厂及建投能源的核心资产。西柏坡电力始建于1991年12月，于1998年6月改制为有限责任公司。

目前有4台330兆瓦亚临界燃煤发电机组、2台600兆瓦超临界燃煤发电机组，总装机容量2520兆瓦并通过八条220千伏输电线路和两条500千伏超高压输电线路与河北南部电网相连。截至2016年第一季度，西柏坡电力累计发电2100亿千瓦时，为经济社会发展做出了重要贡献。在多年的建设和发展中，西柏坡电力不断加大科技和资金投入，先后建成以废水零排放、粉煤灰综合利用、脱硫及石膏综合利用三大项目为代表的火力发电循环经济产业链，是国家第一批循环经济试点单位。西柏坡电力机组增容提效及供热改造、脱硝技改和除尘器改造等节能减排项目，走在了兄弟电厂前列，是河北省"双百"节能重点企业。

西柏坡电力荣获"全国文明单位"、"全国电力行业优秀企业"、"国家电力公司双文明单位"、"一流火电企业"、"全国清洁生产示范单位"、"全国优秀工业园区"、"全国质量管理优秀企业"等多项殊荣。

一、实施检修工作全过程标准化管理的背景

目前中国已进入经济增长的新常态，增长速度已经从过去的10%左右下降为6.5%左右。经济由

高速增长转为中高速增长，结构优化升级并从要素驱动和投资驱动转向创新驱动。对火电企业而言，必须适应新常态，制定新举措，才能科学规划，提质增效，健康快速发展。设备是企业根基，故提高设备检修质量是保证设备安全、经济运行，充分发挥设备潜力的重要措施，也是设备全过程管理的一个重要环节。设备检修管理全过程标准化，标准化是现代火电企业组织生产和管理的重要手段。

（一）为确保生态文明，国家节能减排压力不断加大，迫使火电企业实施设备技改刻不容缓

随着国家对环保越来越重视，影响火电的主要因素已由"环保、市场"取代了"燃料、核准"。雾霾天气频发，国家控制能源消费总量，对火电环保要求更高；经济下行压力依然存在，大型水电、核电以及更多风电投产，电量竞争愈加激烈；电价下调，进一步挤压了企业的利润空间；电力体制改革重启，将营造更加公平、公正的市场竞争环境，这些都是火电企业应对的挑战。每年随机组检修还要完成对设备的技术改造，技改项目是公司经过深思熟虑后确立的，是提高机组设备安全性、经济性和环保性能，提升机组整体竞争能力的项目，务期必成。根据国家环保部要求，火电机组脱硝改造必须在 2014 年 6 月 30 日前全面改造完成投入，脱硫除尘改造必须在 2015 年底产生减排量，这是大势所趋！这是一条红线！截至 2015 年底，西柏坡电力 6 台机组全部实现超低排放。后续还要坚持不懈地加强环保设备运行治理和必要的技改，使环保指标达到最新的有关排放标准，因此机组检修任务变得更加繁重。

（二）安全生产经营形势日趋严峻，要确保实现公司年度安全生产目标，提高机组可靠性迫在眉睫

火电机组非计划停运对整个电力系统的影响不言而喻，提升火力发电机组可靠性，减少非计划停运次数与时间，对于我国火电占 70% 的电源结构意义非凡。《2015 年度全国电力可靠性同业对标及"十二五"期间趋势分析报告》显示，2015 年常规火电机组共发生非计划停运 576 次，非计划停运总时间为 42259.81 小时，平均到每台机组则为 0.34 次 / 台年和 24.44 小时 / 台年，较 2014 年下降 0.14 次 / 台年和 8.56 小时 / 台年。我国火力发电设备 2015 年运行总体呈现良好水平，但是火电机组三大主力设备引起的非计划停运时间占到了总非计划停运时间的 70.21%。

机组零非停，员工零伤害，是公司年度安全生产奋斗目标。建投能源已经下发文件，正式施行"非停次数"与"员工薪酬总额"挂钩的考核办法，非停将影响全体员工的切身利益。多年的亏损，导致日常检修和定期检修负荷的不均衡，设备欠账太多，机组运行指标堪忧。

（三）西柏坡电力在全国火电燃煤大机组竞赛中成绩欠佳，安全生产标准化达标和降低供电煤耗是机组竞赛排名提高的重要途径

西柏坡电力 #1~#4 机组参加了 2013 年全国 300~370 兆瓦火电、亚临界、纯凝、湿冷机组竞赛，参赛机组共 213 台，机组排名分别为第 192、第 81、第 173、第 127 名，接近中等水平。#5、#6 机组参加了 2013 年度全国 600~900 兆瓦火电、超临界、纯凝、湿冷机组竞赛，参赛机组共 133 台，机组排名较低，分别为 110 名和 132 名。排名决定因素为机组的可靠性和供电煤耗。机组要想达到供电煤耗设计值 304 克 / 千瓦时，必须经过大的技术改造使汽轮机热耗由目前的 7878 千焦 / 千瓦时降至 7600 千焦 / 千瓦时以下，锅炉效率不低于 94%，减少汽水损失及管道热损失等使道效率不低于 99%，厂用电率不高于 5.2%，实施技改工程难度可想而知。根据大机组竞赛管理办法，每减少一次机组非停，排名成绩增加 2 分，折合成供电煤耗，1 分相当于降低供电煤耗 1 克，那么 2 分就

相当于供电煤耗降低 2 克。如果再考虑热态启动或者冷态启动一次浪费的煤、电、油的费用造成的生产成本增加。由此说来，相对可以控制并且短时间就能见到成效的是可靠性的提高（杜绝机组非停，减少消缺、备用、检修停机，增加机组长周期运行天数），在某种程度上比降煤耗还重要、还容易。决定权看似在设备上其实在人员的检修和运行的技术水平、责任心上。

图 1　领导小组办公室

（四）检修工作乃至于所有工作都应有新的更高的要求，打造精品检修工程，为公司建设集团旗舰型企业奠定坚实的基础势在必行

从 1993 年第一台机组投产发电，发展至今已具有 6 台机组总装机容量 252 万千瓦的生产规模，并且在 25 年间成功完成了无数次的机组检修任务，培养出了大批优秀的专业技术人才。这些人才是经过了多年风雨历练的，是在无数个不分昼夜的辛勤工作中摸爬滚打出来的，也是见过世面、能付出、有担当的。但也是因为受传统观念的束缚，检修管理工作裹足不前，管理执行力缺失，尤其是检修质量和检修过程的管控方面，因此对检修工作管理人员需导入先进的管理理念和管理模式，以实现高标准、严要求，确保检修安全、质量、工期三落实。

图 2　检修期间每天的检修协调会

（五）检修人员严重短缺，设备检修不到位，机组非停次数明显增加，实施全过程标准化、标准化的管理是保证检修做到应修必修好的重要举措

图 3　现场

机组检修绝大多数安排在每年 8 月底开始，一直进行到来年供热期结束，时间跨度 7 个月左右，这也就是西柏坡电力的检修季。在有限时间内对多机组设备进行全面综合治理，在保证设备安全性的基础上，提升设备性能。部分时段机组检修还会重叠进行，检修员工劳动强度很大。作为有着 20 多年发展史的旧体制下的发电企业，人力资源配置的不合理，致使检修工作捉襟见肘，检修返工、工期得不到保证、修后问题复发等时有发生，员工缺乏工作积极性，迫使领导层不得不对检修管理进行创新。

（六）电力检修市场所面临的内外部环境，安全文明检修是检修队伍进入外部市场的首要条件

25 年来，为了搞基建、为了并网发电、为了确保机组安全稳定运行，检修岗位员工舍小家顾

图4 部署大会

大家，没有节假日，没有时间和精力多给自己的家人一些安全感，但他们为了公司的安全生产，攻坚克难，在自己的岗位上默默做出了巨大贡献。特别是在发电经营非常困难的时候，我们的机组安全稳定长周期运行，设备可靠性提升，我们的检修队伍功不可没。随着电力行业体制改革深入推进和企业自身生存发展的需要，我们这样的发电企业面临一个共同的问题：如何面对人员基数偏多的现实加快企业发展？如何把富余人员转变为企业宝贵的人力资源？如何组织企业富有检修及现代化技术改造经验的队伍有效地赢得电力检修市场？

二、推行检修管理全过程标准化的基本内涵

图5 会议现场

通过十几年的贯标，西柏坡电力建立起了完善的管理标准，这为其在检修季推行检修全过程标准化、标准化管理打下了坚实的基础。

加强执行力建设，完善安全生产长效机制。依照流程管理组织安全生产，纠正各环节的习惯性和随意性，落实各项流程管理节点责任人，切实达到安全生产"流程自主、长期管理"。不断充实安全生产规章制度，达到标准化、规范化和程序化，使生产制度及任务执行，体现"凡事有章可循、凡事有人负责、凡事有人监督、凡事有据可查"的管理思想，达到以制度规范设备安全管理的目标。加强生产各部门、各专业间的协调，确保生产系统政令畅通，突出管理执行效力。

图6 检查

强化设备检修维护，提高设备健康水平。加强巡视检查力度及日常维护消缺，及时发现并消除设备缺陷。严格执行设备缺陷管理制度，设备缺陷管理上要求做到小缺陷不过班，一般缺陷不过天，重大缺陷有防范措施，在设备消缺管理方面要做到设备应修必修、修必修好的原则。对暂时无法消除的缺陷，制定具有可操作性、针对性强的防范措施，保证缺陷处理期间措施到位、监视到位、调整到位。对于较大设备缺陷班前应做好事故预想和注明危险点，跟踪处理过程和结果，以防止事故的发生、扩大，引起机组非停或降出力。采取消缺奖等措施充分调动员工积极性，及时发现和消除设备缺陷，杜绝因设备缺陷扩大而影响设备或系统的正常运行，将事故隐患消除在萌芽状态。班组每天班前会缺陷分析、每周召开缺陷分析会；车间每月召开缺陷分析会，缺陷管理实现了

分级负责、层层把关，有力保证了机组设备及系统安全可靠、经济的运行。

历时两年多的三个检修季圆满收官。西柏坡电力在首个检修季提出检修要做好"修前诊断、5 项准备和 8 项策划"的具体要求，西柏坡电力检修人直面挑战，勇于自我改变。以"检修管理精细化、安全质量标准化"为目标，用推行检修文件包来控制作业风险；用《每日两交底明白卡》落实技术措施和安全措施；用工作票副票规范危险源辨识和风险评价；用签字责任制和质量追溯制确保检修质量可控、在控；用《不符合项报告单》把控物资需求计划管理和检修费用；用 7S 管理模式规范检修现场，导入 SGA、SDA、Kaizen、QC、PDCA 等精益管理工具和方法确保实现闭环管理。还有优秀监护人评比、每天召开检修协调会、公司主管领导现场办公、外聘第三方介入检修监理等多项新举措，为检修队伍进一步走向市场摸索出了路子和经验。经过检修季的磨炼，安全生产实现了全过程"四无"、全优的检修质量、全面的检修工作标准化的目标。安全管理、质量控制犹如独特的窗口，呈现出了别样的风景，辉煌战绩渗透着所有员工的汗水，也向西柏坡电力 25 周年庆献上了一份厚礼。

三、推行检修管理全过程标准化的主要做法

检修管理是一项庞大复杂的系统工程，如何确保公司管理体系在检修管理中运行良好，需要制定方针目标，需要强化执行力让制度落地，更需要强化过程控制让精细化管理保驾护航。公司在检修季开始之前便安排职能部室带领检修车间策划人员奔赴各大标杆企业调研学习，并在关键时刻召开的"西柏坡会议"上，确定了检修季工作思路和工作目标（见表 1）。检修管理标准化、全过程标准化的实施，是项目管理的创新，质量控制的革新，思想观念的飞跃。

表 1 传统检修管理与标准化检修管理的异同之处

关键因素	传统检修方式	全过程标准化检修方式
检修整体管理	凭借以往经验，检修活动安排不周导致忙乱；存在随意性；费时费力	以文件形式固定；组织结构完整；各阶段应做的工作和职责分工明确，检修活动安排有序；省时省力
范围管理	因疏忽或责任心不强就容易产生丢项漏项	科学全面策划检修内容，实现应修必修
质量管理	随意的、人为的	程序化的、文件化的、制度化的
成本管理	检修前凭人员和历史经验进行估算，检修过程中难以控制，修后成本得不到控制	成本控制从检修项目策划开始，在每道工序进行控制，修后成本容易控制
进度管理	只有整体进度图，未进行人力资源的合理安排，经常出现抢工期、加班的现象	通过人力资源合理调配，既能保证检修进度，又能保证人力资源平衡使用
人员技术水平	因业务不熟或水平不齐需要查找相关规程、制度、导则等原因带来的不便和理解有误，影响检修质量和进度	作业手册中都备有具体标准、所需表单等提示和要求，方便现场检修与管理
人员流动	人员流动和变化导致检修水平及管理方式的变化	检修导则、规程、制度与实践相结合形成标准并固定下来
各级职责及范围	容易不清，产生扯皮现象	明确并可根据文件记录进行责任追溯
奖惩考核	不细，可操作性差	明确细致、操作性强

（一）实施安全文明检修标准化、全过程标准化管理，确保人员行为无违章、环境作业无风险、安全管理无漏洞

1. 强化危险源辨识、风险评价和风险控制规范管理，提高安全文明生产管理水平

对于电网这个复杂的工业系统，完全依靠安全技术系统的可靠性和人的可靠性，还不足以完全

图 7 竞赛

杜绝事故，在很大程度上还取决于微观管理的有效性。有效的管理需要丰富的经验、科学的方法及手段。危险源辨识、风险评价和风险控制是微观安全管理的核心内容，是安全管理走向系统化、规范化和科学化的前提，是提高安全管理水平的有效手段。

控制危险源主要通过工程技术手段来实现。危险源控制技术包括防止事故发生的安全技术和减少或避免事故损失的安全技术。前者在于约束、限制系统中的能量，防止发生意外的能量释放；后者在于避免或减轻意外释放的能量对人或物的作用。显然，在采取危险源控制措施时，我们应该着眼于前者，做到防患未然。另外也应做好充分准备，一旦发生事故时防止事故扩大或引起其他事故（二次事故），把事故造成的损失限制在尽可能小的范围内。

管理也是危险源控制的重要手段。管理的基本功能是计划、组织、指挥、协调、控制。通过一系列有计划、有组织的系统安全管理活动，控制系统中人的因素、物的因素和环境因素，以有效地控制危险源。

2. 对生产现场按照安全标准化要求进行全面综合治理，确保设施配置完好

安全文明生产缺陷识别是整个安全文明生产管理体系的根本要素，所有安全文明生产的问题都可以视作设备设施缺陷，即"缺陷管理全覆盖"。安全文明生产缺陷既是文明生产问题，也是安全问题或生产设备本身的问题，安全文明生产问题需要针对不同的影响、风险严重程度确定不同的处理对策，结合风险预控，按"计划、实施、检查、改进"管理流程，把安全文明生产问题与日常生产工作紧密结合也才能得到根本解决。

现场安全标准化及设施配置的目的是规范检修现场的作业行为，确保安全设备设施完好，从而确保员工的人身安全。公司级层面编写了检修作业指导手册和现场安全文明检修检查表，检修车间编写了安全文明检修作业规范和达标工作分解图，检修班组梳理了可见风险点和安全隐患排查台账，每日站班会落实"技术、安全两交底"。安全生产标准化达标工作涉及安全防护设施、标识标牌及画线、特种设备作业、特种作业、工作许可、工器具、人员防护、接地防护、应急安保等多个方面，

图 8 宣读

西柏坡电力严格按照安全生产标准化一级达标企业评审标准认真执行，各级人员充分履行岗位安全职责，严格执行两票三制，认真落实检修设备安全隔离措施，做好危险点分析，规范安全工器具、电动工器具的管理，确保了无装置性违章、无习惯性违章、员工无人身伤害。

3. 从员工手头最简单的事做起，通过整理、整顿、清扫等方法，实现对现场卫生及作业环境管控

创新的目的是管控作业环境，确保生产环境

整洁、有序。文明检修现场仅仅靠车间管理人员和班长是远远不够的，一定要调动每个工作成员的积极性，真正为文明检修动脑筋，找出现场真正改观的好办法。公司成立了由主要负责人任组长的安全文明检修推行领导小组，成立推行办公室，负责安全文明检修管理的推行工作。工作内容主要有现场定置管理、建筑物及辅助设施、设施设备清洁与整洁、卫生条件与状况、环境监测、保温防冻与防雨、防腐、电缆、管道等多个方面。在两个检修季检修管理人员深入调研、精心策划，协调配置各类资源，统筹安排好推行工

图9　安全文明检修样板示范区

作，每个检修作业面都实施了目视化管理、定置管理和看板管理。通过样板区的打造让员工看到了安全文明检修带来的巨大变化，坚定了员工推行安全文明检修的信心和决心。通过安全文明检修简报、管理看板等多种方式展示安全文明检修改善成果和工作动态，为推行工作营造了良好氛围。

4. 以防为主、防消结合，加强设备治理，提高设备的运行可靠性

提高设备的运行可靠性，除了发挥设备自身的优势以外，发电企业的管理也是提升机组可靠性的重要手段。加强设备的治理，全面推行设备检修标准化管理、加大设备治理改造投入、加强技术监督工作，及时提出预警，避免问题扩大和损失增加。同时电厂与设备厂商应该充分沟通，强化技术监督工作，及早发现问题隐患。

设备安全文明生产标准化建设，最难的是设备的创建无渗漏工作，这是难点，也是安全文明生产治理的重点和根本，只有解决好设备的泄漏问题，现场环境卫生才会大为改观，这是文明生产的根源所在。需从风险预控角度出发，体现"以防为主、防消结合"的理念，从设备检修、管理上提出了具体的渗漏控制指标及管理要求。按一台300兆瓦机组约10万个密封点来计算，总体上渗漏率保持在0.03%左右。密封点是指各种介质可能向外渗漏的结合面，主要形式表现为漏灰、漏煤、漏烟、漏风、漏油、漏水、漏

图10　检修现场7S现场推进会

汽、漏气等，难度可想而知。在此次检修管理创新中着重对运行系统中容易泄漏的薄弱点、关键设备进行了罗列，不同的专业针对具体的设备提出了可操作性很强的保证措施。

5. 开展"文明作业每周之星"竞赛活动，促进了安全、文明、绿色检修的保持，营造了和谐检修氛围

走进西柏坡电力的每个检修现场，看到的是一个井然有序、干净整洁甚至是悄然无声的工作画面：整齐规范的场地布置、文明有序的检修布置流程图、清晰醒目的标准化作业指导书，整个检修现场勾画出一幅和谐而有序的画面。

上下同心，其利断金，各个检修现场高起点、高标准作业，一开工便亮出了风采。为配合安全

文明检修工作，西柏坡电力在检修季还开展了"文明作业每周之星"竞赛活动，每周公布一次评选结果，对获奖者悬挂锦旗并颁发奖金。各检修车间主动思考，快速响应公司倡导的安全文明检修，一场"夺旗争星"大战悄然打响，大大鼓舞了检修员工士气，促进了安全、文明、绿色检修的保持，营造了和谐检修氛围。

（二）实施检修文件包管理模式，推进技术进步，提升检修管理水平，确保设备不欠修、不过修，做到应修必修好

西柏坡电力在2000年通过了质量保证体系认证、职业健康安全认证、环境保护认证（三标一体化认证），同时建立并完善了各种管理标准，为推行检修文件包的应用奠定了基础。检修作业文件包是在实施设备检修活动中所需要和产生的，经审核和批准且符合文档规范的文件集合，是提供要求检修工作人员完成指定工作任务和全过程检修作业活动的书面文件汇总。它是设备检修管理的作业文件，是检修工作实施的规范和依据，实现了检修作业程序化、标准化、全过程标准化，做到了每道工序有规定、有标准、有检查、有证实，对检修工作涉及的各方面工作进行了规定。检修文件包质量管理采用过程控制（W、H、S点），变检修结果控制为检修过程和因素（人、机、料、法、环）控制，使得检修工作从准备到收工全过程的每一步都有章可循、有据可查，从而控制检修行为，控制检修行为的随意性，有效提升检修质量水平和检修工作效率。

1. 发布检修文件包管理标准，规范专业术语，明确适用范围

检修文件包是检修工作的实施依据和检修过程记录档案。其内容包括工作任务、修前准备、技术质量标准、作业标准（工序）、试验标准、技术记录、检修总结和自身动态管理的全过程。其核心内容是检修作业标准（工序）和技术记录。为了建立内容完善、格式规范、程序可靠的标准化作业文件，规范基础管理工作，加强过程控制，确保检修质量，实现检修后设备安全稳定经济运行，需要制定检修文件包管理标准，该标准对检修文件包编制的一般要求、使用要求、使用流程、适用范围进行了规范和明确，在标准中导入了不定工序卡和不符合项报告单等多项质量管理新举措。在检修季结束之后，西柏坡电力又对该管理标准进行了修改。

图11 检修文件包第一版编写小组

图12 检修文件包的编审批发

2. 编写《检修文件包编制使用导则》，明确各级人员在文件包执行过程中的职责

生产副总经理（或总工程师）负责检修文件包的审批工作，督促生产技术部及时修订和完善本标准。生产技术部主任负责收集在检修文件包管理过程中的信息，并及时检查、分析、评估，组织本标准所需的培训工作，组织生产部专工指导、审核检修车间编制的检修文件包。生产技术部专工负责指导、审核本专业编制的检修文件

包，收集本标准执行中的意见和建议，分析、评估本专业检修文件包管理的状况，并及时向部门负责人反馈。监督、检查检修作业人员对检修文件包的执行情况。检修车间主任负责本管理创新在本车间的培训工作，组织编写检修文件包，组织专业人员总结文件包实际应用的经验，并持续完善和提高，监督、检查检修文件包管理和使用的状况。检修车间专工负责组织、指导、初审本专业编制的检修文件包并提交生产技术部审核、总工批准，监督、检查检修作业人员对检修文件包的执行情况，组织检修文件包的定期修编工作，负责检修文件包的完善、管理及归档工作。检修班组负责本班组检修文件包的编制并提交车间专工初审，负责定期对检修文件包进行修编，要求严格按照检修文件包进行设备检修工作。

3. 规定执行程序，明确管理要求，确保执行到位

根据管辖设备的特点，编制检修文件包。对于较为简单的设备检修，可参照文件包的格式编写标准检修工艺卡。全体检修人员和有关设备管理人员应熟知设备检修文件包的使用方法及具体要求，检修工作负责人及其成员在使用前应对文件包进行学习，熟悉要求和程序。承包商使用部门应在检修开工前组织有关人员检查上述工作的完成情况，开工前应复查确认。对于质检点（H/W）必须由各见证方确认签字后，方可进行下道工序。出现不定工序时执行不定工序执行验证卡，并在下一次修订时对检修工序进行修订。检修期间出现不符合项时，下发不符合项报告单，对难度较大的不符合项，由生产技术部组织各方人员或专家进行论证，并提出处理方案，经总工程师或以上领导批准后实施。对于让步接受项目，做好记录，列入修后总结中。检修车间设有专人负责检修文件包的完善、管理及归档工作。检修文件包标准格式详见附件。

4. 电气率先试点，之后在公司全面铺开，在建投能源火电板块得到推广

2013年6月，召开检修文件包试点首次工作会，启动试点工作。明确各班班长全面负责和参与检修文件包试点工作，技术员负责具体编写，安全员负责风险见证点的识别，材料员负责历次检修用物资的分类统计。随后通过搜集所辖设备的检修工艺规程、设备检修台账、消缺记录本、历次检修工艺卡、物资领用清单，还有从标杆企业索取到的相关资料，整理出了检修的工程项目和检修工艺规程需要修改的内容，逐级报批。

2013年9月20日，召开"检修文件包管理"试点启动会暨#2机组检修动员大会，向全部参加检修的员工进行了检修文件包具体内容的宣贯，公司领导亲手将通过审核的检修文件包发放到各班组。

2013年9月25日，#2机组检修正式开始，检修工艺流程揭示牌、检修文件包专用文件夹、专用展示架、专用红蓝笔等，一样样新生事物在检修就地闪亮登场。检修人员将检修文件包定置摆放在现场，严格按照检修文件包工序进行检修，并严格执行风险见证点签字及三级验收签字手续。车间检修文件包监理及生产部专业人员认真监督检查检修文件包的执行情况。由于编写时间仓促，发现不适用的地方立即召开现场办公会协调解决，执行修改程序，启用不定工序卡。2013年11月11日，全部检修文件包关闭。

2013年11月16日，生产部组织外聘专家对#2机组B级检修用的文件包及工序卡的编制和执行结果进行了评审。专家评审意见：检修文件包编制规范，流程、质检点设置合理，具有可操作性。如果稍加修改完善，可以全厂推广实行。2014年2月，检修文件包管理模式在全公司范围内推广，之后在建投集团火电板块、在承揽的外部检修市场得到推广。2015年7月，西柏坡电力启动了检修文件包软件开发工作。

图13 公司主管领导下基层领航各专业检修策划

图14 水平测试

（三）检修策划提前谋篇布局，为检修准备的各节点工作有序进行提供了可靠保障

检修的全过程管理包括检修前详细的策划准备、检修中严格的过程控制、检修后全面的验收总结和检修后的跟踪、评价与改进四个方面，只有通过全过程标准化的检修方式才能确保检修全过程的关键因素在控、可控。为使机组检修工作管理进一步标准化、全过程标准化、制度化，确保机组检修安全、优质、按期完成，规范检修必须要有制度、有检查、有考核、有精细的管理流程。

检修策划的依据概括为四个方面：一是安全性评价结果；二是定期试验数据、技术监督计划、科技项目、《发电企业设备检修导则》；三是电网调度要求和日常运行中发现的设备问题；四是各部门对大修提出的要求、设备明细、设备的维修策略以及每个设备的日常维护情况。通过对以上四个方面的科学策划，提出完整可靠的检修项目清单，做到应修必修，从而避免策划与实施"两张皮"的现象。

（四）服从监理指导，发现问题及时纠正，有困难协商解决

发电设备检修是技术密集型的高技术作业行为，每个细小的失误，都有可能造成重大的质量事故或人员伤亡事故的发生。因此，为避免上述情况的发生，实施和加强发电机组检修的标准化管理工作非常重要。机组检修工作是一项参与人员多、涉及面广、持续时间长、安全风险相对集中的大型复杂工作，检修管理是一项庞大的系统工程，涉及的因素较多：作业人员、机械设备、材料、检修工作方法、工作环境等，由于受以上要素控制手段和方法限制，往往造成了尽管每个企业都有严格的质保、质检体系，但检修质量常常难以达到预定的目标，整体检修质量不能做到"可控、在控"。

质量标准是评价工程质量的尺度，数据是质量控制的基础。工程质量是否符合标准，必须通过严格检查，以数据为评定依据。修中施工阶段的质量监督，是确保检修质量的关键环节，对检修质量起控制作用。为此西柏坡电力导入检修过程质量监理管理模式，检修监理工作是在技术管理基础上进行的项目管理工作，对质量、安全和进度控制。加强员工的质量意识，坚持应修必修，修必修好的思想，克服我们这是老设备，质量上差不多就行，马虎从事的思想。从项目前期准备、策划书编制、检修文件包编制、招标选定施工方，到施工期间的质量、安全、进度目标控制，最后机组分部试运和整体启动、竣工验收，全过程负责协助业主方来进行项目管理，要求施工方检修作业行为全过程标准化。另外，加强现场监督控制和质检点的验证签字工作，确保施工质量符合相关要求。安全监理工作主要以现场检查、过程跟踪、督促整改的方式对大修现场安全情况进行监督管理，及时通报并纠正现场问题，在发布整改通知单的同时，对业主方发布监理工作联系单，对现场重大安全隐患建议其实行考核，有效保证了大修施工现场的安全文明工作可控、在控。

（五）精益精细精准化管理，促进安全生产管理综合水平提升

为了更好地落实公司对检修部门的"检修管理精细化、安全质量标准化"的新要求，为了加强生产现场管理，夯实安全文明生产标准化管理基础，创建和保持文明、规范、有序的生产现场环境，检修管理团队通过学习对标企业的先进经验和检修现场 7S 管理模式，实施了定置管理、看板管理和目视化管理，首创了安全文化墙型封闭围挡、每日"两交底"专栏、检修文件包搁置

图 15　目视化、定置化管理

架、作业面明白牌、悬挂倒三角小旗子隔离运行设备、临时电源接线明示包、多兜式检修看板、带新旧对比照片的持续改善图板、有本专业警示语的正反不锈钢围栏、用专用地胶做的功能区隔离、安全自查镜、管理人员承诺签名、发电机端部扣板、电缆头的防护包扎等，规范了员工现场安全文明作业行为，达到了"封闭作业、定置管理、工完料净场清"目标要求。

四、火电企业实施检修全过程标准化管理的变化

（一）生产经营各项指标明显得到改善

以"机组零非停"为目标，积极开展两级安全大检查，加强了设备运维和缺陷治理，加强了检修管理和技术监督，深化了能效对标管理体系建设。各检修部门积极落实安全生产责任制，严格执行"两票三制"，同时强化了运行人员的应变能力和事故应急处置能力，提升了设备的可靠性、经济性和稳定性。

供电煤耗：第一季度，西一公司累计供电煤耗完成 324.77 克/千瓦时，比年度综合计划（326克/千瓦时）低 1.23 克/千瓦时，同比升高 11.71 克/千瓦时。西二公司累计供电煤耗完成 321.7克/千瓦时，比年度综合计划（312 克/千瓦时）高 9.7 克/千瓦时，同比升高 3.87 克/千瓦时。

厂用电率：第一季度，2016 年发电厂用电率累计完成 5.76%，比年度综合计划低 0.73 个百分点，同比降低 0.03 个百分点。西二公司 2016 年发电厂用电率累计完成 5.01%，比年度综合计划降低 0.29 个百分点，同比升高 0.2 个百分点。

安全生产：第一季度，两公司一类障碍 0 次，同比持平；二类障碍发生 3 次，同比多发生 1 次；其他安全指标均在公司年度控制目标之内。

（二）生产现场通过设备综合治理，生产设施完好状况和设备健康水平明显得到改观

（1）作业现场规范整洁。良好的作业环境是企业管理的基础所在，没有实施良好的作业环境就表明员工工作效率不高、材料浪费现象普遍、生产管理成本高昂。我们在生产现场推行 7S，为的就是生产现场有一个良好的秩序（见表 2）。其实 7S 的核心管理理念就是 Kaizen。因为 7S 中每一个环节都需要持续改善，需要我们自己动手将 Kaizen 进行到底，需要我们通过不断改善来维持。检修期间公司发布的一组组改善前改善后图片让我们很震撼，数不清的工具、摆放混乱的仓库、没有标识的设备，防护不到位的作业平台，通过员工自己动手，实现了"面目全非"，目视化管理雏形

初现。生产现场整洁有序、安全防护设施完善、目视化管理到位；库房管理规范、账卡物相符，做到了四号定位、五五摆放；办公环境干净整洁、资料管理规范。

表2　7S推行全过程

工作步骤	工作痕迹
成立7S推动小组	组织机构图
选定区域	平面布置图
	定点拍摄表
规划区域	规划图
时间计划	7S全阶段计划书
	月计划书
区域分类整理	不用品清单
	常用品清单
	不常用品清单
	红色标签
	黄色标签
	绿色标签
不用品移出	可利用废旧物资品清单
整顿规划	整顿八阶段规划表
	整顿清单和7S基准书
	整顿技术分级详解
整顿实施	7S提案书
	7S会议记录
	改善事例表
	7S提案管理表
标准化维持	维持地图
	巡视表
	巡视记录
	管理责任表
诊断验收	自行诊断表

图16　照明

（2）设备健康水平提升。设备见本色成效显著，设备标识、安全标识和职业健康防护标识齐全规范，对生产场所照明实施了亮化和节能改造工作，将高能耗的金卤灯更换为了冷光源的无极灯和LED灯，降低了厂用电，同时还满足了运行和检修人员工作的需要。淘汰了落后产能，对低压电机实施了能效提升计划。设备"跑冒滴漏"现象显著减少、设备故障率降低、设备可靠性提高。

（3）员工素养提升。员工工作行为规范、工作作风严谨，违章作业少、执行力强、精神面貌好、团队向心力增强，一支在关键时候"派得出、用得上、打得赢"的专业队伍，一支政治合格、业务有素、作风过硬、纪律严明、工作有力的员工队伍正在形成。

（三）检修员工安全文明检修的习惯已经养成，并将好的工作作风带到承揽的外包工程上

各级管理人员经常参加班组安全活动，进行有针对性的交代安全措施并督促执行到位，做到作业环境不安全不工作，增强作业人员的安全意识和自我保护意识，特别是在受限空间内作业、交叉作业、高空作业、脚手架作业、起重作业等重点区域，采取专人负责、重点防控的安全技术措施，有效防止人身事故的发生，筑牢了安全生产第一道防线。

及时建立常态化管理机制，将安全文明检修管理制度和技术规范固化到企业的日常管理工作当中，在实践过程中不断总结完善；建立企业管理的持续改善机制，做好安全文明检修管理成果的保持、巩固和提升；在安全文明检修管理基础上，促进企业管理理念和方法的不断创新，探索和建立具有西柏坡电力特色的精益管理文化。

（四）检修工作标准化、全过程标准化管理，理顺了干群关系，员工工作积极性明显提高

积极推行监理的管理模式，解决了检修设备多、检修技术复杂、检修工作量大和检修时间短等问题，保证了发电设备的检修质量。实施监理制，通过专业人员的现场管理，极大地减少了施工环节中的漏洞和死角，在检修中与职能部门通过不同的方式管理机组检修工作，对于控制整个检修水平起到了不可替代的作用。在工程开工前，严格设置了质量控制的 W 点（Witness Point 见证点）和 H 点（Hold Point 停工待检点），对于重要的质量控制环节实施监理旁站见证，这些控制点不经过质量检查签证不得转入下道工序。实施监理制，极大地加强了设备检修质量及安全管理的监督，进一步提升了项目管理水平。

检修工作标准化、全过程标准化管理使得作业步骤优化，在工作中能很好地掌握关键点，针对性、可操作性更强，并且消除了作业人员的盲目性和随意性，加强了多班组之间交叉作业的协调和配合，形成了规范有序的工作氛围，减少了现场工作协调。

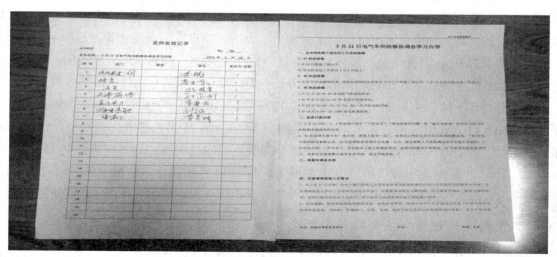

图 17　每天发放的检修协调会会议纪要

（五）在外部检修市场叫响西柏坡电力检修品牌

推广应用检修项目管理、检修文件包和检修监理制，加强检修安全、质量、工期、成本四大控制，实施对标管理，追求安全零事件、质量零缺陷、异物零进入、设备零误碰、行为零失误的检修质量管理目标。让检修员工对标准化、规范化检修理念认识不断深入，提高检修质量的意识更加到位，修后机组的非计划停运次数和启停次数明显下降，机组修后长周期安全稳定运行的台次明显增加，机组经济技术指标持续改善。

图 18　检修

安全文明检修更是标准化、全过程标准化的突出体现，不仅是进行高质量检修的基础和实施安全生产的前提，更是展示企业优秀形象的窗口。在检修季还未结束的时候，中国华电裕华热电就向西柏坡电力发出参与检修的邀请，西柏坡电力电气专业中标，首次尝试了除发变组保护以外的全范围设备的检修，2015 年 5 月，西柏坡电力电气专业在裕华热电的检修完美收官，并获得甲方高度评价。2016 年，乘胜追击，电气专业在多个运维和检修项目中表现不俗。

五、实施后的效果效益评价

（一）提高了机组可靠性，确保了公司在全国火电燃煤大机组竞赛中成绩取得较大进步

通过实施检修全过程标准化、标准化管理，在公司内部确保了质量管理体系、职业健康安全管理体系、环境管理体系和能源管理体系的正常运行，降低了检修成本，促进了检修人力资源的优化配置，改善了生产现场的设备文明生产状况，营造出了"检修管理精细化、安全质量标准化"的浓厚氛围，员工工作目标明确，积极性大幅提高，确保了生产设备安全、可靠、稳定、经济运行，公司年度业绩考核被评为优。因为检修质量的可靠，因为检修管理的准确到位，2016 年上半年实现了机组零非停，非停次数同比减少 3 次、非停时间减少 156.35 小时。同时也确保了节能项目如循环水泵变频改造、高效真空泵的改造、给水泵密封水改造、凉水塔配水优化等项目产生了显著的成效，厂用电率下降 0.12 个百分点。实施检修全过程标准化管理，检修工期得到压缩，参检人员大幅度减少，检修成本得到有效控制，施工安全得到有力保证，还创造了间接的经济效益。

西柏坡电力 #1~#4 机组参加了 2015 年全国 300~370 兆瓦火电、亚临界、纯凝、湿冷机组竞赛，参赛机组共 168 台，机组排名分别为第 74、第 48、第 53、第 75 名，接近优秀水平。#5、#6 机组参加了 2015 年全国 600~900 兆瓦火电、超临界、纯凝、湿冷机组竞赛，参赛机组共 137 台，机组排名较低，分别为第 94 名和第 110 名，由此说来，与 2013 年相比，六台机组排名均有大幅提升，相信接下来通过继续规范检修管理和实施增容改造，各机组在大竞赛中的排名一定会更加出色。

（二）管理提升效益和社会效益分析

河北南网以 500 千伏和 220 千伏电网构成主网架，东连山东、西通山西、南承华中、北接京津

唐，是"西电东送、南北互供、全国联网"的重要通道，全网统调发电装机容量3124万千瓦。西柏坡电力装机容量252万千瓦，占河北南网的近10%，设备的安全可靠运行对河北南网系统的稳定有着至关重要的作用。几个检修季下来，标准化、规范化的检修管理，不但机组能效指标得到优化，而且更加适应了经济社会发展对电力可靠性管理的更高要求，无影响电网安全运行的事件发生，继电保护投入率和正确动作率年年都能实现"双百"，保障了电网安全可靠稳定运行，为用户提供了可靠电力供应。

《石家庄市城市集中供热专项规划(2016~2020)》指出，省会将打造上安电厂、西柏坡电厂、鹿华热电、裕华热电、良村热电、石热燃气热电、空港燃气热电、循环化工基地余热8个主力热源，那么西柏坡电力的供热范围将进一步扩大，保证供热机组保质保量不间断的供热也就成了政治任务。从近几年为平山供热情况来看，无论是热费结算问题还是不可抗力，都没有影响西柏坡电力秉承"建设家园、奉献社会"的企业文化，西柏坡电力作为革命圣地上的璀璨明珠，用实际行动诠释了"西柏坡精神"。

在推行检修管理标准化管理的实践中，西柏坡电力坚持将现代管理理念渗透到检修管理的全过程，培育员工的团队精神和行为养成，提升了企业管理水平，检修队伍形象好、素质高、技术精的亮丽风景得到显现。目前标准化检修的理念早已深入人心，管理由"事后分析"的被动管理模式向"超前预防"和"过程控制"的主动管理模式转变，有效地提高了管理人员超前策划的意识，做到了对任务分工、工作进度、作业风险、成本造价、施工技术的超前掌控。执行检修文件包已成为作业人员的良好习惯和自觉行为。实施标准化检修，文件包简明扼要、工序清晰、重点突出，减少了现场填写工作量，最大限度地规避了现场作业的风险，让风险降低到最低点。

机组检修的全过程标准化、标准化管理，充分调动了员工的工作积极性和主动性，以科技创新、管理创新为抓手，充分发挥广大员工的创新能力，涌现出一大批来自一线职工的"五小成果"(小发明、小革新、小创造、小设计、小改革)，在公司上下形成了"比、学、赶、帮、超"良好的职工创新活动氛围，在检修季里涌现出156个文明作业之星和作业面，有效促进了检修现场的安全生产，提升了检修质量，确保了工期进度。公司为实施安全文明检修购置了大量的定置管理、目视管理和看板管理用器具，为承揽外部检修市场创造了有利条件，公司各机组运行安全稳定，得到了省调的高度赞誉，进一步为满

图19　热力发电

发、多发电量提升了认知度和可信度。公司先后荣获河北省先进集体、河北省劳动关系和谐企业等荣誉称号，连续多年位居河北省百强企业、石家庄市工业50强企业之列，连续七次被授予河北省文明单位。

在"十三五"期间，西柏坡电力面对电力消费增速持续放缓，火电价格大幅下调，电煤价格低位波动，电力体制改革加快推进等复杂局面，进一步夯实安全生产基础，牢牢守住利用小时超区域统调平均水平的底线，推进安全文明生产管理升级，加强安全风险管控，狠抓设备管理，全面落实节能环保和超低排放改造新要求，确保机组主要能耗指标领先、员工职业健康安全、公司形象安全。

资源整合背景下企事业单位有机协同共存发展模式的创建与实施

创造单位：中电科技集团重庆声光电有限公司

主创人：何 剑 李伟东

创造人：张 挺 王菲菲 李佳忆 邓冬灵

[摘要] 重庆声光电有限公司为了在军工事业单位改制转企尚未完成的情况下，完成中国电科重庆地区资源整合、改革发展试点重任，结合公司组织架构"三明治"式、业务军民融合、多专业方向的特点，实行管理创新，通过建立战略规划体系，明确资源整合、改革发展目标；采取"分类分步"、"上下结合"的整合方式；在不同阶段采取多种管控模式，逐步实现全方位的有效管理管控；实施创新驱动发展战略，在整合的基础上推动融合；以管理体系和流程体系建立建设为重点，"软"整合和"硬"整合两手抓；多维度推进整个子集团向现代企业转变等，实现了企事业单位有机协同共存发展，取得了明显经济效益和社会效益，通过量变产生了质变，通过"物理反应"催生了"化学反应"，达到了"1+1+1>3"的目的，为中国电科转型升级、国企改革和事业单位改制转企业走出了一条成功的试验之路。

[关键词] 公司治理；集团管控；事业单位改制

一、前言

重庆声光电有限公司（以下简称声光电公司或公司）是根据国防科工局关于"统筹规划、分步实施，逐步推进中国电子科技集团（以下简称中国电科）重庆三所（24所、26所、44所，以下简称三所）融合、重组"的指导精神和中国电科与重庆市政府签订的关于建设"国家级声光电技术创新中心和规模化产业基地、中国西部重要的军转民基地"战略合作协议成立的，是中国电科为了整合地区优势资源、打造具有行业领导地位的高科技子集团而做出的一项重要战略部署，定位为中国电科模拟集成电路、微声/惯性器件、光电器件专业型高科技子集团。

公司注册资金5亿元，在职职工4680余人，其中专业技术人员和专门技能人员约占80%。截至2015年底，实现总产值48.5亿元，资产总额66.3亿元，其中净资产38.1亿元。

公司共取得科研成果3000多项，主要专业方向保持国际先进或国内领先地位，拥有包括军用模拟集成电路国防科技重点实验室在内的多个高水平科研机构。为包括"神舟"、"天宫"在内的诸多重点工程型号和重大科研项目配套了一系列军工产品，在通信/导航电子、汽车电子、智慧电子等民用领域具有较高的竞争力和一定的市场份额，是华为、中兴、长安等大客户的合格供应商。

　　未来，声光电公司将加快体制改革和机制创新、优化管控模式和运行模式、推动资源深度整合、融合，力争到 2020 年建成"国内卓越、世界一流"的百亿高科技子集团。

二、实施背景

　　声光电公司创建并实施企事业单位有机协同共存的发展模式，是为了在军工事业单位改制转企尚未完成的情况下，通过管理创新，完成中国电科重庆地区资源整合重任、实现企事业单位有机协同共存，突破发展瓶颈，形成新的整体竞争力，达到"1+1+1>3"的目的，为中国电科转型升级走出一条改革试验之路。

　　（一）国家改革要求，国防科工局、中国电科集团、重庆市政府赋予的使命和重任

　　近年来，党中央、国务院深化国有企业改革，推进军工事业单位分类改革，重组和整合是国企改革的重要内容。中国电科作为一个成员单位主要是研究所的军工集团，顺势而为、主动谋划、积极推动内部改革，提出了创建"国内卓越、世界一流"企业的目标，着手改革试点工作，在国防科工局、重庆市政府的支持下，组建了声光电公司，定位为第一个改革试点的专业型子集团。

　　因此，声光电公司的资源整合、改革发展，既是国家的改革要求，也是国防科工局、中国电科集团、重庆市政府赋予的使命和重任，不仅关系到自身的生存发展，也关系到整个中国电科改革的方向、进程乃至成败。

　　（二）经济进入新常态，自身发展瓶颈显现，要求传统军工单位探索发展新路径

　　近年来，经济增长速度由高速增长向中高速增长转变、由粗放式增长向兼顾增长质量转变（要素资本驱动增长向创新驱动增长转变），以及对经济结构进行战略性优化升级调整，特别是由要素资本驱动增长向创新驱动增长转变，是企业改革发展过程中的重大课题。

　　军工研究所的经济增长主要依靠军工任务投入和技改投资驱动，是一种典型的要素投入驱动。在武器装备采购模式和体系改革，民企大规模"参军"，科研项目经费管理和技改经费管理发生重大变化的情况下，要素驱动增长方式将逐步难以为继，军工研究所将面临极大挑战。同时，通过长期高速粗放式增长，三所发展瓶颈显现，增长乏力，而新的支柱尚未形成，必须探索新的发展模式和路径。

　　（三）适合公司组织架构"三明治"式、业务军民融合、多专业方向等特点的要求

　　公司的成员单位是三个研究所和十个产业公司，各成员单位和声光电公司均是法人单位，有不同的法人代表。三所属于事业单位，十个产业公司和声光电公司属于国有企业。从中国电科的管理层级上看，三所和声光电公司是其二级成员单位，十个产业公司是其三级或四级控股公司，属于典型的两头是企业、中间是事业单位的"三明治"架构。各个专业方向虽然都属于电子信息产业范畴，但实际上"隔行如隔山"，特别是各所都有自己的军工质量体系和保密管理体系，各所都有其承接武器装备研制所必需的独立"户头"，公司的资源整合没有现成经验可借鉴。同时，保军工科研生产是军工研究所首要政治任务，不能因为资源整合而受到影响和冲击。所以，中国电科对声光电公司的部署也不是一步到位的，而是摸着石头过河、审慎推进的，如对声光电公司和三所的定位、对领导班子的任命就是逐步推进到位。

上述因素决定声光电公司的整合必然有"有机协同共存"的特点。

三、内涵和主要做法

（一）内涵

公司根据自身特点，瞄准"国内卓越、世界一流"企业目标，以"资源整合、改革发展"为工作主线，根据资源整合和改革发展目标制定战略规划，通过发挥战略规划的引领作用和掌控作用，确保资源整合和改革发展的方向正确、目标细化、措施针对性强且得力；基于整合、改革的难点和特点，不拘泥于形式，不搞"一刀切"、不强推"一步到位"，在整合领域上分类别、整合时间上分步骤实施、在管控模式上采取多种不同方式，逐步实现子集团本部对成员单位具体业务的管理管控"一竿子插到底"；实施以专业融合、集成创新为主要内容的创新驱动发展战略，力争通过专业、文化等多方面的整合融合，通过量变产生质变，通过"物理反应"催生"化学反应"，实现"1+1+1＞3"；将战略管控、财务管控、操作管控等管控模式有机协同，"硬整合"与"软整合"有机协同等多方面的有机协同贯穿整个资源整合、改革发展的始终，最终达到一个子集团下多个企事业法人实体有机协同共存发展的目标。

（二）主要做法

1. 建立战略规划体系，确保资源整合、改革发展目标与顶层谋划的有机协同

公司的资源整合和改革发展，目标是打造"国内卓越、世界一流"企业。对三所来说，在军工事业单位改制转企的各项可操作性政策尚未明确、改制转企工作尚未进入实施阶段的情况下，就是按照党中央、国务院和中国电科的要求，在确保军工科研生产任务的同时，积极做好自身改革，为改制转企做好准备；对子集团本部和十个产业公司来说，就是尽快建立完善现代企业制度，提高运行效率效益，服务国民经济建设。

2011年底，公司领导班子到位后力抓的"牛鼻子"，就是战略规划。公司领导根据资源整合、改革发展的目标从全局着眼、顶层谋划，制定战略规划，绘就改革发展蓝图，实现"谋定而后动"，围绕战略规划的制定、分解、执行、考核评估等环节，开展了持之以恒的工作。在战略规划工作中始终贯穿"资源整合、改革发展"这一工作主线，通过战略规划确保了资源整合工作的推进有效有序、科学正确，确保了改革与发展的两不误、互促进，战略管控也成为整个整合期间的最重要管控模式。

为建立战略规划体系，确保整合改革与战略规划的有机协同，公司主要开展了以下几方面的工作：

一是整合子集团本部、三所的战略规划资源，重构统一的战略规划组织体系，提供有力的组织保障，并建立起统一的有机协同机制，确保整个子集团的整合和改革工作"一盘棋"。

二是瞄准现代企业建设目标，按照现代企业制度的要求，建立建设规则体系确保战略规划的科学制定和执行，变原来的技术规划为企业发展规划，规划的重点从怎样发展专业技术转向怎样做好一个现代企业。

三是通过完善的规划文本体系绘就资源整合、改革发展的蓝图，以总规划、分/子规划方式实现子集团发展、各成员单位发展、专业技术发展、职能管理的相互支撑和有机协同。

四是按照"战略变规划、规划变计划、计划变预算、预算促行动、行动可考核"的闭环流程管

理思路，加强规划的执行和考核，实现各个环节的有机协同，确保资源整合科学、有效、到位，确保改革发展卓有成效。

五是突出资源整合、改革发展工作主线，聚焦战略规划中关于整合、改革、发展的重点难点，通过专项工程推进，确保规划重要目标的达成。

六是加强对规划的后评估和对资源整合、改革发展工作实践的总结，不断完善战略规划管控体系，不断推进资源整合工作。

声光电公司战略规划管控体系如图1所示。

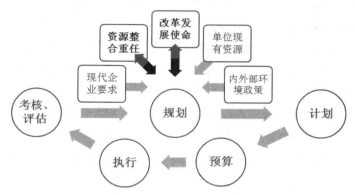

图1 声光电公司战略规划管控体系

2."分类分步"、"上下结合"整合方式的有机协同

公司根据自身特点和整合工作的复杂性，对整合任务分类别、分步骤、采取"自上而下"和"自下而上"相结合的方式、有机协同推进。

"分类分步"是指将整合分为职能类整合、科研业务类整合（又分军品科研生产类、民品科研生产类）、保障辅助类整合三类，三类整合根据轻重缓急、条件成熟度分步骤实施，在整合步骤上则分三步。分类中有分步、分步中有分类。

"自上而下"是组织保障先到位，业务整合和职能整合随之展开（由组织按既定方案推进）的整合方式。中国电科对声光电公司的整合即是这种方式，即先任命声光电公司的领导班子，将整合和改革作为领导班子的主要任务。"自下而上"是先开展相关职能和业务的局部整合或整合的前期工作（如信息的共享、资源的共用、业务的联合），保留原组织机构不变或者同时成立整合工作领导小组，通过局部整合和整合前期工作的开展实践、不断优化改进，时机成熟、条件具备后实现组织变更、人员到位、职能/业务的一体化管理。

在实际整合过程中，"分类分步"和"自上而下"、"自下而上"也相互结合，有机协同。

对于整合难度不大的公共职能和各成员单位同类业务，直接设立子集团层面的职能部门、撤销原成员单位职能部门，一步到位。如战略规划、党建纪检、能力建设、动力运行保障、民品产业管理等，均是采取组织结构、人员、职能和部门一步到位的方式，成员单位的相关部门和人员成建制整合到声光电公司本部，成员单位不再设该类部门、不再负责该类职能或业务，这种整合因为相对容易操作，从整合步骤上属于第一步。

因三所军工科研生产独立运行所需要的综合行政管理、财务管理、人力资源管理、质量管理、科研项目管理等职能，放在第二步整合。这类整合的特点是虽然在子集团本部层面也设立了相关部门，但部门和人员整合不是一步到位，各所还保留着相对完整的部门和人员，子集团本部和各所都履行职能、开展业务，但有协同。随着整合工作的推进和彻底整合条件的成熟再完成、完善。

因为公司本部开展军工科研生产的需要，在保留三所原有机构和职能不变的基础上，子集团层面单独设立了质量处、保密处等职能部门，既负责公司的质量、保密体系建设，同时又牵头推进三所相关资源的整合。

科研业务的整合难度最大，一步到位容易对正常的科研生产造成冲击，如军工科研生产相关的设计、市场、制造、检测等。公司审慎地将其放到第三步甚至后续步骤整合。在开展第一步、第二步整合工作的同时，通过重大、重点军工项目的统筹管理，各类资源的共享共用，重要客户的统一维护走访（声光电公司领导带队），引导业务和职能的整合（根据需要和可行性，有些业务也可能剥离出来由公司有关部门统筹开展，如军工经济运行分析），逐步解决整合的问题和困难，时机成熟即作组织机构上的变更，实现整合到位。如2014年就整合了三所相关部门，设立了子集团层面的军工部、军工科研生产部，这种方式的好处是使整合的问题一个个逐步得到解决，降低了整合的难度，确保了军工科研生产的正常开展。

除了职能和业务管理层面的整合外，公司还根据可行性积极开展专业整合。如开展了军工设计、民品产业公司、制造资源的整合研究，确定了以优势产业公司为平台整合产业资源，确定整合四、六时工艺线建立微电子制造平台，整合二次集成制造资源建立集成制造平台等整合方案，并完成了前期相关整合步骤。

为了确保整合工作的有序推进和整合效果，精简机构、提高管理效率和决策效率，在组织保障问题上，一方面实行由公司领导挂帅，兼任相关部门的负责人（由三所领导兼任公司相关部门一把手），强化其在子集团的职能，逐渐弱化其在研究所承担的职能（整合的逐步完成也使这种方式成为可能），使原来所内的各项职能逐步走向公司统筹。同时，为节约资源，公司采取"一套人马、多套班子"、"一个部门、多块牌子"的方式，如公司党委、工会、团委和各所的党委、工会、团委是一套人马，公司行政部同时也承担董事会办公司、总经理办公室的职能等。

从图2公司组织架构的演变可清晰了解整个整合进程。

3. 不同阶段采取多种管控模式，有机协同，实现全方位的有效管理管控

公司整合的最终目标是实现各个企事业成员单位一起向现代企业转型，成为"国内卓越、世界一流"的子集团企业。因此，公司的管控模式，不应满足于战略管控和财务管控，而应实现对成员单位具体业务的全方位操作层面管控，这也是实现深度整合、实施创新驱动发展战略的必要。

在实际操作中，根据整合进程不能一步到位的特点，在不同时期采取了不同的管控模式，并且有所侧重。

在整合第一步（即整合初期），基于改革与发展两不误的原则，特别是完成军工科研任务和集团公司下达的整体目标的需要，避免整合对三所正常科研生产造成冲击，采取战略管控为主（公司领导班子到位后力抓战略规划制定），主要抓整体发展规划和经营目标任务（声光电公司代表整个重庆地区与中国电科签订年度目标任务，三所不再直接与集团签订目标，中国电科对三所的考核整体并入公司）。在此阶段，公司通过制定中长期战略发展规划，同时确立了子集团的建设框架、组织结构、运行模式，描绘了子集团建设蓝图。

整合第二步，公司采取战略管控＋财务管控的模式，除了继续按照战略规划进行管控、按子集团建设蓝图推进各项整合工作外，加大了对成员单位全面预算、资金统筹、投资审批、经营审计等财务工作的力度，逐步建立完善了子集团对各成员单位的财务管控体系。

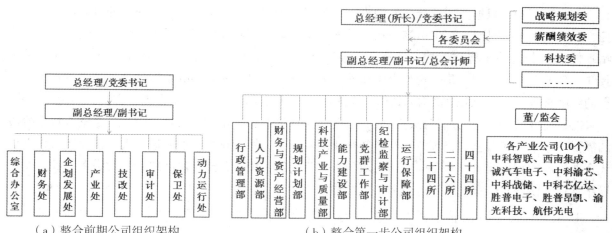

（a）整合前期公司组织架构　　　　　（b）整合第一步公司组织架构

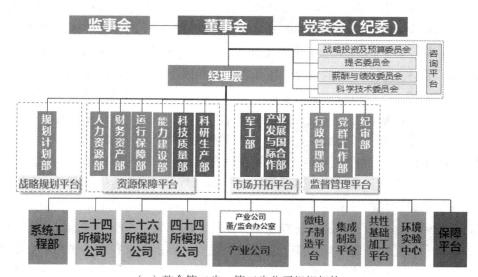

（c）整合第二步、第三步公司组织架构

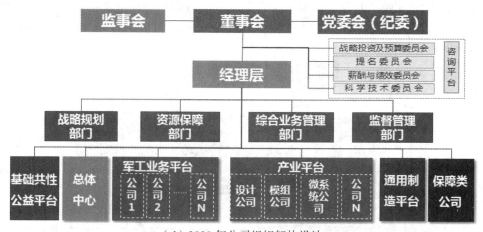

（d）2020年公司组织架构设计

图2　声光电公司组织架构的演变

整合第三步，根据各项整合工作的推进，公司开始实现对成员单位具体业务的全方位管理、管控，逐步深入军工科研、军工市场、物资采购、质量检测等业务领域，子集团管控模式已演变成战略管控＋财务管控＋操作管控，子集团管控更加深入、全面、有效。子集团本部深入各成员单位具体业务的全方位管理，是公司整合工作的一大特点，相对于松散型的重组整合，是一种真正意义上的深度整合，有利于组织机构的精简、经营管理效率的提升、专业的融合创新和资源的优化配置。

"天下大势，合久必分、分久必合"，公司深入具体业务的全方位管理、管控，是整合特定阶段的需要。未来，随着公司资源整合及重新优化配置到位，特别是主业的发展壮大，子集团将根据现代企业制度的相关要求，对不同实体采取各有侧重的管控模式，或突出战略管控和财务管控，弱化操作管控，使各实体实现高效运营和良性发展。

4. 在整合的基础上推动融合，实施创新驱动发展战略，实现整合与融合的有机协同

资源整合不是目的，而是手段。资源是否优化配置、是否达到"1+1+1>3"的效果，是检验整合效果的一个重要标准。公司各成员单位经济体量都不是太大，简单整合相加产生的量变效果不明显。不同专业简单整合，互补的效果也不明显。简单的物理整合反而会增加整体的经营难度和复杂性。作为一个以科研生产和经济活动为中心工作的组织，公司针对原来各单位以元器件配套为主、产品附加值不高、整体竞争力不强的情况，抓住各专业同属于电子信息产业领域、市场客户群体和产品应用对象趋同的特点，瞄准价值链高端和产业链关键环节，提出了以三大主专业为基础，实行技术融合、集成创新的战略构想，并进行了技术路径的论证，确定了创新驱动发展战略，取得了显著成效，为提高核心竞争力、转变增长方式、实现可持续发展找到了突破口。

（1）重构声光电公司层面的"四位一体"科技创新体系。三所均有自己的科技创新体系，为促进军工技术的进步发挥了积极作用，但体系不健全、不完善，不能满足促进军工技术进步引领武器装备发展、支撑军队打胜仗的越来越高的要求，更不适应整合后公司整个融合创新工作的需要。为此，公司通过梳理研究，在借鉴原三所科技创新体系优点的基础上，按照"四位一体"的思路重构了新的科技创新体系，其主要内涵如图3所示：各类重点实验室、工程技术研究中心主要从事前沿技术、基础科学的研究；三所主要负责各自军工主专业的实用性技术研究；各产业公司负责军用技术转民后的产业发展；四大工艺平台负责军民品的生产制造。前沿技术、基础科学理论成果支撑军工主专业的实用性技术发展，并在此基础上融合创新发展成声、光、电微系统。军工技术的"军转

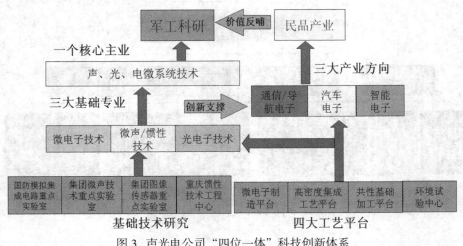

图3 声光电公司"四位一体"科技创新体系

民"条件成熟后向产业公司转移，为产业发展提供创新技术支撑，产业公司负责"军转民"技术的产业化和市场开拓应用，并实现价值反哺军工，为军工技术进步和可持续发展提供资金，形成良性循环。四类实体、不同产业链环节有机协同，相互支撑，军民融合、集成创新是重要内涵，为促进公司发展高端产业提供了重要支撑。

（2）从战略规划、咨询支撑、职能管理和业务开展四个维度具体推进专业融合、集成创新工作。一是将融合创新写入战略规划作为子集团要实施实现的重要内容和目标。公司制定了"1134"发展战略，其中的一个"1"就是指声光电公司未来的核心主业——声、光、电微系统。二是成立科技委，作为公司科学技术工作的高级咨询机构，科技委的成员均是各专业方向的专家，子集团的五名中国电科层面的首席科学家、首席专家负责领导公司科技委的具体工作，其中技术融合、集成创新是其主要职能。三是在子集团层面设立科技创新推进处，统筹负责整个子集团的融合创新管理工作，使融合创新工作有了职能管理主体。四是设立系统工程部，负责子集团单一成员单位不能完成或单一专业无法实现的项目（主要是技术融合、集成创新项目，如微系统、文物保护装备产业）的总承接及组织实施，确保了融合创新工作有效推动。

（3）创新融合创新工作的工作机制，将工作机制的创新作为融合创新工作的一个重要推力，主要做了以下几方面的工作：

一是确定系统工程部的运行模式。从定位上，它是基于需要融合技术、统筹资源才能完成的项目而成立的部门，是独立于三所、产业公司之外的业务部门，同时也是融合技术创新、体制、机制改革的试验平台，其运行模式如图4所示。

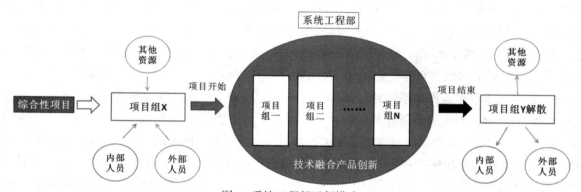

图4　系统工程部运行模式

根据不同项目的需要，内部抽调人员、聘用外部专家组成团队，投入所需各类资源，成立相应项目组，组织实施技术融合与集成创新项目，项目结束后团队解散，各类资源归位等待下一项目需要。

二是设立科技创新风险投资基金和技术创新基金。为激发科技人员的创新热情，推进科技成果转化，公司设立了科技创新风险投资基金和技术创新基金。其中科技创新风险投资基金主要由公司本部、三所及所属事业部（研究室）筹资构成，每年按比例注入等额资金，结余自动留存在基金池，滚动发展。风投基金在子集团内部运作，主要以公司相关专业技术和研发条件为基础，针对市场结合紧密、具有技术先进性、新市场领域新产品开发项目投资。技术创新基金则着重支持重大基础前沿性应用研究、系统集成、技术融合及微系统两大类科研项目。基金对促进文物保护装备产业这类跨界融合产业的相关技术、方案解决起到了积极作用。

三是实施了以技术交易为重点的成果转化机制和以发明专利权益改革为重点的科技人员中长期激励机制，通过试点技术交易平台，提高发明人在享有专利权益的比重，充分调动科研人员的积极性、激发创新的原动力。

实施创新驱动战略，需要新的专业技术方向和实实在在的创新项目、产业作支撑，声光电公司在三个军工主专业的基础上，研究确定了公司未来核心主业——声、光、电微系统，并且根据技术可行路径和市场需要论证确定了射频模拟微系统、组合导航微系统、多光谱成像微系统和智能传感器微系统四个具体发展方向作为支撑，制定了技术发展规划，明确了微系统的发展目标、发展重点、实施路径。通过争取和自启动一批微系统领域的研究项目，攻克了一批关键融合技术，达成了一批意向市场。另外，声光电公司聚集三个研究所和部分产业公司的人才、技术资源，瞄准国内文物保护、文物数据服务等热点市场，大力推进公司重点培育产业方向——文物保护装备产业的发展，目前已成为工信部、国家文物局文博保护专项计划总体承担单位，已争取到了相关经费支持，与包括故宫博物院在内的30多家文博单位签约，推动了中国首个国家文物保护装备产业基地在重庆南岸区落地，声光电公司的文博产业已形成一定产值规模。

声、光、电微系统和文物保护装备产业将带动声光电公司整个集成创新工作。

整合基础上促进融合（专业的融合、文化的融合等），使量变（形式上的"1+1+1=1"）产生质变（效果上的"1+1+1>3"），催生"化学反应"，是公司资源整合的一大亮点。

5. 以管理体系和流程体系建立建设为重点，实现"软"整合和"硬"整合的有机协同

对公司的子集团建设蓝图来说，组织结构是"骨架"，已经通过资源整合基本搭建完成。管理制度是"肌肉"，同时需要配套运行机制。管理流程是连接各个环节实现有机协同的"血液"。实现整合目标、达到组织的有序、高效运行，还需要各种"营养"，先进的企业文化就是一种"营养"。因此，公司把科学的管理体系、流程体系、配套机制、企业文化建设作为整合工作必不可少的重要"软实力"，和具体的组织整合、业务整合、专业融合等"硬整合"一起抓，两手都硬。

首先是制度体系和流程体系的建设。公司对各所的相关业务管理制度和流程进行了全面梳理，废除了部分不科学、不适用的管理制度和流程。建立了适应整个子集团的新管理制度和管理流程，涉及组织管理、财务、人事、运行保障、保密等方面。形成了子集团内统一的人才招聘、绩效考核、薪酬水平等人事管理制度体系；统一的财务预决算管理、统计口径、财务审核流程等财务管理体系；一套保密管理体系等。这一系列子集团层面的管理办法、规章制度、管理流程，有机协同构成整个公司的管理体系。在管理制度体系和流程体系的建设过程中，公司充分利用现代信息化工具，建立起了适合自身的"OA"行政审批、"MyCim"科研生产、"久其"财务报表等为主的管理信息系统，现代企业科学的管理体系开始建立，并正逐步完善。

其次是根据组织结构整合需要，建立了董事会、监事会、经营层和各专业委员会的运行机制，按照分权与制衡原则，对建立的决策流程进行固化、形成一套决策体系，有利于效率提高、保障子集团良好运营、降低决策风险。重构了战略规划管控机制、人事管理机制、财务预决算机制等一系列主要的运行机制，进一步明晰了新的组织架构和管控模式下公司本部与各成员单位之间的职责，建立起了各个界面的协同机制，进一步规范、完善了子集团运行管控模式。

另外，声光电公司针对子集团成立初期各成员单位的各种理念、文化等"无形"差异，通过组织开展子集团层面的各类党、群、团凝聚力活动，不断用"整合"、"改革"、"发展"和"百亿高科技子集团"等高频词强化共同目标，通过跨成员单位项目合作、技术交流、干部任职和员工交流等

方式，引导广大干部职工放大共同点，缩小文化冲突和差异，统一思想，在精神层面拧成一股绳、形成合力。在为共同目标奋斗的过程中，进一步升华、凝练各自的优秀文化，取其精华，进行文化的融合，形成融合文化，不断夯实子集团的文化底蕴，通过企业文化的"润物无声"引领资源整合和改革发展事业。

6. 多维度推进，促进整个子集团向现代企业转变

企事业单位有机协同共存，是公司在特定时期，面对多方面现实条件制约情况下的过渡性发展模式。公司资源整合、改革发展的最终目标是在国家政策指引和集团公司推动下，完成事业单位的改制转企，加快现代企业制度建设，整体建成"国内卓越、世界一流"现代企业。

公司在资源整合阶段，从三个方面着力，形成"推拉"之势，加快向现代企业转变的进程。一是中国电科对声光电公司本部建设现代企业制度的"推"；二是声光电公司本部对各产业公司向现代企业转变的"推"和对各研究所向现代企业转变的"推"；三是产业公司完善公司治理结构，率先加快现代企业制度建设，对各研究所起到带动作用的"推"和对声光电公司本部起参考借鉴作用、自下而上的"推"。

中国电科自组建声光电公司以来，一直在推动公司现代企业制度的建立建设，特别是2014年11月宣布成立了声光电公司董事会、监事会和新的经营层，标志着声光电公司的治理结构由总经理负责制转为由董事会、监事会和经营层组成的相互依赖又相互制衡的治理结构，公司现代企业制度的建设向前推进了一大步。

公司的各项整合工作，力求按照现代企业的高起点要求、围绕建立现代企业制度这一中心而开展的。无论是对各研究所转企的理念宣传、观念扭转，还是对各成员单位建立起以经济效益和经济运行质量为中心的现代企业考核模式，转变传统研究室科研任务项目团队运行模式，以及创新运行模式等，无不体现"现代企业"的要求。对转企条件尚未成熟的三个研究所，做好转企的各项准备工作是关键，一旦自身条件成熟、国家实质性推进，即可转企。对已经是企业的声光电公司本部和各产业公司，加快各自的现代企业制度建设，为实现整个子集团向现代企业转变打下坚实基础。

产业公司按现代企业要求完善董事会、监事会、经理层建设，完善科学的管理体系，进行股份多元化改造和激励考核机制建设和创新，充分发挥市场对资源配置的决定作用，加快向现代企业转变进程，为研究所和声光电公司本部具体向现代企业转变起到了试验作用和示范作用。

四、实施效果

声光电公司作为中国电科第一个试点子集团，承担着资源整合和改革发展双重使命，是集团转型升级的先导。公司通过管理创新，实现了企事业单位的有机协同共存发展，取得了良好经济效益和社会效益。

（一）经济效益得到大幅提升、"1＋1＋1＞3"整合效果凸显

近三年公司主要经济指标如主营业务收入、利润总额、经济增加值（EVA）实现了两位数的年均增长率，全员劳动生产率年均增长达16.2%。尤其是利润总额年均增长率达到47.5%，效益提升非常明显，具体数据如表1所示。

有机协同的"1＋1＋1＞3"整合效果还体现在多个方面，如管理和流程优化、资源利用提高、成本费用降低等，特别是干成了很多单个成员单位不能干、干不好的大事，如在三个主专业的基础上

发展了公司未来的微系统核心主业、发展了国家文物保护装备产业等。

表1　声光电公司近年来主要经济指标情况

指标	2012年（基年）	2013年	2014年	2015年	年均增长率（%）	实施整合前三所合计		
						2009年	2010年	2011年
主营业务收入（亿元）	25.4	31.4	37.3	48.6	24.1	12.2	15.4	20.2
利润总额（万元）	10238	12873	22112	32994	47.5	6981	8850	8038
经济增加值（万元）	6494	41491	10400	21000	48.0	—	6825	4804
全员劳动生产率（万元/人）	14.16	16.83	18.26	22.69	16.2	13.51	14.30	13.42

（二）走出了一条具有自身特色的创新驱动发展路径

针对经济新常态和各个研究所要素驱动的发展瓶颈，公司通过重构统一的科技创新体系，实施以"技术融合、集成创新"发展战略，走出了一条具有自身特色的创新驱动发展路径，成效显著。拿科技创新成果来说，2013~2015年，公司总计获得省部级以上科技进步奖48项，而2012年仅为7项；平均新增申请、授权专利分别为139项、49项，较2012年分别提高67.5%、40%，且专利的类型更加广泛（首次出现了国际发明专利）、含金量进一步提高（发明专利所占比重提高）。同时，被SCI、EI收录的高水平论文也大幅增加，科研院所的优势得到放大。

创新驱动发展战略使得专业融合、集成创新工作卓有成效。公司发展了新的技术融合型专业——声、光、电微系统作为公司未来的核心主业，确定了射频模拟微系统、组合导航微系统、多光谱成像微系统和智能传感器微系统四个具体发展方向的可实现技术路径，制定了技术发展规划、启动了一批研究项目、攻克了一批关键技术、研制出了部分产品；发展了新的集成创新型产业——文物博物馆用传感器及装备制造产业作为公司的重点培育产业，在国内该产业领域处于引领地位。公司成为工信部、国家文物局文博保护专项计划总体承担单位，获得了数以亿计的经费支持，签约了包括故宫博物院在内的30多家文博单位，2015年产生经济效益1.6亿元，并入驻中国首个国家文物保护装备产业基地（重庆南岸区）。高附加值产品、高端产业的发展，使公司创新驱动发展战略逐渐成为现实。

（三）首创了不同专业的多个企事业单位有机协同共存的发展模式

整合不同专业的多个企事业单位、实现有机协同共存发展，从战略管控为主向战略管控＋财务管控＋操作管控转变、逐步深入具体业务领域，实现了一个子集团企业对多个不同专业的企事业单位有效管理管控，三种管控模式有机协同，达到了组织结构"1+1+1=1"、整合效果"1+1+1>3"，为子集团整体向现代企业转型打下了坚实基础。

公司的整合发展模式和成效，在内部具有推广价值，得到了集团公司的肯定。近年来，中国电科以各研究所为基础，先后组建了装备子集团、海康子集团、通信事业部等"模拟企业"实体，进一步加快推动资源整合和改制转企工作。

当前，国家正加快推动事业单位分类改革，军工事业单位面临着如何改革发展的问题，必然要经历一个过渡期。公司创建的有机协同共存发展模式，对整个事业单位改革、重组、整合也具有借鉴意义。

基于供给侧改革的制造型企业 1+N复合型人才培养体系建设

创造单位：徐州徐工施维英机械有限公司

主创人：孙　欣　柳　卓

创造人：谭慧颖　蒋洪波　董　峰　徐　磊　崔楷华　张　琳

[摘要] 如今在工业4.0时代，企业面临着经营变革转型，管理者必须寻找各种途径使其组织战略资源得到最为有效的配置，从而维持和提升自身的竞争优势。人力资源管理在企业管理中有着举足轻重的作用。所以在新的形势下，公司在人力资源开发方面展开1+N复合型人才培养模式的探索和实践。通过两年多的实践探索，主要成果为建立了1+N复合型人才评价标准，形成1+N复合型人才培养模式和搭建1+N复合型人才管理体系；主要创新点为建立1+N复合型人才二级评价体系，运用《JCT-复合能力矩阵表》管理工具和方法并建立《1+N复合型人才管理制度》。在管理创新成果的成功保障方面采用管理机制、激励机制、沟通机制等机制保障；采用人力资源保障、资金保障、平台保障等资源保障；采用项目管理、行动学习、目标管理等方法保障。通过搭建1+N复合型人才管理培养体系，使职工发展受益，企业经济效益获益，并且具有良好的社会推广值。

[关键词] 人力资源管理；复合型人才；人才评价标准

徐工集团成立于1989年3月，成立25年来始终保持中国工程机械行业排头兵地位，目前居世界工程机械行业第5位、中国500强企业第119位、中国制造业百强第44位、中国机械工业百强第2位，是中国工程机械行业规模最大、产品品种与系列最齐全、最具竞争力和影响力的大型企业集团。在"千亿元、国际化、世界级"战略愿景的指引下，徐工集团真抓实干、奋勇争先。先后获得行业唯一的、中国工业领域最高奖"中国工业大奖"和"全国五一劳动奖状"，以及"国家技术中心成就奖"、"国家科学技术进步奖"、"第十四届全国质量奖"，国家首批、江苏省首个"国家技术创新示范企业"、"全国先进基层党组织"和"装备中国功勋企业"等荣誉称号。

徐州徐工施维英机械有限公司（以下简称徐工施维英）是徐工集团核心支柱企业之一，企业自成立以来，是徐工集团面向"十二五"规划的重点投入板块，也是中国混凝土机械行业最具成长性和最具竞争力的企业。徐工施维英始终以"为客户创造最大价值"为导向，致力于为客户提供一体化成套设备及解决方案，形成了涵盖混凝土行业上下游产业链的最强大、最完善的产品阵容，主打五大成套产品，分别为商用混凝土成套设备、砂浆成套设备、机制砂石成套设备、湿喷机械成套设备、KSP系列工业系统成套设备。2012年7月，徐工成功收购全球混凝土机械领军企业——德国施维英集团，全面迸发的徐工混凝土事业部与拥有近80年产业积累的全球顶级品牌实现融合对接，将促使徐工在融汇全球最尖端的研发技术、制造工艺，整合全球营销网络的基础上，凝聚起更强大的力量，崛起为全球最优秀、最具影响力和价值创造力的混凝土机械成套装备和一体化解决方案供应商。

一、实施背景

（一）劳动力市场环境

改革开放以来，中国劳动力市场一直处于供大于求的现状，进入 2016 年以来，这种现状开始发生转变。随着生育率的持续下降，人口年龄结构出现了老龄化趋势，社会已经进入老龄化程度加深时期，劳动年龄人口数量占比逐渐减少。人口转变带来的劳动年龄人口占比下降，直接导致了我国新增劳动力供给减少，供给关系开始发生变化。

在中国经济新常态的背景下，用人单位对就业人员的敬业精神、职业道德、思想道德觉悟和能力素质水平都提出了越来越高的要求。单纯的"一技之长"已经不能满足用人单位对就业人员的要求，更多的就业人员开始利用各种培训机会提升自身综合素质，努力实现"一专多能"。

（二）工程机械行业环境

近年来国家坚定不移推进供给侧结构性改革，着力矫正供需结构错配和要素配置扭曲，全面落实"去产能、去库存、去杠杆、降成本、补短板"五大重点任务。虽然宏观经济有了一定起色，但不可否认，经济下行压力依然存在，我国经济运行将是一个 L 形的走势，总需求低迷和产能过剩并存的格局难以出现根本改变。变革转型的宏观经济带来了工程机械行业的深度调整。房地产泡沫、过剩产能、不良贷款等风险集聚，关联行业普遍不景气，使得行业在消化前期竭泽而渔式销售苦果的过程中，又面临着增速下滑、产能过剩、重度逾期、库存高企、经营风险急剧叠加的严峻形势。

（三）企业经营变革转型

形势倒逼变革转型，工业 4.0 时代，企业已很难再通过简单的规模化生产和低价格取得长期的竞争优势，瘦身健体、提质增效成为行业转型升级的一致选择。企业必须全面贯彻《中国制造2025》规划，着力实施"制造强国"发展战略，在专注于对品质、品牌、服务、市场持续提升的同时，顺应未来行业技术发展的趋势，逐步实现从规模扩张的粗放式增长向质量效益的可持续发展方式转变，从传统要素主导向创新要素主导发展转变，从价值链中低端向价值链中高端发展定位转变，从注重短期利益向坚持可持续发展理念转变，将需求管理与供给侧结构性改革相结合，增加有效需求，全面夯实行业发展基础。坚持创新驱动、智能转型、强化基础、绿色发展，加快工业化和信息化深度融合步伐，充分利用现代化技术，在产品智能化、制造数字化智能化、服务网络化等方面取得明显突破，实现行业的可持续发展和迈向中高端水平。

二、内涵与主要做法

（一）1+N 复合型人才评价标准的探索和实践

1.如何界定复合型人才

在企业中，人力资源结构按照传统的人才特质可以分为三类：第一类是干才，具备某项专业知识或技术，有一定的经验和实操能力；第二类是将才，一般是业务负责人，从事管理工作，统筹业务并管理员工；第三类是帅才，具有全面管理的能力，熟悉宏观控制和微观运作。

工作按性质分，人员按层级分，这是基于传统工业时代精细化分工和垂直型组织机构的人才评价模式。在工业4.0时代，中国供给侧改革面向全面的产业结构调整，社会的重大特征是学科交叉、知识融合和技术集成。制造业面对的是越来越多个性化的客户需求，包括关联产品多样化融合的成套解决方案，以及满足产品全价值链的售后服务一体化解决方案。基于市场和客户需求的变化，企业对工作的分类也发生着同步变化，从单一具体转变为综合全面，为了更好地适应变化，企业对"通才"的需求愈加强烈，我们称为第四类人才——复合型人才。

复合型人才在企业的人力资源结构中相对稀少，这类人才需要具备较稳定的复合能力，包括知识复合、技术复合、思维复合等多方面。还需要有较全面的工作经验，能担任或从事至少两种以上不同的相关性工作。由此可见在新形势下，制造型企业对复合型人才的选择、培养和使用体现出了充分的必要性、迫切性和系统性。

2. 明确1+N复合型人才的需求方向

面向市场和客户日趋多样化的需求，业务部门对销售模式和服务模式进行变革转型，人力资源部与营销中心对近两年的销售信息、合同信息和服务信息展开深入的分析研究，分析的维度包括产品的销售结构、客户的资质分级、货款的支付形式以及服务的多元化特点等，从分析的结论可以发现产品的销售结构从单一设备到成套化设备转变，目标客户从低门槛个体客户到高门槛企业客户转变，货款支付从全款支付到信用支付转变，服务特点从维修保养到培训用户、指导客户运营等方向转变。由此可见，支撑业务的多样化需求，对人力资源的复合能力匹配提出了明确的需求方向。

根据对市场和客户的分析，面向产品全生命周期的有效管理，人力资源部组织技术中心、营销中心、制造中心和管理中心对复合型人才的需求方向进行深入的讨论研究。从工作的变化趋势展开，包括产业的上下游拓展、产品的模块化平台、业务的全流程再造和工作内容的关联合并。从人力资源有效支撑业务变化和发展的角度，复合型人才必须具备对产业的理解贯穿上下游，在研发、销售、服务、生产四大领域需对全品类产品进行整体掌握，管理工作从点式流转到以大黄点部门为牵头的系统化推进。因此复合型人才的需求方向从产业到产品，从流程到岗位，从工序到工种，形成面向"1"的纵向精深和面向"N"的跨界延展。

3. 构建1+N复合型人才的二级评价标准体系

（1）标准体系的构建原则。为了使标准体系科学化、规范化，遵循以下5项原则：系统性原则、典型性原则、可操作性原则、可量化原则和动态性原则。

系统性原则是指评价标准之间既保持独立性，又存在内在关联，是一个系统整体；典型性原则是指评价内容符合复合型人才的典型特征，具有针对性而非通用性；可操作性原则是指评价方法选取的计算量度和计算方法简单明了，具有现实可操作性；可量化原则是指评价指标要充分考虑能否进行量化处理，以便于进行数学计算和统计分析；动态性原则是指评价内容根据复合方向的动态变化而动态调整，保持合理的适配度。

（2）评价维度。在制造型企业，依据研发、销售、服务、生产、管理5大业务运营领域，复合型人才的评价维度分为以下7类：跨产业、跨产品、跨流程、跨岗位、跨工序、跨设备和跨工种。同时根据特定的工作特性对每类复合维度又细分二级复合技能点，在实践过程中，企业的复合技能点可累计达近数百项。

（3）评价内容。根据一级复合维度和二级复合技能点，评价内容也体现出差异化。整体包含但不限于对技能点理论的掌握程度、实操的熟练程度、是否能够实现符合绩效标准和质量要求的工作结果。

（4）评价等级。1+N 复合型人才的评价等级依次为高级、中级和初级，对于高级复合型人才要求一级复合维度 3 类及以上，二级复合技能点 5 项及以上；中级复合型人才要求一级复合维度 2 类及以上，二级复合技能点 3 项及以上；初级复合型人才要求至少有 1 类复合维度，二级复合技能点 2 项及以上。

（5）评价周期。在初期探索阶段，对第一批 1+N 复合型人才的评价周期为一年；在深化实践阶段，评价周期不再设置固定周期，以灵活性为主要原则，关键突出评价的时效性和激励性。

（6）评价程序。1+N 复合型人才采取自下而上的评价程序，以员工意愿和动机为评价输入，员工自主申请→资格审查→确定一级复合维度和二级复合技能点→成立评价小组→制订评价方案→实施评价→评价结果公示→颁发复合型人才等级证书。

（二）1+N 复合型人才培养模式的探索和实践

1. 探究复合型人才的培养理念

面对复合型人才的能力培养，培养目标和培养路径与专业人才培养有一定区别和差异。复合型人才培养除了要遵循专业人才的成长规律，也应充分考虑交叉学习的特点。为了有效应对复合型人才培养的特殊性，建立既专业又完整的学习体验，对复合型人才的培养理念主要包括融合、务实和回归。

"融合理念"是指创造整合的学习体验。单一的课堂培训实际上是较低效的能力发展方式，轮岗、特别项目、有效的导师制和辅导是复合型人才能力发展更为有效的方式。融合理念下的培养方法包括"集中学习＋工作历练及人际互动"、"工作历练及人际互动＋在线学习"和"集中学习＋在线学习"。

"务实理念"是指贴近业务环境、加速实现绩效成果。企业对人才的培养不再仅仅着眼于解决单一技能问题，而是越来越以综合业务的绩效提升为导向。务实理念下的培养方法一个有力工具就是"绩效咨询"。学习挖掘业务问题的根源，通过绩效工具促进复合型人才成为业务目标实现的赋能者。

"回归理念"是指以延展性工作培养复合型人才。根据 721 法则，成人的学习 90% 发生于工作过程中。让复合型人才担当责任是促其成长的关键，主要依托于延展性的工作任务以及在岗辅导反馈等。为复合型人才安排有挑战性的多样性工作任务，让人才在实践中成长，让学习回归到工作环境这一本源中来。

2. 面向企业 6 支人才队伍制订复合型人才培养方案

（1）面向"优质客户"开发，开展复合型销售人才培养。以推广最佳实践为手段，开展面向优质客户开发的复合型销售人才培养，提高大客户开发运作能力。聚焦"战略合作、系统客户、第三方物流"，深入业务，挖掘提炼最佳实践，转化成通用课程，运用网络学院手机端等信息化手段，开展面向业绩提升的针对性培训，培养一支知产品、懂运营、精营销的复合型销售人才队伍。

（2）面向"一体化"服务，开展复合型服务人才培养。以服务案例为抓手，聚焦"一体化"服务技能提升，开展复合型服务人才培养，提高服务人员客户服务能力。针对客户成套化运营新特点，总结提炼服务案例，编订服务培训教材，实施远程服务指导，开展"车、泵、站"、"机、电、液"一体化服务人员培养，有效提高服务效率，提升客户满意度，同时兼顾对经销商服务人才的复合培养，促进服务当地化建设。

（3）基于"柔性化"生产特点，开展复合型技能人才培养。面向多品种、小批量柔性化生产要求，全面开展复合型技能人才培养，提高生产组织运行效率。以工艺流程为主线，持续开展面向工种、工序、设备、产品、产业的复合型技能人才培养，继续推进理论培训、实践训练、岗位轮训、技能内训师培养等，复合型技能人才占各技能工种员工总数的 10% 以上。

（4）面向"成套化"解决方案，开展复合型技术人才培养。面向成套化解决方案的市场需求新趋势，开展复合型技术人才培养，提高技术人员成套化解决方案的设计能力。面向"商混、砂浆、机制砂石建筑垃圾资源化利用、湿喷及工业系统"等成套化市场需求，通过专业培训、项目带动等，提高技术人员的专业技术能力和集成创新能力，培养能够提供成套化解决方案、能够提供多位一体的成套化解决方案的复合型技术人才。

（5）面向"效能"提高，开展复合型管理人才培养。基于管理工作的有效性提升，面向业务流程再造，开展复合型管理人才培养。面向职能合并调整，针对干部主管、后备干部、工段长、基层管理人员，通过专题培训、主题讲课、岗位轮训、项目担当等模式，开展"管理业务、管理自我、管理团队"等方面的复合型能力培训，培养一人多岗、一岗多能管理人才。

（6）基于"一带一路"国际化战略，开展复合型海外人才培养。以促进"国际化"发展为目标，开展复合型海外人才培养，为国际化发展提供有效的人力资源支持。基于"一带一路"战略推进，开展海外商务经理、产品经理、服务经理等培训，重点在业务、技能、贸易、文化、语言等方面取得提升。

3. 建立 1+N 复合型人才的"JCT 矩阵表"培养模式

（1）培养目标。从企业需求层面，培养复合型人才为了全面提升人力资源结构的多样性和人才能力的适配性，基于提质、减量的角度提高人力资源效能。从员工职业发展层面，一方面对原专业能力持续精深；另一方面拓展个人能力边界，为员工职业的纵向与横向发展提供更多的可能性，帮助员工提升自我价值实现。

（2）培养路径。培养的具体方向由员工自主申请，基于员工意愿确定对应的一级复合维度和二级复合技能点，部门根据实际的工作需求和绩效目标评估复合方向的合理性和必要性，以部门和员工达成共识为前提，制定培养路径图《JCT- 复合能力矩阵表》（简称 JCT 矩阵表）。

J 是指 Job Analysis（工作分析），基于对复合方向的工作任务分析，明晰工作流程和工作要求，在矩阵表中按类别横向罗列；C 是指 Competency Analysis（能力分析），从 ASK（态度、技能、知识）三个维度进行能力分析，在矩阵表中将技能点与工作类别一一对应；T 是指 Training Design（培训方案设计），依据每个技能点的特点制定培训计划，针对知识型、技术型、思维型等不同类型的技能点，交叉使用多种培训方式，包括授课、实训、轮岗、师带徒、情景模拟、项目演练、分享交流等。JCT 矩阵表和培训计划共同构成复合型人才的培养路径图。

（3）培养效果评估。复合型人才的培养效果是一个群体性、动态性评估的过程，设计的评估指标分别是培养率、认证率和使用率。培养率是指复合型人才的规模占比情况，体现部门业务的变化程度和员工对能力复合的意愿。认证率是指对参加培养的人才进行复合能力鉴定，通过量化认证体现对复合型人才能力的静态评价情况。使用率是指通过安排具体工作任务，根据绩效表现动态评估复合型人才的实践能力，体现使用的绩效达标情况。通过"三率"可以综合反映出一个部门或企业对复合型人才的培养效果。

（三）1+N 复合型人才管理体系的探索和实践

1. 分析复合型人才的管理方法

在制造型企业，复合型人才更具突出表现的地方主要体现在三个方面：从思维模式上突出系统思考、关联思考和宏观思考能力；从行为模式上突出统筹分析、协调多方资源和时间管理能力；从绩效表现上突出一专多能、一人多岗和一技多长。在复合型人才的管理过程中，基于对工作自主选择负责和广泛参与融合的特点，管理的方式方法也要体现出科学性和合理性，重点采用目标管理方法，引导复合型人才进行有效的自我管理和自我控制。

目标管理是指以目标为导向，以人为中心，以成果为标准，使组织和个人取得最佳业绩的管理方法。复合型人才正是以工作的系统性目标为导向，以个人复合技能点的发挥为中心，以全局成果或关联成果为标准，实现组织和个人的整体绩效表现。

2. 明确复合型人才的管理要素

（1）重视人的因素。目标管理是一种参与的、民主的、自我控制的管理体系。复合型人才的工作任务不是分配式和命令式，基于工作变化的多样性，更多以发挥复合型人才承诺目标和被授权之后是自觉、自主和自治。选择成为复合型人才也是以个人意愿为主要因素，在执行工作过程中，工作的复杂程度和动态变化无法仅靠一种固定套路解决，关键在基于复合能力的精准判断和及时行动，对复合型人才的管理要体现充分的授权和信任。

（2）以自我管理为中心。在制造型企业运用 BSC 和 KPI 进行组织管理的过程中，目标的有效分解是核心。目标管理是将组织的目标逐级分解，转换为各部门、各员工的子目标。在目标分解过程中，明确责、权、利并实现相互对称，形成协调统一的目标体系。复合型人才参与目标的分解和制定，同时在目标的落地实施过程中，通过自身监督与衡量，不断修正行为，以达到目标的实现。

（3）重视成果。目标管理以制定目标为起点，以评估目标完成情况为终结。工作成果是评定目标完成程度的标准，按员工的实际贡献大小如实地评价。至于完成目标的具体过程、途径和方法，上级并不过多干预。所以，在目标管理下，对复合型人才监督的成分很少，通过自我管理，对控制目标实现的能力要求很高。

3. 制定《1+N 复合型人才管理制度》

（1）制度概述。该制度明确了试用范围，界定了复合型人才培养的方向，明确对复合型人才管理的各个层级承担的工作范围、工作任务和工作责任，建立 1+N 复合型人才培养流程和管理流程，完善 1+N 复合型人才培养和管理过程中的各项标准表单。

（2）制度意义。该制度固化了 1+N 复合型人才培养机制，明确了人才培养流程，为人才培养工作的持续开展提供了制度支撑；推广实施 JCT 矩阵表，深挖员工的现有技能点，规划员工复合技能，为公司人力资源匹配提供精准参考价值；对有效激励复合型人才提供制度保障，提高员工参与培养的积极性和主动性。

三、管理创新成果的成功保障

（一）机制保障

1. 管理机制

（1）培训计划管理。在公司层面制定年度培训工作要点，在工作要点中明确销售、服务、生产、技术、管理、海外 6 支复合型人才培养的方向，各支部根据培训工作要点，分解并制定年度培训工作计划，组织支部内的部门按照年度计划开展实施月度培训计划。

（2）工作积分制管理。以支部为单元，采用《培训工作积分表》的形式对培训工作进行过程管控，1+N复合型人才培养作为重点模块纳入培训工作积分表单，经过一年的试运行，已形成培训工作积分表42份，各支部培训积分最高487分，最低164.5分，对培训的过程管理实现全面量化，保障有效管控培训工作的开展。

2. 激励机制

为最大限度地激励部门和员工开展1+N复合型人才培养，采取个人激励及组织激励并行的方式，对于部门从培养率、认证率、使用率三方面进行评价，建立1+N复合型人才专项奖励基金，按照责权利的原则由部门进行自主分配。对员工提供平台激励、荣誉激励、专项奖金激励、培训激励等方式，促进复合型人才的积极主动性。

3. 沟通机制

建立线上和线下并轨的沟通机制。线上通过公司OA邮箱系统、内部即时通信工具及时传递资料。建立项目微信群，在微信群中即时分享优秀做法，促进培养工作的开展。线下采用月度例会、主题会议、经典分享、群策群力等方式，基于充分沟通达成深度共识，推进1+N复合型人才的培养。

（二）资源保障

1. 人力资源保障

在人员方面的保障主要体现在领导、管理、执行三个层面：从领导层面，总经理作为项目的总负责人，直接负责该项目的推进工作，每60天召开项目推进汇报会议，调度工作的开展情况。从管理层面，人力资源部统筹项目推进的管理工作，以党支部为单元管理复合型人才的推进工作，在公司层面成立项目总体项目组1个，在支部层面成立分项目组7个。从执行层面，充分调动各党支部、团支部、工会的作用，将党政工团列入项目推进组成员，直接负责本支部1+N复合型人才的培养工作，整合各方人力资源保障项目的有效落地。

2. 资金保障

在年度预算制定时将1+N复合型人才培养列入年度专项预算专款专用。培训专项预算包含技能提升取证、技能竞赛、专题研修、讲师授课费、培训材料费等。认证专项预算包含认证咨询费、材料费、认证奖金等。

3. 平台保障

利用技能大师工作室、哈尔滨焊接技术培训中心、在线测试平台系统、互联网+海外人才管理平台等保障1+N复合型人才的培养落地。对于复合型技能员工的培养不仅依托技能大师工作室，还委托哈尔滨焊接技术培训中心进行国际培训、认证工作。利用在线测试系统设置测试试卷，既可通过电脑登录又可通过手机登录，可为员工提供随时学习的便利，在67个培训项目中使用，组织考试134次，共计9819人次参与测试。通过互联网+海外人才管理平台直接链接海外服务现场和公司技术、服务专家，开展海外服务现场语音授课50次，8人参与授课和海外服务现场问题解答，同时通过该平台开展"海外工作周志"及时提报及动态管理。

（三）方法保障

1. 项目管理方法

运用项目管理的方法，成立专项项目小组，并组织项目认领，每个项目均设立了项目经理、项目助理。为保证实施效果，还专项设立了项目统筹管理小组，全面管理、调度项目工作，同时，策划制定了《项目管理办法》，对项目管理流程、项目实施风险、项目绩效管理、项目奖励等内容进行了细化明确。

在项目实施过程中，各项目小组策划制订了实施方案，并对项目进行了分解，制定了推进计划；项目统筹管理小组通过月度专项会议、年终评审、定期检查等方式，加强过程督导和监控。

2. 行动学习方法

行动学习是以学习者为主体，以现实问题或项目为主题，在促动的引导下将结构化的深度对话渗透在"问题—反思—总结—计划—行动—发现新问题—再反思"的循环过程中的一种学习方法。能够使复合型人才及时将行动体验上升到认识水平，并将新认识及时转化为行动，继而在行动中检验认识，并产生新的学习体验。

3. 目标管理方法

目标管理使组织中的上级和下级一起协商，根据组织的使命确定一定时期内组织的总目标，由此决定上下级的责任和分目标，并把这些目标作为组织经营、评估和奖励每个单位和个人贡献的标准。作为一种较为民主、注重参与的管理方式，在1+N复合型人才培养明确目标的过程中，统筹部门与执行部门通过专题会议多次沟通，对于复合型人才培养的数量、方式方法、激励措施等方面，进行充分的共识沟通。

为了保证1+N复合型人才培养目标的有效达成，针对六大类型复合型人才的培养均设立了明确的考评期限和考评标准，定期检查，将检查的结果与目标设定情况进行对比，发现偏差及时纠偏，并将差距反馈给执行部门，快速整改，有效保证了预定目标的达成。

四、实施效果

（一）员工职业发展受益

1. 职业发展的拓宽度

成功实施1+N复合型人才培养后，企业员工不仅进一步熟练掌握本岗位所需的素质要求，同时对于相关度较高的岗位素质要求也基本掌握，对于员工个人，这种培养模式帮助其拓宽了职业发展通道，对于职业发展有更多的选择机会及企业内部转岗机会，员工可以在企业需要的情况下，快速完成职业发展通道的转变，快速适应新岗位工作。这样不仅满足了企业对人才持续发展的需求，从构建"以人为本"的企业文化出发，企业也为员工的职业生涯规划提供了健康的环境。

2. 职业发展的纵深度

对于员工而言，1+N复合型人才培养模式为员工职业生涯发展指明了方向。帮助员工在本岗位的素质要求的深度上进一步发展。随着1+N复合型人才培养模式的深入推进，员工重新审视自身素质与岗位需求的差距，找准不足，通过进一步深入的培训学习，不断提升自身素质，努力达到企业对于岗位的素质要求，在专业性人才的道路上越走越远。对于企业而言，1+N复合型人才培养模式帮助企业快速提升员工专业技能，提升工作质量，同时也形成独具特色的员工职业发展通道。

3. 职业生涯规划

职业生涯规划的目的就是通过企业和员工的共同努力，使企业目标与员工目标渐趋一致，并使员工自我价值得到实现，企业获得长足的人力资本，以顺利实现企业目标。因此员工需要做好职业生涯规划，企业更要帮助员工做好职业生涯规划。1+N 复合型人才培养体系的建设为每位员工量身定制科学合理的培训计划，帮助员工找准与岗位素质要求之间的差距，实施针对性的提升计划，帮助员工成为真正一专多能的人才，进而帮助员工完善个人职业发展通道的宽度及深度，员工对自己未来的发展充满信心。1+N 复合型人才培养帮助企业合理配置人力资源，保证企业未来人才需求和企业的可持续性发展，避免企业人才断档和后继无人的情况出现，企业在这样的过程中也收获巨大的经济效益。

（二）企业经济效益获益

1+N 复合型人才的培养提升了员工工作效率，人员虽减少但是产出基本持平，从而通过降低人工成来降低销售成本，进而提高产品毛利率。通过复合型人才培养，降低人工成本共计约 255.96 万元，在内部生产过程中假设其他因素不变的情况下通过人工成本的压降提升毛利率约 3%。

1+N 复合型人才满足组织机构扁平化对人才的需求，实现适应产能压缩的制造系统精益配置，促进管理效率提升。在行业大幅下滑的情况下稳步发展，混凝土搅拌车销量同比增长 212%，增速行业领先，增幅在国内市场首屈一指。企业内部降本增效工作有序开展，开展降本增效项目创造经济效益 4300 万元；员工提出的精益改善项目达 985 项，创造效益 31 万元。

（三）社会推广价值有益

1+N 复合型人才的培养体系对社会的推广价值包括三个方面，分别是评价标准的可复制性、培养模式的可推广性以及管理机制的可借鉴性。

从创新性的角度，创新运用《JCT-复合能力矩阵表》管理工具和方法，并输出《1+N 复合型人才管理制度》，形成可广泛推广应用的管理模式。

从标准性的角度，形成较完善的复合型人才评价标准、培养标准和管理标准，3 类标准可应用在企业对复合型人才的各项管理中。

从实效性的角度，复合型人才培养体系推广实施后，促进提升企业经营改善效果，协同保障关键职能重大项目和重点工作完成率，提高工作绩效符合性。

以市场为导向的钢铁企业运营体系创新

创造单位：唐山钢铁集团有限责任公司

主创人：王兰玉　田　欣

创造人：王亚光　张晓帅　张爱民　杨晓江　刘蕴智　王东林

[摘要] 面对新常态、新任务、新挑战，河钢唐钢结合自身管理工作的现状，以建设最具竞争力钢铁企业为目标，围绕还原钢铁企业的先进性和竞争力，进一步解放思想，转变观念，全面推进市场化改革，着力摆脱传统体制机制和运营模式的束缚和制约，持续激发企业内生动力和发展活力，逐步建立起完善的市场化运行机制、快速反应的生产组织方式、充满活力的人力资源管理机制、以用户为中心的营销体制、产销研用一体化的技术研发体系。从五个方向发力：构建和完善扁平高效的组织体制；创新管理机制，激发人力资源潜能；以用户为导向变革营销理念，创新营销模式；以产品为导向加快科技创新，促进产品升级结构调整；以效益为导向推进经营管理改革，提升企业整体管理水平。2015 年来，唐钢公司彻底颠覆钢铁高盈利期形成的传统治企理念和经营模式，全力构建符合市场化要求的体制机制和运行方式，推动企业实现持续健康发展。生产经营保持稳定顺行，改革创新取得重要进展，产业布局进一步优化，取得了显著的经济效益。

[关键词] 创新管理；人力资源管理；公司治理

河钢集团唐钢公司是河钢集团的骨干企业，始建于 1943 年，是中国碱性侧吹转炉炼钢的发祥地，经过 70 多年发展，河钢唐钢已经成为中国特大型钢铁联合企业，现有在册职工 3.5 万人。近年来，河钢唐钢实施铁、钢、轧三大系统技术改造，实现一系列重大进步，主要装备实现了大型化和现代化，跻身国际先进行列，工艺技术达到行业较高水平，成为中国重要的精品板材和精品建材生产基地。河钢唐钢通过了中国质量、环境、职业健康安全管理体系"三合一"整合认证。目前，河钢唐钢主业具有 1800 万吨 / 年的配套生产能力，主要产品包括高强汽车板、热轧薄板、冷轧薄板、镀锌板、彩涂板、中厚板、不锈钢、棒材、线材、型材等 140 多个品种，精品板材占产品总量的 60% 以上。2015 年初投产的高强汽车板项目，为河钢唐钢从根本上实现产品结构的转型升级提供基础保障。

一、以市场为导向的钢铁企业运营体系创新的背景

（一）改革管理体制是企业顺应市场形势的客观要求

随着我国经济发展进入新常态，钢铁行业发展环境发生了深刻变化。2015 年，我国钢铁消费与产量双双进入峰值弧顶区并呈下降态势，钢铁主业从微利经营进入整体亏损，行业发展进入"严

冬"期。新常态对钢铁行业既是新挑战，也是新机遇，钢铁行业的发展面临"危""机"的选择。党的十八届三中全会提出，要"使市场在资源配置中起决定性作用"，"市场化改革"已成为各界热议的关键词。面对行业形势持续恶化的困难局面，钢铁企业逐步进入到了必须彻底颠覆传统思维定式，以改革求生存、以创新求突破的发展阶段。2015 年是河钢集团的改革创新年，集团提出将利用 1~2 年时间，通过改革创新，彻底颠覆高盈利期形成的思维定式和路径依赖，建立全面适应行业新常态、直面市场的体制机制和经营模式。为贯彻落实集团关于改革创新工作的安排部署，作为集团各项工作的排头兵，河钢唐钢坚定不移地推进以市场化为重点的体制改革和机制创新，彻底打破传统体制机制的障碍和束缚，进一步激发企业蕴藏的巨大潜力和活力，走出一条具有自身特色的改革创新之路。

（二）创新管理机制是企业提升内功的最佳选择

在过去的十几年里，伴随着我国经济的快速发展，钢铁企业收获了需求高速增长带来的巨额"红利"。在需求强劲的拉动下，钢铁企业形成了几乎不计成本、大干快上的粗放型经营与发展模式。最近几年，当宏观经济环境和市场供求关系发生根本性变化时，在需求高速增长期和企业高盈利期所积淀的大量问题充分暴露，整个产业链沉淀了过高的附加成本和隐性费用，制约了竞争力的提升。从钢铁行业发展来讲，改革开放 30 多年来，虽然钢铁行业也多次进行了改革的尝试和探索，但发展最快的还是装备和规模，经营理念特别是市场化的进程相对滞后。这使得钢铁企业在技术装备等"生产力"层面逐步与国际接轨，而同时其理念、模式、体制、机制等"生产关系"层面却不能与之相适应。如果继续抱着传统的思维定式和经营模式不放，这种"生产关系"不能适应"生产力"发展需要的问题，势必会影响到企业的生存发展。因此，要使钢铁企业真正摆脱生存困境，必须坚持眼睛向内，勇于挑战自我，彻底颠覆高盈利期形成的思维定式和经营模式，以国际化的视野和市场化的思维，用改革创新的方法，加快建立适应微利时代要求的生产经营模式，提高资源配置效率和企业运行效益，收获理念创新、体制变革、机制创新带来的"改革红利"。

（三）创新经营模式是提升企业竞争能力的重要举措

随着我国钢铁工业进入新常态的发展阶段，钢铁行业发展中旧的矛盾和新的问题相互叠加，企业运营面临的变数频现。在这样的背景下，以先进的思想理念为指导，开展以市场为导向的管理机制改革创新，不仅是破解当前钢铁困局的动力引擎，还是激发企业效益提升、持续发展的活力源泉。这一改革是企业应对经营形势变化的需要，是企业健康发展的需要，更是公司实现"建设全球最具竞争力"钢铁企业战略目标的需要，对于河钢唐钢加快转型升级，打造行业新常态形势下新的竞争优势，继续当好集团各项工作的排头兵，具有极其重要的现实意义。

二、以市场为导向的钢铁企业运营体系创新的内涵和主要做法

面对新常态、新任务、新挑战，河钢唐钢结合自身管理工作的现状，以建设最具竞争力钢铁企业为目标，围绕还原钢铁企业的先进性和竞争力，进一步解放思想，转变观念，全面推进市场化改革，着力摆脱传统体制机制和运营模式的束缚和制约，持续激发企业内生动力和发展活力，逐步建立起完善的市场化运行机制、快速反应的生产组织方式、充满活力的人力资源管理机制、以用户为

中心的营销体制、产销研用一体化的技术研发体系，让职工增强创造激情、团队富有创新精神、企业充满生机和活力，努力在集团改革创新和更大发展中当好排头兵。

（一）构建和完善扁平高效的整体运营机制

1.深入完善以大部制为基础的横向管理

（1）推行以大部制为基础的横向管理，推动管理模式由条块化向系统化转变，使资源配置更加均衡合理、资源利用效率明显提高。河钢唐钢先后成立炼铁、热轧、冷轧、长材、动力、型钢六个部，对生产经营相关业务实行了集中统管。为更好地发挥大部制的作用，提高企业的管理效率和整合效益，在推行大部制的同时，梳理总结大部制实施以来的各种问题。组织征求各单位对大部制管理的意见和建议，解决了大部制管理下的财务结算等焦点问题。推进生产一贯制管理，对各生产单元的计划人员实行统一管控，使流程更简化，效率更高；深化质量一贯制管理，依托三级规程、三级产品标准推行工艺标准化作业，稳定了品种钢质量控制能力；强化资金一贯制管理，统一融资平台，发挥本部融资优势，对子公司提供资金支持。同时，推进安全、能源、环保、物流等专业的一贯制管理，实现对全公司范围内相关专业的统一集中管理，减少了管理层级，提升了管理效率。例如，推行物流一贯制管理实现了物流费用的降低，物流管控中心成立后，物流公司的整体工作思路更加清晰，措施更加到位，效果逐步显现，通过物流管控体系的建立和对管控流程的梳理，有效地促进了公司整体物流费用的持续降低，全年吨材物流成本降低 32.71 元。

（2）强化管理体系建设与运行，助推管理落地。一是制定下发《关于加强管理体系建设的安排意见》，成立管理体系领导小组，将整个管理体系内的管理文件根据管控对象分为十九大类，分别为职业健康安全管理、质量管理、环境管理、测量管理、科研知识产权管理、生产管理、物流管理、能源管理、设备及工业建筑物管理、信息自动化管理、采购供应管理、市场营销管理、财务经营管理、人力资源管理、运营管理、法律监察管理、基建工程管理、党建企业文化管理、行政管理。二是各类别确定主责部门和负责人，对现行管理体系内的管理文件本着"职责明确、科学合理、先进适用、精简高效"的原则，用半年左右的时间进行系统优化。三是下发《管理文件控制程序》，废止原《规章制度管理办法》，对公司管理文件从起草、审签、颁布、修改、作废、评审进行有效控制。四是建立专业管理体系适用性反馈制度，各二级单位对现行管理体系内的规章制度或制度中的某些条款存在的不科学、不合理的问题可以以书面的形式向公司主管部门提出意见和整改建议，主管部门要在规定时间内予以处理答复。五是随着公司业务管理流程通过工作流管理进行固化，尽快实现透明高效，制度管理体系也将通过审批流进行规范，优化后公司管理体系共包含管理文件 522 项，按照管控对象分为 19 个专业、59 个类别。

2.全面推进质量一贯制管理

（1）建立起用户需求识别与转化、质量问题解决的快速反应体系。聚焦用户关注和个性化的需求，落实相应使用要求的识别和向产品设计和工艺设计的转化，以海尔、格力、美的、奥克斯四家直供重点用户家电板质量保证为突破，对接用户，掌握具体要求，依托信息化系统平台，通过产品设计和工艺设计以及放行准则，落实控制计划，按单组织，确保满足用户要求。完善《质量异议管理程序》和内外部质量管理办法，突出用户立场和服务理念处理异议，形成了以市场部牵头协调，技术部门和生产厂部参加的快速响应、快速到位的服务体系；安排重点用户的长期驻扎服务人员和重点产品主动跟踪；自 6 月开始，将汽车钢质量体系规范要求的"8D"质量改进模式，运用到所用质量异议处理中，务求质量问题彻底解决，杜绝问题重复发生，力求以质量提升增强顾客满意。

（2）强化过程管理。一是落实明确各产线关键工艺达成率指标、重点产品关键工艺稳定指标、关键工艺设备功能精度保证指标以及工艺标准化检查及评价基准，实施专业评价管理；二是盯住按单生产暴露的问题跟进分析和整改落实，务求解决问题提高水平；三是建立专案改进机制，对重点问题组织专项集中突破攻关，落实改进标准验收和奖励激励兑现。通过强化过程管理，废次降品大幅减少，废次降品率减少近20%。

（3）一贯制基础平台的建设推进。公司级和厂级的工艺标准化检查开始走向统一和融合，整合了技术资源，落实更加高效充分；以信息化建设上线为契机，以订单技术展开切入，通过ODS系统实现设计和贯入《控制计划》，固化产品策划和精准控制；三级规程的修订完善持续推进，通过完善规程，落实工艺固化，使工艺水平得到持续提升。

（4）建立全员、全过程的工艺标准化作业数字化管理平台。年内，通过建立并应用QMS、ODS、APS等信息化平台，基本实现按照过程数据判定产品质量，促进了品种开发和提质上量。

（5）以满足汽车板二方认证要求为抓手，全面提高ISO/TS16949体系的有效性和运行水平。第一，规划二方认证推进工作计划，确定不锈钢热轧产品先行突破的方案，并聘请BSI资深专家实施了一次过程审核模拟、演练和培训。第二，组织有关单位赴林茨实施汽车钢质量体系培训。第三，推进"产品审核"的实施，以用户立场和视角，客观评价产品质量，寻求产品适用质量的问题点和改进方向，加快产品质量管理由"标准符合型"向"用户适用型"的转型步伐。第四，落实汽车钢产品"二方认证"的推进，规范实验室管理，培训、培育提升分析测试能力和水平，规划分析自动化升级，提高效率，集成统一LIMS实验室信息化系统平台，实现实验室全部活动的信息化管理，为高端产品质量控制提供强有力的基础支撑。

3. 全面推进生产一贯制管理

（1）变革管理机制，搭建"管理简单、运行高效"的生产组织管理架构。对生产单元及与生产单元密切相关的非钢单位实施生产扁平化管理，借助信息化系统将生产、计划纳入公司统一管控，按照生产、质量一贯制管理要求，理顺管理环节，筛繁就简、优化管理职能、提高公司整体生产系统运行效率及快速应对市场能力。

（2）对标宝钢的计划管理，将计划人员直接配置到产线。调整计划人员结构，本部增设热轧产线倒班计划人员，明确人员分工与职责，以全员绩效管理为契机，设立岗位作业指导书，要求负责产线计划人员掌握从合同评审、计划排产、生产过程、判定仓储、物流发运到用户的全流程信息，基本了解轧线的生产工艺、设备状况，强化对各生产单元的一级管控能力。

（3）积极融入信息化建设，强化生产系统信息化深度应用。抓好生产调度系统与计划人员的高度融合。借助APS、OD、QMS等先进的信息化系统，将系统思维、先进理念融入公司的生产组织中，生产作业计划由线外流程转化为在线程序，规范各环节操作，量化细化按单生产模式。生产作业计划将客户的信息需求直接下达到产线，通过件次计划将生产订单所需的工艺参数直接贯通至轧机二级控制系统，最大限度减少对生产全过程的人为干预，最终使钢轧工序生产达到标准化，从而提高公司整体生产制造水平。

4. 全面推进资金一贯制管理

（1）实行资金集中管控。转变以前各立门户、各自为政的思想，从资金收入、资金使用、付款审批、融资管理等各方面进行集中整合。先后下发《资金集中管控管理办法及实施细则》、《资金上收、下拨管理办法》、《内部结算管理办法》等规章制度，对公司推行的统一融资平台、贷款统借统还、资金集中上收管理、资金支付全覆盖审批等业务流程起到了支撑作用，通过实行资金集中管控，河钢唐钢的融资资源不断扩大，融资成本得到有效控制，资金使用效率明显提升，资金支付科学合规，经营低风险运行，集中管控效益初见。

（2）完善制度体系，强调规章制度的标准化和管理刚性。目前已经形成对外付款审批、商业票据管理、银行存款对账、内部结算管理、应收款项管理、资金预算管理、子公司融资业务管理等一系列规章制度，有效地保证了资金管理工作的顺利实施。

（3）强化预算的严肃性，资金管理由事后向事前转移。资金预算经公司资金平衡会讨论通过后，以正式文件的形式下发，保证预算公开、透明。同时强化预算外资金的管理，完善预算外资金审批流程，减少预算外资金的支付。加大费用支出管理，转变观念，由以前的费用发生后报销审核管理向费用发生前申报审批管理转变，有效控制了不合理的费用支出，减轻了资金压力。

（4）规范付款政策，建立科学、合理的付款秩序。统一公司采购付款政策，逐步建立起透明的自动付款机制，减少了人为干预，有效降低了采购成本，维护了公司声誉。

（5）创新融资体制，降低融资成本。积极探寻融资成本更低的融资渠道，包括押汇、保理、商业承兑汇票、国内信用证、保兑仓融资、融资租赁等，调整融资结构，努力降低融资成本，减少利息支出。加强融资管理精细化程度，掌握融资政策和融资市场变化，关注汇率走势，抓住一切时机，利用利差、汇差变化，努力增加利息收入。

5. 扎实推进作业长负责制，推动管理重心下移

首先在中厚板公司、不锈钢公司、热轧部等单位试点推进，并逐步向公司各单位全面铺开，着力将人、财、物等各种资源向产线配置，初步建立起工序服从、专业搭接的扁平化基层管理架构，促进了基层管理模式和思维的变革。同时，专业部室对作业区、对产线的服务与支撑意识逐步提高，对核心产线与核心装备的掌控驾驭力有新的增强，作业长队伍建设也为企业后续发展提供了人才保障。

6. 大力推进两级机关机构改革，提高管理效率

以提高管理效率为目标，以扁平、集中、落地、高效为原则，对公司机关各职能部室职责、工作界面等内容进行了全面梳理和优化，合理调整机构及人员配置，使更多的技术管理力量配置在产线上，实现了管理扁平高效。

为增强创效能力，拓展多元投资渠道，加强信息化、自动化专业管理，对部分部门进行优化调整，运营改善部与董事会办公室合署办公，一个机构两块牌子；撤销计控管理部，将运营改善部自动化管理、信息化运维职能与原计控管理部职能整合，成立信息自动化部。对能源环保人员实施集中管理，将能源环保专业管理中心延伸到二级单位各作业区和生产线。

7. 推进自动化、信息化、标准化"三化融合"，建立现代企业管理平台

公司在国家"两化融合"发展战略指导下，结合自身需要，提出利用标准化、信息化、自动化"三化融合"，逐步形成自身现代管理平台，使"三化融合"成为助推现代企业管理制度落地的有力推手。

2015年1月，不锈钢 MES 改造项目、公司级冶金规范数据库 OD 系统、APS 系统、QMS 系统、ERP 系统、不锈钢 MSCC 系统等新建、改造项目已成功上线运行；2015年7月1日，热轧 MES 系统改造项目成功上线并逐渐进入系统稳定运行期；2015年9月1日，河钢唐钢高强板公司各信息化

系统全面上线运行。这些项目的实施，将会使公司的产品质量得到稳定控制，产品交期得到可靠保证，并能够充分满足高端用户的个性化需求，最大程度提高用户服务水平、提升产品创效能力。

充分发挥两化融合专业管理职能，逐步完善公司在自动化管理方面欠缺的文件。完成《自动化专业管理办法》、《自动化专业管理办法实施细则》等管理制度，下发并执行《自动化专业管理评价办法》及《自动化专业管理评价打分表》，填补公司自动化专业考核的空白。通过建立用户反馈考评机制，形成自动化专业管理的闭环控制，有助于自动化专业管理的改进与提升，使自动化管理工作更加规范化。组织并完成热轧部自动化改造项目，并顺利上线。组织完成中厚板公司自动化系统改造、一冷轧自动化改造。

（二）创新管理机制，激发人力资源潜能

1.启动实施薪酬制度改革，建立以宽带薪酬为主导的分配方式

启动实施薪酬制度改革后，公司相继下发《薪酬分配制度改革方案》，以及相关配套文件《工资总额预算管理暂行办法》、《岗位绩效薪级工资制岗位工资套改办法》、《岗位绩效薪级工资制薪等升降管理办法》、《岗位绩效薪级工资制实施细则》、《厂部级管理人员薪酬管理办法》、《专家人员薪酬管理办法》，在作业长制试点单位推行"作业长薪酬分配制度"，并对 HR 系统薪酬模块进行升级优化。薪酬制度改革的成功推行，有效地调动了干部职工的创新活力和创造热情。

2.推行全员绩效管理，实现对员工绩效的精准评价

深入推进全员绩效管理，积极建立和完善绩效指标体系和评价机制，实现对全员工作绩效的精准评价，并将工作绩效作为薪酬分配、岗位晋升、评优评先的重要依据，彻底打破平均主义。河钢唐钢全员绩效管理推行遵从"分级管理、量化评价、指标牵引、权重匹配、持续优化、全员覆盖"的原则，通过近 11 个月的推进，建立起覆盖所有生产厂、职能部室和非钢单位的全员绩效指标体系和运行机制，初步实现对每名员工工作绩效的客观评价。主要达到"六个优化"、"六个转变"。

六个优化：改变了原来只有组织绩效或只有一级组织绩效的状况，增加了二三级组织绩效及员工绩效；改变了原有组织绩效分级模糊、分级管理不强的现状，强化分级管理，落实逐级负责制，并且每级管理都有相应的制度作为依据；改变了原有绩效管理事无巨细、以考代管的局面，突出绩效管理的重点，与基础管理实现各有侧重、互为支撑；改变了原有员工绩效评价以工作态度等定性评价或者平均分配为主的局面，将员工工作内容以量化评价为主；改变了原有绩效管理与专业管理分离的局面，将绩效管理作为各专业管理的牵引，形成分层、相互支撑的局面；改变了原有绩效管理以结果考评为主的做法，将绩效管理侧重于各级组织重点工作的有效落实、过程跟踪、持续改进，成为一个闭环管理过程。

六个转变：由一场变革创新工作转变为一项组织的常态工作；由各单位经营团队不得不完成的被动工作转变为各级领导提升经营管理能力的抓手；由各单位简单复制转变为结合实际工作的量身定做；由基层员工的事不关己态度转变为我的绩效我负责的氛围；将绩效管理的理念深深植入到各级管理者的思维中，体现在各级管理工作的优化改进中；由传统绩效考核转变为持续优化的绩效管理并逐步营造绩效文化。

3.加强人才队伍建设，进行操作技能人才管理改革

在重新定位操作技能序列设置的基础上，制定了《操作技能人员管理改革方案》和配套的管理办法草案。严格落实评聘工作，对操作技能人才实施动态管理、评聘分开，注重工作实效，严格审

核流程，通过有效激励使人才配置向产线倾斜。

（三）以用户为导向变革营销理念，创新营销模式

1. 建立大客户经理营销制度

深入推进大客户经理制建设。整合生产、技术、质量、营销等资源，理顺大客户经理制运行机制，全力抓好重点用户开发培育、产品定制化生产服务等工作，扩大了产品直销比例，品种钢市场开拓和高端用户开发创出新局面。2015年，公司国内直销比可完成67.5%，其中品种钢直销比超过95%。型材方面新品种实现对国网公司独家批量供货；热板方面新开用户11家，实现对长城汽车的稳定供货；冷板方面新开发了珠海格力、天津大桥等19家重点用户；汽车板方面新开用户9家，成功开发天津圣佑等战略客户，与凌云等重点客户的合作不断深化；镀锡板基料和高端MR钢销量达到国内领先水平。

2. 强化营销网络建设，完善营销网络布局

按照营销战略的总体部署，公司依托商贸公司、华冶公司作为营销网络搭建的主要平台，结合各自实际，完善网络布局。

商贸公司的做法：一是市场细分运营，建立了唐山、保定两个加工配送中心和上海、山东、广州等六个营销服务中心，形成了以唐山本部为起点，覆盖华北、华东、华南、西北、东北区域，面向终端客户的销售服务网络，有效丰富和拓展了产品销售渠道；二是建立用户服务体系，重点开发战略终端用户，针对大客户和重点客户设置了专用档案，各网点针对潜力客户开发制定了对应的开发措施和工作路线，同时把大客户和直供客户开发数量纳入了月考核指标，定期分析客户增长或流失的原因；三是拓宽销售渠道，科学调整产品投放，合理判断价格走势，提高出货效率，加强区域投放创效，通过网络价格监控平台的建立，实现了各地区价格变化的时时反馈，同时也更好地指导了各区域品种投放的调整。

华冶公司的做法：一是结合各生产线的实际情况对区域内潜在客户进行产品推介和个性化服务，加大开发力度，实时跟踪，做好客户信息的反馈和沟通工作，及时解决客户提出的问题，全力合作；二是调研整合天津区域市场的资源匹配情况，提高市场上稀缺资源的销售价格，加强市场行情波动的分析和预判，做到紧盯市场低价资源，低买高卖，实现创效最大化；三是抓住天津区域丽兴、象屿立业面临倒闭危机的时机，加大公司仓储物流园建设和加工业务的拓展，用良好的加工质量和优质服务吸引加工仓储业务实现创效。

3. 建立以用户为中心的生产制造管理体系

以"完全市场化、低耗高效"为目标，坚持不懈地转变生产组织模式，将生产系统关注的重点转变为合同订单计划兑现率，形成以效益最大化为原则，面向市场、完全按用户需求匹配产能的新型生产组织模式。

（1）全力推进按单生产、准时交货，促进产销顺利衔接。以公司高级计划排程系统（APS）上线运行为契机，借助信息化手段，全面实施按单生产组织模式，引导各种资源向产线、订单和用户需求聚集，全力抓好工序间衔接匹配，使生产组织始终保持适度紧张、稳定顺行的良好态势，带动了设备管理、工艺控制和市场反应能力的快速提升，生产组织实现向以用户为中心的转变。一年来，公司订单完成率超过98%，合同兑现率完成98.5%，产品交货周期平均缩短2天以上，同比上年有明显改善。

（2）改变过去月计划兑现管理模式，进行订单日兑现管理。通过日订单完成情况管控公司生产，提高了市场响应速度。按照生产一贯制扁平化管理，对各生产单元计划人员实行统一管控，使流程更简化，管理效率更高。

（3）树立零库存理念，降低公司库占资金，避免物料跌价风险。紧跟市场节奏，坚持物料快进快出，避免跌价风险；按照物料类别进行"定制化"管理，做到精细研判，底数清楚，统筹谋划；针对个别物料库存高的问题，落实责任单位，积极有效地寻找降库突破口。通过加强原燃材料及产成品库存管理，有效规避了存货跌价风险。截至2015年底，公司主业存货占用完成40亿元，比年初降低10亿元；主要归口费用支出约130亿元，压减16亿元，折合吨钢降低103.8元。

（4）根据不同客户对公司产品交货期要求进行"定制生产"，满足客户要求。根据不同客户对公司产品交货期的不同要求，结合整体财务库存、轧线产能匹配、产品当期利润等情况，按照不同模式组织生产。国内协议户按时间进度均匀交货，国内直供户按单生产完毕后一次交货，出口客户按船期交货，在保证合同交货期的同时，最大限度降低公司成品库存从而降低资金占用。

（四）以产品为导向加快科技创新，促进产品升级结构调整

1. 构建"事业部制"产销研组织架构，形成产销研高效联动机制

2015年，公司组建的高强汽车板事业部、型线事业部、中板事业部、卷板事业部全面运行，为全面开展品种结构优化调整工作奠定了良好基础。在此基础上，重组成立与四大事业部相配套的汽车板研究所、型线研究所、板带研究所和中厚板研究所，全面整合高端技术研发人才资源，配置到产线上，加快推进高端产品结构调整和高质量产品研发。通过完善四大事业部协调配合、运营管理、考核激励等机制，深入开展与西门子奥钢联、东北大学、苏州邯锴等知名企业和科研院所的技术合作，现有产线品种规划、市场开拓和售价提升等得到全面推进。全年产品同口径售价提升约130元，比集团要求目标多提高30元；生产品种钢约500万吨，品种比例完成约35%。一年来，不锈钢—二冷轧区域品种开发取得预期成效，其中不锈钢具备IF钢批量生产能力，完成HC420LA等6个钢种试产，满足了二冷轧供料需求；热板方面成功开发了高强酸洗热成型汽车用钢和搪瓷用钢，无取向电工钢、焊瓶钢实现批量稳产，耐候钢产销量大幅提升；冷轧方面成功开发酸洗焊瓶钢、焊丝钢、链条钢、镀锌结构级系列产品，并实现批量稳产；中厚板方面成功开发合金钢15CrMo以及2个耐候钢新品种，且桥梁板开发生产实现零的突破；大型线成功开发了大型铁塔用30#角钢。

2. 加强以专家为代表的科技人才队伍建设

（1）制定专家制度改革方案并实施。着眼于发挥专家对产线在技术创新、管理创新和岗位创新中的引领作用，积极做好专家评聘、目标设定、绩效管理等工作，为企业围绕产线解决问题、改善指标、提升绩效提供了重要支撑。通过改革将公司顶级的专业技术人才配置到产线上，最大程度去除专家队伍"行政化"色彩，回归专家本职，构建了以技术专家、管理专员及营销总监、操作技能专家为主体的高端人才队伍，对引导各类优秀人才向产线聚集、向研发和营销一线聚集，起到了重要作用，使人才队伍的创造活力得到有效释放。

（2）制定下发《专项经费管理实施细则》和《项目（课题）绩效支出实施细则》，严格规范纵向课题费用管理。从制度方面明确了纵向科研课题的管理流程以及专项资金的管理和使用，制定了纵向课题绩效考核制度，确保科技专项经费的规范使用。目前，对2013年以来公司承担的10项国家、省、市科研课题纳入管理范围，涉及专项经费1000余万元，提高了承担课题单位和科技人员

的工作积极性，为科研工作的扎实开展提供强有力的支撑。

3. 建立完善直面市场的产品研发体系

从完善流程入手，制定并下发了《新产品设计开发程序文件》、《新产品设计开发管理办法》等制度，把 TS16949 体系管理思想融入到产品研发的每一个环节，上半年组织制定了新产品的开发计划，部分品种已经完善了行业需求分布、潜在竞争对手情况、自身区位优势、技术发展等综合分析工作；试验生产过程中，各 APQP 小组严格落实合同评审制度、生产前准备会制度、生产跟班制度、生产总结制度等，保证了产品研发过程的规范运作。

4. 完善全生命周期的合作模式，实现产品结构调整

（1）与东北大学的技术合作顺利推进。洁净钢生产关键技术研究完成了主要产品的洁净度水平检测调研及实验室热工模拟，LF 炉的精炼工艺初步优化方案在现场取得一定效果。品种研发项目以解决长期困扰中厚板产品的表面氧化铁皮缺陷为重点，经过试验，已在普碳钢系列钢种取得初步效果，目前正在进行工艺固化工作；结合 VN 微合金化及操作习惯的改善，桥梁钢、欧标产品、Q460C 高强低合金等钢种的质量提升以及 Q550D 高强钢种的工业化试验，均取得较大效果；超快冷、即时冷却、轧线自动化升级改造以及平面形状控制等技改项目已经完成了技术协议签订工作，将随中厚板 400 万吨改造项目同步实施。

（2）与西门子奥钢联的合作扎实开展。在 PT 专家的指导下，不锈钢区域进行了六大钢种的开发工作，目前工艺基本贯通。二冷轧区域从 4 月开始开展技术诀窍服务，目前已经完成了在酸轧和连退的欧标 DC03 和 DC06 的试验生产，HC420LA、DC01/DC03、BH220、HC220Y 取得一定效果，完成 600MPa 级以下的 6 个代表钢种的开发。在此基础上，结合自身设备与工艺特点，自主开发了 SPHETi-3、TRIP590、DP780C、DP980C 钢种。目前，不锈钢区域炼钢、连铸和热轧 KPI 指标统计和提升优化已进入常态，现场 28 项 KPI 指标准确反映生产情况。

（3）与德高合作持续开展。上半年结合德高专家给出的 DP780C、DP980C 成分和工艺，组织技术人员进行了大量的热模拟试验，DP980C 的板型及卷型问题得到解决。

5. 做好新工艺、新技术的推广应用工作与系统优化工作

1700 以转炉 -RH- 连铸单联方式生产超低碳钢工艺稳定运行、不锈钢公司基于烟气分析的自动化炼钢和精炼模型化全面投入正常使用、1700 加热炉改造、转炉滑板挡渣、冷轧部一冷轧酸轧机组完成二级轧制模型的优化和预漂洗功能恢复、冷轧部二酸洗优化汽车大梁钢工艺、冷轧部三条镀锌线影响质量的相关功能和装置的恢复等项目按进度顺利实施；长材部干法除尘技术成功应用，长材部基于模型的转炉标准化炼钢静态模型软件编制、测试完成，已经在 1# 转炉上线运行，开始现场调试；中厚板转炉自动化炼钢、铁水预处理和 RH 恢复、轧机实现超快冷等按进度实施，二酸洗二镀锌改造项目经过几次论证，基本确定了改造方案。

围绕品种结构、产品质量、设备功能等方面，积极推进"耐候结构钢生产工艺的研究与系列钢种的开发"等 10 项重大科研课题和"汽车用深冲及超深冲级镀锌产品开发及推广"等 54 项重点科研课题，取得阶段性成果。年内 4 项产学研项目完成结题验收；55 项课题正按预期进度加快推进；2 个产学研项目正式立项。年内，公司获得中钢协冶金科学技术奖三等奖 2 项，获市科技进步奖一等奖 2 项、二等奖 2 项、三等奖 1 项；申请专利 110 项，创历史最好水平。

（五）以效益为导向推进经营管理改革，提升企业整体管理水平

1. 深化全面预算管理，向各产线全面推开

（1）着力将工序成本及各项费用指标细化分解到各产线，提高了全面预算管理的精细化水平。强化资金刚性管控，严格控制非预算项目和超预算费用支出，下大力压减非生产性开支，明确了每个要素费用的列支范围和渠道，营造了严苛的资金环境。特别是在公司作业长制推进过程中，年度预算编制重点向产线倾斜，掌握各个产线的实际情况，准确对指标进行分解落实。

（2）发挥归口部门作用将预算范围拓展到全公司。明确预算管理范围，目前包括所有的法人账户和二级核算账户。充分发挥归口管理部门作用，从体制上分清管理职能和业务职能，强化归口部门是费用管理的第一责任人的作用，对费用发生的合理性严格把关。加强各非钢单位费用预算管理，对公司资金预算形成支撑。

（3）优化审批流程，加强预算管理的深度。从付款事后审批前移到费用发生前的管理，实施严格的额度控制，优化审批流程，正常性费用集中审批，可控费用从计划、实施、挂账、付款形成全流程控制。

2. 推行日清日结，加快财务信息化进程

依托信息化系统，精细成本控制，强力推行日清日结，实现了每条产线、每炉钢、每吨钢材的日成本精细核算，为调整成本结构、产品结构，杜绝成本管理漏洞，实现全产线、全员绩效管理创造了条件。日清日结推进工作主要分为三个阶段：一是业务梳理，对各项核算规则进行了梳理和制定，针对现有业务存在的问题，通过分析制定了相应的核算规则，并完善了报表的一些基础功能；二是通过数据分析发现系统逻辑及程序错误，并提出优化方案，通过实际成本和标准成本的数据比较完善，督促相关部门和单位完善 BOM 系统中存在的各种问题，按计划修订了各单位的 BOM 值，并根据 2015 年的预算指标维护到系统中；三是完成了深度的日清日结分析模式，并能够每日出具日成本分析，截至目前日报程序运行正常，能够在一定的规则下通过 SAP 系统出具日成本报表，并能够提供可靠的日清日结分析材料。

3. 实施管理评审，保证管理体系持续适应企业发展要求

公司以管理评审为抓手，狠抓规章制度管理体系的健全完善与有效运行，促进了专业管理重心下移到产线，部门的管控能力、执行能力和落地能力得到切实加强，为公司生产经营提供了管理支撑。一是组织年度管理评审工作，对 2014 年管理目标完成情况进行总结梳理，明确改进提升点，同时以 2015 年管理预算为基础，确定 2015 年管理工作计划；二是建立管理目标定期追踪检查机制，制定并下发《公司管理评审控制程序》，以管理预算为基础，每季度汇总各单位管理指标完成情况，分析存在的短板与不足，提出改善提升建议，并形成季度追踪检查简报；三是完善管理评审流程和程序，学习先进企业管理评价工作经验，收集整理各单位对管理评审工作的意见和建议，完善公司管理评审工作流程，制定公司管理评审制度；四是做好下年度管理评审的准备工作，找出短板与不足，制订改进计划。

三、以市场为导向的钢铁企业管理机制改革创新的实施效果

2015 年，是我国钢铁行业形势最严峻、钢铁企业经营最困难、转型发展压力最大的一年，是

河钢唐钢上下直面挑战、开拓奋进，锐意变革、创新突破的一年。一年来，河钢唐钢坚持以改革创新为主线，加快建立直面市场的经营环境、运营机制和保障体系，积极推进产品升级和结构调整，生产经营和改革发展取得新成绩。

（一）生产经营保持稳定顺行

公司全年产铁1595万吨，钢1542万吨，钢材1463万吨，铁、钢同比分别增长2.4%、2.1%。售价提升额、四要素成本、四要素外费用、生产计划兑现率、钢材产销率、存货周转率等指标均完成集团目标任务。产品质量、档次和稳定性有新的提升，产品品牌价值、创效能力和市场竞争力显著增强。特别是高强汽车板项目调试生产和品种开发基本实现预期目标，产品升级全面提速。全年公司品种钢比例完成约35%，同比上年有明显提高。深入推进日清日结和全面预算管理，持续加强费用刚性管控，先后推出两轮挖潜增效计划，重点举措得到有效落实，低资金保障下的全新生产经营模式逐步建立。

（二）改革创新取得重要进展

稳步实施作业长制和全员绩效管理，有序推开专家制度改革和薪酬制度改革，各项改革举措稳步落地、成效逐步显现，企业内生动力和发展活力得到有效激发。持续推进营销模式变革和机制创新，健全完善大客户经理制和产销研一体化事业部制，着力强化技术营销和用户服务，客户结构明显改善，高附加值产品销量稳步提升。

（三）产业布局进一步优化

全面推进公司化、市场化运营，运用"互联网+"思维带动非钢产业转型升级，认真谋划非钢发展整体金融解决方案，积极培育战略性新兴产业，非钢发展呈现新局面。在严峻复杂的国际环境下，出口规模保持基本稳定，出口产品结构进一步优化。国际交流与合作稳中有进，公司国际化发展的质量和水平稳步提升。

（四）经济效益取得显著成绩

按照复合因素分离计算法（CSP）进行测算的效益计算结果如下：

$$E_C = (P_1 - P_0) - (N \pm \sum_{a=1}^{n} T_a \pm \sum_{b=1}^{n} R_b \pm \sum_{c=1}^{n} F_c) - (\sum_{d=1}^{n} C_d + I)$$
$$= （50501-55623）-（-58950）-13500=40328（万元）$$

以信息化创新思路助力企业信息化建设

创造单位：中国铁路物资北京有限公司
主创人：刘建华 王 耀
创造人：刘广源 唐 林 滕 苊 冯文亮 魏绍兰

[摘要] 2012 年底，中国铁路物资北京有限公司提出了"信息化工作信息化"的管理理念，并自主研发了信息化工作管理系统，一则，探索信息化工作本身信息化理论体系以及公司自身的信息化建设道路；二则，借助信息化工作管理系统的实现，明确信息工作规范，建立共享机制，以成果倒逼，培养公司信息化人才。后续经过不断完善和优化，逐步涵盖了信息化所涉及的各个工作模块，已成为公司信息化工作的重要平台之一。随着"信息化工作信息化"理念的施行，该系统已成为公司信息人员日常使用的重要系统之一，信息人员不再被动接单，而是按照系统要求，保质保量地完成日常工作，并在此基础上，根据工作实际不断提出优化建议与指标，在推进公司信息化水平的同时，也持续提高自身信息化工作能力，对推进信息化工作的稳步发展和探索适合公司发展的信息化建设道路有着重要的意义。

[关键词] 信息化建设；电子商务；系统优化

中国铁路物资北京有限公司（以下简称北京公司）成立于 1976 年，是中国铁路物资股份有限公司（国务院国资委所属大型物资商贸企业，以下简称股份公司）的全资子公司，前身为铁道部北京物资办事处。公司主营铁路用钢轨、道岔、转辙机、柴油、润滑油、基础油等专用物资，以及钢材、矿石、煤炭、水泥等大宗商品，承接铁路专用物资的集中采购，先后与马钢、包钢、河钢、山钢等国内大型钢铁企业成为战略合作伙伴关系，成为国内众多资源开采、冶炼生产企业与加工制造、工程建筑单位之间沟通产需、实现共赢的桥梁。

目前北京公司主要经营钢材、油品、矿石、煤炭、化工产品等。营销网络遍布华北、西北、华东地区，分别在京、津、沪、冀、晋、陕、粤、苏、蒙、甘等十余个省市自治区设有子、分公司。

近年来，北京公司大力开发国际市场，钢材、化工、电子等产品行销 10 多个国家和地区，先后与美国、韩国、东南亚、欧洲等一些国家和地区建立了密切的业务往来。

多年来，公司发展得到了社会各界朋友的关心和支持。北京公司始终致力于"创造最值得信赖的企业"、"销售最值得信赖的商品"、"提供最值得信赖的服务"。多次被授予北京市纳税信用 A 级企业，连续 10 年入选钢铁营销 50 强企业。

一、提出信息化创新思路的背景

近年来，北京公司信息化工作虽在稳步进行，但随着北京公司业务规模的不断扩大，业务品种的不断丰富，管理方式的不断创新，相配套的信息化建设工作也面临着更大的挑战，发展思路不做出大的突破，信息化建设必将处于瓶颈之中，存在停滞的风险。

北京公司的信息化建设工作起步早，1996年就尝试自主开发系统，运用于实际经营管理中，取得了很好的信息化效益，当时信息化工作的重点主要在研发、改良、维护新的系统和提供信息服务上，技术与事务双重压力下，信息人员更多的是充当"救火队员"的角色，经常感觉工作杂乱无章，疲于应付，根本无法静下心来考虑信息工作的完善和持续改进，无法更好地满足业务实际需求。近几年来北京公司积极响应股份公司打造"一个中国铁物"的要求，主动参与实施股份公司各信息系统的统一建设，逐步从原有的信息化建设道路中偏离出来，信息化建设的重心开始转移到信息系统运维上来，同时时代在发展、技术在进步，新的理念层出不穷，社会在越发多元化，企业实务也越发复杂化，这些都给我们的信息化建设工作带来了更多的问题和挑战，主要表现在以下几个方面：

（1）随着业务规模的扩大，面对股份公司不断增加的信息系统、信息设备和越来越复杂的体系结构，对系统维护的需求量大幅增大，对信息人员的要求越来越严格，对信息运维工作要求不断提高。

（2）非自主开发的信息系统上线后，能否保证系统顺畅运行，能否及时解决各种突发问题成为制约企业信息系统实施效果的关键，而保证系统可用性、易用性，关键在于系统运维，系统运维的关键又在于信息人员，在于信息人员对信息系统的接受、了解层次，然而非自主开发的信息系统在先天上就与运营单位存在巨大的隔阂，客观上也给信息化工作带来巨大的难度和不确定性。

（3）未来信息化的重心将逐步从IT（信息技术）向DT（数据技术）转化，从以流程为中心向以数据中心转化，企业丰富的信息行为产生了大量信息化数据和资产数据，在信息化建设中对这些信息数据的重要性认识不够，不能及时有效地整理追踪和利用，造成了信息资源流失，导致信息管理高成本、低效率的局面。

（4）集团统一部署的信息系统不能完全适合或满足北京公司的个性化需求和管理诉求，如何对信息系统在微层面的再造，以满足个性化需求，是摆在我们面前一个重要课题。

（5）云计算、大数据、物联网、移动应用、智能控制技术等为核心的新IT技术的出现，正在触动传统信息化的根基，将要颠覆传统信息化建设的总体思路、模式、框架、技术及治理方式，信息化建设将进入发展阶段转型的关键期，信息建设的技术、理念、模式及评价标准等都已发生或将发生重大变化，需要用全新的理念和方法去筹划。

（6）公司规模的扩大，人员的增加，带来工作期间的信息行为剧增，使员工信息行为的控制变得复杂异常，对信息管理和企业信息安全提出了更高要求。

（7）信息人员的数量、维护能力和知识水平的不足，分散式、被动式、非正规的传统运维方式，已不能满足企业信息化建设的需要，常导致信息系统的非正常运行，大大降低信息支持的服务质量。

（8）未来企业将面临来自政府、行业组织及自身战略的合规性要求会越来越多，信息安全将成为企业参与市场竞争的基础能力，企业需要更加重视信息安全的管控。

二、提出信息化创新思路的内涵和主要做法

（一）内涵

目前，信息化理论基本聚焦于信息基础设施、安全体系建设、企业架构理论以及新IT技术等方面，对于信息化工作本身却少有涉及，近水楼台未得月。再者，国内的信息化人才多偏于技术，

工作缺乏规范，团队合作意识差，在技术与现实之间建构平衡的人才奇缺，尤其是信息行业重技术轻管理的思想严重，导致信息管理人才的缺乏，不利于信息化建设工作的持续、高效推进。

鉴于此，2012年底，北京公司提出了"信息化工作信息化"的管理理念，并自主研发了信息化工作管理系统，一则，探索信息化工作本身信息化理论体系以及北京公司自身的信息化建设道路；二则，借助信息化工作管理系统的实现，明确信息工作规范，建立共享机制，以成果倒逼，培养北京公司信息化人才。后续经过不断完善和优化，逐步涵盖了信息化所涉及的各个工作模块，已成为北京公司信息化工作的重要平台之一，这样一来，一方面，在形成具体工作规范的同时，增强了信息管理的可视性，便于了解企业信息系统和信息行为；另一方面，也可形成有效信息知识库，有利于信息人员及时查询参考，从而提高信息化工作效率与质量。

（二）具体做法

1. 系统设计原则

（1）规范化原则：符合IT基础架构标准库（IT Infrastructure Library，ITIL）规范，采用IT服务管理（IT Service Management，ITSM）方法论为指导。

（2）重要性原则：对具体系统需求进行详细分析，优先开发对实际工作和管理影响最大、成效最快的功能模块、管控流程和监控点。

（3）实用性原则：以实用为标准，紧贴北京公司信息化建设现状和信息团队职责分工，系统具有高度可操作性，并尽量降低建设成本。

（4）渐进开发原则：引入敏捷开发模式，在开发和使用过程中持续改进、逐步完善信息化工作管理体系，降低各功能模块间的耦合度，注重系统的可扩展性。

2. 开发方案和开发工具

（1）开发方案选择。管理信息系统常用的开发方式通常包括自主开发、委托开发、合作开发、购买产品等，通过对不同方案的特点比较，从系统设计、实施、运行维护、开发周期、实用性、扩展性及开发成本等角度考虑，最终选择自主开发作为信息化工作管理系统的开发方案。如图1所示。

可选方案 特点比较	方案1：自主开发	方案2：委托开发	方案3：合作开发	方案4：购买产品
分析和设计能力的要求	较高	一般	逐渐培养	较低
编程能力的要求	较高	不需要	需要	较低
系统维护的难易程度	容易	较困难	较容易	较困难
开发费用	少	多	较少	较少
特点说明	开发周期较长，利于建设自己的开发队伍，系统最适合需求，维护方便	省时省事，开发费用高，维护成本高	利于培养自己的技术力量，系统便于维护	最省事，但不一定完全符合需求，需要二次开发
方案选择	选择	不选择	不选择	不选择
结论说明	由于北京公司具有一支有丰富信息开发经验又懂信息管理的复合型信息系统开发团队，以及对快速开发工具Oracle APEX的熟练应用，从系统设计、实施、运行维护、开发周期、适用性、扩展性及开发成本等角度考虑，自主开发的系统更适合需求			

图1 开发方案比选

（2）开发工具介绍。信息化工作管理系统，是基于开发工具 Oracle APEX 开发的。Oracle APEX，全称是 Oracle Application Express，是为 Oracle 数据库设计的一种基于网络浏览器的快速应用开发工具，它采用 WEB 开发界面及申明式的框架结构，通过向导功能创建、修改、查询、删除 Oracle 数据库中的数据，并完成提取、校验、转换等相关操作，最终在以报表、表单、图表等形式将结果呈现在网页上。

APEX 在国内应用并不多，但在国外有着相当大的市场，很多软件公司都有基于 APEX 的解决方案，很多大公司、政府部门、学校机构都采用了 APEX 的应用，而且 APEX 的社区人气也非常高。它被广泛应用于互联网应用和商业应用中。

北京公司信息团队自 2010 年起开始初步利用 Oracle APEX 工具开发信息系统，已经积累了丰富的经验，因此对于开发信息化工作管理系统，从快速开发、开发效率、数据库应用和维护、增量开发等角度综合考虑，依然选择 Oracle APEX 作为首选开发工具。

3. 系统架构设计

根据北京公司信息化建设所覆盖的内容和现有信息人员的职责分工，结合信息化建设"有记录、可跟踪、便查询、能管理"的思路，经过项目组讨论，最终将系统划分为耗材管理、维修管理、软件管理、结算管理、运维管理、网络安全、机房管理、网站平台、设备管理、工作任务和报表管理等专属模块，这些模块融合在一起，已涵盖公司信息化所包含的主要内容，依托此系统，北京公司信息化建设正在向高效、优质方向逐步转变，如图 2 所示。

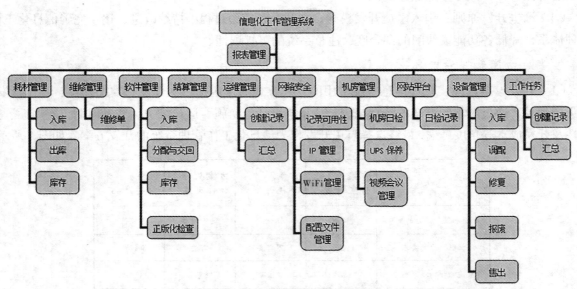

图 2　信息化工作管理系统功能模块

4. 安全性设计

（1）用户和角色管理。本系统设计初衷为面向信息工作人员和信息化负责人使用，范围上相对比较集中，因此，系统采用创建 APEX 用户账户来实现对用户账户和用户口令的管理，将用户账户分为工作区管理员、工作区开发者和最终用户，并创建用户组限制对应用程序各个部分的访问。开发者可以创建和编辑应用程序，也可以创建和修改数据库对象。工作区管理员可以创建和编辑用户账户，管理组和管理开发服务。最终用户没有开发权限，用于控制对不使用外部验证方案的应用程序的访问。

根据功能模块设计，将系统不同模块内容和对象权限整合成一个集合，即角色。通过对系统功能模块的划分，不同的模块对不同的角色有着不同的访问权限控制，从而限制了没有该模块访问权限的用户访问该功能模块。Oracle APEX 可以利用共享组件中的授权方案实现角色权限的设计，本系统根据信息化分工内容将操作用户分为 11 类角色：耗材管理员、维修管理员、软件管理员、结算人员、运维人员、网络管理员、机房管理员、网站平台管理员、设备管理员、开发人员以及信息化负责人。

创建用户时，首先定义可访问的方案，以及应用程序开发者、工作区管理员或最终用户的访问权限，并设定用户第一次使用当前口令登录时，要求该用户立即更改口令。另外，在 APEX 管理后台的管理实例中对全局安全性和工作区口令策略进行了详细的配置。

（2）身份验证。身份验证技术是目前广泛使用的企业信息系统的安全技术之一，是信息系统判定系统操作者身份有效性的过程。Oracle APEX 提供了许多内置的身份验证模式（包括一次性登录、数据库账户证书）和一个易于使用的用户管理系统，或者使用可与任何身份验证服务（包括 Microsoft Active Directory 和 Oracle Applications）交互的自定义模式。此外，也可自定义身份验证以满足环境要求，并选择性地对整个应用程序、页面或页面组件应用身份验证。甚至还可利用创建新的会话状态保护特性来防止 URL 篡改，利用内置特性来保护应用程序免受 SQL 注入攻击和跨站点脚本编写 (XSS) 攻击。本系统目前采取一次性登录方式进行身份验证，并结合授权方案和会话状态保护共同保障系统安全性，一方面实现起来相对比较简单，另一方面安全性最大限度上符合预期设定。

5. 系统功能模块设计

根据功能模块设计内容，系统主要提供以下功能：

（1）耗材管理、设备管理、软件管理。耗材管理和设备管理是根据北京公司《计算机设备管理办法》的相关要求部署的，功能包括耗材和设备的出入库操作、耗材的库存情况，设备的调配、修复、报废、售出等记录，结合耗材的领用登记制度和设备的购置流程规定，对计算机及其附属设备进行规范有序的管理，保证计算机设备的安全可靠运行和使用，保障公司经营管理工作的顺利开展。

软件管理是根据北京公司《软件管理办法》的相关规定开发的，功能包括软件介质的入库、分配与交回管理、软件的报废、软件正版化检查等。通过此模块，可以对已有的软件进行合理的配置，以此提升正版软件的利用率与整体效益，保障正版化工作的顺利推进。

（2）维修管理、结算管理。维修管理主要是用以设备发生故障或损坏后经修理恢复正常运行时建立的维修台账。在系统中维修和设备相关联，在设备详情中也可查询到设备的维修历史记录。

结算管理主要是耗材、设备、软件等的采购结算事宜。结算信息包括物品名称、供应商、数量、单价、采购日期、结算日期等。

（3）网络安全、网站平台。网络安全模块是根据制定的网络可用性指标记录每天的网络情况，以及对公司 WiFi 设备和关键网络设备的配置信息的维护。

网站平台模块是用于记录北京公司网站及行业信息短信群发功能的日常巡检情况。通过这两个模块，可以对公司的网络、网站平台日常运行情况进行管理和总结。

（4）机房管理。机房管理模块主要是用于计算机房的日常巡检工作、UPS 设备电源的定期维护和保养的管理工作、视频会议的调试和参会管理等。通过此模块，可以方便管理机房的运行情况、机房动力及室温的稳定情况、UPS电源设备的运转状况和视频会议的管理等。

（5）运维管理。北京公司一直将信息系统的运维工作视为信息化工作的重点内容，在注重体系建设的同时，也高度重视运维知识的积累。

运维管理模块将日常运维操作信息化，将运维经验知识化，通过构建运维知识库，便于运维人员及时查询参考，提高了信息人员运维水平和运维效率。结合信息管理要求，日常信息运维中发生的任何信息服务支持均应及时录入该模块中，一方面可形成运维知识数据，为后续搭建知识库提供数据支撑；另一方面也可对信息人员的工作提供绩效量化，以提高信息人员的工作积极性。

（6）工作任务。鉴于每年制定的信息化工作计划以及突发性的工作任务无法及时的跟踪和反馈，并考虑到信息化工作的整体性和连贯性，因此新增此模块，主要目的是为了对阶段性工作和突发性工作进行跟踪管理，并方便分配任务。依托该模块，可以根据信息人员当前的工作任务量，合理分配新的工作计划、阶段性工作和临时性的工作任务，并由任务负责人进行监督和检查，负责工作任务的跟踪和推动，并可根据实际情况适时调整，使信息工作开展高效有序。

（7）报表管理。报表管理模块展现各功能模块的明细和汇总查询的结果，由耗材报表、维修报表、软件报表、运维报表、网络报表、机房报表、网站报表和设备报表组成。APEX可以很方便地构建数据库数据报表应用程序，快速生成显示SQL查询的HTML报表，还能以HTML、PDF、RTF（兼容Microsoft Word）和XLS（兼容Microsoft Excel）格式下载和打印报表。

6. 运维体系的形成

如图3所示，随着北京公司信息化的持续推进和对信息化认知的不断深入，信息化已成为公司战略转型期的重要抓手之一，而信息运维也变得日益重要起来，信息化工作管理系统的投入使用，标志着北京公司"信息化工作信息化"理念的正式施行，北京公司以此为核心的运维体系也正式搭建成功，对北京公司信息化建设工作带来规范、高效的效益，促进信息工作的稳步发展。

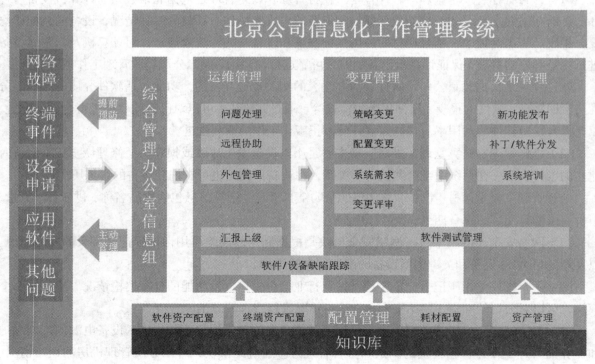

图3　北京公司运维体系结构

三、实施效果

信息化工作管理系统已经于 2013 年正式投入使用，并在逐年进行改进和完善，给北京公司信息化工作带来了翻天覆地的转变。

截至 2016 年 6 月底，已完成录入耗材 1476 笔 4453 件，维修单 122 份，软件入库 89 批次共计 169 个，处理信息运维问题并添加记录 2637 条（2014 年起），增加网络可用性记录、机房巡检记录各 610 条（2014 年起），提供视频会议、多媒体会议技术支持 64 次（2015 年起），监控网站、短信平台 604 次（2014 年起），管理计算机设备（含微型计算机、笔记本电脑、打印机、传真机、复印机、扫描仪、服务器、网络设备等）561 件。这些数据构成了北京公司信息化建设的基础数据支撑，为后续的管理和数据分析提供了必要条件。

在以往的信息化建设过程中，信息人员主要以技术导向为主，信息运维主要是被动运维，充当"救火队"的角色，工作效率低下，工作状态混乱，也不利于知识积累和经验总结，信息化建设进展缓慢。随着"信息化工作信息化"理念的施行，信息化工作管理系统已成为信息人员日常使用的重要系统之一，信息人员不再被动接单，而是按照系统要求，保质保量地完成日常工作，并在此基础上，根据工作实际不断提出优化建议与指标，在推进北京公司信息化水平的同时，也持续提高自身信息化工作能力。

信息化工作管理系统的应用，对于掌握北京公司信息行为、构建信息化工作知识库、增强系统性能指标监控和评估、量化 IT 工作绩效、增强团队协作、打造优质信息团队等方面起到了积极的促进作用，标志着北京公司信息化管理理念的施行，给北京公司信息化工作带来了规范、高效和信息服务的提升，对推进信息工作的稳步发展和探索适合公司发展的信息化建设道路有着重要的意义。

第三篇　优秀论文

从"全光网省"到"网络强省"

——"全光网"建设的实践探索与创新

申报单位：中国电信四川公司

作者：郑成渝 张 平

[摘要] 2015 年 9 月 10 日，四川建成全国首个"全光网省"，一举告别"传统铜缆程控交换通信"旧时代，迈入全球领先的"全光网"新时代。四川率先建成"全光网省"和发布"网络强省"行动计划，对于进一步推进"互联网+"行动计划、全面落实三网融合、奠定信息消费基础和差异化优势、推进经济转型升级、协调城乡发展、全面建成小康社会具有十分重要的意义。

随着"全光网省"的建成，加速了企业的转型发展，探索出供给侧结构调整新路径，实现了社会效益与经济效益的和谐统一，利国利民利企，成为传统运营商转型典范。重点业务发展创新高，光纤宽带、IPTV、天翼移动业务实现规模发展；基础网络能力大幅提升，实现全光网的不断演进创新，促成了光网大数据端到端智能运营和创新应用；形成和不断深化"012"战略，实现信息惠民、促进信息消费；营造良好的内外部发展环境，引领行业发展。

四川率先建成全光网省后，中国电信四川公司按照"智能网络强、内容应用强、产业拉动强、安全保障强"的总体目标，率先发布"网络强省"行动计划，聚焦"网络基础能力、网络与信息安全能力"两大能力提升，开展"互联网+提速、创新创业培育、信息精准扶贫"三项行动，发力"大视频产业、云计算+大数据产业、电子商务产业、物联网产业"四大产业，助力四川打造"网络强省"，提升信息化服务能力，丰富互联网+应用，为老百姓提供用得上、用得起、用得好的信息服务，让四川民众充分享受"网络强省"红利，助力四川社会经济发展和民生改善。

[关键词] 光纤宽带；信息技术；互联网+；IPTV；012

2014 年 2 月，习近平总书记在中央网络安全和信息化领导小组第一次会议上首次提出"努力把我国建设成为网络强国"。在党的十八届五中全会通过的《中共中央关于制定国民经济和社会发展第十三个五年规划的建议》中，建议将网络强国战略纳入"十三五"规划的战略体系。2016 年 7 月，《国家信息化发展战略纲要》正式公布，明确提出网络强国建设的"三步走"战略目标，划定建设网络强国的时间表和路线图。"网络强国"战略是党中央、国务院总揽国内外大局，着眼于两个"百年目标"做出的重点战略决策，是实现中华民族伟大复兴的重要内容。

一、敢为人先，启动全光网建设

四川省位于中国西南腹地，幅员 48.5 万平方千米，地形复杂，人口众多，是农业和人口大省，区域发展极不平衡，是中国最具代表性的省份。

（一）顺应发展趋势，启动全光网建设

为加速四川的信息化建设，四川公司顺应光纤化发展趋势，自 2008 年 10 月开始实施"光进铜退"，2009 年开始规模化光纤部署，2011 年根据中国电信集团"光纤宽带发展战略"要求，全面启动"智慧城市 光网四川"建设，进一步加大在光网建设的投入。但在 2013 年之前，四川公司在光网建设及发展方面较为谨慎，由于光网改造投资大，对当期收入贡献小，以及改造难度大，签转协调难等因素，使得 FTTH 规模推进力度不够，导致多网长期并存。光网建设投入大和初期收益小的矛盾，制约光网规模发展。截至 2012 年底，四川公司光网覆盖住户数为 435 万，端口数 343 万，实际接入端口数 96 万，占用率只有 28%。

2013 年，为响应国家宽带提速工程和国家宽带战略落地，中国电信四川公司超速推进全光网建设，全面启动全省光网建设。2014 年，中国电信四川公司在全省发起"全光网县"、"全光网市"的创建工作。2015 年初，中国电信四川公司率先提出"打造全国首个'全光网省'"，四川全光网建设迈入快车道。

2015 年 9 月 10 日，四川省人民政府召开四川建成全国首个"全光网省"发布会，四川省副省长刘捷宣布：四川建成"全光网省"！这标志着四川在落实国家"宽带中国"战略上走在全国前列，对进一步推进"互联网 +"行动计划、全面落实三网融合、奠定信息消费基础和差异化优势、推进经济转型升级、协调城乡发展、全面建成小康社会具有十分重要的意义。

2016 年 5 月 17 日世界电信与信息社会日，四川在中国电信西部信息中心举行"四川网络强省推进大会暨第三届光纤宽带与 IPTV 节"，会上发布了"网络强省"行动计划，宣布全面启动第五次宽带大提速，在全国率先实现全省全域千兆光网接入。

（二）实践中不断深化"012"发展模式

2013 年 3 月，四川公司提出"012"发展模式，并以此作为今后三年一以贯之的工作中心。"012 发展模式"中的"0"指 IPTV，企业暂时不靠此赚钱，初期可能没有利润，但却是老百姓最喜欢的精神食粮；"1"指一根光纤宽带，要将光网通达城市和乡村，让广大客户享受到丰富多彩的信息生活；"2"指智能手机，即 1 条光纤宽带能拉动 2 部以上的手机，让广大客户享受 3G、4G 服务。

随着"全光网"建设实施推进，中国电信四川公司"012"发展模式也在实践中不断深化发展，战术上从以宽带融合为抓手拉动手机，向以电视为切入拉动手机和宽带发展转变；从以手机为目的，向电视、宽带、手机三大业务协同发展转变，进而实现从聚焦资源到聚焦体制、从关注业务到关注文化的战略深化，奠定了企业健康持续发展的基础。

通过近年来的不断努力，中国电信四川公司基于"全光网"基础，以 IPTV 为核心引擎，打造了全球领先的三网合一网络能力，正努力成为三网合一的领先运营商、四川最大最好的电视服务商和互联网金融服务商。基于三网融合的电信电视——IPTV，三网合一创新应用——想家业务，互联网金融——翼支付，互联网电商——天虎云商等"互联网 +"新应用，真正实现电视、手机和互联网应用完美结合，并在四川蓬勃发展，引领信息消费潮流。

（三）营造良好的内外部发展环境

四川建成"全光网省"，得到地方党政领导的充分肯定，受到群众和社会各界的普遍欢迎，引

起媒体的高度关注；良好的网络基础和业务创新能力，深受资本市场的追捧，产业链商家愿意跟着电信干；宽带品质进一步加大与其他运营商的差距。四川模式被国家主管部门、国内通信行业、集团公司认可并高度赞誉。

从外部看，德国、比利时、沙特等十余个国家同行纷纷来川学习交流，从而使四川走向全球，成为全国标杆、全球典范。国家高层关注四川，省委、省政府及各级地方党委政府为"全光网省"、宽带乡村建设、"互联网＋"信息化项目上提供更多的政策支持。同时，引导主流媒体舆论支持，创造了巨大的宣传价值，有效改善舆情环境。2015年，中国电信四川公司正面舆情同比上升12.5%，在三家运营商中占比最高；负面舆情占比连续两年在省内三家通信运营商中最低，行业内所处舆情环境相对较好。

从内部看，"全光网省"的建成顺应了宽带化大趋势，变"危"为"机"，转"劣"为"优"，加速了企业的转型发展，探索出供给侧结构调整新路径，实现了社会效益与经济效益的和谐统一，利国利民利企，成为传统运营商转型典范。企业竞争力全面提升，互联网化转型步伐加快，国企改革进一步深化，为增强持续发展能力奠定了坚实基础。同时，让广大员工看到希望，享受到发展成果，重树信心、凝聚人心、士气高涨，企业转型发展进入快车道。

二、"全光网省"建设面临的困难与挑战

2012年，国务院推出"宽带中国"发展战略。中国电信四川公司根据技术发展的总方向，确定了新的光网发展技术路线，即一步到位发展全光网，并从2013年开始，超速推进全光网建设。然而，四川推进"全光网省"建设的过程并非一帆风顺，也曾面临重重困难和挑战。

（一）光纤网络建设投资压力巨大

随着"宽带中国"战略出台后，建设投资仍然主要靠通信企业自行解决，企业压力巨大。特别是农村地区，受经济发展水平、地理条件等多种因素影响，很多农村及偏远地区宽带建设造价比城市高近四倍，运营成本也相对较高。

（二）相关政策执行不到位，政策支撑乏力

国家住宅相关建设标准已推行数年，但开发商不按要求建设红线内通信配套设施的问题仍比较普遍，只建设部分设施或质量不合格的现象时有发生，通信企业还需投资补建或改造。此外，城乡建设中对通信基础设施迁移和毁损不按标准补偿的现象也较普遍，企业负担较大。同时，在推进三网融合过程中，行业主管部门及相关企业对政策理解、执行存在差异，一定程度上制约了发展。

（三）基于高带宽与"互联网＋"的应用不足

应用拉动是用户提升带宽的主要原因。当前基于高带宽与"互联网＋"的应用主要集中在视频、游戏和云计算领域，行业和民生类应用还比较欠缺，合作力度也有待加强。

三、"全光网省"建设举措

面对困难，中国电信四川公司迎难而上，积极承接国家"宽带中国"战略，突破了渐进提升接入带宽的思路，坚定走全光纤、高起点、一步到位、城乡统筹的跨越式发展道路。同时，宽带光网

的建设和发展还带动了内容应用和信息消费，推动了产业链的共同繁荣。在新光网建设与应用的创新思路和实践经验，有效化解了"宽带中国"战略实施中长期困扰政府、社会和企业的现实难题，具有重要的实践意义。

（一）果断决策，一步到位上光网

中国电信四川公司开创的全光网新时代，首先是在业界对光网和铜网的摇摆不定中做出了坚定的选择，一步到位上光网，从根本上突破了带宽瓶颈。在光网建设投入大和初期收益小之间，寻找到解决矛盾的最佳方法，多措并举并尽可能地缩短了双网并行的过渡期，降低了运营维护的成本，同时充分发挥光网优势，实现市场拓展。

2011年，中国电信四川公司启动"光网四川·智慧城市"建设，加大在光网建设上的投入。面对全省21个市州、183个县区、4500余个乡镇、47000余个行政村的巨大基数，经过深入的调研和分析，确定了"先城市、后农村，保存量、拓增量"的网络建设思路，首先集中资源在城市重点区域进行网络改造和用户迁转，快速提升网络速率，确保在该区域的网络能力竞争优势，而只有用户基础稳固、业务收入稳定，才能使光网建设具备持续向前推进的动力。

2013年，为响应国家宽带提速工程和国家宽带战略落地，中国电信四川公司做出重要决策，对具备光网接入的区域全面启动宽带第三次大提速，超速推进全光网建设，即不再分步推动"光进铜退"，而是一步到位实现光纤到户的改造，并将光网建设区域从城市进一步推进到乡镇，50M/100M宽带进入广大百姓家庭。

2014年1月，工信部、国家发改委联合开展"宽带中国"示范城市创建工作，四川成都、攀枝花、阿坝成功入选。7月，国家启动"宽带乡村"试点工程建设，四川成为首批两个试点省份之一，开启农村光网建设新征程。中国电信四川公司在国家发改委和四川省委、省政府的支持下，在国家20个试点县的基础上，将"宽带乡村"建设扩大至全省21个市州的183个县。

2014年，在成都、攀枝花、阿坝入选第一批宽带示范城市创建名单的基础上，中国电信四川公司不失时机地在全省广泛发起了"全光网县"、"全光网市"的创建工作。攀枝花、阿坝州先后建成全国首个"全光网市"和全国第一个"全光网州"，全省掀起建设"宽带乡村"、"光网城市"的热潮。全省光纤宽带突破500万户并跃居全国光网第二省，IPTV 4K超高清电视全球首发，四川引来全球关注。

2015年初，乘"互联网+"行动计划的东风，中国电信四川公司率先提出"打造全国首个'全光网省'，提升'互联网+'宽带网络基础能力，促进'互联网+'产业创新发展"的宏伟目标，并制定了"全光网省"的高标准。自此，全光网建设迈入快车道。

（二）成片开发，走出"效益光改"新路

面对巨大的建设投入，中国电信四川公司通过争取政策扶持、鼓励合作共建、盘活存量资源、退铜拍卖处置、调整销售模式、实施降本增效等方式，节省工程造价，降本增效。

一是用好政府专项资金支持。中国电信四川公司紧紧抓住国家"宽带乡村"、"宽带中国"示范城市（城市群）建设等发展机遇，充分利用中央、省级各类专项资金，有效地降低了全光网建设的难度。2014年6月，国家发改委、财政部和工信部联合启动"宽带乡村"试点工程。四川公司借力国家"宽带乡村"工程，顺势而为掀起全省农村光网建设新高潮。在不到一年的时间内，新增通光纤宽带行政村1.8万个，全省通光纤宽带行政村达2.4万个，行政村光纤宽带通达率较工程实施前提升 38%。宽带乡村工程的实施，实现了四川农村宽带基础设施能力跨越式发展，宽带网络的能力和服务水平居全国一流。

二是吸引民间资本参与光网建设。中国电信四川公司利用承接国家"宽带乡村"试点项目的有利契机，积极争取政策支持，采取合作发展、共享收益、共担风险的模式，吸引社会资本参与光网建设，缓解资金压力。2014 年，中国电信四川公司通过收入分成，吸引农村代理商和部分企业参与宽带乡村建设，共引入民资上亿元，在农村累计签署合作投资村上千个。目前，引入民资规模已达 3 亿元。

三是技术创新，节省光网建设投资。四川农村地域广、用户分散。为此，中国电信四川公司首创了"全视图规划"方法，对农村区域宽带建设进行统筹规划，省市县、前后端紧密联动，确保基础数据准确，并采用一系列创新的思路和方法，快速锁定高价值区域，指导工程建设快速合理地开展，最大限度节约建设投资，并通过规划和 IT 系统的结合，实现了清单级闭环管控。同时，还通过研发非金属自承式光缆、OLT 下沉等多种方式来节省投资。

四是盘活存量资源，降本增效。光网的能耗相比铜网大幅降低，通过全光网建设能够大幅降低电费等能耗支出。2014 年，中国电信四川公司通过技术升级和节能减排，较 2012 年节约电费 2000 万元。改造盘活退网机房，作为营销卖场和营业厅局，有力支撑业务发展。充分利用自有资源和公共资源以及光缆利旧、共建共享等举措，节约投资。2013 年以来，四川宽带乡村规划共利旧光缆 1.8 万千米，有效控制建设投资。

五是成片开发，找到通向全光网的捷径。全光网改造最大难题就是迁改难，而两网并存，资源消耗和维护服务工作量成倍增加。中国电信四川公司通过"光进铜退"引领用户需求，将未来的潜在用户集中起来并形成规模，解决了运营成本高和用户发展慢的难题。在具体操作实践中，坚持"四个一片"的原则，实现了建设一片、营销一片、服务能力提升一片、产品销售一片，各阶段限定时间倒逼。在"光改迁转"中，始终坚持按片区整体迁移，有效缩短甚至避免两网并行的过渡期，大大减少了运营维护难度和成本。

（三）内容引领，合作共赢惠民生

2013 年 7 月，随着全光网建设的实施，中国电信四川公司将 IPTV、流量、翼支付纳入基础运营体系，IPTV 进入主套餐，成为主营基础业务。继接入央视、省市电视台及百视通节目之外，创新引入优朋普乐 OTT 视频内容，形成"电信＋播控方＋互联网内容方"的合作局面，推出好莱坞影院和超级影院，极大提升了 IPTV 产品差异化领先优势。

2014 年 5 月，在四川电信电视与光纤宽带节上，正式发布蓝光杜比、3D 业务。12 月 26 日，举行"4K 超高清上市发布会"，四川电信 4K 超高清业务全球首发上市。

2015 年，中国电信四川公司以全光网为基础，发力供给侧改革，以 IPTV 为突破口，以丰富的应用为牵引，把 IPTV 做优做精，用户爱看、政府满意，促进了电信业务的发展；做大做强翼支付，构建竞争优势；推出想家的业务，作为"012+"核心产品；全面推广 O2O，提升渠道能力，内容运营初显成效，IPTV、想家等创新业务实现规模发展。

积极创新商业模式。与长虹公司在终端应用、渠道整合、合作营销等方面开展广泛合作，双方通过渠道互进、互相培训，全省长虹电视销售门店加载了 IPTV 业务，并在每个试点县打造了合作销售示范标杆厅店，既拓展了双方的营销渠道，又方便了农村群众办理宽带业务和购买电视。同时，整合电信和电视产品，降低销售价格，让群众真正享受实惠。

基于全光网和 IPTV 平台创新开发的视频应用新业务——想家视频通话，是国内用电视打电话的先河，实现了电视对手机、电视对电视、手机对手机的视频通话。自去年 10 月，"想家"可视电话业务上市以来，受到百姓热捧。截至 2015 年末，"想家"注册用户数达到 300 余万户。

四、"全光网省"，奠定"网络强省"之基

四川建成"全光网省"，在全国乃至全世界产生了重要影响，这意味着在全国率先告别传统铜缆程控交换通信旧时代，迈入全球领先的全光网新时代！

（一）四川模式，加速"宽带中国"战略进程

国内外媒体及同行高度关注和充分肯定四川建成"全光网省"。新华社发全国通稿，中央人民政府网站及各大媒体刊载，中央电视台一套晚间新闻报道，工业和信息化部向国务院专报。人民网、光明网、科技时报等主流媒体在显著位置予以刊载宣传；新浪、搜狐、网易、凤凰网等互联网权威媒体大量转载报道。9 月 15 日，中国代表团在瑞士日内瓦国际电联研究组会议期间，介绍宽带中国战略及四川全光省和宽带乡村建设经验，大会决定将宽带乡村以及全光网作为典型案例纳入数据库和最终报告。四川省委省政府领导先后作出批示，高度肯定四川建成全国首个"全光网省"，勉励四川公司继续优化全光网，丰富惠民应用，促进产业转型升级和双创发展。

四川建成"全光网省"之后，相关经验在全国范围内快速复制推广，加快了"宽带中国"战略推进步伐，随后，河南、山东、内蒙古等省、自治区陆续建成"全光网省"。

（二）提速降费，助力民生改善

随着四川正式建成"全光网省"，省内所有城区、农村所有场镇及一类行政村 100% 光纤覆盖，全省 21 个市州全部建成全光网城市，包括建成全光网县 183 个、全光网乡镇 3716 个、全光网行政村 24000 个，全省基础网络能力实现革命性的提升和跃变。

"全光网省"的建成使四川在提速降费工作承接上领跑全国。"全光网"带来的是真正的"提速降费"与互联网应用社会、经济效益的普遍增加。通过五次大提速，四川电信公众家庭光纤宽带用户平均带宽达到 61 兆，100 兆用户占比达到 50.2%，不仅全国首屈一指，而且成为全球户均网速最快运营商，已超越日韩欧美。与此同时，四川家庭户均带宽费用已降至低于 1 元 / 兆，比 2013 年下降 90%，极大增强了人民在共享互联网发展成果上的获得感。

（三）网络能力增强，助力网络强国建设

四川建成"全光网省"，率先迈入全光网新时代，不仅实现宽带水平全国领先，还进一步增强了网络抗灾容灾能力，构建起端到端智能运营体系，有效提升服务能力。四川在新光网建设与应用的创新思路和实践经验，有效化解了"宽带中国"战略实施中长期困扰政府、社会和企业的现实难题，带动了内容应用和信息消费，推动了产业链的共同繁荣，具有重要的实践意义。可以说，四川建成"全光网省"就是助力网络强国建设的具体实践。

一是基础网络大跨越，宽带水平全国领先。"全光网省"建成后，四川光纤骨干网带宽、出省带宽实现了从 G 级向 T 级跨越式提升，带宽增长上百倍。在接入网层面，彻底解决了传统铜缆技术所暴露的低速率、长距离的弊端，打破了传统铜缆数据业务带宽的瓶颈，具备了带宽无限提升的空间，且随着 OLT 下沉贴近用户，既有效解决了高带宽接入带来主干光纤资源紧张等问题，又面

向未来实现了带宽不断提升的需求;在承载网层面,适应宽带高带宽承载需求,接入网设备直连业务控制层,城域网结构进一步简化,城域网设备向更高容量发展,从最初的40G、100G平台到当前400G平台,未来将进一步向1 T平台演进。链路带宽也逐步从10G跃升至100G。业务控制层从多边缘向单边缘演进,实现业务的综合承载,同时适应OLT下沉,业务控制层也逐步裂化,更靠近客户。在此基础上,以接入局点下沉推进网络转型、打造融合CDN、推进IPRAN成环为抓手,打造出行业领先的光纤宽带、4G、视频三张精品网,网络和内容智能运营能力大幅提升,构建了支撑如想家、多屏互动业务为代表的多网融合和多网联动产品的网络能力。

二是抗灾容灾能力增强。四川地形复杂,受自然灾害影响较大。"全光网省"的建成,使四川网络抗灾能力大幅提升,灾后恢复也更加迅速。四川公司通过打造"带宽极高、网络极简"承载网,有效支撑"百兆普及、4K推广"的光纤网络。市县实现波分双平面覆盖,市县网络安全性进一步提升。接入网演进按照"OLT下沉、10G EPON规模部署、物理网光交成环"的演进思路推进。2015年完成多个局点下沉。

三是构建端到端智能运营体系,服务能力增强。中国电信四川公司成立由网发、运维、企信、服务、分公司组成的专项组,全面梳理网络建设、装维、支撑等各个环节,通过整合专业网管和应用网络大数据技术,从光网建设质量管控、装维支撑工具、故障诊断手段、客户接入网预检预修等方面入手,串入生产流程,打造端到端智能运营体系,服务于全省广大光纤宽带用户和电视用户。

（四）"互联网 +"多元推进,为产业转型升级增添新动能

中国电信四川公司从"互联网 + 政务"、"互联网 + 民生"、"互联网 + 产业"三个领域全面支撑全省智慧城市建设,促进四川社会发展和产业转型升级。

"互联网 + 政务",提升政务管理效率。网格E通,纵向覆盖省到市、县、村、社区,横向连接各部门的智慧社会治理信息平台,成为党和政府连接人民群众的纽带;"互联网 + 信息安全"提升四川信息安全水平。

"互联网 + 民生",改善群众生活品质。"互联网 + 教育"实现全省光纤进校园,宽带网络校校通,实现教育资源普惠化。"互联网 + 旅游"实现智慧旅游,助力全省旅游行业发展;"互联网 + 金融"打造翼支付互联网金融品牌;"互联网 + 养老",打造没有围墙的养老院;"互联网 + 电商",天虎云商打造本土电商平台。

"互联网 + 产业",促进产业转型升级。中国电信四川公司积极与产业链企业合作,有效带动四川电子制造业快速实现转型升级。

五、网络强国,助推信息化发展转型升级

2014年2月27日,习近平总书记在中央网络安全和信息化领导小组第一次会议上首次提出"网络强国"的概念。2015年10月26日,中国共产党第十八届中央委员会第五次全体会议提出:"实施网络强国战略,实施'互联网 +'行动计划,发展分享经济,实施国家大数据战略。"网络强国上升为国家战略。2016年4月19日,习近平总书记在网络安全和信息化工作座谈会上,提出了建设"网络强国"的最新发展理念。

网络强国战略,成为引领未来中国发展的重要指导,其内涵主要包括网络基础能力提升、自主核心技术、应用广泛落地、实现利国惠民四个大的方面:

（一）网络基础能力是网络强国的"基石"

习近平总书记在出席第二届世界互联网大会时指出，网络的本质在于互联，信息的价值在于互通。只有加强信息基础设施建设，铺就信息畅通之路，才能让信息资源充分涌流。在网络安全和信息化工作座谈会上，他进一步强调：当今世界，信息化发展很快，不进则退，慢进亦退。我们要加强信息基础设施建设，强化信息资源深度整合，打通经济社会发展的信息"大动脉"。

信息通信基础设施是网络经济活动的载体和平台，是网络文化传播的途径和渠道，是网络应用的开发基础和扩散手段，是智能制造的重要支撑和有力保障。没有信息通信基础设施的建设和普及，就没有构筑其上的网络应用、服务的繁荣兴旺，就没有网络经济、文化的蓬勃发展。要把中国从网络大国建设成为网路强国，构筑坚实的信息通信基础设施是根本，也是前提。

（二）自主核心技术是网络强国的"命门"

在网络强国概念的提出和战略的推行过程中，党中央对自主核心技术的创新十分重视。在中央网络安全和信息化领导小组第一次会议上，习近平总书记提出，信息技术和产业发展程度决定着信息化发展水平，要加强核心技术自主创新和基础设施建设，提升信息采集、处理、传播、利用、安全能力。在建设网络强国的五个"要"中，首先强调的就是要有自己的技术，有过硬的技术。在网络安全和信息化工作座谈会上，习近平总书记指出，互联网核心技术是我们最大的"命门"，核心技术受制于人是我们最大的隐患。我们要掌握我国互联网发展主动权，保障互联网安全、国家安全，就必须突破核心技术这个难题，争取在某些领域、某些方面实现"弯道超车"。

要促进自主核心技术的创新，首先就要建立一支高素质的人才队伍。习近平总书记指出，建设网络强国，要把人才资源汇聚起来，建设一支政治强、业务精、作风好的强大队伍。"千军易得，一将难求"，要培养造就世界水平的科学家、网络科技领军人才、卓越工程师、高水平创新团队。引进人才力度要进一步加大，人才体制机制改革步子要进一步迈开。要建立灵活的人才激励机制，让做出贡献的人才有成就感、获得感。

虽然近几年我国在知识产权申报、核心技术创新等方面有所建树，但与世界发达国家和企业间仍存在较大差距。要在全球的数字浪潮下站稳脚跟，要在网络强国的建设中树立优势，就必须在技术创新方面下大力气。

（三）应用广泛落地是网络强国的"关键"

要充分发挥互联网在生产、生活领域的优势和作用，基础设施是根本，技术创新是保障，更重要的则是实现价值变现的应用的落地。习近平总书记指出，要适应人民期待和需求，加快信息化服务普及，降低应用成本，为老百姓提供用得上、用得起、用得好的信息服务，让亿万人民在共享互联网发展成果上有更多获得感。

"十三五"规划也明确提出，要实施"互联网+"行动计划，促进互联网深度广泛应用。加快推进基于互联网的商业模式、服务模式、管理模式及供应链、物流链等各类创新，培育"互联网+"生态体系，形成网络化协同分工新格局。引导大型互联网企业向小微企业和创业团队开放创新资源，鼓励建立基于互联网的开放式创新联盟。促进"互联网+"新业态创新，鼓励搭建资源开放共享平台，探索建立国家信息经济试点示范区，积极发展分享经济。推动互联网医疗、互联网教育、线上线下结合等新兴业态快速发展。

（四）实现利国惠民是网络强国的"根本"

基础设施建设和应用推广落地都是表现和手段，回归本源，建设网络强国的最根本目的就是要利国惠民。

随着互联网由生活向生产领域的广泛渗透，网络安全已经成为关系到民族未来、国家命运的大事。在保障国家信息安全的同时，网络也是民声、民意的聚集区。充分发挥网络的上传下达作用，有利于人民切实利益的维护，也有利于政府对执政为民的把握。利国惠民更要体现在传递好党的声音，建立引导正向网络舆论环境，打造风清气正的网络文化。此外，近年来，国家相继发布了《关于促进信息消费扩大内需的若干意见》、《"宽带中国"战略及实施方案》、《关于加快高速宽带网络建设推进网络提速降费的指导意见》等文件，积极推进"提速降费"工作，让人民群众能够更好地享受信息新生活。在"让互联网更好造福国家和人民"这一高层次发展理念的指导下，网络强国的建设一定会走得更快、更稳。

基础夯实、技术创新、应用推广、惠国惠民是相互关联、不可分割的，形成了一个完整的、有机的体系。网络基础设施的普及是应用发展的基础，同时也需要技术创新的支撑；技术的创新是基础设施夯实的保障，同时也是推进应用落地的动力；应用的推广对基础设施和技术创新都提出了新要求，从需求侧带动了两者的共同发展。从整体上看，基础夯实、技术创新、应用推广的协同发展是网络更好地造福国家和人民的前提和基础，而惠国惠民真正落到实处才能进一步带动基础夯实、技术创新和应用推广。网络强国的建设需要协同社会各方的力量，整体规划、系统推进。在网络强国战略推进上，四川再一次挺立在时代发展的潮头，引领行业发展。

六、网络强省，千兆光网惠民兴川

作为中国西部经济发展的高地，四川拥有夯实的网络基础设施，在新一代信息技术产业的发展和互联网应用等方面都走在全国的前列，随着全国首个"全光网省"的建成，已经具备了建设网络强省的基础条件和良好机遇。

四川率先建成全光网省后，中国电信四川公司进一步贯彻"宽带中国"、"网络强国"战略，促进信息消费和"互联网+"行动要求，落实省委省政府总体要求和《四川省"宽带中国"战略实施方案》、《"互联网+四川制造"实施方案》、《四川省2016年"互联网+"重点工作方案》等相关工作，全力推进四川"网络强省"建设。中国电信四川公司按照"智能网络强、内容应用强、产业拉动强、安全保障强"的总体目标，打造以"超宽带、大视频、全智能"为核心的信息服务体系，助力四川加快"网络强省"行动，提升信息化服务能力，丰富"互联网+"应用，为老百姓提供用得上、用得起、用得好的信息服务，让四川民众充分享受"网络强省"红利，助力四川社会经济发展和民生改善。

（一）千兆光网，铺就网络强省新蜀道

2016年5月17日，在"四川网络强省推进大会暨第三届光纤宽带与IPTV节"开幕式上，四川率先发布"网络强省"行动计划。中国电信四川公司聚焦"网络基础能力、网络与信息安全能力"两大能力提升，开展"互联网+提速、创新创业培育、信息精准扶贫"三项行动，发力"大视频产业、云计算+大数据产业、电子商务产业、物联网产业"四大产业，助力四川打造"网络强省"，全面启动第五次宽带大提速，在全国率先实现全省全域千兆光网接入。如今，无论是大山深处的偏远山村，还是雪域高原的藏乡羌寨，都和繁华都市一样，同步共享全光网时代的福祉，也能享受到

与大城市一样的高速光网宽带和 4K 超高清电视。

2016~2018 年，中国电信四川公司将累计投入超过 400 亿元，助力"网络强省"全面推进。预计到 2018 年底，将实现四大目标：基本消除城乡数字鸿沟、应用水平全国领先、产业发展创新繁荣、信息服务便捷普惠。届时，四川将建成以"超宽带 大视频 全智能"为核心的信息服务体系，实现"千兆推广、百兆普及"的网络格局，全省 85% 的行政村具备提供千兆光宽和 4G 无线服务能力；将建成网络极简、通道极宽、内容极近的超高清、大容量精品视讯网，支撑千万级用户规模；形成智能网络、智能平台、智能运维体系，打造智能 WiFi、智慧家庭和一批智慧城市样板。

（二）IPTV，创新供给侧改革

随着宽带连接步入千兆时代，推动云计算、大数据、电子商务、超高清视频、智慧家庭的进一步发展。中国电信四川公司依托全光网领先优势，围绕家庭用户需求，发力供给侧改革。当前，中国电信四川公司正实施大视频产业领先行动，打造全球领先的 IPTV+ 运营平台，成立大视频产业生态联盟，创新"TV+"融媒体模式，联合内容提供商、系统设备商、终端制造商、平台开发商，开放业务平台和功能接口，开发更多更好的应用，实现价值多赢。

中国电信四川公司与广电播出机构、内容提供方、家电厂商合作，打造三网融合的 IPTV 业务，推出高清、蓝光杜比、3D、4K 超高清等高品质的影视内容，促进产业链繁荣，丰富群众文化生活。同时，中国电信四川公司基于 IPTV 应用创新也从未止步，除提供传统 IPTV 业务的视频直播、点播内容外，还加载了"想家"视频、远程教育、党员远教、电子商务、云游戏等应用，构建起"互联网 +"的宽带大入口，成为内容应用的"大超市"。中国电信四川公司还打造"多屏互动"功能，开发"手机电视"APP，实现手机看直播和点播，与 IPTV 互动甩屏、手机遥控、分享等功能。目前，四川 IPTV 用户中，看高清视频、玩大型游戏等大流量行为用户占比已超过 50%。

四川电信基于全光网络和 IPTV 平台，创新开发的"想家"视频通话，开用电视打电话先河，实现了电视对手机、电视对电视、手机对手机的视频通话。依托"想家"开办的关爱留守学生爱心小屋，构筑起了留守学生和远方亲人沟通的桥梁，"想家"大爱在川蜀大地接力。截至目前，全省建成 2300 余所中小学、高校的亲情爱心小屋远程视频服务点，惠及百万学生与家长。同时，开发电视政务、电视商务、电视社交、多屏互动等创新业务，启动"名企上电视、名校上电视、名景区上电视"三大工程，全面打造"电视四川"名片。

2015 年 10 月 31 日举行的"唱响中国梦 ⅰ唱好声音"四川省第三届群众歌曲大家唱 IPTV 展演总决赛，通过四川 IPTV 平台向全省观众同步播出，成功实现百万级用户规模的端到端 4K 同步播出，在全球尚属首次。

四川电信 IPTV 用户规模领跑全国，已经成为传播党和政府的声音、丰富群众文化生活、推进信息消费的有力载体，用户爱看、政府满意。

（三）精准扶贫，让"网络强省"红利惠及农村人口

作为助力"网络强省"行动计划中的重要内容，千乡万村精准扶贫行动将给四川偏远农村群众带来福音。该行动计划将投入精准扶贫专项资金 24 亿元，用于农村偏远山区网络建设，降低扶贫群众享受信息生活门槛。其中，8 亿元用于偏远贫困地区网络建设，将使农村基站增加至 3.7 万个、覆盖全省约 95% 的行政村；光网覆盖行政村增加至 4 万个、覆盖率提升至 85%。在信息惠民方面，中国电信四川公司将加强农村信息补贴，降低扶贫智能终端价格，累计赠送话费 16 亿元，让扶贫

群众两年内语音通话、手机上网全免费。

中国电信四川公司拟通过 3 年时间，消除 1000 万农村人口的城乡数字鸿沟。依托农业部农村信息入户总平台优势，全面推进"益农社"建设，到 2018 年，在全省建成 4 万个"益农社"，助农增收致富。同时，通过 4K 超高清、美丽新村频道等电视内容服务，丰富农村群众文化生活；通过"想家"亲情视频，实现对农村留守老人和孩子的关爱；通过教育云资源、教育城域网等实现优质教育资源共享，打造学有所教、劳有所得、老有所养的社会主义新农村风貌。

（四）智慧家庭，重新定义小康生活新标准

全光网省建成后，随着 100M 光纤宽带进入普通家庭和 WiFi 家庭组网技术的成熟，智能家居、智慧生活等家庭应用及产品层出不穷，光纤网络正悄然改变着人们的生活习惯，让人们的生活更加安逸舒适。通过高速光宽带、4G 和 WiFi 等构建起来的无缝互联网络，利用智能手机、智能路由器、智慧家庭终端等，为客户提供高速网络接入、高清视频和影音娱乐、家庭安防、自动控制等多种智慧应用服务。只要利用随身的智能手机或平板电脑，就能轻易设置家庭安防、操控家中电灯、窗帘等设备，让家变得更 Smart！

目前，中国电信四川公司在全省建成近 2000 家智能生活服务中心，为全省群众提供家庭通信、智能家居等整体解决方案和一站式（易购、快装、立修、辅导）高品质服务，同时，整合周边社会服务资源，向广大家庭客户提供水电气缴费、订票、预约挂号、代购代收、加点维修等便民服务。中国电信四川公司打造的智慧社区便民服务站，成为沟通党和政府与广大人民群众的一座桥梁。

（五）翼支付，普惠金融让利于民

中国电信四川公司基于移动互联网技术和金融信息服务平台，创新打造翼支付互联网金融品牌，先后推出天翼贷、添益宝、交费易、交费助手、天翼征信、消费金融、甜橙理财等互联网金融产品，以科技服务民生，实践普惠金融。截至 2016 年 7 月，四川翼支付个人账户达到 1500 万余户，商户数超过 4.3 万家。

中国电信四川公司在全国创新推出"发了"卡，实现移动通信与支付方式的紧密融合，为全省用户打造便捷的支付环境，并在全省开展便民惠民活动，让利于民，受到群众的普遍欢迎。记者了解到，全省大部分乡镇已实现翼支付覆盖，像绵阳等市州已经实现 100% 覆盖，让市民享受到光网发展红利。中国电信四川公司与超市、商场开展惠民活动，民众购买米、油等生活用品，通过翼支付刷卡支付，额定金额可享受五折优惠，深受民众欢迎。其实，这只是中国电信翼支付生态圈建设工作的一个缩影。

（六）智慧政务，助力服务型政府建设

作为四川省级政务云的联合服务提供商，中国电信四川公司发挥自身优势，为省政府打造国际一流、国内领先的省级政务云平台。2016 年 1 月 20 日，四川省级政务云建成开通，标志着四川省电子政务建设迈出重要一步。目前，已有 13 个省级部门、27 个应用迁移到云平台上运行，为下一步数据共享和协同办公奠定了基础，促进了智慧型、服务型、效能型政府的建设。

由四川省委政法委和中国电信四川公司共同建设的四川网格化服务管理平台，覆盖 21 个市州183 个区县、3369 个乡镇，系统录入基础信息上亿条，通过平台为民办实事 40 万件，有效提升基层党委政府服务管理效率。

中国电信四川公司与省图书馆联合打造智慧图书馆，通过智能云平台和 IPTV，实现全省三级以上图书馆和高校图书资源共享，利用电视看图书、手机看图书等新型阅读方式，推进全民阅读，满足人民群众的精神文化需要。同时，还与省文化馆联合打造数字文化馆，将全省艺术资源与IPTV深度融合，开辟音乐、舞蹈、戏曲、摄影等专栏和频道，通过数字电视传播到千家万户，双方还将共同发起"I秀群星，百姓舞台"系列大赛，进一步丰富四川群众文化生活。

中国电信四川公司依托政务云平台，利用云计算、大数据、移动互联网等信息化手段，进一步加快全省智慧交通、智慧旅游、智慧医疗、智慧教育、智慧民政、智慧物流等建设，并将省级政务云向21个市州延伸，充分发挥政务云集约化效益。

（七）促双创，打造经济社会发展新引擎

中国电信四川公司作为宽带网络主导运营商，在互联网基础设施、信息化应用、数据资源等方面具有领先优势。近两年，中国电信四川公司按照四川省委省政府"三大发展战略"和"加快推进五大高端成长性产业"的总体要求，发挥全光网络、云计算、大数据、移动互联网优势，支撑四川双创大省创建工作，在互联网＋政务、互联网＋产业、互联网＋民生等领域，服务"大众创业、万众创新"，努力打造四川经济社会发展的新引擎。

中国电信四川公司还与省级政府单位共同打造基于云平台的"天虎云商"电子商务平台、"四川省教育资源公共服务平台"、"平安医院"、"居家养老"、"智慧旅游"等信息化应用平台，并在全省进行规模部署，为智慧民生建设和产业发展提供了支撑保障。

中国电信四川公司联合各级政府共同打造"互联网＋"创业园区。在菁蓉小镇建设的双创孵化和产业升级示范基地，记者看到千兆级光纤和WiFi覆盖到创业企业，为其提供智慧办公、云平台、IDC平台等服务，目前，已服务入驻企业800余家，并通过平台的能力辐射全省。

作为四川本土最大电子商务平台的"天虎云商"，为本土企业、本土创业者、本土产品提供可向电子商务转型的便捷通道。目前，天虎云商注册用户及APP安装用户达560余万，线下网点2500余家；线上商品覆盖31个省市自治区和18个国家，开通韩国、澳洲、美国等国际专馆。同时，天虎云商承接农业部"全国信息进村入户总平台"运营工作，并被确定为中国电信集团农业行业应用基地，现已建成益农信息社12000余家，覆盖16个省，为全国农村信息化发展、助力精准扶贫提供支撑保障。据中国电信四川公司相关负责人介绍，2016年，天虎云商交易额将突破100亿元。预计到2018年，天虎云商运营收入将突破600亿元。

七、从全光网省迈向网络强省，四川成为全国标杆

2013年以来，中国电信四川公司超常规、高速度推进全光网建设，于2015年9月率先建成全光网省，成为"宽带中国"战略落地实施的样板，誉为全国标杆、全球典范。基于"全光网省"，2016年5月，四川率先发布"网络强省"行动计划，全力支撑"网络强国"战略推进实施，助力四川由经济大省向经济强省跨越。

（一）企业可持续发展能力大幅增强

IPTV、有线宽带、天翼三大重点业务发展连续三年全集团领先，2015年三项业务净增量全集团第一；翼支付、想家、天虎云商等创新型业务呈规模发展态势。2014年、2015年收入增幅连续两年位列南方大省第一。中国电信四川公司荣获中国电信集团"2015年度业绩优秀奖"和

"2013~2015年任期业绩优秀奖"。

（二）网络能力大幅提升

截至目前，四川全省实现光网覆盖 2500 万户家庭，光网通达 3.5 万个行政村，实现"1000 兆引领、100 兆普及"的格局。中国电信四川公司光网宽带用户已突破千万户，天翼用户近 2000 万户，100 兆用户占比达到 50.2%，建成 300 个光网千兆示范小区，户均带宽费用已降至低于 1 元 /兆，全国首屈一指。

（三）发展环境持续优化

实现政府、上级、用户、员工"四个满意"。2015 年，中国电信四川公司获 2015 年四川企业100 强和四川服务业企业 100 强荣誉称号。四川公司"012 发展模式创新实践"、"孝行通居家养老服务信息平台"荣获"第八届中国通信和信息化管理创新优秀成果金奖"；助推"'全光网省'融媒体传播体系"、"四川省教育资源公共服务平台项目"荣获 2016 年中国信息通信与"互联网 +"优秀成果金奖；中国电信四川公司荣获 2016 年四川城市发展贡献奖；"以 012 发展模式推进全光网省建设"荣获中国电信管理创新成果一等奖。

（四）助力经济社会发展

四川建成全光网省，将为四川省进一步推进"互联网 +"行动计划、全面落实三网融合、壮大信息消费奠定坚实基础和差异化优势；有利于激发创新活力、优化资源要素配置、推进经济转型升级，使"全光网省"成为四川招商引资、大众创业、万众创新、拉动经济发展的新名片；协调城乡发展，实现城乡公共服务均等化，对于缩小城乡数字鸿沟，消除贫困、改善民生，全面建成小康社会，具有十分重要的意义。

随着四川全面推进"网络强省"，将基本消除城乡数字鸿沟、应用水平全国领先、产业发展创新繁荣、信息服务便捷普惠；将建成以"超宽带 大视频 全智能"为核心的信息服务体系，全面实现"千兆推广、百兆普及"的网络格局，全省 85% 的行政村具备提供千兆光宽和 4G 无线服务能力；将建成网络极简、通道极宽、内容极近的超高清、大容量精品视讯网，支撑千万级用户规模；形成智能网络、智能平台、智能运维体系，打造智能 WiFi、智慧家庭和一批智慧城市样板。

八、结束语

四川在全光网建设发展模式上取得了三条成功经验：成片开发、规模发展的道路，找出了通向全光网的捷径；通过政企携手，依靠政策和资金扶持，跨越了数字鸿沟；依托 IPTV 平台，实现了内容的运营和网络的可持续发展，为"互联网 +"提供了入口和支撑，同时拉动了产业升级换代，实现产业共同发展。

中国电信四川公司以"全光网省"为新的起点，全力推进"网络强省"行动计划，打造行业领先的视频、宽带、4G 三张精品网，支持"千兆推广、百兆普及"的网络能力，打造满足千万级用户的网络承载能力。不断创新深化"互联网 + 民生"、"互联网 + 产业"、"互联网 + 政务"等"互联网 +"应用，从政务管理、智慧家庭、居家养老、电子商务、智慧旅游、智慧交通、农村信息化等各方面着手，进一步推动信息消费，加快四川的产业创新和转型升级。同时，中国电信四川公司进一步提升信息化服务能力，丰富"互联网 +"应用，加快创新业务推广，为老百姓提供用得上、用得起、用得好的信息服务，让四川民众充分享受"网络强省"红利，助力四川社会经济发展和民生改善。

中国电信四川公司将把企业自身的发展需求与履行国企的政治使命、社会责任相结合，调动各方积极性，最终实现利国利民利企，为共创中国电信的美好明天继续迈出有力、坚实和稳健的步伐！

参考文献

[1] 武锁宁，彭超，汪建等. 全光网之路——中国第一个全光网省的成功秘诀 [M]. 北京：人民邮电出版社，2016.

[2] 张平. 加快企业转型发展，支撑网络强国建设——中国电信四川公司"全光网省"建设的实践探索与创新意义 [J]. 电信学人，2016（1）.

[3] 白雨婕，陈地. 四川发布"网络强省"行动计划 [EB/OL]. 新华网，2016-05-18.

[4] 陈地. 四川建成"全光网省"[EB/OL]. 中华人民共和国中央人民政府网站，2015-09-10.

[5] 武锁宁，彭超，曹倩等. 拥抱"新光网时代"——四川电信光网建设与应用专家调研分析报告 [M]. 北京：人民邮电出版社，2014.

[6] 牟春波，朱金周，刘谦，焦优静，陈金桥等. 解密天府之翼——ECTE 四川专题调研报告 [R]. 工业和信息化部电信经济专家委员会调研组，2015.

基于分类人员工资管控体系的组织瘦身健体

申报单位：新兴铸管股份有限公司

作者：李成章 程爱民 郜文平 杨 岑 董永静 苗英振

[摘要] 作为首批央企改革试点企业，新兴铸管股份有限公司人力资源部围绕"人"这条主线展开管理改革。以自运行管控为定位，以"分类管控思想"为指引，以分类人员为突破口，以信息化、自动化提升为手段，以收入分配机制改革为保障，以"瘦身健体"为目标，按照市场化原则，加快推进劳动、人事、分配等各项制度改革，实现管理人员精简、管理层级压缩、组织结构优化的动态化管理。

[关键词] 人力资源管理；企业瘦身；结构优化

新兴铸管股份有限公司由新兴际华集团有限公司（原新兴铸管集团有限公司）独家发起募集设立，前身为始建于 1971 年的三线军队钢铁厂，公司铸管生产技术、产品质量居世界领先水平，是全球离心球墨铸铁管最大的供应商之一。多年来，公司在"以钢铁为基础、以铸管为主导"的战略思想指导下，不断延伸和完善产业链和价值链，通过战略并购、重组、控股或参股等方式，形成以华北为核心，覆盖华东、中南的芜湖新兴铸管有限责任公司、桃江新兴管件有限责任公司和黄石新兴管业有限公司，覆盖西南、西北的四川省川建管道有限公司和新疆金特钢铁股份有限公司、新兴铸管（新疆）资源发展有限公司、新兴铸管新疆有限公司的生产基地，以及沙特、印尼等海外生产基地，实现了以市场为导向、以产品结构为重点的国内外战略布局。目前，公司拥有河北邯郸、安徽芜湖、新疆巴州、湖北黄石、湖南桃江、四川崇州等多个生产基地和遍布全国各地的 22 个销售分公司，是跨行业、跨区域的大型企业公司。

一、分类人员工资管控体系构建与运行背景

组织层级臃肿、人员数量冗余是大型国企的通病，为此国务院提出央企"瘦身健体"，压缩管理层级、精简机构人员，其核心思想就是组织的扁平化，扁平化组织成为新兴企业的标准配置。作为企业史上第二次"组织瘦身"，传统制造企业更需要将扁平化作为组织结构调整的方向。深化劳动用工和收入分配制度改革是开展供给侧结构性改革，促进企业瘦身健体、提质增效的重要举措，是全面深化国有企业改革的重要内容，是增强中央企业活力和竞争力的迫切需要。

"十三五"期间，企业管控模式定位于有机体式自动运行体系，整合优势资源，推进产品结构调整，优化组织结构，释放经营活力，以此实现转型升级。转变的动力从哪里来？毫无疑问，动力

只能从改革中来，从创新中来，从调整中来。分配机制创新是企业管理创新的关键，持续探索收入分配机制的改革，是切实践行央企社会责任，不断激发企业内生活力的需要。

二、分类人员工资管控体系的内涵和主要做法

国企改革工作围绕两条线展开，一条管"人"，一条管"事"。作为首批央企改革试点企业，新兴铸管股份有限公司人力资源部围绕"人"这条主线展开管理改革。以自运行管控为定位，以"分类管控思想"为指引，以分类人员为突破口，以信息化、自动化提升为手段，以收入分配机制改革为保障，以"瘦身健体"为目标，按照市场化原则，加快推进劳动、人事、分配等各项制度改革，实现管理人员精简、管理层级压缩、组织结构优化的动态化管理。

（一）分类人员工资管控体系构建基础工作

1. 人员分类及岗位标准化实现各类人员属性明确、层级清晰

分类是改革的方法论，分类改革不仅是其他各项改革的前提，也是本次国企改革的一大创新。公司自上而下地进行企业类别、人员类别、岗位类别划分，在企业范围内开展岗位标准化工作，明确分类人员的职能属性和管理层级，确保信息的明确统一、数据的真实可靠。将所有人员分为三类：管理人员、生产人员和后勤服务人员，如表1所示。

表1　人员属性分类

人员属性	人员类别	岗位
管理人员	基本管理人员	高层、中层、规划、投资、法务、人资、财务、审计、行政、党群
	工程技术人员	工程、安全、能源、环保、设备、质量、信息、生产管理
	研究开发人员	产品研发、工艺技术设计
	市场营销人员	销售、采购、售后服务等
	工段管理人员	工段长、调度长、作业长
	班组管理人员	在基层班组专职或兼职从事班组管理的人员
生产人员	基本生产工人	在生产一线直接从事产品生产和操作的工人，如轧钢工、连铸工、炼钢工、离心机工等
	辅助生产工人	不直接从事生产操作，但服务于一线生产的人员，如检验、化验、点巡检、工艺监督、调度、仓库保管、天车、维修、运输等
后勤服务人员		服务于职工或间接服务于生产的人员，如招待所、食堂、公寓、保卫处、小车班等后勤人员及附属医院工作人员等

公司机关实行"高层—中层—基层管理人员"三级管理，生产实业部实行"中层—工段—班组—工人"四级管理，如表2所示。

表2　管理人员层级分类

管理层级		岗位
高层管理人员		经理层正副职、经理助理、党委正副职、总工程师、总会计师
中层管理人员		职能部室正副职及助理、实业部中层正副职及助理
基层管理人员	一般管理人员	规划、投资、法务、人资、财务、审计、行政、党群、工程、安全、能源、环保、设备、质量、信息、生产管理
	工段管理人员	工段长、调度长、作业长
	班组管理人员	在基层班组专职或兼职从事班组管理的人员

2. 理论基础及方法论诊断组织层级、人员工资结构症结所在

在人员分类、岗位标准化的基础上，通过数据的描述对比，运用统计分析方法，构建分类人员人数占比和组织规模回归模型，形成预警机制，快速定位调控点，用数据说话，为管理决策提供科学依据。

（1）描述比较分析法。通过图形将数据转换成信息，将本单位人员工资情况与平行单位或部门进行比较，以发现其差距。如图1～图3所示，将生产单位管理人员占比进行对比分析，通过同比和环比变化描述增减趋势，并重点关注占比异常的单位。

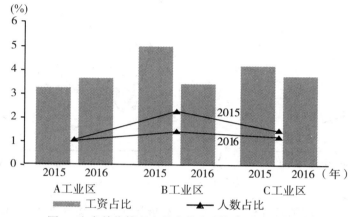

图1　生产单位管理人员人数和工资占比对比分析

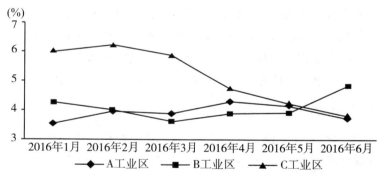

图2　生产单位管理人员人数和工资占比对比分析（一）

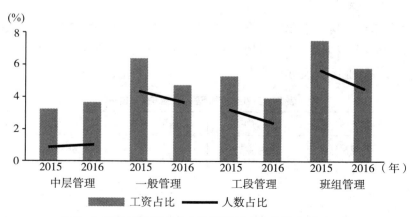

图3　生产单位管理人员人数和工资占比对比分析（二）

（2）统计分析方法。统计分析是指运用统计方法及与用工数量、工资薪酬、成本产量等有关的知识，从定量与定性的结合上进行的研究活动。在统计设计、统计调查、统计整理工作的基础上通过分析从而达到对研究对象更为深刻的认识，并结合生产实际出具准确及时的分析报告。回归分析是确定两种或两种以上变量间相互依赖的定量关系的一种统计分析方法。如图4所示，构建各生产单位各类管理人员人数占比和单位规模的回归模型，判定各类管理人员人数占比是否处于合理范围；构建各生产实业部各类管理人员人数占比和部门规模的回归模型，判定生产实业部各类管理人员人数占比是否处于合理范围。针对偏离拟合曲线较多的异常数据点，即人数占比超过合理范围上限的生产实业部，进行动态预警。

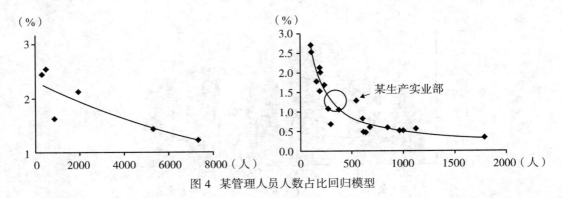

图4　某管理人员人数占比回归模型

（3）其他方法论。360度绩效评估法通过多元维度评价，加强管理人员自我管理、提高工作绩效、发挥潜能，如管理人员考评；外部借鉴法利用企业所属生产单位或生产实业部人力资源领域的实践经验或成果作为评价本单位内部人力资源管理活动成效的标准，如标杆实业部建设；目标管理法根据事先确定人力资源管理活动目标，衡量人力资源管理活动的实际效果，如生产实业部经济责任制；对标分析法通过组织结构和岗位设置对标分析，推进实业部、工段和班组合并重组，实现生产组织扁平化管理，如所属生产单位定岗定编、组织结构和管理职数优化。

（二）分类人员工资管控体系构建支撑系统

公司自2014年踏上"瘦身"之路，"健体"使命必达，在科学快速地寻找到症结的基础上，人员管控思想、工资管理办法、收入分配机制改革频频创新，以"分类"为导向，多措并举，推进分类人员工资管控体系建设。

1.组织结构标准化支撑系统

（1）生产工业区组织结构标准化。综合考虑生产单位规模及分类管理人员人数占比，以近年数据为样本，展开统计分析，构建工业区规模和分类管理人员人数占比的回归方程，结合回归系数最高的拟合曲线，针对各工业区规模进行分类人员人数占比标准化，如表3所示。

表3　工业区分类管理人员标准化规模

规模（人）	高层（%）	中层（%）	基层（%）	工段班组（%）	管理人员合计（%）
200~600	1.1~1.3	2.2~2.4	6.0~6.3	5.1~5.2	13.3~13.9
1400~2000	0.6~0.8	1.8~2.1	5.0~5.3	5.2~5.4	12.0~12.8
5000~5500	0.1~0.3	1.2~1.4	4.7~4.9	5.5~5.6	11.4~11.9
7000~7500	0.1~0.2	0.9~1.1	3.9~4.2	5.6~5.7	10.4~11.0

（2）生产实业部组织结构标准化。管理层级压缩。公司全面推进纵向管理层级压缩及管理人员管理职数优化计划，主抓直线职权，弱化参谋职权，针对各类管理人员，取消副职岗位，管理职能下沉。由"实业部—工段—班组"三级管理向"实业部—工段"或"实业部—班组"两级管理压缩。同时，设定职能承担原则：同时设立工段及班组的，工段长（副）兼专业技术主管，实业部机关主要负责行政管理职能，班长负责班组行政及技术管理；单设工段的，班组行政管理上移到工段，当班技术管理可通过在主工序岗位设首席操作手负责；单设班组的，实业部同时负责行政及专业技术管理，班长负责班组行政及技术。

分类管理人员职数核定及工资分配办法。分别针对中层管理人员、机关管理人员、工段和班组管理人员，结合实业部规模，进行各部门职能分析分类，以及管理人员人数分布、集中度、占比分析。在现状分析的基础上，结合素质提升和效率提高，按照实业部规模及工序特点核定各类管理人员管理职数控制区间，并制定管理层级及各层级职数调整年度计划。管理人员职数超过报批执行的指导办法要求的，相应降低该单位正职工资标准。同时，针对科研技术岗位进行职数核定。对产品生产和开发单位，为提升企业的技术创新能力，促进结构调整、转型升级，按照工艺需求可设置技术岗位，负责产品开发及工艺、技术攻关工作。在为企业发展提供技术支撑的同时，促进后备复合人才的培养。实业部分类管理人员工资占比标准化如表4所示。

表4　生产实业部分类管理人员标准化规模

实业部规模	单位分类	中层（%）	工段班组（%）	基层（%）	管理人员（%）	生产人员（%）
1501人以上	主体生产单位	1.4~1.6	8.5~8.7	1.1~1.2	11.1~11.5	88.5~88.9
1001~1500人	主体生产单位	1.5~1.7	8.6~8.9	1.2~1.4	11.3~12.0	88.0~88.7
601~1000人	主体生产单位	1.7~2.5	8.8~9.6	1.8~2.2	11.6~14.3	85.7~88.4
	辅助生产单位	1.8~2.3	8.8~9.3	1.8~2.2	12.4~13.8	86.2~87.6
301~600人	主体生产单位	2.0~4.0	9.3~10.5	2.2~3.6	13.9~17.1	82.9~86.1
	辅助生产单位	2.0~3.5	9.2~10.0	2.2~3.4	13.4~16.9	83.1~86.6
300人及以下	主体生产单位	3.5~5.0	9.5~10.5	3.4~4.5	16.4~20.5	79.5~83.6
	辅助生产单位	3.5~4.5	9.5~10.0	3.3~4.0	16.3~18.5	81.5~83.7

2. 分类人员新陈代谢支撑系统

公司依据经营变化对管理人员进行考评，注重考评的时效性，加强考评结果的运用，健全管理人员选拔任用机制。管理实行"统一规范、分级负责"的原则，评价坚持"客观量化、基于事实"的原则，任用坚持"优进拙退、动态管理"的原则。

（1）中层管理人员职业化管理，落实末位淘汰。中层管理人员按市场化原则试行职业化管理制度，结合岗位职责签订岗位聘用合同，按照合同及业绩评价且考核指标持续改善。评价考核每年进行两次，评价绩效等级结果分为优秀占15%，称职占45%，基本称职占30%，不称职占10%。其报酬收入和职级要依据考核结果进行调整，体现奖优罚劣、薪随岗变。对年度考核结果为"不称职"的中层管理人员，按照50%的比例解聘，淘汰人数不得低于刚性要求人数。

（2）基层管理人员星级评价，推行岗随薪变。基层管理人员评价考核每年进行两次，针对在考核期内德、勤、能、绩、廉五个方面的表现，重点考核工作业绩和岗位职责履行情况：业绩考核指标由实业部制定，每月按照考核指标完成情况得出每人的考评分数；履职情况根据各自的岗位职责，围绕考评期内的预算指标完成情况及重点工作，以工作总结的形式提交；以实业部为单位进行述职考评后进行民主测评。

星级评定主要是以工作业绩为主，结合履职及民主测评情况进行综合评定。赋予三项内容以权重，由考评小组根据综合评分确定星级，一星级为20%，二星级为60%，三星级为20%。对年度内考核结果为"一星级"的管理人员，按照50%的比例解聘。根据考评结果，执行相应的薪酬待遇，区别设置工资系数。同时，由考评和受评双方共同制定可行的绩效改进计划和个人发展计划，提高个人及组织绩效。

（3）关键岗位公开竞聘上岗。打破论资排辈模式，在公开选拔、竞争上岗中发现人才，给人才提供更加宽阔的舞台，以实现人尽其才，才尽其用。随着组织结构的调整，针对经营管理、科技研发、财务营销等关键岗位实行公开竞聘上岗，通过一系列审核、笔试、面试等内部招聘环节完成优中择优；对不能胜任工作调整的人员，实行待岗期制，待岗期间实行最低工资制。

（4）富余人员转岗分流。企业开辟富余人员、辅助人员分流渠道，鼓励各单位自主、自发减员，新项目增员通过各种减员因素消化，将富余的专业技术人员和具备综合素质的管理人员分流到新建项目或充实到工艺技术创新组中，统筹人力资源，进行人才合理调配；逐渐回收外包项目，降低人工成本，将富余生产人员分流到一线岗位，充实一线力量；加强转岗人员技能培训，通过师带徒等培训方式缩短转岗人员的适应时间，保障生产稳定运行。

针对各类人员流动制度的建立和推行体现了企业"能者上、平者让、庸者下、劣者汰"的用人机制，实现管理人员的能力保鲜和动态优化，促进人才的循环流动，形成公司内部各类人员的新陈代谢系统，如图5所示。

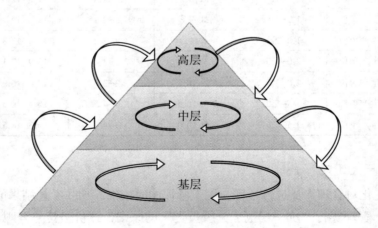

图5 公司内部各类人员流动循环系统

3.经济责任制薪酬考核支撑系统

（1）标杆实业部试点收益再分配，提高薪酬效用。为了进一步提高薪酬效用，收入分配突出重点，着重向重点领域倾斜，支持战略发展规划，公司制定《"标杆实业部"工作计划书》、《工资收益再分配办法》，标杆实业部既是企业的"经济特区"，又是管理岗位优化和降本增效项目推广的"试验田"。通过简化管理机构与层级、优化工艺流程、优化岗位配置等一系列管理手段，强化管理穿透力，提高管理效率，积极向精简化、扁平化管理推进；通过两化手段（有收益的自动化、信息化改造项目），降低劳动强度、提高工作效率、增强信息流动、提高设备管控、减少岗位定员、扩大管理幅度；通过收益再分配，保证员工分享减员收益成果，以此提高实业部和员工对减员增效的认同度；通过建设标杆实业部，大大提高基层管理人员和员工实施收入分配制度变革的主动性和积极性，有效促进用工和人员优化；通过合岗并岗，优化岗位配置，提升人均劳效、提高企业产能，实现企业员工双赢的局面。

实施办法。各生产单位分别选定一个生产实业部作为标杆，具体从以下两方面推进实施：管理层级压缩、机构设置精简、工艺流程优化、合岗并岗、一岗多能、分流转岗；标杆生产实业部根据各自生产实际设置技改项目，在生产组织优化、设备自动化升级、监控系统配套使用等方面组织科学投资，以自动化、信息化手段降低劳动强度，减员增效。以2014年底的组织机构及人员配置为基础，设置具体而清晰的年度目标及其完成时限，每个项目责任落实到个人。

考核评价。设立"投资收益评价"、"减员评价"、"增效评价"、"薪酬评价"四个维度，每个维度分别设立2~3个评价指标及其权重。执行月度评价、季度考核，针对总分第一和最后的单位领导班子进行现金奖惩。

（2）生产实业部承包工资制，激发内生减员动力。生产实业部承包工资制。按指标核算部门薪酬总额，生产实业部按产量、利润、成本专项指标实绩考核落实情况计提，增人不增工资，减人不减工资。工资承包模式，适用于主体生产单位，着力推进企业向质量和效益型的转变，突出成本（加工费）和工序利润的考核，各工序紧密结合市场，完全带入市场价格核算各单位工序利润。其中成本（加工费）占工资总额的40%，工序利润占工资总额的60%。通过承包工资制，激发实业部以并岗和提高自动化控制水平为支撑的内生减员动力。

（3）工序工资核定，落实工资总额经济责任制。在生产实业部承包工资制的基础上，为推动企业整体人均劳效提升，提高公司各单位各对标工序人工成本竞争力，使员工共享发展成果，力争人均收入增长的同时吨产品人工成本仍具竞争优势，健全工资效益同向联动机制，选定主体生产工序实业部为试点单位，以年度为周期对试点单位的劳动用工、工资总额、外包费用、岗位分布及装备情况分析，核定对标工序吨产品工资，以核定的对标工序吨产品工资，结合产量、成本、质量、安全、环保等，计算对标工序实业部职工工资总额，同时为保证职工工资相对稳定，60%的工资为固定部分，40%为浮动部分，如表5所示。

表5 工序工资核定办法

60%固定部分		核定吨人工工资 ×60%× 产量（年预算月度分解）
40%浮动部分	20%与实际产量挂钩	核定吨人工工资 ×20%× 增（减）产量 （实际产量 − 年预算月度分解产量）
	10%与成本、质量等挂钩	根据单位性质分别制定"挂钩比例"
	10%与安全、环保、现场等挂钩	核定吨人工工资 × 产量（年预算月度分解）× 挂钩比例

以对标工序工资总额在单位工资中占比，结合机关和辅助生产单位工资总额占比，计算机关、辅助生产单位工资总额。以"裸对标"、"双超越"为抓手，通过试点推广和"经济责任制"的落实，提升经营控制，实现企业对各单位工资总额的管控。

三、分类人员工资管控体系的瘦身健体效果

随着管理理念的创新升级，管理手段的推陈出新，配套政策相继推出执行，管控效果倍增，优

化成果显著。2014~2016年，企业通过纵向层级压缩、横向机构合并精简、合岗并岗、扩大管理幅度全面取消副班长等一系列措施，使各级组织结构及管理人员管理职数得到优化，用工数量、人员结构、工资结构、用工成本均得到优化。

（一）用工结构优化情况

1. 总用工数量优化

2014~2016年，用工总数逐年大幅降低，累计减少30%，如图6所示。

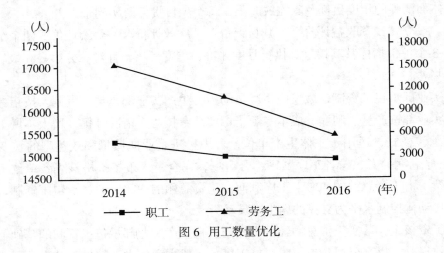

图6 用工数量优化

2. 分类人员结构优化

中层、工段、班组管理人员自2014年人数占比逐年降低，生产工人占比相应升高，如图7所示。

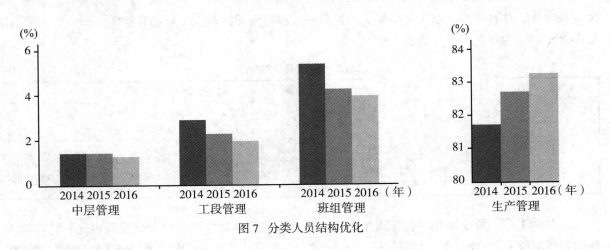

图7 分类人员结构优化

（二）工资结构优化情况

1. 工资总额及人均收入

2014~2016年，职工工资总额逐年下降，但人均收入逐年上升，即在人工成本下降的前提下保证人均收入的提高，收入分配去向合理化，如图8所示。

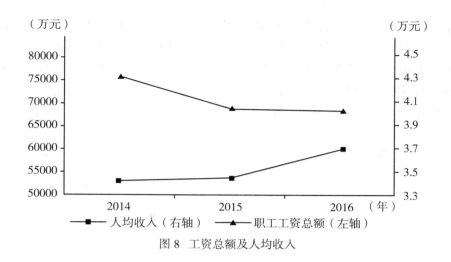

图 8　工资总额及人均收入

2. 分类人员工资结构

2014~2016 年，人员工资结构逐步优化，管理人员工资总额占比逐年下降，工资向生产工人倾斜，如图 9 所示。

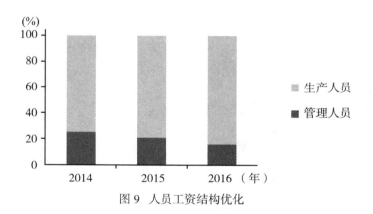

图 9　人员工资结构优化

（三）经济效益优化情况

2014~2016 年，职工工资总额下降的基础上，吨人工成本逐年下降，人均劳效逐年上升，如图 10 所示，以铸管产品为例。

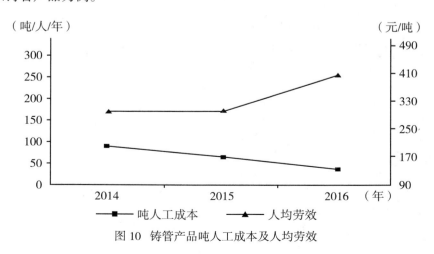

图 10　铸管产品吨人工成本及人均劳效

人力资源管理改革一系列办法和手段，持续控制各类管理人员数量及工资总额，降低管理成本；进一步清晰管理团队的职、责、权、利关系，并促进管理干部任用模式的持续创新。深化劳动用工和收入分配制度改革，加快建立与社会主义市场经济相适应、与企业功能定位相配套的市场化劳动用工和收入分配管理体系，构建形成企业内部管理人员能上能下、员工能进能出、收入能增能减的机制，用工结构更加优化、人员配置更加高效，激励约束机制更加健全，收益分配秩序更加规范。

液压支架全寿命周期专业化
服务的探索和尝试

申报单位：中煤北京煤矿机械有限责任公司

作者：王冠杰 钱建钢 曹 军 郭良山 张立青 杨 恒

[摘要] 煤矿综采支护设备液压支架直接影响着煤炭生产企业的产量和安全，其维修费用支出占三机（采煤机、运输机、液压支架）总维修费用的 40% 以上，基于煤矿综采液压支架的重要性、复杂性、专业性，采用设备全寿命周期（LCC）管理技术，引用专业化服务，可以延长综采液压支架可靠工作寿命，并最大限度地减少无效维修，使设备综合产能达到理想状态。

[关键词] 液压支架；全寿命周期；专业化服务

一、中煤北京煤矿机械有限责任公司概况

中煤北京煤矿机械有限责任公司（以下简称北煤机）隶属于中国中煤能源集团有限公司，是国资委管辖的中央企业，2006 年 6 月改制为中煤北京煤矿机械有限责任公司，随中煤能源整体上市。公司是国内设计、制造综采液压支架最大的专业厂家之一，始建于 1958 年，总占地面积 63.8 万平方米，现有职工 2400 余人，其中工程技术人员 200 余人，设备 3500 多台（套）。

公司是煤机行业十佳企业，中国机械行业 500 强，国家工贸行业第一批安全生产标准化一级企业，国家级技术中心，国家研发（实验）中心，国家级 CNAS 认可试验室，国家级支护装备技术评定中心，国家级计量建标一级企业，国家级高新技术火矩企业，北京市设计创新中心，北京市著名品牌，北京市信息化示范单位，首都文明标兵单位，国资委知识产权示范基地，AAA 级信用企业，煤矿专用设备标委会主任委员单位。

自 1972 年研制出中国第一台液压支架以来，作为煤机装备"国家队"，北煤机一直致力于打造享誉国际的 BMJ 品牌，发挥央企优势，竭尽全力为中国乃至世界煤炭开采业提供优质的产品和服务。液压支架产品共计开发 900 余种架型，10 万余台架，支护高度从最低 0.55 米到最高 8.8 米，工作阻力从 1800 千牛到 26000 千牛，中心距从 1.25 米到 2.40 米，产品遍布全国十四大煤炭基地 100 多个煤炭生产企业，先后出口美国、俄罗斯、印度、孟加拉国、越南、澳大利亚等国家，是国内最大的煤机出口基地。

公司率先在业内通过 ISO9001、ISO14000、ISO18000 三体系认证和 ISO3834 国际焊接体系及

EN1090 钢结构产品认证，产品荣获国家质量金奖、国家科技进步一等奖和二等奖多项奖项。公司围绕"一高一低"高端精品支架，奉行"技术引领市场，品质回报客户"的营销策略，实施"保姆式"七星服务体系，为客户提供专业化的配套开采技术、成套装备、融资租赁、承包达产、全寿命周期服务等一体化的解决方案，用百分之百的努力换取客户百分之百的满意度。

公司志存高远，秉承中煤文化和"正德厚生，止于至善"价值观，追求"国内第一，世界领先"的国家高度，向世界展示煤机装备的"中国实力"，为实现中国煤机装备整体品质升级换代做出更大的贡献。

二、全寿命周期专业化服务项目实施背景

中国煤炭行业的迅速发展与综采设备的快速发展息息相关，先进可靠的设备是煤炭生产企业安全高效生产的保障。国内煤炭行业传统的设备管理主要是指设备在役期间的运行维修管理，主要目的是保障设备可靠性，具有为保障设备稳定可靠运行而进行维修管理的内涵。设备运行管理侧重于设备资产的物质运动形态，即设备的安装、使用、维修直至拆换；资产管理更侧重于整个设备相关价值的运动状态，包含购置投资、折旧、维修支出、报废等一系列资产寿命周期的概念，其出发点是整个企业运营的经济性，具有为降低运营成本，增加收入而管理的内涵。

目前，国内煤炭行业综采液压支架设备运行管理与设备资产管理存在以下问题：

（1）液压支架属于非标设备，煤矿前期设计与液压支架的调研设计脱节，沟通不充分，设备到矿使用后，都或多或少存在瑕疵。

（2）液压支架操作工和检修工综合素质较低，文化程度不高。多为农村务工人员，对液压支架缺乏系统的了解，对设备的保养、操作、检修不到位，导致设备故障率较高、损耗加快，停机时间约占生产时间的 33%，缩短设备的大修周期，使用寿命维持在 10000 次循环（7 年左右）。

（3）液压支架检修不及时，还停留于传统的故障维修模式，忽视了设备检修，加之专业人员匮乏，导致企业为保障设备运行效率，不得不储存大量备品备件，每年库存约占设备原值的 3%，库存准确率较低，造成大量浪费。

（4）煤炭企业对液压支架的配置、性能、过煤量高度重视，但对操作和维修人员重视程度不够，缺少系统化、专业化的培训，无法对每一台设备进行正规的维护、检修和维修。

（5）煤炭企业与液压支架制造企业缺少信息互通，支架制造企业无法全面及时获得设备的运行信息，延误了设备的改进。

综上所述，基于煤炭综采液压支护设备的复杂性、专业性，如何延长设备使用寿命，提高可靠性、经济性已经成为煤炭行业必须解决的一个课题。北煤机身为煤机装备"国家队"，理应承担起解决这一课题的重任，全寿命周期专业化服务能较好地解决这一顽疾。

三、全寿命周期专业化服务概述

全寿命周期成本（Life Cycle Cost，LCC）是指产品在有效使用期间所发生的与该产品有关的所有成本，它包括产品设计成本、制造成本、采购成本、使用成本、维修保养成本、废弃处置成本等。设备全寿命周期成本管理是从设备的长期经济效益出发，全面控制设备的规划、设计、制造、购置、安装、运行、维修、改造、更新，直至报废各环节的成本，使 LCC 达到最低的一种管理理念。LCC

管理理念核心在于：单件产品的研制和生产成本（采购费用）不足以说明产品总费用的高低，决策人员不应把采购费和使用维护费分割开来考虑，而必须把这几者结合起来，作为产品的全寿命周期费用进行总体考虑。LCC概念起源于瑞典铁路系统，1965年美国国防部最先研究实施LCC技术并普及全军。之后，英国、德国、法国、挪威等国军队普遍运用LCC技术。1999年，美国总统克林顿签署政府命令，各州所需的装备及工程项目，要求必须有LCC报告。没有LCC估算、评价，一律不准签约。同年，以英国、挪威为首组建了LCC国际组织，50个国家、地区参加。该组织为保护参加国购置装备的经济利益，要求设备、工程中间商、推销商为买方提供LCC估算。

中国神华神东公司为中国第一家在煤炭行业引入LCC管理技术的公司，项目为神华神东公司与中煤集团北煤机公司合作的液压支架全寿命周期管理。之后，国内煤炭生产企业纷纷效仿，提出考核液压支架制造厂商产品日常维护费用的概念，初步具有了LCC的雏形，但还不足以解决煤炭生产企业提高产能的问题。液压支架全寿命周期管理是以生产效益为目标，通过一系列的技术、经济、组织措施，对整套液压支架的规划、设计、制造、选型、购置、安装、使用、维护、维修、改造、更新直至报废的全过程进行管理，以期达到液压支架寿命周期费用最经济、设备综合产能最高的理想状态，涵盖了资产管理和设备管理双重概念，它包含资产和设备管理的全过程，涵盖采购、（安装）使用、维修（倒面）报废等一系列过程，既包括设备管理，也体现全过程的价值变动。

北煤机液压支架全寿命周期专业化服务是一种狭义上的设备全寿命周期管理，主要参与规划、选型、使用，负责设计、制造、维护、维修、改造、更新和建议报废的过程管理，实现延长设备使用寿命、高可靠性、高经济性运行，综合产能最高的理想目标。

四、全寿命周期专业化服务的实施阶段

液压支架全寿命周期管理要综合考虑设备的可靠性和经济性，形成闭环管理（PDCA）。设备在管理过程中会保存一系列管理、维修和财务台账记录，这些都是液压支架全寿命周期的分析依据，可以在液压支架报废之后，利用其对液压支架整体使用经济性、可靠性及其管理成本作出科学分析，有利于新液压支架产品采购决策，可选择更加先进的液压支架重新进行全寿命周期跟踪，也可选择使用原型号的液压支架，并应用原支架的历史数据进行更加科学的可靠性管理及维修策略，使其可靠性及维修更加优化，从而使支架全寿命周期管理形成闭环，主要分为前期管理、运行维修管理、搬家倒面和报废管理三个阶段。

（一）前期管理

设备的前期管理包括规划决策、计划、调研直至安装调试、试运转的全部过程。

（1）在煤炭生产企业投资前期，参与做好液压支架的能效分析，确认能够达到最佳效果，在保证性能需求的情况下实现购置成本最小化。

（2）液压支架安装、试运转时间短暂，属于过渡期，此阶段应有严格的规范，否则可能造成试运行与正式运行交接过程中服务管理真空。

（二）运行维修管理

包括防止液压支架性能劣化而进行的日常维护保养、检查、监测、诊断以及修理和更新等管理，目的是保证支架在运行过程中保持良好技术状态，并有效地降低维修费用。

（三）搬家倒面及报废管理

（1）轮换、搬家倒面：对于可修复部分，定期进行轮换和升井修复。此过程中的管理对于降低购置及维修成本具有一定的意义。

（2）报废期：液压支架整体已到使用寿命，故障频发，影响到整组液压支架的可靠性，其维修成本已超出整套设备购置费用，必须对设备进行更换，更换后的老旧液压支架进行变卖、转让或处置，支架寿命正式终结。

五、全寿命周期专业化服务的功能设定

为了保障液压支架全寿命周期专业化服务的顺利推进，必须构建一个有效的液压支架全寿命周期专业化服务管理系统。该系统不仅具有台账管理、设备管理、维修工时和成本管理等基本功能，还应具有信息综合分析、预警和诊断专家功能等，能综合分析故障、诊断、备件、维修工时、成本等信息，大大降低设备故障率。

（一）前期管理功能

液压支架前期管理是保持和提高后续管理中设备技术状态和经济效果的关键，是后续管理的基础。该部分主要包括整套液压支架规划、选型、安装、调试、验收等，其中规划部分主要包括制定年度使用计划、年度使用费计划、使用计划备件量等。

（二）台账管理功能

台账管理是支架优化配置管理的基础，能反映支架基本信息，具有静态和动态两部分数据：静态数据主要有支架编号、名称、型号规格等；动态数据主要有故障统计、累计消耗费用、月有效工作台班、过煤量等。

（三）支架状态变动管理功能

记录支架的启用、停用、闲置、搬家倒面、故障、事故、报废等变动信息，准确快速地为管理决策层报告设备运行状态。

（四）运行状态管理功能

记录设备日常运行工时信息、工时材料消耗信息、检修人员信息等。

（五）维修保养管理功能

包括设备维修管理和设备保养管理：管理人员根据支架关键性指标及各项经济技术指标，采用状态检测维修、定期维修、事后维修、改善性维修等不同的维修模式，维修管理包括编制及更改维修计划，记录维修信息，核算维修费用；设备保养管理主要进行日保、项修和大修。

（六）统计分析功能

记录整套支架技术和经济指标，提供针对煤炭生产企业和生产制造企业不同管理层次需求的报表。包括支架使用数量、支架受压分布、费用核算明细表、单台支架均摊费用、单台支架实际费用、支架运转情况及经济核算报表等。通过各种统计数据及指标，使管理者全面、快速、准确地了解当前支架的使用情况，辅助领导进行企业管理决策。

（七）备件管理功能

对支架的备件进行必要的库存管理，在保证设备正常运转的情况下，尽量降低库存，减少资金占用。备件管理主要包括建立设备备件台账，完善备件出入库管理，制定备件储备定额，管理备件需求计划。

（八）维护功能

对系统进行维护，保证整套系统正常运转。系统维护主要是管理功能、角色调整和权限分配；设置和调整实时信息反馈；完成维护日志、数据存档。

六、全寿命周期专业化服务费用管理

北煤机液压支架全寿命周期专业化费用分析采用模糊和灰色综合评价法。首先，根据模糊关系合成原理，利用多个因素对评判事物隶属情况进行综合性评价，第一步按每个因素单独评价，第二步按所有因素进行综合评价；其次，定性和定量分析相结合，这种方法可以较好地解决评价指标难以准确量化的问题，排除人为因素带来的影响，使评价结果更加客观准确，整个计算过程较为简便。

全寿命周期专业化服务费用依据成本构成划分如表1所示。

表1　成本构成划分

构成因素	费用	备注
合计		
资金使用费		
材料费		
人工费	液压支架预估（理想目标）使用寿命期间专业化服务发生的费用之和，求出平均每年所发生的费用	数据的采集考虑历史数据、当期指导价格和预期 CPI、银行利率调整、利税调整以及其他不确定因素
辅助运输费		
管理费		
利润		
税金		
其他		

（一）资金使用费

资金使用费指神华神东公司支付给北煤机产品的报酬，包括无风险报酬和风险报酬。无风险报酬是指北煤机资金投向无风险因素所获得的报酬；风险报酬指北煤机资金投向风险因素所要求得到高于无风险报酬的补偿。

（二）材料费

试制液压支架日常维护、维修、项修、保养发生的备品、备件以及改造、更新发生的零部件费用。

（三）人工费

人工费指参与全寿命周期专业化服务所发生的人工成本，包括薪酬、工资附加费和差旅费等。

（四）辅助运输费

辅助运输费指全寿命周期专业化服务所发生的人员、设备、零部件以及其他材料在神华神东公司的运输费用。

（五）管理费

管理费是指筹备期间发生的开办费、部门发生的固定资产折旧费、修理费、办公费、水电费、业务招待费、技术研发费、相关长期待摊费等费用。

七、全寿命周期专业化服务的初步尝试

2013 年 10 月，北煤机开始探索液压支架的全寿命周期专业化服务，第一个项目与中国神华神东公司合作，项目用于中国神华神东分公司补连塔煤矿，煤矿位于内蒙古自治区鄂尔多斯市伊金霍洛旗乌兰木伦镇，设备用于 12520 工作面，单面产量达到年均 700 万吨。

（一）设备配套

工作面长度：330 米。

采煤高度（平均）：4.26 米。

推进长度：3113.33 米。

液压支架型号：ZY20000/28/55。

支架总数：164 台。其中，中间架 155 台；端头支架 7 台；过渡支架 2 台。

工作面开始安装日期：2014 年 3 月 8 日。

工作面开始生产日期：2014 年 3 月 21 日。

主要配套设备：

（1）采煤机：艾可夫 EKF SL900－6840。

（2）运输机型号：久益（淮南）JOY500。

（3）破碎机型号：久益（淮南）JOY400。

（4）乳化液泵：RMI 公司 S500。

（5）集控系统：天津华宁 KTC101。

（二）ZY20000/28/55 液压支架技术参数

中间架为 ZY20000/28/55D。

过渡支架为 ZGY20000/28/55D。

端头支架为 TY20000/26/50D。

最高高度：5500 毫米。

最低高度：2800 毫米。

最小宽度：（侧护板收回时）1950 毫米。

最大宽度：（侧护板放开时）2200 毫米。

中心距：2050 毫米。

初撑力：14726KN（P=37.5MPa）。

工作阻力：20000KN（P=50MPa）。

推移步距：865 毫米。

（三）设备理想综合性能目标

设备寿命：十年。

大修周期：20000 次循环。

项修周期：10000 次循环。

设备故障停机率：≤ 10 分钟 / 天。

年过煤量：≥ 700 万吨。

（四）主要工作

剔除前期管理之外，主要负责设备的井下运行、维护保养、检修小修、项修大修等工作。

（五）组织机构

北煤机成立了专业化服务队、再制造维修中心，隶属于北煤机旗下所属的鄂尔多斯分公司（见图 1）。专业化服务队承担全寿命周期专业化服务日常工作，负责设备的井下运行、维护保养、检修小修，再制造维修中心负责设备的项修大修，承接其他煤炭生产企业液压支架的项修和大修任务。

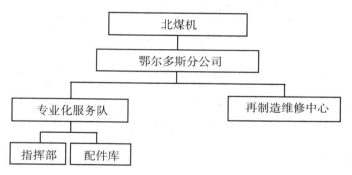

图 1　组织机构

专业化服务队现有在册职工 13 名，其中，队长 1 名，由有多年售后服务经验、年富力强、技术精湛、头脑清晰的同志担任；队员 12 名，根据工作需要，从公司各相关分厂的一些相关岗位中选择技术精湛、表现优秀、政治素质过硬的同志担任，包含了总装管路工 2 人、总装装配工 3 人、焊接工 1 人、钳工 7 人。

再制造维修中心现有在册职工 21 人，其中，中心主任 1 人，副主任 1 人，总工程师 1 人，专业技术工 8 人，管理 2 人，铆工 1 人，电焊工 2 人，钳工 13 人，劳务用工月平均 16 人。

（六）专业化服务队岗位职责

（1）队长：负责全队生产检修工作。负责工作计划的制定和实施、负责与综采队的沟通和协调、负责全队现场工作的分配和指挥、负责全队工作中的安全和防护、负责提供备件计划、负责每月考勤计划和考勤考核等。

（2）队员：负责每天下井到现场进行工作。进行配合采煤和清理浮煤矸石、进行支架采煤的简单操作（同时对支架进行检查）、负责进行支架冲洗及控制器等元件的清理保养、负责协助综采队进行装卸备件设备及搬运单体和其他物件、负责支架检查及维修等工作。

八、全寿命周期专业化服务效益分析

神华神东公司年产 2800 万吨的补连塔煤矿，12520 工作面实施全寿命周期服务以来，由于断层原因，年产出原煤 630 万吨，由于设备实现了"零"停机，截至 2016 年 7 月，北煤机实现直接收入 3032.6 万元，与传统设备管理模式相比取得了明显的经济效益和社会效益。

（一）直接经济效益

（1）神华神东公司 10 年预测数据对比分析，如表 2 所示。

表 2　神华神东公司 10 年预测数据对比分析　　　　　　单位：亿元、年、元

项目	设备原值	设备寿命	备品备件（3%）	人工费用	项修费用（15%）	大修费用（30%）	停机率	运行费用吨煤成本
传统管理模式	1.5	7	0.45	0.28	0.675	1.35	30%	>4.85
全寿命专业化	1.5	10	0	0	0	0	17%	=2.95
数据分析	−0.643	+3	−0.45	−0.28	−0.675	−1.35	−13%	−1.9

（2）北煤机公司 10 年预测数据对比分析，如表 3 所示。

表 3　北煤机公司 10 年预测数据对比分析　　　　　　单位：亿元、元

项目	毛利	备品备件（1.5%）	人工费用	项修费用（10%）	大修费用（20%）	吨煤收入	总收入
合计	0.51	0.225	0.28	0.45	0.6	2.95	2.065

通过表 2、表 3 对比分析，该套设备通过全寿命周期专业化服务创造直接经济效益，10 年为神华神东公司至少节约 1.33 亿元，北煤机实现毛利 0.51 亿元。

（二）间接经济效益

（1）神华神东公司。引入先进管理理念，优化管理流程，提高工作效率，提升管理水平；积累管理和维修经验，实现知识共享；减少设备停机时间，增加生产效益；专业及时维护维修，降低设备维修成本；延长设备寿命，提高投资回报；降低物资库存成本；减少紧急采购，降低采购成本。

（2）北煤机公司。增加就业，提高生产效率；业务范围拓展，延伸产业链，增加利润增长点；提高备件库存准确率；维护固定客户，增强可持续发展动力。

（三）社会效益

全寿命周期管理技术的引用和推广，是煤炭生产企业设备管理、资产管理的一次革命，为煤机行业转型发展指明了新的道路。

九、全寿命周期专业化服务发展前景与探索

目前，世界经济仍处于后危机时代的深度转型调整期，我国经济发展也进入新常态，内外环境的变化使得改革发展和转型升级成为发展新主线。煤炭行业是我国供给侧改革重点关注领域，但是短期内煤炭仍是我国发展依赖的主体能源。在去产能、去库存、去杠杆、降成本、补短板的大形势

下，煤炭产业集中度将进一步提高，大型煤炭及煤电基地成为煤机行业主要市场。煤炭行业下行将导致煤炭企业延长设备更新周期，未来煤机企业将普遍由单一生产制造企业向生产制造＋生产服务型企业转变。

（一）全寿命周期专业化服务创新点

（1）应用全寿命周期成本理论有利于提升产品性能、产品可靠性、可用性、维修性和安全性等，同时降低后期的运行成本，全寿命周期专业化服务为首次将全寿命周期成本理论应用于煤机行业。

（2）在煤炭行业下行的大环境下，煤机企业亟待转型升级，全寿命周期专业化服务是煤机企业转型的大胆探索，是煤机企业向生产服务型企业转型的大胆尝试，是煤机企业依托自身主业延伸出的新业务。

（3）快速可复制性。全寿命周期服务项目配备的专业化服务队仅需10余人，就能为煤炭企业提供长期专业的优质服务，降低煤炭企业设备养护成本，降低设备故障率，同时，能为煤机企业带来年均千万元的收入，这一模式具有广阔的发展前景，具备快速推广的条件。

（二）全寿命周期专业化服务推广情况

随着Y213支架全寿命周期专业化服务模式的成功，北煤机公司将大力推广这一服务模式。近期，北煤机公司第二支专业化服务队（14人）已组建完成，他们将为神华神东公司布尔台矿（Y245支架）提供十年全寿命周期专业化服务；第三个全寿命周期专业化服务项目——中天合创门克庆矿（Y229支架）也已达成合作协议。北煤机公司"十三五"规划明确提出，到"十三五"末，全寿命周期专业化服务项目至少达到6个，年创效1.2亿元，占营业收入的10%。

（三）全寿命周期专业化服务发展前景

全寿命周期专业化服务这一全新模式，对整套液压支架的规划、设计、制造、选型、购置、安装、使用、维护、维修、改造、更新直至报废的全过程提供"一站式"服务，遵循全寿命周期成本最小化原则，能够大大降低煤炭企业的运营成本，提高煤炭开采的安全性。

未来的发展中，北煤机将以液压支架核心能力延伸与拓展为主业，加快转型，适度多元，为客户量身定制专业化的配套开采技术、成套装备、融资租赁、承包达产、设备维修与再制造、全寿命周期专业化服务等一体化服务，全力打造世界一流绿色服务制造商。全寿命周期专业化服务探索的成功为北煤机打造世界一流绿色服务制造商打下了坚实的基础，成为北煤机转型升级的重要抓手。借助中煤集团品牌优势和自身技术优势，北煤机将大力推广这一服务模式，进一步完善服务流程，提高服务水平，为客户提供优质的产品和服务。

十、结语

液压支架全寿命周期服务，集成了煤炭生产企业和液压支架制造企业的优势，实现了液压支架及时专业维护、维修，降低了维修成本，延长了大修周期和设备使用寿命，提高了投资回报率和生产效益，达到了设备综合产能最高的理想目标，这一产品模式契合中煤集团能源综合服务商建设的发展方向，为北煤机公司向世界一流绿色服务制造商转型打下坚实基础。在我国年产超过35亿吨原煤的煤炭行业推广全寿命周期服务对降本提效、技术创新、质量提高具有重要作用，必将为社会、国家做出巨大贡献，具有美好的前景和极大的推广价值。

新常态下采油厂扁平化管理

申报单位：延长油田股份有限公司吴起采油厂
作者：马　涛　张永银　孙进宝

[摘要]面对石油企业当前严峻形势和采油厂内部管理层级繁杂、运行效率低下、生产经营成本高等严峻问题，为深化改革应对危机，增强企业核心竞争力，加快转型升级，实现内涵式发展，采油厂主动作为，率先开启扁平化管理改革。

原则是坚持压缩层级、提高效率、驻巡结合、降本增效、实现转型升级。方法是将原来的采油厂、采油大队、采油区队、采油站（班）的四级管理机构，通过扁平化管理整合压缩为采油厂、采油队、采油站三级管理机构，从而缩短管理链，提高信息传递速度和准度，优化人力资源，降低生产成本，提高工作效率。

[关键词]扁平化管理；人力资源；压缩层级

吴起采油厂成立于1993年3月，下设生产单位及职能科室61个、基层党支部31个，现有职工7541名、党员842名，资源面积2377平方千米，探明地质储量26875万吨，剩余可采地质储量2940.55万吨；共有油水井11300余口，累计生产原油2285万吨，上缴税费2450000万元，拥有总资产1650000万元，成为延长石油集团首个年产原油200万吨级采油厂。采油厂依靠3万元贷款、2口旧井艰难起步，历经八年创业、十年发展和五年提升三个阶段，20多年来，采油厂牢记"奉献延长、回报地方、提升自我"的企业使命，全力推动企业发展模式由资源驱动型向管理、技术驱动型转变，先后获"全国文明单位"、"全国精神文明建设工作先进单位"、"全国设备管理优秀单位"、"陕西省文明单位"、"陕西省先进集体"、"全省先进基层党组织"和"延安市先进基层党组织"等荣誉称号。

一、石油企业扁平化管理的背景

随着延长石油集团建设综合性国际能源公司战略的推进，吴起采油厂作为基层生产单位，在创新管理理念、理顺管理机制、优化资源配置、科学组织生产方面取得重大进步，但仍存在着管理层级繁冗、资源配置效率不高、市场反应速度慢等问题。为此，采油厂在内涵式发展战略的前提下，于2015年提出了减少企业管理层次的指导意见，并先后在两个采油队试点获得成功，拉开了企业扁平化管理改革的序幕。

（一）石油企业扁平化管理的先进性

扁平化，意味着企业不再是金字塔式的等级制组织结构，而逐步向扁平式结构演进。其目的在于减少管理层次，加大管理幅度，整合管理职能，精简管理人员，降低管理成本，提高工作效率，构建紧凑灵活的组织结构，使企业适应快速变化的内外部发展环境。其先进性表现在四个方面：①企业内部沟通不再受限于多重上下层级；②企业对市场变化反应速度提高；③企业决策信息传递中效能流失减少；④企业灵活高效的团队作战模式得以形成。

（二）石油企业扁平化管理的可行性

企业核心竞争力的提升其实是管理水平的提升，管理水平提升必须解决好协同、控制和共享的问题，而扁平化管理自身特征决定其在数据高度集中、业务趋同的环境下能发挥最大效用。扁平化管理与企业构建标准化体系，实现内涵式发展的需要相适应。

一是能够加强人才队伍建设。传统理论中管理幅度在7人以下为宜，而扁平化组织的管理幅度则大幅增加，对管理者的综合素质和管理能力要求更高。近年，吴起采油厂高度重视人才培养，制定并实施"万人进课堂、千人精培训"的人才培养战略，持续改善管理层年龄结构和知识结构，引进重点院校高端人才，员工队伍的综合素质不断增强。

二是能够实现资源共享。管理效率的提升其实是信息传输、共享速度的提升，吴起采油厂当前在信息传递、共享中均启用电子邮件、OA系统和视频会议系统，实现了点对点、点对面信息互通，为管理层决策、指导、监督提供了可靠依据。

（三）石油企业扁平化管理的必要性

延长石油重组后，吴起采油厂步入科学开采、有序经营的正常轨道，原油产量占油田公司的11%，上缴税费占县域财政收入的90%，但受前期上产速度快的影响，基础设施滞后、开采成本高，不能适应新形势下油田生产经营和发展需要，管理改革迫在眉睫。

一是资源争议矛盾突出。吴起县行政区域面积4000平方千米，长庆油田在吴起县设七个采油厂，资源不断被"侵占"，资源争议矛盾频繁。

二是环境保护形势严峻。新《环保法》实施、国家环保政策不断缩紧、全民环保意识不断提升，生产经营形势异常困难。

三是行业情况复杂。受国际原油价格持续走低的严重影响，成品油销售不畅、资金回笼慢，加之山东地炼等周边省份石油行业低成本竞争，原油市场供大于求的局面将长时间存在，吴起采油厂从年盈利114400万元转为年亏损约88000万元。

四是油藏品位不断下降，开采成本逐年上升。

（四）石油企业扁平化管理的复杂性

管理改革直击管理层切身利益。

一是集权管理与基层差异化矛盾突出。扁平化管理使局部组织遭遇管理职能虚置，因此在推行集中管理的同时，应加大分权力度，给予决策层自由度。由于吴起采油厂基层各单位存在较大地域性差异，如果执行"大一统"标准，将使管理与生产实际脱节，引发权责失衡，导致企业活力和反应能力降低。

二是管理层人员的思想矛盾突出。扁平化压缩中间层，使中间管理层失去原有的权利和晋升机会，产生悲观情绪，降低工作积极性。

三是决策机制陈旧与执行力不足的矛盾彰显。按照法约尔的不越级原则，采油厂原有的金字塔式组织机构层层传递信息，而扁平化改革使多个中间层级压缩到同一平面，管理人员原有的思维定式容易与新的管理模式产生冲突，造成细分业务重叠或推诿扯皮现象。

四是平均薪酬管理与绩效激励机制矛盾明显。吴起采油厂传统的薪酬分配是"平均主义"，改革后薪酬与职称、能力、效益、贡献挂钩，以员工绩效体现个体差异。

新常态下，为深化改革应对危机，增强企业核心竞争力，加快转型升级，实现内涵式发展，采油厂主动作为，率先开启扁平化管理改革。

二、石油企业扁平化管理的做法

为积极应对复杂严峻的发展形势，整合优势资源，降低管理成本，提高工作效率，有效破解转型发展难题，吴起采油厂分三个阶段推进"扁平化"管理改革。

（一）明确管理改革原则

坚持压缩层级、垂直管理、提高效率原则；坚持充分调研、实事求是、稳妥推进原则；坚持先易后难、分步实施、整体推进原则；坚持有序放权、整体管控、管放结合原则；坚持油井为根、班站为家、共同提升原则；坚持改变驻井模式、执行驻巡结合、降低用工总量原则；坚持突出班站建设、倡导自主管理、提升综合水平原则；坚持突出党建文化管理工程、推进全员降本增效、实现转型升级原则。

（二）把握管理改革过程

广泛调研，精细制订方案。2015 年采油厂成立由厂长任组长、党委书记为副组长的扁平化管理改革领导小组，着手对"扁平化"管理改革进行调研论证。抽调专人对生产区域分布、生产能力、人员结构、设备设施、生产生活现状及管理模式进行翔实调研。通过调研摸底，逐步对开展"扁平化"管理改革需要把握的重点问题有了清晰认识。比如，改革后管理干部配备问题，原采油区队长、副区队长去留和待遇问题，区域、油井、人员划分问题，财产登记核实、账套调整问题，基层人员"四定"问题，采油站整合和基层管理人员分流问题，信息传送和薪酬改革、离任审计、员工休假、视频系统建设等问题。针对问题统筹研究，制定了《吴起采油厂"扁平化"管理改革整体推进方案》和《吴起采油厂"扁平化"管理改革实施办法》。方案出台后，采取"改革未动、宣传先行"的原则，通过 OA 办公平台、企业电视新闻、公众微信平台、领导深入基层宣讲调研等方式，对管理改革方案全面解读，明确改革目标、分析形势任务、纠正员工误区，凝聚全员力量，广泛营造推进"扁平化"管理改革浓厚氛围。

先易后难，统筹推进改革。根据油田公司批复意见，采油厂利用 30 天时间分三批开展"扁平化"管理改革工作。依据乡镇区域、资源面积、井网布局、地质状况、产能水平、资源管护、基础设施等综合因素，将原来 13 个采油大队、39 个采油区队机构撤销，重新整合划分为 19 个采油队（例如，撤销王洼子采油大队、张台子采油区队、北梁采油区队、贺阳山采油区队、李台子采油区队，成立王洼子采油队和贺阳山采油队）。整合过程中，由厂级领导带队，抽调企业管理、人力资源、审计、财务、监察、研究所、动力装备、物资供应和生产运行等专业部门 60 余人组成 11 个工作组，进驻生产一线，按照采油厂管理改革文件精神撤销原采油大队、采油区队管理机构，免去管理人员职务，收回印章冻结审批权力，全程介入整合工作。对采油队区域面积、人员、资产、油水井、基础设施进行详细统计核实、造册登记、统一封存，确保整合过程中资产不流失。资产登记完成后，采油厂重新组建采油队管理机构、选聘管理人员，进行资源、资产、人员、设施划转交接，并分别在新成立的 19 个采油队召开组建成立大会，授印启动全新管理运行模式。采油队成立后，按照便于生产管理、原油运输、驻巡结合、降低用工的原则，就近集中管理，将原采油大队下设的 329 个驻井管理采油站整合为 113 个驻巡采油站，按所在区域交各采油队管理（例如，将原白河采油大队白河采油区队、黄砭采油区队 20 个采油站压缩整合为 8 个驻巡结合采油站，归属白河采油队）。原采油区队 46 名副区队长全部聘任为驻巡采油站长，对空缺的 73 个管理岗位公开竞聘方式择优使用。

强化管理，不断完善提升。机构整合工作完成后，全面加强日常管理，跟踪调研，及时掌控运行情况，解决运行过程中的新问题。同时，配套修订管理制度，规范运行流程，保证各项工作有序衔接；加快薪酬分配改革配套扁平化管理，实行区域工资和全员绩效考核，薪酬分配倾斜苦、脏、累岗位和边远井区。推行全新管理模式，在执行"日工作管理法"的同时，执行"员工计分卡"管理，员工月度薪酬差异达到 2000 元左右，广大干部员工的工作积极性得到有效提高。

（三）探索管理发展方向

扁平化管理后，采油厂坚持以党建文化管理工程为统领，以内涵式发展为目标，以强化基层建设、基础工作、基本素质的"三基"工作为抓手，深挖内部潜力，认真总结经验，全力推动改革不断迈向"深水区"。

一是强化基层建设。以班子建设、基层党建为主要内容强化队伍建设，把工作的着力点放到改革、发展、稳定大局上，切实增强凝聚力和战斗力。以"两学一做"活动为载体，党员带头、全员参与积极开展思想更新、作风转变、技术应用、管理创新活动，进一步夯实基层党建基础，解决生产经营过程中的实际困难；以推进巡井制、开展小片集输为手段规范设施建设，采取集中居住减少基础设施建设投资，丰富员工生活。采取定期巡井方式加强设备维护和原油管护，减少用工量，采取小片集输加强管理、方便运行、降低成本。

二是强化基础工作。抓好油水井日常管理，发挥油井潜力，提高生产时效。严把建井质量，推进技术应用，提高产能建设水平和采收率。以"五型"班站、"六星"班组和"6S"创建活动为载体，加快采油站标准化建设，5 月底实现"6S"管理示范班站达标率 20%，年末实现"五型"班站达标率 100%，"六星"班组达标率 30%，"三基"示范采油队达标率 30% 以上。突出降本增效，在全员开展修旧利废的同时，以单井核算为依据，严控生产成本开支，定期进行生产经营分析，聚全员之力打好"保生存、求发展"攻坚战。

三是强化基本素质。加大教育培训力度，营造浓厚的"学业务、讲进步，学技术、讲奉献，学管理、讲效率"学习氛围，强化各工种、各岗位学习培训，确保员工持证上岗。开展选树典型、技能比武等活动，切实提高全员的管理水平和综合素质。

三、石油企业扁平化管理的效果

尽管"扁平化"管理改革仍然"在路上"，需要不断探索、持续优化，但效果已初步彰显。

（一）管理机构缩减、生产效率提升

在石油企业安全生产是工作重点，生产过程中的瞬时决策直接关系效率的提升。扁平化管理使权力中心下移，各基层组织之间相对独立，生产过程中的问题能直接根据标准自主决策，减少了决策在时间和空间上的延误，民主化决策的正确性和决策效率得到提升。扁平化管理减少了管理层级、扩大了管理幅度，简化了工作流程，提升了工作效率，缩短了指挥链条，实现了管理最优法则。减少管理机构33个，减少采油班站212个，减少管理层级，解决了管理层次重叠、冗员多、组织机构庞杂、运转效率低下的弊端，在提升工作效率上省去了中间环节，加快了信息流速，提高了准确性。油井产量信息统计耗时由原来的2小时减少到1小时。

（二）人才成长迅速、员工数量减少

石油企业金字塔式的管理层级现状中，各管理层和操作层被动接受任务和完成任务，在缺乏主观能动性的环境中长期教化，人才成长周期长，成长起来的人才少。企业的发展和壮大，不是企业管理层一枝独秀，更需要大批人才的优化组合。扁平化管理后，采油队、采油站管理人员直接面对生产岗位，独立行使众多原来由上级控制并行使的职能，对管理人员的综合能力有了更高要求，使其在广阔的实践管理平台中更容易快速成长。

2015年采油厂新建井场127宗，投运固定站点4座，新增车辆7台，劳动用工缺口达440人，2016年新建井场135宗，新投运接转站2座，需新增劳动用工151人，两年劳动用工缺口达594人。通过扁平化管理压缩管理单元盘活人力资源604人，填补生产工作岗位空缺后，不但用工总量没有增加，反而减员127人，还有部分员工代替生产井区临时雇用劳务人员，劳动用工成本同比下降7%，达到了挖掘内部潜力、盘活人力资源的目的。

（三）生产成本缩减，降本增效显著

扁平化管理后，强化全员、全要素、全过程成本管控，推行采油队、采油站和岗位三级目标管理体系，成本分解到位、开支项目透明、费用随时监控，薪酬支出、劳务费用、基础设施建设投资均大幅度缩减。员工总数减少127人，年薪酬支出减少800万元；员工代替外雇人工，年劳务费用开支减少约500万元；减少管理单元33个，办公消耗、设备维护、车辆费用全年减少760余万元。压缩管理单元后，配套生产生活设施建设投资也随之大幅度减少，生产成本得到有效控制。

（四）员工受到关爱，价值得以体现

扁平化管理后，各驻采站点均实现网络办公，既能保证信息快捷传递和内部资源共享，又能满足员工学习需要。员工集中管理模式的开启，方便了集体食宿，提高了员工的生活质量，有效解决了偏远井区员工生活问题。配备文化、娱乐设施，以注采站为单元成立兴趣小组，丰富员工文化生活，使关爱员工落到了实处。驻巡模式开启后，以站为单元进行生产管理、设备维保、原油管护、井区巡查、生活服务，既完成了生产任务，又解决了员工倒班休假问题，员工服务企业的主人翁意识明显增强。推行"划片分时定责"管理，各区域工作责任明确、时效明确、岗位明确，形成人人争着干、事事有人管的良好局面，员工价值体现更为直观，责任感、使命感和荣誉感进一步增强。

（五）库容总量减少，物资调配优化

扁平化管理使生产机构缩减，原来按采油大队设置的13个物资材料库减少为6个，库存减少50%以上。积极构建物资管理信息化平台，实现库存物资数量、规格、型号等信息共享，提高了资源调配效率，降低了库存物资积压，减少了资金占用。

传统国企管理体制改革的探索和实践

申报单位：陕西陕化煤化工集团有限公司

作者：屈战成　刘水峰

[摘要] 企业管理体制改革作为提高企业管理水平和效益的法宝，是以企业下放管理权限，增加管理幅度，弱化等级制度，高效内部信息交流、提高执行力为设计思路的新型组织变革形式。陕化煤化工集团有限公司在企业管理体制改革方面有如下创新：一是成立机构改革领导小组，科学规划、总体设计，分步实施改革方案，适应企业总体发展要求。二是根据自身特点和优势，挖潜增效，激发部门之间、管理者与员工之间最大的内在潜力，提升企业效益。三是围绕企业综合功能，坚持分工协作的原则，设计管理流程，缩短和简化程序，提高工作效率。四是减少管理层次、优化内部组织机构，扩大并坚持有效管理幅度，缩短决策者与基层的信息链，保证决策层能够高效、准确掌握信息。五是充分发挥和利用好人与物的作用，精干人员及配置，减少人员浪费，降低管理费用，并使人员配置与机构设置有机结合，促进企业效率和效益的提高。六是分批次安置富余人员，给做出贡献的职工以人文关怀，使改革整体推进的同时保证职工队伍稳定。七是以宣传新的企业文化为先导，让人才机制和人才梯队建设先行，培养企业发展后劲，增强公司软实力。

[关键词] 管理体制改革；结构优化；人才机制

管理体制改革是目前传统国企面对的共性问题。随着互联网浪潮的冲击，加之中央提出的供给侧改革发展方向，传统的企业管理模式已难以适应发展要求。为了应对严峻的市场竞争环境，重新设计和构架管理体制，实现扁平化、精简高效管理已是迫在眉睫的当务之急，通过机制体制编制以及信息流与物流的传递、沟通、共享达到减少中间管理层、压缩职能机构、扩大管理边界的可能性不断提升，最终达到富余人员精简、管理成本下降、管理水平改善、管理效率提高的目标。以陕西陕化煤化工集团有限公司管理体制改革的实践为借鉴，以"机构不重叠、业务不重复、服务到基层"的管理模式为方向，对管理资源进行有效整合和优化调整，激发内生活力，提高经营效率进行积极探索，为传统国企的改革发展进行了有益的探索，以达到投石问路的效果。

一、体制改革前企业的基本情况

陕化公司是拥有 50 年发展历史的国有企业。该公司前身为 1996 年由始建于 1967 年的陕西省化肥厂和国家"七五"期间投资建设的陕西省复肥厂合并设立的国有大型化肥企业，2006 年加入陕西煤业化工集团，之后相继建成投运 60·52 项目、BDO 一二期项目，形成了以化肥与精细化工为主的两大业务板块。现有主要产品产能为 60 万吨合成氨、92 万吨尿素、25 万吨磷铵、13 万吨 1,4－丁二醇、4.6 万吨 PTMEG。

公司按照传统的集团、分（子）公司、车间、班组四级直线职能组织架构制管理，下设 15 个职能处室、27 个二级管理部室和 11 家分（子）公司，生产单位下设 32 个生产、辅助生产车间。15 个职能处室和 27 个二级管理部室分别负责公司生产组织、企业管理、安全环保、科技创新、人力资源、质量管理等所有业务职能的管理和指导，11 个分（子）公司包括生产单位化肥公司、复肥公司、比迪欧公司、专用肥公司、塑业公司，辅助生产单位修造公司，供销单位原料公司、供应公司、销售公司、物流公司、农资公司，各单位职责划分明确，协同合作。

随着公司规模化、集约化、现代化发展步伐的加快，公司庞大的管理层和机构设置形成的弊端日益显现：一是由于分层过多，分工过细，形成多层管理，内部信息传递迟缓，对迅速变化的市场环境不能作出及时反应；二是部门之间分割管理，有本位主义倾向，关心局部利益逐渐胜于整体利益；三是审批、协调环节过多，增加了许多无用作业，导致效率下降。

二、管理体制改革的背景

（一）党的十八届五中全会强调体制机制改革

习近平强调，改革是培育和释放市场主体活力、推动经济社会持续健康发展的根本动力。要围绕破解经济社会发展突出问题的体制机制障碍，全面深化改革，增强改革意识，提高改革行动能力。改革中明确要求企业下放管理权限，增加管理幅度，对于延伸到下级企业的权限归为一级企业管理。

（二）能源化工行业进入深度调整期

伴随着"十二五"期间各类能源化工项目的快速上马，现代能源化工行业经历了速热涨潮建设期到精细化、高端化为方向的速冷退潮期，迅速凸显了项目蓬勃发展带来的诸多新矛盾和新问题，严重影响企业正常生产经营，为了对市场的变化做出快速反应和迅速决策，能源化工企业必须通过各种管理手段提升效率，提高应变和竞争能力。

（三）信息化管理为变革提供了良好的实施环境

陕化公司积极推动信息化建设，促进企业管理不断优化。构建了物资管理平台，在物资分类的基础上集中编码管理；自主研发的财务核算系统与 NC 财务核算系统并轨，提高了财务核算效率；研发运销管理信息系统，实时动态反映产品的库存、发货、结算情况，实现了多部门协同工作；建设了能源管理系统，实时反映生产情况并根据生产计划指导企业生产，实现了信息化与企业安全生产融合；成功运行了 OA 办公系统，对公文流转、会议审批、车辆派用等实行网上全流程审阅，实现了无纸化办公。经过多年来的投入建设，公司信息化系统已初具规模，基本达到信息化管控。

（四）主动作为，积极进行改革探索的意愿

2013 年 7 月，公司新一届领导班子厉行"节约意识、成本意识、效益意识"，逐步探索推行了一系列整顿改革举措。在产供销环节，深挖生产系统潜能降本增效，整顿原料供应节约采购费用，探索销售体制改革提高销售效益。根据国家对国有企业深化改革的总方针、省国资委、煤业集团的改革部署以及企业发展实际，逐步在责任制考核、固定资产盘活、人力资源管理、财务融资、科技

创新、子公司管控等方面实施变革，深挖内部潜力，抢抓市场机遇，提升企业管控水平。但沿用旧的管理模式，已不能满足公司规模化、产业化发展的需要，只有推行管理体制改革才能挖掘潜能，使企业改革从局部单项调整走向系统化变革，适应当下市场竞争环境。

三、改革思路和方案设计

实施管理体制改革是陕化公司主动顺应国家供给侧改革，实现脱困发展的重要举措，也是适应母公司陕煤化集团"去产能、优结构、降成本"统一战略部署的选择，更是进一步降低企业管理成本，解决大规模生产和低执行力之间矛盾的根本途径。

陕化公司的体制改革经历了近一年的调研酝酿过程。从 2014 年底开始调研，2015 年 6 月成立管理体制改革领导小组，开始进行总体部署，正式开展改革的方案架构设计论证。

改革领导小组参照同行业先进单位经验，确定了管理体制改革的指导思想和总体思路：以管理扁平化为方向，撤销现行公司二级单位及其机关部室编制，现有分、子公司对应的管理职能收归处室归口管理；撤销生产单位的生产车间编制，设立生产分厂；对公司行政管理处室、生产管理处室、党工管理处室及经营单位职责、职能、权限进行重新梳理界定，根据业务进行职能调整、优化整合，强化处室管理。

管理体制改革方案最终确定的组织结构共设立七个机关管理处室，四个生产管理处室，十个生产分厂（车间编制），两个经营部门以及三个独立经营法人单位。

（一）机关管理处室七个

（1）党群工作部（公司办公室）。负责党、团的组织建设，宣传，统战等；负责公司的外事、文秘工作，重要会议和重大活动安排、公文处理和督办、对外接待与联络、信访，车辆调度管理，公司印鉴、介绍信管理。

（2）人资企管处。负责公司人力资源规划、薪酬体系建设、管理制度建设，机构设置、职能划分、岗位设置及定编定员，经营业绩和目标责任制考核，人事调配、招录招聘、退休、薪酬管理，公司信息化、对标管理。

（3）财务资产处。负责公司财务制度建设，全面预算管理，成本管理和产权、投资管理，固定资产管理。

（4）科技发展处。负责技术创新、改造、引进、开发的技术管理，战略规划的制定、推行，组织技术标准文件的编写、验证、评估和完善，工程造价审核、土地管理、招投标管理，工程及技术类合同的审批。

（5）纪委（监察室）。负责公司党风廉政建设责任制，监督国家法律法规和公司重大决策、规定、制度执行情况，对公司财务收支及有关经济活动的合法性、合规性、真实性和完整性进行审计，负责公司的合同管理、法律顾问及法律事务，各类原（燃）料采购价格、产成品销售价格审定及合同审批，产品市场开发及价格异常事项的调查、处理。

（6）保卫消防处。负责公司保卫、门禁、绿化、环境卫生、交通管理，消防队的建设及管理，群体事件的接访，并协商业务部门处理。

（7）工会办公室。

（二）生产管理处室四个

（1）安全环保处。负责公司安全、环保、职业危害防治、水土保持等综合管理，应急预案管理，危险化学品登记、危害告知、储存、处置和运输的监督管理，职工职业健康和劳动保护管理、劳保用品管理。

（2）生产技术处。负责公司生产组织、协调、调度指挥，生产作业计划的编制及生产考核细则制定，生产物料及动力系统平衡的内外协调，生产能耗及节能管理。

（3）机械动力处。负责公司机、电、仪设备设施管理及检修费用控制，设备事故、事件管理，非标备品备件的采购、修复、外协及库房管理，各类零星工程管理及组织。

（4）质量计量中心。负责公司进厂原辅材料质量分析、装置中间控制分析、出厂产品分析检测，综合管理体系建立维护，名牌产品管理，计量管理。

（三）生产分厂十个

从工艺关联度方面出发，结合人员调整、集中管控指挥要求，对原生产单位车间进行重组整合，设立生产分厂，形成公用工程集中管理、统一服务、合理调配公用工程资源的运行模式。

（1）动力分厂：负责锅炉装置、脱硫脱硝装置、脱盐水岗位、241、给水泵、减温减压站、450A、450B、中水装置、净水厂、供排水系统、水源地的运行和管理。

（2）气化分厂：负责汽车卸煤、运煤储煤系统、煤气化、污水处理装置运行和管理，灰场及灰渣管理。

（3）合成分厂：负责净化装置、合成装置和52万吨尿素装置的运行和管理。

（4）尿素分厂：负责水汽装置、13万吨尿素和27万吨尿素装置的运行和管理。

（5）磷酸分厂：负责卸矿、配矿、上矿和磷酸装置的运行和管理。

（6）磷铵分厂：负责水汽装置、一铵装置和磷铵装置的运行和管理。

（7）BDO分厂：负责二期乙炔装置、甲醛装置、BYD装置、BDO装置和水处理装置的运行和管理。

（8）PT分厂：负责一期BDO所有装置和二期PT装置的运行和管理。

（9）维保分厂：负责公司生产系统的保运，设备日常维保与检修，制造维修管理。

（10）电仪分厂：负责公司电气、仪表、自动化系统等日常维护与检修，总变电站及所有装置配电的运行和管理，公司范围内照明设施的管理。

（四）经营部门两个，独立经营法人单位三个

两个经营部门是销售运输公司和原料供应公司，分别承担产品销售运输和原辅材料采购职能。

公司原全资子公司及控股子公司保持管理模式不变，但调整考核方向，从过程管理转换为收入、利润两项指标的结果导向管理。

四、组织实施与效果分析

（一）重组业务流程，合并业务部门

管理体制改革对业务进行了系统的整合和归并，业务上下游和关联部门职能重组，实现了企业

职能管理大部室化。设立车间编制的生产分厂和经营部门，对各个单位职责明确，明晰工作内容，将维修保运、电仪管理、物资采供、销售物流等业务进行集中管理，在做大做强专业队伍的同时，克服了职能重叠、职责缺失、工作推诿，形成了基本的生产协作关系。

（二）定编定员，科学配备人员

公司依据行业先进经验和陕煤化集团原则要求，结合陕化当前规模和技术水平，以精简、高效、节约为目标，坚持"一线保障、二线满足、三线精干"、"对标管理、持续改进"、"一专多能、统一规范"的原则，编制定编定员方案。岗位定员打破原岗位界限，各单位挑选人员不受原有人员所限，在全公司范围内按照专业、特长、履历情况择优挑选业务对口人员，补充技术、管理和操作、销售等岗位。

2016年3月底，陕化公司完成了分厂、处室及单位定员配备。通过合理的岗位整合和业务归并，科学、精简配备职能部门、中层干部和职能部门专业技术管理人员，做到了定编合理、岗位精干、定员适宜、责任明确的工作机制，构建科学的岗位管理体系，减少不必要的人力资源浪费。

（三）建立健全业务流程

以流程为导向，对职能部门的定位进行梳理，重新整合资源，将领导导向、职能导向的复杂业务流程改造成程序导向、业务导向的简化业务流程。经过筛选和评比，从设计的各组流程中选择最简化最优的业务流程，使流程以制度的方式得到固化，截至2016年5月底完成全公司管理制度的梳理工作，建立管理制度体系。新流程和制度下，针对具体工作形成闭环，打破专业和部门限制，淡化职能部门分割，强调系统内团队合作，实现协同办公，提高公司决策管理能力和执行力。

（四）合理分流，安置富余人员

新成立的处室、分厂、分公司领导，在遵循专业化、年轻化的前提下，兼顾学历层次、担任领导职务时间、群众威望等因素，按照《领导干部选拔任用和管理暂行办法》规定，在公司范围内选拔任用。各单位不单设专职党支部书记、分工会主席，其职位由各单位领导干部兼任。各生产分厂设置1名正职，2~4名副职，2个职能管理岗位，若干技术岗位。

按照定编定员标准配备后的超编人员由公司富余人员分流安置管理中心管控。公司以"精心组织、多措并举"、"以人为本、稳定为先"、"双向选择、竞争上岗"、"定岗定编、人员精干"为原则，根据岗位缺员、到龄退休、替换劳务派遣等情况内部逐步予以调剂安置。

（五）搭建公司管控平台化，激发管理自主性和活力

在对各处室、分厂、经营单位工资总额预算的基础上，遵循"增人不增资、减人不减资"的原则，对公司各单位实行稳妥可行的工资总额包干制度，支持并引导各单位打破常规、创新管理，凸显绩效，实现多劳多得，激发活力。以工资总额包干为基础，稳步推进薪酬体系改革，调整专业技术人员与其他人员的待遇差别，引导全员学技术、比贡献。最终打造公司级管理的平台化，为各分厂及单位提供服务和指导，按照市场化模式引导竞争，将管理权和薪酬分配权充分下放，提升管理自主性。

根据体制改革方案设定的职责划分，重新修订了生产绩效奖考核方案，作为工资调控的主要手段，以生产分厂重点、关键技术岗位为受奖范围，所有管理处室及经营单位不在受奖之列。绩效奖励以生产经营目标为导向，以关键绩效要素为核心，以正向激励为主，突出效率、灵活分配，与生

产系统运行、主要产品产量、质量、成本消耗、工艺控制、绩效贡献等要素挂钩，按照公司经济责任制、绩效考核方案进行考核发放。

（六）搭建多渠道晋升通道，留住骨干人才，增强企业软实力

一是继续坚持专业队伍建设，在公司范围内搭建工艺、设备、安全、电气、仪表等专家库，实行各专业带头人、专业骨干的技术梯队，拓宽技术晋升通道，管理处室实行主任科员评聘机制，在行政职务之外体现专业人员贡献。

二是开展精准培训，培养一专多能人才。强化员工培训，借助外聘教师讲课作为引导，以公司两专人才和中层领导讲授为主，采取多种方式进行内外部培训，全面提高员工整理素质和技术水平，彻底解决结构性缺员问题。

三是持续加强信息化手段的推广应用。稳步推行销售与物流管理平台，搭建公司云服务器，融合各信息系统数据共享，利用大数据理念分析管理现状，提供决策依据，提高公司管控水平，使公司信息化管理实现全覆盖。

四是宣传新观念、构建新文化。借助网站、视窗、微信专栏等新媒体，加大新的管理思想、发展理念、创新管理成果、优良传统、工作作风等的宣传力度，培育现代企业文化，营造"团结奋进、创新发展"的企业氛围。

五、陕化公司管理体制改革中发现的问题及应对

改革，就是对现有利益分配机制的调整，改革的阻力来源就是既得利益群体，对国有企业而言，历史愈悠久，阻力愈大。对于拥有50年发展历史的陕化公司而言，传统管理的惯性式沿袭和管理文化，在改革实施过程中充分暴露出传统守旧的力量，针对改革过程出现的问题，需要结合传统管理文化的特点对症下药，分类制定措施，在统一思想的基础上取得理解和支持。

（一）形式教育和文化引导必不可少

针对员工队伍中存在的"等、靠、要"思想，改革方向确定后组织进行多渠道、全方位、长期的形势教育和舆论宣传，利用员工想要迫切获取改革信息的心理，通过正式会议和非正式渠道有意透露非机密信息，形成一种势在必行的态势，把全体员工引导到既定的目标方向上来。使每一位员工深刻认识到企业改革提倡什么，反对什么，改革目标是什么，激发和调动员工消化"保守、求稳、拒改"的思想，潜移默化中改变循规蹈矩、满足现状的思维习惯甚至思维定式，促使全员遵循改革创新发展的改革趋势，支持和理解公司的改革必然，重建创新型管理文化，促进和保障改革的顺利进行。

（二）在尊重贡献的基础上稳定和安置老员工

老员工中存在"国企怎么改也还是铁饭碗"、"国家要负责我们的生老病死，收入只能升不能降"等思想，公司充分考虑到老员工知识、身体老化，接受能力降低，学习新作业技能力不从心等因素，发挥老职工优势，扬长避短，将经验丰富但精力、体力不足的老员工从繁重的具体事务中解脱，在公开、公正的前提下，优先选择设计技术指导、现场监管等岗位，发挥他们的专长，使他们感受到企业关怀，从而增强克服困难的信心，获得他们对企业改革的支持和拥护。

（三）通过搭建人力资源平台，为企业发展储备后备力量

企业实现可持续发展，需要广大青年员工的接力奋斗。但传统国有企业固有的传统人事管理模式对青年员工的吸引力逐渐弱化，导致青年员工对企业的满意度和信任感不高，担忧改革中企业注意不到自己的贡献，才华得不到施展，晋升没有机会，改革中的担当意识薄弱。对此，在管理体制改革过程中，为稳定青工力量，培养责任意识和担当精神，公司特别注重在人力资源开发方面的政策调整，通过建立和完善人才培养机制，制定有效的关键岗位继任者和后备人才甄选计划，以及在职辅导、在职培训、轮岗培训等人才培养与开发计划，挖掘、开发、培养后备人才队伍，建立人才梯队建设机制，以便建立公司的人才梯队，为公司可持续发展提供人力支持，从根本上彻底解除青工思想包袱、凝聚发展共识，稳步推进改革。

六、对陕化公司管理体制改革的总体评价

在陕化公司实行管理体制改革后，管理层级由四级减少为三级，管理部门设置从 42 个减少到 11 个，二级单位从 11 个减少到 5 个，生产车间从 32 个减少到 10 个，公司中层领导干部的人数从 196 人锐减到 78 人，用工人员总数减少 300 余人。

管理体制改革彻底改变了因机构臃肿、人浮于事而效率低下的现象，因职责不清、职能重叠而扯皮不止的现象，因有权无责而滥用权力，因有责无权而消极怠工等现象。重新架构了陕化的整个管理系统，形成了架构合理、职能明晰、流程简单、人事相宜、组织高效、考核严谨的管理局面。同样的生产规模和人员配备经过重新设计和分工，实现了大车间进行生产组织、大部室对口业务管理的工作模式，有效地保持着组织与外界环境的联系和平衡，还有效地调动和节约组织资源，产生巨大的、持久的创新能力与企业竞争能力，促进了企业的发展和转型升级，推动了企业特色管理模式的形成与发展。

七、对传统国企改革的启示

改革必然伴随着舍弃和拥有之间的反复权衡，也必然伴随着艰难的抉择和短期的阵痛，但这种痛是"产妇生产之阵痛"、"破茧成蝶之蛹痛"。陕化公司的实践证明，传统国企在综合考虑、认真分析企业实际和客观实力，以及在管理能力、人员素质、内外部环境的前提下实施体制机制改革，对原有业务职能进行重新设计和战略性调整，把原本职能型的组织结构转变成水平业务流程，形成"机构不重叠、业务不重复、服务到基层"连贯的业务流程管理模式和"部门职能负全责、业务流程全过程监管"的权责体系，从根本上解决了组织结构臃肿、管理幅度跨度大、管理成本高的问题，对提升国有企业执行力、市场反应能力、市场竞争能力具有重要的参考意义。

发挥基金投资平台作用，
实现管资本为主的国有企业改革

申报单位：河南农开产业基金投资有限责任公司
作者：刘　旸　王景成　杨浩艺　孙　嫚

[摘要] 基金作为一种投资工具，具有灵活多样的形式，既可以是纯国有资本的政府引导基金、与社会资本合作的投资基金和纯社会资本组成的民营基金，也可以从组织形式上表现为公司制基金、信托制基金、合伙制基金等。从投资标的可以分为证券投资基金、股权投资基金等。充分利用基金的优势，将其作为国有资本投资平台，可以推进以管资本为主的国资监管、优化国有企业公司治理结构、促进混合所有制改革等。

本文主要从十八大对于国资改革的要求和总体布局谈起，探讨了现有国有资本监管体系的历史和作用，同时分析了现有国资监管体系存在的问题。为了更好地进行国有资产改革，实现以管资本为主的国资监管，需要做哪几方面的工作，包括建立国有资产投资运营公司、进行混合所有制改革等。同时，我们结合公司实践，探讨了利用基金投资平台，建立政府（国有资产）—基金平台—市场企业主体的国有资本运作路径，通过灵活多样的基金平台，可以实现国有资产多元化股权投资、对投资企业以管资本为主的监管机制、帮助企业建立完善的现代企业制度、推进混合所有制改革。探讨了政府类基金投资平台可以在国企改革中发挥的重要作用。

[关键词] 基金；投资；国有资产监管

一、政策背景

十八届三中全会通过的《中共中央关于全面深化改革若干重大问题的决定》（以下简称《决定》）中提出要坚持和完善以公有制为主体，多种所有制经济共同发展的基本经济制度，并提出要积极发展混合所有制经济，推动国有企业完善现代企业制度。

《决定》中明确指出："完善国有资产管理体制，以管资本为主加强国有资产监管，改革国有资本授权经营体制，组建若干国有资本运营公司，支持有条件的国有企业改组为国有资本投资公司。国有资本投资运营要服务于国家战略目标，更多投向关系国家安全、国民经济命脉的重要行业和关键领域，重点提供公共服务、发展重要前瞻性战略性产业、保护生态环境、支持科技进步、保障国家安全。"文件同时也说明了改组和组建国有资本投资、运营公司的主要目的：一是"以管资本为主"完善国资监管方式；二是加快国有经济布局结构调整，避免重复建设、恶性竞争，切实提高资源配置效率；三是重塑有效的企业运营架构，促进国有企业进一步转换机制。

《关于深化国有企业改革的指导意见》中进一步提出，改革国有资本的授权经营体制，改组组建国有资本投资、运营公司，通过开展投资融资、产业培育、资本整合，推动产业集聚和转型升级，优化国有资本布局结构；通过股权运作、价值管理、有序进退，促进国有资本合理流动，实现保值增值。科学界定国有资本所有权和经营权的边界，国有资产监管机构依法对国有资本投资、运营公司和其他直接监管的企业履行出资人职责，并授权国有资本投资、运营公司对授权范围内的国有资本履行出资人职责。国有资本投资、运营公司作为国有资本市场化运作的专业平台，依法自主开展国有资本运作，对所出资企业行使股东职责，按照责权对应原则切实承担起国有资产保值增值责任。

在国有资本投资、运营公司设立方式方面，配套文件《关于改革和完善国有资产管理体制的若干意见》提出了改组组建国有资本投资、运营公司的四条意见。主要是通过划拨现有商业类国有企业的国有股权，以及国有资本经营预算注资组建，以提升国有资本运营效率、提高国有资本回报为主要目标，通过股权运作、价值管理、有序进退等方式，促进国有资本合理流动，实现保值增值；选择具备一定条件的国有独资企业集团改组设立，以服务国家战略、提升产业竞争力为主要目标，在关系国家安全、国民经济命脉的重要行业和关键领域，通过开展投资融资、产业培育和资本整合等，推动产业集聚和转型升级，优化国有资本布局结构。中央层面开展由国务院直接授权国有资本投资、运营公司试点等工作。地方政府可以根据实际情况，选择开展直接授权国有资本投资、运营公司试点工作。

二、我国现行国资管理体系

（一）国资监管基本框架

2002 年党的十五届四中全会通过的《中共中央关于国有企业改革和发展若干重大问题的决定》中指出："要按照国家所有、分级管理、授权经营、分工监督的原则，逐步建立国有资产管理、监督、营运体系和机制，建立健全产权的责任制度。……中央和地方政府分级管理国有资产，授权大型企业、企业集团和控股公司经营国有资产。要确保出资人到位。允许和鼓励地方试点，探索和建立国有资产管理的具体形式。"

以这一规定为基础，我国确立了"国家统一所有、政府分级管理、投资主体营运、多方分工监督、企业自主经营"的国有资产管理的总体框架。国家统一所有，是指国有资产的权利主体是中华人民共和国，国务院统一行使国有资产的所有者职能，不能搞部门所有、地方所有和企业所有。政府分级管理，是指县级以上各级人民政府，根据上级政府的授权，对其管辖的国有资产具体行使所有者的管理职能。投资主体营运（即授权经营），是指各级国有资产管理部门将一定范围内的国有资产授权给大型企业、企业集团和控股公司，由它们进行持股，行使出资者的权利。多方分工监督，是指政府的各个部门根据法定的权限对有关国有资产的各种活动进行监督。企业自主经营，是指企业对本企业范围内的国有资产依法享有法人财产权，自主经营，而国家对投入企业的国有资产享有出资者权益。

党的十六大依据我国国情和国有资产管理现状，进一步描述了社会主义市场经济下新型国有资产管理体制的基本框架："继续调整国有经济的布局和结构，改革国有资产管理体制，是深化经济体制改革的重大任务。在坚持国家所有的前提下，充分发挥中央和地方两个积极性。国家要制定法律法规，建立中央政府和地方政府分别代表国家履行出资人职责，享有所有者权益，权利、义务和责任相统一，管资产和管人、管事相结合的国有资产管理体制。关系国民经济命脉和国家安全的大型国有企业、基础设施和重要自然资源等，由中央政府代表国家履行出资人职责。其他国有资产由地方政府代表国家履行出资人职责。中央政府和省、市（地）两级地方政府设立国有资产管理机构，继续探索有效的国有资产经营体制和方式。各级政府要严格执行国有资产管理法律法规，坚持政企分开，实行所有权和经营权分离，使企业自主经营、自负盈亏，实现国有资产保值增值。"如图1所示。

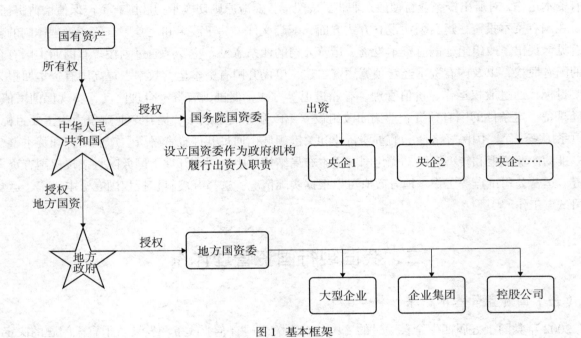

图 1　基本框架

党的十六大确定了"管资产和管人、管事相结合的国有资产管理体制"，并由各级政府作为出资人代表，对国有资产进行经营管理。由此，国有资产管理体制的结构为：政府是国有资产所有者的总代表；总代表授权委托经营国有资产的职能部门，作为产权管理的中介机构；企业法人是国有资产经营的基层组织。进而可以明确，国有资产管理体制大致可以分为以下几个层次：中央政府是国有资产所有者的总代表，地方各级人民政府对管辖范围内的国有资产行使所有者权能；各级国有资产监督管理委员会是经国务院及各级政府授权履行出资人职责的特设机构，即国有资产出资人代表；各级政府授权、委托的国有资产经营公司，投资公司，跨行业、跨地区的大型企业集团或公司，以产权所有者代表的身份经营国有资产产权；企业法人对投入企业的国有资产负有保值、增值的责任。

（二）国有资产监督管理委员会

2003年4月6日，经全国第十届人民代表大会批准，国务院国有资产监督管理委员会（以下简称国资委）作为国务院的特设机构挂牌成立。根据《国务院关于机构设置的通知》（国发〔2008〕11号），设立国务院国有资产监督管理委员会（正部级），为国务院直属特设机构。根据授权，国资委代表国家履行出资人职责，对所监管企业国有资产的保值增值进行监督。国务院国有资产监督管理委员会党委履行党中央规定的职责。其具体职责为：

（1）根据国务院授权，依照《中华人民共和国公司法》等法律和行政法规履行出资人职责，监管中央所属企业（不含金融类企业）的国有资产，加强国有资产的管理工作。

（2）承担监督所监管企业国有资产保值增值的责任。建立和完善国有资产保值增值指标体系，制订考核标准，通过统计、稽核对所监管企业国有资产的保值增值情况进行监管，负责所监管企业工资分配管理工作，制定所监管企业负责人收入分配政策并组织实施。

（3）指导推进国有企业改革和重组，推进国有企业的现代企业制度建设，完善公司治理结构，推动国有经济布局和结构的战略性调整。

（4）通过法定程序对所监管企业负责人进行任免、考核并根据其经营业绩进行奖惩，建立符合社会主义市场经济体制和现代企业制度要求的选人、用人机制，完善经营者激励和约束制度。

（5）按照有关规定，代表国务院向所监管企业派出监事会，负责监事会的日常管理工作。

（6）负责组织所监管企业上交国有资本收益，参与制定国有资本经营预算有关管理制度和办法，按照有关规定负责国有资本经营预决算编制和执行等工作。

（7）按照出资人职责，负责督促检查所监管企业贯彻落实国家安全生产方针政策及有关法律法规、标准等工作。

（8）负责企业国有资产基础管理，起草国有资产管理的法律法规草案，制定有关规章、制度，依法对地方国有资产管理工作进行指导和监督。

（9）承办国务院交办的其他事项。

根据以上规定可以看到，国资委作为政府履行国有资产出资人职责的机构，行使国有资产最高所有权，监督管理所属企业，并制定国资管理法规条例，总的来说就是管资产、管人、管事相结合。国资委作为国有资产所有者代表，凭借资产所有权对全部国有资产经营活动进行监督管理，但这种监督管理不同于一般的经营管理活动，而是一种行政性的管理，更注重调节国有资产在宏观经济产业结构、区域结构、组织结构等方面的配置，同时还要推动国有资产改革、处理国有资产商业性和非营利性的关系。国资委作为国有资本的实际出资代表，既可以对下属企业行使股东权利，进行资本调配、人员任免、经营决策，又需要履行国家国资监管的公共职能，肩负着监督管理和运营两方面职责。

（三）目前国资监管体系存在的问题

（1）中央和地方各级政府之间产权责任不明晰。根据十六大规定，关系到国家安全的重要行业由国务院国资委出资管理，地方政府管理范围内的国有资产由地方国资委出资管理，也可以由地方政府授权委托经营。但是各级国有企业并没有建立统一的法人出资主体，各出资人之间也没有建立完善的所有权关系，上下级国资委、各级政府之间的关系也没有厘清。

（2）国资委作为国有资产监管部门，同时又作为国有资产所有权代表和保值增值责任人，管理职能和所有权职能没有分离，政府职能和出资人职能没有分离，造成了既做裁判又做运动员的现象。

（3）国资委作为国有资本的出资人代表，对国有企业行使股东权利，既要管资产，又要管人和管事，容易造成对企业的监管缺位、错位和越位的问题，形成既管资产又管运营的情况。

（4）国有企业职能不够明确，部分国企还要承担公共管理等公益性职能，有些甚至承担部分国家职能，不能作为市场主体充分参与竞争。

（5）国有企业内部治理机制不完善，没有充分发挥市场主体作用，造成了国企运营效率和回报率较低。管理机构对企业的行政干预过多，将所有权和经营权混为一谈。

三、深化国有企业改革的方向和目标

针对目前国有资产管理体系存在的问题，深化国有企业改革主要从完善制度，优化国资监管体系、提高国资监管效率，调整结构、优化资源配置、激发企业创新活力等多个方面着手。

（一）完善国资监管制度，明确产权保护

产权制度是所有制的核心，也是经济制度的基础，我国社会主义市场经济体制是以公有制为主体，多种所有制混合发展的经济制度。发展社会主义经济必须发挥国有经济的主导作用，激发非公有制经济的活力和创造力。

完善产权，首先要明确产权归属。国有资产的所有权属于中华人民共和国所有，授权政府作为出资人代表履行出资人职责。但是各级政府对于国有资产的归属、出资、管理并没有形成统一的标准，除了存在国资委作为出资人的国有企业外，还存在授权经营、委托管理等多种方式的国企，各级国资委与政府之间的关系也没有明确。因此需要确定一个统一的机构作为国有资产出资机构和归属权代表，将所有的国有资产纳入管理，并按照公司法以股权的形式行使权力。

其次要保护财产所有权不受侵犯。这里主要是保护非公有制财产的权利，特别是发展混合所有制经济以后，国有经济和非国有经济共同经营企业，要保护非国有经济的所有权。

最后要对各种所有制进行依法监管。各种所有制经济在参与经济活动的过程中，需要建立权责对等的机制，依法平等使用生产要素，公平参与市场竞争，依法接受监管。

（二）以管资本为主，提高国资监管效率

以管资本为主加强国有资产监管，是十八届三中全会对国有资产监管工作提出的新要求，为完善国有资产监管体制明确了方向、规划了路径。实现以管资本的目标，要切实转变政府职能，推动政企分开、政府公共职能与国有资产出资人职能分开；要科学界定国有资产出资人监管边界，推进所有权和经营权分离，不干预企业经营自主权；国有企业作为独立市场主体，享有经营自主权，对直接出资企业依法履行出资人职责。

以管资本为主，要推进国资监管机构职能转变。国资监管部门准确把握依法履行出资人职责的定位，实现以管企业为主向以管资本为主的转变。同时科学界定国有资产出资人监管的边界，建立监管权力清单和责任清单，做到该管的科学管理、绝不缺位，不该管的要依法放权、绝不越位。并将依法应由企业自主经营决策的事项归位于企业，将延伸到子企业的管理事项原则上归位于一级企业，将配合承担的公共管理职能归位于相关政府部门和单位。最后重点管好国有资本布局、规范资本运作、提高资本回报、维护资本安全。大力推进依法监管，着力创新监管方式和手段，改变行政化管理方式，提高监管的科学性、有效性。

以管资本为主，要改革国有资本授权经营体制。改组组建国有资本投资、运营公司，作为国有资本市场化运作的专业平台。通过国有资产投资运营公司建立政府和市场之间的纽带，将国有资产的行政化管理转变为市场化行为，国有资产监管机构依法对国有资本投资、运营公司和其他直接监管的企业履行出资人职责。

以管资本为主，要推动国有资本合理流动优化配置。以市场力导向、以企业为主体，紧紧围绕服务国家战略，优化国有资本布局结构，增强国有经济整体功能和效率。当前尤其要在做好增量、盘活存量、主动减量"三量调整"上做文章。

以管资本为主，要推进经营性国有资产集中统一监管。稳步将党政机关、事业单位所属企业的国有资本纳入经营性国有资产集中统一监管体系，加强国有资产基础管理，建立覆盖全部国有企业、分级管理的国有资本经营预算制度。

（三）组建国有资产投资运营公司，优化资源配置

根据党的十八大的要求，组建国有资本运营公司，改组国有资本投资公司。国有资本运营与国有资本投资公司在对象、目标、方式上都存在区别。根据国有企业承担的社会功能和作用，将国有企业划分为商业类和公益类两种，对于承担了社会公共职能的公益类国企，可以采用组建国有资本运营公司的方式进行授权经营。对于处于充分竞争行业的商业类国企，可以采用改组国有资本投资公司的形式，由国有投资公司进行持股，并对其进行市场化的资本监管。国有资本投资公司侧重于发挥市场机制的作用，推动国有资产实现形式由实物形态的"企业"，转变为价值形态的资本，包括证券化的资本。国有资本运营公司侧重于对市场失灵或市场残缺的纠正和弥补。

长期以来，国有资本分布较为分散，国有资产统一监管体制建立后，国有资本相对固化的局面尚未根本打破。一方面，部分企业结构调整所需资金筹集困难，过度依赖债务融资、财务负担沉重，在满足国家急需投入的领域难以迅速投入；另一方面，巨额国有资本在资本市场闲置的同时，由于国有股权"一股独大"的现状长期无法改变，国有企业治理结构难以实现根本性改善，生产经营受资本市场波动影响较大。为此，亟须两类公司对现有的国有资本进一步统一筹划和市值管理，促进国有资本的流动性，将闲置的国有资本用起来，将运营效率不高的资本投入到回报更高的领域，提高国有资本整体运营效率和效益，加快国有经济布局调整。

在实践中，资本投资、运营两类功能本身却很难截然分开，很少有投资者资本投入后却不管运营，也很少有运营资本者不理会投资方的目标和关切随意运营。国有资本投资、运营应该体现出资人的意志和利益，以全国人民长远利益为主要目标，通过两类公司的探索，促进国有企业的改革发展。落实到国资国企改革实践，需要改组和组建以下两类公司：

一是改组、组建一批产业投资公司和控股公司。要在重要行业选择一批治理有效、管理规范、绩效显著的企业，授权其以服务国家战略、促进产业发展为目标，履行产业投资职责，促进产业整合，并借助资本市场开展投资培育、股权运作和资本整合，带动产业发展，引领资本投向，优化国有资本布局，体现国有资本的控制力和影响力。此外，在一般竞争领域选择一批核心竞争力强的优势企业，授权其开展资本运作，在"价值引领、多元发展"的原则下，在多个业务领域内进行国有资本布局，推进国有资本合理流动，提高国有资本配置效率，增强国有资本回报水平，在若干支柱产业和高新技术产业打造优强企业。

二是改组、组建若干股权投资公司和基金公司。这类公司主要通过开展 PE、VC 投资，作为市场化运作平台，持有和运营需要结构调整的国有股权，建立市场化的资本投资、持有和流转机制，开展股权运作、价值管理、整合退出等，优化国有资本布局结构，提高资本运营效率和增值能力。特别要按股东意志，在推动国企母公司上市、未上市国企母公司国有产权流转、加快退出运营效率低下的国有股权和企业、国有资本减持变现和再投资等方面，进一步发挥作用，提高国有资本的流动性，盘活资产，发挥好国有资本的带动作用。

因此，国有资本投资、运营公司是一种较为新型、具有明确目标功能的国有企业，与其他国有企业形成业务相互取长补短、互利共赢，并最终实现国有资本优化配置的作用。

（四）完善企业制度，发挥市场主体作用

深化国有企业改革，发展混合所有制经济，最终的目的还是要将政府管理职能归位于政府部门，让市场竞争归位于市场法人主体。只有充分发挥国有企业的市场主体作用，让其按照法律法规的约束参与市场，公平竞争、规范经营，才能提高企业的运营效率，增强企业活力，保证国有资产保值增值。

完善企业制度，首先要将非竞争领域的国企职责进行分离，在关系到国家安全、国计民生、自然资源等重要领域，可以采取授权特许经营等方式，而竞争性领域不应该设置障碍或者制造人为垄断经营现象。

完善企业制度，必须建立有效的公司治理结构，发挥企业作用。明确国企总部部门的职责，明确总部和下属公司的职责，建立完善的董事会、监事会、经营层等治理结构。

完善企业制度，还要完善国企用人制度，改变以往人员聘任由上级主管部门行政化任命，薪资制度按照事业单位制定的做法。建立市场化的人才激励制度，引进行业专业人才，逐渐形成职业经理人管理企业。同时要提高人才任免灵活程度，形成能上能下、能进能退的人才管理体制，将薪酬与绩效挂钩，进行股权激励。

四、政府投资基金推动国企改革

（一）基金运作模式

基金作为一种投资工具，具有多种形式和灵活性，从资金来源方面可以分为纯国有资本的政府基金、与社会资本合作的政府投资基金、纯社会资本组成的民营基金；从资金募集方式可以分为公募基金、私募基金；从组织形式上可以分为公司制基金、信托制基金、合伙制基金等；从投资标的可以分为证券投资基金、股权投资基金等。

股权投资基金的一般运作模式包括募、投、管、退四个环节。募，是指基金募集资金，基金的出资人可以是政府机构、国有企业、大型公司，也可以是高净值个人。出资来源的多样化，赋予基金各种可能性，在基金层面就可以实现国有资本和非国有资本的混合。投，是指基金对外进行投资，根据不同的基金类型可以进行股权投资、债权投资、证券投资等多种方式。股权投资作为重要方式，持有被投资企业股份，可以依法参加股东大会参与表决。管，基金对于投资企业的管理就是以管资本为主，不干涉企业正常经营。退，一般的基金因为有社会出资人，都有一定的存续期限，在投资实现盈利后会进行退出，但是完全由政府出资的基金也可以采用公司制的形式，长期持有股权。

2015 年根据深化财税体制改革的要求，政府应转变职能减少对资源的直接配置，各地政府投资基金进入发展的快车道。其一般运作模式为，政府用部分财政预算支出设立基金投资公司，单独或联合社会资本对企业进行股权投资。与社会资本联合进行投资可以充分发挥国有资本的引导性和杠杆性，提高对企业的支持力度，支持实体经济发展。但社会资本具有逐利性，在投入企业后一般会在若干年后通过各种渠道退出，因此这类混合基金具有一定的存续期限，不适合长期持有。政府单独出资设立的基金则可以投资于公共服务类非营利性质的项目，也可以充分发挥市场作用，以商业化原则对外进行投资，也适合作为国有资本长期持有。

（二）政府基金适合作为国有资产投资公司

根据国企改革的目标，国有资产监管由管企业向管资本转变，组建国有资产投资运营公司实现国有资产配置和管理，发展混合所有制完善现代企业治理。这些改革的关键点都是要找到一个政府和市场的转换接口，通过这个接口，将政府的行政管理转化为按照公司法履行的股东权利，将管人管事的行政任命转化为董监高的决议，将国有企业转化为自由竞争的市场主体。基金投资平台天然就具备这样的转化功能。

深化国有企业改革，首先要区分不同国有企业的类别，将国有企业承担的公共职能和公益性作用单独考虑。对于这类公益性国有企业，可以采取组建国有资本运营公司的形式，由国家授权经营，针对其战略定位和发展目标，分类监管，分类考核。

具有竞争性、商业性的国有企业，则可以按照《中共中央关于国有企业改革和发展若干重大问题的决定》要求改组为国有投资公司持股，按照市场化方式运作，实行政企分开，由国有投资公司行使股东权利。国有资产投资公司的战略目标就是作为国有资产的持股机构，通过改革将国有资本的投资和国家行政机关分离，建立国有资本的市场化运作基础。

政府基金平台就是作为对外进行股权投资的机构，根据不同的投资目的、投资期限等可以采取灵活多样的基金设计。例如，作为战略投资长期参股的企业可以采用公司制的基金公司进行投资，对于为了国有资产保值增值而采取的投资可以采用契约制基金形式，对于引导社会资本投资实体企业的国有资本可以采用合伙制基金。同时政府基金平台也可以自主决定是否募集社会资本，自主控制国有和非国有资产组成比例，方便调整公有制和非公有制经济的参与程度。对于非公有制主体可以参与的竞争性领域，可以在基金层面和企业层面进行混合所有制改革，增加非公司制参与监督管理的深度。

基金投资平台的组建方式、资金来源、投资方式、存续期限等都具有非常大的灵活性，为了改变政府对资源的直接配置而设立的政府投资基金，其本身就具有国有资产投资公司的特点。

（三）基金投资有利于实现管资本为主的监管方式

实现以管资本为主的国有资产监管核心在于国有资产监管机构职能的转变，准确把握出资人职责的定位，科学界定国有资产出资人监管的边界，将管理做到科学、有效、不越位、不缺位。将配合承担的公共管理职能归位于相关政府部门和单位，将依法应由企业自主经营决策的事项归位于企业，将延伸到子企业的管理事项原则上归位于一级企业。

基金投资平台作为专业化市场运营机构，对外进行股权投资的主要目的就是资产保值增值，主要监管资产的安全，对于参股企业采取派驻董事会成员或监事会成员或高级管理人员等方式进行，一般不参与企业运营管理。如果将其作为国有资产投资平台，将国有资产投资到政府投资基金中，由基金进行专业化对外投资，基金投资平台作为衔接政府和市场的转化接口，将国有资产以市场化方式进行投资，有利于实现管资产为主的监管方式。同时国有资产作为基金的出资人可以在基金公司的股东会或者投资决策委员会层面对投资战略、资金的使用等方面进行管理，保证国有资产投资符合国家战略。

基金投资平台同样有利于转变政府职能，划分政府权力边界和运作机制。

（四）基金投资有利于提高国有资产配置效率

优化国有资产配置既要提高资产收益水平，又要保证国有资产投资符合国家战略目标。国有资产投资运营主要服务于国家战略目标，更多投向关系国家安全、国民经济命脉的重要行业和关键领域，重点提供公共服务、发展重要前瞻性战略性产业、保护生态环境、支持科技进步、保障国家安全。

基金专业化投资充分认识和运用市场经济规律，通过市场经济体制机制，可以建立国有资产市场配置的制度框架和操作规范，把国有资产配置市场化、规范化、制度化、法律化。市场经济作为一种经济运行的基本制度，其本质是以市场机制（利益机制、供求机制、价格机制、竞争机制）来配置资源，实现效率提高和财富增进。

基金投资有利于优化国有资产配置，促进政府及其出资人代表和国有企业进一步明确职责，划清边界，确立企业主体的地位。一是促进政府职能转变，进一步减少或撤并那些直接干预微观经济活动的机构，坚定地推进要素市场化，国有资源、国有资产配置市场化。二是减少和规范政府行政审批事项，完善政府行政管理方式，推进投资体制改革，真正实行"谁投资、谁决策、谁受益、谁承担风险"，确立企业的投资主体地位。三是建立全面考核评价国有资产监管运营绩效的指标体系，在经济效益水平、提供社会稀缺产品功能、财税体制、自主创新、技术进步、资源节约、环境保护等方面，实施有助于国有资源优化配置的方针政策。四是"有限干预"，明确政府与市场之间的边界，明确国有股东、出资人代表、经营管理者之间的权利、责任和义务。政府在法律的框架下依照法定程序进行"有限干预"，常规使用法律手段，有时使用行政手段，更多的时候应该使用经济手段。

（五）基金投资有利于完善企业治理

完善国有企业现代企业制度，首先要推进国有企业公司制股份制改革，确立国有企业独立法人主体地位，使其能自主参与市场竞争。基金投资的主要方式是股权投资，其前提条件是被投企业要有清晰明确的股权结构，基金对企业的管理主要通过股东会、董事会等方式进行。

国有资产采用基金投资的方式管理，更有利于推进公司法人治理结构的完善，包括推进股东大会、董事会规范运作，充分发挥董事会的决策作用、监事会的监督作用、经营层的经营管理作用和党组织的政治核心作用。建立权责对等、有效制衡的决策机制，保证企业董事会、监事会均有外部独立代表，促进企业管理决策的科学化，防止"内部人"控制。

基金退出投资的主要方式是并购、上市等，通过积极引入基金等机构投资者进入，有利于国有企业集团公司实现股权多元化，推进国有企业改制上市。通过调整国有股权比例，形成股权结构多元化，股东管理规范，内部约束有效，运行高效灵活的经营机制，更有利于国有企业长远发展。

（六）基金投资有利于混合所有制发展

推进混合所有制改革首先要促进国有企业转换经营机制，推进国有企业股份制改革、加快上市进程、吸收社会资本，稳妥推进国有企业发展为混合所有制经济。非国有资本投资主体通过出资入股、收购股权、认购可转债、股权置换等多种方式参与国有企业改制重组或国有控股上市公司增资扩股，有利于国有企业股权多元化、规范化。非国有资本基金投资机构参与国有企业股权投资，有利于推进国有企业改制上市进程，有利于国有企业提高资本运营效率和资产配置灵活度，充分发挥国有资本的引导放大作用，将更多的社会资本吸引到实体经济投资中来。

推进混合所有制改革还要鼓励国有资本以多种方式入股非国有企业。国有资本通过设立政府独资基金的方式对外投资，发挥基金平台的股权投资运作能力，对高科技、节能环保、战略产业等领域发展潜力大成长性强的非国有企业进行股权投资，不仅有利于引导社会资本投资，优化社会资本的行业配置，支持高新领域企业成长，更有利于国有资本和非国有资本的股权融合、资源整合。

推进混合所有制改革还应该鼓励实行员工持股。实行员工持股不仅有利于建立激励约束长效机制，增强员工的归属感和使命感，更有利于企业监管。基金投资平台长期以来已经被很多企业作为员工持股平台，其具有众多方面的优势，例如便于员工流动而不用变更公司股权结构，只需要在基金层面进行份额转让；可以减少公司股东人数，利于公司管理效率提高。因此充分利用基金投资工具，有利于混合所有制企业员工持股改革。

五、结语

目前我国建立了国资委—大型国有企业集团两个层级的国企监管体系，在国有资产监督管理中发挥了重大作用，但在实际管理中也凸显了一些问题。为了更好地进行国有资产改革，实现以管资本为主的国资监管，建立国有资产投资运营公司，进行混合所有制改革，我们结合公司实践，探讨了利用基金投资平台，建立国有资产—基金平台—市场企业主体的国有资本运作路径，通过灵活多样的基金平台，可以实现国有资产多元化股权投资、对投资企业以管资本为主的监管机制、帮助企业建立完善的现代企业制度、推进混合所有制改革。充分发挥政府类基金投资平台的作用，可以在推动国企改革中发挥重要作用。

河南农开产业基金投资有限责任公司是河南省财政厅下属河南省农业综合开发公司的全资子公司，并作为其基金运作平台，承接了河南省财政性涉企资金基金化改革的重任。经过改革实践，使用基金平台对企业进行专业股权投资，不仅有利于发挥国有资本的引导作用和杠杆作用，还可以优化国有资产配置，实现国有资产保值增值。

参考文献
［1］谢次昌. 国有资产管理法［M］. 北京：法律出版社，1997.
［2］中共中央. 关于全面深化改革若干重大问题的决定［Z］. 2013.
［3］中共中央. 关于深化国有企业改革的指导意见［Z］. 2015.
［4］张毅. 以管资本为主加强国有资产监管［N］. 人民日报，2015-10-01.
［5］张喜武. 国新办新闻会讲话［Z］. 2015.

国有企业破产重组的实践和体会

申报单位：陕西延长石油材料有限责任公司
作者：雷鸣章

[摘要] 企业破产重组是市场经济条件下出现的一种行为。在市场经济的作用下，企业竞争日趋激烈，优胜劣汰是必然的结果。企业破产重组可以促进资源的优化配置，有利于企业资产结构调整，增强企业的市场竞争力，推动整个社会的产业升级和结构调整。在陕西精密集团破产重组的实践中，科学地采用了破产、生产并举的方式，突破了破产重组工作中的难点，收到了国家、社会及破产企业人员都受益的三赢效果，为国企破产重组走出了一条有效的、具有创新意义的道路和模式。本文通过对原陕西精密集团破产重组成功及重组后的陕西延长石油材料有限责任公司发展壮大的全过程的成功实践进行解析，以期为国有企业破产重组提供有益参考。

[关键词] 企业；破产；重组；实践；解析

一、引言

国有大中型企业脱困是国家实施国有企业改革攻坚战的重要步骤，而破产重组作为脱困的有效办法之一，也现实摆在部分企业和主管部门的面前。

企业破产重组是市场经济条件下出现的一种行为。在市场经济的作用下，企业竞争日趋激烈，优胜劣汰是必然的结果。企业破产重组可以促进资源的优化配置，有利于企业资产结构调整，增强企业的市场竞争力，推动整个社会的产业升级和结构调整。具体讲，通过破产重组，一是可以使企业能够继续经营下去。一些需破产重组的企业，还有较为优良的资产，尤其是固定资产、基础设施、厂房等，企业面临破产仅仅是因为资金链出现断裂，或没有适销对路的产品。二是使破产重组企业的股东、债权人利益最大化。当企业有重组的可能时，在利益平衡的基础上，可让各方当事人看到企业破产重整成功的希望：企业的债权人可以得到更高的清偿；企业股东的利益得以实现；企业员工不会下岗，生计就得到保障；国家的税负得以实现，实现多方共赢的局面。三是有利于维护社会的稳定。企业进行破产重组，可以防止企业倒闭，如果企业倒闭，公司员工纷纷下岗，得不到妥善安置，不仅会成为一个经济问题，甚至有可能变成一个社会问题，影响社会整体的稳定。因此，通过对资不抵债的企业进行破产重组，让其获得重生的机会。

破产重组一般有以下几种做法：先破产后兼并；先代管后兼并；先承包后兼并；先租后破再兼并。破产重组中的难点在于：企业产权理顺难；资产变现难；职工分流难。在原陕西精密集团的破产重组实践中，重组方科学地采用了破产、生产并举的方式，突破了破产重组工作中的难点，有效地扫清了陕精集团公司破产中的主要障碍，避免了将大量人员推向社会，有可能萌生一系列严重社会问题的弊端，收到了国家、社会及破产企业人员都受益的三赢效果，为国企破产重组走出了一条有效的、具有创新意义的国企破产重组道路和模式。

二、背景梳理

陕西精密集团公司隶属陕西省国资委，属中型冶金企业。主要产品有精密合金、耐热合金、不锈钢材质的钢管、带材、钢丝。产品主要用于军工、化工、机械、电子、交通、航天航空等行业。

由于多种原因，企业长期经营困难，亏损严重，负债累累，难以为继，到了 2003 年，有半数以上的职工待岗、下岗，职工生活严重困难，苦不堪言。2004 年 9 月 10 日，全国企业兼并破产和职工再就业工作领导小组颁布〔2004〕12 号《关于下达合肥纺织纤维总厂等 24 户企业破产项目的通知》文件，将陕精集团公司列入全国企业兼并破产项目名单，实施政策性破产。2005 年 1 月陕西省国资委下达陕国资改革发〔2005〕20 号文件，决定于 2005 年 1 月 1 日起由陕西延长石油（集团）有限责任公司托管陕精集团公司。2006 年 6 月 6 日省国资委下达陕国资改革发〔2006〕146 号文件，由陕西延长石油集团负责组织实施陕精集团公司破产重组工作。

2005 年伊始，延长石油集团遵照省委、省政府的部署安排，根据省国资委陕国资改革〔2005〕20 号文件的决定，进驻陕精集团公司，全面接管陕精集团公司的各项工作，实施托管任务。当时的背景是，该公司已被国务院批准并列入政策性破产计划。公司则因长期困难和各种矛盾的积累，不稳定因素随时可能爆发。长期的困难和挫折，使得公司相当部分的职工、家属对政策以及政府产生了严重的不信任感和抵触情绪，成为严重影响西安市乃至全省稳定大局的不稳定因素。延长石油集团就是在这种困难复杂的情况下，进驻了陕精集团公司。面对困难局面，延长集团以高度的政治责任感和使命意识成立托管领导小组，组成强有力的领导班子组织实施陕精集团公司各项工作；以满腔热忱和行动，感化和唤醒陕精集团公司职工、家属的希望；践行以人为本和科学发展观的理念，认真调研决策，精心制定正确可行的工作方针，付诸以行动；稳步推进托管工作并组织实施破产重组工作。

三、主要做法和成效

（一）主要做法

延长石油集团进驻后，按照省委、省政府维稳和重组的任务目标，依次稳步地开展了以下工作：

1. 拨付足额资金，保障陕精集团公司和人员基本需求

迅速核清了维持陕精集团公司基本运转中水、电、煤和项目需求以及办公经费、人员工资和医疗保险等主要费用的需求额度。同时延长石油集团郑重承诺：自托管之日起，除必须由破产来解决的历史欠账外，今后不会再发生新的欠账。从 2005 年 1 月起至 2007 年 11 月止，延长石油集团按月足额拨付资金，并根据陕精集团公司的实际情况，增加资金额度。近三年的时间共计向陕精集团公司拨付各项托管费用资金 7707.21 万元，有力地保障了陕精集团公司的运转和职工的基本生活需求。

2.及时整顿和调整陕精集团公司党政工领导班子，恢复和健全必要的规章制度，理顺企业的经营管理秩序，恢复企业正常的管理功能

托管期间，针对企业因长期停产，无力保证职工的基本生活，造成企业各类人员流失严重，各级组织涣散、领导无力，组织管理职能缺失，企业已经处于解体状态的现实，延长石油集团首先果断地对陕精集团公司党政工领导班子进行调整，对不在状态、组织纪律性不强、责任心使命感淡漠的干部及时调整，将符合条件的干部充实进入党政工领导班子，并放手新的领导班子开展全公司范围的"双整顿"工作。恢复健全了公司各级基层组织，收拢了公司全体在册人员，明确了各类人员的职责、义务以及管理程序。这些措施使得各级组织的职能有了明确的工作对象和考核目标，涣散状态中职工队伍有了领头人、主心骨。为企业的破产重组和其他工作打下了坚实的基础。

3.认真调研，科学决策，走出了一条全新、有效的、具有创新意义的国企破产重组道路

延长石油集团在托管陕精集团公司期间，详细地核清了陕精集团公司的资产、资金和债务、债权情况，走访各个类别的群体人员，召开座谈会，认真听取他们的真实想法和诉求。根据其他国企政策性破产的经验和教训，否决了"关门走人"的破产方式。延长石油集团正确科学地采用了破产、生产并举的方式，充分利用陕精集团公司人员、设施和场地的潜力，先修渠、后放水，做到水到渠成，瓜熟蒂落。延长石油集团在陕精集团公司破产工作启动之前，先行开工了石油井管生产线项目，并于2006年7月独资成立陕西延长石油材料有限责任公司。在相关的法律程序尚未明确启动之前，委托陕精集团公司经营管理此项目。该项目如同一座"蓄水池"，有效地调节蓄积人力资源，并将人力资源转换为巨大的生产力，为恢复壮大企业的"造血"功能发挥了显著的效能。在法院公告企业破产之日前，破产工作中最大的难点职工安置问题，已经基本解决。项目投产所产生的经济效益在政府免税政策的强力支持下，大幅度地提高了陕精集团公司职工的工资收入；全面对公司两个生活区的生活后勤基础设施，进行了根本性的升级改造；为帮助解决困难和特困职工家庭进行了较大面积和大力度的投入。这种情况在国企破产进程中，十分罕见。破产、生产并举的做法有效地扫清了陕精集团公司破产中的主要障碍；避免了将大量人员推向社会，有可能萌生一系列严重社会问题的弊端，收到了国家、社会及破产企业人员都受益的三赢效果，为国企破产重组走出了一条全新的路子和模式，省委、省政府及有关部门给予了高度肯定。

（二）延长石油集团负责组织实施的陕精集团公司破产清算工作情况

根据省国资委2006年6月下达的陕国资改革发〔2006〕146号文件的精神，延长石油集团负责组织实施陕精集团公司的破产清算工作。2007年11月由西安市中级人民法院指定，以延长石油集团主要领导干部为主体的陕精集团公司破产清算组成立，至此延长石油集团的工作进行了重要的转换。现原陕精集团公司的破产清算工作全部结束。依法进行了以下工作。

1.严格遵守国家有关政策规定；严格执行省财政核定的清欠项目和清欠额度；严格按照公开、公正、透明的清算工作程序；本着对国家、企业和职工高度负责的精神和原则，精心着手每一笔清算费用的兑付和支出工作

原陕精集团公司因各种原因交织陷入破产的结局，企业和职工的状况极度恶化。原陕精集团公司应缴而未缴、应发而未发的各类拖欠的费用数额巨大、时间长久，由此造成的问题已经严重影响职工家属的生计和社会稳定的诸多方面。因此破产清算，成为原陕精集团包括退休职工、家属在内的全体人员高度关注的工作。用好破产清算资金，兼顾三者利益，让绝大多数职工满意，成为完成

清算工作的验收标准。

破产清算组在"三严格一精心"的清算工作原则下，认真组织各专业工作部门针对每一项清算项目采取：事前严格进行政策界定，严格遵守政策法规核定的清算范畴和额度，严格认真进行项目调研和账目审查。把握时机，在条件成熟的时间，本着成熟一项清算一项，精心组织，渐进平稳地推进清算工作有序进行。在清算兑付前，清算组认真、细致地做好对清算项目以及人员、账目资料的审查核实工作。坚持在政策规定的底线和范围内处理和解决遇到的问题，对原企业自定政策规定之外的各类支出一律不予列入清算范畴；名不符实的人员坚决从清算对象中剔除；对所有涉及职工家属个人的清算项目，一律采用先行公示，无异议后再进行兑付。同时认真做好上访人员的思想教育和疏导工作，将问题化解在萌芽状态。因此在清欠工作中，有效地避免了相互攀比、滥提各类不合理要求现象的发生，使得陕精集团公司破产清算工作顺利进行，并取得了良好的效果。

2. 人员安置分流工作全部完成，清算任务全部结束

截至 2010 年底，人员安置分流工作全部完成，清算任务全部结束。

原陕精集团公司历史欠账时间长、数额大，清欠和补缴工作繁重，破产后还有需按政策规定必须交纳的费用。清算组完成了以下项目：补缴了原陕精集团公司欠缴的全部各类社会保险费用。清欠了原陕精集团公司对职工和有关人员应发而未发的所有欠账。缴纳了原陕精集团公司破产后，按政策规定应一次性缴纳的所有类别的社会保险费用。支付了原陕精集团公司破产后，按政策规定应向相关人员一次性发放的各类费用。截至 2010 年 8 月 31 日共计支付清算资金 1.74 亿元。

这些项目的完成，有效地缓解了原陕精集团公司职工及家庭的精神和经济压力，为提高和改善职工群众生活水平及生活质量发挥了积极的作用，同时也使得原陕精集团公司全体离退休人员彻底纳入社会保险体系，永久性享受社会保险体系的相关服务；重新就业和自谋职业的人员养老保险关系得到顺利的转移和续接，从而解除了后顾之忧。破产清算任务的全面结束，兑现了省委、省政府和延长集团维护原陕精集团公司职工家属合法权益的承诺；树立了党组织和上级部门在职工群众中的威信；为维护稳定大局奠定了扎实的基础。

3. 在省政府的关怀，在延长集团的有力支持下，解决了陕精劳司养老保险欠费问题

陕精劳司是原陕精集团公司代管的集体所有制企业，在册人员 478 名，其人员和产品与原陕精集团公司有着密切的联系。因为各种原因，企业停产多年已经无任何经营性收入，完全丧失了自我"造血"能力。1993~2008 年底累计欠缴职工养老保险金达 1073.56 万元，致使劳司大量达到法定退休年龄的人员无法进入社会统筹，其他人员无法续接养老保险关系。按照国务院关于国有企业政策性破产的规定，陕精劳司不属于陕精集团公司破产范畴。因此陕精劳司问题已经超出其自身范围，变为严重影响陕精集团公司破产和重组的难点问题。

按照陕西省政府和省国资委、延长集团的要求和指示精神，破产清算组和材料公司党政组织制定了着眼实际问题，以维护稳定大局为出发点；以政策为依据，把握解决劳司问题的关键点和切入点；在关注民生，维护政策权威的原则下，合理、合情、务实地解决陕精劳司问题的工作方针。

延长集团和材料公司向劳司拨付必要的资金，保证劳司人员的基本生活所需。同时清算组和材料公司党政组织在认真调研的基础上，从众多矛盾中筛选出主要矛盾，认为劳司问题的关键在于 478 名人员基本处于失业状态，而劳司本身已经不具备在原经营范围内重新生产的能力。由此产生的无力支付职工的工资以及各种缴费，导致应退休的人员、下岗人员和值守人员淤积在一起，不能按照正常的渠道解决各类别人员的落脚点，造成各种矛盾交织乱象丛生。因此只有合理分流安置劳司在册的 478 名职

工，"人"这个主要的问题解决了，其他问题就能迎刃而解。为此材料公司按照延长石油集团的统一部署，根据产品需求的实际情况，投资建立了年产40万套油套管螺纹保护器能力的生产分厂，安置了大多数劳司失业待岗职工上岗就业；着眼于长远考虑，不使劳司问题成为材料公司长期的包袱。

清算组始终坚持"将劳司欠缴的养老保险费用全额补缴，使劳司全体人员进入正常的退休和续保程序"作为解决劳司欠费问题的主导方针。同时认识到，在不突破国家关于国企政策性破产的规定下，要彻底解决劳司问题，必须取得政府的有力支持。自2008年第四季度始，清算组多方反复地沟通政府部门，取得了省政府和延长集团的有力支持，寻求了一条从根本途径上解决劳司职工养老保险社会统筹化方法。经过延长石油集团和清算组的不懈努力，省政府同意拿出一部分资金用于解决陕精劳司问题。在清算组务实的思想工作和疏导下，劳司职工的观念也发生转变并达成共识：采取"职工自愿、双方承担、妥善解决"的方式解决劳司养老保险欠费问题。在履行了西安市劳动和社会保障局的相关程序后，2009年9月陕精劳司补缴历年来形成的养老保险欠费。到龄人员进入社会养老统筹序列，其人员的养老保险关系步入正常程序。剩余的少量劳司人员按照丧失劳动能力的残疾人员以退职的方式进入社会统筹，择机安置一部分人员上岗就业，一部分人员自谋职业进入社会的三个途径进行分流安置。

（三）主要成效

完成原陕精集团公司破产重组和破产清算工作所产生的社会效益、经济效益日渐显现。

根据陕西省政府和省国资委的决定，延长石油集团托管陕精集团公司并负责组织实施陕精集团公司的破产重组工作。延长集团从政治高度出发，认真地组织实施了这项工作任务。本着生产、破产并举的原则，于2005年底利用陕精集团公司的部分场地、设施筹备组建了由延长集团独资设立的延长石油材料有限责任公司。随着2007年11月陕精集团公司宣告破产，2008年6月终结破产法律程序，原陕精集团公司破产重组的步伐日益加快加大。截至2009年11月底，在原陕精集团公司的土地上诞生的延长石油材料公司已经形成年产24万吨油套管生产能力，年产40万套油套管螺纹保护器生产能力，拥有员工1280人的石油装备制造企业，成功地由一个安置性工程转换成生产经营性企业，成为陕西省石油产业链中重要的一环。

延长石油材料公司的建立，为安置原陕精集团公司职工发挥了重大作用。重组后的企业纳入了陕西省石油产业链，为调整结构、做强做大陕西省的石油产业再添新丁。企业的新生夯实了社会稳定的基础，产生了巨大的社会效益和经济效益。如今在原陕精集团公司的土地上，厂区沉寂破落、杂草丛生、野兔飞禽栖息追逐等残破败落的景象已经成为历史。一幢幢翻修重建的厂房挺立厂区、一幢幢新建的厂房拔地而起。滚滚而来的原材料入厂、源源不断的产成品运出，车水马龙、产销两旺。破产前普遍存在的职工夫妻双双下岗、全家数人一起待业的现象已经不复存在；职工工资收入由破产前人均589元/月提高到2014年的4997元/月；破产前企业对个人欠账全部兑现；特困职工和特困家庭数量呈现快速下降态势；原陕精集团公司在职工福利方面的欠账，随着新企业实力和财力的增长正在快速改观，公共福利设施和企业面貌焕然一新。破产重组的成功实施，使原陕精集团公司摆脱了沉重的历史包袱，合法地解除了外围债务，保全了资产，走出了困境。截至2016年6月底，材料公司成立10年间，已累计生产石油专用管175.15万吨，专用复合材1766.83吨，各类高压井口装置2438台（套），累计实现销售收入93.09亿元，利润1.68亿元，上缴税费2.04亿元，产品质量得到了广大用户单位一致肯定和广泛赞誉。一个新生的企业和新生的人们，又在为实现社会主义强国拼搏、奋进！

四、分析与启示

通过分析陕西精密集团公司破产重组案例，总结其实践过程的经验教训，可得出多方面的启示。

（1）政府如果采用投入大量资金为陕精集团"兜底"，让企业"关门走人"的破产方式，不仅无法带给企业技术、管理及商业模式上根本的脱困之术，还可能使政府自身陷入困境。

企业破产工作中最大的难点是职工安置问题，也是陕精集团公司破产的主要障碍。根据其他国企政策性破产的经验和教训，企业"关门走人"会不可避免地将大量人员推向社会，有可能萌生一系列严重社会问题的弊端，影响社会的和谐稳定。

（2）正确科学地采用了破产、生产并举的方式，充分利用陕精集团公司人员、设施和场地的潜力，先修渠、后放水，解决了企业破产最大的难点——职工安置问题，扫清了陕精集团公司破产中的主要障碍，达到了国家、社会及破产企业人员皆受益的多赢效果，为国企破产重组走出了一条全新的路子和模式。

延长石油材料公司的成立，石油专用管项目的快速建成投产安置了职工，解决破产工作中最大的难点问题，避免了将大量人员推向社会。项目投产所产生的经济效益在政府免税政策的强力支持下，大幅度地提高了原陕精集团公司职工的工资收入；全面对公司生活区的生活后勤基础设施，进行了根本性的升级改造；为帮助解决困难和特困职工家庭进行了较大面积和大力度的投入，这种情况在国企破产进程中十分罕见。破产、生产并举的做法，国家、社会及破产企业人员三方共赢，为原陕精集团公司破产的顺利实施创造了良好条件。

（3）陕精集团公司代管的陕精劳司问题的解决也是实施企业破产重组工作中的又一创举。

陕精劳司不属于陕精集团公司破产范畴。陕精劳司虽是陕精集团公司代管的集体所有制企业，但其人员和产品与陕精集团公司有着密切的联系。因此陕精劳司问题已经超出其自身范围，也变为严重影响陕精集团公司破产和重组的难点问题。在不突破国家关于国企政策性破产的规定、维护政策权威的原则下，合理、合情、务实地解决陕精劳司问题，不仅惠及了劳司478名职工和他们的家庭，也体现了政府"以人为本、关注民生、构建和谐社会"的理念和关心弱势群体的真情实意，同时也为陕精集团公司破产工作创造了有利条件，维护了稳定大局。

陕西精密集团破产重组成功及重组后成立的陕西延长石油材料有限责任公司发展壮大的典型案例，为国有企业破产重组提供了一个参考样本，具有标志性意义和一定的参考价值。

发挥好大庆精神、铁人精神强大文化力的作用

申报单位：中国石油大庆钻探工程公司

作者：范立凯　范铭书

[摘要] 大庆精神、铁人精神是中华民族精神的重要组成部分。无论过去、现在，还是将来，都是激励人们奋进的动力。此文深入研究、探讨了大庆精神、铁人精神作为创建百年油田的强大文化力的根本原因和内在规律，提出了大庆精神、铁人精神在新时期如何创新发展、不断赋予新内涵的建设性意见以及方式方法。进一步丰富了大庆精神、铁人精神的基础理论研究成果，对新形势下的大庆油田实现原油持续稳产、创建百年油田具有重要的精神保障和文化支持，对于新时期弘扬和传承大庆精神、铁人精神具有积极的指导意义。

[关键词] 文化力；大庆精神；铁人精神

在纪念建党 95 周年前夕，习近平总书记等中央领导同志做出的大力弘扬以大庆精神、铁人精神为核心的"石油精神"的重要批示，让我们再次重温了精神的力量。传承、创新大庆精神、铁人精神，创建百年油田，是党中央、国务院对大庆油田的殷切期望，是保障国家能源战略安全的迫切需要。如今的大庆油田已经走过了 50 多年的辉煌历程，要成功攀越百年油田的新高峰，是大庆石油人所肩负的神圣使命。关于创建百年油田的丰富内涵，中央领导在考察大庆油田时讲得深刻透彻，百年油田建设必须要以优势技术、一流人才、先进文化为支撑，把大庆精神、铁人精神永远作为激励我们不畏艰难、勇往直前的宝贵精神财富，建设具有强劲竞争力的百年企业。建设先进企业文化，需要我们不断解放思想、创新思想，高扬百年油田旗帜，不断赋予大庆精神、铁人精神更加科学的发展内涵，使其更具时代气息和文化品位，通过充分发挥好这一强大文化力的作用，为企业持续发展培育独具特色的文化优势，以文化力提升百年油田建设的内动力、成长力和生命力。

一、文化力的内涵及其作用

文化力，顾名思义，是由文化产生的力量。由于文化是物质文明、精神文明和政治文明的总和，因此，"文化力"的内涵极其丰富，它既包括智力因素，也包括道德、价值观等种种精神力量，还包括社会文化网络以及传统文化的力量。具体到一个企业，"文化力"就是一种强大的内在驱动力。

在企业管理范畴，文化力具有特定的含义：企业文化力是指企业文化产生的作用力。其发力主体是企业，更确切地说是企业文化，受力点是企业管理的各要素，外在形式是企业的物质产品、外部形象及员工的精神表现。

企业是企业文化力存在的物质基础，企业文化力是企业生存发展的精神动力，二者之间相互依存、相互作用。

文化力在企业发展中发挥出的作用主要表现在以下方面：

竞争核心力。企业文化以其对企业生产各要素的最佳协调和根本控制力，以其难以模仿和不可复制的特点，决定了文化力是企业的竞争核心力。事实证明，在激烈的国际化竞争中，谁拥有强大的文化力，谁就拥有竞争优势。

团队凝聚力。当一个企业能够以核心价值观统一人的思想，以各项制度约束人的行为，以共同目标激发人的干劲，使员工在任何时候都能与企业同心同德，在任何困难面前与企业同舟共济，这种团队凝聚力就是企业文化力的具体表现。

创新突破力。在倡导创新、实践创新、推动创新的进程中，文化力化为了极具冲击性的创新突破力。

进步变革力。在知识经济和国际化经营的大背景下，在国际金融危机的冲击影响下，一个企业如果不积极适应变化，势必要被残酷的竞争淘汰。在建设优秀企业文化的过程中，将文化力转化为进步变革力。

效益创造力。创造效益是企业永恒不变的追求和生存的价值所在，这就决定了企业文化必然要服从和服务于这个使命，文化力最重要的角色之一是效益创造力。

发展潜在力。文化的优劣事关企业寿命的长短，文化力的大小决定着企业发展后劲的强弱，因此文化力也是企业的发展潜在力。海尔激活"休克鱼"的系列案例最能验证文化力这种发展潜在力的巨大作用。

二、充分认识大庆精神、铁人精神是强大的文化力

当前，企业文化已经被定位为企业的核心竞争力，不断挖掘和打造强大的文化力，成了企业管理的新追求。就大庆油田当前的新形势，更需要将管理创新与文化创新紧密结合，通过文化力的培育，缓冲可能由管理创新带来的不适应，进而更好更快地实现创建百年油田的宏伟目标。

"爱国、创业、求实、奉献"是中央对大庆精神、铁人精神的政治性概括，当我们用社会科学的方法对大庆精神、铁人精神进行理性思辨时，我们可以发现大庆精神、铁人精神在时代特征、历史作用、哲学结构、文化渊源、作用机制等层面都极具深意。深邃丰富的内涵是大庆精神、铁人精神具有强大的文化力的根本原因。

大庆精神、铁人精神是企业精神和整体风貌的有机整体。在新中国成立初期，"爱国、创业、求实、奉献"的大庆精神是社会主义建设时期的宝贵精神财富。在新的历史时期，大庆精神由八个字发展为一个系统化的充满时代特征的企业精神体系："爱国"以兴企为本，就是爱岗敬业，产业报国，持续发展，为增强综合国力做贡献；"创业"以创新为魂，就是艰苦奋斗，锐意进取，创业永恒，始终不渝地追求一流；"求实"以诚信为先，就是讲求科学，实事求是，以"三老四严"，不断提高管理水平和科技水平；"奉献"以共赢为根，就是职工奉献企业，企业回报社会，回报用户，回报职工。无论是在艰难困苦的石油会战时期，还是在企业面临严峻挑战的今天，大庆精神、铁人精神都集中体现了爱国主义、集体主义、社会主义相统一的理想信念，体现了企业上下锐意进取、追求卓越的价值取向，体现了职工队伍团结凝聚、同创大业的团队意识，体现了共产党人艰苦奋斗的本色意识，体现了大庆油田全面落实"三个代表"、科学发展观的精神风貌。

大庆精神、铁人精神源于民族精神，植根于祖国振兴的伟大实践，既融合渗透着大庆会战的深

厚底蕴，又集中体现了大庆的地域和历史文化特征。

大庆精神、铁人精神是对中华民族的认同意识和爱国情怀的延伸与拓展。民族精神在大庆油田的开发建设中赋予了大庆职工对祖国强烈的认同感和归属感，也赋予了他们强烈的民族自尊心和坚韧的品格。千百年来，爱国主义以一种深沉的忧患感和历史责任感纵贯于历史过程的始终，它是中华各族人民的共同心理积淀与思维定式，是大庆精神、铁人精神形成、生长、壮大的源泉。当新生的红色中国不但没有被封锁所扼杀，大庆油田反而更加呈现出勃勃生机时，西方世界承认，铁人这种民族精神、民族之魂是新中国崛起的中坚，是中华民族的脊梁。

大庆精神、铁人精神还是中华民族勤劳勇敢、自强不息品德的继承与弘扬。从波澜壮阔的一次创业到气势恢宏的二次创业，大庆油田职工所体现出的忠诚敬业，胸怀全局，勇于奉献，严细认真，高度负责等可贵品质，都深深刻上了自强不息、报效国家、节俭勤劳等中华民族传统美德的烙印。

大庆精神、铁人精神是延安精神的新发扬。以坚定正确的政治方向，解放思想、实事求是的思想路线，全心全意为人民服务的根本宗旨，自力更生、艰苦奋斗的创业精神为核心的延安精神是党的传家宝，是中华民族宝贵的精神财富。大庆精神、铁人精神与延安精神有着共同的理想目标、价值取向、理论基础和文化渊源，又具有着自己的特殊本质和独特风格。大庆精神、铁人精神同延安精神一样，是在极其困难又无外援的环境中形成的。大庆职工正是依靠忘我拼搏、艰苦奋斗的创业精神，从无到有、从有到大、从大到强，从胜利走向新的胜利，从而不断开创油田建设的新局面。

20世纪60年代初，新中国面临严峻的考验，国际敌对势力妄图用石油卡住我们的脖子。大庆油田，荒野一片，滴水成冰，职工们吃的是苞米面，住的是四壁漏风的马棚。但以铁人王进喜为代表的几万会战职工，经过三年半艰苦卓绝的夺油大战，一举改变了我国石油工业落后的面貌。之所以能够取得举世瞩目的成就，根源在于大庆精神、铁人精神所迸发的巨大文化力，这种文化力最终形成了大庆持续高产、稳产的生产力；石油大会战中，几万名职工团结一心，不讲条件、不计报酬，与各种各样的困难斗，体现出大庆精神、铁人精神巨大的凝聚力；为了打井，职工们硬是把设备人拉肩扛到井场，用脸盆端来几十吨水开了钻。为了多出油、快出油，他们日夜奋战在井场上，饿了啃几口冻窝头，困了躺在钻杆下睡一觉。仅1205钻井队在1971年完成的钻井进尺数远大于旧中国1907~1949年42年钻井进尺数的总和，显示出大庆精神、铁人精神强大的战斗力和竞争力；大庆人求实、创新和奉献精神，创造出了大庆油田的辉煌业绩，使大庆成为全国工业的一面旗帜，使大庆人成为中国工人阶级的形象代表，大庆精神、铁人精神展现出了强大的形象力；50多年来，大庆职工充分发扬大庆精神、铁人精神，保证了油田连续27年5000万吨高产稳产，已经累计生产原油20多亿吨，占全国原油总量的40%，上缴利税1.7万亿元，创出世界同类油田开发史奇迹。在创造巨大物质财富的同时，大庆精神也同延安精神、井冈山精神一样，成为国家宝贵的精神财富，成为全国人民的精神动力，这又是多么强大的延续力啊。

由此可见，大庆精神、铁人精神就是强大的文化力，正是因为有了它，才有了大庆油田开发建设50多年的辉煌。

三、在创建百年油田的实践中，深入应用并持续赋予大庆精神、铁人精神新的时代内涵

我们深入探究大庆精神、铁人精神的内涵，寻找其作用规律的根本目的是为了指导企业实践。企业发展情况日新月异，大庆精神、铁人精神也必须与时俱进，不断创新才能更好地指导实践，同

时，企业实践又将不断促进大庆精神、铁人精神的创新。因此，我们应当以辩证唯物主义认识为指导，处理好实践和创新的辩证关系，让大庆精神、铁人精神更好地服务创建百年油田、为祖国加油的大局。

1.充分发挥各种教育资源的作用，持续对广大干部员工进行大庆精神、铁人精神教育，为大庆精神、铁人精神创新营造良好的氛围

多年来，大庆在各级领导关怀下，积累了非常丰富的教育资源。比如建成了一批教育基地：铁人第一口井、松基三井、新铁人纪念馆、石油科技馆，等等。另外，还在1205、1202钻井队等10多个基层单位建立了会战传统教育基地及企业文化示范区，其中一些教育基地已经成为国家级爱国主义教育基地。同时，还利用电影、电视、话剧等形式记录大庆油田的发展变化和铁人的丰功伟绩。如电视纪实片《铁人王进喜》、话剧《铁人轶事》等，这些教育基地和文化成果是进一步深化大庆精神、铁人精神和大庆优良传统教育的好课堂、好教材。同时，马德仁、周占鳌等一大批老英雄、老会战，他们本身既是大庆优良传统的创造者、承载者，又是大庆精神、铁人精神的示范者和践行者，是我们进行大庆精神、铁人精神教育的"活教材"。这些都为我们进行大庆精神、铁人精神教育提供了丰富的教育资源。

同时建立宣传教育的长效机制，使大庆精神、铁人精神宣传教育经常化、持久化，营造良好的企业文化氛围，为推动大庆精神、铁人精神的创新打下坚实的制度基础。

2.通过大力实践，在创建百年油田中为大庆精神、铁人精神创新奠定坚实的实践基础

实践是产生、发展和创新大庆精神、铁人精神的沃土。与一次创业相比，二次创业情况更复杂，困难也更大，这对创新发展大庆精神、铁人精神是挑战，更是难得的历史机遇，必将丰富大庆精神、铁人精神的时代内涵，增强其精神感召力。我们找准大庆精神、铁人精神创新与创建百年油田伟大实践的契合点，使大庆精神、铁人精神在与实践的融合中发展，在发展中创新，为大庆精神、铁人精神创新提供实践平台，不断升华大庆精神、铁人精神的时代价值，丰富其时代内涵，提高其"含金量"，增强其指导作用。让一切有利于其创新的思想充分涌流，让一切致力于其创新的力量充分迸发。

先进典型是大庆精神、铁人精神的人格化体现，其自身的感召力、影响力、感染力对于培育共同价值观念、形成良好的群体意识起着巨大的促进作用。一次创业时期，王进喜等优秀典型发挥了极大的鼓舞作用。随着油田的不断开发建设，与油田共生的英雄人物如雨后春笋不断涌现，推动了大庆精神、铁人精神的创新发展。在当前的新形势下发挥典型的作用，推动大庆精神、铁人精神的创新发展，要着眼于一个"育"字，强调一个"用"字，突出一个"带"字。深入学习以铁人王进喜、"新时期铁人"王启民、"大庆新铁人"李新民为代表的英模事迹，培育选树可信、可敬、可学的身边典型，用典型示范推动"石油精神"的传承，凝聚新时期干事创业的精神力量。

3.汲取国内外先进企业文化精华，促进大庆精神、铁人精神创新

近些年，随着企业文化在国内外的兴起，国内外一些优秀企业特别注重自身企业文化建设，不断用新的理念丰富、发展自己的企业文化，已经积累了很多成功经验和有效做法，使自身的企业文化更加成熟，更加适应时代发展的需求，这些经验和做法在很多方面都是可以为我们所学习、借鉴、吸收和发挥的。比如海尔、丰田等国内外优秀企业，经过不断发展创新，已经形成了比较成熟的、独具特色的企业文化，均拥有自己的核心价值观及配套的理念体系，有很多值得学习和借鉴的经验和做法。没有比较就没有鉴别，也就不能找出与世界优秀企业文化之间的差距。因此，实现大庆精

神、铁人精神的创新发展，必须同这些先进的企业文化做比较。结合自身实际，认真归纳整理、仔细甄别，看哪些是我们没有的，哪些是我们需要改进提高的，从而找出差距、及时吸纳，去粗取精、去伪存真，把经过筛选的精华部分与我们的大庆精神、铁人精神相融合，进而裂变形成内涵更为丰富、时代感更强、更具活力和永久生命力的企业精神体系。

习近平总书记在全国"两会"期间做出了"大庆就是全国的标杆和旗帜，大庆精神激励着工业战线广大干部群众奋发有为"的重要讲话，对大庆精神、大庆油田给予高度肯定，对大庆油田的未来发展给予高度关注并寄予厚望。大庆精神、铁人精神这一强大的文化力，创造出了我国大庆油田一次创业的辉煌，也必将在波澜壮阔的创建百年油田的伟大实践中，实现以文化力提升竞争力，激励和鼓舞广大员工，站在新的历史起点上，紧紧围绕持续为祖国加油、为实现中华民族伟大复兴的中国梦而砥砺前行、再铸辉煌。

两翼齐飞，四轮驱动，坚定不移走"管理型企业发展之路"

申报单位：山西舜王建筑工程有限公司
作者：吴锁全 吴 坚

[摘要]本文阐述了地处偏僻山区，成立之初仅为企业内部建设服务、修修补补的三级建筑施工企业舜王公司，结合自身实际，通过加强管理，转型升级发展，逐步成长为有色行业极具施工特色、充满活力、焕发勃勃生机的二级建筑企业的管理历程。舜王公司领导班子提出了"两翼齐飞，四轮驱动，努力打造一支 80~100 人的（专业技术骨干）管理团队，走管理型发展之路"的企业发展理念——在有色矿山的大背景下，必须让"井巷工程、土建工程"成为企业发展的两翼，而"质量、工期、成本、安全"作为企业发展的四个车轮必须同时转起来，培养管理精英打造管理团队，走管理型建筑企业发展之路。

[关键词]企业管理；建筑企业；管理型

山西舜王建筑工程有限公司成立于 1965 年，隶属于中条山有色金属集团公司，是一家从事工业与民用建筑的施工企业。单位名称由修建队、矿建公司、建工处、修建公司、工程公司几经演变，2004 年 11 月 29 日，中条山集团公司依据国家政策性关闭破产政策成立山西中条山建筑有限公司，"工程公司"更名为山西中条山建筑有限公司工程分公司。2011 年 11 月 25 日，依据中条山集团公司企业改制的整体安排，单位名称确定为"山西舜王建筑工程有限公司"。

2004 年到 2014 年，这 11 年间，山西舜王公司实现了跨越式发展！

企业资质：由建筑总承包三级升为二级，并且完善了矿山、市政两个三级总承包，钢结构、机电设备安装、防水防腐保温三个二级专业承包资质。

企业注册资本金：由 2500 万元增加到 2 亿元。

企业年产值：2004 年 1850 万元，逐年稳步递增，2005 年突破 5000 万元，2009 年突破 7000 万元，2011 年突破亿元，2012 年完成 3.18 亿元，2013 年完成 2.5 亿元，2014 年完成 2.18 亿元。

企业完成利润：2004 年完成资产占用费 40 万元，2005 年完成利润 118 万元，逐年稳步递增，2009 年完成 558 万元，2010 年完成 698 万元，2011 年完成 1060 万元，2012 年完成 1203 万元，2013 年完成 1250 万元，2014 年完成 806 万元。

职工收入：2004 年 8589 元/人，逐年稳步递增，2014 年达 36000 元/人。

企业荣誉：获得"部优工程"8项；山西省国税局、地税局联合授予"山西省纳税信用A级单位"；"都江堰崇义中条山家园"援建工程被授予山西省援建四川灾区"示范工程"；山西省总工会授予"工人先锋号"；山西省政府授予"模范单位"；山西省"省属企业文明单位"；运城市"集体一等功"；运城市建设局"抗震救灾先进集体"；中条山集团公司"模范单位"、"红旗党委"等。

地处偏僻山区，成立之初仅为企业内部建设服务、修修补补的小作坊式的三级建筑企业，是依靠什么发展壮大、成功转型成为所在地市极具竞争实力、有色行业极具施工特色，充满活力、焕发着勃勃生机的二级建筑企业？

2004年，依据国家政策性关闭破产政策，彼时的山西舜王公司抓住这一机遇，企业关破重组，舜王公司领导班子提出了"两翼齐飞，四轮驱动，努力打造一支80~100人的（专业技术骨干）管理团队，走管理型发展之路"的企业发展理念——在有色矿山的大背景下，必须让"井巷工程、土建工程"成为企业发展的两翼，而"质量、工期、成本、安全"作为企业发展的四个车轮必须同时转起来，培养管理精英打造管理团队，走管理型建筑企业发展之路！

一、管出"部优工程"，提振士气，企业步入快车道

2004年，企业关破重组，机遇与挑战并存。怎样转换以往"修修补补的小作坊式生产模式"是摆在企业发展的头等大事！舜王公司以承建北方铜业50KT铜精炼技改工程为契机，在生产过程中对工程质量、工期、成本、安全工作全面推行目标管理，目标明确，责任到人，并且"以今天的质量就是明天的市场"在全体职工中强调树立品牌意识。

具体就是抓住了三个管理节点：

一是全体员工的质量意识。从工程开工之初就提出了创"优质工程"的目标，要求员工在每一道工序、每一项操作中都要严把质量关。如在吊装第一根排架柱时，轴线比设计要求偏差了2毫米。排架柱高15米，2毫米的偏差微乎其微，通过一些技术措施完全可以消除对以后安装过程所带来的影响。同时，固定排架柱的混凝土已浇灌完毕，要拔出来非常费劲，如果拔出后损坏了排架柱，一根成本就要上万元，当时企业重组之际，经营捉襟见肘，问题反映到了经理层，经理层为了树立起全体员工的质量意识，壮士断腕痛下决心，坚决要求拔出了排架柱，重新吊装。这件事教育了全体员工，使大家深刻认识到：创优质工程绝非易事，哪怕最细小的环节，也要尽到百分之百的努力。

二是技术关。5万吨电解工程对于当时的企业来讲技术难度特别大（跨度24米，后涨法予应力折线型屋架，三九天开工等均是首次），尤其是24米折线型屋架，每榀长24米，重12.1吨，横断面只有0.04平方米，就像一根"麻秆"，稍有不慎，吊装时就可能发生断裂事故。因此在招标之初，就多次组织技术人员对屋架的制作、吊装方案进行反复测算、论证，充分考虑了每一种可能发生的情况，并制订解决方案。在具体实施中，方案更是细致而科学。他们要求制作屋架的沙子必须是粗沙，并要经过清水淘洗，水泥则要用中条山集团公司水泥厂特制的普通硅酸盐水泥；在屋架吊装时，方案细致到从构件的翻身、加固到吊车吊装的每个吊点都进行复核、校验，从而充分保证了吊装过程的安全。

三是员工的技术培训。当时由于企业重组技术人员包括技术工人匮乏，而5万吨电解工程每一道工序都有严格的技术要求，为使员工真正理解这些技术要求，通过开办工地夜校组织员工现场培训，进行"技术交底"。如土方回填，在平常是一项很简单的工作。但5万吨电解工程不仅对回填土的厚度有明确要求，就连碾压的次数也有具体规定，必须达到一定次数后，才能铺第二层。在整

个工程中，通过工地夜校共组织砼工、架子工、钢筋工、木工等培训进行"技术交底"50余次。这虽然略显烦琐、复杂，但正是这种手把手的"技术交底"，才保证整个工程的质量标准落到了实处。

就是依靠这种细致入微的管理，2007年4月10日，在广西北海有色金属工业建设工程质量监督工作大会上，5万吨电解工程被评为"部优工程"，这是舜王公司的第一个"部优工程"，实现了零的突破，但是它更为深远的意义是让全体职工收获了自信心、让重组后的企业收获了各界的信任和职工昂扬的士气！让舜王公司从此步入了跨越发展的快车道。

二、管出"精英团队"，和衷共济，企业步入良性循环

企业发展，人才是关键；企业竞争，人才是关键；企业振兴，人才是关键。"努力打造一支80~100人的（专业技术骨干）管理团队"，十年来舜王公司始终如一的坚持。

走管理型建筑企业发展之路，需要的是懂技术、会管理的复合型人才。具体就是抓住了四个管理节点：

一是引进优秀大中专毕业生，为企业发展注入新鲜血液，对新分配大学生一入厂便签订《补充劳动合同》，明确提出"两年一证，三年两证"（即造价员证、二级建造师证）的学习要求，并与个人薪酬挂钩直至解除劳动合同。同时企业积极为大学生成才创造条件和营造氛围：创建职工书屋，购置专业书籍近两万册，并由工程师以上专业技术人员在书屋定期轮流值班，现场为大学生们答疑解惑；大学生必须参与单位所有承建工程的《施工组织设计》的编写和讨论优化施工组织方案的全过程，对工程中的技术难点、可能出现的问题进行反复讨论，让他们在实践中升华所学理论，在实践中学习提高；制定下发《舜王公司师傅带徒弟管理制度》，先后为34对师徒举行拜师礼，签订《师徒协议书》，明确师傅的职责，规定徒弟在1~3年内必须达到的技能目标，营造出了舜王公司全员"比学赶超"的良好学习氛围。

二是对现有技术人员、技术工人挖掘、培养，使之成为企业的可用之才。对现有技术人员率先实施"证件补贴"政策，同时在评先选优、职务晋升等方面给予倾向，用待遇、用感情、用事业留住技术人员并使其成为企业发展的中坚力量。工人则要求在"精一行、会两行、懂三行"上努力提高自身技能，树立和弘扬"我学技术我光荣，我懂技术我能干，我有技术不愁明天"的理念。

三是针对性组织公司高中级管理人员参加建筑行业高级培训，随时掌握建筑业发展动态，做到未雨绸缪。

四是牢牢抓住了职工培训这个阵地，利用各种培训手段对职工进行系统的理论培训和政治业务学习。值得一提的是开展"干部上讲台、培训到现场"活动，常年开设了专家讲技术、领导讲感受、"优秀管理者"讲管理、"明星员工"讲奉献、全员讲工程五个层次的课程。政治业务学习的核心就是爱国爱厂爱岗教育，要让全体职工树立对企业的忠诚，使其感恩企业给了他们每一个人学习技能、锻炼自己的舞台，展示才华、实现自身价值的平台！

拥有了这样一支上下同心、凝神聚力的"精英团队"，企业的良性循环已成必然。

三、管出"舜王精神"，干群同心，企业焕发勃勃生机

概莫能外，舜王公司的管理同样经历了人管人、制度管人、文化管人这三个发展阶段。十年的

发展，形成了舜王公司独有的企业精神与文化底蕴——"勇于承担，乐于奉献，迎难而上，敢为人先，始终同中条山集团公司保持高度一致！"

"舜王精神"的形成就是抓住了责任意识与执行力这两个管理节点。

首先是各级管理干部的责任意识，各级管理干部特别是党员干部，作为企业发展的中坚力量，企业严格要求其在日常工作中自觉地维护企业利益，自觉地同企业"同呼吸共命运"，在各自的工作岗位上，以身作则，努力工作，勇于为企业承担压力与责任，要在具体工作中表现出"舍我其谁"、"非我莫属"的豪迈胆气与冲天干劲，说到底就是敢于担当。

其次是全体职工的责任意识。企业的发展需要每一位员工尽其所能，都能将企业的每项工作当作自己的责任和使命去做好、去完成。对工作岗位心存敬畏，珍惜工作岗位，积极主动努力工作，在各自平凡的岗位上去实现自己的人生价值！

美国ABB公司董事长巴尼维克曾说过："一位经理人的成功，5％在战略，95％在执行。"制度是基础，执行是关键！第一，抓住两级领导班子的执行力，必须"握成一个拳头，用一种声音"去带领职工，凡是两级班子研究确定了的就必须严格执行，必须做到集体决策，领导干部率先执行。第二，在全体职工中建立一种"执行文化"。在一个企业中，仅有领导和中层管理人员具有执行力是远远不够的，还必须把执行力烙进职工的思想意识中去，"不折不扣的执行"就是履行职工岗位职责的第一条！第三，将职工的奖惩和执行力联系起来，破除情面，拉大奖惩差距，凭指标评价工作，凭业绩考核干部，鼓励职工积极进取，埋头苦干，从而提高全体职工的执行力。

"不讲任何条件地坚决做到保质保量保工期，全面完成集团公司各项建设任务，在困难与挑战面前，上下一心、鼓足干劲、坚定信心、迎难而上，切实发挥出集团公司建设生力军的作用，为集团公司的发展保驾护航、再立新功！"已然成为了全体舜王职工的行动准则。

管理是企业永恒的主题，企业管理永远在路上。坚定不移走管理型建筑企业发展之路，舜王公司从一个羸弱的小作坊式的三级企业，蹒跚走来，一步步成长为今天具有"舜王精神"的二级企业，并收获了荣誉与信任。今天，地处美丽舜乡的舜王公司针对企业发展的现状，又提出了"精细化管理"的目标，舜王职工将勠力同心，为下一个收获的十年再次扬帆。

舜王故里出舜王，建筑职工慨尔慷。

十年磨砺铸形象，扬帆击水再起航。

干群团结谋发展，精细管理敢担当。

攻坚克难再跨越，舜王明天更辉煌！

深化国企改革 聚焦产业结构调整

——河北省国有物流、金融产业发展的观察与思考

申报单位：河北省人民政府国有资产监督管理委员会

作者：王大玮 陈小璇

[摘要] 产业结构的相对单一制约河北经济发展多年，从供给侧结构性改革入手，加快产业结构调整是河北深化国企改革的重要内容。近年来，依托资源禀赋和产业需求，河北省物流、金融产业悄然起步，粗具规模。国有物流、金融产业更是发展在先，凸显经济效益优势。打造河北特色物流、金融产业集群，将成为河北产业转型升级、跨越式发展的重大突破口。

[关键词] 产业结构调整；区域特色；产业转型

河北省在改革开放以来，依托资源优势、几经调整优化，逐步形成了以钢铁、煤炭为绝对主体，化工、医药等板块为补充的国有经济布局结构，产业体系主要建立在资源型工业的基础上，结构单一。伴随市场需求的饱和和资源环境的双重压力，传统重工业为主的河北国有经济发展举步维艰，河北迫切需要从供给侧结构性改革入手，打好产业结构调整这一攻坚战，一方面着手"减少"过剩供给，化解过剩产能；另一方面更加致力于"增加"新供给，打造一批符合市场需求的区域性支撑行业，发展一批实力厚、活力强的新兴产业集团，培育经济新的增长极。

近年来，依托京津腹地的区位优势和工业大省的产业链延伸效应，河北物流、金融两大产业在市场旺盛需求的推动下萌芽、发展、聚集，逐步替代钢铁、煤炭行业，挑起全省经济增长的大梁。

一、河北物流、金融产业在需求中起步，在竞争中升级，已成为地方经济的重要带动力量

河北省物流产业规模持续壮大，发展逐步加快。2015年，河北省社会物流总额达8.4万亿元，同比增长6.7%；物流业增加值实现2613亿元，同比增长6.9%；物流行业需求旺盛、效益平稳增长，成为继钢铁、煤炭制造业后河北第三大支柱产业。产业升级步伐加快，物流园区建设加速。物流业专业化、社会化、市场化进程不断加快，大型工商企业加快物流业务剥离，传统物流企业加大功能整合与服务延伸；省级物流园区建设进度加快，迁安北方、安平等7个物流产业聚集区入选全国优秀物流园区。产业互动效应初显，电商交易突飞猛进。生产性大宗商品物流快速发展，生产企业物流配送项目加速，物流业与制造业联动效应初步显现，大型企业加快拓展物流板块；电商物流

飞速发展，电子商务交易总额达 1.08 亿元，同比增长 40%。产业支撑显著增强，设施体系不断健全。2015 年，河北省港口设计通过能力突破 10 亿吨，居全国第二位；高速公路通车总里程 6333 千米，跃居全国第二位；地方铁路货运量和周转量连年居全国第一，业已形成海陆空一体、多种运输方式有效衔接的物流设施体系。

河北省金融产业发展势头良好，产业带动力不断提升。2015 年，河北省金融业增加值 1554 亿元，增长 15.9%，占服务业增加值比重为 13.0%，提高 0.7 个百分点，对服务业增长的贡献率为 18.1%。为缔造以服务业为经济增长新引擎的河北经济贡献巨大力量。金融机构数量增多，服务体系日臻完善。2015 年，河北省共有证券公司 1 家，分公司 17 家（比年初增加 9 家），证券营业部 219 家（比年初增加 15 家），证券投资咨询公司 1 家，期货公司 1 家，期货营业部 36 家。初步建立起了涵盖银行、证券、保险和其他类金融机构的金融服务综合体系。上市规模小幅扩张，融资能力稳步提高。2015 年，河北省共有上市公司 53 家，占全国上市公司家数的 1.87%，居全国第 14 位。其中沪市 18 家，深市 35 家；主板 33 家，中小板 10 家，创业板 10 家。上市公司总市值 8038.34 亿元，占全国的 1.51%，居全国第 14 位。总股本 774.96 亿股，占全国的 1.51%，居全国第 12 位。全年累计融资 602.90 亿元，企业融资能力进一步提升。

二、河北国有物流、金融产业在调结构中诞生，在促转型中发展，成为地方国有经济的重要发展引擎

物流业务加速渗透国企经营各个领域，国有物流板块凸显规模效益。2015 年，河北省国资监管企业共有 29 家，其中 12 家企业开辟了物流业务，涵盖钢铁、煤炭、医药、化工、外贸、粮食、信息等多个经营领域，包括 4 家国有物流一级企业和 8 家国有物流二级企业。省属国企物流板块资产达 600 多亿元，实现营业收入 3500 多亿元，实现利润 16 多亿元。板块呈现出以下特点：物流产业在国有企业去产能、转型升级中发挥越来越大的作用。河北煤炭大鳄冀中能源集团整合业务资源成立的冀中能源国际物流公司，依托品牌优势和物流服务能力，打造出"贸易、服务、金融、制造"四大业务集群，创新发展了国际贸易、物流金融、电子交易、物流园区、商业保理、融资租赁等商业模式，实现了贸易、园区、金融三个板块的有机融合，将公司发展成为集大宗商品交易、园区服务、供应链金融于一体的大型现代化物流综合强企。2015 年，冀中能源国际物流公司物流产业实现利润 10 多亿元，一举弥补集团公司煤炭主业亏损。物流企业围绕主业积极创新经营模式，逐步向现代物流国企转变。河北港口、河北外贸等企业紧跟市场变化、围绕质量效益目标，调整产业发展模式，主动适应新常态对物流业的要求。河北物产集团开展上下游企业战略合作、发展项目配送、建设直销网点、以加工促贸易、开展套期保值等手段，改变了以批零为主的中间贸易经营业态，创造出从资源—加工供应—销售—配送—回收供应链服务与遍及全国的服务网点相结合的经营模式，形成工程配送模式、贸易加工模式、直销模式和套期保值模式。

国有金融投资产业日益强大，正在形成规模体系。2015 年，河北省属金融投资类 11 家企业，已成为省属企业一大重要业务板块。具体而言，包括 1 家证券公司、8 家投资公司、1 家资产管理公司、1 家金融租赁公司。另有多家企业集团开设金融投资类业务，涉及财务公司、担保、期货、商业保理、融资租赁、小额贷款、基金等多个领域。金融板块与实体经济相结合日渐紧密，服务作用日渐凸显。8 家投资公司充分发挥投融资平台作用，通过直接投资和发行设立基金等模式，在各自领域扶持对口企业项目建设，丰富了企业的融资渠道，一定程度上缓解了企业的资金压力。5 家

财务公司发挥资金管理平台作用，对成员企业资金状况实时监控，有效防范了财务风险、统筹运作集团资金，为企业节约了融资成本；积极发挥信贷、金融中介等服务功能，为企业发展融通资金。担保、期货、商业保理、融资租赁、小额贷等公司也在各个领域发挥重要作用，有效推动了实体经济的发展。

三、国家及河北省出台相关政策为河北物流、金融产业发展提供难得机遇

当前，中国经济进入新常态发展阶段，为实现经济的突破，打造新的经济增长点，党中央、国务院先后组织研究并制定出台了一系列激发经济活力的政策和措施，为河北物流、金融产业发展带来机遇。

《京津冀协同发展规划纲要》将河北物流产业发展纳入国家战略。2015年4月30日，中共中央政治局召开会议，审议通过了《京津冀协同发展规划纲要》，赋予河北"三区一基地"的定位。其中，将建设"全国现代商贸物流重要基地"作为定位之首，充分体现了对河北物流行业良好基础的认可和后续强劲发展空间寄予的厚望。河北可借京津冀产业布局调整之机，积极承接北京商贸、批发等非首都功能转移，加快大型商贸物流园区建设，打造一批商贸物流龙头企业，建立高效通畅、协调配套的商贸物流服务体系，把商贸物流产业作为转型升级的重要抓手做大做强，全面提升河北物流产业的现代化、国际化、高端化发展水平。

《环渤海地区合作发展纲要》为河北金融产业发展打开广阔空间。2015年10月12日，国家发改委印发《环渤海地区合作发展纲要》，深入阐述环渤海地区合作发展的整体思路。河北位于环渤海地区的中心位置，是我国北方地区东出西联的重要交通枢纽。以该纲要为契机，河北可借助区位优势，利用产业协同协作发展的大平台，深刻挖掘产业承接转移的多方面需求，大力发展金融产业。利用交流、合作的众多契机，不断开拓、丰富河北金融服务品种，吸收外省金融发展先进经验，提升金融综合服务水平，推动金融产业迅速、健康发展。

《河北省"十三五"规划纲要》为河北物流、金融产业发展提供有力支撑。2016年1月河北省发布的《河北省"十三五"规划纲要》中，将突出发展现代服务业作为河北产业转型升级的一项重要任务进行部署。强调要实施智慧物流、金融服务等重点行业发展行动计划，采取加快建设国家级大宗商品交易平台、打造大型现代商贸物流园区、拓展国际综合物流通道等实实在在的举措扶持行业发展，勾画出河北物流、金融产业发展蓝图，将带动全省物流、金融产业走上跨越式发展的道路。

四、以打造河北特色国有物流、金融产业集群为抓手，加快国有产业结构调整

（一）紧抓机遇，打造国有物流产业集群

紧抓京津冀协同发展机遇，围绕"三区一基地"的产业定位，积极打造国有物流产业集群。

（1）以交通设施完善为基础，全面提升国有物流流转配送效率。依托公路、铁路、港口、航空运转能力的不断提升，着力构建以各种运输方式有效衔接为基础、以信息共享为支撑、以先进设施和高效服务为保障的国有物流高效流转机制。鼓励国有物流企业之间加强合作，结合重点客户、业

务范畴，研发针对性强的国有物流管理系统，有效整合各个企业物流配送信息，打造物流配送共享、无缝对接机制，在保障无耽搁连续配送的基础上，增加企业间共享资源、合作配送的频率，有效减少"满载送、空载回"的资源浪费现象，全面提升国有物流流转配送效率。

（2）以素质晋升为核心，加速国有物流技术创新。积极打造大数据"云服务"平台，加速建设"互联网＋商贸物流"协同服务体系，推动供应链一体化服务，促进网上交易与网下配送共同发展。鼓励国有物流企业合并传统运输业务，积极拓展产品定制、个性化配送等新兴业务，采用货物跟踪定位、无线射频识别等先进技术手段，不断提升物流产业创新发展水平。

（3）以效率提升为导向，积极用好各类物流园区。鼓励国有物流企业在业务分析的基础上，本着提高企业效率的目标，积极用好各类物流园区，并参与部分特色园区建设。特别是结合钢铁、煤炭、石化、医药等大宗物流特点，科学划分流转节点，结合企业运营实际，选择关键节点自建、共建特色物流服务园区，完善园区各项配套，在服务企业自身的同时不断拓展产业链条，增强企业综合盈利能力。

（4）以集群发力为目标，加速培育国有物流领军企业。研究制定扶持物流产业发展的优惠政策，支持国有物流企业通过业务合并、优化治理、兼并重组、上市融资等方式做大做强。培育壮大冀中能源国际物流、开滦国际物流等一批国有重点物流企业，支持企业完善国内业务的同时走出国门，广泛参与国际竞争，全面增强河北物流产业集群的影响力和控制力，尽快实现河北物流产业支撑力的打造。

（二）务实发展，以服务实体经济为目标建立河北特色国有金融服务体系

依托现有金融投资各类企业，以服务实体经济为根本出发点，促进金融投资产业合理配置、健康发展，建立河北特色国有金融服务体系，打造多层次的金融服务平台。

（1）强化产融结合，打造符合河北实际的特色国有金融服务体系。针对河北重工业比重大，去产能、调结构任务艰巨的实际，建立综合运用证券、基金等社会融资工具帮扶企业筹资，财务公司、融资租赁、商业保理等渠道帮助企业用资，投资公司等机构辅助企业投资，资产管理公司盘活企业资产的筹、用、投综合金融服务体系。从满足企业实际需要出发，有效解决企业在资金获取、管理、使用等各个环节出现的瓶颈与难题，助推实体企业转型升级，在服务实体经济中不断提升河北金融综合实力，健全国有金融服务体系，营造金融、实体互促共生的局面。

（2）以服务实体经济为核心，推动投资公司平稳健康发展。充分发挥投资公司在资金、信息、管理等多方面的优势，通过投资引导，推动企业在项目上马、技术创新、效率提升、风险防范等多个领域上档晋级，加快发展。研究制定投资资金更加直接高效投放实体经济的措施，通过优化流程、简化手续、压缩时间等方法，使投资公司能够在市场规律作用下更加简单、透明、高效地为企业配置资金；针对企业规模和成长阶段的不同向企业提供差别化的投资方式，合理降低企业融资成本，并通过股权＋债权的方式，有效减轻企业短期资金压力、保存发展后劲；在遵循可持续发展的原则下积极扶植企业转型升级，并使受益企业转型升级带动投资公司自身平稳健康运行。

（3）高度重视财务公司资源，积极拓展高端金融业务。用好财务公司这项稀缺性金融资源，在保证风险可控的前提下，根据企业发展需要，积极开拓已获批牌照的各个业务品种。鼓励企业集团财务公司在开展资金结算、票据业务、同业拆借等基本业务的基础上积极开拓债券发行、股权投资等高端金融领域，在更高层次上发挥财务公司的金融服务功能，促进实体企业转型升级。

（4）着眼发展河北金融软实力，大力扶植企业上市。综合运用证券、投资公司等金融平台，在

全省范围内精心筛选、储备、培育优质企业作为上市苗子，建立上市苗子档案资料库，制定分批培育、推进上市的目标计划。根据经济时机和企业发展实际情况，强力推进苗子企业在主板、创业板、新三板等不同交易市场上市，稳步提升河北上市公司数量，不断提高河北证券化水平。

（5）多措并举，全面提升国有金融服务水平。针对企业日益增多的融资、结算、理财等多层次的金融需求，积极推动各个层级金融服务平台发展，全面提升国有金融服务水平。支持国有证券、担保、金融租赁、期货、商业保理、小额贷等金融平台建设，以国有资产管理公司作为化解债务、盘活资产的保障，从而为全省企业转型升级提供强有力的金融服务支撑，在国有体系内最大限度地解除企业转型发展资金之忧。

基于多层需求动机的央企领导体制改革探索

申报单位：北京矿产地质研究院

作者：田锦川　刘其先

[摘要] 以层次需求理论为工具，分析了某中央企业集团作为首批董事会授权改革试点企业初步探索的企业领导体制特征，重点研究了其以战略管理权、高管选聘权、业绩考核权、薪酬管理权、财务管理权和工资管理权六项授权为基础，对董事会、经理层、政治层和员工层四大群体活力个性化的人本激励探索，提出了中央企业集团领导体制机制改革的"五大关键点"，即完善中央企业外部董事制度、厘清董事长和总经理权责体系、党组织作用有效融入法人治理结构、建立分层分类的基于需求激励约束体系和充分发挥内部核心团队作用。

[关键词] 国企改革；领导体制；需求动机；激励机制

1994年正式实施的《公司法》对公司董事会的权利虽有明确规定，但在国企多重使命和定位的大背景下，相关职权并没有落实到位。2014年7月，某中央企业集团作为国企改革首批试点单位之一，被列为中央企业董事会授权试点，特别是2015年10月，首次由该集团董事会选聘的总经理正式上任，由此也在中国企业治理史中开央企董事会选聘总经理之先河。试点和选聘对国企董事会实质性授权放权虽是一小步，而且范围已仅限于该中央企业集团等4户试点中央企业，但对中国共产党领导大背景下的深化国企领导体制改革无疑有重大探索意义。

一、基本背景

（一）实践基础

某中央企业集团现为全球第一的球墨铸管制造商、全国第一的军需保障服务商、中国唯一的应急救援产业创新战略联盟牵头者，涵盖冶金铸造、轻工纺织、机械制造、商贸物流、地产物业等业务板块。由总后原生产部（军委总部二级部，正军级）及军需企事业单位于2000年整编重组而成，2001年由军委移交中央管理，其核心企业新兴铸管公司曾在1994年被列为全国百户建立现代企业制度企业集团之一。自2005年被国资委确定为董事会试点中央企业以来，该中央企业集团从建立规范董事会制度入手，逐步建立了以外董过半的董事会为核心，包括国务院外派的监事会、内部经理层的现代企业制度，初步探索出公司治理结构的"以产授权、有效制衡"与党组织体系的"以人为本、统筹平衡"两轮驱动、相互协同的企业领导体制。主要有以下四个特征。

1. 以集团董事会建设为核心，实现决策、执行、监督"三责共立"

在《公司章程》的基础上，制定了四大类20项基本治理制度、17项内控制度。在准确把握董事会、监事会、经理层三者的关系定位基础上，按照决策、执行、监督"三责共立"的原则，对董事会、经理层的职责权限，作出明确规定，保证规范运作。集团董事会司决策，并承担国资委授予的一部分相当于股东会具有的权力，在授权范围内主要行使制定、批准企业发展方向、发展战略和目标规划，制定、批准企业的投融资议案及重大项目等4项权力。经理层司执行，则行使正确理解和准确把握董事会决策，严格贯彻落实董事会相关决议，保证年度预算计划及中长期规划的实施等职权。对于国务院派驻集团监事会，则积极配合认真接受其监督检查，并为其正常开展提供毫无保留的保证，形成了权责明确、各负其责、协调运转、有效制衡、共促发展的领导格局。

2. 以外部董事作用发挥为关键，实现外董、内董、职董"三智共融"

立足于民主决策与科学决策的统一，坚持外部董事"经营上是老师、决策上是专家、沟通上是桥梁"的定位，通过完善董事制度、建立健全工作机构和议事规则，努力发挥好外部董事重要作用。依据外部董事个人职业背景的不同，协调其进入相应的董事会专门委员会，以体现其"决策专家"的价值；根据外部董事个人行业经验的不同，安排其分管相应板块业务战略和规划执行工作，以体现其"执行督导"的价值；协调外部董事考察、调研成员企业，或组织其参加所分管板块的活动，包括列席二级公司董事会或出席一些重点项目论证会，发挥"经营顾问"的作用。每年组织向外部董事专题通报15次左右，外部董事会成员参加各种调研、考察每年超过100人次，参加各种项目论证会超过80人次，每名外部董事的工作时间都超过60天。特别是实行外董一票缓决制，只要有一位决策意见不一致，一律暂缓上会表决；决策后及时汇报决策执行情况，根据外董意见，组织虚心整改。

3. 以党委会为平台，实现董事会、党委会、经理层"三马共驾"

在外部董事占多数的央企领导体制下，由于党委常委与内部董事和经理层"双向进入、交叉任职"，董事长、党委书记一肩挑，总经理兼党委副书记，集团领导班子实际上是以党委常委会为主体。总结提炼出"沟通是基础，信任是关键，支持是保证"的团结共事原则，主要领导及时互动。对于维稳等重大政治问题，明确各级董事长、总经理与党委书记一样，都是"第一责任人"，一旦发生问题，一同追究责任。在治理层面，凡属企业重大问题，首先由党委（常委）会研究，并在董事会或总经理办公会召开前，形成一个供董事会或总经理办公会决策的参考意见，将"党组织参与重大问题决策"原则纳入集团经营决策程序，不仅使党组织的主张在决策过程中得到应有的重视和体现，而且更加有利于党组织的决策意图融入最终的经营决策之中。在管理层面，集团党委根据经营管理热点、难点、重点，及时提出工作要求，动员各级党工团组织和党团员带头执行，积极配合经营工作，确保董事会决议高效执行，经理层的具体部署迅速落实。实现了三大体系同心协力，良好互动。

4. 以层级分权为基础，实现集团—板块—企业法人治理体系"三级共建"

该集团确立"战略管控＋财务管控"的三级管控模式：集团总部定位于战略中心，二级公司定位于经营管理中心，三级企业定位于利润成本中心，制定明确的三个层级的分权手册，对39类权力的权限使用进行了详细、明确规定，基本实现了"集权有道、分权有序、授权有章、用权有度"。

（二）政策依据

该央企集团落实央企董事会授权试点的政策依据主要有三个：①《中共中央 国务院关于深化

国有企业改革的指导意见》（中发〔2015〕22号）；②《关于在深化国有企业改革中坚持党的领导加强党的建设的若干意见》（中办发〔2015〕44号）；③中组部、国资委党委《关于董事会试点中央企业董事会选聘高级管理人员工作的指导意见》。同时据此对深化国有企业改革中坚持党的领导加强党的建设作出了体制机制设计和内容程序规定，特别是党管干部、党管人才原则与法人治理结构的对接融合要求，都体现出对中央企业领导班子激励约束相结合的原则和理念。

（三）理论依据

从该中央企业集团在国资委等相关部委指导下进行的董事会授权改革顶层设计和具体运作看，笔者认为，其背后折射出需求层次理论。

1954年作为人本心理学中流砥柱的马斯洛出版了影响深远的巨著《动机与人格》（*Motivation and Personality*），首次提出需求五层次，1969年又发表一篇重要文章《Z理论》（*Theory Z*），增加了第六个需求层次，从而完善为三个理论六大层次需求——即X理论的生理需求、安全需求；Y理论的社会需求、尊重需求；Z理论的自我实现需求、自我超越需求，构成了三理论六层次需求体系，如图1所示。

图1 三理论六层次需求

现代心理学则将其进一步整合为四个层次需求：生理需求、情绪需求、理性需求和超越需求，对应着四种动力：本能的动力、情感的动力、心智的动力和心灵的动力。

该中央企业集团董事会授权改革试点，经过上下几轮互动，共获得战略管理权、高管选聘权、业绩考核权、薪酬管理权、财务管理权和工资管理权6项授权，而这恰恰主要从需求理论的"高峰体验"、"自我实现"、"安全生理"和"社会尊重"不同需求出发，分别激发了产业掌舵人（董事会）、职业经理人（经理层）、企业"合伙人"（以技术、管理、市场骨干为代表的全体员工）和事业继承人（以党组织为核心的政治体系）四大群体活力，体现出个性化的人本激励特征。

二、主要探索

该中央企业集团在正式试点启动前做了充分准备，以不同层次群体人本化需求动机满足为着眼点、以改革发展稳定为聚焦点，以落实六项授权（战略管理权、高管选聘权、考核管理权、薪酬管理权、财富管理权、工资管理权）为切入点，构建并有序启动了四大作用机制。

（一）担当产业掌控人使命——董事会

该中央企业集团董事会团队由 9 名董事和 1 名董秘构成，着眼"高峰体验"动机和心灵动力，落实一项战略管理授权，构建"财力"资本的作用机制，旨在做活战略，确保国有资本和资产保值增值。该中央企业集团董事会与列入建立规范董事会的其他央企一样，实行外部董事占多数的配置：现有董事 9 人，外部董事过半达到 5 人，另有内部董事 3 人、职工董事 1 人。外部董事中，1 人为中央企业专职外部董事，4 人为已经退休的中央企业原负责人。这些董事会成员，外部董事占多数，他们大多为功成名就的商界领袖、政界精英，具有较高的社会声誉，目前已经退休离开原工作岗位，担任外部董事意味着步入新的事业境界——他们非常看重自己的声誉和身价，一辈子干得不错，有社会价值和地位，一旦干不好，人生就难以画上完美句号，体现出其追求动机绝不仅限于物质层面，而是达到或接近人生需求金字塔的顶层，具有超越需求，如佛学中"空"、道家中"无我"境界，所谓"高峰体验"。他们退休后有精力、有能力，对他们而言，重在激发其心灵动力，使他们对企业的产业布局能够具备掌控权。而战略管理授权，特别是由此派生的对"财力"资本（即通常意义上的实物资本）的投资经营权，就可以有效激发其人生需求，使他们在"高峰体验"中做出最为精准的战略布局。

对该中央企业集团董事会布局中长期战略发展的授权，实际上使其成为"受限的国家投资运营公司"或"半国有资本投资公司"，主要体现在以下权能：

1. 布局审定

根据集团"1357831"总体战略，结合研究决定集团五年发展规划，谋划审定"双十布局"——营业收入 500 亿元的区域性公司或产业集群和营业收入 100 亿元的专业化公司各 10 个。到"十三五"末，从中培育打造 2 家全球布局、跨国经营、具有国际竞争力的产业集群，将"新兴"、"际华"两个品牌打造成国际知名品牌，5 家全国布局、海外发展、整体实力国内领先的专业化产业集群公司，一批技术领先、品牌知名、引领产业升级的"专、精、特、新"企业。到 2020 年，集团规划形成 3600 亿元以上的营业收入、100 亿元以上的利润，"做大站稳《财富》世界 500 强，做优跻身央企效益 T30 优，做强冲刺世界品牌 500 强"，成为主业突出的世界一流资本投资公司。

2. 主业拟定

根据调结构、促转型方针，以增强可持续发展能力和核心竞争力、获得新的经济增长点为目标，服从中央企业布局结构调整的整体安排和需要，着力于推动主业的优化升级，有效配置优质资源，在原有冶金铸造、轻工纺织、机械制造三大主导产业基础上，拟定两个新业务领域（新产业方向）向国资委备案（成熟后可申报国资委确认为主业，集团董事会又可再选择另外新产业方向）。这实际上也是该中央企业集团作为"半国有资本投资公司"的主要体现。通过上述运作，推动集团从传统产业向战略性新兴产业转变，从传统制造业（生产型制造业）向现代制造服务业（生产服务型制造业）转变，向现代服务业转变、向现代物流业转变，初步形成金属产品产业、纺织服装产业、应急救援产业、现代服务产业以及资产金融产业五大主业。

3. 投资管理

首先是完善投资管理体系。集团总部定位于"战略＋投资＋风险"管控，职能定位于"投资中心"；二级板块公司定位于"运营管理＋战略推进"，即"管控中心"，重点是推动产业板块的专业化管理、集约化经营；三级企业定位于"成本、费用和利润经营落实"，即"生产经营中心"，重点是抓好生产经营以及传统产业的转型升级。在此基础上按照《投资指导书》，集团负责直接督察管理影响全局、关乎产业结构调整和战略目标落地的重大投资（投资额在 5 亿元以上，占全部投资项目数的 10% 左右）；二级公司负责调度、督察、管理对本板块有重大影响的投资（投资额在 2000 万元到 5 亿元，占投资项目数的 60% 左右）；三级企业负责具体投资项目的执行，负责项目的策划、组织以及项目的质量、进度、合同、成本控制、安全环保、预决算等方面的管理。

其次是落实重大投资督察机制。按照《集团公司重大投资督察管理办法》以及相应的实施方案，落实对重点投资的督察管理。督察时间为每季度一轮。开展方式上更加贴近基层，更关注投资实施的风险防范、进度落实和具体问题的解决。参加人员上更加全面，既有各个部室的不同专业的机关人员，又有该方面的行业专家。

最后是完善投资后评价机制。建立更完善的后评价工作机制和工作流程，对已完成投资的效果效益进行全方位的细致评价。通过定位调整和职能强化，在保证国有资产保值增值的前提下，进一步抓大放小，充分发挥成员企业改革发展主体的积极性、创造性，推动其深层次改革创新，进而发挥集团作为"半国有资本投资公司"的功能职能。

4. 网络管控

应用信息化技术手段，满足组织机构扁平化要求，推动集团新型工业化与信息化的融合。在未来五年期间，按照"夯实基础、深化应用、管理创新"三大步骤有序开展，通过全面预算管理、投资项目管理信息系统建设，逐步构建集团管控一体化平台；通过综合服务一体化平台强化集团对所属企业的综合管控水平，形成一个"上下协同、信息共享、动态监管"的管理网络，到 2015 年实现"一日报表"目标，打造国际先进的集团公司云服务中心，初步建成管控集中、决策智能、产业链协同、服务敏捷的"智慧新兴际华"。创新网络化组织结构，三级企业行政职能逐渐弱化，集团作为战略投资平台直接管控战略布局运营，通过产权纽带进行管控，引领产业布局优化、结构调整，更好地集约化管理、专业化经营，更好地适应相关多元化的产业链延伸，减少内部管理成本，实现企业充分授权式的管理，实现全球范围内供应链与销售环节的整合。特别是依托印度、加拿大、澳大利亚、中东、北美、赞比亚等全球多地区的资源基地和遍布全球的贸易网络，逐步建立起资源支撑、市场导向型的国际化的全产业链发展模式。从单一产品国际化扩展到品牌、资本、人才、技术的国际化以及企业的国际化，从单一企业的国际化扩展到整个板块、整个集团的国际化。

5. 产权混合

紧紧围绕集团战略布局项目，通过并购、合资、合作、上市、股票定向增发等途径大力发展混合所有制经济，拓展发展平台，缩短发展周期，减少从头开始。积极引进国内外技术、资本、品牌、人才等优质资源和优势企业。拓宽非国有资本参与集团企业改革重组的渠道，加强与非国有资本的交叉持股、相互融合力度，进一步提升混合所有制经济在公司的比重和层面，促进企业体制、机制、管理等深层次的创新和改革。指导有条件的企业做好上市或分拆上市，对于新兴铸管股份和际华集团股份，充分利用其上市公司平台，进一步做好股权融资工作，并择机通过分拆上市、股本减持等方式加大引进混合所有制力度；积极推动新兴发展、新兴重工等存续企业优质资产上市。积极吸引和募集社会资本，进一步拓展股权投资规模和投资方式，利用第三方发现、培育和扶持战略合作对象，发展利用整合国内外更多的业务资源和金融资源，把竞争对手和潜在对手变成合作伙伴。

（二）培育职业经理人体系——经理层

党的十八届三中全会《决定》和中共中央、国务院关于深化国有企业改革的指导意见都提出建立职业经理人制度，更好发挥企业家作用。这为深化国有企业改革提出了更高的要求。国有企业职业经理人有时特指集团级总经理，对于中央企业集团而言，人们更愿意泛指包括各级公司以及较大资金规模或较多人员部门的经营管理者团队。该中央企业集团针对由 5 名成员组成的集团经理层，着眼"自我实现"动机和心智动力，着力于培育职业经理人体系，落实 3 项高管管理授权，构建"人力"资本的作用机制。

简单说，该中央企业集团积极探索建立以 1 个聘书（《高级管理人员聘书》）、2 个办法（《高级管理人员业绩考核办法》和《高级管理人员薪酬管理办法》）、1 个责任书（《经营业绩考核责任书》）为主干的职业经理人管理体系来落实 3 项高管管理权授权，形成职业经理人"能进能出、能上能下、能增能减"的市场化机制，激发经营层的"自我实现"动力，并将这个体系推广到对二三级企业领导班子及集团总部和业务板块本部部门负责人，也就是 2014 年 12 月《中组部关于组织部关于做好 2015 年领导干部报告个人有关事项工作的通知》中"关于国有企业领导人员报告范围"所明确"应包括二级企业中层和三级企业（或分支机构）领导班子成员"。所谓领导班子，参照《中央企业领导班子和领导人员综合考核评价办法（试行）》中关于"中央企业领导班子指由中央或者中共国务院国有资产监督管理委员会（以下简称国务院国资委党委）管理的中央企业领导人员组成的团队"来界定，包括在所在企业内部取薪的董事长、副董事长、董事（不含外部董事、职工董事），总经理、副总经理、总会计师；企业党委（党工委）书记、副书记、党委常委，纪委书记（纪工委书记）、工会主席、董事会秘书，事实上就是我们通常所说的企业"内部人"。

1. 对高级管理人员选聘，以一个聘书构建契约关系

全面实行身份社会化和职责契约化管理，依法签订《高级管理人员聘书》，责权利对等统一，严格任期管理、目标考核和审计评价，逐步健全完善了与业绩考核机制挂钩的市场化退出机制，职业经理人职务解聘后就只能到市场上找岗，真正实现"能进能出"。

《高级管理人员聘书》是"龙头"、"纲领"，坚持责权利对等，核心是任期制的契约化管理，明确任期、责任、权利义务、奖惩及退出机制，严格任期管理、目标考核和审计评价，对高级管理人员进行年度考评与任期考评，逐步健全完善与业绩考核机制挂钩的市场化退出机制。坚持党管干部原则，党委书记任提名委员会召集人，企业党委要在选聘工作中发挥确定标准、规范程序、参与考察、推荐人选等作用，加强对选人用人工作的监督，既保证董事会依法选择经营管理者、经营管理者依法行使用人权，又积极探索党组织优势与公司治理结构有机融合的有效途径和方式。

具体体现在以下方面：

稳步做好集团总部高管人员选聘实施。2015 年 9 月，依据《中共中央　国务院关于深化国有企业改革的指导意见》（中发〔2015〕22 号）和《关于在深化国有企业改革中坚持党的领导　加强党的建设的若干意见》（中办发〔2015〕44 号）文件精神，在国资委党委领导下，该中央企业集团总经理人选按照"5+2——4——2——1"的程序，即先由国务院国资委党委提名推荐 5 名人选（中国兵器、中国船舶、鞍钢集团、中煤科工、中国交建 5 户央企副总），该中央企业集团党委提名推荐 2 名人选（集团 1 名副总和 1 名党委常委）统一上报国资委党委会研究，先期进行由该中央企业集团董事会成员（外部董事为主）、其他央企主要负责人、国资委企干二局主要负责人组成的选拔委员会的初选，遴选 4 人进行面谈，而后确定 2 名差额人选公示，最后提交董事会选聘，2015 年

10月15日已经正式聘任杨彬为总经理（原集团副总）。此后，将继续根据中组部、国资委党委《关于董事会试点中央企业董事会选聘高级管理人员工作的指导意见》关于中央企业董事会选聘高级管理人员有关文件和指导意见的要求，逐步对副总经理、总会计师、董事会秘书等高级管理人员由董事会选聘，实施聘任制和契约化管理。副总经理等人的聘任，将由新聘任的集团总经理（听取各方意见）提名，集团党委书记兼任主席的集团董事会提名委员会与董事长、集团党委"充分酝酿"提出拟任人选，再由集团董事长与国资委企业领导人员管理局"沟通"确定考察人选，经国资委党委任前备案后，最终由董事会履行聘任手续，集团领导班子其他副职参照执行。

稳步推进成员企业高管人员选聘下放。下放管理权限，集团只负责二级公司（业务板块）董事、监事的选聘，集团党委只负责二级公司党委、纪委、工会等领导以及总部中层管理人员选聘。二级公司总经理和副总经理人选授权由各二级公司董事会决定，提前报集团备案；三级企业主要负责人选任后备案。提名、考察等选聘基本程序和工作流程参照集团层面运作，并在二级业务板块新兴发展集团先期试点。

稳步实施中层管理人员选聘社会化运作。对集团总部和业务板块本部机关部门负责人等中层管理人员，以及紧缺的关键领域、关键专业、关键岗位人才，采用社会化招聘。在集团总部，63名管理人员中有54名来自企业系统外，外招比例超过87%；14名中层管理人员中有12名来自集团外部，外招比例达到85%，其中既有不同所有制企业的人员，也有政府官员，实现"五湖四海选贤任能"，提升了能力和实力。对内实施"内部市场化"的"站起来，再坐下"，员工总量占该中央企业70%的最大业务板块——际华集团部门负责人内部市场化选拔，"洗牌率"超过60.3%，落聘率达到13.6%，从而激发了动力和活力。

2. 对高级管理人员履责，以一套量表建立工作责任指南

《经营业绩考核责任书》是"血肉"、"落地"，实行刚性兑现。董事会与经理层每年签订经营业绩考核责任书，优化考核指标，突出发展瓶颈、经营短板，紧密结合中长期发展、企业改革、创新驱动。深化"三个挂钩"（考核指标与经营短板、社会责任、发展成果与职工共享挂钩，考核结果与薪酬分配挂钩、与聘任解聘挂钩），对连续两年未完成经营业绩考核要求的高级管理人员予以调整。

根据集团公司实际情况和高级管理人员分工负责内容，实行个性化考核，每年修订高级管理人员个人业绩考核责任书，并由集团主要负责人与高级管理人员签订。对于肩负分管二级公司职责的集团高级管理人员，业绩责任同时挂钩集团公司和二级公司业绩指标，各占50%；对于不分管二级公司职责的集团高级管理人员，在挂钩集团公司经营指标的基础上重点关注分管负责内容完成情况，前者占30%。

3. 对高级管理人员激励，以两个办法构建考评体系

《高级管理人员业绩考核办法》和《高级管理人员薪酬管理办法》是"骨架"、"支撑"，推行激励与约束相统一，薪酬与风险、责任相一致的业绩考核与薪酬管理机制。以董事会、党委为主，国资委有关厅局参与，健全完善以战略引导、经营指标为核心的业绩考核体系。建立与高级管理人员选任方式相匹配、分类管理相适应的差异化薪酬分配体系，实施高管薪酬分类并行管理。对于国资委管理的高级管理人员，按照中央和国资委有关要求执行；对于由董事会选聘，实行聘期制和契约化管理的高级管理人员，由董事会按照国家关于中央企业负责人薪酬宏观政策和国资委年度薪酬调控目标，结合在同行业的竞争地位、经营状况以及同行业企业市场化薪酬水平等因素，特别是根据

其业绩确定。董事会选聘并实行聘期制和契约化的高级管理人员的薪酬可以适度高于其他高级管理人员平均薪酬水平，包括集团主要负责人的薪酬水平。其中，集团主要负责人的薪酬体系和业务支出完全按照《中央管理企业负责人薪酬制度改革方案》和《合理确定并严格规范中央企业负责人履职待遇、业务支出的意见》执行，而经理层等副职人员，薪酬不超过集团主要负责人的 130%，同时兼任成员企业主要负责人职务的，薪酬考核权重各占 50%，集团副职职责部分考核薪酬不超过集团主要负责人的 65%，成员企业主要负责人部分薪酬按照实际考核（市场化）结果的 50% 发薪。董事会还可根据经营业绩的表现，对业绩特别贡献者可决定给予专项奖励。

集团成员企业董事、监事、党组织负责人薪酬，由董事会薪酬委员会综合董事监事、党组织负责人考核评价、企业经营业绩考核评价结果及高级管理人员薪酬水平等情况提出建议，报集团批准后执行。

现阶段聘期制和契约化管理的高级管理人员的总薪酬，由董事会参照同行业、同规模、同职位、同业绩的职业经理人薪酬市场水平，合理确定限高幅度，逐步过渡到市场化薪酬。对于成员企业负责人薪酬考核，分为年期和任期两部分，逐步拓展为三部分。

其一，年期业绩考核与薪酬管理。一是坚持市场化原则，以质量和效益为中心。以年度预算利润值为基准进行业绩分档考核，综合考虑上年度薪酬等综合因素确立当期薪酬目标值，分档薪酬直接与分档业绩考核挂钩，业绩进档、薪酬进档，上不封顶。二三级企业负责人利润预算完成 70% 以下的自动免职、拿基本生活费，完成 70%~80% 的拿基本薪酬，完成 80%~90% 的拿一半薪酬，完成 90% 以上的按规定考核兑现，严格落实"高薪、重责、严惩"。二是考核指标与薪酬挂钩，实现刚性联动。业绩考核不再采用打分制，直接以年度经营业绩考核指标的完成情况为挂钩系数，测算年度薪酬，实现刚性联动。三是职工共享与社会责任并重，实施责任否决。二三级企业负责人薪酬直接挂钩企业职工平均工资，同时设置否决薪酬，重点考核安全、环保、稳定、质量及职工发展成果共享情况，考核每低 1 分，绩效薪酬扣减 1%。

其二，任期业绩考核与薪酬管理。实行任期目标责任制留存绩效年薪考核，任期得分超过 115 分（不含），属于"A+"，延期兑现薪酬在任期结束时年度留存系数按 1.1 倍兑现；110~115 分为"A"，任期按 1.05 倍兑现，"B"级按 1.0 倍兑现，"C"级按 0.95 倍兑现，"D"级按 0.9 倍兑现，而最差为"E"，按 0.85 倍兑现，要扣减 15%。

其三，长期业绩考核与薪酬管理。条件成熟时，逐步探索长期股权期权激励机制，按经营性净利润增幅的一定比例给予期权或股权，即"增量期权"。

（三）探索企业"合伙人"激励——员工层

树立企业合伙人理念。我们所称合伙人是指投资组成合伙企业，参与合伙经营的组织和个人，通常是指以其资产进行合伙投资，参与合伙经营，依协议享受权利，承担义务，并对企业债务承担无限（或有限）责任的自然人或法人。建立合伙人理念，旨在着眼广大员工"安全生理"动机和本能动力，通过落实 2 项"财"、"资"管理授权，构建"劳力"资本的作用机制，以利益杠杆撬动广大员工自我管理、自主经营的内生动力。该中央企业集团的运行平台是多层级模拟法人实体运行机制。

该中央企业集团坚持员工"企业合伙人"理念协同推行以对内模拟法人"自主"经营和对外协同"法人"联动反应为内涵、以"外竞内合"为特征的多层级（模拟）法人经营机制，实现股东增值、企业增效、员工增收。其中，配套行使财务管理权和工资管理权是员工与企业共建"合伙人"

的前提，因为只有落实了这两项权利，企业才能具有为员工适当担保和按贡献分配的"资质"。取得企业工资总额管理权后，集团按照国资委工资总额预算管理的有关规定，建立健全与经济效益和劳动力市场价位相联系的工资总额决定机制，合理安排年度工资总额预算；才能根据国家和国资委的有关政策要求，充分考虑企业发展战略和人才竞争的需要，积极探索建立更加市场化的收入分配管理方式，进一步深化企业内部收入分配制度改革，提高企业人工成本竞争力。

以上两大权利到位基础上，该中央企业集团进一步深化多层级（模拟）法人经营机制，即以满足市场需求、创造客户价值和贯彻企业战略、成就员工价值为目标，依托外部市场信息传导平台和"内部市场"信息共享平台，通过模拟法人，塑造3级实际法人+4层模拟法人的"自主"经营主体，形成基于计划预算的多级、多个微观市场体系，激活管理链条，激发个体活力；通过供（给）需（求）之间、区域之间和"法人"之间的资源、资金、产品、物流等要素立体协同联动，形成基于内外市场的多维、多层宏观调控体系，挖潜价值链条，汇聚整体合力，进而提高企业竞争力和市场应变力，建立起一套由内外市场拉动、由计划预算推动的"两轮驱动"型的"全员'自主'经营 + 全体联动经营"的经营管理机制。

1. 细化模拟法人，拓展市场主体

根据集团总体发展战略和预算目标要求，将市场机制由三级法人向下层层延伸至内部各层实体，塑造多层级"市场"主体，层层激活管理链条。对企业内部的各级单位中，凡是符合"能够独立核算、能够独立完成业务、能够贯彻整体目标和方针"3个标准的组织和单元，包括过去企业层层细分的利润单元等，都作为内部模拟市场的主体来核算结算。赋予模拟法人单位在采购、用人、调整原料结构、产品结构和工艺结构、控制成本费用等方面一定自主权，重点规范好"模拟法人"的分配权，坚持经营成果与薪酬收入总额挂钩，并实时进行经营核算结算。不过，模拟法人的自主权在不同层级、不同单位也是不同的。比如新兴铸管股份冶金生产系统的实业部的相对自主权有：①调整产品结构（多生产效益好的），调整市场需求（外销、内销比例）；②可以选择材料结构、原料结构、燃料结构；③对绩效考评与工资分配权；④内部人力资源配置权；⑤对上道工序考核权等。其工段的自主权有：①一定的材料、原料、燃料结构选择权；②绩效考评权；③工段内部人力资源调配权；④对上道工序考核权。其班组的权限为：①绩效考评与薪酬分配权；②内部岗位调配权；③成本费用控制权。而服装企业班组则只具备一定的成本控制权。集团内部一般岗位的自主权主要在耗材等控制上等。总之，这些自主权的赋予受产品或服务特征的限制，也跟管理基础有关，但大的原则就是：凡是模拟法人都具备或多或少的自主权，以此实现责权利大致匹配。

2. 深化预算管理，落实经济责任

经过多年发展，该中央企业的预算管理，已经由一般意义上的财务预算，拓展到以财务预算为主线的可量化的经营计划。在实践中，以各层级实际法人和模拟法人为责任主体，从承接战略规划入手，持续深化预算管理，层层落实经济责任，使每个主体都承接来自计划预算的刚性压力。剔除只能由本级法人整体承担的品牌建设等预算项目，将可量化分解的指标由粗到细量化分解，将责任由上至下层层细化分解，并将每个指标数与每个责任人高度对应。

一是从"两型结构"实施预算分解。按照多层级法人架构，坚持纵向到底、横向到边的原则。①将各项预算指标按照职责分工进行逐层细化，使每项指标得到细化支撑，形成树形支撑结构，确保各项指标下级大于上级、一级保证一级。②将所有指标对应到每个"法人"主体，形成矩形结构，实现每个责任主体承担指标精准化、个性化。比如各实业部根据下达的利润指标和内部模拟市场

"行情"，制定出实业部和工段（工部）两级目标，以细化指标作为控制目标，层层分解；工段（工部）将实业部的细化指标分解到工序、班组和岗位。

二是从"三线并进"建立责任契约。第一条线是7层级线，分别由上级"法人"与下级"法人"签订集体责任书。第二条线是职能线（系统线），由主管领导与职能部门或业务系统签订责任书，如生产责任书、销售责任书等。第三条线是个人线，由上级主管分别与下级人员签订责任状。形成横向到边、纵向到底、多层级、全贯通的内部责任体系。

3. 优化联动机制，激发协同效应

为了既保持各层级模拟法人活力，又能发挥各级模拟法人、各个业务系统、各个工业区域之间的协同效应，实现企业整体、长期、持续的效益最大化，而不是某个个体、某个时间或某个产品瞬间的利润最大化，该中央企业建立快速联动机制并持续优化，使内部经济主体在外部市场指令、上部预算指导和内部市场契约的三重作用下，深挖内外部利润源泉。

4. 强化动态分配，完善激励机制

治军重在从严、奖惩重在分明。该中央企业坚持绩效与监督同步，激励与制约并重，按照管理权限，以责权利对等为基本原则，层层制定生产经营业绩考核办法，层层签订经济考核责任书，人人签订业绩考核责任状，建立和推进"业绩升薪酬升岗级升、业绩降薪酬降岗级降"的动态考核体系和激励机制。在三级法人企业，层层制订经营班子业绩考核办法、薪酬管理办法，健全三级领导人员考核评价体系，重点明确营业收入、利润、EVA、员工收入年均增长率等11项考核指标，其中集团对二级的EVA考核权重达到47%，二级对三级企业考核权重不低于40%，使报酬与其真实的工作业绩挂钩。由法人企业对各实业部、工段和班组岗位等各层模拟"法人"，分层分类分重点制订考核标准和办法。在实业部和工段，收入分配向利润贡献大的工序倾斜，控制亏损工序工资额度，重点突出利润、成本和可控费用考核。①主体单位模拟法人工序成本因素占工资收入的60%，工序成本升降对应系数为0.8~1.1；工序利润占工资收入40%，超10奖1、欠10扣5。可控费用（主要是机物料和修理费）节10奖1、超10罚10。②辅助单位模拟法人评价考核重点是内部利润、与服务主体单位挂钩指标和可控费用。其中内部利润占工资收入的70%。挂钩考核占工资收入为30%，按照所服务主体单位工序成本、工序利润完成情况，将辅助单位兑现系数界定为0.8~1.0，若因工作服务不到位造成主体单位损失的，按损失额的50%~100%进行赔偿。③各工序内部根据工序成本、工序利润和费用目标计划层层分解考核指标，同时将辅助工序指标完成好坏与主要利润工序挂钩。④各班组重点对产量、成本、质量、废品指标进行考核兑现。⑤各岗位实行日考核、日评价、日核算的工资体系。确保活力层层激发，业绩层层考核。

完善联动责任考核办法。对产供销运用等环节的纵向联动考核，以单位产品的利润及联动会议决策落实情况为主；对各工业区（企业）横向联动考核，以围绕利润为目标的成本水平为核心（剔除不可比因素）。比如，销售环节重点考核产品获利能力，市场份额及掌控能力，保证产销平衡情况；资金环节重点考核应收账款及存货周转水平、资金占用、承兑利息等资金成本对利润的影响等；工业区以及法人企业重点考核其与行业领先者及当地同行对比的产品成本水平、销售计划完成情况、订单履约水平、产品质量及售后服务水平、销售系统及客户的满意度等。

全员全程业绩考核和激励机制的运行，将外部市场压力、内部市场动力、内部预算压力、内部管控压力和自我管理动力五大作用力快速传递到内部、到基层，迅速响应到企业高层、到外部相关单位，推动了人人面向客户、招招应对市场。

（四）转化事业继承人优势——政治层

中共党员及其积极分子是共产主义事业接班人。根据马斯洛需求理论，政党与爱情、朋友、家族、社会、宗教、国家都是满足人们归属需求的形式，而对于以实现共产主义为理想的中国共产党而言，更体现人们的社会尊重需求。因此着眼政党组织（中共）成员及积极分子"社会尊重"动机和情感动力，落实四项政治管理授权，构建"党力"资本的作用机制。体现在四个方面：

1. 战略管理的政治引领

该中央企业集团在"三重一大"决策中，涉及干部、人才和职工利益的，由党委决定，体现领导核心作用。涉及项目、财务、资产等"物"的因素的，由经理层先向同级党委提交议案，待党委通过后，再由经理层提交董事会决策——党委行使否决权，董事会行使决策权，发挥政治核心作用，从而保证党和国家政策得以贯彻执行。

2. 高管选聘的把关考察

具体是对从内部提名推荐的2名总经理人选和副职人选进行考察把关。这也是从人事管理专长角度发挥党委作用。坚持党管干部原则，党委书记任提名委员会召集人，企业党委要在选聘工作中发挥确定标准、规范程序、参与考察、推荐人选等作用，加强对选人用人工作的监督，既保证董事会依法选择经营管理者、经营管理者依法行使用人权，又积极探索党组织优势与公司治理结构有机融合的有效途径和方式。强化党组织"管方向、管政策、管制度、管人头"的原则，管方向就是着眼形成正确的用人导向，科学规范干部工作的原则标准、程序方法和纪律要求，确保党的政治路线、组织路线、干部路线有效贯彻落实；管政策就是着眼新形势新要求，及时制定完善干部教育培养、选拔任用、考核评价、管理监督等各方面政策措施，使干部工作始终与事业发展相适应；管制度就是着眼提高干部工作的科学化水平，深化干部人事制度改革，健全干部工作制度体系，努力形成有效管用、简便易行的选人用人机制；管人头就是着眼建设高素质干部队伍，坚持从严选拔、从严教育、从严管理，真正把那些信念坚定、为人民服务、勤政务实、敢于担当、清正廉洁的好干部选拔到各级领导岗位上来。

在集团内部，该中央企业进一步打破干部等级界限，推进集团公司总部部门负责人、二三级公司领导的交流任职。用市场化的契约精神取代传统干部等级观念，进一步优化完善选、育、用、留人机制以及退出机制，真正实现干部"能者上、平者让、庸者下"，让有能力、有素质，肯干事、能干事、会干事的人得到重用。继续坚持内部市场化和外部市场化公开招聘，对于要求熟悉集团公司及所属企业情况的高级管理岗位实行内部市场化，其他岗位实行全社会公开招聘；在总部机关和参控股企业主要经营者的选拔上，采用全社会公开招聘形式。参聘人选可以由董事会、党委、总经理提名，还可以自荐；党委管标准、管程序、管纪律；经过市场化选聘的前两名人选由主管的主要负责人确定人选提请党委决定、董事会选聘。集团公司董事会只负责二级板块董事和监事的选聘，二级公司总经理和副总经理人选由各二级公司董事会决定，提前报集团公司董事会备案；三级企业主要负责人选任后备案；各所属企业总会计师按照国资委规定要求进行操作配备。集团公司党委负责二级公司党委、纪委、工会等领导的选聘；集团公司负责三级以上全资公司总会计师选聘，联合招聘上市公司及其所属公司总会计师人选。

3. 领导班子的建设协调

集团党委除了通过党委理论学习中心组制度、党委书记董事长主持领导班子碰头会制度等机制推进领导班子自身建设外，还牵头开展四好班子创建活动，探索总结了"量化考核、星级优化、动态升级"的考评办法，主动打破"四好"终身制，形成了"三级联创、科学考评、动态管理、持续推进"的有效考评机制。2006~2013 年，集团党委连续 7 年总结表彰了 7 批创建"四好"领导班子先进集体，共评选四好班子 3 个，三星级创建集体 11 个、二星级 17 个、一星级 20 个。

4.人力资源的提升激发

该中央企业集团党委持续打造政治优势，强化组织保证和团队支撑，将政治优势和公司治理有机融合，提升竞争优势。实施导航、强心、树人、铸魂、和谐党建创新五大工程：以继续解放思想为先导，实施"导航工程"；以健全创新党建机制为基础，实施"强心工程"；以优化结构素质为支撑，实施"树人工程"；以提升企业文化为重点，实施"铸魂工程"；以发挥群工优势为纽带，实施"和谐工程"。①发挥党组织动员优势，着眼强化目标引力，打造共同理想，达成战略共识。②发挥党组织政工优势，着眼激发思维活力，坚持两个解放，打破思想禁区。③发挥党组织学习优势，着眼提升员工能力，建立五学机制，夯实发展根基。④发挥协调优势，着眼培育内部合力，统一集团文化，激发协同效应。⑤发挥党组织活动优势，着眼注入精神动力，搭建创争平台，激励一流追求。⑥发挥党组织群工优势，着眼增强稳定聚力，融洽干群关系，构建和谐企业，初步促进了企业改革发展稳定。

该中央企业集团领导体制改革，推进了业绩提升。2005~2014 年，集团营业收入年平均增长 33.17%，利润年平均增长 19.88%，资产总额年平均增长 22.41%，并从 2012 年起连续 4 年跻身世界 500 强（2015 年第 344 位），2015 年"新兴"、"际华集团"两个主品牌双双跻身亚洲品牌 500 强。

三、几点体会

中央企业领导体制机制改革，有"五大关键点"需要把握。

（一）完善中央企业外部董事制度是中央企业领导体制机制改革的"支点"

外部董事制度毋庸置疑是规范董事会建设的核心和"生命线"，董事会成员的能力、精力保证是董事会规范化建设成败的关键。该中央企业集团的做法和体会是：

（1）依据外部董事个人职业背景的不同，安排其进入相应的董事会专门委员会，以体现其"决策专家"的价值。理想的外部董事应该多源化，既有国企背景、私企背景、外资背景，又有企业家、金融家、学者。最好能有担任企业一把手的背景。当然，关键是在如何使用，发挥其专业专长。

（2）根据外部董事个人行业经验的不同，安排其分管相应板块业务战略和规划执行工作，以体现其"执行督导"的价值。按照行业经验相同或相近的原则，来"对口"安排。我们三名外部董事同时兼任了两个板块的外部董事，更有利于集团战略思想在成员企业贯彻落实。

（3）外部董事考察、调研集团二三级公司，或组织其参加所分管板块的活动，包括列席板块董事会或出席一些重点项目论证会，通过让其发表真知灼见或进行观念指导的方式，使其既履行了作为董事的战略实施监督义务，又发挥出"经营顾问"的作用。该中央企业集团充分尊重外董意见，决策前充分论证和沟通，虚心听取每一位外董意见，决策意见不一致，一般不上会表决，这就是所谓的"一票缓决制"；决策后及时汇报决策执行情况，根据他们的意见，虚心整改。外部董事也多次参与企业实地调研，听取有关议案的反复汇报，站在集团发展的战略高度和行业发展的角度，以专家视野，认真督导战略，严把风险关，并积极承担"经营顾问"的责任。外部董事在该中央企工作得心应手，也使他们不愿辞去该中央企业外部董事，吴耀文还担任宝钢集团董事，在 2009 年被聘任为中煤能源董事长谈话时，国资委意见是辞掉在该中央企业的外董职务，他回答说：在这里工作能发挥作用、这个企业虽然小但发展前景很好，领导班子也非常好，要求继续留了下来。

（4）搭建发挥外部董事作用的平台，为外部董事履职创造条件。除董事会办公室外，战略投资部和审计与风险管理部也直接隶属于董事会，集团公司还专门安排一名内部董事主管战略，负责董事层面的战略指导及与外部董事在战略方面的决策沟通，其他部室如资产财务部等也在业务等方面作为支撑部门。同时，制定了相关工作制度，包括：对口业务向分管外部董事报告工作制度、相关信息呈报外部董事制度、定期征询外部董事对经理层制度等。

（5）外部董事来自"外部"的身份和源自"专家"、"顾问"的威信，在集团内各层面（包括集团董事会、经理层、板块公司董事会及其经理层甚至三级公司或企业）之间"穿针引线"，畅通经营信息、协调管理矛盾，以发挥其"沟通桥梁"的作用。总之，外部董事制度的健全完善，有效解决了"内部人控制"、"一言堂"等问题，为企业科学决策、民主决策奠定了基础，成为规范董事会建设的核心；加之国资委主导的外部董事激励机制和退出机制创新，将外部董事的履职考核与任免相联系，在一定程度上警示外部董事必须在维护公司和股东利益时有鲜明的立场并积极表态，规避了外部董事失职缺位。

（二）厘清董事长和总经理权责体系，是中央企业领导体制机制改革的"难点"

这是处理央企决策主持者与执行领导者关系的关键。董事长与总经理的关系问题，是领导体制试点中一个核心的敏感问题。敏感的根源在于董事会建设如何实现对企业领导层权、责、利关系模式的梳理与再设计。什么样的模式才是最佳模式，综观中外公司治理实践，有不同的特点和做法，但没有固定的答案。因此，必须从企业历史和现状进行分析，要从制度或机制着手。最重要的是要做好两方面工作：首先是清晰界定两者的岗位职责，其次是科学进行任职配置。可以说，董事长、总经理的任职模式和权责设计没有固定的、成功的、放之四海而皆准的经验和模式，也不可能一步到位；每个企业的历史、文化、行业等情况不尽相同，董事会建设要从企业的实际出发，都有一个学习、借鉴、探索的过程，都有一个不断规范、深化、提高的过程，应当边试点、边探索、边总结、边改善、边提高。

（三）党组织作用有效融入法人治理结构，是中央企业领导体制机制改革的"亮点"

这是处理央企治理中心与政治核心关系的关键。国企法人治理结构与国企党组织根本目标一致，功能定位各有侧重。从总体方向上看，国有企业党委与同级董事会、经理层、监事会是一致的。有了这样的思想和理念，党委与董事会就会同舟共济、荣辱与共、围绕共同的目标、承担相应的责任、肩负起神圣的历史使命。探索实践表明，建立现代企业制度，并不排斥党的领导，恰恰相反，党组织在现代企业制度的建设中，起到了把握政策、掌控方向、保驾护航的重要作用。董事会依法行使权力、规范化运作，需要得到企业党组织的全力支持。这是理解、把握和处理法人治理和党委政治核心作用关系的基本前提。当然，需要指出的是，中央国有独资企业员工利益、股东、党组织的终极价值也是一致的，但国有企业并不是本企业职工所有，而是包括本企业职工在内的全民所有。但党组织与法人治理结构功能定位各有侧重。从历史的角度看，过去中国国有企业产权不清晰、责任不明确，决策执行监督合一，缺乏有效制衡，导致运行效率低。为此党提出建立国有企业现代企业制度，建立健全法人治理结构。然而，辩证来看，法人治理结构也有需要补充完善的一面。由于法人治理结构是指一组以产权为纽带，联结并规范公司的所有者、支配者、经营者之间相互权利、责任和利益的制度安排。其特点是更关注"物"，更依靠"法"，是以"产"授"权"、依法治企。运作理念是"制衡"。在决策方式上重在专家决策、科学决策、共同决策、个人负责，更体现经济责任。而"政治"乃"众人之事"，党组织作为管方向、抓思想、重育人、善协调的政治组织，突出特点是更关注人，更依靠"德"，所谓以"德"树人。运作理念是"平衡"，所谓统筹协调。在决策方式上实行民主集中制，重在民主决策、集体决策、集体负责，更侧重政治责任、社会责任，即使党当前的中心是经济建设，但这样的经济责任也往往通过政治方式实现。将现代企业制度的"依法治企"与党组织的"以德树人"紧密结合，将刚性管理与柔性管理紧密结合，将制衡与平衡相结合，将民主集中制机制与集体决策个人负责机制相结合，将经济责任与政治责任、社会责任相结合，将西方文明成果中国化，可以起到珠联璧合的成效，这是我们坚持在现代企业制度下发挥党的政治核心作用的哲学基础和功能基础。

在企业治理层面，国企党组织和法人治理结构的定位侧重点是：董事会是"选择正确的事"，经理层是"把正确的事做正确"，监事会是"监督做事的过程，保证方法对头、结果正确"，党委是"选择正确的人和政治举措为做正确的事保驾护航"。在这次授权试点中，上级对于该中央企业的授权，虽然没有对涉及党组织权限部分作出说明，但基于外部董事占多数的董事会构成的现实（外部虽然具有较强的声誉维护追求，但把国有企业的核心权力交给本已退休的外部董事，而且外来董事要占多数，且董事会实行一人一票少数服从多数），这就需要一个熟悉企业情况的治理体系来与之制衡和平衡，这个责任在现实条件下只有党组织能够担当，无疑增强了对企业党组织发挥政治核心作用的内在需求。而中央《关于在深化国有企业改革中坚持党的领导 加强党的建设的若干意见》已经点出加强党的领导乃是国企改革"题中应有之义"，问题的关键是如何把加强党的领导和完善公司治理统一起来。对此，《关于在深化国有企业改革中坚持党的领导 加强党的建设的若干意见》给出了三个重要规定，包括机构设置、人事安排和法律定位，充分体现了未来国企改革具有鲜明的党参与管理企业的特色。强调"党管国企"也是对建立现代企业制度的补充——现代企业制度法人治理结构中的股东大会、董事会和监事会更多针对的是"事"，而企业党组织更多针对的是人，两者在企业的改革发展中分别扮演着不同角色。中央企业董事会试点的一整套制度虽然在一定程度上借鉴了国外先进的公司治理理论，但却根植于中国的文化环境中，是一个新生事物。内部董事、外部董事、经理、党组织成员、职工代表等多方面治理因素参与其中，成为中国特色的董事会治理的灵魂，使具有现代企业色彩的公司治理又赋予了独特的政治优势。这些多方因素的有机契合，就形成优于西方国家的、具有中国特色的国有企业公司治理模式。党组织与董事会有机结合，一方面在机制层面应将党从"政治意义"上的管与董事会从"市场意义上"的管进行明确的界定和有机的结合；另一方面应将党组织参与重大问题决策纳入董事会经营决策体系。既要维护董事会对企业重大问题的统一决策权，又要保证党组织的意见和建议在企业重大问题决策中得到尊重和体现。党组织的政治优势与董事会治理的有机结合，就能转化为竞争优势，能够促进董事会建设的进一步规范、高效和作用发挥。

总之，中央企业董事会建设不是出资人用以制约企业的紧箍咒，而是企业自身发展内在需求，运用好这个实践平台，可以取得四两拨千斤的成效。中央企业领导体制机制改革，也不能脱离央企改革发展稳定这个工作中心，必须有利于国有企业三大资源发挥：一是经济资源不流失——增强活力、提高效率、提升国企竞争力，确保国有资产保值增值；二是执政资源不流失——提升国有资本在国民经济和社会中的控制力和影响力；三是政治资源不流失——不削弱国企党建、巩固扩大党的阶级基础和群众基础。

（四）建立分层分类基于需求激励约束体系，是中央企业领导体制机制改革的"焦点"

特别是对企业人力资本的主要构成——经理层的激励约束，十分关键。人力资本是企业中的"活"资本，没有人力资本的创造性贡献，实物资本就不可能实现保值增值。与我们的制度和文化相适应，特别是在《中央管理企业负责人薪酬制度改革方案》和《关于合理确定并严格规范中央企业负责人履职待遇、业务支出的意见》规范下，大幅度提高国有企业职业经理人的薪酬待遇既不现实也不可行，必须设计出合理的激励机制。借鉴国内外职业经理人成功经验，张喜亮（国务院国资委研究中心）、周施恩（首都经贸大学劳动经济学院）认为需要优化设计三级激励机制：第一级是科学合理短期激励，即综合考虑各企业的"经营难度系数"，科学设计薪酬水平，合理划分薪酬结构；第二级是较大比例中期激励，即以任期为节点，以离任审计为基础，以任期目标的实现情况为依据，兑现任期薪酬；第三级是体贴温馨的终身激励，即根据经营业绩合理设计实施退休计划，确保"干干净净做人"、"步步为营做事"的经理人员有一个幸福晚年。

（五）充分发挥内部核心团队作用，是中央企业领导体制机制改革的"重点"

既要防范内部人控制又要避免外部人失职，内部董事成员就在其中承担着沟通内外、承接上下的枢纽功能。该中央企业内部董事为：集团董事长、党委书记刘某，总经理沙某（2015年董事会选聘总经理授权改革试点后为杨某），副董事长郭某，职工董事为集团工会主席高某，董秘为该集团党委常委徐某，他们同时作为集团党委重要成员，都具有较高的经营能力和履职素养，发挥了协调外部董事、沟通外部监事、统筹内部事务的作用，为实现法人治理结构和政治核心作用发挥两个有效作出了丰功至伟的贡献。特别是在试点后，面对的"第一个吃螃蟹"的挑战和压力，集团董事长、党委书记刘某和新选聘的总经理杨某也被推到了改革的风口浪尖，他们的作用将极为关键。

当然，作为试点中央企业，该央企以建立外部董事占多数的董事会为核心，以国内首家国企董事会选聘总经理的尝试为最坚实的突破口，在建立新型央企领导体制方面做出了革命性的探索，但仍有许多需要进一步突破或完善的环节。

一是外部董事的供给仍具有一定的局限性，特别是在中央企业建立规范董事会制度全面推开后，外部董事来源和素养方面需要相应的拓展和提升，在央企负责人"限薪"背景下对外部董事的激励也存在一定的制约。

二是在选聘总经理后，职业经理人机制的进一步探索推进和具体实践，可能涉及文化、观念、操作等多方面问题，尤其是在职业经理人与上级任命经理人并存的过渡期内，如何分类激励约束还需要做更深、更细的工作。

三是相对于英美治理模式的股东会、董事会（与经理层高度重合）双层结构和德日治理模式的监事会、董事会（无经理层）二元结构相比，中国央企体制外部董事占多数的董事会、国务院外派监事会、逐步职业化的经理层和党委（党组）四套马车并行体制下，分权制衡和平衡的具体操作需要更加明晰化和程序化，其决策权、经营权、监督权等权限真正归位也需要尽快落实，否则再完善的制度设计也将流于形式。

四是在深化国企改革中劳力资本（职工）的话语权应该在治理结构和领导体制中得到进一步体现，这也迫切需要进一步提升工会主席作为职工代表的政治经济地位和对职工尽责的机制。

　　五是集团领导体制和治理体系的试点创新所带来的市场化改革应当进一步拓展到各成员企业治理层面和集团经营管理运营层面，使之上下左右配套衔接，使企业管理全面提速升级。

　　尤其需要关注的是，由于是首家试点，该中央企业集团领导体系到底怎么运作，决策层、管理层到底能把权放到什么样的水平，会不会成为名义上的董事会选聘总经理，而董事会在经营层的工作中是否也能按照市场化要求足够放权、足够信任，也是非常重要的问题。更直接地说，就是决策层和管理层会不会给董事会真正放权，而董事会是否也能给经营层真正放权。因为形式上的突破是相对容易的，内容上的突破往往是非常难的。在给该企业集团董事会市场权的同时，上级还必须在其他方面同步给予企业董事会足够的权利。比如薪酬考核、内部分配制度改革、战略规划制定、投资计划安排、重大决策等，也都应当放权给董事会。显然，这又会遇到一些政策上的瓶颈，譬如有关方面出台的"三重一大"政策，董事会是否有权审批，经营层的权力有多大，这也是需要在试点过程中认真思考和解决的问题。不然，董事会的权力仍然可能是有限权力，而不是市场赋予的充分权力。一旦董事会的权力不充分，经营层的权力也会递减以平衡董事会的权力心态。以上问题也是中央企业领导体制和治理结构改革所重点关注和突破的方向。因此必须以《中共中央　国务院关于深化国有企业改革的指导意见》、《关于在深化国有企业改革中坚持党的领导　加强党的建设的若干意见》等改革文件精神为指导，发挥上级、企业两个能动性，建立容错机制、鼓励创新试点，使其在更大领域更深层次作出探索，逐步形成可复制的模式，推广到中央企业乃至国企系统当中，真正理顺出资人、决策人、经营管理人等诸多治理关系，形成治理体系各方面各负其责、协调运转、有效制衡的法人治理结构，培育激励有效、约束有力的公司治理机制，引领、推动中央企业和国有企业做强、做优、做大。

参考文献

　　[1]刘其先."大集团小总部"如何实现"适管控高效能"？——新兴际华的组织结构变革研究[J].中国人力资源开发，2015（6）.

　　[2]王筱楠，纪婷琪，张俊玲.海尔按单聚散的新型人力资源管理模式[J].中国人力资源开发，2015（10）.

　　[3]刘其先，范小华.央企公司治理：实践与建言[J].国企，2014（11）.

　　[4]张喜亮，周施恩.国企需要怎样的职业经理人[J].中国经济报告，2015（5）.

　　[5]施智梁.国企是经济组织不是政治组织[J].财经，2014（18）.

　　[6]新兴际华集团有限公司.落实董事会职权探索契约化管理[N].光明日报，2015-09-30.

　　[7]中国企业报.新常态下国企改革穿越深水区[Z].http://www.cerds.cn/show.php?contentid=665.

　　[8]欧阳丽宇，朱昌裕.党在国有企业领导体制中地位和作用的历史考察[J].理论学刊，2011（10）.

　　[9]中共中央、国务院关于深化国有企业改革的指导意见[Z].http://www.gov.cn/zhengce/2015-09-13/content_2930440.htm.

　　[10]刘明忠等.提升央企党建体制机制科学化水平[J].现代国企研究，2013（6）.

　　[11]刘其先，燕苍娜.现代国有企业制度下党组织政治核心作用与公司法人治理[J].中国经贸导刊，2014（32）.

　　[12]谭浩俊.新兴际华能成真正的市场化董事会吗？[N].中华工商时报，2015-10-21.

防微杜渐 护企护家

——强化企业内部经济责任审计监察成果运用

申报单位：珠海九洲控股集团有限公司
作者：黄 鑫 史 奕

[摘要]"把权力关进制度的笼子里。"制定有效的内部控制措施，强化内部审计监察是规范企业经营管理的关键。内部经济责任审计又是内部审计的核心内容，对于预防腐败具有不可替代的作用。企业负责人出事，不仅其自身前程尽毁，家庭受累，更重要的是造成国有资产流失、国家利益受损。如果能在企业负责人刚开始出现经济问题时加以警示，问题或许就可被扼杀在萌芽之中。

本论文从内部经济责任审计的制度建设情况、主要做法及创新经验等几方面入手，重点阐述了内部经济责任审计的新模式、新方法、新途径，并重在强调实践落地工作，指出了内部责任审计的存在问题和改进思路，对企业，尤其对国有企业的内部经济责任审计工作具有很强的借鉴意义。

[关键词]内部审计；内部控制；审计监察

十八大以来，党中央加大了惩治腐败的力度。2015年，中纪委公布了64名落马央企各级负责人名单，其中"一把手"占到56%，而在落马的央企负责人中，大多来自于能源、通信、交通运输及机械制造等领域。作为珠海市属主要国企，珠海九洲控股集团目前的主业之一为交通运输领域。该领域为腐败高危行业，内部审计监察工作任重而道远。

国企负责人落马，不仅仅是其个人问题，更深层次的是制度原因。正如习近平主席所说，要"把权力关进制度的笼子里"。制定有效的内部控制措施，强化内部审计监察是规范企业经营管理的关键。内部经济责任审计又是内部审计的核心内容，对于预防腐败具有不可替代的作用。企业负责人出事，不仅其自身前程尽毁，家庭受累，而且还造成国有资产流失、国家利益受损。如果能在企业负责人刚开始出现经济问题时有人加以警示，问题或许就可被扼杀在萌芽之中。可见，内部经济责任审计不仅可以避免企业的资产损失，还起到挽救一个家庭的作用。

一、内部经济责任审计工作基本情况

（一）集团公司及内审机构基本情况

珠海九洲控股集团是珠海市政府授权经营旅游会展板块的主体企业，集中了珠海市属国有旅游、海上客运交通的优质资源，控股了珠海在香港上市的红筹股——珠海控股（HK00908），是珠海市在香港及海外的重要资本营运平台，产业涉及城市公用事业、旅游地产、海上客运、港站管理、酒店服务、主题景点、旅游观光、高尔夫、赛车运动、商贸服务等众多领域，其旗下拥有珠海高速客轮有限公司、珠海度假村酒店有限公司、珠海经济特区圆明新园旅游有限公司、珠海九控房地产等72家股权投资企业。股权企业涉及的行业众多，具有不同的行业特点，这对审计监察工作的内容和审计人员的业务素质提出了多元化的要求，具有一定的挑战性。

珠海九洲控股集团公司内设审计法务系统，2004年正式组建。从组建初期的一个人逐步发展成现在的专兼职20余名内审人员。目前集团公司总部设有专职内审人员两名，下属香港联交所上市公司珠海控股投资集团有限公司总部设有专职内审人员3名，大部分下属股权投资企业设有专职或兼职内审机构或人员，构建了全方位的内部审计监督体系。

（二）内部经济责任审计工作情况

任期经济责任审计历来是集团公司内部审计工作的重点，审计法务部每年均会根据下属股权投资企业主要负责人的任期情况安排2~3个审计项目。审计计划于年初下发，年中根据实际情况进行调整。

集团公司主要从以下方面对股权企业的领导人进行经济责任审计：贯彻执行党和国家有关经济方针政策和决策部署，推动企业可持续发展情况；企业治理结构的健全和运转情况；企业发展战略的制定和执行情况及其效果；遵守有关法律法规和财经纪律情况；各项管理制度的健全和完善，特别是内部控制制度的制定和执行情况；企业财务收支的真实、合法和效益情况；有关目标责任制完成情况；重大经济事项决策程序的执行情况及其效果；重要项目的投资、建设、管理及效益情况；资产的管理及保值增值情况；遵守廉洁从业规定情况等等。

集团公司对经济责任审计工作十分重视，审计法务部出具的内部经济责任审计报告均作为中层管理干部考核、任免和奖惩的重要依据。

二、内部经济责任审计制度建设和工作成果

目前，集团公司已经按照现代企业管理制度的要求，完善了法人治理结构，建立了董事会、监事会和经营班子分权制衡的管理模式，形成了董事会审计与风险管理委员会、监事会、纪检监察、内审部门四个层面的监督架构。集团公司审计法务部工作由集团公司总经理直管，珠海控股投资集团审计监察部由珠控集团总裁直管，并在董事会审计与风险管理委员的指导下开展日常工作。

在集团公司审计法务部成立之初，为规范内部审计行为，审计法务部制定了《珠海九洲控股集团内部审计实施办法》，珠海控股投资集团根据香港联交所对上市公司内部控制的要求，制订了《内审工作暂行办法》，从内审组织机构、人员设置、职责和工作范围、工作权限及程序、审计报告等方面做出了规定。

针对下属企业不同的行业特点，集团公司审计法务部协助下属企业设置了内审机构并制订了适合各自行业特点的内审制度。目前，度假村酒店、高速客轮、客服公司、圆明新园、九洲邮轮等企业都设立了审计部门或专职审计岗位，制订了审计稽查制度。

此外，针对业务管理、财务与资金管理、人力资源与薪酬管理等重大事项，集团公司先后制定或修订了《资产出租管理办法》、《企业负责人职务消费管理办法》、《成本费用管理办法》、《投资管理办法》、《合同管理办法》、《采购与招投标管理办法》、《投资项目后评价暂行办法》等系列规章制

度，为审计评价企业的经营管理提供了依据和保障。

截至目前，集团公司审计法务部共进行了内部经济责任审计项目 27 个，审计出的经济问题共 73 个，成效有目共睹，为集团公司选人用人、推进党风廉政建设、改善经营管理发挥了重要作用。

三、内部经济责任审计的主要做法和创新经验

（一）构建全方位、全过程的内部经济责任审计新模式

要使企业领导干部严格自律，仅仅强调加强思想教育是不够的，主要应从制度入手，而内部审计制度的建立和完善，更是现代企业制度建设的重要内容。

目前，集团公司审计法务部采用的是全方位、全过程的内部经济责任审计模式。内部经济责任审计作为集团公司内部审计工作的核心，其他的专项审计工作均围绕其进行，专项审计的审计结果运用于经济责任审计之中，如图 1 所示。

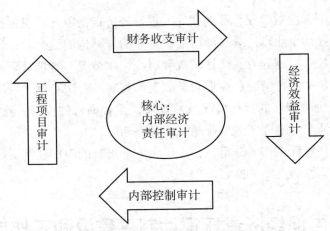

图 1　内部经济责任审计与其他专项审计的关系

集团公司的内部经济责任审计往往是从企业负责人刚上任就开始。审计法务部每年会根据企业的行业特点安排各类专项审计，内容涵盖了企业经营管理的各个方面，其中经济责任审计所涉及的主要内容是专项审计必须要涵盖的，包括财务收支、内部控制、企业战略执行、目标完成、重大经济决策及投资等内容。在对下属企业的负责人进行任期经济责任审计时，集团公司会参考和运用前期进行的专项审计的审计成果（见图 2）。通过这样的方式，集团公司在对企业领导人进行任期经济责任审计时，能做到有的放矢，起到事半功倍的效果，大大提高了审计工作的效果和效率。

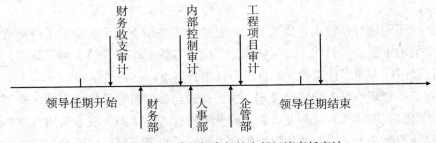

图 2　全过程、多部门参与的内部经济责任审计

　　此外，为增强经济责任审计的专业性，集团公司审计法务部会邀请企业管理部、财务会计部、人力资源部协助进行，或邀请下属企业内部审计部门进行配合。因此，集团公司内部经济责任审计工作实际上是一个全方位、全过程、多部门参与的监督、鉴证行为。

　　为形象说明这种全方位、全过程的内部经济责任审计模式，在此，结合工作实践，举几个具体的例子。

　　（1）某旅行社负责人任期经济责任审计。集团公司在对某旅行社的负责人进行任期经济责任审计时，前期已对该公司进行过经济效益审计和内部控制审计，当时在审计报告中指出其人力资源管理、合同管理和市场定位等方面存在诸多问题，在进行任期经济责任审计时，集团公司在审计报告中对这些问题同样进行了披露。

　　（2）某客运服务公司负责人任期经济责任审计。集团公司在对某客运服务公司的企业负责人进行任期经济责任审计时，前期已对该公司进行过票务稽查审计、财务收支审计和经济效益审计，指出其发票管理、现金收款和账务处理方面存在问题。同样，在对其进行任期经济责任审计时，也借鉴了之前的审计成果。此外，在此次经济责任审计过程中，珠控集团的企业管理部、财务会计部、人力资源部也对该企业进行了经营、财务和人事管理等方面的专项调查，其成果也被应用到审计报告中。

　　（3）项目建设的全过程参与。例如，在集团公司投资海南三亚水上交通项目的立项阶段，审计部门作为风控委员会成员，多次参与项目的可行性研讨论证会，对项目投资过程中可能出现的风险进行了提示；在度假村新酒店建设项目和公共游艇帆船中心码头工程建设项目中，审计部门参与了项目建设的全过程服务，对项目的设计和规划、招标方式及程序、合同审核及订立、预算的审核等都提出了专业意见，以上工作为日后的经济责任审计打下了基础。

　　（4）下属企业内部审计部门或内审人员每年均安排本单位的内部审计计划。如高速客轮公司、度假村酒店等，每年均会根据实际情况进行不同的内部审计，在对这些企业进行审计时，也会查阅这些审计报告，参考其中的审计成果。

（二）充分的前期准备工作是内部审计获得成功的前提

　　集团公司充分认识到充分的前期准备工作对审计工作是十分重要的。在对企业进行经济责任审计时，往往会召开一个前期工作准备会议，根据被审计单位的具体情况和前期的专项审计情况进行分析总结，确定该企业的内部经济责任审计重点，编制审计计划和审计方案，这样既可以节约审计时间，提高审计质量，又不会对下属企业的正常工作造成干扰。可以说，审计准备工作的好坏，在某种程度上决定了审计项目是否取得成功。

（三）现场寻找审计证据是去伪存真最有效的手段

　　实践是检验真理的唯一标准。同样，只有在企业经营现场所取得的审计证据才是最可靠的，这是多年来审计工作经验得出的结论。

　　常用的审计取证方法有询问、审核、观察、函证和监盘五种方法。其中观察法和监盘法取得的审计证据最为可靠。询问、审核、函证等所得到的证据很可能都是经过修饰和伪造的，到企业经营现场去寻找真实的证据，这是集团公司审计监察工作一贯的做法。

　　例如，在对某酒店负责人进行任期经济责任审计时，对其厨房餐料的采购和盘点进行审计。刚开始时采用询问法和审核法获取审计证据，审计人员得到的结论是厨房餐料的采购遵循了货比三家的原则，采购成本得到有效控制，而且盘点制度得到有效执行。但当审计人员到周边市场进行调查时，却发现其餐料进货价是偏高的；同时通过监盘审计方法，审计人员又发现了其餐料库存数量与账面数出入很大，盘点制度实际上并未有效执行。

再比如，审计人员在对某加油站进行现金管理审计时发现，如果采用询问法和审核法，将得到的结论是，该加油站现金管理规范，无重大现金管理风险；但当审计人员到公司现场获取审计证据时却发现，该加油站每天所收现金金额巨大，但并未按规定及时存入银行，库存现金超过公司规定标准；同时存放现金的保险柜也存在安全隐患，现金管理风险巨大。

可见，审计工作不能只从账目上寻找问题，现场证据是去伪存真的灵丹妙药。

（四）从财务数据中揭示事实的真相

财务数据是企业经营活动留下的重要记录，分析利用企业的财务数据，在内部经济责任审计中具有重要的作用。如何读懂这些数据，对审计工作极为关键，也是对内审人员专业素质的考验。

分析性复核是分析财务数据的重要审计方法。对公司重要项目的金额、比率进行分析，可以发现重大的审计问题。因此，用分析性复核方法对财务数据进行解码，是进行内部审计时经常运用的方法之一。

例如，在对某客运站负责人进行任期经济责任审计时，对其费用发生情况进行审计。审计人员运用分析性复核方法进行审计时发现，公司部分费用发生额较大，且超出正常的比例范围，这让审计人员引起重视。审计人员对这些费用进行重点审查，并查看原始发票和单据，结果发现部分发票的开具是不真实的，公司购买的商品与发票开具的内容并不相符，公司在刻意隐瞒某些敏感费用，存在粉饰会计报表的嫌疑。

再比如，在对某客轮公司进行审计时，审计人员运用分析性复核方法审计时发现，公司部分明细费用常年发生额较大，超过正常水平。审计人员于是对该费用进行重点审计，发现在该费用科目下隐藏了其他的费用，公司同样是把某些敏感费用隐藏在了该费用科目下，财务报表费用的列示并不是真实的。

（五）建立行之有效的经济责任评价体系

经济责任评价没有一个统一的评价规范，怎样评价、根据什么评、评到什么水平，还没有一个细化的规范和方法，这给审计工作带来很大的随意性和伸缩性，对审计评价的权威性也带来了挑战。

目前集团公司审计工作采取的经济责任评价指标分为效益类和管理类两种。效益类指标包括营业收入、净利润等反映企业经营状况的指标；管理类指标包括成本费用增长率、招待费用增长率等以及管理协同、经营创新、民主决策、遵纪守法、廉洁自律等定性的考核指标。在对下属企业进行经济责任审计时，将会利用该企业每年的经营管理考核指标的完成结果，同时与国务院国资委每年颁布的企业绩效评价标准值相对比，并结合当年的经济形势，来综合评判该企业的效益情况。在对该企业的管理类考核指标进行评判时，审计人员会采用民意调查方式，通过访谈经营班子成员、各部门负责人及部分员工，了解企业领导人在民主决策、经营管理、廉洁自律等方面是否存在问题。审计人员还会联系纪检监察部门了解企业领导人的廉洁廉政情况，为经济责任审计评价提供全面客观的依据。

（六）审计结果的有效运用才能使审计工作落到实处

内部经济责任审计结果是干部任用和奖惩的重要依据，也是被审计企业改善内控和经营管理的重要契机。集团公司也十分重视内部经济责任审计结果的应用，每年底，集团公司审计法务部均会针对各下属企业的整改情况出具审计整改报告。2015年底，集团公司还特别召开了针对下属企业审计发现问题的沟通大会，其中重点沟通了在经济责任审计中发现的问题，这样做的目的，就是要把各企业存在的经济责任问题公开化，要把问题摊在阳光下，使问题企业改过，其他企业引以为鉴。

（七）审计服务于企业才能营造良好的审计氛围

前些年，集团公司的内审工作是以"监督导向性"的模式为主，侧重于对下属企业经营活动进行审查和评价。随着市场经济的不断发展和国企改革步伐的加快，集团公司内审工作也在逐步适应现代企业发展的需要，从促进企业提高经济效益，防范经营风险，确保国有资产保值增值的角度出发进行职能的转变。内审工作已由过去单一型的查弊纠错朝着"服务导向型"的方向发生转变，并逐渐将控制和咨询作为内部审计的重要职能。

集团公司内部审计与外部审计的目标有所不同，在最终目标上，审计工作和企业的目标是一致的，都是为了使企业规范运行，增益增效。因此，内部审计部门必须要让企业也清楚这一点。而内部经济责任审计同样不是为了找企业负责人麻烦，而是在给企业一定经营期间内的经营情况作出诊断，到底存在什么问题，让企业负责人清楚，让上级主管部门清楚，便于改进，加强管理。

目前，集团公司内审部门经常参与下属企业的经营管理，包括企业的对外投资、工程建设、物资采购等，我们均会对此提出我们的专业意见，让企业按规经营，防范风险。下属企业领导班子也逐渐意识到，有集团公司内审部门参与其中，一方面能使工作流程更加规范，另一方面更能使企业降低经营风险，让企业领导人更为放心，最为重要的是，提前规范经营行为保障了在日后的经济责任审计中不会出现重大问题。现在，下属企业领导班子成员往往是主动要求集团公司内审部门介入企业的经营管理，集团内部已形成良好的审计工作氛围。

（八）注重以实践经验作为选拔审计人员的标准

实际工作能力是考核内部审计人员的唯一标准。集团公司审计法务部在聘任内审人员时，最重要的一个衡量标准是该应聘人员的企业实际工作经验。只有真正在企业从事过管理工作，才能真正了解企业的运作，在进行内部审计时，才能切中要点，避免花无用功，做无谓事。

例如，集团下属公司珠控集团的审计监察部，在招聘工程审计专员时，除要求其具备专业技术资格外，还明确要求其必须具备工程项目的实际工作经验。此外，对于从外部聘请的财务审计人员，首先考虑的是其企业的实际工作经验，其次才是考虑其是否具有会计师事务所的工作经验。

总之，在对内部审计人员的素质要求上，审计法务部注重的是实际工作能力，注重的是实际工作能力的培养，并在此基础上，提高理论知识水平。

（九）充分利用现代高科技手段创新审计方法

现代电子信息技术日新月异，企业的经营管理实现电子信息化的比例越来越高，因此，如何运用现代高科技技术进行内部经济责任审计是摆在我们内审人员面前的课题。目前，集团公司下属企业中部分企业配置了一些高科技的电子监控设备，如，客服公司装备了对票务收款流程的全程电子监控系统，公司管理人员可随时随地通过互联网对公司的票务收款流程运作情况进行监控；各下属企业在重要经营场所及现金存放处基本上安装了24小时的电子监控系统。

近年来，集团公司下属的珠控集团安装了网上经营管理系统，珠控集团下属企业的经营数据均实时录入该系统，通过该系统，珠控集团管理层可随时随地通过互联网查看下属企业的生产经营情况，实时掌握各企业的生产经营数据，及时解决经营中出现的问题。同时，通过该经营管理系统的预警系统，集团公司内审部门也可以确定下属企业的重点审计领域，并通过该系统获取审计数据和进行某种程度的定量分析。

目前，集团公司及下属企业均通过用友的 NC 财务管理系统进行财务会计核算，利用该系统的查询、导出等功能，可以方便地获取被审计企业的各种财务数据，并利用 Excel 等电子处理工具对财务数据进行分析，大大提高了审计工作效率。

通过对集团公司及下属企业经营及财务数据的标准化管理，为日后采用计算机审计软件进行内部经济责任审计奠定了良好的基础。

前段时间，集团公司在对某下属企业进行经济责任审计时，还利用了红盾网查询了与该企业有频繁业务往来单位的工商登记情况，发现了重要的审计线索。此外，在对各下属企业的招投标进行监控时，还通过红盾网查询各投标单位的工商登记情况，用以发现是否存在同一控制人来进行串标等违规行为。

四、内部经济责任审计存在的问题和改进思路

在肯定内部经济责任审计工作取得的成绩的同时，集团公司还清醒地认识到其中还存在着许多不足和有待改进的地方，主要表现在：一是部分企业管理人员的风险意识不足，内控制度的建立还不够完善，内部控制流于形式，为内部经济责任审计带来困难，增加了审计风险；二是内审人员多由财会专业出身，往往重视账面审计而忽略账外内容，其主要工作未深入到管理和业务领域，对经济业务的复杂性了解不足，未能有效地根据企业经营特点采取不同的审计方法揭示其中潜藏的问题；三是成员企业内审机构或岗位的设立没有完全到位，其地位缺乏独立性，导致其在内部经济责任审计中的作用被严重弱化，不能发挥应有的作用；四是内部审计管理体系框架虽已基本搭建，但尚缺乏具体实施细则、审计手册、审计模板和实务操作指引，特别是有关内部经济责任审计的部分，更是有待完善。

2016 年，珠海九洲控股集团的"固本强基"之年。九洲控股集团将实现产业转型、朝着多元化的方向发展，全面推进资产重组及管理体系调整，整合港航资源，建立融资平台，推进资产证券化，走收购兼并的扩张发展道路。在这一新形势下，对集团公司的管理人员和内审人员提出了更高的要求。因此，在今后的工作中要注重强化以下工作：

一是强化企业管理人员的风险控制意识，对面临的风险进行评估，在此基础上有的放矢地制订内控制度，根据内审结果不断改进风险评估工作和内部控制，从而使企业规范运行，为内部经济责任审计创造一个可靠的内部环境，降低审计风险。

二是进一步加强内审人员的专业培训，优化其知识结构，不断探索内部经济责任审计工作新思路、新方法，使内部经济责任审计工作质量不断得到提高。

三是进一步建立健全成员企业的内审机构和岗位，提高其独立性，充分发挥其审计监督的职能，在内部经济责任审计工作中发挥其应有的作用。

四是进一步加强内部审计制度的建设，尤其是加强内部经济责任审计制度的建设，并在实践中不断予以充实、完善。

五是充分利用现代电子信息技术，逐步实现计算机辅助审计，提高内部经济责任审计的效果和效率。

六是加强工程项目审计的力度和质量，在招投标及预结算上严格把关，确保集团公司房地产新业务的健康发展。

通过这些年的经济责任审计工作，集团公司深刻体会到：重视审计监察工作是关键，树立监督和服务的意识是前提，强化内控制度的建立和完善是目的，促进审计成果的落实和运用是动力，提高内审人员的业务素质是最根本的保障。

企业经济责任审计任重而道远，我们永远走在前进的路上！

基于绿色创新为导向的循环经济
发展探索与实践

申报单位：中国黄金集团内蒙古矿业有限公司

作者：赵占国　朱永坤

[摘要] 矿山企业在发展过程中所涉及的环境保护以及矿山所在地区发展等问题，是矿山建设中的难点和重点。中国黄金集团内蒙古矿业有限公司地处边疆呼伦贝尔草原自然生态保护区，如何实现生产发展、生活富裕、生态良好的有机统一，对于公司落实科学发展观具有很深的现实意义和政治意义。几年来，公司坚持以"资源综合利用、低品位矿利用，大力发展循环经济和废料资源化"为目标，成功打造了中国黄金集团建设项目生态矿业工程，实现了"无废开采，清洁生产"的总体目标。用实际行动自觉贯彻了国家提出的五大发展科学理念，实现了经济价值、资源效益、社会和谐的全面丰收。

[关键词] 循环经济；绿色发展；安全环保

中国黄金集团内蒙古矿业有限公司（以下简称"内蒙古矿业"）处于内蒙古自治区呼伦贝尔市新巴尔虎右旗境内，矿区处于高纬度地带，是一座大型低品位铜钼矿，处理能力 2600 万吨 / 年。项目一期于 2009 年 9 月投产，二期于 2012 年 10 月投产，总投资 59 亿元。截至 2015 年底，累计生产铜金属 36.2 万吨，钼金属量 8976.88 吨，实现主营业务收入 142.05 亿元，利润 35.16 亿元，上缴地方各项税费 35.36 亿元，取得了良好的经济效益、生态效应和社会效应，成为中国黄金集团公司和有色行业的标杆企业，区域社会经济发展的中流砥柱。

一、构建绿色生态发展理念

几年来，内蒙古矿业在项目建设和发展过程中，始终秉承"科学发展、绿色发展、和谐发展、持续发展"的发展理念，贯彻集团公司"环保扎根基、绿化提神气、和谐促发展、科技催新机"的发展要求，遵循"安全与环保并重、绿色与和谐并行、美丽与发展共赢"的发展方式，把坚持大型现代化矿山企业的可持续发展作为目标，把生态环保融入到企业社会责任中，为探索现代矿业全新发展方向做出了积极而富有成效的探索。

二、矿产资源综合回收成效显著

内蒙古矿业属于低品位大型多金属矿床。在考虑到投资、经验、设备能力、经济及市场风险等因素的同时，将项目工程进行分期建设。主要采用露天开采，公路开拓，单一汽车运输，陡帮剥离、缓帮采矿。矿山设计回采率97%，贫化率3%，选铜回收率85%，2015年实际回采率达到99.28%，贫化率仅为0.89%，选铜回收率90.03%。"三率"指标均好于设计水平，达到国内同行业领先水平。

在储量估算和露天采矿设计方面，内蒙古矿业公司采用Micromine软件设计，打破了传统的工业指标模式，降低矿石的入选品位，使平均品位铜0.25%、钼0.016%、总矿量15349万吨的低品位铜钼资源得以回收利用，最大限度提高了资源利用水平。

另外，在选矿方面，采用先进的SABC选矿流程和尾矿膏体输送新工艺，不仅减少了人员数量，还降低了采选生产成本，使低品位资源得到了综合回收利用。

自2010年试生产以来，通过工业铜矿石和低品位铜矿石配矿入选的技术方法，确定了科学合理的低品位铜钼矿的生产临界品位，每年为企业增产含量铜18538.67吨、含量钼3526.98吨、增创产值15.40亿元，上缴所得税4176万元，净利润8793万元，延长矿山服务年限达9年以上；综合利用表外低品位铜矿石4863万吨，增产铜金属量13.76万吨，增加销售收入64.23亿元。最终实现经济效益、社会效益、资源效益的统一。

三、技术引领绿色发展

内蒙古矿业位于呼伦贝尔大草原深处，属于斑岩型低品位铜钼矿床，为实现规模效应、生态发展，公司将科技创新放在十分重要的位置。项目建设伊始，公司以战略眼光，立足现代矿业发展前沿，创新应用国内外10项先进技术，取得了一个个令国内矿业界瞩目的成绩，两院院士王淀佐现场调研时为公司题词"引领矿业发展、创先国际一流"，翟裕生院士称公司为"中华矿业明珠、跨超发展典范"。

（一）流程简约化的SABC碎磨工艺技术

在国内率先成功应用SABC碎磨工艺流程，使我国碎磨工艺技术与世界先进水平的差距缩短了近20年，标志着中国碎磨工艺技术水平已经达到了世界水平。该工艺流程具有设备规模大型化、流程简约化，便于实现自动化操作，降低生产成本等一系列优点。同时配套建造了国内最大跨度封闭式储矿堆，取消了传统的三段碎矿流程，基本消除了粉尘污染。SABC工艺成功应用，为大规模开发低品位矿产资源，解决了品位低、成本高、环境污染严重等问题，实现了矿山科学发展、可持续发展的总体目标，被国土资源部列为"矿产资源节约与综合利用先进适用技术"加以推广应用。

（二）高效节能的尾矿膏体排放技术

在国内第一个采用尾矿膏体制备与排放的全新尾矿处理工艺。世界上规格最大深锥浓密机（ϕ40米和ϕ43米）用于尾矿浓缩，溢流水循环利用，排出的最终尾矿浓度为68%左右，大大减少了生产废水外排带来的环境影响。这种工艺最终将实现尾矿管道输送、干式堆存，大幅度提高选矿厂的回水率，为我国矿山节约工业用水和尾矿排放及堆存方式积累了一套科学、可行的尾矿排放新经验，实现了尾矿排放技术的重大突破。该项技术的成功应用，提高了尾矿库的安全等级，大大减轻了因尾矿堆存对周边生态环境的影响，被国家安监总局列为推广应用项目。

（三）国内自主研发和生产的大型高端装备的应用

首次使用国内规格最大、设计总功率为世界最大的$\phi 11m \times 5.4m$半自磨机、$\phi 7.9m \times 13.6m$球磨机，以及国内规格最大的往复式活塞隔膜泵 DGMB630/6、320 立浮选机和 MA-2610 磁力弧除铁装置等国内自主研发和生产的大型矿山设备。通过几年来的生产实践，高端设备的运行特性和技术参数得到不断完善和优化，为设备性能的提升提供了科学依据。内蒙古矿业高端设备国产化的成功实践与应用，对民族装备制造业的自主创新和发展，起到了积极的推动作用。

（四）首次在世界范围内将城市中水用于矿山大规模生产

公司选矿生产用水来自满洲里市城市中水，不仅解决了公司大量生产用水问题，而且解决了满洲里市每年近 550 万立方米的城市生活污水排放带来的环保问题，每年还为地方政府创造近 700 万元的经济效益，有效拉动了当地社会经济发展。中水项目的成功应用，为同类型矿山企业生产用水和水资源匮乏地区的矿业开发提供了借鉴和示范效应，也为我国利用再生水源实施矿业开发提供了一套可行的成功经验，极大地推动了行业节能减排工作与技术装备革新。

鉴于良好的示范效应，项目成果先后编入中国社会科学院《企业社会责任基础教材》、《企业社会责任蓝皮书》等权威书刊，同时还获得了"联合国全球契约中国网络 2013 环境保护最佳实践"。

（五）攻克高次生铜含量低品位斑岩型铜钼矿分离技术难题

内蒙古矿业属于低品位矿山，铜品位平均 0.14%，钼品位 0.035%。为综合利用好有限资源，公司积极开展科技攻关，通过大量的探索试验和流程改造，攻克了次生铜含量高（达 65%~70%）对铜钼分离的影响，选钼综合回收率稳定在 70% 以上，破解了发展瓶颈，为公司可持续发展提供了核心技术支撑，为我国高次生铜含量低品位斑岩型铜钼矿高效开发利用起到了示范作用，年可新增利润 2 亿元，为国内同类型矿山企业提供借鉴意义。项目获得中国黄金协会特等奖。

（六）实现选矿生产数字化管理

内蒙古矿业坚持依靠自主力量，摸索开发出"选矿专家管控系统"，获得最佳的选矿技术工艺参数，实现管理、控制一体化技术。利用专家系统方法实现对选矿工艺技术参数和实践数据的管理和分析，利用大数据理论结合工艺模型实现对选矿技术参数的计算和优化，打破了选矿优化控制的方法局限性，实现多个单元的自动连锁控制，减少人为调整以及设备大型化的操作难度，提高设备运转率，走出了一条现代矿山企业自动化和数字化全新发展之路。

四、以节能减排为主的循环经济应用

按照国家有关政策的要求，公司成立以来，就确定创建"资源节约型、环境友好型、科技创新型"企业，坚持"绿色发展"理念，利用先进技术和设备最大限度地节能减排，着力构建草原生态文明。

在土地利用上，自项目开发建设阶段，就从设计优化入手，科学布局，采用台阶式和平坡式相结合的方式集中采选工艺布局，使得首期征地由原规划的 799.8 公顷减少到 655 公顷，节约用地达 30%。

在节水方面，一是公司在尾矿排放方式上选用了节水节能效果明显且高效安全的高浓度尾矿膏体排放技术，同时建立生产循环水管网，实行水循环综合利用，回水利用率达到85%以上，极大节约了用水量，实现吨矿用水约为0.3千克，吨矿用水成本约为2.57元/吨，为同行业最低（一般企业大约为3.5元/吨）；二是在国内创先利用城市中水进行大规模选矿工业生产，有效节约自然水资源。

在节能减排方面，公司采取变频、无功补偿等先进设备，有效降低电网无功损耗，每月节约用电350万度；采用封闭式储矿堆和尾矿膏体排放，减少扬尘的同时，确保了矿区污废水实现零排放，并且粉尘排放全部达标、固体废物处置全部符合国家标准。

另外，在尾矿库粉尘污染专项治理工程过程中，通过抑尘剂室内实验、草帘覆盖现场试验、密目网苫盖等办法对各项措施方案的可行性和经济性进行综合比选，确定了"覆盖沙土"的治理方案，取得了良好的抑尘效果，在呼伦贝尔地区矿山企业尾矿库扬尘治理工作中起到了典范的作用，得到了地方各级环保监察部门的认可。

五、积极创建花园式矿山

"开发一座矿山，还建一座花园"是内蒙古矿业对社会的庄重承诺。几年来，内蒙古矿业始终坚持"在剥离中复垦，在施工中绿化，在生产中美化"的行为准则，致力于保护环境和绿色发展，在建设中高度重视环境保护，加大投资力度，提高环保水平。

公司先后投入近9000万元，实施绿化和美化工程，建立了多处景观区、道路绿化带等一批典型意义的人文景观，矿区绿化面积达30多万平方米。

在环境保护和取水工程方面的投资累计达4亿元，占整个工程费用的14%。其中用于尾矿、除尘、污水、环境监测等方面的投资为1.65亿元，占总投资的5.85%，做好生产过程环境保护，美化矿区、绿化环境，打造花园式矿山，积极改善区域生态环境。

内蒙古矿业在建设中始终注重保护草原脆弱植被。在采矿区增设1个表土堆场，面积3.2平方千米；在尾矿库区库尾增设1个表土堆场，面积4.3平方千米。表土用于厂区绿化、道路绿化、排土场复垦、废石堆场复垦、尾矿坝复垦，复垦面积达281.5万平方米。

如今的内蒙古矿业已真正成为"花园式矿山"，穿行在矿区，草木葱茏，鸟语花香，成为大草原又一道美丽的风景线，得到了行业的广泛关注与高度赞誉，相关经验做法在"2012年、2013年中国国际矿业大会"上进行交流。2012年7月由中国矿业联合会主办的"全国绿色矿山建设现场会"在公司召开，300多家矿山企业参加了此次盛会，内蒙古矿业绿色环保先进经验做法得到了各级专家的一致好评。

六、健全安全环保运行体系

内蒙古矿业自组建以来，始终遵循国家"安全第一，预防为主，综合治理"的安全管理方针，扎实推进安全环保工作。

一是相继成立了公司安全生产管理委员会和环境保护委员会，构建公司、车间和班组的三级安全环保管理网络。

二是建立健全完善的矿产资源开发利用、环境保护、生态重建、安全生产等规章制度、台账、工作流程，以制度建设为根本，以激励考核为机制，夯实安全环保管理基础。

三是认真落实安全生产责任制，形成月度安检与不定期检查相结合的管控机制。

四是按照"四不放过"原则严肃各类事故管理，确保现场安全基础设施健全，综合治理工作到位。

五是实行全员安全风险抵押金制度，形成全员重安全、促环保的工作氛围。

六是建立全员安全教育培训制度和宣传教育，培育公司安全生产文化，实现了安全环保事故为零的良好纪录。

目前，内蒙古矿业露采、尾矿库、选矿厂先后通过国家安全标准化一级达标验收，为公司后续安全环保工作再上新台阶提供了有力支撑，也为公司的可持续发展提供了有力保障。

七、结语

内蒙古矿业积极探索以绿色和谐为导向的循环经济发展模式，极大地促进了地方经济的发展，每年缴纳税费占驻地政府财政收入的 60% 以上；安置了本市旗县各类人员 480 人，占员工总数 37%；安置矿区周边牧民占适宜就业牧民的 95% 以上，缓解了当地牧民的就业压力，极大地促进了民族边疆地区的经济稳定、社会繁荣、人民富裕。

内蒙古矿业先后被内蒙古自治区评为"自治区级工业旅游示范点"、"2014 年内蒙古自治区节水型企业"、被工信部批准为首批两化融合促进节能减排重点推进项目单位、被国家安全监管总局命名为"全国安全文化建设示范企业"、被国土资源部评为第二批国家级绿色矿山、被国土资源部评为"矿产资源节约与综合利用先进适用技术推广应用示范矿山"和首批"和谐矿区试点单位"、被中国社会科学院经济学部企业社会责任研究中心授予"企业社会责任示范基地"。

参考文献

[1] A.R. 麦克弗森. 自磨技术的新进展 [J]. 国外金属矿山, 1989（10）, 1989（11）.

[2] 杨世亮, 杨宝东, 王越等. SABC 工艺在国内生产实践中的探索 [J]. 黄金, 2013（3）.

[3] 朱永坤. 基于绿色循环经济创新实施城市中水综合利用 [J]. 黄金, 2016（3）.

[4] 徐涛, 谷志君, 孙春宝等. 膏体与尾矿排放技术 [J]. 现代矿业, 2010（11）.

[5] 孙春宝, 赵留成, 陆兆峰等. 乌努格吐山铜钼矿选矿工艺 [J]. 金属矿山, 2012（10）.

"混合所用制"体制下国际工程项目混合管理团队创新研究

申报单位：中国石油报社

作者：王　勇　郭东平　程显宝　丁　慧　郭海萍

[摘要] 为探索在国有资产保值增值的前提下，国企与其他所有制企业实现资源共享、优化配置，论文首次创新地提出了混合所用制体制；为化解国际工程项目中各个利益相关者之间的固有冲突，根据混合所用制体制特点和资源共享（特别是人力资源共享）的原理，论文提出并实践了在混合所用制体制下组建国际工程项目混合管理团队的方法。论文以投资、兴建国际工程项目的国企业主为视角，基于解决国企改革中所有制改造的国有资产流失、国企有效人力资源短缺和国际合作中利益相关者的多方冲突等热点和难点问题，通过理论分析和实证分析，聚焦于混合所用制体制下组建混合团队的人力资源共享创新研究，阐述了组建混合团队的可行性、原则、意义和策略，并指出了操作难点和重点，对国企体制改革、人力资源优化以及处理国际项目利益相关者关系等都具有理论和现实意义。

[关键词] 混合所有制；混合所用制；国际工程项目；混合管理团队；利益相关者

引言

目前，混合所有制改革已成为国企改革的热点。但是，国企所有制改革却举步维艰，变化反复，其根本原因在于所有制改造过程中容易出现国有资产流失现象，尤其体现在产权评估、产权界定、产权定价和产权归属等过程中。因此，国企混合所有制改革也逐渐成为国企改革的难点。此外，国企人员包袱沉重也是国企经营效率低下的一个重要原因——企业需要的人才进不来、留不住，不需要的冗员走不掉。因此，有效人力资源不足成为制约国企发展的另一个难点。

在国企国际化经营方面，近十几年来，中国国企"走出去"的步伐越来越大，但是，由于国外的合作伙伴、员工以及其他利益相关者的目标、诉求、文化、习俗等与中国国企业主的差别很大，甚至产生了很深的矛盾。因此，如何解决国际项目利益相关者之间的冲突，管好各个利益相关者的资源，特别是有效地利用各方的人力资源，不仅是国际化经营的热点和难点，也是国际工程项目成败的关键因素。

面对这些问题，很多专家和学者都在积极探索，却没有突破性的进展。然而，以中国石油为代表的中国国企在国际经营的实践中不断探索、总结，逐渐创新和发展了一种管理体制和管理模式——在混合所用制体制下的国际工程项目混合管理团队，对避免国企体制改革中的国有资产流失、扩大国企有效人力资源、缓解国际化经营中的利益相关者冲突等国企改革的热点和难点问题都有指导意义。

一、混合所用制和国际工程项目混合管理团队概念

（一）混合所用制

国企改革中常用的词是混合所有制，即合作伙伴之间产权共同拥有的合资、合作体制。而混合所用制，是以国企为核心的各个利益相关者之间产权各自所有、资源共同使用的合作体制。其核心理念是"不求所有，只求所用"，即多个利益相关者之间合作而不合资，共同使用资源。

工程项目的利益相关者是对项目有影响或者受到项目影响的单位、团体和个人，包括国企业主、承包商、监理、供货商、政府、当地居民等。各个利益相关者由工程项目联系到一起，但是由于各个利益相关者的利益诉求不同、目标不一致，导致相互之间存在必然的固有冲突。如，以工程项目的三大控制目标（工期、质量和成本）为例，业主更看重工期目标，总承包商更看重成本目标，而监理则更看重质量目标。

（二）国际工程项目混合管理团队

国际工程项目混合管理团队，即在混合所用制体制下的国际工程项目中，以国企业主为管理核心和指挥中心，由国企业主、业主代表（项目咨询/技术服务、监理）、总承包商、分包商以及供货商等项目利益相关者为团队组成部分，发挥各利益相关者资源优势而建立的，共享内部资源（特别是人力资源）的紧密、和谐、高效的混合型项目管理联盟。

（三）混合所用制体制下的国际工程项目混合管理团队的内涵和特点

国际工程项目混合管理团队（以下简称混合团队）的主要内涵和特点如下：

体制保障是混合所用制。为保障国际工程项目管理团队发挥作用的体制是混合所用制，即在混合所用制下，在利益相关者合作的基础上，各方实现资源优化配置。

国企业主是混合团队的管理核心、指挥中心，负有统筹、协调和管理的权利和义务。无论是作为业主代表的项目咨询/技术服务、监理，还是承包商、分包商、供货商，都是混合团队的一部分，都要服从国企业主的统一领导和指挥。

总体目标一致。混合团队在国企业主的统一领导和指引下，在兼顾各方利益的基础上，实现国企业主的核心目标——在最短的时间内、以最少的费用支出，保质保量地完成国际工程项目。

混合团队内部资源（特别是人力资源）共享。各个利益相关者（特别是国企业主）要转变观念，打破常规。各个合同商之间的资源内部公开、有偿共享、适当流动、合理调配。为了工程的需要，在国企业主的协调和许可下，各方的工作都可能超过原合同范围，每名团队成员都可能从事自己职责范围之外的工作。

沟通顺畅。通常情况下，国企业主、承包商、分包商、供货商等见面的机会不多，更不在一起办公。但是，在混合团队中，各参建单位在一起办公，发挥优势、协同作战、共同协商、共同决策，从而弥补了国企业主的有效人力资源不足的缺陷，实现了人力资源管理的延伸。

灵活高效。根据需要，各方的合作内容及时调整。参建各方的关系不仅仅需要国企业主的核心领导，还要根据工程实际需要相应地调整各方的缔约内容——以会议纪要、备忘录和补充协议等方式，及时调整工程量、工作范围以及工程进度等，以便及时确认相关费用。

二、国企业主在混合所用制体制下组建混合团队的可行性分析

国际工程项目利益相关者之间的关系，涉及利益相关者理论、合作博弈理论、多目标优化理论等多种理论。从利益相关者理论分析，利益相关者之间虽然存在固有的冲突，但是为了实现自己的利益，必须在一定程度上满足其他利益相关者的需求；从合作博弈论的理论分析，虽然利益相关者之间存在着不同程度的博弈，但是他们之间的合作能够使整体取得更大的收益，进而实现自己的收益；从多目标优化理论来看，在多个目标并存的情况下，将多个目标进行优化，能够求得最优解。因此，从多个相关理论的分析，可以得出结论：项目的利益相关者达到整体最优，从而实现各自的利益。

国企业主、监理和承包商等利益相关者在工程项目中的主要区别除了目标不同外，体制、机制不同之外，资源占有数量、质量也不同，特别是人力资源的质量和数量差别更大，即合同商有各自的资源优势。资源占有不同，虽然导致了合同商之间的矛盾冲突，但是也使得相互之间存在共享和合作的基础。如，承包商有机具和设备的资源，国企业主具有资金优势，当地承包商具有地缘优势，等等；相应地，各个合同商也都有各自的劣势和短板，如国企业主往往缺乏完成项目所必需的全部专业的人员等。

从国际工程项目建设的实践来看，理论分析的整体最优不可能主动实现，必须有一定的外力促成。利益相关者与国企业主的关系是建立在工程项目合同的基础上。由于合同条款不能穷尽一切事项（特别是在工程项目遇到意外事件时）。因此，在国际工程项目的建设过程中，如果没有统一的协调，各个合同商不会主动分享各自的资源，而只会追求各自利益最大化，进而，在各个利益相关者在追求各自利益最大化过程中，也会引发更大的冲突，甚至导致项目的失败。

国企业主是国际工程项目合同商中受益最大的和最有影响力的利益相关者，因此，国企业主有足够的动力统筹协调各方的资源来解决冲突，也有能力统筹协调各个合同商，促进各方之间的资源共享和合作。

因此，为了优势互补、提高效率，国企业主可以按照现代企业管理中"不求所有，只求所用"的理念，以国际工程项目的投资方——中国国企为纽带，在国际工程项目中建立包括中外方国企、私企和民企在内的"混合所用制"体制；在混合所用制体制下，组建国际工程项目混合管理团队，共享项目资源（特别是人力资源），以达到项目利益最大化。

三、在混合所用制体制下组建混合团队的原则、策略和管理模式

（一）组建原则

为了更好地实现国企业主的目标，在混合所用制体制下组建混合团队应按照"统一领导、分层管理、积极协调、适当妥协"的原则进行。

1. 统一领导

由于混合团队各方目标不同、需求不同，相互之间的矛盾不可避免，因此，需要国企业主的统一领导、指挥和协调，才能达成项目目标。同时，由于参建各方都直接或者间接地为国企业主服务，因此，各方应该直接或间接地接受国企业主的统一领导。

2. 分层管理

按照国企业主与其他相关各方签订的合同内容、工作范围以及工作性质，对混合团队内相关各方实行层次化管理。一是国企业主项目部为混合团队的核心层，对项目起领导、协调和监督的作用。二是技术服务、第三方监理为混合团队的紧密层，协助国企业主项目部进行协调、监督等。三是总承包商、国企业主的直接供货商为混合团队的执行层，执行、实施工程项目。四是总承包商的分包商、供货商为混合团队的操作层，参与项目最基层的操作工作。实践证明，这种层次化管理模式有利于国企业主分清主次、点面结合地进行项目控制，进而提高工作效率。

3. 积极协调

项目经理的大部分精力应该放在协调上。在实际工程中，很多进度、质量问题都是合同商与国企业主、监理协调和沟通不畅造成的。因此，各方主要负责人之间的积极协调是必不可少的。同时，加强协调、沟通，积极协调各方实现资源共享，增进理解和支持是国企业主监督和控制各方人力资源，解决各方冲突的主要手段。

4. 适当妥协

组建混合团队需要合作，合作的目的是双赢、多赢。因此，为了达到整体目标，国企业主不能因为自己在混合团队中有领导力，而不顾其他各方的利益，有时也要做必要的妥协。否则，各方不会真心为国企业主服务，合作也不能长久，混合团队也名存实亡。为了不丧失根本目标，国企业主与各方产生纠纷时应该做到求同存异，抓大放小。

（二）组建策略

在混合所用制体制下组建混合团队有两种策略——主动缔约式和被动接受式。

1. 主动缔约式策略

在项目生命周期的启动阶段（业主招标、签订合同的阶段），各方主动接受，并在合同中明确规定各方的混合团队的关系，称之为主动缔约策略。这种情况虽然能够防患未然，但是，各个合同商一般不愿意接受。因为在项目启动初期，各个参建方总会认为自己的能力很强，自己能解决大部分困难；此外，各方担心将来在混合团队中因为领导权、资源、工期和费用等事宜与其他各方特别是国企业主产生纠纷。

2. 被动接受式策略

当工程项目面临严重问题难以解决时，参建方被迫接受与国企业主组建混合团队的情况，称之为被动接受式策略。在发展中国家进行工程项目建设，被动接受发生的概率较主动接受大。这种策略的产生原因主要来自于总承包商和分包商在工程中投入资源（特别是人力资源）的数量和质量。

工程项目管理的好坏，很大程度上取决于总承包商的能力。但是，总承包商所谓的"好、坏"是相对的、不确定的。在国内干得好，不一定在国外干得好；在一个项目干得好，不一定在另一个项目干得好；前几年干得好，不一定现在干得也好。

因此，在总承包商的选择上，国企业主存在很大的风险。一旦选择的总承包商由于资源投入不足以及能力欠缺等种种原因出现违约，国企业主虽然可以根据国际惯例，提出额度最多合同额的10%的反索赔，但是，在发展中国家很难兑现。此外，国企业主承受的工期和质量等间接损失将远远超过索赔额度。

由于发展中国家发生总承包商投入资源不足而出现严重质量隐患，或竣工日期临近，来不及聘请其他备选总承包商的情况下，为了顾全工程项目大局，国企业主不能轻易与总承包商中止合同，而应该尽量说服总承包商接受混合团队的管理模式。

此外，由于受到当地法律以及工程承包的有关规定限制，工程分包商大多是当地公司。由于发展中国家技术和管理水平以及观念差异等原因，分包商的有效人力、机具和设备等资源投入不足的现象屡见不鲜。这时，国企业主可以将出现的问题变成组建混合团队的机会。例如，中国国企在哈萨克斯坦参与投资和建设的肯基亚克－阿特劳输油管道项目中，当地的分包商起初不积极与俄罗斯的总承包商沟通和合作。到工程项目中期，施工中出现了重大质量问题而束手无策的时候，在国企业主的协调下，才接受总承包商的技术帮助。这也是混合团队的雏形。

（三）混合所用制体制下混合团队的管理模式

1. 按照工作范围和职责成立综合委员会和部门委员会

混合型团队内部虽然没有法律意义上的上下级隶属关系，但是也必须有清晰、明确的组织结构。这种组织结构一般以委员会为组织特征——按照工作职责和性质，将各方人员混编到各个委员会，形成混合人力资源团队。混合团队人员原有人事隶属关系不变，工作委员会的工作鉴定作为员工人力资源管理的重要依据。

首先，组成各种委员会，包括综合委员会和部门委员会。日常工作按照部门委员会管理，如设计委员会、施工委员会、人员调配委员会、后勤行政委员会等。遇到综合性任务，按照临时组建的综合委员会进行管理。如，赶工委员会、试压委员会、投产验收委员会等。

其次，根据国企业主与各方之间的合同确定的工程范围、剩余工程量、各方的实际能力等因素重新划分工作范围，按照WBS(工作分解结构)建立混合团队的OBS(组织分解结构)，确定职责分配矩阵为混合团队的所有管理人员（包括国企业主和业主代表）分配工作。

按照上述方式落实职责分工，可以最大限度地整合部门、提高工作效率。以中石油在哈萨克斯坦投资建设的让那若尔－KC13天然气管道项目为例：按照合同规定，合同各方处理日常信函的期限是7天必须反馈。因此，分包商上报一个技术建议到总承包商、再到业主审批，再返回到总承包商、分包商，即使各方都不违反合同，一般也需要10~21天时间。如果总承包商或业主有不同意见，还要再走几个循环。这样，一条技术建议在2个月内得到实施也属正常。后来，在国企业主的领导下，国企业主、技术服务商、监理、承包商、分包商和供货商组成了混合所用制体制下混合团队。在混合团队的委员会中，技术建议由各方共同商讨，因此，最快当天就能够得到批准并实施，提高了几十倍的工作效率。

2. 混合团队集中办公

按照PMBOK（项目管理知识体系）的理论，提高项目管理效率的有效方法是集中办公。借鉴其精髓，混合团队也应该集中办公——不仅仅是项目核心管理层集中办公，项目的设计、采办和施工团队都要集中办公。让那若尔－KC13天然气管道项目混合团队为了进行首站工程大会战，各方各个专业的主要人员全部集中在首站的现场办公，连续奋战了 2 个月，极大地提高了管理效率，保证了项目按时投产，得到了哈萨克斯坦阿克纠宾州州长的盛赞。

四、在混合所用制体制下组建混合团队的意义

（一）在国有资产不流失的前提下，实现项目资源优化配置的体制创新

在混合所用制体制下组建混合团队，既能够落实中央提出的国企体制改革精神，借鉴私企、民企和外企的优势，又能够在国企没有股权纠纷、没有国有资产流失的前提下，实现各方资源优化配置，还能够减少国企国际化经营中的冲突、矛盾，弥补国企有效人力资源不足的短板，因此，对解决国企改革、特别是国企在国际化经营中的热点和难点问题，都具有重要的理论指导意义和现实示范意义。

（二）国企业主可以更直接地管理、监督项目

在国际工程项目中，由于人员编制和专业范围的限制，国企业主人数相对较少，因此，必须有偿聘请各种合同商来执行项目。国企业主只能进行宏观控制和监督。但是，事实证明，合同（特别是总承包合同）签署后，国企业主往往难以对承包商进行有效的控制，即国企业主花钱把自己的命运完全交给了别人。如果工程项目失败，在诸多的项目利益相关者中，国企业主的损失最大。而组建混合团队，可以扩大国企业主管理权限和管理范围，协调各方资源，更直接、更主动地掌握并指导各个合同商的工作，进而提高项目管理效率。

（三）各个合同商加强与国企业主的合作，可以降低各方之间的沟通成本

在混合所用制体制下组建混合团队，能够使总承包商/施工单位及时获得国企业主的理解和帮助，尽快熟悉混合团队的环境，提高工作效率。有助于当地分包商更准确地掌握工程总体质量和进度信息，及时配合总承包商施工，也可以加强与国企业主、总承包商的沟通，增进理解；有助于监理更清晰、准确地表达施工中发现的问题，并借助国企业主的权威和帮助，敦促承包商及时整改；有助于各个供货商及时了解各项物资和设备需求的紧迫程度，明确并及时调整供货进度，既可满足工程的需求，又可节省供货成本。

（四）各方可以调剂资源余缺、化解冲突，实现优势互补

资源（包括人员、机具、设备、信息、文化等）是否及时到位往往是一个项目（特别是国际工程项目）成败的重要因素。马克思说，人是生产力中最活跃的因素。因此，不仅不能忽略混合团队人力资源的资源属性，还要提起更高的重视，即人力资源是国际工程项目最主要资源。

在发展中国家，资源相对匮乏，各方的资源经常难以按照计划配齐、到位，存在很多不可控因素。如果国企业主仅仅以合同管理各合同商，机械地按照合同的要求，对承包商和监理等的资源不到位进行反索赔，不但会增加资金冲突，也不能保证按照计划的时间和质量完成项目，还加剧了工期和质量冲突。因此，在混合所用制体制下，组建混合团队，可以调剂人力资源余缺，直接或者间接地弥补国企业主有效人力资源不足的缺陷，从而不同程度地解决国际工程项目的资金、工期和质量等问题。

此外，在国内工程项目中，参建各方与国企业主虽然有合同关系，有时却可以依靠上下级关系

或行政命令来调节。而在国际工程项目中，参建各方与国企业主之间是纯粹的合同关系，完全依靠合同办事，不仅缺乏灵活性，也不能形成合力，有时甚至形成对立关系。特别地，在发展中国家建设国际工程项目有其特殊性，既不能照搬国内模式，也不能照搬标准的国际工程项目模式。而建立混合团队有利于将各种体制、机制的优点结合起来，发挥更大的优势。

五、在混合所用制体制下组建混合团队的实施要点

（一）各方及早转变观念

在混合团队成立的磨合期，各方成员往往不适应，混合团队的效率也不高——各方人力资源尚未进入角色，业主不像业主，承包商不像承包商。各方需求不同的状况尚未解决，尚未形成合力。为了工程项目的大目标，各方人员必须学会尽快转变观念，进行必要的角色转换、职位转换，尽快融入混合团队的组织中去。

中国国企在哈萨克斯坦投资兴建的让那若尔－KC13天然气管道项目中，总承包商采办工作主要都在中国进行。由于两国时差、通信不畅等原因，采办审批进度延误。为了加快采办进程，国企业主及时转变观念，回到国内进行供货商名单的审批工作，使整个采办进程提前了一个半月。

（二）国企业主要善于与混合团队其他方协调关系

在混合团队中，国企业主与监理、承包商、供货商等各个合同商的关系十分微妙，既不能太远，也不能太近。太远了沟通不畅，太近了没有威信。各方的关系也需要远近适度，否则，国企业主难以控制局面。

（三）经常召开碰头会、恳谈会、联谊会，增进各方之间的理解和融合

这些活动可以根据实际情况，随时、随地、随机地进行。例如，让那若尔－KC13天然气管道项目在冬季停工、整修阶段，召开了两天的项目管理研讨会，各方畅所欲言。此外，各方还共同合作，出版、发表了20多篇管理和技术论文。

（四）实现合同的严肃性和灵活性的统一

由于种种客观和主观因素，很少有工程项目能够完全按照合同执行下来，在发展中国家进行工程建设更是如此。因此，国企业主不能教条地要求各方完全执行合同，而导致根本目标无法实现。

此外，在集中办公的情况下，各方人员综合调配、混合工作，容易出现工作量确认不清的问题。为此，各方应及时做好增加或减少的工作量的记录，作为合同的补充文件，以备最终结算。对于存在纠纷的工作量，双方也应记录在案，并协商解决。

（五）加强帮助和增进理解——管理和控制当地分包商

中国国企在其投资兴建的国际工程项目中，与当地的分包商关系融洽的少，达到默契的更是凤毛麟角。其根本原因是观念、宗教以及利益上存在较大的冲突和矛盾。对于这种情况，解决的策略是中国企业主从自身做起，加强帮助、增进理解。不仅仅总承包商要管分包商，国企业主也要积极管理、帮助和培养分包商，否则，最终受害的还是国企业主。

让那若尔－KC13天然气管道项目有管道施工、电力、土建和无损检测等几家当地分包商。国

企业主经常主持混合团队工作会议（会战的时候每天晚上都召开工作会议），当场解决分包商出现的问题，并积极协调其他各方给承包商提供各种帮助。例如，在肯基亚克－阿特劳输油管道项目工期紧张阶段，当地分包商无法按时维修管道焊口，国企业主协调俄罗斯总承包商的焊接队伍和设备及时给予支援。

（六）国企业主的指令要通过各方的项目经理执行

由于混合团队是由各个合同商和个人临时组成的团队，国企业主、承包商的项目经理权力都有限。实践证明，有直接人事隶属关系的各方领导对其下属员工的命令更有效。所以，国企业主要紧紧抓住各方的项目经理，贯彻其命令。例如，国企业主不能也不应该直接处置一个不遵守劳动纪律的分包商员工，必须通过这位员工的主管项目经理实施。

（七）完全集中办公和部分集中办公相结合

集中办公明显可以提高工作效率，因此，要尽力保证各个专业委员会分别集中办公。但是，由于种种限制，在发展中国家，混合团队全部集中办公并不可能也没必要。此外，集中办公对各方也有不便之处，最主要的就是各方的隐私空间减少，不利于处理内部事务（特别是财务工作）。由于各合同商的财务部门与混合团队的项目管理关系不十分密切，因此，他们可以分散办公，也可以根据实际情况，在一周中留出一两天时间，让各个合同商分别处理自己的内部事务。

结论

总的来看，针对国企改革的热点和难点，在混合所用制体制下组建混合管理团队，既能够不改变国企的所有制性质而借鉴其他所有制的优势，提高管理效率，又能够缓解国企有效人力资源不足，拓宽有效人力资源范围，还能够化解国际化经营中利益相关者之间的矛盾，调动各方积极性，达到各方的优势互补，是国企改革的有益探索和创新，具有理论和实践意义。

参考文献
[1]美国项目管理协会. 项目管理知识体系（PMBOK）[R]. 2008.
[2]王勇. 国际工程项目混合管理团队：意义、策略及方法[J]. 国际经济合作，2005(11).

经济新常态下商业银行内部审计提升企业价值的路径研究

申报单位：广西北部湾银行股份有限公司

作者：罗会蓉 何鸿雁

[摘要] 经济新常态下，商业银行的发展呈现出新的特征，作为金融业核心体，应主动适应新形势，积极应对新挑战，加快转型创新。作为内部审计要主动适应新形势、新要求，紧紧围绕本行中心大局，主动适应新常态、引领新常态，而现有内部审计的地位、理念、职能作用、审计手段和人才队伍都难以满足新常态下商业银行发展的新要求。作为公司治理基石之一的内部审计要紧紧围绕商业银行价值提升，从公司治理层面强化内部审计的独立性和权威性，从内部审计角度主动转变审计理念，抓好战略管理审计、风险管理审计、绩效审计、领导干部经济责任审计等重点业务类型审计，加大对重点部门、重点岗位、重点环节的审计力度，筑牢企业资产质量风险的第三道防线，运用现代化大数据审计手段拓展审计广度和深度，不断提高审计人员专业水平，切实发挥商业银行内部审计提升企业价值的作用。

[关键词] 新常态；商业银行；内部审计；价值；探索

经济新常态是指在当前或今后较长时间内，经济体处于阵痛、转型、平衡的艰辛历程，各行业呈现出经济增长速度放缓、资产价格持续上行、结构调整和转型升级步伐加快等特征。商业银行也面临着贷款增速回稳、存贷利差收窄、社会融资方式转变、不良贷款反弹、监管"宽进严管"五大趋势，银行业要充分认识新常态下行业发展的特点和规律，主动转变经营理念、加快转型发展。作为内部审计部门要紧紧围绕全行中心大局，主动适应新常态、引领新常态，确实树立新理念、落实新理念、推动新理念，更加有效履行监督、咨询职责，促使企业实现经营目标，提升企业价值。

一、经济新常态下，商业银行发展新特征

（一）竞争激烈化，经营规模由高速增长转向平稳增长

随着我国宏观经济增速告别高速增长进入中高速增长的新常态，加之证券、保险、资管、基金等其他金融业激烈竞争，我国商业银行经营规模从前期的高速增长转向平稳增长。2006~2012年均保持在17%以上的增速，2009年甚至高达26%，进入新常态下，增速明显放缓，2013年和2014

年增速降为 13%，2015 年略有回升到 15%。如图 1 所示。

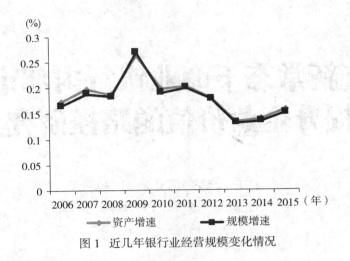

图 1　近几年银行业经营规模变化情况

（二）资产投行化，贷款占比下降催生新兴资产业务

尽管商业银行规模增速放缓，贷款仍然是商业银行主体业务，但贷款增速和占比明显放缓，2014 年银行业贷款增速已降至 13.5%，比前 5 年平均增速下降了 6.5 个百分点。同时随着金融市场的发展，企业融资方式正在发生明显变化，比较明显的趋势是大集团向国际融资、大企业向市场融资、小企业向民间融资、新企业向私募融资，小贷、担保、典当、第三方支付等越来越多地充当融资中介，使得传统的银行信贷受到挤压。据统计，2002 年我国社会融资总量中，人民币贷款为 6.6839 万亿元，占比为 91.9%，而 2014 年已下降至 41.2%。在新形势下商业银行急需金融创新，优化资产配置，逐步由大信贷向大资产转变，优化资产结构，丰富资产种类，如资金、票据、理财等非信贷业务，非信贷类资产将成为商业银行的主要增长点。

（三）负债多元化，满足客户多层次金融需求

通过对多家上市公司年报分析，发现 2013 年以前，各类银行当年新增应付债券占同期新增负债的总额不大，自 2014 年起，城商行及全国股份制银行的应付债券比重大幅提升，截至 2015 年，城商行新增负债中有 39.8% 来源于应付债券，应付债券比例中一部分为金融债券、一部分为同业存单。除了应付债券外，随着居民个人投资理财多样化需求的产生，商业银行理财业务也快速发展。2015 年底，有 426 家银行存续理财产品，理财产品数 60879 只，理财资金账面余额 23.50 万亿元，比 2014 年底增加 8.48 万亿元，增幅为 56.46%，是商业银行负债业务同期增速 15.07% 的 3.75 倍。随着经济进入新常态，银行主动适应新形势，积极拓宽融资渠道，丰富融资产品，提升服务能力，满足客户多层次需求。

（四）利率市场化，存贷利差收窄致盈利空间缩小

过去十几年，国内经济持续快速增长，整个银行业的发展被誉为"黄金期"。2006~2011 年，商业银行有五年利润增幅超过 30%（2009 年由于大幅计提准备，增幅为 14.56%），随着利率市场化的推行，原来利率管制下的存贷款"天然利差"的先天优势不复存在。同时，随着经济进入新常态，增速下行、结构调整加剧，过去那种"普涨"的行业格局不可持续，银行业整体利润增幅大幅跳水，2013 年为 14.52%，2015 年为 9.54%，2016 年到 2.54% 水平。这种分化将成为一种必然，要想保证

利润持续、稳定增长，必须寻求新的业务增长点。近几年利润增长趋势如图 2 所示。

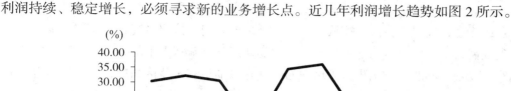
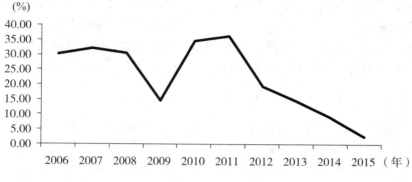

(%)

图 2　近几年利润增速变化情况

（五）管理精细化，应对不良贷款持续反弹

随着宏观经济继续下行探底，产能过剩企业、僵尸企业的破产，银行信贷资产承压较重，信用风险不断暴露。根据中国银监会披露的信息，2015 年全国商业银行不良资产为 12477 亿元，同比增加 4318 亿元，增幅为 51.25%，银行不良贷款率为 1.67%，同比上升 0.42 个百分点。预计在今后两三年内，银行的不良资产仍将快速增长，风险管控将任重道远。

（六）渠道网络化，"互联网＋金融"引发商业银行变革

随着互联网金融的兴起，国家产业结构升级调整步伐的加快，商业银行必须加大金融创新力度，跟上大众创业、万众创新的时代步伐，让创新成为驱动发展的引擎，在产品创新、服务提升和打造品牌等方面多下功夫，在巩固物理经营渠道的同时，利用互联网、大数据和云计算等信息技术手段，积极开展网上银行、手机银行等业务，打造数字化金融平台，以满足未来多元化的金融需求。

二、新常态下商业银行内部审计面临的挑战

商业银行发展必须紧贴时代脉搏，把握"一带一路"、"长江经济带"等政策带来的发展机遇，实现转型创新发展。在这过程中，传统内部审计权威性、审计理念、职能作用、审计技术和人才队伍面临着严峻挑战。

（一）管理层对内部审计重视和支持尚待提升

现行内部审计形式上隶属于董事会，实质上受管理层领导。随着完善公司治理和金融机构体制改革的不断推进，内部审计重要性虽然得到一定程度的提升，但商业银行管理层对内部审计的重视仍然不足。一方面，管理层重业务拓展，轻内控管理，内审工作查错纠弊力度大，管理层就认为束缚了"发展"的手脚，是"发展"的绊脚石，内部审计如果对违规行为不予理会，则丧失了内部审计的基本职责，甚至可能造成业务的畸形发展；另一方面，一些商业银行认为内部审计就是"成本中心"，对内审人才配备严重不足，审计成果利用率低下，严重制约了内部审计作用的发挥。

（二）传统审计理念难以激活金融创新

提起审计，人们首先想到的是监督，主要是检查制度有没有，规定全不全、符不符合监管要求、

材料有没有等"马后炮"式的监督。只要不符合现有规定、制度或流程，不管原因或背景，新问题还是旧问题，有意或无意，失误或错误一律按规定进行处理或处罚。按照老套路或流程，也许会制约业务发展，丧失发展良机。因此，内部审计必须认识到新形势、新特点下的新问题，不断探索审计新理念，区别对待发现的问题，鼓励先行先试，始终站在增加组织价值的高度，牢牢站稳自身的独立立场，充分发挥自身专业优势给予指导促进解决发展中的困难和问题，增加组织价值。

（三）内部审计的参谋、咨询作用未能有效发挥

现阶段，商业银行内部审计主要开展以查错纠弊为主的真实性审计和以对照制度检查为主的合规性审计，以及经济责任审计，审计业务多数着眼于过去的既成事实、很少着眼于未来的银行发展。按照传统审计思维，审计人员习惯运用制度基础审计模式，以账项为基础，围绕报表、账簿、凭证、规章制度开展查账、算账、找问题、提建议、写报告等，审计报告内容越来越模式化，审计建议千篇一律、放之四海而皆准，缺乏针对性、前瞻性和可操作性。

新常态下，商业银行不断探索新的发展路径，战略管理、业务创新、风险管理和提质增效成为商业银行接下来五年、十年发展的关键点。商业银行未来发展趋势促使内部审计要具备战略思维、风险管理思维和提质增效思维，要从整个银行发展和组织增值的高度分析商业银行存在的问题，为商业银行的发展出谋划策，但从目前来看，内部审计对于管理层的参谋咨询作用极其有限，难以成为管理层的左膀右臂。

（四）传统审计手段在信息化时代黯然失色

随着互联网金融时代的到来，商业银行信息技术应用水平迅速提高，电子银行业务迅速发展，网上银行业务交易量不断增加。同时，商业银行业务品种、产品类别日益丰富，业务数据量突飞猛进，以人工为主的传统审计手段难以从海量数据中抽取可疑样本，数据挖掘的广度、深度远远不够，审计质量和效率难以保证。商业银行内部审计必须提高审计手段的科技含量，运用新型审计手段，提高审计质量和效率。

（五）内部审计人员的素质能力急需提升

内部审计作用发挥的关键取决于内部审计人员的素质。随着商业银行转型发展，商业银行的业务范围和品种日趋丰富，操作程序、核算要求、资金流向日益复杂，对内部审计人员的素质能力要求越来越高，而大多数商业银行特别是中小商业银行内部审计人员配备明显不足，大多数没有达到监管要求的人员总数1%的标准，且认为审计不需要较强专业能力，有人就行，专业知识较为单一，主要集中营运、信贷类从业人员，新型业务、技术运用及具有一定综合分析能力的复合型人才凤毛麟角。

三、内部审计提升商业银行价值的路径

内部审计应清楚认识到新常态下商业银行经营所面临的发展变化，站在企业发展的高度，提高管理者对审计的认识，增强审计权威性，转变审计观念，抓住审计重点，筑牢风险防线，运用大数据审计技术，强化审计队伍建设，充分发挥咨询引领作用，促进企业增加价值。

（一）提升内审地位，夯实发展基石

内审作用的发挥取决于内审在组织中的地位。国外比较通行的做法是内审机构直接隶属董事会，

董事会作为企业的最高决策机构，拥有最高的权威。商业银行应当借鉴国际银行内部审计的经验，结合中国银行业的治理和内部审计实际，建立适当的内部审计组织架构，确保内部审计独立性，从而使内部审计结果趋于公正。对此，商业银行内部审计可实施总行垂直管理的体系，在总行董事会下设审计委员会，总行内部审计部门隶属审计委员会，用内部审计章程的方式将内部审计地位、职责作用固化下来，使内部审计在组织内得到决策层和管理层的认可。对于决策层而言，内部审计主要履行监督职责，促进内部经营管理者合法、合规运营；对于管理层而言，内部审计是参谋、军师，站在独立立场为管理层把关风险、分析问题、探索解决思路，最终实现商业银行价值的增加。只有得到决策层和管理层的认可和重视，内部审计资源配置和人才配备才会到位，内部审计才能放心大胆地开展工作，内部审计作用才能得到更好的发挥，商业银行内部审计发展才能步入良性循环。

（二）转变审计观念，助推改革发展

在新常态下，商业银行既要发展新业务，又要解决历史问题；既要保留传统核心业务，又要创新发展新业务、新产品。作为内部审计机构要围绕银行发展战略和实施思路，转变思想观念，转换思维方式，积极树立审计新理念。作为内部审计部门以"问题为导向，依法审计、实事求是"为中心，但经济形势复杂多变，容易滋生新问题、新矛盾，对于改革中出现的新情况、新问题，既不能以新出台的制度去衡量旧问题，又不能生搬硬套，或机械地使用不符合新常态要求的旧制度，来衡量当前发展中的问题。把推进改革中因缺乏经验、先行先试出现的失误和错误，与明知故犯的违纪违法行为区分开来；把探索性试验中的失误和错误，与明令禁止后依然我行我素的违纪违法行为区分开来；把为推动发展的无意过失，与为谋取私利的违纪违法行为区分开来，审慎作出结论和处理。

当前形势下，审计要立足"风险可控，效益可行、有利于长远发展"为核心看待和处理问题，推动改革发展。要坚持鼓励创新，对突破原有制度或规定，但未造成重大损失的，要积极促进规范和完善。要坚持推动改革，对制约和阻碍重大政策措施贯彻落实，制约和阻碍结构性改革推进，制约和阻碍创新创业、激发活力，制约和阻碍转型升级、提高绩效等体制机制性问题，要及时反映，大力推动完善制度和深化改革，建立新成效。

（三）抓住审计重点，服务发展大局

目前，商业银行已由高增长、低风险向高风险、低回报转变，传统的"有规模就有效益"已不复存在，内部审计必须认清商业银行发展大局，运用战略思维、风险管理思维和提质增效思维，从"着眼于过去"转变为"着眼于过去"与"着眼于未来"并重，结合区域经济及商业银行自身实际，超越账本做审计，重点开展以下审计工作：

（1）抓好战略管理审计。新常态下，认真研究国家和地方经济、金融政策，认真研判"一带一路"、"西江经济带"等重大战略，结合国家供给侧改革和"十三五"发展规划，通过对战略目标、战略执行、战略风险、战略调整等进行审计，推动商业银行实现战略转型升级。

（2）强化风险管理审计。对金融创新引发的战略风险、经营风险、财务风险、操作风险等进行充分识别和评估分析，不断完善内部控制制度建设，增强企业免疫能力。

（3）积极开展绩效审计。通过对信贷业务、中间业务、小微贷业务、互联网金融产品等进行审计，分析成本效益，挖掘增长潜力，寻求经济效益、社会效益、生态效益的最佳平衡点。

（4）继续深化领导干部经济责任审计。依法依纪反映不作为、慢作为、假作为、乱作为问题，促进勤勉、有效、合规履职。

（5）促进廉政建设。加大对权力集中、资金密集、资源富集、资产聚集的重点部门、重点岗位、重点环节的审计力度，促进廉政建设。

（四）实现审计"前移"，发挥参谋、咨询作用，筑牢风险防线

授信审批是商业银行资产质量风险管控的关键环节，内部审计作为企业风险防范的第三道防线，不能简单理解为按照业务执行部门、风险管理部门、内部审计部门依次执行的防线，而必须将第三道防线前移，从事后移至事中、事前，将资产质量风险的第三道防线前移至授信审批环节。

法人类商业银行分支机构多，地域分布广，每个分支机构都有一定审批权限，发放和管理单户授信类业务。有些贷款客户形式上不属于同一法人，但从资金流向、担保关系、高管人员关联关系等方面看，这些企业实际上统一由某个人或集团管理，为取得多头贷款，套取银行信用，一个集团在一家法人银行多家机构或多家法人银行取得贷款，授信额度或用信余额已超过企业实际还款能力，存在较大的信用风险。内部审计部门通过总结集团、集群客户的特点，厘清关键风险点，编制关于集团、集群客户甄别审计模型，在审计系统上运行跑批，分析、判断新增客户、预授信客户及存量客户是否存在相应特征，如有及时查阅内外部系统如人行征信系统、工商企业信息查询系统，跟进核实。若确实存在多头授信，超过企业实际偿债能力，内审部门以提示函或建议书的形式建议授信审批部门终止相关业务或完善相关手续，降低风险隐患。查询思路如图3所示。

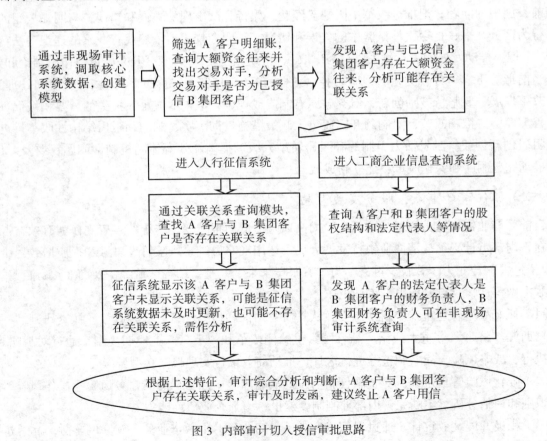

图3 内部审计切入授信审批思路

（五）创新审计手段，构建大数据审计

当前，我们已经进入大数据时代，银行、企业和个人等社会成员都成为大数据的主体。在大数

据的背景下，审计的数据对象从传统内部数据向多元异构、跨领域的数据转变。面对海量数据，内审部门要积极开展数据式审计理论、方式和技术应用的研究，拓展大数据技术运用，扩大审计监督的广度和深度。构建大数据审计步骤如下：

步骤一：建立大数据平台。商业银行建立、健全全行风险矩阵，明确主要业务品种关键风险点，审计部门针对关键风险点厘清审计要点和思路，创建一一对应的审计模式整合内外部系统数据，通过数据端口集中于内部审计数据中心库。商业银行使用的外部系统主要有人行征信系统、工商企业信息系统、税务系统、电费系统等，内部系统主要是商业银行用于核算、管理的系统，如前台核心系统、信贷管理系统、票据系统、财务系统等。通过相关数据接口把内外部数据集中于某一系统，即内部审计数据中心平台。

步骤二：数据加载。定期或不定期从相关系统提取相关数据，取数时间依需要而定，为增强时效性可实施 T+0 取数模式，并把数据加载到审计数据中心。

步骤三：创建审计模型。按照关注的风险点，结合审计查证思路，创建审计模型。

步骤四：实施数据审计。通过数据截取、关联、计算、筛选等步骤，把要查的内容和步骤变成计算机识别的语言，实现从传统的经验抽样审计过渡到精准抽样，使查证的内容和重点更加明确。在此基础上，对疑点样本进行有针对性的分析和排查，形成专题分析报告，并提请经营层、董事会，督促采取措施、完善手续，降低或化解风险隐患。如图 4 所示。

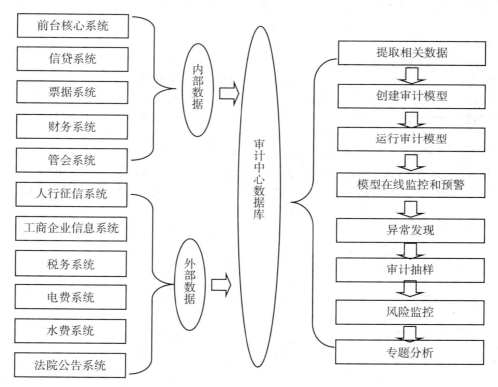

图 4　商业银行大数据审计中心数据库运用模式

（六）强化人才保障，提升队伍专业水平

新常态下，内部审计范围从财务审计扩展到战略管理、风险管理、内部控制和公司治理，对内部审计队伍专业水平提出了更高要求。要发挥好内审的作用，增加企业价值，必须建设一支"政治思想过硬、专业水平高、作风优良、纪律严明"的审计队伍。具体包括：

（1）引进高素质复合型人才。通过引进更多精通业务、IT技术娴熟的高素质复合型人才，快速改变现有队伍的年龄结构、知识结构。

（2）全面提升现有审计人员的胜任能力。采用"送出去、请进来"的方式，使现有审计人员认清商业银行内部审计发展趋势，产生紧迫感和危机感，倒逼现有审计人员自觉学习风险管理、战略管理、法律、计算机等综合知识，不断提升内部审计价值理念，全面提升专业胜任能力，以适应新常态银行发展的需要。

（3）开展业务研讨与交流。重点开展信息技术的学习和非现场分析技术的研究。加强与信息科技部门的联动，定期开展IT技术交流研讨，让更多的内部审计人员掌握信息技术应用方法；同时通过组建IT实验室等提供实战环境，增强内部审计人员的动手能力，促进IT技术运用水平和能力的提升，实现IT技术和业务的完美结合。鼓励审计人员与外部单位审计人员的交流，将他山之石为我所用。

（4）强化内部审计人员的教育培训。鼓励以资格认证、职称评定等考试补贴的形式，增强内审人员持续学习的动力。通过不断的培训、培养，打造一支政治品德好、技术过硬、专业能力强的审计队伍，提高审计人员的服务水平。

（5）建立科学有效的激励机制。强化内部审计工作成效与个人绩效的关系，敦促内审人员自觉上进，不断提高内部审计人员的业务素质能力和职业道德水平线。

参考文献

[1]国务院关于加强审计工作的意见[Z].2015.

[2]中国银行业监督管理委员会2006~2015各年年报[EB/OL].中国银监会官网.

[3]尚福林.经济新常态下银行业要充分认识五大趋势[J].中国银行业,2015（2）.

[4]中国银行业理财市场年度报告（2015年）[EB/OL].中央国债登记结算有限责任公司全国银行业理财信息登记系统.

[5]覃雄派等.大数据分析——RDBMS与mapReduce的竞争与共生[J].数据分析,2015（1）.

[6]郭旭.领军审计数据化 开拓审计新前沿——记交通银行总行审计部程广华[J].中国内部审计,2015（4）.

[7]李米,冯标,黄丹丹.新形势下商业银行增值型内部审计研究[J].广西审计,2015（2）.

化解中国炼焦煤定价之困的思考

申报单位：山西焦煤集团有限责任公司销售贸易管理局

作者：程建平　向爽霜　李书杰　安克嘉

[摘要] 煤炭作为我国基础能源和原材料，在国民经济中具有重要的战略地位，其价格变动对国家经济运行有重大的影响。尤其是近十几年，煤炭价格受供需关系的影响程度已经远远脱离价值规律正常波动范围，造成了煤炭价格的大起大落，导致煤炭及相关产业经济的大幅波动。而让我们感到困惑的是整个煤炭行业还没有形成统一、科学、完备，且被行业公认的定价体系，面对市场的波动，煤炭企业只能随行就市，被动接受。因此，建立煤炭行业定价机制，化解商品煤定价之困，已关乎煤炭行业的稳定、更关乎煤炭企业的生存。

本文重点从炼焦煤定价着手，立足企业、着眼行业、以稳定上下游长期供需关系，统筹行业内利润分配、兼顾行业间利润分割，希望加强炼焦煤价值属性研究，从多途径入手、全方位研究，发现炼焦煤价格；同时建议行业协同发展，完善炼焦煤定价协商机制；旨在通过"炼焦煤价值属性研究 + 价格发现体系"，构建高效、准确、真实、灵敏的炼焦煤定价模型，明确全行业共同遵守的定价标准，建立炼焦煤行业定价新秩序。

[关键词] 煤炭；炼焦煤定价；价格发现；价值研究

一、背景

自我国煤炭价格市场化起，无论是黄金十年还是近几年的煤炭危机，煤炭价格受供需关系的影响程度已经远远脱离价值规律正常波动范围，难以真实反映煤炭商品应有价值，造成了煤炭价格的大起大落，导致煤炭及相关产业经济的大幅波动。

国内煤炭消费主要以动力煤和炼焦煤为两大主力品种，由于动力煤质量指标（主要是发热量、硫分及挥发分）较少且定价需要考虑下游电厂的电价受国家统一定价限制，因此定价相对简单，目前国内大型动力煤生产企业主要采取4+1协商定价模式（从2014年10月起，面对低迷的煤炭市场，神华、中煤、伊泰、同煤4家动力煤大型集团和中国煤炭工业协会统一协商定价），其他中小型动力煤生产企业参照4+1协商价格，结合环渤海指数运行走势及自身经营情况比照定价。

而炼焦煤由于受价格质量指标（挥发分、灰、硫、G值、Y值等）较多、下游焦钢市场化程度高等因素影响，炼焦煤定价较难形成一个相对统一、市场认可度高的定价体系。因此，建立煤炭行业定价机制，化解商品煤定价之困，已关乎煤炭行业的稳定、更关乎煤炭企业的生存。

下面，结合山西焦煤集团实际运行情况，就煤炭定价提出如下思路，以资参考。

二、中国煤炭价格发展史

纵观中国煤炭的定价发展史，煤炭价格形成经历了政府定价、政府与市场双轨定价、市场定价三个大阶段：

1. 政府定价阶段（1953~1984 年）

这一阶段，煤炭作为生产资料，而不是商品，煤炭价格定价的根据不是依据煤炭的理论价格，而是与其他主要生产资料的比价，实行统购、统销政策。直到 1984 年末，政府才对未纳入计划的乡镇煤矿以及地方煤矿计划外生产的煤炭，放开价格管制自行销售。

2. 政府与市场双轨定价（1985~2012 年）

这一阶段，定价主要采取调放结合，后期以放为主的双轨机制。其间，为维护国民经济平稳运行，政府对电煤价格进行干预。

（1）政府为主、市场为辅的定价阶段（1985~2001 年）。

1985 年，煤炭价格改革进入实施阶段，形成了政府指令性计划价格、政府指导性的超产加价和地区差价价格、不纳入国家计划的自销煤炭市场协议价格等多形式的煤炭定价。

（2）政府为辅、市场为主的定价阶段（2002~2012 年）。

随着价格市场化的不断推进，煤炭价格中政府定价范围逐步缩小，部分定价权下放，随着市场议价以及议价市场的合法化，市场价格在煤炭价格体系中逐步占据主导地位。

3. 市场定价 (2013 年至今)

2012 年底，国家发改委明令煤炭供需双方根据市场供求关系协商确定煤炭价格，煤炭价格全面实现市场化。企业有了更大的自主空间，更加灵活，更直接面向用户，效率也比以前更高，未来将建立以全国煤炭交易中心为主体，以区域市场为补充的，统一开放的现代煤炭市场体系。

三、中国煤炭价格影响因素分析

煤炭作为我国基础能源和原材料，2015 年在一次化石能源消费中占比达到 63%，在国民经济中具有重要的战略地位。其价格变动对国家经济运行将产生重大的影响，而这种变动对各相关行业以及市场物价水平等的影响程度、传导路径和时滞是不同的。我国煤炭价格的影响因素既有国家价格调控、国际煤炭市场价格等宏观因素，也有上下游产品的价格、煤炭代替品价格等微观经济因素，又有煤炭储量、气候变迁等天然因素，同时还有铁路运力、房地产建设规模等非煤炭领域的其他经济因素。

（一）煤炭的供需因素影响

一是我国煤炭资源区域分布不均衡。晋、陕、蒙三省（区）就占到全国的 65%，存在北煤南运、西煤东调的流向特点。

二是煤炭运输能力整体不足和分布不均。运输对煤炭生产能力能否转化为市场资源的有效供给，起着至关重要的作用。

三是不同煤种的需求情况不同。电煤需求占我国煤炭消费总量的一半以上；其次是冶金和炼焦用煤需求。

（二）成本因素影响

煤炭价格遵循市场规律的发展，其成本价格反映着资源本身的获取成本、前期勘察费用成本、煤矿安全生产的成本、环境污染治理的成本、企业退出成本、其他费用和期间费用成本以及运输成本等，这些都应该考虑在定位商品成本价格中来，才能准确地估计出煤炭价格，并且其中每个因素的改变都会影响煤炭的市场价格。

（三）国际煤炭市场价格影响

随着世界经济一体化的加强，国际市场上的煤炭贸易也越来越多，我国的煤炭价格受到了国际经济波动、进口煤冲击以及进出口关税影响，致使国内煤炭的定价对进口煤的参考比重越来越大。

（四）煤炭替代品因素影响

随着经济的不断发展，科技水平的不断提高，使得煤炭的利用率有所降低，人们开始利用更加环保，或者更加便捷的能源来代替煤炭资源的利用。如石油、天然气、核能、太阳能、风能、水能等，虽然它们目前尚未撼动煤炭的基础能源主导地位，但替代能源的供求状况与价格对煤炭的需求价格会产生直接的影响。

（五）运输费用因素影响

我国煤炭价格中运输费用占最终价格比重很高，有的高达50％以上。造成运费较高的客观原因：

一是煤炭在全国各地分布不均衡，绝大多数分布在西北部，但煤炭消费群则主要集中于东南部，需要从煤源地远距离拉运。

二是受公路运输500千米的经济覆盖范围局限，铁路煤炭运输瓶颈矛盾依然突出，致使铁路运价长期保持高位运行，运输成本上升致使煤炭到厂价虚高，侵蚀了煤企的实际利润。同时由于海运费的低廉，致使"三西"地区的煤企与进口煤企在价格方面竞争力下降。

（六）宏观经济因素影响

煤炭作为国民经济的基本工业原材料，其消费水平与工业活动和宏观经济运行密切相关。从国际和国内经济发展的历史上看，煤炭价格涨跌的周期循环与全球宏观经济周期总体方向基本一致。国民经济的增长尤其是电力、钢铁、建材和化工等几大主要耗煤行业的发展将直接拉动煤炭需求。

四、企业商品煤定价现状

目前，炼焦煤企业在定价过程中会通过多种途径综合确定煤炭价格。首先煤企会参考以上一期价格作为本期定价基础，然后结合宏观经济走势、同行业对煤炭市场的预期、下游行业对采购煤炭价格的诉求、各煤炭品种资源供给情况，同时参考部分炼焦煤价格指数、国际煤炭价格及期货市场走势研判煤炭价格走向，确定下一期的销售价格。

从现行的煤炭价格确定过程看，主要是以买卖双方协商一致为主，参考同类产品价格及相关煤炭价格指数为辅。同时，不同规模的企业其定价也不尽相同。

大型炼焦煤企业由于企业规模大、品种类别多、市场份额大，其定价以产销稳定为主，追求长期效益最大化。但也存在着定价决策层级多、应对市场变化不灵活的弊端。市场上行时，由于考虑到与下游的长期合作，相比中小企业其涨价幅度相对较小和速度相对滞后。市场下行时，大型炼焦煤企业前期虽然会主动挺价，但由于中小企业的带头降价，最终往往只能被迫跟随降价，不过基于与下游的长期战略合作，相比中小煤企，其降价幅度较小。

中小型炼焦煤企业由于生产规模较小、煤炭产品种类较少，内部组织机构较为简单，其煤炭供应数质量的稳定性、持续性以及品种类型的多样性都与大型炼焦煤企业存在差距，其定价体系虽然也会考虑客户类别、结算方式、接货数量等因素，但总体上较大型煤企简单，主要是以自身煤炭品种参照主流大型煤企质量规格相近的品种，结合市场供需情况进行比照定价。但由于其经营决策权高度集中，特别是小企业，基本上都是一家一户自主经营，使资本追求利润的动力完全体现在经营者的积极性上，在定价时能够对千变万化的煤炭市场作出快速灵敏的反应，同时由于其决策系统较为简单，定价策略往往能够快速予以实施，造成市场上行时，追逐资本利益，较大型煤企先行提价，市场下行时规避资金风险，较大型煤企提前降价。

五、定价存在问题

综上所述，目前炼焦煤价格确定虽然考虑了多种因素，采取了多种途径，但仍然存在一些问题。

（一）定价部分时段未能真实反映其价值

受供求关系变化影响，炼焦煤定价部分时段未能真实反映其价值。以山西焦煤屯兰煤为例，市场低迷时最低 550 元，市场疯狂时最高 1700 元，主要是因为定价没有统筹行业内利润分配、行业间利润分割，造成上下游行业利润的大幅波动，不利于上下游行业的长期稳定发展，也不利于国民经济的健康发展。

（二）定价的话语权和控制力不够

在市场下行时，主要体现在两个方面，一是行业内价格很难通过协商达成一致，二是与下游谈判时以目前龙头企业的体量尚不足捍卫炼焦煤成本底线，2015 年全煤炭行业 90% 的企业亏损就是最好的例证。

（三）炼焦煤价格发现功能单一，指导性不强

目前，炼焦煤价格发现有现货、期货、指数等手段，但未能有效结合，在企业定价应用程度不高，没有太强的指导意义，并不被行业普遍认可。指数方面，虽然有普氏、太原交易中心、中国煤炭等炼焦煤价格指数，但受数据采集样本不全影响，只是反映了个别区域、少数规格的炼焦煤价格；现货方面，更多的是供需双方企业的直接议价，虽然也有第三方平台进行竞价交易，但煤企参与量少，不能反映行业各品种真实价格；期货方面，因主流大型煤企参与程度不够，价格发现失真。

（四）定价机制不完善，存在定价人为干扰

买卖双方洽谈过程中，受定价决策、执行、监督的机制不完善影响，难免会出现人为操作，在价格谈判过程吃里爬外、假公济私、以权谋私，为了个人利益而导致价格失真。

六、构建炼焦煤科学定价的思路

通过上面论述我们不难发现，中国炼焦煤定价存在没有客观反映内在价值、缺乏被行业认可的统一定价标准、市场下行时行业话语权不够、定价机制不完善、存在人为干扰因素等问题。我们认为炼焦煤定价短期看，价格的升降是受供求关系影响下的价值货币表现；从长期看，成本是价格的支撑，价格只有在成本之上稳定运行，才能保障炼焦煤行业的稳定健康发展。下面就构建炼焦煤定价提出一些思路。

（一）加强炼焦煤价值属性研究，确定炼焦煤定价基准

经济学指出：任何商品都具有价值和使用价值，使用价值是物品的自然属性，具有质的不可比较性；价值是凝结在商品中的无差别的人类劳动；使用价值是价值的物质基础，和价值一起，构成了商品二重性。

一是研究炼焦煤的使用价值属性。炼焦煤作为稀缺资源，是炼钢、炼焦过程中不可替代、不可或缺的生产原料，其硫分、挥发分、G值、Y值以及炼焦后的抗碎强度、耐磨强度等指标都在炼焦炼钢过程有重要作用，需要深入系统科学地开展炼焦煤研究，量化各指标的细微变化对炼焦炼钢的具体影响，从而建立现货质量升贴水标准，清楚认识炼焦煤的内在特质，找准各指标的卖点，发现其真正使用价值。

二是统筹考虑炼焦煤的价值属性。价格作为价值的货币表现，围绕价值上下波动。而成本是构成价格的主要部分，是制定价格的主要依据，是确定价格的最低经济底线。为此，我们确定炼焦煤定价原始基准时，一定要综合考虑炼焦煤行业的平均成本，以此确定零利润下的炼焦煤基础价格。

（二）多途径入手、全方位研究，做好炼焦煤价格发现

目前价格的确定主要是基于供需情况进行议价式定价，无论是上下游企业之间，还是行业内部企业之间都存在着信息掌控数量、市场研判能力、定价体系标准的差异性。因此，综合运用好价格发现体系，从受市场供求、宏观经济、行业成本等诸多价格影响因素，共同作用下形成的"历史、现行、未来"价格入手，才能有效掌控价格调节幅度，实现公正、公平、公开的科学定价。

一是强化价格指数研究应用。组织行业专家及学者，深化分析和研究价格指数，对"历史"数据与实际成交价格的比较，细化分类交易价格指数，强化价格采集体系，修正完善指数体系，建立大数据下的炼焦煤价格指数的模型和系统，增强指数的定价参考功能，通过指数研究发现价格。

二是充分应用第二方网上交易平台。应用"互联网＋煤炭"这一新兴方式，通过建立公平公正透明的第二方网上交易平台，让更多的上下游企业参与进来，煤炭企业根据实际销售情况，确定炼焦煤产品的初始网上挂牌价格，下游企业结合自身需求和市场行情，进行竞价购买，销售，庞大的网上交易数据，发现炼焦煤商品的"现行"价格，增强即时价格在定价指导中参考功能，同时引入第三方支付、第三方物流等，更好地服务煤企和下游用户。

三是充分应用期货功能。期货市场遵循公开、公平、公正原则，透明度高，市场流动性强。参与者众多。期货价格是不断地反映供求关系及其变化趋势的一种价格信号。期货合约的买卖转手相当频繁这样连续形成的价格能够连续不断地反映市场的供求情况及变化。参与者把各自的信息、经验和方法带到市场上来，结合自己的生产成本预期利润，对商品供需和价格走势进行判断、分析、预测，报出自己的理想价格，与众多对手竞争。这样形成的期货价格实际上反映了大多数人的预测，

具有权威性，能够比较真实地代表供求变动趋势。炼焦煤企业就是要采取期现结合方式，通过期货"价格发现"功能，预判现货价格"未来"走势，指导现货价格决策；同时充分利用期货"套期保值"功能，增强炼焦煤企业的抗风险能力。

（三）行业协同发展，完善炼焦煤定价协商机制

一是行业提出。行业共同发力，提出炼焦煤定价标准。按照同区域、同煤种、同质量、同价格，需要选取各煤种的代表企业进行立标，完善炼焦煤各煤种的定价体系，并由山西焦煤在其炼焦煤电商平台统一对外发布。

二是企业自律。共同维护定价权威性，首先，各参与企业要带头执行定价标准，并在区域内同行业和下游企业进行推广；其次，行业内其他煤企要清楚认识到行业定价标准的重要性，严格遵守行业定价标准，杜绝企业无序竞争，压价竞销，稳定炼焦煤市场和价格。

三是政府监管。通过行业协会、政府职能部门、主要煤炭企业共同发力，对定价履行过程中自律性不强、违规操作的煤炭企业采取公开曝光、停产整顿、联合制裁等强制措施进行惩处，维护炼焦煤行业的平稳运行，提升炼焦煤行业竞争力，建立炼焦煤行业定价新秩序。

（四）构建定价闭环体系，避免人为因素干扰

建立定价的决策、执行、监督的流程管控，实施价格决策与执行分离机制。执行层负责收集掌握供求信息、客户价格意愿、在权限范围内完成初步谈判，并认真执行决策层价格策略；决策层根据所掌握的基础信息、从全局出发、综合考虑各方因素，确定价格及策略。

加强营销队伍建设，开展员工忠诚度教育，在价格谈判过程不吃里爬外、不假公济私、不以权谋私。同时要建立完善定价有关制度机制，形成有留痕、可追溯、有监督的闭环，避免定价人为因素干扰，确保价格的确定公平、公正。

总之，煤炭企业甚至整个煤炭行业都处在生死边缘，虽然国家去能压产致使煤炭价格有所回升，但是我们应该清楚地看到，涨价是建立在减量的基础上，目前涨幅还不足以弥补减量带来的成本上升；同时，下游钢铁行业作为供给侧改革的重点，直接影响到炼焦煤的需求，中长期来看炼焦煤供需矛盾依然突出，价格将注定成为影响煤企生存发展的关键因素。因此，通过"炼焦煤价值属性研究＋价格发现体系"，构建高效、准确、真实、灵敏的炼焦煤定价模型，明确全行业共同遵守的定价标准，真正做到立足企业、着眼行业、稳定上下游长期供需关系，统筹行业内利润分配、兼顾行业间利润分割，实现科学、合理、公平、公正的炼焦煤定价。

加强国企管理应坚持走群众路线

申报单位：江苏井神盐化股份有限公司

作者：李宇诗

[摘要] 企业管理是以广大干部职工为主体的"群众"工程，只有"一切为了群众，一切依靠群众，一切相信群众，从群众中来，到群众中去，集中起来，坚持下去"，才能获得最广泛的群众基础，收到最为理想的效果。本文以马克思主义的群众观，论述了职工群众在国企管理中的地位和作用，打破了唯"精英"方能实施管理的旧框框，提出"依靠职工抓管理"、"职工都是管理者"、"管理如何问职工"。主张推行企务公开，加强群众监督，实施群众评议，并让职工群众分享管理成果。

[关键词] 企业管理；职工管理；群众路线

群众观点是马克思主义的基本观点，群众路线是我们党的生命线和根本工作路线。企业管理是以广大干部职工为主体的"群众"工程，只有"一切为了群众，一切依靠群众，一切相信群众，从群众中来，到群众中去，集中起来，坚持下去"，才能获得最广泛的群众基础，收到最为理想的效果。

一、职工群众关注的热点是企业管理的重点

国有企业的社会主义性质和国企职工的主人翁地位，决定了"热点"与"重点"的高度重合。这是因为：

（1）企业与职工的根本利益具有一致性。国有经济是国民经济的重要支柱，是社会主义国家赖以生存的经济基础。国有企业及其职工的根本任务就是利用掌握的国有资产为党和国家创造财富，推进中华民族伟大复兴。共同的任务，形成了企业与职工共同的利益追求。因此，职工群众关注的热点必然是企业管理的重点。

（2）企业与职工追求的目标具有一致性。企业追求的最终目标是经济效益、社会效益和环境效益的最大化，它与职工个人的利益追求在本质上是同一的。因为职工个人所追求的目标蕴含在企业的大目标之中，所以，无论职工对热点问题的关注是出于对企业建设的关心还是对个人利益的考量，企业都应该认真地研究解决。例如，技术创新、产品研发、降本增效、市场拓展、共建共享等这些职工群众关注的热点问题，企业必须紧抓不放。

（3）企业与职工的行为取向具有一致性。由于企业与职工根本利益及追求目标具有一致性，企业与职工群众的行为取向也必然具有一致性。也就是说，在企业管理者与被管理者之间具有对同一

事物的认同感和行为的趋同性。因此，企业应密切关注职工群众的动向和期盼，"借题发挥"、顺势而为，与职工群众一道解决问题，实现管理目标。

二、职工群众的首创精神是企业管理的丰富源泉

马克思主义认为，历史是人民创造的，人民群众中蕴藏着极大的社会主义积极性和创造性。正如列宁所说："生气勃勃的创造性的社会主义是由人民群众自己创立的。"企业管理是广大职工群众参与的实践活动。职工群众在实践活动中有许多创造，这是企业管理取之不尽、用之不竭的源泉。

首先，科学的管理理论、模式和方法都来自基层、来自职工群众的创造。邓小平同志在总结改革开放初期的成功经验时说："农村改革中的好多东西，都是基层创造出来的，我们把它拿来加工提高作为全国的指导。"同"农村改革中的好多东西"一样，新中国成立初期诞生的"李锡奎调车法"、"黄润萍仓库管理法"和"郝建秀工作法"，20世纪60年代大庆油田在企业管理基础工作方面创立的"三基"工作和"三老四严四个一样"，90年代邯钢创立的"成本否决"、新兴铸管集团推行的"预算管理"，以及目前企业普遍开展的"成本倒推"、"对标管理"等这些被全面推广、在全国产生巨大影响的管理经验，也都是基层职工群众智慧和汗水的结晶。正是有了职工群众的创造，我们才有了被称为"新中国成立以来管理工作经验的结晶"的《国营工业企业工作条例（草案）》（1961年）、《关于进一步整顿和加强工业企业管理基础工作的通知》（1985年）、《国有大中型企业建立现代企业制度和加强管理的基本规范（试行）》（2000年）和《关于改革和完善国有资产管理体制的若干意见》（2015年）等一系列纲领性文件。因此，要使管理之渠清如许，就必须保证职工群众这一源头活水来。

其次，职工群众的创造力，来源于职工群众的实践活动。广大职工群众在改造世界的过程中，不仅增长了才干，而且会产生新的需求。马克思说过，在改造世界的实践活动中，"生产者也改变着、炼出新的品质，通过生产而发展和改造着自身，造成新的力量和新的观念，造成新的交往方式，新的需要和新的语言"。这些"新"的东西，表现在实践活动当中，那就是对更新更高目标的不断追求，并在不断的追求过程中享受自身价值充分体现后的快乐。因此，企业要为职工提供广阔的实践舞台，建立科学的创新机制和优良的创新环境，以最大限度地释放职工的创造力。

最后，尊重职工群众的首创精神，企业管理才有活力。习近平同志指出："充分尊重群众的首创精神，着眼于解放和发展生产力，放手支持群众大胆实践、大胆探索、大胆创新，及时发现、总结和推广群众创造的成功经验，把群众的积极性和创业精神引导好、保护好。"这就要求企业，一方面，要建立鼓励、引导、支持职工创新和包容创新失败的工作机制，努力让一切创新活力竞相迸发，让一切创造财富的源泉充分涌流；另一方面，要及时地总结职工群众在实践活动中创造出的新鲜经验和成功做法，在评估、奖励的同时，加以提高、宣传和推广。实践证明，只要坚持"从群众中来，到群众中去"这一正确的工作方法，企业管理就能保持旺盛的生命力。

三、职工群众广泛参与是企业管理取得成效的关键

人民群众是我们党的力量源泉和胜利之本。要实现企业管理目标，就必须"坚持全心全意依靠工人阶级的方针"，始终面向职工群众、依靠职工群众、"组织职工参与改革和管理"。

企业的决策活动离不开职工群众的广泛参与。历史经验告诉我们，群众是真正的英雄。党的

十八大明确要求"坚持问政于民、问需于民、问计于民，从人民伟大实践中汲取智慧和力量"。同时强调，要"健全以职工代表大会为基本形式的企事业单位民主管理制度，保障职工参与管理和监督的民主权利"。这既是我党历史经验的总结和当前改革发展的现实需要，也是贯彻落实《工会法》和《职工代表大会条例》等赋予职工群众民主权利的刚性要求。可见，企业的决策活动，不但不能离开职工群众的广泛参与，而且必须要有职工群众的广泛参与。当然，要规范参与的程序和方式，保证《公司法》和《公司章程》赋予董事会和股东大会权力的正常行使。

企业的决策必须通过职工群众付诸实践。无论是生产经营、项目建设、对标管理、品牌推广，还是资源整合、内部改革、结构调整、转型升级等等，企业的一切决策，都离不开职工群众的贯彻落实；否则，任何决策都是一纸空文。

决策的修正和完善只能在职工群众的实践活动中进行。一方面，要从职工群众的实践活动中发现问题；另一方面要在职工群众的实践活动中寻找答案、解决问题。两个方面密切相关，缺一不可。

要保证职工群众积极地参与企业管理，企业的管理举措、方式和手段等就必须充分体现"民情民意"，赢得职工群众的广泛认同。正如刘少奇同志所说："我们的一切，都依靠于、决定于人民群众的自觉与自动，不依靠于群众的自觉与自动，我们将一事无成……"

四、教育和引导职工群众是企业管理的重要任务

教育与引导职工群众前进，是党的群众路线的有机组成部分，它与相信群众、依靠群众、尊重群众的首创精神是辩证统一的。因为，"人民群众不能自发地产生共产主义觉悟，需要无产阶级先锋队的教育和引导"。

从深化国企改革的现实需要看，要解决好职工群众存在的观念落后、思想僵化等问题，需要教育引导；从国企管理的现实状况看，要升华管理理念、优化管理方式、提升管理水平，需要教育引导；从国企发展面临的挑战看，要坚定信心、迎难而上，造就一支适应市场经济和改革开放要求的高素质的职工队伍，保证国企在经济新常态下不断地做强做大做优，需要教育引导。此外，要调整好利益关系、解决好矛盾纠纷，为改革发展提供和谐稳定的内部环境，同样需要教育引导。教育引导职工群众，既是企业管理的目标任务，也是搞好企业管理的根本途径和有效手段。因此，必须高度重视，常抓不懈。

在教育和引导职工群众的同时，要按照党的十八大"不断在实现发展成果由人民共享、促进人的全面发展上取得新成效"的要求，始终把实现好、维护好、发展好广大职工群众的根本利益作为企业管理的出发点和落脚点，让广大职工群众真真切切地感受到企业发展带来的好处，进而增强职工群众的归属感、自豪感和满意度，激发其投身企业建设和改革的积极性、主动性和创造性。

五、接受职工群众监督是企业管理健康向上的保证

企业的管理活动必须接受职工群众的监督，这是职工的主人翁地位所决定的，是法律赋予职工的民主权利。

接受职工群众监督，有利于规范管理行为。改革开放以来，随着市场经济体制的建立，许多国有企业在竞争中被无情地"蒸发"了。一个重要原因就是管理行为不规范。尤其在"三重一大"问题上，有的搞个人说了算，有的搞暗箱操作，有的凭经验"跟着感觉走"，有的甚至"明知山有虎，

偏向虎山行"，把决策当儿戏，等等。这些问题之所以能够发生，根本原因就是决策的整个过程，包括决策的主体、内容、程序、方式方法和结果没有置于职工群众的有效监督之下。

接受职工群众监督，有利于客观评价管理绩效。职工群众是企业管理活动的具体实践者，也是管理效果的直接体验者和受益者。企业管理活动的好坏，职工最有发言权。习近平同志把"群众满意"，作为我们党做好一切工作的价值取向和根本标准，强调"群众意见是一把最好的尺子"。我们要学习习近平同志的这种想问题、办事情、作决策的立场、观点和方法，把企业管理成效交给职工群众去评判，并以此为依据，不断改进工作，提高管理水平。

接受职工群众监督，有利于防止腐败问题发生。历史事实充分证明，失去监督的权利必然产生腐败。那么，如何加强职工群众监督呢？最有效的办法，就是落实"三重一大"民主决策制度和以职代会为基本形式，实行厂务公开、民主管理。要做好这些，除了强化外部监管，更要强化企业领导人员的民主作风、法制观念和廉洁意识。为此，要抓住领导人员这一关键因素，在思想、作风、纪律和反腐倡廉建设等方面下功夫，培养其无产者的政治觉悟和战略家的远见卓识。若不如此，真实有效的群众监督就难以实现。

群众路线是党的优良传统，是夺取革命和建设胜利的法宝，改革开放的新形势下，它也是我们搞好企业管理的法宝。

电力企业固体废物综合利用的标准化管理

申报单位：山西平朔煤矸石发电有限责任公司
作者：武建芳　李永茂　任继德　苏春元　张培华

[摘要] 本文以山西平朔煤矸石发电有限责任公司承担制定的《粉煤灰与煤矸石混合生态填充技术规范》山西省地方标准为例，通过详细介绍地方标准制定背景、制定进程、标准适用范围和内容、创新点以及标准实施后预期的效益等内容，阐述了电力企业固废综合利用领域的标准化管理工作。

[关键词] 电力企业；标准化管理；地方标准

电力企业的标准化工作随着企业整顿、升级、安全文明生产达标等活动的开展而得到逐步提升，特别是在创建国家一流电力企业过程中，标准化工作占据了重要地位。

企业标准化是以提高经济效益为目标，以搞好生产、管理、技术和营销等各项工作为主要内容，制定、贯彻实施和管理维护标准的一种有组织的活动。企业标准化的对象是企业生产、技术、经营、管理等各项活动中的重复性事务和概念。其基本任务除包括贯彻执行有关标准化的法律、法规、规章和方针政策，实施有关技术法规、国家标准、行业标准、地方标准和上级标准以外，还包括正确地制定、修订和贯彻实施企业标准，建立和健全企业标准体系并使之正常、有效运行，以及积极承担上级标准的制定和修订任务。

标准化工作是一项综合性基础工作，贯穿于企业整个生产、经营和管理活动的全过程。企业除需建立标准化管理体系以外，还应当积极承担制定和修订相关技术、相关领域标准的任务，以使技术规范化、便于推广，同时填补领域的空白，从而推动行业的发展与进步。本文以山西平朔煤矸石发电有限责任公司承担制定的山西省地方标准（标准名称为《粉煤灰与煤矸石混合生态填充技术规范》）为例，阐述电力企业固废综合利用领域的标准化管理工作。

一、标准制定背景

《粉煤灰与煤矸石混合生态填充技术规范》涉及煤炭、电力企业固体废物综合利用领域和生态治理领域。"十三五"规划中指出要大力发展循环经济，要做好工业固废等大宗废弃物资源综合利用。对火力发电企业而言，要实现灰渣"零排放"的目的，除利用技改等措施降低灰渣产量，更关键的是要将排放的废弃物予以充分利用。

随着山西省煤电行业的快速发展，粉煤灰的产生量急剧增加，从 2000 年的 805 万吨跃升到

2013 年的 4799 万吨，产生量增加了近 5 倍，年均增长率达 14.7%。2013 年，粉煤灰综合利用量 2687 万吨，综合利用率 56%，尚有 44% 的粉煤灰未得到综合利用，新增堆存量达到 2112 万吨。另据不完全统计，山西省累计历史堆存灰量达 2.5 亿吨以上。

此外，山西省煤炭开采伴生的煤矸石积存量已高达 10 亿多吨，形成的煤矸石山已有 300 多座，还形成了大面积的采空区和沉陷区。

大量粉煤灰堆存所带来的大气污染、生态环境破坏等问题已引起社会的广泛关注；煤矸石山的存在不仅侵占了大量的土地资源，还易产生风化扬尘，容易发生自燃并排放大量的二氧化硫、氮氧化物等酸性气体，对环境造成严重的污染。二者的历史存量巨大，对环境破坏程度大，亟待予以大规模消纳。

煤矸石综合利用项目主要有发电、制砖、填充等。粉煤灰综合利用项目主要集中在建材利用方向，包括商品粉煤灰、粉煤灰水泥、加气块、粉煤灰砖、混凝土砂浆、粉煤灰混凝土、填充等。多数利用粉煤灰生产的产品已有现行标准予以规范，但其填充利用以及煤矸石的填充利用均缺乏相关标准。

国家发展和改革委员会等十部委发布的《粉煤灰综合利用管理办法》明确了粉煤灰进行矿坑回填是一种综合利用方法；《煤矸石综合利用管理办法》规定国家鼓励煤矸石用于土地复垦、井下填充等。

《大宗固体废物综合利用实施方案》（发改环资〔2011〕2919 号）"鼓励粉煤灰复垦、回填造地和生态利用"，指出"要加大煤矸石用于采空区回填、土地复垦、沉陷区治理力度"；《关于印发山西省资源节约和综合利用"十二五"规划的通知》（晋政办发〔2012〕69 号）"鼓励粉煤灰复垦、回填造地和生态利用"。

不难发现，粉煤灰、煤矸石用于填充、复垦、回填造地是一个可以实现其规模化、资源化利用的重要途径。粉煤灰作为填充材料进行单独填充时，其颗粒之间的黏结性较差，紧密堆积强度不能达到行车要求，不利于填充工作的持续进行和行车安全，因此在填充过程中需加入骨料物质，如煤矸石等，可以实现紧密堆积，从而提高填充强度。

目前由于粉煤灰与煤矸石混合生态填充技术尚缺乏相应的规范，该项资源综合利用、生态治理措施难以实现规范化、规模化的应用和推广。为了解决这一问题，山西平朔煤矸石发电有限责任公司与山西省生态环境研究中心共同申报承担山西省 2015 年度地方标准制定项目，该项目于 2015 年 6 月立项，现已制定了《粉煤灰与煤矸石混合生态填充技术规范》，对粉煤灰与煤矸石混合生态填充的相关技术予以规范，有利于其推广和应用，有利于大规模消纳粉煤灰和煤矸石，同时达到资源综合利用和生态治理的目的，进而促进循环经济的发展。

二、标准制定

（一）标准的制定进程

2015 年 3 月，山西平朔煤矸石发电有限责任公司与山西省生态环境研究中心共同申报山西省质监局组织的地方标准制定项目，同年 6 月省质监局予以立项；其后标准编制单位组织了标准编制座谈会，并深入调研、开始标准起草工作；同年 10 月形成了标准讨论稿并讨论修改；同年 12 月在朔州市范围内对标准进行意见征求并修改。

2016年4月由标准的归口单位组织召开了专家论证会，对标准进行论证；同年7月由省质监局组织了标准审查会，对标准进行审查，形成了审查意见，该标准顺利通过审查；其后标准编制单位结合审查会专家意见对标准予以完善，形成了报批稿，现标准已发布。

（二）标准的适用范围

企业标准化的基本任务之一是贯彻执行有关标准化的法律、法规、规章和方针政策，贯彻实施有关技术法规、国家标准、行业标准、地方标准和上级标准。

因此，为贯彻《粉煤灰综合利用管理办法》、《煤矸石综合利用管理办法》和《大宗固体废物综合利用实施方案》中所鼓励的粉煤灰复垦、回填造地及煤矸石回填、土地复垦等综合利用措施，加快粉煤灰、煤矸石的消纳进程，促进循环经济发展，同时规范混合生态填充技术，结合《中华人民共和国环境保护法》和《中华人民共和国固体废物污染环境防治法》要求，制定了《粉煤灰与煤矸石混合生态填充技术规范》。

粉煤灰与煤矸石混合生态填充技术本质上是固废资源化利用的过程，填充目的在于生态治理、生态恢复和生态重建，其并不适用于基础建设等非生态治理的情形。又由于该项标准是山西省地方标准，因此，该标准适用于在山西省范围内，利用粉煤灰、煤矸石对露天矿坑、沟壑进行混合生态填充，为后续生态治理和生态恢复奠定基础的情形。

（三）标准的主要内容

《粉煤灰与煤矸石混合填充技术规范》主要规范了粉煤灰与煤矸石对露天矿坑、沟壑进行混合生态填充的技术，包括混合生态填充技术的术语和定义、填充设计、作业、工程管理要求及验收评价等内容。其中，填充设计包括填充材料、填充场地范围及整治方案、填充方案、安全措施方案、生态恢复等内容，填充作业包括填充材料装车、运输要求、填充作业过程要求等内容。

在标准编制过程中，严格按照GB/T 1.1-2009《标准化工作导则 第1部分：标准的结构和编写》给出的规则、国家法律法、产业政策和《山西省地方标准管理办法》的有关规定进行编写，同时还撰写了标准编制说明，对标准中的各部分内容进行了详细的解释和说明，以便于标准的理解，有利于标准的参照和执行，确保能够更加规范粉煤灰与煤矸石混合生态填充技术，确保混合生态填充质量得到保证。

该标准共引用了7个国家标准和7个行业标准，参照了有关现行标准规范，标准的各项条款均经过反复斟酌、推敲而确定，标准条款表述意思符合现行国家标准和行业标准、政策法规要求，具有高度一致性，部分条款的要求甚至严于相关国家标准要求。

（四）标准的创新点

1.深入调研、理论联系实际

地方标准的制定与企业标准的制定有着显著的差异，其覆盖面和适用性更广泛，因此，其制定的难度也较大。在标准制定过程中，标准编制单位查阅资料、深入调研、结合现行国家标准和法规及粉煤灰与煤矸石生态填充进程和现有工程，试制了相关设备并试验，其后进行标准起草工作。标准在制定过程中，经过多次反复论证、修改、完善，最终形成了具有指导意义的山西省地方标准。

2.评价指标及方法具有创新性

生态填充实质上是资源综合利用、生态治理的过程，其在实施过程中，更应当加大过程控制力度，要避免对环境造成破坏和污染，保证施工质量。为了有效检验和评价生态填充的质量，特别是填充区域的平整度、压实程度以及承载能力，但现行标准的相关检测手段并不适用于粉煤灰与煤矸石混合生态填充的检测。因此，在标准制定过程中，借鉴了现行有关公路路基检测的标准，试制了相应的设备，进行了大量实验，从而制定了适宜的评价指标及评价标准，同时申请了2项发明专利，2项实用新型专利。

（五）标准实施后预期的效益

1. 经济效益

由于采用粉煤灰和煤矸石这两种工业固体废弃物作为填充材料，既可以增加二者的利用价值，又可以降低对混合生态填充的填充成本；此外，还可以根据其填充规划及设计，对混合生态填充后的露天矿坑和沟壑恢复种植大量农作物、防护林等，可以增加可利用土地面积，创造经济价值，促进该区域内的社会经济的持续发展。

2. 社会效益

粉煤灰与煤矸石混合生态填充露天矿坑和沟壑，可以解决发电企业、采矿企业对于粉煤灰、煤矸石的处理问题，可以消纳历史堆存的工业固废，提高其利用水平，还可以使露天矿坑、沟壑得到开发利用，重建生态功能，因地制宜地建立相应的生态系统，有利于生态建设，有利于社会稳定。此外，还可以规范化地推动粉煤灰、煤矸石混合生态填充进程，加快其消纳速度，实现变废为宝，资源综合利用，还可以为国内大量即将闭坑的老矿山提供可借鉴经验，具有显著的社会效益。

3. 生态效益

粉煤灰、煤矸石作为工业固体废弃物，由于其资源化利用水平有限，加之历史存量大，年新增量也较大，对生态和环境造成巨大的影响，亟须大规模地利用。粉煤灰与煤矸石混合生态填充露天矿坑和沟壑，不仅可以大规模消纳粉煤灰和煤矸石，还可以使已受破坏的生态系统得以修复和重建，改善生态环境，有利于调整土地利用结构，增加环境容量，提高资源配置效率。

三、结语

山西平朔煤矸石发电有限责任公司积极承担山西省地方标准的制定，有效地提升了企业标准化管理水平。通过制定山西省地方标准，可以更加规范地引导企业贯彻、落实国家、行业以及地方相关政策、标准，也可以有效地弥补领域空白，同时有利于规模化消纳粉煤灰和煤矸石，完善电力企业固体废物综合利用标准体系，推动固废资源化利用进程，促进循环经济的发展。

俱乐部制模式在 HSZ 高速公路公司教育培训工作中的应用研究

申报单位：江苏沪苏浙高速公路有限公司

作者：陈莉华

[摘要] 中国传统文化中包含着丰富的双元性智慧，如竞合、阴阳等。西方文化将竞合一分为二，认为两者非此即彼，而中国文化认为两者可以兼容，竞中有合，合中有竞。中国的阴阳文化认为阴中有阳，阳中有阴，阴阳转换。组织双元性的前因研究应关注个体、组织、网络层面因素的独立影响和跨层次交互影响；非正式制度和正式制度两者的关系处理对于企业成长绩效的影响，具体包括非正式制度对创新创业的正向和负向效应、正式制度的正向和负向效应等，在这种文化的驱动下，HSZ 公司在教育培训工作中试点了俱乐部制教育培训模式和传统教育培训模式并存的双元模式，取得了一定的成效，单年产生经济效益达数百万元。

[关键词] 俱乐部制模式；教育培训；经济效益；应用推广

一、引言

（一）研究背景

我们正处在一个新经济发展的时代，即以智力资源占有、配置和利用为最主要因素的经济时代，新经济时代的经济发展，对企业管理的方方面面都产生重大的影响，给企业管理带来革命性的发展要求。

（二）研究思路和主要内容

在新经济时代，创新是核心，没有创新，企业也就失去了核心竞争力。因此，培育富有创新精神的组织文化是企业持续发展的关键，这种文化具有共同的特征：容忍不切实际的想法和建议；接受风险和失败；外部控制少，组织努力保持规则、条例、政策的弹性，使这类控制减少到最低的限度，以充分发挥员工的自主性；注重结果甚于手段，对以确定的目标，组织鼓励个人积极探索实现目标的各种可行途径；强调开放的系统。

二、HSZ 公司简介

HSZ 高速公路是上海至重庆 G50 国家重点干线公路的重要路段，也是江苏省规划建设的"五纵九横五联"高速公路网的重要组成部分。路线起于上海市青浦区与江苏省苏州市吴江区的交界处，与上海市沪青平高速公路相接，向西南穿越吴江市，与苏嘉杭高速公路交叉，跨越京杭运河、太浦河，与 227 省道相交，止于苏州市吴江区与浙江省湖州市的两省交界处，与申苏浙皖高速公路浙江段相接。路线全长 49.947 千米。HSZ 高速公路江苏段于 2005 年 7 月开工建设，于 2008 年 1 月 12 日提前建成通车运营，公司总资产约 40 亿元。全线设省界主线收费站 2 个，互通收费站 6 个，服务区 1 个，另设总值班室、养护办、排障大队三个基层工作机构。公司管理本部设置综合部、财务部、工程部、营运部、经营部、监察室、党群部 7 个职能部门。公司承担着辖区路段的收费、养护、经营管理工作，主营业务收入主要为路、桥车辆通行费、服务区经营收入、沿线广告收入等。公司现有员工 400 余人。

三、HSZ 公司教育培训工作现状研究

HSZ 公司为国有企业，企业目标与国家宏观政策密不可分，企业在一定条件内自主经营，因此 HSZ 公司教育培训工作按类别主要分为岗前培训及岗位培训，其中岗前培训以新员工及转岗员工了解公司概况、主要政策、组织机构、规章制度、企业文化与经营理念、岗位说明、职责、业务知识与技能操作、劳动安全保护知识等为主，岗位培训以在岗生产人员、管理人员、专业技术人员进行岗位技能提高训练和继续教育为主。

国有企业一直有集体主义的传统，广大具有较高素质的员工能为集体利益而舍弃个人利益，这正是培育团队精神的良好土壤。长期以来，国企领导大都只注重用信仰机制来调节员工行为而忽视了影响团队精神建设的其他因素。因此，需要在建设团队精神的所有方面都能齐抓并进，建立具有中国特色的国有企业团队精神模型。2014 年起，根据单位驻站人员多，人员集中，业余文化生活短缺的特点，出于建立团队精神的考虑，在 HSZ 公司领导的带动下，员工根据各自的兴趣爱好组建了多个兴趣小组，有骑行小组、摄影小组、羽毛球小组、绘画小组、唱歌小组、美食烹饪小组、足球小组、微电影制作小组、徒步登山小组等，这些小组的组建，极大地丰富了员工们在日常业务工作以外的文化生活，拉近了各自间的距离。截至目前，这些兴趣小组均已粗具规模，个别小组组员已达到 30 人以上，这些兴趣小组目前在公司以 HSZ 公司俱乐部模式运营，由员工自由选举产生负责人，借助微信、互动吧等交流平台进行日常关系维护及活动组织。俱乐部制模式的产生极大地丰富了员工的业余生活，提高了团队间的默契，工作效率也有了不同程度的提高。

目前，在多年的运营管理中，HSZ 公司的教育培训工作开拓了双元化管理模式，分别是自上而下的传统教育培训模式和自下而上的俱乐部制教育培训模式并存的管理思想。

四、俱乐部制模式在公司教育培训工作中的应用研究

俱乐部制模式在 HSZ 公司有了很广泛的支持度，上至公司领导，下至普通员工都积极参与进来，在这种模式下，HSZ 公司的教育培训工作有了长足的进展，人还是那几个人，但做的事远大于原来的单一教育培训模式。

首先,员工有了共同的愿景。在共同的兴趣爱好下,员工们展现了更加积极钻研的一面,充分发挥各自的长处,积极、健康、向上的团队由此逐渐成长,一个人可以走得很快,但是一群人可以走得更远,通过俱乐部制模式进行教育培训工作的推进,有利于员工吸收新知识,有利于新技能的迅速扩散,更加有利于员工间的交流沟通。

其次,员工们有了创新精神。在俱乐部制模式下,HSZ 公司员工自行拍摄数个微电影,制作了微图册,自主完成了收费亭背景音乐系统改造……在这种模式下,员工们能够把自己的优势发挥得淋漓尽致,PPT 创新工作也诞生于此,公司也逐步进入 PPT 汇报时代,大家通过沟通学习,把每月甚至于每周的工作利用 PPT 来汇报展示,通过不断学习,不断创新,建立了学习型 HSZ,通过各种创新,提高了工作效率,促进了学习氛围的产生,对企业文化建设奠定了扎实的基础。

最后,员工们增强了团队凝聚力。在一次次的俱乐部活动中,员工们收获的不仅仅是知识,还有健康,还有团队凝聚力,等等。员工的团队精神是不会自发产生的,它需要企业给予一定的训练、引导和培养。HSZ 公司的俱乐部制管理模式恰如其分地集中了团队凝聚力,目前展现的良好态势,是团队中各种个体意识互动的结果,最终形成了积极、健康、向上占主流和主导地位的团队群体意识,就是我们所讲的团队精神,这不仅可以实现能力的集中并使成员各扬所长、互补所短,更重要的是能够充分发挥团队的潜力,产生一种超过个人能力总和的、新的"1+1>2"的合力。而消极、堕落的团队群体意识不但会削弱团队的效率,而且会抑制成员的创造性,挫伤其工作的热情和工作的积极性,甚至可能造成"1+1<0"的负数结果。所以,作为管理者应当密切注意团队意识的发展趋势,并采取一系列可行的手段加以引导,来培养员工的团队精神。

五、俱乐部制模式的实施评价与效益研究

在俱乐部制模式下的 HSZ 公司教育培训工作如火如荼地开展着,在开展这项工作的几年里,HSZ 公司收获了很多很多。与传统教育培训工作相比,俱乐部制教育培训模式显得更加自主,在自下而上的推动下,在星星之火的引导下,员工们能够更加主动地去学习,去工作,由此展现了学习型企业的风采。

第一,收获了健康。随着国民生活水平的不断提高,以及对健康的愈发重视,人们对户外运动的热情日益高涨,全国乃至全球各地掀起一股户外运动浪潮,沪苏浙公司便存在着这么一群人,他们有的爱好骑行,有的爱好爬山,有的爱好马拉松……俱乐部制培训模式极大地丰富了员工的业余生活,特别是在封闭的高速公路企业,积极引导员工参与各种锻炼,给员工们一个健康运动的平台,对员工来讲是非常受欢迎的。俱乐部开设的骑行部、羽球部、越野部、足球部均吸收了 20 多名会员,不定期举行各种健身活动,开展一些健康讲座等。通过这些健康运动,提高了员工的身体素质,也带动了一批员工从室内走出来,加入到健康运动的队伍中来。

第二,收获了工作效率,吸纳了人才。俱乐部开设的 PPT 工作部、微电影制作部等,对内提升了工作汇报效率,对外展现了公司风采,从俱乐部制管理模式中,公司发掘了各类人才,目前,俱乐部已成为公司发现人才的一个渠道,截至 2016 年 7 月,公司已吸纳多名会员专职从事 PPT 制作及微电影制作工作,从多做事向精做事转变。自从开展俱乐部制模式以来,公司员工的精神面貌得到显著提高。

第三,收获了经济效益。俱乐部开设的创新技术部为 HSZ 公司带来了经济效益,创新技术部会员不光自己不断学习,也主动寻求技术突破,从小处着眼,从员工需要出发,做了一系列实事。

通过不断的学习钻研，为 HSZ 公司节约了多项经费支出，仅收费站大棚灯光改造项目就为公司节约 56 万余元；创新技术部也同时自主研发了收费亭背景音乐系统，主动积极地改善了枯燥的收费环境，为员工自身谋福利，从一定程度上也提高了员工的上班积极性；通过长年工作经验，在一些细节问题上，创新技术部成员发现 ETC 车道通行率的改善空间，又马不停蹄地开始着手运作，最终通过在值机室管理机上增加 ETC 车道交易记录实时查询软件以及增加 ETC 车道人工遥控抬杆装置，极大地提高了现场人员安全性和车辆通行效率，提升了通行费征收效率。

第四，收获了企业文化。俱乐部开设的绘画部、歌唱部、美食烹饪部等为员工提供了业余文化生活保障，员工各显神通，发挥所长，通过"唱吧"、"微信公众号"等平台争奇斗艳，你方唱罢我方登场，"畅行高速路，温馨 HSZ"的企业文化不断发扬光大。

六、俱乐部制模式的长远意义

在激烈的国际竞争中，谁拥有大批高素质、高水平的创新人才，谁在竞争中就拥有绝对优势。因此，创新的人才是知识经济时代企业的核心，企业必须真正重视人的作用，发挥集体智慧的整体效应。而这就需要企业对员工进行良好的激励。不仅仅是物质激励，也不仅仅是给予赞赏和荣誉的传统式激励，而是赋予员工更大的权利和责任，充分发挥员工的自觉性、能动性和首创性。同时，要加大对员工教育、培训的投资力度，对员工实行终身教育，使员工不断地获取知识和自学成才，以充分挖掘企业的潜能，培养企业的创新能力，使企业成为一个学习型组织。

营造宽松开放的企业文化氛围。在对员工的管理中，文化将成为重要的，甚至主要的手段，企业要通过基本政策的制定，借助各种沟通渠道，去倡导某种适合企业特点的文化，使这种文化所包含的价值观和行为准则被大家自觉接受，进而影响他们的行为，使之与企业的发展目标一致，另外，企业也应允许不同价值观和行为准则的存在，因为网络组织中包括了众多工作内容不同的单位组织，由于这种差异，必然产生与之相适应的价值观和行为方式，形成个性化的文化。

HSZ 公司俱乐部制教育培训模式参考于各大高校的俱乐部制教学模式，既增加了员工的自我锻炼、自我学习的机会，极大地丰富了公司教育培训的广度，又通过视角的转变，使员工学习变被动为主动，从而提高了员工自身综合能力。这种新兴的教育培训管理模式与组织形式就目前来讲在 HSZ 公司的实施是成功的，但在其发展过程中还是会受诸多因素的影响，HSZ 公司将一如既往地推进俱乐部制模式在教育培训工作中的应用，未来也许可以在公司管理模式推广应用。

参考文献

[1] 姚超雄. 论新经济时代的企业管理［J］. 管理世界，2004（3）.

[2] 魏江，邬爱其，彭雪蓉. 中国战略管理研究：情境问题与理论前沿［J］. 管理世界，2014（12）.

[3] 程志强. 建立国有企业团队精神模式的研究［J］. 管理世界，2005（1）.

[4] 伊万切维奇，赵曙明，程德俊. 人力资源管理（第 11 版）［M］. 北京：机械工业出版社，2010.

[5] 杨忠. 组织行为学：中国文化视角（第二版）［M］. 南京：南京大学出版社，2010.

[6] 雷蒙德·A. 诺伊. 人力资源管理：赢得竞争优势（第五版）［M］. 北京：中国人民大学出版社，2005.

[7] 薛亦伦，张骁，丁雪等. 高政治技能的员工如何规避工作场所排斥——基于中国文化情境的研究［J］. 管理世界，2016（7）.

强化增值型内部审计 实现企业价值增值

申报单位：广元市天然气公司
作者：何跃琼

[**摘要**] 我国许多企业在生产经营活动中，结合自身行业、经营特点，形成适合自身发展的增值型内部审计特色，内部审计的职能将得到大大扩展，其功效作用也将明显大大增强。价值增值型审计是内部审计今后发展的必然趋势，加强内部审计增加企业价值的途径和方法：第一，内审机构独立设置、建立健全的内部审计体制；第二，抓好审计队伍建设；第三，开发实用的审计软件；第四，改进流程；第五，内部审计与干部人事考核挂钩。

该论文通过对理论的研究，正确地确立新时期的企业内部审计目标、审计对象和审计重点，对内部审计目标重新定位。尤其对于大中型企业，内部审计是现代企业管理当中的重要组成部分，内部审计能够影响企业绩效。在加强内部审计增加企业价值的途径和方法中，提出了"内部审计与干部人事考核挂钩"、"先审计，再任用"的原则，同类企业中属独创。

[**关键词**] 内部审计；企业管理；人事考核

中国审计制度自 20 世纪 80 年代初恢复至今，在这 30 多年里，中国的内部审计事业循序渐进，得到了空前的大发展，2007 年时任审计署署长的李金华在亚洲内部审计大会上提到一组数据，2006年我国建立审计机构 6 万多个，共完成审计项目 129 万个，增加效益 382 亿元，内部审计增加价值效果可见一斑。2014 年 4 月 12 日，中国内部审计协会会长余效明在国际内部审计师协会 2015 年全球委员会会议新闻发布会上说，内部审计是内部控制体系中的一项重要制度设计，既是内部控制的"践行者"，发挥内部监督和制约的作用，又是内部控制的"推动者"，促进内部控制体系随着组织发展不断健全完善，据余效明介绍，截至 2014 年底，全国共建立内部审计机构近 7 万个，配备内部审计人员 25 万余人，较 2013 年底增长 5%，初步建成了较为完善的内部审计管理体制。许多企业建立了董事长、总经理直接领导的独立履职的审计体制。一些地方和企业也开始重视内部审计的价值增值效果，比如安徽马钢集团 2013 年完成内部审计项目 36 项，纠正违规、避免经济损失1002.45 万元。据不完全统计，2014 年我国内部审计机构共完成各类审计项目 154 万项，向司法机关移送经济案件线索 287 起。全球范围来看，根据国际内部审计协会（IIA）2012 年底的统计，各大公司自 2008 年来对内部审计部门的投入不断增加，2013 年的增速将达到五年之最，由此可见，内部审计确实能够带来实打实的绩效增加，对内部审计增加价值的研究和探讨也就尤为必要和迫切。

一、内部审计理论研究

我国的内部审计是在国家审计的羽翼下建立和发展起来的，1985 年 8 月颁布的《国务院关于审计工作暂行规定》要求县级以上和大中型企事业单位，应当建立内部审计制度，设立内部审计机构。中国内部审计协会对内部审计的定义为：内部审计是指在企业内部进行的一种独立客观的监督、评价和咨询活动，它通过对企业经营活动以及内部控制的适当性、合法性和有效性进行审查、评价和提出建议，来促进和改善企业运行的效率效果，从而实现企业发展目标。内部审计以为企业增加价值，帮助企业实现目标为目的。邓永芳从内部审计对企业会计活动、风险管控和公司治理的角度，认为内部审计能够借由评价活动实现对企业的增值效果。高鸽祥认为，内部审计能够加强对企业的管理监督，通过独立开展评价活动和管理咨询等，施加对企业价值的影响。总体而言，学者们普遍认为，内部审计从提供信息、改善风险管理、加强内部控制和改进公司治理等方面促进了企业价值的增加和提升。

二、增值型内部审计的发展及现状

1999 年 6 月，由 120 多个国家参加的国际内部审计师协会（IIA）理事会，通过了一次新的定义："内部审计是一种旨在增加组织价值和改善组织营运的独立、客观的确认和咨询活动。它通过系统化、规范化的方法来评价和改善风险管理、内控及治理效果，以帮助实现组织目标。"新的定义将"增加价值"第一次列入内部审计定义，直接以价值为导向，提出了增值型内部审计这一新的审计理念。我国增值型内部审计起步时间较晚，落后于西方发达国家。2012 年，为了适应内部审计的最新发展，更好地发挥内部审计准则在规范内部审计行为、提升内部审计质量方面的作用，内部审计协会对《内部审计基本准则 (2003)》进行了全面、系统的修订，并于 2013 年 8 月以公告形式发布了新修订的《中国内部审计准则》。新修订的《中国内部审计准则》明确提出内部审计的目的是"促进组织完善、增加价值和实现目标"，基本上实现了与国际内部审计师协会 (IIA) 定义的接轨。我国许多企业在生产经营活动中，结合自身行业、经营特点，形成适合自身发展的增值型内部审计特色，比如，武汉钢铁集团的增值型内部审计实施，在全国起到了模范作用。公司的主要业务是生产重要的板材，拥有矿山采掘、炼焦、烧结、冶炼、轧钢及配套辅助设施等一整套先进钢铁生产工艺，武钢一直将内部审计作为企业战略的重要组成部分，近年来致力于构建"集团公司增值型内部审计"实践，创新的"稽查经济责任，实施绩效审计"等"10 项增值型内部审计"，使得内部审计发挥出显著的经济效益和社会效益，实现了企业价值的增值。

三、内部审计工作的重要意义

内部审计是对内部控制的再控制。现代内部审计之父劳伦斯·索耶指出："控制对内部审计师来说既是一个机会，也是一种责任。内部审计师不可能成为企业生产经营各方面的专家，但是有一个芝麻开门的秘诀，运用这一秘诀，他们可以打开通常只有技术专家才能打开的大门，这一秘诀就是控制。"新形势下，国有企业的独立性增强了，分（子）公司的权力扩大了，因此需要审计。不仅需要企业外部审计，更需要企业内部审计，需要全体职工参与的全面审计。审计理念的转变是审计创新的关键，内部审计要发挥作用，必须要适应国家经济形势的变化和企业经济发展的要求，正确地确立新时期的企业内部审计目标、审计对象和审计重点，随着内部审计目标的重新定位，内部审计的职能从审查财务、经营活动扩展到管理领域。内部审计机构可以从经营业务活动进行事前、事中和事后的检查监督，将更加关注企业管理、风险管理，关注企业经营的未来前景，并融进风险管理的新内涵，参与企业的经营决策、分析风险因素、预测经济前景。从而，内部审计的职能将得到大大扩展，其功效作用也将明显大大增强。内部审计是现代企业管理当中的重要组成部分，是维护企业道德文化的最后一道防线。许多学者从实证方面对内部审计增加企业价值给予了研究和探讨，研究结果表明，内部审计能够影响企业绩效，进而通过影响企业绩效来对企业价值产生影响。

四、内部审计监督和会计监督的关系

一个企业，必须有财会部门，财务人员是必不可少的。内部审计与会计监督的关系不仅不能相互替代，而且是相互补充的关系，无论是认为会计监督可以替代审计监督，还是认为审计监督可以代替会计监督的观点都是片面的。会计资料是审计监督的重要依据，做好会计监督可为审计监督打好基础，审计监督是对会计监督实行的再监督，进一步遏制会计监督中发生的弊端，对会计监督起着强化、促进作用。在实际操作中，会计监督在前，审计监督在后，不可以审计监督取代会计监督，也不可以会计监督代替审计监督。审计监督与会计核算相互交叉密不可分，会计不能离开核算而孤立地进行监督，所以一切财务活动只有通过会计核算和会计监督这一重要程序之后，才能得以认可和实现。内部审计监督是对会计监督的再监督，是审计人员根据国家法律、法规和政策规定，采用一定的程序和方法，运用专门的专业技术知识对本单位及其下属单位经济活动的合法性、合规性、合理性、效益性以及反映经济活动资料的真实性全面地进行审核、鉴证、评价并提出改进工作建议的一种经济监督活动。

五、加强内部审计增加企业价值的途径和方法

价值增值型审计是内部审计今后发展的必然趋势。

第一，内审机构独立设置、建立健全的内部审计体制。企业应当加强内部审计工作，保证内部审计机构设置、人员配备和工作的独立性，内部审计机构应当结合内部审计监督，对内部控制的有效性进行监督检查。对监督检查中发现的内部控制重大缺陷，有权直接向董事会及其审计委员会、监事会报告。

第二，抓好审计队伍建设。首先，内审人员的来源直接决定了内审人员的专业素质和可塑性。其次，重视内审人员的组成结构，内部审计效能的发挥不仅与内审人员的个人素质相关，更与其所组成团队发挥的整体效能有关。鼓励内审人员与外部进行交流。每年以适当的比例与企业内业务部门人员进行交流，不断更新人才知识结构，加强内审人员的自身学习、不断更新知识。审计人员不仅要有扎实的审计、财务知识，还应当具备法律、计算机、税务、市场营销、统计及沟通技巧等，通过学习提高应变能力和综合素质，适应企业的战略目标与市场需求。

第三，开发实用的审计软件。以正确及时地分析、评价、判断企业的经营状况是否正常，风险管理是否到位、内部控制是否完善。

第四，改进流程。内部审计人员在工作中一般从查账开始，但绝不是单纯查账，而是要花费更多的时间和精力去研究在业务流程和有关策略、措施中存在的问题，旨在从中发现企业的经营效果、内部资源的开发利用、产品种类和服务质量等各个方面有无可以改进之处。

第五，内部审计与干部人事考核挂钩。企业各环节的内部审计结果对部门领导干部任用应坚持"先审计，再任用"的原则，同时，通过内部审计，分清是非，落实审计责任，再与年度干部考核相结合，督促对违法、违纪、违规问题的查处和纠正，不断提高监督干部、选任干部的水平，改善宏观管理。

浅谈铜加工企业的防盗工作

申报单位：苏州宝兴电线电缆有限公司

作者：赵忠智

[摘要] 本文力图通过分析当前铜加工企业面临的严峻形势，分析当前铜加工企业多发的铜金属被盗案件，以作者在苏州宝兴电线电缆有限公司的实际体验，从总结工作得失的目的出发，提出铜加工企业的防盗工作要从两个方面入手，一是思想上大处着眼进行预防；二是行动上小处着手进行防范。

[关键词] 铜加工企业；防盗；预防

江西铜业集团公司（以下简称"江铜"）是中国有色金属行业集铜的采、选、冶、加为一体的特大型联合企业，也是中国最大的铜产品生产基地，为谋求企业利润最大化和产业链的更完整，在铜生产不断扩大的同时，为取得行业的优势，利用生产的主材铜，深加工企业越来越多，种类也越来越多，在取得一定效益的情况下，这些企业始终都会面对原材料被盗的犯罪，而且这种犯罪越来越有发展的势头，给企业造成一定的经济损失，同时也不得不引起铜加工企业重视。为使铜加工企业内部有一个良好的治安环境，保障国家、集体和职工的财产安全，有必要对企业内部盗窃犯罪的防范和预防进行思考。

苏州宝兴电线电缆有限公司是深圳江铜南方总公司深圳宝兴电线电缆制造有限公司为谋求产业链延伸，2000年与香港创宁公司合资在苏州工业园区创办的。主要生产电源线、电子线和光伏线，主要生产原料是铜和PVC。和江铜许多的铜加工企业一样，从建厂起就一直跟铜材料被盗的犯罪做斗争，他们面对的形势和应对的做法在目前江铜的铜加工企业里有一定的代表性。本文力图通过分析当前铜加工企业面临的严峻形势，分析当前铜加工企业多发的铜金属被盗案件的成因，以作者自己在苏州宝兴电线电缆有限公司工作的实际体验，从总结工作得失的目的出发，提出铜加工企业的防盗工作要从两个方面入手：一是思想上大处着眼进行预防；二是行动上小处着手进行防范。

一、铜加工企业治安形势严峻

随着我国经济社会的快速发展，近些年来，企业内部治安保卫工作相对依赖、相对薄弱、相对被动，企业内部治安保卫工作面临的形势和任务日益严峻。主要表现在以下几个方面。

（一）企业内部管理人员内保意识较薄弱

企业保卫工作是专业和敬业的一种职能，铜加工企业的内保工作重点主要是防止铜材料被侵占。

在江西铜业集团的各个矿山和冶炼厂，生产材料的保卫工作是由各企业设置的专职保卫部门具体负责，改制前他们是两块牌子一套人马，行政上由企业管，业务上接受地方公安的指导，业务水平和能力比较强，对各种违法犯罪打击有力，改制后他们被地方公安收编，但保留原派出所力量，虽然管理范围扩大，也还是属于行业内管理。然而现在一般的铜加工企业就不一样，绝大多数企业内部的治安职责都是属兼职管理范畴，客观上造成防范意识淡薄、防范机制不健全。苏州宝兴电线电缆有限公司从 2000 年在苏州工业园区设厂以来，企业内部的保卫工作是由企业行政部的一名办事人员兼职管理，现实状态是有事发生就借事强调一下，没事就不会想起这也是企业很重要的工作，至于研究如何提前防范，由于管理方法简单而只能是力不从心。

（二）企业内部各项管理工作不到位

苏州宝兴电线电缆有限公司是一家生产电器用线和光伏用线的专业厂，生产工艺有中拉和小拉、束线和退火、押出和包装、检验和出厂等工艺环节。在五年前裸铜和押出的两个车间里，机台边铜的成品和废品被放在工厂的各处，由于管理不严而到处可见、可捡。目前大多数的铜加工企业也都是这样的情况，铜材料的管理环节是全开放的。在人防方面，由于人员精简，内部大多没有专门的保卫部门和人员，只是在行政部门里安排有兼职的人员负责这块工作，兼职导致管理注意力不集中，责任心不强，实际工作应有的责任意识，工作中盲目性和随意性大，对于发生的盗窃、侵占事件熟视无睹。在技防方面，由于管理层存在对内部防范工作不重视，各种技术设备的投入相对滞后，没有形成有效的技防设施。

（三）员工队伍存在轻视防盗的思想屏障

跳开企业经营，在企业管理人员思想上因存在治安防盗工作并非自己的本职工作，而且时常还会得罪人；治安防盗工作的地位无足轻重，有情况才被领导想起，没情况大家相安无事，得过且过；防控手段不足，投入吝啬，人防、技防、物防等防范设施没有建立等原因，客观上导致当出现企业利益被侵犯的人和事时，无法收集和保全证据，无法为司法机关提供重要的案件线索和必要的证明材料的现实。企业内部员工法律意识淡薄，入职前接受的教育大多仅限于岗位技能的培训，而对于与自身工作有关的法律规定不了解，遵章守纪意识差，认为自己拿点企业内丢得到处都是的废品，没什么大不了，小题大做。他们并没有认识到自身行为是会给企业带来损失的行为，是违法行为。从管理到被管理层均存在轻视防盗的屏障，使企业内部治安防盗工作丧失了应有的威慑力。

（四）社会上非法交易推波助澜

随着市场经济体制的逐步建立和完善，生产经营方式的多样化，使大量的资源处于流转运动和被利用之中。铜作为一种贵重金属也不例外，早已被犯罪分子当作重要的目标。同时，由于铜加工企业内部防范机制不健全，防范工作不配套的现状，给犯罪分子盗窃和销售都带来可乘之机。企业员工内盗案件发生的态势由以往的小规模的员工个体暗地窃取、夹带变现谋利转变为大规模的"外勾内联、收赃主导"的新特点向趋势，社会上的销赃渠道给员工铤而走险实施犯罪提供了可能变现的便捷，为非法交易火上加油。

二、铜材料盗窃犯罪原因

我们所说的针对铜加工企业的盗窃犯罪，是特指发生在企业单位内部的以盗窃铜为主的案件。

小的主要是指内部员工在工作期间乘工作之便，利用身体从工作场所夹带出铜材料的行为；大的是指内部员工在工作期间乘工作之便，利用搬运工具从工作场所偷运出铜材料的行为。前者大多表现为一种个人行为，范围较小、较隐秘，相互影响小，企业受到的损失也小，但这也是常发生，也较难防范和根治。后者大多表现为一种小集团行为，范围大、影响大，企业损失也大，但不是时常发生，也较容易控制。铜材料犯罪的原因看起来很明显，主要是：

（一）外部有销的渠道，有就不难销

在苏州工业园区工厂内部是没有员工宿舍的，员工上班时在公司里，下班后就回到租住的居住区，员工除了在公司内的行为由公司负责管理外，出了厂门就由社会负责。苏州宝兴电线电缆有限公司目前有近 300 名员工，分别租住在公司周边，平时接触的都是社会现象和行为，只有到了公司里才会接受到公司文化的要求，从影响力来比较，公司显然与社会不对等，员工的行为和思维方式有很大的差异且难以把握。由于是电线电缆制造，主要原材料以铜和 PVC 为主，备受社会关注。分布在园区周边的小区，各式各样的废品收购到处可见，有固定的，有流动的，他们每时每刻都以最好的态度、价格期待着，造成了有货不难销。

（二）内部又管得不严，要就不难取

5 年前的苏州宝兴电线电缆有限公司主打产品电源线、电子线，主材是铜导体和 PVC 绝缘加外被，在产品生产加工的前端就是对铜丝的物化，将 0.26 的铜杆经过中拉后再进行小拉，达到产品单根铜丝的规格，再通过束线机将产品所要的根数按一定的扭矩束成半成品导体（芯线），再进行退火和加绝缘、加外被后形成成品。整个过程是对铜的物化，直到半成品形成过程中的各相关加工岗位，产生的铜废品堆放在机台边到处都是，随处可见，如果员工心理定力不强大，背着人拿些走，肯定是很方便和很难发现的。对原材料管理的不严格和细致，也造成了员工要就不难取。

（三）素质且良莠不齐，参差难管理

苏州工业园区企业内部员工由于受工厂内没有员工宿舍的限制，只能是距工厂骑 20 分钟车为最远距离，除了是特别人才和有特别待遇的情况，企业不会形成吸引力。由于这个原因，苏州宝兴电线电缆有限公司的一线操作员工的招聘一直受到限制：一是由于还受到春节前后和夏季高温的影响，员工流动性大，缺少 20~30 人；二是制造企业相对其他电子行业，工作量大，工作条件辛苦，给招聘工作造成困难；三是企业由于受到行业利润的影响，员工工资与周边比较，并不占优等，企业招聘的基层操作员工的文化程度也由最早的高中下降到现在的初中，最困难的时候连小学文化都被聘上，文化素质的不齐，客观上给管理带来难度，也为防盗工作埋下了隐患。

三、思想上，大处着眼进行预防

铜作为一种贵重金属，使用的范围很广，且又有很好的回收再利用性，在市场的回收价上，比铁、铝等金属贵，比金、银差，长期以来是回收利用中的贵金属。过去，江西铜业集团在采、选、冶时，企业的管理环境是矿山、选矿厂和冶炼厂，虽然是生产铜的矿山，但在这里工作的人是看不到人们认识的金灿灿的铜的，看到的却是灰褐色的铜矿石和粉末状的铜精矿。在铜冶炼厂里，也只有在整个冶炼的最后才看到了金灿灿的铜。但是，作为铜产品加工企业却不同，虽然是整个生产过程都是在厂房里进行，却是将铜材料按产品的要求物化，发生被盗的情况也在这环节中。苏州宝兴电线电缆有限公司长期以来从企业的管理实践中感受到：企业的生产原料被盗，只能是证明企业的管理工作薄弱，做好企业的防盗工作减少企业的损失，也是企业生产力提高。从这个观念形成起，从企业的经营者、管理者、执行者的思想上都高度重视这项工作，把建立健全制度，抓好制度的落实，都落实到对基层员工的教育上。具体为：

（一）要坚决贯彻执行"谁主管、谁负责"的原则

制定细致的、覆盖关键岗位的、有针对性的管理规章制度，从堵塞各种可能出现的漏洞做起，使企业内部员工做到有章可循。同时，对于这些管理规章制度按不同的财产安全形势要求和实际情况，在操作过程中不断梳理完善，达到适应新情况、新变化的要求，从制度管理上消除管理漏洞，增加企业内盗犯罪产生的难度，缩减操作内盗犯罪的范围，谁主管，谁负责，责任到位与经济挂钩考核兑现。

（二）抓好制度落实养成一切按制度办事的习惯

对违反制度的行为严惩不贷，从制度执行上有效遏制各种违法违纪的犯罪行为，不给犯罪分子侥幸心理，不给犯罪分子可乘之机。全公司范围内对盗窃行为形成高压，对有不好行为和言语的人及事非常在意，对有表现行为的人和事坚持给予清理；以企业车间表现突出的员工为基础以老带新、言传身教，营造学技术、争先进的好氛围；公司成立综合治理管理小组，党政工都出手、齐抓同管，建立治安防控体系的建立；根据生产特点和不同，不断加强防控的点线面结合，专群结合，人防、物防、技防结合防控一体化、立体化。

（三）重视对员工进行法制宣传教育提高自律能力

接受教育是预防犯罪工作中的一种常用方式，是提高员工法制观念、培养守法意识的重要手段和途径。任何一位员工都是从家庭走向学校，从学校走向岗位，除家庭、学校接受到的教育外，走向社会后会自觉和不自觉地接受企业和社会的教育。企业通过对员工的法制教育，不仅要让他们了解有关法律的基本常识，而且要让他们明白违法犯罪的法律后果和责任，从而使每位员工通过守法教育树立起正确的道德观和守法观，明确不论是管理者还是被管理者都必须遵纪守法。公司为掌握防盗工作主动权，积极主动与辖区派出所进行联系，了解治安情况，积极配合公安机关，对有犯罪行为案件进行严厉打击，同时，接受他们的业务指导，也使企业内部的治安防范有针对性，达到好的效果。

四、行动上，小处着手进行防范

苏州宝兴电线电缆有限公司是以铜为主材的加工企业，也曾受到铜材料被盗的影响，员工个体偷窃、团体偷窃、内外合作偷窃的事件均有发生，面对各种情况的出现，公司组织相关人员从加强人防入手，完善工作程序；从加强技防入手，完善取证手段；从加强现场入手，完善管理细节；从加强制度入手，完善重塑价值观。近五年来，通过强化企业内部防范措施落实，杜绝监管盲区，控制和减少了案件的发生。主要做法如下：

（一）从加强人防入手，完善工作程序

（1）设定管理人员。在2004年春节后的一次失盗案后，企业考核了行管部的负责人，负责人

不服气，是因为没有具体人负责。之后公司安排 1 人负责管理，明确责任，要根据不同时段进行提前分析安全形势和安排工作，使防盗工作正常列入公司安全工作中管理。

（2）封闭窗户防投抛。有段时间，有员工反映有人在车间内将铜丝搓成团向外抛，下班后再到外面去捡。公司在不影响消防撤离要求的前提下，把厂房窗户用钢网隔断，防止人员由内向外抛物和人员跳窗，人员车间进出统一出口，方便管理。

（3）员工行为管理。为防止有人在工作时间外出夹带，公司一直执行的是工作中间一般员工不得外出，如果有特殊情况需外出的，一定要持有领班以上领导开具的《出门条》，写清楚出门的原因和时间，否则不得外出。

（4）下班定位检查。公司规定统一的作息时间，早 8 点和晚 8 点，下班的员工出门时有责任打开自己的电瓶车车厢，让门卫检查后方可离开，还设立金属探测仪，必要时使用。

（5）出入的程序。员工进出要刷卡；客户进出要挂牌；汽车进出要填单；货物进出要手续。

（6）样品出门的程序。样品最先由市场从客户得来要求，正常情况下是工程技术中心按标准设计，生产管理部制作好，经实验室测试后入仓库，由仓库按要求开具出货单给客户发货，特殊情况经实验室测试后由市场部业务从实验室直接发往客户，但市场部业务员必须持有办理好的出库手续，待客户签收后，再交回仓库办理手续。

（7）成品出门的程序。市场部计划根据生产管理部回复的交期安排发货，并提前把发货计划交给仓库。仓库在安排出货时，由室内搬运工根据交货计划清点线材并拉至出货区，然后叉车装货员打印出库单，并再次清点数量。装车时再由物料部仓库人员核查。货车出厂时，门卫在出库单上签字再次确认。每天物料部录入员都要核查出库单是否都落实、签字是否都齐全，并登记在册。最后仓库自留一联，将出库单白联给市场部计划员。市场部计划员签字确认收到并加盖销单印章。

（8）购买品的出门程序。公司员工购买由于印字等原因造成的废线家用，公司会按让售废品的同等价格办理，但在物品出门时，门卫必须见到由财务部开出的收据，企业管理部在收据上签发放行字样的条子，门卫还需留下备份后，才允许放行。

（二）从加强技防入手，完善取证手段

（1）设置监控重点。为控制有人隔围墙向外抛，公司最初把监控的重点放在整个围墙；为了知道车辆和人员进出情况，公司把重点放在大门口；为了控制办公室、出货区、仓库等场所，公司把重点放在门口；为了了解员工夜间真实的工作情况，公司把重点放在车间通道和停车棚。录像保留半个月可进行追踪、取证。

（2）坚持检查视频。公司安排每一个部门派出一名人员，组成视频监视小组，每天检查上一天晚间收集到的录像，了解和掌握当晚货物及人员进出公司情况，有情况及时处理，做好记录。

（3）设置专门作业区。在车间内部为加强对容易出问题的不合格铜线的处理，公司设定专门的废品作业区，规定公司所有成量的废品处理要定点，同时规定包装和存放的要求，做到全程监控。

（三）从加强现场入手，完善管理细节

（1）搬运工具管理。由于铜原料较重，为防止被非正常地搬移，搬运工具的管控是关键。公司的柴油动力叉车有专门的驾驶人员，为了做到用车和管车分离，规定固定的定置区域停放，由第三方管理，使用时要有第三方签字，使用后要交回第三方管理，整个过程要做好使用记录。手推动叉车在车间里使用很普遍，也要求做到定点和定人管理。

（2）交通工具管理。公司对员工上下班的交通工具汽车、电瓶车、自行车，采取定点摆放，摆放区和工作区分离，上班时间不准进入摆放交通工具区，防止事先植入行为。

（3）铜废品定点定时收集。为加强对现场废铜的管理，改变过去岗位机台边废品乱放的现象，公司在品管部当班设置废铜材料收纳职责，要求当班的 QC 人员每隔两小时到指定的收集点，将岗位产生的废铜收集、录数后统一存放强化管理点。

（4）废品管理。公司设置废品库，收集当班机台发生的废品。要求员工在下班前，将当日工位上发生的废品，按芯线白色袋、外被线绿色袋、光伏线牛皮袋、废铜塑料透明袋等不同包装要求，实行色彩管理，由品质部检查分类录入后入废品库，上锁。废品库内按不同的分类再入库，上锁。每月规定出售一次，出售的对象是通过招标，且有资质的收购公司。让售后，得出当月的废品数，再对比录入的数据，如果数据相距太大将被追究原因。目前，在苏州宝兴电线电缆有限公司废品的管理比成品更加严格，原因为废品是盗铜者的主要目标。

（四）从加强制度入手，完善重塑价值观

（1）休息和放假。公司在五年前就将自己的保安人员撤销，将企业的门卫托管给园区一家专业的保安公司，虽然是托管，公司还是觉得不能全放手，一直保持一个习惯，就是每逢节假日和不开工日，都将安排表现较好的员工和托管保安一道进行安全值班。重点放在夜间，双方形成互补和制约，起到了好的效果。公司要求：《值班安排》交当地派出所和上级机关备案，相互通报信息；做到：锁门前，机台人员跟值班人清点机台边的半成品和成品数量，相互签字，开门后，机台人员跟值班人核对机台边的半成品和成品数量，相互签字。企业管理部门安排不定时抽查和落实，保存记录。

（2）当月盘点。公司按规定每月的 26 日为当月的盘点日，盘点后得出当月原材料入库数、成品出库数、成品库存数、半成品库存数，这些数据取得后，又反过来印证本月原辅材料实际消耗是否对应，如果有出入，则可安排进行原因的查找，将问题出现的可追溯时间范围减少在一个月时间内。

（3）严肃处理。公司《劳动管理制度》第十六条明确：盗窃公物，予以辞退，情节严重的送交司法机关处理（辞退时不予结算剩余工资，视为该员工此行为对公司造成经济损失的补偿）。

（4）设置隐蔽战线。由企业管理部和部门发展可信任员工，并定期约谈，掌握现场真实情况，收集线索，适时处理和奖励。

坚持把社会效益放在首位
实现社会效益和经济效益相统一

——广西人民出版社抓好主题出版工作的主要做法和尝试

申报单位：广西人民出版社有限公司

作者：温六零

[摘要] 在社会主义市场经济条件下，追求经济效益是一切企业的终极目标。但作为文化企业，根据社会主义精神文明建设的要求，出版社又不能以单纯的经济效益为目的。特别是作为人民出版社，更要具有强烈的社会责任感和使命感。

长期以来，广西人民出版社领导班子克服各种限制因素与困难，坚持把图书主题出版作为重中之重，遵循把坚持社会效益放在首位、实现社会效益和经济效益相统一的原则。正确认识主题出版理念，强化主题出版意识，从图书选题策划、作者队伍建设、项目资金的申报等多方面做好内外兼顾工作，探索出一条适用于自身发展的主题出版道路，确保出版工作的有效展开。坚守社会责任为己任，创造更多精益求精的主题出版作品，更好地发挥教育民众、服务社会、推动发展的重任。

[关键词] 出版；社会效益；企业管理

主题出版工作是出版社围绕党和国家政治、经济、社会、文化等方面的工作大局以及具有重要文化积累、文化传承价值而进行的选题策划和出版活动。长期以来，广西人民出版社的历届领导班子高度重视主题出版工作，特别是党的十八大以来，现任领导班子努力克服地处边疆、文化资源贫乏、没有教材教辅产品、生产规模小、资金缺乏等困难，积极开拓进取，克服无所作为和等、靠、要的思想，明确方向、理清思路、找准位置、把握机遇、真抓实干，围绕与党和国家重大活动事项、重大方针政策、重大理论问题策划、出版了一大批主题图书，担负起了引领出版方向和舆论方向、教育民众、推动发展的重任，无愧于"党社"的光荣称号。

一、强化主题出版意识，抓好选题策划工作

公司认为，主题出版就是精品生产，主题图书就是精品图书。公司结合广西人民出版社图书出版实际，通过深入学习和思考，在全体编辑中明确提出：主题图书和精品图书应该是思想精品、文化精品、学术精品和制作精品，是经过读者和市场检验的精品，是出版人对社会的最佳奉献。为了

保证这样的主题出版意识能落到实处，我们首先抓选题策划这一重要环节。一是领导重视，主要领导亲自抓主题出版的选题论证、组稿，亲自抓一两个主题出版项目，各分管领导分工负责，互相协作，层层把关，使每一项主题出版工作都落到实处；二是注重进行社会和市场调查，广泛收集信息，主动配合和服务国家及地方党委和政府中心工作的要求，深入了解广大读者的需要，然后从上到下、从下到上进行广泛论证，集中编辑、发行、编务等员工的积极性和智慧，真正对主题出版图书的生产做到心中有数；三是敢冒风险，果断决策，在充分调查研究和科学论证的基础上，及时作出判断和决策，不轻易失去任何获得双效的机会；四是做好事前策划与事后完善相结合、选题策划与策划者相结合、策划项目与策划媒体相结合、策划精品与策划出版社整体形象相结合，强调每一个环节都要精益求精，要求编校人员认真对待每一本书稿、每一份校样，确保主题出版图书整体质量。

二、加强作者队伍建设，提高主题出版图书档次

在市场经济的海洋里，任何无所作为，坐享其成的观点都会将企业推向绝境。全国各地方人民出版社虽然也呼吁国家有关部门要加强对地方人民出版社进行扶持，但最根本的是自身要增强开拓意识和实干精神，增强新时期地方人民出版社的使命感和责任感。基于这一点，我们一方面加大了改革的力度，调整了目标管理和分配制度，重组了机构和人员，进一步调动大家的积极性；另一方面，针对当前出版业的竞争就是出版资源竞争的现状，我们采取为争夺出版资源而主动、广泛出击的办法，社班子领导带头，积极参加全国各类学术讨论会，多方拜访请教，与各方面的专家学者建立广泛的联系，捕捉信息，重组作者队伍。经过努力，我们与我国社科界的许多高端学者建立了良好的合作关系，如中央党史研究室副主任李忠杰教授，为中央政治局集体学习授课的中央党校副教育长、科研部主任韩庆祥教授和中宣部思想政治工作研究所副所长戴木才研究员，还有我国著名哲学家、南开大学原哲学系主任、教授陈晏清，长江学者、武汉大学教授汪信砚，中国社科院机关党委副书记孙伟平研究员、中南民族大学著名党史、民族学研究专家李资源教授等。这些专家学者为我们具体实施主题出版战略奠定了良好的基础和作者资源。

三、努力做好出版项目资金申报，确保主题出版工作开展

在社会主义市场经济条件下，追求经济效益是一切企业的终极目标。但作为文化企业，由于我们产品的特殊性以及社会主义精神文明建设的要求，出版社又不能以单纯的经济效益为目的。特别是作为人民出版社，更要具有强烈的社会责任感和使命感。因此，在具体实行主题出版工作中，我们坚持做到，以社会效益为最高准则，经济效益服从社会效益，在确保社会效益的前提下不放弃对经济效益的追求，反过来，又通过良好的经济效益确保社会效益的实现。目前广西没有建立专门的社科出版单项基金，但不少必须出版的主题出版项目以广西人民出版社的财力来讲又难以负担。为了解决主题出版资金问题，我们充分发挥党社的优势，积极向上级有关部门申请资助。由于我们积极做好相关出版项目资金申报工作，终于使绝大部分主题出版项目分别获得国家和自治区扶持资金资助。其中，《解读中国梦》、《抗战记忆——中国抗日战争中的 70 个难忘故事》、《中国走社会主义道路为什么成功？》、《共同发展 共同繁荣》、《家园——中华民族精神读本》、《中华诚信故事一百零一夜》、《壮丽华章——中国共产党与少数民族抗日斗争研究》、《中国抗日战争全景录（广西卷）》、《"四个全面"战略布局的哲学思考》、《长征家书》等 10 多种主题出版图书分别获得国家出版基金

和自治区新闻出版广电局广西精品项目资金扶持。这样既保证了主题出版图书的顺利出版，又保证了出版社的基本经济利益，为出版社的生存和发展赢得了时间和空间，为主题出版工作创造了良好的社会环境和坚实的经济基础。

四、注重与媒体的联系，加大主题出版图书宣传力度

过去我们总认为自己是老社，牌子硬，出版的图书宣传不宣传都没关系。加上实力有限，经费紧张，更不愿在图书宣传上加大投入。这就使广西人民出版社出版的许多主题图书没有发挥出应有的效益。事实使我们认识到，在信息社会中，媒体的巨大宣传作用是不能忽视的。借助媒体进行宣传，是出版社提高知名度，使精品图书占领市场的有效途径。因此，我们在加强作者队伍建设和选题策划的同时，主动与各种媒体开展有效的合作，对重点图书、畅销书的宣传在经费上给予一定的保证，加大了图书宣传工作的力度，取得明显效果。如我们在 2013 年组织出版了《解读中国梦》一书，该书图文相映，视野开阔，饱含深情地分析了中国梦提出的历史渊源、时代背景、深刻内涵和现实意义，再现了近代中国各阶层对民族复兴之路的艰难探索历程，是一部全面、深入、系统、准确解读中国梦的通俗理论读物。但面对变化莫测的图书市场和读者群，在没有得到相关政府部门资金资助的情况下，该书是否能获得好的效益，我们心里也是没有底的。因此，我们一方面组织精干力量全力做好该书的编辑加工以及装帧设计、印制等出版工作；另一方面，我们借助《光明日报》、《中国图书商报》、《中国出版传媒商报》、《广西日报》、《当代广西》、《出版广角》、《天津日报》、《淮海晚报》、人民网、广西新闻网等多家媒体和网站进行了充分报道或评论等宣传，获得出乎意料的好效果。该书出版发行后，深受读者欢迎，在全国引发了广泛的关注，北京、上海、浙江、广东、四川、云南等地不少机关、企业及学校把该书作为学习的读本，成百册地订购；其中一位书商一次就现金购买了 3500 册。该书在不到一年的时间里，仅市场就销售了近 1 万册。广西人民出版社主题出版类图书能取得如此市场效果是不多见的。

五、改进工作作风，狠抓主题出版工作落实

在实施主题出版工作中，我们还体会到，有了好的选题，有了好的作者队伍，还要狠抓组织实施落实。主题出版是一项复杂的系统工程，这个工程的任何一环出现问题，都会导致我们工作的前功尽弃。因此，改进我们以往工作拖拉、监督检查不力、组织落实不细等工作作风，就显得非常重要。近年来，社班子对这个问题给予了高度重视，坚持每周召开工作例会，每个季度召开一次全社生产协调会，对社里的重大出版问题经过研究后，认真组织实施协调，对主题出版工作主要领导要亲自抓，而且一抓到底。同时还注意领导之间、领导与上级之间、领导与下属之间、社内各部门之间、社内与社外之间的相互协调，尽量避免不必要的摩擦和矛盾，按时、按质、按量保证主题出版图书的出版发行。例如，《家园——中华民族精神读本》一书，从选题策划到落实书稿、编辑加工、校对、印制、发行、宣传，整个出版环节一环扣一环，从社长总编到编校人员以及出版、编务、策划、发行等各个部门，相互配合，齐心协力，在较短时间内完成了编、印、发全过程，该书出版后影响很大，并先后入选国家新闻出版广电总局主办的培育和践行社会主义核心价值观重点出版物出版目录，获得 2015 年国家出版基金资助以及 2015 年向全区推荐阅读 20 种优秀桂版书，取得了较好的社会效益和经济效益。该书以及其他主题出版图书的成功出版发行，都体现了广西人民出版社

全体员工团结协作、开拓创新、勇于拼搏的良好精神风貌和执行力。

2015年，广西人民出版社在主题出版图书的选题策划、出版方面又取得了一定的成绩：《领导月读》多次受到中宣部、区党委宣传部以及各级党政领导的表扬和肯定；由广西人民出版社出版的《中国走社会主义道路为什么成功》一书由五洲传播出版社推出英文、法文、俄文、西班牙文、阿拉伯文、波斯文、土耳其文和越南文8个语种的版本，于2016年向全球发行；《中国抗战全景录（广西卷）》和《壮丽华章——中国共产党领导少数民族抗日斗争研究》入选中宣部、国家出版广电总局纪念中国人民抗日战争暨世界反法西斯战争胜利70周年重点出版物目录；《家风十章》、《"四个全面"战略布局的哲学思考》入选中宣部、国家出版广电总局2015年主题出版重点出版物项目；《南海丝绸之路与东南亚民族经济文化交流》获得2015年国家出版基金项目资助。近三年来，广西人民出版社组织策划的主题出版项目共有10项入选当年中宣部、国家新闻出版广电总局的主题出版目录，在地方出版社中名列前茅；还有5个项目获得国家出版基金资助。

总结起来，我们有以下几个方面的体会：第一，通过抓主题出版，增强了编辑的政治意识和导向意识；第二，通过抓主题出版，提高了编辑的把关意识和质量意识；第三，通过抓主题出版，培养了编辑的学术意识和学者意识；第四，通过抓主题出版，强化了编辑的责任意识和作风意识。

实践使我们深刻认识到，主题出版工作的深入实施，将会有效地为党和政府的工作大局做好服务，为出版社赢得进入市场的机遇，为出版社拓展广阔的生存空间和自身壮大发展的机遇，同时，也是对国有文化企业把社会效益放在首位、实现社会效益和经济效益相统一原则的最好践行。

国企管理系列丛书 第二辑

主　编：季晓南　刘尚希　黄群慧

副主编：黄速建　王朝才　卢　俊

执行主编：孙明华

国企改革背景下的财务管理变革

国企价值的重塑与再造

下册

经济管理出版社

ECONOMY & MANAGEMENT PUBLISHING HOUSE

图书在版编目（CIP）数据

国企价值的重塑与再造 / 季晓南，刘尚希，孙明华主编. —北京：经济管理出版社，2017. 8
ISBN 978-7-5096-5196-4

Ⅰ. ①国… Ⅱ. ①季… ②刘… ③孙… Ⅲ. ①国有企业—企业改革—研究—中国 Ⅳ. ① F279.241

中国版本图书馆 CIP 数据核字（2017）第 150368 号

组稿编辑：陈　力
责任编辑：杨国强　张巧梅
责任印刷：黄章平
责任校对：陈　颖　赵天宇

出版发行：经济管理出版社
　　　　　（北京市海淀区北蜂窝 8 号中雅大厦 A 座 11 层　100038）
网　　址：www.E-mp.com.cn
电　　话：（010）51915602
印　　刷：玉田县昊达印刷有限公司
经　　销：新华书店
开　　本：880mm×1230mm / 16
印　　张：34
字　　数：913 千字
版　　次：2017 年 8 月第 1 版　　2017 年 8 月第 1 次印刷
书　　号：ISBN 978-7-5096-5196-4
定　　价：992.00（上下册）

国企改革背景下的财务管理变革

编委会名单

编委会主任：

刘尚希　中国财政科学研究院院长

编委会副主任：

黄群慧　中国社会科学院工业经济研究所所长

黄速建　中国企业管理研究会会长

施建军　对外经济贸易大学校长

王朝才　中国财政科学研究院副院长

陈小洪　国务院发展研究中心企业研究所原所长

赵志明　中国石油和石油化工设备工业协会副理事长

靳东升　中国国际税收研究会副秘书长

卢　俊　国务院国资委新闻中心主任助理

孙明华　中国企业管理研究会副理事长、《国企管理》杂志总编辑

编委会委员：

岳林康　中国广核集团有限公司党组成员、总经济师

陈业进　中国轻工业出版社财务总监

贺静波　山西省国资委统计评价处处长

张　杰　吉林省国资委统计评价处处长

王和信　北京市国资委统计评价处调研员

缪　荣　中国企业联合会研究部副主任

杜莹芬　中国社会科学院管理科学研究中心副主任

张金昌　中国社会科学院工经所财务与会计研究室主任

徐玉德　中国财政科学研究院财务与会计研究中心副主任

目　录

第一篇　权威论道

第二篇　创新成果

第三篇 优秀论文

G20杭州峰会关系到
全世界经济未来的发展方向
（代序）

——财政部副部长朱光耀在"第二届全国国有企业财务管理
创新成果与优秀论文"发布仪式上的讲话

G20领导人峰会将于今年9月4~5日在中国杭州举行，习近平主席将主持这次全球瞩目的会议。

G20的宗旨是促进全球经济强劲、可持续、平衡增长，促进全球金融的稳定。在当前世界经济形势下，贯彻G20宗旨，实现全球经济强劲、可持续、平衡增长，显得更为重要。因此全世界期待中国G20杭州峰会取得成功。此次峰会关系到全世界经济未来的发展方向，关系到全球各国人民的福祉，是一次极为重要、极具战略性的会议。

习近平主席高瞻远瞩，在2015年12月中国接任2016年G20主席国时就作出明确指示，要求中国的G20工作团队加强同G20成员的宏观经济政策沟通，推动全球经济治理结构的改革和完善。面对全球经济发展中的矛盾，通过G20会议向全球释放促进全球经济强劲、可持续、平衡增长的积极信号。

这也是中国作为2016年G20主席国，习近平主席向全世界作出的政策表态。习主席的重要指示，在G20会议筹备工作的各个层面得到了全面贯彻。目前，G20杭州峰会财金渠道筹备工作进展顺利。

2016年6月22~23日，在厦门举行了G20财政和央行副手会议，这是中国接任2016年G20主席国后主办的第三次财政和央行副手会。这次会议是为7月举行的G20财长和央行行长会议做好政策铺垫。7月G20财长和央行行长会议将形成G20财金渠道成果，向9月的G20杭州峰会报告。

G20厦门财政和央行副手会就下列议题进行了非常专业而富有成效的讨论：

第一，全球经济形势和G20成员的宏观经济政策。

第二，G20增长框架工作组的政策建议，特别是推进经济结构改革的相关政策建议。包括G20成员同意进行经济结构改革的重点领域、经济结构改革的指南和对经济结构改革成效评估的参考指数，并就此基本达成共识。

第三，基础设施和投资。在投资和基础设施领域，G20成员达成共识，合作推进全球基础设施建设。基础设施发展要强调数量，更要注重质量。这次会议明确提出建立全球基础设施联盟，多边

— 1 —

开发银行应在促进基础设施方面发挥更积极的作用，带动私人资本投资基础设施，建立公私合作模式。

第四，国际金融框架改革。这是非常重要的领域，关系到国际经济金融秩序的完善。在该领域，G20 2016年取得了明显进展。

第五，金融稳定和金融改革。这是G20历次峰会所强调的工作重点。这一议题对银行以及金融衍生工具的管理、巴塞尔协议相关制度规定的落实、资本流动的监测等，都给予了很大关注。

第六，国际税收方面的问题。国际税收议题在近年来的G20会议上受到高度重视，其中税基侵蚀和利润转移是一个重要问题。现在G20各成员对此问题已经从共识迈向落实。在落实中，一个突出问题是如何体现公平性，特别是发展中国家如何能够真正参与到行动落实当中来。G20厦门财政和央行副手会强调了两点：一是重视对发展中国家机构能力建设的支持；二是强调税收政策对增长的重要性以及税收政策对财政收入的重要影响。

7月，中国和德国将联合召开国际税收会议，其中一个重要议题是如何体现税收政策对促进经济增长和对财政收入增长的重要性。G20也在不断地随着形势的发展，与时俱进地来丰富G20成员在国际税收领域的共识。

第七，绿色金融、气变融资、反恐金融问题，这些都是在新形势下具有特殊意义的新课题。绿色金融是中国作为2016年G20主席国倡导提出的议题，并在G20财金渠道建立绿色金融研究小组，目的是推动绿色金融的发展。绿色金融基本点是金融，条件是绿色，更加强调在环境保护下如何使金融发挥更好的作用。在此次副手会的讨论中，与会成员充分发表意见，表示支持绿色金融，也表明在实施过程中需要体现国家的具体国情，体现灵活性。

在气候变化融资方面，2015年12月巴黎气候变化大会上各国签署了相关协议，现在进入基本实施阶段。落实协议有两个基本条件，要获得所有成员国的50%以及代表所有排放量50%的成员国批准，这一协议才能够真正落实。各国对此非常重视，希望在2016年9月G20杭州峰会时，巴黎气候变化协议能进入真正实施阶段。

反恐融资是G20面临的一个重要且新的课题。一些地区以及国家面临严峻的反恐形势，反恐融资合作越来越重要。

以上这些新议题达成了基本共识，7月G20财长和央行行长会议上，将就此形成报告，进而向9月G20杭州峰会提交。

分析当前国际经济金融形势，是G20的一项重点内容。刚刚发生的英国脱欧事件，是当前最突出、最现实的挑战。在G20厦门财政和央行副手会上，英格兰银行代表表示，为了应对该事件可能对金融市场产生的系统性影响，英格兰银行已经做好充分的应对计划。一旦市场出现动荡，英格兰银行将完全有能力应对流动性方面出现的挑战，稳定市场；欧央行代表明确表示，将遵循欧央行章程全力维护欧元区经济的稳定，努力促进欧元区的经济增长。

针对英国脱欧，主要当事方英国和关系最为密集的欧元区，都做了充分的政策准备。从整体看，英国脱欧将会产生短期和中长期的影响：短期内影响是使股市剧烈波动；中长期将在政治、经济、金融、贸易格局方面产生相当复杂的系统性影响。

当前国际政治经济形势错综复杂，具有很大的不确定性需要特别关注。

（1）全球经济仍旧在复苏进程中，这种复苏非常缓慢、非常不平衡。6月初，世界银行把全球经济增长率预期从 2.9% 下调到 2.4%。0.5% 的下调幅度非常大。此外，2016 年 4 月，国际贸易组织也把 2016 年全球贸易增速下调到 2.8%。全球贸易低迷的一个表现是，全球贸易增长甚至低于全球 GDP 的增长。这使我国企业面临的各种不确定性和挑战进一步增强。

（2）国际金融市场大幅度波动。主要发达国家的利率政策、货币政策出现明显分化，美国处在利率正常化的进程中，而欧央行、日本央行都采取负利率政策。负利率政策到底产生什么样的影响，目前没有一个明确的判断。从一些专业分析看，负利率政策的实行使市场出现另一个方向的影响，就是货币掉期价格增加。比如，日本实行负利率，但日元债的发行者需要把筹集的日元兑换成美元，由于货币掉期价格增加使得期待通过采取负利率促进市场发展的目的并没有实现。

（3）初级产品价格下跌，使得一些重要的初级产品出口国，同时也是重要的新兴市场大国，比如巴西、俄罗斯等国家都面临相当大的困难。2016 年，巴西可能出现 −3.8% 的增长，俄罗斯的情况虽在改善，但因为初级产品价格下降和自身经济结构问题，所以也将出现 −1% 的增长。在全球金融危机爆发期间，这些国家为支持全球经济增长做出了重要贡献，但现在面临相当大的困难。

（4）地缘政治风险对经济的负面影响。一个稳定的社会、一个稳定的区域安全形势，是经济发展的基本条件。现在来看，复杂的环境，复杂的形势，使得当前全球经济增长面临着很大的下行压力，而且压力还在不断增加。

如何采取宏观经济政策来应对挑战，2016 年 2 月在上海举行的 G20 财长和央行行长会达成共识，奠定一个根本的基调，即所有 G20 成员都同意，要在 G20 成员个体层面和 G20 整体层面，综合运用货币政策、财政政策和结构性改革政策来促进经济的增长。G20 所有成员都重申坚定不移贯彻领导人的共识，不搞竞争性货币贬值，并加强就汇率与市场的政策沟通。共识产生了重要作用，此前出现的国际金融市场波动，特别是国际金融市场波动过度脱离实体经济实际表现的状况，得到了明显改善。

在即将举行的 7 月 G20 财长和央行行长会议上，G20 将探索是否还有新的政策空间，包括 G20 中有财政空间的成员，是否可以采取更加积极的财政政策应对新的挑战。

G20 将处理好中长期的结构性问题和短期内的稳定经济增长问题，长期的稳定有需求政策，短期的也有需求政策，这两个方面要有机地结合，这样才能实现全球经济强劲、可持续、平衡增长。

以财务管理创新促进国企改革深化
（代序）

——国务院国有重点大型企业监事会主席季晓南
在"第二届全国国有企业财务管理创新成果与优秀论文"发布仪式上的讲话

党的十八届三中全会掀开了全面深化改革的大篇章，一方面，对国企改革提出了要求，人们对国企改革也寄予厚望，但是，改革的难度较大，遇到的问题也较多；另一方面，改革过程也涉及财务、资本的很多问题，通过财务管理创新来促进国企改革的深化，也是一个有效的办法。

国务院国资委组建以来采取了一系列措施，推动中央企业大力提升财务管理工作，推动中央企业财务工作和管理进行转型。中央企业认真贯彻国家关于企业财务会计的要求和国资委的部署，紧密围绕公司的发展战略目标完善财务工作，加强财务管理，调整财务策略，提升财务能力，加快财务转型，积极推动提质增效、持续创新，深入推进全面预算，有效加强资金管理，积极创新监督运行，做了大量且卓有成效的工作。

国资委相关领导认为，做好中央企业财务管理工作必须牢牢把握四点：第一，企业财务管理必须牢牢把握公司战略这个大局。第二，企业财务管理必须牢牢把握强化价值导向这条主线。第三，企业财务管理必须牢牢把握创新发展这个关键。第四，企业财务管理必须牢牢把握合规经营这个根本。

我们看到了中央企业财务管理工作这几年取得的成绩，同时也要看到中央企业的财务管理还存在着一些需要解决的矛盾和问题。与建设世界一流企业要求相比，还有不少差距，与深化国有企业改革要求相比还有一些不适应，与中央提出的提质增效要求相比，还有大量的工作要做。

从监管角度看，结合企业的实际，至少在以下几个方面有待进一步调整和加强。

一、中央企业财务管理体系需要继续完善

2015年9月13日国务院下发《关于深化国有企业改革的指导意见》，文件明确提出要适应现代化、市场化、国际化新形势，到2020年要培育一大批具有创新能力和国际竞争力的国有骨干企业。《指导意见》还提出支持国有企业开展国际化经营，加快培训一批具有世界一流水平的跨国公司。

既然要建立和形成世界一流水平的跨国公司，财务作为一个重要的管理部分，就有必要进行对标、找差距。分析国际大型跨国公司的财务管理模式，集中化、集约化、集团化是普遍的趋势和发展方向。同时，国际大型跨国公司像壳牌、BP等财务管理体系呈现扁平化的特征，基本上实行两级管理体制，而我国国企普遍存在管理链条长、层级多、子企业数量大等问题。

国务院国资委监管的中央企业有 100 多家，但各级子企业达到 4.3 万多个，多数中央企业管理层级达到 5~9 层。中央企业普遍存在层级多、交叉多、幅度宽等现象，这给中央企业财务管理集团化和集约化运作带来困难。

财务管理不仅要适应整个企业的体制，也要适应管理体制的变革。同时，财务管理中，集权和授权管理也很重要，但现实是规模大、职级多、不集权，财务管理效率较低，因此也使遍布全球的子公司在经营灵活性、积极性方面明显受到影响。

国有资产管理体制改革是深化国企改革的重要内容，指导意见提出以管资本为主，改革国有资本授权经营体制，改组组建国有资本投资运营公司，探索有效的运营模式。下一步，国资管理体制将会发生重大变化，整个架构或许会发生改变。

国务院国资委选择中粮集团作为国有资本投资运营公司的改革试点，将投资公司设置为大部级，按照专业化公司打造一批有核心竞争力的、有市场竞争力和控制力的专业化企业。整个集团总部的职能将被调整，管控体系也有大变化，相应的财务管理体系也要变化，这说明要打造世界一流企业，国资国企改革深化过程中都会导致企业的财务管理体系发生调整。

二、中央企业财务管理的决策支撑功能有待继续提高

从这几年试点来看，重大投资决策失误是许多企业包括中央企业在市场竞争中陷入困境的一个原因。

从监事会监督检查来看，我们曾对 20 家企业进行集中重点检查，发现投资并购问题 234 个，占全部问题的 9.4%，实际金额 330 多亿元，涉及全部影响金额的 21.23%。

这些问题的发生，从投资决策的角度看，主要包括投资项目没有严格履行必要程序，投资项目没有经过有效论证，投资并购后评价与问责制度落实不够。

这些问题的出现与财务管理的决策支撑职能没有很好地发挥有直接关系。董事会中作为重要成员的党委、总会计师，包括决策支撑的财务、资金、预算部门，如何当好助手，对可能导致未来重大决策失误起到提醒、预警和刹车的作用，现在来看作用非常大。

三、中央企业财务管理的价值创造功能要继续增强

2003~2012 年，中央企业实现了跨越式增长，收入、资产、利润年均增长率都在两位数以上，应该说这与国企的改革管理得到了推进和加强密切相关。但是，确实也要承认，这个成果很大程度上得益于外部经济形势、国内经济形势和世界经济形势新一轮的高速增长。

值得注意的是，2013 年开始，中央企业收入和效益增长明显放缓，2013 年增速只有 3.6%，2014 年利润增速下降到 2% 左右，2015 年利润增速是负的。其中有三大石油公司受国际油价断崖式下跌的影响，但央企利润增长明显放缓，尤其是 2015 年整个中央企业盈利和收入双双下滑，这是进入 21 世纪以来从来没有的。

我们如何通过财务管理创造价值？提高我们的预警性？简单的财务报表、核算是远远不够的。现在，经济面临下行压力，而且可能不断加大，在企业盈利能力持续下滑的时候，必须更好地发挥财务的价值创造功能。这里很重要的一个方面，就是如何更好地运用资本、资金、资产运营能力来应对当前的经济困难，更好地运用资本市场实现稳健的财务。这些都是需要研究的问题。

四、中央企业财务管理的结构职能还需要大力改进

国企改革指导意见明确指出，一些国有企业管理混乱，利益输送、内部控制、国有资产流失等

问题还相当严重。强调要加强企业内部监督体系建设，要求财务部门与监事会、审计、纪检监察、法律部门强化监督，强化内部流程控制，防止权力滥用。

党的十八大以来，从巡视发现的问题可以看出，国有企业在投资和资产管理、产品销售、合资合作、招投标方面存在不少违规、违纪问题，以权谋私、小金库还是禁而不绝，违规发放购物卡，违规发放对外债券，虚拟成本费用等问题屡禁不止。

这些问题反映了包括国有企业、中央企业在财务规范运作方面和财务纪律方面存在着明显的漏洞。前几年国务院国资委对整个中央企业的内控体系包括财务管理进行了抽查，但现在看，差距还相当大。甚至财务部门内外联手，或盲目服从，违背国家财务会计纪律。部分中央企业在资产收购中出现了一些严重损失，最近披露中国铁路物资公司严重债务违约，就是一个典型案例。该公司违约债务170亿~180亿元，导致企业根本无法生存，最后被中国诚通控股集团托管，教训十分深刻，这也反映了部分中央企业财务监管责任亟待加强。

五、中央企业财务管理优化配置资源的功能需要提高

现在企业管理注重协同效应和组合优势。财务管理板块化、区域化之争比较明显，财务管理国际业务与国内业务不协调。这反映出财务管理在资源优化配置中的作用有待改进。

六、中央企业财务管理在推进供给侧结构性改革中的作用有待提升

"三去一降一补"是推动供给侧结构性改革的重要着力点和主攻方向，在这些方面中央企业的任务也很繁重。

2015年12月9日，国务院常务会议研究部署促进中央企业升级。2016年5月18日李克强总理主持召开国务院常务会议，部署中央企业及分、子公司要强化成本管控，减少应收账款，缩减库存规模和亏损面，降低债务水平。两年内力争降本增效达到1000亿元。应该说，债务问题，包括企业债务是防范系统性金融风险密切关注的问题。根据国际组织的测算，中国国有企业债务约占整个中国企业债务总规模的55%，超过一半。

近年来，中央企业负债规模持续加大。负债总额从2008年的4.3万亿元，上升到2015年的31.11万亿元，年均增幅达到40.8%。市场负债率从2008年的58.4%上升到2015年的66.2%。负债率的上升有多种原因，企业效益下降，自身盈利缩减，企业发展更多依靠融资等。

另外，一些企业盲目扩大，很重要的原因是解决中央企业财务管理问题。因为有一些问题涉及国家的层面，需要调整相关的政策。

比如中国石油、中国石化，"十二五"期间中国油气明显短缺，大量收购了海外油气资源，而且都是高价格。现在油价跌到一桶40多美元，这就成了企业沉重的负担。

在企业快速发展的同时，必须考虑到未来行业国际国内形势的变化，必须考虑如何实现可持续的、稳健的财务管理。

通用电器董事长韦尔奇堪称全球第一CEO，他对于工作时间分配是这样的：1/3的时间看企业财务报表；1/3的时间找企业骨干谈话，因企业高管都是企业内部产生，他很注重一级一级的培养；1/3的时间研究企业的发展战略。为什么1/3的时间看报表？他不是看盈利情况，他主要是通过财务报表看出企业管理决策方面的薄弱环节，进而进行适应国际国内形势变化的调整。金融曾是该公司利润超过一半的板块，但该公司现在又回到制造业主业，并大规模出售金融资产。

我们现在分析发现，发展阶段不一样，企业强调的重点不一样，目前有的企业还在强调产能结

合，在产能方面还是很热心。现在形势变了，到底怎么走，有一些事情 15 年后或者更长时间才能看出来。不管怎么讲，从降低企业财务费用、推进供给侧结构性改革方面，我们的财务管理要发挥更大的作用。

目前，"互联网 +"和大数据的快速发展，对企业财务管理提出了新的课题。新形势、新问题、新挑战，对中央企业财务管理提出了新任务、新要求、新目标，要求中央企业只能积极进取，变中求进，加快推进创新转型，既为财务管理工作在新形势下谋得更好发展，又为中央企业更好地发展做出贡献。

第一，适应完善企业财务管理体系的要求，中央企业财务管理要加快从过于强调集中管理，向集中和分级授权相结合的管理转型；第二，适应更好发挥企业财务管理决策支撑功能的作用；第三，适应更好发挥企业财务管理、创造价值的要求出发，要加快从价值核算向价值创造转型；第四，适应更好发挥财务管理的监督职能，加快实现财务管理从事后监督到源头治理的转型；第五，适应更好发挥财务管理优化配置资源的功能，从这一要求出发，要加快从职能管理向协同管理转型；第六，从适应中央企业推进供给侧结构性改革这一要求出发，要从单纯职能管理提升到推进央企转型升级承担新的使命。

适应"互联网 +"的快速发展需要，积极运用新手段、新方式，快速有效进行财务管理，树立互联网、大数据的思维，要努力打造智慧财务团队，培养适应大数据、"互联网 +"时代的财务管理人员，为我们的财务管理创新提供人才和组织保障。虽然中央企业财务管理面临不少问题和挑战，但只要不断创新，勇于变革，中央企业财务管理一定可以取得新的进展。

第一篇　权威论道

国企改革应以构建产权制度为中心

中国财政科学研究院院长　刘尚希

当前谈到国资国企改革，整体的感觉是进展得相对缓慢。我觉得这其中原因非常复杂，就此简要谈三点看法。

第一，要分清发展目标和改革目标。

目前，还没有将国资国企的发展目标和国资国企的改革目标清晰划分。通常将国企"做大、做强、做优"当做国企改革的目标，其实"做大、做强、做优"是国企的发展目标。发展目标中有宏观目标和微观目标，如果把发展目标和改革目标混在一起，会导致国企改革的方向不清晰。

在十八届三中全会上，习近平总书记就《决定》的框架以及起草的指导思想向全会作了说明。我对其最深刻的印象是聚焦改革，《决定》是一个关于改革的决定，以改革为主线。改革的目标是什么？怎么改？预期达到什么效果？在推动国资国企改革的时候，应当重温习近平总书记的指示精神，搞清楚改革的目标究竟是什么，以清晰掌握国资国企改革的方向、目标，这非常重要。如果对这个问题没有清晰的思路，改革就会迟疑，会犹豫。同时，如果目标太多了，可能难以都达到。

事实上，十八届三中全会《决定》是全面深化改革的一个纲领性文件，当前的各项改革都是落实十八届三中全会的《决定》。因此，我认为，要遵循十八届三中全会《决定》的精神，否则改革难以有效地推进。

第二，根据十八届三中全会决定的精神，国资国企的改革目标应是构建现代产权制度。

在宏观上，构建现代产权制度是构建以"管资本"为主的管理体制。在微观上，是构建现代企业的治理结构。这些在十八届三中全会《决定》中已作阐述。

现代产权制度是社会主义市场经济的一个基础性的制度，社会主义市场经济同样也会面临构建现代产权制度的问题。从国情出发，我们是以公有制为主体的多种经济成分共同发展的基本经济制度。这个基本经济制度要真正落地，必须构建现代产权制度，如果未能构建现代产权制度，基本经济制度可能就会空转打滑，悬在半空。

建立现代产权制度是当前国资国企改革的一个总目标。这需要两个方面的创新，即理论创新和实践创新。理论创新，是指在公有制的条件下，如何构建现代产权制度？有人认为，公有制的产权已很清晰，不需要构建现代产权制度。其实，这个看法是混淆了所有权和产权。公有制下的所有权是清晰的，但其产权是模糊的，无论是国有制下的产权，还是集体所有制下的产权都需要进一步界定。产权和所有权是两个相互联系而又不同的概念，前者属于市场运行层面的问题，属于法律关系；而后者属于基本制度层面的问题，属于生产关系。所有制强调所有权，无论是公有制，还是私有制，都是以所有权为核心。但是市场经济的直接基础是所有权权能分割衍生出来的产权制度，需要一系列的法律制度来支撑。产权的核心不是所有权，而是收益权。不求所有，但求所用。所有权侧重于占有，而产权侧重于使用。所有权更加强调使用价值、静态占有、所有物的最终归属；而产权更加强调动态流动、价值创造、收益分享。过去推动国企改革的时候，也曾经探索过产权制度的改革，也就是所有权和经营权的分离。这一改革的结果是调动了企业的积极性，解放了生产力，发展了生产力。但是现今形势已发生较大改变，仅仅满足于两权分离已经不够，应当是所有权、产权、经营权的"三权"分离。虽说经营权也构成一种产权形式，但难以突破"国有企业"这种组织形式，而产权则不限于"国有企业"，例如混改实质上已经突破了传统的"两权分离"改革。只有这"三权"分离，才能破解当前改革中的很多难题，真正转向管理资本为主。

宏观层面的产权实际上就是资本的运营权。微观层面，产权可以理解为使用权、开发权、经营权。产权制度的构建，是在所有制的基础上衍生出来的，无论是公有制还是私有制，都有产权制度改革的问题。因此，不能把产权制度的改革等同于私有化。

产权强调价值的创造。构建现代产权制度，不仅是为了创造更多的价值，而且也是为了促进资源流动，使各类主体可以有平等机会使用公有资源。实际上，三中全会讲的市场在资源配置中发挥决定性的作用，就是一个价值创造的过程，也应当是一个公平使用各类资源的过程。产权，既可以是自物权也可以是他物权，就是说这个东西是你的，但是我也可以用，我可以用它来创造价值，这种使用权也是一种产权。通过契约可以创造创新出各种各样的产权形式。过去传统观念束缚了我们，以致于把所有权、产权混为一谈。

理论上需要创新，在实践层面也需要创新。构建现代产权制度要从宏观方面构建现代产权制度，即构建以管资本为主的管理体制，也要从微观层面构建现代产权制度，即保障经济主体财产权利。

第三，构建现代产权制度，既要注意逻辑顺序还要自我革命。

首先，改革的逻辑顺序应是先宏观层面的改革，再微观层面的改革。即是要构建以"管资本"为主的管理体制，再推动国企的改革。在宏观层面，如果以"管资本"为主的体制框架没有搭起来，那么在微观层面推动国企改革可能也没有方向，改革搞不好就会在原地打转。

其次，国资国企改革相关部门需要一种自我革命的精神。如果没有自我革命的精神，按照原有的体制框架，每一个部门的既有权力都不愿意进行调整，那么改革就无法推进，只能原地踏步。因此，这就要求与国资国企相关的管理部门要有大局意识。"四个意识"其中一项就是大局意识，改革中能不能真正地自我革命，是衡量这些部门有没有大局意识的一个标志。光说有大局意识不行，一旦涉及到动真格要改革的时候，谁都不愿意放弃手中的权力，那改革怎么能推进？这是非常重要的条件，是推进改革的前提。

今年是国有企业改革实质推进年

中国社会科学院工业经济研究所所长 黄群慧

国企改革的关键在于实质推进，在经济下行压力如此大的情况下，实质推进国有企业改革十分必要，我们应该把今年界定为实质推进年，而且在推进时应该坚持一些前提、原则和标准。

一、实质推进国有企业改革，必须以对每家国企进行分类为前提

回顾 30 多年来的中国国有企业改革，先后经历了从改革开放之初到十四届三中全会的"放权让利"阶段，20 世纪 90 年代初至 21 世纪初的"制度创新"阶段，以及十六大以后以 2003 年国资委成立标志的"国资管理"发展阶段。十八届三中全会则开始了新时期全面深化国有企业改革的新阶段。如果说这个新时期改革阶段与前三个阶段有什么重大区别的话，那应该是新时期国有企业改革是以国企功能分类为前提的，甚至可以概括为"分类改革"阶段。一方面，在实践层面，由于国有企业功能定位不清，面临着营利性和公益性的"使命冲突"，不仅企业无所适从、经营管理行为存在扭曲，而且无论国企是否盈利都会有来自社会的指责声音；另一方面，从理论层面，也需要明确具体国有企业在我国社会主义市场经济中的基本定位和作用。实际上，没有对国企进行功能分类，成为当前制约进一步深化国有企业改革的关键问题。只有对国有企业进行分类，才能实质推进十八届三中全会提出的各项改革任务，也就是说基于功能定位和使命要求对国有企业进行分类是其他国有企业改革任务的基本前提。

根据中央关于国有企业改革指导意见，国有企业可以分为公益类、主业处于充分竞争行业和领域的商业类，以及主业处于关系国家安全、国民经济命脉的重要行业和关键领域、主要承担重大专项任务的商业类国有企业。不同类型的国有企业，将会有不同的国资监管机制，混合所有股权结构中的国有持股比例要求不同，企业治理机制也有差异。由于现有的国有企业没有明确其具体定位，大多是三类业务混合，因此需要推进国有资本战略性调整来实现企业功能定位和分类，具体需要通过建立以管资本为主的管理体制，利用国有资本投资公司和国有资本运营公司这两类平台实现国有资本合理流动来保证国有企业动态地实现其功能定位。这个过程本身又是与推进混合所有制改革相结合的。在具体监管过程中要针对不同类型企业建立不同的治理机制，在战略规划制定、经营业绩考核、资本运作模式选择、人员选聘制度建设等方面建立不同监督管理机制，从而实施更加精准有效的分类监管。因此，实质推进国有企业改革，必须首先对每家国有企业进行功能定位和类型确定，并向社会公布，这是当前国有企业改革的当务之急。

二、实质推进国有企业改革，必须坚持整体协同推进的原则

新时期深化国有企业改革是一项复杂的系统工程，实质推进过程中一定要注意各项改革任务和政策措施的协同性。无论是国有企业功能定位和国有经济战略性重组，还是推进混合所有制改革和

建立以管资本为主的国有资本管理体制，以及进一步完善现代企业制度，这些改革任务都不是割裂的，在具体推进过程中需要注意其系统性、整体性和协同性。

例如，构建以管资本为主的管理体制，就要注意与国有经济战略性重组、深化垄断行业国有企业改革相协调。以管资本为主加强国资监管，最为关键的改革任务是改组组建国有资本投资、运营公司。这需要通过行政性重组和依托资本市场的兼并重组相结合的手段，将分散于众多各个行业、各个企业的国有资产的产权归为这些国有资本投资、运营公司持有，这也是一个国有资本布局战略性调整的过程。因此，改组组建国有资本投资、运营公司是要与国有企业兼并重组协同推进的。

企业兼并重组的意义，一方面在于通过股权运作、价值管理、有序进退等方式，促进资本合理流动和实现保值增值；另一方面可以通过开展投资融资、产业培育和资本整合等方式，推动产业集聚和转型升级、优化资本布局结构，而这正是改组组建国有资本投资、运营公司的目的所在。现在不断出现一些中央企业重组案例，但没有与改组组建国有资本投资、运营公司相结合，属于单方面推进，将来还会面临再次重组的可能性。不仅如此，在改组组建国有资本运营、投资公司过程中，还需要综合考虑到建立有效市场结构的需要，要注意到改革政策与竞争政策的协同。国有企业在特定行业内的企业数量既不是越少越好也不是越多越好，否则不是造成垄断就是造成国有企业过度竞争。国有企业兼并重组和国有资本布局调整要有利于形成兼有规模经济和竞争效率的市场结构，有利于化解当前经济运行的突出矛盾——产能过剩问题。

因此，推进国有企业改革的整体协同原则，要求在推出"1+X"系列国有企业改革政策体系同时，"十三五"时期要根据经济新常态的要求对国有经济布局有一个整体规划，以利于指导国有企业改革的整体协同推进。即使在国资委开展的10项国企改革试点的过程中，各项试点也不应该是只对一个企业单向推进。对于试点企业而言，单独只进行某项改革试点，即使说企业绩效得到改善，这种改善实际上也很难说是由于该项改革取得了的效果。因此，每个试点企业都应该是一个综合改革试点。

三、实质推进国有企业改革，重点要在两个领域寻求突破

在整体协同推进国有企业改革过程中，有两个领域的国有企业改革的突破至关重要：一是煤炭、钢铁等产能过剩行业的国有企业改革；二是石油、电信、电力、民航、铁路等具有自然垄断性的行业的国有企业改革。这不仅是因为这两类行业国有企业改革是当前社会关注的重点，更是因为这两类行业国企改革对营造公平的竞争环境、支持新常态下我国经济发展具有重大意义。

第一类行业，其改革涉及化解产能过剩、处置"僵尸企业"和国有经济在这些行业的逐步退出等难点和重点问题，这些问题也是供给侧结构性改革的关键任务，能否成功推进，在很大程度上决定了国有经济布局的优化和整体经济结构的转型升级，具有全局战略意义；第二类行业，虽然具有一定自然垄断性，但并不是整个行业都是自然垄断性的，自然垄断性主要体现在行业中网络环节。这些行业的改革，包括除网络环节外整个行业对非国有企业的开放，也涉及这些行业国有企业战略重组和混合所有制改革等，旨在形成自然垄断性行业的主业突出、网络开放、竞争有效的经营格局。这类行业大多是基础性行业，对整体经济效率影响巨大。

这两类行业取得突破，是新时期国企改革是否得到实质推进的基本标志，虽然问题复杂和困难巨大，但必须下决心积极推进，否则无法表明新时期我国已实质推进了国有企业改革。

适应第三次工业革命
推动企业财务管理创新

中国企业管理研究会会长　黄速建

党的十八大报告指出："以经济建设为中心是兴国之要，发展仍是解决我国所有问题的关键。"这是全面客观分析我国发展现状得出的科学结论。中国企业管理研究会、中国财政科学研究院、《国企管理》杂志联合举办"国企管理·财务管理创新峰会暨全国国有企业财务管理创新成果和优秀论文审定发布会"，就是要紧紧围绕这一主题主线，落实"四个全面"战略布局，全心全意地为国家经济建设服务。

中国企业管理研究会是1981年由著名的经济学家和管理学家马洪、蒋一苇发起创办的，是国家一级学会，主要是管理学界和企业参加的学术团体，除有大量的企业是中国企业管理研究会的会员外，全国绝大多数大专院校的管理学院也是我们的会员单位。研究会承担的任务包括向政府反映企业管理与发展中出现的问题；提出企业管理与发展的政策建议；总结和推广企业的先进管理经验；进行企业管理理论研究和学术交流；组织协调全国大专院校企业管理教材的编写和教学经验的交流；开展企业家经营管理知识培训和国际间的学术交流。

财务管理理论在中国的发展过程其实是一个广泛研究、学习、借鉴国外企业财务管理理论，并与中国的企业财务管理理论相结合、与中国的国情相结合，形成本国企业财务管理理论特色的过程，这个过程是动态的，并没有完成，需要我们所有从事企业财务管理理论研究与实践的专家、学者共同努力，去推动这个过程。这个过程本身也是一个"以我为主，博采众长，融合提炼，自成一家"的过程。

今天，我们召开这次会议的目的，既是为了与同行交流企业财务管理的研究成果与观点，也是为了推动学术界、企业界对企业财务管理问题的持续深入研究，为从事企业财务管理问题研究和实践的专家、学者构建一个学术交流和成果展示的平台。随着企业财务管理环境与条件的变化，企业财务管理领域还有大量的重大课题需要研究。比如，高速发展的互联网正在深刻改变着人们的生产生活，日益成为创新驱动发展的先导性力量。互联网与经济社会发展、与企业发展的融合不断走向深入，企业财务管理不可避免地将深受"互联网+"所带来的经济社会转型和企业运行方式、商业模式变革的影响，其发展方向、演进路径和实践模式也必将表现出新的变化、新的特征和新的规律。

作为企业发展环境与发展条件变化的一项重要内容，新的工业革命是中国制造业企业不得不面对的，新技术的出现在赋予企业发展巨大空间和更多机遇的同时，也可能会改变企业的发展路径与模式，高效能运算、超级宽带、激光技术、新材料等新的"使能技术"（Enabler Technology）的快速发展，以人工智能、数字制造、工业机器人、3D 打印机等为代表的制造技术和工具的大规模应用，以及应用、集成了新的使能技术和制造技术的大规模生产系统、柔性制造系统和可重构生产系统的发展，正在改变着企业的生态和产业发展生态，改变着生产组织方式、产业组织方式和企业组织与运行方式。第三次工业革命、中国制造 2025 的推进，大数据的运用，可能也会对企业财务管理理论与实践提出许多新问题、新挑战。

在座各位专家学者专职从事企业财务管理理论与实践，有责任、有义务对这些重大理论和实践问题进行研究和探索。相信本次会议的召开能够为推动企业财务管理理论的发展起到重要的作用。

本届国企管理·财务管理创新峰会，将围绕国有企业改革背景下的财务管理变革，通过官、产、学、研各界的对话和沟通，着力探索财务管理的理论前沿、模式和方法，努力为国有企业做强、做优、做大汇聚智慧，为全面深化国有企业改革凝聚共识。

深化国企改革需要具有全新视角的CFO

中国企业管理研究会副理事长、《国企管理》杂志总编辑　孙明华

今年，是"十三五"开局之年，是国企的结构改革年，也是重组与清退产能之年，《国企管理》杂志今年第一期的选题会在讨论选题的时候，提出今年也是国企改革的细则之年。随着国企改革十项试点的推出，新一轮国企改革在全面启动。"三度空间合并重组""处置落后产能和僵尸企业""混合所有制""国有资本投资运营公司"，这些深化国企改革的重要举措，都对国有企业财务管理提出了新的要求。

新常态下，我国经济面临速度换挡、结构调整、动力转换带来的三大挑战，市场环境发生了巨大变化。去产能、去库存、去杠杆、降成本、补短板，没有一项不触动财务工作。

在国有企业转型升级、爬坡过坎的关口上，国有企业的财务负责人，必须要思考如何变中求进的问题，思考如何不断提高，才能适应新形势下的角色转变问题。《国企管理》杂志作为专注国资国企的中央财经媒体，面对新形势下的国企财务管理新的视角、新的框架，会计核算新的逻辑、新的思维，有责任，也有义务与大家一起，站在国内国际新的高度、从全视角去研究、去分析、去实践、去完成，逐一破解深化国企改革中的一个个问题和难题，探索出切实可行的方法，形成新常态下的财务理论和实践经验，保障改革顺利进行。

为什么要举办国企管理·财务管理创新峰会？主要目的是要促进各国资监管部门和企业总结、推广财务管理创新经验、推出优秀成果，通过示范效应来影响、带动、鼓励和引导更多的企业强化财务管理和创新驱动，提升国有企业综合管理水平。

我们这次峰会可以说是官、产、学、研齐聚，来了那么多国企财务管理"大家""大咖"。在今天的会上，我们将共同探讨面对新的形势、新的任务，国有企业财务管理人员如何变中求进，不断提高，才能适应新形势下的角色转变？如何紧跟国家政策和改革步伐，将企业财务管理创新与自身角色转型完美结合。以财务为撬动点，推动企业战略转型，"把国有企业做大做强做优"。

在首届峰会上，我说过，国企管理·财务管理创新峰会，与其说是全国国资国企财务管理系统的年度会议，不如说是财务管理干部互相交流、促进、学习、提高的平台。围绕"国企改革背景下的财务管理变革"，今天即将进行的是一次前所未有的思想碰撞和智慧激荡，大家是在共襄一场为深化国企改革汇集对策，凝聚共识的难得的盛宴。

真正的财务领袖，不仅敏于思，善于行，一定还需要具有超前战略视野；不仅能"享受"孤独，一定还渴望学习，愿意交流。而这，正是我们举办本次会议的动力和前提。

用思想火花照亮财务管理新方向

中国财政科学研究院副院长　王朝才

这是"财科所"更名为中国财政科学研究院后，第一次参与这类活动，我利用这个机会简要介绍一下。1956年6月，根据毛泽东主席关于"财政部要加强财政经济问题研究"的指示，财政部财政科学研究所正式成立。著名经济学家许毅、方晓丘、宁学平等先后任所长。2016年2月改名为中国财政科学研究院。现在中国财政科学研究院正在做的一项工作就是在财政部的领导下，在中宣部的支持下，申报国家重点智库。

作为财政部的一个直属机构，中国财政科学研究院紧密结合我国各个时期经济发展和体制改革的实际情况，围绕国家财政中心工作，从事财经理论和政策研究，探讨客观经济规律，为国家决策提供咨询意见，为制定正确的财政方针政策和提高财政工作管理水平服务。我们的研究方向很广，经济、社会、政治、法律都去研究。研究课题涉及国家治理的方方面面，但重点是在两个方面，一个是财政问题，另一个是财务会计问题。

中国财政科学研究院从1978年开始组建研究生部。研究生部主要招收财政学和会计学的硕士、博士，包括MPAcc（会计硕士专业学位）。这些年来培养硕士、博士拿了学位大概四五千人，被业内人士称为财政界的"黄埔军校"。

我们院里面有两份杂志，一份是中国财经学会会刊《财政研究》，另一份是中国财政科学研究院院刊《财政科学》，主要反映和介绍财经动态、改革状况及财经理论成果。

回归到主题，这次峰会是要为学者和业界提供一个平台，就我们国家当前财务管理改革进行交流，希望能够碰撞出思想火花，为我国各项改革提供宝贵经验。中国财政科学研究院将和《国企管理》杂志、中国企业管理研究会一道，一如既往地合作，把这一峰会办好。

最后，预祝会议圆满成功，希望会议获得丰硕成果，为我们国家的国企改革，为国家经济社会的转型做出更大的贡献。

以管资本为主 推进财务改革

国务院国资委财务监督与考核评价局副巡视员 侯孝国

党的十八届三中全会全面深化改革的决定，对国有企业改革的方向定位明确。2015 年出台的《关于深化国有企业改革的指导意见》，对国有企业改革的目标、路径，也做了详细的阐述。国企应当按照中央文件的精神推进工作。在这里有一个核心、深刻的内容，是国有企业改革，特别是国资管理体制的改革，要构建以管资本为主的国有资产监督管理体制。

改革的顶层设计是明确的。从宏观上看，要从原来的管企业为主、管资产为辅，向管资本为主转变，在这个转变当中，不仅仅是一个国资管理体制的转变，也包括整个企业管理体制的转变，两者相辅相成。

例如，我国规模最大的国有企业中国石油，下属子公司众多，作为集团总部，对子公司的管理实际上是在行使出资人的职责，这种职责在集团治理当中是逐步由管企业、管资产向管资本转变的。在这个转变过程中，企业集团总部的财务管理也要发生变化。

对企业集团的财务管理，特别是集团总部的财务管理，在下一步向管资本为主的转变过程中，集团总部的财务管理需要在"三个更加突出""两个更加关注"上下功夫。

一、更加突出集团财务战略管理功能

我认为企业除了有企业战略规划之外，还应当有财务的战略规划。现在的企业在这些方面做得还不够，没有提前的预谋和筹划，为了应对当前，经常拆东墙补西墙。究其原因，从企业集团总部来讲，财务的战略规划比较少。一个集团往往只是有业务战略计划、市场战略目标、经营战略目标，很少有财务的战略目标。如果要向以管资本为主转变，下一步可能需要认真研究集团的财务战略规划。

企业财务战略规划应当与企业的业务战略规划实现无缝对接，让财务跟业务相结合，达到价值观的融合，并将这一融合向财务的战略规划来转变。

财务的战略规划不能够脱离业务的战略规划，业务的战略规划同样不能脱离财务的战略规划。如果这两者结合好了，才能真正地实现业财的结合，否则会停留在管资产层面上，很难达到管资本的层面。

二、更加突出财务资源配置的功能

资源配置功能核心在于高效配置资源。做好财务资源的配置，一个是要平衡好资源的集中和分散，另一个是要分析好资本的回报。作为一个集团的总部，必须把财务资源集中或者财务授权分级管理两种模式平衡好。

在实践当中，往往强调的是财务资源的集中式体现，表现为资金和人员的集中，如果没有这一资源的集中，也就谈不上集团总部的财务管理，没有资源就无人听从。在实际工作中，逐步提高集中度是重点，比如提高企业的资金集中度，每年上一个台阶，也是为了加强集团财务的管控。但从另外一个角度讲，资金集中风险也就集中了。所以说，平衡其中关系至关重要。

分析好资本的汇报。集团的财务部门有一个非常重要的任务是做好财务分析，分析好资本的回报预期。投资是为了收益，如果没有收益，这个投资是打水漂的，做的就是多年不分红、长期亏损的无效资产。僵尸企业这方面表现得比较明显。

三、更加突出发挥财务的制衡功能

财务是企业治理结构的一部分，是企业管理的中心环节，具有重要的制衡作用。从调研的数据讲，财务是公司经营发展的垫脚石，同时也是对一时盲目扩张行动的绊脚石，平衡好油门和刹车的企业才能稳健发展。如果没有财务支撑，企业发展很困难，业绩的增长和领导人的晋升也同样困难，所以财务的经营发展是垫脚石；如果企业盲目扩张、盲目扩大规模，那么面临风险时，企业财务就需要拥有顽强的生命力，起到绊脚石作用。

四、更加关注营商模式

财务战略跟业务战略必须协同和融合。随着信息指数的迅猛发展，企业的营商模式千变万化，"互联网+"、大众创业和万众创新等模式很多，比如P2P、PPP，在P2P出事后，PPP的风险也很难预料，比如融资暴利大行其道，一些国有企业也卷入其中，损失很惨重。如果财务人员不关注营商模式，盲目配比资源，将给企业带来很大的风险。财务人员对此应当保持清醒的头脑，提高辨识能力。

五、更加关注财务风险

市场经济越发达，市场风险就会越高。但有人对此持反对意见，认为市场经济发达了，日常规则成熟了，就不存在很多的风险，多数的风险都是由市场经济不发达造成的。实际情况并非如此，否则美国就不会出现安然事件，雷曼兄弟就不会倒塌，也就不会有2008年的金融危机。

市场经济本身就是一个风险经济，企业在生产经营过程中，会面临各种各样的风险，但可怕的是我们缺少辨识风险的能力。我认为财务风险是最大的风险，市场经济当中没有"常胜将军"。如果一个企业出现了财务风险，处理应急不及时，就会导致财务危机。一个项目投资失败了，觉得这个项目失败就失败了，但一个企业发生系统性财务风险时，那就很危险了。

我们应当高度重视这种财务风险，有一些企业短短几年进入世界500强，但由于发生财务危机快速陷入破产边缘，这些教训很深刻。投资是有风险的，决策还需要谨慎。

在财务管理当中，越是向管资本为主转变，越要更加夯实财务的基础关系。基础不牢地动山摇，我们强调财务转型没有错，强调财务创新也没错，但不管怎么转型，不管怎么创新，财务基础的管理不能丢。要认真执行财务守则、会计规则，规范会计的处理核算，这是财务看家本领，这个不能丢。

还有一个非常重要的问题，就是财务内部控制是一个非常重要的基础管理。财务内部控制应进一步加强。不仅是内部控制，内部审计也是一样。财务的内部控制是财务内部极其重要的事情，不仅要把这些基础的制度做好，还要把它执行好，把内部的缺陷处理掉，这样才能够使财务管理转型和创新久久为功。

以财务价值创造构建商业新模式

对外经济贸易大学校长　施建军

　　我做财务工作有 10 多年时间了，在财务工作中尝到了很多酸甜苦辣。我受命于危难之时，1993 年在南京大学工作时，组织任命我为校长财务助理，当时学校只有 3 万元，面临着很多困难。我利用会计学知识，支了几招，今天回想起来就是价值创造。

　　当一个企业现金断流的时候，通常做法是开源节流，这是愚蠢的。如何拯救企业在财务中出现现金流断裂的危机才是关键。正确的做法是，当企业现金流断裂的时候，要从价值创造新途径出发，而不是一味地开源节流。企业价值怎么体现？就是要从价值创造出发。

　　我当时进行了一些企业管理改革的探索性做法：

　　一是利用一周时间，盘活现金和款项。我们依据对校办企业的优惠政策，100 万元的贷款，一周之内只要还 70 万元就可以了。这样累积下来，3 个月我们还了 80 万元，就是因为采取了非常特殊的价值创造的方法，解决了临时困境。

　　二是开办了中国第一个大学校内银行，利用沉淀资金发自己的财。1993 年我们向江苏省银行贷款。当时我是大学第一个向银行贷款的人。第一年贷了 17 万元，9 月学生报到交完学费后，还上这个钱。最后我们用 6 个月的时间周转，解决了学校的财务危机。同时还办了校内基金会，拯救了当年南京大学的财务危机。

　　一年之后我从校长助理变为总会计师，从 1995 年开始的 10 多年里，我给南京大学创造了数十亿元的增值性财务收入，使得南京大学成为不欠银行一分钱的大学。

　　今天借此谈谈价值创造型财务。价值创造型财务的基本点是什么？可以概括为三点：

一、创新

　　价值创造型财务管理的内涵，就是以创新为主，同时要适应当前经济形势的发展。创新本身是价值型创造管理的第一个出发点。在开源节流走不通的情况下，一定要走到新的途径上。新路径怎么走，要结合当前经济背景。经济体制决定财富体制，财富体制决定财富行为。财富行为在经济体制的条件下，要认清当前经济形势可能给财务带来的创新性。管财务的人不能脱离经济管理体制的新路子，因为体制决定了企业的很多做法。党的十八大以后和"八项规定"使财务制度体系发生了很大变化，这些变化有一些是政治体制决定的经济体制，有些是经济体制决定的财务体制。

　　在三维经济条件下，经济形态包括实体经济、货币经济和网络经济。三维经济互动，实体经济和货币经济相交是现在的金融学，也就是资本市场；实体经济与网络相交形成了现在的快递公司；货币和实体，货币与网络就是互联网金融。时下的经济结合出现了很多创新性的经济。创新就是在新经济环境下，在财务管理体制决定的大背景中，特别是全球市场化的"互联网 +"条件下，折射了新经济的根本形态，同时也为我们的财务行为提供了很多制度性背景的参考。

创新对企业行为来说至少有三大阶段：目前阶段通常叫第一阶段，也就是研发阶段，这个阶段是从想法到样品的过程；第二阶段是产品化，这个阶段求证、延伸了新的企业创造的内容；第三阶段是营销，把营销作为创新就是我们管理学中所说的再创造。

这其中，价值创造的第一个主题就是企业价值创新。创新是企业价值创造财务的基础，也是原动力，实际是做到企业价值的最大化。企业价值最大化就是企业价值创造，其中包括员工价值的最大化、市场价值的最大化。而员工价值包括员工的价值授信。企业的市场价值就是为顾客创造价值，使顾客价值最大化，因为创新本身就是实现企业价值最大化的过程。

二、商业模式创新

近五年来关于企业的最热门话题，就是商业模式创新。滴滴打车，可以说创造了商业发展的新模式。商业模式创新的还有腾讯。腾讯开始是没有资源的，就是让大家聊天，给我们提供一个免费的电信通道，而其中的流量就创造了一个奇迹。腾讯有6亿~7亿用户，1年1000多亿元的产值，1年500亿元的利润。它有什么资源呢？有土地吗？有海岸线吗？都没有？靠的就是商业模式创新。这样一个商业模式，就是我们现在讲的企业创造价值的新模式，但它需要解决四个问题：

一是产品价值的定位，就是通常所说的你准备为用户提供什么样的产品和服务？有个案例是海澜之家。海澜之家不是一个企业，而是一个平台；它不是一个"点"企业，而是一个"面"企业；它不是一个区域企业，而是一个平台企业；它能提供最廉价、最优质的中国纺织品给消费者，它的销售收入超过了1000亿元，创造了销售神话，这就是商业模式创造了企业价值。我想讲的是，产品的价值、产品的市场定位，客户群在哪里，这也是新的商业模式创造。

二是客户群的市场定位。客户群的市场定位有非常多的内容。我有一个学生，他研究市场定位需求。他根据小学生下午3点半放学而家长无法按时接孩子的现象，办了个2小时课外班，通过网络化运营，一年之内招了30万学生。这里创造的价值显而易见，就是根据市场定位需求寻找客户群。还有一个学生，销售一种可以清除甲醛、清除室内污染的节能灯，他采取的营销模式是先将灯送给客户用，用过后感觉效果好再付钱。最后的数据证明，这种营销模式也同样收到了不错的效果。

三是改变产业模式。改变产业模式就是改变整个产业链的变化。最成功的改变产业模式的是"超女"电视节目，"超女"赚了5亿多元，湖南台赚了5亿多元，靠这种运营模式总收入20亿元。其成功的秘诀就是改变了产业模式，用粉丝、用电信收费、用广告、用媒体、用包装、用巡演的方式赚了很多钱，构成了一个完整的产业链。这种产业链的变革，对企业商业模式产生了根本变化，增加了很多的价值创造。

四是改变技术模式。以苹果公司为例，苹果公司卖的是什么？是卖手表、卖手机、卖软件、卖信息吗？它卖的是一个很长的产业链，这就使整个技术模式发生了根本性的变化。千万不要以为苹果最开始就是卖手机的，它最早是以音乐起家卖软件，后来才做苹果手机。它的意义，就是技术模式发生了变化。

商业模式创新在上述四大模式上，对我们企业价值创造有指导作用，最根本的是企业创造价值的新模式。

三、关于影响企业价值创造的财务因素

基本可以归结为三大方面：

一是投资回报率。投资回报率就是企业创造里面的投资回报的状态。当时张艺谋在中国做印象系列，第一个系列是"印象·刘三姐"，在广西桂林做了一个旅游项目，当时举办方给了他 8000 万元的"创造费"。但张艺谋说广西人民生活困难，不要钱要了股份。几年后运营下来，他的股份收入一定大于 8000 万元。再后来，张艺谋的印象系列做到了全世界。可以说，张艺谋是收益最好的运营家，也是最好的企业财务师，这就是投资回报。

投资回报有多种方式，不一定拿到现金就是投资回报率最高，它反映了企业的盈利能力，有时一次投资换来的可能是长期投资收益。

中国有几个五星级酒店是靠投资收益的？据统计，只有 10% 的五星级酒店是靠投资收入的，而另外 90% 的五星级酒店都不是靠投资收入的。有一个案例，某企业在 1993 年只花 4 亿元就在一个城市中心建了一个五星级酒店，后来评估值却达到了 40 亿元。把它的抵押贷款掏出来就是价值创造，酒店老板表示，当时投多少钱不重要，只要流水做正就可以，这就是静态收益和动态收益、静态收益和未来预期收益的关系。做财务一定要知道未来预期收益要大于当前的经济收益。

二是资本的成本反映债权人的期望值。这是由股东和债权人的期望以及资本结构决定的。财务人员要懂得本钱是做什么的，这个本钱就是财务资本，它反映了投资人实在的权益。我们很多财务人出现误解，将银行借的钱也当成了自己的资本，这就会在价值创造中出现问题。

三是增长率。包括当期增长率、未来增长率以及持续增长率。增长率中包含了企业的经营能力、经营环境，特别是整合社会资源的能力，就是现在所讲的商业模式的创新。在当今社会条件下，企业价值创造是一个新的课题，做好价值创造，将有利于现代企业打破传统模式，开拓出新的商业模式，有利于企业更好地整合资源，在社会平台、网络经济中获取更大的收益。

企业价值创造既是未来财务的重要任务，也是企业效益可能发生变化的重要原因之一。我相信，企业财务人员从企业价值创造这个角度研究企业财务，可能会有更大的财务变革，也会促进我们更开阔地思考，加大财务改革的力度。

向价值创造型财务管理转变

中国国际税收研究会副秘书长　靳东升

过去大家都认为会计是信息系统，是对财务状况的真实记录和反映。但是，现在的会计理论提出，财务是能够创造价值的，对企业整个经营管理具有重要甚至是决定性作用，我们应该向价值创造型的财务管理转变。我主要从营改增角度，谈一谈价值创造型财务在管理企业中如何发挥作用。

2016 年"两会"期间，李克强总理提出，从 5 月 1 日开始，我国全面实施"营改增"，取消营业税。为什么实行增值税？有媒体报道说，是为了减轻企业负担，可以减税 5000 亿元。这其实只是一个方面。

真正的目的是实现价值创造的需要。什么是价值？对企业、对社会来讲，价值是一个看不见、摸不着的东西，我们对价值的认识是通过它的使用价值体现的，对企业来说是通过利润实现的。因为在工业革命以前，主要追求的是使用价值，只有在市场经济之后，以工业革命为标准，才追求劳动价值，也就是马克思主义哲学所说的劳动创造价值。

我们征税的时候，对价值的征税，过去是用产品税、营业税，或者消费税，这些税要计入企业成本。以前我们核算社会总产值，总产值的增加靠投资、靠转移价值，转移价值越多，产值增加得越容易；而税收成为产值价值中的组成部分，等于参与了价值创造，参与价值创造就违背了税收原则。税收原则是什么？是税收征信。市场经济要求的是法制经济、竞争经济和价值经济，有一些虚假的价值在产品或者服务中体现出来了，还计入了产品的成本。

增值税与原来税收不同的地方就是不参与价值的构成。大家知道，增值税是在企业的财务成本之外进行核算，单独核算，不计入产品成本，与产品价值创造没有关系。这个没有关系是一种核算上的没关系，是一种价值构成的没关系，但实际在产品价值中核算增值税的时候，还是有关系的。

增值税体制的完善就是对新增加的价值进行征税。新增加的价值如何来体现？是在体制外实现。无论企业在"营改增"之前，还是之后，都会实现利润的增加。实行"营改增"后怎么实现利润增加？企业成本减少了，原先的营业税是计入成本的，现在没有营业税了，增值税单独核算，成本肯定降低了，成本降低利润就会增加，价值的创造就得到了实现，财务上的价值就会增加。

我想，2016 年对于多数企业来讲，如果其他条件不变的话，利润是不会因"营改增"的原因而增加的。增值税由于体外循环的原因造成企业税增加，这是价值的创造。这个体外的循环，使税制体系、税收征信充分体现出来，不参与产品本身的价值的组成部分。

"营改增"事实上是税收制度完善的一个方式。我国 1982 年开始进行试点，30 多年终于实现了消费型的与国际惯例接轨的增值税，但是落实范围和效果并不是特别理想，"十三五"期间我们还要改革。党的十八届三中全会决定提出，进一步简化增值税。2015 年经济工作会议就提出要降低制造业的增值税税率。

增值税改革到 2020 年会初步达到比较理想的状态。这次"营改增"只是我们改革的一个步骤，"营改增"之后还要调整中央和地方的增值税分成比例，还要进行增值税的立法，还要进一步完善增值税体制。

这也是转变经济增长发展方式，也就是我们所说的供给侧改革的要求。2012 年试点"营改增"，2015 年结束，我们已经减税 6000 亿元，其中有企业 3000 亿元。这一次的"营改增"是一个减税的改革，这个减税不仅对服务业，还对生产领域的企业，对流通企业，都是只减不增。

如果对已经实行"营改增"的企业进行分析，现在直接减税是 5000 万元，从未来分析看，实施增值税的企业与过去比照，是不是要减税 5000 亿元？实施增值税，进项税额增加了，不动产可以扣除了。比如，原先不动产征信是 100 万元，100 万元是财务记账，是原有价值；现在不一样了，现在 100 万元不动产，83 万元是不动产，还有 17 万元是增值税的进项税额，可以拿去抵扣。

我想，从税收这个角度讲财务价值创造，对大家可能有一定参考意义。

核电的商业模式及市场竞争力

中国广核集团有限公司党组成员、总经济师　岳林康

现在核电行业面临着市场竞争，电力市场需求不畅，核电也同样受到影响。

核电既有机遇也有挑战。从大的机遇来说，2014年11月，习近平总书记代表中国承诺，2030年左右二氧化碳排放达到峰值，非化石能源占一次能源消费比重提高到20%左右。新电改六大配套文件之一《关于有序放开发用电计划的实施意见》中，明确了核电为二类优先保障发电。

如果2030年要达到20%的非化石能源的使用，预计2030年全国的一次能源消费要达到60亿吨，20%是非化石能源，12亿吨的标煤，这12亿吨的标煤里面是把水电、风电、太阳能以及生物质能算在内，核电按照现在的装机容量预计到2030年达到8.6亿吨标煤的水平。2030年的核电装机容量要达到2亿千瓦的装机容量，这是我们可以看到的一个机遇。

同时挑战也来得很快，2016年电力增长放缓，对核电来说是一个挑战。核电要在保证核安全的前提下参与市场竞争，给核电的安全性、技术性、经济性带来更高的要求。

核电在国家战略中地位是很高的。它是一个国家国防、军事力量所依赖的资源，是国家外交的支撑，核安全事关核能与核技术事业的发展，事关公众利益，关乎国家安全，关乎国家未来，甚至关乎政权稳定。核电遵循安全第一、质量第一，这是永远的要求。

市场化方面，核电项目开发要得到政府的支持，这在以前不是太大的问题。但随着国家治理重点的改变，再加上民众对环境的关心，核电项目开发需要当地政府和民众的理解和支持，这成为核电项目成功与否的关键要素。

从财务和成本特点来说，核电的建设周期比较长，前期需要建设4~5年，核准开工后还需要建设5~10年；同时核电投资大，核电成本的包容性大，可以说是全成本的。由于核电运营周期比较长，财务费、维修费用、折旧费用都比较高。

核电的风险特点也比较特殊，叫作全行业系统性风险。举个例子，日本核电出事了，全世界的核电跟着倒霉。某年日本一个燃料厂出了事，全世界的核电都跟着受影响，所以核电有天然的系统风险，核电里任何小事都可以被放大。

从投资收益的特点看，核电的投资期比较长，特别是前期的工作花的钱都得由股东付出，银行是不给贷款的，到了建设期银行再贷款。这意味着，作为核电站股东，需要有坚强的、持续的资金实力，并忍受约10年甚至20多年投入资本无回报的考验。如广东阳江项目，从厂址确定选点，到1号机投产，经历了26年。

核电三个层次的商业模式特点就是核电特殊的地方。第一层次是单一核电站层面，商业模式非常类似于大型水电项目，投资比较大，投资期比较长，投产以后运行成本比较低，电价也是比较稳定。假设投资4台机，前面至少6~7年是太阳能的投资，肯定是没有回报的，股东20%的资本金

以外还有银行的 80% 的资金投资，7~8 年开始投产的 4 台机才慢慢投产，开始分红。大概 20 年以后，又开始有一些基础性的改造。总体来说，它的回报率时间很长，从开始投资一直到 17~18 年都是负的，到 20 年才会达到 6%~7% 的盈利水平。这是单一核电站的特点。

第二层次是以核电为主业的企业集团层面。核安全不仅由核电企业承担，它的控股股东、核电企业集团也承担着最终核安全的责任，如果出了事不仅追溯核电站的运行者，还要追溯它的投资者。投资者不只是获利，它不像买股票，不会承担政治责任，而这个股东不但要承担政治责任，而且还要做好对政府的安全沟通，对全国民众的宣传活动。所以核电企业集团还要做一些分散风险的工作，在相关多元化方面做一些策划，比如说中广核、中核集团，在风电包括核机速等领域都做了一些发展。这是企业集团层面的一些特点。

第三层次是核电行业的层面，这个行业核安全度相当高，它的指定政策、评审标准、制定标准跟其他行业有很多的不同。核电行业的层面不同于其他行业，不但要对所属企业严格监管，而且还要履行国家级的责任。

核电市场竞争力方面，在全国电力需求降低、国家减排压力巨大、电力市场改革的环境下，核电的市场竞争力还有没有？如何发挥作用？从长远看，"2030 年非化石能源占一次能源消费比重提高到 20% 左右"的目标，优化能源结构，给了核电巨大的发展空间。从近期看，全社会电力消费总量增长放缓，核电需要与其他发电企业竞争上网；按国际经验，电力市场改革往往对新电厂不利，对核电这样的高固定成本电厂更是严峻的经济性的挑战。

但是，通过分析核电的成本构成和商业模式，可以看到，核电仍然有很强的市场竞争能力，作为国家安全的政治基础，还有核电对环境的友好性，更多民众正在逐步地接受和认可。政策优势主要体现在核电作为二类优先保障发电的地位。另外，国家能源局正在准备发布《核电保障性消纳管理办法》。

核电的市场竞争优势最根本的还是体现在成本优势。电力如果采取市场竞争模式，报价以后最终能够分到电量，实际上是边际成本概念。边际成本主要就是跟变动成本密切相关，只要最后电价能够高于电度成本，那么最后的边际电量获取就得到了保证。核电成本构成中变动成本（主要是燃料成本）约占 1/3，核电的变动成本大概在总成本的 1/3，它的竞争优势相对好，相对煤电 2/3 为燃料成本而言，核电可以在竞争性报价中占有先机，可以争取到更大的市场份额。

现在核电的电价也面临着一个调节的竞争压力，目前 0.43 元电价还是比较好的电价，不高不低。有一些省份还有下调的空间，我们要直面这个压力，倒逼自己，控制造价，降本增效。目前核电三代技术造价比二代至少高 50%，但通过后续的国产化，我国三代华龙一号预计造价会比美国低 15%~20%，竞争性有良好的基础。从长期看，核电正在通过规模化、国产化发展，降低造价和运营成本；同时，经过设计和改造，增加机组降负荷、调峰能力，从而扩大参与市场供应和竞价的能力，逐步实现市场化定价。

商业模式创新需要内部改革和外部改革结合，内部主要推行国产化、批量化，特别是批量化上来以后，规模的"瓶颈"可以突破。另外是降负荷，增强降负荷调控的能力。外部改革主要是市场开发，核电借助运用低成本的优势，积极参加大量非计划电量的交易。最近我们通过交易获得了 20 多亿度的交易量，这是一个很好的接口，核电应用范围不断扩大。比如说现在建立了授权公司，把核电的第一电价优势用在后续的储能、海水淡化等方面，从而提高核电的应用范围，使得核电能够占领市场，也能够走向国际。

第二篇　创新成果

基于工程全过程管理的竣工决算编制系统建设

创造单位：国网辽宁省电力有限公司鞍山供电公司
主创人：张　丽　王宇庆
创造人：袁　涌　张　秋　陈广明　王　妍　胡小鹏

[摘要]　在 ERP 套装软件、财务管控系统深化应用的基础上，结合工程财务精益化管理需求，公司定制开发了"基于工程全过程管理的竣工决算编制系统"。自 2014 年 8 月系统正式上线以来，鞍山公司工程财务精益化管理水平显著提升，工程成本过程管控更为及时有效，工程进度与投资匹配分析更为清晰准确，既确保了工程转增资产清晰高效又为企业节约了大量资金，实现了"三码合一"资产全过程跟踪管理，为强化资产全寿命周期管理打下了坚实基础。

鞍山公司的全过程管理：一是在创建工程项目的同时，实现 ERP、管控系统信息共享；二是动态监控，多维度分析与报表展示；三是高效快捷，"一键式"生成决算报告；四是精益管理，"三码合一"全过程跟踪四项措施实施全过程管理的竣工决算编制系统建设与应用。

[关键词]　财务管理；全过程管理；竣工决算

一、企业概况

国网鞍山供电公司是隶属于国网辽宁省电力有限公司的国有大型供电企业，担负着"三县（市）四区"（海城市、台安县、岫岩县和铁东、铁西、立山、千山区）和鞍山钢铁集团公司的供电任务。截至 2014 年末，国网鞍山公司供电区域 9252.36 平方千米；营业户数 162 万户；拥有 220 千伏变电站 20 座，容量 768 万千伏安；66 千伏变电站 137 座，容量 641.32 万千伏安；66 千伏及以上输电线路 278 条、3558.08 千米。2014 年，公司完成售电量 206.11 亿千瓦时，创历史新高；电费回收率、上缴率均为 100%。

鞍山供电公司坚持财力集约化管理，始终以"六统一、五集中、三加强、三保障"为主线，按照"深化应用、提升功能、实时管控、精益高效"的目标要求，加强基础管理，强化管控职能，深化创新实践，财务管理水平和财务队伍能力素质得到全面提升，连续多年被评为省公司"同业对标财务专业标杆单位""财务工作先进单位""财务调考先进单位"，并且两名同志分别被国网公司、省公司授予"财务专业领军人才"称号。

"十二五"期间是国网公司建设坚强智能电网的关键期，鞍山公司2011~2014年固定资产投资总计超过30亿元。近期，国网公司"十三五"电网规划指导思想和总体目标中再次提出"加快坚强智能电网建设，为全面建成小康社会提供安全、可靠、清洁、优质的电力保障"。政策导向表明：在未来相当长的一段时期，电网基本建设投资仍将继续保持较高的投资规模和较快的投资增幅。

在此背景下，处于电网建设业务前端的市级供电企业着力提升工程财务精益管理能力和管理效率成为必然要求。鞍山公司正是立足于此，在工程财务管理专业上精耕细作，通过建章建制、文档固化、业务梳理，重新定义了适应多项目实时动态管控的业务流程。在ERP套装软件、财务管控系统深化应用的基础上，结合工程财务精益化管理需求，定制开发了"基于工程全过程管理的竣工决算编制系统"。

自2014年8月系统正式上线以来，鞍山公司工程财务精益化管理水平显著提升，工程成本过程管控更为及时有效，工程进度与投资匹配分析更为清晰准确，既确保了工程转增资产清晰高效又为企业节约了大量资金，实现了"三码合一"资产全过程跟踪管理，为强化资产全寿命周期管理打下了坚实基础。

目前鞍山公司已获得软件著作权登记证书，同时申请发明专利获得受理，争取创造更大的经济效益和社会效益。

二、实施背景

（一）建设坚强智能电网对财力集约化管理提出更高要求

坚强智能电网实现电力流、信息流、业务流的高度一体融合的现代电网，关系着经济社会发展和国计民生，具有巨大的经济、环境和社会效益。但是供电企业财务投资能力管理尚未有效实施，在安排投资计划时缺乏实际财务能力及投资效益支撑，科学的投资能力分析评价体系还不是十分完善，工程项目财务后评价管理体系尚未建立。

为适应电网发展和企业发展，财力集约化要求不断强化全价值链和全业务链管控，积极促进"三集五大"协同融合，加快建成现代化财务管理体系，持续推动财务管理向更高层次迈进，有效服务于经济社会。

（二）工程管理现状与工程财务精益化管理落差急需弥合

电网工程项目要经历前期可研、实施、结算、转资和决算报告生成等阶段，每个阶段都会产生大量的信息和数据（见图1），这些资料种类繁多，来源复杂，且系统数据均通过前端业务部门操作生成，财务部门成为整个流程的最末端、被动接收者。部分前端业务处理随意性大，录入数据信息质量不高，前端业务信息不能满足财务管理需求；有的项目长期挂账、久拖不决，存在不及时转资情况。

长期以来，基建财务工作侧重于资金支付、成本核算和决算报告编制，对规划设计、招标采购、评估评价等环节管理的参与度不够，"重中间、轻两头"的现象仍然存在。职责细分、流程固化、过程控制等方面的管理工具及手段有待丰富健全。财力集约化又要求财务与业务高度融合，要对工程预算全过程管控，庞大的资金量、数据量对工程财务精益化、动态化管理存在落差。

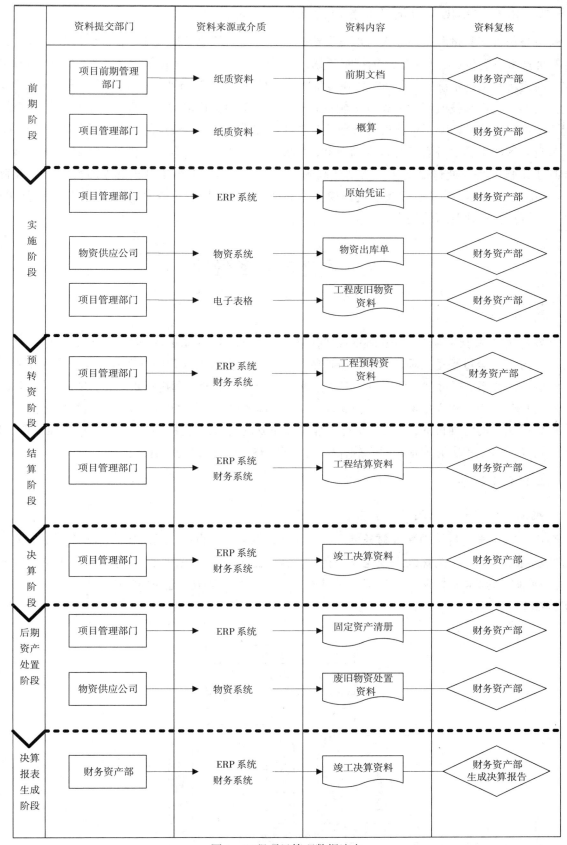

图1　工程项目管理数据流向

（三）借助信息化平台是提升资产精益化管理的有效途径

鞍山公司资产数量和金额庞大，部分资产基础管理与前端业务集成还存在薄弱环节，由于前端业务管理环节不到位、与财务管理衔接不顺畅，物资从进入企业到形成资产过程中，虽然名称一致，但在不同模块间编码不统一，查询资产在各阶段的信息非常困难，不利于对资产全过程的跟踪管理，个别技改形成资产和技改等拆除设备未能及时通知财务部门做价值增减处理，废旧物资处置收入与报废资产难以对应，影响了资产价值管理的时效性和准确性，设备资产的联动管理基础较为薄弱。

为有效解决工程财务管理过程中的问题，使资产管理更加精益高效，借助管理经验的积累，重新梳理了工作流程，通过信息化手段搭建高效、智能的"基于工程全过程管理的竣工决算编制系统"，解决同一设备在物资、设备、资产模块中的编码联动（即"三码合一"），实现资料信息的高度共享，资产精益化管理的提升。

三、内涵和主要做法

（一）内涵

开发部署"基于工程全过程管理的竣工决算编制系统"的内涵主要集中于全过程、精益化、及时性三个方面。全过程是指项目建设、资产管理全过程，厘清工程管理过程所涉及的业务环节、业务系统的逻辑关系，通过"三码合一"对资产在企业内流转的全过程进行跟踪，实现业务数据共享；精益化管理的核心是建立电网工程管理进度、成本动态分析模型，实现"工程进度精准把握、工程成本精确控制"的管理目标；及时性是指工程建设完成达到预计可使用状态后，实现工程结算及时、工程转资及时、工程决算编报及时，确保资产清晰完整，财务信息真实、可靠。

（二）主要做法

1. 建立组织机构，明确管理职责

鞍山公司工程项目管理涉及财务资产部、发展策划部、建设部、运维检修部、物资供应公司和综合四室等多个部门。为保证系统建设的有效实施，公司成立专项建设领导小组，由总会计师任组长，由副总会计师总体协调，办公室设在财务资产部，成员为项目管理部门负责人及专工担任。组织机构如图2所示。

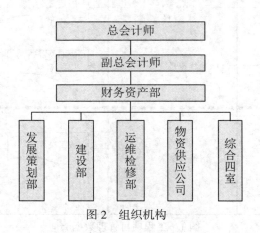

图 2　组织机构

其中，财务资产部负责系统的组织协调、整体建设及系统运行前的培训工作。自开发以来共从以下几个方面入手开展工作：

（1）讨论系统开发必要性和可行性：各部门从各自职责出发，研究"基于工程全过程管理的竣工决算编制系统"开发的必要性，充分论证技术实现的可行性，并达成一致意见。

（2）提出系统功能需求，实施系统设计：站在本部门的管理角度对"基于工程全过程管理的竣工决算编制系统"提出功能需求，经专题会议研究确定，提出建议并进行项目开发设计。

（3）系统上线前培训：财务资产部负责，各部门选派业务人员接受系统应用培训，全面准确掌握系统功能和操作流程，并结合实际情况调整和优化业务流程和岗位分工。

（4）系统上线测试运行：各部门选派业务人员进行数据录入和应用测试，查找系统设计漏洞和不足，研究解决方案。

（5）系统正式上线运行：专项建设领导小组召开验收工作会议，验收合格后正式启动运行。

2. 梳理业务流程，厘清信息流向

公司重新梳理财资部与各工程相关管理部门的职责分工、业务流程，新的工程管理流程，对各部门职责分工做了明确划分，具体如图 3 所示。

（1）工程前期阶段：工程前期管理部门将计划文件、工程编码导入系统，工程管理部门将概算、中标通知书、合同等文件导入系统。财务资产部核对导入信息，并在系统中按照全面预算管理的要求设置预算控制。

（2）工程实施阶段：工程管理部门和物资供应公司将 ERP 系统中发生的设备、材料、施工费用及其他费用数据批量导入系统，同时将开工报告、工程进度款确认单等资料上传到系统中备查，财务资产部核对导入信息，分析各项工程相关数据。

（3）工程结算阶段：工程竣工后，工程管理部门将竣工报告、预转资申请、固定资产清册上传到系统中，财务资产部核对清册资产与 ERP 系统项目成本中的设备等资产后进行预转资。在工程结算批复后，工程管理部门将结算复核意见等相关资料上传到系统中，经审核通过后，工程管理部门在 ERP 系统中完成工程结算过账工作，并将结算数据导入系统。

（4）工程竣工决算阶段：财务资产部核对系统数据，关联概算数据与结算数据，根据工程实际需要合并、拆分、调整、分摊数据，最终按照系统已嵌入的公式一键式生成决算报告；同时在 ERP 系统中根据决算报告数据完善已预转资资产信息，完成工程正式转资。

（5）工程资产处置阶段：工程管理部门将固定资产报废审批单等资料导入系统中，经财务资产部审核后，实物管理部门、财务资产部在 ERP 系统中完成固定资产报废流程操作。同时物资供应公司将废旧物资处置收入清单等资料按项目导入到系统中，财务资产部审核后进行账务处理。

在新的工程管理流程下，工程管理工作以财务资产部为核心，其他各管理部门为辅，借助"基于工程全过程管理的竣工决算编制管理系统"，实现对工程的全过程管控。财务资产部与各工程管理部门之间的关系结构如图 4 所示。

3. 开发部署系统，实现功能预期

经过专项建设领导小组共同研讨开发，数次修改，不断完善，历时 4 个多月，于 2014 年 8 月实现"基于工程全过程管理的竣工决算编制系统"成功上线。系统的功能结构如图 5 所示。

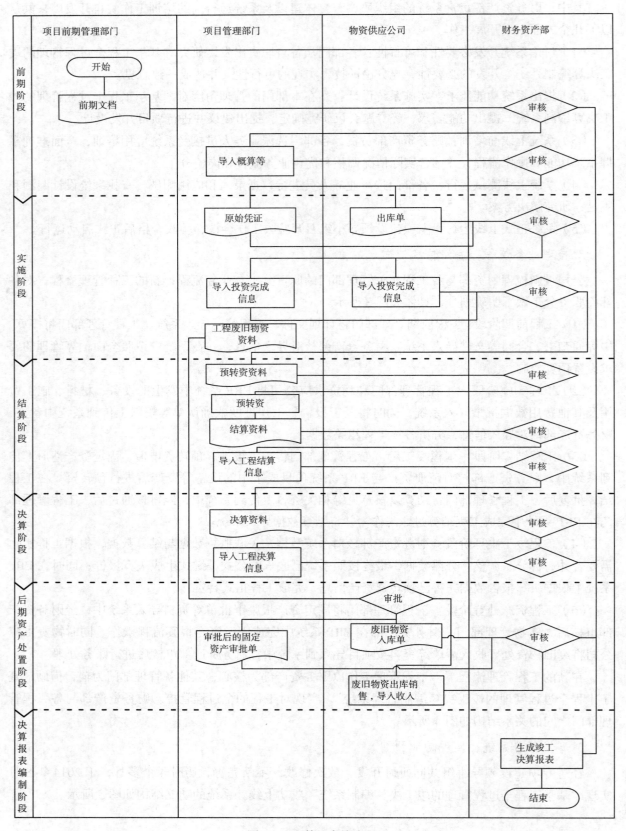

图 3 工程管理实施流程

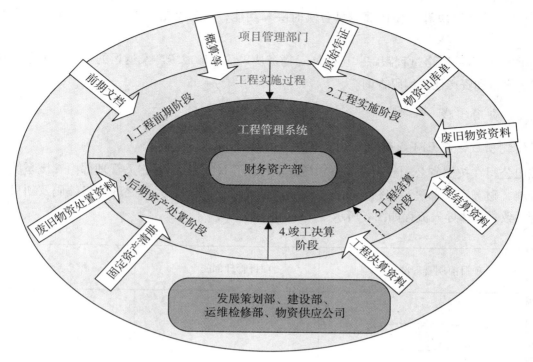

图 4　职能部门关系

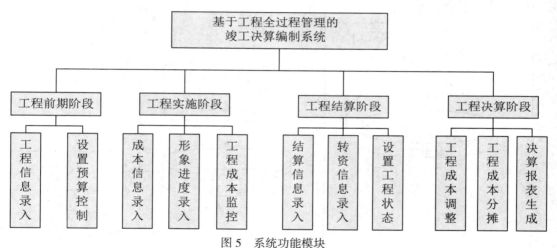

图 5　系统功能模块

　　系统分工程前期、实施、结算和决算阶段四个模块，实现从工程前期概算到后期竣工决算的全过程工程管理，系统具有设置合理，管控到位、科学高效等特点，具有情况如下：

　　（1）权限设置严格，内控实施到位。不同部门或岗位的人员登录系统，其对应的系统功能界面不同，相互独立，避免工程数据被修改的情况。

　　（2）工程概算控制严格科学。在录入工程成本数据时进行即时验证，精确控制工程整体成本。

　　（3）工程费用分摊功能严谨。可将工程施工过程中的建筑施工费用、安装施工费用、其他费用等准确分摊。

　　（4）统计分析展示丰富多样。可以以多种图表，多种形式展示，便于各级管理人员随时了解工程相关情况。

（5）"一键式"决算方便快捷。具备实时决算功能，只需点击一下鼠标，即可完成工程决算工作。

（6）"三码合一"全过程跟踪。可以展示物资从采购到形成资产及退运的全过程信息，并可通过物资、设备和资产任意编码查询。

（三）应用实践

1.创建项目，与 ERP、管控系统信息共享

鞍山公司在按照省公司规定在 ERP 中创建项目之后，由各工程相关管理部门在该系统中导入相应资料，财务资产部进行审核，确保 ERP 系统、管控系统与该系统之间项目编码及项目预算金额保持一致。具体导入流程如图 6 所示。

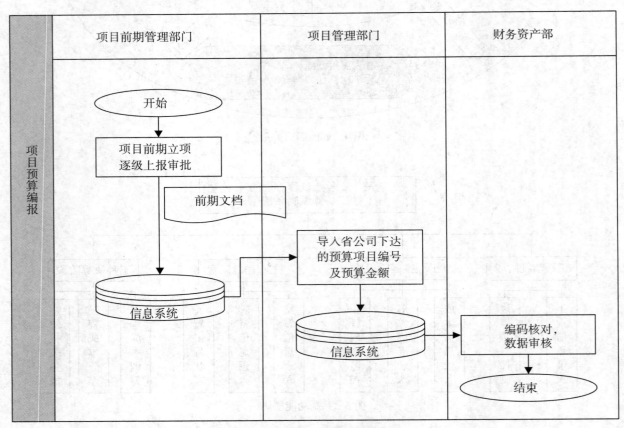

图 6　预算导入数据管理流程

为方便工程管理人员导入工程数据，系统设置了基础数据采集模板。项目管理人员既可以直接录入数据，也可以通过 Excel 模板批量采集数据导入系统中。如图 7 和图 8 所示。

2.动态监控，多维度分析与报表展示

工程支出包括工程形象进度、实际支出两部分，在录入过程中系统提供成本预（告）警功能，以工程概算为基础，以工程标准成本为控制目标，当临界或超出预控值，系统会自动发出警示或禁止数据录入。以工程其他费用为例，如图 9 和图 10 所示。

由于项目形象进度填报口径及时间节点存在差异，项目投资成本的财务支出金额不能完全真实

客观反映项目真实的建设进度。因此，只有将工程形象进度与工程投资进度联系起来开展分析，才能真实掌握工程项目建设和投资情况。初步实现了实际支出与形象进度同步比较分析功能。如图11所示。

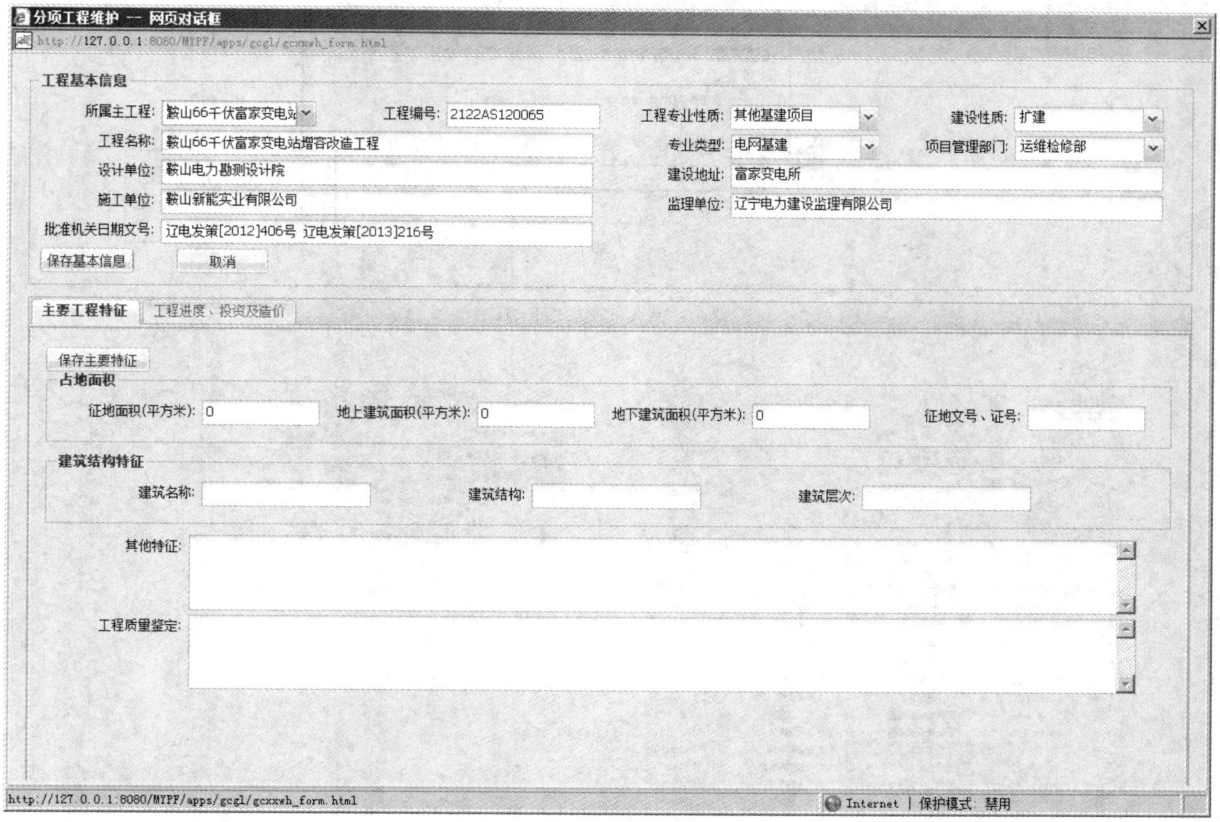

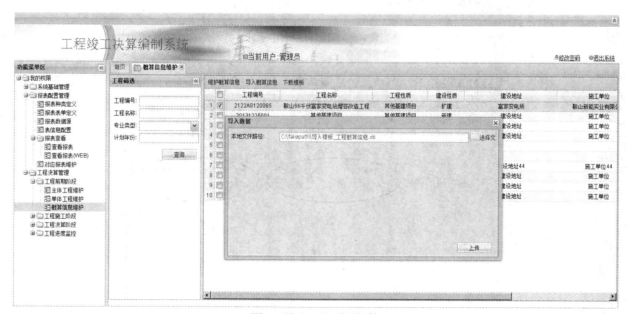

图7 导入工程基本信息

图8 导入工程项目概算

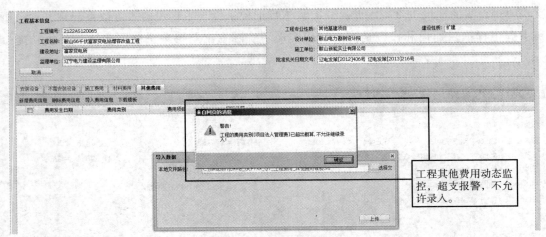

图 9　导入工程其他费用

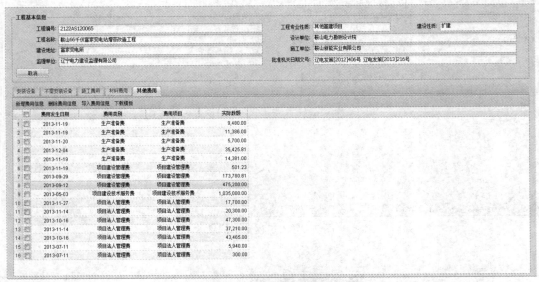

图 10　工程其他费用明细

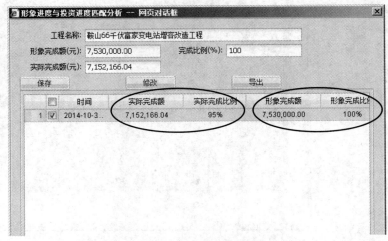

图 11　形象进度与投资进度匹配分析

借助该系统，财务资产部可以对每一个工程项目的形象进度和投资进度进行实时对比分析，对于两者严重不配比的督促项目管理部门及时核销入账，反之加强成本控制。项目管理部门也可以通过该系统查询工程情况，判断两者之间是否匹配，有效控制预算执行进度。

系统可以对工程信息从工程概算、计划、形象进度、实际完成等多种管理口径，提供工程基本信息和成本信息采集、工程报表定制、查询统计图表、竣工决算报表管理等多个功能模块，使得管理人员能随时了解工程的建设进度等情况。如图12、图13所示。

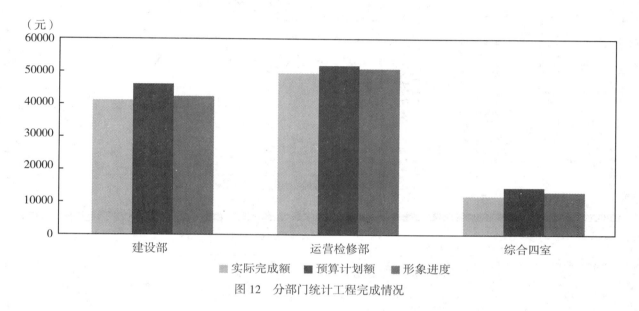

图12 分部门统计工程完成情况

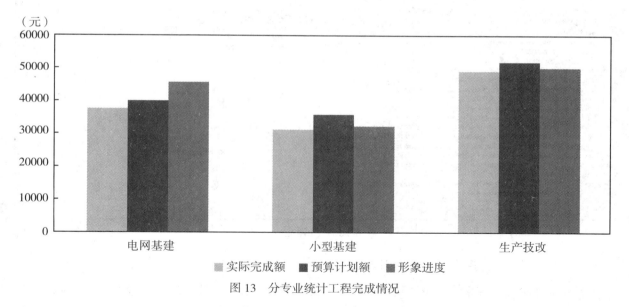

图13 分专业统计工程完成情况

3.高效快捷，"一键式"生成决算报告

工程决算阶段功能包括费用分摊功能、决算报告生成导出功能等。系统提供了严谨的工程费用分摊功能，可将工程施工过程中的建筑费用、安装费用、其他费用准确分摊到相应资产上。图14、图15以工程其他费用为例展示费用分摊的过程。图16为"一键式"生成决算报告的过程。

图 14　生成待摊费用明细

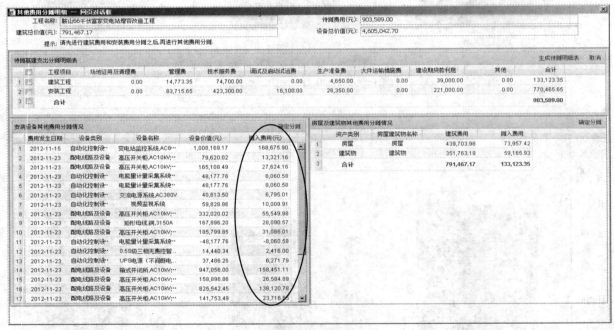

图 15　分摊完成

4. 精益管理，"三码合一"全过程跟踪

工程实施阶段，在系统中录入物资名称、物料编码、采购订单等信息；工程竣工决算阶段，将已录入信息与资产设备移交清册中物资名称进行匹配，实现物料编码与资产设备移交清册中所对应的设备编码、资产编码进行联动，即"三码合一"，并且系统通过对工程实施阶段与资产设备移交清册中录入信息的自动取数，生成资产全过程跟踪管理报表，列出资产各阶段的时间信息与价值信息。管理者可根据系统提供的多种组合查询方式，获取所需资产在企业内运行各阶段的信息（见图17、图18、图19）。提升公司资产精益管理水平。

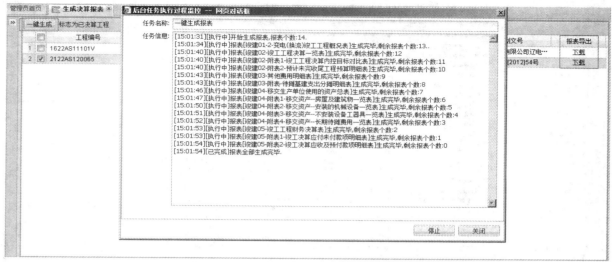

图 16 决算报告自动生成

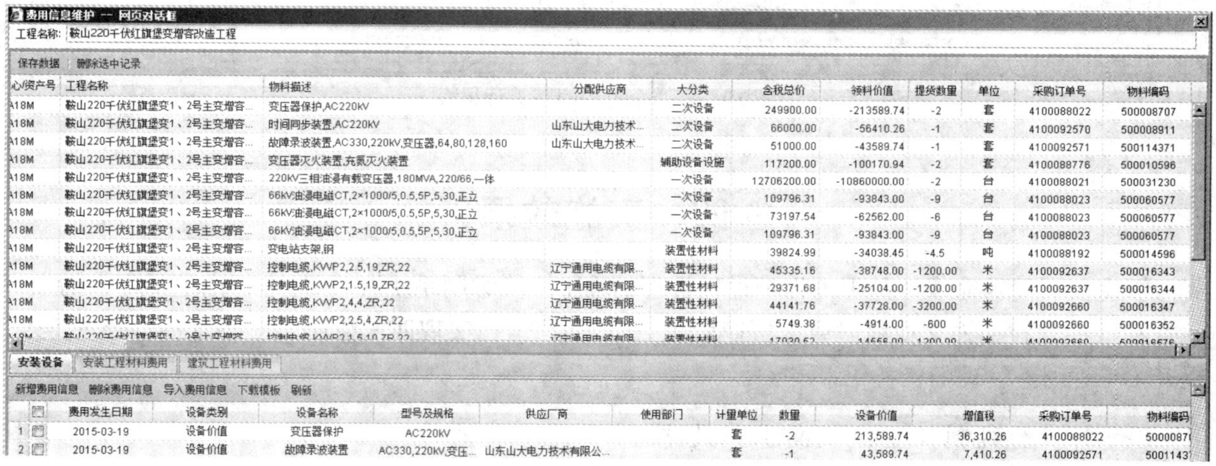

图 17 物料编码信息导入

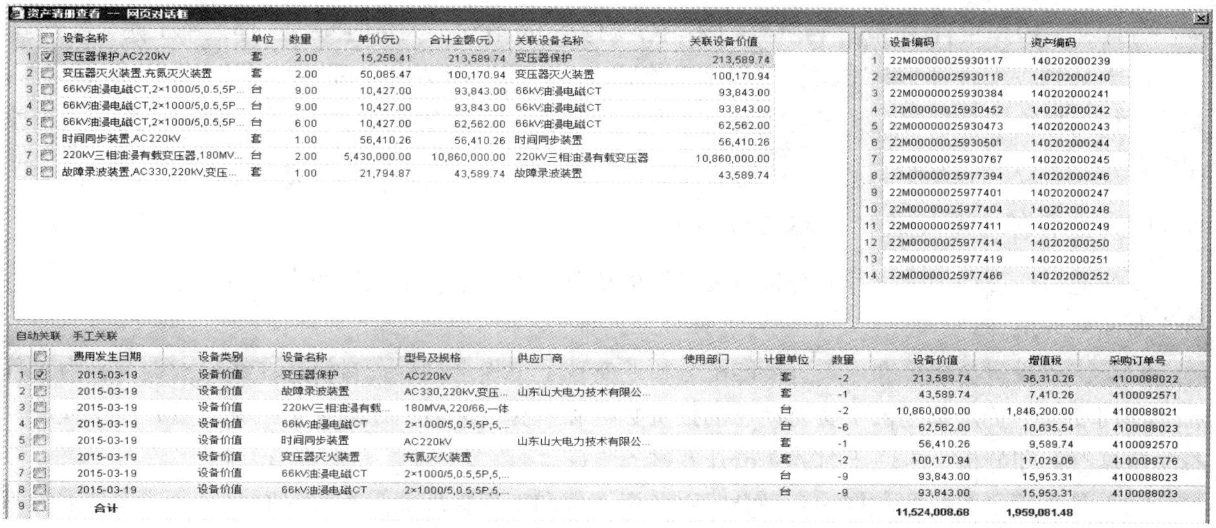

图 18 设备编码/资产编码信息导入

图19 资产全过程跟踪管理报表

四、实施效果

鞍山公司开发完成"基于工程全过程管理的竣工决算编制系统",通过运行产生了巨大的经济效益和社会效益,强化业财融合、资产管理"三码合一",实现匹配分析、动态管控、降本增效,提升了工程财务管理的精益化水平。

(一)节约编制费用,提高工作效率

系统上线应用已经一年,极大地节约了管理成本并提高了工作效率。

(1)实现"一键式"决算和"一键式"报告。改变了以往待工程项目全部完工后再进行费用归集和分摊,将竣工报告编制分散到日常工作中,财务人员节约了大量时间,工作效率也明显提高。

(2)节约竣工决算编制费用。应用该系统后,不再需要聘请中介机构完成竣工决算编制工作,按照以往支付给中介机构的竣工决算编制费率测算,节省了工程编制费用近百万元,提高了资金使用效益。

(二)信息动态反映,数据匹配分析

系统通过在过程中"执行—分析—反馈"的机制,确保了整个工程的投资与概算目标、形象进度实时匹配分析。

(1)工程投资与概算和形象进度匹配分析。实现了工程全过程资料信息在线检索查询,为工程管理部门和财务资产部提供了实时动态的投资数据和概算目标数据,既便于财务人员开展工程成本费用数据查询和分析,也便于财务人员开展财务监督。

(2)各个信息系统的数据相互融合。财务资产部和工程管理部门按需提取数据,消除各部门不同的信息系统之间的工程管理信息孤岛，实现了工程信息自由共享，提高了数据的采集和利用效率。

（三）"三码合一"联动，资产链条管理

物资、设备和资产编码通过系统实现联动，为资产全寿命周期管理打下坚实基础，提升了资产精益管理水平。

（1）系统实现数据自动匹配。通过系统自动进行工程数据匹配和统计，实现了"三码合一"联动，解决了资产管理"重中间，轻两头"问题。

（2）提供资产多维度信息查询。系统可根据用户需求提供灵活多样的查询方式，（如通过项目编码和物料编码组合查询单个项目下该物料编码对应的全部设备资产信息，也可以通过物料编码及资产退运状态查询该物料编码对应的所有退运设备的信息）显示出物资名称、采购订单号、项目编码、设备厂家、规格型号、时间（出库、转资、退运）、金额（入库、转资、退运处置）物料编码、设备编码、资产编码等信息，为使用者提供快捷、准确的数据，使资产在运行全过程中得到有效跟踪管理。

（四）实现业财融合，营造管理氛围

工程管理涉及整个业务链、价值链的每个环节、每个人员，做好工程管理需要对每个环节步骤都有所了解。通过对相关人员培训和沟通，既使业务部门对财务制度了解和熟悉，能够按照财务制度办理各项经济业务，又使财务人员对前端业务深入了解，提升业财融合度。

"基于工程全过程管理的竣工决算编制系统"的开发应用，有效地消除了对彼此管理特点和要求不熟悉所导致的沟通不畅，减少了信息不对称现象，实现了信息共享、要求互通，为财力集约化的提升营造了良好氛围。

大型航空制造企业市场导向的
全价值链目标价格管理体系的构建

创造单位：中船工业江西洪都航空工业集团有限责任公司

主创人：陈逢春　胡焰辉

创造人：饶国辉　邱洪涛　王䜣　祝美霞

[摘要] 洪都公司是中航工业主要整机装配交付单位之一，主要产品有初教六、L7、K8、L15等多型教练机和 N5B 等通用飞机。通过构建市场导向全价值链目标价格管理体系，洪都公司以降低全寿命周期成本为设计理念，形成了从初级到高级的多谱系训效体系，新型高级教练机具有飞行寿命长、效费比高的良好的经济性，它以最低的成本复现三代机的作战性能和训练效果，替代了部分三代机的训练科目，减少了三代机的损耗，降低了训练体制中训练装备直接使用费用，极大地降低了飞行员培养体系运作成本，客户认同感不断提升，同时企业的市场竞争力进一步增强。

[关键词] 航空制造；全价值链；目标价格管理

江西洪都航空工业集团有限责任公司（以下简称洪都公司）始建于 1951 年，隶属于中国航空工业集团公司（以下简称中航工业），是新中国航空工业的奠基企业之一，自主研发了新中国第一架飞机和第一枚海防导弹，是我国航空工业唯一一家"厂所合一"、"机弹一体"的航空骨干企业和航空军贸产品的主要生产基地。在 60 余年的发展历程中，坚持自主创新，逐步形成以训效、攻击、打击为核心的军用航空产品谱系，以大客项目和转包生产为主体的民用航空产品谱系，以智能服务机器人、游艇为代表的非航空民品谱系，为我国的国防建设和军贸事业的发展做出了重大贡献。洪都公司是中航工业主要整机装配交付单位之一，主要产品有初教六、L7、K8、L15 等多型教练机和N5B 等通用飞机，是 C919 大型客机前机身和中后机身两大部件的唯一供应商，承担了波音 747-8飞机尾段等转包生产项目，2013 年资产总额达 140 亿元，收入规模突破 50 亿元。

一、大型航空制造企业市场导向的
全价值链目标价格管理体系构建的背景

（一）适应国际市场军贸产品竞争的需要

洪都公司生产的 K8 飞机在国际市场上取得了辉煌的销售业绩，在中低端市场上以"物美价廉"

著称，占据了国际基础教练机近 80% 的市场份额。但目前，国内外中低端教练机市场趋于饱和，高端教练机市场蓬勃发展，随着韩国 T-50、俄罗斯 YAK-130、意大利 M-346 等新一代高级教练机纷纷装备本国空军，并签下国际订单，国际教练机市场竞争日趋激烈，公司面临着生存和发展的巨大挑战。为了打入国际市场，洪都公司积极与潜在客户沟通，根据客户的需求对新型高级教练机进行改进，但是，近 8 年来，国内人民币升值过快，人工、土地、房产等资本要素出现较大涨幅，使原本在国际市场上具备竞争力的新型高级教练机失去价格优势。因此，洪都公司迫切需要面向国际、国内市场，构建市场导向的全价值链目标价格管理体系，即以市场为导向，正确分析目标市场需求，剖析类似竞争产品的优劣势，建立功能引领型产品系统模式，形成聚集产品核心价值理论，通过不断迭代优化，保持定价优势。

（二）适应国内航空产品采购体制改革的需要

洪都公司几十年来走过了一条先国际后国内、先军贸后军机的披荆斩棘之路，通过紧盯海外需求，积极开拓国际市场，主动参与国际市场的同类产品竞争，在总结国际市场产品需求的基础上，为国内客户重新研制更高质量的产品，以国际市场带动国内市场，采用具有竞争力的价格取得了商业成功，培植了良好的市场化基因。较国内仍实行成本加成定价方式的航空企业，洪都公司较早地积累了丰富的经验，是同行业目标价格管理的先行者。近几年，国内客户不断探索采购体制的新模式，在航空产品采购方面通过引入竞争机制，鼓励民营企业参与竞争，按照分类、分层、分阶段竞争和一体化采购的要求，实行目标价格，鼓励企业控制产品成本，在保持产品先进性的同时，提高采购经费使用效益。新型高级教练机是继 K8 之后洪都公司倾力打造的又一型名机，目前已被列为航空产品目标价格改革的首个试点产品。

（三）适应企业市场化改革转型升级的需要

洪都公司生产的教练机属于竞争性航空产品，原有的单一产品制造销售模式在通货膨胀的压力下附加值不断降低，越来越难以支撑企业的可持续发展，因此洪都公司主动调整并实施"三棱镞"（即军用航空、民用航空及非航空民品）战略，从单纯"产品成功"向"商业成功"转变；近 3 年来，根据企业转型升级的需要，洪都公司从单一产品生产商转型升级为"集训效方案设计、训效服务、产品供应、售后保障为一体的综合训效系统"的服务提供商，保持中国空军在未来战争中人员素质上的相对优势，提供包括军事飞行训练集成系统、空勤和维护训练设备、课堂教学、后勤保障、综合训练解决方案等全面训练服务，满足各国空军优化飞行员选择和训练体制，提高飞行员训练的效费比。随着商业模式的创新，价格管理对象由实体产品向系统服务延伸，必须运用系统思维，构建市场导向的全价值链目标价格管理体系，制订系统化定价策略。

二、大型航空制造企业市场导向的
全价值链目标价格管理体系构建的内涵和主要做法

洪都公司构建市场导向的全价值链目标价格管理体系，根据市场环境和企业战略的需要，分析企业产业链及产品的全寿命成本，创新商业模式，为客户提供系统化的一站式解决方案；价格管理由单一产品向系统服务延伸，将实体产品与系统服务分类定价，运用系统思维，多方法论证产品目标价格，以企业级即时报价信息系统为支撑；按产品构造分解目标价格，搭建价格控制网络，实行全产业链成本管控，从设计、工艺、生产、管理四个维度全面开展成本优化活动，不断延伸产品功能，引领客户需求，拓展定价领域，充分体现"产品＋服务"的价值增值。主要做法如下：

（一）运用系统思维，构建目标价格管理模型

作为航空产品价格改革的首个试点单位，洪都公司不断增强市场观念和竞争意识，加强理论和实务研究，打破传统定价理念，定价模式由"成本加成"的静态管理向"论证优化"的动态管理转变，创新"系统集成"管理产品价格的理念，构建了新形势下目标价格管理模型，即以市场需求为牵引，建立目标价格管理体系，通过全价值链管理和全寿命周期管理，不断优化目标价格方案，形成充分体现客户价值的市场目标价格，具体模型如图1所示。

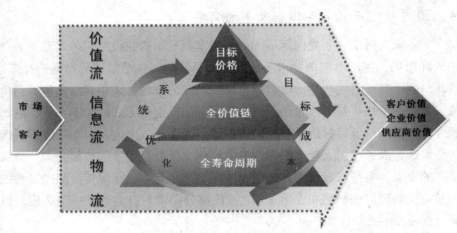

图1　目标价格管理模型

1. 目标市场与客户分析

建立专业化产品功能体验平台，采集目标市场和客户的需求信息，与专业化咨询机构合作，收集市场同类产品的成交信息，形成市场和客户数据库，通过分析客户分布、喜好、购买力、购买预期等信息，对目标产品的市场价格进行准确研判；不断萃取客户对产品的性能、质量、外观和布局的关注程度，形成"一机多型"的发展序列，根据不同的客户制定差异化的市场目标价格。

2. 产品目标价格论证

打破传统定价理念，组建一支跨部门、跨专业的目标价格管理团队，完善目标价格管理制度，落实企业价格管理信息系统的建设，实现价格信息系统与企业级 PDM、采购管控、物资库存管理、试验数据管理等系统的对接，借助信息化手段，综合运用参数法、工程法和类比法论证，制定产品的目标价格，并将目标价格基线转化为目标成本控制基线，将目标成本分解至可控的费用单元并实施成本控制。

3. 全寿命周期成本优化

产品设计阶段，实行限价设计，依据外部市场环境和内部资源情况，研究确定限价设计工作目标，追求技术指标和经济指标的性价比，用最经济的整体拥有成本复现三代机的性能；产品制造阶段，追求加工工艺的经济性和技术成熟度，运用价值工程、专项成本优化等活动降低制造成本并科学确定最佳的生产批量，严格按照经济批量和工艺要求控制资本性投入；产品服务保障阶段，利用"训效中心"平台，展示公司产品和服务体系，提升服务保障能力，提高客户的满意度；产品维护

和处置阶段，加强与专业的服务保障公司合作以降低成本，具体模型如图2所示。

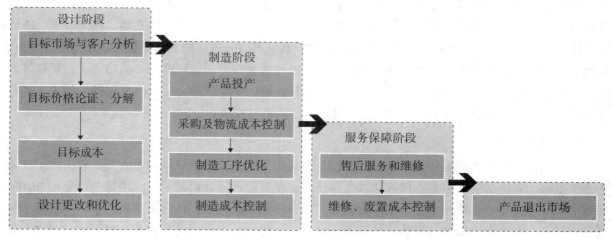

图2　全寿命周期管理

4. 管控全价值链成本

将目标成本分解到内部价值链和外部价值链，通过对供应商、客户和公司实施全价值链一体化成本管控。在供应链价值链上，建立交易—伙伴—团队的复合型供应商模式，与成品配套企业建立"共同投资、共担风险、共享利益"的战略合作关系，各自自筹资金研制配套产品，共同开拓市场；与大型钢铁企业和铝材企业建立战略合作伙伴关系，采取"集中采购"和"阳光采购"等手段，获取更加合适的采购价以降低采购成本；在业务链价值链上，调整产品控制重心，紧抓设计论证管理；优选物流成本最低的配送体系，缩短仓储管理级次，采取降本工程、精益生产等手段狠抓产品制造、销售等过程成本控制；在客户链价值链上，通过分析客户需求，为客户提供多样化产品功能选择，引领客户消费，引入竞争机制，选择多家代理商以增强企业的议价能力等措施，收集、分析类似产品的销售价格，定制差异化定价策略，具体模型如图3所示。

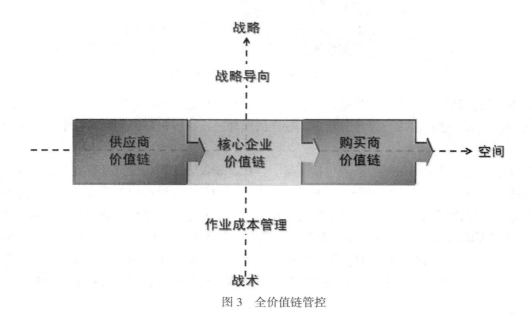

图3　全价值链管控

（二）以市场为导向，多方法论证目标价格

洪都公司以市场需求为导向，以顾客满意为中心，改变传统的管理方式、优化业务流程，以信息化管理为手段，通过研究分析，加强与客户、供应商的合作，建立"风险共担、利益共享"的战略合作伙伴关系，把外部价值链与内部价值链有机链接，形成一体化的价值链管理体系。通过分析、优化全价值链体系的各个价值增值点的成本支出，以顾客为导向，以顾客认可的功能、需要量等因素为出发点，论证产品的目标价格。实体产品价格估算可以采用多种方法，主要包括参数法、工程法和类比法，洪都公司综合采用三种方法，分析得出价格目标值。

1. 参数法估算

参数估算法的建模原理认为影响目标价格最为核心的因素是项目总体技术方案，它决定了产品的系统组成、总体结构、主要物理特征以及制造的难易程度、原材料和工时。洪都公司采用 PRICE 参数估算软件，将重量和技术复杂度作为影响目标价格的核心参数，计算出基础成本，用数量、进度等特征参数对核心成本进行调整，结合团队经验、熟练曲线等作进一步修正，根据工时费率、币值等经济参数调整得到最终的成本估算结果，原理如图 4 所示。

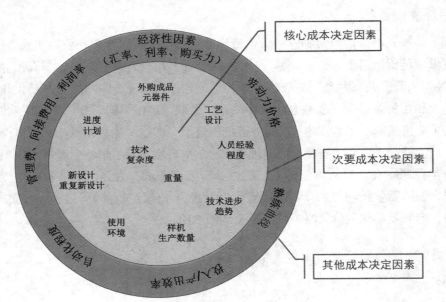

图 4　费用分析软件中的目标价格影响因素

应用参数法估算目标价格的过程是以参数化估算模型为核心，将技术方案转化系统分解结构和费用单元输入参数，通过输入、计算、输出、校准的循环过程，得出最终的估算结果，具体流程如图 5 所示。

决定参数法估算结果的最核心参数包括重量、体积、新设计比例和技术复杂度。重量和体积代表了该系统的制造规模，与原材料和工时的估算结果直接相关。新设计比例代表了系统对之前工作的继承性，新设计比例越高，说明可供借鉴的工作越少，工时会相应增加。新型高级教练机新研成品 80 项，改进成品 161 项，主要新研和改进成品项目。技术复杂度也称成本密度，分为机械复杂度和电子复杂度，主要由原材料特性、工艺特性、生产率等因素决定，代表了项目设计、制造和生产的难度，可通过历史数据校准法、典型产品技术复杂度对比法和项目制造过程数据计算法三种方法获得。

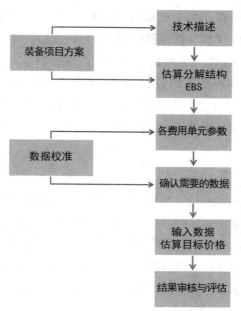

图5　参数法估算目标价格流程

根据参数估算软件工作环境分类标准，新型高级教练机工作环境定位为军用、航空类产品，通过咨询飞机的设计及论证人员，进一步确定了飞机系统的装配难度、制造重复度、工程人员经验值等参数，作为改型飞机目标价格估算的输入。

将有关数据及边界条件输入模型，对新型高级教练机及其新研产品单元的重量质变进行区间[0%，5%]的均匀抽样，技术复杂度指标进行区间[-3%，3%]的正态抽样，对抽样结果再进行200次蒙特卡罗仿真计算，同时考虑"学习曲线"的影响，参考批生产量和年度生产率，估算出30、100、200批量的单机价格。取50%和90%累积概率条件下的测算值分别作为目标价格的下限值和上限值，取正常条件下的测算值作为目标价格控制指标。

2. 工程法估算

根据现行军品定价管理办法，单位产品价格由定价成本5%的利润构成，订货价格包括定价成本和期间费用两部分，其中，制造成本包括材料费、直接工资及其他直接支出、制造费用、军品专项费用，如图6所示。

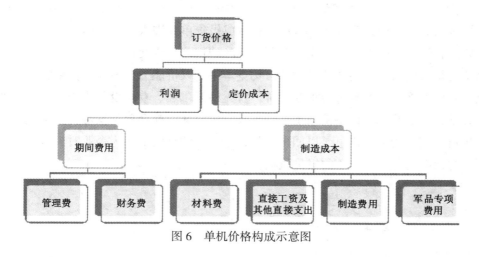

图6　单机价格构成示意图

洪都公司根据新型高级教练机小批生产投入的金属、非金属、外购锻件、辅助材料等原材料以及外部协作件的具体数量和金额计算单机原材料费用；装机成品共计 11 个系统、961 项、21548 件，其中新研成品 80 项，改进成品 161 项，根据定型产品按定价计入，改进和新研产品根据承研承制单位上报数据估算的原则计算单机成品购置费；另外，根据新型高级教练机小批生产统计的工时，结合企业近 3 年的费用情况计算直接工资、制造费用和期间费用；根据新型高级教练机工装投入、专项试验、废品损失等费用计算军品专项费用。通过上述原则统计单机成本并考虑 5% 的利润率确定单机价格。

3. 类比法估算

20 世纪 80 年代末，部分国家开始考虑用新型高级教练机取代老机型，以使航校的训练体系能够适应第三代、第四代军用作战飞机的发展。同时，这些先进的高教机兼具轻型战斗攻击机功能，必要时可改装成作战飞机以适应各国裁军撤编的形势，达到减员增效的目的。目前，世界上新研制的高教机，多数都属于这种类型，如俄罗斯的"雅克－130"、德国的"MAKO"、韩国的"T－50"等。通过参数对比分析，新型高级教练机与这些教练机性能相近，参考国外经验，采用购买力平价指数中的大汉堡指数 4.44 测算新高教的目标价格。

（三）搭建信息平台，完善产品报价机制

洪都公司基于多项目、多任务管理，充分集成内外部信息资源，梳理并固化 36 条业务流程，建立统一数据平台。采用 ECLIPSE、JAVA 和 ORACLE 技术体系，充分应用 CAPP、VPM、MES、PDM、CAIP、CRM 等系统，持续推进 CATIA 三维设计，全面部署实施采购管理、库存管理、配送管理等物联网络信息平台，打通产品预研、型号研制、生产制造和企业管理的信息通道，信息化应用的深度和广度空前提高，为价格管理提供了信息技术支撑。

1. 围绕企业级即时报价机制，深度挖掘整合信息数据

作为中航工业 5 家信息化应用先进单位之一，洪都公司信息化连续 2 年保持 A 级水平。利用研发、设计、生产制造等信息系统资源，建立了企业级数据仓库，深度挖掘整合价格信息数据，与企业级 PDM、采购管控、合同管理、库存管理、工时定额管理、试验数据管理等系统对接，收集企业价格数据信息、形成共享机制，将原材料、工时、外购成品、设备等基础价格信息压库管理，实现集成化的价格信息系统管理。在此基础上优化报价流程，制定编价策略，实现即时报价（具体报价业务流程见图 7），例如，对批产某图号产品的报价，只要输入产品图号，系统自动向 PDM、工时定额、物资价格等关联信息库取数、自动计算生成报价单并进入审批流程。又如：建立企业价格档案，能够随时查询对不同客户（供应商）同一产品的报价与成交信息，随时掌握同一客户（供应商）的产品历史报价资料，提高企业在激烈市场竞争中的议价能力。另外，价格管理系统还具备即时询价功能，对停产多年的产品进行重新报价，首先检索工装、专测设备是否完备，对恢复生产所需费用予以评估，成品及配套设备由系统自动生成询价单并向配套单位发函，要求配套厂家对配套成品的现行售价、交货周期等信息予以回函确认，生成签约意向书，为企业对外报出合理、公允的价格提供了有力保障，降低了企业的报价风险。

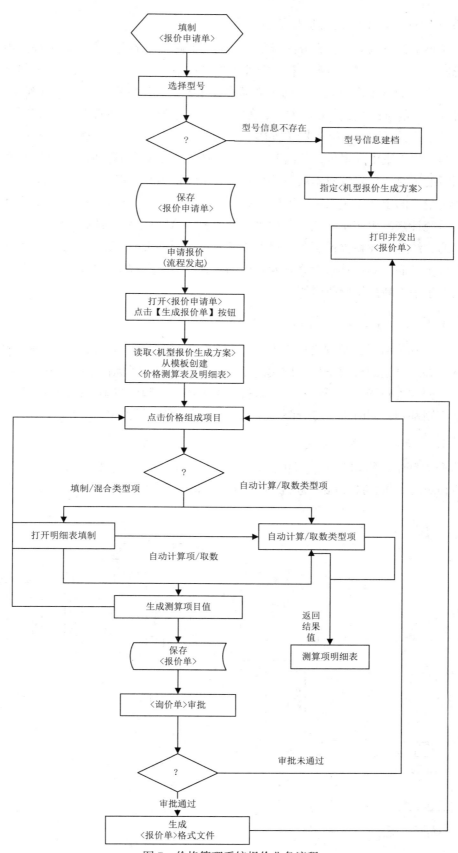

图 7 价格管理系统报价业务流程

2.建立后评价机制，不断提高价格管理水平

为了使产品报价在市场上具备充分的竞争力，同时保障企业的合理利润，洪都公司建立了产品价格后评价机制，即在某型产品生产之初，企业根据其技术状态、工艺方案等资料估算制定了产品的价格方案，在产品的试生产过程中，通过产品实际生产所耗用的原材料、工时等成本信息反馈，对比产品报价方案中的价格组成，查找差异，分析原因，总结经验，不断提高后续产品的报价水平。一是对实体产品报价的后评价。对外购（外协）费用的评估，通过对比原材料、外购件及配套成品的合同成交价与价格方案中的报价，找出差异；对生产性费用的评估，据实统计产品在科学投产实际过程中所消耗的工时、材料等成本项目并与报价的工时定额及材料定额进行比对，根据实际消耗建立不同生产批量下的定额修正系数，不断提高价格管理水平。二是对停产多年需重新投产的产品报价的后评价。统计恢复生产实际耗费，对比报价方案，拾遗补阙，吸取教训。三是对训效服务报价的后评价。通过统计企业在提供服务过程中所投入包括硬件折旧、系统开发、服务保障人员薪酬等实际成本，分析利润空间；通过对客户满意度的调查分析，实现服务带动实体产品的销售，使企业在激烈市场竞争中不断挖掘价值增值。

（四）分解目标价格，建立价格控制网络

在得出产品目标价格后，根据飞机详细设计方案和各系统分配的价格指标，筛选出影响飞机成本的关键系统，并结合组织分解结构形成关键控制域，进而建立目标价格控制网络。由于成本是价格的主要组成，而成本对于承研单位是更加直接的控制指标，因此将确定好的目标价格控制基线转换成目标成本控制基线，同时进一步分解，并根据关键程度分别制定控制措施。

1.分解实体产品目标价格

按照飞机系统和生产组织结构，将机体分解为8个大部件、555项成件，以此为基础，将实体产品的目标价格进行分解，将飞机系统、供应商和目标价格指标一一对应（以新型高级教练机为例，见图8）。

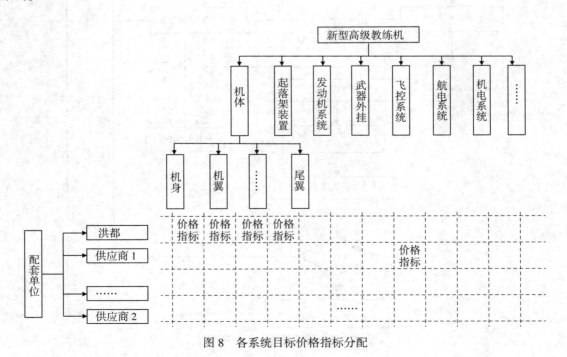

图8　各系统目标价格指标分配

2.建立目标价格控制网络

在建立了飞机系统分解结构 EBS 和生产组织分解结构 OBS 的基础上，建立目标价格控制网络，如图 9 所示，关键系统或分系统单价很高的项目视为关键控制域（用●代表），系统或分系统属于定型或改进成品，单价较高，但对飞机目标价格不会产生重大影响的项目视为重要控制域（用■代表），系统或分系统属定型产品，且单价不高的项目视为一般控制域（用▲代表）。

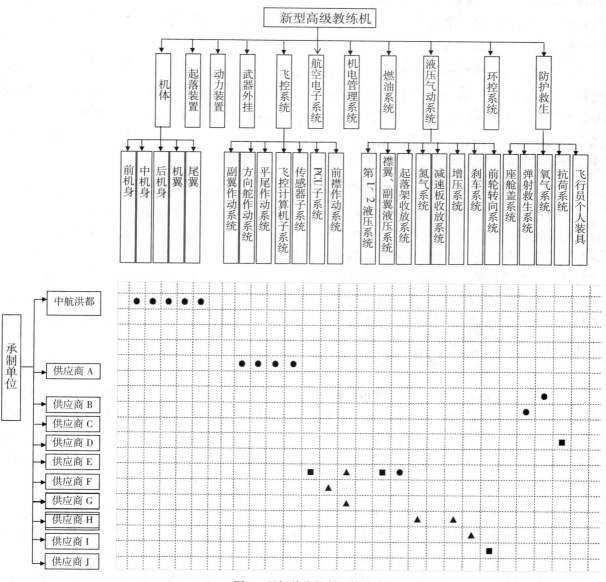

图 9　目标价格控制网络

确定关键控制域后，洪都公司向 62 家系统承制单位发函，要求各供应商将控制域中的系统结构和组织结构进一步分解，形成详细的系统目标价格控制网络。

（五）加强过程管控，有效降低目标成本

目标价格管理的核心是目标成本控制，洪都公司全面启动全价值链降本工程工作。围绕公司全价值链，以"战略规划、扎实行动、赶超先进"为方针，开展全方位、全过程、全员参与的降本活动。遵循市场机制，调整运营模式，更新设计理念，改革供应体系，力行精益生产，狠抓全价值链成本管控。

1. 推行限价设计，降低型号研制成本

根据体验平台收集的信息，考虑产品先进性的同时考虑客户的购买力，研究制定限价设计工作目标，开展成本效益分析，通过增加零部件的互换性，增加货架产品或完全竞争产品数量，选择通用性材料，推广仿真设计，在研制阶段提前做好与工艺匹配，减少生产过程中设计、工艺更改，将限价目标作为设计部门的一项关键类绩效考核指标。力争单机目标成本压缩 20%，飞行员培养时间压缩 1~2 年，单架次起落总费用控制在现有三代同型教练机的 1/5，使用寿命为现有三代战斗机的 2 倍。

2. 积极开展精益生产，实施成本优化项目

2012 年以来，洪都公司以提升新型高级教练机等产品制造能力为主线，开展了一系列的精益管理工作，实施《应用成组加工技术，缩短 L15 飞机数控高速加工制造周期》等 130 个优秀精益项目，节约生产成本约 300 万元；针对新型高级教练机小批生产与目标价格严重倒挂问题，2013 年，洪都公司围绕设计、工艺、生产、管理四个维度开展成本优化设计与管控，提出成本优化项目 38 个，节省单机成本约 160 万元，一次性费用近 1200 万元。

3. 大力推进"阳光采购"，加强采购供应管理

大力推进"阳光采购"，建立价格咨询平台、物资采购询价机制和物资价格数据库，严格按招标、比价程序执行采购，使采购价格公开、透明，目前，按照中航工业统一部署，开展钛材、航空油料、电梯空调、办公电脑、铝材、高温合金、刀具 7 类物资集中采购，大大降低物资采购成本。实行材料配送制，逐步取消分厂二级材料库管理，加快物料流转，减少仓储成本及物流成本。推行套材下料，避免发放整料，从严执行限额领用，避免二级库材料积压，加快库存信息化管理，积压部位显性化，发现问题及时调整。持续创新工艺技术，合理规划工艺裁定，修正现行材料定额，运用新材料，降低产品产出单耗。

4. 科学统筹布局，控制固定成本占用

资产折旧是影响目标成本的重要影响因素，随着洪都公司加大投入航空城建设，资本性支出的管控重要性日益突出。因此，洪都公司建立了事前专家评审制度，科学决策，控制固定资产投资规模，杜绝重复建设能力过剩建设，凡不符合主营、核心业务，投资回报率低，或不能满足现有作业能力基本需要的项目，不立项、不批准、不投资；建立项目预算控制价机制，完善相互约束、相互监督的制衡机制，强化过程监控，严把验收关，防范管理失控风险；推行后评价机制，严格控制支出。

5. 推动精细化成本核算和成本预警

为全面、准确反映目标成本，洪都公司以信息系统为依托，以作业为基础，将资源完整、准确地计量到成本对象上，实现实体产品成本的精细化核算。

洪都公司原按产品批架次进行成本核算，无法满足目标价格管理的需要，为此，对实体产品成本构成进行分析，将成本控制点落实到具体作业动因和资源动因上，以产品数据管理系统（EPDM 系统）、人力资源系统（EHR 系统）、生产制造执行辅助管理系统（MES 系统）等企业级管理信息系统为依托，新型高教机作业动因可以细分为设计、工艺、数控编程、加工等 22 项；资源动因细分为原材料、人工、折旧费、水电费、机物料消耗等 16 项。将成本核算编号按照作业进行下达，并据此归集作业成本，结合产品的配套关系，逐级核算零件、部件和整机成本，充分体现加工手段、人员、作业区域的不同对产品成本的影响。

洪都公司通过将企业价格管理系统与成本核算系统集成，将产品目标价格分解细化后的价格单元与之对应的成本显性化并实时进行比对、监控，建立预警机制，当出现某项零件或某项工序的成本高于目标价格时，及时分析原因并寻求解决方案。属于设计和工艺问题，在不影响产品总体性能的情况下，进行设计和工艺优化；属于非正常因素例如工人操作不当、浪费等造成的成本超支，责令相关当事人改正；属于管理问题，通过聘请专业咨询公司等方式进行问题诊断，通过流程再造、流程优化等方法进行改善。企业通过详细分析目标价格的影响因素，不断修复、改善成本控制薄弱环节，加强与供应商与客户的沟通，根据市场反应程度，不断优化产品的目标价格。

（六）产品向服务延伸，拓展定价领域

洪都公司认真梳理发展模式，深入挖掘价值贡献点，进行顶层经营规划设计，从单一产品生产商转型升级为"集训效方案设计、训效服务、产品供应、售后保障为一体的综合训效系统"的服务提供商，开创新的商业模式。洪都公司的"训效中心"为客户提供包括通用模拟座舱、侧杆飞行训练器、战场环境下的联合训练系统在内的 16 个体验平台，在承接接装部队的培训任务中，改变以往教官面授的培训模式，通过更形象化的电子多媒体教室的理论培训以及模拟器的仿真操作，让接装部队充分理解、掌握所接装的产品性能，为快速适应真机操作打下了良好的基础。伴随着经营理念和经营模式的改变，目标价格管理对象也由实体产品向系统服务延伸。

1. 以服务收入最大化为定价目标，扩大经营规模

洪都公司综合训效系统是实体产品的衍生服务，企业的首要任务是以科学的理念引导客户需求，利用实物产品衍生出训效增值服务，迅速填补市场空白，最终形成规模化经营。针对训效系统一次性投入成本大、客户认知度不高等特点，洪都公司积极采取较低的暂定价和灵活的促销手段，让更多潜在客户走进洪都、认识洪都，通过亲身体验让客户接触、了解、认可公司的产品和服务，并根据客户的需求不断丰富、升级、完善业务范围，最终达到扩大收入规模并摊薄成本投入的目的。

2. 根据市场需求状况采取差异化定价

根据需求定律，需求量与价格呈反方向变化，价格越高，需求量越低，反之亦然。根据洪都公司产品交付的特点，接装飞机的同时会带来飞行员的接装培训，此段时间为训效服务的旺季，应适当提高价格以获取较多的利润；其他时间为销售淡季，应当采取降价措施以吸引客户，通过调价手段调节淡旺季的市场需求。2014 年，洪都公司生产的 6 架新型高级教练机将交付国外军方，为了做好该型飞机首个接装部队的培训服务，洪都公司提前筹划，组织设计、客户服务、财务等部门积极研讨，为客户量身定做了接装培训方案，首次将训效服务纳入培训大纲，以崭新的多媒体电子教室、个性化的地勤模拟器和任务飞行训练器等训效体验平台给客户留下良好的口碑，为新型高级教练机开拓国际市场打下扎实基础。

3. 合理预估成本，科学制定价格方案

在服务定价方面，洪都公司通过合理预估包括购置成本、运行成本及维护成本等成本费用，参考行业内同类服务的价格水平，制定各个模块的服务价格。以通用模拟座舱为例，其研制成本为 2688 万元（使用年限 10 年），场地建筑成本 3000 万元（使用年限 30 年），日工作时间 8 小时，按此计算固定成本为 0.18 万元/小时，此外，教官收费标准为 0.05 万元/小时、运行及维护成本 0.05 万元/小时，通用模拟座舱使用成本为 0.28 万元/小时，在此基础上增加合理的利润并参考行业同类服务价格水平确定通用模拟座舱的价格标准。洪都公司通过上述方法确定了各个体验平台的价格

标准，客户可根据自身需要自主选择服务项目，满足了客户个性化的需求。

（七）加强价格队伍建设，打造目标价格管理团队

面对目标价格改革的新形势，洪都公司加强对价格管理和工程技术人员的业务知识培训，整合价格资源，调整价格管理模式，打造跨领域、跨专业的项目管理团队，充实价格管理队伍，形成由型号主管部门牵头，财务和设计、工艺等部门共同协商制定目标价格的管理模式，建立型号会计师系统，满足目标价格改革的要求。

1.加强业务知识培训

任何一项改革必然意味着从事该行业人员思想观念的转变、人员队伍的重新架构和业务知识与能力的更新和提高。为了适应航空产品价格管理工作改革，洪都公司要求价格管理人员必须加快转变工作方法，注重加强培训与自身的学习与提高，深入设计和生产一线，了解和学习设计、工艺技术知识，全过程跟踪产品的设计与制造，掌握产品研制过程中的各种技术状态。另外，加强工程技术人员的财务知识培训，增强成本意识，将成本控制贯穿到产品研制设计的全过程，力保设计的产品在价格上具备市场竞争力。

2.打造项目管理团队

在传统"事后定价"模式下，价格管理人员根据产品设计、工艺及技术状态等资料并结合生产实际制定价格方案，经军方审核并报国家批复后确定产品的最终价格，定价工作以财务人员为主；军品改革实行目标定价后，定价模式由"事后定价"向"事前控制"转变，供需双方进行目标价格测算的依据是产品的总体技术方案，此项工作需要工程技术人员第一时间反应并积极参与，对工程技术人员提出了更高的要求，因此，为积极适应改革，洪都公司建立了一支由业务骨干组成的跨部门、跨专业的项目管理团队。

3.建立型号总会计师系统

在公司内部，通过从组织架构、人员和业务上建立和完善项目总会计系统，建立财务与业务联动机制。项目总会计师系统的人员按照矩阵管理模式对目标价格和目标成本在一个平面上一体化管控，同时，辅之以"走动式"管理，及时了解业务现状，根据因素变化修正目标价格和目标成本，使其更加贴近技术、工艺要求，做到技术、工艺、财务团队作战，科学制定目标价格、规范目标成本管控。

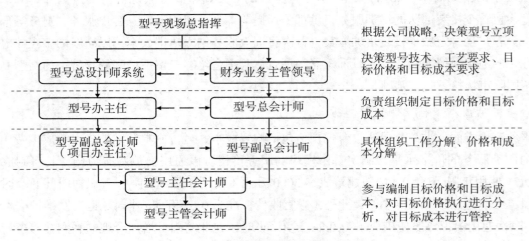

图10 总会计师系统

三、大型航空制造企业市场导向的
全价值链目标价格管理体系构建的实施效果

（一）客户价值进一步提升

通过构建市场导向全价值链目标价格管理体系，洪都公司以降低全寿命周期成本为设计理念，形成了从初级到高级的多谱系训效体系，新型高级教练机具有飞行寿命长、效费比高的良好的经济性，它以最低的成本复现三代机的作战性能和训练效果，替代了部分三代机的训练科目，减少三代机的损耗，降低训练体制中训练装备直接使用费用，极大地降低飞行员培养体系运作成本，客户认同感不断提升。预计高级教练机及拓展延伸产品约 1000 架份，累计可为客户节省采购成本 10 亿元，服役期间使用成本 20 亿元，实现产品价值的"惊悚一跳"。

（二）企业的市场竞争力进一步增强

在满足国内装备的基础上，洪都公司为越来越多的国外客户提供高质量的训练装备，K8 飞机具备很强的海外竞争力，从全球基础教练机外贸市场的交付量来看，公司生产的 K8 飞机占外贸总量的 80% 以上，迄今，海外用户已达 13 家，为国家创造外汇近 15 亿美元。随着新型高级教练机进入市场，洪都公司多谱系训效体系的建成，洪都公司将进一步扩大市场份额，2013~2022 年预计收入规模将达 340 亿元，较前 10 年翻一番。

（三）企业的价值创造力和社会贡献进一步提升

随着企业的转型升级，洪都公司实施了制造技术振兴、质量提升、信息超越等一揽子精益化项目，覆盖了设计、工艺、制造、管理、售后等多个领域，建成了 3 条数字化装备生产线、六大加工中心，飞机总装下线周期压缩了 60%。同时，2013 年洪都公司营业收入创历史新高，2015 年营业收入将突破百亿元大关，利税总额年均增幅达 20%，年人均收入平均增长 20%，就业岗位年均增长 10%。

集团型企业标准化"RDPS"
财务管控体系的构建和实施

创造单位：北京首创股份有限公司

主创人：冯 涛

创造人：杨 婷 吴沛毅 闵 立 徐吉明 刘喜明 丁 力 李慧芳

[摘要] 随着公司规模的继续扩大和业务的不断扩张，公司管理宽度增加，管控难度加大；管理层级增多，管理深度拉长。由于各分支机构在地理分布、业务类别、人员素质上存在一些差异，给公司整体财务管控和财务运行效率带来了极大挑战，容易产生管理和控制风险。构建一套以"持续优化理念"为核心的集团型企业标准化财务管控体系，复制并优化标准化的管控和执行模式，进一步提升财务管控水平，提高公司运行效率和效果，从而创造和提升企业价值，显得尤为必要。

本项目于 2013 年宣布启动，结合公司财务管理的现状和实际需求、公司总部财务人员的经验以及下属公司财务管控的需求，借鉴国内外优秀企业的管理经验，制定了符合公司发展需求的标准化财务管控体系，并加以推广执行，截至目前已平稳实施了两个会计年度。本项目将股份总部和下属公司财务部门紧密连成一个整体，财务信息保持互通互畅，提高了公司总部对下属公司的财务管控力度和强度，为公司实现长期发展战略夯实了财务管理基础。

[关键词] 企业标准化；RDPS；财务管控

北京首创股份有限公司成立于 1999 年，2000 年 4 月在上海证券交易所成功上市（股票代码：600008）。首创股份成立伊始就将发展方向定位于中国环境产业领域，专注于城市供水和污水处理等中国水务市场的投资和运营管理。公司自成立以来一直致力于推动公用基础设施产业市场化进程，努力发展成为具有一定的产业规模和服务品牌的世界级民族水务领先企业。

公司凭借清晰的战略规划和灵活的经营理念，短短十多年时间，潜心培育出资本运作、投资、运营、人力等各方面竞争优势，具备了工程设计、总承包、咨询服务等完整的产业价值链，成为中国水务行业中知名的领军企业。目前公司的水务投资、工程项目分布于全国 17 个省、市、自治区，共计 49 个城市，已基本形成了全国性布局，并已在湖南省、山东省等地实现了一定的地域优势，形成了规模效应，公司合计拥有约 1900 万吨/日的水处理能力，服务人口超过 4000 万人，位居国内水务行业前列。截至 2015 年 12 月 31 日，公司总股本 24.10 亿股，总资产 361.25 亿元，净资产 118.00 亿元。

公司致力于成为"具有世界影响力的国内领先的城市环境综合服务商"，在增加企业经济效益的同时，通过多种途径积极履行社会责任，不断为社会创造价值，并以此为未来战略发展目标而努力开拓。随着公司规模的继续扩大和业务的不断扩张，构建一套以"持续优化理念"为核心的标准化财务管控体系，复制并优化标准化的管控和执行模式，进一步提升财务管控水平，提高公司运行效率和效果，从而创造和提升企业价值，显得尤为必要。

本项目于2013年宣布启动，结合公司财务管理的现状和实际需求、公司总部财务人员的经验以及下属公司财务管控的需求，借鉴国内外优秀企业的管理经验，制定了符合公司发展需求的标准化财务管控体系，并加以推广执行，截至目前已平稳实施了两个会计年度。本项目将股份总部和下属公司财务部门紧密连成一个整体，财务信息保持互通互畅，提高了公司总部对下属公司的财务管控力度和强度，为公司实现长期发展战略夯实了财务管理基础。

一、项目背景

（一）集团型企业财务管控能力提升的需要

由于市场竞争日趋激烈，规模经济的不断发展，企业集团化经营已经成为世界发展的大趋势。随着公司集团规模和地域跨度越来越大，组织结构和经营领域越来越复杂化和多元化，集团化财务管控问题成为公司亟待解决的问题。一方面，过于分散的管理大大削弱了企业内部凝聚力，各成员企业貌合神离，公司无法随时掌控集团内部各成员业务执行过程中的行为规范及现时财务状况，集团化的整体优势以及综合功能无法得到有效发挥；另一方面，由于管理层级增加，管理人员、职工人数的增加和人员的流动，必然带来企业财务管理问题的复杂化和一系列新问题的产生。比如下属公司财务管理人员素质参差不齐，管理水平有高有低，各财务人员完全依靠个人的职业判断加以管控，容易导致管理漏洞的出现；现代企业财务人员流动较为频繁，造成了公司成果、经验的流失；由于没有统一的管理标准，导致财务工作流程混乱，人员之间相互推诿，极大地影响了工作效率等。一系列财务问题的存在对集团的外部适应能力和竞争能力及内部的财务控制能力和管理能力都存在制约，这就需要通过标准化体系的纽带，增强集团的整体财务控制力度，保证集团型企业财务工作高效有序地开展。

（二）实现公司从大企到强企飞跃的需要

公司自成立以来，实现了业务从无到有、从小到大的快速增长，在行业市场中确立了领先的市场地位和强大的品牌影响，树立起了国内民族水务旗舰企业的号召力。随着国家环保政策的陆续出台，水务市场并购热潮不断，跑马圈地运动已经成为各大环保企业实现规模化发展的重要战略手段。项目并购可以使一个企业实现规模化增长，从小企业成长为大企业，但是并购之后的业务整合，是否马上能消化，并与公司文化融合等一系列问题的解决，才能使一个企业成为屹立百年的强企。随着公司的不断扩大，管控风险也在不断增加。管理宽度增加和管理层级增多，更加大了管控难度。由于存量项目和新增项目在地理分布、业务类别、人员素质上存在差异，给公司整体财务管控和财务运行效率带来了极大挑战。

为了公司长远发展和基业长青，实现从大到强的飞跃，就需要构建标准化的财务管控体系，从项目初期就以标准化介入，为达到新增项目与公司的业务整合、文化融合奠定基础，有利于进一步提升公司整体的财务管控水平，实现管理水平更上新台阶，从而为公司创造价值。

（三）深化会计改革的需要

2014 年，财政部下发的关于《全面推进管理会计体系建设的指导意见》，提到为了贯彻落实党的十八大和十八届三中全会精神，深入推进会计强国战略，全面提升会计工作总体水平，推动经济更有效率、更加公平、更可持续发展。管理会计工作是会计工作的重要分支，主要服务于单位内部管理需要，是通过利用相关信息，有机融合财务与业务活动，在单位规划、决策、控制和评价等方面发挥重要作用的管理活动。

但是现阶段，管理会计工作发展相对滞后，公司目前的财务工作，主要围绕财务数据进行，事务型工作基本上占据了财务工作的大部分，数据核对、重复收集等问题时有发生，造成财务人员工作负荷高、效率低，并且财务信息报送时效性差、决策支持低、风险控制水平低，极大地降低了工作效率和水平。通过构建和实施标准化财务管控体系，将有效地改善财务管理工作的现状，进一步规范和强化管理、优化管理流程，使总部和基层财务人员从高负荷的工作中解脱，解放生产力，从而更多地关注业务，增强企业价值创造力，并为领导经营决策提供支持。

标准化财务管控体系的构建是全面推进和提升管理会计工作的重要方法；对推动企业建立、完善现代企业财务制度；激发管理活力，增强企业价值创造力，加强企业预算管理、决算分析和评价等管理型工作有着重要意义；有利于推动会计人才上水平、会计工作上层次、会计事业上台阶的新发展方向。

二、项目内容

（一）成果内涵

标准化"RDPS"财务管控体系是指在有限的时间与资源内，为了执行复杂的财务工作而设计的内部标准化程序，是在运用戴明博士管理模型进行不断实践总结的基础上，将财务管理相关工作的具体操作进行细化、量化、流程化并持续优化，从而达到在当前条件下及未来工作中可以实现的一种最优化、可复制的"一本（Regulation）、一册（Direction）、一图（Procedure）、一总结（Summary）"标准化程序。"R"是指标准化的规章制度、"D"是指最优化的操作手册、"P"是指清晰化的业务流程、"S"是公司通过对业务进行梳理，形成的具有一定指导或借鉴意义的工作经验总结。较其他公司而言，标准化"RDPS"财务管控系统在制度规范化的基础上得到了进一步延伸，以持续改进和不断优化为原则，将工作流程、作业及经验总结进行标准化，并汇总集成一套完整体系，内容上更加全面、清晰，系统上更加简洁、易懂。标准化"RDPS"财务管控体系包括岗位标准化、制度标准化、流程标准化、作业标准化、经验总结标准化。

岗位标准化，目的在于明确财务组织架构及工作职责，设定财务部门岗位列表及详细的工作节点，同时删除重复化工作内容岗位。制度是一切工作应遵循的原则和规范，各项工作的开展应该以制度为依据。制定标准化的制度，可以保障每项工作按照正确的方向进行，将业务处理过程中，对于同类业务处理方法的主观影响降到最低。业务流程是一个团队为达到某个目标，由不同人各尽其职，明确分工地完成某项工作的步骤和顺序。流程标准化，有利于提高财务部门整体管控能力，保证各项业务有序高效进行，具体工作主要为制作、优化业务流程图，删繁就简，流程透明，标准统一，缩短管理链，增强管控能力。作业标准既是集团化的财务管控制度最终落实的根基，也是公司管理会计、业务分析和战略支撑的核心所在。作业标准化的构建，需要规范操作者在各自岗位上必须遵循的作业要素，并以文件的形式加以规范和优化，消除作业中的空白和冗余。经验总结标准化是将工作中优秀的技术、经验进行固化，将个人财富转化为公司财富，将资源充分调动为公司创造价值，如图1所示。

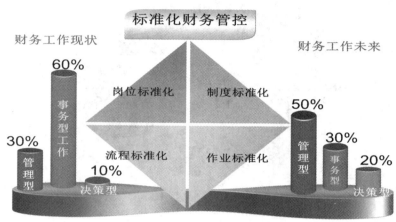

图1 标准化财务管控体系的构建和实施

（二）项目特点

标准化"RDPS"财务管控体系通过明确岗位、规范制度、优化流程、把控作业，实现公司战略目标、经营预测、计划预算、实时监督和分析报告整个闭环管理流程间的无缝对接，促进总部和下属公司间功能协同，有效地解决了集团型公司管理中存在的现时问题，有效地提高了工作效率和效果，提升了公司管理水平和公司内在价值，主要特点如下：

（1）财务管理标准化。标准化财务管控的实施要求财务人员在进行日常工作时，严格按照制定的标准进行操作，对财务人员的行为进行规范，会计基础工作得到提升，使财务管理工作进一步标准化。

（2）财务管理信息化。公司在将财务活动进行梳理、规范并形成标准后，会将相关信息上传到对应的在线学习信息系统，通过信息化，实现数据的共享，达到财务管理的高效准确化、透明规范化和决策科学化，从而作出合理的决策，优化企业资源配置。

（3）管理程序明晰化。标准化财务管控体系的制定与实施，使一切工作按标准化程序进行，规范业务节点，统一管理标准，工作流程更加清晰，人员之间配合更加高效，能更好地为公司服务。

（4）工作成果固态化。现代企业人员流动较为频繁，标准化财务管控的实施保证了技术、经验不会随着人员的流动而流失，这将有利于将个人的经验财富转化为企业财富，有利于充分利用企业资源为企业创造价值。此外，标准化的工作指引也可以使新入职人员经过短期培训，快速掌握规范的操作技术，更快地投入工作，提高工作效率和效果，保证了公司正常、高效地运转。

（5）知识更新同步化。在标准化建设中，需要将最新的制度、法规、经验和数据及时汇总并应用，这就促使财务人员会不断接触法律法规，自然而然就加强了法律意识，从而推进企业依法理财，规避了法律风险，以达到理论知识和实践操作的同步化。总部层面的资金池管控制度的建立，极大地节约了财务费用，保障了公司整体资金的有效利用。

（6）财务氛围凝聚化。财务文化是企业经营管理中最具活力、最具张力、最具潜力，也最体现企业核心价值的部分，是财务管理的灵魂。财务标准化建设过程中，保持了所有财务管理的优良方面，随着标准化工作的持续改进，总部会将财务文化理念带入到各地水务公司。同时，通过下属公司之间的相关协助与学习加强了整体的凝聚力与向心力，如图2所示。

图2　管控活动无缝对接

三、主要做法

（一）标准化"RDPS"财务管控体系的工作历程

标准化财务管控体系分为总部财务管理标准化及下属公司财务管理标准化两个层次，其构建和实施工作历程如图3所示。

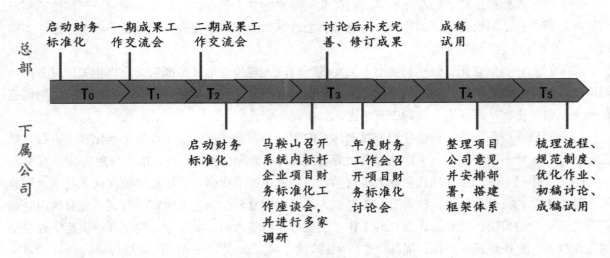

图3　标准化财务管控体系的工作历程

（二）标准化"RDPS"财务管控体系的构建原则

制定管理流程及业务操作标准化之前，通过借鉴美国质量管理专家戴明博士提出的PDCA通用管理模型，运用科学认识论的管理手段和科学的工作程序对标准化财务管理体系的构建进行指导，提出了标准化财务管控体系 PDCAC 模型，经过定计划（Plan）、实操作（Do）、做检查（Check）、总结并标准化（Act）、创新性思维（Create）五个步骤周而复始的进行，一步一步解决财务管理工作中存在的问题，在实现财务管控标准化的同时又能推动财务管控的创新性发展，使公司财务管理水平逐步改善，并呈现螺旋式上升的状态，直至最优，如图 4 所示。

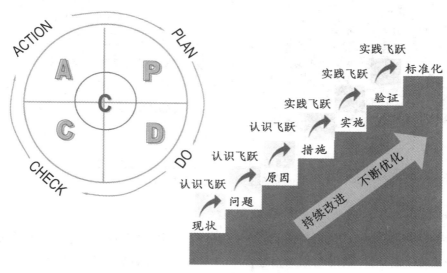

图 4　PDCAC 管理循环工具

1. 定计划（P）：发现问题、找出原因、解决问题

首先梳理各个财务岗位所包含的职能点，并对每个职能点的工作职责依照流程图的形式进行精细化梳理，删除工作职责中重复性的流程，并依照因果图的方法对工作执行过程中存在的问题进行归集整理，找出关键原因，如图 5 所示。

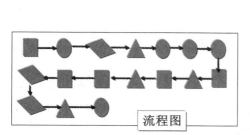

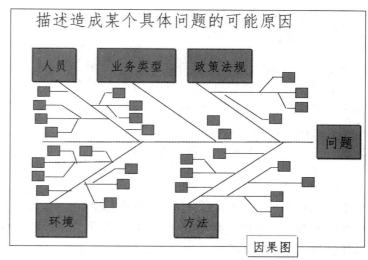

图 5　分析工具——流程图和因果图

财务管理中心成员进行集中研讨，运用头脑风暴会议方式，所有小组成员都发表对上述关键问题的看法，讨论结束后对会议内容进行组织、归类和评估，找出解决问题的方法，如图6所示。

图6　分析工具——头脑风暴会议

2. 实操（D）：设计流程、执行业务

根据第一阶段已知信息，重新整理并设计管理流程，制定业务操作手册，并依照执行，在执行过程中要建立起数据采集，收集业务操作过程中的原始记录和数据等项目文档，以便于前后对比。此外，在实际操作执行过程中，我们尝试使用"交互"操作的方式，即角色互换，让处于不同岗位的财务人员进行轮岗互换并执行业务操作，通过交互操作，有利于对已制定的操作手册提出新颖的建议和意见，便于优化。

3. 做检查（C）：检查验证、效果评估

经过上述操作后，要对操作效果进行分析验证，通过"5W+1H"分析法对操作过程进行科学分析，对业务的工作内容（What）、责任者（Who）、工作岗位（Where）、工作时间（When）、怎样操作（How）以及为何这样做（Why）六个方面进行思考，以验证管理流程是否出现空白和冗余，业务操作是否精细、优化并高效。

4. 总结并标准化（A）：过程总结、标准化制定

通过以上几个过程总结，对已被证明的有成效的措施，要进行标准化，制定成财务管控工作的标准，以便以后的执行、复制和推广。

有时所有问题不可能在一个PDCAC循环中全部解决，遗留的问题会自动转进下一个PDCAC循环，如此，周而复始，螺旋上升。经过不断循环，逐步构建标准化系统，并最终达到最优化。

5. 创新性思维（C）：持续改进、不断优化

传统的PDCA管理模型，在运用的过程中有一些局限，因为PDCA中不含有人的创造性的内容，只是让人如何完善现有工作，而且工作标准化后容易导致惯性思维的产生，习惯了PDCA的人很容易按流程工作管理体系，因为没有什么压力让操作者来实现创造性。所以，在PDCA的基础上加入了创新性思维（C），激励财务人员在标准化的基础上要不断进行流程和操作的创新，并给予一定的绩效奖励，从而推动标准化体系的持续优化和改进，促进财务管控体系的现代化。

经过 PDCAC 循环的管理模式，我们针对每项工作职能点形成了配套的"一本、一册、一图、一总结"四项标准化内容。具体内容详见附件 1，其中部分截图如图 7 所示。

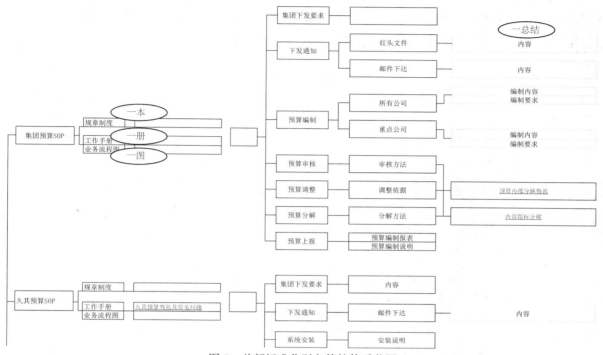

图 7 总部标准化财务管控体系截图

按照细分的工作职责编写相应的标准化文件，目前已形成 25 个，逾 10 万字的规范化、标准化的操作性说明文件，并已在实际工作中开始运用，具有极强的实用性、可复制性及可推广性。

（三）构建内容

1.总部标准化的构建和实施

（1）预算管理标准化。预算管理工作包含了集团预算、NC 预算、久其预算及部门预算四项工作职能，预算管理标准化主要是对上述四项工作职能进行标准化管理，制定标准化的规章制度、管理流程图、业务操作手册及辅助说明。

其中针对集团预算，一项重要工作节点即预算分解，通常预算分解是自下而上的过程，即下属公司上报，总部审核，但总部审核过程中对下属公司盈利的潜在能力并不能清楚掌握，通过构建标准化的预算分解模型，总部可以综合下属公司的运营情况，计算出其对应能达到的盈利水平，从而制定相应的预算指标，最大限度地挖掘下属公司的盈利能力，提升公司整体盈利水平。

（2）财务分析标准化。财务分析工作包含了快报分析、经营预测、季度分析、集团报告、信息披露、对标分析、公司调研七项工作职能，财务分析标准化主要是对上述七项工作职能进行标准化管理，制定标准化的规章制度、管理流程图、业务操作手册及辅助说明。

（3）项目投资标准化。项目投资工作包含了尽职调查、投资测算、并购估值、项目接收、投标报告及投资后评估五项工作职能，项目投资标准化主要是对上述五项工作职能进行标准化管理，制定标准化的规章制度、管理流程图、业务操作手册及辅助说明。

尽职调查是公司项目收购中的一个关键节点，在进行项目收购中，尽职调查人员完全依靠个人的职业判断进行风险把控，由于各财务人员专业素质、从业经历差异较大，造成对项目风险点的把控因人而异，容易出现调查漏洞，比如潜在负债、税费欠缴等不明晰，导致项目在未来实际运营中发生较大风险成本，影响公司的战略目标和盈利水平。通过制定标准化的尽职调查手册，实现了财务调查人员全方位严格把控被收购项目存在的显现和潜在风险，保证公司实现规模拓展的同时达到获取优质项目的目标，也保障了公司健康向上的发展态势，如图 8 所示。

目　录

1. 定义、目的、功能及内容 1
2. 适用范围 1
3. 财务尽职调查流程 1
4. 财务尽职调查基本原则 3
　4.1. 独立性原则 3
　4.2. 谨慎性原则 3
　4.3. 全面性原则 3
　4.4. 重要性原则 4
5. 财务尽职调查技术及方法 4
6. 财务尽职调查的前提条件和工作期限 4
　6.1. 财务尽职调查的前提条件 5
　6.2. 财务尽职调查工作期限 5
7. 财务尽职调查前期准备工作 6
　7.1. 研究项目前期资料 6
　7.2. 判断财务尽职调查重点并编制计划 6
　7.3. 提交财务尽职调查清单 6
8. 财务尽职调查现场工作 6
　8.1. 对财务部门机构设置及财务内控进行核查 7
　8.2. 获取历史财务会计信息资料 7
　8.3. 审查税收政策 8
　8.4. 查阅、获取贷款、担保、抵押资料 8

图 8　财务尽职调查手册截图

项目后评估也是投资工作的一个关键节点，为公司未来项目拓展提供了重要参考，所以在制定投资标准化的时候重点制定了项目后评估的标准化。制定过程中依据对包头首创、深圳首创及嵊新首创调研的基础上，通过 PDCAC 模型，深入调查、收集资料、分析研究等，梳理该项目与前期测算的立项条件、决策依据、决策程序比较是否发生偏差；检查项目实际工艺技术、产生的经济效益指标是否达到预期目标或达到目标的程度等；对项目原定的预算和资金投入计划同实际发生的投资进行对比分析，找出发生变化的原因及其影响，同时总结项目实施过程中的经验教训，最后形成项目后评估的标准化文件，为新项目的测算和提高投资决策管理水平提供参考，确保后续项目的成功和有效。

（4）产权管理标准化。产权管理工作主要是对产权管理及评估、挂牌转让的工作职能进行标准化管理，制定标准化的规章制度、管理流程图、业务操作手册及辅助说明。在实际工作中按照标准化操作推进，提高工作效率的同时也保障了工作的流畅。2014 年共完成产权收购及产权转让项目的评估核准、备案程序 10 例，涉及资产总额 110 亿元，净资产 51.35 亿元。

（5）信息协同标准化。信息协同工作包含了资金管控、档案管理、信息收集三项工作职能，信息协同标准化主要是对上述三项工作职能进行标准化管理，制定标准化的规章制度、管理流程图、业务操作手册及辅助说明。

资金管控工作主要是针对公司资金池管理的规范化操作。通过资金管控，达到上下协同的效果，如图9所示。

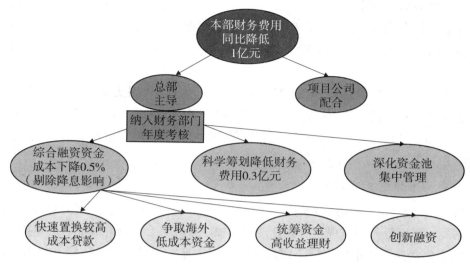

图9　降低成本组织方式——上下协同

资金池管理是通过与工行、建行、中行签署现金管理服务协议，与下属公司签订资金池集中管理协议，将部分公司资金纳入资金池，实现了集中管理，达到了上下协同效果。近几年集中管理单位和资金金额逐年增加，截至2015年3月31日，已有64家分子公司共计75个账户已加入资金池管理，资金集中余额为17亿元（含公司统一安排的资金），净集中资金余额为5.56亿元。平均净集中资金达到5亿元以上。较好地把下属公司中的闲散资金集中起来，由公司总部统一调度使用，目前上收资金的使用率达到90%以上，由此每年减少财务费用至少在2300万元以上。资金池数据统计如图10所示。

项目	2014年初	2014年末	2015年3月末
净集中余额（亿元）	4.28	6.02	5.56
加入集中管理单位（家）	53家	58家	64家

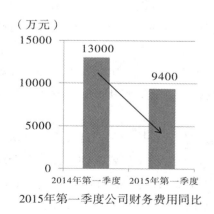

2015年第一季度公司财务费用同比

目前的资金集中管理措施
- 初步建立资金集中管理体系，将下属公司的暂时盈余资金通过资金池集中到公司总部
- 根据各公司资金需求情况，核定子公司日常流动资金周转限额50万~400万元，减少子公司资金存量，降低资金占用成本
- 要求新成立公司在两个月内加入总部资金池
- 做好资金预算、调度工作

公司通过低成本贷款置换高成本贷款以及将新收购成立的公司纳入资金池管理等方式降低财务费用。
2015年1~3月发生财务费用0.9亿元，同比上年减少0.3亿元，降幅为26%

图10　内外兼顾、资金集中

（6）财务培训标准化。财务培训工作包含内部培训和外部培训两项工作职能，财务培训标准化主要是对上述两项工作职能的标准化管理，制定标准化的规章制度、管理流程图、业务操作手册及辅助说明。其中内部培训主要是针对下属公司外派财务总监的培训，内部培训标准化主要是将培训内容及流程等进行标准化管理，保证了培训工作进行的完整性、连续性和高效性。按照标准化的流程，2014 年和 2015 年的财务总监培训，从以前年度 3 个月的培训期，缩短到了一个半月，极大地提高了效率。

外部培训主要是公司邀请外部专家进行的培训，外部培训标准化是通过对各次培训实例的汇总，将所有电子版及视频录制的培训资料进行整理和汇总，然后上传到公司的在线学习系统，总部和下属公司财务人员都可以通过系统进行资料共享和在线学习，节约培训成本的同时又有利于建立上下一致的企业财务文化。

2. 下属公司标准化的构建与实施

结合项目公司的业务性质和经营特点，吸收部分优秀企业的经验，并在对总部和标杆企业（比如马鞍山、铜陵、深圳等公司）现有财务管理制度加以系统整合、补充和完善的基础上，制定出项目公司财务标准化文件，并指导下属公司进行财务工作标准化操作，具体标准化内容详见附件 2，其中截图如图 11 所示。

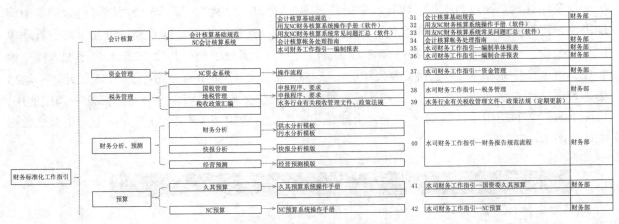

图 11　下属公司标准化财务管控体系截图

（1）财务组织结构标准化。参考公司总部层面的标准化财务管控体系框架，将下属公司的财务组织从机构职能、机构设置原则及方式、各岗位职责及任职资格等方面进行规范，制定出统一的项目公司的财务组织架构，保证总部和项目公司之间的有效沟通和协调，保障项目公司各项财务工作有序、高效地开展。

需要注意的是财务组织机构构建是一个框架，具体到各个下属公司，由于实施条件和客观环境的不同，组织结构既要严谨又不能规定过死，需具有一定的弹性，能适应新情况的变化，尤其是需适应公司战略规划的变化。

（2）财务管理制度标准化。公司财务管理工作必须能够加强宏观控制和微观灵活，严格执行财经法规纪律，以提高经济效益、壮大企业经济实力为宗旨，财务管理工作要贯彻"勤俭办企业"的方针，勤俭节约、精打细算，在企业经营中制止铺张浪费和不必要的开支，降低消耗，增加积累。本财务管理制度是公司针对财务管理、业务操作制定的规范化制度。订立原则根据国家有关法律、法规及财务制度，并结合公司具体情况制定，在实际工作中起到规范、指导作用。

首创股份在充分考虑项目公司的生产经营特点以及管理要求，对项目公司基本财务制度进行归集整理，制定出一套完整的财务管理制度汇编，共包含28个相关制度，分别对资产、负债、所有者权益、收入、成本费用、利润等各方面的内容进行了规范，各项目公司进行实际业务操作时必须严格按照相关制度进行，最大限度地降低财务管理工作中存在的风险。

（3）财务工作指引标准化。财务标准化工作指引是指就某一工作节点或者工作任务，在不断实践总结的基础上，将复杂的财务工作设计成标准化程序或者模块，对财务工作的具体操作进行细化、量化、流程化，从而达到在当前条件下可以实现的一种最优化的标准操作程序。

该部分内容主要包含会计核算、资金管理、税务管理、财务分析和预测、预算等7个工作指引，其中部分工作内容与前述总部标准化内容非常接近，这部分内容的做法在参考总部的同时，又结合项目公司的具体情况制定出适用于项目公司的标准化模板。比如公司财务工作指引——编制单体报表和合并报表、公司财务工作指引——国资委久其预算、水司财务工作指引——财务报告规范流程及表样等。

项目公司在操作过程中可以直接应用标准化工作指引，一方面极大地提高了总部层面汇总工作的效率和效果，财务人员可以将更多的时间投入到其他价值创造的活动中；另一方面也给项目公司财务人员一个清晰的思路和业务工作导向，不同层次的财务人员都能够很快熟悉工作内容并承担起某项工作，保证了工作的连续性。此外，标准化的工作指引可以避免公司因人员流动造成的经验流失，而且还有利于后续工作的进一步完善和创新。

（4）工程项目管理标准化。主要指PPP类工程项目，是股份公司经常涉及的业务，汇总制定标准化，有助于该类业务会计核算的和财务管控的规范化。

随着我国经济建设的快速发展，PPP业务作为一种新的项目投资模式得到了积极运用，此类项目运作期限较长，建设期和运营期的财务管理和会计核算存在较大差别，蕴含着极大的风险；另外，由于每个PPP项目的具体实施条件各不相同，常常是无先例可循，使得各种不稳定性因素大大增加。项目风险中，既有与客观宏观环境有关超出项目自身可控制范围的风险，又有可以由项目控制和管理的风险，项目风险复杂多样，给PPP项目财务管理带来了巨大困难。因此，PPP项目财务风险的防范和规避构成了工程项目财务管理标准化的主要内容。

本指引主要的目的是为进一步推进工程项目财务管理工作有序进行，保证会计工作质量的提高和会计职能作用的有效发挥，为财务人员提供可参照、便于了解和操作简便的工作指南。本指引分为：制度篇和实务操作篇。制度篇主要整理汇集近年公司出台的一系列与PPP项目相关管理制度；实务操作篇主要规范了PPP模式运作的建设—运营—移交财务管理、会计核算等方面的具体操作方式方法。

（5）业务表单标准化。此处业务表单主要指公司日常业务中所涉及的各种单据，比如出差报销单、材料采购单等共计36个表、单。公司通过对不同业务板块的表单收集，经过各项目公司的研讨，制定出能满足不同业务板块需求的标准化表、单，各项目公司按照规范化格式进行业务处理，便于随时核查，也能够降低管控风险。

（6）重要价值创造点经验总结。该部分内容主要是项目公司就有价值创造的业务进行梳理，形成具有一定指导或借鉴意义的工作经验总结。比如水价调整、税收减免经验总结等。

重要价值创造点经验总结，汇集了部分项目公司日常工作的经验和教训，是公司群体性智慧结晶，及时整理、总结和兄弟单位共享，有助于大家节省时间，少走弯路，提高效率，对首创股份财务管理具有积极的意义。

在项目财务标准化推广中，无论对存量公司、增量公司还是股份总部来说，都取得了很好的效果。

2014年，股份公司收购铁岭公司，股份总部财务人员对铁岭公司进行财务诊断，测试财务管理方面的薄弱环节和优势，同时有计划有步骤地将标准化内容结合实际情况进行对接，对铁岭公司开展符合股份公司要求的财务工作起到了很好导向作用，减轻了铁岭公司财务人员的压力，从而更好地将其纳入到股份公司财务管理的体系中。

在对存量公司进行推行标准化期间，遇到了一些阻力，但也对标准化的修订和区别对待提供了思路，标准化分为必须执行、参考执行和特定公司执行等多维度，没有"一刀切"，保持了标准化的弹性，求同存异，使存量公司能向股份公司标准化靠齐。

四、效益分析

标准化管理是企业提升核心竞争力的一个重要手段，也是集团化的公司未来发展的战略和方针。作为处于企业中心地位的财务管理工作，更是需要标准化。财务管理标准化能够有效夯实会计基础工作，是依法理财、规避违法违纪风险的需要，是全面提高会计信息质量要求的需要，是提升财会人员工作水平和提高工作效率的需要，是避免企业资源浪费和节约成本的需要，是推行财务信息化的需要，是财务文化建设的需要。做好财务管理标准化工作，并把标准化成果运用到实际工作中，能提升财务管理水平，进而提升企业核心竞争力。

首创股份通过认真梳理和严格实施标准化财务管控体系，其效益主要表现在经济效益和社会效益两方面。

（一）经济效益

1. 把控风险

通过标准化财务管控体系的构建和实施，明确了风险控制点及控制标准，使一切工作按标准化程序进行，规范业务节点，统一管理标准，工作流程更加清晰，人员之间配合更加高效，实现了集团对下属公司的集中管控，有效规避了工作腐败作风蔓延及投资风险漏洞，避免了风险成本的发生，从而为股民提供了更加准确的信息，提升了公司的信誉，同时也进一步了提升公司价值。

2. 降低成本费用

资金协同较好地把下属公司中的闲散资金集中起来，由公司总部统一调度使用，目前上收资金的使用率达到90%以上，由此每年减少财务费用至少在2300万元以上。公司通过低成本贷款置换高成本贷款的方式，将新收购成立的公司纳入资金池管理等方式降低财务费用。2015年1~3月发生财务费用0.9亿元，同比上年减少0.3亿元，降幅为26%。近年来能源、人工、原材料等价格持续上升，通货膨胀压力加大，下属部分水务公司存在一定的设备陈旧、管网老化的现象，以上情况在一定程度上压缩了公司下属部分水务公司的盈利空间。公司必须一方面通过进一步加强推进技术进步，为下属水务公司提供必要的技术支持来控制成本；另一方面也要通过标准化的管理，严格把控财务各项工作流程合理配置资源，保证财务工作高效开展的同时降低不必要成本，并积极倡导群策群力，通过参考标准化体系中的重要经验总结，解决财务管控中涉及的具体问题，比如如何更好地与当地政府沟通，探讨水价的及时调整，为公司创收。

（二）社会效益

标准化财务管控体系的构建和实施，实现了集团型环保企业跨区域管理的协同效应，各成员企业以财务标准化为纽带，建立起互通的桥梁，更好地实现了集团化的整体优势以及综合功能的有效发挥。

传统公司中，拥有标准化财务规章制度者占多数，但相对来说，将工作流程、作业指引及优秀经验进行总结并固化成册的较少。而且标准化财务管控体系是可操作、可实施、可复制的，为集团型公司进行规模化扩张提供了强有力的支撑，集团型企业在项目拓展中可以确立标准化的核心理念、复制标准化盈利模式，使企业能够在激烈的市场竞争中保持卓越的优势。

综上，标准化管控是提升企业核心竞争力的重要手段之一，作为处在企业中心地位的财务管控工作，更是需要标准化。做好标准化财务管控工作，并把标准化成果运用到实际工作中，能降低成本费用，提升财务管控水平，更好地发挥财务管控在公司决策中的指导和支撑作用，从而实现公司财务管控提升、制度优化和流程创新，保障公司战略目标、经营预测、计划预算、实时监督和分析报告整个闭环管理流程间的无缝对接，为公司的发展夯实基础，进而提升企业的核心竞争力。

大型装备制造企业财务共享平台建设

创造单位：中车株洲电力机车有限公司

主创人：张力强　卢雄文

创造人：成春明　熊　建　禹雪峰　袁燕良

[摘要] 作为装备制造行业的大型制造企业，公司拥有众多海内外子公司，财务管理发展遇到了"瓶颈"，财务支持业务的能力、财务服务质量、财务信息化水平亟待提高。

2014 年起，在国家财政、会计政策引领下，作为中车旗下核心子公司的株机公司，积极学习、主动出击，率先开始对财务共享服务模式进行学习与研究，并主动联系国内共享服务建设的成功企业进行交流与调研。先后到深圳金蝶公司总部、广州合生创展、中兴通讯等企业进行交流学习，并结合装备制造行业实际情况积极探索本公司财务共享服务建设模式。

通过近两年时间财务共享模式的不断摸索与稳步实施，株机公司逐步打破原有的财务核算管理模式，2015 年 11 月覆盖总部、5 个事业部、3 个分公司预算管理、费用报销模块正式上线，2016 年 5 月全业务共享全面实施。公司基本完成了项目阶段性目标，组织架构搭建完成，信息系统实现对接，电子影像扫描、移动审批、集中支付等共享模式已逐渐运行平稳。推动了公司财务管理创新，走出了中车集团财务共享的第一步。

[关键词] 装备制造；财务共享；财务管理

中国中车株洲电力机车有限公司（以下简称株机公司）坐落于中国湖南美丽的湘江之滨，毗邻京广、沪昆铁路线，占地 2.25 平方千米，是中国中车旗下的核心子公司，中国最大的电力机车研制基地、湖南千亿轨道交通产业集群的龙头企业，被誉为"中国电力机车之都"。自 1936 年创建以来，始终保持快速健康发展，创造了中国轨道交通装备领域的诸多纪录。公司主要业务集中在电力机车、城轨车辆、城际动车组，磁浮车辆、储能式有轨/无轨电车等新技术公共交通车辆、重要零部件、专有技术延伸产品及维保服务等领域。目前，公司总资产 266 亿元，在国内外设有 28 家子公司，2015 年实现销售收入 260 亿元、利税 31.5 亿元。

2014 年起，在国家财政、会计政策引领下，作为中车旗下核心子公司的株机公司，积极学习、主动出击，率先开始对财务共享服务模式进行学习与研究，并主动联系国内共享服务建设的成功企业进行交流与调研。先后到深圳金蝶公司总部、广州合生创展、中兴通讯等企业进行交流学习，并结合装备制造行业实际情况积极探索本公司财务共享服务建设模式。通过近两年财务共享模式的不断摸索与稳步实施，逐渐打破了原有的财务核算管理模式，搭建了业务驱动、业财融合的新型财务共享服务平台，推动了公司财务管理创新，走出了中车集团财务共享的第一步。通过财务共享服务平台的建设逐步转变财务职能，实现业务驱动财务、财务支持业务，业财融合的新型财务管理局面，提升了公司整体基础管理水平，保证了经营指标的实现，为公司在面对复杂的市场环境及海外风险应对上保驾护航，推动株机公司走上世界舞台。

一、业务驱动，业财融合型财务共享服务平台建设实施背景

（一）企业财务管理信息化的必然趋势

以云计算、移动互联、大数据为代表的新一轮信息技术，给商业业态和经营模式带来了不断的颠覆和重构。随着财务核算管理复杂化及信息技术的应用与改造，近年来财务共享服务作为一种新的财务管理模式正在许多跨国公司和国内大型集团公司中兴起与推广。财务共享服务中心已成为企业财务信息的集散地、财务数据的仓库、财务管理的神经中枢。到2010年，已有90%的世界500强企业建设并实施了财务共享服务中心，财政部发布的《企业会计信息化工作规范》明确要求："分公司、子公司数量多、分布广的大型企业、企业集团应当探索利用信息技术促进会计工作的集中，逐步建立财务共享服务中心。"在"互联网+"时代大环境下，信息技术创新速度与日俱增，管控服务型财务共享是大型集团性企业财务共享中心战略的必然选择，财务共享服务正成为大型企业财务信息化管理的新型模式。

（二）企业财务管理转型、业财融合的必然选择

财务管理作为一项全面、综合的管理活动，与企业各项业务活动有着非常密切的联系。企业财务信息的准确性，有赖于前端业务执行的合规性。但业务部门对于财务政策的要求和严肃性缺乏足够认识，可能为公司运营及财务管理带来隐患和潜在风险。因此，要确保财务信息的准确性，必须将财务视角延伸至业务前端，实现有效业财融合。而现有的财务管理模式已经严重落伍，财务部门仅仅局限于自身的财务业务，对于公司业务部门经营、运作情况知之甚少，甚至业务部门如果不联系财务部门，那么财务部基本上完全不会去了解公司业务的。这种跟业务严重分离的财务管理模式不仅会削弱财务部门在企业中的地位，更不能实现"帮助企业实现利润最大化"这一目标。企业管理的核心是决策，而想要做出正确的、有利于公司发展的决策，要考虑信息、资源以及管理手段等多方面的因素，这些内容虽然都属于业务的范畴，但是却也跟财务管理有着密切的联系。

业财融合本质上就是指业务经验与财务管理的结合。目前业财融合已经成为企业创新财务管理模式的新趋势。只有注重业财融合，财务人员才能在掌握财务目标的同时对企业运营状况有一定的了解，从而帮助企业实现最高效的资源配置。在这种模式下，财务人员不单单是跟在业务部门后面进行核算和监督，而是从企业利益的角度帮助业务部门作出事前的预测以及成本的控制等。通过业财融合体现财务的价值创造能力、运营支持能力及风险管控能力，然而融合必然带来改变，财务管理转型势在必行。

财务转型就是把财务基础核算向财务管理、决策型财务的转变，建设财务共享中心目标就是通过对标准化程度高、日常重复的基础核算业务集中到共享中心统一处理，通过共享中心搭建一个集团范围内的数据中心。为业财融合、财务战略决策提供数据支撑，业务的重组与分工使企业财务部门逐渐形成共享财务、业务财务、战略财务三足鼎立的管理模式，稳定的三角结构体系支撑企业财

务转型，实现财务部门从基础向管理，再向战略的转变。

（三）企业加强集团管控、降低成本的必然途径

近年来，公司规模的不断扩张和分支机构的不断增加给企业集团的发展也带来了很多问题。第一，是成本的不断增加，假如企业每设立一个分子公司都建立一套财务部门，那么公司的运营成本将会居高不下，这对公司未来的发展必然造成影响。第二，增加的分子公司加大了集团管控的难度。如果位于不同地方的分子公司都各自为政，没有统一的标准及规范去协调，那么集团公司将很难实现统一规范与监管，从而影响企业规模扩张的潜力。第三，经营风险和财务风险不断增加，如果一个分子公司出现了问题，那可能会牵涉到其他分支机构的连锁反应，使集团的发展扩张进一步受到制约。第四，提供的财务信息质量有限，企业需要去寻找新的组织结构和运作方式以适应快速发展的企业模式，而作为企业重要的支撑部门财务部更加应该主动去应对这种转变，持续地提高和深化企业的会计核算以及监督控制作用。在这样的背景下，财务共享服务模式应运而生，它将分散的经营职能集中到一个新的半自主的业务单元，这个业务单元就像公开在市场竞争中的企业一样，设有专门的管理机构，以实现节约成本、提高效率和服务质量、创造价值的目的。财务共享服务模式已逐渐成为越来越多集团管控型公司的选择。

二、以业务为驱动，业财融合型财务共享服务平台建设总体思路及做法

总体思路：本着财务做业务伙伴、服务业务、业财融合的理念，公司将"业务驱动、业财融合"作为财务共享服务平台建设的出发点及落脚点。旨在通过财务共享服务模式建设形成"战略决策支持、业务经营推进、基础财务共享"三足鼎立的财务管理格局，逐渐实现财务核算集中化、财务管理专业化、财务业务一体化的财务管理新局面，如图1所示。

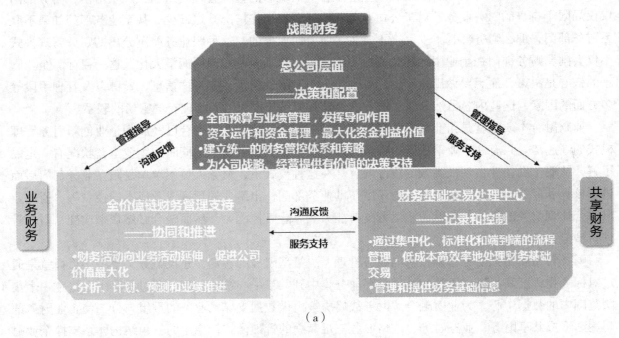

（a）

图1 财务管理格局

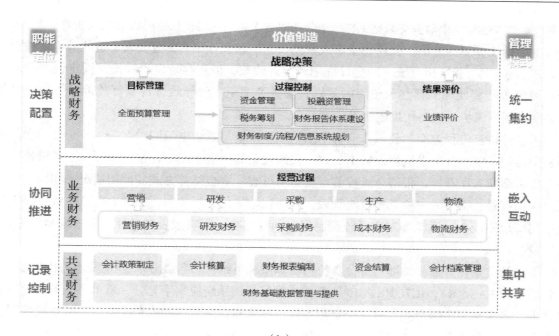

（b）

图1　财务管理格局（续图）

（一）基于业务需求为导向的项目咨询与问题诊断

1. 多种形式了解业务需求，挖掘业财融合切入点

2015年初项目正式启动后，株机公司财务中心组织中兴通讯咨询团队、金蝶项目实施团队对公司30多个职能部门、事业部关键岗位人员及分管领导做了详细的调研分析。了解业务部门需求，项目得到了业务部门的大力支持，并给予了期望。了解完业务部门的需求后对财务核算管理所有模块及分子公司财务管理进行详细深入的调研分析，通过调研走访、问卷调查、流程穿行等多种形式对现有财务管理状况做了细致的了解，为后续方案制定奠定了基础。

项目访谈咨询过程把握重点，主要关注与财务共享紧密相连的项目实施规划、业务需求、组织人力、信息系统平台、制度流程等方面。从对项目实施规划的咨询中了解公司高层及主管部门对业财融合型财务共享项目建设的期望与设想；从业务需求方面掌握业务部门需要财务支持帮助的项点，挖掘"业""财"融合的切入点；从组织人力方面摸清公司目前财务组织管理现状及人员分配情况；从系统平台建设方面预测财务信息化建设遇到的阻碍；从制度流程方面把控公司财务业务标准化程度是财务共享的难点。

2. 多方位深入分析，对公司现有财务管理状况做出诊断

（1）组织人力方面。公司现有财务会计与管理会计职能未能有效分离，管理会计型财务职能发挥不充分，财务对业务的服务与支持力度不够，对公司战略与经营的参与力度及支持不足，财务核心价值难以凸显。总部对分支机构财务管控力度较弱，信息不对称可能导致管控效果不理想。财务基础交易处理型人员重复配备，相关资源未得到有效整合，基础交易型财务人员的人力成本较高。

目前公司共有财务人员173人，财务人数占公司总人数的比例为1.46%，而先进企业财务人数占公司总人数的比例为1.2%~1.3%（中兴此比例为1.25%）。子公司财务人数89人，占公司财务总人数的51%，但处理的财务业务量仅占公司总业务量的37.89%。从事交易处理型业务的财务人数来看，公司总

部财务人员约 54.8% 从事财务交易型工作，子公司财务人员约 57.3% 从事财务交易处理型工作。

（2）会计核算制度方面。公司每个法人单独设立一套会计账套，分公司、事业部也单独设立会计账套进行核算。遵从相对统一的会计准则和会计政策，但在存货发出计价、固定资产折旧、无形资产摊销等核算处理上存在单位间的差异；业务类型不一致导致会计核算政策具体企业自身特点，如融资租赁销售、贸易代理销售等。

（3）会计核算流程方面。公司目前费用报销纸质申请与系统申请同时存在，分子公司全部没有使用费用控制系统，且审批流程设置不一致，报销政策和标准不统一，发票验证和财务稽核要求不统一，报销周期有长有短，报销全流程节点状态不可查；资金结算方式和使用情况不相同，银企互联系统应用有限，银行账户缺乏规范统管理，各地资金支付自行控制，审批力度不一致；报表编制系统使用情况不统一，手动编制和系统编制报表同时存在，影响报表准确性，报表编制耗时较长，及时性较差。

（4）会计信息化方面。总部与各分支机构核算系统不统一，各级分子公司系统应用情况参差不齐，包括金蝶 EAS、K3，用友 U8、U9 等系统；网络报销系统应用不充分，填单及账务处理自动化水平低下，未实现全组织全业务报账；费用预算审核依靠预算数据导入费控系统进行系统控制，部分费用和付款依靠线下人工核对进行预算控制；资金计划缺乏系统控制，资金支付主要通过手工台账进行审核；银企互联系统未全组织覆盖，仅支持总部大部分费用报销，未覆盖采购付款等业务的；人力资源 HCM 系统、合同管理系统、E7 费控系统未与财务系统实现数据集成和信息共享，业务数据更新不及时，数据缺乏全面性及准确性；缺乏统一的数据平台，目前主要采用半人工的方式进行数据收集、汇总、统计、分析。

（二）基于共享模式的组织架构及流程方案设计

1. 分步实施、阶段推进，确定项目整体计划安排

根据项目调研实际情况及共享实施范围、应用模块设想，公司确定了项目建设三年总体规划，分步实施两个阶段即建设试点期（2015 年 5 月 ~2016 年 5 月），全面推广期（2016 年 1 月 ~2017 年 12 月）。阶段目标具体如图 2 所示。

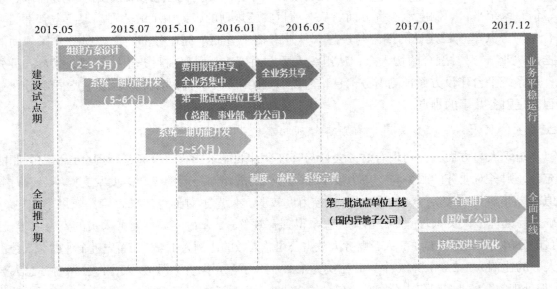

图 2 阶段目标

建设试点期，完成业财融合型财务共享服务平台建设总体方案设计，包括组织架构及人员配置方案、系统平台建设方案、共享业务流程方案等实施范围内全部方案的设计与评审；完成系统功能开发，包括财务系统与业务系统的有效对接、财务共享模块的系统开发、前端业务模块的规范与改造等；完成公司总部、5个事业部、3个分公司的财务共享实施，业务推进上，优先实现费用报销共享，逐步实现全业务共享。

全面推广期，通过一年的时间推进子公司的全业务财务共享，完成国内17家异地子公司的稳步平移，2017年逐步推广至海外子公司。

2. 管理变革、机构先行，完成共享模式组织架构设计

国际先进的财务管理体系正向战略决策支持、核算共享服务与业务支持的方向协同发展，并形成"财务管理专业化、财务核算集中化、财务业务一体化"的趋势与格局，即战略财务、业务财务和共享服务的职能分离并专业性协同发展的格局。目前公司各财务职能存在一定程度的交叉与融合、各职能业务量难以量化、职责界面尚不清晰，财务的整体价值难以体现，未能充分发挥其对公司战略和经营决策的支持作用。

为建立以价值创造为出发点和归属点的财务管理组织结构，发挥财务对公司战略与经营决策的支持作用。必须打破原有的组织架构，实施系统管理，将职能相近或关系密切的财务工作进行归类，成立各个子系统，确保各系统间工作交流与协作的顺畅性。株机公司结合财务组织人员现状对组织架构方案进行设计并多次修改、多次组织评审，最终方案确定为将原组织架构财务资产部变革为财务中心，财务中心下属部门，部门内部再分业务组结构。财务中心下设四个部门，财税资金部、业务财务部、海外财务部、财务共享服务部。其中财税资金部负责总部战略财务管理及分支机构战略财务指导工作；业务财务部负责本部价值链各主要环节业务财务支持与分析、管理工作；海外财务部负责海外子公司财务业务管理、海外营销财务管理、海外投资并购、新建基地支持等工作；财务共享服务部，负责统一处理公司总部及各子公司的财务会计及资金结算等基础性财务工作。

组织变革是推动财务共享服务的关键因素。这不仅是财务业务职能的重新划分，而且是将财务管理作为核心管理的一种战略性调整。

3. 业务驱动、集中共享，完成业务流程方案设计

在财务共享服务的过程中存在实物流、信息流、资金流，如何利用信息技术保证三流有机融合成为构建财务共享服务模式需要解决的关键问题。基于财务共享模式，通过优化核心业务流程，对模糊流程路线和职责清晰化，流程充分满足业务部门信息需求，达到了降本增效、质量提升、控制风险的目标。

公司财务核算流程总体方案设计思路为通过财务共享服务部集中进行会计核算，实现核算标准、方法、披露口径的统一和标准化，各流程的处理环节、节点、路径、先后次序统一。各公司使用统一的信息系统，发起报账时采用统一的系统模版。各公司事前发起预算审批，实现预算的事前审批与过程控制相结合，强化预算管理。对资金账户进行集中管理，统一由财务共享服务部进行资金支付。采用影像扫描的方式进行票据传递，业务审批与财务审核见影像处理，实物在各地按照财务共享服务部统一规范要求进行归档保管。财务共享将通过应用电子影像系统及其与金蝶 EAS 网络报账系统的对接，实现报销流程中影像单据传递代替纸面单据传递，使内控权限下的相关领导审批、财务审核入账、主管复核环节通过查看单据影像完成，从而实现审批、审核与核算的无纸化。财务稽核也可使用电子影像系统、金蝶 EAS 网络报账系统，调用相关电子信息，提升工作效率。

业务场景示例如图 3 所示。

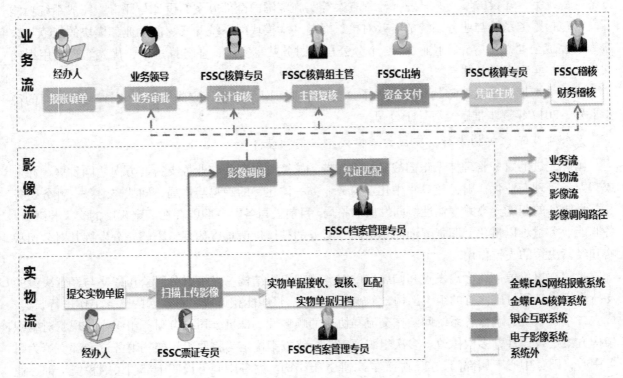

图 3　业务场景

（1）编写方法。具体流程编写方法为财务人员通过集中参与流程设计、评审以及汇报征求意见的过程，明确未来财务共享流程优化的方向。流程编写团队对流程关键业务细节进行反复研讨，基于业务实际情况和未来场景进行优化，保证建立共享后业务的稳定运转。输出覆盖全业务的、具有可行性的业务流程方案，可有效保证未来共享人员的快速上岗和业务的稳定运转。同时，可在此业务流程方案的基础上运用流程管理的方法持续优化。以知识输出的方式传递流程管理优化的技术方法，使财务人员理解流程管理机制，形成流程管理思路，为未来共享建立流程管理机制奠定基础。通过近一个月时间财务部门共完成了公司 13 个主流程，104 个子流程的设计，基本搭建了覆盖公司所有财务业务的流程与框架，为后续实施奠定了基础保障。

（2）流程要点。

1）报账审批：一般采用报账人自行提单、领导报销、个人补贴可由专人代提单、经报账人确认的报账方式；各地扫描员对报账人提交的原始单据的规范性、完整性进行初审；各地扫描员在接收报账人提交的单据时，需对原始单据的规范性和完整性进行初审。如果不符合要求，需要求报账人重新提交符合标准的票据；内控权限下领导见影像审批；财务共享服务部各核算人员见影像审核；公司层面审批规则统一，各分支机构与总部的审批规则因组织架构不同有所差异；业务领导审批报账真实性、合理性；财务人员审核其财务合规性，以及票据规范性；同时在采购报账、销售发票开具等环节增加业务财务审核职能，业务财务审核完成后再流转到业务部门审核，真正实现财务与业务的协同。

2）会计核算：财务共享服务实现标准化的核算中心；财务共享服务部通过建立系统、完整的管理体系，形成标准化、流程化、系统化的作业过程，从而达到核算口径、方法、流程的统一，岗位职责规范、业务操作规范的统一，信息透明。

3）资金结算：统一由财务共享服务部进行资金支付；财务共享服务部依据资金计划管控下的付款任务，集中处理资金付款业务；银行账户操作权限集中至财务共享服务部；共享出纳统一操作总部及各分支机构银行账户，当地出纳仅进行转账支票及承兑汇票的操作；银企互联为主要资金结算方式，并实现支付结果自动回写在支付方式上，财务共享服务部均优先采用银企互联方式，尽可能减少网银付款；银行收款认领统一由共享出纳发起，而后由业务财务进行收款认领，根据不同的收款类型，进行不同的收款报账。

4）报表出具：总部及各分支机构报表以及合并报表统一由财务共享服务部出具；共享报表编制专员根据金蝶核算系统中的相关数据生成单体报表，提交各分支机构财务负责人进行审批后，编制合并报表，经领导审批后上报集团久其财务报表系统。

5）税务及审计：财务共享服务部提供统一的审计信息界面，以支持审计资料的调阅和审查，满足对外披露要求税务职能由财务中心统一管理；发票由总部及各分支机构业务财务负责开具，财务共享服务部仅负责基础税务核算业务及增值税发票认证业务。

6）实物单据管理：总部、事业部的单据扫描后，由财务共享服务部归档；各分支机构的单据在本地扫描后，直接在本地进行档案归档；报账人提交符合规范的原始票据，对票据的真实性、合规性负有最终责任；扫描员对报账人提交的原始票据进行审核并扫描上传，保证影像清晰，无夹单、漏扫情况。

7）会计档案管理：总部会计档案保管在财务共享服务部，各分支机构会计档案保留在当地，但财务共享服务部对当地提出统一的管理规范并定期检查；财务共享服务部建立结算与档案组对会计档案进行统一管理；财务共享服务部建立结算与档案组，设置专门的档案管理专员，对会计档案进行统一管理；档案管理专员收到原始票据后按照一定规范进行保管，待账务处理结束后，打印会计凭证并与原始票据匹配、整理，然后按照凭证号顺序装订成册，并归档保管。会计账簿类由档案管理专员自行打印；财务报告类由报表编制专员负责打印及签字审批；其他类由相关负责人打印。最后交给档案管理专员，按月份整理序号后进行装订保管。

4. 消除孤岛、有效对接，设计系统平台协同方案

财务共享服务平台将带来公司信息技术的革新，促进财务核算、业务支撑、战略决策系统之间的全面整合，实现会计信息处理从数据孤岛到交互贯通，业务信息实现一点录入、全程共享，依托大数据平台，为战略决策与业务经营提供准确、及时和完整的财务数据。

项目在实施初期就认识到了财务共享系统先行的重要性，对各个分子公司的财务系统使用情况进行充分的调研与访谈，制定了覆盖国内全部分支机构的系统平台搭建计划，2015年共完成2个分公司、5个子公司系统平台的统一，为财务共享平移提供系统保障。同时分析与业务系统的对接需求，完成了与集团HCM人力资源管理系统、ERP系统、移动云之家系统等的有效对接，并规划后期与SAP、电子发票云平台等系统的对接方案，真正实现了与业务部门的协同共进。

5. 提升组织效率，提高作业质量，搭建运营管理体系

财务共享服务平台运营管理体系的建立过程也是丰富其自身管理工具的过程。建立运营管理体系，能够使其管理手段实现多元化，使得财务共享服务的管理更加有序规范，从而提升管理效率，达到更好的效果。

（1）组织绩效管理。组织绩效是指财务共享服务部的整体运营业绩和效率，主要体现在时效、

工作量、业务处理质量和服务满意度四个方面，通过绩效报表体现。根据不同类型的工作或岗位设定财务共享服务组织绩效评价的指标类别，将每个指标类别细分为若干评价项目，分别规定具体的考核要求和评价方法，并赋予一定的权重。定期通过绩效报表进行统计、分析与考核。

评价财务共享服务组织绩效的指标包括：标准时效、标准工作量、业务质量、服务满意度等。

（2）业务质量管理。财务共享服务的质量管理是指，保证财务共享服务部各职能岗位的相关工作达到会计业务处理的质量目标所采取的措施的总称。

财务共享服务的质量管理组织由一级质量管理员、二级质量管理员及三级质量管理员构成。其中财务共享服务部各业务处理人员作为一级质量管理员，负责对上一工序进行审核；各组主管为二级质量管理员，对本组内质量进行全面稽核；三级质量管理员由质量管理专员担任，负责总体质量管理，对财务共享服务整体质量进行检测监控。

（3）服务管理。服务管理是指对于财务共享服务部员工服务工作的服务效果、服务时效、服务态度等的管控与提升过程。为更好地督促财务共享服务部员工树立服务意识、提升服务水平，需建立财务共享服务的评价体系，对财务共享服务的服务情况进行评价。

评价频率分为年度评价及季度评价两种模式。服务满意度年度评价每年度组织一次，在每年1月内完成上年度的服务满意度总体评价；服务满意度季度评价每季度组织一次，在本季度结束后次月15日前完成季度服务满意度评价。评价采用客户满意度调查以及投诉分析等方法对共享服务中心各核算专员、票证专员、档案管理专员的服务水平进行评价。财务共享服务的服务满意度调查主要包括服务效果、服务时限、服务态度、沟通技巧和服务协作性五个方面。

（4）标准化管理。标准化是指在一定的范围内获得最佳秩序，对实际的或潜在的问题制定共同的和重复使用的规则活动，包括标准制定、发布及实施。财务共享服务的标准化管理主要包括流程管理规范、作业管理规范及文档管理规范。标准化的目标是对重复性高、可复制性的工作统一标准，统一程序，持续提升财务共享服务的工作效率与服务水平。

流程管理规范的内容主要是指财务共享服务部对各财务业务流程及其相应标准化文档的设计、优化、执行、固化等环节的规范化管理和要求，通过统一标准、持续优化，以达到不断完善流程，从而提高财务共享服务的整体工作效率与质量；作业管理规范的内容主要是定期总结分析，设计并持续改进财务共享服务所有业务操作动作。作业管理规范的目的是实现统一操作标准与流程，规范操作步骤与动作，达到提升员工专业技能、缩短操作周期、减少工作差错、提升工作效率的管理目的；文档是指财务共享服务部发布或接收的内部管理制度等日常管理活动所涉及的材料，是记录和反映财务共享服务部日常管理活动的重要史料和证据。文档管理的内容包括电子文档及纸质文档的规范性管理。

（三）基于财务业务一体化的系统开发与实施效果

2015年11月覆盖总部、5个事业部、3个分公司的预算管理、费用报销模块正式上线，2016年5月全业务共享全面实施。历经一年半的时间，株机公司基本完成了项目阶段性目标，组织架构搭建完成，信息系统实现对接，电子影像扫描、移动审批、集中支付等共享模式已逐渐运行平稳。全业务共享已完成上线实施、子公司推广也逐步启动。业务驱动、业财融合财务共享服务平台完成初步搭建，项目实施后主要成效如下：

1.完成共享模式的组织架构调整，人员结构更加合理

实施共享后，株机公司财务人员编制需求较共享前减少29人，财务人员占公司总人数比降低

到 1.25%，属于同行业先进水平，实现了公司财务组织职能及人员结构的优化配置。释放的交易处理型人力可充分投入至战略财务、业务财务的各项具体职能中去，促进财务对公司战略与经营决策的支持，最大化财务管理价值。

财务共享全面实施后，从事交易型业务的 51 位财务人员不仅能够承担当前规模下的业务量，并且在公司业务规模增长 20%~30% 的情况下，预计仍能有效支撑基础财务工作的顺利运行。未来随着公司业务规模的扩张，及财务共享相关信息系统功能的不断完善，以及财务共享核算会计工作熟练程度的提升，因共享模式带来的在重复业务配备上的资源节约效益将会更加显著。

2. 实现集中核算、移动审批，财务服务质量显著提高

采用电子审批、移动审批，取消原有纸质单据签字，报销效率大幅提升，员工满意度上升。开通短信提醒、手机 APP "云之家" 服务等功能为业务部门提供全方位财务服务，财务服务质量不断提升。财务核算效率及员工报销满意度有效改善，单笔费用报销时间由原来的 3~4 天缩短为 1 天以内，流程顺畅的单据最快在 15 分钟内完成付款。所有与费用相关的凭证实现自动生成，凭证自动关联影像，电子档案系统初步建立。工资发放由业务部门驱动，财务审核，资金集中支付优化流程的同时控制了风险。

3. 深入业务前端服务业务，业财融合更加密切

"财务共享服务中心" 的建立，使大量财务人员从琐碎、繁重的日常业务工作中解放出来，助推财务工作由传统的反映记录型向管理控制型转变。"财务共享服务中心" 运行后，约有 80% 的低附加值的费用报销、资金支付、会计核算等业务由 20% 的人员完成，而将 80% 的财务人员释放出来进行资本运作、全面预算、成本控制、财务分析等重要工作。财务队伍从传统的核算财务向先进的管理财务、战略财务等目标方向发展。

全业务共享后强化业务财务职能，财务业务审批事项前移，对业务部门进行财务指导，控制业务风险，减少重复劳动，推动业务部门管理规范。在共享平台中为业务部门有效利用财务数据设计多个面向业务部门的系统模块，如面向全公司的费用预算执行查询、合同执行情况系统查询、合同扫描影像实时调阅；面向采购部门的合同价格核对、供应商门户管理、应付款支付情况查询等；面向营销部门的应收款管理、合同管理、发出商品管理等。一方面规范了业务前段操作，提升工作效率降低财务风险；另一方面加强财务与业务部门的沟通协作，推动了公司基础管理水平的提升。同时在规划中的多方位报表体系的开发将业务部门提供更多更有价值的数据支撑。

4. 集中支付、统筹安排，资金利用率有效提高

实施财务共享服务后资金利用率有效提高，资金管控风险有效降低。总部及各分支机构每一分钱的支付，都必须通过 "财务共享中心" 审核、处理，规范了预付款，杜绝了超付款。而且 "财务共享服务中心" 还对资金流出用途、目的和依据实施过程监管和控制，解决了分散经营模式下资金集中管理的难题，大大提升了集团总部资金管控的能力。同时资金计划的分级审批，分批下达、超额审批等管控方式统筹安排资金，加强了资金支付的计划性，将有限的资金用在刀刃上，提高了资金利用率，最大限度地发挥了 "现金" 为王的重要作用。银行账户基本都实现银企直连支付功能，提高付款效率。U 盾由公司统一管理，资金支付有效集中。各级单位提交的支付申请由内部进行一审，"财务共享服务中心" 审批完毕后由公司本部集中支付，不仅加强了对资金支付金额、用途等的监管，同时也规避了金融风险。

5. 财务基础管理标准化、规范化，提升财务数据质量

共享平台搭建后，会计核算科目全部由公司统一设定及定义，职员、客户、供应商、费用类型、自定义等辅助核算信息也由各单位提出申请，"财务共享中心"审核后统一添加，减少了不必要的冗余信息。虽然减少了各分支机构财务人员的自主权，但是这样使整个集团公司财务数据更加统一、标准，使财务数据的查询应用更加方便、快捷。集中核算后避免了各个分子机构在制度执行中存在的差异，统一的审核标准、核算标准保证账务处理的一致性。"财务共享服务中心"设立费用报销、收入成本、总账报表、资产核算、结算与档案五个小组。从发票等附件的审核，核算的规范化到资金的流出，不同的审核组分别按系统设定的规则提取不同类型的单据，严格按标准审核，加强了管控力度，杜绝了管理漏洞。同时也避免了之前财务人员直接面对面给业务人员报销账务出现的为难处境。"财务共享服务中心"实现了集中核算、集中支付、集中管控、集中报表，大大提升了财务基础管理水平，推动了财务管理的统一化、制度化、流程化、标准化、信息化。

6. 利用信息化平台，初步搭建大数据中心

财务对业务的支撑重在财务数据信息，通过共享服务平台的搭建把公司各个业务数据全部集中到财务信息化统一平台中。人员信息、设计信息、物料信息、采购信息、销售信息、质量信息、经营数据等全部能在统一平台中实施调阅、处理及分析。2015 年以来财务共享服务平台出具的公司质量损失分析报表、设计变更损失分析报表、采购价格异常分析报表等数据不仅为业务部门提供了数据支撑，同时也为财务深入了解业务提供数据信息。各种数据在统一平台中集中，然后再处理就形成了多方位立体化的数据中心。

三、业务驱动，业财融合型财务共享服务平台建设经验

1. 项目建设成败关键项点

财务共享服务在全国、全球范围内进行推广时，一般需考虑的关键因素包括：业务规模、项目需求、可标准化程度、信息系统、财务人员状况等，海外推广时还需考虑当地的网络条件，以及企业内外部的环境条件。

其中财务信息系统的统一是实施财务共享服务的前提，是否使用统一的财务管理系统、业务管理系统是财务共享实施成败的关键，项目建设初期必须提前规划，分步实施。建立好与公司信息技术管理部门的良好沟通与亲密协作，保证系统平台建设先行。

此外保持与项目组的充分沟通，了解及明确需求是财务共享服务项目方案设计、系统开发的关键，明确的需求可保证项目目标的顺利实现。

财务组织架构调整是财务共享服务运行的组织保证，建立一套合理的组织架构有助于财务人员快速转变观念，厘清业务流程，明确工作方向，为财务职能转型提供基础。组织架构的调整涉及公司高层决策，所以财务共享服务项目必须得到高层的认可与支持。此外人员的分配及人员调整后岗位的适应及冗余人员的安排都是在组织架构设计时必须考虑的问题。

流程标准化，是财务共享建设的核心。首先，在现有会计政策和制度的基础上，建立集团内部统一的会计标准，实现会计数据接口的标准化。企业集团应在对内部会计数据、财务工作认真调研的基础上，按照方便、快捷、准确、全面的原则设计会计数据标准接口，规范会计数据信息传递。其次，共享中心联合其他业务部门加强对流程标准化的改进和完善。共享中心是需要不断优化和更

新的系统，尤其是业务标准化流程，需要牵涉集团内部各部门尤其是前端业务部门的配合。共享中心应统筹协调各部门依据实际拟定标准化流程，再依据实际完善部署实施。

2. 组建一支强有力的项目团队

组建一支强有力的内部项目队伍，是项目过程管理、目标落实、责任分解的关键。项目团队必须得到公司高层的支持与认可，必须有明确的职责与分工，保证项目有效推进；项目组内部建立管理机制，保持有效沟通；同时及时总结项目成果，项目团队能进一步统一思想、提高认识、准确定位、积极沟通，协同配合保证项目运行持续稳定。

3. 深入业务部门，做好业务支撑

作为大型装备制造型企业，公司的主要业务为生产制造，财务管理的主要目标是为业务部门提供支持与指导，为公司战略管理提供决策支持。对业务部门需求的充分了解是财务共享服务项目的设计主线，只有从业务角度出发，得到业务部门支持，切实解决业务部门的需求，提升公司整体经营管理水平才是财务共享建设的最终目标。

运用"五步法"实施全面预算管理

创造单位：中国兵器装备集团重庆长江电工工业集团有限公司

主创人：张德勇

创造人：龚华萍　潘锡睿　马丹玲　涂　强

[摘要] 近年来，随着内外部运营环境的一系列变化，长江电工各项管理工作的复杂性和不确定性日益提升，企业管理已不再拘泥于传统模式，事前对经营活动进行科学规划预测，事中对运营过程进行有效控制，事后对运营效果进行合理评价显得越发重要。在此背景下，长江电工以实现企业价值增值为目标，以推进管理会计工具运用为切入点，推动了全面预算管理、标准成本法等多个管理会计工具实践，明显提升了整个管理控制系统的效用和效率。尤其是长江电工立足实用，适时开展全面预算管理，用了 5 年的时间，分五大步骤逐步建立起业务与财务交汇融合，较好实现落实战略、前瞻规划、过程控制、评价标杆等目的的全面预算体系，有效提升了企业管控决策质量，为长江电工达成既定战略目标起到了明显的助推作用。

[关键词] 全面预算管理；管理会计

重庆长江电工工业集团有限公司（以下简称长江电工），创建于 1905 年，是一家具有百年历史的国有企业，也是近代重庆市第一家工业企业，一直居于重庆工业企业前 50 强。近年来随着内外部运营环境的一系列变化，长江电工各项管理工作的复杂性和不确定性日益提升，企业管理已不再拘泥于传统模式，事前对经营活动进行科学规划预测，事中对运营过程进行有效控制，事后对运营效果进行合理评价显得越发重要。在此背景下，近年来长江电工以实现企业价值增值为目标，以推进管理会计工具运用为切入点，推动了全面预算管理、标准成本法等多个管理会计工具实践，明显提升了整个管理控制系统的效用和效率。尤其是长江电工立足实用，适时开展全面预算管理，用了 5 年的时间，分五大步骤逐步建立起业务与财务交汇融合，较好实现落实战略、前瞻规划、过程控制、评价标杆等目的的全面预算体系，有效提升了企业管控决策质量，为长江电工达成既定战略目标起到了明显的助推作用。

一、实施全面预算管理的背景及意义

（一）实施全面预算管理的背景

1. 需要前瞻性规划并配置资源

面对复杂多变的经营形势，对已有的和可能获得的各种资源做到合理规划并进行有效配置是企业取得竞争优势的先决条件，传统的以事后核算反映为主的财务管理显然无法支撑企业达成上述目标。在新的经营形势下，长江电工必须借助新的管理工具开展以下工作：一是在经营周期开展前对企业的各种资源进行前瞻性的统筹规划并实施最有效的配置，同时能够控制资源使用的过程并科学预判资源配置结果；二是将财务管理的工作重心"前移"以避免资源的无效使用，并做到与业务工作的无缝衔接；三是最好能将企业日常经营过程中的大多数问题通过一种管理工具加以解决，或者以此为平台整合其他管理工具加以解决。

2. 需要通过管理提升经营质量

近年来，长江电工面临多方面提升经营质量和效果的压力：一是企业的上级部门，中国兵器装备集团 2010 年提出新的发展战略，将"调结构、促转型，提升企业经营质量和效益"，提升员工收入水平推进到一个新的高度；二是企业肩负有"保军报国"的政治使命，同时弹药类军品产业的设备和人员配置均有专一性强和固定性高的特点，受政策制约产业产品调整空间狭窄；三是企业主打产品虽属有限竞争市场，但因订单规模限制和国防产品定价权归属于采购方等问题导致增收能力始终不强，长江电工在传统管理模式下运营效率低下，成本费用管理粗放，控制活动乏力，降本增效措施迟迟不见效果。在此背景下，通过管理创新实现运营质量的快速提升几乎成为长江电工的唯一选择。

3. 需要借助有效工具分解落实战略目标

以"七九一行动计划"为核心的企业发展战略为长江电工的发展制定了清晰的中长期目标，但战略规划只能解决确立目标的问题，无法解决目标落地的问题，长江电工需要一种工具将战略制定的中长期目标分解到具体年度，进而将年度目标与各项业务工作进行有机结合，使战略目标落到实处并成为资源配置的指挥棒，达到创造价值的目的。全面预算管理作为一种基础管理工具，能够使愿景和目标量化成为有业务支撑的具体运营指标，落实到运营工作的方方面面。

（二）实施全面预算管理的意义

作为一种能够有效整合业务与财务行为，有助于增强公司竞争力、提升整体管理水平的基础性工具，实施全面预算管理有着十分明显的现实意义。

1. 明确各职能部门的具体工作目标

全面预算的鲜明特点之一是资源配置与业务计划紧密结合，通过编制业务计划能够明确规定公司各个部门的相关责任以及努力方向，最后通过业绩评价使公司的每个职工都能参与到实现公司的目标过程中来，齐心协力从每个人自身的角度出发来完成公司的最终发展目标。

2. 协调各职能部门的经济活动

虽然企业本身就是一个整体，但在实际运营活动中各部门并不能完全做到信息实时透明，相互间或多或少存在独立性，这种独立性势必增加整个经营活动的盲动，凸显出整体和局部间的矛盾。全面预算的前瞻规划特性能够很好地把公司各方面的工作纳入统筹计划之中，促使各职能部门经济活动密切配合协调，统筹兼顾，最终达到平衡。

3. 控制各职能部门的经济活动

对于公司来说，编制全面的预算是经营管理的基础工作，是控制日常经营活动的重要依据。通过对预算和实际完成情况进行对比分析，及时地发现预算和实际产生差异的原因，反馈给每个职能部门，使各部门能够及时地采取相关的措施，加强对薄弱环节的控制，保证预算目标的顺利实施，实现全面预算管理的事中控制作用。

4.考核各职能部门的工作业绩

在考核各部门的工作业绩时，要根据预算的完成情况，分析实际偏离预算的程度及原因，划清责任，赏罚分明，促使各部门为完成预算规定的目标而努力工作。

二、长江电工全面预算的整体架构和主要编制方法

（一）全面预算管理的整体框架

长江电工的全面预算管理体系是建立在业务运营系统上的规划控制体系，其源头是业务计划，其基础是业务预算，薪酬预算和资本预算是其重要支撑，最终以财务预算的形式将特定周期的运营过程预先反映出来。企业通过业务计划提前规划各职能单位将要做什么事；通过编制业务预算、薪酬预算和资本预算明确特定作业所需要的资源支撑；在预算委员会牵头组织三上三下的沟通和审核过程中完成对作业活动的效果评估及资源配置方案；最后通过监控各项预算的执行实现对运营过程的及时管理控制。长江电工的全面预算管理体系整体框架如图1所示。

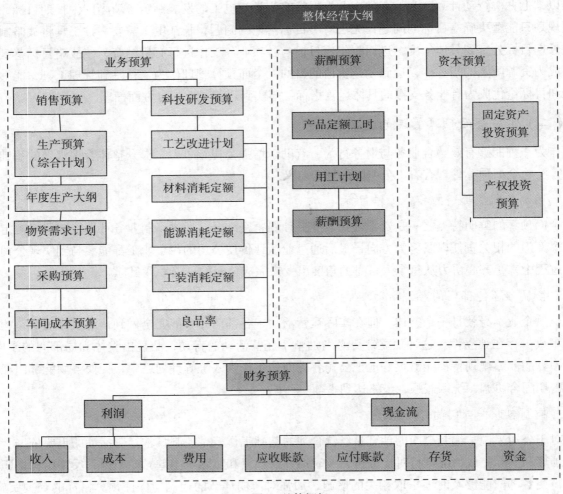

图1 整体框架

（二）主要预算编制方法

长江电工针对不同的业务特性采用差异化的预算编制方法，总体原则是：大力采用零基预算，创造条件使用弹性预算和滚动预算，慎重使用增量预算。

企业经过反复实践，发现在预算人员业务素质过硬并有完备档案管理的前提下，零基预算完全可以克服效率低下、过程繁琐的短板。对于资源耗费型的大量业务项目原则上采用零基方法编制预算。

弹性预算和滚动预算是提升预算准确性和适应性，使预算管理"由静变动"的最佳选择，长江电工坚持完善各项预算假设和基础，创造条件开展弹性预算和滚动预算编制，逐步实现动态预算管理。

增量预算虽是最简单直接的预算编制方法，但容易导致无效费用开支项目无法得到有效控制，形成不必要开支项目，造成预算松弛，长江电工在预算编制时原则上不予使用，如收入预算等少量项目确需使用增量法编制的，也要首先进行充分严谨的论证。

三、循序渐进，分五步建立全面预算管理体系的实践

在开展全面预算管理实践过程中，长江电工立足实际，注重建立长效机制，充分考虑管理革新与企业的接受程度，兼顾新旧管理模式间的平稳过渡，探索出分五个步骤由易到难、循序渐进建立全面预算管理体系的方法，实践证明行之有效，在同类型企业间具有一定的借鉴意义。

（一）第一步：从无到有，做实费用预算

第一步的主要目标是导入工具，达到"树意识、立规矩、控费用"的目的。以费用预算编制作为预算工具的导入点，一是费用预算编制和控制相对容易，业务部门能编易接受；二是对费用实行预算管理能够较快体现预算管理的效果，有助于树立预算理念，为深入推行复杂成本项目预算打下基础。

1. 做实预算管理委员会

设立全面预算管理委员会，以总经理任委员会主任、总会计师任副主任，其他副职公司领导任委员会成员。预算管理委员会是预算管理最高权力机构。

预算管理委员会下设预算管理办公室，办公室由财务部负责人任办公室主任，战略、市场、人力、生产、质量、组干等业务部门负责人为办公室成员，各单位指定一名兼职预算员负责本部门责任预算的编制与分析。从人员组成机制上保证业务部门的参与。

2. 抓住控制费用预算的关键，坚持"先业务预算后经费预算"

强调编制依据是部门职责及业务活动，依据业务活动逐项匹配经费预算，初步体现预算与业务的结合。对各类费用细化到最小项目，并将后勤、物流、保卫等辅助预算全面纳入，不留死角，避免因漏报项目而调整预算，同时制定每类费用标准，以标准编制预算，每项费用透明化。如饮用纯净水费用每人每月10元，长途电话费每部每月100元等。上下严格预算执行，将费用指标录入浪潮系统，无预算就无法制作凭证，以电脑刚性控制。

3. 严格控制预算调整、维护预算的权威

统一预算调整表单，要求申请预算调整单位必须以附件形式说明调整事项理由，并制定相对繁

琐的预算调整流程，不论金额大小，预算调整必须逐级报审，直到最高管理者审批后才予调整。当年预算得到领导及管理部门重视，达到高层有决心，中层转观念的目的。通过全面预算，企业可控管理费用占销售收入比例从12.9%下降至10.3%。长江电工的预算调整流程如图2所示。

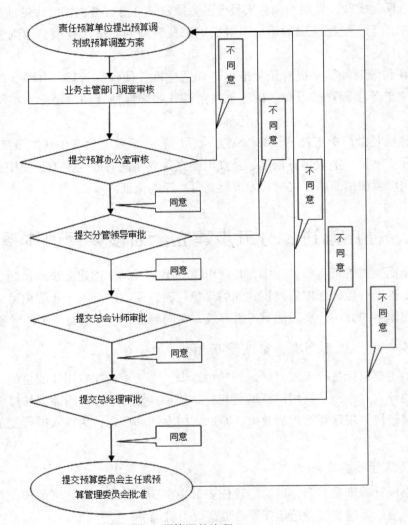

图2 预算调整流程

（二）第二步：从有到全，夯实业务基础

通过预算管控费用，让企业尝到了预算管理的好处，得到了企业领导层的初步肯定，为开展全面预算的第二步工作奠定了坚实的基础。但只有费用预算，没有成本预算，车间没有全部参与，未做到全方面的预算。且费用预算编制不准确，调整金额较大，当年调整比例在10%以上。

制造企业的管控重点在于组织生产及成本管理，只有做实与生产相关的业务预算与成本预算，预算工作才能有效融入其中，根据企业产品主要特点：市场单一，计划性较强，规模增长相对平稳；产品品种少、更新换代频率较低，一致性要求较高，属于大批量连续生产；产品原材料转移价值较高，占成本的比重在50%左右；制造加工工序较长，涵盖原料、部件、专用工量具、主要机器设备等。工厂在接下来的关键两步中，着重以业务和成本预算为主进行深化运用。长江电工的业务预算简要结构如图3所示。

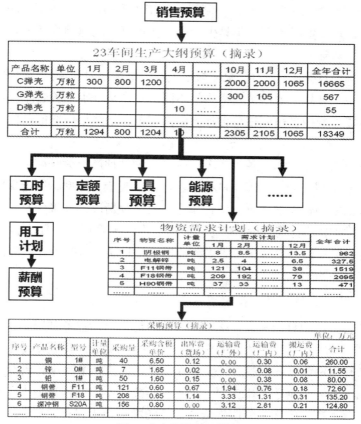

图 3 业务预算简要结构

1. 运用经营预测工具，科学编制销售预算

做好预算编制前期准备工作：一是做好以自身优劣势、外部环境存在的风险与机会、客户需求为重点的现状分析；二是确定战略定位、战略目标、战略路径；三是预测编制预算年度的经营形势；四是以战略和三年滚动计划为牵引，在充分做好市场调研的基础上，运用经营预测工具，制定年度目标；五是以组织机构为基础分解年度目标，编制销售预算，作为全面预算的起点。

销售预算编制以对当前的市场状况、竞争对手和产品销售渠道的销售预测为基础，结合前期销售订单的执行情况、生产能力评估等，将销售预算按照发生的概率进行细分，对已签订的合同、订单直接计入销售收入预算；有意向订单或订货需求信息的根据剩余产能及历史经验，结合企业固定资产投资计划，预测销售收入。最终形成分解到客户，品种、单价及交货期的销售收入预算。

在收入预算的基础上对销售大纲进行压力测试，预测因经营环境变化导致的销售大纲变动对年度经营目标完成的支撑度，形成高中低压力多方案的销售计划供决策层参考。

工厂运用经营预测工具在市场走向、收入结构、应收账款、主材价格、应付账款预测方面发挥作用，使收入预算、成本预算和现金预算准确性显著提高。

2. 做实生产大纲，将生产大纲作为其他业务预算编制的纲领

以销售预算及产能为起点编制各月生产大纲预算。生产管理部门应充分考虑企业现有生产能力、技术瓶颈等因素，结合原材料供给、在制品结存情况，在保证产品满足销售交付期的前提下，合理调控月度生产计划达到均衡生产，确保生产目标完成。

生产大纲作为全年预算的中枢神经，编制涵盖整个生产过程。物料需求预算、物资采购预算、仓储物流预算、用工计划及薪酬预算、工具生产及消耗预算、能源预算及成本中心生产成本预算等均以生产大纲作为编制基础。

在用工计划及薪酬预算方面，人力资源部根据生产大纲和工时定额计算每个单位的年度总工时，根据总工时确定每月用工计划，依据每一产品的不同工资含量分别预算各生产单位薪酬。各生产单位依据人力部门的工资总额做平衡调整后再报人力部审核，最终形成职能部门与业务部门协同认可后的薪酬预算报财务部门汇总。

在采购预算方面，采购量预测以各生产车间生产大纲品种产量为基础，再依据该产品相关材料定额测算物资需求计划（铜、铅、锌等原材料需求量）报制造保障部，制造保障部汇总平衡编制物资需求预算。采购部根据物资需求预算，结合相应材料结存情况，在确保材料安全库存前提下，根据材料采购周期确定最佳采购批次和采购量；采购单价以预算年度主要原材料价格走势预计为基础，根据上年实际材料单价波动，结合历史采购数据、材料供应情况预计单价；同时辅以预计仓储、运输等附加费用，编制采购预算。

3. 以定额为编制基础全面开展车间的成本预算编制

成本预算编制作为生产预算的重点，必须有一个职能部门与业务部门均认可的标杆，历史成本因每年的例外事项可作参考但指导作用不大，定额数据是依据产品工艺质量等实际测算的易于成本中心接受。企业将已有定额数据的材料、工装和人工以定额数据编制预算成本。

无完整定额数据的能源和制造费用参照三年平均历史成本编制预算成本。对于无定额的成本预算的修正，参照历史成本数据，并充分体现全面预算的牵引作用，有针对性地对产品成本预算进行修正。剔除不可控因素影响的历史数据，结合企业投资情况、技术革新、生产熟练程度等情况，再进行微调确定当年预算成本，体现预算成本先进性。

4. 强调预算的业务属性，实行费用归口管理

全面预算作为一个全员、全过程、全方位的管理工具，应充分发挥业务部门的专业特长，调动其参与全面预算的积极性，改变只有财务参与的弊端。预算办公室作为预算管理的组织者、推动者和控制者只针对归口部门控制费用总额并实施考核。

业务部门在各自分管板块的预算编制、审核、执行及考核方面配置资源。实行谁负责、谁控制；谁节约、谁受奖励；谁超支、谁受罚的政策，使业务部门有压力感，形成人人关心预算，全员保障完成预算的局面。归口管理费用使业务与财务结合更加紧密，编制和分配的费用更加合理公允，预算执行的偏差和调整项目进一步缩小。如在报纸、杂志预算管理方面由宣传部统一管理，宣传部根据下一年度企业文化建设等需求据实测算各部门应订阅的各类资料，组织开展预算的编制、初审及考核工作。

5. 与考核融合，将部分预算指标纳入了绩效考核，以考核促进预算

预算管理的效果是与它在绩效评价中的作用息息相关的，通过预算指标考评，能使被考评人看到具体差距，能调动企业全员的积极性、主动性和创造性。先将部分指标纳入，逐步显现效果，易于上下转变观念，逐步接受。当年基本做到以业务预算为起点，坚持了"业务决定预算"的原则。找到了预算发挥作用的切入点：即编制靠定额，执行靠考核。

将目标利润、目标成本、目标收入各选取部分指标纳入绩效评价，将螺栓分厂、运动分厂年度利润纳入绩效评价，利润执行差异的 100% 直接与分厂工资挂钩；将成本预算中的工装和制造费用

两部分纳入绩效评价，预算执行差异的 70% 直接量化为责任单位的工资奖励（惩罚）；将市场部销售收入及回款纳入绩效评价，每月收入完成进度差异的 30% 及回款额度差异的 15% 直接量化为工资奖励（惩罚）。企业上下更加重视全面预算，生产车间开始关心成本预算。当年，企业制造成本预算调整金额低于制造成本总额的 4%。

期间费用全面纳入考核：除折旧、工资外的可控部分纳入部室绩效考核指标，预算执行中超支不报，节约的 50% 奖励为工资。

预算执行与考核的结合使用，使预算执行质量显著提升。绩效考核对全面预算的编制、执行和改进起到了关键性的作用，考核让预算成为大家关心的东西，避免了编制与执行的两张皮现象。

6. 明晰编制流程，提升预算编制水平

一是将全面预算分为业务预算、财务预算、薪酬预算、资本预算、资金预算五大部分，分别由财务部、人力资源部、战略规划部等部门牵头编制，真正实现了部门间联合协调编制预算的局面；二是绘制了公司的全面预算结构框架，使全面预算的编制、审核、分析结构更加清晰并有据可依；三是提出了以工艺改进计划作为牵引，以设备投资经营数据效果体现作为落脚点的预算编制原则，使全面预算、成本工程与绩效考核更加深入地融合，同时也较好地体现了全面预算对基础管理和生产过程的控制作用；四是以销售计划倒推排产，明细到月的原则编制预算，使主要经济指标细分到月度，为预算执行情况分析和滚动调整打下了较好的基础。

（三）第三步：从全到深，细化成本预算

通过成本预算执行发现以定额为基础的预算成本与实际成本差距大，考核难于执行。成本预算没有参照标准，导致财务与车间谈成本预算困难。只有部分预算指标纳入考核，易导致成本转移，出现各部门和项目预算都能完成，企业整体预算完不成的情况。只有深入细化成本预算，才能建立预算参照标准。

1. 及时修订优化各项定额

通过材料、人工、工装定额的成本预算执行，让车间及决策层看到了定额数据优于单纯的历史数据，得到了初步肯定，为全面修订各类成本定额奠定了基础。

每年年中，依据工艺改进调整材料消耗定额、产品工时定额、工装消耗及部件良品率等指标；

补充制定制造费用中与产量、工时、人数相关度较高项目的定额（如制造费用中的办公费、印刷费等）。通过多年历史数据的积累，补充制定能源定额。

用标准成本及定额成本同时作为预算编制的参照标准。定额成本依据的是以前年度工艺水平，对过去的因素考虑得多一些，默认了部分过去非正常因素，预算成本是未来成本，两者有差距。尝试用两个成熟产品编制标准成本。

2. 细化各类生产保障性预算的编制

为确保生产预算的顺利执行，各类保障性预算也应准确完整。编制以工艺进步和质量提升为目标的工艺科研预算；编制以保障生产为目标的安全、物流预算；编制以解决生产"瓶颈"为目的的维修维护预算支撑成本预算的科学合理。

在工艺科研预算方面，企业为改进工艺、产能、质量、效率和成本进行的设备、人力、技术等投资应在全面预算编制中通过工艺改进计划反映。如产品良品率提高，材料消耗量降低，专用工具使用量降低，操作工人减少等。同时为技术、质量、人力部门修订定额提供支撑。

3. 新增资本预算，运用投资决策工具严格资本预算，细化投资对成本的影响

资本预算是企业为了今后更好发展，获取更大报酬而做出的资本支出计划。战略部门根据企业规划和对未来行业发展的预测，参照《投资决策手册》设计了投资预算表单，编制固定资产投资计划和产权投资方案。计划或方案由各相关职能部门初审后经预算管理委员会专题审议通过后确定。

同时在投资预算中细化对成本的影响。在成本预算中体现投资行为对成本或经营指标的影响，分析得失。如产能扩大、成本下降或效率提升等对成本和效益的影响。基本实现了以业务、薪酬和资本预算为支撑的全面预算，预算准确性及系统性得到较大提高。

4. 开展以零基方式编制费用类预算

开展零基预算。除人员薪酬和折旧外，编制费用预算不再以历史数据为依据。通过开展零基预算，避免以前年度非常规业务对预算编制准确性的影响。

5. 深化全面预算与日常经营考核的有机统一

用基于全面预算的业绩评价体系取代基于核算的评价体系，可以有明确评价标准，有奖有罚，体现权责对等。通过成本费用预算为业绩考核评价体系提供了翔实的考核标准。预算执行差异就是考核的差异，预算执行差异直接量化为工资奖惩。执行差异与奖惩融合极大地提高了各部门、车间对预算编制、执行的重视程度，也促进了预算执行过程的自觉改进和纠偏。

目标收入预算全面纳入考核，不仅考核收入预算总额完成情况，还考核收入预算结构差异，实际收入结构与预算比偏差大的，调整销售费用提取比例。

将成本目标项目中的材料、废品损失和能源成本全面纳入考核体系。其中材料和废品损失按照预算执行差异额的 70% 对单位进行奖罚。至此，成本目标的所有项目均纳入绩效考核体系，基于全面预算的业绩评价取代了基于核算的评价。

尝试将对 EVA 驱动路径敏感的指标如科研投入等纳入考核。

增加预算执行考核与中层领导干部个人薪酬挂钩，极大地调动中层管理人员主动参与预算管理，如车间中层干部个人考核指标中成本预算完成情况指标占考核总权重的 60%。

预算主要指标全部纳入绩效考核，较好遏制了成本转移，考核的牵引激励作用显著增强，车间开始主动分析预算执行结果。

（四）第四步：从深到准，打造预算平台

定额是对过去历史数据的合理整理，未考虑新增制造能力、工艺改进等因素，导致当年预算不准，部分成本项目波动大。标准成本是在定额基础上考虑了当年变动因素的成本，更适合作为预算的参照。

1. 用标准成本取代定额成本作为预算编制的参照标准

为提高编制的效率和准确性，将标准成本作为成本预算编制重要参考标杆，分析预算成本与标准成本的差异。一是编制产品成本预算时，只编制因年度生产安排、技术路线变动等因素导致的与标准成本有差异的预算项目，并对每个项目附上专项差异说明。二是审核成本预算时，重点审核差异。依据差异分析审核差异的合理性，结合实际确定当年产品成本预算。标准成本的引入，全面预算产品成本预算编制不再处于标杆不清的情况，极大地提高了预算编制的效率，并体现了定额修订的必要性。标准成本同时在定价决策、业绩评价中的运用中也发挥了标杆作用。

2.划分成本性态，夯实动态预算的基础

企业经营活动是动态变化的，全面预算也需要随之而动，制造费用预算按产量、人数、工时等成本动因进行编制、执行，方便控制和考核。

制造费用是成本中较为复杂的项目，按成本性态将制造费用分为变动和固定两大类，变动部分以产量、人数、工时等动因分析编制，如实验检验费、机物料消耗以产量为动因编制；职工交通费费、劳保用品费用按人数为动因编制；低值易耗品按工时为动因编制。固定费用以专项分析编制，如厂房和机器设备的折旧等。

3.考核指标细化，基本实现了预算执行、反馈与改进机制的统一

预算指标是考核的基础，考核是预算目标完成的保障，对执行差异的考核是为了确保预算目标的完成。每月将执行差异考核的奖惩情况以书面形式通知被考核单位，及时让被考核单位了解因预算执行差异被奖惩的具体金额、差异事项及原因，并对需改进问题做出必要的提示和督促，能反向强化目标的实现。

同时加大业务指标的权重。如对材料消耗指标和良品率两个指标权重和考核政策由70%调整为100%。

全面预算的平台作用凸显，已基本形成编制有据，执行到位、考核严格、经营结果可期的企业基础管理工具。

（五）第五步：从准到先，落实战略牵引

1.增加了业务与战略的相关度分析，以目标牵引业务

所有业务计划纳入全面预算后，部分业务计划与企业经营目标相关度不大，资源占用与目标实现关联度不紧密。编制预算时需业务计划部分增加其与企业战略的关系描述和对年度经营目标支撑度评价两部分内容。审核预算时先审业务计划的真实性，再审业务计划与战略的关系和对经营目标的支撑度，全方位平衡配置资源。调整预算时新增和调减预算必须符合调整后的企业经营目标。

2.开展了以资金预算为主线的动态预算管理

将利润作为预算的主线，资金管理预算不足，缺乏对当年生产经营的动态支持。对分月资金预算进行动态调整，将资金预算作为静态与动态的纽带。从生产大纲追溯用工、采购等各种生产耗费资源对经营现金的影响，逐月编制月度滚动资金预算，实现资金预算对生产情况的动态支持，资金预算更加实用有效。

为提高资金管理水平，公司制定资金预算执行偏差率考核细则，将月度资金按偏差度纳入考核中，使公司更易于提前安排资金计划，避免出现资金短缺或资金过剩的情况，使资金作用最大化。

3.借助信息化管理平台固化流程

针对预算管理工作无统一标准和规范、编制效率不高的情况，企业借助浪潮公司财务软件，将预算流程及各类表单植入系统软件中，固化了前期工作成果，全面预算的编制通过领导逐级审核，费用管理单位将审核结果通过系统软件反馈给业务单位，弥补手工作业的不足，提高工作效率及工作质量，公司管理层对全面预算情况的查看更方便、更多样化，强化了成果的运用。

公司同时将成本预算的重要依据——标准成本纳入信息化系统，并作为财务软件中的单独模块运用，通过软件可以多维度查询数据。将标准成本与全面预算系统集成，实现标准成本系统数据与

预算系统共享，通过系统的接口实现预算系统中的标准成本数据自动生成，编制人员只需结合当年实际情况编制差额数据即可完成成本预算的编制；生产大纲、物料需求依据标准成本中的定额资料结合预算大纲自动生成，减少诸多人为因素带来的不利影响，提高工作效率的同时提高数据的准确性。

4. 重视工具运用成果的输出和利用，编报内部管理会计报告

随着全面预算管理深入推进，预算管理过程中产生了大量有用的财务管理信息，需要一种相对标准和固定的格式，提供给经营管理者参考、改进经济运行质量。企业逐步建立起了以月度预算执行分析为基础，包含三张管理会计报表和多个专项业务分析的内部报告体系。内容包括：每月编制EVA 路径分析表等三张内部管理报表；收入、成本、利润、经营现金流、应收账款、存货六个财务报表主要指标预算执行度对比分析；收入结构对比、重点产品成本预算执行、应收应付账款对比、资金收支计划完成情况分析等。初步建立起可支撑公司日常运营决策的内部报告体系。预算编制、执行、分析、考核常态化，预算执行与实际经营结果差异进一步缩小，成本费用的预算执行差异率控在 1.5% 以内。

四、实施效果

（一）基础管理水平提升，经营质量和效益持续改善

近年来，公司随着分立破产改革的完成，搬迁技改项目的实施，产品产业和人员结构的调整，公司经营质量和效益持续改善：一是公司加大科研投入，研发能力不断增强，新产品产值逐年递增。2009 年新产品产值 19191 万元，2015 年新产品产值 29972 万元；二是经济效益持续改善，2015 年销售净利率达到 5.18%，比 2009 年的 1.02% 增加 4.16 个百分点；三是 2015 年人均收入达到 5.5 万元，比 2009 年的 2.5 万元增长 120%。

（二）预算文化已在企业形成，得到各级决策者的高度认可

目前，长江电工基本将全面预算固化为公司的常态管理工具，在经营目标规划、过程控制、业绩评价等多个方面发挥了无可替代的作用，逐步形成了预算管理文化。具体表现在：一是公司高层非常重视预算工作，对执行过程中的费用追加严格审核，把控预算执行偏差，并习惯于对照预算进行决策和控制，对财务分析的要求由以与历史数据比较为主转变为以与预算比较分析为主的"预算执行情况分析"；二是各生产一线单位和业务部门认可预算管理模式，车间分厂的预算执行分析已由被动变为主动，为确保年度预算目标的顺利完成，将任务分解至各工序、各班组、各人员，真正实现了全面预算的"全员"参与；三是预算逐步与综合计划无缝融合，对业务工作的规划和指导作用逐年增强。

（三）全面预算形成企业管理会计运用的平台

企业以全面预算为基础，在预算系统逐步完善的同时发现管理短板，构成内在需求激发企业运用其他管理会计工具，使整个企业管理水平和预算水平同步提升，继续贯彻"预算服务于经营、考核以预算执行为基准、降本增效依托预算控制"的指导思想，全面整合预算管理、绩效考核、成本领先三项重点工作，充分体现了预算的整合职能和平台作用。

电子信息企业全流程管控的战略绩效管理

创造单位：大唐电信科技股份有限公司

主创人：薛 贵

创造人：欧阳国玉 刘连花 路玉军 王 晶 姜璎兰

[**摘要**] 2012 年，大唐电信处于向"芯—端—云"产业转型的关键时期，内部环境的发展变化使得管理提升成为公司一个迫切的需求。大唐电信全流程管控的战略绩效管理，是在公司战略规划、资源配置和绩效管理等主要运营环节中，通过构建"战略—资源配置—绩效"的逻辑体系和闭环管理，实现战略落地、资源凝聚、绩效评价和有效激励的一体化。2014 年在全公司各主要单位运行这一体系以来，形成 20 多项管理成果。

[**关键词**] 绩效管理；全流程管控；电子信息企业

一、前言

大唐电信科技股份有限公司（简称大唐电信，股票代码：600198），成立于 1998 年，由电信科学技术研究院（大唐电信科技产业集团）控股，是我国国家科研院所改制上市的第一家股份制高科技企业，是国内具有自主知识产权的国家级高新技术企业和国家级企业技术中心。大唐电信围绕"芯—端—云"进行产业布局，以关键核心技术为支撑，以产业专业化发展为重心，定位于细分行业综合领先的解决方案和服务提供商，形成了集成电路设计、终端设计、软件与应用、移动互联网 4 个产业板块。截至 2014 年底，大唐电信拥有员工 5000 余人，实现营业收入 79.8 亿元。2015 年实现营业收入 86 亿元，资产总额达到 137.9 亿元，公司荣获"2015 全国电子信息行业领军企业"称号。

二、实施背景

（一）处于大唐电信战略转型的关键时期

作为科研院所改制的国有控股上市公司，大唐电信承担着国家科技产业化战略和科技创新的责任。从 1998 年至今，大唐电信凭借着探索、创新、变革的精神开创战略转型之路。业务定位由系统设备提供商转型为解决方案和服务提供商，产业布局由"大终端＋大服务"转型为"芯—端—云"，管控模式由运营管控转型为战略管控，并取得积极进展，收入规模由 2005 年的 15 亿元增长到 2015 年的 86 亿元，由规模向效益、数量向质量、短期业绩向可持续发展的方向转变。

（二）战略引领、资源配置和绩效管理需要有机协同

在实施前，大唐电信四个产业板块拥有超过百条产品线和近千个产品，业务冗杂，资源配置发

散，战略落地性不强。同时，绩效管理的针对性和激励的力度需要加强。通过实施全流程管控的战略绩效管理，有助于优化执行与战略意图的协同性，有助于强化绩效管理与业务差异化的匹配性，有助于提升公司运营的有机性，打造战略的中枢平台。

（三）实施全流程管控的战略绩效管理是管理创新的必然选择

面对外部经济环境的深刻变化和信息时代的快速变革，要落实公司战略，大唐电信需要进行管理创新、需要贯穿公司上下、纵横结合的牵引主线和覆盖全局的抓手。导入全流程和闭环管理的战略绩效管理成为管理创新的重要手段。

三、全流程管控的战略绩效管理模式

（一）构建"战略—资源配置—绩效"一体化的战略绩效管理体系，并真正将其高度统一化，形成管理闭环

大唐电信全流程管控的战略绩效管理，是以公司战略规划为引领，以全面预算管理为资源配置的核心工具、以战略绩效为目标，通过构建"战略—资源配置—绩效"的逻辑体系和闭环管理，实现战略落地、资源集聚、绩效评价和激励约束的一体化管理，实现公司的战略规划目标和短期绩效与长期绩效的协调统一。其总体思路是：首先进行公司战略解码，厘清公司的业务定位及其层级体系，制订公司战略目标并逐层分解；其次通过战略目标牵引，以业务为载体，以全面预算为核心工具进行资源的合理配置，设计具有导向性的绩效指标推动绩效管理与战略目标的深度对接；全面预算管理与战略目标的高度契合，绩效评价激励约束的精准匹配；并通过构建战略绩效管理组织领导体系、战略绩效评估和调控制度，推进总部和各产业单位实施一体化的战略绩效管理流程，保障战略目标的实现。

1. 紧密围绕战略形成高度统一、全流程管控的管理理念

2012 年，大唐电信明确向"芯—端—云"产业转型的战略调整，内部环境的发展变化使得管理提升成为公司一个迫切的需求。在选择管理创新工具的过程中，梳理分析业界实施战略绩效管理时存在的不足，如某部门绩效突出，但企业战略目标却未能实现；或者某部门并未对企业发展战略作出实质贡献，但却获得绩效奖励。造成该问题的原因是战略与绩效管理相脱节、相分离，即战略的制定和实施未有效融入绩效管理中，未能形成全流程管控的战略性绩效管理体系。为弥补以上不足，大唐电信致力于打造高度统一、全流程管控的战略绩效管理模式。通过强调"战略"的导向性、承接性和落地性，构建基于"战略—资源配置—绩效"的计划、组织、协调、控制和反馈等管理闭环，使战略、资源配置、绩效三者紧密联系、有机统一。

2. 将战略绩效管理方法论与电子信息企业特征相结合

电子信息企业普遍具有技术更新快、知识密集度高、研发投入大、产出周期长、经营风险大、运营效率高等特点。基于电子信息行业特点，在实施中大唐电信注重结合具体的特性特征进行重点探索，如安全芯片和解决方案业务单元是公司级战略业务，对技术研发、市场开拓等资源需求强烈，则在资源配置时给予重点投入；云平台项目孵化业务单元具有互联网投融资类业务属性且对人力资源管理要求较高，因此着重进行绩效和激励方面的有益探索。

3. 从总部层面建立统一的战略绩效管理体系，组织协同，循序渐进

在统筹推动战略绩效管理有效实施方面，大唐电信通过在总部层面建立战略绩效管理体系，抽

取四个总部职能部门和四个业务单元作为试点，系统地自上而下进行管理体系设计，实现了战略目标横向纵向紧密衔接，保证了体系的完整性、科学性、有效性。

2013年启动公司战略绩效管理体系，有效运转。2014年在全公司各主要单位全面建立运行战略绩效管理体系，结合试点经验，制定了战略绩效管理体系的总体目标，明确重点任务，促进试点成果转化和推广应用，形成20多项管理成果。2015年在总结试点经验的基础上进一步优化战略绩效管理体系，聚焦"集成电路+"业务，调整资源布局，促进转型升级。在瘦身健体和提质增效上下功夫，对一些非战略性业务和资产进行处置，通过股权转让等形式收回投资；借助"互联网+"创新的政策环境，对移动互联网业务加大改革力度，引进战略投资者，实现资本的增值，取得较高投资回报率。

（二）实施全流程管控的战略绩效管理，打造高效执行力确保战略落地

大唐电信在全公司建立并运行战略绩效管理体系，深入贯彻落实公司"稳增长，调结构，聚资源，提效益，控风险"的"15字"经营思路，为实现公司"做实做强"战略目标奠定基础。在实施过程中，公司从思想理念、组织管理、制度流程等多方面着手，为全流程管控的战略绩效管理成功施行保驾护航。

具体做法如下：

1.组建战略绩效管理组织领导体系，确保工作落实

为确保工作能够有序推进、落到实处，大唐电信建立了包括战略绩效管理委员会、战略绩效管理小组在内的战略绩效管理组织领导体系。战略绩效管理委员会由公司领导班子构成，主要负责审批公司战略绩效管理办法、实施方案和管理制度，并对重大事项进行决策。战略绩效管理小组由公司战略发展部、财务资产部、人力资源部、运营管理部等部门构成，主要负责制定公司年度绩效考核办法、制订资源计划及调整方案、根据公司年度战略规划和资源计划等制订年度绩效计划、提供财务指标完成情况、健全完善薪酬管理制度、对绩效完成情况进行跟踪审核评价等。在实践中，各产业单位相应建立起了与总部类似的战略绩效管理组织体系，承接并保障总部及各单位的战略绩效管理工作有序开展。

2.进行战略解码厘清战略定位，逐层分解战略目标

在明晰企业发展战略的过程中，大唐电信首先对企业一段时期内发展目标进行清晰的描述，进而围绕这些目标确定具体的衡量方式，最终通过清晰的流程和制度对战略执行的过程进行评估和管理。基于大唐电信的愿景使命，首先进行了战略解码，厘清了公司整体及各业务的战略目标和定位，对公司的业务进行了梳理，聚焦有竞争力的战略性业务和产品线，形成了由四个产业板块、十几个业务单元、几十条产品线组成的业务层级体系，并进一步明确每个产业板块的"战略型业务""成熟型业务""维持型业务"和"退出型业务"的业务组合，通过开放式研讨推动各产业单位围绕业务重点制定战略目标，进一步对板块整体及主要业务的战略目标进行层层分解。

3.以战略目标牵引公司经营活动，科学配置资源

以业务属性和业务定位为主线，进行资源配置和全面预算的编制。大唐电信明确向战略目标进行倾斜，并在过程中建立动态调整机制，分阶段按比例进行资源投入，以保证资源使用的灵活受控和高效利用。

4.战略目标与绩效管理全面对接，设定合理绩效指标与考核

为推动战略目标的达成，大唐电信通过明确绩效管理作为公司战略执行和监控的主要工具和手段，设计了完整的战略绩效管理体系和流程，并在公司总部和产业单位分别设定了差异化的指标体系，层层分解到具体部门和岗位，有效提高了员工的执行力和凝聚力，使战略执行得到保证。大唐电信结合实际设计了针对性的业绩指标框架。如集成电路设计产业板块在2014年考核中，将指标设为"经营类""战略类""能力类"指标，分别按照50%、40%、10%的比例设置权重。在制订过程中，骨干员工积极参与了指标框架的设计，保证了考核的适用性，并通过对考核指标的层层分解、资源调配，促使各项任务落实到具体的部门和岗位。

5. 以绩效评价调整价值分配，实现价值创造与激励约束相匹配

为充分激发产业单位经营积极性，在价值创造的基础上实现价值分享，支撑公司整体战略目标达成，大唐电信通过将考核兑现与战略目标进行挂钩，以创新激励方式对现有薪酬结构进行补充完善，确保战略绩效管理形成完整闭环，实现组织与个人的"双赢"。

6. 完善战略绩效评估机制和调控制度，实现全流程管理闭环

为达到战略绩效的全流程管控的目的，大唐电信建立了战略绩效定期评估机制，通过每季度末召开一次战略绩效回顾会（或经营分析会），由各层管理者围绕战略执行情况进行分析、研讨和决策，就季度战略绩效指标的完成情况进行评估，提出资源计划、组织机制等方面的改进措施和行动方案，提高战略执行力。在年度工作中，根据经营情况先后设立不同的主题和重点，将战略制定、战略执行、战略评估统一串联起来，并在年末发布下一年度的公司整体战略规划、职能战略规划、产业板块发展规划、公司绩效管理计划等。

电子信息企业以变化和调整节奏快为主要特点，战略执行通常处于环境变化之中，因此加强对执行过程的调整和控制至关重要。大唐电信通过定期发布战略评估报告、组织年度战略评估会对战略执行进行调控；通过各部门和相关单位从财务、投资、运营、风控、市场、人力资源等方面进行战略执行情况汇总分析，对年度战略实施情况进行评估，提出改进措施，由战略委员会进行讨论和审议，涉及重大实施问题上报公司总裁办公会审议决策，依据审议通过后的年度战略实施评估报告，进行公司战略规划的修订和滚动。每年底组织战略评估，对战略绩效进行年度总结，并根据内外部环境变化，对年初设定的战略定位、战略目标、实施路径及举措等进行分析评估，提出调整意见，保证战略的灵活性，实现全流程管控完整闭环。

四、结语

三年来，大唐电信全流程管控的战略绩效管理的实施，使公司战略规划、资源配置和绩效管理体系高度统一和融合提升，是新形势下管理创新的尝试，在公司中初步形成了"四个一"管理文化（一套理念和思路、一套方法论和工具、一种语言、一种文化），构建起了公司战略管控的中枢和平台以及适应公司长期发展的长效机制，为大唐电信的转型升级和可持续发展提供了坚实基础。大唐电信目前取得的阶段性效果是积极的、有效的，但是还需要长期坚持、不断创新，在当前国内外宏观经济形势下行的背景下，公司经营面临的困难和挑战还比较严峻，公司需要在企业改革、机制转换、创新驱动、人才培养、文化培育、党的建设等诸多方面深化改革与发展，锐意进取，迎难而上，转型升级，做强做优。

展望未来，大唐电信的战略绩效管理将在实践中不断创新和完善，全面提升公司总部和产业单位科学化管理水平，增强公司总部和产业单位的纵向一致和横向协同，为公司现代化管理创新、增强核心竞争力发挥重要推动和引领作用。

基于财务主导的油田提质增效工程构建与实施

创造单位：大庆油田有限责任公司第二采油厂
主创人：闫树军
创造人：杨玉芳　张　雪　王秀丽　袁　帅　刘志山　郑　凯　刘丹华　何　川

[摘要] 萨南油田经过近半个世纪的高速高效开发，成了制约油田发展的瓶颈难题，诸如后备资源接替、稳产压力加大，油田生产规模不断扩大、经营成本攀升，单一追求原油产量、忽视多元创效空间，以及发展基础不牢等问题逐步显现。

为此，自 2011 年开始，第二采油厂财务系统审时度势，未雨绸缪，强化忧患意识、风险意识，在主管领导的带领下，经过大量调研与分析，坚持问题导向，通过财务组织，致力顶层设计、源头参与、业务主责、过程管控，文化传承、正向激励，打造了集成从地下到地面、从技术到管理、从生产到经营的全过程、全价值链、一体化综合挖潜模式，构建并实施了以"一体化推进抓统筹，专业化推进抓修保，系统化推进抓管控，立体化推进抓节能，精细化推进抓对标，全员化推进抓创效"的"六化六抓"创新工作法为核心的油气生产单位提质增效工程，其创新亮点纷呈，管控精细精准，效益效果明显，行业示范领先，创出了一条油气生产单位成本效益综合挖潜之路。

[关键词] 油田；财务管理；提质增效

一、萨南油田提质增效工程的实施背景

大庆油田有限责任公司第二采油厂是大庆油田的主力采油厂，地处大庆长垣萨尔图油田南部（以下简称萨南油田），开发面积 182.85 平方千米，地质储量 7.2898 亿吨，固定资产总量为 301 亿元人民币，2015 年实现油气产品收入 180.9 亿元，内部利润总额 92.44 亿元，年纳税额 9.23 亿元。现有员工 12291 人，有 20 个大队级单位，14 个机关部室，3 个直属中心。自 1964 年 11 月建厂以来，原油产量连续 30 年保持在 900 万吨以上高产稳产，并在 1000 万吨以上稳产 13 年，截至 2015 年底，累计产油 4.35 亿吨，占同期大庆油田总产量近 1/5，特别是"十二五"以来，全厂干部员工攻坚克难、矢志稳产，连续四年实现原油产量递增，使稳产水平保持在 720 万吨以上，为大庆油田持续稳产和国家能源安全，以及地方经济发展做出了突出贡献。

然而，萨南油田经过近半个世纪的高速高效开发，成了制约油田发展的"瓶颈"难题，诸如后备资源接替、稳产压力加大，油田生产规模不断扩大、经营成本攀升，单一追求原油产量、忽视多元创效空间，以及发展基础不牢等问题逐步显现，但油田干部员工并没有引起高度重视。而且 2011

年，国际油价始终保持 100 美元/桶以上，油田企业呈现一片欣欣向荣的景象，干部员工欢欣鼓舞。而第二采油厂财务系统，尤其是主管领导却有不同的思考：越是生活好的时候，越要居安思危。况且现在开采难度逐年增大，成本压力逐年增加。油田在重视产量的同时，也应该重视效益，重视管理提升，做到未雨绸缪，才能更好地应对今后的各种问题。

定位决定地位，思路决定出路。对于采油厂来说要想完成效益目标，最有效的手段就是控投资、降成本。采油二厂每年操作成本 30 多亿元，40 大类 1500 多项，这个庞大的成本体系，又该从何入手呢？表面看似波澜不惊、暗地里却在运筹帷幄，这场没有硝烟的降本增效攻坚战，正悄然拉开帷幕。

为此，自 2011 年开始，第二采油厂财务系统作为数据信息的"集散地"与处理中心，在厂主管领导的带领下，坚持问题导向，审时度势，未雨绸缪，通过顶层设计、政策引领、全面督导、精心组织，应用大数据对成本及其相关数据资料进行分析梳理，并通过大量的调研与缜密论证，选择占成本支出比重较大的水、电、气能源消耗，以及井站材料费、措施作业费为成本挖潜重点，并选取修旧利废作为突破口，同时，建立完善体制机制，创新管理方式方法，多措并举，取得共识，以此构建并实施了萨南油田提质增效工程，创出了一条油气生产单位成本效益综合挖潜之路。

（一）油田企业提质增效的必然趋势

2012 年 5 月 16 日，时任国务院国资委主任在重庆召开的中央企业强化基础管理工作现场会上指出，"中央企业实现保增长、保稳定的目标任务十分艰巨，必须眼睛向内，将工作重点放在基础管理上，开源节流、降本增效，向管理要效益"。2014 年，集团公司党组成员、副总经理、股份公司总裁汪东进同志对稳增长工作进行了动员部署，并按照党中央、国务院和国资委要求制定了《关于进一步加强开源节流降本增效工作坚决打赢全年稳增长攻坚战的措施意见》，油田公司就今后稳增长工作主要措施进行了安排部署。第二采油厂作为长垣主力、产量大户，积极应对油价"寒冬"，在拿出产量的同时更要拿出效益，做好管理提升降本增效这篇大文章，恰逢此时，"十二五"财务主导下的萨南油田提质增效工程发挥了典型示范与引领作用。

（二）大庆油田持续发展的必然选择

油气田开采企业具有不同于加工企业的主要特征：一是石油资源先天差异性大，油气储量大小、物性的优劣、构造复杂程度以及开采的难度大小基本决定了吨油成本的高低，科技进步和管理提升难以实现的根本性改变；二是产量递减和成本投入递增的趋势性，产量自然递减是客观规律，然而产量下降、生产规模扩大的相反趋势，导致了桶油利润加速下降。

大庆油田的地质构造属于陆相沉积砂岩油田，以砂泥岩互层沉积为主，具有层数多，单层厚度薄，层间、层内、平面非均质严重的特点，开采成本较高。大庆油田经过 50 多年的高效开发，虽然研发并推广了二次采油、三次采油等国际领先技术，始终保持着先进的开采效率，但优质油层已采出殆尽，目前主要致力于薄差油层开发，开采越发困难，开发成本逐年递增，开采效益持续递减。另外，新增可采储量多年未现，薄差油层动用难度越来越大，企业可持续发展面临严峻的挑战。"十二五"期间，第二采油厂探索实施的萨南油田提质增效工程，从内部挖潜增效，是实现大庆油田提质增效的重要支撑，是保障大庆油田健康发展的重要举措和必然选择。

（三）建设经营效益型采油厂的必由之路

目前，萨南油田已经进入"双特高"（特高采出程度与特高含水）开发阶段，采出程度达到

59.89%，综合含水率 93.54%，两驱含水上升、自然递减加快，在用井总井数从 2011 年的 11657 口增加至目前的 14521 口，管理难度持续提升，多种采油技术的应用导致采出液成分愈加复杂，在机采系统、集输系统、注入系统的工艺处理环节逐年增多，导致运行成本逐年增加，而且呈现不可逆的态势。

在第二采油厂四届四次职代会暨 2016 年工作会上，厂党委战略性提出了推进经营效益型采油厂建设的总体发展思路，确定了要落实"推行效益评价机制、优化成本运行管理、加强节能降耗管理、深化修旧利废工作、强化投资效益管理"五项举措。"十二五"财务主导下的萨南油田提质增效工程成果是建设经营效益型采油厂的具体措施，是解决推进过程中遇到各种问题的制胜法宝，是提高萨南油田经济效益的有力武器。

二、萨南油田提质增效工程的内涵特征

现代企业管理是一个由多个因素组成的复杂系统，主要包括生产经营管理、技术管理、质量管理、劳动管理、人事管理、设备管理、财务管理等因素。在诸因素中，只有财务管理具有价值管理和综合管理的特征，它通过价值形式，采用统一的量度，围绕资金运动，将企业的一切物质条件、生产经营过程和经营成果合理地加以规划和控制。

萨南油田提质增效工程，它是基于财务主导与统驭下，运用系统工程理论，按照分解—集成思想，利用分析、综合、试验和评价的反复迭代过程；它是以全面预算和资金管控为龙头，建立完善财务经营政策、制度和体制机制架构，确保各业务链条横向互通、纵向延伸，全生命周期有效受控；它是以建设示范基地为引领，开拓创新，确立"一体化推进抓统筹，专业化推进抓修保，系统化推进抓管控，立体化推进抓节能，精细化推进抓对标，全员化推进抓创效"的"六化六抓"总体思路与方法；它是通过财务组织，坚持顶层设计、源头参与、业务主责、过程管控、文化传承、正向激励，构建集成从地下到地面、从技术到管理、从生产到经营的全过程、全价值链、全要素一体化综合挖潜模式；它是通过"领导带动、系统联动、上下互动、创新驱动"等举措，形成了党政工团各司其职、密切配合、齐抓共管，基层单位勇于担当、积极作为、严格执行，岗位员工群策群力、全员参与的工作格局与机制，以期实现管理提升、开源节流降本增效的目标。

三、萨南油田提质增效工程的具体做法

从 2011 年开始，第二采油厂成立综合挖潜工作领导小组，深入开展以"综合挖潜示范基地"为引领的"萨南油田提质增效工程"。2012 年建立了八个综合挖潜示范基地，坚持以"抓典型、树引领、提效益"为主线，以各作业区（大队）为试点，截至 2013 年底，逐步建立完善了管杆泵修复、设备管理、设备保养、设备维修、节能降耗、综合挖潜、成本管控、对标管理、专业修旧等十个综合挖潜典型示范基地，即"8+2"示范基地升级版，有效引领了全厂综合挖潜降耗工作的深入开展。

在"十二五"期间开展的综合挖潜示范基地建设过程中，第二采油厂财务部门致力于抓好顶层设计，以完善体制机制结构加强综合挖潜工程的指引作用，逐步总结提炼了"一体化推进抓统筹，专业化推进抓修保，系统化推进抓管控，立体化推进抓节能，精细化推进抓对标，全员化推进抓创效"的"六化六抓"工作法，落实机关部室具体项目管控职能，发挥技术单位专业优势，借助生产单位工作实践，全面带动党政工团发挥作用，激发全员创新创效热情，明确目标，落实分工，推动

了成本效益综合挖潜工作的良好运行。

（一）一体化推进抓统筹

以预算管理委员会为管理核心，统筹油田生产与经营效益的关系，以财务经营政策为导向，以全面预算为龙头，坚持顶层设计，制定成本效益综合挖潜工作方案。健全完善激励与约束机制，建立财务与业务相一致的经营愿景目标，将成本效益综合挖潜工作融入油田生产的各项工作中，构建从地下到地面、从技术到管理、从生产到经营的一体化综合挖潜格局，使产量与效益形成有机统一、实现良性循环。

1. 统筹财务和业务的关系

在财务经营政策上，根据所属单位的业务性质和承担的主要任务，针对油气生产单位、辅助生产单位和科研及服务保障单位分别采取"完全成本、以收抵支、费用承包"的财务经营政策管理机制。以强化责任意识为目的，充分发挥主管领导在控制各项成本过程中的统筹管理作用，规定了以节能降耗、控制成本上升为目的的专项奖励政策，加大并完善了修旧利废政策的支持与鼓励，调整了长关井治理、低产（效）井治理、措施增油等政策的奖励范围及标准，指引生产经营方向。

在全面预算管理上，强化预算管理的龙头作用，依据业务需求与财务预算的结合，经预算管理委员会通过，分解并下达预算，同时建立起财务、业务考核指标相一致的激励约束机制。以零基预算为基础，从严从紧安排，按照整体效益最优、薪酬效益匹配、成本费用可控的原则，杜绝无效益投入，严控非生产性支出，坚持"四控制一保障"（控制低效措施产量，控制能耗增长速度，控制单耗稳中有降，控制无效成本投入，保障安全环保资金），2015年在压缩业务预算需求4.3亿元的情况下，实现了产量任务圆满完成，安全环保无重大责任事故，提高了预算运行的质量和效率，保障了挖潜工作的有序进行。

2. 统筹稳产与效益的关系

在制定规划上，牢固树立抓产量必须重效益的思想，使方案设计、增产措施体现挖潜增效，通过使稳产与效益形成有机统一，实现产量与效益的良性循环。

在生产安排上，通过进行萨南油田开采区块的全生命周期成本分析，寻找效益最优的产量组成结构，以水驱产量和高效聚驱产量为重，指导安排产量运行。

在成本投入上，对高效措施优先给予考虑，坚持谋求经济产量和经济工作量，对优化方案设计、优化选井选层、优化体系设计等工作给予奖励。

3. 统筹当前和长远的关系

开展经济效益分析，实现投资与效益一体化评价。避免以财务报表反映的短期利润的最大化为财务目标，导致生产经营的短期行为化以及财务决策的短期行为化，通过对长关井治理成本效益的分析和对水、聚、三元驱经济效益的分析，实施投资与效益一体化评价，把握好投入的方向、时机，促进企业规模和效益、长期利益和短期利益的统一，提高了对提质增效工作的指导性。

仅2014年，第二采油厂通过优化新井完井方案、布井方案、措施方案等编制工作，累计节约投资675.1万元；通过精细水驱挖潜，控制低效循环，提升高效益产量结构比例，全年创造经济效益8097.1万元；通过优化聚驱提效，完善跟踪技术、控制低效循环，全年节省干粉6732吨，折算成本9520万元。

（二）专业化推进抓修保

使废旧材料变废为宝，在用设备用心维护，同时不断开拓内部劳务市场，最大限度地挖掘剩余价值。

捡起大庆精神中"修旧利废"的传家宝，深挖材料费的降耗潜力，依据各单位管理范围与职能，由财务部门统一设定专业化修旧目标与指标，充分利用各单位的专业优势，并给予政策、资源、设备与资金支持，建立专业化的修保基地，开展专业化修保工作。

1. 标准化流程形成闭环管理

面对废旧物资数量巨大的情况，从规避经营风险、提高运营效率、挖掘剩余价值三方面规范了《第二采油厂修旧利废工作管理办法》。

以管理机制的完善，规避经营风险。对于从生产前线淘汰下来的废旧物资及设备，首先登记台账，并由修旧班组或单位进行甄别，可以实现修复再投入使用的单独归类送修，没有修复价值的也同样对数量、原值、使用年限等信息登记造册，统一管理。

以专业修旧的手段，提高修旧运营效率。对可以通过修复再投入使用的废旧物资进行归类，对作业材料、电器设备、仪器仪表和汽车配件等交由厂级专业化修保基地进行维修；对阀门、螺栓等零星材料和日常消耗材料由基层修旧班组（车间）统一维修，实现修旧工作的流程化运行。

以规范处置的办法，挖掘废旧物资剩余价值。对没有修复价值的废旧物资，通过了解市场行情计算剩余价值，由物资管理部门实行统一招标的方式，进行销售处理，最大限度地获取废旧物资的剩余价值，实现修旧利废的全过程管理。

2. 专业化修保打造规模效益

充分利用各单位的自身优势建立专业化的设备修保基地，开展专业化修保工作，搞好闲置资产的二次利用，最大限度地发挥资产效益。

在电力维修大队，建立电力设备专业化维修基地，成立电器设备专业化修理班组，积极开展变压器修复、绝缘导线修复、变压器油再生等工作，利用报废电器上的零配件，循环组装利用，加工成新的电器配件，每年可修理变压器200余台、过滤变压器油150桶，直接经济效益355余万元。

在机械维修大队，建立管杆泵专业化修复基地，充分利用闲置厂房与场地，三年来，财务部门累计给予资金支持2000万元予以采购设备。通过优化工作流程，编制作业指导书，形成了完整技术文件，全面提升了作业主材修复能力，修复产品质量合格率达到99.3%以上。2012年，机械维修大队被油田公司授予"大庆油田资产设备管理示范基地"。目前，机械维修大队管杆泵修复基地每年修复的作业材料占萨南油田开发总需求的30%，年可减少外部采购5700万元。

在特车大队，建立设备专业化保养示范基地，建立完善设备润滑管理信息系统、设备修保信息系统、回场检查信息系统，设备完好率全年都达到97%以上。以保养站技师为基础，抽调各基层队技术骨干，成立修保工作室，利用原闲置维修车间进行起动机、发电机和简单零件的维修与加工，利用引进设备进行车辆轮胎的修补，年均节约维修成本675万元。

在工程技术大队，针对仪器仪表基数大，置换费用高昂的情况，通过建立仪器仪表维修力量，学习专业技术，进行仪器仪表的修旧利废工作。例如一块电磁流量计的内置电容损坏，重新购置价格达到2万元，检修价格也高达数千元，但自行维修仅仅需要更换一颗3元钱的电容，同样可以实现维修效果。目前，工程技术大队可对全厂使用的5万余台数字化仪表进行维修，每年可节约采购费用2380万元。

3. 个性化维修挖掘内部潜力

为激励基层开展个性化修旧利废活动，在制定预算时，财务部门将修旧利废作为专项从基层单位的材料费预算中剔除，以明确修旧利废目标，鼓励基层单位开展修旧利废创效活动。

各采油作业区利用资源优势，在采油 43 队、采油 49 队等技术力量较强、基础较好的基层队，建立专业化修旧场所，整合资源、设置专业修旧班组，把修旧利废作为一项重要工作来做。集中力量开展井站材料的修旧利废工作，通过修复一个阀门、一个螺栓、一根皮带等细小工作，每年可节省各类材料费近千万元，如表 1 所示。

表1 2015 年全年修旧利废累计发生额 单位：万元

主要项目	年初指标	修旧数量	新材料金额	修旧成本	修旧效益	完成/结算(%)
厂级修复	2193.1	1342	5749.7	659.1	5090.6	232
抽油杆修复	558.1	19	740.5	215.8	524.7	94
油管修复	1310.0	64	4332.6	331.6	4001.0	305
抽油泵修复	325.0	1259	676.6	111.7	564.9	174
各单位：	1304.0	88852	4788.3	1068.3	3720.1	285
第一作业区	15.9	1293	159.0	15.3	143.7	904
第二作业区	22.5	412	56.2	10.7	45.5	202
第三作业区	17.1	3121	90.1	5.1	85.0	497
第四作业区	13.0	700	27.1	2.7	24.4	188
第五作业区	20.9	431	42.2	0.3	41.9	201
第六作业区	17.0	656	160.3	4.1	156.2	919
第七作业区	7.6	4	10.4	0.1	10.3	135
作业大队	300.0	24951	304.7	9.1	295.6	99
电力维修大队	260.0	245	428.0	82.5	345.6	133
工程技术大队	600.0	3068	3278.0	897.0	2381.0	397
机械维修大队	15.0	388	103.5	39.3	64.1	427
特车大队	15.0	53583	128.8	2.1	126.8	845
总　计	3497.1	90193.7	10538.0	1727.4	8810.6	252

（三）系统化推进抓管控

把成本管控作为一项系统工程来抓，不断从信息化层面提升管理。在制定预算时，同时制定全年预算电量、预算作业费、生产单耗等具体指标，以预算的刚性控制引导生产经营的管理水平提升。

通过财务信息化平台的成本监控，实时监控成本发生，依据"抓预算、控源头、平衡分配；抓发生、控过程、平衡使用；抓结算、控出口、平衡调整"的"三抓三控三平衡"的成本管理模式，根据成本的预算、发生、结算三个关键环节，对成本预算、发生、结算数据以及动态进行精细掌控与科学调整。

通过联动生产信息平台、生产指挥平台、电力运行监控平台、井下作业信息平台等生产管理信息化系统，将财务端发现的成本异常落实到单站、单井、单台设备上，实现对管理漏洞的及时发现、分析与解决，优化了生产运行效率，提高了生产管理水平。

以财务端与生产端的充分结合联动，搭建推广了《第二采油厂财务管控系统》，实现了成本费用落实到单站、单井、单台设备核算，对成本消耗实时反馈与控制。同时，将低值易耗品管理纳入该系统，实现采购、调拨、收回再调拨管理，以及以旧换新、移交、报废到分类统计分析等信息集成，强化对低值易耗品的实物与价值管理，提高其使用效率效果。

财务部门以成本管理系统中的历史数据为基础，分析各类型井（站）材料、作业材料及施工费、成品油、管理性支出等费用的单耗，按一定比例压缩后制定厂标准成本和费用定额，提高了预算控制的准确性、科学性，进一步把财务管控延伸到各生产环节。

（四）立体化推进抓节能

从空间上，立体化节能的重点是优化油田布局，调整结构，提高油田的工作效率，其活动的主要对象是采油工程系统和油藏工程以及地面工程系统。按照"地上服从于地下，地下兼顾地上"的原则，对各个设备的节能技术进行改造，提高设备的运行效率，在空间上实现产量、效益以及排放的效益最大化。从时间上，立体化节能的规划、设计、生产以及排放的环节都有其一定的时间顺序，使各个环节与全过程达到最优化，从而实现油田的安全有序采油。从管理上，立体化节能有其一定的规划管理模式，进行系统化管理，使其发挥最大效益，以战略规划为统领，科技为向导，系统化为重点，实现立体化节能技术的科学有效进行，使油田达到节约发展、可持续发展的目的。

通过对产液量和注水量在各个生产环节运行的单耗拆解分析，分段抓降耗，逐步探索建立"465"节能体系。划分厂、作业区、基层队、班组四个纵向责任层级，逐级落实节能降耗责任；落实油藏、采油、地面、电力、生产和节能管理系统六个横向责任主体；明确设计、注水、机采、集输和供电五个能耗管理重点，优化系统运行，强化过程控制。

油藏系统围绕"控制低效无效注采循环"，扎实推进各类控注、控液措施，年均可实施700井次，年均控注190.14万立方米，控液73.55万吨，折算节电1713万千瓦时、节气103万立方米。

机采系统围绕，围绕提高机采井系统效率，针对供排关系调整潜力较大的实际，采取地面与地下。步优化的做法，以地面优化为主，并结合机采井检泵时机优化井下管柱配置。年均实施参数优化、管柱优化等节能措施4000井次，措施井系统效率提高0.9个百分点，年均节电1200万千瓦时。

注水系统围绕控制"管网压差"，优化开泵方案，动态调整注水泵运行，实施注水泵减级，应用污水外输泵变频控制装置，同时对25个注水站添加注水泵润滑油改进剂，年均措施节电1720万千瓦时。

配电系统围绕控制线损，一是完成主干线的分段改造并实现分段运行，调整、新增运行回路，减少附近其他干线的运行电流，降低线路损耗，年均折算节电30万千瓦时；二是调控12座站的供电方式，将供电半径较长的双电源站调整为供电半径较短的线路供电，年均折算节电10万千瓦时；三是建立月度功率因数分析机制，根据线路的负荷分布、负荷性质、无功容量分布，合理分布补偿容量，完成182台高压无功补偿的维修改造，提高线路功率因数，年均折算节电40万千瓦时。

集输系统围绕"控制自耗气用量"，大力开展低温集油工作，逐年推进开展低温集油工作，停运加热炉51台，近五年来全厂低温集油井数5221口，年均措施节气716万立方米，节电80万千瓦时。

第三作业区作为节能降耗综合挖潜示范基地，通过示范践行以"立体化节能管理"为核心的管理模式，折合吨液耗电为12.62万千瓦时/吨，与2015年指标15.62万千瓦时/吨相比降低3万千瓦时／吨，为全厂各作业区树立了标杆，如表 2 所示。

表 2　第二采油厂节能示范站队统计

站队等级	集团公司先进站队	股份公司能效对标先进站队	油田公司优秀站队	油田公司示范站队	合计
数量	2	1	9	76	88

通过立体化抓节能的举措实施，第二采油厂将节能工作铺开至全厂，"十二五"期间，平均吨液综合能耗 4.27 千克标煤／吨，水电动力费占操作成本比重较"十一五"期间下降了 2.43%；共创建节能示范站队 88 个，达标率 95%，提前完成公司示范站队达标率 80% 的目标。

（五）精细化推进抓对标

以效益指标为抓手，规范"立标—对标—超标—奖标—再立标"的对标管理工作流程，深入开展成本效益对标工作。通过分析原因，落实举措，形成对标管理的良性运行机制，构建全厂上下齐抓共管的对标管理格局。

1. 突出对标管理的综合性和全局化

为避免因追求单一指标提升而导致成本转移、整体效益不佳，将效益指标和管理指标相融合，各占 50% 比重，形成综合评比标准，实现单项指标引导挖潜措施，综合评分体现整体水平。在对标排序中，只有在更好地完成油田开发和生产经营任务的前提下，效益指标突出的单位才能名列前茅，使对标管理充分体现管理水平和创效能力的综合结果。

2. 突出对标管理的全面性和最优化

在选择对标管理的指标时，从工作任务、安全生产、成本控制、工作质量等方面考虑，充分反映基层管理水平，对企业发展至关重要的油藏、采油、集输、节能等系统的产量、单耗、效率、效益、质量等可量化的 21 个指标进行对标管理，并力求在寻找运行参数最优化和最佳匹配的前提下，坚持追求更高的油田开发水平和更好的油田开发效益。

3. 突出对标管理的实用性和个性化

按照管理职责、控制范围分别开展了厂级、作业区（大队）级、基层小队、班组、单站（井）五个级次的对标管理，既有统一的标准指标，又有具有各自特点的个性化指标。

第四作业区，作为对标方面的综合挖潜示范基地，在采油系统和站库系统建立阶梯式晋级动态管理模式，通过设定"一级、达标级、未达标级"三个梯次目标分值，量化工作标准，细化管理行为，实行动态分级考核，督促基层队逐级达标，综合管理水平逐步攀升。采油 6-4 队和采油 8-4 队两个普通队，通过强化对标管理，管理水平迅速提升到作业区前列，助推了作业区整体管理指标持续向好。2015 年，共节约井下作业费 76 万元，抽油机皮带、电料、中尾轴、电缆与 2014 年对比结余 21.3 万元。计量的站所耗电量减少 311.41 万千瓦时，电费 199.30 万元。天然气消耗减少 115.5 万立方米、95.50 万元，在全厂成本对标管理工作中起到了突出示范带动作用。

通过精细化对标工作的开展，第二采油厂生产管理保持较高水平，机采井系统效率 31.4%，油井开井率 92.82%，开发形势整体向好。

（六）全员化推进抓创效

按照全体员工共同参与，党政工团齐抓共管的原则，大力开展全员参与的创新创效和效益挖潜工作，努力提升全员成本效益意识，凝聚整体合力，营造萨南油田提质增效综合挖潜的浓厚氛围。

1. 优化劳动组织结构

员工成本也是综合挖潜的重点。"十二五"期间，采油二厂总井数由 2011 年的 11657 口增加至目前的 14239 口，上升了 22%，但用工人数从 2011 年的 12049 人增加至 2015 年的 12291 人，仅上升 2%，人员矛盾比较突出。

实施维修业务服务外包与大班组专业化管理。第二作业区以管理方式市场化运作，生产组织规范化运行，施工情况全过程监督，实现管道维修质量和效率明显提高，精减劳动力 24 人，劳动效率提高 68.8%，节约人力资源充实到采油一线，缓解了新增产能用人压力。第三作业区以劳动组织模式再造、量化工作量、优化人员配置，优化整合专业化大班组，提高劳动用工效率和员工劳动效率，采油工人均管井达 20.3 口，用工效率提高 44.8%。使新建小队点有效压缩 4 个、用工人数减少 238 人，有效盘活现有人力资源，缓解新增产能人员短缺压力，实现控制人工成本和组织机构运行成本投入。

组建变电运维工区，打破以往由作业区、电力维修大队和基层小队多级多层管理模式，建立以专业化管理为核心的工区管理模式，通过推进组织结构扁平化、生产管理信息化、岗位设置集约化、生产运行流程化，充分利用信息手段，达到提高员工劳动效率、缓解新增产能用人压力和控制成本投入目标。

目前，第二采油厂 39 座变电站有 12 座已经纳入变电运维工区管理，这 12 座变电站原有 24 个岗位 116 人，实施工区管理模式后，共设 4 个岗位 36 人，调整人员全部充实到一线采油岗位上，岗位优化率达到 83.3%，员工劳动效率提高 70%，年节约人工成本 530 万元。预计在 2018 年将全厂 39 座变电站全部纳入变电运维工区管理，可优化岗位用工 260 人，年可节约人工成本费用 2860 万元。

2. 鼓励科研技术攻关

依靠财务政策引导，对科技创新工作给予支持和奖励，各科研单位加大科研攻关力度，稳步推进重大现场试验，加大技术创新应用投入，为确保持续稳产提供有力的技术保障。

地质大队围绕深化多学科研究、精细水驱、提效聚驱、加快三元、夯实基础的开发思路。强化注水综合调整技术研究，探索层系井网优化调整技术，推进水驱专项治理；以"提效"为主线，深化聚驱综合调整挖潜技术研究，突出交替注入等重点技术推进，在井震联合解释基础上，深入构造及储层认识，搞好断块区综合挖潜，不断提升聚驱开发效率。累计发放奖励 500 万元，实现提效 6700 万元。

试验大队加快三次采油试验攻关，全力做好稳产技术储备。聚驱后三元复合驱油技术初步见效，中心井区阶段提高采收率 0.8 个百分点；二类油层脂肽复配弱碱三元复合驱油技术效果向好，提高采收率达 14.36 个百分点；过渡带聚表剂驱油试验区阶段吨聚增油 56 吨，达到聚驱 1.3 倍；组分可控烷基苯磺酸盐弱碱三元复合驱技术评价见到良好苗头，三类油层石油磺酸盐弱碱三元复合驱技术攻关稳步推进，为三类油层大幅度提高采收率做好技术储备。累计发放奖励 350 万元，工业化推广后预计增加可采储量 1320 万吨，实现增收 2781240 万元。

工程技术大队重点在水驱精细注采、三采完善配套、举升节能高效、安全技防保障四个方面，开展推进了单管细分工艺、双管分压注水技术、聚驱下返井封堵技术现场试验等 7 项科研、试验及推广工作，较好地履行了"科研引领、技术指导、生产服务"的工作职能。累计发放奖励 50 万元，实现节支 2400 万元。

规划设计研究所在控投资降成本、三元配套工艺完善、水质改善三方面攻坚技术"瓶颈",重点开展弱碱三元采出污水处理工艺适应性跟踪与评价、已建大中型站场集中监控改造研究、集油管线高回压成因分析及治理措施试验研究推广,参与的11项公司级项目、承担的13项厂级项目稳步推进。累计发放奖励50万元,实现减少投资7300万元。

3. 推进典型示范引领

紧跟发展形势任务,强化效益意识,大力开展群众性创新创效和效益挖潜工作,努力提升全员成本效益意识,营造提质增效综合挖潜的浓厚氛围。

一是发挥政策导向优势。不断完善厂经营考核政策,突出成本控制指标,奖优罚劣,严格兑现,突出考核的政策导向作用;专设月度考核成效突出奖励政策和作业区经理专项奖励资金,对在降本增效、节约挖潜中取得突出成绩的单位和个人予以奖励;加大专项成本结余奖励力度,充分调动全员成本效益综合挖潜积极性。

二是发挥群团组织优势。深入开展群众性创新创效活动。深入开展"小勤俭、大节约"精打细算竞赛活动,广泛开展"一滴水、一度电、一张纸、一滴油、一块抹布"的"五个一"主题活动,"十二五"期间,共征集"我为降本增效献一计"合理化建议1500多条,创新创效课题攻关及"五小"(小革新、小发明、小设计、小创新、小窍门)1200多项,激发了职工群众参与创新创效的热情,累计创造经济效益700余万元。

三是发挥创新人才优势。整合现有劳模工作室资源,成立厂"技师之家",组织劳模们带领技术骨干深入一线找难题、群策群力想难题、创新创效解难题。同时,加大了对刘丽、刘广军、姜乐劳模创新工作室的投入,并筹备建立了李勇电焊技术工作室、刘永强高压测试技术工作室。"十二五"期间,全厂共完成群众性技术革新500多项,攻克了120多项生产难题和技术"瓶颈",其中获国家专利33项,累计创经济效益2000多万元。

"十二五"以来,在各项措施落地并取得实效之后,财务部门坚持广泛宣传,推广经验,挖掘典型,搭建交流平台,扩大规模效益,推动工作进一步上水平。先后汇总了历年的开源节流降本增效典型案例汇编,开辟了"开源节流降本增效在行动"专栏网页,并且历经半年,编辑了第二采油厂《管理提升 降本增效 典型经验与案例》一书,书中包括经验做法篇、示范基地篇、管理案例篇、革新方法篇、先进人物篇、全员创效篇、论文成果篇、他山之石篇共八个部分。汇聚"十二五"以来全厂干部员工在管理提升与降本增效方面好的经验与做法,并要求全厂深入学习与实践,着力破解成本效益难题。希望这些宝贵经验与案例,能给各单位各部门以启迪,能给每名员工以触动,构建全方位、全过程和全员化的管理提升降本增效的良好环境与党政工团齐抓共管的浓厚氛围。

四、萨南油田提质增效工程的实施效果

(一)经济效益持续攀升

实施萨南油田提质增效工程以来,第二采油厂管控投资总量与方向,优化项目效益,减少无效投资7300万元,节约干粉用量3.82万吨,折合5.4亿元;实施措施控注、控液、调参、转型、低温集输、分段改造等挖潜举措,累计节电26274万千瓦时、折合费用17078.11万元,节气9382万立方米、折合费用1405.51万元;加强修保示范基地建设,深挖修旧利废潜力,以修复产品按新材料价值的50%核减修旧成本折算修旧效益,累计实现创效19234万元;各类各项指标逐年向好,第二采油厂整体工作呈现新气象，实现了巨大经济效益。

为综合计算经济效益，本工程从增收、降耗、节约三个角度选取 6 个具有代表性的指标，分别影响产量收入、水电消耗、作业费、修理费、年投资总额。从"开源"角度来看，油气生产单位的油气产品收入影响全年收入总额，而自然递减率下降代表通过综合挖潜措施，提高油田开发水平，以较少的措施成本获得更大的油气产品收入；从"节流"角度来看，油气生产单位的水费、电费、作业费、修理费、材料费五项费用占成本总额的 60% 左右，员工费用占 30% 左右，其他费用占10%。其中，本工程优化用工结构的举措实现了劳动效率提升，缓解用工紧张的局面，但并未降低员工费用，所以数据模型选取指标时不予考虑。

依上述条件建立数据模型，以指标 i 为系列，j 为年度，M 为效益值，N 为关系项目金额，a 为折算系数，K 为单项实际指标，$\overline{K}$ 为单项基准指标（油田考核指标及内部考核指标）。

构建模型 $M = \sum\limits_{i=1}^{n} M_{ij}$ 与 $M_{ij} = \sum\limits_{i=1}^{n} (N_{ij} \cdot a_{ij})$

其中：$a_{ij} = \left| K_{ij} - \overline{K}_{ij} \right|$

表 3 项目分解表

	a_i	$\overline{K}_1$	K	N
油田开发	自然递减率——a_1 综合含水率——a_2	$\overline{K}_1$ $\overline{K}_2$	K_1 K_2	未措施产量 × 油价 年产液量 × 吨液耗电
生产运行	作业周期指标完成率——a_3 注水合格率——a_4	$\overline{K}_4$ $\overline{K}_5$	K_4 K_5	全年总作业费 年清水费 + 污水处理费
经营管理	在用设备完好率——a_5 投资回报率——a_6	$\overline{K}_7$ $\overline{K}_8$	K_7 K_8	修理费总额 年投资总额

例 1：以综合含水率为例，2015 年实现综合含水率低于考核指标 0.08%，意味着节约了全年产液量 1.1 亿吨中的 0.08% 产水量的处理消耗费用，$M_{2,2015}$ 代表着 2015 年油田开发指标综合含水率完成情况带来的效益值，为通过降低综合含水率产生的实际效益。

$M_{2,2015}$ = 年产液量×吨液耗电量×电价×0.08%，实现经济效益 51.66 万元。

例 2：作业周期指标完成率为抽油机、螺杆泵、电泵井实际检泵周期完成考核指标的百分比，2015 年作业周期指标完成率 K=1.054171，$\overline{K}_{3,2015}$=1。

$M_{3,2015}$ = 年作业费用总额×|1.054171−1|，实现经济效益 3066 万元。

经计算，"十二五"期间，萨南油田提质增效工程的构建实施已累计创造经济效益 40541 万元。

表 4 效益计算模型数据

年度	自然递减率			综合含水率			作业周期指标完成率		
	K_1（%）	K_1（%）	N_1（万元）	K_2（%）	K_2（%）	N_2（万元）	K_3（%）	K_3（%）	N_3（万元）
2011	7.11	7.15	2464157.1	92.42	92.50	58409.8	105.42	100.00	32286.2
2012	7.14	7.20	2277118.6	92.63	92.70	62019.3	102.13	100.00	26753.1
2013	7.23	7.30	1983777.1	92.96	93.05	62409.5	102.62	100.00	41137.0
2014	7.35	7.50	1804376.3	93.11	93.15	61489.9	105.19	100.00	60148.5
2015	7.48	8.20	885315.2	93.20	93.28	64575.7	105.42	100.00	56599.0

年度	注水合格率			在用设备完好率			投资资本回报率		
	K_4（%）	K_4（%）	N_4（万元）	K_5（%）	K_5（%）	N_5（万元）	K_6（%）	K_6（%）	N_6（万元）
2011	87.50	85.00	9765.4	94.17	94.00	11734.5	144.89	144.00	294632.0
2012	87.20	85.00	9509.8	98.78	95.00	13590.4	145.41	145.00	352537.0
2013	87.00	85.00	10187.5	97.88	96.00	13123.3	136.40	135.00	368498.0
2014	87.20	85.00	11001.2	97.92	96.00	14709.2	118.88	117.00	320949.0
2015	87.70	85.00	11381.9	98.27	97.00	17978.1	42.05	42.00	309956.1

表5　模型计算实现效益值　　　　　　　　　　　　　　　　单位：万元

年度	M_1	M_2	M_3	M_4	M_5	M_6	总计
2011	986	47	1749	244	20	2622	5668
2012	1366	43	570	209	514	1445	4148
2013	1389	56	1079	204	247	5159	8134
2014	2707	25	3119	242	282	6034	12408
2015	6374	52	3066	307	228	155	10183
合计	12821	223	9584	1206	1291	15415	40541

（二）社会效益影响深远

以可持续的能源供应保障国家能源安全。第二采油厂持续稳产900万吨达30年，"十二五"期间实现连续4年产量递增，累计为国家供给原油3602万吨，为国家能源安全提供有力保障。

以负责任的生产运营保障地方社会安全。"十二五"期间第二采油厂负责属地萨南油田，五年来安全生产无重大责任事故，无重大环境污染，与公安协作重拳打击涉油盗油案件，有力维护了油田与地方安全稳定。

以重人本的员工发展促进地企和谐进步。第二采油厂重视人才培养与员工发展，开展全员培训，完善奖励激励机制，激发员工创造力，实现个人价值。"十二五"期间，第二采油厂投入培训经费5800万元，共5.5万人次参加培训；员工通过技术革新申请国家专利33项，多人被评为国家级、省级劳动模范。

以促民生的社会贡献稳定地方持续发展。"十二五"期间，第二采油厂共实现内部利润606.68亿元人民币，利税46.71亿元人民币。实现了大厂有大担当的责任价值，维护了国家稳定，助推了龙江经济发展。

（三）三基工作不断夯实

大庆油田新时期新阶段三基工作的基本内涵是：基层建设、基础工作、基本素质。通过第二采油厂基于财务主导下的萨南油田提质增效工程的构建与实施，促进了三基工作再上新水平。

"十二五"期间基层建设水平持续提升，2012年在大庆油田公司"三牌（站）队"评比摘得9枚金牌，位列油田第一，2015年取得了大庆油田公司"三牌（站）队"评比1个功勋队、9金、5银、7铜和12个管理先进站的优异成绩。基础工作日趋完善，修订制定质量、计量、标准化、制度、流程等为主要内容的基础性管理制度，有效提高企业治理水平。基本素质全员提升，抓实政治素养和业务技能培训项目，2014年摘取集团公司采油工技能大赛银牌与铜牌各1枚，2015年包揽油田公司采油队岗位知识竞赛冠亚军，夺得油田公司职工技能电视争霸赛采油夫妻、汽车维修两项冠军，有28人被授予油田公司技术能手称号。全厂先后涌现出集团公司先进集体南二联合站、"全国五一劳动奖章"获得者刘丽、"龙江最美职工"刘华等一批先进集体和个人。

（四）经验成果行业领先

基地建设实现规模效益，萨南油田提质增效工程的经验与效果得到认可。2012年9月18日形成了《2012年成本综合挖潜分析报告》，呈送大庆油田闫宏总会计师，闫宏总会计师10月5日把《报告》批转给公司财务部，并在《报告》上做出了重要批示："采油二厂做了一份很好的综合效益挖潜分析报告，值得学习总结，尤其是在成本挖潜示范基地建设、各个层面对标分析工作、重点工作的效益评价等工作方面，开展得有声有色！望财务部要结合这份报告，深入做好调研总结评比工作，选树典型，推广好经验好做法，把经济效益综合挖潜这项管理提升工作深入开展下去。"

2014年12月30日，中国石油天然气集团公司副总经理、党组成员、时任大庆油田公司总经理、大庆石油管理局局长刘宏斌到财务部门主抓的第二采油厂机械维修大队管杆泵修复基地调研，对机械维修大队"挖潜提升效益，修复创造价值"的文化理念和"生产流程化、现场规范化、工艺标准化、成本精细化、质量节点化"的"五化"管理模式等工作给予充分肯定，强调要全力以赴推进管理提升工作，深入探索一流水平的产品修复管理模式，努力把自身打造成为油田挖潜增效的典范，为油田有质量有效益可持续发展做出新贡献。2015年1月20日，在油田公司资产设备工作会议上，第二采油厂再次荣获油田公司资产设备管理先进单位，机械维修大队被油田公司授予"大庆油田资产设备管理示范基地"，并以《找准定位，实现价值，努力打造一流产品修复管理模式》为题，进行了经验分享，得到了油田公司闫宏总会计师的高度评价。

2013年3月28日，《中国石油报》报道了"向低成本要高效益——大庆采油二厂建设成本挖潜示范基地调查"【编者按】，指出："近年来，从集团公司到各油田公司都在全方位开展挖潜增效活动。大庆油田采油二厂将成本挖潜工作作为一项重点工作安排和部署，建设了8个成本挖潜示范基地，2012年取得显著效果，成本投资得到有效控制，稳产效益不断提升，为破解成本与效益谜题提供了一条有效途径。"北京正略钧策管理咨询公司专家朱艳艳点评"大庆采油二厂通过成本挖潜示范基地建设，在成本控制方面取得一些独特的管理经验，从而带来了良好的经济效益，值得借鉴"。

2015年12月24日，采油二厂党委宣传部宣传干事肖滋奇在《大庆日报》发表的"采油二厂挖潜增效1.26亿"，采油二厂构建了从地下到地面、从技术到管理、从生产到经营的一体化综合挖潜格局，实现挖潜增效1.26亿余元，为全油田"打样儿"，详尽报道了采油二厂在降本增效方面的工作方法和显著成绩，并荣获"状元稿"。

2016年4月19日，《中国石油报》第4版报道了"产量大户如何效益突破——大庆长垣老区采油二厂应对油市寒冬控本增效的调查"，记者点评"2015年，采油二厂全年实现措施节水、电、气共7173万元，修旧利废总计创造效益6769万元，上缴利润92.4亿元。作为大庆油田的产量大户，这些成绩放在以前可能不值一提，但身处油市寒冬，却是一份含金量十足的成绩单"。同时做出了"提质增效贵在落实重在实干"的评论。

另外，近年来，省市各级媒体调查报道大庆油田第二采油厂成本效益综合挖潜工作700余次，并给予充分肯定，做了有力的宣传与推介。

（五）财务队伍屡创佳绩

打铁还需自身硬。作为全厂开源节流降本增效工作的"司令部"，大成本数据的"集散地"，经营效益的"枢纽中心"，没有一支精干高效、团结奋进的财务资产队伍，再完美的规划也会大打折扣，而凝聚队伍士气、提升队伍战斗力的核心就是团队文化。

第二采油厂在财务资产系统确定"开源保稳产、降耗促达标"的工作思路，"诚信敬业、笃学精技、自律尽责、和谐进步"的团队精神，"平和的心态、均衡的营养、适度的运动、充足的睡眠"的健康基石，以及"厚德载物、上善若水、至真至善至美"的人生哲学。把这四个方面综合起来，整体形成第二采油厂财务资产系统文化理念。

在萨南油田提质增效工程实施过程中，财务资产系统弘扬大庆精神、铁人精神，以系统文化理念为引领，主动融入业务部门的运行优化和挖潜增效全过程，把掌握的成本与资产设备等信息转化为生产指挥信息，及时为生产部门优化生产运行、调整结构、挖潜增效提供意见和建议，见到了明显效果，有效推动了财务工作的转型，实现了财务队伍素质能力的整体提升。第二采油厂财务资产系统以卓有成效的工作业绩赢得了大庆油田公司领导的高度评价和充分肯定，实实在在地走在了油田公司，乃至中国石油的前列。

2015年1月27日，在油田公司经营管理工作例会上，第二采油厂总会计师闫树军以《开拓进取，积极作为，持续探索和扎实推进降本增效工作》为题，作了2014年开源节流降本增效工作典型报告。

2014年5月21日，《中国石油报》在第4版头条报道了"大庆采油二厂：攥紧拳控成本，伸长手捞效益"，在企业谋求质量效益发展时，财务工作转型升级，站在全厂的角度统筹成本效益问题，延伸了管理范畴，"手越伸越长"的结果是，钱越控越牢，质量效益发展越有保障。

2012年，第二采油厂代表队在油田公司第三届"理财杯"会计知识大赛上摘得桂冠；在油田公司各年度总结评比中，第二采油厂连续荣获油田公司"财务管理先进单位"，其中，2011年三等奖、2012年二等奖、2013年一等奖、2014年一等奖，连续登上新台阶，财务管理水平持续提升。

近年来，在专业期刊公开发表各类论文、创新成果12篇，其中《关于综合挖潜示范基地建设的探索与实践》发表在2013年7月号总第120期《中国总会计师》杂志上，刊发在《北京石油管理干部学报》2014年第3期，并荣获大庆油田2015年度财务管理论文评比一等奖；《财务经营情况分析与做法介绍》发表在《财务与会计》2014年增刊上，《财务经营情况实证分析与研究》荣获第十七届全国石油石化企业管理现代优化创新优秀论文三等奖；《关于加强财务队伍素质能力建设的探索与实践》荣获《国企管理》2015年首届全国国有企业财务管理优秀论文一等奖。实现了从"记账员"向"参谋官"的转型，中国石油财务部、资金部、财税价格部等网站以"从'记账员'到'参谋官'"为题，报道了大庆油田第二采油厂财务系统人才培养纪实。展现了第二采油厂财务管理人员深入基层调研与督导、深刻分析与解难、深度探索与实践所取得的成果，以财务工作的转型升级助推了整体挖潜工作的有效开展，树立了为油田持续有效发展助力加油的良好形象。

2016年4月21日，国务院国资委总会计师沈莹出席中国石油天然气集团公司2016年财务工作会议并作了重要讲话，她充分肯定了中国石油财务工作取得的成绩，特别是在应对低油价挑战、开展提质增效工作中发挥了重要作用，财务队伍的整体素质较高、专业性较强，位于央企前列。同时指出，中国石油财务系统要进一步增强打好提质增效攻坚战的紧迫感和责任感，中央企业是国民经济发展的骨干和支柱，打好中央企业提质增效攻坚战意义重大。中国石油提质增效成果是中央企业实现提质增效的重要支撑，打好提质增效攻坚战是保障中国石油健康发展的重要举措。

回望"十二五"，第二采油厂基于财务主导下的萨南油田提质增效工程取得巨大成效，可以用八个字形容：无惧风雪，砥砺前行。然而，风雪才刚刚降临，国际油价将长期低位震荡运行，资源接替矛盾突出，运营成本居高不下，萨南油田提质增效工程任重而道远。

在"十三五"开局的关键之年，在"两会"这个共商国是的聚焦时刻，习近平总书记参加十二届全国人大四次会议黑龙江代表团审议时指出，大庆就是全国的标杆和旗帜，大庆精神激励着工业战线广大干部群众奋发有为。这对大庆油田是巨大的荣誉，真挚的关怀，深情的嘱托、殷切的期盼。当好旗帜，当好标杆，是政治任务，是经济任务，也是大庆态度。中国石油天然气集团公司王宜林董事长在新形势下对大庆油田提出新要求，要用"五个新"统领发展，要用"五个不动摇"增强定力，要用"四个走在前列"激发斗志，坚决打赢提质增效攻坚战。第二采油厂作为油田主力采油厂，50年的成绩和贡献，已经镌刻在历史丰碑。

新形势、新征程，第二采油厂全体干部员工坚定信心、主动作为，坚持问题导向，坚持迎难而上，坚持真抓实干，敢担当、做表率，迎接油价寒冬，砥砺前行，坚决打好提质增效攻坚战、持久战，为油田稳健发展助力，为大庆红旗添彩，为共和国加油！

晋能集团有限公司财务战略

创造单位：晋能集团有限公司

主创人：蔚振廷　赵中元

创造人：许　玲　赵淮海　范坚勇　李志忠　韩晓俊　张龙桢

[摘要] 面对当前国际国内复杂多变的市场经济形势，及时制订并出台符合晋能公司转型跨越发展战略需要的，适应煤电一体化发展的财务战略，搭建与之相匹配的企业财务管理平台，采取适合市场变化的财务应对措施，成为促进公司经济运行平稳健康发展的关键。公司财务战略领导组在综合分析公司外部经济环境和内部财务形势的基础上，牵头制定了体现公司发展战略要求和遵循财务管理规律的《晋能有限责任公司财务战略（2013~2018 年)》。

[关键词] 财务战略；财务管理

一、总论

为全面贯彻落实山西省推进转型综改试验区建设的战略部署，创新能源基地发展模式，最大限度发挥产业聚合效应，实现煤电一体、和谐发展，晋能有限责任公司（以下简称"晋能公司"）制定了未来的总体发展战略：以煤电气一体化为基础，以贸易物流为支撑，适度多元、链式发展，打造现代化综合能源集团。

根据晋能公司加快率先转型跨越发展步伐的发展战略，在综合分析公司外部经济环境和内部财务形势的基础上，由公司财务战略领导组牵头制定了体现公司发展战略要求和遵循财务管理规律的晋能公司 2013~2018 年财务战略及实施方案。该战略提出了晋能公司 2013~2018 年财务战略管理的指导思想、基本原则、发展目标、主要任务和保障措施，是指导公司财务管理工作健康、有序进行的纲领性文件和行动指南。

二、制定晋能公司财务战略的背景

（一）机遇

1.国家的宏观经济发展政策为晋能公司制定并实施财务战略提供了契机

以科学发展为主题，以加快转变经济发展方式为主线，是关系我国发展全局的战略抉择。加快转变经济发展方式必然要求企业经营管理方式的转变，能源企业转变发展方式更是当务之急。晋能公司要打造成为现代化综合能源集团，要求公司既要有严格精细的日常经营管理，更要有着眼于长远和全局的战略管理。要紧紧抓住国家深化经济体制改革、创新驱动发展、调整经济结构、转变经济发展方式、资源型经济转型、综改试验区建设等政策机遇，认真研究其对财务管理的重大影响和巨大支持，坚持管理创新，制定并实施符合公司实际的财务战略，力求在财务管理的重点领域和关键环节取得新突破，促进晋能公司的健康快速发展。

2. 山西省的区域经济发展政策为晋能公司制定并实施财务战略创造了条件

近年来，山西省为谋求转型跨越发展，先后出台若干重大政策举措。"十一五"期间，为推进煤炭资源整合，将山西煤炭运销集团有限公司（以下简称山西煤销）作为兼并重组整合主体之一，使山西煤销得到长足发展。2012年，山西煤销成为山西境内唯一的世界500强企业。2013年，山西煤销再次进入世界500强，列第390位（跃升57位），居6家晋企之首。2013年5月，为落实"煤电一体化"的战略决策，省政府对山西煤销与山西国际电力集团有限公司（以下简称"国际电力"）进行合并重组，成立晋能公司，这是山西省资源型经济转型、综改试验的重大举措与成果。晋能公司肩负着"煤电一体化"战略先行先试的重大责任，为此，公司必须着眼全局，面向未来，发挥企业的资源、资本、技术等优势，实施包括财务战略在内的战略管理。山西省的区域经济发展政策为晋能公司制定并实施财务战略，既提出要求，又创造了条件。

3. 晋能公司打造现代化综合能源集团的发展战略为制定并实施财务战略提供了依据

"十二五"期间，山西省选择了山西煤销实施"双千亿"工程，国际电力实施"双五百亿"工程。到"十二五"末，晋能公司要实现煤炭产量超1亿吨、煤炭贸易量超3亿吨、发电装机容量超1000万千瓦。全力打造"实力晋能""活力晋能""创新晋能"和"和谐晋能"，是晋能公司的目标愿景；建成符合现代企业制度、煤电气一体化的创新型现代化综合能源集团，是晋能公司的战略目标。晋能公司的整体发展战略为制定并实施财务战略提供了依据。晋能公司应当依据其总体发展战略制定并实施相应的财务战略，对公司未来财务发展进行前瞻性的统筹规划和系统性的约束控制。

4. 财务管控体系的建立为晋能公司制定并实施财务战略奠定了基础

2011年以来，山西煤销通过推行会计工作质量评价办法，组织实施各单位的会计质量验收工作，进一步提升了会计基础管理工作的质量和效率。根据"三全管理"要求，出台"全面预算管理指导意见"，初步构建了全面预算管理体系，强化了资金管理与财务控制的均衡。出台了"资金管理指导意见"，构建了项目资金风险控制体系，创新了煤炭贸易融资方式，提高了资金统筹和风险管控水平。建立了财务重点工作责任分解及督导方案，有效落实了财务管控目标。具有山西煤销特色的财务管控体系已基本形成。

国际电力通过积极推进内部控制体系的建立与实施，完善了会计控制制度，有效提升了财务管理水平和资金运行效率，促进了国际电力的协调、持续、快速发展。

两大集团公司财务管控体系的建立和平稳运行为晋能公司制定并实施财务战略奠定了坚实基础。

5. 两级资金管理中心的有序运行为晋能公司实施财务战略提供了支持

近年来，山西煤销为确保资金运作的规范和安全，建立了资金分级归口管理责任制，资金中心、各二级资金中心分两级进行资金统筹集中管理，13个资金管理中心全部实质性运作。财务管理部和资金管理中心牵头，资源整合办公室、计划发展部、项目管理部、基本建设部、晋煤物流总公司、铁路煤炭销售总公司和多元局等部门参与，形成了管项目与管资金相结合的资金管理体系，基本完成了"两级资金管理中心"的资金管控机制设计。集团资金管理中心通过强化"资金池"职能，有效盘活了公司沉淀资金；各地市资金管理中心的运作与统一结算、统一销售业务活动紧密结合，各单位所持银行汇票全部纳入资金中心管理，进一步提高了管理集中度并有效地规避了资金风险。推行了银企合作机制，引进商业银行对重点项目的资金使用进行管控。

国际电力推行资金集中管理模式，实现了资金管控的全覆盖。构建资金集中管理系统，实行资金全封闭管理，避免了资金的体外循环；与预算管理相结合，使资金管理由事后监督变为事前控制。设立大小两个资金中心，分别在非上市公司与上市公司范围并列运行，全面提高了资金调控能力。一套具有国际电力特色的资金集中管理模式已初步建立。

两大集团公司资金管理创新模式的推行，有效提升了资金运行效率，增强了资金的统筹和管控水平，提高了资金风险的防范能力，为晋能公司实施财务战略提供了安全的资金环境。

6. 山西煤销"十二五"财务战略为晋能公司制定并实施财务战略进行了有益的探索

山西煤销"十二五"财务战略是为实现煤销集团转型跨越发展的战略规划而进行的管理创新和先行先试。"十二五"财务战略的制订与实施，对促进山西煤销提升财务管理理念、创新财务管理模式、强化财务管理系统，提高财务管理水平发挥了重大的作用，显现了其预期效果。晋能公司可借鉴山西煤销制定与实施"十二五"财务战略的有益探索，制定实施自己的财务战略，为公司加快率先转型跨越发展步伐提供财务支持。

（二）挑战

1. 行业性风险持续增加

近年来，受经济增速放缓的影响，煤炭市场需求不振，煤炭价格持续下行，加之税费繁多等因素制约，煤炭企业的收入和利润增幅收窄，经济效益出现了少有的下滑。随着煤炭价格的下降，电力企业开始景气复苏，经营效益逐渐回暖。由于经济下行的巨大压力，电力需求增速放缓，产能难以释放，电力行业虽然发展趋势远景向好，但经营近况仍然不容乐观。晋能公司作为煤电一体化的能源型企业，在未来较长的时期内，仍然不可避免地受到上述煤炭和电力行业性风险的持续影响，经济效益增速下降的可能性继续增加。

2. 经营性风险依然存在

多年来，山西煤销和国际电力作为山西省内各自领域的骨干企业，为国家经济发展做出了巨大贡献，但核心竞争力不突出等旧有和潜在的经营性风险依然存在。

（1）部分主业利润贡献率不高。晋能公司收入规模与盈利水平不协调，规模不经济的问题仍然存在。2012年，由于煤炭物流板块货源基础不实、运力不足、客户分散等原因，使山西煤销总收入74.3%的煤炭经销业务所产生的利润只占其总利润的12.8%；由于发电板块整体装机容量较小，加之利用小时低、负荷不足等原因，使国际电力总收入20%的发电板块只占其总利润的8%。

（2）多元产业盈利点不足。目前，晋能公司的多元板块较为薄弱，表现为：产业布局分散，创新能力不强，技术含量较低，对主体产业依赖度高。要实现多元产业的"板块化经营、专业化管理、新型化引领"和"有效益、有规模、有引领"的战略规划目标，公司仍任重道远。

（3）经营管理体制机制尚待完善。山西煤销现有法人单位近千个，涉及10多个行业，管理层级多达6级。国际电力全资、控股的企业有53家，管理层级有4级。重组后的晋能公司管理宽度进一步扩大，产业布局点多线长，产权关系不够明晰，管理层级繁多，组织架构复杂，企业文化、经营理念、管理体制和运行机制等方面存在差异，公司经营管理的难度进一步增加。

3.财务性风险逐渐凸显

（1）项目融资任务重。为贯彻落实山西省"煤电一体化"的战略决策，晋能公司实施"双千亿"和"双五百亿"工程，为此要加大对重点项目的投资。同时，部分煤矿、电力、燃气等企业的安全生产保障体系和环境保护监管系统尚在建设阶段，项目建设资金存在较大缺口。

（2）偿债压力显现。晋能公司在"十二五"期间要完成1500亿元的筹资规模，按现在的资本结构测算，举债的额度高达1000亿元以上；而通过增资扩股和盈余累积实现资产负债率的下降又受到多方面的约束和限制。同时，目前公司已进入还贷高峰期、建设投资集中期和物流占用增长期的"三高交集时期"，偿债压力增大。

（3）存在资金短缺风险。部分公司热衷于铺摊子、上项目，使公司原本就有限的财力更加分散，形成大量低效资金占用。部分项目由于预算松弛等原因，实际投资超出预算，也在一定程度上加剧了公司资金的短缺。

三、晋能公司财务战略的制定

（一）指导思想

晋能公司制定与实施2013~2018年财务战略的指导思想是：以科学发展观为指导，以深化改革为动力，以公司发展战略为依托，坚持管理创新，升级财务管控，构建以价值创造为目标导向的稳健发展型财务管理模式。

该指导思想要求晋能公司的财务战略做到"三个适应"：

1.与宏观经济形势及政策的变化相适应

（1）经济形势。面对当前经济形势，晋能公司要顺势而为。从财务的角度出发，要退出或收缩效益低下的产业和业务，抑制经济效益下滑造成的财务负效应。公司要努力提高经营管理水平，强化财务管理，优化资源配置，多渠道、多方式融通资金。要找准下一轮经济复苏时的效益增长点，集中有限的财务资源，加强重点领域和重点项目的投资，确保投资的合理增长和效益提高。

（2）经济政策。要分析研究宏观经济政策对晋能公司财务活动可能造成的影响，并对此做出恰当和及时的财务应对。要紧紧抓住政策机遇，坚持财务管理创新，积极制定财务战略承接政策，努力实施财务战略用好政策。制定有效的融资战略筹集公司发展所需资金，制定科学的投资战略强化核心产业的竞争力，加快晋能公司率先转型跨越发展的步伐。

2.与晋能公司发展的阶段与方式相适应

（1）发展阶段。晋能公司的成立体现了山西省做强、做大国有企业迈出了新步伐。公司财务管理工作应坚决执行稳健的财务政策，重视稳妥盈利，努力降低财务风险。要做好建设项目投资的财务可行性评审，实事求是、严格把关；要优化结构、注重效率、提高效益，绝不以追求短期利益而牺牲长期利益。尤其要做好现金流管理，任何时候都有足够的现金储备。

（2）发展方式。要秉承"集约、精细"的管理理念，苦练内功，强基固本，做强财务优势。通过集约型、精细化的财务管理，实现对战略目标的分解细化、对管理责任的明确清晰、对管理环节的配合协作，努力通过提高生产要素的质量和使用效率来实现经济发展。财务管理工作要精打巧算，用好、用活每一分钱，通过加强全面预算管理来强化成本控制，以高效的财务管理提升晋能公司的市场竞争力。

3. 与财务管控体系的深化和升级相适应

公司财务管理不能局限于日常营运的辅助职能层面，而应上升到战略的层面，为实施晋能公司发展战略提供配套的财务支持。在服从和服务于公司总体发展战略的前提下，结合目前财务发展的实际需求，继续实施和深化财务管控；在升级财务管控的基础上，秉承财务管理创新驱动，全力将财务管控向财务战略深入推进，为早日把晋能公司打造成为具有核心竞争力的现代化综合能源集团进行大胆探索。

（二）战略定位、含义

晋能公司 2013~2018 年财务战略定位为：稳健发展型。

该财务战略含义为：升级财务管控，保持财务稳健，实现以价值创造为导向的公司可持续发展。基本含义包括：

1. 升级财务管控，保持财务稳健

要在继续实施财务管控的基础上，树立风险管理和危机管理的意识，将财务管控向全面管控深入推进。通过财务管控的深化和升级，将经营风险与财务风险控制在合理范围之内。为了防止财务风险可能导致的资金运动失灵，对财务规模的扩张要保持十分审慎的态度，尤其对利用负债实现扩张要慎之又慎。

2. 以价值创造为导向

公司要大力倡导以价值创造为起点和归宿的财务理念，建立以价值创造为基础的财务管理体制机制，以是否创造价值以及创造价值的多少进行财务绩效评价与奖惩，以价值创造为指引促进财务管理方式的转变。

3. 实现公司可持续发展

要在现有财务资源的约束条件下，通过财务运行结构的积极平衡，实现可持续发展。既要重视当前效益的实现，也要强调长远价值的创造；既要重视财务总量规模的扩大，也要强调销售和盈利增长的最大比率；要充分考虑收益与风险的对等关系，体现对投资报酬的深层次理解；要不断盘活存量资产，努力进行成本控制，提高资金使用效率；要特别重视现金流的管理，强调现金流转在总量和时点的积极平衡。

（三）战略目标

依据上述指导思想与战略定位，提出晋能公司 2013~2018 年财务战略量化目标：

1. 价值增长目标

（1）2013~2018 年，每年平均国有资产保值增值率达到 105% 以上。

（2）2013~2018 年，每年平均依法缴纳税金 80 亿元以上。

（3）2013~2018 年，每年平均工业总产值达到 370 亿元以上。

（4）2013~2018 年，每年平均工业总增加值达到 200 亿元以上。

（5）至 2018 年，职工人均年收入相对于 2010 年增长一倍以上。

2. 投资增长目标

（1）"十二五"期间，新增总投资 1500 亿元以上。以煤电气一体化项目为优先投资方向，投资总额的控制以资产负债率为依托。

（2）2016~2018 年，新增投资按"十三五"发展战略拟定目标执行。

3. 收入增长目标

（1）至 2015 年，营业收入超 2500 亿元。

（2）2016~2018 年，营业收入按"十三五"发展战略拟定目标执行。

4. 收益增长目标

（1）至 2015 年，以 2013 年 8 月市场煤价计算，利税总额超 120 亿元，利润总额超 38 亿元。

（2）2016~2018 年，利税总额和利润总额按"十三五"发展战略拟定目标执行。

5. 成本控制目标

（1）2013~2018 年，可控销售费用和管理费用同口径、同基数逐年递减 1%。

（2）2013~2018 年，吨煤成本达到国内同行业先进水平。

（3）2013~2018 年，火电成本达到国内同行业先进水平。

（4）2013~2018 年，燃气成本达到国内同行业先进水平。

（5）2013~2018 年，新能源成本达到国内同行业先进水平。

6. 资金管控目标

（1）"十二五"期间，完成资金筹集 1500 亿元；2016~2018 年，完成"十三五"发展战略拟定筹资目标，实现收支平衡。

（2）至 2018 年，资产负债率控制在 75% 以内。上市公司控制在 60% 以内。

（3）至 2018 年，银行存贷比控制在 15% 以下。

（4）至 2018 年，银行信贷长期、中期和短期比例控制在 6∶3∶1，二级公司控制在 5∶3∶2。

（5）2013~2018 年，每年平均节约财务费用 3 亿元。

（6）2013~2018 年，通过增提折旧、增提减值准备、增加自有资金储备，每年平均增加资金 20 亿元以上。

（7）2013~2018 年，通过控制项目建设成本、加强基建项目预结算审减和进项税抵扣，与投资预算相比，每年平均降低基建支出 5 亿~10 亿元以上。

（8）2013~2018 年，每年平均盘活沉淀资金 20 亿元。

（9）2013~2018 年，每年平均清收旧欠 5 亿~8 亿元。

四、晋能公司财务战略的实施

（一）指导思想

晋能公司实施 2013~2018 年财务战略的指导思想是：战略为本、管控为基、细节至上。

1. 坚持战略为本，谋求财务优势

要坚持财务战略在财务管理工作的根本地位不动摇，助力晋能公司总体发展战略目标的实现。

通过财务战略管理，提升财务管理系统的整体协调性和对财务环境的主动适应性，提高财务资源的优化配置能力，创造并维持财务优势，进而创造并保持市场竞争优势。

2. 坚持管控为基，谋求财务稳健

要坚持财务管控在财务战略管理的基础地位不动摇，保障稳健发展型财务体系的构建。通过财务管控体系和资金管控机制的深化，进一步确保资金运作的规范和安全，进一步提升资金统筹调控水平，进一步提高防范财务风险的能力。

3. 坚持细节至上，谋求财务精细

要坚持精细化管理在常规财务管理工作的核心地位不动摇，强化财务管理的精细化。按照"精细管理"的思路，将常规财务管理引向深入，把管理的精细化作为日常财务基础工作的出发点和落脚点。找准财务工作中的关键问题和薄弱环节，努力做实会计工作基础，健全财务管理规范，最大限度地节约财务资源和降低管理成本。

（二）工作原则

实施财务战略要坚持"分步、分层、分产业"的工作原则，狠抓落实，确保晋能公司2013~2018年财务战略目标的实现。

1. 分步推行

（1）深化和升级财务管控。针对晋能公司在日常资金营运和重点建设项目的财务风险易发点，在继续实施财务管控的基础上，进一步完善财务管控体系和两级资金管理制度。通过财务管控的深化和升级，进一步强化财务风险的管控和防范能力，进一步提升财务管理的整体水平。

（2）全力推进财务战略管理。在深化和升级财务管控的基础上，坚持财务管理创新驱动，积极推进财务战略管理。通过财务战略的实施，建立高度一体化的财务运行机制，构建稳健发展型的财务体系，实现财务资源的优化配置和高效利用，为晋能公司转型跨越发展提供高效的财务支撑。

2. 分层落实

（1）集团公司战略管理。集团公司要站在战略的高度，全力推进财务战略管理，对未来财务活动进行统筹规划和系统控制，做强、做实财务优势，为实施总体发展战略提供高效的财务支持。

（2）二级公司财务管控。二级公司要以深化财务管控为中心工作。在继续实施财务管控的基础上，深化和升级财务管控，进一步提高二级公司的经济运行质量，实现经营风险和财务风险的有效规避和化解。

（3）基层公司规范管理。基层公司要以夯实会计管理基础工作为核心任务。强化对日常会计工作的细节控制，确保会计工作的规范、有序运行，实现基层公司会计管理水平的大幅提高。

3. 分产业规划

要根据不同产业成功的关键因素和财务特征分别确定战略业务单位，进行财务战略规划，解决特定产业发展的关键财务问题，具体问题具体分析。

（三）体制设计

财务管理体制的核心问题是财权配置，其关键是财务决策权的集中与分散问题。立足打造现代化综合能源集团的总体发展战略和构建稳健发展型财务管理模式的财务战略，晋能公司财务管理体制定位为适度集权型，即重大财务事项的决策权集中于集团公司，二级公司拥有日常运营的财务自主权。

1. 集团公司的财权和职责

集团公司负责整体财务战略的制定、实施与监控；建立与完善集团统一的财务政策；统一处理重大的对外财务关系，包括与股东和资本市场、银行等债权人的沟通；建立和完善集团对二级公司和基层单位的业绩评价标准，并通过预算考核等方式落实业绩评价工作；建立集团统一的财务报告政策和财务会计制度，管理和协调各二级公司的财务会计与财务报告。

2. 二级公司的财权和职责

二级公司在遵循集团总体财务战略、决策和政策的前提下，制定自己的财务决策和财务政策，并通过编制财务预算、确定业绩评价办法等工作，实施财务决策，组织日常财务活动，并对下属基层单位的财务活动实施监督与控制。

（四）战略任务

晋能公司 2013~2018 年财务战略任务包括以下部分：资本战略、融资战略、投资战略、营运战略、收益分配战略和人才战略。

1. 资本战略

晋能公司要坚持产融结合的发展思路，通过产业资产与金融资本的融合，聚变式地创造价值。

（1）做好资产重组和上市的筹划与运作。公司要依托上市公司积极进行资本运作，做实优良资产，做优融资平台，努力培育核心竞争力。按照对上市工作"成熟一批，上市一批"的整体部署，选择一批成熟的优质资产注入上市公司。通过上市公司大比例配股或增发方式筹集资金，逐步将公司的重点和非重点项目资产注入上市公司。

（2）增资扩股山西金融租赁公司。公司要继续加大对煤炭生产、贸易物流、电力项目和新能源的投资力度，加快产业更新和技术改造的进程。这些投资对成套设备和专用机械有巨大需求，金融租赁是满足该需求和降低资金成本的有效工具。目前，山西金融租赁公司的资金规模和运营规模远不能满足需求。晋能公司要加快山西金融租赁公司的增资扩股工作，努力提高其资信等级，扩大其经营规模，拓展其业务范围。

（3）有效利用山西能源产业投资基金。要加快由山西煤销牵头成立的山西能源产业投资基金的公司化运作，保证该基金 2015 年起顺利运营。利用基金公司这一金融平台，将晋能公司在转型发展过程中的优质产业或项目设计为金融产品，通过非公开发售基金股份的方式向特定投资者募集资金，以满足公司重点建设项目投资的资本需求。

（4）成立保险经纪公司，参股财产保险公司。目前山西煤销每年产生物流运输车辆财产保费2.5 亿元、煤矿财产保费 1.5 亿元，国际电力每年产生财产保费 882 万元。成立保险经纪公司，可以针对晋能公司的特定保险需求，提供专业的财产保险计划、风险管理方案和高效的理赔服务，维护和争取对公司的最大利益。同时，也可取得可观的保险经纪收益。在机会成熟时，参股财产保险公司，充分利用自身产业优势发展财产保险业务。

（5）控股或参与设立地方商业银行。国内不少大型企业集团的实践表明，投资地方商业银行具有较好的发展前景，投资风险相对较小，又有利于配合公司未来的总体战略发展。晋能公司要在现有参股商业银行的基础上，通过认购、收购或受让股权等方式逐步达到对参股商业银行的重大影响，机会成熟时控股一家地方商业银行。要积极参与设立新的地方商业银行，大力发展与自身产业相关的金融业务。

（6）积极引入战略投资者。要树立合作共赢的理念，积极引入具有资金、技术、管理、市场、人才优势的境内外大企业、大集团。通过引入战略投资者，加快公司产业结构升级、拓展市场占有率、增强创新能力和提高核心竞争力，实现晋能公司长期稳定的利益回报和可持续发展。

2. 融资战略

晋能公司的融资管理要实现资金结构的优化配置。

（1）强化预算管理，掌控资金需求。公司要高度重视资金短缺风险，通过加强资本预算管理来掌控资金的需求与配置状况。财务部门要根据相关财务信息评价资金预算的执行情况，分析项目投资和生产经营的现金流转规模及其变动趋势，并结合相关债权债务增减情况，强化对投融资、担保等重大财务事项的财务管控，提高资金使用效率。

（2）拓宽融资渠道，高效融通资金。推进产融结合，完善融资平台，借助金融工具，引入金融产品，多渠道、多方式为公司筹集未来发展所需资金。要充分利用上市公司资源，积极争取配股、增发等形式筹集资金。要保持财务稳健，努力通过自我积累提高自有资金比例，合理使用银行性和非银行性金融机构的信贷资金。

（3）优化资金结构，管控财务风险。要通过各种途径扩充权益资本，合理利用信贷融资，将资产负债率控制在 75% 以下。积极调整债务结构，逐步控制和减少流动负债，增加中长期信贷融资，集团公司银行信贷长期、中期和短期比例控制在 6：3：1，二级公司控制在 5：3：2。

（4）降低融资成本，提高使用效益。要依据投资战略，选择经济的融资渠道和方式，制定统一的信贷政策，统一控制信贷利率和信贷规模，及时调剂资金余缺，努力降低融资成本和融资风险。要充分利用财务杠杆提高自有资金收益率，定期考核资金的使用效率和效益。

3. 投资战略

晋能公司的投资管理要做到决策科学、管控严格。

（1）突出主业，适度多元。要根据公司总体发展战略要求，对投资活动进行全局性谋划。要充分发挥煤炭产业的基础作用，狠抓煤矿建设和安全生产，推进现代化的煤炭生产。发挥煤炭贸易物流的支撑作用，狠抓物流平台和节点建设，推进专业化的煤炭物流。致力于传统能源新型化和新兴能源规模化，努力在能源领域形成竞争优势。发挥多元产业的推动作用，抓好多元产业发展。形成煤电一体、物流支撑、适度多元、链式发展的产业格局。

（2）贯彻投融资一体化的财务理念。公司要对投资与融资通盘考虑、统筹规划。不同来源渠道的资金在运用规模、使用期限、资本成本，以及现金流量的稳定性和产出效益等方面都有差别，在做投资决策时，除了根据各种相关因素测算财务资源的存量水平外，还应着重分析公司在一定时期内对潜在财务资源的动员能力。要充分研究影响投资的各种因素，合理确定投资总水平和进度安排，恰当权衡收益与风险，在保证企业资产适度流动性的前提下追求最大盈利。

（3）做好投资活动的全过程监控。公司要对投资的方向、风险以及回报进行严密的财务管控，努力降低和规避项目投资的资金风险。要将项目资本预算纳入全面预算管理体系，努力控制投资规模，合理安排投资进度。各级资金管理中心要完善投资项目的评估、决策、审批、执行和控制流程，制定项目跟踪管理和责任追究制度，确保重点基建项目的有序运行和投资效益的大幅提高。

（4）加强投资战略的分析和评价。公司要在进行常规财务分析和评价的基础上，进行定期和不定期的投资战略财务分析和评价，为投资决策提供有分量的判断依据，确保投资决策的有效实施和投资风险的有效管控。

4. 营运战略

晋能公司日常财务营运要坚持"集约型、精细化"的管理理念，积极将财务管控向全面管控深入推进，充分发挥财务管理的整体功能和综合优势。

（1）加强财务制度建设。要根据国家有关财务管理法规制度和公司章程有关规定，结合公司财务工作的实际，建立和完善常规财务的管理与监督、考核与评价体系，努力规范和提高日常财务管理工作的水平与效率。

（2）深化资金管理机制。要深化和完善"两级资金管理中心"管控机制，实现资金管理中心的运作与统一结算、统一销售相结合。通过完善全面预算管理体系，统筹全公司资金收支，协调生产与基建的资金供需。通过建立健全债权债务管理制度，加大货款回收和旧欠清收力度，确保公司正常经营活动所必需的现金流。

（3）完善成本核算与管理。公司要率先执行财政部新颁布的《企业产品成本核算制度（试行）》，加强成本管理。要重视成本控制工作，保持成本标准的先进性与合理性。实施费用差异化的资源配置策略，把有限的财务资源向效益优良的公司或项目倾斜。建立健全经济责任制，明确权责划分和奖惩办法。树立全面经济核算观念，正确处理产量、质量和成本的关系。完善采购制度设计，降低采购成本。强化建设项目成本管理，完善建设项目成本与收益考核机制。推进建设项目的优化设计及预算复审，各级技术、基建部门要牵头对超投资预算的建设项目进行专项预算审查。

（4）做好税务筹划工作。要深入了解税收法规的制定背景和政策导向，准确掌握公司税收风险化解途径。要通过减少交易环节，逐步解决公司内部间关联交易众多，重复纳税现象严重的问题。积极协调与财税部门的关系，为公司发展和利益实现创造和谐环境。

5. 收益分配战略

晋能公司要依据公司发展战略的要求和经营、财务环境的变化来制定收益分配战略，有效协调长远利益和短期利益，做好全局性、长期性的财务谋划。

（1）合法规范分配，保障股东权益。公司要遵守国家的财经法规，依据《公司法》和国有资本收益管理相关政策，认真做好晋能公司国有资本收益的申报上交和上市公司股利分配，按程序、按比例进行利润分配。要结合晋能公司管理体制框架实施收益分配，实现资源在整个公司范围内的优化配置，实现资本保值增值。

（2）坚持积累优先，促进公司长远发展。公司要正确处理长远利益和近期利益的关系，要坚持积累优先原则，满足公司发展的资本需求，增强公司发展后劲。

（3）利益兼顾，合理分配。公司要兼顾好各方面的利益关系和利益诉求，包括国家、省、市、企业、经营管理者和员工的利益，实现晋能公司投资者资本的保全、劳动者权益的保障和经营者积极性的保证。

（4）上市公司区别对待。晋能公司所属的上市公司要根据公司发展战略的要求制定恰当的股利政策，在本战略规划期内，原则上实行低现金股利加额外股利政策。上市公司应依据经营环境、发展速度和发展水平的变化，适时调整其股利政策。

6. 人才战略

拥有一支职业操守高尚、专业技能过硬的财务人才队伍，是实现财务战略目标的前提与保障。公司要站在人才是"第一资源"的战略高度充分重视财务人才队伍建设。

（1）制定人才发展规划。公司要专门制定财务管理人才发展规划，加强对各级财会部门人才培养的管理和指导，不断完善财会人员能力框架。

（2）加强对中高层管理人员的培训，重视会计领军人才培养。公司鼓励优秀财务管理人才报考全国会计领军人才培养项目和山西省会计领军人才培养项目。

（3）实施管理培训生计划，建立中高级财务人才储备。每年面向重点高校相关专业优秀研究生招聘财务管理培训生，让他们在基层单位锻炼一定时间后再安排到各级公司的重要岗位，以提升市县公司的财务管理水平。

（4）实施会计集中委派制，加强关键财务人员的直接控制，遏制会计流程中的违规行为。

（5）制定合理的财务人员招聘制度，规范二级公司财务人员招聘办法，合理评估招聘对象的专业胜任能力和职业道德操守。

（6）加强各级财会人才库建设，积极推进财会人才的合理流动与有效配置。

（7）坚持做好财会人员的继续教育、定期培训和业务比武，不断提高财会人员的专业素养和业务水平。

（五）保障措施

为了确保晋能公司2013~2018年财务战略目标的实现，公司需专门制定相应的财务战略实施方案。同时，提出下列保障措施：

1. 完善全面预算管理体系，严肃预算执行

（1）完善预算体系。根据公司实施"三全管理"的要求，制定"全面预算管理指导意见"，建立健全全面预算管理体系。要以公司发展战略目标和财务战略目标为指引，细化和完善预算管理的编制与审核、执行与调整、控制与分析、考核与激励的体系设计。

（2）严格预算执行与控制。每年的正式预算批准下达后，各预算单位必须严格执行，切实围绕预算开展经营管理活动，不得随意调整。如果确需调整必须按规定程序办理。预算的执行要受预算委员会、财务部和审计部的监督与控制。

（3）推广样板经验。树立预算管理工作样板，起到典型引导一般、个体推动全局的作用。结合样板经验，分板块、分级次制定全面预算管理实施细则，使预算能够更切合实际，起到指导和控制的作用。做好预算的组织培训工作，使各预算单位依规核算、依制管理。

2. 完善内部控制规范体系，助力财务管控

（1）加强内控规范的建设。要依据《企业内部控制基本规范》，制定和实施符合公司实际的内部控制规范体系，实现经营管理的合法合规、资产的安全完整和财务报告及相关信息的真实可靠。

（2）强化内部控制的实施。要树立全面、全员、全过程的内控理念，配套建立内控实施机制。实行内控评价制度，将内控实施情况纳入绩效考评体系，有关监管部门要对内控的实施进行监督检查。财务部门要加强与有关职能部门的沟通协调，指导各公司、各部门制定实施方案，及时掌握内控执行情况。

（3）树立内控管理的典型。要将内控工作成绩显著的部门和单位树立为先进典型，通过榜样的力量去推广内控的先进经验。用"点"（典型）上总结出的内控工作规律，指导"面"（全公司）上的内控工作，在公司形成强化内部控制、深化财务管控的良好氛围。

3. 完善项目跟踪管理制度，管控建设资金

（1）构建项目管控体系。要充分利用公司目前已经较为完善的财务管控、内部控制规范、全面预算管理、产业板块管理系统、两级资金管理体制、银企合作机制等，坚持项目控制与资金控制相结合，构建重点建设项目的全面管控体系，确保重点建设资金的安全和规范使用。

（2）实施项目跟踪管控。为保证重点建设项目严格按照规划和预算实施，要建立预防为主、事前防范、事中控制与事后查处相结合的项目全过程管控机制。对项目前期准备阶段、具体实施阶段及竣工验收交付阶段进行全过程跟踪管控，及时发现和有效制止违法违纪行为，保证重点项目的建设竣工率和资金安全。

（3）管控建设资金风险。资金管理中心负责对投资项目的建设进度、资金投入、使用效果、运作情况、收益状况等进行全面跟踪管控，并定期向公司决策机构提交书面报告。建设资金要进行预算控制，由各相关专业部门和职能部门负责拨付和审查，做到及时、有效和专款专用。引进贷款银行对重点项目资金的使用进行监管。

（4）加强内部审计监督。坚决执行《建设项目审计实施办法》，所有建设项目必须由审计部门进行独立、客观的审计监督。推行专业化委托、全过程跟踪的审计机制，委托具有相应资质的社会中介机构对建设项目进行全过程造价跟踪审计。通过强化审计监督，提升建设项目管理水平，提高建设资金使用效益，实现"质量、速度、效益"三项目标。同时，要充分发挥公司纪检监察部门对建设项目的监督检查职能。

4. 坚持精细化管理，推行全面成本管理

（1）制度约束。要建章立制，用标准和制度对成本进行刚性约束。实行归口分级管理责任制，将各项成本指标细化分解并层层落实，并与经济责任制相结合。认真执行财经纪律，严格控制成本开支范围和开支标准。通过预测、控制、分析和考核，努力挖掘成本降低潜力。实施比价采购，严格控制大宗材料采购成本。加强定额管理，提高投入产出率。

（2）全员参与。全面成本管理不仅仅是财务人员和专职成本管理人员的工作，还应包括生产和经营管理人员，并要发动广大职工群众，调动全体员工的积极性。最大限度挖掘成本降低潜力，努力提高公司整体成本管理水平。

（3）全环节管控。第一，要认真开展成本预测，做出最优成本决策。第二，要认真编制成本计划，以此作为成本控制依据。第三，要认真组织成本核算，严格执行成本开支范围。第四，要认真组织成本考核和分析，正确评价各部门成本管理绩效。

（4）全阶段考核。研发阶段、设计阶段、采购阶段、生产阶段、营销阶段、售后服务阶段都要计算考核相应成本指标，努力追求成本领先的竞争优势。

5. 加强会计信息化建设，实现财务与业务的协同

（1）完善会计信息化管理体系。研究制定会计信息化工作规范，完善会计管理和会计监督的信息化。在会计信息化管理体系建设中，财务部门和业务部门要通力合作。财务部门负责规划指导并组织推动，各级公司、各业务部门要主动参与、积极配合。

（2）建立统一的会计信息平台。通过构建以标准化会计信息为基础的统一会计信息平台，做到会计信息数出一门、资源共享。将经营管理信息纳入会计信息化平台之中，促进财务与业务之间互联互通、信息共享。通过提供简单清晰、易于理解、方便使用的财务报告数据，为经营管理的精细化和财务决策的科学化提供信息支持。

（3）扩大会计信息化管理的范围。将会计信息化管理扩大到生产经营领域，实现经营活动信息化、会计工作信息化、内部控制信息化、经营报告与财务报告信息化。利用会计信息化平台，把分散的煤炭生产、物流系统、电力网络等板块有机整合起来，努力达成财务与业务的协同，实现管理成本的降低、经营效益和效率的提高。

6. 加快整合，实现公司财务的深度融合

（1）基本原则。晋能公司的财务整合要以总体发展战略为准绳，及时迅速推进，并与其他整合相互配合，实现财务资源的统一配置。

（2）关键切入点。从人员调配、架构调整、制度变革和资源重组四个方面入手，积极推进财务整合，实现晋能公司财务资源的实质性统一。

（3）具体工作。晋能公司财务管理工作要以构建稳健发展型财务模式为战略指引，实现财务运营的一体化、财务决策的科学化和日常财务的规范化。统一资金管控机制，实现资金的统一调控。构建层级明确的统一权责机制，实现战略与战术、投融资与生产经营、资本经营与资产经营、收益与支出等全方位的深度财务融合。

7. 构建财务预警系统，防范财务危机

（1）树立居安思危的财务思想。当前，公司正处于转型跨越发展期，往往也是矛盾多发期。要强化风险管理、危机管理和逆境管理，未雨绸缪，构建符合公司实际的财务预警系统。

（2）财务预警系统的设计原则。遵循"一个核心，三个结合"的原则，创新设计和合理构建一套完整有效的财务预警系统。核心是强化对现金及其流转的财务管控。要做到与"煤电一体化"的经营主线相结合、与重要决策和重大事项相结合、与构建稳健发展型的财务战略相结合。

（3）建立预警—报警—排警的机制。以财务会计信息为基础，科学设置并实时监控敏感性指标的变化，对可能发生的财务危机进行预测报警。在警情爆发之前，及时采取排警对策。

8. 建立财务战略评价体系，强化绩效管理

公司财务战略绩效评价体系分为三个层面：

第一层面为财务战略层，评价各项财务战略任务完成的绩效状况。

第二层面为关键因素层，评价的核心内容是各项财务战略实施的投入产出效率。具体表现为两个方面：

（1）各项财务战略实施能否使公司资金使用效率最大化。

（2）各项财务战略实施能否使公司保持良好的财务关系。

第三层面为关键业绩指标层，根据各关键因素的财务本质细化为两类具体财务指标：

（1）定量财务指标，主要反映各财务战略实施的成本与效果，如资金成本、投资收益率、总资产周转率等。

（2）定性财务指标，主要反映战略方向财务关系以及战略与环境的适应性等内容，如优势与劣势、提供信息的及时性与有用性等。

9. 夯实会计基础工作，健全财务管理体系

（1）组织开展《会计法》执法检查。做到会计工作有法必依、执法必严、违法必究。树立会计服务意识、责任意识，提高会计法规遵从度。

（2）强化职业道德约束。为防范会计人员丧失原则，有意隐瞒真实情况，甚至为违法违纪活动

出谋划策，要在建立会计人员职业道德规范的基础上，强化对会计人员的职业道德教育和监督检查。

（3）规范会计基础工作。健全会计基础工作制度体系，规范会计基础工作、会计信息化工作和会计档案管理办法。制定会计岗位操作规范和职责手册，继续推进会计工作质量评价办法的实施。积极推行财务重点工作样板单位实验，努力提高会计基础工作的规范化水平。

（4）健全财务管理体系。完善财务组织系统，明确财务组织机构及其所设岗位和职责划分。完善会计业务处理系统，规范各类业务会计处理程序。完善会计信息系统，明确会计信息核算和报告的指标要求，以及会计信息收集、分类、记录、传递的载体要求。

（5）构建财务管理模式。根据《会计法》和《企业财务通则》的有关规定，按照统一领导、分级管理的原则，结合公司财务实际，构建合理的财务管理模式。明确财务管理的集权与分权，理顺公司与下属各级财务管理机构的职责范围与权限。

（6）完善绩效评价机制。要依照预先确定的考核标准和评价程序，运用科学的评价方法，对评价对象的工作能力、工作业绩进行定期和不定期的考核和评价。

10.站在战略高度，创新人才队伍建设机制

（1）创新人才培养机制。一是明确财务人才培养的职责。把财务人才队伍建设作为公司的一项重要工作职责，切实解决在财务人才培养中遇到的困难和问题。二是建立规范的学习机制。制定财务人员继续教育指南，制定合理的培训计划，做好财务人员的继续教育。三是要建立合理的评优表彰机制。要定期进行先进财务工作者评选表彰工作，将财务人员评选表彰与劳动竞赛表彰奖励相衔接。要规范评选程序，创新评选方法，提高评选结果的客观性和公信度。

（2）创新人才使用机制。一是制定财务人员的轮岗制度。财务人员在同一岗位连续任职3年，原则上要进行内部轮岗交流。二是制定财务岗位的AB角制度。每个岗位都设置两名工作人员，A角为业务主办人员，负主要责任；B角为协办人员，负次要责任。通过轮岗和AB角制度，有利于提高财务人员的综合素质。

（3）创新人才服务机制。营造以人为本的环境，关心和支持财务人才的发展，形成尊重知识、尊重劳动、尊重人才的财务氛围。

附：实施方案

为更好地贯彻晋能公司的财务战略，将财务战略落到实处，指导公司各项具体财务工作，整体提升财务管控水平，特制订本实施方案。

一、组织保障

（一）设立组织机构

1.财务战略管理机构及职责

（1）集团公司成立财务战略管理领导组。

组长：蔚振廷

副组长：刘月升

成员：财务管理部、企业管理部、资本运作中心、资金管理中心、基金办、人力资源部、审计部

（2）领导组下设办公室，办公室设在集团公司财务管理部。

（3）领导组主要职责：

1）出台晋能公司财务战略及实施方案，对财务战略实施过程中发现的问题进行研究，提出解决方案。

2）部署晋能公司财务战略工作。

3）为所属企业财务战略实施工作提供政策指导。

4）对所属企业财务战略推进情况进行评价。

（4）办公室主要职责：

1）根据领导组的意见修订完善晋能公司财务战略。

2）根据领导组的部署分解落实晋能公司财务战略。

3）对所属企业财务战略的落实、推进情况进行督导。

4）定期对所属企业的财务战略落实、推进情况进行收集、汇总、整理和上报。

5）依据领导组对所属企业的工作评价结果进行奖惩。

6）办理领导组安排的其他工作。

2. 财务战略实施机构及职责

（1）各二级公司成立财务战略实施领导组，组长由总会计师（或分管财务的经理）担任，副组长由财务部长担任，成员由相关部门（参照集团公司财务战略管理领导组成员）组成。

（2）领导组下设办公室，办公室设在各二级公司财务部。

（3）领导组主要职责：

1）根据集团公司财务战略管理领导组的部署，安排所属企业的财务战略实施工作。

2）对所属企业财务战略实施工作进行督导。

3）对所属企业财务战略实施工作做好服务、协调。

4）对所属企业财务战略推进情况进行评价。

（4）办公室主要职责：

1）根据领导组的安排分解落实所属企业财务战略实施工作。

2）对所属企业财务战略工作的落实、推进情况进行检查。

3）定期对所属企业财务战略工作落实、推进情况进行收集、汇总、整理和上报。

4）办理领导组安排的其他工作。

3. 财务重点工作推进机构及职责

（1）各基层公司（三级及以下公司）成立财务重点工作推进组。推进组设在财务部。组长由财务负责人担任，副组长由财务部长担任。

（2）财务重点工作推进组主要职责：

1）根据战略实施领导组分解的工作，制定相应的本单位的财务重点工作实施办法，并分解落实到人头。

2）定期对财务重点工作落实情况进行检查。

3）定期收集财务重点工作落实情况并上报战略实施领导组。

4）办理战略实施领导组安排的其他工作。

（二）工作责任分解

1. 资本运作战略实施责任分解

（1）做好资产上市的筹划与运作。此项工作由集团公司资产整合财务组、财务管理部、资金管理中心负责。二级公司及拟上市公司总会计师、财务部具体落实。

（2）做好能源产业投资基金公司化运作。此项工作由集团公司基金办负责，灏鼎公司落实。

（3）控股股份制商业银行。此项工作由集团公司资本运作中心和两级资金管理中心负责落实。

（4）推进金融租赁公司的发展。此项工作由集团公司财务管理部、资金管理中心负责，金融租赁公司落实。

（5）参与保险行业，开展保险业务。此项工作由集团公司人力资源部、资本运作中心和财务管理部负责落实。

2. 融资战略实施责任分解

（1）强化资金预算管理，平衡各项资金需求。此项工作由财务管理部负责，两级资金管理中心落实。

（2）拓宽融资渠道，高效融通资金。此项工作由两级资金管理中心负责落实，财务部配合。

（3）优化资金结构，防范财务风险。此项工作由两级资金管理中心负责落实，财务部配合。

3. 投资战略实施责任分解

（1）加强项目投资前期财务管控，规范项目资金来源，合理调配资金结构，降低项目融资成本。此项工作由财务管理部、资本运作中心负责，两级资金管理中心、项目单位财务部落实。

（2）完善项目建设期资金投入审批程序，强化项目资金使用方向以及投入进度的监管。此项工作由资金管理中心负责，财务管理部、审计部、计划发展部、项目管理部、基建部、铁路煤炭销售公司、晋煤物流总公司、多元局配合。二级公司由资金管理中心负责，财务部及其他部门配合，项目单位财务部落实。

（3）继续强化项目优化设计和预算复审，降低项目建设成本。此项工作由审计部牵头，技术中心、基建部、财务部配合。

4. 营运战略实施责任分解

（1）将"两级资金管理中心"管理机制引向深入。此项工作由资金管理中心负责落实。

（2）引入成熟的成本控制机制，降低各项成本费用支出。此项工作由各级公司财务部指导，各生产单位负责落实。

（3）健全债权债务管理制度，加大当年货款回收和旧欠清收力度。此项工作由各级公司业务部门负责，财务部落实。

（4）建立并完善全面预算管理体系。此项工作由集团公司财务管理部指导，各级公司具体落实。

（5）实施集团企业会计工作质量评价。此项工作由集团公司财务管理部牵头，各级公司具体落实。

（6）推进财务重点工作样板工程。此项工作由集团公司财务管理部牵头，各级公司具体落实。

（7）规范集团公司会计岗位操作。此项工作由集团公司财务管理部牵头，各级公司具体落实。

（8）实施会计集中核算委派制。此项工作由集团公司财务管理部牵头，各二级公司落实。

（9）做好纳税筹划工作。此项工作由集团公司财务管理部指导，各级公司具体落实。

5.收益分配战略实施责任分解

此项工作由集团公司财务管理部指导，各级公司组织落实。

6.人才战略实施责任分解

（1）加快会计领军人才培养。此项工作由集团公司财务管理部牵头，各二级公司落实。

（2）实施财务管理培训生计划。此项工作由集团公司财务管理部负责，各级公司配合。

（3）建立晋能公司高、中和基层财会专业人才储备库。此项工作由集团公司财务管理部牵头，各级公司具体落实。

7.保障措施责任分解

（1）完善内部控制。此项工作由集团公司财务管理部负责，各级公司配合。

（2）坚持管理精细化，推行全面成本管理。此项工作由集团公司财务管理部规划指导，各二级公司督导，基层公司具体落实。

（3）加强会计信息化建设，实现财务与业务的协同。此项工作由集团公司财务管理部指导，各级公司落实。

（4）加快整合，实现财务的深度融合。此项工作由集团公司财务管理部负责，各级公司配合。

（5）构建财务预警系统，管控财务危机。此项工作由集团公司财务管理部规划指导，各级公司落实。

（6）建立财务战略评价体系，强化绩效管理。此项工作由集团公司财务管理部、企管部负责，各级公司配合。

（7）夯实会计基础工作。此项工作由集团公司财务管理部指导，各级公司落实。

（8）创新人才队伍建设机制。此项工作由集团公司财务管理部指导，各级公司落实。

二、资本运作战略实施方案

（一）做好资产上市的筹划与运作

1.资产重组上市前工作

（1）理顺拟上市企业股权及资产关系。

1）集团公司工作。

——根据公司要求，参与拟订上市资产整合重组方案。

——按照拟上市资产整合方案，安排、指导和督促相关企业将优质资产进行调整和组合。

2）二级公司及拟上市公司①工作。

——理顺拟上市公司的股权及资产关系。

——对固定资产、存货等资产作全面的清查盘点，并对盘点出的问题拟定相应的解决方案。

（2）做好资产上市前准备工作。

1）集团公司工作。

——按要求在资产评估前，集团公司审核拟上市公司是否全部剥离与生产经营活动无关的非经营性资产、负债、权益；明细产权关系并确定关联方。

2）二级公司、拟上市公司及平台公司②工作。

——按步骤完成平台公司的模拟建账和正式建账工作。

——加强财务风险管理，主要是资金风险、资本风险以及在途风险，加强客户信用档案的管理，确保货款回收，旧欠清收。

——办理债务移交和账务处理工作。

——解决拟上市资产与集团资金互相占用问题，对上市范围内关联往来差异进行处理。

——为后续平台公司正常运行，各平台公司建立非上市企业增值税专用发票台账。

注①：拟上市公司是指以上市为目标，上市有实质性进展并经发改委等相关部门确认的公司。
②：平台公司是指接受注入拟上市资产的公司。

——配合审计机构完成拟上市资产的审计工作。

——按照评估机构提供的资产评估明细表，为评估机构实施评估做好准备。按照评估机构的要求及相关规定完善公司的财务报表。

（3）做好资产整合税收筹划，争取各项政策优惠。

1）集团公司工作。

——做好资产剥离、转移涉及的增值税、营业税等问题的指导和统一协调工作。出台省政府就拟上市公司所得税政策的相关文件。

2）二级公司及拟上市公司工作。

——对企业因上市前释放的利润，应争取税收优惠或返还政策。

——拟上市公司投资的新技术项目、重点技术改造项目、符合有关政策规定的，考虑推荐享受国家贷款和科技扶植资金。

——涉及资产整合过程中土地转让的，争取相应的优惠政策。

——落实拟上市公司增值税和流转税等事项的处理。

（4）建立和完善平台公司的财务管控体系。

1）集团公司工作。

——平台公司设立独立的财务会计部门，配备企业上市前改制重组专职财务管理人员。

——平台公司根据现行会计制度及相关法规、条例，结合公司实际建立健全独立的财务管理制度和会计核算。

——建立平台公司财务机构与财务总监的工作流程及规范。

——组织对平台公司上任前的财务管理人员、财会人员进行培训。了解上市公司所要求的规范运作方式，适应上市公司的财务管理。

2）拟上市公司及平台公司工作 。

——根据变化了的内外环境，对原有财务管理模式进行变革。

（5）按评估后的账面资产进行资产移交。

1）集团公司工作。

指导和推进拟上市资产的移交工作。

2）拟上市公司及平台公司工作。

——对各项资产进行鉴别归类，区分优劣。对资产置换双方需要终止经营的业务，实施账面资产剥离。履行必要的法律手续和会计处理，依法进行资产移交。

——配合相关部门完成拟上市公司的资产评估作价工作。同时做好评估工作相关资料的备案工作，以备后续配股或增发时，准确弥补现时的折价损失。

2. 资产重组上市后工作

通过上市公司大比例的配股或增发方式筹集资金，分步将晋能公司的重点项目资产注入到上市公司。

（1）集团公司工作。

——按照晋能公司对上市工作"成熟一批，上市一批"的整体部署，将配股或增发与资产收购相结合，指导监督符合条件的拟上市资产的重组整合和上市工作。

——参与上市公司配股或增发、资产收购实施方案的拟订工作。

——将确认的拟上市重点项目资产，按照资产重组上市方案进行重组整合。

（2）涉及拟上市重点项目资产的单位工作。

——配合集团公司按照资产重组上市方案对拟上市的重点项目资产进行重组整合。

——履行必要的法律手续和会计处理，依法进行资产交割。

（3）上市公司工作。

——参与拟注入上市公司的资产重组工作。

——确定购买拟上市重点项目资产的金额占评估价值的比重。

——上市公司通过配股或增发获得资金同时反向收购晋能公司拟上市公司重点项目资产。

（二）做好能源产业投资基金的公司化运作

1. 第一阶段工作（2013 年 5 月~2014 年 5 月）

（1）完成北京朝晖公司管理团队的组建与高级管理人员的聘任工作。

（2）完善公司的治理结构，建立健全公司的各项规章制度，为投资基金的规范化运作提供基础条件。

（3）完成山西能源产业投资基金募集设立说明书的编制工作。

（4）完成山西能源产业投资基金的项目选择与立项工作。

（5）完成投资项目的尽职调查工作，为基金进一步的投资决策提供依据。

（6）完成基金的试路演工作。

2. 第二阶段工作（2014 年 6 月~2015 年 12 月）

（1）完成山西能源产业投资基金的正式路演，与有投资意向的投资企业、个人积极沟通，为基金成功募集奠定基础。

（2）组建基金公司，确保其在山西顺利挂牌成立。

（3）完成对投资项目的价值、企业投资风险等因素的评估；投资项目可行性的论证工作后。签订投资合同，完成基金项目的投资工作。

（4）对于投资后的项目进程严格管理，定期跟踪考察，确保投资项目的顺利进行及基金的良好运营。在保证收益、控制风险的基础上，为项目企业做好增值服务。为企业提供各种投资、业务和技术等方面的增值服务，以提升项目企业的整体投资价值。

（5）寻找新的投资项目，继续为山西能源产业投资基金第二期的募集提供优质投资项目。

（6）到 2015 年达到募集资金 100 亿元的既定目标。为集团公司提供优质股权投资，提高公司的资本金，进而提高公司的再融资能力。

（三）控股股份制商业银行

1. 集团公司工作

（1）制订控股计划。集团资金管理中心依据战略规划目标，进行初期政策、行业、市场研究后提出控股商业银行设计方案。向董事会、高管人员提出控股建议。2014年12月底完成。

（2）目标企业搜寻及调研。选择具备以下条件的目标银行：符合战略规划的要求；优势互补的可能性大；利用价值较高；可以跨区经营的三级以上银行。

（3）成立项目小组。集团公司于2015年3月底成立项目小组，明确责任人。

（4）提出可行性分析报告并进行评审。由资本运作中心负责进行可行性分析并提交报告。集团高管对可行性研究报告进行评审。2015年6月底完成可行性报告初审工作。

（5）与目标银行草签合作意向书。2015年12月底完成双方谈判并草签合作意向书，由双方有关人员共同成立工作组，制定工作计划，明确责任人。

（6）资产评估。资金管理中心负责收集及分析目标企业资料。财务部和审计部负责资产评估工作。法律顾问制定消除法律障碍及不利因素的法律意见书。

（7）制订控股方案与整合方案。由资本运作中心制订总体方案，财务部拟定控股价格及方式、财务模拟及效益分析。资金管理中心制定业务活动、组织机构、管理制度、企业文化及实效评估等整合方案。

（8）控股谈判及签约入股。由法律顾问负责起草正式主合同文本。控股双方对主合同文本进行谈判、磋商，达成一致后按公司审批权限批准。双方就主合同文本签约。将参股的相关资料及信息传递到有关人员和监管部门。集团资金管理中心负责资金筹集入股。资本运作中心负责各项手续办理。2016年12月底完成注资控股工作。

（9）高管入职及实际接管。2016年12月底，由控股工作组制订高管人员入职方案，并进行交接，正式接管目标银行，开始运作。

2. 二级公司工作

（1）在2015年6月底前完成所属企业就银行存贷情况梳理工作。

（2）在2015年3月底前完成所属企业的银行账户清理工作。

（3）2016年1月与目标银行草签合作意向书。

（4）配合集团公司按时间进度完成上述工作。

（四）推进金融租赁公司的发展

1. 增资扩股山西金融租赁公司

（1）以山西金融租赁公司为基础进行增资扩股或引进战略投资者，达到国内一流融资租赁公司的注册资本水平，快速形成规模优势。

（2）为开展自身业务及经营运作的需要，引入有银行类机构背景的或大型成套设备企业的股东单位。

2. 完成山西金融租赁公司增资扩股及股权结构变更的行政报批有关工作

（1）集团公司工作。由集团负责与中国银监会、省国资委等单位沟通，推动增资扩股及股权结构变更行政审批流程的完成，并按照《中国银行业监督管理委员会非银行金融机构行政许可事项申请材料目录及格式要求》准备相关报批材料。

（2）租赁公司工作。负责聘请中介机构，配合完成公司的审计及评估工作。

3.完善山西金融租赁公司法人治理结构

（1）集团公司工作。将金融租赁公司的股权结构改组成由晋能集团控股，大型设备厂商与商业银行等参股的多元化经济模式，形成合理的股权比例。

（2）租赁公司工作。

1）引进专业人才，构建优秀管理团队。按照银行的经营管理机制进行规范，借鉴银行的展业模式和风险控制模式。

2）建立科学的薪酬激励机制。

3）依托股东优势，在国家政策允许范围内，充分利用晋能公司内部资源拓展业务。

4）加强渠道建设，积极拓展外部资源，在2~3年的时间内为租赁公司寻求到外部优质客户。

（五）参与保险行业，开展保险业务

1.投资成立保险经纪公司

（1）集团公司工作。晋能公司作为具有实际控制权的第一大股东，按照国家出台的《保险经纪公司管理规定》，组织编制项目可行性研究报告，报集团公司党政联席会审议后。报请保监部门的批准，投资成立保险经纪公司。

（2）保险经纪公司工作。经纪公司成立初期，尽快制定业务管理制度，建立分级授权机制，规范业务流程。建立健全财务管理制度，规范会计核算。

2.开展保险经纪业务

（1）集团公司工作。根据公司实际发展状况和需求，引进新的战略投资伙伴。

（2）保险经纪公司工作。

1）针对晋能公司各板块特点，本着"立足自我，开拓业务"的原则，设计切合自身实际、性价比高的个性化组合保险方案，降低内部企业投保成本。

2）根据国家政策及经济发展情况，结合公司需求，积极开发保险新品种，探索金融领域产品的兼业发展、混业经营，开拓省外及国外市场，不断寻找公司新的经济增长点。

3）提升保险经纪公司的专业化水平，提供相关的保险咨询、审查保险合同、进行风险索赔等增值服务。

4）快速占领市场，分阶段完成业务规模、技术、人才、经验的积累，在行业内树立品牌优势。

（3）各级公司工作。支持保险经纪公司的业务开展，内部企业投保行为优先通过保险经纪公司组织实施。

3.参股财产保险公司

（1）投资财产保险公司。根据《保险公司股权管理办法》，集团公司投资参股财产保险公司。

（2）完善保险公司的内控制度。监督保险公司健全内控制度和完善资金管理制度，防范资金风险。

三、融资战略实施方案

（一）强化资金预算管理，平衡各项资金需求

1.集团公司工作

（1）修订并完善资金预算管理制度，明确公司资金预算管理层级职责，规范资金管理运行机制，

简化审批程序，保障拨付的及时和便捷，并作为长期工作不断推进。

（2）每年年初结合晋能公司生产经营及项目投资规划制定公司资金筹集及支出总预算并分解。在 2014 年全面推行资金预算执行情况报告制度。

（3）预算年度内，在不突破总资金预算的前提下，确保重点项目资金供应，支持投产效益好的项目资金落实。

（4）通过银企合作加强资金管理，在 3~5 年的时间内，逐步实施从煤矿到物流、电力、燃气等项目的预付工程款支付审查制度，并不断强化资金监管力度。实现项目资金支付与项目进度同步。

2. 二级公司工作

（1）根据集团公司分解的资金筹集及支出预算，结合本部及下属单位的资金状况，编制本部资金预算，并归集整理本部及下属单位资金预算，按时间计划分步实施。

（2）按规定程序办理资金预算及使用审批手续。按照审批后的规定用途拨付或使用资金。

（3）按照集团公司安排，整理分析上报资金预算执行情况表。

3. 基层公司工作

（1）编制本单位资金预算，经本级预算管理部门审议通过后，将资金预算上报二级公司审查。

（2）按照审批后的规定用途使用资金。

（3）根据二级公司安排，整理上报资金预算执行情况。

（二）拓宽融资渠道，高效融通资金

制定晋能公司资金融通的总体规划。

（1）集团公司工作。

1）依据晋能公司总体投资战略，结合公司资产状况及负债情况，合理确定年度筹资计划。

2）研究市场上各种融资工具，选择合理的筹资方式，降低筹资成本，通过多元化的融资为公司的转型发展及时、足额、高效地筹集资金。

3）在晋能公司现有的债务融资和权益融资方式的基础上，逐步推行资产融资，通过公司拥有的资产来驱动融资，使资产和负债相互配合。推动应收账款保理融资，与银行、保理公司等金融机构签署协议，把账面应收账款转让给保理公司。通过让售应收账款追索权，取得一定比例的资金。使公司的融资方式更加灵活，节省应收账款管理的成本，降低信用风险。同时还可指导下属企业灵活运用银行承兑汇票贴现和有价证券出售等各种资产融资方式进行融资。

4）集团公司对直属单位的煤炭贸易信贷规模进行控制，对审批权限要实行集权制，凡未经审批的业务暂停办理。

5）继续完善晋能公司担保管理办法。

（2）二级公司工作。

1）各板块按照集团公司要求，做好所属企业的信贷资金管理工作，提前规划所属企业到期贷款偿还和担保业务。按照集团公司规定强化所属企业的银行承兑汇票管理工作。与银行沟通协商，控制银行承兑汇票保证金比例。

2）与金融机构签订《全面战略合作协议》，在授信、投行、租赁、信托等方面开展全面合作。

3）贸易物流板块二级公司对所属三级单位的煤炭贸易信贷规模进行控制，对审批权限实行集权制，凡未经审批的业务暂停办理。

4）煤炭板块、电力板块项目资金的来源、使用、结算充分利用银行的监管资源，进一步深化银企合作，不仅限于建行，还可与其他有资质的银行共同实施对资金的监管。

（3）基层单位工作。

1）各相关基层单位在取得融资授信的情况下，必须对集团公司或二级公司提供的担保负责，对银行信贷资金的安全负责，将资金风险控制在可控范围内，实现资金的安全运行、保值增值。

2）煤炭、电力和燃气板块基建项目由于建设规模大、投资风险高、回报周期长，应按照各股东出资比例提供担保，融资企业通过中长期信贷方式解决投资资金。

3）物流贸易板块应结合各自经营特点，减少预付款规模，调节融资结构和融资成本，增强流动性。对于合作的煤炭供应企业，可尝试采用信用度较高的银行开具的国内信用证、银行承兑汇票等产品，并推荐优质的上游煤炭供应企业在银行取得承兑和贴现融资。到 2015 年在煤炭贸易融资企业全面实施"煤炭贸易融资"模式。

（三）优化资金结构，防范财务风险

1. 集团公司工作

（1）通过重组上市筹集股权资本、引入战略投资者、留存收益的累积和提高自有资金的比例等方式，将晋能公司的资产负债率控制在 75% 以下。

（2）资金中心要严格掌控企业的信贷规模。晋能公司长期、中期和短期负债比例控制在 6：3：1。

2. 二级公司工作

（1）加强与授信银行的协调。邀请金融机构参与公司信贷结构设计，调整改变目前短期融资较多、长期融资少的信贷结构。

（2）指导所属企业资金结构调整，所属企业长期、中期和短期负债比例控制在 5：3：2。

3. 基层单位工作

逐步控制和减少流动负债，原则上取消短期贷款，增加中长期银行贷款，争取 5 年期以上的长期负债，避免资金需求与供给在期限上出现断档。

四、投资战略实施方案

（一）加强项目投资前期财务管控，规范项目资金来源，合理调配资金结构，降低项目融资成本

1. 集团公司工作

（1）对煤矿提能改造项目、煤电一体化综改标杆项目、煤电铝材循环经济园区等重点项目坚持"保重点、保投产、保效益"的原则，予以重点支持。

对列入重点计划的煤炭超市、煤炭储配中心，港口和省外驻销地集散中心，煤炭物流通道，物流园区，物流信息平台，应用物联网技术等物流节点项目建设，在资金上全力保障。

对集团重点计划内的天然气项目，新能源发电等多元项目按工程建设进度确保建设资金到位。

（2）建立健全晋能公司项目可研期的财务审查制度。

（3）指导全公司的项目资金投入管理，按规定合理调配项目资金来源，推进项目资本金的落实，完善股份制公司按股比承担项目资金投入的机制。

2. 项目单位工作

（1）加强项目可研期财务评价中的成本、费用和税费的测算审查，重点关注项目投入资金与收

益预期的问题。

（2）按照集团公司对于项目资金管理的要求，落实项目投资资本金（达投资总额30%以上）的筹集工作。

（3）掌握各股东对项目前期的资金投入情况，促使其严格按股比承担债务及担保义务。

（4）合理规划项目融资渠道，最大限度降低融资成本。

（5）优化项目融资的资本结构，通过引入战略投资者和留存收益积累，提高项目自有资金投入的比重。控制减少流动负债，增加中长期项目融资。

（二）完善项目建设期资金投入审批程序，强化项目资金使用方向以及投入进度的监管

1. 集团公司工作

（1）继续完善并简化项目建设期资金投入审批程序，保证项目资金拨付的及时和便捷。按照资金申报程序，按季办理资金审查、批准等相关事宜。

（2）进一步推进银企合作，与合作银行共同实施对项目资金来源、使用、结算的监管。

（3）项目建设期间做好投资和融资的资金匹配，在投融资资本结构、期限、融资品种和资金额度上进行动态监控和掌握。

2. 二级公司工作

（1）按照集团公司要求，对项目建设期间的资金投入情况进行监控，及时掌握合作股东的出资情况。

（2）严格按审批用途拨付和使用资金。

（3）与相关银行按月对项目进度结算情况进行审查。

3. 项目单位工作

（1）按规定审批用途使用资金。

（2）按照工程进度及时结算并报上级单位审查。

（三）继续强化项目优化设计和预算复审，降低项目建设成本

1. 集团公司工作

（1）继续落实建设项目的优化设计和预算复审工作，强化项目成本控制，防止项目超规模、超概算。

（2）制定并完善项目建设成本控制制度。

2. 项目单位工作

（1）按规定对项目预算进行复审，合理降低建设成本。

（2）及时推进项目竣工决算工作开展。

（3）严格控制建设单位的管理费开支。

五、营运战略实施方案

（一）将"两级资金管理中心"管理机制引向深入

1. 理顺两级资金中心管理体制，规范运作、整章建制，加大监控力度

（1）集团公司工作。

1）完善各种规章制度，出台制度汇编。

2）"二级资金管理中心"将所属公司全部纳入中心管理。

3）2014 年 6 月底实现资金归集率 100%。指导两级资金管理中心规范运作，集团大额资金使用监控率达到 100%。

（2）二级公司工作。

1）严格执行集团公司各项规章制度，二级中心集中各所属企业的资金结算。在统一结算的基础上，清理撤并账户，将所属企业全部纳入"二级资金管理中心"。2014 年 6 月底实现资金归集率达到 100%，资金使用监控率达到 100%。

2）加强所属企业的银行承兑汇票和信用证管理。

2. 加大委贷资金管理力度，确保委贷资金安全

（1）集团公司工作。完善集团委贷规章制度，2014 年 12 月底完成集团成员单位内部单位机构信用评级，根据评级授予各单位不同的授信额度。实现委贷利率按级浮动。二级公司在集团资金中心开设内部户，归集委贷资金，归集度 100%。二级公司资金使用严格按照审批计划，逐笔下拨，监控使用。

（2）二级公司工作。配合集团授信评级工作，提供本单位各种相关资料。委贷资金归集后各二级公司要严格按照规定报送资金使用计划。

3. 加强银行承兑汇票管控，形成集团票据池

（1）集团公司工作。

1）2013 年底实现外部"票据池"。2014 年底建成内部"票据池"。

2）负责研究集团内部票据的可行性。

3）与相关银行沟通协调，完成票据系统上线及测试培训工作。

4）配合人民银行电子汇票使用与推广，2014 年底集团全面推广电子汇票业务。

（2）二级公司工作。

1）与银行沟通协调，完成所属公司培训工作。

2）根据集团票据池管理规定制定实施细则，督导所属公司银行承兑汇票入池。

（3）基层单位工作。

1）落实外部"票据池"管理。将票据全部外包给银行，由银行提供鉴别、查询、保管、托收等服务，并可以根据需要，随时提供银行承兑汇票的提取、贴现、质押开票等融资增值服务。

2）落实内部"票据池"管理。内部"票据池"建在两级资金管理中心，实现既包括票据实物的集中保管，也包括票据行为（如开票、贴现、背书、票据追索、到期支付与托收）的集中管理。进入到"票据池"中的票据，既包括银行承兑汇票，还包括集团创设的内部票据。

4. 节约财务费用，实施内部转账

（1）集团公司工作。

1）实现集团所有内部单位在资金管理中心开设内部账户，细化内部转账流程，规范内部各种票据使用及传递。

2）2014 年 6 月底实现两级中心内部单位内部转账率达 80% 以上，2014 年 12 月底实现集团所有内部单位自由转账，内部转账率达 80% 以上。

（2）二级公司工作。二级中心所有内部单位在资金管理中心开设内部账户，根据集团公司相关管理办法细化内部转账流程，督导成员单位实施内部转账，规范内部各种票据使用及传递。

5. 深化资金管理中心体制改革

（1）集团公司工作。

参照财务公司模式，深化资金管理中心管理体制，实现集团公司资金管理中心和二级中心的职能改革。2015年6月底实现集团资金管理中心对三级公司直接归集，资金的使用管理由二级中心执行。国际电力成立资金中心，管理上和11个地市同等对待。撤销省外资金中心。

（2）基层单位工作。

1）所有成员单位在资金管理中心开设内部账户，严格执行收支两条线管理。

2）所有成员单位在资金管理中心开设内部账户，制定相应规章制度，流程细则，内部单据分级传递管理办法。

6. 上市公司按照相关规定实施资金管理

（二）引入成熟的成本控制机制，降低各项成本费用支出

1. 项目优化设计

（1）集团公司工作。集团公司出台《建设项目投资计划指导意见》，对全系统建设项目进行整体的优化设计，根据不同条件给予支持或限制。

（2）各板块项目单位工作。充分了解自身的优势和劣势，掌握存在的机会和面临的风险，从实际出发，扬长避短，对项目进行优选。

2. 基建工程成本控制

（1）集团公司工作。建立基建成本预算管理制度，下达基建审减和设备进项税抵扣指标。

（2）煤炭板块基建单位工作。

1）在加强预算管理的基础上，强化工程项目、重点项目的决算审查，杜绝小预算大决算，久拖不决算的局面。

2）强化对重点基建项目进行优化设计和预决算复审。对超基建投资预算的项目，组织专项预算审查。

3）继续落实基建项目的设备进项税抵扣，完善进项税抵扣的相关手续，做好与税务部门的沟通协调，将政策用足用好。

（3）电力板块基建单位工作。

1）要优化发电企业建设前期的规划设计、生产线安排，严格控制工程造价，防止结算超预算、预算超概算、概算超估算的"三超"现象。

2）要对工程造价进行审核、控制和监督。

3）要从项目选择、设计方案优化、工程招标、设备采购等方面采取措施，确保各项费用量准价实。

3. 生产成本控制

（1）集团公司工作。

1）煤矿板块按照《煤矿生产成本管理办法》，促进并完善煤矿内部经营责任制的落实，推进对标管理机制，逐步实现科学规范化管理。集团加大对煤矿的投入产出控制的指导，提升煤矿盈利能力和市场竞争力。

2）电力板块按照现有的《发电厂生产成本管理办法》，强化落实成本管理责任制，推进定额管

理，经济核算。加大对成本要素控制的指导，推动发电厂成本计划、实时控制、信息反馈、措施对策等成本管理体系的完善，实现电厂的降本增效。

（2）煤矿、发电厂工作。

1）煤矿应健全生产成本与收益考核机制，要将生产矿（厂）成本指标纳入经营责任制考核。降低采购成本和生产过程的物料消耗。实行定编、定岗、定员，特别是可控费用部分的支出，将煤矿成本控制在合理水平。

——推进成本预算管理，引入定额管理理念。各煤矿建立各种临时性、专项性的费用预算编报机制。

——各煤矿要以销定产，生产适销对路的产品，不应盲目生产，造成煤炭产品积压。

——按照市场行情合理安排煤矿生产用材料、配件、专用工具总耗量和采购价格计划，科学规范材料出入库成本核算。

——通过加速折旧、调整安全费用计提比例、增加工资储备等形成专项储备。

——推行仓储代储制度。各市公司从仓储代储物资范围划定、业务流程设计、资金使用等方面给予指导，各煤矿供应部门具体负责推进仓储代储工作，各厂商按提供的计划按时按量组织货源实行代储。

2）发电厂应健全成本考核机制。将成本指标纳入企业经营责任制考核。以市场价格为基础，根据定额管理，制定标准成本。通过开展标准成本与实际成本分析，找准成本降低着力点，有效控制运行成本。

——根据电力市场运作情况，对机组固定成本进行分析，重点做好生产过程小指标的考核，合理控制每度电的固定成本。

——落实燃料供应计划，依托煤电一体化的优势，确保煤质、煤量、入厂验收、采制化管理和热值差等环节的控制。合理搭配煤种，满足锅炉燃烧需要，降低发电煤耗。加强燃煤仓储管理，降低物损。加强燃料自动化、机械化、信息化管理，降低燃料成本。

——落实排污费计划，管理"三废"排放，推进粉煤灰综合利用，科学合理挖掘潜力降低成本。

——强化燃料费、生产用水费和材料费等成本要素的控制。同时充分利用预算分析管理，对材料、大修和可控管理费用支出进行过程控制。

——制定科学合理的线损考核指标，从技术和管理层面上合理降低供电网络线损，有效控制损耗。

4. 加强成本的过程控制

（1）集团公司工作。加强成本预测、预算、控制、分析和监督，完善成本管理责任制和考核办法。

（2）煤矿、电厂工作。

1）事前控制。加强市场预测的分析，进行成本预测决策，确定目标成本，制定费用预算和成本计划。

2）事中控制。加强生产过程管理，实行定额成本或标准成本核算，分析和控制成本差异，对成本指标分解落实。

3）事后控制。编制成本报表，与目标责任成本进行对比分析，对降低成本的任务进行考核。

（三）健全债权债务管理制度，加大当年货款回收和旧欠清收力度

1.债权债务的基础管控

（1）集团公司工作。

1）正确设置应收账款、预付账款、其他应收款、应付账款、预收账款、其他应付款等往来科目，根据集团业务特点，规范科目辅助项目的设置，特别是应收账款的分类。

2）依据会计准则，集团公司制定并下发统一的坏账准备计提办法。

3）制定并下发集团公司货款清收、旧欠清收、内部结算的管理制度。

（2）各级公司工作。

1）严格执行集团相关制度，规范核算往来科目，依规、及时、足额计提坏账准备。

2）按照集团的统一要求，及时汇总、上报各类债权债务分析数据和材料。

3）煤炭板块企业，强化销售结算环节管理，各单位必须做到除大型钢厂、电厂等信誉度高的用煤客户可以先发煤，后汇款外，其他客户必须先付款，后发煤。

4）电力板块企业，从业务口径严格把关，明确应收款项的催收时间，制定清理计划，财务部门加强监督与管控，确保公司的债权债务时刻处于良性状态。

2.债权债务的账务管理

（1）集团公司工作。检查和督导各单位是否建立债权债务定期清查、核对签认制度，检查年末、季末往来账款的对账确认工作是否实施，检查对账手续是否完备，签章确认是否完整。

（2）各级公司工作。

1）各公司建立债权债务定期清查和核对签认制度。

2）严格执行应收款项清查签认制度。各单位财务部门负责，销售等有关各业务部门配合应于季末和年末时，全面清查各项应收款项，并派专人主动与债务人核对应收款项，采取派人前往或发函确认的方式办理签认记录，做到债权明确，账实、账账相符，确保诉讼有效，对清理核对过程中发现的长期挂账、长期无结算、账龄较长、核对不符等情况，应及时提请相关部门查明原因，按规定做出处理。

3）财务部门应配合物资采购部门或业务部门与对方单位核对账目，并将核对情况及时报告相关领导。

3.债权债务的清理考核

（1）集团公司工作。

1）根据各单位情况，集团公司统一下达年度旧欠清收指标，并对指标的完成情况进行考核。

2）统一下达年度货款回收率指标。同时实行信贷资金与货款回收联责制，对回款率完成指标的单位予以信贷支持并下浮贷款利率，对完不成指标的要控制、压减信贷并上浮贷款利率。

（2）二级公司工作。

1）监督检查所属企业内部之间往来款项全部结清。

2）监督检查所属企业职工借款（包括采购借款、差旅费借款、业务经费借款等）在年末全部清零，对确因工作需要无法在年末结清或因个别特殊原因本年不能清理的，由借款单位或个人写明原因并制定还款计划，报总会计师批准后，严格按照还款计划执行。

3）负责应收款项管理的分析总结工作，针对问题及时提出管理建议。

4）监督检查各单位应上交的服务费或利润是否在规定时间内足额上交；应拨付下级单位的各

类资金、经费和补贴是否及时下拨。

（3）基层单位工作。

1）各单位实施旧欠清收责任制，加大货款回收力度，保证货款资金的及时回笼，根据集团公司下达的指标，成立由分管销售业务经理组织的，各相关部门参与的专项清理小组，按照"一事一议、一户一策"的原则清收旧欠，对长年不发生业务或濒临破产的客户，要重点清理，货款收回无望的要立即起诉。

2）编制应收款项催收计划及催收方案，并按月组织相关部门完成应收款项的清收工作，确保完成货款回收率指标。

3）每年组织对预付款、预收款、应收账款进行一次全面清理，对长期挂账的应收款要制定时间，责成专人组织清收。

4）年末完成内部单位往来款项和个人借款的清零工作。

5）严格按照集团公司资金管理和使用的有关规定，加强对外借款、对外预付账款和工程垫资的控制和监督。

（四）建立并完善全面预算管理体系

建立健全晋能公司全面预算管理体系，分步推进全面预算工作并不断完善

（1）集团公司工作。

1）根据晋能公司推进"三全管理"的总体部署，建立健全晋能公司全面预算管理体系，在3~5年内分步实施并完善全面预算的编制、审批、执行、分析、监控、反馈、报告、考核、奖惩等各项管理工作。

2）不断完善预算的组织管理，确保预算机构到位、人员到位、管理到位。

3）到2018年，实现全面预算与战略规划、经营计划、资源配置、绩效考核的整体联动。

4）依据晋能公司内部信息化建设的实际，将全面预算管理体系纳入集团内部信息化管理系统，实现信息数据的及时传递、共享，增加预算信息的公开透明性。

5）根据晋能公司的职责定位，进一步强化投融资预算管理，规范投融资预算审批流程，合理安排投融资，增强公司融资和还贷能力，继续修订并完善资金支付预算管理制度，简化重点资金预算审批程序，保障重点资金及时拨付，防范资金风险。

6）推广样板经验，深入推进全面预算管理工作，使全面预算能够更切合实际，起到指导和控制的作用。

7）组织预算的培训工作，使各分管部门、预算部门依规核算、依制管理，提升预算管理的整体水平。

（2）二级公司工作。

1）根据集团公司全面预算管理整体部署，落实集团的全面预算管理指导意见，配合集团全面预算管理工作的开展。

2）不断完善本系统的成本费用预算管理体系。建立健全有效的成本费用预算编制、执行、监控、反馈和报告制度，科学合理地进行预算分析，定期对预算执行结果进行考评，将成本费用预算考核与奖惩挂钩。

3）不定期对基层单位的预算工作进行调研，指导基层单位的预算工作，提升基层单位的预算工作质量，为集团公司推荐优秀基层预算工作样板单位。

（3）基层单位工作。

1）积极配合上级公司完成成本费用预算管理相关工作。

2）逐步细化本单位的成本费用预算管理工作。

3）按时完成相关预算的编制、上报、执行、分析和报告工作。

4）对预算管理工作中发现的问题及时与上级单位沟通解决。

（4）上市公司按照相关规定结合自身实际实施预算管理。

（五）实施集团企业会计工作质量评价

1. 集团公司工作

（1）在原《山西煤炭运销集团有限公司会计工作质量评价办法》的基础上修订完成《晋能有限责任公司会计工作质量评价办法》，在全集团开展会计工作质量管理，促进基础工作进一步提高。

（2）组织专业人员、聘请专家对各二级公司进行验收，并突击检查部分三级单位，对达到优秀等级的单位授牌，同时给予奖励；对会计工作质量达标升级工作中表现差的单位，集团公司将予以撤牌和处罚。

（3）会计工作质量评价办法作为一项长期工作常抓不懈。

2. 二级单位工作

二级单位认真做好本部的会计工作质量达标升级工作，为所属企业率先垂范。并应组织、督导、检查所属企业按照要求完成会计工作质量达标升级工作。

3. 基层单位工作

做好本单位的会计工作质量达标升级工作。有差距的单位，财务负责人应重点关注，提高认识，落实整改，从根本上提高会计基础工作水平。

（六）推进财务重点工作样板工程

1. 集团公司工作

（1）树立财务重点工作推进标杆单位，建立财务重点工作责任制及奖惩办法，在财务系统内开展财务重点工作达标、对标、学标的活动，以推进财务重点工作的落实。

（2）到2015年全公司财务重点工作样板单位覆盖面达10%以上，到2018年全公司财务重点工作样板单位覆盖面达20%以上。

（3）集团公司每年对样板单位的工作推进情况进行不定期的督导检查和达标、升级验收。

（4）深化财务重点工作样板单位的达标升级验收，对已达标（或升级）的样板单位集团公司表彰、授牌、奖励并提出更高的要求，对不达标（或降级）的样板单位将通报批评、撤牌、惩罚。

（5）对未达标的样板单位，在限定期间内完成达标，集团公司负责组织验收。

2. 二级公司工作

（1）安排所属企业对标学标样板单位，组织观摩活动和经验介绍讲座，促进财务重点工作的全面落实。

（2）已达标的样板单位，应继续巩固提高，完善管理，细化流程，不断提升样板单位管理水平。未达标的样板单位，应定措施，想办法，学习先进企业的管理办法，在限定期间内完成达标。

（3）各二级公司要积极推进所属企业财务重点工作样板工程，对下级企业认真考核，每年按

4%的比例向集团公司推荐样板单位。

（七）规范集团公司会计岗位操作

1.集团公司工作

（1）制定《晋能有限责任公司会计人员岗位操作手册》，规范内部工作程序和流程，保证财务核算工作有章可循、有据可查、做到办事有流程、事事有标准，切实提高会计人员执业水平。

（2）集团公司不定期组织中介机构对各级单位的岗位操作工作进行检查、督导，对岗位操作工作规范、有序的单位予以表彰、授牌，树立标杆。

（3）在公司内推进会计信息化技能竞赛工作，将会计电算化操作作为财会岗位操作工作规范的其中一项重点技能，在晋能公司全面实施技能提升，对在竞赛中优胜的单位、个人进行奖励和表彰。

（4）每年组织开展财务系统"岗位技能比武"活动，推进岗位操作工作的规范化，对比武活动中表现突出的单位和个人授予相关"岗位技能能手"称号。

（5）会计人员岗位操作规范工作应作为一项长期工作在财务系统内推开和深入。

2.二级单位工作

按照操作手册的要求，做好本部门及所属企业的财会岗位操作技能的熟悉、掌握和提升工作，并强化新进财会人员的岗前、岗位操作的培训、规范和指导工作。不定期对所属企业的岗位操作工作进行检查。

3.基层单位工作

（1）各级财务部门结合自身实际，具体细化规范并组织落实部门内部岗位操作、工作程序和财务核算工作流程。

（2）基层财会部门到2015年全部完成岗位操作规范达标。

（八）实施会计集中核算委派制

1.集团公司工作

（1）业务指导。

1）成立会计集中委派的管理机构，机构的职能主要是做好会计人员管理工作，包括会计人员的来源、管理方式、选拔、调配、培训、考核；明确集团公司、二级公司工作职责。

2）建立健全一套管理制度，以保证操作规范化。会计集中委派以会计主管委派为主，管理方式为下管一级。

制度主要包括：持证上岗制度、会计任用制度、离任审计制度、会计交流制度、会计回避制度、会计例会制度、定期检查制度、继续教育制度、考核奖惩制度、重大事项报告制度等。

3）指导二级单位工作实施，完善会计委派制度并传达到各二级公司；解决会计委派工作中出现的突出问题。

（2）委派并考核。

1）对拟实行会计委派的单位进行会计业务调查和评估，确定实行会计委派的单位范围，确定会计岗位和人员。

2）正式向受派单位派驻会计人员，完成新派会计人员与原会计人员的交接，指导会计人员熟悉新单位会计业务。

3）监督二级单位会计委派工作实施进展、效果，进行奖惩。

（3）总结巩固。

1）跟踪辅导委派会计人员，解决会计委派过程中出现的突出问题，完善会计委派制度。

2）总结会计委派工作突出成绩，巩固工作成果。

2.二级单位工作

（1）上传下达。接受集团公司指导，学习贯彻集团公司关于会计委派的相关精神并传达到基层单位。

（2）具体实施。具体实施本单位会计委派工作，指导基层单位完成会计委派工作。

（3）监督考核。监督基层单位会计委派工作实施进展、效果，进行奖惩。

（4）协调配合。配合集团公司完善会计委派工作相关制度，解决会计委派过程中遇到的各种问题。

（5）总结巩固。总结会计委派工作突出成绩，巩固工作成果。

3.基层单位工作

（1）接受委派。做好财务资料整理，完成交接前准备工作。

（2）配合工作。配合上级单位实施会计委派。

（3）巩固完善。发现会计委派工作中的问题，提出解决意见，巩固和扩大成果。

4.上市公司按照相关规定规范会计核算

（九）做好纳税筹划工作

1.集团公司工作

（1）负责晋能公司本部税务管理及指导所属企业税务管理。集团公司税务管理工作如下：从税收角度参与经营决策，设计交易结构；审核经济合同涉税条款；组织集团纳税自查；协助子公司对税务稽查结果进行论证并指导协调纳税争议；组织所属企业财务人员税务专题培训；解答子公司提出的税务问题；关注税制改革对集团公司的影响，并提出对策建议。

（2）制定税务管理制度。为规范集团公司税务管理，由晋能公司负责制定税务管理制度。

2.二级及基层单位工作

（1）提升纳税筹划的基本技能。

1）提高纳税筹划意识，主动学习和掌握各项税收法规，了解国家各项税收政策的变化，并灵活运用，用足用好。

2）提升对内、对外的协调沟通能力，处理好企业、税务代理和税务机关的关系，提高合作程度。

3）做纳税筹划要针对企业不同的生产经营情况，注意筹划方案的针对性、可行性和可操作性。

4）熟悉会计利润和应税利润差异，税务规定对会计政策选择的限制。

（2）控制涉税风险。

1）进行中长期纳税筹划应注意规避税收政策的时效性风险。

2）纳税筹划实施需满足一定的主、客观条件，应注意规避主体能力不胜任导致的风险。

3）科学的纳税筹划应结合企业自身经营实际，遵循成本效益原则，要注意控制纳税筹划所产生的实际成本和机会成本风险。

4）按规定办理纳税申报、税务审批、税务备案事项；做好税收统计分析工作；加强税务发票及税前扣除凭证管理；定期收集、整理与本公司有关的税收政策；加强税务档案管理。与税务机关协调沟通纳税争议。

5）为规避纳税风险，提高纳税筹划的可靠性和权威性，对于综合性的，关系企业全局的纳税筹划，有条件的单位应聘请税务专家参与筹划。

（3）从纳税筹划的角度参与公司经营决策，科学合理地制订纳税筹划方案。

1）涉税业务的纳税筹划：集团组织架构与公司股权结构资产重组的纳税筹划；投资并购业务纳税筹划；融资业务纳税筹划；购销业务纳税筹划；提供与接受劳务纳税筹划；财产租赁纳税筹划；权利许可业务纳税筹划。

2）分产业纳税筹划：煤矿产业纳税筹划；电力产业纳税筹划；燃气产业纳税筹划；制造业纳税筹划；房地产业纳税筹划；贸易公司纳税筹划；综合服务业纳税筹划；旅游业纳税筹划；农业项目的纳税筹划；施工企业纳税筹划。

3）分税种纳税筹划：增值税筹划；营业税筹划；企业所得税筹划；个人所得税筹划；其他地方税筹划。

六、收益分配战略实施方案

（一）集团公司工作

（1）依据国家出台的国有资本收益相关政策和《公司法》，结合晋能公司管理体制框架，通过实施收益分配，实现资源在整个公司范围内的优化配置，实现资本保值增值。

（2）处理并兼顾各方面的利益关系，包括国家的利益、山西省的利益、地方的利益、其他股东利益、企业自身的利益和职工的利益。

（3）集团公司收益分配的直接对象是各股东，应根据国家相关规定，在省国资委的指导下进行。

（4）晋能公司收益分配流程按照"自上而下，再自下而上"的形式进行。

（5）集团公司确定年度总体利润分配指导意见。

（二）二级公司工作

（1）收益分配工作要处理好地方的利益、晋能公司的利益和企业自身的利益三者关系。

（2）二级公司收益分配的直接对象是集团公司，应该根据国家相关政策、《公司法》相关规定，参照集团公司确定的利润分配指导意见，由公司董事会主导进行。

（3）根据集团公司的指导意见结合本系统可供分配利润确定本系统的利润分配方案。

（4）分配方案应当以下属公司分得的金额与公司自身经营所实现的现金利润之和为限。

（5）进行分配时，二级公司向股东分配利润，方式为向集团公司汇总。

（三）基层单位工作

（1）基层单位利润分配直接对象是上级公司，应该根据国家相关政策、《公司法》相关规定，参照上级公司确定的利润分配方案，由公司董事会主导进行。

（2）进行分配时，向股东分配利润，方式为逐级向上汇总。

（四）上市公司收益分配办法按照相关法规执行

七、人才战略实施方案

（一）加快会计领军人才培养

1.集团公司工作

（1）鼓励和推荐公司内优秀财务管理人才报考全国会计领军（后备）人才项目和山西省会计领

军（后备）人才项目。

（2）集团公司会计领军人才的培养侧重于历练。着重打造真正能领导企业财务管理步入快车道的具备国际视野、知识结构优化、实践经验丰富、创新能力突出、职业道德高尚的实用型高级管理人才。

（3）会计领军人才将纳入晋能公司中高级财务管理人才库。

2. 各级公司工作

（1）各级公司应制定今后五年的会计领军人才培养计划，确定培养目标、培养对象、培养方式、人才使用和人才管理等，使集团会计领军人才培养工作制度化、规范化、系统化和长期化。

（2）各级公司应重视领军人才的塑造过程。

（3）各级公司要加强对会计领军人才的知识更新、后续教育、能力提升。

（二）实施财务管理培训生计划

1. 集团公司工作

（1）每年集团公司从国内知名的财经类院校毕业的财务、会计、金融类专业的全日制应届硕士、博士研究生当中，通过自愿报名、资格审查、能力素质测评、统一笔试、专家面试、择优试用、正式录用的程序招聘一批财务管理培训生。

（2）对招聘的财务管理培训生按照管培生的管理办法在集团公司进行短期集中培训。并安排基层培养和实践，一年后进行考评、择优安排充实各财会岗位。

（3）管理培训生将纳入晋能公司中层财务管理人才库。

2. 各级公司工作

培训单位依据管理办法配合集团公司完成对培训生进行管理，通过培训、实践、考评，提升管培生的财务管理素养。

（三）建立晋能公司高、中和基层财会专业人才储备库

1. 集团公司工作

（1）加大对各层次的优秀财会人才的投入，推进人才结构调整，促进人才价值的实现，实现整体财会人才的开发和利用。通过建立高、中和基层各层级的财会人才库的储备，强化并提升各层级会计人才的技能，着力打造一批复合型人才队伍。

（2）制订并出台纳入高、中层及基础财会人才储备库的管理办法。能够纳入高级财会人才储备库的人才应具备以下四点：一是要有高度，具备企业的 CFO、总会计师等高级财务管理人才高度。要能统摄全局，这个全局概念不仅仅是指集团财务系统内部或行业内部的，更应该是在全球视角上的。二是要有广度，不仅要懂财务、懂金融、懂资本，还要懂业务、懂技术、懂管理，善于协调产业发展和资本运作的关系，善于平衡实体经济和虚拟经济的互动。三是要有深度，需要对现代财务和金融有比较深入的了解和研究，要能够运用一些在现实中已经比较成熟的专业经验，如资产证券化、收购兼并、投资组合管理等，使企业财务管理往高效化、现代化方向发展。

能纳入中级财会人才储备库的人才应具备以下四点：一是具备中级财务专业理论知识和技能。二是具备优秀的组织协调能力。三是执行能力强，综合分析能力突出。四是具备参与财务决策能力，能对企业的生产经营决策、财务管理决策提出整体规划，同时能够为企业的经营战略决策提供可靠依据。

（3）基础财会人才储备库建立，先在各级单位推进以下几方面工作：一是控制好财会人员的流动，变被动为主动。将财会人员流动率控制在10%以下。二是关键财会岗位（如核算会计、报表会计等）和财务管理岗位后备人才储备应达到2~3人。非关键性财会岗位，在需要时，有途径及时招聘到合适人员。三是提高基础财会人员培训的及时性和有效性，提高财会员工的胜任感和归属感。

（4）在各层级人才储备过程中，明确储备人才的培养期限和目标岗位。通过建立人才储备档案，细化工作岗位和目标工作标准，使得储备人才有明确的发展目标。

（5）制订适合晋能公司高、中和基层财会储备人才的培训规划，使之适应目标岗位的需求。强化公司内部人才培训管理，可通过课堂培训、岗位轮换、岗位复训等方式培养提升财会人才的层级。

2.二级公司及基层单位工作

（1）各级单位应做好基础财会人员的招聘、录用、培训及管理工作。可以通过以下几种方式展开招聘，包括报纸招聘、网站招聘、直接招聘、现场招聘和学校招聘等。

（2）根据企业财会人员需求实际，重点选取一些专业对口的大中专院校，建立起长期的合作关系，降低企业搜寻人才成本，也可以在财会人才短缺时及时补缺化解人才危机。

（3）各级财务部门应科学合理设置岗位，做到工作边界清晰，工作强度均衡。可以采用"兼职专职并举"的岗位设置思路，做到岗位设置既有分工又有协作，既有衔接又有制衡，同时还保证了业务的流畅和效率的提高。

（4）通过人才培养，不断向集团公司推荐各类型财会人才，纳入晋能公司的各层级的人才储备库。

八、保障措施实施方案

（一）完善内部控制

1.集团公司工作

整合煤销集团、国电集团各项财务内控制度，出台晋能公司内部控制制度，并逐步完善。

2.各级公司工作

贯彻落实晋能公司内控制度，指导各项财务工作。

3.上市公司工作

上市公司需按照财政部等五部委联合发布的《企业内部控制配套指引》全面推行内控规范体系建设。

（二）坚持管理精细化，推行全面成本管理

1.集团公司工作

建章立制，用标准和制度对成本进行刚性约束。

2.生产单位工作

（1）落实晋能公司成本管理制度，实行归口分级管理责任制，将各项成本指标细化分解并层层落实，与经济责任制相结合。

（2）调动全体员工的积极性，严格控制成本开支范围和开支标准。通过预测、控制、分析和考核，努力挖掘潜力降低成本。

（3）实施比价采购，严格控制大宗材料采购成本。加强定额管理，提高投入产出率。

（4）认真开展成本预测，做出最优成本决策。编制成本计划，并以此作为成本控制依据。组织成本核算，严格执行成本开支范围。对成本进行考核和分析，正确评价各部门成本管理绩效。

（5）研发阶段、设计阶段、采购阶段、生产阶段、营销阶段、售后服务阶段都要计算考核相应成本指标，努力追求成本领先的市场竞争优势。

（三）加强会计信息化建设，实现财务与业务的协同

1.完善会计信息化管理体系

（1）集团公司工作。

1）公司财务部门和业务部门相互合作，建立晋能公司会计信息化管理体系。

2）研究制定会计信息化工作规范，完善会计管理和会计监督的信息化。

（2）各级公司工作。各级公司财务部门负责组织推动，各级公司、各业务部门主动参与、积极配合。

2.建立统一的会计信息平台，扩大会计信息化管理的范围

（1）集团公司工作。通过构建以标准化会计信息为基础的统一会计信息平台，并逐步扩大会计信息化管理的范围，实现会计信息数出一门、资源共享的目标。

（2）各级公司工作。

1）各级公司利用会计信息化平台将经营管理信息纳入其中，促进财务与业务之间互联互通、信息共享。

2）通过提供简单清晰、易于理解、方便使用的财务报告数据，为经营管理的精细化和财务决策的科学化提供信息化支持。

3）将会计信息化管理扩大到生产经营领域，实现经营活动信息化、会计工作信息化、内部控制信息化、经营报告与财务报告信息化。

4）通过会计信息化平台，把现在分散的煤炭、物流、电力等信息孤岛有机整合起来，努力达成财务与业务的协同，实现管理成本的降低。

3.上市公司按照相关规定独立进行信息披露

（四）加快整合，实现财务的深度融合

（1）晋能公司的财务整合以总体发展战略为准绳，与其他整合相互配合，实现财务资源的统一配置。

（2）从人员调动、机构调整、制度变革和资源重组四个方面入手，积极推进财务整合，实现晋能公司财务资源的实质性统一。

（3）通过统一资金管控机制，统一人员、机构和制度，实现财务运营的一体化、财务决策的科学化和日常财务的规范化。

（4）构建层级明确的统一权责机制，实现战略与战术、投融资与生产经营、资本经营与资产经营、收益与支出等全方位的深度财务融合。

（五）构建财务预警系统，防范财务危机

1.集团公司工作

（1）构建符合公司实际的财务预警系统。

（2）建立"预警—报警—排警"的机制。以财务会计信息为基础，科学设置并实时监控敏感性指标的变化，对可能发生的财务危机进行预测报警。在警情爆发之前，及时采取排警对策。

2. 各级公司工作

在集团公司的指导下，完成财务预警的会计信息数据汇集工作。

（六）建立财务战略评价体系，强化绩效管理

1. 集团公司工作

（1）建立公司财务战略评价体系。

（2）对集团的财务战略目标及任务的责任分解落实情况进行总体评价。对实施财务战略的成效进行测评。

（3）实施财务战略绩效考核，健全奖罚机制。

2. 二级公司及基层单位工作

（1）分解、落实财务战略及实施方案。

（2）汇总、分析、评价本级及所属企业的财务战略目标相关的定量、定性财务指标完成情况以及财务战略任务落实和推进情况。

（七）夯实会计基础工作

1. 集团公司工作

（1）通过深入开展会计法规的宣传教育，在集团财务系统内树立起会计法制意识和责任意识。

（2）根据《会计法》和《企业财务通则》的有关规定，按照统一领导、分级管理的原则，结合公司财务实际，构建合理的财务管理模式。明确财务管理的集权与分权，清晰公司与下属各级财务管理机构的职责范围与权限。

（3）强化对会计人员的职业道德教育和监督检查。

2. 各级公司工作

（1）健全会计基础工作制度体系，规范会计基础工作、会计信息化工作和会计档案管理办法。

（2）对照会计岗位操作规范手册和会计工作质量评价办法组织实施，推进落实，努力提高会计基础工作的规范化水平。

（3）完善本级财务组织，明确财务组织机构及其所设会计岗位和职责划分。

（4）规范各类业务会计处理流程。

（5）完善会计信息管理，规范会计信息收集、分类、记录、传递的载体。

（八）创新人才队伍建设机制

1. 集团公司工作

（1）建立科学的职责机制。把财务人才队伍建设作为公司一项重要的工作职责，切实解决在财务人才培养中遇到的困难和问题。

（2）建立规范的学习制度。制定财务人员继续教育指南，制定合理的培训计划，做好财务人员的继续教育。

（3）建立合理的评优表彰制度。定期进行先进财务工作者评选表彰工作，将财务人员评选表彰与劳动表彰奖励相衔接。规范评选程序，创新评选方法，提高评选结果的客观性和公信度。

2. 各级公司工作

（1）实施财务人员的轮岗制度。在同一岗位连续任职 3 年，有计划地进行内部轮岗交流。在同一岗位连续任职 6 年，必须进行内部轮岗交流。

（2）实施财务岗位的 AB 角制度。每个岗位都设置两名工作人员，A 角为业务主办人员，负主要责任；B 角为协办人员，负次要责任。通过 AB 角制度提高财务人员综合素质。

（3）营造以人为本的环境。实行事业与情感并重，关心和支持财务人才的发展，形成尊重知识、尊重劳动、尊重人才的财务文化和氛围。

五、后记

晋能公司 2013~2018 年财务战略是在山西煤销"十二五"财务战略的基础上继续进行的财务管理创新和先行先试。

公司要在升级财务管控的基础上，积极推进财务战略管理，构建以价值创造为目标导向的稳健发展型财务管理模式。要本着"战略为本、管控为基、细节至上"的指导思想，坚持"分步推行、分层落实、分产业规划"的工作原则，全力保障晋能公司 2013~2018 年财务战略的顺利实施。集团所属上市公司在执行和落实此财务战略时，必须遵从国家证券监管部门的相关规定。

从山西煤销"十二五"财务战略到晋能公司 2013~2018 年财务战略，生动地体现了财务战略随环境变化而权变的动态管理过程。若未来的财务环境发生较大变化，财务战略将进行相应调整，以便公司做出更为恰当的财务应对。

越秀地产作业成本核算管控体系构建与实践

创造单位：广州越秀集团有限公司

主创人：欧俊明　江国雄　高　华

创造人：江刘涛　唐正中　黄琦莉　赖　伟　高富成　李洁睿

[摘要] 房地产行业由黄金时代步入白银时代，各大房企以"强管控、降成本、提利润"为新常态下企业战略导向。外部市场环境的变化对财务成本核算管控能力提出更高的要求。

越秀地产经过"十二五"期间全国化扩张，资产规模不断扩大，合同销售额由2011年的90.54亿元增长到2015年的248.5亿元。集团根据发展所需，提出"管理升级增内力，变革创新添活力"的工作主题，并提出2015年度通过合理配置资源优化成本，设定房产每平方米成本下降100元的成本管控目标。如何在现有的情况下有的放矢，在保证产品品质的前提下降低成本成为财务成本管理新的课题。

在此背景下，需要建立一套全链条、全过程、全要素、业财结合的成本核算管控体系。作业成本核算管控体系是根据房地产市场与企业自身的特点，采用作业成本法构建的核算与管控相结合的体系。

作业成本核算管控体系由核算体系、权责体系、IT信息系统支持体系共同构成，通过全链条、全成本、全过程核算，实现精细化管控。其具有以下特性：精细化管理，按成本动因分解地产成本费用体系，夯实基础；明晰价值链条，按业态核算产品成本，促进业务标准化；独立核算商业运营，明晰商业运营成效，提升商业运营管控能力；明确责任部门及责任归口，支持动态成本管控，提高全员成本意识。

[关键词] 房地产；成本核算；财务管理

一、作业成本核算管控体系构建与实践的背景

（一）外部环境大势所趋与集团发展所需

2015年是"十二五"收官之年，告别高增长和高利润成为房地产市场新常态，房地产行业由黄金时代步入白银时代，各大房企以"强管控、降成本、提利润"为新常态下企业战略导向。外部市场环境的变化对财务成本核算管控能力提出更高的要求。

越秀地产经过"十二五"期间全国化扩张，资产规模不断扩大，合同销售额由2011年的90.54亿元增长到2015年的248.5亿元。集团根据发展所需，提出"管理升级增内力，变革创新添活力"的工作主题，并提出2015年通过合理配置资源优化成本，设定开发成本每平方米下降100元的成本管控目标。如何在现有的情况下有的放矢，在保证产品品质的前提下降低成本成为财务成本管理新的课题。

（二）原成本管理体系存在问题剖析

原有成本管控环境下，财务分析虽能满足基本的内部经营和外部监管要求，但仍然存在"看不

清""管不住""想不到""说不过"的现象，不利于企业成本管控和管理升级。

（1）看不清：①成本核算与管理分析需求不匹配，成本可用性降低；②成本核算口径方法不统一，导致成本信息失真；③不同出口成本测算数据不一致；④未按产品业态归集成本。

（2）管不住：①预算目标与实际执行相脱节，预算刚性不足；②缺乏有效的成本管控指标和成本管理标准；③部分不同项目同一类合约的承包范围不同。

（3）想不到：①缺乏对全口径成本的关注；②缺少长期持续的成本改善规划；③集团与子公司财务测算结果出现盈亏偏差。

（4）说不过：①成本责任划分不清；②缺少业务部门的共同协作和管理层的深入推动；③原有科目体系未能清晰划分责任部门，责任成本无法落到实处；④商业地产事业部与城市公司责任界面不清。

（三）作业成本核算管控体系构建与实践的必要性

传统财务成本管理体系无法满足外部环境的变化与集团发展的需求，客观上需要一套全链条、全过程、全要素、业财结合的成本核算管控体系。作业成本核算管控体系是根据房地产市场与企业自身的特点，采用作业成本法构建核算与管控相结合的体系，其具有以下特性：

（1）精细化管理，按成本动因分解地产成本费用体系，夯实基础；

（2）明晰价值链条，按业态核算产品成本，促进业务标准化；

（3）独立核算商业运营，明晰商业运营成效，提升商业运营管控能力；

（4）明确责任部门及责任归口，支持动态成本管控，提高全员成本意识。

所以作业成本核算管控体系能够满足外部环境变化与集团发展对财务成本核算管控能力的要求，有利于大幅降低无效成本，还能在不同情景下支持决策。

二、作业成本核算管控体系构建

（一）作业成本核算管控体系介绍

1.作业成本核算体系蓝图

作业成本核算管控体系由核算体系、权责体系、IT信息系统支持体系共同构成，通过全链条、全成本、全过程核算，实现精细化管控，如图1所示。

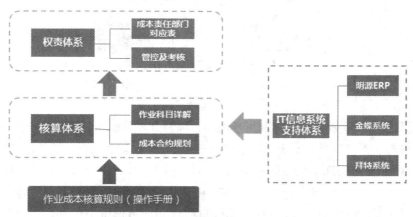

图1　作业成本核算管控体系蓝图

2.作业成本核算管控体系应用

（1）精细化核算项目、产品投入产出，完善业绩评价体系，大幅降低无效成本，提高经营管理效率；

（2）通过建立作业成本核算管控体系，为公司各层级（从决策层到基层）提供全方位支持，如图2所示。

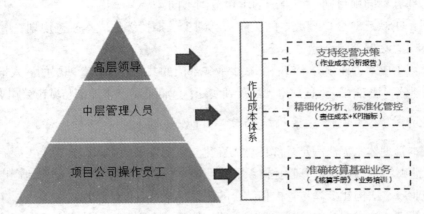

图2　作业成本核算管控体系应用

（二）作业成本核算管控体系创新和特色

1.与传统财务成本核算体系对比

传统财务口径按项目整体核算。作业成本核算体系以管理口径（作业成本）按项目中的不同产品业态分开核算，同时将商业运营以管理口径独立核算。

（1）全成本：作业成本科目体系包含土地成本、房产成本、商业费用、期间费用、收购溢价全成本要素。按全成本核算，使计算出来的产品成本更全面、准确、真实。

（2）全过程：作业成本实时、动态反映不同分类的产品成本，便于及时对项目、产品成本进行分析，管控纠偏，促进企业目标完成，如图3所示。

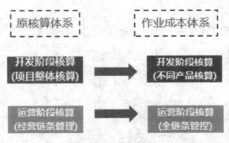

图3　新旧成本体系对比

2.业财结合，实现传统会计核算向管理会计转变

（1）项目开发阶段：明确责任主体和责任边界，项目开发阶段项目开发公司为责任主体，地产集团总部全面统筹管理。明确项目开发阶段管理口径核算方法，根据业务价值链条，进行全成本核算。

（2）项目运营阶段：明确责任主体，商管公司作为持有型商业项目的经营主体，对其经营结果负责。明确责任边界，统筹所有商业项目（持有＋销售）的前期策划与商业设计，指导项目运营筹备。明确商业运营阶段管理口径核算方法，明确自持商业项目作价交付并在运营阶段计算项目投入资金成本。

3.将期间费用归集、分摊计入项目、产品作业成本，更准确真实地反映项目、产品实际成本与经营业绩

（1）销售费用：销售费用直接计入相关项目。例如将区域公司销售部门（除分管销售的副总以外）人员工资直接计入项目销售费用。

（2）管理费用：优化管理费用科目（细分为37个子目），精细核算各项管理费用，直接归集与分摊相结合计入项目、产品成本。

（3）财务费用：采用"谁受益，谁分摊"的原则。通过资金系统自动计算项目公司外部、内部利息（包括股东投入、项目公司往来等），鼓励将闲置资金交集团统筹。

4.将集团投入项目资金的成本计入作业成本，以价值创造为导向进行成本核算管控

5.强化风险管理，将汇率等风险因素列入作业成本科目体系，根据市场情况进行核算管控

6.解决实际问题

统一语言：使用作业成本法进行横向、纵向成本对比分析；

清晰界面：细化颗粒度，明确责任部门和责任归口；

提升管控：全周期、全方位、全成本管控；

支持决策：帮助项目规划定位和产品定价。

（三）构建作业成本核算管控体系的主要工作（见表1）

表1　构建作业成本核算管控体系的主要工作

主要工作概述	工作内容
优化科目设置，细化颗粒度	①细化科目设置，从9个一级科目，52个末级科目拓展为16个一级科目，135个末级科目 ②调整科目归集类别和顺序 ③编制《作业成本科目详解》
明确产品界面、制定成本费用分摊标准	①按产品业态进行核算 ②明确土地、车位分摊标准 ③明确公建配套分摊标准 ④明确财务费用、销售费用、管理费用分摊标准 ⑤编制《作业成本核算手册》
完善商业运营核算体系	①明确商业运营阶段角色和责任的边界 ②明确前期费用分摊方法 ③引入项目投入资金成本概念
完善权责体系	①规范合约规划与招采界面 ②对成本责任部门进行管控 ③编制《作业成本合约规划详解》《越秀地产责任成本管理工作指引》及《目标成本控制责任书模板》

三、作业成本核算管控体系实践

（一）作业成本核算管控体系复盘成果

复盘方式：已完工项目中抽选有代表性项目进行作业成本核算复盘。复盘项目包括广州可逸江畔、广州南沙四期项目、武汉星汇君泊一期、杭州星汇城B1项目等。

复盘总结：

（1）拿地前开展土地价值全要素分析，360度评估土地价值，确保地价合理性；对土地价值点进行深度挖掘，满足客户敏感点需求，确保土地价值"物尽其用"。

（2）开发阶段甄别客户敏感点，优化资源配置。在满足规范的前提下降低结构性成本、强化功能性成本、增加敏感性成本，提高投入成本的边际收益，实现项目成本投入产出比最大化。

（3）推进作业成本法对期间费用进行精细化管理，强化投入产出意识，建立有效的费效比评价体系。

（二）作业成本核算管控体系应用成果

应用范围：在建项目、新建项目（2015年后开工项目）。

应用方式：在建项目全部按作业成本核算管控体系进行归集分析；新建项目（2015年后开工项目）全部按作业成本核算管控体系进行成本管控和考核。

应用方法：使用同一作业成本核算科目，从子项目构成、材质、用量、采购单价、地域、时期等因素进行对比分析。横向对比，识别重点领域，分析不同项目建筑设计和装修标准的投入产出，优化成本。纵向对比，完善自身管理，进一步提高经营效率。

应用成果：42个在建项目开发成本较年初动态成本平均下降了200元/平方米以上。2015年结转项目开发成本单方降低310元/平方米，成本降低总额约4.2亿元。

（1）优化专业工程设计方案，降低成本投入。对于未实施的专业工程，结合项目的使用功能及成本投入的对比，优化设计方案，在不影响使用功能的前提下，降低成本投入。如武汉星汇云锦项目通过优化空调系统、智能化系统、机电工程设计方案等，共节省投资约11300万元。中山可逸豪园三期项目，对室内水电、电梯、铝门窗等专业工程进行优化，成本降低约1500万元。

（2）优化物料选用，有效控制成本。在确保装修效果前提下，货比三家，选用合适的替代物料，优化成本投入。如武汉星汇云锦6#楼装修工程，通过优化不锈钢、墙纸、地毯等材料品牌（进口改国产），成本降低约4400万元。

（3）优化施工工艺，细节控成本。南海岭南隽庭项目在确保保温效果的基础上，取消住宅楼东西面剪力墙保温砂浆，节约造价362万元；青岛星汇蓝湾项目优化空调板、阳台内墙、屋顶构架饰面等客户不关注部位饰面做法，将真石漆优化为弹性平涂，节约成本约130万元；武汉星汇君泊项目在确保防水效果不变的基础上，取消大部分地下室顶板耐根穿刺防水层，节约成本约200万元。

（4）严控变更、签证比率，倒逼项目精细管理。按照公司对变更签证比率的管控要求（旧项目≤10%，新项目≤5%），结合项目实际进度，严控变更签证比率，降低无效成本投入，倒逼项目精细化管理。如杭州青山湖B2项目总包及铝门窗等主要专业工程的变更签证率严格按施工图预算的5%~8%控制，降低成本约1000万元。

（三）作业成本核算管控体系实践的意义

提高成本管控水平是越秀地产"十三五"实现"管理升级提能力"的重要战略措施。

（1）建设与实践作业成本核算管控体系，以管理会计手段对生产经营全过程进行控制、检验、评价，这是管理升级的基础。

（2）作业成本核算提能力，责任成本管控强管理，以体制机制保障作业成本核算体系和责任成本管控体系切实落地实施，抓好配套制度和IT系统建设，固化规则，界定责任，明确考核，为经营决策提供重要支撑。通过全面有效实施作业成本核算管控体系，实现成本管理这项战略发展核心能力的全面升级。

军品制造业成本精细化管理创新应用

创造单位：中国兵器工业集团哈尔滨第一机械集团有限公司

主创人：钟　颖　李　冰

创造人：邵　宇　刘文博

[摘要] 我们结合企业发展的自身需要，将精益管理、创新管理与财务成本控制结合起来，探索形成了有哈一机特色的精细成本管理之路。

从宏观上说，成本精益化管理就是要树立大成本的概念，一是以成本驱动因素为动因，将与企业创造价值有关的所有要素都要纳入成本的控制与管理范畴。二是在核算上既要满足成本规范的核算要求，又要在内部管理上不拘泥成本管理的各项规定，将管理会计的相关理念引入成本管理。三是在控制上要贯穿价值创造的全过程，横向到边，纵向到底，形成网格化的成本管理体系。四是深化和优化单元成本效益管理模式，全员参与将成本对标、重点成本管控事项划小核算单元到直接责任主体，由表及里发掘分解设计关键指标，由泛泛而谈粗放控制到有的放矢精细管理。

从微观上说，成本精细化管理就是要从细节处入手，只有做细方能做精。成本精细管理是企业实施全价值链体系化精益战略的前提和基础，粗放式的财务管理与精益管理要求背道而驰。新常态财务管理要从精细化方面转变，从纵向讲财务管理不仅要进行事后核算，还要对经济活动进行行事后监督、评价，要参与经济活动的规划、预测、预算，确立经济目标；从横向看财务管理不仅要负责财务核算，还要熟知业务的活动过程，了解活动的背景特点。财务的精细管理要找到管理的关键点或关注点，依据精益管理实施内容的逐步深入，按照由点到线、由线到面、有面到体，分阶段、分步骤系统推进。

[关键词] 成本管理；精细化

一、企业简介

哈尔滨第一机械集团有限公司，是隶属于中国兵器工业集团公司的大型重点骨干企业，是履带式装甲车辆、大口径自行火炮的科研生产基地。

哈一机集团始建于1950年11月24日，是兵器工业重点骨干企业。资产总额为24亿元，哈尔滨市和齐齐哈尔市两个主厂区占地面积100万平方米，人员总量近4000人，各类设备4300余台。具有锻造、冲压、热表处理、焊接、机械加工、数控、装配等专业生产能力。在国庆35周年、50周年、60周年阅兵式、纪念抗日战争暨世界反法西斯战争胜利70周年阅兵式上，企业的多型产品方队通过天安门广场，接受了党和国家及世界人民的检阅。企业的核心使命是坚持武器装备机械化信息化复合发展方向，打造国际知名的地面武器平台与战斗工程装备系统总承包商与系统解决方案提供者。

二、项目实施背景

当前世界经济低迷，复苏迟缓，国内经济处于调结构稳增长的经济新常态，尤其是传统制造行业，经济运行质量下行压力加大，部分行业面临着市场需求不足、产能过剩等潜在的风险和困难。

"十三五"开局，军品订货高位回落已逐步进入常态，除部分高新工程等重点武器装备订货保持相对稳定或略有增加外，军品发展面临着国家投资结构调整和竞争性采购的不利局面。随着国有企业改革工作的全面深化，政府对市场的干预将大幅度减少，军工企业的壁垒不再成为不可逾越的障碍，军工企业参与完全市场竞争将形成常态，能否在短期内找到一个能够加快生产要素流动，自主实现资源高效配置的管理途径，是对企业财务金融管理工作提出的更新、更高的需求。

哈一机集团建厂60余年来，一直以军品生产为主，受国家政策影响较大，计划经济时代的影子仍然存在，参与市场竞争的能力相对较弱。在这种背景下，我们提出了开展"精细成本管理"的工作，结合企业发展的自身需要，将精益管理、创新管理与财务成本控制结合起来，探索形成了有哈一机特色的精细成本管理之路。

三、精细成本管理思路

从宏观上说，成本精益化管理就是要树立大成本的概念，一是以成本驱动因素为动因，将与企业创造价值有关的所有要素都要纳入成本的控制与管理范畴。二是在核算上既要满足成本规范的核算要求，又要在内部管理上不拘泥成本管理的各项规定，将管理会计的相关理念引入成本管理，如沉没成本、机会成本、付现成本、变动成本、固定成本等，和自身的管理实际结合起来，为企业做好增值服务。三是在控制上要贯穿价值创造的全过程，横向到边，纵向到底，形成网格化的成本管理体系，不仅仅是生产过程，还要包括采购、销售、项目、科研、各项资源的占用和周转、各项业务活动与价值创造的相关性、各项费用的控制等，消除一切与价值创造无关的劳动、耗费和时间，使所有的资源在任何一个环节从时间到空间、从全局到过程都处于受控状态。四是深化和优化单元成本效益管理模式，全员参与将成本对标、重点成本管控事项划小核算单元到直接责任主体，由表及里发掘分解设计关键指标，由泛泛而谈粗放控制到有的放矢精细管理；同时通过绩效管理，将成本控制深入人心，由被动接受到主动思考，充分发挥责任人的作业控制。

从微观上说，成本精细化管理就是要从细节处入手，只有做细方能做精。成本精细管理是企业实施全价值链体系化精益战略的前提和基础，粗放式的成本管理与竞争日益激烈的管理需求背道而驰。产品在立项阶段就要参与竞标，为了赢得商战与竞争对手血拼价格等随时都在上演，并已成为成本管理的新常态，这就要求传统财务成本管理要加速转型，从纵向讲财务管理不仅要进行事后核算，还要参与事前经济活动的规划、预测、预算，确立经济目标，要对经济活动进行事后监督、评价；从横向看财务管理不仅要负责财务核算，还要熟知业务的活动过程，了解活动的背景特点。如产品的单位成本既要掌握标准成本，也要了解历史成本、预测未来可能发生的成本，同时还要考虑产品成本的构成、售后服务成本等。当然，财务的精细管理不是要面面俱到，而是要找到管理的关键点或核心，按照"由点到线、由线到面、有面到体，分阶段、分步骤系统推进"的原则，以小搏大，促进成本管理水平的提升。

在精细成本管理思路的梳理过程中我们综合运用了会计学原理、工业统计学原理、财务管理、管理会计、绩效管理、全面预算管理、对标管理、精益管理等理论，从价值创造与全员参与、预算管理与资源利用效率、绩效考核与透明经营等多个管理维度进行了思考。

四、项目落实情况

（一）运用信息化手段，建立工艺电子信息平台，为精益财务在全价值链下的运用奠定基础

实施全价值链体系化精益战略，就是要围绕价值创造影响因素系统推进"精益"的管理思想，消除一切无效劳动，提升各项工作的价值创造能力。我们精细成本管理的起点就设定在价值链起点的研发、工艺部门，为改善设计工艺管理粗放、工艺信息传递不顺畅、工艺改进与成本需求不适应，无法满足生产、采购等多方面管理要求等问题。2015年，财务部门会同工艺、生产、检验、采购等多个部门反复调研论证，通过以搭建工艺电子信息平台为抓手，对现有产品工艺路线进行系统整理完善，降低设计更改下达率，探索新工艺、新方法，不断优化材料消耗与采购定额，从源头降低制造成本；在优化材料消耗定额的基础上，建立内部成本价格信息库，加强制造过程的成本控制，在基层单位实施成本对标管理，开展成本对标分析工作。

工艺路线是制造企业的灵魂，是操作者制造加工的标准，是确定目标成本和定价的依据，是编制采购计划的来源，建立完善的产品生产工艺路线及原材料、外购、外协、标准件三合一消耗定额目录电子信息平台，可以大大提升工艺基础管理工作水平，为降本增效奠定坚实的基础。电子信息平台的功能包括：

（1）统计功能，把一个大型复杂装备使用和消耗的原材料成本按产品装配关系梳理得清清楚楚，避免件号重复或缺失，可以精确地提供单位产品直接材料成本，为业务部门在激烈的产品市场竞争中，科学决策竞价投标提供依据。

（2）产品树功能，详细描述了产品逐渐形成走过的全部路径，能够把产品零件、部件、整机消耗的自制原材料、半成品、成品、外协等直接材料穿成串，配上专项费用及工时定额后，就形成了产品零部件及整机目标成本，为生产部门编制生产作业计划，安排调度生产提供便利。

（3）分类功能，技术工程部对自制原材料进行分类，采用相同品号、规格原材料的零件进行归集整理，排尺下料提高原材料利用率，将原材料工艺消耗定额转变成实际生产可控消耗定额，有利于明确各单位原材料控制的目标成本，便于采购部门编制采购计划，明确仓储部门原材料定额发放标准。

（4）制定生产目标成本功能，根据电子信息平台生产工艺路线及消耗定额制定单位产品目标成本，逐级分解落实到各个生产分厂，建立起各生产分厂目标成本管理电子台账，为目标成本管理，奠定坚实基础。

（5）协助均衡生产功能，生产部门可以迅速掌握各个生产分厂承担的生产任务总量，分析各生产单位存在"瓶颈"，对均衡组织生产降低消耗提供帮助。

另外，各生产分厂可以使用该平台迅速填报原材料及成品消耗定额领用单，了解掌握本单位承

担的生产任务总量，研究制定生产实施计划，提高生产效率降低消耗。同时，对今后研发新产品、制定目标价格、产品定价及备件筛选等工作提供参考和帮助。

（二）建立目标成本管理体系

目标成本是企业在一定时期内为实现目标利润而设定的一种预计成本，成本管理以其为起点，通过目标成本推动精益研发，修正调整设计方案；通过工艺路线将目标成本分解到各生产单元进行对标管理，发现超差及时分析原因整改。目标成本管理从产品开发的最初阶段开始，贯穿产品生命周期始终，并将整个价值链纳入其中。

我们将产品生产归结为"下游客户需求分析—产品研发设计—产品生产制造—上游材料采购"这样一个逆向、有序的价值链流程。在这个价值链上的每一个环节，我们都采取措施，而不仅仅是将控制制造成本作为唯一的管理环节。

（1）以"客户需求"分析为起点确定新产品的目标成本。在成本管理中，重点分析客户对产品性能、价值等方面的需求，并结合企业自身的预期利润目标，确定新产品的"目标成本"。

（2）高度关注产品研发设计过程。在设计过程中，将供应商、研发团队等相关利益集团利益与新产品收益挂钩，实施项目负责制，在保证产品功能满足顾客需求的前提下，通过优化设计和工艺发掘新产品降低成本的空间。

（3）在产品制造环节，高度关注制造过程的物耗和非物耗成本以及质量成本、试验成本等项目控制，实施全方位的成本"持续改善"策略。通过成本对标管理、预算管理、定额管理等管理工具，发现制造环节存在的问题进行持续改善，同时将生产现场的数据反馈到产品研发部门，持续改善设计方案、优化工艺路线，达到成本控制的终极目标。

（4）供应链管理，降低材料目标成本。作为制造企业，材料成本往往占产品总成本的相当份额，供应链作为价值链上游，理应成为成本控制的重中之重。公司在供应链管理中严格实行物资比质比价采购，对大宗物资实行集中采购和招投标管理，制定物资比质比价采购奖惩措施；明确规定相关部门在采购业务中的职责和权限；定期核实物资存储情况，掌握各类物资存量，根据生产计划和物资存量确定合理经济批量；建立合格供应商档案，定期了解供应商的基本情况，为采购决策提供可靠信息；严格材料采购结算管理，严格执行审批程序；加强采购的预算管理，对于预算内采购项目，采购部门应严格按照采购计划办理采购业务；对超预算和预算外采购项目，要严格审批程序，明确审批权限。为达到控制目标成本的目的，我们从客户需求调研和供应商优选入手，通过优化设计工艺、实施对标管理加强过程控制、持续改善消耗定额、控制采购价格等关键环节的管理，建立了相对完整的目标成本管理体系，通过运行见到了实效。

（三）关键环节控制拉动了全价值链精细化成本管理

2015年，按照既定的精细化成本管理目标，我们围绕着作业成本动因，系统梳理了作业链条上的每一个环节，找出关键控制点组织业务部门调研论证，制定精益改善方案并组织实施。

1. 设计源头的关键点控制

从材料成本源头入手，开展材料成本控制工作，协调工艺、设计部门，应用数字化三维模拟软件模拟装配或三维装配检查等信息化手段，研究新技术、优化产品结构和设计方案，通过设计工艺创新拉动将产品成本控制工作全面引向深入。

通过对定型产品的设计结构改进，提高产品制造过程中的质量控制能力，降低成本增加效益。

通过创新工艺设计，调整已定型产品的工艺规程，在保证产品质量前提下，降低制造成本。

通过控制主辅料定额，合理优化在线产品的主辅料定额，控制资源使用，降低工艺成本消耗。

通过制造设备、工具、仪器装置的改造、翻新等办法，控制投入提高效率。

通过外购外协分包细分增效，我们将能专业化生产的进行外包，通过专业化批量生产降低成本，关重件、核心件最大限度实现自制。

2. 采购环节的关键点控制

财务部门与工艺部门、采购部门积极合作，系统梳理采购物资类别，统一物料规格和采购标准，降低采购难度，提高采购议价能力。

通过加强供应商管理，重新核定优选扩大合格供方，通过比质比价降低采购成本。

下料工段结合物料尺寸和生产投产计划，积极采用套裁下料的方法，努力提高材料的利用效率。

建立物料成本对标分析制度，仓储部门严格按定额发放物料，组织生产现场进行对标管理，对多投、废补、试制严格审批。

价格管理部门利用网络价格平台、历史价格信息建立价格信息库，积极做好相关价格资料积累，为采购部门寻价、议价提供信息支撑。

3. 物资管理关键点控制

在公司实施"三项制度"改革中，将原有的物资采购与保管权责完全分离，强化各自职责，确保存货全过程管理得到有效控制，建立存货资金占用预警机制，以成本精益管理为契机坚持按订货合同约定购进原材料，最大限度减少库存减少在产品结存，严控存货资金占用边界。

4. 能源消耗关键点控制

降低能源消耗，提高节能型炉窑使用率。加大综合技改项目中对能源项目改造力度，将普通加热炉改造成蓄热式加热炉以节约天然气。加强管理，采取"避峰填谷"措施，提高工件装载率，提高劳动效率方式，加强炉窑单耗考核，降低炉窑单耗水平，根据生产能力变化，改变电力运行方式。

5. 人力资源关键点控制

调节人工成本结构，有效控制人员入口，控制人员总量，调整人员结构，压缩岗位编制人数。实现净减员，完善现行激励政策，采取灵活用人方式，建立自主创新激励机制。对科研、工艺创新等成果，经相关部门确认，其成果为公司提高经济效益，降低成本起决定性作用的将成果转化的一定比例奖励研制人员。

6. 可控费用关键点控制

推进全员成本管理，加强可控费用控制，逐级细化、分解成本指标，对制造成本率、成本费用率等设定控制边界、实施对标管理，制订各单位可控费用控制目标，严格实行分厂可控费用较上年零增长，对于可控费用控制较好的单位执行激励制度。

五、效果评价

一年来我们以成本精细化管理入手，围绕作业成本动因，系统梳理作业链条上的成本控制环节，对关键控制点上的相关内容组织业务部门调研论证，综合运用了各种管理工具，包括财务管理、绩效管理、全面预算管理、对标管理等，以实现既定的精细化成本管理目标。并且加大宣传力度，通过在厂区内布置宣传栏、在全公司范围内开展"我与成本费用"专题演讲等活动，营造节约成本的氛围，鼓励全员参与，增强人人降本增效的意识。

通过在全价值链上的经济成本管控，我们完成既定目标，并取得了预期成果。2015年共实现降本增效金额1685万元。在提高工艺创新的实用性和经济性，提高劳动生产率等多个渠道挖掘出一条降本增效的新道路。

取得的成果包括：

（1）以技术工程部、仓储中心、锻造分公司、钣金分公司、十二分厂为责任主体的工艺信息平台项目。该项目以工艺信息平台为抓手，通过优化完善产品生产工艺路线及原材料、外购、外协、标准件三合一消耗定额，提升工艺基础管理工作水平。以多年积累的基础数据为纲，总结规范套材下料标准，摸索科学可持续改进途径，逐步降低下料工段原材料消耗定额，提高原材料利用率。实现降本增效金额106万元。

（2）设计研究所的设计人员、工艺人员在设计阶段充分考虑工艺的制造成本，采用工艺性好的产品设计方案，研究新技术、优化产品结构和设计方案替代原方案，创造经济效益，节约成本。通过对定型产品的结构改进，提高产品的性能和经济性，降低成本。采用既定的经济规模、技术条件、质量标准条件下，通过降低消耗、提高劳动生产率等措施降低成本，实现降本增效金额261万元。

（3）以采购中心、机动工具部、审计部为核心，通过比值比价、寻求替代、基层审价与公司审价相结合控制价格等多种方式降低采购成本。规范采购管理，建立物资、工程和服务等集中的采购机制。日常工作中利用网络等信息手段积极做好相关价格资料积累。当发生临时性采购计划时，供应部门提出计划，审价部门立即根据物资类别在合格供应商中进行筛选，通过网络或电话进行询价，通过比质比价后最终确定供应商，并通知供应部门进行采购，达到节约采购成本的目的，实现降本增效金额135万元。

（4）统一标准降低生产成本。设计研究所、技术工程部、所有生产分厂通过财务初步搭建的工艺信息平台，比较主材及辅材与定额，比较节约金额修订产品定额，逐步实现标准化，实现降低成本目的。

（5）能源管理部门为了实现降低能源的目的，几乎每天扎根在分厂，发现跑冒滴漏现象及时制止，根据生产能力变化，改变电力运行方式，采取"避峰填谷"措施加强电能管理。发现由于计量手段落后影响能源分配权责不清，实时反馈提高计量手段，加大综合技改项目中对能源项目改造力度，例如将普通加热炉改造成蓄热式加热炉以节约天然气，实现降本增效金额25万元。

（6）人力资源部门结合精益生产，在有效的激励上，完善收入分配制度，逐步完善生产一线人员的计时工资制，技术人员项目绩效工资制，营销人员的提成工资制以及特殊人才的谈判工资制和业务外包的协议工资制等。建立自主创新激励机制。对科研、工艺创新等成果，经相关部门确认，其成果为公司提高经济效益，降低成本起决定性作用的将成果转化的一定比例奖励研制人员。对于管理人员通过管理创新，节能降耗、降物耗，进行奖励。人员入口上，以公开、平等、竞争、择优为导向创新选人用人机制，把好"入口关"根据不同类型岗位职责，制定相应岗位新引进人员"准入"资格和条件，通过控制人员总量，调整人员结构，压缩岗位编制人数，实现净减员以达到降低人工成本总额目的，实现降本增效金额732万元。

（7）以精益成本管理为依托，将各单位可控费用划小到最小核算单元控制。逐步使车间、班组的管理人员都能够紧密地与本单位生产实际相结合，积极开动脑筋，总结经验，形成一套适合本车间生产特点的成本管控机制，在基层形成全员参与的成本管理氛围，实现了每个车间、班组都有相应的成本控制指标和措施，对基层成本控制形成了一定约束力。整体上制订各单位可控费用控制目标，严格实行分厂可控费用较上年零增长，对制造成本率、成本费用率等设定控制边界、实施对标管理，实现降本增效金额111万元。

（8）部队对军品装备的需求是我们收入的主要来源依靠，2015年我们在做"精"、做"量"、做"优"上下功夫。做"精"是结合公司能力建设和布局调整，形成精干的155生产线，重点做好国内车载炮研发和生产线调整建设，同时抓好军品衍生品的研发和市场开拓；做"量"是近年来通过对新产品研制、老产品改进等渠道提高任务量，争取了大批量的改装产品生产任务；做"优"上努力争取军品技术服务收入，以优质的服务占领部队技术服务市场。我们始终心系国防建设，主动深入部队基层进行走访、提供技术培训、演练保障等服务，为部队完成训练任务和重要工作提供了有力的支撑，并为企业创造了316万元的收益。

六、激励措施

成本精细化管理是一项漫长而艰巨的工作，并且期间会引发企业的种种阵痛，但成本精细化管理工作不会因此而停歇，为了确保个人目标与公司目标的一致性，我们设计了评价与考核标准，建立奖惩机制，鼓励为降低成本并实现最终效果而做出突出成绩的团队和个人。

具体我们运用绩效考核来强化管理激励以实现初始设定的成本管理目标。将成本精细化管理工作纳入绩效考核范畴，将成本管控项目落实到责任单位，与各单位中层领导签订年度经营承包责任书，年末按照成本节约额的3%对各基层贡献单位进行激励，2015年共兑现绩效奖励金额70万元。极大地激发了中层领导及业务骨干的成本管理热情，为下一步深化成本精细化管理打下了基础，使我们为实现成本精细化管理持续改善的目标更近了一步。

七、精益成本创新工作延伸

2015年我们在军品制造业成本精细化管理进行了创新性尝试，取得了一些成绩，但可以说仅仅是一个开始，随着管理需求的变化，成本控制的关键点会相应地发生变化，需要我们不断地去创新管理思路和方法。通过一年来的成本精细化管理，我们营造了良好的精细成本控制氛围，初步搭建了具有哈一机特色的精细成本管理之路，影响并带动了研发管理、物流管理、生产管理、绩效管理、人力资源管理等管理工作的改善和提升，加速了企业转型升级。

按照"以点到线、由线到面、有面到体，分阶段、分步骤系统推进"的管理原则和建立"持续改善全价值链网格化的成本管理体系"的精益成本创新点，我们的精细成本管理工作未来还将不断深化，尤其是探索划小责任单元建设，持续改进数据的收集、整理与分析工作，并以此为基础，构建科学合理的员工激励政策，真正意义地实现全员、全过程、深层次的成本控制。

基于资产全生命周期的一体化资产管理创新

创造单位：广州地铁集团有限公司

主创人：何 霖 王 苹

创造人：姚世峰 王晓斌 郝 净 朱年娣

[摘要] 作为典型的资产密集型行业，轨道交通企业资产管理是贯穿企业整个价值链的核心内容，高效资产管理非常重要。轨交企业资产管理面临以下难题：资产数量大、种类多、分布广、专业性强；轨道交通通车快、开通集中，基建与运营管理需求及标准不同，不同管理阶段衔接难度大，决算难；轨道交通资产寿命长、技术更新快，变化多，生命周期数据积累并应用于规划、采购、维修管理难度大。2009 年广州地铁启动资产全生命周期一体化系统化实施，搭建一体化信息平台，2010 年通过初验；2011~2013 年深化一体化应用，实现轨道交通行业资产全生命周期一体化资产管理，属行业首创。一体化管理体系打通了管理壁垒、提高了管理效率，并为设计、维修提供决策支持，优化资产配置，创造价值，实现了资产全生命周期管理精细化、网络化、信息化，保证了国有资产保值增值。该管理体系在多家地铁公司得到推广应用，体现出良好的社会效益。

[关键词] 资产全生命周期；一体化管理；财务管理

广州地铁集团有限公司前身为成立于 1992 年的广州市地下铁道总公司，是广州市市属大型国有企业。2015 年 6 月 30 日广州市地下铁道总公司正式更名为广州地铁集团有限公司（以下简称广州地铁）。公司秉承"地铁，为广州提速"的企业使命，践行"服务社会，造福市民"的社会责任，以一体化的经营模式，负责广州城市轨道交通的投融资、工程建设、运营管理以及沿线房产、商业等附属资源的开发与经营。通过 23 年的规划、设计、建设、运营和附属资源经营所积累沉淀形成的核心能力、资产价值以及良好的现金流，公司目前已初步具备"自我造血功能"，形成了独特的地铁可持续发展模式。公司以安全、准点、便捷、人性化的城市轨道交通运输服务，提高市民生活品质、促进城市功能完善，同时为全国乃至世界其他城市提供轨道交通规划、设计、建设、监理、运营、咨询和培训等多业务维度的全方位解决方案，促进轨道交通行业发展。

一、项目背景

随着广州地铁一号线全线开通运营开始，广州地铁从单一的工程建设转变为建设、运营和资源开发多元并举的一体化经营管理模式，从一条线路建设转变为多条线路同步建设，从以技术管理为主转变为综合型经营管理。自 1993 年一号线开工到 2015 年 12 月底，广州地铁已建成开通运营 9

条线路，266 千米的城市轨道交通线网（不含广佛线佛山段为 251 千米），2010 年亚运会前建成开通 6 条线路 86 千米。目前在建线路包括轨道交通六号线二期、七号线一期、九号线一期、四号线南延段、八号线北延段及十三号线首期等。截至 2015 年底，累计运营里程已达 16 亿车公里，运送乘客 141 亿人次，日均客运量达 659 万人次，线网运行图及列车正点率均始终保持在 99.9% 以上。2015 年，实现营业额 60.26 亿元，利润总额 0.82 亿元。预计 2016~2020 年，将完成新线建设投资约 1300 亿元，新建线路千米数近 300 千米。

随着新线不断开通，广州地铁管理的资产规模高速增长，作为资产高度密集的企业，保障资产的有效运行和维护，实现保值增值是广州地铁的一个重要课题。在以"建立现代企业制度、创建现代优秀企业"为总目标的企业战略要求下，广州地铁已针对资产管理全过程进行调研，流程梳理，总结出广州地铁资产管理的主要特点：

广州地铁作为大型的百年交通建设工程，具有投资大、建设周期长、技术要求高、涉及专业多、资产数量大、种类多、分布广、系统性强等特点；轨道交通通车快、开通集中，基建与运营管理需求及标准不同，造成不同管理阶段衔接难度大，决算难的问题；轨道交通资产寿命长、技术更新快、变化多，生命周期数据积累并应用于规划、采购、维修管理难度大。上述种种问题对资产管理提出了很高要求。

广州地铁资产管理涉及多个主要部门：建设部门主要负责基建期资产的管理，主要包括：项目立项、合同招标、合同签订、合同审批、采购入库、项目发料、合同结算、实物移交、物资转固；运营部门主要负责基建期资产转为运营期后的管理，主要包括：运营维修维护、资产报废处置、设备更新；财务部门主要负责全过程的价值核算及财务管理工作。

二、理念依据及实施

随着广州地铁资产规模不断增大，如何解决好巨量资产的营造、运营、维修维护，保证资产安全基础上实现资产运营效益的最大化将成为企业管理的核心目标之一，对资产管理提出了更高的管理要求。在资产数量大、变化快，且基建资产形成清单晚的情况下，保障资产账实相符的难度就不小，打通不同管理阶段壁垒，提高效率、支持决策并创造价值的目标难度更大。引入新的管理理念和方法是主观、客观上的必然要求。建立资产全生命周期管理的体系是符合地铁公司当前和未来需要的，同时也符合地铁公司企业价值链定位。

资产全生命周期管理是从长期经济效益出发，全面考量资产投资计划、设计、建造采购安装、验收移交接管、运行、维护/维修、报废处置全过程，以期最小化资产的全生命周期成本，并最优化资产整体经营效率的一种管理理念和方法。

从广州地铁的企业特点分析，一体化管理机制下的企业运营是以资产的全生命周期管理为主线的方式进行的，广州地铁资产全生命周期管理涉及投资计划、设计、建造采购安装、验收移交接管、运行、维护/维修、报废处置等阶段，建设财务管理、合同管理、采购物流管理、新线移交、设备维护维修等职能，基本覆盖了企业内部管理的方方面面。结合实际情况，广州地铁提出：以资产为主线，按照"资产全生命周期管理"的理念开展一体化资产管理信息平台（简称"IAM"）的建设工作，要求通过 IAM 平台的建设与实施，实现"资产分类的统一、资产编码的统一、信息平台的统一"，建立资产架构体系和资产编码体系，运用信息化手段支撑广州地铁资产全生命周期管理业务，从而达到保障资产安全、提高管理效率，实现资产配置优化、创造价值。2009 年广州地铁启动资产全生命周期一体化系统化实施，搭建一体化信息平台，2010 年通过初验；2011~2013 年深化一体化应用，实现轨道交通行业资产全生命周期一体化资产管理，属行业首创。

三、成果及创新点

确定在明确保障资产安全的同时，提高资产效率的资产管理目标和基于资产全生命周期的一体化资产管理理念和模式后，广州地铁积极开展相关工作。在公司领导的大力支持下，各部门积极配合，团结协作，实现了广州地铁一体化管理运营模式，重点成果如下：

（一）创立轨道交通资产全生命周期一体化资产管理体系

结合资产管理的现状，广州地铁调研了自身在资产管理方面全局性整体管理上的不足，在 2009 年提出了全生命周期一体化资产管理的理念后，为使理念成为实践和标准，广州地铁就资产管理相关各业务板块进行了管理和流程优化，以保障资产在规划到设计到采购到形成资产再到后续运维保值增值的整个全过程的衔接和一体化管理，提出了一体化资产管理领域需建立和培养的六大能力：①基于一体化考虑的资产投资策略能力；②标准化的管理能力；③保持 / 延长资产寿命的能力；④成本控制能力；⑤基于风险控制的内部监控能力；⑥透明的信息共享能力。基于以上六大关键能力，广州地铁于 2009~2010 年围绕着资产管理相关的业务管理板块对比现有管理能力，发现不足和缺陷，对管理进行优化，对资产管理相关的业务流程进行了优化和梳理，完成了对财务、合同、项目、运维等各资产相关的管理板块的管理优化，提出了每个业务板块在资产管理领域所需要达到并匹配的能力，设计梳理完成资产管理相关的一级业务流程 5 个，二级流程 56 个，三级流程 164 个，关键控制点 117 个，如图 1 所示。

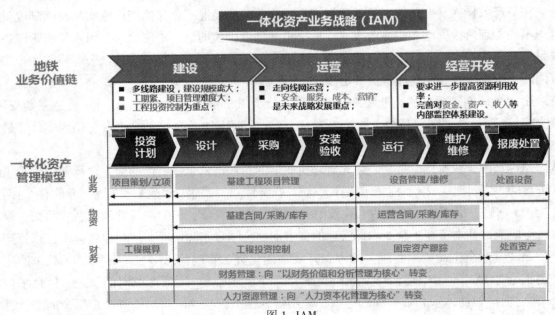

图 1　IAM

通过不断探索研究业务，优化管理流程，促进价值、实物管理两条主线清晰；增强跨部门流程协同配合，使得建设、财务、运维在资产管理的某个层级口径达成一致，使资产管理过程中从项目概算到合同采购到维修管理、实物追踪、成本归集整个业务链条清晰透明、规范有序。资产全生命周期一体化资产管理体系解决了轨道交通企业面临的资产管理难题，得到多家行内企业推广及应用。

（二）创建一体化固定资产分类及单元划分标准

广州地铁经营期绝大多数资产是由基建期转入，建设部门主要从项目管理的角度对基建期资产进行管理；运营部门主要从运营维修维护及实物安全的角度对经营期资产进行日常管理；财务部门在符合会计制度和准则的前提下，完成资产全生命周期的会计核算及财务管理工作。由于管理的侧重点不同，三个主要部门资产管理的颗粒度存在一定差异，造成项目管理、实物移交、结算与决算脱节的情况，难以完全满足运营需求，加大了资产清查难度，造成重复工作，增加管理、协调成本。具体表现为：各管理环节开项标准不一致（合同按验工计价维度开项，移交按照实物维度交接，决算按照结算维度进行）。要实现资产全生命周期管理，首先要建立全公司统一的固定资产分类及单元划分标准（以下简称固定资产目录），将经营需求反映到建设前端，指导合同按固定资产转资的要求建立合同开项，即合同每个开项能够确定对应唯一的固定资产单元，以实现高效的竣工决算，基建转运营资产能明细、清晰、自动地完成系统割接。

由于资产种类繁多，各部门需求难统一，要建立各部门都认可的固定资产目录难度很大，为此广州地铁资产管理部门在符合会计制度的前提下，结合公司实际情况，制定了编制固定资产目录的四大原则：稳定性原则、独立使用原则、寿命相类似原则、重要性原则，多次组织各业务部门讨论，反复确认，同时参考国家标准 GB/T 14885-2010 及行业先进企业分类，最终建立了 16 个大类，112 个中类，600 余个小类的固定资产目录。

以第六大类机电系统为例，该大类共分环控系统、给排水及消防系统、屏蔽门系统、低压配电系统、PSCADA 系统、机电设备监控系统、FAS 系统、气体灭火系统、主控系统九个中类，以其中第 5 中类 PSCADA 系统列举如表 1 所示。

表 1 PSCADA

一级编码	一级	一级目录资产单元划分标准说明	二级编码	二级	二级目录资产单元划分标准说明	三级编码	三级	三级目录资产单元划分标准说明	末级资产单元划分原则
06	六、机电系统	使用机械、电器、电子设备所生产的各类机械、电器、电子性能的生产设备	05	PSCADA系统	PSCADA 含SCADA，指变电所自动化系统，对地铁变电站进行远程自动监控的系统	01	PSCADA 中央设备		按线路划分作为一项资产
						02	变电所 PSCADA 系统站级设备	即 NSC，包含 RTU 柜体、通信控制器、测控装置、人机接口单元、光电转换器、调制解调器、通信规约转换器等	按单台设备作为一项资产
						03	PSCADA 系统 UPS		按站划分作为一项资产
						04	PSCADA 系统生产计算机及附属设备	如工控机、打印机、笔记本电脑	按单台设备作为一项资产

新固定资产目录成为企业、系统共用的"语言",统一合同、交付、转固的管理口径,使前后的清晰对应和信息传递成为可能。新固定资产目录的启用,统一了新线实物移交、竣工决算等关键结点的固定资产颗粒度,大大提升了数据质量,减少重复工作,提高了工作效率。保证竣工结算时,可获得清晰、准确的资产清单,并与设备建立关联,清晰反映资产价值形成过程。业内首家实现按照运营、维修、决算需求在合同、移交阶段形成固定资产。

（三）创建一体化资产信息管理平台

作为资产全生命周期管理理念的载体和手段,广州地铁资产一体化信息管理平台应运而生。该平台固化了标准化的业务流程,衔接了各个功能板块,做到了业务协同管理,促使了管理理念落地。

在业务功能上,该平台涵盖了投资计划、设计、采购、安装验收、运行、维护维修、报废处置等功能;在系统模块上,该平台包括基于工作流的合同模块,基于ERP系统的财务管理、物流管理、预转资等模块和实物资产管理模块等。现对几个重点功能模块予以诠释:

广州地铁搭建了合同管理系统,强化和完善城市轨道交通工程项目建设过程中的成本归集,让概算单元和开支类型从合同开项开始到竣工决算贯穿项目合同的整个生命周期,在概算执行过程中进行跟踪管理,从合同计划、议题申报、招投标以及合同审批、支付到结算实现全过程信息化管理,有效实现概算的日常回归和有效的投资控制。

物流管理模块包括基建库存管理模块、运营采购模块、运营库存模块、运营Sourcing等子模块。它涵盖了基建物资库存、运营物资采购、计划,采购寻源,采购订单,到货存储管理,需求领用等。基建库存管理实现了基建工程设备的营造过程的跟踪管理,并与合同管理、资产移交、财务应付模块、运营维修维护模块集成,解决了资产密集型企业大型基建项目的过程管理,为企业构造可视化的基建物流管理平台。

基于ERP系统的财务管理和预转资模块是该平台的核心模块。ERP的精髓在于财务业务协同一体化,广州地铁在原有ERP理论基础上,开拓性地把资产全生命周期管理理念予以充分融合,把ERP系统带向了一个新的领域。其中转资模块把各种业务来源的资产集成在一起,把符合条件的资产结转固定资产,这样,预转资模块成为了业务和财务的重要衔接。财务管理模块是ERP系统和一体化平台的核心,它作为数据流向的终端,全面准确地反映了各业务模块的经营成果,形成各个管理部门所需要的信息,如资产实物信息、资产财务信息、概算回归信息、成本管理报表、会计报表信息等。

新线移交系统将合同管理系统中需要进行移交的合同清单,根据固定资产目录拆分组合成为固定资产管理维度的实物资产清单,经过三权移交审批后,同步至预转资模块结转成固定资产,并在新线移交系统中进行固定资产价值分摊,分别流转至财务管理模块和实物资产管理模块、维修管理模块,实现了各个模块对固定资产管理颗粒度的统一,实现了资产一体化理念下的固定资产全过程数据流转。

运营维修系统采用移动终端方式支撑现场完成每个单体设备的检修记录填报,并对关键工序要求强制性拍照互检,实现了设备维修管理从维修策略、计划统筹、作业执行监控、作业执行分析全过程的管理,后续将为地铁维修从"计划修"向"状态修"的管理前置提供大数据支撑,促进维修成本的降低和维修效率的提升。

一体化资产信息管理平台的上线运行,开拓了资产全生命周期管理的信息化应用先河,树立了资产密集行业的典范。实现了资产从前端合同直接通过信息系统转为资产和设备维修数据,确保了数据一致性，资产信息分别以价值及实物资产信息存储，实现了信息联动，确保账实相符。该平台在广州地铁的应用，有效地推动了资产从投资计划、设计、采购、施工验收、运行、维护维修、报废处置全过程的管理，实现了资源共享及配置优化、资产高效管理及成本降低、规范管控及风险规避，并为实现资产保值增值的目标迈出坚实的一步。

（四）创立新线移交管理模式

新线实物资产移交作为资产全生命周期管理中的关键节点，其管理涉及建设合同管理、采购物流管理、设备维护维修、财务管理等多方面。由于新线移交业务情形复杂，移交物资种类多、数量大、移交时间跨度长；涉及的业务部门繁多等多方面的原因，且基建行业均未有新线移交的标准体系，广州地铁新线实物资产的移交管理工作难度大。为全面规范新线实物资产的移交工作，确保实物资产移交的完整、账实相符，广州地铁从业务的实际情况出发，创立新线实物移交管理模式，通过制度、指引等，规范内部管理，优化移交流程，以实现建设、运营及财务决算的一体化。

（1）清晰鉴定了建设部门、实物接管部门在资产接管过程中和资产接管后的职责分工；避免了由于责权不清而产生的相互推诿，为基建资产移交工作的有序开展奠定了基础。

（2）明确了移交条件、标准、内容、表格填制及立卷原则。移交条件的明确切实保障了移交资产的有效性。移交标准的规范解决了长期以来存在的由于建设合同维度、实物接管维度及财务决算维度不一致而产生的基建物资难以有效管理的困难，从而有效确保移交资产的完整性及基建移交物流管理一体化的实现。移交内容、表格填制及立卷原则的明确加强了基建档案资料管理的科学性，保证基建移交资料能够得到及时、完整、规范的收集。

（3）详细规范了基建移交的整体流程，有效指导了建设部门和接管部门的现场接管及台账建立工作。从而确保资产的完整有效，账实相符。

通过新线移交广州地铁基建阶段即形成了符合运营维护维修、资产、财务管理需求的固定资产、存货实物清单，打通了基建、运营管理衔接渠道。目前已完成亚运线路、六号线等 10 条（段）线路实物资产的移交。其中，六号线首期、广佛线（西朗—石溪段）实现了线上实物资产移交。

（五）未来近 300 千米广州地铁新线，首次实现边建设、边移交的资产移交模式

（六）实现一体化档案管理

广州地铁通过一体化将地铁行业资产全生命周期的最佳管理实践形成行业级知识档案。国家档案局局长一行到广州地铁进行专题调研，认为广州地铁档案信息化工作达到了全新水平，开创了"档案保廉"的先河，并在全国范围推广广州地铁档案管理信息化工作的先进经验与创新模式。

四、效益及推广

资产全生命周期一体化管理体系打通不同阶段管理壁垒，实现精细化管理，为规划、维修提供决策支持，促进国有资产保值增值，并推动了一体化理念在行业内的应用。2011 年该成果获得广东省企业管理现代化创新成果二等奖。具体效益及推广应用如下：

（1）实现资产从前端合同直接通过信息系统提前转为资产和设备维修数据，确保了数据一致性、完整性，资产信息分别以价值及实物资产信息存储，实现了信息联动，确保账实相符，保障数千亿国有资产安全，降低损失概率。

（2）通过创立标准、优化体系，降低资产不同生命周期阶段管理协调成本，提升管理效率。以新线移交为例，一体化实施前每条线需要一年以上时间移交资产，且竣工后运营部门还要按运行、维护需求重新梳理数据，一体化实施后移交工作半年内即可高质量完成。每条线路移交人员减少13.84人年，移交线路（段）10条，节约直接成本2076万元；也避免了竣工决算后按维修等需求重新梳理数据的工作量。

（3）支持维修、采购决策，优化资产配置，创造业务价值。一体化系统全面积累形成资产全生命周期大数据，供后续维修、采购使用，从而优化资产降低资产生命周期成本，实现企业降本增效。以库存管理为例，实施一体化后，采购、仓储优化，库存备件减少，维修大数据还将为整个行业管理优化提供数据支持。

（4）广州地铁一体化成功应用推进了整个行业资产管理优化，一体化目录标准、移交规范、流程逐步成为行业标准典范。京投启动了类似项目（见 http://www.bii.com.cn/p744.aspx ）。苏州、杭州地铁一体化系统项目已建成；郑州、合肥正在建设；宁波等多地也在推进（广州地铁子公司总包或者参与分包）。广州地铁完成重庆地铁目录制定、新线移交咨询；并为青岛、石家庄、南宁、东莞、福州、昆明、郑州、西安地铁提供了资产一体化或新线移交咨询和培训。

五、经验总结

广州地铁基于资产全生命周期的一体化资产管理的成效经验可归纳为"12345"：

一条主线：以资产生命周期为主线，以资产为载体在规划、形成、使用的全过程中规范流程、系统、数据。

二个维度：价值管理和实物管理两个维度，综合考虑管理成本及有效性，为资产价值管理和实物管理确定切实可行的起点和终点。

三者统一：建设、财务、运维三个口径在资产目录标准下的统一，资产目录及相关规范、标准成为企业、系统共用的"语言"，统一合同、交付、转固的管理口径，使前后的清晰对应和信息传递成为可能。

四单相符：合同清单、到货清单、支付发票、移交清单的四单相符，资产形成到移交过程的严格可控，合同清单与到货、支付、交付相符将可使概算回归日常化，更好地监控投资进度，同时也将使得基建采购管理得到更好的规范。

五项追踪：项目、合同、概算、运营需求、实物五项追踪，通过规范流程和操作得以掌握资产一体化管理过程中项目、合同、采购计划、实物周转、成本归集等关键业务活动，在主线畅通的基础上，解决好"毛细血管"的问题。

成果来之不易，回首走过的历程，既有成功的喜悦，也有攻坚时的辛酸。我们认为广州地铁基于资产全生命周期的一体化资产管理成功落地的关键取决于以下几点：

（一）高瞻远瞩，战略部署要有前瞻性

根据广州市线网规划，预计到资产规模将高速增长，早在2008年，广州地铁就开展系统的内部调研，于2009年提出了一体化全生命周期资产管理的理念，并系统化实施，为2010年多条新线同时开通做好准备。以公司战略目标为导向、以业务需求为驱动力，坚持从企业的实际出发，统筹考虑成本与收益，着力解决制约企业资产管理的瓶颈，突出重点，求真务实地推进一体化资产管理。

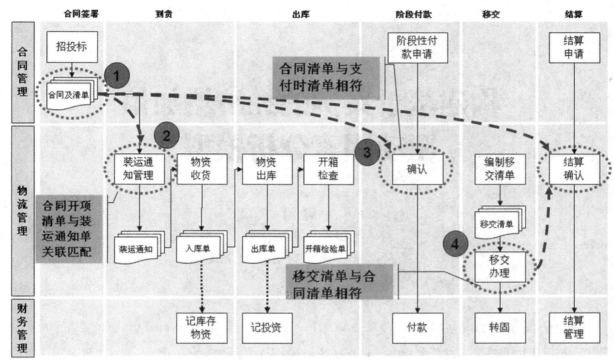

图 2　一体化资产管理

（二）勇于创新，提出新的管理理念和思路

合同管理、基建物流和财务管理一直是行业内的难题，广州地铁通过对实际业务的不断探索研究，通过引进资产全生命周期管理的理论，找出了一条适合地铁行业的一体化之路。为配合全生命周期资产管理理念落地，广州地铁组织一体化资产信息管理平台的信息化建设，并于 2009 年上线运行，开拓了资产全生命周期管理的信息化应用先河，树立了资产密集行业的典范。

（三）齐心协力，领导大力支持及各部门紧密配合

资产管理作为"一把手工程"，需要各级领导的高度重视，需要员工的全情投入，需要加强部门间的协作，合力推进。一体化全生命周期资产管理对业务部门提出了更高的要求，在推进过程中，各部门以大局为重，充分沟通，团结协作，全力支持一体化全生命周期资产管理。

（四）完善制度，优化流程，提高管理效率

有效的管理都需要配备一套完善的制度，做到有法可依，因此，广州地铁在实现一体化全生命周期资产管理时，对原有制度、办法进行了修改，对流程进行了优化，提高了工作效率，提升了标准化管理水平。

（五）持之以恒，持续不断地优化和改进

固定资产管理是一个生命周期，不能用静态和局部的管理，而是动态的、全面的管理，整个过程，是一环紧扣一环的闭环管理。不同的线路有不同的特点，针对管理中出现的新情况，广州地铁不断探索，对资产管理体系不断优化和改进。

构建基于案例的经济增加值
驱动因素分析模型

创造单位：中国中纺集团公司

主创人：曹兴武

创造人：张　楠　崔明香　李欣洁

[摘要] 从 2010 年开始，国资委在中央企业中全面推进经济增加值（EVA）考核。为了顺应该变化，并不断提升经济增加值管理水平，中纺集团从 2011 年开始，便在 EVA 管理上进行了不懈的努力和探索。在集团经营管理中，为了找到改善价值管理的方向，集团首先将 EVA 指标分解为若干项驱动因素。在此基础上，集团创造性地将定性分析体系深入到定量分析。在分析时，利用因素分析法，通过连环替代，对各驱动因素与经济增加值之间的关系进行定量分析，从而解决了定性分析仅能初步判断趋势，无从提供量化指标，无从直观发现各因素对经济增加值影响程度的缺陷，为改善经济增加值管理指明了方向。

[关键词] 财务管理；EVA ；经济增加值

经济增加值（Economic Value Added，EVA），是指企业可持续的投资收益超过资本成本的盈利能力，即税后净营业利润大于资本成本的净值。经济增加值是全面考核企业经营者有效使用资本和为股东创造价值的重要工具，也是企业价值管理的基础和核心[①]。为了克服传统的以会计利润评价企业盈利能力的不足之处，把经济增加值的理念和方法引入业绩考核，以经济增加值为核心构建新的业绩考核体系，考核结果更加科学，提出的改进措施更有针对性，更有利于企业资产保值增值。按照经济增加值理论，盈利的企业不一定为股东创造价值，甚至可能是在毁损股东价值。因此，经济增加值高的企业才是真正的好企业[②]。

引入经济增加值考核指标，与利润指标最本质的区别就在于引入了资本成本的理念，将有助于引导经营者关注企业长期价值的创造。以经济增加值进行考核时可以通过调整资本占用和经营净利润，克服经营管理者的部分短期行为，引导经营者像股东一样思考发展和战略问题。因此，经济增加值考核指标也越来越受到股东和管理层两方面的认同和重视。但由于经济增加值指标涵盖的数量因素多，计算过程复杂，如何定量地分析影响经济增加值指标变动原因并有针对性地提出改善措

---

① 国资发综合〔2014〕8 号. 关于以经济增加值为核心加强中央企业价值管理的指导意见［Z］. 2014.

② 国资委综合局. 企业价值创造之路［M］. 北京：经济科学出版社，2014.

施是应用这一指标的难点。笔者结合工作实践，建立了定量分析影响经济增加值变动的因素模型即驱动因素模型量化分析模型，阐述如下。

一、经济增加值计算公式改进

通常使用的经济增加值计算公式为：

$$EVA = 税后净营业利润 - 资本占用 \times 加权平均资本成本率$$

当使用这个公式计算 EVA 时，计算时使用的数据几十项乃至上百项，究竟是哪个数据即因素影响 EVA 变化，即便是专业财务分析人员也很困惑。要向企业管理层成员解释清楚影响 EVA 的原因并提出针对性的解决办法，更是一件艰难的工作。所以，改进计算公式，使之更直观、清晰显得尤为重要。

$$
\begin{aligned}
税后净营业利润 &= 净利润 + 利息 \times (1- 税率) \\
&= (利润总额 + 利息) \times (1- 税率) \\
&= EBIT \times (1- 税率) \\
&= (权益资本 + 债务资本) \times \frac{EBIT \times (1- 税率)}{(权益资本 + 债务资本)}
\end{aligned}
$$

权益资本是股东投入资本，债务资本是债权人投入资本，两者之和企业获得全部投入资本 IC（Invested Capital）。EBIT（Earnings Before Interest and Tax）是息税前利润，EBIT×（1- 税率）是息前税后净利润，税后净营业利润实质上就是息前税后净利润。[EBIT×（1- 税率）]/（权益资本 + 债务资本）是企业的全部投入资本回报率 ROIC（Return On Invested Capital）。因此：

税后净营业利润 = IC × ROIC

在 EVA 计算公式中的"资本占用"，实际上就是企业获得权益资本与债务资本之和，即全部投入资本 IC。加权平均资本成本率以 WACC（Weighed Averaged Capital Cost）表示，则 EVA 计算公式简化为：

$$EVA = IC \times ROIC - IC \times WACC$$

合并同类项后，即：

$$EVA = IC \times (ROIC - WACC)$$

这个公式更清晰地揭示出 EVA 是企业可持续的投资收益超过资本成本的盈利能力。

二、对投入资本回报率的分解

根据公式 EVA = IC×（ROIC-WACC），影响 EVA 指标变化有三个因素：投入资本 IC、投入资本回报率 ROIC 和加权资本成本 WACC。投入资本 IC 可以从资产负债表上直接读取，加权资本成本 WACC 对企业而言通常是一个给定的标准，因此重点分析的对象就是投入资本回报率 ROIC。

根据税后净营业利润 = IC × ROIC，可以得出：

$$
\begin{aligned}
ROIC &= 税后净营业利润 / 投入资本 \\
&= \frac{税后净营业利润}{营业收入} \times \frac{营业收入}{总资产} \times \frac{总资产}{投入资本}
\end{aligned}
$$

"营业收入 / 总资产"为总资产周转率。"税后净营业利润 / 营业收入"亦即"EBIT×（1- 税率）/

营业收入"是息前税后的销售净利率。对这个新的计算指标，为应用便利，将其定义为息前销售净利率。息前销售净利率与通常使用的销售净利率指标对比，前者的指标值中未扣除税后的债务利息支出，用其反映业务的盈利能力，剔除了企业负债水平对经营业务盈利的影响，可以比后者更可靠地反映经营业务的盈利能力。

"总资产 / 投入资本"反映的是全部资产与投入资本的倍数关系，对这个新的计算指标，将其定义为投入资本倍数。对企业的总资产构成分解：

总资产 = 负债 + 所有者权益

　　　 = 有息负债 + 无息负债 + 权益资本

　　　 = 无息负债 + 投入资本

投入资本倍数越高，说明在企业总资产中，企业可以无偿占用无息负债相对越多，有息占用的投入资本占比相对越少；投入资本倍数越低，结论则相反。

综上，可以得出：

ROIC= 息前销售净利率 × 总资产周转率 × 投入资本倍数

三、EVA 驱动因素分析模型的建立

根据 EVA = IC×（ROIC-WACC）和 ROIC= 息前销售净利率 × 总资产周转率 × 投入资本倍数两个公式，得出新的 EVA 计算公式：

EVA = IC×（息前销售净利率 × 总资产周转率 × 投入资本倍数 –WACC）

对企业管理层而言，董事会或其他上级机构在对企业进行 EVA 考核时，通常会给定一个 WACC，要求企业管理层以此为基准，实现要求的 EVA 指标值。因此，通常情况下 WACC 是一个确定数值。在这种情形下，依据新的 EVA 计算公式，影响 EVA 变化的只有投入资本 IC、息前销售净利率、总资产周转率、投入资本倍数四个因素。也就是说，影响企业的 EVA 驱动因素有四个，即投入资本、息前销售净利率、总资产周转率、投入资本倍数。因此，可以将上述新的 EVA 计算公式称之为 EVA 驱动因素分析模型。

在计算 EVA 时，通常会对净利润和投入资本做调整，使用这个新的 EVA 公式时，调整净利润或投入资本的原则仍然完全适用。将该公式用树形图展示，如图 1 所示。

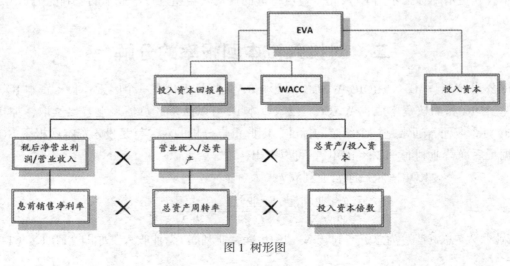

图 1 树形图

从定性分析角度看，根据 EVA = IC×（ROIC-WACC），当 ROIC>WACC 时，即投入资本回报率高于加权平均资本成本率时，投入资本增大，EVA 增加。投入资本减少，EVA 减少；当 ROIC<WACC 时，投入资本增大，EVA 减少。投入资本减少，EVA 增加。

根据公式 EVA = IC×（息前销售净利率 × 总资产周转率 × 投入资本倍数 –WACC），息前销售净利率反映的是企业的盈利能力，该指标提高意味着企业盈利增加，EVA 增加，反之则减少；总资产周转率反映的是企业资产利用效率，在经营业务盈利即息前销售净利率为正数时，该指标提高意味着同样的资本投入可以完成更多的销售获得更多的利润，EVA 增加，反之则减少；在经营业务亏损即息前销售净利率为负数时，该指标提高亏损增加，EVA 下降；反之则增加。

投入资本倍数实质上反映的是企业的资产结构。投入资本倍数越大，说明企业无息占用财务资源相对而言越多，企业的有息占用的投入资本相对而言就越少，企业或可节约自身投入或可减少债务，企业的资本成本将因之而降低，企业 EVA 会相应改善提高。因此，投入资本倍数增大，EVA 将改善；反之，EVA 将变差。

四、EVA 驱动因素的定量分析和改善策略

定性分析可以揭示某个指标对 EVA 发生有利或不利影响，更重要的是影响的数量程度有多大。有了公式 EVA = IC×（息前销售净利率 × 总资产周转率 × 投入资本倍数 –WACC），就可以采用因素替换分析法，分别计算出 EVA 四个驱动因素，即投入资本、息前销售净利率、总资产周转率、投入资本倍数对 EVA 变动影响值。常见的因素替换分析法案例是利用公式"销售收入 = 销售价格 × 销售数量"，分析销售价格和销售数量这两个因素分别对本期销售收入的变化影响数值。如果根据公式"EVA = IC×（息前销售净利率 × 总资产周转率 × 投入资本倍数 –WACC）"，分析投入资本、息前销售净利率、总资产周转率、投入资本倍数这四个因素对本期 EVA 变化影响数值，进行分析时采用的计算方法，与分析销售价格和销售数量这两个因素分别对本期销售收入的变化影响数值时所用的方法完全相同。以下举例说明。

首先，按通常运用的 EVA 计算公式，计算 A 公司 2013 年 10 月的 EVA，计算过程可用表1 表示。根据表1 计算结果，A 公司 2013 年 10 月 EVA 比上年同期提高了 3961 元。按照这种计算方式，在分析影响 EVA 变动因素时，可能得出的结论是：净利润（包括调整因素）和投入资本（包括调整因素）两个因素影响了本期 EVA。其中，净利润（包括调整因素）增加使 EVA 同比提高了 90651–79599=11052 元。投入资本（包括调整因素）增加导致资本成本上升产生的使 EVA 同比下降了 78993–71902=7091 元。两个因素合计影响的结果使 EVA 增加了 11052–7091=3961 元。这种分析方式存在很大问题。

表1　按传统公式计算 A 公司 2013 年 10 月 EVA　　　　　　　　　单位：元

项目	2013 年 10 月	2012 年 10 月
一、税后净营业利润（NOPAT）	90651	79599
1.账面净利润	63401	46270
2.利息支出	34611	43035
3.研究开发费调整项	1722	1404
二、投入资本（IC）	1723480	1568772

项目	2013 年 10 月	2012 年 10 月
1. 平均所有者权益	807135	667032
期初所有者权益	801090	544765
期末所有者权益	813179	789298
2. 平均带息负债	937839	921038
期初带息负债	1009675	888032
期末带息负债	866003	954043
3. 平均在建工程（减项）	21494	19297
期初在建工程	16113	16630
三、加权平均资本成本率（WACC）（%）	4.58333	4.58333
四、资本成本	78993	71902
五、EVA	11658	7697
六、本期 EVA 比上年同期变动	3961	

注：①计算公式采用 EVA = 税后净营业利润 – 资本占用 × 加权平均资本成本率。

②企业所得税率为 25%。

③董事会要求的 WACC 为每年 5.5%，计算 10 个月的 EVA 时 WACC 调整为：

$$WACC=5.5\%/12×10=4.58333\%$$

④为减少四舍五入带来的误差，影响计算过程中的比率和倍数指标取小数点后五位。下同。

其次，用 EVA 驱动因素分析模型，计算 A 公司 2013 年 10 月的 EVA，计算过程可用表 2 表示。计算表 1 与计算表 2 的计算结果完全相同，但同计算表 1 相比，计算表 2 需要增加的信息有营业收入、平均总资产两个指标。在计算过程中增加计算息前销售净利率、总资产周转率、投入资本倍数三个指标。

表 2　按分析模型计算 A 公司 2013 年 10 月 EVA　　　　单位：元

项目	2013 年 10 月	2012 年 10 月
一、营业收入	3812394	3680933
二、税后净营业利润（NOPAT）	90651	79599
1. 账面净利润	43401	26270
2. 利息支出	34611	43035
3. 研究开发费调整项	1722	1404
三、平均总资产	2591146	2148139
期初总资产	2733163	1861163
期末总资产	2449129	2435115
四、投入资本	1723480	1568773
1. 平均所有者权益	807135	667032
期初所有者权益	801090	544765
期末所有者权益	813179	789298
2. 平均带息负债	937839	921038
期初带息负债	1009675	888032

续表

项目	2013 年 10 月	2012 年 10 月
期末带息负债	866003	954043
3. 平均在建工程（减项）	21494	19297
期初在建工程	16630	16113
期末在建工程	26875	21964
五、加权平均资本成本率（WACC）（%）	4.58333	4.58333
六、计算指标		
1. 息前销售利润率（%）	2.37780	2.16247
2. 总资产周转率（%）	1.47132	1.71355
3. 投入资本倍数	1.50344	1.36931
七、EVA	11658	7697
八、本期 EVA 比上年同期变动	3961	

注：①计算公式采用 EVA = IC×（息前销售净利率 × 总资产周转率 × 投入资本倍数 −WACC）。

②2013 年 10 月 ROIC=5.25979%，2012 年 10 月 ROIC=5.07398%。

再次，利用因素替代分析法，具体分析投入资本、息前销售净利率、总资产周转率、投入资本倍数这四个因素对本期 EVA 变化影响数值，计算过程用表 3 概括表述。在表 3 的第一行，把 2012 年 10 月的指标值代入到公式 EVA = IC×（息前销售净利率 × 总资产周转率 × 投入资本倍数 −WACC），计算出 2012 年 10 月的当期 EVA 为 7697 元，作为因素替换分析的起始点。在表 3 的第二行，用 2013 年 10 月的投入资本"1723480"元替换表 3 第一行中的 2012 年 10 月的"1568772"元，重新计算一次，得到新的 EVA 计算结果 8456 元。用 8456 元减去上一行的计算结果 7697 元，得出差额 759 元，此项差额就是投入资本这一因素对本期 EVA 的影响值。依次类推，可以依次计算出息前销售净利率、总资产周转率、投入资本倍数对本期 EVA 的影响值分别为 8708、−13559 和 8053 元。以上四个因素影响值的合计数为 3961 元，与计算表 1 或表 2 的结论完全相同。通过这样的 EVA 驱动因素分析，A 公司可以得出的分析结论是：

（1）本期投入资本同比增加，使得 EVA 增加了 759 元。本期的 ROIC 为 5.25979%，既高于本期资本成本率 WACC4.58333%，也高于上年同期 ROIC5.07398%。根据公式 EVA = IC×（ROIC−WACC），当 ROIC>WACC，投入资本 IC 越大，EVA 值就越高。因此，A 公司应当尽可能地提高投入资本规模，以提升 EVA。这一分析结论同依据表 1 的计算结果得出投入资本增加导致 EVA 下降了 7091 元的结论完全相反。显然，依据计算表 1 得出的分析结论是错误的，如果 A 公司采信这样的错误分析结论可能会做出压缩投入资本以提升 EVA 错误决策。

（2）息前销售净利率从上年同期的 2.16247% 上升到今年的 2.37780%，表明 A 公司的业务盈利水平提高，盈利水平的提高使得 EVA 同比上升 8708 元。A 公司要稳固盈利提升的措施，继续提高盈利水平。

（3）总资产周转率从上年同期的 1.71355 次 下降至今年的 1.47132 次，表明 A 公司销售规模下降，资产利用效率下降，资产获利能力降低，由此使得 EVA 同比下降了 13559 元。A 公司要扩大销售，减少无效低效资产占用，提高资产利用效率，就得提高 EVA。

投入资本倍数从上年同期的 1.36931 上升至本年的 1.50344，说明 A 公司无息占用财务资源相对而言上升，有息占用的投入资本相对而言降低，资本成本相对下降，使得 EVA 同比提高了 8053 元。A 公司要继续保持资产结构优化改善趋势，降低投入资本，合理增加应付账款等无息资源的占用。

当然也可以继续对这四个驱动因素自身变动的原因进行更深入的分析，如对业务盈利水平的变化可以从价格、成本、产品销售结构等方面分析。分析得越详尽，提出的 EVA 改善管理措施针对性就越强。

表3　A 公司 2013 年 10 月 EVA 驱动因素分析　　　单位：元

行次	替代指标	计算公式　EVA＝IC×（息前销售净利率 × 总资产周转率 × 投入资本倍数 −WACC）	EVA 计算结果	单一指标影响值
1	以上年同期为替代起点	1568772×（2.1647%×1.71355×1.36931−4.58333%）	7697	
2	替换投入资本	1723480×（2.16247%×1.71355×1.36931−4.58333%）	8456	759
3	替换息前销售净利率	1723480×（2.37780%×1.71355×1.36931−4.58333%）	17164	8708
4	替换总资产周转率	1723480×（2.37780%×1.47132×1.36931−4.58333%）	3605	−13559
5	替换投入资本倍数	1723480×（2.37780%×1.47132×1.50344−4.58333%）	11658	8053
6	本期 EVA 比上年同期变动			3961

五、总结

建立经济增加值驱动因素分析模型关键点在于把通常运用的 EVA 计算公式，转化为更适合进行数量分析的形式，由此提出了新的 EVA 计算公式：

EVA＝IC×(ROIC−WACC)，或：

EVA＝IC×（销售利润率 × 总资产周转率 × 投入资本倍数 −WACC）

在这个公式中引入了两个新指标，即息前销售净利率和投入资本倍数。依据新的 EVA 计算公式，运用因素替换分析法，计算分析出各驱动因素对 EVA 的影响值，依此进行管理原因分析和管理对策制定。依据驱动因素分析模型，可以从资本占用规模、业务盈利水平、资产利用效率和资产结构四个方面揭示影响 EVA 变动的内在原因。通过这一分析模型，将若干个用以评价企业财务状况和经营成果的财务指标按其内在联系有机地结合起来，形成一个完整的 EVA 分析体系，由此可以清楚地指出哪个指标或驱动因素在影响 EVA 以及影响的程度有多大，进而有的放矢地提出改善 EVA 的管理措施，以达到提高企业管理水平从而提升企业价值的目的。

多元立体融资集中式资金管理模式构建与实施

创造单位：广州港股份有限公司

主创人：马素英

创造人：何 晟 谭云铁 陈燕珊 江顾健 梁 海 梁启峰

[摘要] 为满足投资建设的巨额资金需求，优化债务结构，降低融资成本，广州港股份创新工作思路，与时俱进，对外积极开拓融资渠道，收集市场信息，尝试使用多种融资工具；对内使用"现金池"资金集中管理，加强应收账款预算管理，盘活存量资金。经过五年的实施，搭建了多元立体融资网络、集中式资金管理的有效资金管理模式，保障日常生产经营和项目建设资金需要，持续降本增效，提高企业效益。

在对外筹资管理方面，广州港股份以低成本、高效率为原则，积极主动与中介机构交流，认真分析市场资金情况，深入研究各种新型融资产品，结合实际资金需求情况，经过多年的积累，搭建了银行贷款与各种债务融资工具互补的多元立体融资网络，债务结构从单一依靠银行贷款向银行贷款与各种融资工具并重优化，使融资成本处于较低水平，节省财务费用1.36亿元。

在对内资金管理方面，广州港股份通过信息化与现代化的管理方式实行集中式管理，统筹资源，提高效率。在资金结算方面，引入现金池管理，不仅集中了各单位资金结算，还发挥现金透支功能，最高效率集中下属单位资金同时满足了下属单位的零星资金需求；在资金管理重点上，重视预算分析考核，强化应收账款管理，发挥集团融资平台作用，有效降低资金沉淀，加速资金回笼，减少下属单位财务费用。

[关键词] 集中式；资金管理；融资

广州港股份有限公司（以下简称广州港股份）自成立以来，围绕港口装卸主业，加大投资力度，先后投资建设了南沙粮食通用码头，南沙集装箱三期码头，收购中交龙沙项目公司，资产规模从成立之初2010年末的129亿元增加到2015年的186亿元，增加57亿元，增幅43%。在此期间，国内信贷市场多变，银行贷款政策持续收紧，债务融资工具不断创新。为满足投资建设的巨额资金需求，优化债务结构，降低融资成本，广州港股份创新工作思路，与时俱进，对外积极开拓融资渠道，收集市场信息，尝试使用多种融资工具；对内使用"现金池"资金集中管理，加强应收账款预算管理，盘活存量资金。经过五年的实施，搭建了多元立体融资网络、集中式资金管理的有效资金管理模式，保障日常生产经营和项目建设资金需要，持续降本增效，提高企业效益。现将主要工作及成果汇报如下。

一、对外拓宽融资渠道，搭建多元立体融资网络

在对外筹资管理方面，广州港股份以低成本、高效率为原则，积极主动与中介机构交流，认真分析市场资金情况，深入研究各种新型融资产品，结合实际资金需求情况，经过多年的积累，搭建了银行贷款与各种债务融资工具互补的多元立体融资网络，债务结构从单一依靠银行贷款向银行贷款与各种融资工具并重优化，使融资成本处于较低水平。

（1）在银行贷款使用方面，积极联系，统筹安排，维持与多家银行的密切联系，与国有大型银行、股份制银行、政策性银行、外资银行等不同类型的银行建立良好的合作关系，充分利用各银行的政策、机制互补性，择优使用各银行贷款产品，满足项目前期资金需求，以及小额临时性的贷款资金需求。如在资金全面收紧的 2011 年、2012 年，通过与多家银行的密切合作，使用国有大型银行和政策性银行的项目贷款，满足了粮食码头项目建设的资金需要，保证了项目建设进度。

（2）在债务融资工具使用方面，勇于尝试，结合公司实际情况，与债务融资工具政策的无缝对接。2012 年注册首期 10 亿元的定向工具私募债，2014 年分期备案发行 10 亿元短期融资券、6 亿元中期票据，2015 年发行 10 亿元中期票据，注册 50 亿元超短期融资券，滚动发行 35 亿元超短期融资券，2016 年发行 25 亿元超短期融资券，筹备发行公司债。公司不断积累债务融资工具发行经验，重视债券主体信用评级，债券主体信用评级维持在 AAA，能够较好地选择发行时点和发行机构，获得较低的发行利率，从各期发行情况看，均为当时发行同信用级别产品的较低价，比当期同期限银行基准利率下浮 9%~36% 不等。截至 2016 年 4 月 30 日，与同期银行基本贷款利率比，通过使用债务融资工具置换银行贷款和支付大额款项，累计减少财务费用 1.17 亿元。债务融资工具的使用不仅在资金成本上有优势，还能满足企业大规模使用资金、集中调动资金的需求。

（3）在跨境人民币银行贷款使用方面，2011 年通过香港关联公司获得 1.28 亿元的境外人民币贷款，2015 年开启跨境人民币直贷业务，成为广州南沙开发区中行首单业务，累计借入 5 亿元，比同期银行基本贷款利率低 25%，节省财务费用 1755 万元。

（4）积极比选市场上其他融资产品，2014 年，融资租赁融资工具资金成本较低，广州港股份鼓励码头公司使用融资租赁售后回租募集资金 1.94 亿元，节省财务费用 194 万元。

二、对内集中资金管理，力推"现金池"及预算管理

截至 2015 年 12 月 31 日，广州港股份拥有 11 家分公司，21 家一级控股子公司，14 家二级控股子公司，及 16 家主要参股公司。统管资产作业点分散，资金分散，为加强对下属公司的资金管理，广州港股份通过信息化与现代化的管理方式实行集中式管理，统筹资源，提高效率。在资金结算方面，引入现金池管理，不仅集中了各单位资金结算，还发挥现金透支功能，最高效率集中下属单位资金同时满足了下属单位的零星资金需求；在资金管理重点上，重视预算分析考核，强化应收账款管理，发挥集团融资平台作用，有效降低资金沉淀，加速资金回笼，减少下属单位财务费用。

（一）引入"现金池"管理系统，强化资金集中管理，优化内部资源

2011年初，广州港股份经过充分的调研比选，正式引入了建行零余额现金池管理系统。目前纳入该系统的成员单位包括分公司、控股子公司、孙公司及部分项目公司共40个单位。现金池管理系统运作五年来，运行正常，有效提高了广州港股份内部资金管理效率。

广州港现金池管理系统是直接引入建行现金管理平台，将广州港现金池建行总账户（一级账户）与成员单位的建行账户（二级账户）关联起来，二级账户的每笔收支业务与一级账户直接联动，形成一个一、二级账户管理体系的现金管理。现金池通过委贷方式实现资金归集，各成员单位账户自主管理，结算业务自由，但能够获得较高的协定利息收入，享有日常零备付额度，经批准可享受临时账户透支便利。

广州港股份通过现金池管理系统，对资金进行集中管理，在成员下属单位间调剂余缺，盘活公司内部沉淀。在利率市场化的趋势下，增强了广州港股份与银行的谈判力，通过优化内部资源，减少了整个集团的日常存量资金，减少总部外部借款资金需求，同时将集中的资金用于理财产品获得投资收益，有效提高存量资金效率。

现金池的账户透支业务申请手续简便、快捷，有效满足了成员单位临时资金周转，防范资金短缺的结算风险。部分成员单位由于公司经营资质等各种原因，难以获得外部较低成本的贷款，部分成员单位由于信贷政策原因难以获得贷款，但现金池的透支功能有效地解决这些问题。现金池至今已为广州港建设工程有限公司、广州港船务有限公司、广州华南煤炭交易中心有限公司、广州港物流有限公司、广州港股份有限公司物资分公司等多家成员单位提供过便捷的内部透支/委贷业务，保障其生产经营。

（二）强化预算管理，科学运作公司资金

自成立以来，广州港股份不断强化资金的预算管理，编制年度资金计划，细化月度资金滚动预算。在年度资金计划预算中，要求各单位根据固定资产投资、长期股权投资计划及经营预测，科学预计合理的年度资金需求量，制订对外筹融资计划；在月度经营中，滚动编制月度资金预算，对各公司每月的资金流入、流出情况进行统计。通过不断深化资金预算及执行，坚持综合、细致、准确的预算，使广州港股份资金运作更具有目的性、计划性和科学性，加强资金预算管理与监督，减少资金闲置造成的占用和浪费，提高公司整体资金运行效果。

应收账款是资金流通的缓冲形式，影响公司资金周转的重要资产，广州港股份高度重视应收账款管理，不断完善指标及加强动态跟踪。在指标制定时，单独作为一个考核项目，年度预算根据所属业务板块下达应收账款周转天数指标，年中根据业务经营情况下达外部应收账款余额目标，各单位建立层层分解的责任制度。在日常管理上，每月报告应收账款月度情况，动态跟踪应收账款余额变动、重点客户欠款情况的信息，强化日常监督管理，召开季度例会，分析存在问题，加强控货防范风险。通过一系列强有效的预算管理方式，使得广州港股份在全球经济仍处于低速增长阶段，航运业持续低迷，港口竞争较激烈的市场环境下，仍将应收账款周转天数控制在26天内，有效压缩应收账款余额规模，减轻公司资金压力，保障资金运转，防范经营风险。

（三）发挥集团式融资平台作用，降低集团整体资金成本

广州港股份制定了债务融资管理办法，将全资子公司的对外债务融资进行集中管理，控股子公司则通过董事会进行影响和控制，为降低整体财务费用，广州港股份根据各单位对外负债情况，发

挥集团式融资平台作用，由信用评级 AAA 的广州港股份发行较低成本的债务融资工具，再以委托贷款的方式统筹给相关单位使用，如广州港新沙港务有限公司、广州港南沙港务有限公司等，有效降低整体资金成本。

三、总结

广州港股份在资金管理工作中，敢于尝试，勇于创新，外拓融资渠道，内抓资金管理，保运营促发展。在筹资管理上，广州港股份关注最新政策，积极尝试新型融资工具，应对政策变化，以较低的资金成本保障生产经营，为企业节省财务费用 1.36 亿元；在内部资金集中管理上，广州港股份运用"现金池"资金管理方式，建立完善的资金预算管理体系，重点抓应收账款管理回笼资金，发挥集团融资平台作用降低成本，有效集中资金减少资金沉淀，防范经营风险提高经营效益。广州港股份的多元立体融资集中式资金管理工作成效显著，值得推广。

《常见涉税风险自查指导手册》节选

创造单位：山西煤炭运销集团太原有限公司
主创人：范坚勇　苏玲
创造人：姬剑峰　李红梅　张　辉　高翠林　王秀卿　李　薇

[摘要] 很多企业经营失败都是由内部控制漏洞引起的。企业要实现可持续健康发展，加强内部控制就显得尤为重要。山西煤炭运销集团太原有限公司大力推进内部控制体系的建设。考虑到公司内部相关工作人员在涉税风险防范和应对经验上的不足，我们在深入调研、全面梳理、反复论证的基础上起草了《常用涉税风险自查指导手册》。在构架上突出统一性，归集上突出全面性，内容上突出实用性，对近年来常见的涉税风险进行了科学归类和全面梳理。能有效帮助企业内部相关工作人员主动发现问题，及时"对症下药"，全面自查自纠，有效防范风险。

《指导手册》共分九个部分，分别为增值税、营业税、企业所得税、城市维护建设税、教育费附加、土地增值税、个人所得税、房产税、印花税，对征税范围、计税依据、纳税发生时间、适用税率等项目进行了清晰概括介绍。本文截取了其中第一部分增值税内容。

[关键词] 税务；内部控制；涉税风险

第一部分　增值税

风险项目	检查重点	政策依据	具体规定
征税范围	查核经销企业从货物的生产企业取得"三包"收入，是否按"修理修配"征收增值税。税法规定经销企业从货物的生产企业取得"三包"收入，应按"修理修配"征收增值税。"三包费"是指货物的生产企业为搞好售后服务，支付给经销企业修理费用，作为经销企业为用户提供售后服务的费用支出。如汽车经销企业从汽车生产企业取得"三包"收入	国税函〔1995〕288号《国家税务总局关于印发〈增值税问题解答（之一）〉的通知》第七条	经销企业从货物的生产企业取得"三包"收入，未按"修理修配"征收增值税
计税依据	核查企业将煤矸石无偿提供给他人，是否根据《中华人民共和国增值税暂行条例实施细则》第四条的规定征收增值税	《国家税务总局关于纳税人无偿赠送煤矸石征收增值税问题的公告》国家税务总局公告2013年第70号	企业将煤矸石无偿提供给他人，未补缴增值税
计税依据	核查企业从事货物生产及销售的企业发生除《中华人民共和国增值税暂行条例》第六条规定之外的混合销售行为，应当缴纳增值税	《中华人民共和国增值税暂行条例实施细则》（财政部国家税务总局第50号令）第五条规定	企业从事货物生产及销售的企业发生除《中华人民共和国增值税暂行条例》第六条规定之外的混合销售行为，应当缴纳增值税

风险项目	检查重点	政策依据	具体规定
计税依据	核查企业将购进货物无偿赠送其他单位或者个人未视同销售货物计算缴纳增值税	《中华人民共和国增值税暂行条例》(中华人民共和国国务院令第538号)第十条的规定、《中华人民共和国增值税暂行条例实施细则》(财政部国家税务总局第50号令)第四条	企业将购进货物无偿赠送其他单位或者个人未视同销售货物计算缴纳增值税
计税依据	核查企业处置自己使用过的固定资产,未计算缴纳增值税。如处置旧汽车、旧设备等	《财政部国家税务总局关于旧货和旧机动车增值税政策的通知》(财税〔2002〕第29号)和《财政部国家税务总局关于全国实施增值税转型改革若干问题的通知》(财税〔2008〕170号),注意2009年前后相关政策的变化	企业处置自己使用过的固定资产,未计算缴纳增值税
计税依据	核查企业出售废旧货物未计算缴纳增值税。如销售自己使用过的除固定资产以外的废旧包装物、废旧材料等未按17%税率申报缴纳增值税	《财政部国家税务总局关于部分货物适用增值税低税率和简易办法征收增值税政策的通知》(财税〔2009〕9号)	企业出售废旧货物未计算缴纳增值税
纳税发生时间	查核企业生产销售的粉煤灰(渣),是否按照17%税率征收增值税,有无错按免税产品少征收增值税。税法规定纳税人生产销售的粉煤灰(渣)不属于《财政部、国家税务总局关于对部分资源综合利用产品免征增值税的通知》(财税〔1995〕44号)规定的免征增值税产品的范围,也不属于《财政部、国家税务总局关于调整农业产品增值税税率和若干项目征免增值税的通知》(财税字〔1994〕4号)规定的按照简易办法征收增值税产品的范围。对纳税人生产销售的粉煤灰(渣)应当按照增值税适用税率征收增值税,不得免征增值税,也不得按照简易办法征收增值税	国税函〔2007〕158号《国家税务总局关于粉煤灰(渣)征收增值税问题的批复》	企业生产销售的粉煤灰(渣),未按照17%税率征收增值税,错按免税产品少征收增值税
应税服务纳税义务发生时间	企业提供应税服务时,是否以提供服务并收讫销售款项或者取得索取销售款项凭据的当天确定纳税义务发生时间;先开具发票的,是否以开具发票的当天确定纳税义务发生时间	财政部国家税务总局关于将铁路运输和邮政业纳入营业税改征增值税试点的通知(2013.12.12)财税〔2013〕106号	企业提供应税服务时,未以提供服务并收讫销售款项或者取得索取销售款项凭据的当天确定纳税义务发生时间;先开具发票的,未以开具发票的当天确定纳税义务发生时间
应税服务纳税义务发生时间	企业发生视同提供应税服务的,是否以应税服务完成的当天确定纳税义务发生时间	财政部国家税务总局关于将铁路运输和邮政业纳入营业税改征增值税试点的通知(2013.12.12)财税〔2013〕106号	企业发生视同提供应税服务的,未以应税服务完成的当天确定纳税义务发生时间
应税服务纳税义务发生时间	企业在境内接受境外单位或者个人提供应税服务的,其增值税扣缴义务发生时间是否以纳税人增值税纳税义务发生的当天为应税服务完成的当天	财政部国家税务总局关于将铁路运输和邮政业纳入营业税改征增值税试点的通知(2013.12.12)财税〔2013〕106号	企业在境内接受境外单位或者个人提供应税服务的,其增值税扣缴义务发生时间未以纳税人增值税纳税义务发生的当天为应税服务完成的当天

续表

风险项目	检查重点	政策依据	具体规定
应税服务纳税义务发生时间	企业提供有形动产租赁服务采取预收款方式的，是否以收到预收款的当天确定纳税义务发生时间	财政部国家税务总局关于将铁路运输和邮政业纳入营业税改征增值税试点的通知（2013.12.12）财税〔2013〕106号	企业提供有形动产租赁服务采取预收款方式的，未以收到预收款的当天确定纳税义务发生时间
适用税率	检查企业作为增值税代扣代缴义务人，是否按照规定的税率进行了扣缴	财政部国家税务总局关于将铁路运输和邮政业纳入营业税改征增值税试点的通知（2013.12.12）财税〔2013〕106号；《财政部、国家税务总局关于在上海市开展交通运输业和部分现代服务业营业税改征增值税试点的通知》（财税〔2011〕111号）；《关于交通运输业和部分现代服务业营业税改征增值税试点若干税收政策的补充通知》（财税〔2012〕53号）；关于交通运输业和部分现代服务业营业税改征增值税试点若干税收政策的通知（财税〔2011〕133号）	企业作为增值税代扣代缴义务人，未按照规定的税率进行了扣缴
适用税率	检查企业兼营不同税率的应税服务时，是否将高税率应税服务混入低税率或零税率应税服务中进行核算	财政部国家税务总局关于将铁路运输和邮政业纳入营业税改征增值税试点的通知（2013.12.12）财税〔2013〕106号；《财政部、国家税务总局关于在上海市开展交通运输业和部分现代服务业营业税改征增值税试点的通知》（财税〔2011〕111号）；《关于交通运输业和部分现代服务业营业税改征增值税试点若干税收政策的补充通知》（财税〔2012〕53号）；关于交通运输业和部分现代服务业营业税改征增值税试点若干税收政策的通知（财税〔2011〕133号）	企业兼营不同税率的应税服务时，未混入低税率或零税率应税服务中进行核算
适用税率	检查企业作为增值税一般纳税人，是否存在以试点实施之前购进或者自制的有形动产为标的物提供的经营租赁服务，如有，是否存在选择简易计税方法计算缴纳增值税的情况	《财政部、国家税务总局关于印发〈营业税改征增值税试点方案〉的通知》（财税〔2011〕110号）；《财政部、国家税务总局关于在上海市开展交通运输业和部分现代服务业营业税改征增值税试点的通知》（财税〔2011〕111号）；《关于交通运输业和部分现代服务业营业税改征增值税试点若干税收政策的补充通知》（财税〔2012〕53号）；关于交通运输业和部分现代服务业营业税改征增值税试点若干税收政策的通知（财税〔2011〕133号）	企业作为增值税一般纳税人，未存在以试点实施之前购进或者自制的有形动产为标的物提供的经营租赁服务
适用税率	检查企业存在涉及不同税率的营改增应税服务，是否按规定分别核算，其税率适用是否正确	财政部国家税务总局关于将铁路运输和邮政业纳入营业税改征增值税试点的通知（2013.12.12）财税〔2013〕106号；《财政部、国家税务总局关于在上海市开展交通运输业和部分现代服务业营业税改征增值税试点的通知》（财税〔2011〕111号）；《关于交通运输业和部分现代服务业营业税改征增值税试点若干税收政策的补充通知》（财税〔2012〕53号）；关于交通运输业和部分现代服务业营业税改征增值税试点若干税收政策的通知（财税〔2011〕133号）	企业存在涉及不同税率的营改增应税务，未按规定分别核算，其税率适用未正确

风险项目	检查重点	政策依据	具体规定
适用税率	检查企业是否存在混业经营未分别核算销售额的情形	财政部国家税务总局关于将铁路运输和邮政业纳入营业税改征增值税试点的通知（2013.12.12）财税〔2013〕106号营业税改征增值税试点有关事项的规定第一条	
适用税率	检查境内的代理人和接受方为境外单位和个人扣缴增值税的，按照适用税率扣缴增值税	财政部国家税务总局关于将铁路运输和邮政业纳入营业税改征增值税试点的通知（2013.12.12）财税〔2013〕106号营业税改征增值税试点有关事项的规定第一条	
混合销售	查核从事货物的生产、批发或者零售的企业，一项销售行为如果既涉及货物又涉及非增值税应税劳务的，除另有规定外，上述非增值税应税劳务是否错征营业税，未按税法规定做，视为销售货物。非增值税应税劳务，是指属于应缴营业税的交通运输业、建筑业、金融保险业、邮电通信业、文化体育业、娱乐业、服务业税目征收范围的劳务。从事货物的生产、批发或者零售的企业包括以从事货物的生产、批发或者零售为主，并兼营非增值税应税劳务的企业在内	《增值税暂行条例实施细则》（财政部令2008年第50号）	从事货物的生产、批发或者零售的企业，一项销售行为如果既涉及货物又涉及非增值税应税劳务的，除另有规定外，上述非增值税应税劳务错征营业税，未按税法规定做，视为销售货物
货物用于非应税项目等	检查企业将自产或委托加工的货物用于非应税项目、集体福利和个人消费，是否按规定做视同销售，将其金额并入应税销售额	《国家税务总局关于企业所属机构间移送货物征收增值税问题的通知》（国税发〔1998〕137号）	企业将自产或委托加工的货物用于非应税项目、集体福利和个人消费，未按规定做视同销售，将其金额并入应税销售额
兼营货物或应税劳务	检查企业兼营不同税率的货物或应税劳务时，是否将高税率货物的销售额混入低税率货物的销售额进行核算	《中华人民共和国增值税暂行条例》（中华人民共和国国务院令第538号）第三条	企业兼营不同税率的货物或应税劳务时，未将高税率货物的销售额混入低税率货物的销售额进行核算
兼营货物或应税劳务	检查企业兼营不同税率的货物或应税劳务时，是否分别核算不同税率货物或应税劳务的销售额；未分别核算销售额，税务机关将从高适用税率计算应纳税款	《中华人民共和国增值税暂行条例》（中华人民共和国国务院令第538号）第三条	企业兼营不同税率的货物或应税劳务时，未分别核算不同税率货物或应税劳务的销售额，税务机关将从高适用税率计算应纳税款
兼营非应税劳务	检查企业兼营非应税劳务时是否分别核算、是否能准确核算销售货物或应税劳务和非应税劳务的销售额，是否按规定申报缴纳增值税	《中华人民共和国增值税暂行条例》（中华人民共和国国务院令第538号）第十九条；《中华人民共和国增值税暂行条例实施细则》（财政部令2008年第50号）第三十八条	对于视同销售货物行为，存在货物已经移送而不申报纳税的情况
视同销售货物行为	对于视同销售货物行为，是否存在货物已经移送而不申报纳税的情况	《中华人民共和国增值税暂行条例》（中华人民共和国国务院令第538号）第十九条；《中华人民共和国增值税暂行条例实施细则》（财政部令2008年第50号）第三十八条	对于视同销售货物行为，存在货物已经移送而不申报纳税的情况

风险项目	检查重点	政策依据	具体规定
视同提供应税服务	检查企业是否存在无偿向他人提供交通运输业和部分现代服务业服务的情况	财政部国家税务总局关于将铁路运输和邮政业纳入营业税改征增值税试点的通知（2013.12.12）财税〔2013〕106号营业税改征增值税试点实施办法第十一条	企业未存在无偿向他人提供交通运输业和部分现代服务业服务的情况
委托代销业务	检查企业将货物交付他人代销是否按规定做视同销售，将其金额并入应税销售额	《国家税务总局关于企业所属机构间移送货物征收增值税问题的通知》（国税发〔1998〕137号）	企业将货物交付他人代销未按规定做视同销售，将其金额并入应税销售额
委托代销方式	采取委托代销方式销售货物，是否存在未按税法规定的日期申报纳税的情况	《中华人民共和国增值税暂行条例》（中华人民共和国国务院令第538号）第十九条；《中华人民共和国增值税暂行条例实施细则》（财政部令2008年第50号）第三十八条	采取委托代销方式销售货物，存在未按税法规定的日期申报纳税的情况
受托加工业务	检查企业接受委托加工业务时，收取的抵顶加工费的材料、余料是否存在不计收入不申报纳税的情况	《中华人民共和国增值税暂行条例》（中华人民共和国国务院令第538号）	企业接受委托加工业务时，收取的抵顶加工费的材料、余料未存在不计收入不申报纳税的情况
受托代销业务	检查企业销售代销货物是否按规定做视同销售，将其金额并入应税销售额	《国家税务总局关于企业所属机构间移送货物征收增值税问题的通知》（国税发〔1998〕137号）	企业销售代销货物未按规定做视同销售，将其金额并入应税销售额
代购货物业务	查核企业代购货物行为，不符合税法规定条件的，无论会计制度规定如何核算，是否按税法规定缴纳增值税。上述税法规定条件是指：受托方不垫付资金；销货方将发票开具给委托方，并由受托方将该项发票转交给委托方；受托方按销售方实际收取的销售额和增值税额（如系代理进口货物则为海关代征的增值税额）与委托方结算货款，并另外收取手续费	〔1994〕财税字第26号《财政部国家税务总局关于增值税、营业税若干政策规定的通知》第五条	企业代购货物行为，无论会计制度规定如何核算，未按税法规定缴纳增值税
直销	查核直销企业的销售方式：一、直销企业先将货物销售给直销员，直销员再将货物销售给消费者的，直销企业的销售额为其向直销员收取的全部价款和价外费用。直销员将货物销售给消费者时，应按照现行规定缴纳增值税。二、直销企业通过直销员向消费者销售货物，直接向消费者收取货款，直销企业的销售额为其向消费者收取的全部价款和价外费用	《国家税务总局关于直销企业增值税销售额确定有关问题的公告》（国家税务总局公告2013年第5号）	直销企业是否利用直售方式造成少计应税销售额
出租、出借包装物	查核企业向购货方收取包装物押金，逾期的未按税法规定计征增值税	《国家税务总局关于印发〈增值税若干具体问题的规定〉的通知》（国税发〔1993〕154号）第二条；《国家税务总局关于印发〈增值税问题解答（之一）〉的通知》（国税函发〔1995〕288号）	企业向购货方收取包装物押金，逾期的未按税法规定计征增值税

风险项目	检查重点	政策依据	具体规定
折扣销售	检查企业采取折扣方式销售货物时，将折扣额另开红字增值税专用发票且冲减了增值税销售额的，是否符合《增值税专用发票使用规定》中有关开具红字增值税专用发票的规定。对于仅在发票的"备注"栏注明折扣额的，是否未按税法规定不得从销售额中减除	《国家税务总局关于印发〈增值税若干具体问题的规定〉的通知》（国税发〔1993〕154号文）；《国家税务总局关于纳税人折扣折让行为开具红字增值税专用发票问题的通知》（国税函〔2006〕1279号）；《国家税务总局关于折扣抵减增值税应税销售额问题通知》（国税函〔2010〕56号）	企业采取折扣方式销售货物时，将折扣额另开红字增值税专用发票且冲减了增值税销售额的，符合《增值税专用发票使用规定》中有关开具红字增值税专用发票的规定；对于仅在发票的"备注"栏注明折扣额的，未按税法规定不得从销售额中减除
销售退回及折让	检查企业是否在开具红字专用发票后将该笔业务的相应记账凭证复印件报送主管税务机关备案	《国家税务总局关于修订增值税专用发票使用规定的补充通知》（国税发〔2007〕第18号）	企业未在开具红字专用发票后将该笔业务的相应记账凭证复印件报送主管税务机关备案
销售退回及折让	检查企业发生销售退回和销售折让是否依据退回的增值税专用发票或者购货方主管税务机关开具的《企业进货退出及索取折让证明单》或《开具红字增值税专用发票通知单》，按退货或折让金额冲减原销售额	《国家税务总局关于修订〈增值税专用发票使用规定〉的通知》（国税发〔2006〕156号）（本规定自2007年1月1日施行）；《国家税务总局关于修订增值税专用发票使用规定的补充通知》（国税发〔2007〕第18号）；《中华人民共和国增值税暂行条例实施细则》（财政部令2008年第50号）	企业发生销售退回和销售折让未依据退回的增值税专用发票或者购货方主管税务机关开具的《企业进货退出及索取折让证明单》或《开具红字增值税专用发票通知单》，未按退货或折让金额冲减原销售额
退回或折让业务	检查企业对进货退回或折让而收回的增值税税额，是否未按税法规定在取得红字增值税专用发票的当期，从进项税额中扣减		企业对进货退回或折让而收回的增值税税额，未按税法规定在取得红字增值税专用发票的当期，从进项税额中扣减
价外费用业务	查核企业销售货物或者应税劳务，是否按购买方收取的全部价款和价外费用（不包括收取的销项税额），计征增值税销项税额。税法规定的价外费用包括价外向购买方收取的手续费、补贴、基金、集资费、返还利润、奖励费、违约金、滞纳金、延期付款利息、赔偿金、代收款项、代垫款项、包装费、包装物租金、储备费、优质费、运输装卸费以及其他各种性质的价外收费，不包括：受托加工应征消费税的消费品所代收代缴的消费税；承运部门的运输费用发票开具给购买方并由企业将该项发票转交给购买方的代垫运输费用；符合规定的代为收取的政府性基金或者行政事业收取的款项	《中华人民共和国增值税暂行条例》（中华人民共和国国务院令第538号）；《中华人民共和国增值税暂行条例实施细则》（财政部令2008年第50号）	企业销售货物或者应税劳务，未按购买方收取的全部价款和价外费用（不包括收取的销项税额），计征增值税销项税额
直接收款方式	采取直接收款方式销售货物，是否存在货物已经发出，未收到货款而不申报纳税的情况；如果未取得销售款或取得索取销售款凭据，是否存在已开出发票而不申报纳税的情况	《中华人民共和国增值税暂行条例》（中华人民共和国国务院令第538号）第十九条；《中华人民共和国增值税暂行条例实施细则》（财政部令2008年第50号）第三十八条；《国家税务总局关于增值税纳税义务发生时间有关问题的公告》（国家税务总局2011年第40号公告）	采取直接收款方式销售货物，存在货物已经发出，未收到货款而不申报纳税的情况；如果未取得销售款或取得索取销售款凭据，存在已开出发票而不申报纳税的情况

风险项目	检查重点	政策依据	具体规定
预收货款方式	采取预收货款方式销售货物时，是否存在发出商品时不申报纳税的情况；对销售生产工期超过12个月的大型机械设备、船舶、飞机等货物，是否存在收到预收款或者书面合同约定的收款而不申报纳税的情况	《中华人民共和国增值税暂行条例》（中华人民共和国国务院令第538号）第十九条；《中华人民共和国增值税暂行条例实施细则》（财政部令2008年第50号）第三十八条	采取预收货款方式销售货物时，存在发出商品时不申报纳税的情况；对销售生产工期超过12个月的大型机械设备、船舶、飞机等货物，存在收到预收款或者书面合同约定的收款而不申报纳税的情况
托收承付或委托收款	采用托收承付或委托收款结算方式销售货物时，是否存在已经发出货物并办妥托收手续而不申报纳税的情况	《中华人民共和国增值税暂行条例》（中华人民共和国国务院令第538号）第十九条；《中华人民共和国增值税暂行条例实施细则》（财政部令2008年第50号）第三十八条	采用托收承付或委托收款结算方式销售货物时，存在已经发出货物并办妥托收手续而不申报纳税的情况
交款提货销售方式	采用交款提货销售方式销售时，货款已收到，提货单和发票账单已交给买方，但买方尚未提货情况下，是否存在企业未及时申报增值税的情况	《中华人民共和国增值税暂行条例》（中华人民共和国国务院令第538号）第十九条；《中华人民共和国增值税暂行条例实施细则》（财政部令2008年第50号）第三十八条；《国家税务总局关于增值税纳税义务发生时间有关问题的公告》（国家税务总局2011年第40号公告）	采用交款提货销售方式销售时，货款已收到，提货单和发票账单已交给买方，但买方尚未提货情况下，存在企业未及时申报增值税的情况
赊销和分期收款方式	采取赊销和分期收款方式销售货物，是否存在未按合同约定的收款日期申报纳税的情况；如果无书面合同的或者书面合同没有约定收款日期的，是否存在货物已经发出而不申报纳税的情况	《中华人民共和国增值税暂行条例》（中华人民共和国国务院令第538号）第十九条；《中华人民共和国增值税暂行条例实施细则》（财政部令2008年第50号）第三十八条	采取赊销和分期收款方式销售货物，存在未按合同约定的收款日期申报纳税的情况；如果无书面合同的或者书面合同没有约定收款日期的，存在货物已经发出而不申报纳税的情况
还本销售	检查企业采用还本销售方式销售货物时，是否从应税销售额中减除了还本支出，造成少计应税销售额	《国家税务总局关于印发〈增值税若干具体问题的规定〉的通知》（国税发〔1993〕154号）	企业采用还本销售方式销售货物时，未从应税销售额中减除了还本支出，造成少计应税销售额
以物易物	查核企业是否有对以物易物业务只办理存货之间转账，未作销售收入计征增值税销项税额	《国家税务总局关于增值税若干问题规定的通知》（国税发〔1993〕23号）	企业有对以物易物业务只办理存货之间转账，未作销售收入计征增值税销项税额
以旧换新	检查企业采用以旧换新销售方式销售货物时，是否按新货物的同期销售价格确认应税销售额	《国家税务总局关于印发〈增值税若干具体问题的规定〉的通知》（国税发〔1993〕154号）第二条（三）	企业采用以旧换新销售方式销售货物时，未按新货物的同期销售价格确认应税销售额
货物用于对外投资等	检查企业将自产、委托加工或购买的货物用于对外投资、分配给股东或无偿赠送他人，是否按规定做视同销售，将其金额并入应税销售额	《国家税务总局关于企业所属机构间移送货物征收增值税问题的通知》（国税发〔1998〕137号）	企业将自产、委托加工或购买的货物用于对外投资、分配给股东或无偿赠送他人，未按规定做视同销售，将其金额并入应税销售额

风险项目	检查重点	政策依据	具体规定
销售使用过的固定资产	检查企业销售自己使用过的固定资产时，是否按税法规定申报缴纳增值税，其适用税率是否正确	《关于全国实施增值税转型改革若干问题的通知》（财税〔2008〕170号）；《财政部、国家税务总局关于部分货物适用增值税低税率和简易办法征收增值税政策的通知》（财税〔2009〕9号）；《关于增值税简易征收政策有关管理问题的通知》（国税函〔2009〕90号）；《国家税务总局关于纳税人转让土地使用权或者销售不动产同时一并销售附着于土地或者不动产上的固定资产有关税收问题的公告》（国家税务总局公告2011年第47号）；《关于一般纳税人销售自己使用过的固定资产增值税有关问题的公告》（国家税务总局公告2012年第1号）	企业销售自己使用过的固定资产时，未按税法规定申报缴纳增值税
销售使用过的固定资产	对于按简易办法缴纳增值税的，销售自己使用过的固定资产时，是否存在开具增值税专用发票的情况	《关于全国实施增值税转型改革若干问题的通知》（财税〔2008〕170号）；《财政部、国家税务总局关于部分货物适用增值税低税率和简易办法征收增值税政策的通知》（财税〔2009〕9号）；《关于增值税简易征收政策有关管理问题的通知》（国税函〔2009〕90号）；《国家税务总局关于纳税人转让土地使用权或者销售不动产同时一并销售附着于土地或者不动产上的固定资产有关税收问题的公告》（国家税务总局公告2011年第47号）；《关于一般纳税人销售自己使用过的固定资产增值税有关问题的公告》（国家税务总局公告2012年第1号）	对于按简易办法缴纳增值税的，销售自己使用过的固定资产时，未存在开具增值税专用发票的情况
销售残次品、废品、材料、边角废料等	检查企业是否将销售残次品、废品、材料、边角废料等取得的收入缴纳增值税	《中华人民共和国增值税暂行条例》（中华人民共和国国务院令第538号）	企业未将销售残次品、废品、材料、边角废料等取得的收入缴纳增值税
货物机构间移动	检查企业将货物从一个机构移送其他机构〔不在同一县（市）〕用于销售，是否按规定做视同销售，将其金额并入应税销售额	《国家税务总局关于企业所属机构间移送货物征收增值税问题的通知》（国税发〔1998〕137号）	企业将货物从一个机构移送其他机构〔不在同一县（市）〕用于销售，未按规定做视同销售，将其金额并入应税销售额
返利挂往来账	检查企业是否将返利资金挂其他应付款、其他应收款等往来账，未按税法规定做进项税额转出	《国家税务总局关于平销行为征收增值税问题的通知》（国税发〔1997〕167号）；《国家税务总局关于商业企业向货物供应方收取的部分费用征收流转税问题的通知》（国税发〔2004〕136号）	企业未将返利资金挂其他应付款、其他应收款等往来账，未按税法规定做进项税额转出
返利冲减费用	检查企业是否将返利资金冲减营业费用，未按税法规定做进项税额转出	《国家税务总局关于平销行为征收增值税问题的通知》（国税发〔1997〕167号）；《国家税务总局关于商业企业向货物供应方收取的部分费用征收流转税问题的通知》（国税发〔2004〕136号）	企业未将返利资金冲减营业费用，未按税法规定做进项税额转出

风险项目	检查重点	政策依据	具体规定
返利核销债权	检查企业是否将销售返还资金以核销债权的形式，未按税法规定做进项税额转出	《国家税务总局关于平销行为征收增值税问题的通知》（国税发〔1997〕167号）；《国家税务总局关于商业企业向货物供应方收取的部分费用征收流转税问题的通知》（国税发〔2004〕136号）	企业未将销售返还资金以核销债权的形式，未按税法规定做进项税额转出
销售货物同时提供建筑业劳务业务	企业销售自产货物并同时提供建筑业劳务的混合销售行为是否分别核算，未分别核算的，主管税务机关将核定其货物的销售额，并按照税法规定分别计算增值税和营业税	《国家税务总局关于纳税人销售自产货物并同时提供建筑业劳务有关税收问题的公告》（国家税务总局公告2011年第23号）	企业销售自产货物并同时提供建筑业劳务的混合销售行为未分别核算的，主管税务机关将核定其货物的销售额，并按照税法规定分别计算增值税和营业税
进项税额	查核商业企业采取以物易物、以货抵债、以物投资方式交易的购进货物的，是否凭以物易物、以货抵债、以物投资书面合同以及与之相符的增值税专用发票和运输费用普通发票，并报经税务征收机关批准确定的进项税额抵扣，否则不得抵扣	国税发〔1996〕155号《国家税务总局关于增值税若干征管问题的通知》第三条。注释：第三条失效，参见《国家税务总局关于发布已失效或废止有关增值税规范性文件清单的通知》（国税发〔2009〕7号）	商业企业采取以物易物、以货抵债、以物投资方式交易的购进货物的，按规定未凭书面合同以及与之相符的增值税专用发票和运输费用普通发票，并未报经税务征收机关批准确定的进项税额不得抵扣，企业未作进项税额转出
进项税额	查核纳入扩大增值税抵扣范围试点的企业销售（2008年12月31日前销售）自己使用过的固定资产，如该项固定资产未抵扣或未记入待抵扣进项税额的，是否按下列公式计算应抵扣的进项税额直接在当期抵。公式是：应抵扣使用过固定资产进项税额=固定资产净值×适用税率	财税〔2004〕156号《财政部国家税务总局关于印发〈东北地区扩大增值税抵扣范围若干问题的规定〉的通知》第九条。注释：全文废止。根据《财政部关于公布废止和失效的财政规章和规范性文件目录（第十一批）的决定》（2011年2月21日中华人民共和国财政部令第62号）新增：《财政部 国家税务总局关于全国实施增值税转型改革若干问题的通知》，财税〔2008〕170号	纳入扩大增值税抵扣范围试点的企业销售（2008年12月31日前销售）自己使用过的固定资产，未按税法规定抵扣其进项税额
进项税额	核查企业购进货物用于集体福利或者个人消费，不得抵扣进项，未作进项转出。如职工食堂耗用的食用油和液化气等	《中华人民共和国增值税暂行条例》（中华人民共和国国务院令第538号）第十条的规定	企业购进货物用于集体福利或者个人消费，不得抵扣进项，未做进项转出
进项税额	核查企业购进材料用于不动产在建工程，不得抵扣，未作进项转出。如新建、改建、扩建、修缮、装饰加油站所购进的彩钢瓦、涂料、地砖、铝塑板、卫生洁具、墙面漆等货物的进项税额不得抵扣	《中华人民共和国增值税暂行条例》（国务院令第538号）和《中华人民共和国增值税暂行条例实施细则》（财政部国家税务总局令第50号）	企业购进材料用于不动产在建工程，不得抵扣，未做进项转出
进项税额	核查企业以建筑物或者构筑物为载体的附属设备和配套设施，取得的进项不得抵扣，未做进项转出	《财政部国家税务总局关于固定资产进项税额抵扣问题的通知》（财税〔2009〕113号）	企业以建筑物或者构筑物为载体的附属设备和配套设施，取得的进项不得抵扣，未做进项转出
进项税转出	检查原增值税一般纳税人采购的应税服务是否用于简易征收项目、非增值税应税项目和被非正常损失货物耗用等情况，如有是否进行了进项税转出处理	财政部国家税务总局关于将铁路运输和邮政业纳入营业税改征增值税试点的通知（2013.12.12）财税〔2013〕106号营业税改征增值税试点实施办法第二十四条	原增值税一般纳税人采购的应税服务未用于简易征收项目、非增值税应税项目和被非正常损失货物耗用等情况，未做进项税转出处理

风险项目	检查重点	政策依据	具体规定
进项税转出	检查企业是否存在"一般纳税人会计核算不健全,或者不能够提供准确税务资料的和应当申请办理一般纳税人资格认定而未申请的"的情形	财政部国家税务总局关于将铁路运输和邮政业纳入营业税改征增值税试点的通知(2013.12.12)财税〔2013〕106号营业税改征增值税试点实施办法第二十九条	
进项税转出	检查企业是否存在发生服务中止、购进货物退出、折让而收回的增值税额,而未从当期进项税额中转出的情形	财政部国家税务总局关于将铁路运输和邮政业纳入营业税改征增值税试点的通知(2013.12.12)财税〔2013〕106号营业税改征增值税试点实施办法第二十九条	
进项税转出	检查企业适用一般计税方法的纳税人,兼营简易计税方法计税项目、非增值税应税劳务、免征增值税项目而无法划分不得抵扣的进项税额适用一般计税方法的纳税人,兼营简易计税方法计税项目、非增值税应税劳务、免征增值税项目而无法划分不得抵扣的进项税额,按照下列公式计算不得抵扣的进项税额: 不得抵扣的进项税额=当期无法划分的全部进项税额×(当期简易计税方法计税项目销售额+非增值税应税劳务营业额+免征增值税项目销售额)÷(当期全部销售额+当期全部营业额); 主管税务机关可以按照上述公式依据年度数据对不得抵扣的进项税额进行清算	财政部国家税务总局关于将铁路运输和邮政业纳入营业税改征增值税试点的通知(2013.12.12)财税〔2013〕106号营业税改征增值税试点实施办法第二十九条	
非应税项目运费进项税转出	检查企业非应税项目发生的运费支出,其进项税额是否抵扣了销项税额	《中华人民共和国增值税暂行条例》(中华人民共和国国务院令第538号);《中华人民共和国增值税暂行条例实施细则》(财政部令2008年第50号)	企业非应税项目发生的运费支出,其进项税额未抵扣了销项税额
存货盘亏进项税转出	检查企业盘亏货物是否未按规定的程序和方法及时处理账务,是否按税法规定作进项税额转出	《中华人民共和国增值税暂行条例》(中华人民共和国国务院令第538号);《中华人民共和国增值税暂行条例实施细则》(财政部令2008年第50号)	企业盘亏货物未按规定的程序和方法及时处理账务,未按税法规定作进项税额转出
应税劳务用于非应税项目等	检查企业将应税劳务支出用于非应税项目、免税项目、集体福利和个人消费,是否按税法规定做进项税额转出	《中华人民共和国增值税暂行条例》(中华人民共和国国务院令第538号);《中华人民共和国增值税暂行条例实施细则》(财政部令2008年第50号)	企业将应税劳务支出用于非应税项目、免税项目、集体福利和个人消费,未按税法规定做进项税额转出
原材料、货物用于不动产在建工程	检查企业是否将购入的原材料、电、气等货物用于不动产在建工程,如果是,其增值税进项税额是否转出	《中华人民共和国增值税暂行条例》(中华人民共和国国务院令第538号);《中华人民共和国增值税暂行条例实施细则》(财政部令2008年第50号)	企业将购入的原材料、电、气等货物用于不动产在建工程,其增值税进项税额未转出
原材料、货物用于非应税项目等	检查企业将原材料、货物用于非应税项目、免税项目以及发生非正常损失,是否未按规定做进项税额转出	《中华人民共和国增值税暂行条例》(中华人民共和国国务院令第538号);《中华人民共和国增值税暂行条例实施细则》(财政部令2008年第50号)	企业将原材料、货物用于非应税项目、免税项目以及发生非正常损失,未按规定做进项税额转出

续表

风险项目	检查重点	政策依据	具体规定
增值税专用发票抵扣业务	检查企业购进货物或应税劳务是否按规定取得增值税扣税凭证，取得的增值税专用发票抵扣联是否真实合法，是否有开票单位与收款单位不一致或票面所记载货物与实际货物不一致的发票用于抵扣；并检查企业抵扣增值税进项税的增值税专用发票是否在规定的时限内及时认证抵扣	《中华人民共和国增值税暂行条例》（中华人民共和国国务院令第538号）；《中华人民共和国增值税暂行条例实施细则》（财政部令2008年第50号）；国家税务总局关于修订《增值税专用发票使用规定》的通知国税发〔2006〕156号；《国家税务总局关于调整增值税扣税凭证抵扣期限有关问题的通知》国税函〔2009〕617号	企业购进货物或应税劳务应按规定取得增值税扣税凭证，取得的增值税专用发票抵扣联未真实合法，有开票单位与收款单位不一致或票面所记载货物与实际货物不一致的发票用于抵扣；企业抵扣增值税进项税的增值税专用发票未在规定的时限内到主管税务局认证。增值税一般纳税人取得2010年1月1日以后开具的增值税专用发票、公路内河货物运输业统一发票和机动车销售统一发票，应在开具之日起180日内到税务机关办理认证，并在认证通过的次月申报期内，向主管税务机关申报抵扣进项税额
运票抵扣业务	检查企业2012年1月1日以前用于抵扣进项的运费发票是否真实合法，计算进项税额的运费金额是否正确。检查企业在2012年1月1日以后接受营改增地区运输企业提供的运输服务时，是否取得了货物运输业增值税专用发票作为抵扣依据，是否存在仍然使用运输费用结算单据和公路内河货物运输业统一发票作为抵扣凭证的情况，2013年8月1日之后必须按增值税专用发票和铁路运输发票抵扣，2014年1月1日之后必须按增值税专用发票认证抵扣。对营改增地区的原增值税一般纳税人接受境外单位或者个人提供的应税服务，按照规定应当扣缴增值税的，是否未按规定做进项抵扣	财政部国家税务总局关于将铁路运输和邮政业纳入营业税改征增值税试点的通知财税〔2013〕106号	
运票抵扣业务	检查企业2012年1月1日以前用于抵扣进项的运费发票是否真实合法，计算进项税额的运费金额是否正确。2012年1月1日以后检查企业在接受营改增地区运输企业提供的运输服务时，是否取得了货物运输业增值税专用发票作为抵扣依据，是否存在仍然使用运输费用结算单据和公路内河货物运输业统一发票作为抵扣凭证的情况。对营改增地区的原增值税一般纳税人接受境外单位或者个人提供的应税服务，按照规定应当扣缴增值税的，是否以从税务机关或者代理人取得的解缴税款的中华人民共和国税收通用缴款书、书面合同、付款证明和境外单位的对账单或者发票作抵扣凭证	《中华人民共和国增值税暂行条例》（中华人民共和国国务院令第538号）；《中华人民共和国增值税暂行条例实施细则》（财政部令2008年第50号）；《国家税务总局关于逾期增值税扣税凭证抵扣问题的公告》（国家税务总局公告2011年第50号）；《国家税务总局关于加强增值税征收管理若干问题的通知》（国税发〔1995〕192号）；《财政部国家税务总局关于增值税若干政策的通知》（财税〔2005〕165号）；《国家税务总局关于印发〈国家税务总局关于加强货物运输业税收管理及运输发票增值税抵扣管理的公告〉的通知》国税发〔2003〕120号	企业2012年1月1日以前用于抵扣进项的运费发票未真实合法，计算进项税额的运费金额未正确

风险项目	检查重点	政策依据	具体规定
固定资产抵扣	检查企业 2009 年及以后购进的固定资产（不动产除外），是否按税法规定进行了进项税认证抵扣	《中华人民共和国增值税暂行条例》（中华人民共和国国务院令第 538 号）；《中华人民共和国增值税暂行条例实施细则》（财政部令 2008 年第 50 号）；《关于全国实施增值税转型改革若干问题的通知》（财税〔2008〕170 号）	企业 2009 年及以后购进的固定资产（不动产除外），未按税法规定进行了进项税认证抵扣
不动产抵扣	查核企业已抵扣进项税额的购进货物中，是否有 2013 年 8 月 1 日前购进自用的应征消费税的摩托车、汽车、游艇未作进项税额转出	财政部国家税务总局第 50 号令《中华人民共和国增值税暂行条例实施细则》第二十五条；《财政部国家税务总局关于将铁路运输和邮政业纳入营业税改征增值税试点的通知》（财税 2013 年第 106 号文）	企业已抵扣进项税额的购进货物中，有纳税人 2013 年 8 月 1 日前购进自用的应征消费税的摩托车、汽车、游艇未作进项税额转出
不动产抵扣	对用于不动产或不动产在建工程的购进货物，其相应的进项税是否未按规定做进项抵扣	《关于全国实施增值税转型改革若干问题的通知》（财税〔2008〕170 号）；《关于固定资产进项税额抵扣问题的通知》（财税〔2009〕113 号）	对用于不动产或不动产在建工程的购进货物，其相应的进项税未按规定做进项抵扣
海关抵扣业务	检查进口货物是否按规定取得真实合法的海关完税凭证，并按税法规定进行进项抵扣	《中华人民共和国增值税暂行条例》（中华人民共和国国务院令第 538 号）；《中华人民共和国增值税暂行条例实施细则》（财政部令 2008 年第 50 号）；《国家税务总局关于纳税人取得虚开的增值税专用发票处理问题的通知》（国税发〔1997〕134 号）；《国家税务总局关于纳税人善意取得虚开增值税专用发票已抵扣税款加收滞纳金问题的批复》（国税函〔2007〕1240 号）；《国家税务总局关于加强进口环节增值税专用缴款书抵扣税款管理的通知》（国税发〔1996〕第 32 号）	进口货物未按规定取得真实合法的海关完税凭证，并按税法规定进行进项抵扣
生产企业"免、抵、退"税	检查企业出口货物"免、抵、退"税申报是否规范	《出口货物退（免）税管理办法》（国税发〔1994〕31 号）；《国家税务总局关于出口退税若干问题的通知》（国税发〔2000〕165 号）；《国家税务总局关于出口产品视同自产产品退税有关问题的通知》（国税函〔2002〕1170 号）；《财政部、国家税务总局关于进一步推进出口货物实行免抵退税办法的通知》（财税〔2002〕7 号）；《国家税务总局关于印发《生产企业出口货物"免、抵、退"税管理操作规程》（试行）的通知》（国税发〔2002〕11 号）；《国家税务总局关于出口货物退（免）税管理有关问题的通知》（国税发〔2004〕64 号）	企业出口货物"免、抵、退"税申报未规范

续表

风险项目	检查重点	政策依据	具体规定
生产企业"免、抵、退"税	检查企业"免、抵、退"税出口的货物是否符合规定	《出口货物退（免）税管理办法》（国税发〔1994〕31号）；《国家税务总局关于出口退税若干问题的通知》（国税发〔2000〕165号）；《国家税务总局关于出口产品视同自产产品退税有关问题的通知》（国税函〔2002〕1170号）；《财政部、国家税务总局关于进一步推进出口货物实行免抵退税办法的通知》（财税〔2002〕7号）；《国家税务总局关于印发〈生产企业出口货物"免、抵、退"税管理操作规程〉（试行）的通知》（国税发〔2002〕11号）；《国家税务总局关于出口货物退（免）税管理有关问题的通知》（国税发〔2004〕64号）	企业"免、抵、退"税出口的货物未符合规定
生产企业"免、抵、退"税	检查企业办理"免、抵、退"税后是否及时进行会计处理	《出口货物退（免）税管理办法》（国税发〔1994〕31号）；《国家税务总局关于出口退税若干问题的通知》（国税发〔2000〕165号）；《国家税务总局关于出口产品视同自产产品退税有关问题的通知》（国税函〔2002〕1170号）；《财政部、国家税务总局关于进一步推进出口货物实行免抵退税办法的通知》（财税〔2002〕7号）；《国家税务总局关于印发〈生产企业出口货物"免、抵、退"税管理操作规程〉（试行）的通知》（国税发〔2002〕11号）；《国家税务总局关于出口货物退（免）税管理有关问题的通知》（国税发〔2004〕64号）	企业办理"免、抵、退"税后未及时进行会计处理
生产企业"免、抵、退"税	检查企业适用的出口退税率是否正确	《出口货物退（免）税管理办法》（国税发〔1994〕31号）；《国家税务总局关于出口退税若干问题的通知》（国税发〔2000〕165号）；《国家税务总局关于出口产品视同自产产品退税有关问题的通知》（国税函〔2002〕1170号）；《财政部、国家税务总局关于进一步推进出口货物实行免抵退税办法的通知》（财税〔2002〕7号）；《国家税务总局关于印发〈生产企业出口货物"免、抵、退"税管理操作规程〉（试行）的通知》（国税发〔2002〕11号）；《国家税务总局关于出口货物退（免）税管理有关问题的通知》（国税发〔2004〕64号）	企业适用的出口退税率未正确

风险项目	检查重点	政策依据	具体规定
生产企业"免、抵、退"税	检查企业外销收入申报是否正确	《出口货物退（免）税管理办法》（国税发〔1994〕31号）；《国家税务总局关于出口退税若干问题的通知》（国税发〔2000〕165号）；《国家税务总局关于出口产品视同自产产品退税有关问题的通知》（国税函〔2002〕1170号）；《财政部、国家税务总局关于进一步推进出口货物实行免抵退税办法的通知》（财税〔2002〕7号）；《国家税务总局关于印发〈生产企业出口货物"免、抵、退"税管理操作规程〉（试行）的通知》（国税发〔2002〕11号）；《国家税务总局关于出口货物退（免）税管理有关问题的通知》（国税发〔2004〕64号）	企业外销收入申报未正确
生产企业"免、抵、退"税	检查企业进项税额转出是否符合规定	《出口货物退（免）税管理办法》（国税发〔1994〕31号）；《国家税务总局关于出口退税若干问题的通知》（国税发〔2000〕165号）；《国家税务总局关于出口产品视同自产产品退税有关问题的通知》（国税函〔2002〕1170号）；《财政部、国家税务总局关于进一步推进出口货物实行免抵退税办法的通知》（财税〔2002〕7号）；《国家税务总局关于印发〈生产企业出口货物"免、抵、退"税管理操作规程〉（试行）的通知》（国税发〔2002〕11号）；《国家税务总局关于出口货物退（免）税管理有关问题的通知》（国税发〔2004〕64号）	企业进项税额转出未符合规定
营改增试点行业	企业所处行业及提供的服务是否属于营改增试点行业和服务范围内	财政部国家税务总局关于将铁路运输和邮政业纳入营业税改征增值税试点的通知（2013.12.12）财税〔2013〕106号	企业所处行业及提供的服务不属于营改增试点行业和服务范围内
营改增试点	对于已纳入营改增范围的企业，其发生的营改增应税服务，是否按营改增试点的时间正确计算并申报了增值税，是否存在仍在缴纳营业税情况	财政部国家税务总局关于将铁路运输和邮政业纳入营业税改征增值税试点的通知（2013.12.12）财税〔2013〕106号	对于已纳入营改增范围的企业，其发生的营改增应税服务，未按营改增试点的报了增值税，未存在仍在缴纳营业税情况
营改增试点	检查试点纳税人在本地区试点实施之日前签订的尚未执行完毕的租赁合同，在合同到期日之前继续按照现行营业税政策规定缴纳营业税	财政部国家税务总局关于将铁路运输和邮政业纳入营业税改征增值税试点的通知（2013.12.12）财税〔2013〕106号营业税改征增值税试点有关事项的规定第一条第七项	试点地区企业不存在2011年12月31日（含）前签订的尚未执行完毕的租赁合同，在合同到期日之前未按规定缴纳增值税的情况

风险项目	检查重点	政策依据	具体规定
税目税率	查核企业兼营不同税率的货物或者应税劳务,是否错适用税率,将适用高税率货物或者应税劳务错适用低税率,少计征销项税额	国务院令第 134 号《中华人民共和国增值税暂行条例》第二条第(二)项注释:全文废止,2008 年 11 月 5 日国务院第 34 次常务会议修订; 中华人民共和国国务院令 2008 年第 538 号《中华人民共和国增值税暂行条例》第二条第(二)项;国税发〔1993〕151 号《国家税务总局关于印发〈增值税部分货物征税范围注释〉的通知》; 财税字〔1995〕52 号《财政部国家税务总局关于印发〈农业产品征税范围注释〉的通知》; 财税〔2009〕9 号《财政部　国家税务总局关于部分货物适用增值税低税率和简易办法征收增值税政策的通知》第一条	企业兼营不同税率的货物或者应税劳务,将适用高税率货物或者应税劳务错适用低税率,少计征销项税额
差额征税	关注营业税按照差额征税的项目,在营改增后,其支付给试点和非试点地区纳税人的价款是否进行了正确的税务处理	财政部国家税务总局关于将铁路运输和邮政业纳入营业税改征增值税试点的通知(2013.12.12)财税〔2013〕111 号	关注营业税按照差额征税的项目,在营改增后,其支付给试点和非试点地区纳税人的价款未进行正确的税务处理
差额征税	检查企业从全部价款和价外费用中扣除价款,是否应当取得符合法律、行政法规和国家税务总局规定的有效凭证	财政部国家税务总局关于将铁路运输和邮政业纳入营业税改征增值税试点的通知(2013.12.12)财税〔2013〕106 号营业税改征增值税试点有关事项的规定第一条第四项	
差额征税	检查营改增试点企业是否存在有形动产融资租赁、将承揽的运输业务分包、试点物流企业承揽的仓储业务、知识产权代理业务、广告代理业务、货物运输代理业务、船舶代理业务、无船承运业务、包机业务、代理报关业务等差额征税事项	财政部国家税务总局关于将铁路运输和邮政业纳入营业税改征增值税试点的通知(2013.12.12)财税〔2013〕106 号营业税改征增值税试点有关事项的规定第一条第四项	营改增试点企业未存在有形动产融资租赁、将承揽的运输业务分包、试点物流企业承揽的仓储业务、知识产权代理业务、广告代理业务、货物运输代理业务、船舶代理业务、无船承运业务、包机业务、代理报关业务等差额征税事项
销项税额申报	检查企业是否存在采取少申报或不申报销售额方法,不计或少计销项税额的情况,主要包括: 1.账面已记销售,但账面未计提销项税额,未申报纳税; 2.账面已记销售、已计提销项税额,但未申报或少申报纳税; 3.销售货物直接冲减生产成本或库存商品,不计提销项税额; 4.销售货物不开发票,取得的收入不按规定入账; 5.销售收入长期挂往来账不转收入; 6.将收取的销售款项,先支付费用(如购货方的回扣、推销奖、营业费用、委托代销商品的代销手续费等或用销货款直接进货),再将余款入账作收入的行为; 7.发生应征增值税的代购货	《关于增值税、营业税若干政策规定的通知》(财税〔1994〕26 号); 《中华人民共和国增值税暂行条例》(中华人民共和国国务院令第 538 号)	企业未存在采取少申报或不申报销售额方法,不计或少计销项税额的情况

风险项目	检查重点	政策依据	具体规定
期末留抵税额	检查增值税一般纳税人兼有应税服务的,截止到本地区试点实施之日前的增值税期末留抵税额,是否从应税服务的销项税额中抵扣	财政部国家税务总局关于将铁路运输和邮政业纳入营业税改征增值税试点的通知(2013.12.12)财税〔2013〕106号营业税改征增值税试点有关事项的规定第三条	
代扣代缴业务	查核企业接受境外单位或者个人(在境内未设有经营机构)在境内提供增值税应税劳务的,是否按税法规定扣缴增值税	〔1994〕财税字第26号《财政部国家税务总局关于增值税、营业税若干政策规定的通知》	企业接受境外单位或者个人(在境未设有经营机构)在境内提供增值税应税劳务的,未按税法规定扣缴增值税自查程序
减免税	检查企业是否取得减免税的批复文件	《中华人民共和国增值税暂行条例》(中华人民共和国国务院令第538号)第十六条;《关于资源综合利用及其他产品增值税政策的通知》(财税〔2008〕156号);《财政部海关总署国家税务总局关于研发机构采购设备税收政策的通知》(财税〔2009〕115号);《关于继续执行研发机构采购设备税收政策的通知》(财税〔2011〕88号);《关于纳税人资产重组有关增值税问题的公告》(国家税务总局公告2011年第13号);《关于增值税税控系统专用设备和技术维护费用抵减增值税税额有关政策的通知》(财税〔2012〕15号)	企业未取得减免税的批复文件
减免税	检查企业是否将应税项目的销售收入记入减免税项目	《中华人民共和国增值税暂行条例》(中华人民共和国国务院令第538号)第十六条;《关于资源综合利用及其他产品增值税政策的通知》(财税〔2008〕156号);《财政部海关总署国家税务总局关于研发机构采购设备税收政策的通知》(财税〔2009〕115号);《关于继续执行研发机构采购设备税收政策的通知》(财税〔2011〕88号);《关于纳税人资产重组有关增值税问题的公告》(国家税务总局公告2011年第13号);《关于增值税税控系统专用设备和技术维护费用抵减增值税税额有关政策的通知》(财税〔2012〕15号)	企业未将应税项目的销售收入记入减免税项目
减免税	检查企业是否将减免税项目的进项税额记入应税项目	《中华人民共和国增值税暂行条例》(中华人民共和国国务院令第538号)第十六条;《关于资源综合利用及其他产品增值税政策的通知》(财税〔2008〕156号);《财政部海关总署国家税务总局关于研发机构采购设备税收政策的通知》(财税〔2009〕115号);《关于继续执行研发机构采购设备税收政策的通知》(财税〔2011〕88号);《关于纳税人资产重组有关增值税问题的公告》(国家税务总局公告2011年第13号);《关于增值税税控系统专用设备和技术维护费用抵减增值税税额有关政策的通知》(财税〔2012〕15号)	企业未将减免税项目的进项税额记入应税项目

续表

风险项目	检查重点	政策依据	具体规定
减免税	检查企业是否将免税期间的进项税记入征税期间	《中华人民共和国增值税暂行条例》（中华人民共和国国务院令第538号）第十六条；《关于资源综合利用及其他产品增值税政策的通知》（财税〔2008〕156号）；《财政部海关总署国家税务总局关于研发机构采购设备税收政策的通知》（财税〔2009〕115号）；《关于继续执行研发机构采购设备税收政策的通知》（财税〔2011〕88号）；《关于纳税人资产重组有关增值税问题的公告》（国家税务总局公告2011年第13号）；《关于增值税税控系统专用设备和技术维护费用抵减增值税税额有关政策的通知》（财税〔2012〕15号）	企业未将免税期间的进项税记入征税期间
减免税	检查企业是否将征税期间的销售收入记入免税期间	《中华人民共和国增值税暂行条例》（中华人民共和国国务院令第538号）第十六条；《关于资源综合利用及其他产品增值税政策的通知》（财税〔2008〕156号）；《财政部海关总署国家税务总局关于研发机构采购设备税收政策的通知》（财税〔2009〕115号）；《关于继续执行研发机构采购设备税收政策的通知》（财税〔2011〕88号）；《关于纳税人资产重组有关增值税问题的公告》（国家税务总局公告2011年第13号）；《关于增值税税控系统专用设备和技术维护费用抵减增值税税额有关政策的通知》（财税〔2012〕15号）	企业未将征税期间的销售收入记入免税期间
减免税	查核企业取得的中央财政补贴是否符合条件，不符合税法规定的条件，应补征增值税	《国家税务总局关于纳税人采取"公司＋农户"经营模式销售畜禽有关增值税问题的公告》（国家税务总局公告2013年第8号）	企业采取"公司＋农户"经营模式从事畜禽饲养，纳税人回收再销售畜禽，属于农业生产者销售自产农产品享受增值税免征的，不符合税法规定的免税范围，未补征增值税
减免税	查核企业采取"公司＋农户"经营模式从事畜禽饲养，享受增值税免征的，是否符合税法规定的免税范围，否则不得免税，应补征增值税。"公司＋农户"经营模式从事畜禽饲养，即公司与农户签订委托养殖合同，向农户提供畜禽苗、饲料、兽药及疫苗等（所有权属于公司），农户饲养畜禽苗至成品后交付公司回收，公司将回收的成品畜禽用于销售	《国家税务总局关于旅店业和饮食业纳税人销售非现场消费食品增值税有关问题的公告》（国家税务总局公告2013年第17号）	核查是否属于旅店业和饮食业企业销售非现场消费的食品，是否已按小规模纳税人缴纳增值税。未按税法规定缴纳增值税，未补征增值税

风险项目	检查重点	政策依据	具体规定
税收优惠	检查企业是否存在向境外单位提供的研发服务和设计服务适用增值税零税率的情况	财政部国家税务总局关于将铁路运输和邮政业纳入营业税改征增值税试点的通知（2013.12.12）财税〔2013〕106号；《关于应税服务适用增值税零税率和免税政策的通知》（财税〔2011〕131号）；《国家税务总局关于发布〈营业税改征增值税试点地区适用增值税零税率应税服务免抵退税管理办法（暂行）〉的公告》（国家税务总局公告2012年第13号）；《关于交通运输业和部分现代服务业营业税改征增值税试点应税服务范围等若干税收政策的补充通知》（财税〔2012〕90号）	企业未存在向境外单位提供的研发服务和设计服务适用增值税零税率的情况
税收优惠	检查企业在享受了免税待遇的同时，相应进项税是否进行转出处理	财政部国家税务总局关于将铁路运输和邮政业纳入营业税改征增值税试点的通知（2013.12.12）财税〔2013〕106号；《关于应税服务适用增值税零税率和免税政策的通知》（财税〔2011〕131号）；《国家税务总局关于发布〈营业税改征增值税试点地区适用增值税零税率应税服务免抵退税管理办法（暂行）〉的公告》（国家税务总局公告2012年第13号）；《关于交通运输业和部分现代服务业营业税改征增值税试点应税服务范围等若干税收政策的补充通知》（财税〔2012〕91号）	企业在享受了免税待遇的同时，相应进项税未进行转出处理
税收优惠	检查企业是否存在提供国际运输服务适用增值税零税率的情况	财政部国家税务总局关于将铁路运输和邮政业纳入营业税改征增值税试点的通知（2013.12.12）财税〔2013〕106号；《关于应税服务适用增值税零税率和免税政策的通知》（财税〔2011〕131号）；《国家税务总局关于发布〈营业税改征增值税试点地区适用增值税零税率应税服务免抵退税管理办法（暂行）〉的公告》（国家税务总局公告2012年第13号）；《关于交通运输业和部分现代服务业营业税改征增值税试点应税服务范围等若干税收政策的补充通知》（财税〔2012〕88号）	企业不存在提供国际运输服务适用增值税零税率的情况
税收优惠	检查融资租赁企业在计算增值税实际税负超过3%的部分即征即退时，其计算基数是否为当期提供应税服务取得的全部价款和价外费用，有无按照租赁收入与出租货物实际成本的差额作为计算基数的情况	财政部国家税务总局关于将铁路运输和邮政业纳入营业税改征增值税试点的通知（2013.12.12）财税〔2013〕106号；《关于应税服务适用增值税零税率和免税政策的通知》（财税〔2011〕131号）；《国家税务总局关于发布〈营业税改征增值税试点地区适用增值税零税率应税服务免抵退税管理办法（暂行）〉的公告》（国家税务总局公告2012年第13号）；《关于交通运输业和部分现代服务业营业税改征增值税试点应税服务范围等若干税收政策的补充通知》（财税〔2012〕92号）	融资租赁企业在计算增值税实际税负超过3%的部分即征即退时，其计算基数为当期提供应税服务取得的全部价款和价外费用，未按照租赁收入与出租货物实际成本的差额作为计算基数的情况

续表

风险项目	检查重点	政策依据	具体规定
税收优惠	检查境内单位和个人提供适用免征增值税政策的服务（应税服务适用增值税零税率和免税政策的规定中列举）	财政部国家税务总局关于将铁路运输和邮政业纳入营业税改征增值税试点的通知（2013.12.12）财税〔2013〕106号应税服务适用增值税零税率和免税政策的规定第七条	
税收优惠	检查增值税一般纳税人存在境内的单位或个人提供承租服务，如果租赁的交通工具用于国际运输服务和港澳台运输服务，由出租方按规定申请适用增值税零税率、境内的单位或个人向境内单位或个人提供期租、湿租服务，如果承租方利用租赁的交通工具向其他单位或个人提供国际运输服务和港澳台运输服务，由承租方按规定申请适用增值税零税率。境内的单位或个人向境外单位或个人提供期租、湿租服务，由出租方按规定申请适用增值税零税率的情形	财政部国家税务总局关于将铁路运输和邮政业纳入营业税改征增值税试点的通知（2013.12.12）财税〔2013〕106号应税服务适用增值税零税率和免税政策的规定第三条	
税收优惠	检查增值税一般纳税人存在港澳台运输服务适用零税率的情形	财政部国家税务总局关于将铁路运输和邮政业纳入营业税改征增值税试点的通知（2013.12.12）财税〔2013〕106号应税服务适用增值税零税率和免税政策的规定第二条	
税收优惠	检查企业是否存在提供技术转让、技术开发以及与之相关的技术咨询、技术服务	财政部国家税务总局关于将铁路运输和邮政业纳入营业税改征增值税试点的通知（2013.12.12）财税〔2013〕106号；《关于应税服务适用增值税零税率和免税政策的通知》（财税〔2011〕131号）；《国家税务总局关于发布〈营业税改征增值税试点地区适用增值税零税率应税服务免抵退税管理办法（暂行）〉的公告》（国家税务总局公告2012年第13号）；《关于交通运输业和部分现代服务业营业税改征增值税试点应税服务范围等若干税收政策的补充通知》（财税〔2012〕86号）	企业未存在提供技术转让、技术开发以及与之相关的技术咨询、技术服务
税收优惠	检查增值税一般纳税人不适用零税率但适用免税政策的情形（国际货物运输、港澳台运输等）	财政部国家税务总局关于将铁路运输和邮政业纳入营业税改征增值税试点的通知（2013.12.12）财税〔2013〕106号应税服务适用增值税零税率和免税政策的规定第七条	
税收优惠	检查企业是否按照税法规定，因提供技术转让、技术开发和提供与之相关的服务而享受增值税免税优惠	财政部国家税务总局关于将铁路运输和邮政业纳入营业税改征增值税试点的通知（2013.12.12）财税〔2013〕106号；《关于应税服务适用增值税零税率和免税政策的通知》（财税〔2011〕131号）；《国家税务总局关于发布〈营业税改征增值税试点地区适用增值税零税率应税服务免抵退税管理办法（暂行）〉的公告》（国家税务总局公告2012年第13号）；《关于交通运输业和部分现代服务业营业税改征增值税试点应税服务范围等若干税收政策的补充通知》（财税〔2012〕87号）	企业未按照税法规定，因提供技术转让、技术开发和提供与之相关的服务而享受增值税免税优惠

风险项目	检查重点	政策依据	具体规定
税收优惠	检查企业是否存在向境外提供和发生在境外的应税服务免征增值税的情况	财政部国家税务总局关于将铁路运输和邮政业纳入营业税改征增值税试点的通知（2013.12.12）财税〔2013〕106号；《关于应税服务适用增值税零税率和免税政策的通知》（财税〔2011〕131号）；《国家税务总局关于发布〈营业税改征增值税试点地区适用增值税零税率应税服务免抵退税管理办法（暂行）〉的公告》（国家税务总局公告2012年第13号）；《关于交通运输业和部分现代服务业营业税改征增值税试点应税服务范围等若干税收政策的补充通知》（财税〔2012〕89号）	企业不存在向境外提供和发生在境外的应税服务免征增值税的情况
税收优惠	核查企业自2013年10月1日至2015年12月31日期间销售自产的利用太阳能生产的电力产品，是否执行即征即退50%的增值税政策。电力产品是否企业自产的利用太阳能生产的，若不是，应补缴增值税	《财政部国家税务总局关于光伏发电增值税政策的通知》财税〔2013〕66号	企业自2013年10月1日至2015年12月31日期间销售自产的利用太阳能生产的电力产品，未执行即征即退50%的增值税政策。电力产品不是企业自产的利用太阳能生产的，未应补缴增值税
税收优惠	查核企业销售货物给外国政府和国际组织享受免征增值税的，其销售的货物是否符合税法规定的外国政府和国际组织无偿援助项目在华采购货物，并单独分别核算上述项目销售收入，否则不得免税，应补征增值税。请列示出享受免征增值税的货物的名称、销售额及相关的税收优惠政策文号	国税函〔2009〕311号《国家税务总局关于联合国人口基金"生殖健康/计划生育"项目（CHN6R21A）在华采购物资免征增值税的通知》；国税函〔2008〕746号《国家税务总局关于联合国儿童基金会无偿援助项目在华采购物资免征增值税的通知》；国税函〔2008〕147号《国家税务总局关于世界银行无偿援助国家环保总局履约中心业务用房项目在华采购物资免征增值税的通知》；国税函〔2007〕1020号《国家税务总局关于联合国人口基金有关无偿援助项目在华采购物资免征增值税的通知》	企业销售货物给外国政府和国际组织享受免征增值税的，其销售的货物不符合税法规定的外国政府和国际组织无偿援助项目在华采购货物或未单独核算收入，未补征增值税
税收优惠	查核企业销售农产品享受免征增值税的，是否符合税法规定的条件，否则不得免征，应补征增值税。税法规定的条件是：从事种植业、养殖业、林业、牧业、水产业生产的单位和个人销售自产初级农产品，具体初级农产品范围详见财税字〔1995〕52号文规定；并且单独核算销售额；对农民专业合作社销售本社成员生产的农业产品，视同农业生产者销售自产农业产品免征增值税	中华人民共和国国务院令2008年第538号《中华人民共和国增值税暂行条例》第十五条第（一）项、第十六条；国务院令第134号《中华人民共和国增值税暂行条例》第十六条第（一）项、第十七条注释：全文废止，2008年11月5日国务院第34次常务会议修订；财政部国家税务总局第50号令《中华人民共和国增值税暂行条例实施细则》第三十五条第（一）项；〔1993〕财法字第39号《中华人民共和国增值税暂行条例实施细则》第三十一条第（一）项注释：全文废止，2008年12月15日修订新消费税暂行条例实施细则，财税字〔1995〕	企业销售农产品享受免征增值税的，不符合税法规定的条件，未补征增值税

风险项目	检查重点	政策依据	具体规定
税收优惠	核查企业符合规定的享受税收优惠政策的天然气进口项目,是否按照调整后的进口天然气具体项目和相应企业名单、享受政策起始时间计算,返还给企业相应比例的进口环节增值税。不符合条件的具体项目、不在企业名单范围和享受政策起始时间内的,是否补缴增值税	《财政部 海关总署 国家税务总局关于调整享受税收优惠政策的天然气进口项目的通知》财关税〔2014〕8号	企业不符合条件的具体项目、不在企业名单范围和享受政策起始时间内的,已享受税收优惠政策的,未补缴增值税
税收优惠	查核企业免税店销售免税品免征增值税的,是否符合税法规定免税条件的,否则不得免税,应补征增值税。税法规定免税条件是:在海关和边防检查划定的专供出国人员出境的特殊区域(称海关隔离区)设立的免税店销售免税品和市内免税店销售但在海关隔离区内提取免税品的行为免征增值税,并且分别独立核算上述免税销售收入	国税函〔2008〕81号《国家税务总局关于出境口岸免税店有关增值税政策问题的通知》注释:全文废止。参见《国家税务总局关于公布全文失效废止、部分条款失效废止的税收规范性文件目录的公告》,国家税务总局公告2011年第2号。注释:条款失效。第一条"《中华人民共和国增值税暂行条例实施细则》第七条规定"所销售的货物的起运地或所在地在境内",'境内'是指在中华人民共和国关境以内"失效,参见《国家税务总局关于发布已失效或废止有关增值税规范性文件清单的通知》(国税发〔2009〕7号)	企业免税店销售免税品免征增值税的,不符合税法规定免税条件的,未补征增值税

中储粮深化全面预算管理
推动集团管控上台阶

创造单位：中国储备粮管理总公司
主创人：常少平　李　彬

[摘要] 为了使全面预算管理成为总公司转变管理方式、落实集团管控、促进各项工作上台阶的第一抓手，为了对直属企业既能管得住又能管得好，实现公司财务由行政收支财务管理向企业财务管理、由分散型财务管理向集约化财务管理转变，从 2014 年开始，总公司将全面预算管理作为集团管控的主要抓手，进一步深化全面预算管理。为促进管理集成化，总公司建立起以业务为主导、业财融合的综合预算体系，彻底改变了过去预算主要是财务指标、业务财务分割、各职能部门各自为政的状况，实现了"突出主业固根本，一本账表观全局"。

[关键词] 财务管理；全面预算管理

一、企业概况

中国储备粮管理总公司成立于 2000 年，是国资委直接管理的中央企业，属于承担国家政策性任务、涉及国家安全和国民经济命脉的国有重要骨干企业。受国务院委托，总公司具体负责中央储备粮油的经营管理，对中央储备粮的总量、质量和储存安全负总责，同时执行国家下达的粮油购销调存等宏观调控指令。总公司实行"三级架构、两级法人"的管理体制，现有 23 家分公司、5 家子公司、1 家科研院所，344 家直属库，职工 4.4 万人。截至 2015 年底，企业资产总额 11263 亿元，净资产 638 亿元，全年实现营业收入 1543 亿元，利润总额 28.88 亿元。

中储粮总公司成立以来，坚持以维护国家粮食安全为使命，以"两个确保"（确保中央储备粮数量真实、质量良好，确保国家急需时调得动、用得上）为根本任务，实现了中央储备粮管理体制改革初衷，切实发挥了服务调控主力军作用，成为维护国家粮食安全的重要力量。中央储备粮宜存率从公司组建之初的 60%，迅速提高并保持在 95% 以上，在应急调控中经受了多次检验。特别是 2005 年以来，中储粮执行政策性粮食收购任务，有力地促进了粮食增产和农民持续增收；坚持企业化市场化运作机制，较好实现了国有资产保值增值，企业服务调控能力和综合实力显著增强。

二、深化全面预算管理的背景

（一）企业管理面临的形势

近年来，中储粮总公司经历了连续几年的快速增长期。随着国民经济的结构性调整，以及收储政策的调整，总公司进入平稳缓速增长阶段，依靠库点增多、资产扩张等外延驱动增长因素减弱。与此同时，总公司面临着国内外粮油市场疲弱，经营效益震荡下行的巨大压力；面临着政策性收购连创新高，使命任务与管理能力不相适应的巨大压力；面临着基层企业负责人权力监管真空，总部控制力弱化、风险案件多发频发的巨大压力。鉴于此，总公司从 2014 年开始，找准企业定位、厘清发展思路，确定了"从严治企、突出主业、强化基础、转型升级"的总要求，工作重心向管理回归，向集团管控回归；做出了以全面预算管理为抓手，建立人、财、物垂直管理的集团管控体系的正确决定。可以说，以全面预算管理为引领，加强集团管控，是由中储粮垂直体系的设置决定的，是由执行调控任务的特殊职能决定的，也是由各种风险和问题倒逼出来的。

（二）全面预算管理实践中存在的问题

作为国内外优秀管理实务总结的全面预算管理，具有全员、全方位、全过程的特性，其以财务管理为核心，业务、财务高度融合，是为数不多的能将多个管理手段融为一体，把人、财、物统筹安排、合理配置的行之有效的管理工具。总公司从 2005 年开始在系统内试行全面预算管理，取得了一定的成效。然而，受总公司经营业务快速扩张和下属企业迅速增加的影响，受总公司自身从事的政策性业务特性的制约，以及在预算管理推进过程中从思想层面到具体操作层面一系列因素的影响，全面预算管理的要求未能真正在基层企业落地，总部对直属企业的引领和控制作用未能有效发挥。究其表象，主要体现在以下几个方面：

（1）思想与行动不一致，管理者"叶公好龙"。虽然全面预算管理的重要性在思想认识上已得到高度认可，但在实践中，部分直属企业负责人对预算目标应该如何制定，全面预算管理工作应该怎么开展，心中无数；执行时任由超预算、预算外事项发生，随意调整预算，甚至带头不遵守按程序通过的预算，预算管理未成为企业寻求自身管理水平提升的有效工具。

（2）部门间协调度不够，财务部门"独角戏"。部分直属企业片面认为全面预算管理就是费用控制，不能将预算管理与公司战略有效结合起来，导致预算管理定位不准确，各部门参与积极性不高。同时认为预算报表格式和指标专业性强，各类指标细而全，对非财务人员来说比较复杂，不易理解，难以正确填报。长期下来，预算工作全员、全方位、全过程的要求便难以实现，预算管理最终异化成财务部门自身的工作。

（3）数据口径不一致，预算报表"外行看不懂、内行说不清"。业务与财务对同一指标的解释各有一套、数出多门、自说自话、互不相干。即使是财务内部，也存在财务会计与管理会计口径不一致的问题。在没有统一业务、财务口径基础上建立起来的预算体系，其数据在编制时的准确性、在执行时的参考性、在考核时的公平性就无从谈起。

（4）预算编制标准模糊，目标设定"拍脑袋"。部分直属企业制定预算时不考虑企业战略规划，局限于眼前利益而忽视长期目标；缺乏对基础数据的收集和分析，预算管理定额标准不明确，或者标准落后，工作安排全凭管理层"拍脑袋"，预算目标先进性不高，引领作用难以发挥。

（5）预算控制刚性不足，编制与执行"两张皮"。部分直属企业预算管理流程缺乏刚性，预算指标随意更改，预算的控制作用发挥有限。由于预算指标中仅利润总额与企业业绩考核挂钩，其余尤其是业务类、风险控制类及其他财务类等需要重点控制的指标均不挂钩，企业往往只需确保利润总额指标预算完成便可，其余预算指标可随意调整，预算指标无法真正形成对企业日常运营的过程控制。

（6）预算结果与奖惩不挂钩，全面预算"难闭环"。预算指标未能全面与业绩考核挂钩，执行与否及效果与企业领导和员工薪酬以及职务升迁没有关联，长期下来，直属企业逐渐将预算管理当作上级交办的任务，甚至"应付了事"，部分干部和员工认为与己无关，无须关心。预算管理没能实现编制、控制、调整、考评的闭环管理，造成无法有效发挥激励和导向的作用。

三、深化全面预算管理的主要措施

为了使全面预算管理成为总公司转变管理方式、落实集团管控、促进各项工作上台阶的第一抓手，为了对直属企业既能管得住又能管得好，实现公司财务由行政收支财务管理向企业财务管理、由分散型财务管理向集约化财务管理转变，从2014年开始，总公司将全面预算管理作为集团管控的第一抓手，从以下方面精准着力，进行优化和完善。

（一）树立科学的预算管理理念

（1）在系统内普及全面预算管理知识。除了财务人员外，还要求领导干部、业务人员都要懂得财务知识，在经营决策中能够运用财务思维。以2015年为例，总公司两次举办分（子）公司负责人全面预算管理培训班，各级领导班子对预算工作的重视程度，开创公司历史先河。这种工作力度和方法得到了国资委派驻总公司监事会主席的高度认可，并积极向其他央企进行宣传和推广。通过举办常规的财会人员培训班，将系统内近2500名财务人员轮训一遍；结合其他培训班，对基层管理人员、业务人员，从管理理念和操作方法上讲解全面预算管理知识。针对直属企业全面预算管理中的关键环节和突出问题，以问答的形式，制定全面预算管理常见问题解答，涵盖指标体系、管理流程及相关解释，要求各级领导和员工将其作为应知必会内容进行掌握，规范了全面预算管理工作的开展。

（2）在系统内树立科学的预算管理理念。确立"公司战略是预算的基础"的观念，明确预算管理的整个过程以战略为核心和导向，是公司战略落地的工具；确立"经营活动是预算的起点"的观念，明确预算编制的起点是动态的业务活动，而不是历史数据，不是静止不变的；确立"恰当的假定是预算的基点"的观念，使预算指标建立在一些未知而又合理的假定因素的基础上，提升预算编制的科学性；确立"考核与奖惩是预算的生命线"的观念，使预算管理形成完整的闭环，确保预算管理全面落地；确立"千斤重担众人挑、人人肩上有指标"的观念，提升预算的全员性，充分调动各方面的积极性，提高预算工作的效率和效果。

（3）抵制和纠正错误的预算管理理念。针对系统内对预算管理的一些错误观念和误区，通过国内外科学理论和优秀企业的成功实践予以澄清和纠正。例如，关于预算的准确性，系统内不少人认为中储粮政策性业务多，自主性小，业务难以预计，以此作为抵触预算管理的理由。根据现代管理学之父德鲁克的观点，预算不是航船精准的时刻表，而是航行用的罗盘，有了罗盘，虽然航船可能偏离航道，但最终一定会达到它想要去的地方，这才是预算的价值。预算是基于某一时点的合理的预测和判断，预算是给我们的业务活动指明方向，预算是工具，而非目标，在实际业务中，不为强求业务与预算完全一致而落入"为预算而预算"的窠臼，预算存在的形式是介入到业务活动中去，在过程中去修正预算编制，在过程中控制资源的运用。

（二）不断推进业务与财务的融合

为促进管理集成化，总公司建立起以业务为先导、业财融合的综合预算体系，彻底改变了过去预算主要是财务指标、业务财务分割、各职能部门各自为政的状况，实现了"突出主业固根本，一本账表览全局"。

（1）合理发挥一把手的关键作用，循规而不逾矩。总公司明确，全面预算管理作为"一把手工程"，在直属企业就是"主任预算"。主任不仅要重视，还要多学、真懂、会用，通过直接介入目标的确定、管理的授权、事项的审批、执行的控制、业绩的考核等具体环节，整合企业的各种活动，创建"一条线、全面抓"的管理架构。但"一把手工程"并不是管理层批条子、大包全揽的工程。预算管理本质上是一种"人本"管理，需要全员参与，通过严格规范的预算流程，落实权力运行清单制度，使决策形成的程序、决策落实的过程以及决策的结果均受到监督。

（2）充分发挥业务的先导作用，事前算赢与事前算准。总公司围绕着企业创造价值的目标，时刻把所有部门、所有人都捻成一股绳。业务开展是预算工作的前提和基础，总公司对业务部门进行培训，要求其运用财务思维，做好经营决策。在实践中，不断提升业务预测的准确性和业务规划的合理性，围绕着"两个确保"和轮换经营控亏增效的主业，未雨绸缪，事前算赢，事前算准，实现业务计划与经营预算的一体化和协同化。

（3）充分发挥财务的支持作用，转型升级。随着财务工作的重心由核算反映向决策支持转型，财务人员发挥专业特长，积极研究重大问题，当好管理层的参谋，为企业实现科学决策提供财务支持，这是对财务管理提出的新要求，也是财务工作的价值所在。总公司各层级财务部门在业财融合中主动作为：深入业务，建立量—本—利联动关系，通过价值动因分析支持战略决策，通过关键指标和标准设定主导业务计划；分析本单位财务数据，发现企业制度、流程和管理中的问题，指导业务部门做得更好；分析其他单位财务数据，掌握竞争对手或兄弟单位的动态，通过相互之间的标杆对照，帮助企业取长补短。

（4）研究制定全面预算管理简易版，助力业财融合。在广泛调研和征求意见的基础上，总公司从繁琐的预算报表中，通过优化升级，科学制定了全面预算管理简易版报表。简易版覆盖九大业务板块的量本利，涵盖企业改革和发展的关键指标，管理层能够快速、直观地掌握企业经营全貌，便于及时调度、合理配置资源；通过固化于业务信息系统，促进了业财融合，使全面预算管理在各业务部门操作上得以落地。

（三）建立和完善全面预算管理抓手

（1）建立中储粮预算目标指标体系。按照企业功能定位，以"两个确保"为中心、合理兼顾经济效益但不过度追求效益的导向和对不同类型企业分类指导的原则，总公司创新设置了预算主要目标指标体系。对分（子）公司的预算主要目标指标分为"两个确保"指标、经济效益指标和风险控制指标三类，其中："两个确保"指标包括粮油质量达标率、中央储备粮宜存率、账实相符率、中央储备粮储存损耗率、轮换计划完成率5项中储粮核心业务指标；经济效益指标包括利润总额、可控费用总额、资产总额、人工成本利润率等4~6项指标；风险控制指标主要指是否发生重大经济风险案件、重大安全生产责任事故、重大违法违规违纪案件，为否定指标。在指标权重上，对以承担储备政策性业务为主的分公司，"两个确保"指标权重占60%，经济效益指标只占到40%。对承担竞争性业务为主的各专业化子公司，在经济效益指标中合理增加对油脂公司粮油加工业务销售收入增长率、加工产能利用率，对物流公司物流中转量等考核，体现差异化管理。

（2）修改完善全面预算报表体系。在原有报表体系的基础上，进一步优化直属企业全面预算报表体系，制定全系统统一的标准报表，固化在业务信息系统内。报表分三个层面：一是直属企业各科室编制的基础报表，体现全员、全方位、全过程，业务、财务各司其职，高度融合；二是财务人员使用的专业报表，既便于对各分项预算的合理性和可行性进行财务审核与综合平衡，又满足了国资委的管理要求；三是各级管理层使用的预算简易报表，在总公司内网以"预算看板"的形式展示，符合简单、实用、有效的要求，便于决策。在完善预算报表的同时，对总公司会计核算办法等基础制度进行修订，规范系统内所有企业的核算处理，实现了管理会计与财务会计的有效对接，使财务信息对于决策的有用性和支持力度进一步增强。

（3）做实预算情况说明书。预算情况说明书是对报表体系的文字解释和补充说明。总公司规范基层企业预算情况说明书的编制，要求内容必须包括上年预算工作总结及改进措施、本年度预算编制基础、编制内容、重大事项说明及预算执行的保障和监督措施等，做到内容充实、分析有据。同时，针对总公司当前管理中重点关注的投资改造、科技支出、历史遗留问题处理等事项必须在预算情况说明书中详细报告。

（四）落实各层级的预算管理责任

（1）明确总公司的职责。总公司负责预算总体原则的确定、目标指标体系的设定、预算方案的审定；负责资金的调度与分配，资产的管理与投资的审批，机构、编制、人员的设置，轮换计划、拍卖并移库计划的下达，中央储备粮宜存率、粮油质量达标率及中央储备粮储存损耗率的下达，工资总额及捐赠支出原则的确定；审核、批复分（子）公司上报的预算，在执行过程中进行反馈、分析和调整，对分（子）公司进行考核；对直属企业进行分类指导等。

（2）规范分（子）公司的职责。分（子）公司负责辖区内直属企业定额标准体系的建设，全面预算的审核和上报；负责分解、下达辖区内直属企业的预算目标；负责将总公司下达的年度重点工作通过预算分解、下达到辖区内直属企业；监控、跟踪辖区内直属企业预算执行情况，进行反馈、分析和调整，并对辖区内直属企业进行考核和分配等。分（子）公司在严格执行总公司确定的原则、要求和目标规定的框架内，结合本辖区直属企业实际情况，制定实施细则。

（3）落实直属企业的职责。直属企业是全面预算管理的执行者，按照分（子）公司批复的预算目标，制订年度预算具体方案，组织开展经营管理；负责预算定额标准的制订，开展对标管理；严格预算执行控制要求，分析预算执行过程中的差异及原因，申请预算调整，提出保障措施；指导各科室落实预算工作责任，制订对各科室的预算考评和奖惩方案等。

在规范各层级职责的同时，也将预算管理责任落实到人。规定总公司、分（子）公司、直属企业"一把手"是全面预算管理工作的第一责任人，必须亲自领导与部署、直接参与预算管理工作；各职能部门负责人是全面预算管理工作的具体责任人，按照分工负责相应部门的预算编制、执行、分析、控制工作。各层级建立健全预算组织机构，成立预算委员会和预算委员会办公室，配备预算管理员，真正夯实全面预算管理的组织基础。

（五）加强预算执行过程的控制

（1）加大预算控制力度。要求各级企业牢固树立"预算就是法"的意识，增强预算执行的刚性约束。上级单位正式下达的预算具有严肃性，一经批准不得随意调整，必须严格执行。严格预算授权控制，严格预算执行审批程序，严禁预算外项目。严格资金日预算管理，在现金收支预算的总额内，细化分解至日预算，加强日预算的审批和控制力度。要求业务部门动态监控预算执行情况，反馈预算执行进度和效果，加强与财务部门的沟通，共同做好预算监控工作，协力解决预算执行中出现的问题。

（2）做好预算执行分析。在系统内建立预算执行分析例会制度，各层级、各部门结合职能分工，以预算主要目标指标为抓手，全面分析预算执行情况，统筹调度资源。要求直属企业按月度召开预算分析会，分析上月预算执行情况，研究下月预算工作；分（子）公司按季度召开预算分析会；遇重大突发事项，召开临时会议，进行应急分析。预算分析时，将指标横向分解到各业务流程，纵向深化到各层级，提高分析的针对性和时效性；客观分析预算执行差异与原因，及时采取有效的应对措施，修正预算执行差异。总公司对预算执行差异较大、原因分析不明、保障措施不力的企业，采取通报、约谈、现场督查等方式，跟踪了解情况，帮助制定改进措施，确保预算目标的实现。

（3）规范预算调整审批。规定只有当国家政策、市场形势、总公司战略重点、企业预算主体等发生重大变化时，如国家粮食调控政策、财税金融政策发生重大调整，部分粮食品种市场价格涨跌幅度较大，总公司重大战略调整、重大并购或重组，直属企业区域一体化，库点的增设或撤并，总公司临时增加或缩减政策性任务，自然灾害等不可抗力的作用等，直属企业才可以提出预算调整申请，并需要详细说明调整的理由、具体的调整事项、调整后的预算指标测算、指标前后对比差异以及相应的保障措施等，经分（子）公司审核并报总公司审批通过后，按调整后的预算开展经营管理活动。

（六）实现预算考核与业绩考核深度融合

总公司实现了全面预算考核与绩效考核高度融合，与薪酬分配直接挂钩，彻底改变过去预算考核与业绩考核"两张皮"、预算软约束问题。对预算主要目标完成情况的考核主要是预算目标执行偏差的考核，作为总公司考核各部门、各分（子）公司绩效的依据。同时，全面预算考核按照工作量大小、盈亏企业差异，确定一定的调节系数，适度拉开差距，兼顾公平与效率。依据预算考核结果，总公司对直属企业进行整体经营评价，评价结果作为对直属企业进行分类管理、发展定位修正、资源分配以及政策支持主要依据。与全面预算考核相配合，总公司还进行年度重点工作的考核，与各级领导班子综合考核评价挂钩，推进总公司重大决策部署的落实。

四、深化全面预算管理取得的成效

深入推进全面预算管理两年来，总公司创新完善了全面预算管理等集团管控顶层制度设计和一大批新的规定办法，总公司管控方式由过去层层报送报表的静态监控，转变为总公司直接管理、直接调度人财物资源上来，实现了集团管控看得见、控得住、落得了地；基层企业以全面预算管理为抓手，将其作为整合粮库资源的轴心，建立、完善了配套制度，通过考核、激励等措施将管理责任落实到位，促进了企业整体管理效率和经济效益的提高。实践证明，全面预算管理对于促进和引导中储粮企业细化战略目标、优化资源配置、控制经营风险、落实经济责任、强化内部管理等具有重要作用，对提升企业的经济效益和社会效益等具有明显效果。

（1）保证了企业经营平稳运行。全面预算管理成为总公司经营控制的得力抓手。2014年、2015

年，在面对经济发展下行和粮油市场低迷的严峻形势下，业务、财务紧密配合，事前算赢，合理确定预算目标，在执行过程中严格管控，确保了预算目标的顺利实现，企业运行平稳，风险案件多发频发的势头得以遏制。总公司2014年在国资委业绩考核中被评为A级。2015年在严控轮换经营亏损，积极消化历史遗留问题的基础上，实现效益较年初预算目标增加13%，顺利完成保增长的任务。粮食损耗同比下降16%，"三公经费"支出下降13%，降本增效工作成效显著。期末应收账款、存货等"两金"同比压降51%，资产质量显著提高。

（2）提升了企业资源配置水平。总公司实施全面预算管理就是对人力、财力、物力等各类资源进行有效配置的过程。预算编制时，通过细化总公司战略，将预算目标分门别类、有层次地分解到基层企业，有效实现了对各类资源的事前控制；预算执行时，总公司将"两个确保"等核心业务指标，利润、收入、成本、现金流、投资、净资产收益率等重点财务指标，以及风控指标作为管理的着力点，强调价值管理，引导基层企业追求资源的经济效益和社会效益最大化，实现了对各类资源参与经营活动的事中控制；预算执行后，总公司通过预算执行差异分析和绩效考评，实现了对各类资源利用效率的事后控制。

（3）发挥了总部的核心控制作用。在对"总公司—分（子）公司—直属企业"三个预算管理层次的权责划分后，通过对预算目标的下达、预算编制的审批、预算执行的监控、预算调整的审批、预算执行结果的考核等一系列管理活动，增强了总部对基层企业的控制力度，形成了以总部为中心、按照战略规划统一行动的整体。同时，三级架构中各层次的权、责、利对等，共同发挥预算的监督、激励及分配功能，有效解决了总公司内部权责不清、目标不一致等产生管理上的问题，实现了总公司整体效益最大化。

（4）促进了部门间的协调运转。全面预算管理涉及总公司各个部门、各个单位、各项业务，是一项全员、全方位、全过程的工作。通过梳理预算流程，各级企业预算建立健全预算管理机构，完善规章制度，在各级预算委员会的领导下，以业务流程为导向，逐步形成了分工明确、责任清晰、流转顺畅的工作机制和责任机制。预算管理过程中，仓储、购销、投资、人力资源、财务等部门为实现公司发展战略相互协同、高效配合，确保了企业各项工作的正常运转。

（5）落实了管理责任。预算执行结果考核是落实各预算责任主体权责的重要手段。总公司根据预算执行结果，督促季度预算执行偏离度超过20%的基层企业查找原因并加以整改，无正当理由的，对主要领导进行问责。年度终了后，结合预算目标，从"两个确保"、经济效益、风险控制等多维指标入手，按照考核结果兑现奖惩，一方面促使基层企业提高了预算编制的准确性和预算执行的严肃性；另一方面激发了广大员工的积极性、主动性和能动性，使员工的目标与公司的目标高度统一，确保企业价值的实现。

五、下一步的努力方向

（1）通过定额标准提升预算的规范性。定额标准体系建设是实施全面规范、科学合理预算制度的重要支撑。目前，不少分（子）公司结合辖区内直属企业的特点，制定了可控费用定额标准。在此基础上，总公司拟引导分（子）公司，对关键业务中的核心指标，如吨粮保管结余、吨粮贸易利润等，与本单位历史优秀水平、系统内先进水平、行业内领先水平相结合，与企业战略规划相结合，制定科学合理的定额标准，作为直属企业预算审核、执行控制及业绩考核的依据。

（2）通过滚动调整提升预算的实用性。总公司所从事的政策性业务具有季节性强、变化大、不可控因素多等特点，为克服传统固定预算的弊端，在预算管理人员配足、素质提升的基础上，总公司拟推广滚动预算，将预算期间从季度细化至月度，根据业务变化动态调整预算，进一步增强预算的弹性，更加客观、全面和准确地反映企业经营管理情况，切实发挥预算对业务引领作用。

（3）通过资金集中管理提升预算的控制力度。总公司已经搭建起资金集中管理和资金使用日计划管理平台，如何促进资金集中管理与全面预算管理的对接，将在很大程度上影响总公司预算控制能力的强弱。下一步，总公司拟构建基于现金流的预算控制体系，通过预算分解实现日预算控制，通过现金流预警强化风险防控，进一步完善总公司内部控制体系。

（4）通过考核评价提升预算的准确性。预算编制过程中，不可避免地会出现上下层级之间的博弈行为，为防止预算沦为一项"压缩"的工具，总公司拟不断优化预算考核评价体系，通过科学的实施奖惩，引导直属企业设置积极向上的预算目标，减少预算管理中的松弛现象和逆向选择行为，进一步提升预算的准确性。

（5）通过细化责任单位促进预算的落地。包仓制是做实粮食管理主业的重要手段。总公司拟在直属库科室的基础上，进一步细化预算责任单位至包仓班组（或个人），划分包仓班组（个人）的责权利；合理设定、细化量化包仓目标，选取包仓过程中的关键数量、质量目标和费用项目，科学制定定额标准；以目标为导向，加强包仓过程中的监控和分析，及时纠正偏差；突出对包仓结果的考核，按考核结果兑现奖惩，推动预算管理的落地。

特定行业个人所得税筹划及应用

创造单位：中国石油西南油气田公司勘探开发研究院

主创人：郭红梅　陈　鸿

创造人：黄　放　陈俊宇　张芳梅

[摘要] 自个人所得税诞生以来，如何合理利用税收弹性法则，系统地进行个人所得税筹划，减轻员工税收负担，为员工谋求正当利益，是企业财务管理责任之一。2015年围绕"依法纳税、科学筹划"的指导思想，我们对2015年个人所得税代扣代缴工作，从计税方法的选择、工资奖金发放的时间及额度安排等进行了系统的谋划，以达到合理利用税收法则，维护员工合法利益，减轻员工税负的目的。本成果在工作中应用后，效果良好，可在行业中推广。

[关键词] 特定行业；个人所得税筹划

依法纳税是每一个公民应尽的义务。企业的工资薪酬活动直接影响到员工的个人所得税税负，如何合理利用税收弹性法则，系统地进行个人所得税筹划，减轻员工税收负担，是作为"工资、薪金所得"扣缴义务人应该思考的问题。2015年初，围绕"依法纳税、科学筹划"的指导思想，税收筹划研究组深入研究及解读个人所得税相关法律和税收政策，逐一分析影响个人所得税税负相关因素，在2015年个人所得税代扣代缴工作中，从计税方法的选择、工资奖金发放的时间及额度安排等进行了系统的谋划，以达到合理利用税收法则，维护员工合法利益，减轻员工税负的目的。

一、个人所得税筹划方案研究

（一）2014年及以前年度个人所得税代扣代缴概况

单位按照个人所得税法相关规定，履行法定的"工资、薪金所得"和"劳务报酬所得"的个人所得税代扣代缴义务。其中，"工资、薪金所得"代扣代缴与员工利益息息相关，是个人所得税代扣代缴工作管理重点。经过多次税收筹划，单位已解决员工津补贴集中发放等影响收入均衡性问题，员工税负有所下降。但由于受上级公司薪酬政策的影响，单位业绩兑现奖分两次发放，导致员工个人所得税总体税负较高，一直是个人所得税管理中的难点。年中发放的业绩兑现奖可使当月员工个人所得税税率档次普遍提高10%，导致该月税负畸高，从而影响员工总体税负。

（二）影响个人所得税税负因素研究

税收筹划研究组通过对个人所得税相关法律和税收政策的解读后发现：在影响个人所得税税负

的诸多因素中，最重要的因素是如何合理安排工资奖金发放的额度和时间，对特定行业而言，还涉及计税方法的选用。根据个人所得税法有关规定，为照顾采掘业、远洋运输业、远洋捕捞业等特定行业因季节、产量等因素影响，职工的工资、薪金收入呈现较大幅度波动的情况，对特定行业的职工取得的工资、薪金所得，可按月预缴，年度终了后汇总全年工资、薪金所得，再按 12 个月平均计算实际应纳税款，多退少补的计税方法。该方法本报告简称"特定行业个人所得税计算法"，其计算公式：应纳所得税额 = ［（全年工资、薪金收入 ÷12– 费用扣除标准）× 适用税率 – 速算扣除数］×12。该方法非强制，特定行业根据自己的需要也可以不予采用，计税方法即按照个人所得税法规定，工资、薪金按月计征，全年一次性奖金单独作为一个月工资、薪金所得计算缴纳个人所得税。由于该方法中全年一次性奖金一般是在年终时取得的，该方法本报告简称"年终奖个人所得税计算法"。其中，全年一次性奖金纳税部分的计算公式：应纳所得税额 = 个人当月取得全年一次性奖金 × 适用税率 – 速算扣除数。单位系从事石油、天然气开采活动，属于采掘业这一特定行业，既可享受特定行业个人所得税税收优惠，选择"特定行业个人所得税计算法"，也可以选择"年终奖个人所得税计算法"。

1. 特定行业个人所得税计税方法研究

税收筹划研究组通过对上级公司和公司内兄弟单位个人所得税计税方法研究发现：一直以来，公司及所属单位，在执行代扣代缴员工个人所得税政策上都倾向于选择"特定行业个人所得税计算法"。分析"特定行业个人所得税计算法"被公司广泛采用的原因：其一，该计算法的员工应交个人所得税不受工资、奖金发放方式影响，不论奖金额度和次数怎样发放，全年均按 12 个月平均计算实际应纳税款，在税收筹划上省时省力；其二，我公司在员工绩效考核奖金的发放上一般是分两次兑现，选择哪次奖金单独作为一个月工资、薪金所得计算缴纳个人所得税时不好把握，"特定行业个人所得税计算法"以全年平均规避了选择失误的风险。研究也表明，在职工的工资、薪金收入呈现较大幅度波动的特定情况下，采用"特定行业个人所得税计算法"的确是最优的方案。税收筹划研究组通过对公司工资、奖金发放模式研究发现：公司工资奖金的发放除去两次绩效奖金发放的月份外，其余月份工资奖金发放比较平均，该模式下，"特定行业个人所得税计算法"并不是公司最佳的个人所得税计缴方法。单位在实际代扣代缴员工个人所得税工作中，没有盲目相信"特定行业个人所得税计算法"更优惠的既定观念，而是经过多年对两种方法计算的比较，我们发现用"年终奖个人所得税计算法"下的员工税负水平低于"特定行业个人所得税计算法"的实际税负，所以在实际工作中，单位一直坚持选用"年终奖个人所得税计算法"。

下面是税收筹划研究组从个人所得税代扣代缴软件系统中提取一名员工 2014 年个人所得税纳税情况，分析对比"特定行业个人所得税计算法"和"年终奖个人所得税计算法"对员工个人所得税税负的影响。

（1）年终奖个人所得税计算法。

表 1 中，该员工 2014 年全年应税收入 187033 元，2014 年实际缴纳个人所得税为 13482.40 元。每月收入主要构成为工资加月度奖金，部分月度发放有单项奖金，10 月和 12 月分别发放两次业绩兑现奖。单位采用的是"年终奖个人所得税计算法"。

生成报表日期：2015-01-19
扣缴义务人编码：×××
所得月份起：2014-01-01
姓名：陈××

单位：元
扣缴义务人名称：×××
所得月份止：2014-12-31
工号：

证照类型：居民身份证
证照号码：×××

表1 员工陈某个人收入纳税明细

所得月份	所得项目	收入额	基本养老保险	基本医疗保险	失业保险	住房公积金	费用扣除标准	年金	应纳税所得额	税率	实际应纳税额	实得收入
1月	正常工资薪金	10015	862.24	191.1	107.78	878.64	3500	107.78	4367.46	10%	331.75	7535.71
2月	正常工资薪金	8015	862.24	191.1	107.78	878.64	3500	107.78	2367.46	10%	131.75	5735.71
3月	正常工资薪金	8523	862.24	191.1	107.78	878.64	3500	107.78	2875.46	10%	182.55	6192.91
4月	正常工资薪金	11465	862.24	191.1	107.78	878.64	3500	107.78	5817.46	20%	608.49	8708.97
5月	正常工资薪金	8665	862.24	191.1	107.78	878.64	3500	107.78	3017.46	10%	196.75	6320.71
6月	正常工资薪金	10265	862.24	238.22	107.78	878.64	3500	107.78	4570.34	20%	359.07	7711.27
7月	正常工资薪金	9415	1689.36	238.22	211.17	854.82	3500	211.17	2710.26	10%	166.03	6044.23
8月	正常工资薪金	10115	980.4	238.22	122.55	854.82	3500	122.55	4296.46	10%	324.65	7471.81
9月	正常工资薪金	10615	980.4	238.22	122.55	854.82	3500	122.55	4796.46	20%	404.29	7892.17
10月	正常工资薪金	29214	980.4	238.22	122.55	854.82	3500	122.55	23395.46	25%	4843.87	22051.59
11月	正常工资薪金	11615	980.4	238.22	122.55	854.82	3500	122.55	5796.46	20%	604.29	8692.17
12月	正常工资薪金	12415	980.4	238.22	122.55	854.82	3500	122.55	6596.46	20%	764.29	9332.17
12月	全年一次性奖金收入	46696	0	0	0	0	3500	0	46696	10%	4564.6	42131.4
合计		187033	11764.8	2623.04	1470.6	10400.76	—	1470.6	117303.2	—	13482.4	145820.8

（2）特定行业个人所得税计算法。

表1员工，全年工资薪金收入合计187033元，应扣除的各类保险合计27729.8元。如果计税方法采用"特定行业个人所得税计算法"，该员工个人所得税计算如下：

每月平均应纳税所得额：（187033－27729.8）÷12－3500=9775.27元

每月平均应纳税额：9775.27×25%－1005=1438.82元

全年应纳个税：1438.82×12=17265.84元

通过上述两种方法计算的应纳个税情况分析比较，"年终奖个人所得税计算法"税额13482.40元比"特定行业个人所得税计算法"税额17265.84元，更节税（3783.44元）。

税收筹划研究组通过研究和数据分析，找到在职工的工资、薪金收入没有呈现较大幅度波动的情况下，"年终奖个人所得税计算法"更节税的原因：一次性奖金单独作为一个月收入计税，拉低了员工全年个税税负水平，使"年终奖个人所得税计算法"优于"特定行业个人所得税计算法"。表1中，12月该员工兑现奖46696元单独作为一个月工资、薪金所得计算纳税，税额4564.6元，税率仅为10%。

2. 工资薪酬发放安排对个人所得税税负影响研究

个人所得税法明确规定，工资、薪金所得是指个人因任职或者受雇而取得的工资、薪金、奖金、年终加薪、劳动分红、津贴、补贴以及与任职或者受雇有关的其他所得。个人所得的形式，包括现金、实物、有价证券和其他形式的经济利益。具体到单位纳入扣税的工资薪金包含：工资、奖金（月奖、单位单项奖、上级公司单项奖、绩效考核兑现奖）、津补贴以及在福利费中列支的夏季高温补贴等。税收筹划研究组进一步研究分析个人所得税税负影响因素，发现在"年终奖个人所得税计算法"中，由于在一个纳税年度内，对每一个纳税人，一次性奖金单独计税办法只允许采用一次，单位业绩兑现奖是一年发放两次，只有一次业绩兑现奖金允许单独计税，另一次兑现奖只能并入发放当月工资薪金合并纳税，是导致员工税负偏高的主要原因。表1中，员工2014年10月由于工资薪金并入了业绩兑现奖，造成该月个税水平畸高，月收入达到29214元，个人所得税高达4843.87元。

税收筹划研究组从改变兑现奖发放模式为切入点，仍以表1员工收入分析，将10月的兑现奖分解到各月发放。查询员工薪酬管理台账，10月的兑现奖20099元，12月兑现奖46696元。根据对该员工全年收入水平测算，结合个人所得税适用税率分析，对该员工而言，年终兑现奖控制在54000元下税负最低，税率为10%档。现对10月兑现奖20099元分解如下：7300元并入12月兑现奖中，让年终兑现奖接近享受税率一次性奖金单独作为一个月收入计税10%档的上限54000元，其余部分分解在年度各月份，奖金重新分配后的个人所得税税负水平计算见表2。

表2　员工陈某个人所得税计算

所得月份	所得项目	收入额	基本养老保险	基本医疗保险	失业保险	住房公积金	费用扣除	年金	应纳税所得额	税率	应纳税额
1月	工资薪金	11179	862.24	191.1	107.78	878.64	3500	107.78	5531.46	20%	551.29
2月	工资薪金	9179	862.24	191.1	107.78	878.64	3500	107.78	3531.46	10%	248.15
3月	工资薪金	9687	862.24	191.1	107.78	878.64	3500	107.78	4039.46	10%	298.95
4月	工资薪金	12629	862.24	191.1	107.78	878.64	3500	107.78	6981.46	20%	841.29
5月	工资薪金	9829	862.24	191.1	107.78	878.64	3500	107.78	4181.46	10%	313.15
6月	工资薪金	11429	862.24	238.22	107.78	878.64	3500	107.78	5734.34	20%	591.89
7月	工资薪金	10578	1689.36	238.22	211.17	854.82	3500	211.17	3873.26	10%	282.33

所得月份	所得项目	收入额	基本养老保险	基本医疗保险	失业保险	住房公积金	费用扣除	年金	应纳税所得额	税率	应纳税额
8月	工资薪金	11278	980.4	238.22	122.55	854.82	3500	122.55	5459.46	20%	536.89
9月	工资薪金	11778	980.4	238.22	122.55	854.82	3500	122.55	5959.46	20%	636.89
10月	工资薪金	10278	980.4	238.22	122.55	854.82	3500	122.55	4459.46	10%	340.95
11月	工资薪金	12778	980.4	238.22	122.55	854.82	3500	122.55	6959.46	20%	836.89
12月	工资薪金	12415	980.4	238.22	122.55	854.82	3500	122.55	6596.46	20%	764.29
12月	一次性奖金	53996	0	0	0		3500	0	53996	10%	5294.6
合计		187033	11764.8	2623.04	1470.6	10400.76	—	1470.6	117303.2	—	11537.53

通过表1与表2个人所得税税负的对比，业绩兑现奖发放两次的应纳税额为13482.40元，业绩兑现奖发放一次的应纳税额为11537.53元，显然采用业绩兑现奖发放一次的奖金模式节税效果更为明显，可节税1944.87元。

税收筹划研究组通过影响个人所得税税负因素研究和以上数据计算及分析，得出两个结论：一是在公司现有薪酬水平下，就个人所得税节税效果比较，"年终奖个人所得税计算法"优于"特定行业个人所得税计算法"，公司应该普遍采用"年终奖个人所得税计算法"；二是单位个人所得税代扣代缴管理还有筹划空间，即通过改变兑现奖发放模式，不再实施业绩预兑现，将原业绩预兑现奖金分解并入各月奖金发放，进一步提高节税水平。

（三）2015年个税筹划方案研究及实施

1. 筹划方向

税收筹划研究组通过分析研究，单位2015年个人所得税筹划方向确定为：个税政策仍然选用"年终奖个人所得税计算法"；改变兑现奖发放模式，一年两次发放改为一次发放；均衡全年工资收入，避免工资薪金出现大幅波动，均衡税负。

由于单位一直采用的是比较节税的"年终奖个人所得税计算法"，工资是员工维持生活水平的基本保障，执行公司规定工资政策，不作筹划安排，单项奖多为上级公司拨付，额度和时间不确定，纳入计税的福利费遵照国家政策规定，因此2015年个税筹划重点确定为如何合理安排员工奖金的发放方式和发放额度。由于在一个纳税年度内，对每一个纳税人，一次性奖金计税办法只允许采用一次，建议业绩兑现奖一年只发放一次。并要求年终业绩兑现奖的安排上，应合理利用税收临界点，由于一次性奖金算法是采用全年一次性奖金金额除以12个月，按其商数确定适用税率和速算扣除数的办法，在发放一次性奖金时应避开两个税率档次的临界点，避免出现"多发一元钱，反多交千元税"的尴尬。

2. 筹划方案及实施

根据公司薪酬管理有关规定，按照奖金的不同档次，以下分两种收入情况安排奖金发放方案。为便于各方案纳税比较，各项数据均采用2014年实际数为筹划样本。

（1）高级工程师及以上级别员工奖金发放方案。

表3是个人所得税代扣代缴软件系统中随机提取的某高级工程师2014年全年工资、薪金所得和个税纳税实际情况。查询员工薪酬管理台账，各类单项奖外，全年奖金实际发放构成如下：1~6月月奖2850元/月，7~12月月奖3800元/月，其中10月兑现奖19996元，12月兑现奖47136元，合计可筹划的奖金为107032元。

生成报表日期: 2015—01—19　　　单位: 元

扣缴义务人编码: ×××　　　扣缴义务人名称: ×××

所得月份起: 2014—01—011　　　所得月份止: 2014—12—31

姓名: 万××　　　工号:　　　证照类型: 居民身份证

表3 员工万某个人收入纳税明细

所得月份	所得项目	收入额	基本养老保险	基本医疗保险	失业保险	住房公积金	费用扣除标准	允许扣除的税费	应纳税所得额	税率	实际应纳税额	标识
1月	正常工资薪金	9603	862.24	191.1	107.78	768	3500	107.28	4066.1	10%	301.61	正常
2月	正常工资薪金	7603	862.24	191.1	107.78	768	3500	107.78	2066.1	10%	101.61	正常
3月	正常工资薪金	8133	862.24	191.1	107.78	768	3500	107.78	2596.1	10%	154.61	正常
4月	正常工资薪金	11453	862.24	191.1	107.78	768	3500	107.78	5916.1	20%	628.22	正常
5月	正常工资薪金	8403	862.24	191.1	107.78	768	3500	107.78	2866.1	10%	181.61	正常
6月	正常工资薪金	7903	862.24	191.1	107.78	768	3500	107.78	2318.98	10%	126.9	正常
7月	正常工资薪金	8923	1689.36	238.22	211.17	792.66	3500	211.17	2280.42	10%	123.04	正常
8月	正常工资薪金	9923	980.4	238.22	122.55	792.66	3500	122.55	4166.62	10%	311.66	正常
9月	正常工资薪金	10423	980.4	238.22	122.55	792.66	3500	122.55	4666.62	20%	378.32	正常
10月	正常工资薪金	28919	980.4	238.22	122.55	792.66	3500	122.55	23162.62	25%	4785.66	正常
11月	正常工资薪金	12873	980.4	238.22	122.55	792.66	3500	122.55	7116.62	20%	868.32	正常
12月	正常工资薪金	11623	980.4	238.22	122.55	792.66	3500	122.55	5866.62	20%	618.32	正常
12月	全年一次性奖金收入	47136	0	0	0	0	3500	0	47136	10%	4608.6	正常
合计		182918	11764.8	2623.04	1470.6	9363.96	—	1470.6	114225	—	13188.48	—

方案一节税 2089 元：根据该员工全年收入测算，结合个人所得税适用税率分析，年终兑现奖控制在 54000 元下税负最低，让年终兑现奖享受一次性奖金单独作为一个月收入计税 10% 税率档。全年奖金扣除兑现后的部分平均分解到每月 [（107032－54000）÷12=4419.33 元]，每月月奖取测算整数，金额固定为 4420 元。奖金重新分配后的个人所得税税负水平计算见表 4。

表4 个人所得税计算（方案一,万某）

月份	所得项目	收入额	基本养老保险	基本医疗保险	失业保险	住房公积金	费用扣除	年金	应纳税所得额	税率	实际应纳税额
1月	工资薪金	11173	862.24	191.1	107.78	768	3500	107.78	5636.1	20%	572.22
2月	工资薪金	9173	862.24	191.1	107.78	768	3500	107.78	3636.1	10%	258.61
3月	工资薪金	9703	862.24	191.1	107.78	768	3500	107.78	4166.1	10%	311.61
4月	工资薪金	13023	862.24	191.1	107.78	768	3500	107.78	7486.1	20%	942.22
5月	工资薪金	9973	862.24	191.1	107.78	768	3500	107.78	4436.1	10%	338.61
6月	工资薪金	9473	862.24	238.22	107.78	768	3500	107.78	3888.98	10%	283.9
7月	工资薪金	9543	1689.36	238.22	211.17	792.66	3500	211.17	2900.42	10%	185.04
8月	工资薪金	10543	980.4	238.22	122.55	792.66	3500	122.55	4786.62	20%	402.32
9月	工资薪金	11043	980.4	238.22	122.55	792.66	3500	122.55	5286.62	20%	502.32
10月	工资薪金	9543	980.4	238.22	122.55	792.66	3500	122.55	3786.62	10%	273.66
11月	工资薪金	13493	980.4	238.22	122.55	792.66	3500	122.55	7736.62	20%	992.32
12月	工资薪金	12243	980.4	238.22	122.55	792.66	3500	122.55	6486.62	20%	742.32
12月	一次性奖金	53992	0	0	0	0	3500	0	53992	10%	5294.2
合计		182918	11764.8	2623.04	1470.6	9363.96	—	1470.6	114225	—	11099.35

方案二节税 1675 元：年终兑现奖维持现有水平，其余部分平均分发在每月 [（107032－47136）/12=4991.33 元]，每月月奖取测算整数，金额固定为 5000 元。奖金重新分配后的个人所得税税负水平计算见表5。

表5 个人所得税计算（方案二,万某）

月份	所得项目	收入额	基本养老保险	基本医疗保险	失业保险	住房公积金	费用扣除	年金	应纳税所得额	税率	实际应纳税额
1月	工资薪金	11753	862.24	191.1	107.78	768	3500	107.78	6216.1	20%	688.22
2月	工资薪金	9753	862.24	191.1	107.78	768	3500	107.78	4216.1	10%	316.61
3月	工资薪金	10283	862.24	191.1	107.78	768	3500	107.78	4746.1	20%	394.22
4月	工资薪金	13603	862.24	191.1	107.78	768	3500	107.78	8066.1	20%	1058.22
5月	工资薪金	10553	862.24	191.1	107.78	768	3500	107.78	5016.1	20%	448.22
6月	工资薪金	10053	862.24	238.22	107.78	768	3500	107.78	4468.98	10%	341.9
7月	工资薪金	10123	1689.36	238.22	211.17	792.66	3500	211.17	3480.42	10%	243.04
8月	工资薪金	11123	980.4	238.22	122.55	792.66	3500	122.55	5366.62	20%	518.32
9月	工资薪金	11623	980.4	238.22	122.55	792.66	3500	122.55	5866.62	20%	618.32
10月	工资薪金	10123	980.4	238.22	122.55	792.66	3500	122.55	4366.62	10%	331.66
11月	工资薪金	14073	980.4	238.22	122.55	792.66	3500	122.55	8316.62	20%	1108.32
12月	工资薪金	12719	980.4	238.22	122.55	792.66	3500	122.55	6962.62	20%	837.52
12月	一次性奖金	47136	0	0	0	0	3500	0	47136	10%	4608.6
合计		182918	11764.8	2623.04	1470.6	9363.96	—	1470.6	114225	—	11513.17

通过上述计算比较，对高级工程师及以上级别员工奖金而言，税收筹划方案一同时考虑了年终兑现奖及月奖，方案一优于方案二，两个方案均比筹划前降低了税负，方案一税负比筹划前税负节税额更大，节税幅度16%，约达到应纳税所得的2%。

（2）一般员工奖金发放方案。

表6为随机抽取单位月度达到10%以上税率的某一般员工2014年全年工资、薪金所得和个税纳税实际情况。查询员工薪酬管理台账，该员工全年奖金构成如下：1~6月月奖1500元/月，7~12月月奖1813元/月，其中10月兑现奖7468元，12月兑现奖16200元，合计可筹划的奖金为43546元。

表6　员工张某2014年个人收入纳税明细

生成报表日期：2014-01-15　　　　　　　　　　　　　　单位：元

扣缴义务人编码：×××　　　　　　　　　　扣缴义务人名称：×××

所得月份起：2014-01-01　　　　　　　　　　所得月份止：2014-12-31

姓名：张××　　　　　工号：　　　　　　　证照类型：居民身份证

所得月份	所得项目	收入额	基本养老保险	基本医疗保险	失业保险	住房公积金	费用扣除标准	年金	应纳税所得额	税率	实际应纳税额	标识
1月	正常工资薪金	6406	345.2	86.3	43.15	285	3500	43.15	2103.2	10%	105.32	正常
2月	正常工资薪金	4406	345.2	86.3	43.15	285	3500	43.15	103.2	3%	3.1	正常
3月	正常工资薪金	4406	345.2	86.3	43.15	285	3500	43.15	103.2	3%	3.1	正常
4月	正常工资薪金	7706	345.2	86.3	43.15	285	3500	43.15	3403.2	10%	235.32	正常
5月	正常工资薪金	5306	345.2	86.3	43.15	285	3500	43.15	1003.2	3%	30.1	正常
6月	正常工资薪金	4956	345.2	86.3	43.15	285	3500	43.15	653.2	3%	19.6	正常
7月	正常工资薪金	6306	1753.6	136.6	219.2	409.8	3500	219.2	67.6	3%	2.03	正常
8月	正常工资薪金	6306	546.4	136.6	68.3	409.8	3500	68.3	1576.6	10%	52.66	正常
9月	正常工资薪金	6036	546.4	136.6	68.3	409.8	3500	68.3	1306.6	3%	39.2	正常
10月	正常工资薪金	13774	546.4	136.6	68.3	409.8	3500	68.3	9044.6	25%	1256.15	正常
11月	正常工资薪金	6859	546.4	136.6	68.3	409.8	3500	68.3	2129.6	10%	107.96	正常
12月	正常工资薪金	10153	546.4	136.6	68.3	409.8	3500	68.3	5423.6	20%	529.72	正常
12月	全年一次性奖金收入	16200	0	0	0	0	3500	0	16200	3%	486	正常
合计		98820	6556.8	1337.4	819.6	4168.8	—	819.6	43117.8	—	2870.26	—

方案一节税 753 元：根据该员工全年收入测算，结合个人所得税适用税率分析，年终兑现奖控制在 18000 元下税负最低，让年终兑现奖享受一次性奖金单独作为一个月收入计税 3% 税率档。全年奖金扣除兑现后的部分平均分解到每月 [（43546－18000）÷12=2128.83 元]，每月月奖取测算整数，金额固定为 2130 元。奖金重新分配后的个人所得税税负水平计算见表 7。

表 7　员工张某个人所得税计算（方案一，张某）

所得月份	所得项目	收入额	基本养老保险	基本医疗保险	失业保险	住房公积金	费用扣除	年金	应纳税所得额	税率	实际应纳税额
1 月	工资薪金	7036	345.2	86.3	43.15	285	3500	43.15	2733.2	10%	168.32
2 月	工资薪金	5036	345.2	86.3	43.15	285	3500	43.15	733.2	3%	22
3 月	工资薪金	5036	345.2	86.3	43.15	285	3500	43.15	733.2	3%	22
4 月	工资薪金	8336	345.2	86.3	43.15	285	3500	43.15	4033.2	10%	298.32
5 月	工资薪金	5936	345.2	86.3	43.15	285	3500	43.15	1633.2	10%	58.32
6 月	工资薪金	5586	345.2	86.3	43.15	285	3500	43.15	1283.2	3%	38.5
7 月	工资薪金	6623	1753.6	136.6	219.2	409.8	3500	219.2	384.6	3%	11.54
8 月	工资薪金	6623	546.4	136.6	68.3	409.8	3500	68.3	1893.6	10%	84.36
9 月	工资薪金	6353	546.4	136.6	68.3	409.8	3500	68.3	1623.6	10%	57.36
10 月	工资薪金	6623	546.4	136.6	68.3	409.8	3500	68.3	1893.6	10%	84.36
11 月	工资薪金	7176	546.4	136.6	68.3	409.8	3500	68.3	2446.6	10%	139.66
12 月	工资薪金	10470	546.4	136.6	68.3	409.8	3500	68.3	5740.6	20%	593.12
12 月	一次性奖金	17986	0	0	0	0	3500	0	17986	3%	539.58
合计		98820	6556.8	1337.4	819.6	4168.8	—	819.6	43117.8	—	2117.44

方案二节税 656 元：年终兑现奖维持现有水平，其余部分平均分发在每月 [（43546－16200）/12=2278.83 元]，每月月奖取测算整数，金额固定为 2280 元。奖金重新分配后的个人所得税税负水平计算见表 8。

表 8　员工张某个人所得税计算（方案二，张某）

所得月份	所得项目	收入额	基本养老保险	基本医疗保险	失业保险	住房公积金	费用扣除	年金	应纳税所得额	税率	实际应纳税额
1 月	工资薪金	7186	345.2	86.3	43.15	285	3500	43.15	2883.2	10%	183.32
2 月	工资薪金	5186	345.2	86.3	43.15	285	3500	43.15	883.2	3%	26.5
3 月	工资薪金	5186	345.2	86.3	43.15	285	3500	43.15	883.2	3%	26.5
4 月	工资薪金	8486	345.2	86.3	43.15	285	3500	43.15	4183.2	10%	313.32
5 月	工资薪金	6086	345.2	86.3	43.15	285	3500	43.15	1783.2	10%	73.32
6 月	工资薪金	5736	345.2	86.3	43.15	285	3500	43.15	1433.2	3%	43
7 月	工资薪金	6773	1753.6	136.6	219.2	409.8	3500	219.2	534.6	3%	16.04
8 月	工资薪金	6773	546.4	136.6	68.3	409.8	3500	68.3	2043.6	10%	99.36
9 月	工资薪金	6503	546.4	136.6	68.3	409.8	3500	68.3	1773.6	10%	72.36
10 月	工资薪金	6773	546.4	136.6	68.3	409.8	3500	68.3	2043.6	10%	99.36
11 月	工资薪金	7326	546.4	136.6	68.3	409.8	3500	68.3	2596.6	10%	154.66
12 月	工资薪金	10606	546.4	136.6	68.3	409.8	3500	68.3	5876.6	20%	620.32
12 月	一次性奖金	16200	0	0	0	0	3500	0	16200	3%	486
合计		98820	6556.8	1337.4	819.6	4168.8	—	819.6	43117.8	—	2214.06

通过上述计算比较，对院一般员工而言，税收筹划方案一同时考虑了年终兑现奖及月奖，方案一优于方案二，两个方案均比筹划前降低了税负，方案一税负比筹划前税负节税额更大，节税幅度26%，约达到应纳税所得的2%。

二、个人所得税筹划研究成果应用效果

2015年员工个人所得税代扣代缴管理筹划工作完成后，经税收筹划项目组积极推广该研究结论，领导集体研究同意后，将最终审查审批通过的优选方案提交人事劳资部门实施。由于方案是以2014年员工实际收入为样本筹划的，考虑到薪酬变动因素，建议在安排月奖发放时根据上级公司下达的薪酬指标，适时调整金额。2015年个人所得税筹划工作，按照既定的方案由人事劳资安排工资奖金发放的时间及额度，财务部门负责计税方法选用等方向性方面的工作有序推进。在各相关部门的配合下，经过一年的运行，个人所得税筹划研究成果得以应用，现从个人所得税代扣代缴软件系统中提取2015年员工纳税资料作为样本，查看筹划效果。

高级工程师及以上级别员工奖金发放方案是以2014年应税收入182918元，实得收入143036.52元（应税收入扣除缴纳的保险、个人所得税后员工实际收入）为样本的，为比较筹划效果，从2015年个人所得税扣缴软件系统中提取应税收入水平相当的员工缴税数据。详见表9。

表9　员工刘某2015年个人收入纳税明细

生成报表日期：2016-01-13　　　　　　　　单位：元
扣缴义务人编码：×××　　　　　　　　扣缴义务人名称：×××
所得月份起：2015-01-01　　　　　　　所得月份止：2015-12-31
姓名：刘××　　　　工号：　　　　证照类型：居民身份证　　　　证照号码：

所得月份	所得项目	收入额	基本养老保险	基本医疗保险	失业保险	住房公积金	费用扣除标准	年金	应纳税所得额	税率	实际应纳税额
1月	正常工资薪金	9605	980.4	238.22	122.55	840.24	3500	238.22	3685.37	10%	263.54
2月	正常工资薪金	9304	980.4	238.22	122.55	840.24	3500	238.22	3384.37	10%	233.44
3月	正常工资薪金	10427	980.4	238.22	122.55	840.24	3500	238.22	4507.37	20%	346.47
4月	正常工资薪金	10789	980.4	238.22	122.55	840.24	3500	238.22	4869.37	20%	418.87
5月	正常工资薪金	12363	980.4	238.22	0	840.24	3500	238.22	6565.92	20%	758.18
6月	正常工资薪金	12896	980.4	238.22	0	840.24	3500	238.22	7098.92	20%	864.78
7月	正常工资薪金	10668	1638.96	278.62	114.22	886.2	3500	379.62	3870.38	10%	282.04
8月	正常工资薪金	10576	1074.48	258.42	67.16	886.2	3500	258.42	4531.32	20%	351.26
9月	正常工资薪金	10346	1074.48	258.42	67.16	886.2	3500	258.42	4301.32	10	325.132
10月	正常工资薪金	9846	1074.48	258.42	67.16	886.2	3500	258.42	3801.32	10%	275.13
11月	正常工资薪金	10378	1074.48	258.42	67.16	886.2	3500	258.42	4333.32	10%	328.33
12月	正常工资薪金	16799	1074.48	258.42	80.54	886.2	3500	258.42	10740.94	25%	1680.24
12月	全年一次性奖金收入	48640	0	0	0	0	3500	0	48640	10%	4759
合计		182637	12893.76	3000.04	953.6	10358.64	—	3101.04	110329.92	—	10886.41

一般员工奖金发放方案以2014年应税收入98820元，实得收入82247.54元为样本的，为比较筹划效果，从2015年个人所得税扣缴软件系统中提取应税收入水平相当的员工缴税数据。详见表10。

表 10 员工赵某 2015 年个人收入纳税明细

生成报表日期：2016—01—13 　　　　　　　　单位：元

扣缴义务人编码：×××　　　　　　　　　扣缴义务人名称：×××

所得月份起：2015—01—01　　　　　　　　所得月份止：2015—12—31

姓名：赵××　　　　　　工号：　　　　　　证照类型：居民身份证　　　　证照号码：

所得月份	所得项目	收入额	基本养老保险	基本医疗保险	失业保险	住房公积金	费用扣除标准	年金	应纳税所得额	税率	实际应纳税额
1 月	正常工资薪金	6944	548.72	137.18	68.59	411.54	3500	158.74	2119.23	10%	106.92
2 月	正常工资薪金	5724	548.72	137.18	68.59	411.54	3500	158.74	899.23	3%	26.98
3 月	正常工资薪金	5904	548.72	137.18	68.59	411.54	3500	158.74	1079.23	3%	32.38
4 月	正常工资薪金	8009	548.72	137.18	68.59	411.54	3500	158.74	3184.23	10%	213.42
5 月	正常工资薪金	6409	548.72	137.18	0	411.54	3500	158.74	1652.82	10%	60.28
6 月	正常工资薪金	6209	548.72	137.18	0	411.54	3500	158.74	1452.82	3%	43.58
7 月	正常工资薪金	6947	1152.4	180.3	82.83	476.22	3500	158.74	1396.51	3%	41.9
8 月	正常工资薪金	6704	634.96	158.74	39.69	476.22	3500	158.74	1735.65	10%	68.57
9 月	正常工资薪金	7614	634.96	158.74	39.69	476.22	3500	158.74	2645.65	10%	159.57
10 月	正常工资薪金	5884	634.96	158.74	39.69	476.22	3500	158.74	915.65	3%	27.47
11 月	正常工资薪金	9940	634.96	158.74	39.69	476.22	3500	158.74	4971.65	20%	439.33
12 月	正常工资薪金	6984	634.96	158.74	39.69	476.22	3500	158.74	2015.65	10%	96.57
12 月	全年一次性奖金收入	15880	0	0	0	0	3500	0	15880	3%	476.4
合计		99152	7619.52	1797.08	555.64	5326.56	—	1904.88	39948.32	—	1793.37

税收筹划研究组对提取样本作进一步分析，结果见表 11、表 12。

表 11 高级工程师及以上级别员工组筹划效果

项目	收入额	允许扣除的费用	费用扣除标准	应纳税所得额	应纳税额	加权平均税率（%）	年实得收入	筹划目标
筹划前	182918	26693	42000	114225	13188.48	11.55	143036.52	—
可行方案	182918	26693	42000	114225	11513.17	10.08	144711.83	—
筹划后	182637	30307.08	42000	110329.92	10886.41	9.87	141443.51	达到

表 12 一般员工组筹划效果

项目	收入额	允许扣除的费用	费用扣除标准	应纳税所得额	应纳税额	加权平均税率（%）	年实得收入	筹划目标
筹划前	98820	13702.2	42000	43117.8	2870.26	6.66	82247.54	—
可行方案	98820	13702.2	42000	43117.8	2214.06	5.13	82903.74	—
筹划后	99152	17203.68	42000	39948.32	1793.37	4.49	80154.95	达到

从上述表对比分析可见，样本个体已达到筹划预定的目标。且以上选取样本并非个例，进一步分析 2015 年单位薪酬和个人所得税入库数据，2015 年因新入职员工增加及工资正常晋档等原因，员工应税收入较 2014 年增加 611 万元，2015 年实际缴纳代扣代缴个人所得税款反而较 2014 年下降 1 万元。可见通过事前科学筹划，合理安排员工工资、奖金的发放，以员工获得最大的税后收入为目的筹划目标已达到，实现员工税负下降的效益，维护了员工利益。剔除新入职员工增加及工资正常晋档等应税收入增加因素，2015 年税收筹划项目成果应用后，单位合理节税近 70 万元，节税效果明显，2015 年个人所得税筹划工作取得较为丰硕的成果。

大型能源集团财务公司"五维一体"融资服务体系的构建与实施

创造单位：京能集团财务有限公司
主创人：于 波 张原野
创造人：熊 涛 那哲宁 杨书林 高华彬 王 超

[摘要] 京能集团财务有限公司通过对大型能源企业集团的特点分析，设计了"五维一体"融资服务体系，包括授信管理、产品创新、客户服务、风险控制、信息技术五个维度，实现了融资服务的一体化管理。京能财务通过建立"五维一体"融资服务体系，充分发挥集团内部金融机构纽带作用，为企业集团及成员单位及时提供资金支持，保证企业集团及成员单位生产经营的正常进行，将集团内部资金统一调配，提高了企业集团资金使用效率，降低企业集团财务费用。

[关键词] 融资；财务管理；能源企业

京能集团财务有限公司（以下简称京能财务）是非银行金融机构，成立于2006年，经中国银监会批准，主要经营存贷款和资金结算业务，服务于北京能源投资（集团）有限公司（以下简称京能集团）。截至2015年底，京能财务总资产167亿元，净资产36亿元，表外受托资产129亿元。

京能集团成立于2004年，11年来历经三次重组，截至2015年底，京能集团拥有控股企业269家，参股企业125家；总资产2344亿元，净资产928亿元。京能集团投资地域遍布北京、内蒙古、山西、辽宁、新疆、云南等20个省市区，涉及电力、煤炭、煤化工、供热、房地产多个领域，实现了快速跨越式发展并具备了全国性公司的基础。

京能财务是京能集团快速发展过程中，为实现实体产业和金融产业紧密结合而设立的，是北京市国资委系统第一家财务公司，也是中国投资协会地方电力委员会会员单位的第一家财务公司。京能财务秉承"以人为本，追求卓越"的核心价值观，以"依托集团、服务集团"为宗旨，致力于发挥集团资金归集、融资、金融服务、财务调控四大平台功能，努力实现"一流的金融服务、一流的风险管理、一流的经营业绩、一流的业务发展、一流的专业团队"的发展目标。京能财务成立近十年来，多次获得人民银行、北京银监局、中国财务公司协会、京能集团评选的优秀奖项，是北京市纳税A级单位，银监会风险评级一级非银行金融机构。

一、"五维一体"融资服务体系构建背景

（一）财务公司作为集团内部金融服务平台的职责所在

财务公司作为集团内部金融服务平台，将"立足集团，服务集团"作为首要目标，充分发挥财

务公司的职能和作用，创新金融服务手段，拓展金融服务领域，提高金融服务水平，不断壮大自身金融实力，并将其转化为集团的发展动力，在促进集团发展的同时，实现财务公司的自身目标。

（二）传统金融服务业务面临加速"金融脱媒"的现实问题

随着资本市场的发展，金融脱媒成为一种趋势，我国商业银行及像财务公司这样的非银行金融机构都会由此受到巨大挑战，一方面其资金来源的总量受到影响，负债结构呈现出短期化趋势；另一方面优质客户不断分流，贷款规模被资本市场挤压，传统金融业务面临被替换和取代的风险。

（三）商业银行金融服务产品日益创新的紧迫需求

能够成立财务公司的企业集团都是资金状况相对较好，往往被视作优质客户而被各家金融机构竞相争夺的资源，其成立的财务公司只能生存在商业银行和证券公司的夹缝中，并面临外资金融机构大规模进入的压力，局限于传统业务必然没有出路。因此加强创新、开拓新业务是当前财务公司的发展方向。

（四）财务公司先天性客户资源有限的客观"瓶颈"

财务公司的服务范围仅限于集团内成员单位，在业务开展过程中，财务公司的资金主要来源和资金运用都以集团内成员单位为主，财务公司的经营发展与集团公司及成员单位具有很强的依附性，相对于商业银行而言财务公司的客户资源的局限性较大。

（五）金融资产结构平衡与资产质量提升的管理要求

目前，财务公司呈现仍以信贷资产为主、同业资产为辅的资产分配格局。财务公司以信贷作为主要业务，符合财务公司的定位，有效发挥金融机构的功能。平衡配置金融资产的同时注重资产质量的提升，充分保证增强财务公司盈利能力及资金安全。

二、"五维一体"融资服务体系的内涵与特点

（一）内涵

财务公司在发展过程中，始终坚持立足企业集团，服务企业集团，在与外部金融机构合作的基础上，通过提供内部化的金融服务，提高企业集团资金集约化水平和内部资金运营效率，降低外部债务规模和资金成本，及时弥补外部金融机构的不足，为企业集团提供了高效和全方位的金融服务，为企业集团产业发展凝聚价值、管理价值、创造价值。

融资服务是财务公司的基本业务之一，也是财务公司服务企业集团的核心业务。财务公司开展融资服务，就是通过发挥财务公司金融纽带作用，为企业集团及成员单位及时提供资金支持，保证企业集团及成员单位生产经营的正常进行，财务公司将集团内部资金统一调配，可以提高企业集团资金使用效率，降低企业集团财务费用，同时，财务公司通过向集团及成员单位提供融资服务，可以充分发挥集团整体优势，助推企业集团战略目标的实现。

京能财务针对大型能源企业集团的特点，设计了"五维一体"融资服务体系，具体包括：授信管理、产品创新、客户服务、风险控制、信息技术五个维度，通过构建融资服务体系，实现了融资服务的一体化管理，如图1所示。

图1 "五维一体"融资服务体系

（二）特点

1.授信管理是融资服务的前提

授信管理是指在融资业务开展前，对企业集团成员单位开展定量和定性分析，对企业的信用状况做出客观公正的综合评判结果并划分信用等级，再依据评价主体的信用评级，确定其授信产品价格的上浮与下浮区间，以评级结果指导授信产品价格。因此，京能财务通过建立全面、客观的融资授信管理体系，既是实现科学管理机制的重要组成部分，也是决策层衡量客户风险高低、开展融资服务的重要前提和依据。

2.产品创新是融资服务的核心

财务公司作为集团内部融资平台，通过不断进行产品创新，满足成员单位各种金融需求，实现集团资金的有效运用，为集团主业发展服务。京能财务立足集团及成员单位实际，在监管机构批准的经营范围内，以产品创新作为融资服务的核心，为客户提供更为多元的融资服务产品，满足不同类型的客户以及客户不同阶段的融资服务需求，构建便捷的融资渠道，提高企业集团的资金使用效率，降低企业集团融资成本。

3.风险控制是融资服务的保障

财务公司的经营活动与集团产业发展密切相关，财务公司是为企业集团及成员单位提供财务和金融服务的机构，财务公司所在集团产业的发展情况，以及集团对不同板块产业的支持程度影响着财务公司盈利能力及其风险状况。京能财务为保证公司融资服务业务持续健康发展，从公司治理、内部控制、风险文化三个方面为融资服务提供有力保障，通过设置风险识别、计量、监测、控制、报告、监督流程，构筑风险管理的三道防线，为企业集团的融资服务提供可靠保障。

4.客户服务是融资服务的纽带

财务公司融资服务应以满足客户的需要为着眼点，京能财务的融资服务业务从无到有、从小到大。尤其在公司成立之初，由于财务公司人员较少，出现了客户业务需求旺盛和客户服务管理之间不匹配的矛盾，主要表现在：客户金融服务要求较高与客户服务相对粗放的矛盾；业务规模扩张较快与客服人员相对较少的矛盾；业务部门管理职责明确与客户服务岗位职责不清的矛盾。为尽快解决上述矛盾，京能财务通过构建客户服务管理体系，组建服务机构，明确职责，提升客户服务质量，满足客户需求，实现了财企和谐发展的目标。

5.信息技术是融资服务的支撑

当今，金融领域的竞争无外乎产品、服务和技术三个方面的竞争，而信息技术水平的高低，又直接影响前两项的实现。信息技术作为融资服务的支撑，能直接帮助财务公司突破发展"瓶颈"、高度整合资源、规范工作流程、提升运营效率、控制运营成本、防范资金风险，提高财务公司资金管理能力。京能财务一直以来致力于资金管理信息系统的开发和创新，通过建立信息化平台促进融资服务开展与产品创新，保证融资服务的效率提升。

三、"五维一体"融资服务体系的主要做法

（一）结合集团所属行业，建立五级授信体系，实现授信额度统一管理

京能财务信贷客户群中90%为电力能源企业，针对电力能源企业特点，设计了"5+2+2"的管理体系，即在五级信用等级框架基础下，以两种类别和两套指标体系为评价核心，以总量动态调整为手段的融资授信管理体系，将财务公司作为集团资金管理中心的特殊职能纳入评价要素，既体现了财务公司融资授信体系的通用性，也体现了内部银行的特殊性，如图2所示。

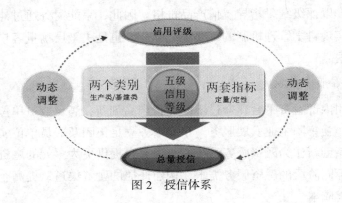

图2　授信体系

1.以五级信用等级为基础，建立两类企业信用等级划分标准

京能财务作为企业集团内部银行，面对电力能源行业企业集中度较高的特点，构建五级信用等级，即AAA级、AA级、A级、B级、C级。A级以上信用等级企业属于授信目标群体，A级以下则属于偿债风险较高等级，不属于授信目标群体。

电力能源企业按经营性质可以划分为生产类企业和基建类企业。生产类企业是指已进入生产运营的独立核算的集团成员单位，基建类企业是指因项目建设而设立并尚未进入生产运营阶段的独立核算的集团成员单位。依据两类企业的运营特点，分类建立五级信用等级。生产类企业主要从市场竞争力、资产流动性、管理水平等方面进行评定。基建类企业主要从集团公司支持情况、基建项目风险、项目管理水平和政府批复等方面评定。

2.定量和定性分析相结合，建立两套信用测评指标

信用测评指标是通过评分方式体现企业信用评价指标与标准值之间的差异程度，各项信用评价指标评分总和为企业信用测评分数。各项信用评价指标满分总和为100分。

生产类企业信用测评指标。生产类企业信用测评指标采取定量指标和定性指标相结合的方式，定量指标和定性指标各占50分，以确保测评结果的准确、客观。

定量指标通过财务指标分析，对客户的偿债能力、盈利能力、资金周转能力和发展能力四个方面进行测评。其中偿债能力是定量分析的重点，主要考察成员单位能否及时偿还到期债务，评估成员单位持续经营的能力和风险，有助于对企业未来收益进行预测。定性指标通过对经营管理水平、市场竞争力及发展前景、执行集团资金管理政策、与财务公司业务往来等方面的分析进行测评。

3. 基建类客户信用测评指标

基建类客户信用测评指标以定性指标为主、量化指标为辅。通过对集团控制及支持力度、项目评价、执行集团资金管理政策、与财务公司业务往来等方面的分析进行测评。

4. 以信用测评为基础，设定信用等级区间并建立调整机制

（1）设定信用等级区间。根据生产类企业和基建类企业信用测评分数（S）对信用等级进行评定：

（2）信用等级调整机制。根据企业在财务公司表内外信贷业务情况，设定信用等级调整条件，主要针对企业是否有欠息、逾期等情况对信用等级进行下调和限制。

（二）以产品创新为核心，提升资金使用效率，拓宽集团融资渠道

1. 以产融结合为突破点，将产品创新向需求侧偏重

京能财务作为京能集团的金融平台，从最初的资金归集管理逐步发展到资金运用管理阶段。京能财务始终坚持"金融业务服务实体经济"这一产融结合理念，使"产业＋财务公司"模式通过功能强大的资金管理中心，立足于集团内部金融业务，为资金充裕方和资金需求方搭建桥梁，降低了金融交易成本，有力地促进了集团实体经济的发展。

近年来，京能财务不断深入内蒙古、山西、宁夏等地，实地走访了解成员单位的融资需求，将成员单位的需求和自身业务产品相匹配，不断根据融资需求创新产品，为成员单位提供便捷高效的金融服务，支持实体经济更好地发展。

2. 以授信为基础，推出"1+N"产品创新模式

京能财务根据综合授信原理定期对成员单位的信用状况进行全面的评定，测算其授信控制总量，并依据评价主体的组织结构、外部环境及财务状况等方面的变化，及时动态调整其授信额度。京能财务在授信评级的基础上，推出了"1+N"产品创新模式。"1"即是在统一授信和评级体系下的授信总量。"N"即是京能财务各项融资产品，包括自营贷款、票据贴现、债券投资、保理和融资租赁等（见图3）。京能财务根据调研和业务需求分析，了解不同类型成员单位对产品的需求程度，在成员单位授信总量控制下为其匹配相应的融资产品。

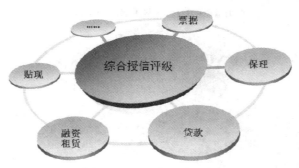

图3　"1+N"产品创新模式

京能财务根据成员单位所在行业、发展阶段和企业类型将成员单位划分为 8 个类别，如表 1 所示。

表1　成员单位分类

所在行业	电力	非电力
发展阶段	基建期	生产期
企业类型	大型	中小微型

例如，根据调研了解大型基建期电力企业建设周期较长，项目融资需求较大，京能财务为此类型成员单位设计了票据承兑和银团贷款组合来满足企业的金融服务需求（见图 4）。票据承兑业务保证成员单位的日常付款需求，将成员单位的付款期向后延长，减缓成员单位的现金流压力。京能财务作为银团贷款的牵头行，联合多家商业银行组成银团，向成员单位发放贷款。在组团过程中，京能财务可以充分发挥金融机构的优势，协调各家商业银行份额，帮助成员单位争取最优惠贷款条件。同时，京能财务与成员单位有着天然的紧密关系，对成员单位的经营管理情况较为了解，可有效降低银团贷款的信息不对称风险和违约风险。

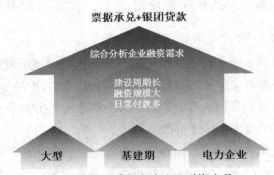

图 4　大型基建期电力企业融资产品

小型生产期电力企业存在政府电费补贴到账不及时、燃料费用开支较大的情况，收入与支出期限错配情况明显。同时企业还需要支付其他集团内部公司的设备维护保养费用等，现金支付压力较大。通过分析企业的财务状况，京能财务为成员单位设计了票据承兑、买方付息贴现和流动资金贷款的融资组合。买方付息票据贴现是成员单位在向集团内部企业付款时先以票据的形式支付，然后收款企业向京能财务申请贴现，贴现利息由出票方承担。京能财务的贴现率低于同期贷款利率和商业银行贴现率，可以为成员单位降低财务费用。流动资金贷款可以满足成员单位短期资金需求，保证生产经营活动正常进行，如图 5 所示。

图 5　小型生产期电力企业融资产品

3.加强中间业务创新，降低成员单位服务费用

京能财务面对中间业务规模逐年增长、成员单位需求不断增加的情况，通过对成员单位的走访调研，发现成员单位对中间业务的时效性要求较高，同时希望降低中间业务费用。京能财务根据调研结果，修改多项公司制度，减少了中间业务的审批环节，简化了申办手续和材料，优化了业务流程，基本做到了委托贷款业务和票据承兑业务一周内办理。

京能财务还针对成员单位提出的希望降低中间业务收费进行了研究，作为京能集团的金融平台，京能财务应发挥"依托集团，服务集团"的宗旨，为成员单位提供便利的融资服务。因此，京能财务将委托贷款业务手续费降低了1/3，对于票据承兑业务仅象征性收取万分之一的手续费。同时，京能财务通过不断努力申请获得了保险兼业代理资格，可以协助集团整合商业保险业务资源，提高成员单位的风险防范意识，促进集团保险与风险管理的规范化和专业化，提升集团风险转移管理能力，进一步发挥规模优势，降低成员单位投保成本，实现集团利益最大化，进一步丰富京能财务综合金融服务平台内涵。

（三）以保障资产质量为目标，建立全面的风险内控机制

融资服务是京能财务服务于企业集团的核心业务，为保障京能财务的资产质量，促进融资服务的健康发展，建立全面风险内控机制在京能财务开展融资服务风险控制方面发挥重要作用。通过搭建组织构架、建立内控制度、优化业务流程、加强客户贷后管理等手段，可有效防范信用风险、流动性风险、市场风险、法律风险以及操作风险等。

1.搭建科学的融资服务风险决策机制

贷款审查委员会是京能财务融资服务风险决策的最高管理决策机构，负责审批客户信用等级；审批客户授信总量以及调整建议。总经理办公会是融资服务风险管理的日常管理机构，负责审议客户信用等级；审议客户授信总量及调整建议。业务发展部、结算部是融资服务日常管理的具体执行部门。风险管理部是融资服务风险管理的日常专职机构，稽核部对融资服务管理进行内部监督与评价，如图6所示。

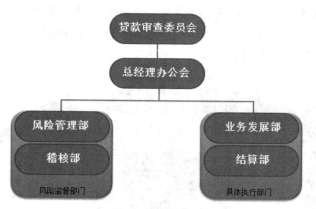

图6　风险决策机制

2.建立全面的融资服务管理制度

为规范融资服务行为，加强融资服务业务日常管理，防范信贷风险，京能财务制定了《客户信用评级和统一授信管理办法》《贷款管理办法》《银团贷款管理规定》《票据承兑、贴现管理办法》

《资产风险分类管理办法》等管理标准，管理标准对业务的管理范围、职责分工、管理活动的内容与方法、风险控制等方面进行了明确及约束，且为进一步提升融资服务水平，京能财务特制定了《京能集团财务有限公司客户服务管理办法》《京能集团财务有限公司客户经理服务规定》和《京能集团财务有限公司客户投诉管理办法》。

与此同时，京能财务制定了《授权管理手册》《内部控制管理手册》以及《内部控制自我评价手册》等内控管理手册。其中涉及了融资服务业务的管理控制活动，进一步加强了融资服务的全面风险管理水平。

3. 优化融资服务业务流程

根据融资服务管理标准，京能财务梳理了融资服务各项业务的管理流程，并借助专业咨询机构，细化操作流程，梳理风险点，建立健全了融资服务管理流程图及管理矩阵，为融资服务管理规范化发展奠定基础。随着内控管理机制的不断深化，京能财务将根据实际管理、操作情况，进一步推动融资服务管理体系的规范化建设。

4. 加强客户贷后检查

京能财务根据信贷客户实际情况，采取灵活的贷后检查、信贷质量监控措施，以非现场检查为主、现场检查为辅。非现场检查是每季度京能财务开展信贷客户贷后资产风险分类（五级分类）来评估资产质量：通过信用情况评估、财务指标分析、影响还款因素、还款记录、担保情况等维度进行评价。根据上述评价指标，采用以风险程度判别为基础的分类方法，按照风险从低到高的顺序，把资产分为正常、关注、次级、可疑和损失五类（统称"五级分类"），其中后三类合称为不良资产。现场检查是京能财务不定期针对客户开展现场调研，深入了解企业财务及运营情况。

（四）打造专业团队，实现客户服务专业化和品牌化

1. 以搭建客户服务管理平台为核心，实现客户服务管理的系统化建设

（1）搭建跨部门的组织架构——客户服务中心。随着京能财务的业务日趋成熟，为了更好地满足客户需求，京能财务以前台业务部门（结算部和业务发展部）为基础，在实体部门与管理层之间建立了客户服务中心，将客户服务工作走上系统化管理之路。京能财务主管业务的高层领导担任客户服务中心的主管领导，前台主管客户服务的部门经理担任中心主任，在前台业务岗人员中选拔客户经理，形成职责清晰、分工明确的组织体系，如图7所示。

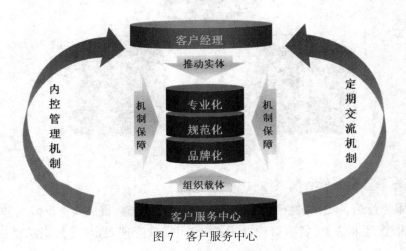

图7 客户服务中心

（2）实施客户经理制，打造服务团队，实现客户服务专业化建设。一方面，严格设定客户经理任职条件，保障团队的专业性。京能财务客户服务中心从前台部门即结算部和业务发展部员工中产生，合格的客户经理必须具备良好的社会交际和组织协调能力，具有时间管理和团队精神的现代管理意识，性格上要热情开朗，负有责任感，并且要熟悉各种金融产品的功能和具有较强的市场研究和客户开发的管理经验。另一方面，建立考核机制，提升服务水平。客户经理的考核作为京能财务的单项考核纳入公司考核管理。每年 12 月，客户服务中心开展客户经理考核工作，客户经理考核结果经主管领导审核后提交京能财务考核领导小组进行最终评定。客户服务考核依据包括：客户满意度调查结果；客户经理工作手册中客户经理职责的完成情况和述职情况；其他客户服务中心认为有必要的考核内容。客户经理考核方式采取打分制，具体情况如表 2 所示。

表 2　客户经理考核打分比例

考核项目	占比（%）	具体说明
客户满意度调查	30	通过客户打分评价客户经理工作
年度工作述职	30	客户经理填报年度工作总结并进行述职，由客户服务中心主管领导和主任根据客户经理日常信息记录和汇报情况进行打分
能力素质测评	40	通过客户经理相互进行能力素质测评打分

2. 以定期沟通机制为基础，搭建沟通平台，推动客户服务品牌化建设

（1）搭建多渠道的沟通平台，提升品牌知名度。为搭建集团公司与成员单位、京能财务与客户之间的沟通桥梁，进一步体现优质服务的价值理念，京能财务客户服务中心推出了一系列的客户服务平台化产品，如图 8 所示。

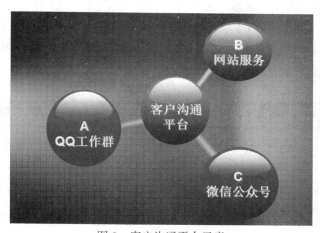

图 8　客户沟通平台示意

第一，QQ 工作群。为提高客户满意度，及时帮助客户解决疑难问题，京能财务依托 QQ 终端为载体，建立了京能财务 QQ 工作群，群内成员包括客户经理、成员单位经办人员，以及京能财务资金系统运维人员，目前 QQ 群有 230 多人（见图 9）。通过"京能网银"QQ 工作群，客户经理在线实时解答各成员单位在办理存、贷款业务及使用财务公司网银过程中遇到的各种问题，尤其是可以通过 QQ 终端的远程功能，帮助客户进行业务办理的工作流程演示及软件更新，这大大提高了客户服务的亲和力和执行力。

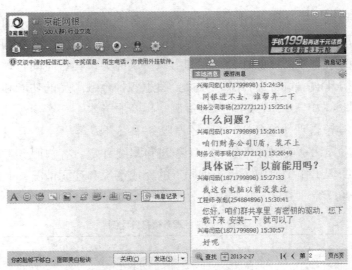

图9　客户网银 QQ 平台示意

第二，网站服务平台。为扩展与客户之间的信息沟通渠道，客户服务中心创建了客户论坛，它是客户服务中心与客户实时联系的沟通平台，以便于京能财务与客户之间顺畅的信息交流。京能财务网站服务平台是在京能财务公司网站中单独设立的"客户服务"模块，该模块下设信息发布、客户交流、政策解读、内部交流及畅所欲言五个子版块。每年在客户服务中心年度工作方案中安排客户经理担任相应子版块的版主，每月进行更新和维护，负责发布政策产品信息、解答客户疑问等工作。

第三，微信公众号。京能财务为增强客服服务工作的传播力，在新媒体时代推动客户服务工作再上新台阶，2014 年 5 月，京能财务微信平台正式开通（见图 10）。京能财务微信坚持每周一期，每期 3 篇文章，迄今已经发布 80 余期，发表文章 240 余篇，累计达 25 万字。为财务公司客户服务工作搭建了崭新的平台，为广大订阅者，尤其是集团成员单位财务管理人员提供了财经政策解读、管理经验分享和感悟生活等种类丰富的文章，加强了财务公司与集团成员单位财务人员的交流与互动，体现了财务公司的服务能力和水平。

图10　微信公众号

（2）组织客户活动，提升品牌影响力。

第一，高端论坛。为能准确分析经济环境，把握财经政策，京能财务每年组织客户高端论坛，邀请集团成员单位的高级财务管理人员参加，共同分析和探讨企业价值管理、资本运作、财务管理、风险管理等要点和关键内涵，如图11所示。

图11　部分高端论坛现场照片

第二，联合调研。为保障与客户的信息交流与沟通，京能财务每年以"财企合作·共同发展"为主题举行联合调研活动。联合调研既有组织成员单位总会计、财务经理提供跨业务板块的调研，为财务公司与客户间提供面对面交流和沟通的机会，也有组织集团成员单位高级管理人员与财务公司组团去其他财务公司进行走访调研，2015年京能财务先后组织部分成员单位高级管理人员前往海尔财务公司、青岛啤酒财务公司、中广核财务公司、深圳能源财务公司等走访调研。

第三，客户培训。京能财务结合公司发展规划及年度目标，对成员单位不同的人员结构进行客户培训。培训内容包括融资筹划、财税管理、网银系统操作、结算解决方案以及信贷、结算业务操作程序注意事项等方面。2015年京能财务累计举办五期客户培训班，培训人数达百余人。

（五）加强信息化建设，推动业务信息技术不断完善升级

1.成立信息科技委员会，推动信息化建设，从组织创新推动资金管理技术创新，促进融资服务开展

京能财务成立信息科技委员会，统筹决策信息化建设和管理，搭建完整的"客户—财务公司—银行"的资金归集管理通道。

信息科技委员会是京能财务以技术创新推动资金管理的组织表现，从成立之初就确立了规范化、专业化、流程化、制度化运作原则。

一是规范化。信息科技委员会规范了组织架构，明确了其作为总经理办公会的辅助决策机构职能。

二是专业化。信息科技委员会负责信息化系统的建设和应用、信息科技的整体规划、信息安全和运维管理。信息科技委员会引入专家顾问团作为专业协助机构，专家顾问团由集团信息化领导、财协、财务公司同业、银行同业、中介监理的信息化专业人士组成，负责对公司的信息化规划和方案提出专业化建议。

三是流程化。信息科技管理委员会制定了信息化决策流程和会议程序。

四是制度化。信息科技管理委员会建立了信息建设制度体系，包括《信息化管理办法》《信息科技管理委员会工作细则》等32项信息化技术标准和15项信息化管理标准。

2. 搭建资金管理信息系统，为融资服务的开展提供支撑

在信息科技委员会的领导下，京能财务搭建了具有自主知识产权的资金业务管理平台，即资金管理信息系统，实现了网络化资金管理手段。资金管理信息系统集成各个主营业务功能，扩展供应链融资的业务产品接口，实现与网上银行系统的无缝对接与集成，使各个成员单位之间、成员单位和京能财务之间、京能财务与合作银行之间在主营业务处理、远程提交业务申请和与其他系统进行信息传递和交互等方面更加便捷，实现了融资服务的主营业务全程线上操作。

（1）资金管理信息系统功能模块。核心业务系统的应用程序可以大致划分为核心业务功能、网银功能和系统接口。核心业务功能主要是财务公司业务人员用来处理操作主营业务；网银功能主要是成员单位用来提交业务申请及其他相关业务操作；系统接口主要用于核心业务系统与其他系统之间信息传递和交互，如表3所示。

表3　应用程序主要功能划分

功能划分	核心业务功能	网银功能	系统接口
用户范围	财务公司业务人员	成员单位业务人员	无
主要作用	主营业务处理	远程提交业务申请	与其他系统进行信息传递和交互
主要内容	存款与结算业务、贷款业务、票据业务等	存款与结算业务、贷款业务、票据业务等	与央行、商业银行等外部机构的接口；与内部财务管理等系统的接口

（2）在信贷业务系统模块的基础上，开发授信管理系统。在授信管理系统中，确立"刚性"控制原则，即企业的各项表内外信贷业务全部本外币余额不能超过该企业的授信总量，一旦达到授信总量，在系统中将不能提交新的信贷业务，如图12所示。

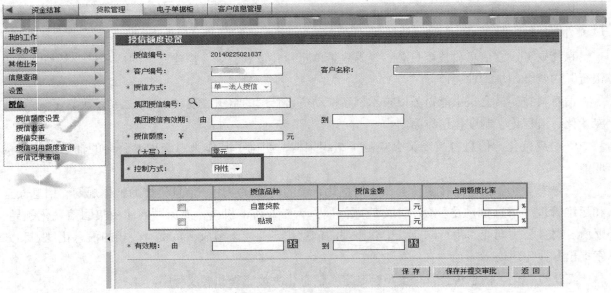

图12　授信管理刚性控制示意（1）

在授信管理系统中，按照表内外信贷业务类型对企业授信总量进行配置，并依照"刚性"控制原则实行分类动态管理，如图13所示。

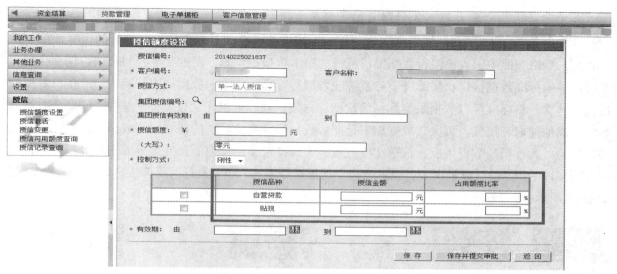

图 13 授信管理刚性控制示意（2）

3. 资金管理信息系统的持续优化

京能财务为向集团成员单位提供更完善的服务，提高业务办理效率，简化流程，加强信息数据统计分析能力，对核心资金管理信息系统不断地进行优化升级并着手移动金融的信息化建设。

（1）提高系统自动化、批处理能力。随着集团成员单位逐渐增加，京能财务业务量逐渐加大，通过增加自动加盖电子章至利息通知书、贷款到期通知书及各类单据的功能，加设条件触发型的主动通知功能，向成员单位开放对账单、利息明细等的查询权限，从而提高业务办理效率，减少财务公司经办人员代理操作的工时。

（2）提升大数据分析处理能力。提高业务信息数据统计分析能力，对及时掌握经营现状、为经营策略调整提供数据分析基础、加强业务风险预警起到必要的辅助作用。如增加任意期间内计算权责发生制利息的功能，并可以贷款的期限类别（短期、中期、长期）、贷款用途等多维度分类统计，结合期间内日均贷款余额，计算收益水平及走势，为经营策略制定提供数据基础。

（3）强化业务风险预警机制。在经办源头设置阈值、账户等限制，降低操作风险。以月度贷款到期通知书为例，系统对短期及中长期贷款需分别在到期前十日和三十日批量生成全部到期未结清贷款的通知书，通过网银系统弹窗、短信或微信的方式自动提示借款单位及财务公司经办人员。

（4）启动移动金融建设，实现云服务。京能财务通过建设云端，开发移动客户端，打破业务处理设备部署的局限性，提高业务处理的实时性、及时性。如业务审批电子化，实现凭证电子化并上传至云端，审批人可在移动设备上处置业务指令。

4. 搭建电票系统，拓展金融链融资服务

由于电子商业汇票结算方式的便捷性，以及人民银行在电票结算上出台的一系列便捷政策，京能财务于 2013 年 7 月开通招行网银电票模块，通过招行企业网银电票系统代理接入人民银行电子商业汇票系统（Electronic Commercial Draft System，ECDS），自此正式开启电票信息化建设进程。电票业务办理以代理接入方式为主、资金系统为辅，并配合手工台账，初步实现了承兑、到期兑付等基础票据操作的信息化。京能财务开展电票业务以来，高度重视电子票据业务的发展，向集团成员单位大力推广使用电子票据进行结算支付，先后举办过多次面向集团成员单位的电票业务推介会，激发并带动了各单位办理电票的热情和需求，使电票业务得到了飞速的发展，同时也带来了业务量的猛增。

5.企业征信系统的升级，促进融资服务健康发展

京能财务于 2015 年初开始对现有企业征信系统进行了全面升级工作，升级后的企业征信非接口系统，严格按照中国人民银行数据接口规范的要求填报。首先，根据金电公司征信数据综合报送系统提供的标准数据接口，将综合业务系统或者信贷管理系统中的数据抽取转换为标准接口数据的过程。其次，将标准接口数据采集到征信数据综合报送系统数据库的过程，该过程能够保证数据高效、准确地抽取和集成。再次，数据加工是征信数据综合报送系统的核心，完成征信数据生成、内部预校验、人行报送数据生成、报送文件生成、人行预校验、反馈信息处理等关键部分。最后，完成人行文件的报送，可以采用人工或者定时自动报送等模式，同时人行的反馈信息以文件形式发回，如图 14 所示。

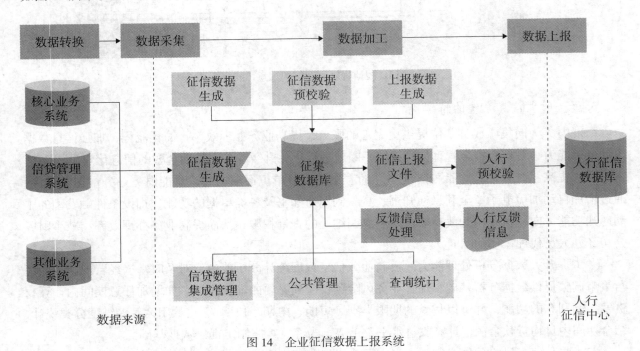

图 14　企业征信数据上报系统

四、"五维一体"融资服务体系的成果

（一）融资服务水平全面提升，各项业务规模快速增长

1.成员单位授信数量和授信总量增长明显

随着集团规模的扩大，各业务板块的快速发展，在京能财务取得授信的成员单位数量增长明显，授信总量也有大幅提高。2015 年共有 76 家成员单位获得授信，授信总量为 580.58 亿元，分别同比增长 38.18% 和 48.75%，如图 15 所示。

2.融资服务获得成员单位认可，融资产品规模增长迅速

随着成员单位对京能财务融资服务的认可，各项融资产品规模增长迅速。其中票据承兑产品在 2015 年呈现爆发式增长，承兑票据数量和总量都有大幅度提高，如图 16、表 4 所示。

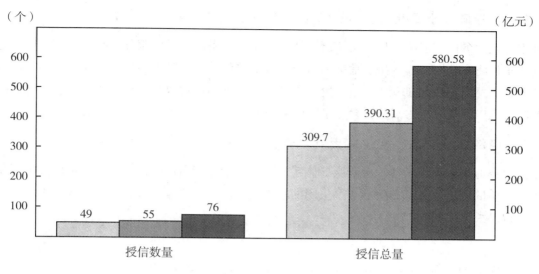

图 15　授信数量和授信总量

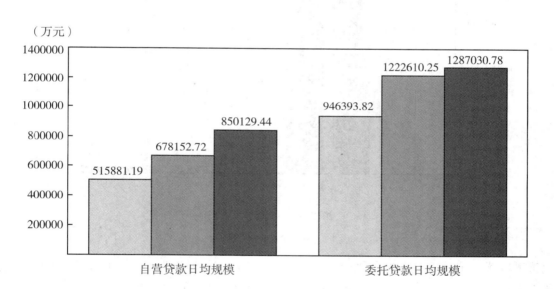

图 16　融资产品日均规模

表 4　承兑票据数量和规模

年份	2013	2014	2015
承兑票据数量（张）	8.00	12.00	446.00
累计票据承兑规模（万元）	11034.61	15939.47	52049.64

3.优化融资服务流程，节约成员单位财务费用

京能财务坚持以服务成员单位为己任，不断优化融资服务流程，简化各项产品办理手续，提高审批和放款速度，降低各项业务费率，为成员单位提供便捷周到的融资服务。2013~2015 年累计为成员单位节约委托贷款手续费 1728.02 万元。

（二）融资服务水平显著提升，成员单位满意度不断提高

随着京能财务的"五维一体"融资服务体系的推广和发展，融资服务水平有显著提升，越来越多的成员单位将京能财务作为融资业务的首选，成员单位的满意度不断提高，连续三年客户满意度调查"非常满意"比例超过95%。京能财务资金归集管理已从行政性管理转化为服务性管理，在服务提升的过程中促进京能集团的资金向集约化管理提升。

（三）经济效益明显，实现集团利益最大化

京能财务通过"五维一体"融资服务体系不断扩大融资产品规模，为成员单位提供了可靠的资金来源和优质的融资服务，有效节省了集团的融资成本。同时京能财务的利息收入逐年增长，实现了集团利益最大化，如图17所示。

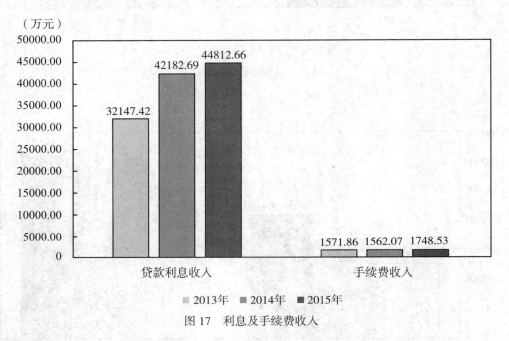

图17　利息及手续费收入

京能财务作为集团重要的金融平台，坚持以服务集团实体经济为宗旨，充分发挥金融专业人才优势，发掘金融牌照功能，创新融资服务产品，促进集团实体产业与金融资本协调发展，互利共赢。

战略管控型大型企业集团
全面预算管理体系建设

创造单位：中车株洲电力机车研究所有限公司
主创人：熊锐华　姜素仙
创造人：周　剑　任宇雄　李　蕾　蒋灿霞

[摘要] 中车株洲电力机车研究所有限公司下属分子公司 4 级 60 多家，是典型意义的现代战略管控型企业集团，为了加强战略管控，平衡资源配置，株洲所在"十一五"初期开始导入全面预算管理工具，通过科学的体系设计、运转试点和全面推广，在编制方法、预算指标、滚动管理、预算信息化、预算制度、人才团队六个方面开展了体系建设，实现了"横向协同经营、薪酬、科技、投资、财务五大职能，纵向贯穿集团全级次单位，年度完成编制、分解、执行和考核封闭体系，全过程实现了信息化操作、兼顾职能管理和项目管理矩阵要求的战略管控型大型企业集团全面预算管理体系"。在株洲所战略引领、运营监控、投资分析、人力薪酬等多方面发挥了重要作用，具有较好的典型意义和借鉴价值。

[关键词] 全面预算管理体系；战略管控；财务管理

中车株洲电力机车研究所有限公司（以下简称株洲所）始创于 1959 年，前身是铁道部株洲电力机车研究所，现为中国中车股份有限公司一级全资子公司。50 余年来，株洲所始终坚持以科技为先导，以创新为旗帜，促进产业快速成长，现已形成"电气传动与自动化、高分子复合材料应用、新能源装备、电力电子（基础）器件"四大产业板块、十大业务主体，旗下拥有境内外三家上市公司、六个国家级科研创新平台、两个企业博士后科研工作站，并在美国、英国、澳大利亚设有海外技术研发中心，2015 年实现营业收入近 300 亿元。自 1959 年诞生以来，株洲所从一家铁道部所属工厂托管、只有 32 人的研发小团队成长为销售过 200 亿元、员工过万人、产业版图覆盖全球 8 个国家和地区、拥有 10 家境外子公司、海外总资产超过 40 亿元的国际化高科技企业集团。

公司秉承"诚信、敬业、创新、超越"的宗旨，聚焦"经营质量、投资效益、运行体系、新产业发展、国际化经营"五大关键问题，以树立全面预算管理理念、坚持战略引领与价值导向，增强全员参与意识、风险防范意识、全局整体意识，加强和完善全面预算管理的组织体系建设、制度流程建设、信息化建设和专业人才队伍建设，不断优化资源配置，增强价值创造能力，推进企业转型升级。

一、战略管控型大型企业集团全面预算管理体系建设实施背景

（一）深入贯彻落实国务院国资委管理提升活动的需要

面对国际国内错综复杂的经济形势，为加快转变发展方式、实现"做强做优、世界一流"的目标，国务院国资委在"十二五"初期提出了全面开展管理提升活动。全面预算管理是管理提升的重要载体，是一项全员参与、涵盖企业各类生产要素、贯穿企业经营全过程的系统工程；是企业围绕发展战略，运用现代网络与信息技术，融经营（业务）预算、财务预算、资本性支出预算、薪酬预算、科研投入预算、资金预算等于一体的综合管理系统；是企业在全球范围内优化资源配置、提高运行质量、改善经营效益、加强风险管控的有效管理工具和管理机制。株洲所以精细化管理为主线，通过树立全面预算管理理念，完善预算管理体制，优化管理流程，制定有力措施，深入开展全面预算管理提升活动，不断优化资源配置，增强财务价值创造能力，促进株洲所持续、稳定、健康发展。

（二）坚持战略引领与价值导向的需要

战略规划是企业资源配置的方向和目标，全面预算是战略实施的工具和机制，全面预算管理是公司战略规划目标和具体执行之间有效衔接的桥梁工具。围绕公司"十二五"战略目标，通过对客观市场环境的分析和行业发展走势的判断，结合自身业务特点和产品结构，在持续论证战略规划科学性和合理性的基础上，确定各年度发展目标和资源配置方式，通过全面预算管理工作，确保战略落地。同时，也通过对全面预算执行情况的分析来不断验证战略和规划。企业的竞争力最终体现为价值的创造能力。通过全面预算管理强化价值导向，以价值最大化作为衡量预算方案可行性的首要标准，建立集约的投资能力模型，合理测算财务承受能力，科学设定预算指标，优化资源配置，确保经济效益持续增长，财务结构保持稳定，经营风险可控在控，促进公司发展和价值创造相互支撑和良性循环。

（三）践行管理会计体系强化集团管控的需要

全面预算是管理会计体系的核心内容和工作抓手，深化全面预算就是要这条主线把各项财务管理工作融合、串联起来，进而向其他专业管理工作传导，实现战略、运营、财务协同联动，逐步消除或减弱经营风险和不可控因素。以坚持预算以战略规划和价值管理为导向，提高集团预算管控的前瞻性和针对性，落实预算的资源配置作用，做到有所为、有所不为，持续优化预算信息化系统，提高全级次预算编报的效率和质量，深入开展预算对标分析，建设不同层次、不同维度的财务对标和分析体系，为公司提供立体化的决策参考信息和数据。

二、战略管控型大型企业集团全面预算管理体系建设的内涵

为了加强企业集团管控，实现集团战略资源的高效整合和灵活配置，株洲所必须基于战略管控型企业集团，建立全面预算管理体系。以树立全面预算管理理念，坚持战略引领与价值导向，增强全员参与意识、风险防范意识、全局整体意识，加强和完善全面预算管理的组织体系建设、制度流程建设、信息化建设和专业人才队伍建设，不断优化资源配置，增强价值创造能力，推进企业转型升级。全面预算管理工作的有效管理提升，使公司市场竞争能力和风险防范能力得到增强，实现集团公司可持续发展的目标。

三、战略管控型大型企业集团全面预算管理体系建设的主要做法

围绕株洲所"十二五"发展战略和财务规划，结合株洲所经营特点，建设"战略管控型大型企业集团全面预算管理体系"，贯彻落实发展战略，实现株洲所战略、投资、运营、科研、薪酬和财务预算全面协同，构建企业战略规划→年度经营计划→全面预算管理→绩效与薪酬管理的闭环战略执行系统。

（一）制定全面预算管理体系建设蓝图

1. 设计业务预算驱动型全面预算管理体系

株洲所在"十一五"初期开始导入全面预算管理，在"十二五"制订规划中，重塑了全面预算管理体系构架，预算管理方式由过去纵向财务预算拉动管理变为业务预算驱动型全面预算管理。根据战略规划研究和制定株洲所年度经营目标，经营目标重点分解落实各项财务战略目标，确保资源配置合理、具有可操作性；利用会计语言，把年度经营目标落实到资金上，实现企业资源的精细化配置，形成全面预算管理；最后把全面预算管理和企业绩效评价挂钩，企业绩效评价和经营者及员工薪酬挂钩，引导不同层面管理者的行为，充分调动其积极性，实现企业最优配置，最大限度地保证企业战略执行力，如图1所示。

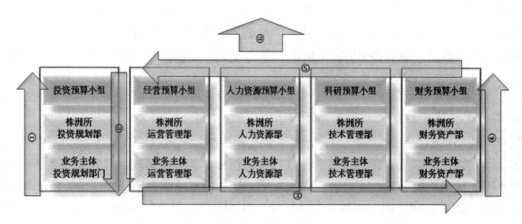

图 1 业务驱动型全面预算流程

2. 全面预算管理体系建设试点

2011 年，以当年年度预算管理为试点，在没有计算化网络环境下，搭建和试行体系管理框架，主要项目点包括：

职能协同——按横向协同经营、薪酬、科技、投资、财务五大职能；

横向到边——覆盖各大业务主体；

纵向到底——纵向贯穿至最底层子公司的管理范围；

封闭循环——建立并试行全面预算的编制、目标分解、滚算控制和经营考核的封闭工作循环；

矩阵管理——基于株洲所职能和项目交叉管理的矩阵组织特点，建立费用责任归口和项目工作管理制度，落实部门和项目两个维度的预算管理责任。

2012 年，进入总结经验阶段，完善管理逻辑模型，推动体系成熟。

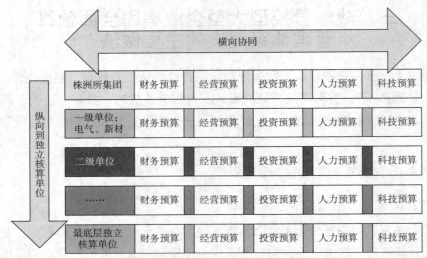

图 2　株洲所全面预算管理体系框架

3. 全面预算管理体系应用与推广

2013～2015 年，"战略管控型大型企业集团全面预算管理体系"走向成熟，建立"编制、分解、监控和考核的全面预算管理封闭循环"。主要项目点包括制度化、信息化和团队建设。

制度化——经过总结和提炼，实现株洲所全面预算制度化，建立预算管理、滚动管理相关制度、标准和流程；

信息化——建立"战略管控型大型企业集团全面预算管理体系"计算机网络信息化平台；

团队建设——建立"战略管控型大型企业集团全面预算管理体系"岗位责任制并配置适岗人员。

（二）建立全面预算运行体系

1. 优化全面预算编制方法，实现预算的闭环管理

为实现"战略规划、经营计划、全面预算、会计核算和业绩考核"五统一，形成闭环管理体系，经过对预算编制方法和管理流程等预算业务进行全面梳理，通过持续改进，提高了预算管理规范化和流程化水平。加强组织领导，完善管理组织体系，优化预算编制方法，实现预算的闭环管理。

（1）切实发挥好集团总部在预算编制过程中的统领和总控作用。集团总部依据公司战略规划、市场预测、订单情况分析、可控资源、内部运营情况以及以往年度预算执行情况等因素，选择确定主要预算目标并编制方案，作为各部门、各层级、各单元预算编制的目标指引，通过推行了"三上、三下"的预算编报方式，从上报预算预测、下达经营计划；系统编报全面预算初稿、下达预算指导意见；系统上报全面预算报告、下达预算批复的流程设计与推行中进一步加强了业务沟通，夯实预算编报的基础，提升战略执行力和预算调控水平。

（2）做到各专业预算有机结合。将预算报表按照管理需求划分为综合、经营、薪酬、科技、投资、财务 6 个类别，满足了业务预算与财务预算融合的管理要求，使经营、薪酬、科技、投资、财务预算管理"五个协同"，突出资源配置与预算目标之间的关系，使资源服务于预算目标。业务部门处于市场前端，要做好主要产品产量、主要经营业务规模与效益等指标的分析预测工作，确定年度经营计划；投资管理部门要围绕企业战略和业务计划，结合企业资金保障状况和投资项目预期效益，合理确定各项资本性开支的规模与标准；财务部门要依据各类预算编制情况，结合预算标杆和资源配置模型，详细测算财务资源的承受能力和重大支出的预期效益，综合确定各项财务预算指标，

模拟现金流量，并对各类分项预算的合理性和可行性进行财务审核，以提升企业预算的合理性和可行性。在经营环境发生变化时，各专业预算要提前研判，提出预案，专业预算之间要加强沟通衔接，不应各行其道、自行其是。

（3）加强预算执行情况总结，认真分析以前年度预算管理与执行中存在的经验与不足，充分发挥预算执行先进单位或先进业务板块的示范效应，不断改进预算管理机制，持续优化全面预算管理工作。

表1　株洲所全面预算管理闭环管理任务

名称	频率	参与单位	周期
年度预算	每年	各业务主体	每年9月开始，12月定稿
半年调整预算	半年	各业务主体	年中进行
月度资金计划	每月	各业务主体	每月月末开始
滚动预算	每月	各业务主体	每月月末开始
预算考核	每年	各业务主体	每年末

2. 完善全面预算指标体系，提升企业持续控制能力

（1）按照"找差距，抓短板，促效益"的思路，紧紧抓住企业生产经营各环节的关键性指标，从业务前端入手，不断完善全面预算指标体系和指标确定方法，指标设置体现业务短板的改善，强化效益、质量、效率指标，突出反映经营活动现金流量和经济增加值指标在考核中的作用。一是大力开展降本增效，加强成本费用预算控制。通过强化定额和对标管理，明确制定成本费用控制标准，落实成本费用管控责任；通过产品开发和技术创新，努力降低产品设计成本；通过优化工艺布局和改进生产流程，努力降低产品工艺成本；通过采用集中招标采购，努力降低原材料采购成本；通过提高费用管理的精细化和规范化水平，严格控制可控费用，努力降低费用开支。

（2）加强资金预算管理。结合企业面临的市场形势、创现能力等因素，合理确定赊销和库存规模，加强应收款项和存货的预算管控，加快资金周转，提升现金保障能力。对现有资产和投资的管理，增强经济增加值理念。确定年度投资项目时要坚持效益优先和资金保障原则，严控亏损或低效投资，严控资金难以落实的投资，严控超越财务承受能力、过度依赖负债的投资。加大对现有资产的管理，加大对闲置、低效资产的处置力度，释放和盘活固化资金，提高资产质量。

（3）加强债务规模与结构的预算管理。通过对预算资产负债率、带息负债比率等债务风险类指标设定合理的目标控制线等措施，严格控制债务规模过快增长；结合速动比率、流动负债比率等指标分析，优化债务结构，切实防范债务风险。

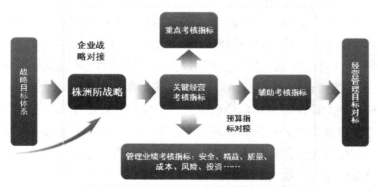

图3　株洲所全面预算考核

（三）建立全面预算滚动预算管理与对标管理机制

1. 积极推动对标管理，找出差距，明确目标

引入对标管理理念，坚持对标管理深入应用到全面预算管理的组织体系和制度体系建设上，应用到预算的编制、控制、分析和考核上，做到对标管理与全面预算管理的有机结合。

（1）积极推行与优秀企业的对标管理，在横向上选取国际、国内同行领先企业作为预算标杆，或在纵向上选取本企业历史上的优秀指标作为标杆，查找距离。

（2）加强全面预算管理的组织体系和制度体系的对标，吸取、借鉴其他企业的优点和长处，使自身体系建设不断完善和提高。

（3）强化各类定额、标准的制定和优化工作，通过收集整理各类对标数据，将企业的历史标准、行业标准与国际先进标准相结合，明确成本费用、科技投入、资产效率等经营指标的管理定额和标准，并纳入预算编制、执行、监督、考核体系。

（4）加强对应收账款、存货、现金流量、投资回报等指标的对标管理，不断提高企业运行效率和运行质量。通过持续不断的对标工作，查找差距，分析原因，采取措施，来促使各项指标的不断改进。

2. 推行滚动预算管理机制，有效监控预算执行

滚动预算管理工作经过几年的探索和实践，已经建立初步的体系和工作机制。滚动预算报告和分析，及时反馈了公司月度滚动预算中存在的问题与风险，提出预算指标偏差管理方案，与经营计划管理有效衔接，发挥滚动预算工作的实效性作用。强化预算执行监控和分析。预算执行中的过程监控和定期分析，是保证和优化预算执行的关键。预算管理部门积极与各执行部门沟通，动态监控预算执行情况，反馈预算执行的进度与效果，及时发现和纠正预算执行中存在的偏差与问题；严格预算执行审批程序，严控预算外项目。建立定期的预算执行分析制度及重大事项应急分析制度。客观分析预算执行差异与原因，及时采取有效的应对措施，修正预算执行差异，防止出现预算编制和执行脱节现象；对于重大预算执行差异，就此展开审慎的分析调查，认真查明原因，以保证预算目标的实现，见图4。

（四）建立"基于战略管控型大型企业集团的全面预算管理信息化平台"

由于公司的组织结构相对复杂，管理层级和预算单元较多，全面预算管理所需和所生成的数据量、信息量庞大，信息化是实现预算管理不可或缺的重要手段。全面预算管理信息化建设从所本部和各业务主体两个层面，区分不同的侧重点协调开展。

（1）在所本部层面，由公司财务资产部牵头搭建了株洲所EAS全面预算管理信息化编报管理平台，形成了分工明确、责任清晰、相互协同、高效配合的工作机制和责任机制，强力推进了株洲所预算管理工作，有效作用于经营管理的战略落地。

搭建完成的株洲所全面预算系统组织及网络，纳入株洲所预算编报范围的业务单元达到4级60多家，包含各级分公司、子公司、事业部、研究机构、所本部等独立管理单位。

所本部侧重于株洲所总体预算目标的分解细化、各主体预算的上报、调整和审核、预算报表的合并抵消、批复下达，以及集团公司预算执行情况信息收集反馈、分析展示、查找问题和偏差、制定措施、监督落实，它强调的是衔接的无缝隙、上报审批留有工作痕迹、合并抵消准确及时、分析展示直观及时，从而为株洲所提供高效率的决策数据支持。

（2）在各业务主体层面，通过信息化手段固化预算管理流程，提高预算管理工作的效率；要加

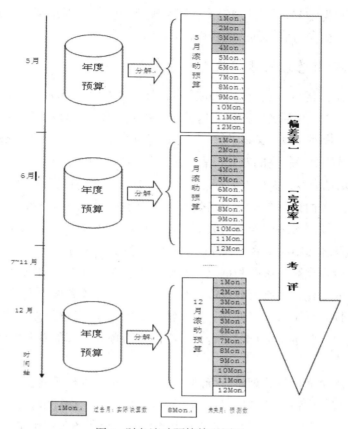

图4　财务滚动预算管理原理

强预算信息化系统集成，将企业的会计核算系统、资金管理系统、人力资源管理系统和资源计划系统（ERP 系统）等资源配置系统实现互联互通，满足多方面、多层次信息高度融合的要求；要充分利用预算管理信息系统的在线分析监测功能，及时追踪分析预算执行情况，不断调整和修正生产经营行为，实现全面预算管理的事前、事中和事后全过程监控，为重大经营决策提供有效支撑。预算管理信息化建设的成效，直接决定了全面预算管理工作质量的高低，是提升全面预算管理工作的关键因素之一。

（五）建立全面预算管理制度体系

全面预算是一项综合性强、实施难度大的系统工程，健全的预算制度体系是做好预算管理的基础。制定或进一步优化《全面预算管理办法》，在夯实采购管理、生产管理、营销管理、资金管理、成本管理、投资管理、责任考核等一系列基础管理的基础上，配套建立指标管理、信息反馈、分析报告、业绩评价等具体的办法。通过一系列制度流程的建立，来突出战略引领、价值创造、资源统筹和系统全面的预算原则，明确各层级子单位之间，各职能部门之间的职责定位、工作分工；通过各业务预算与财务预算、经营计划管理和全面预算管理之间的对接，来落实公司总体意志和要求。将边界管控和标准管理融入到预算编制和执行过程中，促进预算管理和风险控制的有效结合；将预算管理水平和执行效果融入到经营绩效考核体系中，提高预算编制和执行的约束性和准确性。通过制度和流程来保证预算管理切实有效，加强预算执行结果考核，强调预算管理的刚性。

"十二五"期间，公司先后完成《株洲所预算管理办法》《滚算管理办法》《工作令号办法》《费用归口办法》《预算管理人员岗位责任书》《预算管理流程》等全面预算管理办法，做到职责到位、责任到人，激发企业全员参与价值创造的积极性。

（六）建立全面预算管理人才团队

全面预算管理涵盖了企业经营管理活动的全过程与各个方面，涉及人、财、物各个要素，价值链的各个环节，事前、事中、事后各个阶段，这就对直接从事预算管理的工作人员提出了很高的要求。预算人员既要精通预算管理知识，又要了解市场、产品和规划；既要有日常业务处理能力，又要有较强的分析判断能力；既要具备较高的专业技能，又要具备善于沟通、协调的综合能力。做好各层次预算人员的培养，加大培训力度，做好人力资源储备，为提升全面预算管理工作提供人才保证。

（1）走出去，促进全面预算管理学习与交流。全面预算项目组对系统试点单位进行系统模拟测算功能调讨，完成滚动预算实施详细方案编写，详细设计方案评审。联合组织株洲所业务主体单位预算管理人员对预算系统运用典型客户大型企业集团的参观、研讨。

（2）练内功，为全面预算体系顺利推行打基础。为使业务预算部门以及全公司各级业务单元预算编制部门能适应新的变化，由所财务资产部统一组织了专业预算部门人员以及各级次预算编制人员对新的预算体系、预算系统进行培训与指导，结合编制过程、执行管理等问题进行了专项的总结与交流，要求各专业口、各单位进行层层转训，提高全面预算管理的专业性与系统性，每年度累计培训达300余人次。

（3）建规则，巩固全面预算管理执行标准。以《全面预算管理手册》为标准，在全面预算系统的编制过程中，在原有工作程序的基础上，细化了预算的审查工作环节，组织集团预算会审。通过组织所部投资、人力、技术等专业预算人员会同财务部门对全所各主体单位系统上报正式预算数据、文件进行"一对一"审核、修正、确认，大大提高了全面预算系统编报的准确性和预算管理人员业务的管理水平。

四、战略管控型大型企业集团全面预算管理体系建设实施效果

通过全面预算系统编报体系的实施，株洲所各部门、各级业务单元全面预算管理理念明显加强，全员参与意识得到了进一步加强，展现了预算管理"一盘棋"的全局意识，实现了综合、经营、薪酬、科技、投资、财务六个方面的专业预算数据集中管理。预算质量和精细化程度明显提升，业财融合充分体现。预算的战略引领和价值导向作用得到进一步发挥，促进了全面预算管理工作的提升。

（一）以预算管理为龙头，经营业绩创历史新高

株洲所积极应对严峻的经营形势，围绕"效益、创新"两大主题，努力践行管理求精、协同增效、持续提升竞争能力的方针，不断优化成长基础，努力培育新产业，强化增长动力，取得了阶段性的经营业绩。2015年株洲所全年实现营业收入294亿元，较"十一五"末增长175.31%、年复合增长率23.26%；实现利润总额35亿元，较"十一五"末增长201.22%、年复合增长率25.63%。稳步实现"十二五"战略目标。

（二）推动经营管理向质量和效益并重的内涵式增长模式转变

强化了预算管理精细化程度，提高了产业运营效率和经营效益，转变了规模、利润、资金管控

导向，构建了以经营效益、效率为核心，以降本增效为重点的"双效"预算和考核联动管控的指标体系。按照"抓重点，克难点，推示范"的管控理念，分析重大经营难点，由预算的管控去推动产业、经营的良性发展。加大业务重组力度，对非主业、低盈利、低效产业进行剥离、处置，进一步改善资产结构，优化资源配置。

（三）完善薪酬、绩效管理体系改革，激发经营效率的提高

建立了薪酬与效益联动机制和突出以效益为导向的薪酬激励预算机制，株洲所严格执行"效益优先，两低于"的原则进行薪酬预算和薪酬审核工作，保障公司薪酬与效益同向联动，做到了"效益升、薪酬升；效益降，薪酬降"。全面对接财务的预算管理，切实强化薪酬激励预算机制，每年年末根据预算指标完成情况对当年度的薪酬预算进行结算，同时通过薪酬与财务预算的联动，将薪酬预算的结算情况完全体现到公司经营业绩之中，实现公司的全面预算管理闭环管理机制。

（四）科学引领投资发展，提高投资预算管理效率

通过全面预算管理与信息化工程的无缝对接，实现对重点投资项目的实时监控和全过程管理。实现投资项目从立项、调整、预算、合同、招标、采购、过程实施、付款及财务核算、审计结算、档案管理、验收等全过程业务在线审批工作流及信息录入工作，实现投资项目的全过程、全周期实时动态管理，并且实现了实时、准确的查询报表反馈机制，保障了投资业务管控及风险管控的要求。优化了投资预算管理体系，规范预算数据的结构，规范和拓宽预算实际执行差异分析数据细度与广度，提高投资预算管理效率。

（五）创新财税预算管理，财务价值创造成绩斐然

"十二五"期间，株洲所搭建了株洲所纳税政策研究小组，建立了财税专业预算，以此为基础，各单位集思广益，共同研究政策，资源共享，共同筹划，打造一个株洲所集团层面松散互动、协同筹划的纳税管理平台。在合法经营、依法纳税的前提下，合理开展纳税筹划，克服多重检查的压力，创造价值 7.5 亿元，积极适应政策变化，规范管理获取财税支持，2015 年全所获得财政拨款资金 8.3 亿元。

（六）以科技创新为先导，保障科技投入成果丰硕

株洲所依托设计、制造、产品三大技术平台，构建开放式的科技创新机制，推动公司从技术跟随向技术引领转变。"十二五"期间公司研发费用累计投入将超过 70 亿元，占收入比达 8%。已建设 6 个国家级科技创新平台，2 个博士后工作站，4 个海外研究中心，15 个行业专家工作室。建成国内首条、全球第二条 8 英寸 IGBT 芯片产业化基地，国际领先的功率半导体器件研发制造基础，国内最大的变流产品研发制造基础，版图覆盖全球 7 个国家的高分子材料产品研发制造基地，电动汽车、风电整机、工程机械等整机产业化基地。

（七）深推低效和无效资产清理和处置，充分发挥全面预算资源配置作用

株洲所根据全面预算资产周转指标和存货管理要求，从集团层面深入推进各类低效无效资产清理处置。全面预算相关的运营、科研、财务部门根据自身的职责，通力协作，成立了所级和各成员单位的专门工作机构，各成员单位将清理和处置低效和无效应收账款列为经营管理的一项重要工作来抓，每月对所有项目处理情况进行跟踪与反馈，有效地盘活了沉淀资源，优化了财务资源配置。

五、战略管控型大型企业集团全面预算
管理体系建设项目实施创新亮点

（一）开创实施"业务驱动型预算管理"，促进业财有机融合

从业务前端出发，按照业务之间的工作关系，采用会计语言，从业务预算推导财务预算，最终形成一整套全面预算管理体系。与以往财务部门关门做预算的模式相比，从管理体制和管理逻辑上进行根本性的改变，数据逻辑和层次更为清晰、各职能部门、各业务主体工作定位和责任更为明确，准确地把握了企业运行的内在机理，使财务管理和业务管理有机融为一体，创新尝试了在战略管控型大型企业集团实施全面预算管理体系的成功路径。

（二）创新实践全面预算管理体系，科学诠释全面预算的"全面原则"

株洲所作为现代战略管控型大型企业集团，实行包括战略管理、运营管理、项目管理、投资管理等多种现代管理模式，成员单位多，管理层次深，株洲所通过"职能协同、横向到边、纵向到底、封闭循环、矩阵管理"的手段，采用"制度化、信息化和团队建设"的方式，实现达到良好的全面预算管控效率和效果，科学地诠释了全面预算管理的"全面"原则。

（三）设计滚动预算管理机制，有效监控全面预算管理过程

预算的过程管控一直是全面预算管理的重大难点，株洲所通过实施滚动预算管理机制，实行"围绕年度目标，逐月倒逼分解，按季节点控制，直至最终完成"方式，每月开展滚动预算的编制和分析，并用于监控和协调集团各业务主体开展运营工作。业务主体反馈的信息，集团本部及时跟踪和修订预算，从而动态地、切实地保证年度预算指标落地。

（四）建立 EAS 全面预算信息化系统，实现全面预算管理全信息化操作

目前，国内企业在全面预算信息化方面仍在摸索阶段，株洲所对接上级单位，实施金蝶 EAS 全面预算信息化系统。该系统不局限于财务领域，而是覆盖经营、薪酬、科技、投资、财务等若干职能，贯穿集团全级次单位，实现全面预算管理全信息化操作，明显提高了工作效率，确保了集团多级、多维预算数据高效合并、整合。

基于财务共享中心的跨区域财务管理

创造单位：北京海纳川汽车部件股份有限公司
主创人：董军翔 杜 斌
创造人：郭红文 梁益年 孙婷婷 谢胡天一

[摘要] 为了应对北京海纳川汽车部件股份有限公司规模扩大对财务管控能力带来的压力，满足企业发展和降本增效的需要，海纳川公司财务管理部设计并实施了财务共享中心，借助这一平台实现了对下属全资零部件企业运营财务管控，如费用报销、核算业务、资金支付、档案管理等。目前该项管理模式已应用于海纳川滨州发动机部件有限公司、海纳川广州汽车部件有限公司、海纳川株洲分公司、海纳川景德镇公司、海纳川天津公司、海纳川重庆公司、海纳川沧州公司等数家全资零部件企业，有效地降低海纳川公司整个财务体系的人工成本和财务成本；极大地提高财务管理水平及效率，实现了财务会计向管理会计的转型；不断加强海纳川公司的财务管控力度和影响力。

[关键词] 财务管理；财务共享；跨区域

一、财务管理背景

为实现北京海纳川汽车部件股份有限公司（以下简称海纳川公司）的千亿"十三五"战略目标，海纳川公司确定了包括广州增城、大兴采育、山东滨州、湖南株洲、镇江、景德镇等一批重点零部件园区项目，先后成立了海纳川滨州、海纳川广州、海纳川天津等一批机构，以确保项目建设的顺利推进，这些新建的零部件园区项目公司均为海纳川公司的全资子公司。

海纳川公司的快速发展和宏伟目标对整个公司在资金筹集、集团化管控、人力资源开发、企业文化建设、品牌与营销战略、风险管理等方面都提出了新的任务要求。作为企业管理核心之一的财务管理工作，更是面临着巨大的挑战，主要表现如下：

（一）海纳川规模扩大对财务管控能力带来的压力

海纳川的快速发展，不仅体现在资产规模和销售收入的迅速扩张上，更体现在新项目、新机构和新人员的迅速增加上。在以改革为主线统领创新发展的新时期，整个海纳川公司的管理幅度和管理复杂程度面临前所未有的压力。

在海纳川业务和规模急剧扩张后，如果管理制度和体系尤其是财务管理制度和体系建设滞后，将会使企业发展面临巨大的风险。如何适应现实发展的需求，对财务管理体系进行相应的调整和改革是我们需要深入探讨的实际问题，同时如何优化财务资源配置是至关重要的。

（二）财务共享中心是企业发展的需要

为了降低汽车生产过程中零部件的运输成本，海纳川跟随整车厂先后在山东、广州、株洲、镇江、景德镇、沧州、天津等地区建立了相关配套零部件产业园区。园区的分散化为海纳川的财务管理工作提出了新的挑战：首先，新建的很多产业园区都处于城市较偏远地区，按照海纳川公司财务的要求在当地招聘专业会计人员具有一定的难度；其次，根据会计准则规定的岗位不相容原则，每个园区至少配备两名财务人员，必然增加很大的人工成本；再次，由于地区、文化差异等因素存在，分散化管理不利于财务制度的规范化；最后，海纳川公司对财务团队的管控力也会有所下降，必然增加财务风险。

（三）财务共享中心是降本增效的需要

当前中国汽车行业多重不利因素叠加，汽车行业正步入一个"冰河期"。行业增速一再下滑，微增长、零增长甚至负增长相继到来，导致汽车行业的产能过剩不断加剧。市场份额逐渐饱和，产品竞争不断加剧，从自主品牌到合资品牌，从经济型轿车到豪华型轿车，无不加入到"价格战"的行列，直接导致整车利润大幅下滑。海纳川公司作为一个汽车零部件生产企业，必然也要为这场残酷的淘汰赛埋单，这就要求我们重新思考自己的发展逻辑，不能再依靠整车市场的带动，而需要为自主品牌、为整车贡献利润，降本增效是我们乃至整个汽车行业能够可持续发展的一个必然选择。

在此背景下海纳川公司财务管理部设计并实施了财务共享中心，借助这一平台实现了对下属全资零部件企业运营财务的全权管控，如费用报销、核算业务、资金支付、档案管理等。

二、财务共享中心的内涵和创新点

（一）财务共享中心的内涵

财务共享中心概括来讲是将不同地区、不同单位的某些具有共性的、可标准化的会计业务整合到共享中心，由专门人员进行处理的一种新型财务管理模式。财务共享中心是企业集中管理模式在财务管理上的最新应用，其目的在于通过一种有效的运作模式来解决大型集团公司财务职能建设中的重复投入和效率低下的弊端，实现规模效应。目前，众多《财富》500强企业都先后建立了财务共享中心，福特汽车首先将这一应用带入到汽车行业，国内的长安集团、东风集团也开始探索使用这一模式，在加强财务管理、加强监控、提高管理效率、降低财务成本等方面都取得了显著的成效。

（二）财务共享中心的创新点

与传统的企业财务管理模式相比，财务共享中心的最大优势在于有效地降低财务成本；其次，能够极大地提高财务管理水平及效率，实现财务会计向管理会计的转型；能够逐步加强海纳川公司的财务管控力度和影响力。具体表现为：

1. 有效地降低财务成本

根据企业会计准则的规定，按照岗位不相容原则，一个公司最少配备两名财务人员（出纳、会计），而财务共享中心的建立，只需集中每个岗位设置1~2名专职人员，即可同时运作几家，甚至几十家所属企业的日常财务工作，大大减少了财务人员的人工成本。除了降低人工成本，财务共享中心也可以实现资金的集中管控，降低所属企业可能面临的汇率风险、利率风险，同时借助司库的构建可以提高系统内各企业之间资金的使用效率，降低融资成本。

2.极大地提高财务管理水平及效率，实现财务会计向管理会计的转型

财务共享中心对所属企业采用相同的财务制度、财务标准和财务处理流程，大大提高了财务人员的工作效率，提高了财务人员工作的饱和度；同时共享中心拥有所属企业的所有财务数据，免除了数据上报所需时间，方便集团对各企业进行数据分析和比较，为决策层提供高效可靠的数据支持；其次，共享中心将财务人员从烦琐的日常财务工作中解放出来，使财务人员有时间和精力参与企业的决策和管理，由传统的财务会计转变为管理会计；最后，共享中心对财务人员的专业性要求较高，专业人员相对集中，便于进行培训和管理。

3.逐步加强海纳川公司的财务管控力度和影响力

财务共享中心将所属企业的日常财务工作进行集中处理，实行统一的财务制度和政策，有利于加强海纳川公司的管控力度和影响力，对于整个公司的文化建设和政策推广也起到重要的推动作用。同时，也有利于海纳川公司对所属企业日常经营情况的了解，以及企业之间的内部沟通。

三、财务共享中心的主要做法

（一）明确财务共享中心的业务范围

财务管理职能从内容和目的上可以分为战略财务职能、运营财务职能、操作财务职能，其中，战略财务主要包括参与公司战略规划、产业布局、投融资、税收筹划等；运营财务主要包括预算、分析、风险控制、财务制度与流程标准制定等；操作财务主要包括日常的单据审核报销、会计处理、税务申报缴纳、资金收付结算、会计报表与相关报告等。财务共享中心并不适用于全部的财务流程，正如前面财务共享中心的定义所述其只适用于可标准化的、具有共性的财务工作，操作财务职能属于重复程度高、业务处理量大、标准化程度高的财务业务，符合共享服务的要求，可纳入财务共享中心的业务范围，而战略财务和运营财务则很难实现共享。

现阶段海纳川公司已经将海纳川滨州发动机部件有限公司、海纳川广州汽车部件有限公司、海纳川株洲分公司、海纳川景德镇公司、海纳川天津公司、海纳川重庆公司、海纳川沧州公司的会计审核、核算、账务处理纳入了共享中心。

（二）财务共享中心的制度统一性和推广性

财务共享中心一般适用于新建的、业务比较单一或者具有共性的企业。对于这些企业中可以纳入财务共享中心的财务工作，首先需要建立标准化的财务制度和流程，并保证其有效的贯彻执行，这样才能规范所属企业和共享中心人员的工作，保证财务工作的顺利和高效。比如，需要明确各项支出的报销制度和标准，哪些支出可以报销，报销的标准都是什么；对于日常票据的审核，首先需要明确针对不同的业务，各自需要提供哪些原始单据，其次应当规定所属企业的经办人员对票据的真实性、准确性、合规性负责，进行初步审核，审核无误的票据交由共享中心人员复核；定期将单据以邮寄方式传递到财务共享中心，做好单据交接工作，防止单据的丢失；按照企业业务需要共享中心人员及时进行款项的收支，同时对于闲置资金进行归集和集中管理，降低财务成本。

（三）财务共享中心的建立助力管理会计职责的转变

首先，作为一种新型的财务管理模式，其不再像传统财务模式下，财务人员经常身兼数职，形成规范化、专业化的人员配备，可以将财务共享中心的每一项工作责任到人；其次，改变了财务人员和经办人员面对面沟通的办公方式，为了提高工作效率，减少重复工作，这就要求所属企业的经办人员必须严格遵守财务的制度要求，提高原始单据的规范性、可靠性；最后，共享中心是独立于所属企业之外的一个职能部门，随着所属企业规模的不断扩大，可能会在当地设立相关的财务人员，需要明确各自的职能划分，共享中心的工作主要集中于日常核算、收支和账务处理，而当地财务人员则承担财务预算、风险管控和分析的职能，共享中心可以为其提供数据支持，但是共享中心与当地财务并无隶属关系。

（四）财务共享中心 IT 系统统一

企业的财务信息系统是实现财务共享服务的基础和保障，因此，系统平台的统一搭建和整合是实现共享服务的第一步。统一的 ERP 系统是保证共享服务平台顺利搭建的关键因素。建立一个好的平台很重要，需要有一个统一的 IT 标准和一个流程标准，这样整合可以更快。同时，要有统一规范的财务作业标准与流程，通过有效整合后，把制度政策配套起来切入到系统中去，保证前端业务部门按照制度和政策去运营，并根据外部环境和内部管理的需要不断完善与改进。

四、财务共享中心的实施效果

海纳川滨州发动机部件有限公司、海纳川广州汽车部件有限公司、海纳川株洲分公司、海纳川景德镇公司等零部件园区先后加入了海纳川财务共享中心，运行一年来取得了良好的效果，主要表现在：

（1）财务共享中心实现了会计核算的统一。实现单据审核、付款、账务处理、编制报表的一体化流程，便于集团从源头上了解企业的财务经营情况。

（2）财务共享中心实现了制度流程的统一。对所属企业采用相同的财务制度流程，一方面，缩短了企业建立制度流程所需要的时间；另一方面，大大提高了日常财务工作的效率，实现规模效应。

（3）财务共享中心实现了财务人员的统一。解决了所属企业财务人员招聘难、财务水平参差不齐的现状；促使财务人员更加专业化，便于组织培训和进行管理。

（4）财务共享中心实现了人工成本的降低。将所属企业的日常财务工作集中于共享中心进行处理，降低了整个财务系统的人工成本。

（5）财务共享中心提高了资金使用效率。将共享中心所属企业的资金进行集中管理，避免闲置资金和资金不足等情况的产生，在共享中心内部可以进行资金流转，提高资金使用效率。

（6）财务共享中心提高了财务分析的质量。财务共享中心按照相同的模板编制各企业的财务分析报告，有利于各企业之间经营情况和财务情况的比较。同时，由于原始数据均由共享中心掌握，保证了数据的准确性、可靠性。

（7）财务共享中心提高了会计档案管理水平。所属企业相关会计档案在共享中心集中保管，加强了档案管理的安全性，同时方便档案的查找和使用。

（8）财务共享中心为管理决策提供了必要的财务支持。共享中心参与所属企业财务的全过程，有利于数据的收集和比较，及时、准确地上报管理层所需的各项财务数据，发现企业经营中可能面临的问题和风险。

五、财务共享中心的未来展望

（一）搭建财务共享中心的司库管理

目前，我们可以利用北汽财务公司的 IT 账户系统进行多账户的可视化查询，未来我们希望借助北汽财务公司建立司库管理体系，对所属企业的资金进行归集和集中管理，降低各企业的财务风险和财务成本，实现资金在系统内的优化配置，解决部分企业融资难问题，同时对于闲置资金进行合理安排。

（二）推广财务共享中心的实施经验

随着所属企业的不断发展和壮大，北汽模塑、北京亚太等控股企业相继在各地建立分公司或者产业基地，将财务共享中心的财务管理模式在这些企业进行推广，也是我们未来的一项重要工作。

（三）实现财务核算、预算、结算的"三算合一"

未来我们希望将财务预算也纳入共享中心，各所属企业将预算上报共享中心，由预算专员对其进行审核，根据预算确定日常会计核算和结算，逐步实现全面预算管理。

科研单位建立管理会计实务
操作模式的探索与实践

创造单位：中国石油西南油气田天然气研究院
主创人：杨 革 陈 方
创造人：崔淑华 庄瑞凤 李 果 熊 钢 卫正蓉

[摘要] 天然气研究院会计核算涉及科研、化工工业、商业等经济活动内容，下设7个责任中心，财务管理点多、线长、面广，现有财务人员23名，财务资源较为匮乏，财务工作面临诸多挑战。面对新常态，财务部门不断调整管理思路，积极探索建立各项财务管理机制，制定应对措施，在夯实会计基础工作的同时，不断拓展管理会计职能，助推科研、经营、财务管理工作稳健发展。引入多方位管理导向机制，搭建科研单位管理会计雏形。自主研发《天研院科研项目经费预算管理信息子系统》，实现财务与科研业务深度融合，符合管理会计核心要求。

[关键词] 财务管理；科研单位；管理会计

天然气研究院始建于1958年，为中国石油天然气股份有限公司西南油气田公司下属科研院所，是我国天然气分析测试、天然气制合成油、天然气提氦和天然气制炭黑等技术的发源地。经过多年发展，天研院已发展成为以天然气分析测试、流量测试、气田开发腐蚀与防护、天然气净化、油气田开发化学和油气田地面工程新工艺研究为主的、具有较强研发实力的、服务于油气勘探开发的综合性研究机构。建院以来，科研成果丰硕，获国家发明奖5项、国家科学技术进步奖3项、省部级奖51项，并参加了多个国际学术组织或协会，专业影响力大。

天研院现有在册员工541人，拥有专业技术人员409人，其中集团公司专家4人、教授级高级工程师4人、高级工程师99人、博士及博士后22人、硕士103人。全院共计有各类研发装备511台（套），固定资产总额已达6亿元。2015年全院共承担国家级、集团公司级等各级科研项目约130项。

众多的科研课题、专业化的科研装备、多类型的生产服务工作，对天研院财务管理提出了更新更高的需求。目前，天研院财务管理部门下设7个责任中心，主要位于成都、泸州两地，会计核算涉及科研、化学工业、商业等多种经济活动内容，整体呈现为点多、线长、面广的具体实情，财务工作面临诸多挑战。例如，研究院现有财务人员23名，财务资源较为匮乏。面对新常态，财务部门不断调整管理思路和方法，积极探索建立各项财务管理机制，在夯实会计基础工作的同时，不断拓展管理会计职能，助推科研、生产、经营等管理工作稳健发展。

一、研究背景

会计属于经济学重要组成内容，获得经济利益是经营企业的宗旨。历代会计人员任劳任怨，积极发挥当家理财作用，获得一定职业尊严与地位，但在市场经济愈加发育成熟的当下，会计职业已成为高风险职业是不争事实，搭建会计思想体系显得必要与可能。

2014 年 10 月 27 日，财政部发布了《关于全面推进管理会计体系建设的指导意见》，提出要建立与我国社会主义市场经济体制相适应的管理会计体系；2015 年 2 月分公司财务处提出"创新方式，转变职能，推进财务管理转型升级"的方针，明确要求财务从"核算会计"转型为"管理会计"，通过管理、监督、服务，发挥财务的价值引领作用。目前，集团公司要求各单位探索建立成熟有效的管理会计实务操作模式。

二、内涵和主要做法

（一）遵循历史规律，顺应当前形势，积极调整管理思路，明确财务关键控制点

1. 建立会计思想架构

建立在尊重人性、遵循历史与会计业务规律基础上的思想体系，可以丰富会计视野、厘清会计方向、坚定会计目标与信念，确保会计工作全面、健康、可持续发展。"诚信守纪、专业胜任、博学善行、包容共享、传承超越、奉献担当"成为天研院会计思想建设的主体内容。

2. 完善会计定位

认真履行财务会计有关核算、监督基本职能，逐步发挥财务分析、决策支撑、价值引领等作用，拓展内向型管理会计服务职能。

3. 制订中长期会计发展规划

2014 年会计风险识别年，2015 年会计基础夯实年，2016 年会计转型年，2017 年管理会计年，2018 年会计人才队伍建设年，2019~2020 年油公司科研财务成长年。稳步推行工作规划，努力把天研院财务管理水平引入分公司和集团公司同行业先进行列。

4. 明确重点工作思路

结合风险识别、问题导向、政策导向、价值导向，重点加强专业基础、综合素质、团队建设三个方面 11 个关键环节的控制，重点工作思路如下：

一是要求收支及时入账，避免提前、滞后、确认收支，避免虚列、挤列成本费用，严禁私设"小金库"。

二是要求存货管理实现账实相符、合理经济储备，避免存在"账外料"，避免存货积压，加强"去库存"管理。

三是要求做到资金安全，加强资金计划控制，共抗油价低迷、资金匮乏危机。

四是要求做到资产完整、有效，避免低效、无效资产大量存在，实施轻量化管理。

五是加强控股公司内部转移价格管理，防止利益输送。

六是加强财务预算管理，严格遵守"三重一大"决策程序。

七是规范会计基础工作，确保会计工作经得起历史检验。

八是重视会计信息化管理工作，缓解定员压力，减少会计重复劳动，实现会计数据有机转化利用。

九是加强人才素质建设，充分运用各类检查、培训、咨询、座谈交流、经典阅读、互联网平台等方式，提高会计人员思想理论水平、实务技能，防止会计舞弊。

十是加强财务理论研究与培训，确保工作具有前瞻性、正确性、可操作性、可成长性等。

十一是加强内外协作，确保班子、部门、基层步调一致，力争执行到位，互助共赢。

（二）引入多方位管理导向机制，搭建科研单位管理会计雏形

1. 建立风险识别机制，实现财务事中、事前控制

开展财务风险识别活动，通过财务审查、财务稽核等方式，识别出院有关财务岗位配置、制度建设、收支管理、资金资产管理、合同管理、选商管理等12个方面100余项财务管理风险，制定相关应对措施，逐步实现财务事中、事前控制，防患于未然。

2. 建立需求导向机制，确保员工合理诉求得到解决

通过访谈、观察、问卷调查、走访等方式，了解管理层、科室、基层单位等各级员工对有关科研项目预算管理、费用报销、公司经营管理、财务基础知识等40余项财务管理需求，按照轻重缓急原则，逐步解决员工关注的焦点、难点、重点情况，确保员工合理诉求得到解决，确保发展根基稳定。

3. 建立政策导向机制，注重合规性管理

依据会计法、会计准则、会计手册、内控流程等主要规定，积极研究国家、股份公司、分公司科研财务管理政策，对资金、收入、成本等关键控制点进行重点管理，寻求办法解决有关专款专用等科研管理"瓶颈"问题，实现合规管理。

4. 建立价值导向机制，运用资金投向引领正确"三观"

秉承历史发展规律，顺应时代发展趋势，正确处理国家、集体、员工三者利益关系等，注重资金投入的方向性、前瞻性管理工作，注重科研基础条件、重点实验室建设、职工福利设施、文化建设等方面的投入，引导员工树立正确的世界观、人生观、价值观，提高对企业归属感、责任感等。

5. 建立互动管理机制，开发适合科研单位的管理会计辅助信息系统

2015年，针对历年来科研项目经费预决算差异较大的管理问题，天然气研究院专门设立院级课题开展专项研究，重点查析预决算差异原因并明确对策措施。目前该课题已取得阶段性研究成果，开发了"天然气研究院管理会计辅助信息系统"，设计的"科研经费管理子系统"已在院内正式运行，具备经费明细实时查询、经费使用报表自动生成打印、预算执行预警、预算调整变更等多项功能，使天研院科研项目管理在信息化、精细化方面有了新的提升。

以此为基础，天然气研究院还向科技处申报设立分公司级科研课题，继续深化对"天然气研究院管理会计辅助信息系统"的研究，持续设计开发管理费用、投资项目、大修费用、经营收支、存货管理、价值评估等方面的辅助信息模块以及评价分析模块，通过信息集成和大数据分析最终建成成本费用分析子系统，为院、机关科室、基层研究所三方管理者提供准确、及时的财务管理信息，弥补工作"短板"，规避财务风险，逐步实现天研院从财务会计向管理会计的升级和转型。

（三）在夯实会计基础工作的同时，不断拓展管理会计职能，助推科研财务稳健发展

1.规范岗位设置，防止重大缺陷发生

按照有关财务管理规定，结合院实际情况，规范设置34个会计岗位。如在院财务科增设成本管理岗，主要负责科研成本、经营管理成本，不断加强成本管理工作；又如增设收入管理岗，主要负责经营收入及其有关价税、债权债务管理，不断加强收入管理，确保资金及时回笼。再如严格按内控不相容职责管理规定，分设院托管的各控股公司财务负责人、稽核、会计记账和财产保管岗，并按重要风险控制需求，增设材料成本与商品管理岗等，防止账外料、库存积压等风险产生。

2.制（修）定相关制度、标准、指南，不断满足员工需要、政策需要、上级要求等

近年，院制（修）定7项财务制度、2项标准、1项指南、4项流程，包括《天然气研究院存货核算与管理实施细则（试行）》《天然气研究院差旅费报销实施意见（试行）》《天然气研究院货币资金支付授权管理规定》《天然气研究院货币资金内部稽核规程》《天研院与控股公司内部转移价格标准》《天研院内部结算价格标准》《天研院财务工作指南》《工程项目（投资项目）结算程序》《收入管理结算流程关于加强天然气研究院收入及往来审查的管理通知》等，规范顶层设计，就有关财务核算与管理业务进行统一，防止虚列收支、利益输送等。

3.加强财务预算管理，避免预算外收支，防范财务重大风险发生

加强财务收支预算、福利费预算等管理工作，做好科研项目预算、投资计划、大修计划、工资计划、职工教育经费等控制工作，如结合院利润贡献趋势，实行大修项目跨年结算，避免虚列大修支出。

4.规范办理竣工决（结）算，弥补科研单位管理"短板"

院业务部门办理有关投资、大修工程决（结）算，要求提交造价审定后的工程结（决）算书、竣工验收依据等；办理设备、材料采购结算，要求提供出入库验收手续、安装调试验收报告等，对验收不及时要求出具原因说明等，避免虚假验收；办理设计、监理、分析测试等技术服务结算，要求提交合同约定的有关设计报告、监理报告、分析测试报告等，确保工作量真实、可靠；对已完工未结算跨年工程按会计手册要求，规范核算暂估与转回业务，减少财务完成与统计完成的差异，等等。上述做法均获得上级检查认可。

5.进一步规范选商行为，降低财务连带风险

结算采购、服务等合同款项时，均要求提交合同复印件，对单一来源选商要求出具选商依据。目前，在分公司专业部门的指导下，在院业务部门配合下，院选商程序进一步规范，比质比价选商工作正有序开展。

6.进一步加强市场准入管理，实现财务监控关口前移

在财务合规管理要求的推进下，市场准入审查程序也逐步建立完善，院要求财务参与准入单位有关财务报表、资信能力等审查工作，进一步确保准入队伍资质合法、合规，规避潜在准入隐患。

7.合同管理进一步规范，确保院经济利益合法维护

因报销收支业务均应提供合同复印件，进而助推院合同规范管理。同时，财务部门参加合同审查，从原仅审查资金渠道调增为负责审查资金结算、价税、质保金等条款，确保合同签订合法、合规；对于院与自然人是否可以签约也积极协调，达成共识，确保财务服务职能得以较好发挥。

8. 产品与劳务收入进一步受控，确保收入结算及时、合规

设置收入管理岗，对产品销售、技术服务等收入及其价税、债权进行专人管理，定期清理核查，避免形成"小金库"行为。如开具收入发票，需提交合同主管部门初审通过后的开票通知、合同依据、相关工作量签认依据等。

9. 尝试内部独立核算，开展项目内部结算，确保政策有效运用

2015 年以来，天研院研究国家《民口科技重大专项资金管理暂行办法》（财教〔2009〕218 号），尝试对国家科研项目等开展内部结算。为满足政策需要，年初在中油财务 FIMS7.0 信息系统初始化建账时规范设置部门收支核算台账，分解下达内部盈亏考核指标，年末严格考核兑现，并积极开展管理会计辅助信息开发，为内部单位独立形成盈亏核算报表奠定基础，并配套修订《天然气研究院内部劳务结算计价标准》（天研财〔2015〕8 号），完善内部结算体系，切实做实内部独立核算、考核工作，以符合国家科研项目等内部结算要求。2015 年，尝试在各级科研项目结算内部单位的分析测试费 170 万元，为院增加费用来源。如防腐所按内部独立核算盈亏要求试点开展分析测试费的内部结算工作，其中，从国家重大专项项目中结算实际分析测试费 27 万元，并随院利润上交分公司，净增分公司利润 27 万元；同时，该所 2015 年科研项目计划执行率平均达 95%，改变原有科研项目经费计划执行率低、乱挤乱摊科研费用等现象。目前，该内部结算方式已获国家、集团公司审计充分认可，并获高度赞赏，为以后规范使用国家等科研项目经费奠定一定基础。

在此基础上，2016 年对内部独立核算进一步完善，修改了经营业务的板块和级次，使指标统计和考核更清晰、便捷和合理。根据不同业务类型的基层单位在辅助核算中设置检测业务、防腐业务、净化业务、油化业务、工程业务、情报业务、流量计量业务七个一级目录，在一级目录下再设置具体项目。每季末或半年，根据各基层科研单位提供的为各科研项目完成内部服务的工作量确认清单，按照内部结算价格对分析实验检测费、运输费、资料信息、水电气等进行分配和归集，对劳动保护等费用则按科研项目研究人员在项目发生的工时进行分配和归集以确保科研项目费用的合理性和完整性。

10. 优化日常业务处理方式，创新开展财务工作

一是建立财务审查底稿制，切实加强事中、事前控制。为避免日常报销业务事后发现问题较多，无法及时整改等情况，自 2014 年下半年开始，院自制项目成本（费用）财务审查底稿、收入审查底稿、科研项目预决算报表审查底稿等，实行初审、复审、终审、汇审"四审"制，同时，弥补内控表单审批程序不足，即在有关财务报销或报表上报前，就科研项目成本、投资项目成本、收入、科研项目报表等重要业务分别交由财务分管业务岗位、财务科级以上领导、总会计师、财务报销岗审查签认，如无合同、合同未选商、无工作量签认、超预等现象均得以控制和改善，进一步促进规范管理。

二是按周编制工作计划，增强执行力。总会计师按周编制工作计划，并安排责任人员落实执行，相关人员负责督办、汇总。该举措将看不见的财务工作系统化、显性化。目前，按期印制成册下发，增强员工归属感、价值感。

三是加强资金计划管理，资金计划符合率明显提升。在当前油价不断下跌，中石油资金越发紧张的情况下，加强资金计划管理尤为重要，同时院因经营业务的不确定性收入计划长期存在不准确性，同时，支出计划随意性较大，资金计划在分公司同类单位排名中长期靠后。为逆转此态势，进一步加强资金管理，自 2014 年下半年开始，院财务运用近三年资金收支曲线趋势分布图，帮助所

属单位合理预估、上报当期资金收支计划，较好地提高院资金计划符合率。

四是员工自查发票真伪，优化财务工作量。由于发票真伪验证工作量较大，财务人员逐一验证，效率低下。自2014年下半年开始，院要求员工在取得发票时，应及时上网查询住宿费、业务招待费发票等真伪，报销发票时需提供税务验证证明。财务部门负责查询流程的培训、网页告示等。此举广获员工接纳，杜绝"假发票"现象，减轻财务人员工作量，进一步优化财务工作程序。

五是实行月末汇总报销出库料单，减少重复劳动。自2015年开始，院改变原逐笔编制出入库记账凭证的做法，实行按月汇总报销出库料单，要求采购部门按课题用料、工程用料、物资大类等进行分类汇总，财务集中报销、记账，减少大量重复劳动。

11.加强专业和非专业人员会计知识培训与知识竞赛工作，整合财务人员、管理人员力量

近年，开展各种财务知识培训活动14次，其中，送外培训9次，自主培训5次（其中，非专业人员培训1次），聘请分公司专业主管部门、会计培训机构等人员进行授课，培训员工100余人次；开展会计知识竞赛2次（其中，院16名财务专业人员和19名非财务专业人员参加），重点围绕岗位风险与制度应用、应知应会《中国石油天然气集团公司会计手册》相关内容、"小金库"常识等进行测试，取得一定成效。

12.倡导理论研究与经典学习，培育阳光、向上的财务文化

购置管理、核算、业务等方面书籍，供财务人员参考和学习。鼓励财务人员开展读书活动，引导读经典、用经典，如推荐阅读《习近平谈治国理政》《岛》《活着》等经典书籍，逐步达到知行合一，实现最佳实践，提升专业人员健康生活情趣。

三、取得的成效

（一）采用信息化手段取得的成效

1.形成了科研项目经费使用与监控的互动管理机制

通过"管理会计辅助信息系统——科研经费预算管理子系统"，经费管理人员和项目负责人能够及时查询科研项目的预算执行情况。经费管理人员可以根据系统的预警功能，发现经费执行与预算进度不符的项目，及时与项目负责人沟通，了解具体情况和原因。项目负责人可以实时了解项目经费的入账情况，对于已开票未结算的情况及时向管理部门报送。通过上述措施搭建了经费管理人员和项目负责人的沟通桥梁，形成了经费使用与监控的互动管理机制。

2.提升了经费使用的合规性管理水平

通过该系统，项目负责人除查询执行进度外，还可以通过调阅科目三栏账的方式了解报销的具体明细。如查看在项目中报销差旅费的人员、技术服务费的具体厂家等。在3月科研项目自查工作中，项目负责人通过调阅的三栏账，分析和整理出以下问题：存在个别非项目人员报销差旅费的情况；ERP服务采购订单生成技术服务费明细科目有误；明细执行与预算有差异等。针对自查出的问题，院召开会议研究落实整改，适时出台新的管理措施，杜绝类似事件发生，从而进一步提升了经费使用的合规性管理水平。

3. 提高项目经费预算的执行率

通过该系统，从分管领导到项目负责人均能及时了解项目经费的执行情况，对于经费执行有异常的项目进行随时跟进，对于执行率低的项目督促有关各方加快结算进度。同时根据预算明细分解出影响经费执行的主要部分，如设备费、材料费和技术服务费等。针对主要问题，研究解决措施，督促相关部门提高项目运行效率，从而最终提高项目经费预算的执行率。近几年，科研项目预算的执行率仅为60%，2016年在全面采用该系统后预计将执行率全面提高到80%。

4. 节约了经费管理的时间，提高了科研、财务管理工作效率，降低用工成本100万元以上

对于财务人员、科研人员，减少了人工进行数据加工和转换及频繁到财务部门查询账务资料的时间，提高了费用归集的准确性。提高了工作效率，减少财务、科研单位用工5人以上，降低用工成本100万元以上；借助大数据等信息化工具，实现财务数据二次转化，为进一步探索建立科研单位管理会计辅助信息系统奠定基础；2016年，分公司财务处将该子系统在分公司科研单位进行推介。

5. 为下一步用大数据方法研究和管理科研项目经费奠定了基础

已完成的科研项目管理子系统集成了从2013年起所有科研项目经费的预算及经费使用情况，便于管理者对科研项目进行整体的共性特点分析，针对不同预算明细进行横向对比分析，挑选出重点项目从项目立项开始到结题跨越几年的全"生命周期"的纵向分析。在汇聚了大量基础数据的情况下为用大数据的方法研究和管理科研项目经费创造了条件，为下一步助推科技成果转让提供了经济数据支撑。

在完成了"科研项目管理子系统"的基础上，将继续开发经营收支分析、部门管理费用、大修费用、价值评估分析等方面的辅助信息模块。利用信息集成和大数据的方式为各级管理者提供高效的、更具针对性财务管理信息，提高财务管理、科研经营管理水平，最终达到财务会计向管理会计的升级和转换。

（二）加强合规性管理方面取得的成效

1. 加强存货清查，2014~2015年收回账外料4000余万元

增加了发生商品环节，加大对在产品、产成品的管理，进一步理顺与存货相关的生产、物资、财务等部门管理流程，加强存货清查盘点工作，进一步缩小账实差异。经过存货清查，2014~2015年收回账外料4000余万元。

2. 规范了天研院与各托管投资公司间交易行为，结算内部转移收入1399万元

天研院2014年下发了关于建立健全天然气研究院与各托管投资公司间内部转移价格结算管理机制的通知（天研财2014年4号文），规范了天研院与各投资公司间管理服务、现场技术服务、运输服务、水电气转供、资产租赁等交易行为。2014年、2015年结算内部转移收入1399万元；同时，尽可能规避内部利益转移不当的风险出现。

3. 往来管理进一步加强，收回欠款1100余万元，确保2015年KPI指标完成

通过加强往来账户的分析管理、往来款项支付的审核，使往来款项更加明晰、准确、受控，尤其对长期挂账款项定期进行清理跟踪，督促业务部门及时跟进，提高资金效率，规避法律风险。2015年清欠岗位责任人、财务负责人等亲自参与清欠，在客户单位（含海外客户）资金紧张、结算困难等情况下按期收回欠款1100余万元，保证了当年清欠指标的完成，缓解了单位资金紧张的窘境。

4.收入结算进一步受控

通过设置专人管理收入结算审查、开票和核算，实施《收入管理结算流程》，使开票内容与合同内容一致，开票时点与工作量进度一致，财务统计与业务登记一致。从而避免了开票内容与实际不符，提前开票，账实不符，杜绝"小金库"的发生，并为管理层提供真实可靠的经营管理数据。

5.加强资金计划管理，计划执行率明显提升

通过与业务部门的对接、加大计划上报和考核力度等措施，传导了中石油对资金管理不断加强的压力，提升了业务部门对资金收支的预测能力，提高了资金计划的符合率。2015年，天研院在分公司资金计划管理排名首次升至第一。

（三）拓展管理会计业务方面取得的成效

1.理顺内部独立核算关系，构建内部独立核算基础条件，增加院收益170万元，净增分公司利润27万元

财务部门通过对国家、股份公司相关制度的学习和研读，构建起内部单位间独立核算体系，尝试实施了科研项目内部结算。2015年在内部结算运输费、标气消耗、资料费的基础上新增了分析试验费结算。此举增加院收益170万元，净增分公司利润27万元。例如，2015年院防腐所按内部独立核算盈亏要求试点开展国家级等科研项目分析测试费的内部结算工作，当年科研项目计划执行率平均达95%。通过全面内部结算，既真实反映了科研项目对单位基础性资源的消耗，准确反映了科研项目经费的实际使用状况，又提高了项目预算执行的符合率。其中，对国家项目进行内部结算，此举是就如何既合法、合规用好国拨资金，又客观真实反映国拨资金使用情况问题的有益尝试。2016年4月，天研院分别接受国家重大专项审计、股份公司级科研项目审计，审计专家对天研院内部结算的方式和程序均予以充分肯定与高度赞赏，为科研单位合法、合规使用各级科研经费拓展新路径。

2.首推财务审查底稿制，财务监督从事后向事中、事前推进

建立了财务审查底稿制，目前已形成财务审查底稿数百份，并单独纳入内部资料进行归档管理，同时，为定期或不定期开展会计工作"回头看"活动提供客观依据。通过该举措，加强报销业务源头控制、闭环整改，有力落实岗位职责，增长会计人员才干。现经多次审计、财务、内控等检查，均获好评，财务基础工作明显加强。

3.制定《工程项目（投资项目）结算程序》，规范工程决（结）算流程

通过制定《工程项目（投资项目）结算程序》，加强对工程决（结）算业务的审核，进一步规范了工程结算的行为，防止提前甚至虚列工程成本的情况发生。通过采用多方审核签认的《工程进度确认单》的方式使工作量真实、可靠，并使工程成本与实际工作量一致，避免发生内控风险。该结算程序和办法得到了上级检查的认可。

财务业务供应链的二次开发

创造单位：山西潞安环保能源开发股份有限公司常村煤矿

主创人：岳　鹏　秦　丽

创造人：范文斌　张　毅　张　哲

[摘要] 供应链能够实现企业采购、销售、生产、库存、财务等核心职能的流程化协作与管理控制，本文所指供应链是企业主要针对材料配件内部管理需求，梳理并强化内部管理程序，重点对材料计划、采购、入库、领用出库、财务核算等形成闭合管理，结合实际需求，基于用友 ERP-U8 企业经营管理平台再开发的一个适用于企业供应管理的应用模块。达到降低成本、科学决策、提升管理水平，有效地进行风险控制，帮助企业规避经营风险的目的。

本文从介绍实施供应链的背景及意义出发，分析了煤炭行业材料管理特点及供应链应用难点，介绍了供应链模块的具体应用，包括供应链三大模块：采购管理、库存管理、存货核算的内容、功能及各模块之间的关系。结合本单位材料管理内部需求，介绍了从材料计划的编制（编制依据、编制流程、审批程序）、材料需求平衡及请购单的编制、采购订单、办理入库手续、领取材料及进行财务核算的流程，并明确了企管科、供应科、机电科、专业组、基层队组等在材料管理中的作用及职能，明确了计划员、领料员、保管员等工作流程，形成企业内部材料管理的闭合完整。介绍了供应链应用各个环节为材料管理带来的好处及解决的困难，实现材料管理各环节的有效衔接，提高企业内部管理水平。

[关键词] 财务管理；供应链模块；煤炭行业

一、供应链的概念及意义

（一）实施背景

本文所指供应链是企业主要针对材料配件内部管理需求，梳理并强化内部管理程序，提供更加准确、便捷的数据收集与分析平台，结合企业实际需求，基于用友 ERP-U8 企业经营管理平台再开发的一个适用于企业供应管理的应用模块。其实施的背景是作为集团公司统一管理，集中采购权、销售权的分公司对供应链在企业管理中的应用，重点是对材料使用计划、采购计划的编制进行内部管控，材料计划、采购、入库、领用出库、财务核算等形成闭合管理，提高内部管理水平。

（二）供应链的概念

能够实现企业采购、销售、生产、库存、财务等核心职能的流程化协作与管理控制，能够实现产业链上下游的高效协同。敏捷智慧的供应链能够显著降低整体运作成本，帮助企业在激烈的市场竞争中获得整体竞争优势。

本文所指供应链应用主要是指材料购销存管理在供应链中的具体应用。

（三）实施供应链的意义

（1）降低成本。提高库存周转率，降低库存成本；准确订货，降低采购成本；提高库存管理水平，避免不必要的损失。

（2）科学决策。提供合理有用的信息，方便决策；全程的计划管理，提高运作效率。

（3）提升管理水平。企业制度与系统有机结合，规范工作流程，规范管理；有效的风险控制机制，帮助企业规避经营风险。

二、煤炭行业供应链应用特点及难点

（一）煤炭行业材料管理特点

（1）煤炭企业结构复杂，存在多级、多专业的管理部门。

（2）煤炭企业在生产经营中所需资金密集度大、所用物资种类繁多；在煤炭生产过程中不可控的因素较多，导致生产计划的不准确和材料消耗的随机性比较大，所以对产品的监控以及成本的控制非常重要。

（3）大宗物料数量巨大，物料一般都没有固定形状、没有成型包装、成堆露天堆放，生产领用量往往无法精确复核，需要通过计量确定数量。

（4）设备、备品、备件的管理是采购管理、仓储管理的重点，煤炭企业最大的资产是在地下，如何有效地充分利用此类资产是每个煤炭企业必须考虑的关键问题。

（二）供应链应用难点

（1）企业内部信息化专业队伍力量不足。信息化建设涉及企业的方方面面，是一项融技术与管理的综合工程，煤炭企业普遍面临缺少专业化、复合型信息化人才，尤其缺少懂软件系统应用建设管理的专业人才，缺少能够深入理解企业信息化从而综合把控信息化建设过程的管理人才。而人是制约事情成功的首位因素，人才的缺乏严重影响了煤炭企业信息化建设的有效性。

（2）企业需要科学的认识和有效的方法。对于一项综合的、长期的、覆盖面广的信息化工程，清晰的思路和有效的方法是成功的关键因素。由于煤炭企业普遍缺少信息化建设的经验积累，而且行业的个性化特点比较突出，因此，企业自身在建设过程中面临缺少有序有效的过程思路和方法，缺少有效的组织管理经验，造成信息化工作效果不明显。

三、供应链模块的具体应用

（一）供应链模块的内容

表1 供应链模块内容

应用功能	明　细
采购管理	请购、采购订单、采购到货、采购入库、采购发票、采购结算
库存管理	入库业务、出库业务、用料计划、领料申请、单据列表、对账
存货核算	业务核算、财务核算

1. 采购管理

"采购管理"帮助企业对采购业务的全部流程进行管理，提供请购、采购订货、采购到货、采购入库、采购发票、采购结算的完整采购流程。供应商管理部分，已实现财务电算化的企业，供应商信息可以与"基础设置——客商信息"进行信息共享。

"采购管理"的功能：通过"设置"录入期初单据并进行期初记账，设置采购管理的系统选项。进行采购业务的日常操作，包括请购、采购订货、采购到货、采购入库、采购发票、采购结算等业务，企业可以根据业务需要选用不同的业务单据、定义不同的业务流程，月末进行结账操作。

2. 库存管理

"库存管理"是供应链的重要环节，能够满足采购入库、销售出库、产成品入库、材料出库、其他出入库、盘点管理等业务需要。主要进行进出入库和库存管理的日常业务操作。

3. 存货核算

存货是指企业在生产经营过程中为销售或耗用而储存的各种资产，包括商品、产成品、半成品、在产品以及各种材料、燃料、包装物、低值易耗品等。存货是保证企业生产经营过程顺利进行的必要条件。为了保障生产经营过程连续不断地进行，企业要不断地购入、耗用或销售存货。存货是企业的一项重要的流动资产，其价值在企业流动资产中占有很大的比重。

存货的核算是企业会计核算的一项重要内容，进行存货核算，应正确计算存货购入成本，促使企业努力降低存货成本；反映和监督存货的收发、领退和保管情况；反映和监督存货资金的占用情况，促进企业提高资金的使用效率。

"存货核算"是从资金的角度管理存货的出入库业务，主要用于核算企业的入库成本、出库成本、结余成本。反映和监督存货的收发、领退和保管情况；反映和监督存货资金的占用情况。及时准确地把各类存货成本归集到各成本项目和成本对象上，为企业的成本核算提供基础数据。并可动态反映存货资金的增减变动情况，提供存货资金周转和占用的分析，在保证生产经营的前提下，降低库存量，减少资金积压，加速资金周转，具有及时性、可靠性和准确性。

（二）各模块之间的关系

1. 采购管理与库存管理

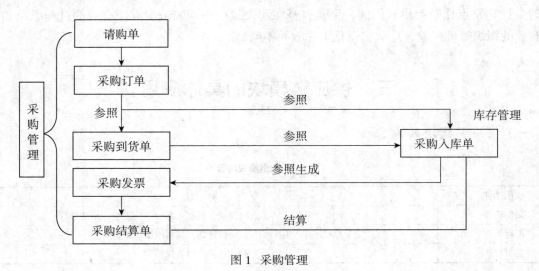

图 1　采购管理

2. 存货核算与库存管理

图2 存货核算与库存管理

（三）材料管理在供应链中的具体应用

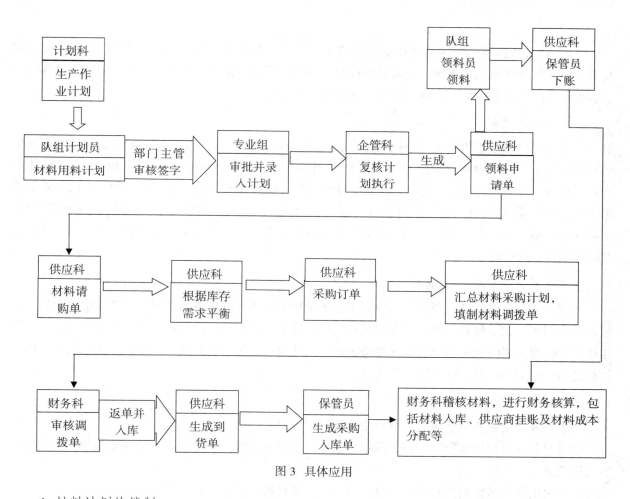

图3 具体应用

1. 材料计划的编制

（1）编制依据：生产作业计划及作业规程；

（2）编制流程：队组技术员按照编制依据结合井下生产实际及队组工库房实际库存情况编制本月材料计划（部门用料计划），队组生产（机电）副队长审核，单位负责人签字盖章；

（3）审批程序：队组及时将编制完的计划报送相关专业管理组，专业管理组审批、录入U8系统后报送企管科复核，企管科按规定进行复核后执行本月需求计划。

2.材料需求平衡及请购单的编制

每月供应科、机电科汇总各单位材料使用计划，并结合库存材料情况需求平衡后编制采购请购单。

供应科、机电科计划员根据U8系统中生成的部门用料计划，可以清楚地看到本月各种材料及配件的需求情况，更准确地掌握本月的材料需求数量，从而根据本月库存情况进行需求平衡，哪些材料是库存缺少需要采购的，哪些材料是库存富足不需要采购的，根据需求平衡生成采购订单，更好地执行采购任务。确保当月不会因为盲目采购而导致库存的增长。

同时也避免了因采购数量不足而带来的多次采购同一种材料的情况，降低了库存成本，避免造成采购与需求的误差，确保当月生产任务的完成。同时从根本上杜绝了库存占用资金过多的情况，以达到节约资金占用率的目的。

3.采购订单

供应科、机电科根据U8系统中所生成的采购订单申报材料采购计划，材料采购计划经领导批复后，调拨材料开出纸质单据，并由财务科对照采购计划进行审批，审批后由集团公司采供部统一采购批复入库，自采材料经由供应科统一负责其验收入库。

4.办理入库手续，材料入库

当调拨材料经由采供部统一调拨回来之后，供应科、机电科根据实际到货数量，由采购订单生成材料到货单，自采材料也同样如此。此后由供应科与机电科保管将入账纸质单据和U8系统中的到货单校对一致后，在U8系统中，根据材料到货单生成调拨单单据，自采入库的将生成验收单单据（经由到货单生成调拨单，避免了因单一纸质单据所造成的数量误写及篡改情况，若无到货单据，则此调拨单据无法入账；同时也做到了采购入库材料有据可依，避免了人为的错误，保证了采购环节的透明性、合理性）。

5.由队组开具领单，领取材料

供应科、机电科计划员根据领料申请单打出领料单之后，经由各领料部门主管签字盖章后，队组领料员用领单领取材料。供应科保管根据领料申请单生成领料单以下账。做到了账账相符、账实相符，同时根据系统中领料单的情况便于更好地统计数据，便于材料成本的分配，更给领导者以更加精确的材料消耗信息，便于领导的决策。

6.财务核算

（1）每月底由财务科稽核当月材料收发及库存情况。

（2）财务人员根据实际单据将入库单在系统中做材料入库凭证（根据自采单据做相关挂账及材料入库凭证）。

（3）由财务人员根据当月各单位材料领用单据做材料分配凭证。

四、供应链应用为企业管理带来的好处

利用财务核算软件，将材料配件管理纳入财务供应链系统，通过供应链模块全面监督材料配件的计划、采购、到货、入库、领用环节，各环节环环相扣，保证数据传递的便捷、一致、有效、及时，时时动态掌握企业全部材料配件的采购、领用、库存情况。其具体益处如下：

（1）队组上报材料使用计划，经相关专业科室审批后，录入供应链系统，领料单由审批后计划生成，实现了从源头上使用与采购相统一、需求计划与领料单相统一，保证了采购的科学性、合理性，避免了不必要的库存占用，同时杜绝了随意篡改领料单内容，从根本上控制领料单虚开、错开，从流程上控制材料成本的增加。

（2）根据系统生成材料领用计划，结合系统内库存情况，生成材料采购计划，从源头上控制材料采购计划的虚报、瞒报、错报、漏报，提高材料计划的执行率。使采购环节透明化、精细化，有效地节约了采购成本，降低了库存占用资金量，提高了资金使用效率。

（3）根据材料采购计划生成到货单，由到货单生成采购入库单，保证材料入库情况与采购计划相符，避免随意篡改调拨单数量，导致材料采购成本增加。

（4）材料出库单由领料单生成，而领料单由材料使用计划生成，达到杜绝虚进虚出，减少材料指标浪费及降低库存资金占用。

（5）通过供应链系统，实现对材料的查询功能，包括队组计划、领用执行、材料采购的执行情况、入库情况，等等。

（6）通过供应链系统，实现对采购材料的供货商等资料的信息化管理，达到对采购材料的质量追踪的目的。

（7）数据的统计收集整理分析更加方便，对于分析变化环节、找寻增支因素、分析物资采购周期、跟踪产品质量等提供了准确、科学、系统的分析，一方面加强了材料管控力度，另一方面也使数据分析工作更加科学、便捷。

集团资金集中管理系统建设项目

创造单位：北京经济技术投资开发总公司

主创人：刘亚军　康乐军

创造人：韩　勇　熊　莉　陈晓璐　宋　健

[**摘要**] 资金管理中心搭建了以 8 家银行（工行、农行、中行、建行、交行、浦发银行、兴业银行、北京银行）银企直联为核心的统一的资金管理平台，实现对系统内资金业务统一规划和业务处理，逐步真正实现"看得见、摸得着、上得来、下得去"的资金管理目标；建立了严格规范的账户开户及管理流程；减少资金沉淀，加快资金流转，增强资金管理效益；实现了系统内融资工作的动态管理。

[**关键词**] 资金；集中管理；系统建设

一、资金集中管理系统实施背景

资金是企业的血液，资金管理是企业财务管理的重要组成部分，如何使资金的循环周转顺畅、迅速、安全，如何提高资金的使用效率，降低整个集团的财务费用，是总公司领导以及财务人员极为关注的问题。通过资金的集中管理，企业集团可以实现整个集团内的资金资源整合与宏观调配，提高资金使用效率，降低财务风险。

总公司在发展过程中进行了多元化经营的尝试，从而形成了成员公司众多、区域和行业分布广泛的局面。与此相应，总公司建立了母子公司管理体制。在这种背景下，财务管理特别是资金管理对企业的经济活动显得越发重要。如果资金管理不善，将会出现资金分散、财务失控、资产流失等后果，使企业面临较大的财务风险，降低企业的管理效率，从而制约公司系统的健康发展。为加强资金监管，积累资金实力，应对金融风险，提高集团整体竞争力，总公司决定实施资金集中管理系统。

北京经济技术投资开发总公司资金管理系统实施之前，总公司以及下属成员单位，基本都采用分散式的资金管理模式。在这种模式下对整个系统的资金监管、风险控制、资源调配和统筹规划都带来一定的难度，因此包括总公司在内众多的集团企业都逐步进行集团资金集中管理的统筹规划。在目前"分散式"的资金管理模式下，总公司系统资金管理现状表现如下：

（一）账户多且比较分散，沉淀资金高

目前整个系统没有建立起规范的账户管理体系，下属单位多头开户，账户数量多，资金比较分散，存在大量的资金沉淀。总公司系统 45 家单位，涉及开户银行类别高达 22 类、账户 290 个。系统实施前，货币资金存量达到 31 亿元，平均每家单位资金存量 1 亿元，从而增加了账户的维护成本和管理难度。

（二）各单位资金余缺不均，存在存贷"双高"现象

以上线前各单位的资金数据分析，资金存量位于前五位的都是房产开发企业，但同时它们又需要大量建设资金、拥有大量贷款、财务费用高；一些单位由于业务特点回款率低、资金紧张，另外一些单位或是刚成立或是业务发展成熟，存量资金较多，这种情况不能得到内部平衡。资金分布的不平衡，内部资金调拨能力的有限，造成存贷"双高"，资金使用率低，资金成本高。

（三）缺乏及时的资金监控手段

通过财务集中核算系统，总公司已经大大提高了资金监控水平，对各公司的资金情况能够通过总账、报表的方式来获取。但对银行动态实时的在途资金监控不够，数据的准确性和及时性都不能保障。

（四）现有的资金结算手段比较落后，效率低

总公司系统内大部分单位的资金结算业务仍然采用传统的手工模式或分别登录不同银行的网上银行来实现，由于未能实现与银行的互联，资金结算的效率低，并且对资金的支付过程监控困难，一旦出现资金划付过程的差错难以及时发现，存在一定的操作性风险。并且由于这些结算数据与财务核算系统没有建立相应的关联，造成最终财务核算的效率也比较低。

（五）资金风险的识别和监控手段弱，风险高

在分散式的管理模式下，整个系统由于没有统一的资金管理平台，总部无法对集团内的资金头寸、资金分布以及其他关键业务进行实时监控。同时，总部对公司内的资金业务缺乏相应的事前计划、事中控制和事后监督手段，无法对成员单位的资金业务进行审批和风险监控，造成整个系统的财务和资金风险比较高。

（六）资金预算计划与资金用途控制存在脱节

部分单位对资金预算执行、控制和调整未给予足够重视，对资金预算执行情况的检查和反馈滞后，对资金预算编制、调整的权力没有进行划分与制衡，一些业务的资金预算编制相对简单，超资金预算或无资金预算的项目照样开展，资金预算对实际行为的预控作用较弱。

（七）系统内部资金往来频繁

不管是内部借款或拨款，还是工程款、租金的交付，总公司系统内部资金往来次数多、金额大。从集团角度来看，这类资金结算是重复性的、无价值的资金流动。实施资金管理系统后，能够发挥的最大作用之一就是能平衡各单位的资金，这也是总公司迫切上资金集中管理系统的重要原因之一。

二、项目实施目标

资金集中管理所要达成的目标是：通过建立资金管理中心，加强对集团所属企业资金的宏观调控，盘活存量资金，调剂资金余缺，加速资金周转，降低财务费用，促进资源的优化配置。

三、项目计划与实施要求

第一阶段：2011 年 9 月～2012 年 2 月，系统规划与环境建设

该阶段主要工作内容包括：

（1）接洽国内的主流软件公司，深入了解软件功能及特点，综合考虑系统实施成本、实施周期、实施效果等相关因素，最终确定系统供应商；

（2）软件供应商现场调研总公司系统业务经营情况，重点是资金管理状况，根据系统实施目标制订系统实施方案；

（3）总公司约谈上线成员单位，就资金管控模式、银行账户清理等事项沟通，充分听取成员单位意见和建议，达成共识；

（4）按照方案实施要求采购、调试硬件设备；

（5）总公司与软件供应商就初步方案展开讨论并修改完善。

第二阶段：2012 年 3 月~7 月，搭建银企直联平台

该阶段主要工作内容包括：

（1）清理成员单位银行账户并确认上线银行账户；

（2）签署银企直联协议；

（3）建立银企直联测试通道，测试业务数据形成测试报告提交银行；

（4）转换银企直联正式环境，成员单位授权银行账户纳入直联体系。

第三阶段：2012 年 5 月~8 月，业务培训和业务实操

该阶段主要工作内容包括：

（1）组织系统财务人员业务培训，熟悉操作流程、强化管理要求；

（2）成员单位定期报送资金计划，分析资金计划执行情况；

（3）成员单位在正式环境下的资金划拨业务操作及账务处理。

第四阶段：2012 年 9 月起，逐步实现系统内资金业务的集中管理

该阶段在实现资金监控的基础上通过资金计划控制分单位、分账户的逐步将成员单位闲余资金集中至管理中心，要求成员单位严格按照资金计划使用资金。随着总公司管理水平和要求的不断提升，逐步将系统内其他关键业务纳入该资金管理平台，如内部存款、内部信贷、集中对外支付等，在完成所有资金业务系统建设的基础上，构建符合集团管理要求的决策支持平台。通过建立各种分析模型，对底层的业务数据进行多角度的汇总分析和多种方式的灵活展示。

第五阶段：2015 年 12 月至今

根据系统上线以来的运行经验，升级系统版本，完善审批及业务流程，将原来线下审批业务转入线上审批，同时将融资管理纳入资金管理系统，实现融资动态管理。

四、集团资金集中管理系统建设创新点

（一）搭建了集团内统一的资金管理平台

资金管理中心搭建以 8 家银行（工行、农行、中行、建行、交行、浦发银行、兴业银行、北京银行）银企直联为核心的统一的资金管理平台，实现对系统内资金业务统一规划和业务处理，逐步真正实现"看得见、摸得着、上得来、下得去"的资金管理目标。对于上线范围外的特定用途银行账户实行每周手动上传交易明细的方式管理，实现资金管理的全覆盖。

（二）建立了严格规范的账户开户及管理流程

引入存货管理的"盘点—清查"理念对集团内银行账户进行管理，银行账户开立变更注销采用

审批及备案制度，日常账户做到"账实相符"（资金管理系统上账户与实际银行账户相符），对3个月内无实际业务发生的账户列入关注对象，对6个月内无实际业务发生的账户要及时销户。

（三）减少资金沉淀，加快资金流转，增强资金管理效益

资金管理中心要求成员单位定期制订上报资金计划，充分调动系统内各成员单位、成员单位各部门参与资金管理的积极性，资金按照审批后的计划下拨至各成员单位，成员单位必须按照资金计划严格管理资金的使用。中心对于集中后的闲置资金再采用内部信贷或理财的方式加以使用，使系统整体的资金使用效益最大化，同时有效降低系统整体的融资财务成本。

（四）实现了系统内融资工作的动态管理

将原手工上报的融资台账实现线上方式上报，从授信登记到担保抵质押登记、提款、计息、还款等全过程全部纳入线上管理，动态管理集团内各单位的融资工作，合理配置资源，降低财务风险。

五、集团资金集中管理系统建设成果

（一）直接效益

通过资金管理，减少了资金沉淀，降低了集团对外融资规模，同时通过对资金余额采用理财、定期存款等方式，提高了资金管理收益。

目前总公司资金集中管理系统共有49家上线单位，日均归集资金29亿元，通过沉淀资金盘活管理，累计实现净利润8300万元。

（二）间接效益

加大资金归集力度，发挥资金池作用；通过银企直联，提高业务办理效率和安全性，实现核算支付一体化，提高结算与核算效率，同时减少了人员往返银行时间，节省了人工和社会成本。

1.建立了统一的资金管理平台

在实行资金集中管理之后，资金管理中心搭建以8家银行（工行、农行、中行、建行、交行、浦发银行、兴业银行、北京银行）银企直联为核心的统一的资金管理平台，实现对系统内资金业务统一规划和业务处理，逐步真正实现"看得见、摸得着、上得来、下得去"的资金管理目标。

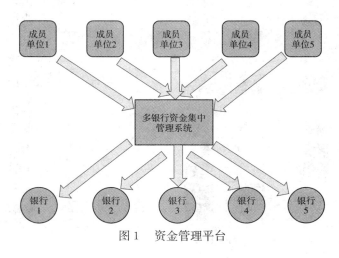

图1　资金管理平台

2. 提高了结算效率

成员单位可以通过系统操作轻松、便捷地完成企业账户余额及历史明细查询、集团内资金划拨和归集、集团内部业务资金结算、对外付款等工作，同时能自动资金业务凭单，更能实时反映账户资金变化状况，便于企业财务监控和决策，提高了资金利用效率，减少财务人员手工操作环节和工作量，降低差错率，提高工作效率，同时设有标准化接口，方便与企业内部系统实现在线连接，提供个性化量身定做功能。

（三）潜在效益

强化了资金账户的控制力度，避免乱开户现象；规范业务流程，落实内控管理；实现了动态监控集团账户资金，提高管理水平，降低资金风险。

1. 建立了相关管理制度

表 1　相关管理制度

序号	名称
1	北京经济技术投资开发总公司资金集中管理暂行办法
2	北京经济技术投资开发总公司资金集中管理暂行办法——账户管理细则
3	北京经济技术投资开发总公司资金集中管理暂行办法——部门及岗位管理细则
4	北京经济技术投资开发总公司资金集中管理暂行办法——资金划拨管理细则
5	北京经济技术投资开发总公司资金集中管理暂行办法——信息安全管理细则
6	北京经济技术投资开发总公司资金集中管理暂行办法——考核管理细则
7	北京经济技术投资开发总公司资金集中管理账务处理规定

2. 完善审批流程

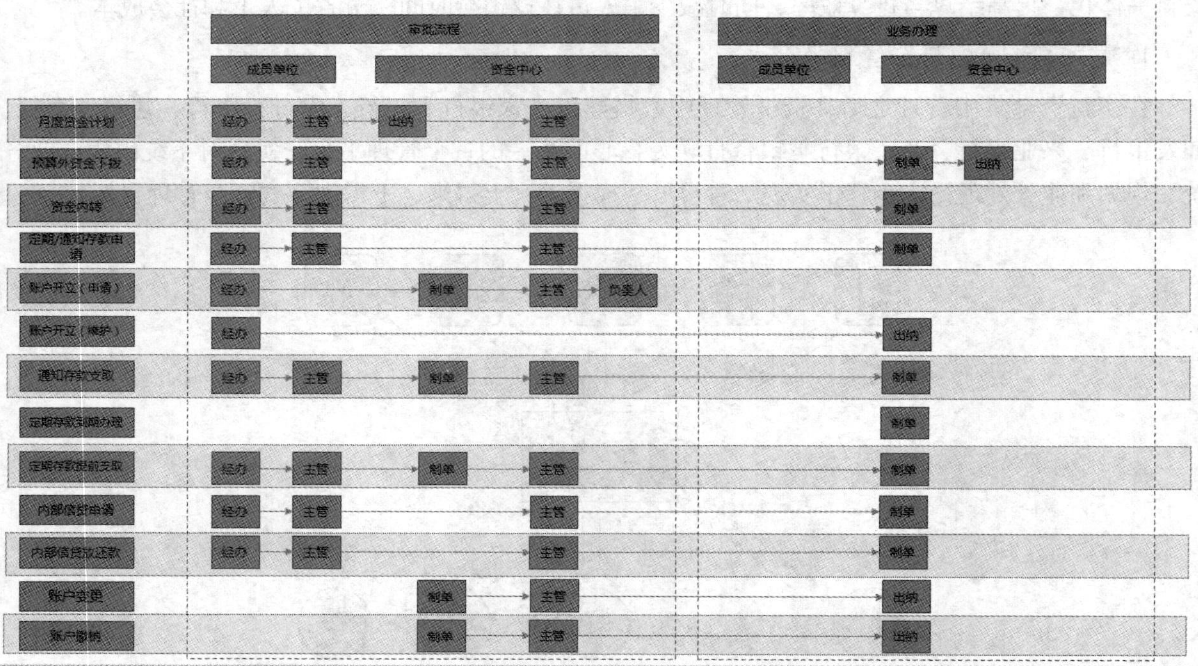

图 2　审批流程

3.业务单据

北京经济技术投资开发总公司
银行账户开立审批单

年 月 日　　　　　　　编号：银开201 第 号

申请单位		
申请事由		
申请单位内部审批	财务部门经办人	
	财务部门经理	
	单位财务负责人	
	单位负责人	
资金管理中心审批	经办人	
	复核人	
	审批人	

相关资料附后　　　　　　　总公司资金管理中心制表

适用范围：各级单位银行账户开立审批，资金管理中心留存原件，各级单位留存复印件

(a)

北京经济技术投资开发总公司
银行账户（开立/变更/撤销）登记备案单

年 月 日　　　　　　　编号：银备201·第 号

登记备案单位		
登记备案事由		
登记备案单位提交	财务部门经办人	
	财务部门经理	
资金管理中心登记备案	经办人	
	复核人	

相关资料附后　　　　　　　总公司资金管理中心制表

适用范围：各级单位银行账户开立、变更、撤销登记备案，资金管理中心留存原件，各级单位留存复印件

(b)

北京经济技术投资开发总公司
资金集中管理系统参数变动申请表

年 月 日　　　　　　　编号：参201 第 号

申请单位				
申请变更内容	人员岗位	□新增_____	□资金主管岗	□资金经办岗
		□注销_____	□资金主管岗	□资金经办岗
		□变更_____	□资金主管岗	□资金经办岗
	□开立 □变更 □撤销 内部账户	□内部结算户	□3个月定期存款户	
		□7天通知存款户	□12个月定期存款户	
		□6个月定期存款户	□其他_____	
		□内部贷款户		
	□添加 □变更 □撤销 外部账户	□开户名称	（变更后）_____	
		□开户银行	（变更后）_____	
		□银行账号	（变更后）_____	
		□账户性质	□虚拟户 □收入户 □支出户 （变更后）_____	
	其他			
申请人				
财务经理审核				
资金管理中心复核				
资金管理中心审批				
资金管理中心办理	□业务变更完成 □其他			

北京经济技术投资开发总公司资金管理中心制表

(c)

北京经济技术投资开发总公司
资金集中管理系统计划外资金申请表

年 月 日　　　　　　　编号：计外201 第 号

申请单位	
申请原因及金额	
申请人	
单位财务负责人审核	
资金管理中心复核	
资金管理中心审批	
资金管理中心经办	

北京经济技术投资开发总公司资金管理中心制表

(d)

图3 单据

表2　业务单据

序号	表格名称	用途
1	银行账户审批单	用于新开银行账户前审批
2	银行账户登记备案表	银行账户开立后备案及账户变更注销备案
3	参数变动申请表	人员、UK、岗位、单位、账户、利率等资金系统参数变动
4	计划外资金申请表	月度资金计划以外资金下拨申请
5	内转申请表	系统内部单位结算
6	月度资金计划表	报送月资金计划
7	理财业务收益核对表	用于理财收益核对
8	工作日志	记录每天工作情况，当日资金余额

（四）社会效益

通过集团化资金管理，提高了集团内各单位资金管理意识，有利于挖掘集团内资金管理潜力，降低集团总体对外融资规模及融资成本，同时通过动态的资金管理，可以即时提供管理决策所需信息，提高企业管理水平。

六、第三方评价

总公司资金集中管理系统上线运行后，资金管理水平有了较大幅度的提升，吸引了国中水务、中关村发展集团、新疆建设兵团等多家单位到总公司参观学习系统经验，并多次参加系统实施单位组织的业务交流会，如参加浦发银行创富全国巡回（北京站）经验交流会并在会上做专题经验介绍。

财务集中管理体制改革与实践

创造单位：长城人寿保险股份有限公司
主创人：任庆和　周红光
创造人：魏　星　朱世艳　权　利　陈吉祥　高映雪

[摘要] 保险公司作为全国性金融机构，机构体系庞大、风险控制要求高，传统的会计核算体系和财务管理体制已不能适应公司发展的新要求，必须进行财务管理体制改革，实行专业化的集中管理。财务大集中是指对现有财务处理流程的整合、建设和完善，依托系统化的信息平台，通过共享中心实现会计信息处理、成本支出审核、资金收付、财务信息报告等基础性账务处理和财务管理的全国集中，促使公司财务工作向生产经营活动延伸，是公司财务管理的一大创新。财务大集中项目从 2011 年立项，历经流程整合、系统建设和架构调整等阶段，通过两年半的实施时间，于 2013 年下半年全系统上线运行。从近三年实施效果上看，提高财务管理效率，满足内外部数据集中化管理和报送需求，提高费用开支真实性，降低资金结算风险。从公司长远发展上看，集约化、规模化和标准化的财务管理模式有利于发挥规模经济效益，从整体上降低公司财务营运成本，为业务发展提供坚实的后援保障，推动公司经营效率提升和价值实现。

[关键词] 财务管理；保险公司；集中管理

长城人寿保险股份有限公司（以下简称长城保险）是由北京金融街投资（集团）有限公司等股东投资，经中国保险监督管理委员会批准设立的全国性人寿保险公司。公司总部设在北京金融街，是第一家北京本土保险公司。公司经营范围主要包括人寿保险、健康保险、意外伤害保险及上述保险业务的再保险业务。截至 2015 年末，长城保险已设立北京、四川、山东、湖北、青岛、河南、河北、江苏、天津、广东、湖南、安徽 12 家分公司，注册资本 23.52 亿元。2015 年公司规模保费近 100 亿元，保费增长幅度居于行业同类竞争主体前列。

一、财务集中管理体制改革与实践的背景

企业改革的进一步深化，对财会工作提出了许多新要求。传统的会计核算体系和财务管理体制已不能适应企业发展的新要求，必须进行财务管理体制改革，打破公司内各自为政的块块管理，改进现有不合理业务流程，实行专业化管理，实现由分散管理向集中管理的转变。前些年，"数据大集中"在国内金融业信息化建设中风起云涌，"财务大集中"就是其中最引人注目的一幕。财务大集中是指通过在一个或多个地点对人员、技术和流程的有效整合，实现公司内财务各流程标准化和

精简化的一种创新手段。由于保险公司机构体系庞大、风险控制要求很高，因此，财务大集中成为国内外同业普遍采用的管理模式。传统的财务系统存在诸多不足：全国合并会计报表需要手工合并，存在重大风险；信息维度单一，无法满足公司管理层要求；预算控制由管理员人工记录和控制，无法实现费用事先申请和在线控制等。这些都导致财务人员与管理费用快速膨胀、财务流程效率降低、重复设备投资规模加大。保险公司推行财务大集中是企业改革的进一步深化，对财会工作提出了许多新要求。引入财务大集中模式，实现财务转型，可以有效避免简单复制扩张带来的弊病。不但能节约人力成本，更能将财务人员从日常的填单、签字和记账等烦琐的事务性工作中解放出来，充分发挥其管理监督职能，这样不但能够推动公司经营效益再上台阶，而且还能促使企业财务管理生产经营延伸，是企业财务管理的一大创新。

成立之初，长城保险确立了省级集中的财务管理模式，在中支不设财务架构，由分公司财务管理集中实施辖内机构的所有财务工作。随着长城保险业务的不断发展，为满足发展需要，自2010年开始实施资金收付集中工作，截至2011年中，除一些中小股份制银行外，基本实现资金的集中收付工作，业务范围包括保费收取（银保通除外）、理赔款支付、佣金发放、手续费支付、费用报销。因为资金安全是保险公司财务风险管理的重中之重，因此资金收付的集中可以有效地提高结算时效，提高服务质量。分公司目前的账务处理主要集中于费用的审核和记账，业务类收入、准备金、佣金、手续费等均由核心业务自动生成并由总部控制实施。

经过几年积极的思考和摸索，长城保险财务团队探索出了正确的财务集中管理策略，引入了先进成熟的软件系统，将账务集中设为财务集中的第二步计划。通过重新建立预算管理系统，重新定位公司各个层面的岗位职责和操作规范，建立起全国统一的财务预算管理及会计核算管理流程，同时通过对数据流的整合，实现全国会计核算的物理集中，从而实现长城保险既定的全国集中项目预期目标。这样有力地支持了长城保险经营管理，很好地促进了业务快速发展，同时财务集中系统也成为长城保险核心竞争力的重要组成部分，变革了企业传统财务管理发展的模式和方向。

二、财务集中管理体制改革与实践的内涵和主要做法

（一）建立具备"统一调配、统一管理、统一核算、统一监督"功能的资金管理系统

资金安全是保险公司财务风险管理的重中之重，因此长城保险通过资金管理平台现实账户的集中管理，资金归集划拨自动化处理，资金管理过程中信息集中、集成化管理，在整个管理过程中，体现主动管理思路，所有过程主动预警，真正做到管理过程直通式处理，减少人工干预造成的风险，保证资金安全，使财务部能更好地协助业务部门为客户提供更优质的服务。同时建立高效统一的资金信息管理和资金监控平台，在公司实施费用管控时，可以通过和资金管理平台的连接，做到对费用划拨的实时监控。2010年至今形成了一整套"统一调配、统一管理、统一核算、统一监督"的资金管理系统。

作为一家中小型寿险公司，长城保险在开业之初，在分析和总结多家保险公司财务管理经验的基础上，探索出了为公司发展切实可行的财务大平台集中管理方案，并以低于同业平均水平的成本，掌握了核心管理方案。开业至今，始终以"加强管理、研究创新、合规经营"的指导思想，指导着长城保险财务管理平台的建设和创新工作。资金集中管理系统的运用为长城保险在财务大集中平台项目的建设中起到了承前启后的重要意义。

（二）建立成熟、稳定的财务集中管理平台，让机构一线财务人员更好地发挥财务监督职能和管理职能

在会计集中核算下财务人员独立于机构的组织框架，使之能够更好地保障会计人员独立依法行使权力，增强了会计人员的责任感和使命感，保证会计信息的真实、合法和完整性，有利于更好地行使会计监督职能。实行集中核算，对财务收支进行全方位、全过程的监督管理，减少了被核算单位资金使用上的随意性，会计的核算行为得到了有效的控制，加强了对机构财务风险管控，履行了公司合规经营的理念。集中核算可以使机构财务人员从每天的会计凭证处理中解放出来，有更多的精力和时间切实地提高机构财务管理水平，更好地为业务系统提供高质量的财务资源服务，更多地履行类似财务分析、资金及单证管理等其他财务职能。

长城保险财务全国集中是对传统财务信息处理和财务管理的一项根本性改革，需要对现有的财务组织架构、财务流程等方面进行全面的调整和建设。长城保险在充分研究和分析下将总部现有财务部调整为财务中心，增设财务作业中心科室，分别设立相关人员负责财务中心总体工作和财务作业中心。分公司财务部的职能将发生改变，组织架构和人力配置将进行相应的调整。分公司财务强化了管理的职能，将各项财务管理更加精细化。并且由总公司直接指导与监督机构会计核算，有效地减少了会计核算的差错率，提高了会计核算的准确性。同时实现全国统一标准，便于财务基础工作口径的统一和规范。

（三）重新建立预算管理系统，重新定位岗位职责和操作规范，建立起全国统一的财务预算管理及会计核算管理流程，提升财务管理统一性和完整性

全新的财务管理流程能够提升财务管理的整体水平，长城保险在财务集中管理平台的先进理念下，打破原有的财务管理思路，大胆地重新建立预算管理系统，重新定位公司各个层面的岗位职责和操作规范，建立起全国统一的财务预算管理及会计核算管理流程，同时通过对数据流的整合，实现全国会计核算的物理集中。长城保险依据自身的特点，设计研发了具有长城特色的财务集中系统组织架构（见图1）。财务集中系统项目的最大特点也是创新点在于：是以 ORACLE 系统为核心，将费用报销等各个子系统与 ORACLE 系统建立无缝对接，实现数据交换，同时各子系统间也需要建立连接。

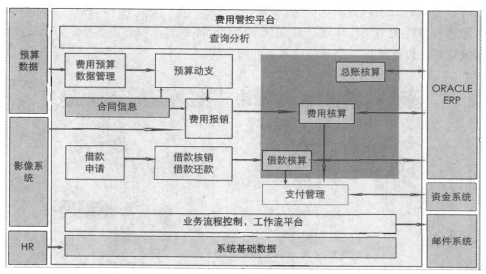

图1 财务集中系统组织架构

（四）重点突出费用控制在财务集中管理项目中的核心地位，解决目前企业财务管理中关键难题，提升企业管理的整体水平

费用控制系统是实现财务集中的核心，是对长城保险现有财务管理理念、会计核算流程的一次全新设计和实施，是解决目前大量手工化会计凭证处理的最终解决方案，是实现全员网上报销、提高工作效率的最佳策略，实现了会计业务处理电子化、自动化。长城保险以客户为中心，并着眼于自身业务、管理、决策全方位需要，快速引进并吸收新的管理理念和管理制度，并持续打造和优化高效的长城保险财务集中管理系统，突出完善费用控制系统，大胆构思系统设计（见图2），满足公司监管需要，支撑公司业务快速发展。

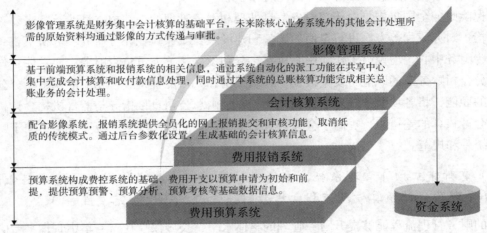

图2　费用控制系统总体设计思路

1. 调整管理思路，创新系统设计

市场瞬息万变，只有把握市场脉搏，适应市场变化才能使公司立于不败之地。相应地，财务管理不仅要适应市场规则的千变万化，还应对规则的调整做出快速响应。

长城保险费用预算管理系统流程（见图3）设计主要的创新点是对现有管理思路的调整，即将目前以预算科目为基础的预算编制、申请、追踪、反馈调整为按工作计划执行，以强化对资源流向的检视。由预算科目转变为工作计划是对现有预算管理体系的一项重大调整，目前先由总部推广实施工作计划预算制，再逐步推广至分公司和三四级机构。

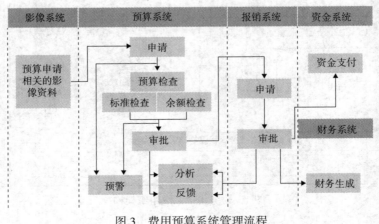

图3　费用预算系统管理流程

费用预算管理提出全新多维度的管理思想，采取预算科目管控与工作计划申请相结合的管理模式，在费用预算管理的这层精细化处理相关审批安排，大大降低了支出成本、更加真实有效地执行费用支出，改变了原系统单一依靠预算科目管理费用支出的模式。使业务部门的费用支出清楚地展示了"钱花哪儿了"。拉近业务人员与财务人员的距离，使之能彼此协调工作，发挥整体效益，达到整体性能最优，从而改变了财务流程操作的模式。

预算是保险企业各项经营指标的综合体现，而经营指标的确定很大程度取决于公司近期或长期的经营战略，通过搭建预算平台，实现战略转化为执行层面的语言。预算与战略连为一体的基本思路是，首先制定并用战略图的逻辑框架描述战略，建立财务、保户、流程和学习等几个层面的因果关系，分别确定战略目标及其关键评价指标，并将评价指标分解为阶段性的目标值和保障性的具体行动计划，明确各层级责任及执行人，同时以经营预算与资本支出预算实现资源分配，最后以此为基础汇总形成全面预算。全面预算管理，是一种全过程、全方位、全员的管理，体现的是一种权责利的关系，这种广泛性和利益关系需要全方位、全员的参与以及多向的沟通及反馈。基本思路是，先由公司总经理室根据上级公司指示精神，提出单位总目标和部门分目标；各基层单位根据逐级管理原则制订本单位的预算方案，呈报各分管业务部门；分部门再根据各下属单位的预算方案，制订本部门的预算方案，呈报预算管理部门；预算管理部门审查各分部门预算草案，进行沟通和综合平衡，拟订整个组织的预算方案；预算方案再反馈回各部门征求意见。经过自上而下、自下而上的多次反复，形成最终的预算，经企业最高决策层审批后，成为正式预算，逐级下达各部门、各机构执行。围绕企业目标的实现开展一切经济活动是全面预算管理的本质要求。因此，在预算执行过程中，必须围绕实现企业预算来落实管理制度，落实经营策略，强化企业管理，提高预算的控制力和约束力。预算一经确定，在企业内部即具有"法律效力"，企业各部门在生产经营及相关的各项活动中，要严格执行，切实围绕预算开展经营活动，具有一定的刚性。另外，在预算执行过程中，市场环境、宏观政策等客观原因可能与预算初期发生较大变化，这时候就需要根据实际情况的变化，以充分利用出现的机会并及时应对潜在的问题和困难，提高适应性，实现预算的动态管理，而不是脱离实际的目标控制。

长城保险自 2005 年开业以来，认真执行公司的经营安排，严格执行费用预算控制，至今未有任何一年出现超支现象，此项指标是长城保险财务人一直以来的光辉荣耀。

2. 实现电子化费用报销，自动化账务处理流程

费用报销系统是对传统现有费用报销流程的电子化，将传统手工流转和签批的费用报销事项移至系统平台上，通过 IT 系统实现网上提交报销申请和审批，以提高工作效率。费用报销系统的建设在审批环节基本不改变现有流程和规则，较为重大的变化就是：通过后台的设置，系统自动生成会计凭证，基本无须手工干预；建立与报销系统相匹配的影像系统，实现对下级机构发票的审核与验证，加强对机构的监督管理。

在这一流程下，员工可以在任何时间、任何地点提交财务报销申请，领导可用数字签名的方式在任何时间、任何地点进行业务审批，财务部门对原始凭证审核无误后，自动生成记账凭证，并可以通过网上银行进行支付结算。网上报销系统是以企业成本管理为核心，依据传统财务审批流程，在网络基础上进行单据的填制、报销审批、费用支付、预算管控、账务管理等，实现费用核算管理的全程电子化。通过多维的预算控制方式，按实际情况控制费用支出，提交的单据按照正规的流程逐级审批，避免越级审批，实现标准、高效的企业内部控制，降低资金风险。简化了报销过程，减

少员工的费用报销时间；另外，领导可合理安排时间审批员工报销单据，提高工作效率。通过大量的系统计算和标准设置，简化了财务大量的核算工作。账务和银行付款信息可由系统自动生成，审核会计岗位无须投入大量人力。强大的报表查询管理功能，随时为管理者提供实时的数据支持，可全面掌控资金预算的执行情况，实现科学、合理地管理企业资金计划。通过与网银系统对接，实现跨地域审批、跨地域支付，彻底解决原先在各地开设银行账户所造成的大量资金占用问题，大大减少资金沉淀。员工可实时了解到财务人员对单据所做的任何调整、审核及修改。原本需要数周的报销周期缩短为一周以内，提高了员工的满意度。

在统一的核算口径平台的基础上，建立了以员工为中心的财务业务操作功能。不同机构的员工在不同时间、不同地点，可随时提交相关单据，在初审合格以后，统一汇集作业派工池内，这样避免了地域性、时间性带来的限制。共享中心采用自动派工作业流程，将工作内容按复杂程度进行分级管理，同时，共享中心作业人员按技能实现分级管理。实现工作内容的分级与作业人员级别的匹配。切实加强了财务队伍建设，培养和造就了一支高素质的财务人才队伍，为做好财务工作提供了有力保障。

3. 创建全新的合同管理模块

费用控制系统创建全新的合同管理模块，在费控系统中设计合同管理模块，将公司所有的涉及付款的合同纳入系统管理，强化对合同付款的及时性、准确性管理。合同管理模块与费用报销系统、资金管理系统建立对接，实现付款、会计处理的自动化。合同管理模块的建设能够很好地帮助企业清晰分辨合同类型，及时有效地对合同进行维护，强化监管了合同付款的流程，方便了对合同的查询需求，规范了对合同的保管需要，起到了对合同的各项情况进行全程跟踪作用，更加人性化的管理，保证了长城保险内部管控的需要，及时有效地满足了信息化及时性的需求。

4. 创新财务组织架构，优化改造财务集中作业流程

长城保险打破原有的财务组织架构，创新建立财务作业中心，由单据提交机构提供影像件和附件，财务作业中心作业岗根据扫描件和附件创建凭证，优化全新的财务集中作业流程，提升总体的工作效率。

财务集中管理系统持续进行流程优化，通过不断改进财务相关流程，使财务职能定位准确，同时达到操作流程和组织架构全面优化，利用信息技术手段，对资金实行集中收付，对会计核算进行标准化和集中化处理，使财务共享服务中心高效运行，以实现提高财务工作效率和质量、加强风险管理控制、降低运营成本，由被动核算管理转向主动服务管理。

财务集中管理系统对财务数据的真实性、准确性、完整性、一致性方面进行了规范和改进，并按照财务制度统一口径要求进行财务数据处理操作，从而保证了财务数据更加完整、准确和可靠。而在此基础上建立的财务报表、综合查询、绩效考核等功能，更好地帮助了各业务部门追踪费用执行情况和管理需求，最大限度上体现和发挥了其创新价值。

三、财务集中管理体制改革与实践的效果

通过对长城保险财务集中管理系统管理思路的创新、财务制度流程创新、组织架构形式创新、风险监督控制和人才队伍建设等方面的创新工作，有效地保障了长城保险业务发展，在经济效益、管理效益、人才效益、社会效益方面都取得了丰硕的成果，具有良好的推广和实用价值。

（1）规范财务制度，建立了基于整个长城保险体系的统一财务制度；规范会计工作秩序及业务处理流程；有助于建立起一套科学、完整、有效的内部监控管理体系。

（2）实现长城保险范围内账务处理的的系统化、自动化和集中化，集中财务管理项目不仅实现了费用支出及内部资产核算的电子化，同时也为管理提供了数据平台，为实现集中财务管理的目标和灵活多维的财务分析迈出了坚实的一步。

（3）实现财务管理的信息化、网络化、集中化，资金和费用管理的实时控制管理，财务与保险收付系统高度集成，达到一次录入，重复使用，减少工作量，减少输入错误，加快单据传递时间和信息的可准确度。熟悉管理信息的高度共享，真正实现集中管理的目标。

（4）保险收付的数据和财务的数据无缝连接。全科目报表的自动生成，减少原来手工填写的误差，确保数据的一致性和准确性。

（5）在权限上实现分级控制，实现各个子系统的高度集成，各系统建立有机的联系，相应的指标和参数自动关联。

（6）系统能够实现对公司总部及下属机构任意经营期间和任意数据进行实时查询和监控。系统能够对财务数据自动提取，建立相关关系，汇总生成不同时间段的数据比较。

（7）系统能够提供工作流和预警平台，实现审批的工作流管理和预警信息的自动处理。

（8）财务数据将传统的纸制页面数据、磁盘数据发展到网页数据，这种信息获取方式还有利于信息的多元化利用。财务信息系统也由核算型向管理型、决策型转变并最终形成了以财务管理为核心的全面管理信息系统。

（9）集中财务管理管理项目不仅仅是简单的系统开发和程序应用，更重要的是，它从管理成本的角度为提高利润水平和经济效益提供支持，成本管理的观念也会逐渐渗透到经营决策中来，为更高层次的管理理念的推广创造良好的环境。

（10）培养出一支综合素质高、专业技术和业务能力过硬的财务信息化队伍。与此同时，人才的成长和进步以及新员工的加入也使核心业务系统实现不断的优化和创新成为可能。

（11）财务集中管理系统是长城保险的核心管理系统，实现了企业管理的高度集中和共享，为企业"扁平化，集约化"方向奠定了基础，促使企业管理水平的整体提高，为公司业务发展提供持续后援保障，取得了良好的经济效益。

轨道交通装备企业新型成本管理体系的构建

创造单位：中车时代电气股份有限公司

主创人：张 华 刘 宁

创造人： 施 艳 郑林香 冯美玲 陈 谦 李婷雷

[摘要] 项目成本管理作为项目管理的一个关键环节，在 IPD 项目管理过程中显得尤为重要。由于时代电气一直以职能管理为主，成本工作令号也是按照职能划分，无法按照产品和项目维度进行费用、成本的归集。项目工作令号作为在各业务系统（SAP、费控系统等）中的最小核算单元，是项目成本管控所需数据的源头，若要真正实现项目成本管控，就必须有一套可从多维度（项目、组织、产品、区域等）进行数据收集、成本管控和统计分析的项目工作令号来对项目成本实行管控。然后通过财务规则对核算数据进行运算和分析，进而达到对项目产品全生命周期的成本进行核算分析和损益考核的目的。

[关键词] 轨道交通；成本管理

株洲中车时代电气股份有限公司（以下简称时代电气）于 2005 年由中车株洲电力机车研究所有限公司等五家单位共同发起设立，于 2006 年 12 月 20 日在香港联合交易所上市，成为中国轨道交通制造业海外上市第一家企业。

作为中国电气化铁路装备事业的开拓者和领跑者，公司肩负振兴高端装备产业的使命与责任，致力于被誉为列车"心脏"和"大脑"的牵引传动和控制系统自主研发及产业化，是国内唯一自主掌握核心技术并大批量应用的高科技企业集团，也是全面参与国际竞争、支撑中国高铁"走出去"战略的核心高端装备企业。

公司秉承"品质驱动时代"的质量理念，坚持同心多元化发展战略，产业涉及高铁、机车、城轨、轨道工程机械、通信信号、大功率半导体等领域，业务遍及全球 20 多个国家和地区。轨道交通电气系统国内市场占有率逾 60%，是综合实力最强、产品谱系最完整的核心系统供应商。

一、构建新型成本管理体系的实施背景

（一）公司实施多元化经营发展战略的需要

近年来，随着时代电气多元化经营和市场全球化的发展战略的实施，公司由传统的产品供应商向以电传动技术为核心的系统方案和解决方案的提供商转型，不断挖掘，全面开拓新产业和新产品业务。要响应公司的经营发展战略要求，创新产业链，打造与国际一流同步的综合能力，这种形势

迫使科技创新必须更多与市场、战略对接，不断提升企业核心竞争力。

（二）公司增强产品市场竞争力的需要

从时代电气所处的竞争环境来看，轨道交通产品的市场竞争变得越来越激烈，产品成本管理能力是市场竞争力的核心源泉，而产品成本管理能力提升工作的核心在于高效的全生命周期的成本管理体系的建立。为响应快速、多变的客户需求，实现市场产品交期、质量和成本的统一，保持市场产品竞争力，使时代电气能够继续保持快速、稳定的发展，基于以市场为导向的产品开发流程体系的新型成本管理体系构建尤为重要。

目前，时代电气在产品研发费用、产品研发损失费用和产品上市时间等指标上与国内外优秀企业相比均存在较大差距，时代电气对产品成本和产品研发过程的管控力度仍然比较薄弱。如何提升时代电气对产品成本管理能力，既关系到时代电气既有产业的地位巩固、壮大，也关系到新产业是否能够生存、拓展，对时代电气未来的发展来说都是至关重要的。

二、构建新型成本管理体系的内涵

2013 年，公司导入 IPD（集成产品开发）流程，这是一种基于市场需求和核心技术及平台驱动的产品研发管理体系，既是一种先进的管理思想，也是一种卓越的产品开发模式。它通过梳理产品结构层次，整合产品开发流程，以市场需求作为产品开发驱动力，技术研发和产品开发分离，将产品开发作为一项投资来管理，基于 IPD 流程构建的新型成本管理体系是对产品全生命周期的成本管理，对于企业的成本管控能力提出了较高的要求

时代电气财务部门针对 IPD 强调市场导向，追求产品交期、成本、质量的统一，重视多部门协同的管理理念，搭建了端到端的成本管理思路，整合公司内部运营资源，运用目标成本管理、项目损益管理的方法对从客户需求调研直至生命周期结束的整个过程进行管理，从而达到产品全生命周期的成本管理，项目从始至终全程损益责任落实到人。

项目全生命周期分为五个阶段：概念阶段、计划阶段、开发阶段、验证与发布阶段以及生命周期管理阶段（见图1）。财务人员以财务经理的身份派驻项目团队，以项目损益考核为手段，通过建立项目成本管理组织体系、梳理成本管理主流程、建立新型产品成本核算体系、完善目标成本管

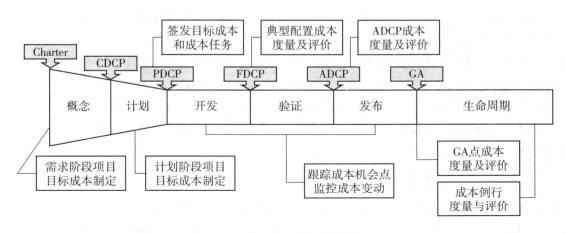

图 1　IPD 五个阶段成本决策评审点

理流程、推行全生命周期预算管理方式、建立科学的项目损益考核体系六个做法来构建新型成本管理体系，达到长远的项目管理效益管控与评价目的。

三、构建新型成本管理体系的主要做法

（一）建立项目成本管理组织体系

在 IPD 集成产品开发体系中，将产品开发作为一项投资行为来管理，建立了产品成本分级管控机制。最高一级是公司投资决策委员会（IRB），属于经营决策层；中间一级是 IPMT 团队，属于管理决策层；下面一级是产品开发团队包括 PDT 团队和项目团队，属于业务执行层，如图 2 所示。

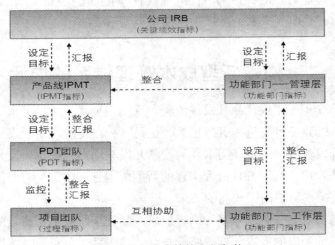

图 2　项目成本管控组织架构

IPMT 由各业务单元负责人组成，确保时代电气在市场上有正确的产品定位并决策产品成本目标。PDT 团队和项目团队的跨职能部门组织包含了开发、市场、生产、采购、财务、制造、质量、售后等不同部门的人员，共同负责项目预算的执行。通过 IPMT、PDT 团队以及项目团队工作机制的建立，保证了资源统一协调，项目运作畅通，确保项目成本目标的达成。

（二）梳理成本管理主流程

成本管理流程是新型成本管理体系建设的纲要，时代电气财务采用 WORKSHOP 的工作方式对成本管理的主流程进行了梳理，各业务领域核心代表通过查找成本管理现状与成本管理主流程的差别点，规范成本管理中目标成本设定、过程跟踪、成本度量等成本管理活动，明确产品开发过程中各个角色在成本管理过程中的输入、输出、活动、职责等工作对成本管理的主流程进行了梳理并编制了 IPD 流程五个阶段共 30 个财务评估模板与表单。为搭建适合公司成本核算模型，建立多维度、多层次的管理核算体系，编制了基于公司、事业部、项目、区域维度的收入、成本、费用等七个核算管理办法。

（三）建立新型产品成本核算体系

项目成本管理作为项目管理的一个关键环节，在 IPD 项目管理过程中显得尤为重要。由于时代电气一直以职能管理为主，成本工作令号也是按照职能划分，无法按照产品和项目维度进行费用、成本的归集。项目工作令号作为在各业务系统（SAP、费控系统等）中的最小核算单元，是项目成本管控所需数据的源头，若要真正实现项目成本管控，就必须有一套可从多维度（项目、组织、产品、区域等）进行数据收集、成本管控和统计分析的项目工作令号来对项目成本实行管控。然后通过财务规则对核算数据进行运算和分析，进而以达到对项目产品全生命周期的成本进行核算分析和损益考核的目的。

为实现项目在不同业务域的费用、成本归集，时代电气形成了项目工作令号的编码规则，统一了项目的沟通语言，从理论上实现了成本按项目维度的统计要求。为新型成本管理体系的信息化落地创造了条件，通过项目工作令号在信息系统的使用，从功能上实现了产品成本的精细化管理。

在信息系统中，专门开发项目管理功能模块。并对各相关业务系统进行流程改造，使各业务系统按照指定的规则使用对应的工作令号进行业务处理与数据归集。在项目成本月结时，同步相关工作令号的业务数据至项目管理功能模块，根据项目与相关工作令号的关系把业务数据归集至项目中，实现按项目维度完成收入归集、收入分摊、费用分摊、实际成本计算等管理口径的核算。基本实现了项目成本按组织、产品、项目等多个维度进行统计的需求，满足管理需求的费用、成本归集，并且具有良好的扩展性。

（四）完善目标成本管理流程

完善产品目标成本管理流程，实现基于竞争价值趋向的目标成本管控是新型成本管理体系建设的核心。通过明确产品开发过程中各个角色在成本管理过程中的输入、输出、活动、职责，规范成本管理中目标成本设定、过程跟踪、成本度量等成本管理活动，在产品成本管理主流程的基础上，梳理并优化了包括财务评估流程、产品价格及目标成本分析流程、销售收入预测流程、产品成本估计流程、功能性费用预测流程、开发项目成本预测流程、利润预测分析流程、财务分析流程等支持流程。

产品目标成本管理围绕产品规划与迭代、投标方案制订、目标成本制定、产品开发、交付与财务损益核算等业务情景，以项目资源计划为依据编制财务预算，在项目运转过程中不断分析预算与实际的偏差和偏差原因，进行目标成本控制，使 PDT 团队学会用战略的眼光看待业务决策和运作、用策略方法改进产品创造价值的能力、找到跟踪产品开发状况的"仪表盘"、了解成本管理的流程的同时，验证整个成本管理流程与业务管理流程是否能有效匹配，寻找管理优化的机会点，最终达成以业务预算为牵引，成本核算为基础，财务分析为手段，运用项目成本管理运作机制，实现端到端的项目损益计算的目的。完善以市场为导向的激励考核机制。

（五）推行全生命周期预算管理方式

基于 IPD 的全生命周期预算管理是以项目全生命周期为预算管控周期，预算的编制基础是业务活动，强调基于活动的资源需求。在项目立项时项目团队按项目时间轴由细到粗编制全生命周期预算，第一年按月编制、第二年按季编制、第三年至生命周期结束按年编制，在项目生命周期的五个阶段的决策评审点和每年年初进行预算的滚动更新。通过这种预算管控体系，保证项目目标在实施过程中的不断校正和达成。

全生命周期项目预算不仅在预算周期、编制基础和对标滚动时点上与传统财务预算不同，在预算编制的范围上也存在很大区别。全生命周期项目预算不仅包括项目的收入、成本、费用等项目，还包括非生产人工成本预算。新型成本管理体系认为人力资源是项目成本费用的重要组成部分，是项目运营活动的重要资源需求之一。所以项目团队根据业务活动进行人力资源需求编制，需求细化到具体的 WBS 活动、需要的人员职业种类和等级、需要的人力资源时间（小时），人力资源的需求计划，通过人工费率的折算，成为项目预算中的非生产人工费用，与其他预算项目一样开展阶段对标分析和预算滚动。

秉承"将项目作为投资管理"的理念，新型成本管理体系提出了将 PDT 虚拟成一个小型的独立运作的责任主体，项目不仅承担自身的收入、成本、项目直接费用，还增加了应分摊的间接费用。以"公司"视角审视项目全生命周期损益。

（六）建立科学的项目损益激励考核机制

在有效推动管理体系运作落地过程中，绩效管理是重要的关键核心要素。PDT 团队和项目团队对产品的最终市场效益负责而不是只对产品研发或者其他某个环节负责。通过产品线责任书和项目责任书对产品线及项目目标的约定，促使整个产品线实现产品线和项目的效益最大化。这种管理模式将 PDT 虚拟成一个小型的独立运作的责任主体，年初通过产品线年度成本、费用估算约定产品线当年的财务目标，同时约定质量和进度目标，签订产品线责任书并在年终开展对标，运用项目激励考核方式来实现项目目标导向，明确项目组工作职责和考核机制，实现项目绩效与项目相关人员的收入挂钩，通过项目成本控制带来项目业绩的提升，最大限度调动团队的积极性促进项目团队产品成本意识，推动项目利润提升，通过项目利润最大化实现公司利润最大化。

PDT 团队绩效管理是通过制定 PDT 项目管理模式下的跨部门团队的复合考核机制来实现的。PDT 团队和项目团队核心成员的个人工作绩效分为部门工作绩效和 PDT 项目工作绩效。部门工作绩效按照《员工绩效管理办法》及所属部门（单元）内部制定的考核周期、考核流程和工具表单实施。项目工作绩效由 PDT 经理与时代电气 IPMT 根据项目成功程度评价。

PDT 团队和项目团队核心成员的年度考核内容及工时权重，由部门直接上级、PDT 经理与员工沟通达成一致，在当年度《个人年度绩效协议》中约定。年终，由 PMO 办公室召开了 PDT 团队年度述职会议，根据述职表现，完成部门工作绩效、项目工作绩效的双维度评价，并采用年度绩效等级强制分布的方式，实现对于 PDT 团队项目工作的差异化评价，如图 3 所示。

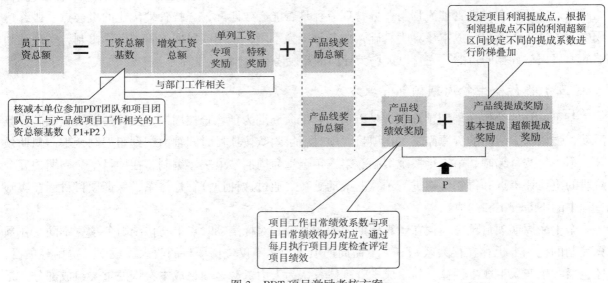

图 3　PDT 项目激励考核方案

根据 PDT 项目管理模式下的薪酬管理办法，时代电气规定了 PDT 项目激励考核方案与员工薪酬发放的执行方法。提出了项目/产品线奖励分为绩效奖励、提成奖励两部分，绩效奖励与项目工作绩效日常考核结果挂钩，提成奖励与项目工时、项目业绩挂钩。从项目管理过程、项目成功程度两方面评价 PDT 团队工作并实施激励，确保项目在端到端的全生命周期管理内的实现以成本驱动的精细化管理。

PDT 团队和项目团队成员所属部门（单元）的员工工资总额分为与部门工作相关、与项目工作相关的两部分，总体上由部门工作工资总额、产品线奖励总额两方面组成。

同时，时代电气实行 PDT 项目业绩与职业经理人责任年薪相关联的运作模式，PDT 经理执行职业经理人差异化考核，对产品线利润率负责，产品线利润率达成情况与职业经理人责任年薪挂钩，与产品线利润率的增幅比例区间内进行阶梯提成，实现了从时代电气管理层到普通员工的全覆盖的 PDT 奖励激励与绩效管理。

（七）成本管理信息化平台的建设

为支撑新型成本管理体系的运作效率，时代电气启动了成本管理信息化工作。建立适应 IPD 管理模式的项目管理编码管理功能、项目状态管理功能、项目阶段管理功能以及项目团队管理功能。为以按照项目、项目阶段进行数据分析以及按照 PDT 项目组织进行项目费用审核审批授权奠定界定、区分依据。

按照新型成本管控要求统一项目管理思路，在销售业务、费用报销业务以及部分生产业务的核算按照项目进行数据拆分、汇总，实现项目维度收入、成本、费用的核算统计，及项目损益表的编制。项目直采物料（存货）统计到项目、按项目单独计价。直采物料按订单管理库存、核算成本，准确反映项目直采物料的项目成本。

在现有公司经济业务授权审批管理办法的基础上，按照项目财务管理要求，设定 PDT 项目费用的审核审批流程，将项目费用的管控权力赋予项目负责人，做到项目团队权力与责任的统一。

通过项目成本管理信息系统与周边系统建立接口关系，项目直接费用、客户、区域以及分子公司的数据自动对接，实现了费用自动取数，按客户和区域费用进行收入、毛利分析，以及集团内部交易的自动抵消等功能，提高了成本管理效率，扩展了成本管理与分析的空间。

四、构建新型成本管理体系的成效

（一）提高公司经营业绩，增强公司盈利能力

新型的成本管理体系的建立，使公司能够响应快速、多变的客户需求，实现市场产品交期、质量和成本的统一，有效提升了产品核心竞争力，有力支撑了公司的"以创新驱动发展"产品战略的实施。近三年来，时代电气整体销售收入实现年均 30% 以上的持续增长，净利润复合增长率为 34.33%，净利润率保持在 17% 以上。2015 年，公司总资产 218.12 亿元，实现净利润 29.70 亿元，年人均产值 230 万元。

（二）全员全过程成本管控理念初步形成

IPD 流程、端到端项目管理、项目损益是公司管理理念的一次变革。公司从来不缺少流程，成本管理也从来不是一个人、一个部门或者一个团队的事，从理念上、意识上扭转每位员工对有价值

（增值）的流程及成本控制的认识是成本管理体系建设工作的重中之重。为此，时代电气财务开展了多层次、多维度、多形式的培训与宣传推广活动。

为加强公司各层次管理者、员工对IPD流程、端到端全价值链管理理念的理解，针对公司高层管理者开展了《标杆企业变革历程暨企业产品管理及成本管理提升》《产品端到端全价值链管理》培训，针对公司中层管理者开展了《集成产品开发体系》《企业端到端成本管理》《集成产品开发高级实务》培训，累计组织5场大型专业培训，总参训人员超过240人次，帮助公司管理者和项目组成员提升对IPD流程、成本管理体系的理解。

为了明确各业务领域在成本管理体系中的特点和工作要求，成立了"成本管理体系宣传培训讲师团队"，收集素材，编制标准培训课件和分业务领域个性化课件，培训讲师们开展了5轮内部培训演练与评审，不断地修订课件，完善表达思路。在技术、营销、制造、物流、售后和职能管理五个业务领域针对主管、业务骨干分别开展了结合领域特点的成本管理体系宣传培训，总参训人员达170人次。

为使项目团队学会用战略的眼光看待业务的决策和运作、用策略方法改进产品创造价值的能力、找到跟踪产品开发状况的"仪表盘"、了解成本管理的流程，组织了试点项目模拟演练活动。模拟演练采用5周时间模拟连续四年的项目运作方式，在演练过程中由IPMT进行市场客户角色的扮演，就动车、城轨两个项目进行4次招标，两个试点项目团队以竞争的关系分别模拟产品规划与迭代、投标方案制订、目标成本制定、产品开发、交付与财务损益核算等情景，通过演练，各业务领域成员认识到满足客户需求与产品的性价比是在激烈竞争环境中获得订单的重要影响因素，端到端管理理念得到了试点团队一致认可。

为扩大宣传范围，加强宣传效果，在公司范围内征集成本管理宣传素材，制作了展板和易拉宝进行展出；组织了形式多样的宣传活动。包括有奖征文、成本管理知识问卷、主题图书漂流及培训心得征集活动。

通过文化、宣传、培训、辅导、绩效导向等方法，尤其是业务骨干对流程体系建设的参与、讨论，使项目团队成员形成了明确的成本管控意识，对成本的关注达到了非常高的水准，形成了对成本文化的推动落地。

在跨部门团队运行过程中，不同职能单元的员工、骨干组成的跨部门团队形成了一个独特的群体，他们来自不同的职能单元，但为了一个共同的目标而努力工作，形成了所谓的跨界学习的无边界组织，从组织理论而言，这也是组织发展的趋势所在；同时，对学习型组织的定义有了更为深刻的认知，跨部门团队文化初见成效。

（三）多维度损益核算实现从粗放型管理到精细化管理

面对瞬息万变的市场环境，公司需要对市场进行基于项目、客户、区域等维度的分析，了解市场需求变动，把握市场机遇。时代电气原来的财务核算体系核算维度单一，没有考虑多维度分析的需求，多维度分析数据来自对核算数据的模糊检索和统计，并且需要手工计算配置编制完整的多维度损益报表和分析。

新型成本管控体系结合公司销售业务多以项目形式出现，将核算颗粒度定义在项目的收入、成本、费用，损益项目均得到了细化，从细化到项目维度的财务核算数据向上进行客户、区域等维度的损益数据的核算与分析，保证了损益数据的精细和准确，在更多维度上满足了公司市场和战略管理需求，支撑市场决策。

（四）信息化应用架构创新

按照新型成本管理架构，构建了从数据入口取数，多系统数据同步传输的信息平台，以提升企业运营效率；通过按项目的成本核算、数据的分析支撑业务决策；面向不同组织层角色，实现快速、精准的数据推送，如图4所示。

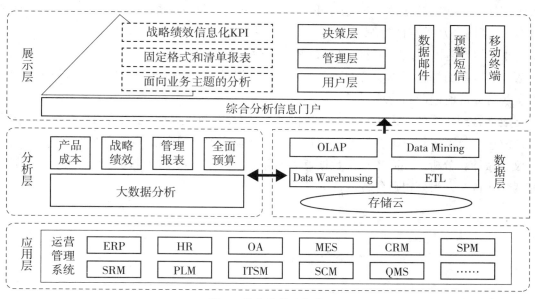

图4　信息化战略架构

新型成本管理体系信息化工作首次利用信息化工具对分析层系统工具进行了创新性的项目建设，实现了以新型成本管理系统为数据分析系统，周边运营管理系统为数据来源的数据分析系统框架。实现了项目过程管控与项目财务信息同步，为公司各层管理者提供监控项目运作的平台，如图5所示。

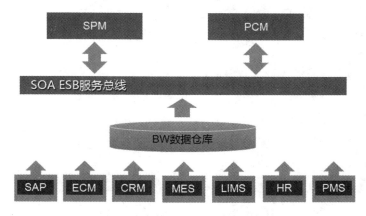

图5　成本管理系统（PCM）建设蓝图

（五）细化成本结构，为降本分析提供数据支撑

通过新型成本管理体系的建设，以生产过程业务系统中的实际经济业务为数据基础，对产品成本结构进行了细分，将原来的11个成本结构项细分为19个成本结构项。弱化成本中心，强化工作中心，将原有的60个工作中心按照工艺路线中的工序细化为127个工作中心，按细化的工作中心

进行成本精细核算。

产品成本核算的细化，为公司成本管控和降本分析提供了更加便捷、更加深入的分析基础和工具，为公司持续推进降本增效提供数据保障。

（六）促进公司财务转型

PDT 团队七大核心代表之一的 PDT 财务经理角色的出现为财务人员提供了直接参与业务运作的"舞台"，使财务从独立的组织融入到了项目、融入到了业务，财务工作不再是事后的核算和监督，而是业务的事前预测，计算业务活动的绩效，为业务行动提供参考，与项目团队一起洞察机会、创造价值。更重要的是新型成本管理体系为财务人员提供了业财融合的平台，让财务人员得以在此平台上实践财务价值创造和管理创新。

新型成本管理体系的建设为财务人员提供展示平台的同时也对财务人员的综合素质提出了更高的要求，财务人员不仅要掌握会计的理论知识，还必须了解公司产品，熟悉项目管理与公司运营流程；不仅会做计算分析，还必须清楚数据背后的业务。这一方式不断推动着财务人员从核算型会计向管理型会计转变，为公司财务转型打下基础。

全成本变动成本法在企业中的应用

创造单位：大唐电信科技产业集团数据通信科学技术研究所

主创人：苗广萍　马晓燕

[**摘要**] 科技是国家强盛之基，创新是民族进步之魂。在这种大环境下，高新技术企业面临的竞争必然会空前激烈。在激烈的市场竞争中，研究所制定了优化成本结构，优化资源配置，实现"提质增效"，最终实现企业价值最大化的财务目标。为了实现此目标，研究所结合自身生产、经营和管理的特点，制定了实施全成本变动成本法的重点工作。在全成本变动成本法实施过程中，首先，研究所制订了分阶段的总体实施计划，对全成本变动成本法实施过程进行阶段划分，并制定了每一阶段的工作目标和工作任务，从而便于后期全成本变动成本法的实施；其次，在实施过程中的每一阶段，研究所部门之间不断进行相互沟通，总结经验教训，为后期全成本变动成本法全面实施打下基础；最后，研究所根据几年的实施经验，制定相关的制度，从而使全成本变动成本法制度化、规范化。经过全成本变动成本法，研究所掌握了产品的成本结构、盈亏平衡点以及产品的盈利能力，从而为企业有效地进行成本管理、合理成本构成、优化资源配置并提高市场竞争力打下基础，为企业的可持续发展保驾护航。

[**关键词**] 财务管理；全成本核算

一、全成本变动成本法的概述

（一）全成本核算的定义

所谓全成本核算，就是要核算产品生产周期中所发生的各种成本费用，它包括产品策划、立项研究、开发设计、生产制造、产品销售、售后服务等各个环节所发生的成本费用。

全成本核算要求企业的成本控制全员参与，全过程控制，从而最大限度使成本构成合理，由精确核算管理模式到精细核算管理模式，走高效益的精细化管理之路。

（二）变动成本法定义

变动成本法是指在组织常规的成本计算过程中，以成本性态分析为前提条件，只将变动生产成本作为产品成本的构成内容，而将固定生产成本作为期间成本，并按贡献式损益确定程序计算损益的一种成本计算模式。

变动成本法将成本划分为变动成本与固定成本，此核算方法通过对变动成本进行分析来进行成本管理。变动成本法更加方便对产品成本进行比较和分析，从而使产量、成本和边际贡献之间的关系以模型方式揭示。

（三）全成本变动成本法的定义

所谓全成本变动成本法，就是要核算产品生产周期中所发生的各种成本费用，并将这些成本费用划分为变动成本和固定成本，从而按贡献式损益确定程序计算该产品损益的一种成本计算模式。

全成本变动成本法，一方面可以通过对产品变动成本进行分析来进行产品成本管理，另一方面使产品成本构成全面完整，弥补了变动成本法只适合短期决策的缺陷。全成本变动成本法可以对企业各个环节所产生的成本进行分类分析，从而将企业中与业务不相关的成本降到最低，去除企业中不增值的环节，合理产品成本投入，为企业效益的提升做出贡献。

（四）全成本变动成本法的重要性

第一，准确核算产品的真实成本。

科技兴则民族兴，科技强则国家强。党的十八届五中全会提出科技创新强国的思想，在这种大环境下，企业在研发方面的投入量会不断加大。同时为实现让使用单位满意这一终极目标，企业在销售服务的投入也会越来越大。如果我们在核算产品成本时还是只考虑生产成本，忽略生产前、生产后环节中发生的研发成本、管理费用、销售费用等各项费用，还停留在过去以生产成本为中心的成本核算方式当中，就会造成成本核算不完整，从而不能准确反映产品成本信息。

第二，为管理层的决策提高可靠的依据。

管理层在进行重大财务决策时，都是以真实可靠的财务数据为依据。在成本核算过程中，只考虑生产过程中发生的成本，并且不区分变动成本和固定成本，就不能对产品的成本构成进行动因分析，也就无法提出改进建议，从而无法实现从精益信息到精益管理的目标，进而导致管理层的重大财务决策出现失误，影响企业的市场竞争力，阻碍企业的长足发展。

二、全成本变动成本法在研究所中的应用

（一）全成本变动成本法在研究所的应用背景

1. 当前大环境介绍

党的十八届五中全会指出要把创新摆在发展全局的核心位置，创新驱动发展，科技是国家强盛之基，创新是民族进步之魂。在这种大环境下，高新技术企业面临的竞争必然会空前激烈。在激烈的市场竞争中，体现企业市场竞争力的关键指标就是其成本领先程度。通过全成本变动成本法核算争取企业成本领先地位，从而打造企业核心竞争力已经成为高新技术企业亟待实现的目标。

2. 财务管理理念

在如今的大背景下，财务战略是贯彻企业经营战略，实行稳健的财务运作，以价值管理为核心，精细财务管理，优化资源分配，建立全面预算体系，深度融合业务，运用财务分析工具辅助战略决策和选择，做好有力支撑，实现企业价值最大化。企业财务目标是推进会计核算向价值管理转型，规避企业经营风险，实现企业价值最大化。目前，研究所采用无边界管理和精益管理财务手段，提高科学化、专业化管理水平，并以价值管理为核心，建立协同管理体系。采用全成本变动成本法可以促使企业财务与业务相互渗入、相互了解，从而促进企业的财务管理水平提高，提升企业价值创

造能力，使管理更有效果、更凸显价值。

（二）全成本变动成本法实施的总体规划

集团启动了"管理会计工具'应用年'活动"，研究所积极响应、认真实践，考虑到所本部及其他子公司业务量本身较小，业务模式相对简单，本着务实高效的精神，研究所在主业兴唐公司实施。兴唐公司结合自身生产、经营和管理的特点，制定了实施全成本变动成本法，支持公司决策的重点工作，从而优化成本结构，优化资源配置，实现"提质增效"，最终实现企业价值最大化。

第一阶段：了解产品的生命周期，根据业务实际以及成本性态，划分变动成本和固定成本，编写全成本变动成本法分析报告。

财务部门和相关部门协同工作，一同收集每个产品在每个阶段所发生的各种费用，根据业务实际以及成本性态，将所收集的各种费用分为变动成本和固定成本两部分，如将生产成本中的直接材料、直接人工、制造费用分为变动生产成本和固定生产成本两部分；将非生产成本中的管理费用、销售费用、财务费用分为变动非生产成本和固定非生产成本两部分，从而为全成本变动成本损益表提供可靠的数据，编写全成本变动成本分析报告。

第二阶段：以划分好的变动成本和固定成本为基础，先将全成本变动成本法应用到主要产品中，并写全成本变动成本法实施分析报告。

根据上一阶段的经验，以划分好的变动成本和固定成本为基础，先将全成本变动成本法应用到主要产品中，如二代证，形成主要产品的全成本变动成本损益表，并与完全成本损益表进行比较，分析全成本变动成本法的优劣，编写全成本变动成本法实施分析报告，总结这个过程中的经验教训，为之后的工作打下基础。

第三阶段：扩大全成本变动成本法的应用范围，建立产品全成本核算体系，使全成本变动成本法成为一个比较成熟的管理工具。

根据前阶段的经验，不断扩大全成本变动成本法的应用范围，争取覆盖到企业所有产品，建立产品全成本核算体系，编制相关产品的全成本变动成本损益表，并比较分析相关数据，使全成本变动成本法成为一个比较成熟的管理工具，为企业经营决策以及成本控制，提供许多有价值的资料。

（三）全成本变动成本法的实施措施

1. 建立全成本核算体系

为了正确核算企业产品的全成本，为变动成本和固定成本的划分打下基础，企业制定了《产品全成本核算管理办法（试行）》，要求各个部门上报工时，完工、结题工单，并对产品全成本中的各要素的归集和核算做出了规定。

首先，各个业务部门要上报本部门的工时统计表，将本部门发生的人工工时合理准确地分配到各个工单，从而为后续公摊费用的分配打下基础。

其次，根据企业产品的生命周期将企业的成本费用分为研发成本、生产成本、工程成本、管理费用、销售费用五大类，并根据各种成本费用的特点，规定了不同的分配方法。

研发成本：与产品相关的成本按照相应核算要素，如研发工单，进行归集；公摊成本按照相应核算要素，如研发工单的工时，分配到各个研发工单。

生产成本：与产品相关的成本按照相应核算要素，如生产工单，进行归集，公摊成本按照相应核算要素，如生产工单的工时、分配各个生产工单。

工程成本：与产品相关的成本按照相应核算要素，如工程工单，进行归集，公摊成本按照相应核算要素，如工程工单的工时，分配到各个工程工单；管理费用按照部门进行归集，并按照相应核算要素，如生产工单的工时，分配到各个生产工单；销售费用按照部门进行归集，并按照相应核算要素，如生产工单的工时，分配到各个生产工单。

最后，根据每种产品所对应的核算要素（如研发工单、生产工单、工程工单等）中归集的成本费用，得到每种产品的成本。

2. 固定成本和变动成本的划分

为了实施全成本变动成本法，对每个产品所包含的全成本进行了变动成本和固定成本的划分。变动成本包括总额会随着业务量的变动成正比例变动的成本；固定成本指在相关范围内，其总额不随业务量变化发生增减变化的成本。

在划分固定成本和变动成本时，研究所遵循会计重要性原则和成本效益原则，对于那些影响不大的细项简化处理，而非投入太多的精力去分析其与产量间线性关系。

3. 盈亏平衡点的应用

根据每种产品的收入、变动成本、固定成本编制变动成本损益表，计算每种产品的边际贡献，边际贡献率，盈亏平衡点的销售收入、销售量、销售单价，安全边际，安全边际率，从而为公司经营决策、成本控制以及企业正常运转，提供许多有价值的资料。

三、全成本变动成本法取得的成效

（一）掌握产品的成本结构，便于预算编制及成本管理和控制

全成本变动成本法产生的产品成本包含产品生命周期中各个阶段的成本，此核算方式下的产品成本可以让管理层了解产品成本在生命周期中各个阶段的分布情况，从而掌握产品的成本结构。对产品成本结构的掌握，可以使企业更加准确合理地预测产品各个环节中所产生的成本，从而便于产品预算的编制，使产品预算编制得更加合理。另外，对于占成本比例比较高的生产环节，分析其成本形成的原因及必要性，可以有效地进行成本管理和控制，合理产品成本构成，优化企业资源配置。

（二）掌握产品的盈亏平衡点，合理预估产品售价

盈亏平衡点是企业预估产品售价的重要依据，是企业进行短期决策的重要参考。产品盈亏平衡点的数量、单价以及收入反映了该产品盈利为零时的销售数量、单价以及收入，是企业可以接受的底线。企业在进行产品定价时，都是以盈亏平衡点的单价为依据的，此数据对于企业合理预估产品的售价，提高企业的核心竞争力至关重要。

（三）掌握产品的盈利能力，调整收入结构

产品盈利能力的资料可以让企业了解每种产品的盈利情况，从而为企业调整收入结构提供可靠的依据。在企业中，每种产品的盈利能力各不相同，掌握不同产品的盈利能力，可以择优生产，从而提高企业整体的盈利能力，优化企业的收入结构，实现企业成本领先，提高企业的核心竞争力。

（四）全成本变动成本法实施前后对比

实施全成本变动成本法之前，研究所按实际耗费计算各个产品的材料、按投工人数分摊各产品应承担的人工和制造费用。这种传统的成本核算模式不足在于：第一，产品直接盈利能力考虑的成本要素不全；第二，侧重于对产品的事后分析，没有对成本动因的分析，对成本管理事前指导作用较少。

实施全成本变动成本法之后，研究所产品的成本构成包含了产品生命周期的各个环节所产生的成本，并且对这些成本进行了变动和固定的划分。企业一方面可以制定目标成本，进行任务分解，从成本各环节进行降本增效；另一方面可以通过制定目标销售量和目标售价，争取最大经济效益，实现企业价值最大化。

通过实施全成本变动成本法，企业近几年的业绩稳步增长，市场竞争力不断提升，企业价值逐步实现，相关财务指标都处于行业优秀水平。"十二五"期间，在整体经济下行的压力下，研究所的营业收入增长了150%，利润总额增长了70%，净利润增长了73%，经济增加值增长了160%，净资产收益率、总资产报酬率也一直保持比较高的水平。全成本变动成本法的实施，使企业领导及各层级负责人更加准确地掌握公司产品成本的情况，从而有效地进行成本管理和控制，实现企业成本领先，提高企业的核心竞争力。有效的成本管理和控制，使企业资源得到更加充分合理的利用和配置，从而引导企业从资源占用向效益提升转变，为国资委"提质增效"专项工作做出贡献。

四、全成本变动成本法实施的心得感悟

（一）变动成本和固定成本的划分困难

全成本变动成本法实施的关键就是划分变动成本和固定成本，而在现实的生产活动中，企业中大多数的成本都是混合成本。混合成本中的变动成本和固定成本在一些特定的环境下又可能发生转换，这时我们就需要对其成本性态重新进行测试划分，而变动成本和固定成本的重新划分，必然会加大企业会计核算的负担。

（二）业务人员对全成本变动成本法的认识不深

作为一种新的财务管理理念，大家对全成本变动成本法认识、重视程度不够。在此管理工具实施过程中，由于专业性较强，业务人员对此理解上存在一定难度，从而导致部分人员对此管理工具的认识和了解不深，使此管理工具的推进难度增大。

（三）业务人员的工作热情有待提高

全成本变动成本法作为一种新的财务管理工具需要许多新的基础数据作为支撑，而基础数据的收集和分析工作必然会增加相关业务人员的工作量。因此，在此管理工具的实施过程中，由于业务人员对此项工作的了解还不够深入，整体的积极性有待提高。

（四）信息化建设不够健全

全成本变动成本法的实施需要各个部门积极配合，提供各种各样的成本核算资料，信息传递的工作量相对较大。但是由于企业保密要求，信息化建设不是很健全，数据交互方面需要履行一定程序，从而导致此管理工具实施过程中数据的及时性不能得到有力的保障。

五、全成本变动成本法的应用建议

（一）遵循成本效益原则，合理划分变动成本和固定成本

每个企业的生产环境、产品不同，变动成本和固定成本的内容也各不相同。变动与固定都是相对产品数量的变化而言的，企业在判断变动成本和固定成本时，要根据其单位成本是否随着产量的变化而变化界定。对于各种成本的划分，企业要遵循会计中的重要性原则和成本效益原则，简化处理影响不大的细项，而非投入太多的精力去分析其与产量间线性关系。

（二）加强财务知识宣贯，做到真正的全员参与

全成本变动成本法要求企业全员参与，调动企业全员的积极性。为了全成本变动成本法在企业中顺利开展，应该加强宣传与培训，向大家宣贯全成本变动成本法财务管理理念，让大家对行为的原因了解更深，做到"知其然更知其所以然"，从而促进全员转变成本观念，做到人人树立市场观念、竞争观念和成本效益观念。

（三）建立健全相关制度，调动全员工作积极性

企业的运行需要靠制度的指导，企业在实施全成本变动成本法时，一定要建立健全相关制度，注重工作的科学性和全面性。企业在全成本变动成本法实施的过程中，应该做到确定目标，明确责任，可以将目标层层分解到每一个环节和岗位，明确员工的责任和义务，从而调动大家的积极性和创造性，形成一种"千斤重担万人挑，人人肩上有指标"的新机制。

（四）加强信息化建设，提高信息质量

众所周知，企业在成本核算过程中涉及许多信息的收集、统计、分摊以及分析等工作，这些工作内容复杂而且工作量比较大，因此建立信息共享平台，尤其是大数据时代，实现由数字到数据最终到财富的积累，对于企业准确、及时、全面、完整了解经营信息，实现财务对战略的更有效支撑将至关重要！

基于提升集团管控能力的财务一体化平台建设

创造单位：青海盐湖工业股份有限公司

主创人：唐德新

创造人：徐战辉 叶发银 马海州 姚凤迎 许 敏

[摘要] 鉴于国内集团企业在财务管理中普遍采用一体化式管理，以促进成员企业更好地发挥财务管理职能、与集团财务管控行为有效协同，从而降低财务管控风险与经营风险。为了实现公司财务管理工作从"粗放型向集约型"转变，强化公司财务集中管理，提升财务信息质量、工作效率、实现资金集中管理、实现全面预算管理等，促进各成员企业的业务规范性与完整性，有效防范财务管理风险，公司启动了全集团范围内的财务一体化项目。公司财务一体化项目产品选用用友公司 NC5.6，于2010年12月23日启动，用时9个月完成。实现了财务核算体系与标准的统一、建立了符合公司实际的全面预算管理体系、构建了全集团范围的资金集中管理平台，达到了核算、预算、结算三算合一，实现了全集团财务信息共享，为公司加强对下属企业财务管控、风险防控提供有力支持。

[关键词] 集团管控；财务一体化

一、公司概况

青海盐湖工业股份有限公司（以下简称盐湖股份，英文全称 QingHai Salt Lake Industry Co.,Ltd.，证券代码000792）是青海省国有资产监督管理委员会管理的省属大型上市国有企业，主要从事化学原料及化学制品制造。公司位于青海省格尔木市，是中国目前最大的钾肥工业生产基地，是国际信用企业、中国钾肥制造行业"排头兵"企业、中国企业形象 AAA 级单位、全国五一劳动奖章企业、青海省财政支柱企业，是国家级柴达木循环经济试验区内的龙头骨干企业、国家第三批创新型企业。

公司注册资本15.905亿元，资产总额810亿元，在册员工近18000人，享受国务院特殊津贴专家4人，青海省自然科学与工程技术学科带头人10人。公司现有6个控股公司，6个分公司，8个全资子公司，3个参股子公司，1个国家级盐湖资源综合利用工程研究中心，1个省级企业循环经济研究开发中心，1个省级企业孵化器，1个省级盐湖资源综合利用重点实验室，拥有500万吨/年钾肥生产能力。

二、发展蓝图

盐湖股份公司未来发展主要依托柴达木盆地丰富的矿产资源，持续推进盐湖资源综合开发利用的产业化进程，以"深化改革，提升管理，做精做专，持续发展"为指导思想，聚焦"镁、锂、钾"，以"一降二去三强"实施供给侧改革，力争镁产业成为行业主导，打造世界镁工业基地；锂产业成为有影响力的新兴力量，打造中国锂原料基地；钾产业在全球具有重要影响力，打造世界钾工业基地；打造新能源＋新材料融合发展的光镁循环经济园区，使生态"镁锂钾园"建设成为国家级柴达木循环经济实验区升级版。

三、项目实施背景

公司下属分公司、控股公司50余家，项目实施前公司成员企业在财务核算与管理中均采用国内单一公司级的用友、金蝶、新中大等产品。由于财务核算软件、数据源不统一，引起财务核算数据分散、财务制度执行有偏差、实施资金集中管理与全面预算等财务管控举措难、数据收集整理分析难度大、效率低等问题，给公司实施财务集中管理、风险防控带来了极大困扰。

鉴于国内集团企业在财务管理中普遍采用一体化式管理，以促进成员企业更好地发挥财务管理职能、与集团财务管控行为有效协同，从而降低财务管控风险与经营风险。为了实现公司财务管理工作从"粗放型向集约型"转变，强化公司财务集中管理，提升财务信息质量、工作效率、实现资金集中管理、实现全面预算管理等，促进各成员企业的业务规范性与完整性，有效防范财务管理风险，公司启动了全集团范围内的财务一体化项目。

公司财务一体化项目选用用友公司集团管控产品NC5.6，主要包括总账、固定资产、网络报表、合并报表、预算管理、资金管理等模块，于2010年12月23日启动，用时9个月完成。实现了财务核算体系与标准的统一、建立了符合公司实际的全面预算管理体系、构建了全集团范围的资金集中管理平台，达到了核算、预算、结算三算合一，实现了全集团财务信息共享，为公司加强对下属企业财务管控、风险防控提供有力支持。

四、实施总体目标

（1）建立集中管控财务信息系统，实现财务预算、核算、资金三维一体的财务管理。
（2）建立总部财务集中核算系统，统一全集团财务核算办法，实现会计报表自动合并。
（3）建立总部资金管理平台，实现资金集中管理并形成集团公司资金池，对下级公司资金上收、下拨、业务监控，加强内部、外部资金结算管理、内部信贷管理、资金预算管理、融资及融资成本管理。
（4）建设财务预算体系，在全集团范围内推行全面预算管理。

五、项目投资情况

（1）机房设备投资。
（2）系统软件投资：操作系统、数据库管理软件、CA系统软件、其他系统软件（双机软件）。

（3）财务软件投资：用友 NC5.6、IBM-WAS6.1。

（4）购置、实施用友管理软件产品模块及数量，如表1所示。

表1　详细情况

序号	产品模块	授权情况	序号	产品模块	授权情况
1	客户化	1	18	合并报表	√
2	UAP 标准版	√	19	资金管理	30
3	自定义查询	√	20	内部账户管理	√
4	WAS 中间件	270	21	资金结算	√
5	应用集成	1	22	资金调度	√
6	信息交换平台	2	23	存款管理（资金计息）	√
7	财务会计	160	24	资金计划	√
8	总账	√	25	商业汇票	√
9	现金管理	√	26	综合授信	√
10	应收管理	√	27	资金预测	√
11	应付管理	√	28	资金监控（风险管理）	√
12	报销管理	√	29	网上银行	√
13	固定资产	√	30	网银——工商银行	1
14	全面计划预算	30	31	网银——建设银行	1
15	全面预算	√	32	网银——中国银行	1
16	报表管理	50	33	网银——农业银行	1
17	网络报表	√	34	网银——青海银行	1

六、实施范围

将下属50余家核算单位一次纳入并全面实施相关模块。

七、实施工作情况

（1）2011年2月26日用友的实施团队完成了对格尔木地区及西宁地区的深入调查研究，并最终形成了盐湖集团的整体信息化应用方案，方案涉及对总账、预算、报表、资金等几个主要方面。

（2）完成相关配套制度建设。公司财务部对财务核算、预算管理、资金管理发布若干管理制度，在整个集团达到了书同文、车同轨、行同轮，为进一步地应用NC打好坚实基础。

（3）完成基础数据统一。对科目、客商、产品项目、费用项目等进行规范统一。

（4）出于应用安全考虑，搭建了自建型CA（数字证书）平台，未经授权人员不能进入NC系统。

（5）在服务器与网络方面，为系统应用搭建了稳定高效的平台，保证了近300人同时在线的操作需求，并将应用系统公布至外网，实现只要能上网的地方就可以进入NC应用系统。

（6）完成公司业务常用五大银行谈判，将五家银行系统常用功能与NC系统进行整合融入NC系统中，实现业务收款、付款通过NC系统操作完成。通过对结算中心的资金池和成员单位的收支两条线的管理，提高资金使用效率和资金业务处理的效率，同时也强化了结算中心对整个集团资金的管控力度。

（7）实现资金集中工作。资金采取收支两条线方式管理，月度资金使用推行申报、审批制度，由财务部根据用款单位年度资金预算、月度用款计划、公司资金池存量等因素统筹安排每月资金使用、融资。推行年度资金预算配合月度资金计划方式，有效促进公司资金管理工作更加规范、合理、有序。目前，股份公司所属各单位已经养成资金使用的计划性，基本可以做到资金使用前的合理预计、按时上报资金使用计划，并按计划合理安排各项开支。通过以上工作有效地实现资金集中、调度，对资金存量、融资时节、规模等的控制，降低了集团范围内的综合资金使用成本、融资成本。

（8）完成全面预算体系建设、系统实施。由公司财务部结合公司生产经营、项目建设特点，将生产消耗、成本重大影响因素及费用、试车、建设单位管理费用、资金的筹集、运作、耗费、现金流量管理、投资控制、融资控制等全面纳入全面预算管理，通过定期预算执行跟踪、分析、绩效考核等方面开展工作，为公司降本增效、提高收益。

通过系统部署，实现预算编制、日常控制、预警、执行分析，为公司决策提供有力支持。为明确并量化公司的经营目标、规范企业的管理控制、落实各责任中心的责任、明确各级责权、明确考核提供保证。

（9）完成外围系统接口开发工作。结合公司商业零售企业奥博克系统、公司销售业务系统开发了凭证接口，实现根据实时业务自动核算到用友 NC 财务核算系统，让最终使用者的日常工作变得更加轻松。

（10）积极开展应用培训、实施方案、蓝图认证，有效控制项目节点、稳步推进项目实现。在将近 9 个月的项目实施过程中，各公司财务人员和集团财务本部人员积极参与到项目中来，充分利用周末和节日休息时间加班参加培训、系统初始化、方案讨论、配合项目实施出台一系列管理制度。项目实施领导组织对 NC 项目实施的各个环节、节点进行把关，每一个人都为了一个共同的目标而努力，圆满完成系统实施工作。

八、取得成效

通过系统 5 年多的正式运行，实施的财务管理系统从功能和应用上基本满足公司财务核算、财务管控需求。

（一）财务集中核算

（1）建立集团统一会计核算体系，实现下级单位 NC 财务集中核算，同时推行集团"一本账"。

（2）建立与组织结构和考核要求相适应的会计核算体系，将 51 家单位纳入本期财务集中核算范围之内，涵盖全部完整的公司财务会计核算数据。

（3）实现上下级信息的共享，消除信息不对称现象；实时透视下属单位的财务状况和经营情况。

（4）规范各项管理制度、管理方法和管理流程，完善公司核算体系。

（二）全面预算管理

（1）建立了符合公司实际的全面预算管理体系。

（2）缩短预算编制周期、规范预算编制流程。

（3）提高预算数据准确度。

（4）实现预算编制、控制、分析、调整一体化。

（5）通过全面预算管理，公司成本、费用得到有效控制，有效促进公司降本增效、收益提升目标实现。

（6）通过全面预算管理，促进公司生产经营活动更加趋于规范。

（三）资金集中管理

（1）满足资金中心的业务需要，提供整体资金的存量和使用计划，以便统筹安排，合理进行筹资、融资活动，实现集团资金的统借统贷，确保资金的占用和资金成本最低；提供资金的统一结算功能。

（2）通过完善的资金预算体系自上而下控制分子公司各项资金支出，保证资金支出的合理性。

（3）提供控制资金收支，均衡资金收支，使资金流转健康、有序、高效。

（4）提供对分子公司资金运作监控，如能够实时查询分析分子公司运营情况，保证信息的真实性。

（5）集团资金管理平台和成员单位网上结算实现数据共享，减少信息的重复录入，提高业务处理效率。控制每一笔资金流出，掌握每笔资金流向，集团公司对下属单位的拨款业务及收缴业务的明细记录及查询。

（6）集团资金管理平台完全基于互联网应用，公司资金业务既可以通过局域网进行业务处理，也可以通过互联网实现业务处理，实现与多银行的银企直联功能，实现网上资金收支、对账、网上查询等功能，通过银企直联对下属成员单位的资金进行监控。

（7）用友公司集团资金管理平台可以和银行建立银企互联接口，实时处理银行收付款信息，缩短成员单位资金在途时间。

（8）前端资金业务处理信息直接生成财务核算系统相关的总账凭证，实现集团资金管理平台信息与财务信息的集成与共享，提高业务处理效率。

（9）用友 NC 资金平台的上线，使股份公司实现了对整个集团资金的集中管控，资金由集团统一调度、管理和运用。目前，公司通过资金平台建立了股份公司一级资金管理中心和新域公司二级资金管理中心分别对格尔木及西宁地区资金逐级进行集中管理。自公司实施资金集中到 2015 年累计上收资金 488 亿元、下拨资金 232 亿元、调配资金约 62 亿元、安排银行承兑汇票支付 90 亿元，节约资金成本 6.15 亿元。

（四）合并报表

（1）通过应用网络化的集中报表系统提高全集团报表数据统计效率。
（2）丰富集团内报表合并、汇总技术手段，实现会计报表自动合并。
（3）合并流程符合财政部会计准则规定及会计师事务所审计和 IT 审计要求。

（五）工作效率提升、劳动强度下降，提高核算准确性

（1）据统计 2012~2015 年由销售平台开发接口向用友产品自动传输生成凭证 3 万份。
（2）据统计 2012~2015 年通过用友产品开发接口向用友自动传输银行承兑汇票单据 2.6 万份。
（3）开发了"金税接口"与"NC 财务信息化系统"对接接口程序，实现了销售结算、开发票、入账三个环节系统自动生成，2012~2015 年销售平台向金税系统推送自动开票 8400 份、金额 322 亿元，并自动生成凭证到用友，大大提高了工作效率。

（六）有效缩短数据收集、整理、报表编制、合并报表编制、披露时间，数据质量提升

财务业务一体化在制造企业的应用与实践

创造单位：中国西电集团西安西电开关电器有限公司
主创人：苟通泽 雷 弢
创造人：王妍斐 杜 琦 郭江杰 杨秋歌

[摘要] 西开电气 2014 年初启动 ERP 项目，同年 8 月系统正式上线运行，采用 SAP 产品，实现了六大 SAP 功能模块协同运行，涵盖 133 个业务流程和 12 个外围系统，搭建起财务业务一体化的信息管理平台，能够支撑配电设备产品线，贯穿销售、设计、采购、生产、售后服务全过程的信息化平台。ERP 使采购计划与生产计划进度相吻合，加快了资金周转速度，减少了各生产环节的库存占用，实现了对物资储备的动态管理，避免积压或缺货；提高了生产绩效，分析和管理企业现有的生产能力，及时发现制约生产活动有序的关键环节，为完成企业的生产任务提供能力方面的保证，并带动财务从"核算型会计"向"管理型会计"转变。

[关键词] 财务业务一体化；ERP

一、引言

企业资源计划（Enterprise Resources Planning，ERP），是集成组织共用一个数据库和共享报告工具的信息系统，它有助于一个组织的不同部门分享数据和知识，降低成本，改善管理业务流程。对企业管理者来说，经营管理本身就是对企业可支配资源的整合利用、创造价值的过程。随着企业规模的扩大，企业资源及信息已难以通过手工操作实现快速集中和优化，需要不断提高反映速度，为管理者决策提供支持。ERP 系统的基本思想是把客户需求和企业内部的制造活动、供应商资源整合在一起，形成一个完整的供应链并对供应链上所有环节如订单、采购、库存、计划、生产制造、质量控制、分销、服务与维护、财务管理等进行有效管理，为公司管理提供更有指导意义的资源信息，极大地提高企业全要素生产率，提高企业的资源配置效率和核心竞争力。

二、ERP 在财务管理中应用的特点

财务管理主要是基于会计数据，加以分析，从而进行相应的预测、管理和控制活动。ERP 的应用促使财务计划、控制、分析和预测，即使事前计划、事中控制和事后反馈功能得以完整实现。

（一）财务、业务相互融合，业务可追溯

ERP系统是对业务过程的记录，使财务管理由静态走向动态。正向，财务核算由业务发起，由业务自动生成；逆向，可由财务结果反向追溯业务处理。

（二）各业务模块集成，数据集成统一，来源唯一

在ERP系统中，财务模块是企业管理信息系统的一个有机组成部分，与其他模块有着密切的联系。ERP系统把企业的销售、采购、生产和财务管理集成在一起。在一个集成的环境下，各模块信息高度共享，可达到基础数据统一共享，源头唯一，业务数据集成统一，全程反溯，财务数据规范统一，自动记账。ERP系统中各模块的数据信息是准确、及时、统一的，必然促使企业的计划控制能力得到空前的提高。

（三）业务财务的高度集成有利于"财务会计"向"管理会计"转型

ERP系统的财务模块与其他模块融合，即业务集财务会计、管理会计、成本会计于一体的系统整合及信息供给，有利于财务做前瞻性分析与预测，体现了先进的计划、控制和决策思想。

ERP系统将计划和控制功能完全集成到整个供应链系统中。一方面，ERP系统通过定义与事务处理相关的会计核算科目和核算方式，使系统在处理事务的同时自动生成记账凭证，便于企业实行事中控制并实时做出决策；另一方面，计划、事务处理、控制与决策功能在整个供应链的业务处理流程中实现。ERP系统遵循整体预算架构，采用客户订单来启动生产计划和材料采购计划。

ERP系统的成本管理强调成本预算、成本控制与分析。ERP系统成本管理涉及产品成本核算、成本中心会计、获利能力分析等。成本中心会计包括标准成本的确定、标准成本与实际成本之间的差异对比、成本报告与分析。

三、财务业务一体化在西开电气的实践

（一）企业简介

西安西电开关电气有限公司（以下简称西开电气）是中国西电集团公司的核心子公司，其前身为西安高压开关厂，公司始建于1955年，是我国第一个五年计划期间156项重点工程之一。经过半个多世纪的发展，已成为我国高压、超（特）高压开关设备研发、制造、销售和服务的主要基地，公司的主要产品为气体绝缘金属封闭开关设备（GIS）和SF6断路器（GCB），电压等级覆盖72.5～1100千伏，产品在特高压、大容量、小型化、智能化等方面拥有成套的自主知识产权。

公司实践"以信息化为基础，实现两化融合，推动三级发展"的战略，围绕调结构、促转变，大力推进信息化建设，做好工业转型升级，2012年已基本实现了"由传统制造业向高端制造业转变，以两化融合带动产业转型升级"的目标。

（二）西开电气ERP系统的构建

1. ERP系统构建

西开电气2014年初启动ERP项目，同年8月系统正式上线运行，采用SAP产品，实现了PP—生产管理、MM—采购库存管理、SD—销售管理、QM—质量管理、FI—财务会计、CO—管理

会计六大 SAP 功能模块协同运行，涵盖 133 个业务流程和 12 个外围系统，搭建起财务业务一体化的信息管理平台，能够支撑输配电设备产品线，贯穿销售、设计、采购、生产、售后服务全过程的信息化平台，初步实现了财务业务一体化架构，建立了一本账一套表的业务透视体系，提高管理效益和效率，如图 1 所示。

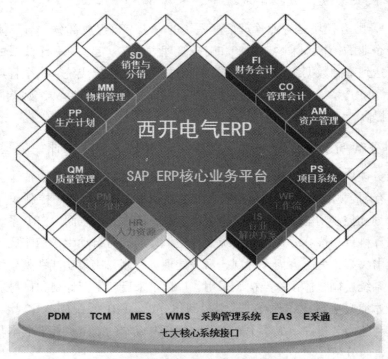

图 1　西开电气 ERP 项目实施范围

ERP 项目是一个庞大的系统工程，不是有钱买来软件就可以的。ERP 系统更多的是一种先进的管理思想，它涉及面广、投入大、实施周期长、难度大，实施成功首要的、决定性的因素是公司最高决策层的全力支持。ERP 项目实施关系到企业内部管理模式的调整，业务流程的优化，要求全员参与，还涉及部分人员的变动，没有企业领导的绝对支持将难以付诸实践。正是有了公司领导的绝对支持，项目组、各部门关键用户的勤恳钻研，以及公司全体员工的努力，西开电气 ERP 项目按计划进度于 2014 年 8 月成功上线运行，并平稳运行，实现了财务业务一体化的快速推进。

整个项目实施过程中，西开电气在两方面做了扎实的准备：一是对主体业务流程蓝图的设计；二是对基础数据的梳理。在业务蓝图设计方面，公司对现有业务流程和组织机构进行了梳理。在 ERP 项目蓝图设计阶段，结合 ERP 软件的特点对各业务流程的关键控制点进行了再次梳理，明确各控制点的控制强度（如禁止或警示），并对部分业务流程进行了优化和再造，将财务职能嵌入业务体系中，确保业务、实物、价值三方面信息在各个环节同步传递。避免了手工核算时期，财务只有价值量，业务只是一堆业务数据的情形。在基础数据梳理方面，公司对企业基础业务数据进行标准化整理，梳理、规范管理物料数据编码，梳理数据流架构。项目实施时，顾问始终强调"三分技术、七分实施、十二分数据"。基础数据的标准化是 ERP 项目实施成功的重中之重，只有物料数据编码规范、统一，才能确保数据源头唯一，业务集成统一，全程反溯。

2. ERP 系统主要模块功能实现

生产模块（PP）实现了从研发—设计—计划—排产—采购—领料—完工—交付的系统内衔接，

并与 PDM/TCM/WMS/MES 几个主要业务系统成功对接。结合行业特点搭建高效协同共享的三级排产计划体系，提高了计划响应速度，降低了库存资金占用及生产成本；按业务类型区分不同计划模式，同时满足了工程专用物料需求和标通物料需求；使产前策划、产中控制、产后管理业务主线全部系统可视化，并可监控整个执行过程的状态；生产过程同步反映出成本信息，各单位可结合模拟市场化战略进行及时分析和控制，为精益生产奠定了基础。

物料管理（MM）建立了产供销协同的采购计划体系。通过精准的 MRP 运算实现了采购计划与生产、三包、大修返修、调拨、委外、劳保辅消等计划的集成，提升了采购的精准度；在物流上，对外建立了供应商订单协同体系，对内实现了与立体库集成的仓储管理和基于扫描技术的物流配送管理，提升了物流执行效率。

销售模块（SD）建立从机会到获利的销售体系。在整个销售环节，纵向打通售前、售中、售后的全流程体系，横向集成生产三级排产体系，实现按工程驱动生产与采购；集成财务管理，实时记账按单核算。

财务模块（FI-CO）建立从核算到报告的财务管理体系。建立了多维度核算及产品获利能力分析平台和完整的产品成本核算体系。

通过 ERP 项目实施，公司实现对关键业务节点的实时跟踪与监控，及时准确的量化分析，为领导快速决策和管理考核评价奠定了数据基础，如图 2 所示。

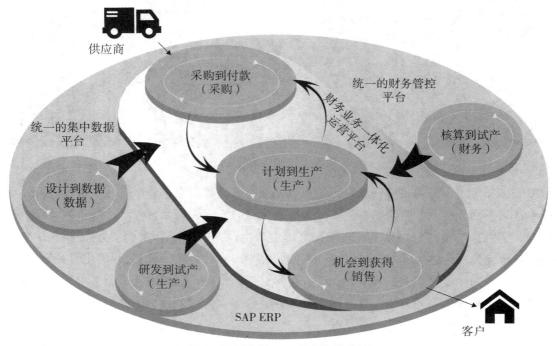

图 2　西开电气 ERP 项目实施效果

（三）西开电气 ERP 项目实施效果

ERP 系统为各级管理人员提供了大量的信息，实现了信息共享，提高了管理效率和效益，加强了物资供应管理和生产管理。ERP 使采购计划与生产计划进度相吻合，加快了资金周转速度，减少了各生产环节的库存占用，实现了对物资储备的动态管理，避免积压或缺货；提高了生产绩效，分析和管理企业现有的生产能力，及时发现制约生产活动有序的关键环节，为完成企业的生产任务提供能力方面的保证。

ERP 对财务的帮助是巨大的，它把财务人员从繁重、重复的记录、统计、查阅、核算等程序化工作中解脱出来，使其有时间和精力从事更为重要的或非程序化的管理分析工作，带动财务从"核算型会计"到"管理型会计"的角色转变。公司财务管理分两个层级：一是财务核算层级，满足对外报告的要求；二是财务管理层级，满足内部管控要求。如图 3 所示。

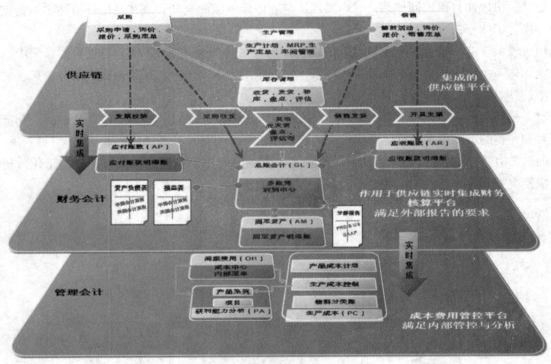

图 3　财务管控示意图

ERP 系统实现了财务与供应链实时无缝集成，在财务核算层级，总账管理、应收管理、应付管理、成本核算各部分与业务紧密联系，实时集成进行财务核算，满足财务对外报告的要求。在财务管理层级，建立标准价格管理体系，对于按订单生产物料，根据订单 BOM 成本估算，并与实际结算成本进行比较分析，达到成本管控目的；费用预算到年度、月度、部门，并细化到每笔费用科目，进行费用管控；对生产订单进行全周期管理，包括订单的事前计划成本计算、事中的工单投入产出控制、事后的结算成本差异分析，并通过多种业务监控报表使财务分析能够深入业务，满足公司内部管控与分析需要。

西开电气的 ERP 系统从 2014 年 8 月开始正式上线运行，一年半多时间的运行表明基本达到了项目预期目标，高效通畅的信息网络已经形成，实现了财务和业务的相互融合，实现从财务结果逆向追溯还原业务，公司的管理水平和管理手段有了极大的提升。

房地产公司售楼处收银业务外包创新与实践

创造单位：金融街广州置业有限公司

主创人：胡茂才　柳俊俊

[摘要] 通过对房地产市场几大主流开发商售楼处收银模式的调查研究，并结合金融街控股企业自身的特定和面临的问题，金融街广州公司创新实践了售楼处收银业务外包。收银外包后，楼盘收银人员由财务咨询公司进行招聘或推荐，最终由金融街广州公司面试和敲定。财务咨询公司负责收银人员的委派、岗前培训、劳动合同管理、薪酬发放等工作。金融街广州公司负责收银工作的制度建设、业务指导以及监督和考核。

售楼处收银业务外包属于一项管理创新，是将企业非核心工作市场化的一次大胆尝试，是一次财务管理方式的创新，对今后企业管理的转型提供了思路。而辅助业务的外包将从业务标准化、公司人员精减、费用结余等方面为公司带来提升。广州公司售楼处收银外包实施以后，五个项目合计为公司节约成本费用 47 万元。

将收银工作外包，从本质上讲是专业精细化管理的一次探索，是一种管理理念的提升与转变，为今后企业管理的转型或"轻资产化"提供了思路。从财务管理创新的角度，金融街广州公司走在了业界的前列，这对金融街品牌的提升具有一定的积极作用。

[关键词] 房地产；收银业务本外包

金融街广州置业有限公司（以下简称金融街广州公司）是金融街控股股份有限公司（以下简称金融街控股）旗下全资子公司，是金融街控股在珠三角扎根和发展的区域性平台，公司成立于 2014 年 3 月，截至目前，已在广州市中心城区取得广钢新城融穗华府项目、广钢新城珠江金茂府项目、番禺融穗澜湾项目、萝岗融穗御府项目、海珠石岗项目 5 宗商住用地。总建筑面积 108 万平方米，土地投资额达 100 亿元，项目总投资约 186 亿元，未来三年将为金融街控股贡献 230 亿元的销售额。

一、售楼处收银业务外包实践创新的产生背景

经过金融街广州公司同人近一年艰苦卓绝的努力，2015 年下半年番禺融穗澜湾、广钢新城融穗华府、萝岗融穗御府三盘蓄势待发。为体现金融街控股"建筑城市精神、提升区域价值"的经营理念，向广州市民展现金融街产品的优良品质和独具匠心，公司领导要求三个项目的首次亮相务必做到尽善尽美、精彩绝伦。

由于是新成立的公司，开盘前的各项准备工作都是一次新的尝试，包括售楼处收银工作。已取

得的 5 个项目分布在广州市 4 个不同的区域，项目之间相隔较远，为保证售楼处收银工作持续不间断，每个项目需配备两名收银人员，即 5 个项目需要招聘 10 名收银人员。金融街广州公司面临挑战如下：

（一）人员编制问题

金融街广州公司编制 89 人，如 10 名收银人员按编制内招聘，财务人员将达到 15 人，占比 17%，不符合公司一切资源向一线倾斜的原则。公司要求收银人员不占用公司编制。

（二）费用预算紧张

公司严格控制费用预算，如收银人员按编制内招聘，其年薪总额将达到 11 万元，其中，通信补贴、餐补、过节费等福利性支出将占到薪酬总额的 50%。对于楼盘收银等基础性工作，公司要求务必压缩费用至合理水平。

（三）招聘难度大

由于收银工作涉及资金的安全问题，公司对收银人员的任职资格要求较高：
（1）收银人员需具备会计从业职格证；
（2）能听懂粤语；
（3）双休日以及法定节假日需正常上班，只能在工作日进行调休；
（4）为应付晚上突发的客户成交，收银人员需住在项目周边，随叫随到。
加上招聘时间紧、一次性需招聘人数多，使招聘工作难度极大。

（四）项目结束后还可能面临人员分流的问题

本次实践创新的主要目的就是寻找一种有效的收银模式和管理方式能够解决金融街广州公司面临的诸上问题，从而确保金融街控股在广州市场的不断发展壮大。

二、售楼处收银业务外包实践创新的内涵及主要做法

通过对房地产市场几大主流开发商售楼处收银模式的调查研究，并结合金融街控股企业自身的特定和要解决的问题，金融街广州公司创新实践了具有金融街广州公司特色的售楼处收银业务外包模式。

（一）售楼处收银业务外包实践创新的内涵

金融街广州公司的售楼处收银业务外包实践是将各项目售楼处收银业务外包给拥有丰富财务人力资源的财务咨询公司，充分利用财务咨询公司在当地的人力资源，以及专业服务。具有如下特点：
（1）楼盘收银人员由财务咨询公司进行招聘或推荐，最终由金融街广州公司进行面试和把关。财务咨询公司负责收银人员的委派、岗前培训、劳动合同管理、薪酬发放等工作。金融街广州公司负责收银工作的制度建设、业务指导以及监督和考核。
（2）为满足公司内部控制风险把控的要求，确保不相容岗位的相互分离，财务咨询公司独立于销售代理公司和负责客服工作的律师事务所。
（3）管理界面的划分。由于现场销售代理公司，以及律师事务所均由公司营销部进行管理，为

增强收银人员工作的独立性，避免销售过程中舞弊的发生，现场收银工作由公司财务部独立进行管理，收银人员由财务部统一进行业务指导和考核。

（4）收银人员工作内容。收银人员除收款工作外，还负责销售价格和面积等合同信息的审核、销售折扣是否符合公司制度的复核、按揭回款工作的督办和统计、监控户预售资金的提取等工作，充分利用收银人员独立性的特点为楼盘销售进行风险把控。同时，由于公司离项目地较远，收银人员可以很好地充当公司财务部外派现场的工作人员，负责融资银行实地考察项目的接待、监控户预售资金的提取、土地或在建工程抵押以及涂销的办理等工作，充分挖掘收银人员的潜力。

（二）售楼处收银业务外包实践创新的实施

1. 创新的过程

整个创新过程分为三个阶段：

（1）房地产公司售楼处收银模式的调查研究。为达到公司对收银工作提出的要求，金融街广州公司财务部对收银工作的管理模式进行了积极努力的探索，包括通过代理公司对万科、保利、中海、中信、富力等几大主流开发商的售楼处收银模式进行调查，以及在金融街控股财务部的带领下对万科的收银模式进行实地考察。通过调查发现，主要存在三类收银模式：传统的收银模式、劳务派遣模式、万科收银外包模式。

传统的收银模式。售楼处收银工作由公司编制内人员担任，即前面提到存在占用公司编制、人工成本较高、需企业自身负责招聘、项目结束还面临人员分流等问题的收银模式，是本次实践创新需要改变的模式。

劳务派遣模式。劳务派遣模式是在传统收银模式的基础上将招聘的收银人员挂靠在外单位的一种方式，大部分企业是将收银人员挂靠在销售代理公司名下。该模式存在以下不足：①收银人员由房地产公司自己负责招聘，并没有解决招聘难的问题，且收银人员招聘后挂靠在其他公司，部分应聘人员难以接受劳动合同挂靠的形式，加大了招聘的难度。②收银人员如挂靠在销售代理公司名下。一方面，置业顾问佣金一般较高，收银人员享受固定工资且较低，薪酬待遇方面的巨大反差将导致收银人员的不稳定；另一方面，收银人员与置业顾问属于同一家公司，不符合公司内部控制要求，容易滋生舞弊。

万科收银外包模式。万科收银外包模式是将客服工作与收款工作统一外包给第三方单位，如律师事务所，由律师事务所负责楼盘现场的销售签约、按揭、抵押、产权证办理等工作，同时负责售楼处收款，且收款工作由客服人员与收银人员进行轮岗、调休。该模式也存在两个方面的不足：①现场签约与收银统一外包给第三方单位，从岗位的设置来看，现场客服负责签约以及收款金额的复核审批，收银负责收款金额的最终复核和收取，签约和收款属于不相容的两个岗位，如统一委托给同一家单位，且签约与收款轮岗轮休，不符合不相容岗位相分离的原则。②从管理职能的划分，律师事务所由营销管理部委派，日常管理归口营销管理部，而收银由财务部负责，如这两项工作统一委培给同一家单位，存在多头指挥的问题，容易产生管理混乱。

以上三种模式均无法满足公司对收银工作的要求，必须在以上三种模式的基础上努力寻求突破。因此，金融街广州公司经过积极探索，创新实践了售楼处收银业务外包模式。

（2）制度建设。一个好的模式或管理方式，必须有一套严谨、全面、细致的制度或指引进行规范。金融街广州公司结合收银外包的新特点，在原有制度基础上，制定了《金融街广州置业有限公司售楼处财务管理工作指引》，新的工作指引增加了销售价格管理、考核管理两章内容，并对收款、票据开具流程进行了更详细的规定。修订后的管理办法，能更好地指导收银外包模式下的收款工作。

（3）售楼处收银业务外包的落地实施。确定好收银模式，并制定了严谨完善的制度后，金融街广州公司即正式组织售楼处收银业务外包的落地实施。收银工作外包给本地较有经验的财务咨询公司，且财务咨询公司独立于销售代理公司和负责客服工作的律师事务所，由财务部独立负责管理。

2. 本次创新的独特之处

金融街广州公司的售楼处收银业务外包实践主要有以下四个方面的优越性：

（1）模式新颖严谨。金融街广州公司的售楼处收银外包模式充分吸取了各大房地产公司收银模式的优点，并在现有模式的基础上进行了改进创新，不仅解决了公司面临的问题，而且在组织结构和管理设计上更加严谨，更符合企业内部控制的要求。

（2）资金安全性提高。收银外包后，楼盘现场严禁收取现金，同时在项目周边银行开立结算账户，如客户携带现金，可存至公司指定账户，从而提高了楼盘现场资金的安全性。

（3）考核方式更具激励效果。收银人员薪酬由两部分组成：固定工资和绩效考核，各占50%。绩效考核由现场销售经理和公司财务部从收银人员现场表现和工作成果两方面分31个子项目进行360度考核。工作成果直接与薪酬挂钩将更有利于激发收银人员的工作积极性。

（4）契合营改增新政，起到节税的效果。房地产行业2016年5月1日起实施营改增新政。传统的收银模式下，收银人员工资支出不可以抵扣进行税，而收银外包模式下，可以取得增值税专用发票，抵扣进行税额，从而达到节税的目的。

三、售楼处收银业务外包实践创新的实施效果

本次实践创新从经济效益、管理效益、社会效益三个方面为公司带来了显著提高和改进。

（一）经济效益

广州公司售楼处收银外包实施后，五个项目将为公司节约成本费用47万元，如表1所示。

表1 两种模式下收银人员费用分析对比   单位：元

序号	费用类别	传统收银模式（A）	收银外包模式（B）	差异对比（A−B）
一	月薪酬构成	5225.00	5000.00	225.00
1	月基本工资	3325.00	2500.00	825.00
2	月浮动工资		2500.00	−2500.00
3	交通补贴	700.00		700.00
4	通信补贴	300.00		300.00
5	餐补	900.00		900.00
二	年薪构成	102011.66	76262.14	25749.52
1	月薪酬合计	62700.00	60000.00	2700.00
2	年底奖金	6900.00	5000.00	1900.00
3	高温补贴	900.00		900.00
4	过节费	9000.00		9000.00
5	体检费用	1164.00	300.00	864.00
6	年缴纳公积金	7524.00	2400.00	5124.00

续表

序号	费用类别	传统收银模式（A）	收银外包模式（B）	差异对比（A-B）
7	年缴纳社保	13823.66	8562.14	5261.52
三	咨询服务费		6000.00	−6000.00
四	税金		4113.11	−4113.11
五	人均年总额	102011.66	86375.25	15636.41
六	三年费用总额	3060349.92	2591257.54	469092.38

收银工作如由公司内部员工担任，薪酬主要包括：①每月基本工资3325元，每年39900元；②年终奖6900元；③其他福利，包括通信补贴、餐补、过节费、防暑降温费、社保公积金等，每人每年约为55211.66元。上述费用合计为每人每年102011.66元。

收银外包后收费主要包括：①每人每月固定工资2500元，浮动奖励2500元，每年60000元；②年底奖励5000元；③社保公积金为每年11262.14元；④财务顾问公司服务费10113.11元。以上费用合计为每人每年86375.25元。

综上分析，收银外包后每人每年能为公司节约成本费用15636.41元，若一个项目经营周期为三年，一个项目配备两名收银人员，五个项目三年时间内能为公司节约成本费用47万元。

（二）管理效益

广州公司选聘的财务咨询公司与万科广州公司有长达10年的收银外包合作经验。能为我公司提供持续、稳定、专业的现场收银服务。

财务咨询公司委派的收银人员，如工作积极、能力出众，也可聘任为我公司正式员工。上升通道的畅通有利于激发收银人员的工作积极性，提高工作配合度。

收银外包后，更容易借助财务咨询公司的资源实现收银人员的就近化，就近招聘的收银人员在与客户的沟通上将更加顺畅，遇到突发情况需要收款时也能做到随叫随到。项目结束后，收银人员在项目的选择上也将更加灵活、多样，如未遇到合适的项目，财务咨询公司可将收银人员收回后就近重新安排工作，同时为公司新开项目分派就近的、更加合适的收银人员，实现财务咨询公司与我公司之间的资源优化整合。

同时，收银外包，是将企业非核心工作市场化的一次大胆尝试，是一次财务管理方式的创新，对今后企业管理的转型提供了思路。

（三）社会效益

目前，房地产行业，仅万科和金融街广州公司采用了收银外包模式，且金融街广州公司的收银外包模式在方案设计上较万科模式有较大的改进和提升。从财务管理创新的角度，金融街广州公司走在了行业的前列，这对金融街品牌提升具有一定的促进作用。

小水电企业权变预算管理体系的构建和实施

创造单位：四川大川电力有限公司 四川众能电力有限公司

主创人：解建忠 贾法彬 张雪梅

创造人：王开君

[摘要]"权变预算管理体系"是基于权变理论指导下的全面预算管理体系，是四川水电根据公司所处的内外部经营环境、未来经济走向及自身的客观实际情况，借鉴权变管理理论，结合全面预算管理体系建立的一种适合自身特点的管理模式。权变预算管理体系的构建与实施包括五个方面，即预算组织体系、预算制度体系、预算编制体系、预算执行体系、预算考核体系。①权变预算管理的组织体系：建立预算管理委员会，确定专业归口管理部门。②权变预算管理的制度体系：公司结合标准化建设，健全和完善了权变预算管理的制度体系。③权变预算管理的编制体系：确定预算目标，进行预算编制和预算分解。④权变预算管理的执行与控制体系：建立专题会商机制、风险预警机制、预算分析机制和预算调整机制。⑤预算考核体系：形成目标责任考核、责任成本考核、内部对标考核相结合的考核方式。

[关键词]财务管理；权变预算管理

"四川水电"是京能集团对四川大川电力有限公司（以下简称大川公司）和四川众能电力有限公司（以下简称众能公司）的统称。"四川水电"是京能集团于2011年1月全额股权收购的两个水力发电公司，并于同年7月完成公司管理权移交，2012年12月被北京京能清洁能源电力股份有限公司全额股权收购。截至2015年末，"四川水电"总装机容量18.324万千瓦，主营水力发电，下属14个电站，分布在成都、雅安两市的六县境内，由一套班子、一套机构进行管理，共有员工443人。其中，大川公司成立于2002年10月，公司注册地在四川省雅安市芦山县大川镇，注册资本13000万元，拥有七座水电站，分别在芦山县和都江堰市，总装机容量12.21万千瓦，分为三个电厂管理，拥有员工184人；众能公司成立于2002年2月，注册地在四川省成都市大邑县晋原镇，也拥有七座水电站，分别在大邑县、郫县、金堂县、崇州市，总装机容量6.114万千瓦，分为四个电厂管理，公司注册资本9000万元，拥有员工259人。

四川水电自融入京能集团以来，致力于"精细管理、强化执行、深化考核、创新机制"，不断开创公司做精、做实、做优新局面，提倡以人为本，和谐自律，规范运营，以水力发电为依托，不断专注绿色能源的开发和投资。公司坚持以安全生产为基础，以企业发展为重点，以经济效益为中心，主张对股东负责，对社会负责，对员工负责，努力构建健康持续的企业发展机制。

一、权变理论下全面预算管理体系实施的背景

（一）为了适应不断变化的外部经济环境的需要

当前电力行业市场竞争激烈，尤其是小型水电企业在市场竞争中明显处于劣势，国家宏观经济发展趋缓，电力市场供大于求，电网公司对水电上网考核力度日益加大，计划内电量分配逐年减少，靠市场竞争分配电量的比例逐年加大，同时公司在争取地方政府补贴、税收政策优惠、CDM 收入方面更加困难重重。面对经营压力日益加剧的形势，公司要保持稳定持续发展，必须深挖内部潜力，降本增效，强化各项管理，做实、做细、做精、做优。

（二）为了适应公司内部发展的需要

四川水电所属 14 座电站均为小型水电站，大部分电站投产时间较长，有的电站投运时间已达 40 年以上，机组老化，设备陈旧，自动化程度低。除了大川公司的大川电厂五个梯级电站为自建并于 2008 年投产发电外，其余电站均是通过收购而来的，并建成于 20 世纪 70 年代到 90 年代的不同时期，且有的电站已被转让多次。电站设计及机组型号各不相同，设备状况参差不齐，人员结构层次不一。14 座水电站分别位于四川省成都和雅安两市的六县区域内，各电站所处地理环境各不相同，除了有四座电站地处平原地区，其余电站均处于偏远山区，而大川公司大川电厂的两个电站还地处无人区，交通、通信条件极不便利。各电站均为公司的分支机构，因地处不同区域，电价不一，承担税率也不相同，所缴纳流转税需在电站当地税务机关单独申报和缴纳，这对公司的管理提出了更高的要求，公司的预算管理体系必须能够适应不同电站的管理需要，才能保证公司持续稳定的发展。

（三）是提升公司整体管理水平的需要

公司在集团收购前属于民营企业，各方面管理较为粗放，公司在全面预算管理编制、分解、执行、考核等方面尚不规范和完善，往往"一抓就死，一放就乱"。在预算编制阶段，上下相互"讨价还价"；在预算执行阶段，为了全面提升公司管理水平，进一步提高公司效益，必须引入新的管理理念，完善和创新全面预算管理体系。

（四）是现代企业管理的迫切需要

现代企业是社会化大生产的营利组织，是市场经济的主体。为了更好地生存、盈利和发展，公司必须强化内部管理的计划、组织、协调和控制职能，只有这样，才能把公司各个部门的管理工作和各个单位的生产经营活动有机链接起来，从而提高公司整体的管理效率和经济效益。这就需要在企业管理中贯穿一条主线，发达国家成功企业的经验证明，这条主线就是全面预算管理。

（五）是提高公司核心竞争力的需要

全面预算管理体系是一个系统管理，是全过程、全方位、全员参与，是对公司的所有资源、经营活动全面控制的综合管理系统。通过全面预算管理系统的实施，充分发挥系统的最大效益。小型水电站因其自身的特殊性，受自然条件制约较大，生产经营大部分有"靠天吃饭"的客观特征，在水情好、自然灾害少的年份，发电生产也会较好；在水情较差或者灾害性天气较多的年份，发电生产会受到较大影响，但总体而言发电生产相对趋于稳定。因此公司要在同行业中保持较强的优势和竞争力，除了加强安全生产外，更要强化内部管理，以提升公司管理水平来带动经济效益的稳定增

长。通过构建和实施权变预算管理体系，促使企业从粗放型管理向集约型管理的转变，并使关注的重点延伸到经营过程和资本、资产的运作过程，促使企业实现从原始的、经验的、人为的管理转化为科学化、精细化、标准化管理。

二、权变预算管理体系的内涵和特点

（一）权变预算管理体系的内涵

"权变理论"又称"应变理论""权变管理理论"，是20世纪60年代末70年代初在经验主义学派基础上进一步发展起来的一种管理理论。"权变"是指"随具体情境而变"或"依具体情况而定"，即在管理实践中要根据组织所处的环境和内部条件的发展变化随机应变。

全面预算管理是指企业在战略目标的指导下，对未来的经营活动和相应财务结果进行充分、全面的预测和筹划，并通过对执行过程的监控，将实际完成情况与预算目标不断对照和分析，从而及时指导经营活动的改善和调整，以帮助管理者更加有效地管理企业和最大限度地实现战略目标。全面预算管理需要充分的双向沟通以及所有相关部门的参与。

所谓"权变预算管理体系"，即是基于权变理论指导下的全面预算管理体系，是四川水电根据公司所处的内外部经营环境、未来经济走向及自身的客观实际情况，借鉴权变管理理论，进行充分的分析和判断，结合公司全面预算管理体系自创的一种适合自身特点的管理模式。也即公司在生产经营环境及管理要求有所变化时，公司的全面预算管理体系随之进行调整，以达到公司不同时期的经营目标和要求。通过推行权变预算管理体系，在增强全员预算管理意识的同时，使全面预算管理体系更具有适应性、科学性和先进性，为完成公司经营目标提供强有力的保障。

（二）权变预算管理体系的特点

1. 遵循权变理论和系统论原理

权变预算管理体系从一开始，就是一个不断变化、不断调整的"开放的"预算管理控制体系，在实施过程中不是一成不变的，而是根据宏观经济环境、集团、公司的经营战略目标及管理要求变化而调整的，在实施过程中不断优化和完善，便于更好地为公司生产经营提供强有力的保证。同时把全面预算管理作为一个相互联系的整体，各子体系之间相互关联。权变预算管理体系是将权变理论融入全面预算管理的全过程，并在预算执行中加以反馈控制，以适应公司各个阶段发展的需要和要求。

2. 责、权、利高度统一

全面预算管理体系是公司各部门、各单位经过"自下而上"和"自上而下"不断完善而编制的，并按照月度进行分解，根据"谁编制、谁分解"原则，将全面预算层层分解、层层落实。在实际执行中根据"谁管理、谁负责"的原则进行管控，严格按照公司绩效考核体系进行考核，将预算的执行情况与各部门、各单位及每一个员工经济利益结合起来，促使公司全员发挥主人翁意识，实现从"预算要我"到"我要预算"的观念转变，积极探索实现预算管理目标新举措，努力实现公司降本增效。

3. 具有实效性和先进性

随着国家大政方针的调控、经济环境的不断变化及水电站所处地理环境、气候以及自身情况变化，传统全面预算管理体系由于不能随之及时调整，存在与实际脱节的问题，从而失去指导意义。通过引入权变理论，全面预算管理的不同阶段，都可以随着这些变化不断进行调整完善，以适应和达到公司不同时期的预期管理目标，从而全面完成各阶段的经营目标，因此更具有实效性、先进性。

4. 具有创新性和开放性

权变预算管理体系更新了管理观念，它要求公司不同时期的全面预算管理体系必须根据当时的外部经营环境和内部管理需要，进行充分的事前预估预计、事中管理控制、事后分析纠偏的全过程、全方位管理，并将责任指标进行纵向和横向细化、量化，使其在公司管理中具有较强的科学性和合理性，是在传统全面预算基础上融入了权变理论观念，更新了全面预算的管理理念。

三、权变预算管理体系的构建与实施

权变预算管理体系包括五个方面，即组织体系、制度体系、编制体系、执行与控制体系、考核体系等。

（一）权变预算管理的组织体系

预算管理组织体系是预算管理过程中起主导作用的集合体，是预算管理能够有效运行的组织保证。预算管理体系的实施既涉及公司战略，又影响到日常管理；既涉及资金运营，又涉及采购、生产、销售和服务等各个部门和整个流程。企业内部的高层管理者必须承担起项目负责人的角色，才能使预算管理体系的实施顺利完成各部门之间的协同和文化的转变。

1. 预算管理委员会

公司成立了预算管理委员会，由总经理任主任，分管经营的副总经理和总会计师、总工程师任副主任，委员包括副总经济师和经营管理部、财务部、安全生产技术部、综合管理部及党群部负责人。

预算管理委员会负责制定预算编制原则和要求；审议并决定企业预算管理制度；对各部门编制的预算方案进行审查、评价、协调和指导；在批准的年度预算总目标范围内，审批有关预算调整项目。定期分析、审查各部门预算实际执行情况；审议与全面预算管理执行情况挂钩的考核及奖惩意见。审议预算管理的其他有关问题。

2. 专业归口管理

财务部是公司预算管理的归口部门，负责预算执行过程监督、检查、评价。负责建立和健全预算管理制度。负责组织、汇总、编制预算预案，并提交预算管理委员会审查。负责编制、审核公司对外筹资、折旧费用、无形资产摊销、税金、财务费用等预算，并对相关预算的实施进行跟踪、指导、分析。组织实施已批准预算，并进行监督控制、调查反馈和预算分析。负责预算完成情况的考核工作。

综合管理部按照公司预算管理委员会下达的预算编制方案，负责公司日常管理费用及管理性固定资产购置预算的编制审核工作。负责编制、审核各预算责任单位办公费、差旅费、低值易耗品、业务招待费、通信费、会议费、运输费（包括车辆油耗、维修及保养、保险费、过路费及其他）、绿化费、物业管理费、水电费、租赁费、劳务费、办公用品维修费及企业文化经费等非生产性支出的预算；根据公司工资薪金管理制度及各项工资附加计提比例、计提基数，合理测算全年职工薪酬。包括工资总额、福利费、社会保险、年金、住房公积金、劳动保护费、工会经费、职工教育经费，并对相关预算的执行情况进行跟踪、指导。参与相关预算完成情况的考核工作。

安全生产技术部负责编制、审核各预算责任单位设备大修、维修、机物料消耗、技术改造项目、小型基建项目、生产性劳保费用、保卫消防费、安全费、试验检验费、技术监督服务费、堤坝维护费、发电量、厂用电率等相关生产性指标预算，并对相关预算的执行情况进行跟踪、指导。负责编制、审核各预算责任单位生产计划、安全指标并对相关计划的实施进行跟踪、指导。参与相关预算完成情况的考核工作。

经营管理部负责编制、审核各预算责任单位电量销售、过网收入、CDM 项目收入、其他业务收入预算，并对相关计划的实施进行跟踪、指导。负责编制、审核各预算责任单位土地租金、土地赔偿金、水资源费、线路维护费、财产保险费、外购电费、倒供电费等经营性指标的预算，并对相关预算的实施进行跟踪、指导。负责编制、审核各预算责任单位生产性固定资产投资预算。负责编制、审核各预算责任单位资产处置预算，并对相关预算的实施进行跟踪、指导。负责编制、审核各预算责任单位专项工程、重大设备检修、技术改造项目材料采购预算，并对相关预算的实施进行跟踪、指导。参与相关预算完成情况的考核工作。

各电厂及生产单位负责本单位预算编制、上报、控制、分析和自我评价。积极组织本单位生产经营活动，严格执行各项预算，确保年度各项预算指标的完成。研究解决预算执行中存在的问题。根据单位生产经营发展实际，提出预算调整的建议。

（二）权变预算管理的制度体系

国家要法治，搞好企业也要有完善的规章制度作保障。预算管理要真正落实并发挥效益，首先必须建立健全管理制度与规则。公司结合标准化建设，健全和完善了权变预算管理的制度体系，包括全面预算管理办法、综合计划管理办法、综合统计管理办法、财务收支管理办法、费用报销管理办法、税金管理办法、薪酬管理办法、劳动福利管理办法、风险管理办法、绩效考核管理办法、全方位对标管理与考核办法等一系列公司标准。

（三）权变预算管理的编制体系

预算编制是指以企业目标为依据，用一定的方法和流程建立企业整个预算目标体系，以及将其分解为部门责任目标并下达给预算执行者的过程，它是预算管理的起点。权变预算管理体系充分体现权变特征，预算编制采取"上下结合、分级编制、逐级汇总"的编制程序和"概率预算""增量预算"和"零基预算"相结合的编制方法：编制收入预算采用概率预算方法；编制费用预算采用增量预算方法；编制专项预算采用零基预算方法，不一而足。

1. 预算目标

根据战略目标来确定预算目标指标体系，并将预算目标落实于一组关键业绩指标。选取的关键业绩指标应该是企业综合分析市场环境、考虑发展战略的结果，是企业长期目标的近期体现。同时这些指标还要体现多维的企业价值取向。关键业绩指标是对企业战略目标的分解，是外部环境与内部经营的联结点。

2015 年，四川水电的预算目标有安全目标、电量目标、收入目标、利润目标等。其中安全目标根据集团要求下达；电量目标则分为两级：考核目标是根据前五年实际发电量平均数的 90% 确定，任务目标则根据集团下达的任务指标确定，一般任务目标大于考核目标；收入目标按照不同电站、不同时段的发电量概率与对应电价相乘后的总和计算；利润目标则根据集团下达的年度目标确定。

公司在确定预算目标时，主要采用"确定两头、倒挤中间"的方法，先确定总收入和总利润目标，再结合公司实际情况，编制成本费用预算和专项预算。

2. 预算编制

（1）生产预算。公司在编制生产预算时，是在充分考虑外部经营环境及市场竞争的前提下，由安全生产技术部根据所属电厂装机容量、机组利用小时、机组性能、设备状况，综合历年来电厂水流量情况，结合上年度生产实际完成情况并剔除客观因素的影响，预测当年电网发展变化可能带来的影响因素等，进行电量预算。对各电厂电量的预算，还需根据各个年度电力市场需求、电厂经过大修、技改后机组出力状况，并结合电厂所处河流未来气候变化等因素进行测算，因此各个年度每个电厂的发电指标均会随上述因素变化而有所调整。如果某电厂当年预计有影响发电的因素，则在按正常年份预测的基础上进行加减。

（2）收入预算。公司的收入预算，采用"概率预算"法编制。即按当年的电量预算乘以不同季节、不同时段、不同机组相对应的不含税电价，可得出当年的经营收入预算。

（3）费用预算。公司生产费用、管理费用、工资薪金的预算，按"增量预算"法编制。根据上年公司实际发生数，扣除偶发因素、事件对成本费用的影响数，再加上下年可预见的偶发因素、事件对成本费用的影响数，并在此基础上，结合公司内外部环境变化可能对下年生产费用、管理费用、工资薪金的影响进行适当调整，就形成了下年的生产费用、管理费用、工资薪金预算。

（4）专项预算。公司的专项预算采用"零基预算"法进行编制，如大修理预算、技改预算、专项融资及利息预算等，是根据项目实际，预测、计算相关费用，从而形成相应的大修理预算、技改预算、专项融资及利息预算。

3. 预算分解

为了确保年度全面预算目标的顺利完成，保证预算不折不扣的执行，公司在每年初便将当年年度预算进行分解。分解时按照纵向和横向分解的原则，纵向即按照月度进行分解，横向即按照电厂进行分解。按照"谁编制、谁分解"的原则，让编制预算的各部门、各单位参与。在对预算进行纵向分解时，各预算部门根据其业务范围内的实际情况，结合水电站生产特点、公司管理要求进行分解，使分解的预算具有科学性和可行性，确保公司经营成果较为稳定，不出现月度之间较大的波动现象。在进行横向分解时，根据各电厂所处地理环境、未来气候预测、电网考核、电厂机组出力状况及成本费用发生情况进行充分预判，确保各电厂分解的预算可行、可控，符合公司的经营目标和管理要求，同时让分解的预算需要"跳起来摸高"才能实现，使全面预算管理过程充满挑战性。

（四）权变预算管理的执行与控制体系

按照分级管理的原则，各责任单位按照上级预算批复，认真组织落实，预算指标层层分解，从横向和纵向落实到内部各部门、各单位和各岗位，形成全方位的预算执行责任体系。预算管理的控制是以消除隐患、防范风险、规范经营、提高效率为目标。控制的对象是预算的整个执行过程，涉及整个企业的各个环节、各个部门和全体成员，因此，预算管理控制是全面而系统的。

1. 专题会商机制

为了确保全面预算的顺利实现及各月度进度预算的可控、在控，公司于 2015 年起每月下旬召开预算执行情况专题会，对当月预算执行情况进行协调和对比，在当月已入账的收入、成本费用基础上，对当月尚未入账但可能发生的各项成本费用进行预测，并对当月未入账的收入结合当月各电厂水流量情况进行预估，与当月预算进度进行比较。对与预算偏差较大的事项，进行原因分析，并采取措施纠正偏差，对尚未发生的成本费用进行协调，确保每月经营状况与预算基本保持一致。

2. 风险预警机制

为了降低公司经营风险，全面完成每一年度经营目标，公司建立了风险预警机制，完善了风险预警指标，从公司战略风险、运营风险、财务风险、市场风险四大方面设置风险承受度指标，对公司各方面风险的最低和最高承受度进行指标细化、量化，如战略风险方面的风险预警指标——发电量，安全生产技术部每月及时将实际发电量指标与风险预警指标值进行比对；如财务管理方面的风险预警指标——利润总额，财务部每月及时将利润总额实际数据与风险预警指标值进行对比，以确定其风险是否在公司承受限度内，并进行定性分析，对潜在的风险进行识别和判断，随时消除生产经营中可能出现影响公司全面预算管理的不利因素，将风险降低到最低、可控程度，确保公司每一年度预算目标的全面完成。

3. 预算分析机制

公司每月编制《预算执行情况对比表》《责任成本发生情况对比表》《工资薪金发生情况对比表》《财务情况分析》等内部报表和分析报告，每季度召开《季度经营活动分析会》对公司生产、经营、财务情况及预算进度执行情况进行分析，并针对预算执行偏差提出相应措施、方案，及时纠正，以保证年度预算的完成。

4. 预算调整机制

由于国家政策或行业政策发生重大调整，公司内外部经营环境发生重大变化，或由于自然灾害等不可抗力而严重影响生产经营以及预算指标实现时，由预算执行单位提出预算调整申请，报相关专业部室审核后上报公司预算委员会审批。如果不影响公司总目标实现的，只调整进度预算或通过部门间横向调整可以保证公司年度总目标实现的，由公司预算委员会、总经理办公会批准调整；如果影响当年公司总目标实现的，需报公司董事会及集团公司批准。

（五）权变预算管理的考核体系

1. 目标责任考核

公司于 2012 年以来逐步完善了绩效考核体系，提出以"目标电量、安全及设备管理、成本控制、经营目标、管理效能"为考核主体的"五位一体"目标与责任考核体系，通过细化目标、加强管控、传递责任，实现公司管理、效益双提升。同时在对公司全方位的考核体系中也引入了权变理论，对各部门、各单位的绩效考核并不是简单地按照完成指标或标准进行，而是在实际执行结果上剔除客观原因或不可控因素进行考核，这样既能体现公平、公正原则，又能充分调动公司上下人员的积极性和主动性。

2. 责任成本考核

责任成本属于成本费用预算中的一小部分，针对公司所属电厂较多且分散、偏远特点，为了便于全面管理和划分责任界限，公司除了对各电厂的安全生产、发电指标及各项管理工作进行目标责任考核外，还将部分日常成本费用责任划分到电厂，由电厂自行控制和使用，公司根据《电厂责任成本奖惩考核管理办法》进行严格管理和考核。自 2012 年度以来公司不断对责任成本范围进行调整，充分体现责任与权力对等。在制定各个年度电厂责任成本预算时，根据电厂对责任成本的管控、使用情况，结合上一年度责任成本实际使用状况，并剔除不可控因素制定当年责任成本预算。

3. 内部对标考核

我们把可能影响预算完成的非财务指标，如安全、环保、管理等指标，列入内部对标考核范围，通过内部对标活动，提高管理部室和电厂、电站的管理水平，从而促进全面预算管理指标的实现。

四、实施权变理论下全面预算管理体系取得的成效

（一）在管理效益方面

公司实施权变理论下的全面预算管理体系后，进一步强化了各项管理工作，使全面预算根据公司不同阶段的经营环境、发展目标和内部管理的需求进行调整，强化了全面预算体系执行的刚性，同时在预算执行中及时进行分析，加强过程管控，把好预算执行关口，强化预算管理体系考核，积极挖潜增效，抓住一切能增加公司效益的有利因素，确保公司战略和经营目标的实现，提高了公司整体管控能力。

（二）在经济效益方面

（1）基于权变理论下的全面预算管理体系，从编制上充分考虑了各个时期外部经营环境及公司自身管理目标，具有可行性和适用性，在生产经营管理中从预算体系的各个环节加强监控和分析。每月及时关注生产经营情况，并与月度分解值对比，对可能出现的差异及时分析，对可能出现的偏差及时查明原因，减少一切影响经营成果的因素。2012年以来公司每年度均超额完成集团下达的经营目标，2012年公司发电量完成集团下达目标的110.26%，利润总额完成集团下达目标的128.56%；2013年公司发电量完成集团下达目标的100.94%，利润总额完成集团下达目标的112.80%；2014年公司发电量完成集团下达目标的101.26%，利润总额完成集团下达目标的111.31%；2015年公司发电量完成集团下达目标的104.50%，利润总额完成集团下达目标的117.55%。

（2）从预算进度执行情况来看，公司从2012年度引入权变理论下的全面预算管理体系以来，预算进度执行的偏差逐年缩小，预算进度准确度也在逐年提高，尤其是2015年度的预算进度执行情况，公司经营状况基本保持平稳状态。

（三）在预算意识方面

公司编制的全面预算结合了公司实际并具有挑战性，需要公司上下员工的共同努力，充分发挥集体的智慧和创造力。同时全面预算的编制和执行不是某一阶段、某一层面、某一个人的事，而是全过程、全方位、全员的参与。从集团收购以来，公司全面预算管理从不完善、不规范到引入权变理论理念，公司全员预算意识不断增强，从被动到主动，人人心中有预算，个个执行有目标，为公司连续四年以来经营目标的超额完成奠定了坚实的基础。

（四）在社会效益方面

公司曾多次被当地政府、水务及安监部门评为先进单位，是税务部门的纳税A级单位。

全面预算管理体系不是确定了就一成不变，它需要随着公司的外部经营环境和内部条件的变化不断调整和适应，四川水电四年以来超额完成集团年度经营管理目标，便是以权变理论为依据，结合公司所处的地理条件、经营环境、市场竞争和水电自身的特点及实际情况，不断完善和发展全面预算管理体系的结果。当然在全面预算管理方面四川水电并不是做得最好的，但是基于权变理论下的预算管理体系根据外部环境和内部条件的变化不断完善和改进，其在加强全面预算体系管控、提高公司效益、提升公司竞争力方面将发挥长远的优势和作用。

失误成本管理在石油钻井公司应用实践

创造单位：中国石油集团川庆钻探工程有限公司　川西钻探公司

主创人：任首书

创造人：唐静洁　龚国杨　刘　力　张万川

[摘要] 2015年以来，我国经济发展进入新常态，经济增速放缓，内外部环境错综复杂。为了积极应对所面临的挑战与机遇，石油钻井公司开拓管理新思路，探索管理新工具，提出"失误成本"的概念，通过在全公司推行失误成本管理，进一步规范公司内部管理行为，建立公司的失误成本管理机制，持续提升公司成本管控的能力和精益化管理水平。

首先，本文阐述了失误成本的相关理论，包括失误成本的概念及分类。其次，列举了钻井现场的失误成本现状，包括由于公司所属单位、横向协作单位以及甲方的管理不到位带来直接经济损失，以及延误正常施工周期带来与时间相关的间接费用损失。再次，描述了钻井现场失误成本管理推广应用情况，包括制度的建立、工作的推广以及带来的成效与启示。最后，提出了失误成本管理下一步的优化方向。

[关键词] 失误成本；成本管理；石油钻井公司

2015年以来，我国经济发展进入新常态，经济增速放缓，内外部环境错综复杂。国际油价将持续低位运行，天然气价格存在市场压力，国内各区域油气勘探开发投资进一步压减，工程技术服务企业面临工作量和服务价格双降的局面。石油钻井公司工作量不饱和、不连续已成常态，技术、装备、队伍配置与成本、价格还不匹配，部分领域管理仍较为粗放，资产盈利能力还不强，大部分业务处于亏损状态，安全环保成本压力更加凸显。各种问题与矛盾相互交织，给石油钻井公司生产经营带来前所未有的巨大挑战。

为了积极应对所面临的挑战与机遇，公司开拓管理新思路，探索管理新工具，提出"失误成本"的概念，通过在全公司推行失误成本管理，进一步规范公司内部管理行为，按照"谁主管谁负责，谁服务谁保障，谁受损谁举证，谁失误谁埋单"的基本原则，建立公司的失误成本管理机制，持续提升公司成本管控的能力和精益化管理水平。

一、钻井现场失误成本现状

失误成本是指由于管理或操作过程中出现的问题，引起服务保障不及时、服务质量不过关、人为因素导致的事故和等停，使整个生产过程衔接不畅给公司造成经济、形象、信誉等各方面经营成本的增加。

钻井作业失误成本主要包括生产组织安排、钻前施工准备、钻井设备维修、钻具井控保障、物资材料供应、钻井三大质量（井身质量、固井质量和取心质量）、施工配合和应急协调管理等各方面等因为管理不善带来的失误成本损失。以下是几种钻井现场典型失误事项：

（1）2015年6月8日，某钻井队在磨溪区块进行钻井作业时，于当日1:00传输电测下测至井深：4851.00米发现电测仪器无信号，至6月9日17:30起钻检查电测仪器，判断为测井公司电测仪器故障。

（2）2015年3月14日，承钻威远区块的某钻井队在平移开钻时更换顶驱接头，进行正常工序作业，而该顶驱接头仅仅使用24天后，于2015年4月7日从接头公扣端断裂，导致钻井队必须起钻更换设备。

（3）2015年7月6日，某钻井队在完成电测工序后，接甲方通知要求钻井队下钻至套管鞋等后续工艺措施，钻井队只能停工待令，7月14日才接到指示开始继续作业。

（4）2015年3月11日，在威远地区进行钻井作业的某钻井队水龙带损坏，更换水龙带一共耗时6小时，才使正常钻井作业继续进行。该水龙带为井队自行采购的零星配件。

显而易见，钻井现场发生的失误事项多是由于公司所属单位、横向协作单位以及甲方的管理不到位引起的，施工钻井队并不能完全提前规避，但却需要承担相应的损失与责任。

失误成本的发生不仅给公司带来直接经济损失，还通过延误正常施工周期带来与时间相关的间接费用损失。

二、钻井现场失误成本管理推广应用情况

（一）失误成本管理体系的建立

1.组织体系建设

组织结构是公司运行的基础，包括管理机构的设置、管理权责的认定和分配、管理职能的划分、组织管理幅度的确定、管理层次的划分、内部各层次各单位之间的沟通联络方式等问题。

公司在决定推行失误成本管理前期，即明确了组织保障，成立了包括失误成本仲裁委员会、失误成本管理工作组、失误成本管理办公室三层架构的失误成本管理架构。

（1）失误成本仲裁委员会是公司失误成本的管理层，是失误成管理工作的决策和领导机构。主任由公司总经理、党委书记担任，常务副主任由总会计师担任，副主任为公司分管生产和技术的领导，成员由公司其他领导以及相关部门主要负责人组成。其主要职责是负责失误成本责任划分、仲裁工作。

（2）失误成本管理工作组为主办层，主要由生产、技术、装备、运行、安全、采购、财务等部门的部门负责人组成，主要负责对失误成本写实中涉及的责任主体及失误分类明细进行核实，裁定相关方承担的责任和金额。

（3）失误成本管理办公室是失误成本管理的执行层，设在财务资产部，主要负责监督指导公司所属钻井队、项目部以及二级单位的失误成本管理工作开展情况，对失误成本信息资料进行收集、整理、归纳并审核，将审核后资料上报失误成本管理工作组与仲裁委员会。

三级架构如图1所示。

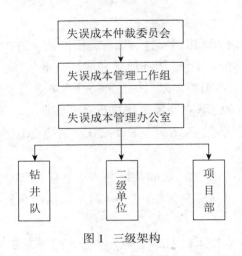

图1　三级架构

2. 管理制度体系建设

制度相对于组织结构更有隐形特征，并不仅仅局限于传统的激励和约束这一范畴，更应该强调控制过程中的相关制度的建立，从而提高组织能力，增加公司竞争优势。

公司为加强和规范失误成本管理，提高钻业队的生产效率，不断改进相关协作单位的服务质量，避免因窝工、返工和人为因素导致的事故等造成不必要的损失，提升单井盈利能力，促进公司经济效益和市场竞争能力不断提高，全面推行《钻井作业失误成本管理办法》，有详细的成文规定，包括《失误成本申报细则》《考核兑现管理》等，并在此基础上建立全面的失误成本管理流程，包括钻井队伍申报失误成本写实、失误成本管理办公室汇总整理后报失误成本管理工作组、失误成本管理工作组界定经济责任、后期考核和兑现，对争议事项的仲裁等方面。

3. 工作流程建立

失误成本发生后，按照"四步操作流程"进行责任追究。

第一步，由受损单位详述受损事件过程，并提供真实、可靠、可计量的证据，按照成本项目分直接成本和间接成本进行计算统计，填报失误成本申报表，于每周五向失误成本管理办公室举证申报。

第二步，由失误成本管理办公室在五个工作日内将收集到失误成本写实整理汇总，交由失误成本管理工作组对责任主体及失误分类明细进行核实，判定相关方承担的责任和金额。

第三步，若出现有异议的事项，失误成本管理办公室统一汇总整理后，提交失误成本仲裁委员会，每月组织相关方召开一次仲裁会进行最终裁定。

第四步，将公司内部责任方所承担的失误成本金额纳入绩效考核。对公司外部责任方处理方式如下：

（1）将上级横向协作单位责任导致的失误成本内容及金额如实上报上级公司，在与对方结算时从款项中予以调整。

（2）甲方责任导致的失误成本内容及金额，由市场开发部向甲方申报，争取结算调整追加。

（3）对于出现失误的公司供应商和承包商，在结算时按造成的损失予以扣除，同时将失误成本作为对其年度考核的重要内容。

四步操作流程如图2所示。

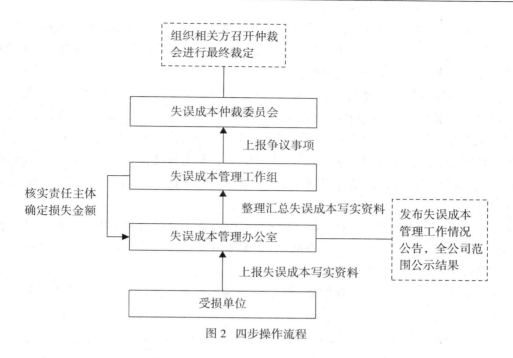

图 2 四步操作流程

（二）2015 年应用情况

2015 年，公司开始进行钻井现场失误成本管理应用研究，选择实地研究作为主要研究方法，通过理论分析结合实地访谈将失误事项显性化、失误成本数量化，调整管理控制方式，优化过程管控效果，在川渝地区的钻井队伍中逐步全面推广失误成本管理工作。

为了使失误成本管理推广应用工作更具有典型性，公司在威远、磨溪、高石梯以及自贡等不同地质条件的区块分别选择了 2~3 支钻井队作为实施失误成本写实工作（见附件）的队伍，多重数据来源的建立，将确保数据的真实性和完整性。经过为期一年的失误成本写实推广工作，公司根据实施队伍的反馈意见，同时充分听取了相关部门的意见和建议，针对失误成本管理工作中出现的问题及时进行了调整，从而取得了很好的成效。

三、钻井现场失误成本管理取得的成效

（一）直接经济效益

2015 年，公司共收到钻井队、后辅单位上报的失误事项 230 项，涉及损失时间 21826 小时，损失费用 5426 万元。所有失误事项经核实、审定后，认定属于失误成本的事项有 197 项，损失时间 19042 小时，损失费用 4603 万元。其中，属于公司内部单位造成的失误事项，在对其考核时都将予以调整；上级公司内部横向单位造成的失误事项，在 8 口竣工结算井中共计扣款 181.91 万元。通过该项管理工作的持续开展，必将有效促进各单位加强基础管理工作，为公司增收节支做出更大贡献，其价值将不可估量。

（二）管理效益

第一，强化成本管控，提高了钻井成本竞争优势。通过实施钻井现场失误成本管理，转变了成本控制目标，强化了成本过程管控，运用绩效考核机制，增强了全员成本意识，调动了全员成本管控积极性。同时，基于失误成本管理的业绩评价有了更加真实、客观的依据，提高了成本管理水平，经济效益明显，增强了成本竞争优势和盈利能力。

（1）转变成本管理目标，强化了全员成本意识。按照事前控制的生产预算与成本预算，拟定施工工期，以失误成本管理工作机制为依托，在厘清责任的同时强化了员工参与成本管控的意识。

（2）量化业绩评价依据，增强了成本管理积极性。借助失误成本管理的工作流程，把不同类型的失误成本核实分解到相关部门，落实成本管理责任，严格考核评价管理。在失误成本管理中重视和采用以人为基础的管理方式，更能促进员工的积极性和主动性，促发员工自觉的行为，增强了成本管理积极性。

（3）强化了成本过程管控，提高了成本管理水平。通过运用钻井现场失误成本管理体系，使川渝地区钻井成本管理延伸到了钻井生产全过程，扩展到了内外部成本影响因素，不仅是公司内部各生产经营环节和关键岗位，还包括公司外部甲方单位、横向协作单位以及供应商等。进一步促进生产经营与成本管理的有机融合，优化资源配置，最大限度降低钻井施工过程的无效耗费，大大提高了成本管理水平。

（4）提高了经济效益，增强了成本竞争优势。通过在川渝地区威远、磨溪、高石梯等区域34支钻井队开展失误成本管理应用，在2015年的8口竣工结算井中向造成失误事项的横向协作单位追责索赔181.91万元，得到了显著的经济效益。同时后辅单位成本也得到了有效控制，提升了成本竞争优势。

第二，提高了信息质量和决策水平。钻井现场失误成本管理的工作制度，缩短了生产一线的生产信息转换为管理层进行决策的经济信息所必需的时间，促进了钻井现场工序的标准化、成本的标准化、过程管理的信息化，为管理层及各责任主体提供及时、准确的决策依据，提高了信息质量和科学决策水平。

第三，优化了生产组织，降低应急协调管理成本。基于失误成本管理的核心理念，在事前做好任务分析、工艺技术设计以及优化生产运行安排，在事中强化对任务的监控、相关资源的适时适量配置、相关方的调配和利益协调，在事后及时总结经验、加强激励、巩固成效，大大减少了公司生产所面临的不确定性，进一步强化了对成本的约束控制。

四、钻井现场失误成本管理推广应用的相关启示

钻井现场失误成本管理在川渝地区的应用实践，大幅提高了钻井施工公司的成本管控水平和成本竞争优势，取得了较好的管理效果和经济效益，具有广阔的应用前景，这种管理模式对油气施工企业成本管理具有借鉴作用。

（1）提升全过程成本控制效率。传统项目成本管理手段比较落后，成本信息的传递在各部门之间和公司上下级之间都不够流畅，信息很难得到及时的反馈和共享。这种情况下所谓的"全过程成本控制"往往是基于事后的一种分析方式。而基于失误成本管理工作流程，在失误成本管理工作组对失误成本写实进行核实、裁定的过程中，多个生产部门相互合作，多方参与决策，不仅有利于信息沟通，同时也在一定程度上提升了全过程成本控制效率。

（2）更新成本管理理念。传统项目成本管理将成本管理的重点放在公司内部生产经营过程，认为外部因素是不可控制的，对外部原因造成的成本增加的关注较少。失误成本管理理念不仅关注了

内部成本增加的原因，同时，在最大限度优化内部成本控制后，分析公司面临的上下游产业，通过与甲方、供应商、横向协作单位的战略合作以寻求降低成本的有利途径。从成本管理来讲，组织间的合作可以在一定程度上降低工程项目成本，为公司带来利益。

（3）转变成本管理目标。传统项目成本管理的目标是成本最小化，即注重项目的节流，努力控制各项工程项目经营活动成本。失误成本管理的目标不仅是在正常环境下，常规工序下规避不必要成本的发生，同样注重通过项目索赔管理、优化施工设计等来获得成本优势。公司内部节流减支固然重要，外部开源增收也不可懈怠。

（4）拓展成本管理内容。传统成本管理将内容集中于直接的成本因素，如设备折旧与摊销、材料成本、人工成本、财务费用等的控制，对间接影响成本的因素，如工期等方面的重视程度不够。失误成本管理将直接和间接的成本因素结合在一起，通过绩效考核制度，激励公司员工的直接参与，帮助实现资源的最优配置。

（5）创新成本管理手段。失误成本管理服务于石油钻井公司生产经营的特性，并且在市场环境、公司自身生产形势的动态变化中不断调整实施，走出了一条提高管理控制绩效的新途径。

五、失误成本管理下一步的优化方向

（1）根据实施经验，进一步清晰界定实际工作中失误成本的内涵和外延，便于实践中认定。在目前的实际工作中，根据失误成本仲裁委员会的意见，已经将地层因素带来事故复杂和甲方事前通知的迎检工作从失误成本中剔除，仅作为向甲方结算时的调整事项。

（2）建立各类失误成本特别是间接成本的计量内容及标准，便于在实践中计算。失误成本中的间接成本覆盖的范围较广，设计成本项目较多，对其进行科学准确的计量是实务工作中的难点。进一步借助信息化平台，建立各类失误成本计量内容及标准的数据库。

（3）逐步实现由失误成本向全面质量成本管理的提升。以失误成本管理为依托，挖掘石油钻井公司的价值运动组成，将工艺设计、原材料供应、工程施工和工程服务连贯成一个内部作业链，优化实现其中不增值作业的消除，同时从更加宏观的视角，将石油钻井公司甲方、供应商、横向协作单位，甚至同业竞争者放在一起作为外部价值链，优化经营决策与战略选择，实现广义上成本节约或价值创造。

参考文献

[1] 油气井钻井作业标准成本管理研究与应用 [M]. 武汉：武汉大学出版社，2015.

[2] 财政部企业司. 企业全面预算管理的理论与案例 [M]. 北京：经济科学出版社，2004.

[3] 财政部企业司. 企业成本管理的理论与案例 [M]. 北京：经济科学出版社，2004.

[4] 弗雷得里克·泰勒. 科学管理原理 [M]. 北京：北京理工大学出版社，2012.

[5] 最实用的211个财务管理工具 [M]. 北京：中国经济出版社，2011.

[6] 王万方等. 精细化管理全员化节约 [M]. 北京：中国工人出版社，2011.

[7] 李鹏，张银平，任登峰. 石油企业经营管理简明读本 [M]. 北京：中国石油化工出版社，2012.

[8] 精益会计实务 [M]. 北京：企业管理出版社，2014.

[9] 企业目标成本管理 [M]. 北京：企业管理出版社，2014.

[10] 李靖男，赵晗，刘效钢. 企业价值链成本管理研究 [J]. 商，2015（32）.

[11] 赵萍. 责任成本管理在施工项目成本管理中应用 [J]. 投资理财，2016（3）.

附件 1

失误成本写实汇总表

填报单位：   失误成本时间段：

序号	队号	井号	施工动态	提供劳务方	起日期	止日期	损失时间（小时）	损失费用（万元）	原因详述	备注

填表人：   联系电话：

附件 2

×× 井失误成本项目明细

填报单位：

序号	项目	汇总损失（万元）	1	2	……	全井损失合计
一	直接损失（万元）	0.00	0.00	0.00	0.00	0.00
1	钻头	0.00				
2	钻井液	0.00				
3	柴油	0.00				请注明柴油消耗量
4	电费	0.00				请注明电量和单价
5	机油	0.00				
6	其他材料	0.00				
7	运输费	0.00				
8	钻井工具	0.00				
9	修理费	0.00				
10	其他	0.00				
二	间接损失（万元）	0.00	—	—	—	—
1	直接人工费	0.00	—			
2	服务分包支出	0.00	—			
3	折旧费	0.00	—			
4	钻机租赁	0.00	—			
5	顶驱租金	0.00	—			没使用不填
6	井控装置摊销	0.00	—			
7	固控装置摊销	0.00	—			
8	野营房摊销	0.00	—			
9	其他长期待摊费用摊销	0.00	—			
10	固定电话费	0.00	—			
11	差旅费	0.00	—			
12	一线伙食补贴	0.00	—			
13	管理费	0.00	—			
	总损失（万元）	0.00	—	—	—	—
	损失时间（天）	0.00				—
	损失阶段					
	简要损失说明					

供水、供电成本管理模式创新

创造单位：北京京煤集团有限责任公司杨坨物业管理分公司

主创人：高文庆 邱福玲

创造人：许建民 李 秀 赵双双 耿家水 李荣娟 邓水红

[摘要] 杨坨物业是京煤集团的后勤保障型物业管理企业，承担着自供水、电的社会化职能。当前企业面临两方面的压力：一方面，水资源日益匮乏、电资源紧张，供需矛盾进一步加剧；另一方面，经济形势严峻，企业运行成本过高，可持续发展受到制约。综合考虑杨坨物业收入来源有限、运行成本费用大的情况，从成本管理寻找突破口。首先增强员工成本意识，提升员工参与成本管理的积极性；其次通过多项措施加强财务管控，形成统计数据、分析数据、解决问题的财务闭环管理，且同步完善企业内部控制制度。同时，对水和电供应的采购、生产、销售三个环节进行全过程成本管理，形成了一套健全的成本控制体系。最终降低企业运行成本，实现水电运行安全、健康、经济的工作目标，取得了良好的企业经济效益、社会效益及生态效益。

[关键词] 供水供电；成本管理

北京京煤集团有限责任公司杨坨物业管理分公司（以下简称杨坨物业）是京煤物业管理公司的下属分公司，主要承担京煤集团地产公司开发的商业物业服务、后勤保障物业服务（社会化职能）、原北京矿务局破停产矿非经营性资产（含土地）管理，集团部分山林管理、封闭矿井管理、民心工程落实、历史遗留问题处理及安全维稳工作职能。

杨坨物业位于门头沟区军庄镇，下设5个行政职能部门，现有员工102人，本科及以上学历占员工总数的17%。公司管辖范围包括：后勤保障小区2个（杨坨家属区楼房共计12栋及复式楼共计204套、利丰小区复式楼共计101套）；工矿棚改安置房小区1个（惠通新苑小区楼房11栋1840户）；经营性土地5宗（面积57690.6平方米）。杨坨物业自成立以来一直设有水厂、变电站、锅炉房和煤气站，担负着管辖范围内2867户居民自供水、2867户居民自供电、710户居民供暖的社会化职能，并常年向军庄镇4个自然村的2万村民提供无偿供水。

近年来，杨坨物业以京煤物业公司的经营转型升级为契机，强化内部财务管控，创新经营管理理念，通过实施供水供电成本管理，完善水电基础计量及平衡率测算，查找跑冒滴漏根源，掌握设备损耗情况，采取水电技改措施，实现了降低企业水电运营成本，取得了企业经济效益与社会效益的"双赢"管理成效。

杨坨物业始终坚持以"安全物业、经营物业、满意物业、服务物业"为目标，全心全意为业主提供全方位综合管理和全天候的优质服务。

一、杨坨物业成本管理状况

（一）供水、供电成本的历史背景

杨坨物业是京煤集团的后勤保障型物业管理企业，承担着自供水、电的社会化职能，主要依靠集团公司补贴收入维持经营运行。当前经济形势严峻，经营成本在逐年上升，企业生存压力越来越大，企业亟须从财务管控入手，降低生产成本。通过财务分析，多年以来，水电供应运行成本占经营总成本的1/2，是除了人工成本以外的主要成本支出。财务部门意识到只有紧紧抓住物业经营运行中的出血点和薄弱点，运用科学的管理手段加以管控，合理地使用各项经费补贴指标，才能保证企业的平稳运行发展。

（二）供水、供电成本管理存在的问题

（1）成本意识薄弱，缺乏考核制度。日常管理松散，员工对当前严峻的经济形势认识不足，缺乏主动进行成本管理的动机和压力。成本管理责任不明确，未制定一套完善的考核制度。

（2）财务核算简单，未建立成本分析制度。几年前，杨坨物业在生产经营中对水和电的管理方法和手段相对简单，财务核算上也不够精细，采用简化的成本核算方法，以企业为单位进行成本支出核算，未按岗点（产品）进行成本分配，没有建立一套有效的成本归集制度，无法对生产过程进行深入分析。

（3）缺乏分级计量基础数据。杨坨物业供电链条由供电局接入，依次经过变电站35千伏高压室、6千伏高压室、9个低压室等三级变压，最终输送给终端用户。以往计量统计只注重输入端和输出端，对中间环节和各级设备损耗情况的掌握不全，无法准确分析查找出成本损失点。

（4）由于企业基础制度不完善、组织机构管理不到位、科学化协调水平不高，导致管理中长期存在统筹不全，联系松散、环节缺失、发展滞后的弊端。各部门通常只强调自身的工作业绩，缺乏相互配合的工作态度，忽略统一管理、系统规划的重要性，导致企业未形成有效的成本管理模式，影响经济效益的发挥。

（5）由于在生产经营中对水和电的管理不到位，对于水电"开源节流、节支降耗"的利用空间不够，导致跑冒滴漏现象严重，供水管网的漏失率高达40%，变压器、电表损及线损的损耗电量过大，2012年的损耗电量已达到448957度。

二、杨坨物业供水、供电成本管理手段

（一）增强员工成本意识

提高全员的成本意识，是企业成本管理的重要基础工作，是企业加强成本管理的重要内容，是企业降低、控制或保持成本水平的有力保证。

首先，建立费用定额考核管理制度，运用"成本考核"和"成本否决"等手段从严管理，使员工意识到企业控制成本的严肃性和合理性。通过会议、文件等方式向员工传递企业经营情况，树立起员工的危机意识，触发员工参与成本管理的积极性。

其次，树立节约型企业文化。企业文化具有导向功能和无形管理功能，建立"资源节约型"和"低成本运营"的企业文化，建立和健全责任成本规章制度，通过建章立制去实现成本管理的科学化、目标化、规范化，进而引导全体员工在日常生活和生产中树立正确的成本观念。

（二）加强财务管控

（1）财务核算精细化。深化会计核算管理内容，做到细致入微，对每一岗位、每一项具体的业务的费用进行严格划分，对关键岗位、部门都建立起一套相应的成本归集台账。将水厂、变电站按照成本中心管理。每月对水厂、变电站成本进行跟踪记录，测算出每个月水、电的成本单价，反映运行情况。从而，拓展了会计核算管理领域，将会计核算工作融合到企业经营管理的各个方面。

（2）强化全面预算管理。改变预算编制方式，采用零基预算。掌握包括人员情况、工资水平、设备配备、生产过程等准确的信息资料，对每个部门进行成本效益分析，根据需求编制预算。使预算能应对当前企业环境变化，促进更为有效的资金分配。实施预算定额管理，强化预算执行力。对预算指标进行两个层次的分解——时间和部门。年初将预算指标按月分解。同时，将预算指标特别是大额支出、可控费用等按部门、岗点进行分配，由责任部门负责日常管理，财务部门进行监督。财务部门每月编制预算执行台账，进行预算指标跟踪，监控并分析预算费用的执行情况，及时反馈到各部门，严格执行预算定额考核。

（3）建立财务稽核制度，对分公司重要风险点加强监督。每月核查收费岗点各项收费情况，对材料库、食堂、煤气站盘点，通过财务稽核，控制资金风险和经营风险。

（4）开展财务分析，形成财务闭环管理。通过细化财务核算成本归集、预算管理，财务部门掌握了企业运行的基础数据，了解了企业成本构成，明确了成本治理重点。

扩大数据来源，深化财务分析。杨坨物业水、电供应环节较多，水电供应管线错综复杂。初步的成本分析无法准确掌握用水、用电情况和设备损耗情况等，因此，在各环节增加了计量表，进一步掌握水电供应过程数据。通过同期比较，趋势分析等了解水电供应变化情况，是否存在异常。通过对供应链上下环节数据的对比，直接指向问题环节，查找出在水电运行管网、设备设施及日常管理操作中存在的具体问题。引导各岗点解决实际问题、技术创新，实现高效、低耗的生产模式。最终形成统计数据、分析数据、解决问题的财务闭环管理。

（三）完善内部控制制度

为确保财务闭环管理的实施效果及实施的持续性，必须完善各环节内部控制制度，形成一个健全的成本管理体系，即全员性、全方位的成本控制模式，如图1所示。

图1 供水、供电内部制度示意图

（1）为保证数据准确性、及时性、全面性，建立了《水表与电表的五级计量制度》《水电表抄表管理制度》《供水供电巡查管理制度》。

水表与电表的五级计量（见图2和图3），准确地反映出不同时段、不同环节的用水、用电量，实现各级水电量间相互核查，为月度水电分析提供翔实的数字依据。同时绘制《供电树状分析图》（见图4）、《供水线路图》，这些措施都增强了对实际工作的科学指导。

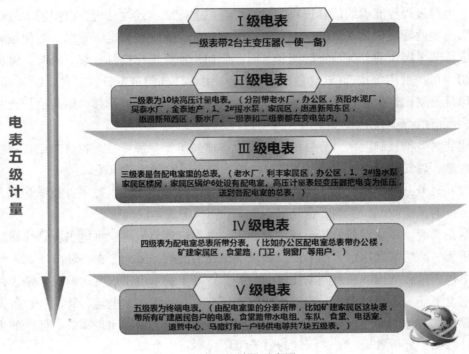

图2　电表五级计量示意图

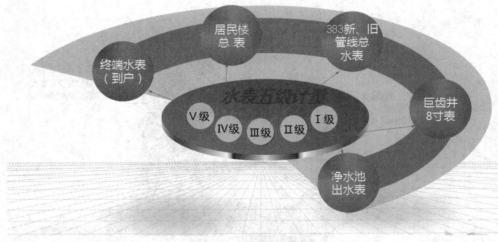

图3　水表五级计量示意

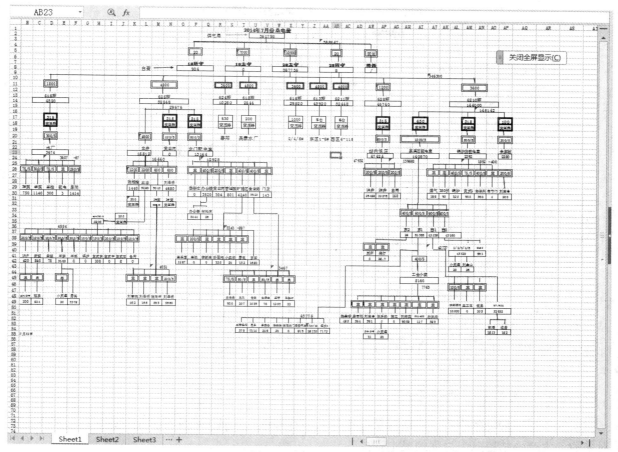

图4 五级电量树状图

水电表抄表管理。成立联合查表工作小组，规范在水电表查表、抄表过程中各项操作环节，抄表卡的数据准确、清晰、无涂改并保存两年以上，以作为准确计算水和电成本的依据。

供水供电巡查管理。深入现场摸排水电管线跑冒滴漏情况、掌握设备设施损耗情况，及时查处偷电、违章用电及私接供水管线行为，排除安全隐患，确保水电管网正常安全运行。

（2）为深入分析问题，成立管理机构，实行水、电成本分析例会，联合各部门力量参与成本管理分析过程，及时有效地解决问题。

成立水电工作管理机构。明确职责分工，成立"水电工作领导小组"，负责水电工作的领导部署；成立"水电工作检查监督小组"，负责对日常水电工作的监督管理；建立"科室、厂站、班组三级管理工作网"，实施分级管理，责任落实到人。

建立水电成本分析例会制度。每月固定8日召开例会，各部门负责人及骨干参与，会上进行水电数据（上个月）统计分析，深入研究造成水和电成本波动的各种因素，随即有针对性地制定整改工作措施并纳入当月重点工作，执行严格考核管理，如表1所示。

（3）针对查找出的责任不明确、偷漏水电现象、成本过高的问题，实施完善《水电管理岗位责任制度》《计量电表箱铅封管理制度》《水电看守岗点承包管理制度》。

同时，通过绩效考核，约束激励员工。制定《杨坨物业管理分公司用电量考核管理办法》对于用电量超标的岗点执行严格考核。每年初将预算指标分解到各部门后，制定《杨坨物业经费指标分解考核办法》，对指标规定考核奖励要求，与个人工资挂钩。

表 1 杨坨物业 2014 年各岗点用电量指标分配

单位	岗点	1月	2月	3月	4月	5月	6月	7月	8月	9月	10月	11月	12月	全年
水电科	水厂监控室	210	210	210	210	210	210	600	600	600	210	210	210	3690
	变电站	4880	4880	3000	360	360	360	360	360	360	360	3000	4880	23160
	水电组	855	855	855	855	855	855	855	855	855	855	855	855	10260
	利丰看守	1600	1600	1300	100	100	100	100	100	100	100	1300	1600	8100
	楼房路灯	100	100	100	100	100	100	100	100	100	100	100	100	1200
办公室	汽车队	100	100	100	100	100	100	250	250	250	100	100	100	1650
	办公楼	2600	2600	2600	2600	2600	2600	2600	2600	2600	2600	2600	2600	31200
	食堂	1000	1000	1000	1000	1000	1000	1000	1000	1000	1000	1000	1000	12000
	材料库	70	70	70	70	70	70	150	150	150	70	70	70	1080
供暖修缮科	家属区锅炉	68960	68960	50960	4480	800	800	800	800	800	800	50960	68960	318080
	厂区锅炉	15600	15600	11600	800	0	0	0	0	0	0	11600	15600	70800
	煤气站	160	160	160	160	160	160	240	240	240	160	160	160	2160
保卫科	马路灯	350	350	350	350	350	350	350	350	350	350	350	350	4200
	北门门卫	150	150	150	150	150	150	200	200	200	150	150	150	1950
	工会看守	500	500	350	50	50	50	100	100	100	50	350	500	2700
考核办	电话室	90	90	90	90	90	90	150	150	150	90	90	90	1260
	木工室	90	90	90	90	90	90	90	90	90	90	90	90	1080
收费科	收费处	100	100	100	100	100	100	150	150	150	100	100	100	1350

（四）实现成本全过程管理

要完善成本控制的内容，不能仅把成本控制的着力点放在对生产成本的单一控制上，更要重视对采购、生产、销售三个过程的成本管控。

（1）在采购过程中，杨坨物业加强了物资采购、设备保养的成本控制。建立健全采购环节的内部控制制度，包括材料集中采购制度、材料请购审批制度、材料验收付款制度。将材料分类，分别对大额物资、零星材料、紧急采购制定不同的规定。严格规定采购申请、审批、付款、验收流程，参与人员责任权限，形成内部牵制。提高材料质量，降低材料采购成本。

此外，杨坨物业还尝试自制材料等办法降低成本。水厂过滤罐需要经常更换，聘请外包厂家成本非常高。为解决此问题，杨坨物业开展一系列自主优化水质的工作措施：一是定期自主清洗蓄水池；二是重新调整滤料配比，经过 30 多次试验摸索出滤料的最佳配比，自行购买活性炭、锰砂及石英砂等过滤材料，升级饮用水过滤系统；三是设专人负责制水系统的维护保养。通过这些自主创新措施，水厂过滤罐的滤料更换成本由外包厂家的 11 万元／个降至 1 万元／个；员工自主制作的布水器与市场布水器相比较，配水均匀、布水稳定，使用周期更长。

（2）完善生产过程中的成本控制，实施供水技术改造、供电环节优化管理及信息化建设等技术手段，提高管理效率，以最低的成本提供更多数量、更好质量的产品。对老化管线路进行重新设计改造、优化，降低供水管线的管网漏失现象。将全天无偿供水改为分时段无偿供水，将 6 个人工阀门全部更换为自控电动阀门，精确地控制供水阀门的开关时间。将过滤罐的冲洗工作由自动定时控制改为根据水质监测情况进行手动控制，使 2014 年反冲洗损失水量较 2013 年下降了 111471 吨，下降率为 94.56%。合理调整变压器负荷，各变压器均达到了最佳负荷状态，降低了变压器的损耗电量。

建立物业管理信息系统，逐步实行智能化管理。采用物业管理信息系统 APP 和远程监控系统，改变了手工管理模式，在设备控制、排班机制等岗位上运用计算机辅助物业管理技术，将分散、孤立的各类物业信息整合纳入到统一网络物业信息平台，实现企业动态资源的过程控制，提高信息管理水平及管理效率。

（3）对销售过程的成本控制，通过销售成本和售后服务成本两个方面来实现。以前终端用户使用机械水电表，每月需组织人员入户查抄，录入数据、计算金额等，不仅人工成本高，数据的准确性也不易监控。2013 年起逐步更换成智能水电表，采取水电预售，既减少了人工成本，又提高了水电费的回收率。采用收费软件，集成管理用户信息。通过成立维修队，对报修情况及时处理，做好售后服务，减少水电流失。

总之，杨坨物业通过对采购、生产、销售三个过程成本控制，有效降低了企业运行成本，形成了集成的成本控制体系。

三、杨坨物业供水、供电成本管理的成效

通过实施水和电成本管理，降低了企业运行成本，提升了内部管理水平，取得了显著的经济效益、管理效益、社会效益和生态效益。

（一）经济效益

1. 供水成本节约

表 2　2015 年、2014 年与 2012 年供水数据对比

比较 项目	2015 年 （吨）	2014 年 （吨）	2012 年 （吨）	2014 年比 2012 年		2015 年比 2014 年	
				变化量（吨）	变化率（%）	变化量（吨）	变化率（%）
提水量	328409	404983	959433	−554450	−57.79	−76574	−18.91
制水量	319905	398565	893866	−495301	−55.41	−78660	−19.74
无偿供水量	51970	107544	562999	−455455	−80.90	−55574	−51.68

注：2013 年成本管理正在探索和实施中，数据参考价值较小，故不作比较，下同。

与 2012 年相比，水厂 2014 年的提水量下降 57.79%、制水量下降 55.41%、无偿供水量下降 80.90%。2015 年三项指标进一步下降。2014~2015 年两年共节约无偿供水资源 511029 吨。两年节约供水成本 288.38 万元（提水下降量 631024 吨 × 水价成本 4.57 元/吨）。

2. 供电成本节约

表 3　2015 年、2014 年与 2012 年供电数据对比

比较项目	2015 年 （度）	2014 年 （度）	2012 年 （度）	2014 年比 2012 年		2015 年比 2014 年	
				变化量（度）	变化率（%）	变化量（度）	变化率（%）
变压器损耗、 表线损	164864	204949	448957	−244008	−54.35	−40085	−19.56
自用电量	446761	589528	729840	−140312	−19.23	−142767	−24.22

与 2012 年相比，2014 年变压器损耗、表线损下降 54.35%，自用电量下降 19.23%。2015 年两项指标进一步下降。2014 年和 2015 年两年节约供电成本 62.39 万元（下降量 567172 度 × 平均电

价 1.10 元 / 度)。

　　杨坨物业通过实施水和电成本管理，取得了显著经济效益，受到了京煤物业公司的关注与肯定，并积极向其他 6 个分公司推广工作经验，对京煤物业公司"水和电管理"工作起到了整体推动作用。

（二）管理效益

　　水、电成本管理，从源头开始采取科学有效的方法，自上而下地实施数据管理，提升管理人员的综合能力和管理能力，推动企业各项业务工作都有目标、有安排、有成效、有考核，实现闭环管理。各职能部门都认真贯彻"一切拿数据说话"的管理理念，体现了数据与价值的结合，数据与工作的结合，揭示数据背后反映的问题，用措施对比结果，用数字说明效果，体现了企业科学、严谨、求实的工作作风，有效地提高了杨坨物业的工作效率与管理效率，每年可节约成本 200 余万元。经过两年的成本管理，提升了企业管理水平，取得了社会认可，荣获了第三十届北京市企业管理现代化创新成果一等奖。

（三）社会效益

　　供水、供电是居民最关心的民生问题之一，杨坨物业通过实施水和电成本管理，提升了供水服务能力和服务质量，提高了供电服务的安全性和稳定性，提升了用户满意度，进一步维护了辖区安全稳定。作为国有企业，节约水资源，减缓水资源的枯竭速度，为管辖范围内提供持续、优质、安全的供水保障，是杨坨物业理应承担的社会责任。对于水资源严重短缺的北京市，保护水资源及生态环境，充分发挥水资源的综合效益，走水资源可持续利用之路，才能保护人民群众的生命健康，才能促进经济、社会和生态环境的可持续发展。

（四）生态效益

　　党的十八以来确立的生态文明建设，就是将生态文明建设贯穿到经济、政治、文化、社会，形成"五位一体"的整体布局。按照习近平总书记系列重要讲话精神，生态文明建设就是推荐绿色发展、低碳发展，形成节约资源和保护环境的空间格局、产业结构、生产方式、生活方式；就是要全面促进节约、加大自然生态系统和环境保护力度，加强生态文明制度建设。随着北京市产业结构的不断调整，能源问题已成为制约首都经济发展和影响人民生活的首要问题，为响应国家生态文明建设的要求、解决北京市日益窘迫的缺水问题，杨坨物业以降低成本、节约能源为核心，运用现代科学的管理手段和技术手段实施水和电平衡管理，在保障居民供水供电质量与安全的前提下，减少水电能源消耗量，用实际行动为北京生态文明建设做贡献。

创新煤矿材料闭合管理模式的技术应用

创造单位：阳泉煤业（集团）股份有限公司二矿

主创人：王　宏　李少鹏

创造人：杨书才　邢丽军　李裕祥　耿路军

[摘要] 材料物资闭合管理系统主要由材料预算、资金审批、成本消耗、库存管理、现场督察、回收复用、交旧领新、旧料改制、物资报废、成本报表十大模块组成。通过与集团供应处材料物资编码对接，不但可以替代以往烦琐的查票记账工作，而且可以加速信息处理，便于实现全矿动态的材料物资信息查询，使管理人员可以及时作出正确决策。同时，采用闭合系统成本管理，在通过入库系统、回收系统、交旧系统等取出相关材料数据就可以自动进行计算，动态反映管理报表，并保证各种数据来源的唯一性，有利于实现各项管理工作的数据化、条理化和规范化，既便于科学地安排和开展工作，又便于对管理活动的检查、考核和控制，促进工作质量和管理水平的不断提高，从而增加企业效益，降低生产投入。

2015 年 3 月在全矿队组中分批逐步推行材料物资闭合管理系统，并且出台相关配套办法，实现了在系统上就能实时掌握全矿所有部门、队组分地点的材料物资占用情况，材料销账必须通过系统办理回收手续。这样彻底改变了以往的材料物资管理模式，极大地提高了管理效率，减少了物资占用，降低了成本投入，增加了企业效益。

[关键词] 材料物资；闭合管理

一、前言

阳泉煤业（集团）股份有限公司二矿（以下简称二矿）成立于 1951 年 5 月 1 日，坐落于太行山西麓，阳泉市西南 6 千米处，石太铁路和 307 国道横穿矿区工业广场而过，地理位置优越，交通便利，是阳煤集团的特大型骨干矿井之一。1999 年 12 月 31 日，阳泉煤业（集团）股份有限公司成立，二矿以阳煤集团的优质资产重组进入阳煤股份公司。二矿井田面积为 60.0603 平方千米，工业储量为 7.17 亿吨，可采储量为 4.21 亿吨。井田地质构造简单，煤层稳定，赋存丰富，主要可采煤层有 3#、8#、12# 和 15# 煤，拥有多个生产品种，包括洗中块、洗小块、喷粉煤、末煤等，广泛用于冶金、电力、化工、机械及建材行业，在国内、国际都具有良好的品牌信誉。二矿现有职工 8400 人。目前，全矿采用直线职能生产经营指挥系统，实行矿、井区（科）、队三级管理体制。矿井目前采用综合机械化放顶煤开采和综合机械化开采，现有 4 个低位综合放顶煤采煤队、1 个综采队、8 个掘进队。采掘、运输、提升、洗选及装车外运全部机械化作业。建矿 62 年来，经过 3 次较大规模的改扩建工程，二矿的原煤生产能力已经达到810万吨以上。2009年，原煤总产量在集团公司率先突破1000万吨之后，连续五年保持千万吨水平。

二、创新材料闭合管理模式的实施背景

当前，受"三期叠加"等多重因素影响，煤炭行业进入需求增速放缓期、过剩产能和库存消化期、环境制约强化期和结构调整攻坚期"四期并存"的发展阶段。这将是一个长期而缓慢的过程，企业如何在这一轮危机中生存下来，关键是成本，只有达到同行业先进水平才能保证企业在竞争中不被淘汰。

企业经过近三年的强化成本管控，常规降本空间收窄。同时，集团公司调整考核导向，按照目标利润刚性约束。但是，随着煤炭价格的一路下滑企业的经营压力陡增，现阶段的成本管控手段已经远远满足不了形势的要求。目前企业生产成本中材料费是仅次于人工成本的第二大成本项目，占到了全部成本的13%，而煤炭企业生产用材料不构成产品的实体，大多可以重复使用，这部分材料占到了全部材料的28%，如何管理好回收复用材料就成为企业当前迫切需要解决的问题。

由于煤炭企业的生产活动为地下作业，作业地点分散，使用材料种类繁多，以往的管理基本是一种模式，即采用手工记账、部门管理。这一模式存在用人多、效率低、品种少、准确性差、信息不对称、管理不及时等缺点，已经远远不能适应企业管理的要求。结合企业的实际情况，开发了材料物资闭合管理系统，通过与集团供应处材料物资编码对接，不但替代了以往烦琐的查票记账工作，而且加速了信息的处理，实现了全矿材料物资的动态管理，避免了"暗箱操作"，降低管理成本，为管理人员作出正确决策提供了有力的依据。

三、创新材料闭合管理模式的主要内涵

2015年，随着煤炭售价一路下滑，企业领导年初就提出了从"提量、提质、提效、降本"四个方面着手，积极应对挑战，推进经营管理的工作目标。但是，随着近年来压缩各项费用开支、强化成本管控措施的实施，各项成本消耗较往年都有大幅度的下降，现阶段企业的成本管控手段已远远满足不了形势的要求。如何在加强企业内部控制，创新成本管控上有新的突破。在此基础上针对企业材料管理现状，推行了材料物资闭合管理系统。

材料物资闭合管理系统为煤矿材料成本管控提供了技术支撑和基础保障，是企业内部控制思想的完美载体，确保了企业内控措施具有很高的针对性、科学新和可操作性。材料物资闭合管理系统的核心在于对每种材料的编码进行识别，从出库开始一直跟踪落实到队组使用地点，直至上井报废，形成全过程的闭合管理。材料物资闭合管理系统的价值在于改变了煤炭企业井下材料回收复用的传统管理模式，提高了管理效率，提升了企业的效益。

四、创新材料闭合管理模式的主要做法

创新材料物资闭合管理模式是一项系统工程，也是提高企业整体成本管控水平的迫切需要。本着积极慎重、大胆创新、重点突破、逐步推进的思路，结合企业实际情况，研究定制了材料物资闭合管理系统，确立了新的材料物资管控模式。

（一）构建实施方案

1.明确管理目标

针对煤矿企业材料消耗不构成产品实体，大多可以重复使用，而且还有很大潜力可挖的情况，二矿推行了材料物资闭合管理系统。通过加强材料回收复用管理，从而带动全矿整体的成本预算、库存管理、现场管理以及修旧利废等一系列管理工作水平的提高，达到降本增效的目的。

2.确定实施步骤

推进材料物资闭合管理系统是一项系统工程，牵涉全矿所有生产及辅助队组以及各责任部门，又涉及职工的切身利益，必须坚持积极稳妥的原则。为此，推行工作分四步走：

第一步，进行数据导入准备的工作。从2015年3月利用一个月时间，与集团供应处材料物资编码进行对接共计录入各类材料物资14万种，做到了对全部材料物资的编码管理。

第二步，把握关键环节，重点理顺操作流程。2015年4月上旬从往年4374种常用材料中筛选出419种回收复用材料，较传统手工记账时材料品种增加了251种，交旧领新材料品种达到493种，增加了105种。同时，重新确定了各部门和相关负责人的工作职责及分工。

第三步，先进试点、全面推进。2015年4月中旬挑选条件成熟的3个部门和29个队组先行试用，试用成熟后次月在全矿队组中全面推行。

第四步，增加管理项目，完善配套制度。随着材料物资闭合管理系统运行的不断完善，陆续新增了成本预算、资金审批、库存管理、交旧领新、旧料改制、现场督察等成本管理项目。同时，配套出台了材料物资闭合管理办法和现场成本回收复用管理办法。

（二）创建"一台四机"管理机制

一台是参考电子商务B2B互联网上的商品交易模式建立一个信息平台，其特点为供全矿队组把自己暂时不用或回收下的材料在平台发布，需求方看到后与其联系，通过现场材料实物移交后在材料物资闭合系统办理移交手续，这样既降低了占用队组的库存限额，又能减少接收队组的成本投入，加速了材料流转效率，节省新料，降低成本。

四机是建立健全四种成本管理运行机制。一是建立回收复用、长期不动材料管理运行监测分析、预警预报机制。由责任部门管理人员做好队组系统在册材料日常性、基础性管理工作。做好运行情况的调度、收集工作，随时调度井区、队组材料占用情况，经常深入现场去了解第一手资料。二是建立回收复用、旧料改制激励机制。实行参与激励，依靠员工参与成本管理为立足点，以成本降低为目标，以落实责任为前提，以考核兑现为结果，进一步激发员工的积极性，实现"成本降低、员工增收"的目标，实现企业利润最大化。三是建立"每月一检"的检查机制。为全面提高材料物资闭合管理模式的应用效果，建立了"每月一检"的成本基础工作检查制度。检查内容包括库房管理、回收复用、交旧领新、出库管理等项目。四是建立信息公开透明的责任追究机制。在系统上建立面向全矿队组公开的信息数据，改变了以往封闭管理状态，队组搬家后账面材料必须全部移交接收队组，若无人接收将视为丢失材料全价赔偿，从而改变了传统的风险控制方法，杜绝了"暗箱操作"。

（三）拓展管理内容

材料的回收复用管理，仅仅是材料物资闭合管理系统的良好开端，为降低材料成本消耗，逐渐拓展管理内容，主要形成了材料预算、资金审批、成本消耗、库存管理、现场督察、回收复用、交旧领新、旧料改制、物资报废、成本报表十大管理模块。通过与集团供应处材料物资编码对接，不但替代了以往烦琐的查票记账工作，而且加速了信息的处理，实现了全矿材料物资信息的动态查询，为管理人员作出正确决策提供了有力的依据。同时，采用闭合系统成本管理，可自动通过入库、回收、交旧等系统获取相关数据并进行计算，动态及时地反映到管理报表，并保证了各种数据来源的唯一性和准确性，实现了各项管理工作的数据化、条理化和规范化。既便于科学地安排和开展工作，又便于对管理活动的检查、考核和控制，促进工作质量和管理水平不断提高，从而增加企业效益，降低生产投入。

（四）推进部门协调合作

运行材料物资闭合管理系统涉及全矿 9 个部门、61 个队组。煤矿材料闭合管理是一项系统工程，材料物资闭合系统是企业创新内部控制的重要手段，是充分发挥企业内部部门协同合作的桥梁和纽带，是提升部门队组成本管理的技术保障。要实现企业既定的管理目标，部门之间的协调配合具有现实意义。

1. 优化组织机构和高效的运作程序

在明确各部门主要职责和业务流程的基础上，结合工作量、工作方式和人员情况等多种因素，合理设置系统权限，科学制定内控流程。

经营管理部全面负责"材料闭合管理系统"的推行工作。建立运行情况跟踪调研制度，对推行部门实施跟踪调研，及时牵头解决执行过程中存在的问题，不断补充完善管理办法。定期研究、定期分析，以便整体把握，了解动态，总结经验，发现不足，及时修改加以推广，确保"材料闭合管理系统"沿着健康的轨道向前发展。

生产技术部负责全矿各部门木材、支护材料、建工材料、轻轨的管理工作。按月制订各队组回收计划，负责协调解决执行过程中存在的问题，不断补充完善相关配套管理办法。

机电动力部负责各部门大型材料、配件、乳化液等材料的管理工作。制定分工作面、掘进头的回收标准及检查办法。负责协调、解决执行过程中存在的问题。不断完善和制定现关的配套管理办法。

全矿的废旧材料的管理工作由经营管理部负责，各部门回收的废旧材料必须统一上交经营管理部进行管理或处置，任何部门和个人不得私自处置变卖废旧材料。可复用的材料，由使用部门提出用料计划，根据责任部门分工，经生产技术部或机电动力部批准后，办理出库手续。废旧材料处置前，由经营管理部提出鉴定申请，由矿考核办、生产技术部、机电动力部、纪委监察部等部门现场鉴定后，方可上报集团公司进行处置。

2. 完善激励政策及相关配套措施

随着企业规模的扩大，劳动分工越来越细，个人贡献对企业组织目标的影响不明显，职工的协助愿望弱化。结合企业实际情况，建立一套回收复用和旧料改制的激励机制，并通过文件形式下发到全矿各部门用来激励职工持续地参与到企业的经营管理当中。通过前期细致的调研，确定了 44 大类 419 种回收材料的计资单价和五大类 69 种旧料改制奖励单价，让职工主动参与到企业的经营管理当中，从而实现"员工增收、企业增效"的目的。经过一年的运行，现在员工都知道回收一个接线盒，自己能买 6 斤鸡蛋，企业能节省 400 元，相当于回采队多出了 2 吨煤的道理。

3. 建立部门联动检查考核机制

煤矿材料闭合管理的关键环节是考核兑现。任何一项工作不检查、不考核就不会有好的效果。

思想认识、组织人员、基础工作等，均需建立健全严格的考核制度。实行严格的考核兑现，才能真正调动职工节支降耗的积极性，体现"省下的就是挣下的"成本理念。

每月由经营管理部牵头组织各责任部门对全矿队组的成本基础工作管理情况、系统运行情况进行全面检查验收和综合评定，及时反馈各部门和队组存在的问题。对进展缓慢、运行效果差的部门队组进行通报，并下达限期整改通知。对于发现在作业现场未按规定要求存放的材料执行考核总额的50%由部门班子成员承担，剩余部分分解落实到责任人，对于未完成回收任务或丢失材料执行原价赔偿，从责任队组当月工资中扣除。

五、创新材料闭合管理模式的实施效果

（一）实现了良好的经济效益

通过推行材料闭合管理系统的应用，2015年全矿材料费又实现了大幅下降，同比降低3728万元。全年材料回收产值完成3141万元，比同期增加823万元，增幅36%，实现了年初的既定目标。为企业的降本、增效做出了积极贡献。目前，企业的材料物资管理水平已经得到了稳步提高，为今后企业应对煤炭低迷市场，降低成本消耗，摆脱生存危机奠定了坚实的基础。

（二）企业材料物资管理水平全面提升

材料物资闭合管理系统改变了传统的内部控制模式和方法，实现了信息的共享，解决了信息不对称问题，杜绝了"暗箱操作"，减少了企业资金的占用。同时，由原先的回收复用管理延伸出材料预算、资金审批、成本消耗、库存管理、现场督察、交旧领新、旧料改制、物资报废、成本报表九大管理模块，涉及全矿9个部门和61个队组。为今后企业组织结构实现扁平化管理提供了技术保证，使得决策者和执行者能够快速沟通，责任更加明确，效率更加提高。

（三）产生了积极的社会效益

企业发展循环绿色经济，是国家和地区经济发展的必然趋势，尤其是煤矿，其特征是高投入、高开采、低利用、高排放。如何形成与环境和谐的经济发展模式，把经济活动对自然环境的影响降低到最低程度。二矿运行材料物资闭合管理系统一年以来实现了较大的经济效益，减少了浪费，回收材料同比增幅36%，提升了管理效率，具有极强的可推广性，对煤炭行业的材料物资管理起到了示范作用。推行材料物资闭合管理系统对环境保护和文明生产，防止社会公害具有十分重大的意义，是建立和谐绿色矿山文明的重要途径。例如多回收1吨废钢就可以少用铁矿石3~4吨，焦炭500公斤，石灰石500公斤，可以少采矿15~20吨，减少货物运输30~40吨，节约工业用水40%。因此，煤炭企业运行好材料物资闭合管理系统，对企业和社会都会产生积极的影响。

财务集中管理实践及成效

创造单位：昆仑保险经纪股份有限公司

主创人：张国臣　郑　辉

创造人：姜　伟　胡新华

[摘要] 随着经济全球化的推进和信息技术的飞速发展，财务集中管理在大型跨国公司中兴起，并已成为大型跨国企业管理改革的方向和潮流。在中国保险经纪行业具有较强影响力的三家外资保险经纪公司全部采用财务集中管理模式。传统的财务管理体系架构已经不能满足公司多元化发展的要求，制约着公司经营管理理念的转型和整体财务管理水平的提高。

通过财务集中管理体系建设，实现对财务资源有效整合，并进行专业化分工，将财务会计、管理会计和税务会计职能进行分离，实现财务管理的有效转型，搭建新型的财务管理架构，为公司快速发展和市场化转型提供更好保障。

从集团公司中石油发展看，中石油建设综合性国际能源公司的战略实施对公司提出了迫切而全面的风险管理和保险服务需求，不断提高自身核心竞争力、全面提升为中石油服务素质以及集团公司为公司未来发展赋予的全新理念，使公司的发展面临关键时期与无限机遇。重新规划整合公司资源、增强业务发展动力、助力公司跨越式发展成为公司财务管理的新课题。

方案共分两阶段分步实施，首先分三批次上划 11 家分、子公司会计核算等业务，然后实施财务人员集中考核与管理。通过会计集中核算、资金集中管理、资本集中运作、预算集中管控、风险集中监控五个方面集中管控措施和创新举措，构建集中、统一、精益、高效的财务管控体系。

[关键词] 保险经纪；财务管理；集中管理

昆仑保险经纪股份有限公司（以下简称昆仑保险经纪）成立于 2003 年 11 月，现有 11 家分公司和 1 家全资子公司，业务涵盖风险咨询、保险经纪、保险公估三大业务板块。2016 年 2 月，成为劳合社在大陆授权的第二家注册经纪人资格认证单位。作为综合性区域公司，存在财务管理分散不统一、财务制度执行不到位、预算和资金管理较粗放、信息化建设处于低水平等问题，一定程度上影响公司市场化转型等战略目标实现的进程。

面对日益激烈的市场竞争、突飞猛进的网联网信息技术、市场化转型的迫切需求，公司在经过调研和研究后，于 2014 年初组织实施"财务集中管理"方案，通过对重要财务政策、财务行为、管理手段以及团队建设等方面的改革创新、集中统一，实现财务管理职能的升级和完善，为公司快速发展和市场化转型提供更好保障。

一、团队建设与管理方面

（一）精简财务团队，优化人员配置

通过将分公司会计核算等业务统一上划到总部，精减分公司财务人员，增加总部管理会计人员，加强总部集中管控。财务人员从原来的32人精减至21人；平均年龄从35岁降至33岁；中高级专业职称人员得到补充，团队现有注册会计师3人、高级会计师1人、会计师7人、中级经济师1人、助理会计师6人；员工学历结构更加合理，其中硕士3人、本科15人、大专3人，人员结构整体更加年轻化、合理化和专业化，团队整体专业技能和综合素质明显提升。

通过转变用人观念，改变选拔机制，市场化招聘和内部竞聘相结合的方式，完成总部预算控制、会计核算、资金管理三大业务团队及分公司财务管理会计配置，构建起高效运转、总分联动的组织架构。

（二）构建有效机制，提高工作效率

逐步建立"日工作计划、周工作总结、半月总部例会和月度财务视频工作会"日常工作管理机制；积极采用Outlook日历功能；安排专人负责跟踪、监督部门及各岗位重点工作落实和进展情况；同时采用工作视频会形式，加强对分公司的管控，有效提高部门整体工作效率和完成质量。

二、会计核算质量方面

实行财务集中管理，财务集中核算是基础和关键。核算业务上划后，公司总部核算工作量和难度大幅增加，给财务部带来严峻考验。为此，公司采取一系列优化措施和创新举措，完善动支申请功能，建立统一核算标准，优化业务核算流程，升级财务综合信息系统，有效提高核算效率和质量。

（一）完善动支申请功能，强化提前预防、事前控制

完善动支申请使用规则，开发动支申请自动关联预算指标功能，实现预算指标使用和成本开支的在线监督和自动管控，有效提前预防和控制违规开支和浪费情况的发生，从源头上保证预算指标的有效落实和集中核算工作的质量。

（二）规范业务核算基础，统一核算标准和要求

针对之前分公司核算水平参差不齐、公司规章制度执行不统一等问题，公司组织编制、下发各项规范基础业务规定和要求，对原始单据、票据粘贴、附件命名、业务流转、凭证摘要、辅助核算等问题做了详细规定。定期组织开展财务自查、现场检查、专项检查，及时发现、整改核算问题。通过集中管控，使公司各项业务原始单据完整、合规；票据粘贴、装订规范、齐整；业务流转平稳、有序；凭证摘要、附件命名书写规范、统一，有效统一核算标准、提高核算效率。

（三）重新梳理、优化和统一核算流程

新增收入管理、发票管理、收款管理、往来核销等申请表单和流程，完善、统一业务核算流程；增加总部核算岗、稽核岗和资金岗审核节点，加大审核监督力度；规定各业务各环节传递、流转和完成时间，保证各项业务高效、有序运转。

集中核算后，公司财务制证正确率在人员减少、任务加重，年制证上万笔，审核附件近 8 万张的情况下维持在 99.4% 以上。

三、资金管理方面

资金是企业的血液，资金管理是财务管理的中心。以财务集中核算为契机，以保障资金安全为基础，重点加强资金集中管理，转变理财思维，优化理财结构，深化银企合作，不断提高资金使用效率和收益水平。

（一）实行"统收统支"管理，严控资金收支

各单位收入账户实行"零余额管理"，营收资金自动归集总部，加强资金流入的集中控制；支出账户仅限于收取公司下拨备用金和日常开支结算，严禁收取其他款项，加强资金流出的集中监控；银行账户设置提交和审核权限，审核权限统一归集总部，账户资金总部统一调度。通过严格执行"统收统支"管理模式，有效控制各单位坐支等违规现象发生，为加强公司资金集中管理、统筹调度提供有力保障。

（二）建立资金计划机制，加强资金计划管理

公司一切支出遵循"先有计划，后有支出""先有动支，后有付款、报销"原则，严禁超计划开支。分公司及总部各部门按月、分周编制资金计划，总部审核后按周拨付备用金。通过加强资金计划管理，实现公司资金统一调配，减少资金沉淀，提高资金利用效率，节约资金成本。

（三）资金考核周期从月缩短为周，强化资金考核

公司实行"周资金考核"制度，按周拨付备用金，按周进行资金考核，重点考核资金计划上报的及时性、执行的准确性以及综合管理水平。总部根据周资金计划及完成情况，次月进行综合考评，并予以反馈。通过缩短考核周期和加大考核力度，增加了开支透明度和计划性，提高了资金使用效率，保障了资金使用安全。

（四）实行全流程应收账款管控，加快公司资金回笼

（1）加强事前控制。完善收入管理功能，开发发票管理模块，实现线下操作和线上流程相结合，强化营收资金业财稽核，防范收入确认风险。

（2）加强事中控制。定期编制应收账款分析报告和发布业务通告，加强应收账款专项分析，督促各单位加快收入确认和欠款催收，减少坏账、呆账的发生。

（3）加强事后控制。定期组织召开清欠会，针对陈年老账，逐家逐笔落实回收时间、欠款原因、责任人、催收措施、预计回款时间等，实时跟踪应收账款变化情况，加快资金回笼。

方案实施后，公司应收账款余额大幅下降。其中，2015 年综合回款率高达 97%，清欠效果较以前年度明显提升。

（五）充分发挥资金规模效益，加强资本集中运作

利用资金集中管理形成的"资金池"效应，在保障资金安全的基础上，不断转变理财思维，优化理财结构，加强银企合作，提高资金收益。通过加强银企合作，努力保持资金的流动性、安全性、

收益性的适度平衡；通过与银行建立信息反馈机制，实时了解金融市场动态，控制资金风险；根据金融环境变化，及时调整投资方向，确保本金及收益履约执行。公司投资理财收益从 2013 年 0 元上升到 2014 年的近 1300 万元，再到 2015 年达到历史新高的 1800 多万元，不断取得突破。

四、信息化建设方面

先进的财务管理信息系统，是财务集中管理的重要组成部分，不仅能提高财务管理效率，而且能升级风险管控方式、扩大风险管控覆盖面、加大风险管控力度，对防范财务与经营风险具有重要作用。集中核算后，公司组织对财务管理信息系统进行大范围、深层次的改造、优化和升级，前后提交 172 条改造、优化需求，不断完善系统功能。

（一）新增收入核算和发票管理模块，强化收入管理

根据行业监管要求和公司收入核算现状，新增收入核算模块，重点加强收入、收款确认以及预收款项往来核销的管理；开发发票管理子模块，实现发票全流程在线管理，有效保障公司收入完整性、合规性，提高收入核算效率和在线监控水平，防范收入确认风险。

（二）优化、改造核算流程，加强审核和监督力度

通过增加成本费用、资金审核节点，细化资金下拨、上划、转款的流程，新增拨转款业务核算流程，完善费用计提表单及流程，加强核算流程的执行过程分析等措施，使业务核算流程不断优化，并保持准确、安全、平稳运行，有效加强审核和监督力度。

（三）增加预算模块，提高预算管控水平

建立公司年度预算数据库，开发动支申请自动关联预算指标和业务推动费自动配比收入完成进度等功能，提高预算自动化、系统化管控水平，形成收入与费用联动机制，有效优化公司资源配置。

五、经营财务分析方面

财务分析是评价企业过去的经营业绩、诊断企业现在财务状况、预测企业未来发展趋势的有效手段。财务集中管理方案实施后，财务分析作为加强管理会计职能的一项重点工作，不断得到加强和丰富，逐步构建起完善的经营财务分析体系。

按月编制财务简报，向管理层及时汇报公司财务状况和经营成果，并通过财务专业分析，提供合理化建议和经营预测，助力公司经营决策、加强管理。组织实施"业财融合"系统开发项目，利用财务集中管理成果，重点加强对公司业务、财务数据集成、整合、加工和分析，实现收入、成本费用、应收账款和损益等财务报表和指标的自动计算和基础图表、报告的生成和展示，并开发往来款项相关提醒和警示功能，业务、财务数据实现深度开发、高度集成、有效利用，有效提升经营财务分析水平和效率。转变分析视角，创新分析指标，提高汇报材料质量，全面提升月度、季度和年度经营分析会汇报材料质量和效果，为公司经营发展保驾护航。

方案实施过程中，形成了一系列创新思维、手段和成果，公司基本实现财务管理架构的优化重组、管理方式的集中统一、管理手段的丰富升级、管理制度的逐步完善，初步实现了标准化、流程化、信息化和集中化的财务集中管控目标。

供热企业燃料成本管控项目成果报告

创造单位：北京博大开拓热力有限公司

主创人：李树栋　赵京京

创造人：黄　诚　王玉青　何　嘉　杨　硕

[摘要] 近年来，随着市场经济进程的加快，上游能源价格不断上涨，供热企业成本负担越发沉重，作为传统供热企业，燃料（天然气）成本是构成供热成本的主要部分，占总成本的 65% 以上，2012~2013 年采暖季成本分析显示，居民集中供热成本居高不下，利润空间极为有限，原因在于居民集中供热受管网老旧及系统控制、调节水平落后等因素影响，燃料单耗偏高，蒸汽锅炉房燃料单耗为 0.379 吉焦 / 平方米，高温热水燃料单耗为 11.548 立方米 / 平方米，因此，创新燃料成本管控模式，推动燃料成本精细化管理对公司而言尤为重要。

2013~2014 年采暖季，公司确定了以诊断分析为先导、以技术节能为核心、以行为节能为保障、以成本节约为目的的燃料成本管控模式，并于 2013~2014 年采暖季、2014~2015 年采暖季全面实施燃料成本管控方案，公司从成本定额分析入手，通过科学定量、制订及严格执行运行方案及操作规程，采用 PDCA 科学循环模式逐步修正能源利用指标和管控方法，改善作业及管理行为，实现了供热系统热量均衡供给，提高了热能使用效率，降低了燃料单耗，节约了燃料成本，取得了良好的经济及社会效益。

[关键词] 供热企业；成本管控

北京博大开拓热力有限公司（以下简称公司）是北京经济技术开发区控股的从事城市集中供热服务的专业公司，经营范围包括生产、销售蒸汽、生活热水、空调用冷冻水、蒸馏水、专业承包；提供采暖通风、工业管道工程设计与咨询服务；销售采暖空调设备、阀门管材管件、保温材料。公司担负着北京经济技术开发区城市集中供热的重任，服务于北京经济技术开发区内外企业、商住、公建、居民等生产、生活用热的需求。注册资金 44453.69 万元，现有职工 442 人。

公司成立以来，先后获得北京市先进供热单位、北京市安全生产标准化企业、安全与节能管理标杆锅炉房、能源管理体系认证单位、首都文明单位、北京市构建和谐劳动关系先进单位等称号。

一、创新燃料成本管控工作的背景

近年来，随着市场经济进程的加快，上游能源价格不断上涨，供热企业成本负担越发沉重，作为传统供热企业，燃料（天然气）成本是构成供热成本的主要部分，占总成本的 65% 以上，

2012~2013 年采暖季公司成本分析数据显示，居民集中供热成本居高不下，利润空间极为有限，原因在于居民集中供热受管网老旧及系统控制、调节水平落后等因素影响，燃料单耗偏高，蒸汽锅炉房燃料单耗为 0.379 吉焦 / 平方米，高温热水燃料单耗为 11.548 立方米 / 平方米，因此，创新燃料成本管控模式，推动燃料成本精细化管理对公司而言尤为重要。

二、燃料成本管控模式的主要内涵

2013~2014 年采暖季，公司确定了以诊断分析为先导、以技术节能为核心、以行为节能为保障、以成本节约为目的的燃料成本管控模式。促进公司燃料成本管理向供热管理的纵深迈进，实现供热系统热量均衡供给，提高热能使用率和降低燃料成本，实现公司成本控制由被动向主动、由粗放向精细化管理的转变。

三、燃料成本管控项目的主要做法

1. 规范管理，科学定量

2013~2014 年采暖季、2014~2015 年采暖季，公司从成本定额分析入手，统计燃料耗量、诊断分析、量化燃料单耗、运行调整、计算单位时间燃料单耗，明确诊断分析结果，定期召开成本诊断工作会议，由成本定额分析发起，逐项完成对能源利用技术和管理作业行为环节的诊断分析，采用 PDCA 科学循环模式逐步修正能源利用的指标和管控方法。

2. 制订方案，精准调节

公司参照《供暖气象等级指标》，创新性地在居民燃料成本管控工作中引入自产热（蓄热、自由热、日照统称为自产热）的概念，根据室内温度、室外平均温度、天气状况、供热天数、自产热因素计算运行参数，制订运行方案及操作规程，运行单位严格执行运行方案及操作规程，根据不同室外环境按照每天的不同时段进行精细化的供热模式调整及供热调节。

3. 改善管理及作业行为，实现行为节能目标

（1）加强管网的检查巡视，及时发现并解决跑冒滴漏问题，减少热损失。

（2）对水泵运行效率进行分析调节，使其达到最佳运行工况。

（3）保温裸露阀门，梳理供热管网系统，拆除或改造增加能源消耗的重复或无用的管件、设备等，减少热损失。

（4）定期对供热系统进行维护保养，清理板换，提高设备的使用性能及寿命。

（5）加强员工培训，提升技能水平，改善作业行为。

四、燃料成本管控项目的成果

1. 经济效益

（1）实际热量消耗及成本变化情况。燃料成本管控项目实施后，2013~2014 年采暖季、2014~2015 年采暖季与 2012~2013 年采暖季相比，实际共减少成本 1556.39 万元，减少率分别为

22.13%、4.47%。实际热量消耗及成本数据对比如表1和表2所示。

表1　2012~2013年采暖季与2013~2014年采暖季实际热量消耗及成本对比

序号	单位	能耗类别	2012~2013年采暖季实际消耗量	2013~2014年采暖季实际消耗量	实际减少总量	实际减少成本（万元）	实际减少率（%）
1	蒸汽换热站	蒸汽（万吨）	17.87	13.91	3.96	659.09	22.16
2	高温热水供热区域	燃气（万立方米）	1497.77	1168.2	329.57	627.06	22.00
		合计				1286.15	22.13

表2　2013~2014年采暖季与2014~2015年采暖季实际热量消耗及成本对比

序号	单位	能耗类别	2013~2014年采暖季实际消耗量	2014~2015年采暖季实际消耗量	实际减少总量	实际减少成本（万元）	实际减少率（%）
1	蒸汽换热站	蒸汽（万吨）	13.91	13.05	0.86	189.28	6.18
2	高温热水供热区域	燃气（万立方米）	1168.2	1136.52	31.68	80.91	2.71
		合计				270.19	4.47

（2）折算后热量消耗及成本变化情况。为了实现分析数据的客观、配比，正确评价成本管控工作产生的效果，公司在实际统计数据基础上扣除了室外平均温度及供暖天数的影响，将各采暖的统计数据统一折算为0℃121天/平方米，折算后，与2012~2013年采暖季相比，2013~2014年采暖季、2014~2015年采暖季共节约成本685.63万元，节约率分别为6.41%、5.66%。折算热量消耗及成本数据对比如表3、表4所示。

表3　2012~2013年采暖季与2013~2014年采暖季折算热量消耗及成本对比

序号	单位	能耗类别	2012~2013年采暖季折算消耗量	2013~2014年采暖季折算消耗量	折算节约总量	折算节约成本（万元）	折算节约率（%）
1	蒸汽换热站	蒸汽（万吨）	15.72	14.7	1.02	169.77	6.49
2	高温热水供热区域	燃气（万立方米）	1317.32	1233.98	83.34	158.56	6.33
		合计				328.33	6.41

表4　2013~2014年采暖季与2014~2015年采暖季折算热量消耗及成本对比

序号	单位	能耗类别	2013~2014年采暖季折算消耗量	2014~2015年采暖季折算消耗量	折算节约总量	折算节约成本（万元）	折算节约率（%）
1	蒸汽换热站	蒸汽（万吨）	14.7	13.42	1.28	281.73	8.71
2	高温热水供热区域	燃气（万立方米）	1233.98	1204.39	29.59	75.57	2.40
		合计				357.3	5.66

（3）燃料单耗的变化。2013~2014年采暖季、2014~2015年采暖季与2012~2013年采暖季相比，

无论燃料的实际单耗还是折算单耗，均呈现逐季降低态势，燃料成本管控项目实施后，公司燃料单耗均已达到节能评估合格标准，并逐步接近节能规范单耗范围内的较低区间。单耗对比数据如表5所示。

表5 2012~2013年、2013~2014年、2014~2015年采暖季燃料单位消耗量对比

序号	名称	单位	2012~2013年采暖季实际单耗量	2013~2014年采暖季实际单耗量	2014~2015年采暖季实际单耗量	规范单耗
1	蒸汽换热站	蒸汽—GJ/m²	0.379	0.295	0.277	0.23~0.35
2	高温热水供热区域	天然气—Nm³/m²	11.548	9.007	8.763	8~12
序号	名称	单位	2012~2013年采暖季折算单耗	2013~2014年采暖季折算单耗	2014~2015年采暖季折算单耗	规范单耗
1	蒸汽换热站	蒸汽—GJ/m²	0.334	0.312	0.285	0.23~0.35
2	高温热水供热区域	天然气—Nm³/m²	10.157	9.514	9.286	8~12

注："规范单耗"数据引用《供热系统节能改造技术规范》，GB/T 50893—2013，指节能改造后规范单耗。

2. 社会效益

与2012~2013年采暖季相比，2013~2014年采暖季、2014~2015年采暖季实际减排二氧化碳1.56万吨，实际减排氮氧化物13522.65千克，扣除室外温度及供暖天数影响，统一折算为0℃ 121天/平方米，减排二氧化碳6171吨，减排氮氧化物5340.4千克。实际及折算减排量统计如表6所示。

表6 2013~2014年、2014~2015年采暖季减排量统计

项目	实际减排量				折算减排量			
	2013~2014年采暖季减排 CO_2（吨）	2013~2014年采暖季减排 NO_x（千克）	2014~2015年采暖季减排 CO_2（吨）	2014~2015年采暖季减排 NO_x（千克）	2013~2014年采暖季减排 CO_2（吨）	2013~2014年采暖季减排 NO_x（千克）	2014~2015年采暖季减排 CO_2（吨）	2014~2015年采暖季减排 NO_x（千克）
蒸汽换热站	6421.14	5556.87	1394.49	1206.80	1653.93	1431.32	2075.52	1796.16
高温热水供暖区域	7125.30	6166.25	684.92	592.73	1801.81	1559.29	639.74	553.63
合计	13546.44	11723.12	2079.41	1799.53	3455.74	2990.61	2715.26	2349.79

晋煤集团低成本发展战略课题研究

创造单位：山西晋城无烟煤矿业集团有限公司

创造人：张　青

[摘要] 晋煤集团从 2007 年开始进行全面预算管理，2012 年开始强化成本管控，2014 年强调走低成本发展道路，近几年通过采取一系列的手段，将上述措施逐步落到实处，并形成体系，然后再理论联系实际，知行合一，不断提炼、改进，可以说成本管控没有终点，成本管控始终在路上。通过上述措施，晋煤集团吨煤完全成本从历史最高点（2012 年）的 597 元 / 吨降至 387 元 / 吨。

[关键词] 煤炭；全面预算管理

一、立题背景

（1）宏观经济增速趋缓，增长动力加快转变。世界经济处在国际金融危机后的深度调整期，中国经济处在重要战略机遇期的内涵和条件发生了改变，当前经济"三期叠加"特征明显，经济增长的动力正在从要素驱动、投资驱动向创新驱动加快转变，增长速度"换挡"、发展方式转变、环境约束加强，给传统煤炭产业带来巨大挑战。

（2）能源革命形势逼人，传统煤化行业发展不容乐观。受宏观经济下行、下游需求不旺、价格大幅下跌等因素影响，煤炭行业进入了 21 世纪以来最为困难的"寒冬期"，出现了"四期并存"的特点，即"煤炭需求增速的放缓期、超前产能与库存的消化期、环境约束强化期、现代煤化工技术的发展期"。化工产能过剩严重，市场竞争更为残酷，特别是石油价格大幅跳水的传导效应日益显现，如果油价继续下行，势必对煤价造成下行影响，晋城无烟煤作为优质化工原料的成本和市场优势将遭遇严重挑战，企业发展形势更趋严峻。

（3）煤炭主业优势逐渐丧失，经济发展困难重重。晋煤集团近几年规模和效益快速增长，主要受益于煤炭价格的快速上涨、晋煤集团无烟煤产品差异化战略和煤炭产能快速扩张、成本低、效率高等优势。

自 2012 年 6 月开始，煤炭价格持续下滑，特别是神华集团凭借其数量和成本优势连续下调煤价，引发了煤炭行业"羊群效应"。目前晋城无烟煤综合售价已跌至 386 元 / 吨，降到了近 8 年的最低点，晋煤集团经营形势出现了"丰产不丰收、降本不增效、降价不增市"的特点，企业盈利空间持续收窄，经济效益持续下滑，晋煤集团将长期面临价格低、煤难卖、钱难收的困难局面。同时受"煤炭黄金十年"的"反向"影响，企业安全投入、资源成本不断加大，职工薪酬、折旧、财务费用等继续刚性增长，冗员多、效率低、效益差的问题日益突出。

随着煤炭主业价格优势、产品优势、成本优势的逐渐丧失，晋煤集团经营风险不断加剧，发展压力日益增大，经济运行异常艰难。

二、研究模型

（一）竞争战略模型种类

低成本战略，是指企业在提供相同的产品时，通过内部成本控制把成本降到最低限度，使成本明显低于行业平均水平或主要竞争对手，从而赢得更高的市场占有率和利润、成为行业成本领先者的一种竞争战略。

差异化战略，是指通过提供与竞争者存在差异化的产品或服务来获取竞争优势的战略。

集中化战略，是指针对某一区域细分市场或特定购买群体，集中采用低成本战略或差异化战略获取竞争优势的战略，是低成本战略和差异化战略的补充。

（二）模型适用条件

（1）低成本战略主要适用于以下情况：①市场中存在大量价格敏感客户；②产品难以实现差异化；③购买者不太关注品牌；④客户的转换成本较低。

（2）差异化战略主要适用于以下情况：①产品能够充分实现差异化，且为客户所认可；②顾客的需求是多样化的。

（三）模型选择

从国家宏观层面来看，"实现能源结构转型、促进清洁能源高效开发利用、实行煤炭消费总量控制"是未来能源改革的重点，非化石清洁能源将对化石能源形成一定的冲击。这就对煤炭的综合开发利用提出了更高要求，对煤炭行业的有序竞争提出了更高要求，对煤炭企业的生产经营管理和成本管理提出了更高要求。

从当前煤炭市场特点来看，随着煤炭产能的不断扩张和进口煤的增加，国内煤炭市场供大于求，煤炭价格不断下跌，煤价成为用户选择的主要因素，下游客户对煤价波动比较敏感，下游客户可以自由选择适合自己的产品，转化成本较低。

从煤化工技术发展趋势来看，随着新型煤化工技术的发展，新型气化炉趋向大规模、煤种放宽、运行连续性，日益取代原来只能使用无烟煤的传统 UGI 气化炉，让原本独占煤化工原料首座的无烟煤，在煤化工原料煤的地位逐渐边缘化，晋煤集团无烟煤产品差异化战略优势正在逐渐缩小。

综上所述，在当前形势下，晋煤集团原来偏于差异化的竞争战略优势正在逐渐减小，因此实施低成本竞争战略是企业目前较为可行的发展路径。

（四）低成本发展战略概述

（1）保持竞争优势思想是成本领先战略的动因。保持竞争优势是成本领先战略的最终目的和内在动因。在市场经济条件下，竞争是经济运行的基础，同一行业的不同企业之间必然面临着激烈的市场竞争。企业要想在市场竞争中获得优势，必然要对竞争战略进行合理的划分和细化，才能有的放矢。在这种形势下，成本领先战略、差异化战略等竞争战略脱颖而出，成为企业获得竞争优势的基本思想。

（2）节约思想是成本领先战略的动力。节约可以以相同的资源创造更大的价值，可以使有限的资源延长使用时间。在市场经济条件下，价格是衡量供求关系和企业成本管理水平的风向标，在供求关系一定的情况下，通过有效的成本管理形成质优价廉的商品，是买卖双方的共同追求。正是市场经济的这种追求，形成了成本领先战略的原动力。

（3）全员、全过程、全要素的全面成本管理思想是成本领先战略的基础和保障。全面成本管理思想，要求有效地配置产、供、销、人、财、物等各项要素；要求拓宽成本管理思路，树立全员、全过程、全要素成本管理理念；要求加强对折旧、职工薪酬等传统固定成本的控制，提高资产、资金的使用效率和人员使用效率，不断提升内涵式发展水平。

（4）低成本发展战略的最低目标是增加企业利润，最终目标是使企业保持竞争优势。

（5）低成本战略和差异化战略可以相互转化。低成本战略成功的关键在于实现相对于竞争对手的可持续性成本优势，但并不意味着可以忽略差异化战略，只是差异化不是当前首要战略目标。

煤炭企业受资源禀赋和开采条件的影响，成本不可能实现永续的降低。因此，随着经济形势的发展，当低成本发展优势逐渐缩小时，企业应该通过产品差异化、技术差异化、品牌差异化、服务差异化等策略，将低成本竞争优势转化为差异化竞争优势。

三、数据（信息）收集

我们收集了晋煤集团无烟煤 2005~2015 年的煤炭售价、吨煤总成本（为确保数据口径一致，吨煤成本全部按照销量口径测算，下同）、吨煤固定成本和变动成本等数据，经整理得出以下趋势：

（一）吨煤成本和煤炭价格呈正相关的变化趋势

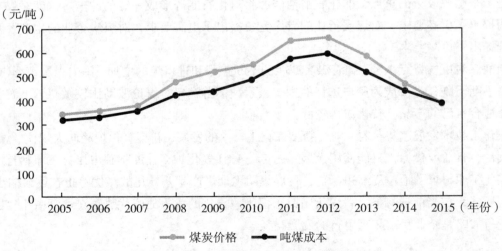

图 1　本部煤炭 2005~2015 年售价和吨煤成本趋势

吨煤成本和煤炭价格呈正相关关系，两条线之间的空白区域即为利润区间。2005~2012 年，煤炭价格从 340 元 / 吨上涨至 663 元 / 吨，吨煤成本从 321 元 / 吨上涨至 597 元 / 吨；从 2012 年开始，煤价一路下跌，从 2012 年的最高点 663 元 / 吨下跌至 2015 年的 386 元 / 吨，吨煤成本也从 597 元 / 吨下跌至 387 元 / 吨。

在经济扩张时期，成本高低对晋煤集团来说，是赚多赚少的问题；在紧缩时期，成本因素对企业生存发展的作用影响日益凸显，某种程度上讲更是关系生死的问题，随着 2012 年煤价一路下跌，市场形势倒逼煤炭企业只有千方百计降低成本，才能维持生存和发展。

（二）吨煤总成本变动趋势

2005~2012 年，受"煤炭黄金十年"的"反向"影响，煤炭成本增幅达 86%，其中职工薪酬、折旧费及财务费用呈刚性上升之势，推动吨煤固定成本增幅达 134%，高于变动成本增幅 52%。2012~2015 年吨煤成本逐年下降，降幅 35%，其中变动成本降幅 43%，高于固定成本降幅 27%。

2005~2015 年，固定成本占总成本比重逐年上升，由 2005 年的 41% 提高至 2015 年的 58%，增长了 17 个百分点，其中职工薪酬增长了 9 个百分点，财务费用和折旧费用增长了 8 个百分点。

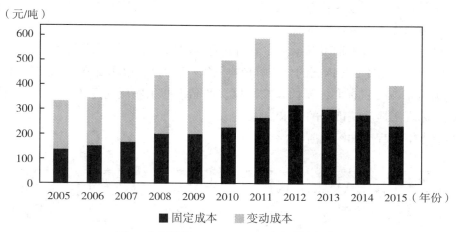

图 2 本部煤炭 2005~2015 年成本构成趋势

注：固定成本 = 职工薪酬 + 财务费用 + 折旧费；变动成本 = 提取费用 + 材料、电力、修理费及其他 - 成本使用安全费用。

（三）固定成本变动趋势

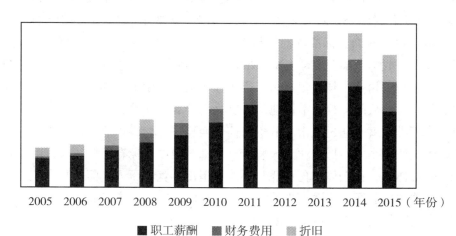

图 3 本部煤炭 2005~2015 年固定成本构成趋势

（1）职工薪酬占固定成本比重最高（56%~70%）。2005~2013 年，吨煤职工薪酬由 93.23 元 / 吨增长为 219.23 元 / 吨，增幅达 135%；2013 年开始受企业经营形势影响，企业通过调整分配政策、减人提效等措施，使得职工薪酬逐步下降，2015 年吨煤职工薪酬 143 元 / 吨，基本与 2010 年水平

142 元 / 吨持平。

（2）财务费用占固定成本比重逐年递增且增速较快，比重由 2005 年的 6% 上升为 2015 年的 23%。需要注意的是，从 2012 年起，财务费用总额 23.73 亿元，占比 18%，均超过折旧费用（总额 22.65 亿元，占比 17%），呈刚性上升趋势。

（3）折旧费用 2005~2012 年增幅较小；2013 年起受企业经营形势影响固定资产增速放缓，折旧费水平基本与 2012 年持平。

四、研究结论

晋煤集团走低成本发展之路的核心是"确定目标成本，实行成本否决"，建立和完善全员、全过程、全要素、精细化的成本管理体系。

（1）确定目标成本，就是把市场竞争压力引入企业内部，把市场需求信号换算成目标成本。目标成本由过去以"计划价格"为依据的"正算成本"，改变为以"市场价格"为依据的"倒算成本"，即以产品的市场价格减去目标利润开始，按照煤炭产品生产工序反向逐步推算的"倒推法"，使目标成本等各项指标真实地反映市场的需求变化。

煤炭目标成本倒推程序如图 4 所示。

市场销售环节 → 上站外运环节 → 洗选加工环节 → 原煤提升装运环节 → 原煤生产环节 → 原料采购

图 4 程序

当前晋煤集团成本管理的现状是内部市场和外部市场之间像隔着一堵墙，内部单位和职工感受不到市场竞争的压力，仍可在"大墙"的保护下安安稳稳地过日子，积极性、创造性调动不起来。实行目标成本管理，就是要"推墙入海"，打破无形的保护墙，通过建立目标成本责任制，真账真算，盈亏曝光，将市场的压力传递给企业内部单位和个人，调动广大职工节支降耗的积极性和创造性。

（2）实行成本否决，明确目标成本指标是刚性的，执行起来不搞下不为例、不迁就、不照顾、不讲客观原因。即在"成本否决"上动真格、不迁就、不照顾；通过分配调控，薪酬向成本控制好的单位倾斜；内部单位要树立市场竞争意识，逐步在市场竞争中求生存、求发展，增强多经等非煤产业"自身造血"能力；从严进行成本管理，向粗放式成本管理说不。

（3）全员成本管理，就是通过把市场的价格信号换算成目标成本后，将成本指标层层分解到二级单位、生产队组及职工个人，形成"人人肩上有指标、项项指标有考核、考核结果必兑现"的目标成本责任分解保证体系，让全体单位和职工共同承担市场竞争压力，而不是由某几个人和某几个部门承担压力。全体单位和职工要清醒地认识到晋煤集团施行低成本发展战略的重要性、长期性和艰巨性，要以自身实际行动支持低成本发展战略。

（4）全过程成本管理，就是对企业运营的全过程，从技术设计、衔接安排、采掘生产到产品销售等各环节，都要实施严格的成本控制。

（5）全要素成本管理，就是要追求高效配置产、供、销、人、财、物等各项成本要素，提高人员、资金和资产的使用效率。

（6）精细化成本管理，就是企业成本管理和成本核算要尽量精细到每一个工序和环节；要通过对标行业领头单位的先进成本管理水平，寻找差距和挖潜空间；要以精细化核算为基础、精细化预算定标准、精细化分析挖潜力、精细化考核抓落实，实现企业由粗放型管理向精细化管理转变，由传统的经验成本管理向科学的数据成本管理转变。

五、相关措施建议

（一）强化战略成本管控，从源头上控制成本增支

（1）效益为先配资源。要以效益为导向优化资源配置，坚持以财务承受能力定规模，以资本回报水平定项目，效益回报高的项目优先安排，没有达到投资回报率的项目坚决不投；资产债务风险高的单位，不得投资推高资产负债率的项目。

（2）新上项目必须进行科学的论证，进行项目全周期责任落实。对于初始设计中投资成本明显高于行业平均水平的项目，要进行重新论证和设计变更，确保项目整体成本最优；对预期投产即亏损的在建项目要放缓投资节奏并及时制定有效的应对措施。

（3）从项目设计源头抓起，降低投资成本。对规划建设项目进行再梳理、再核算、再审查，杜绝不必要的非生产性投资；严格控制投资和建设成本，加强项目过程管理，避免出现"预算超概算、决算超预算"。

（二）优化生产要素配置，提高生产效率，摊薄吨煤固定成本

各生产矿井要创新生产经营方式，实行集约化生产，通过设计最优的"抽、掘、采、产、销、运"生产衔接方案，千方百计提高"单产单进"等效率指标；要合理选择采煤工艺，优化设备选型，通过技术革新不断优化作业流程，确保井下系统简单、地面设施简化、员工数量最少、生产效率最高、矿井效益最大。

（三）人力资源改革降本

（1）减员。①调整和优化现有人员结构。②设立就业招聘机构。③建立子弟就业蓄水池。④重新制定离岗年龄和待遇。⑤严格控制新增人员，编制人员递减计划。"堵住进口、关注出口、压缩中间"。通过上述减员措施，坚持增人不减盈利（不增亏损）指标；所有主体矿井地面增人不增工资，其他子分公司不得自行增加人员。

（2）提效。通过提高井下生产的机械化和自动化程度、实行信息化的安全监测监控、加强工作面设备维修提高设备利用率、开展专项技能培训等途径，提高全员效率。

（3）改革工资分配制度，建立以效率效益为主要依据的工资分配体系。①严格落实工资总额与效益挂钩机制，工资总额增幅不得超过效益增幅，效益下降的单位工资总额必须下降。②工资分配要拉开档次，盈利单位和亏损单位工资分配要体现差距，井下、偏远艰苦地区人员和地面人员工资要体现差距。③通过减员、提效、改革分配制度、严格利润指标考核、制定吨煤职工薪酬控制目标等措施，严格控制职工薪酬增支。

（四）实行装备物资统一归口管理，降低物资采购成本

（1）按照"专业化重组、产业化发展、板块化经营、市场化运作"的思路，优化、整合内部资源，实现物归一家管、上下分工协作的格局，通过装备物资的统一采购管理，降低采购成本。

（2）按照目标成本倒算物资采购目标成本，要求物资采购部门在不高于目标成本条件下采购。大力推进集中公开招标采购、网上采购、竞争性谈判，实行采购材料、设备等质量责任追究制。

（3）全面整顿内部市场，加强内部管控，坚持"市场主导和保护市场、不保护价格"的原则，对内部市场产品要做到"公开、公正、透明"，在优质优价前提下优先，确保在市场竞争中健康发展。

（五）严格控制非生产性经营支出，进一步精干主业、减轻负担

（1）附属单位经费支出、机关本部费用、其他子分公司非生产性支出（"三公"经费、业务招待费、差旅费、会议费、办公费等），只能保持下降趋势，预算指标核定时只降不增。

（2）降低后勤服务成本。其中后勤物业人员只减不增；水、电、暖、气按市场化标准收费；新社区物业交由社会管理；通信服务社会化收费；功能相近的后勤附属机构逐步合并。

（六）优化筹资结构，高效融通资金，节约财务费用

（1）寻求借款成本的最低化，从严控制子公司包括银行借款在内的各类融资金额；积极谋求企业上市和权益性战略融资，改变现有的以留存收益和债务为主的融资方式，降低债务融资比例。

（2）高效融通资金。一是加强资金集中管理，按照《资金集中与使用管理办法》相关要求，充分利用财务公司的资金归集结算平台，做到资金集中归集、集中审批、统一支付、分级管理，实现强化资金预算控制、降低资金使用成本、防范资金风险的目标。二是强化现金流量管理，采取使用现金浮游量、力争现金流量收支同步、加速收款、推迟付款等措施，力争实现收入、效益和净现金流量的同步增长。

（七）整合和建立晋煤集团成本信息的大数据库

成本管理涉及企业生产经营管理的方方面面，因此，要通过整合和改进现有信息系统，打通企业各类数据之间的"经脉"，建立晋煤集团成本信息的大数据库，从海量的成本数据中找出企业成本管理的有效节点和薄弱节点，为低成本发展战略提供技术支撑。

晋煤集团从2007年开始进行全面预算管理，2012年开始强化成本管控，2014年强调走低成本发展道路，近几年通过采取一系列的手段，将上述措施逐步落到实处，并形成体系，然后再理论联系实际，知行合一，不断提炼、改进，可以说成本管控没有终点，成本管控始终在路上。通过上述措施，晋煤集团吨煤完全成本从历史最高点（2012年）的597元/吨降至387元/吨。

外贸企业出口退税管理

创造单位：北京市服装进出口股份有限公司

主创人：贾 焯 孟宪征

创造人：张国飞 牛玉婷 安 奇 狄 颖

[摘要] 财务管理是企业管理的核心内容，财务管理水平高低直接影响到企业管理，进而影响到企业发展。在出口退税管理中通过传统的内控制度管理以及结合现代化信息手段管理，在公司申报出口退税的工作中起到了重要作用。加快了退税进度，使退税资金能够在最短时间内到账，从而加速了企业的资金周转，提高了资金的使用效率，同时也节省了大量的资金成本，从而为企业创造了更多的财务附加价值。

[关键词] 外贸；出口退税

一、基本情况

北京市服装进出口股份有限公司是一家拥有 40 余年历史沿革的国有专业外贸公司，1994 年在北京市外贸出口企业中首家进行股份制改革的公司。公司创办至今，一直秉承"以诚为待客之本，以信为经营之道"的理念服务于国内外客户，注重商业信誉，并不断深化改革，完善经营管理制度。

公司严格遵守国家有关出口退税法律法规，规范出口经营行为，实质参与出口交易活动，确保出口业务的真实性。对"一手托两家、两头在外"（即供货商和境外客户均由中间人介绍，出口货物的货源地和报关地均在外贸企业所在省之外的出口业务）的出口业务，保持足够的警惕，坚决不做不靠谱的出口业务。准确判断外贸形势，理性掂量自身经营能力，合理确定出口经营目标。不好高骛远，不切实际地制定力所不及的出口经营目标。

二、在出口退税工作中取得的成绩

对于出口企业而言，及时办理出口退税是一件大事，尤其是当前趋紧的金融环境下，享受出口退税"加速度"，更是出口企业的"企盼"，获评"出口退税一类企业"的单位在申报退税时手续简化，申报时不用再提交原始凭证，而是先退税后复核，两个工作日内办理退税手续；优先安排退税计划，提供办税绿色通道，这有效地提高了出口退税的速度，从而加速了企业的资金周转，提高了经济效益，达到一种良性循环。

通过加强企业内部控制，完善财务管理制度，运用现代化财务管理系统等多种革新措施，优化了企业内部环境，提高了经营成果，公司已经连续多年被北京市国家税务局、地方税务局联合评为"纳税信用 A 级企业"。在 2015 年 4 月被评为"出口退税一类企业"，享受从正式申报到办结退税两个工作日完成的优惠政策。

三、出口退税管理中的具体方法

（一）传统管理方法

（1）完善内控制度，建立健全出口退税风险防范机制。全面梳理现有出口业务的客户、供应商，摸清底细，尽量选择资信较好、实力较强的客户和供应商，与其保持业务往来。加强新增客户资信调查，加强新增供应商资信、生产能力和工艺水平的调查，并具备相应的商品知识，明了相应的市场行情，调查工作不浮光掠影、走马观花。建立健全新增客户、新增供应商、新增出口货物分级审批制度。特别是对别人介绍，尤其是不熟悉的出口业务格外留心，理顺整个业务的来龙去脉。

（2）参照退税部门的出口退税预警监控系统，建立外贸企业出口退税预警监控系统，以便及时发现疑点业务，把出口退税风险消灭在萌芽阶段。

（3）把握出口骗税特征，定期向公司领导报告出口骗税新动向和疑点出口业务情况，提高退税风险识别能力。对骗税的特点、手段、容易发生骗税的出口货物、出口口岸、出口地等做到了如指掌，对骗税新动向和疑点出口业务情况保持必要的警觉。当从外部了解到骗税新动向、新花样时，就要在公司内部及时通报，引以为鉴，避免犯同样或类似的错误。

（4）重视公司退税人员在防范出口骗税中的作用，发挥其掌握大量第一手出口退税信息的优势。公司退税人员不仅要配齐出口退税单证，将出口退税信息录入出口退税申报系统，完成出口退税申报工作，更要练就一双火眼金睛，明察秋毫，不放过任何疑点。当发现疑点后，要深入细致全面地了解业务情况，彻底排查疑点。建立健全与退税工作相关的奖惩体系，做到赏罚分明，对过错责任一追到底。

（5）加强与税务机关退税部门的沟通和联系。对感觉吃不准的出口业务，多向税务机关退税部门咨询。在开始做业务之前或是在做业务的过程中发觉有任何不合乎常理的情况发生，及时向退税部门咨询，请退税专业人员把脉，诊断有无出口退税风险，以便及早采取对策。

（二）利用现代化信息管理方法

随着现代信息和网络技术的快速发展，信息化遍布社会发展的各个角落，公司在财务管理方式中推进信息和网络技术，显著提高财务管理效率，同时降低财务管理成本。公司信息部与北京友强锦安软件公司联合开发了贸易业务管理系统（ERP 系统）。系统上线运行后，在运行使用中根据税务、海关、外汇等相关政策法规的变化、公司进出口业务需求及在使用中所发现的问题不断进行升级改造，以适应新业务、新制度，应对新形势、解决新问题。ERP 系统中内设业务管理、物流管理、资金管理、控制管理、财务管理等多个模块，出口退税相关信息均在财务管理模块下查询，如出口收汇信息、收购增值税发票信息及出口退税比对信息综合查询等，如图 1 所示。

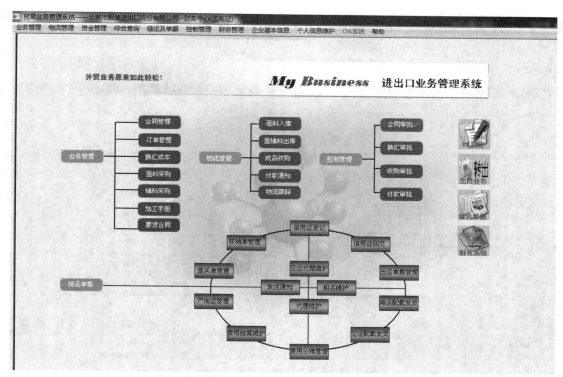

图 1 公司 ERP 系统主界面

（1）我们将内控防范机制与公司 ERP 系统有效结合，充分利用 ERP 系统的优势来加强内控。公司每笔出口业务都有一个独立的出口发票号，发票号在 ERP 系统中串联起全部业务流程，从面料采购及付款的审批、销售给加工厂面料、成衣收购及付款的审批、收购增值税专用发票认证信息录入、出口运输信息及出口报关单信息的录入，再到综合比对查询，输入出口发票号可以查询到该笔业务的全部相关信息及状态。

（2）业务人员按照公司"进出口合同管理规定"的要求签订合同，将合同信息录入业务管理模块，根据合同金额及相关内容由部门经理、主管经理、总经理逐级审批后生成正式合同。根据"供方评定办法"的要求进行原材料的采购，在物流管理模块中生成采购单据，逐级审批后付款，在该模块中录入面料入库信息，将面料销售给加工厂时录入面辅料出库信息。同样根据"供方评定办法"的要求对加工厂产成品收购时录入成品收购信息，并在财务管理模块下录入增值税专用发票信息。在合同项下按照客户对订单的要求分成一笔或多笔出口业务，生成出口发票号。报运部门根据出口发票号进行货物配载、制作单据、报关出口。出口相关信息如客户名称、出口货物明细、贸易方式、付款方式、出口日期等在储运单据模块下录入，待报关单收回时再录入报关单号码。收汇后录入财务管理模块下的水单信息登记。各部门相关人员根据 ERP 系统中的出口信息收齐申报退税所需的出口报关单、增值税专用发票交到退税员处，再由退税员核对相关信息，如发现单据信息有误，如发票开具内容不符合退税要求等问题，则立即退回重新开具符合要求的单据。退税员根据 ERP 系统中财务管理模块下出口退税管理信息，按照出口发票号核对每笔单据是否收齐，单据有无遗漏和信息差错。ERP 系统中业务人员负责录入出口业务的相关信息，报运部负责录入报关出口及物流相关信息，财务部负责录入收汇信息。所有信息根据出口发票号码相互串联比对。在出口退税信息查询中如某一个环节如有遗漏或差错，系统均会在退税申报相关政策法规规定的时间限制内进行提示，以便发现问题及时解决。如图 2 所示。

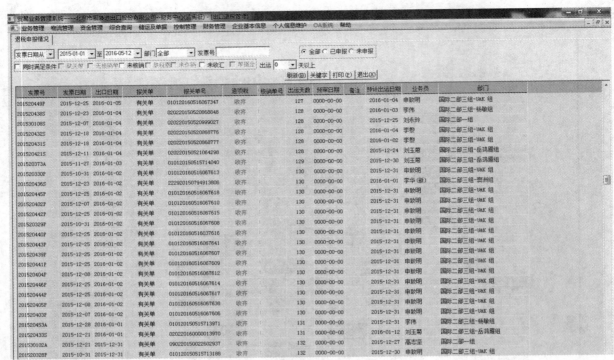

图2 ERP系统中出口退税管理界面

另外在退税申报单据收纳及传递过程中，相关人员还建立了电子台账，逐笔登记，并和ERP系统中的信息核对，这样就可以做到双重保险，万无一失，如图3所示。

	A	B	C	D	E	F	G	H	I	J	K	L
1	八联单号	合同号	品名	面料成分	出口日期	八联数量	单位	预审	报关单数量	货源地	收购数	批次号
79	201420604P	2014GP22003	女士上衣	100%PES	1-9	52	件	1-9	52	平谷	52	20150102
80	201420605P	2014GP22003	女士上衣	机织	1-9	67	件	1-9	67	平谷	67	20150102
81	201420607S	2014GP2D010	女夹克	58%粘胶，39%	1-14	296	件	1-8	296	朝阳区	293	20150102
82	201420612S	2014GP2D001	女风衣	50%毛50%涤	1-25		件		328	顺义	328	20150102
83	201420613A	2014GP22011	女夹克	100%涤	1-14	649	件	1-13	649	平谷	649	20150102
84	201420614A	2014GP22011	女夹克	100%涤	1-14	412	件	1-13	412	平谷	412	20150102
85	201420616S	2014GP2D010	女夹克	66%棉32%尼龙	1-16		件		1332	朝阳区	1332	20150102
86	201520001P	2014GP22003	女士上衣	机织	1-9	25	件	1-8	25	平谷	25	20150102
87	201520002P	2014GP22003	女士上衣	机织	1-8	16	件	1-7	16	平谷	16	20150102
88	201520003P	2014GP22003	女士上衣	机织	1-9	18	件	1-8	18	平谷	18	20150102
89	201520004P	2014GP22003	女士上衣	机织	1-9	16	件	1-8	16	平谷	16	20150102
90	201520005P	2014GP22003	女士上衣	机织	1-9	25	件	1-8	25	平谷	25	20150102
91	201520006P	2014GP22003	女士上衣	机织	1-9	25	件	1-8	25	平谷	25	20150102
92	201520007P	2014GP22003	女士上衣	机织	1-9	25	件	1-8	25	平谷	25	
93	201520008P	2014GP22003	女士上衣	机织	1-10	25	件	1-9	25	朝阳区	25	20150102
94	201520009P	2014GP22003	女士上衣	机织	1-9	25	件	1-8	25	平谷	25	20150102
95	201520010P	2014GP22003	女士上衣	机织	1-10	25	件	1-9	25	平谷	25	20150102
96	201520011P	2014GP22003	女士上衣	机织	1-9	25	件	1-8	25	平谷	25	20150102
97	201520012P	2014GP22003	女士上衣	机织	1-9	31	件	1-8	31	平谷	31	20150102
98	201520013P	2014GP22003	女士上衣	机织	1-11	22	件	1-10	22	平谷	22	20150102
99	201520014P	2014GP22003	女士上衣	机织	1-11	22	件	1-10	22	平谷	22	20150102
100	201520015P	2014GP22003	女士上衣	机织	4-11	30	件	4-11	30	平谷	30	20150601
101	201520016P	2014GP22003	女士上衣	机织	4-11	30	件	4-11	30	平谷	30	20150601
102	201520021P	2014GP22003	女士上衣	100%涤纶	1-10	34	件	1-12	34	平谷	34	20150102
103	201520051A	2014GP2738	女上衣	100%涤	1-10	750	件		750	北京其他	750	20150102
104	201520052S	2015GP2D002	女马甲	100%涤	2-17	937	件	2-11	937	河北其他	937	
105	201520053P	2015GP2D001	男夹克	100%涤纶	1-13	58	件	1-13	58	平谷	58	20150102
106	201520054A	2014GP2738	女上衣	100%涤纶	1-8	355	件		355	北京其他	355	20150102
107	201520055A	2014GP2D004	女短裙	96%棉 4%弹力	1-15	1143	件	1-14	1143	朝阳区	1138	20150102

图3 在出口退税工作中建立的电子台账

（3）公司财务中心对国税局官网、直属三分局官网、直属三分局公众微信号、中国出口退税咨询网等相关网络平台重点关注，及时获取最新的出口退税相关政策法规，并在第一时间转载到公司办公系统中的通知公告栏目下，供业务人员、财务人员学习参考。定期组织申报出口退税工作相关人员交流座谈，优化工作流程，查漏补缺。

四、在出口退税工作中创造的效益

公司从被评为"出口退税一类企业"至今的一年多时间里，共申报退税额近 3000 万元，以前需要一个月左右时间才能收到退税款，现在最快两个工作日办结退税，退税款很快就能到账，极大地提高了资金的使用效率，从而可以创造更多的效益，同时也节省了大量的资金成本。退税资金能够及时收回，保证了公司资金需求，公司原有的流动资金借款已经偿还，根据现行的银行存贷款利率计算，共减少资金成本约 60 万元。

集团财务部和财务公司资金预算管理一体化模式

创造单位：无锡市国联发展（集团）有限公司

主创人：杨静月

创造人：陈　琦　朱文波

[摘要] "一体化模式"使资金预算管理效用最大化：一是建立了集团对子企业资金流的掌控渠道，强化了集团财务监督和风险管理；二是搭建了集团流动性管理体系，控制流动性风险的同时，便于集团整体资金备付、调度和运作；三是便于财务公司更细致地了解成员企业，挖掘为成员企业提供金融服务的业务机会，有利于解决作为独立法人而存在的财务公司与成员企业利益冲突的误解或矛盾。

[关键词] 预算管理；一体化

一、集团基本情况

无锡市国联发展（集团）有限公司（以下简称集团）是经无锡市人民政府批准，由无锡市国资委授权具有国有资产投资主体资格的国有独资企业集团，注册资本80亿元，业务涵盖证券、信托、保险等金融和环保、新能源、纺织等实业两大领域。2015年末集团资产总额845亿元，净资产258亿元，2015年度创收115亿元，创利27亿元。

二、创新成果简介

集团于2008年申请设立财务公司，在整合集团内部资源、强化资金管理、提升资金使用效率和降低融资成本方面起到了积极的作用。2014年6月起，为进一步理清集团财务会计部和财务公司在资金管理方面的职能，理顺资金管理业务流程，进一步强化流动性管理，压降备付资金，提升资金使用效率，进一步强化财务风险管理，监控集团及下属企业经济运行状况，集团推行了"财务部、财务公司资金预算管理一体化模式"，具体如下：

（一）建立财务例会机制

财务例会由集团分管总裁、财务会计部负责人、财务公司负责人及实际负责资金预算管理的相关人员组成，每两周召开一次，通报集团流动性状况，讨论集团及重点子企业年度、季度资金预算、筹融资计划、资金运作计划，以及与银行等机构合作等重大财务议题。

（二）健全资金预算管理制度，构建资金预算管理体系

集团财务会计部负责财务制度建设、集团流动性管理及集团年度资金预算；财务公司负责集团资金预算管理、信贷管理及成员单位账户管理，具体由计财部、会计结算部和公司金融部执行；各成员单位具体负责本企业资金预算管理，定期上报并接受监督。同时集团分管财务的副总裁兼任财务公司董事长，集团财务部总经理助理兼任财务公司总经理助理，以精简有效的组织架构，确保内部信息沟通顺畅，缩短资金调度审批流程，提高资金预算管理工作效率。

（三）细化、完善资金预算管理工作

每日编报集团隔夜备付报表和资金日报表，每两周向集团财务例会通报集团整体资金流动性状况，每月编报资金预算报告，并对上月资金预算执行情况进行分析总结。通过资金预算管理流程的梳理、再造和资源整合，实现了对集团整体流动性的掌控，提升了资金使用效率，强化了财务管理和财务风险控制，促进集团及下属企业合规经营和管理，保障各项经营活动安全有效。

（四）搭建五级备付体系，强化流动性风险管理

完善了银行关系管理体系，构建了财务公司资金备付、集团法人透支、提取银行借款、启动超短融发行、启动中长期票据发行五级备付体系，增强流动性风险应对能力。

三、成果创新亮点

（一）妥善解决集团财务部与财务公司职责交织的矛盾

由于企业集团对财务公司的认知、定位的局限，国内设立财务公司的企业集团普遍存在财务部、财务公司之间职责相互交织、财务资源重复浪费等现象，"一体化模式"能够妥善解决上述矛盾，有利于整合企业集团财务资源，提升工作效率，有利于强化集团财务管理，加强财务风险监督。

（二）"一体化模式"使资金预算管理效用最大化

一是建立了集团对子企业资金流的掌控渠道，强化了集团财务监督和风险管理；二是搭建了集团流动性管理体系，控制流动性风险的同时，便于集团整体资金备付、调度和运作；三是便于财务公司更细致地了解成员企业，挖掘为成员企业提供金融服务的业务机会，有利于解决作为独立法人而存在的财务公司与成员企业利益冲突的误解或矛盾。

（三）"一体化模式"使集团财务部与财务公司相互借力成为现实

集团财务部以资金管理为抓手，通过财务公司对成员企业的贴身服务、专业调研，更直接掌握集团下属企业经营状况；财务公司借助集团财务部，强化资金归集管理，挖掘更多业务机会，达到集团资金集约经营的目标。

（四）"一体化模式"有利于财务团队建设

"一体化模式"建立了集团财务团队培养的新模式，有利于创造一支专金融、懂经营、会财务、晓风险的复合型人才队伍。

四、成果效益贡献

（1）集团资金归集率从 2013 年末的 54.08% 提升至 2015 年末的 83.65%，集团内部贷款规模从 2013 年末的 12.53 亿元增至 2015 年末的近 20 亿元，年节约资金成本超 3000 万元。

（2）集团备付率从 2013 年末的 15.13% 降至 2015 年末的 8.67%，年增加收益近 2000 万元。

第三篇　优秀论文

国有企业高管薪酬理性预期模型及分配公平性度量研究

申报单位：中央财经大学

作者：祁怀锦 马俊峰

[**摘要**] 国有企业高管薪酬及其分配公平性是社会收入分配的重要内容。本文尝试性地将宏微观因素纳入企业高管薪酬影响因素的分析范畴，分析表明国有企业和非国有企业高管薪酬影响因素既有共性又有差异。在此基础上尝试性地构建了国有企业高管薪酬理性预期模型，进而以高管投入和所得为基础，设计出了国有企业高管薪酬分配公平性度量方法，并对目前国有企业高管薪酬分配公平性给予了度量。结果表明：国有企业高管薪酬分配存在不公平性，具体而言，个体不公平性程度相对较低，外部不公平性程度较为严重；利用理性预期模型进行薪酬分配，一定程度上可弱化高管薪酬分配的不公平性。

[**关键词**] 国有企业高管薪酬；影响因素；理性预期模型；公平分配；度量

处理好社会收入分配公平与效率关系是转型经济发展过程中不可回避的现实问题，也是公平与效率关系的重要体现。国有企业高管薪酬分配的公平性是社会收入分配公平性的重要内容，所以探讨国有企业高管薪酬分配公平性，对维护社会收入分配的公平性具有重要的理论和现实意义。

大多数学者对高管薪酬影响因素的研究，都是从微观层面角度研究分析，鲜有从微观和宏观层面综合分析，导致研究缺乏全面性。企业是市场主体，高管薪酬不仅受企业特征因素影响，也受外部宏观环境影响。有学者提出该领域研究应考虑不同理论，运用综合模型考察多因素对高管薪酬的影响。基于此，本文利用上市公司经验数据，尝试性地从微观和宏观综合性角度分析高管薪酬影响因素，并以此为基础构建国有企业高管薪酬理性预期模型，同时以高管投入和所得为基础，设计国有企业高管薪酬分配公平性的度量方法，以期为政策制定和理论完善提供依据。

一、文献回顾

（一）高管薪酬影响因素研究评述

以经济学为基点的委托代理理论从最优薪酬契约角度设计高管薪酬。股东以具有激励和约束作用的最优薪酬契约，促使高管以股东价值最大化为决策目标。最优薪酬契约强调企业绩效作为薪酬的度量标准，高管薪酬与企业绩效之间存在紧密联系（Jensen 和 Murphy，1990）。经理主义理论认为随着企业规模扩大，高管工作压力和劳动时间逐步增大，薪酬水平也将随之提升。另外，相对于控制业绩而言，高管对企业规模实施控制更为容易，高管更倾向于将企业规模纳入到薪酬补偿契约中，薪酬和规模之间存在高度敏感性（Murphy，1985）。人力资本理论则强调人力资本在制定高管薪酬时的重要作用，人力资本具有产权特征，高管人力资本价值不可能脱离高管而单独存在，高管人员薪酬水平取决于剩余索取权（Mehran，1995）。管理层权力理论认为，董事会并不能完全控制高管薪酬契约的设计，高管具有动机和能力影响薪酬设计。高管运用其权力"寻租"，使企业不按绩效向其支付薪酬，薪酬激励效果不显著，甚至产生负效应，使股东受损惨重（Bechuk 和 Fried，2002）。高管薪酬设计过程中，高管薪酬影响因素错综复杂，远非经济学那样的简单描述，众多学者开始质疑主流的薪酬理论，出现了高管薪酬决定的多元化研究，更多学者发现，高管薪酬还受到个人、组织和社会环境三种要素的影响。

国内学者延续着国外学者对高管薪酬影响因素的研究思路和方法，大多围绕高管薪酬与企业绩效、规模以及公司治理等影响因素进行研究。不同之处在于，国内学者在考虑我国制度背景情况下运用我国经验数据，对相关理论给予验证。

国内学者对企业规模和绩效同高管薪酬的相关性研究发现：高管薪酬同企业规模、业绩都存在显著正相关（杜胜利等，2005）；高管薪酬同企业规模存在密切关系，而与绩效无明显相关性（李增泉，2000）；高管薪酬同企业绩效存在显著正相关，财务指标比股东财富指标对高管薪酬影响更强（杜兴强等，2007）；市场化进程增强了国有企业高管薪酬业绩敏感性，薪酬契约中市场业绩相对会计业绩的作用逐渐增强（辛清泉，2009）；非国有企业高管薪酬对绩效的影响程度比国有企业更强，企业规模扩大会降低高管薪酬同绩效的相关性（刘绍娓等，2013）。

高管薪酬同公司治理因素的关系中也涌现出大量仁者见仁，智者见智的研究成果。杜兴强等（2009）研究得出，董事会特征以及薪酬委员会均对高管薪酬产生影响。李维安等（2010）研究发现在设计我国高管薪酬时，薪酬委员会放大了国际同行薪酬基准的参照点。权小锋等（2010）研究发现国有企业高管的权力越大，其获取的私有收益越高。李维安等（2014）研究发现企业中高管权力越大，高管的薪酬辩护行为对薪酬—业绩脱钩程度的正向影响越大。

上述文献仅从企业特征、公司治理等微观层面研究了高管薪酬的影响因素，并未考虑外部宏观因素的影响，导致这类研究缺乏全面性。企业主体处于宏观环境中，高管薪酬契约的设计必然要考虑宏观环境因素的影响，因此从微观和宏观的角度综合地研究高管薪酬影响因素是十分必要的。

（二）高管薪酬分配公平性度量研究评述

薪酬分配公平性理论研究的代表性成果主要是分配偏好理论、相对剥削理论、社会比较理论。分配偏好理论认为薪酬应该以"不给领取薪酬的人带来不满"为依据设定（Greenberg，1987）。相对剥削理论强调组织内部上下级之间的比较，低层次员工倾向于同高级别员工比较，当内部薪酬差距不合理时，就会产生被剥削和嫉妒的消极情绪，产生消极怠工行为（Cowherd 和 Levine，1992）。社会比较理论认为，个体希望正确评价自己的观点和能力，通过多种比较确定自己所获报酬的合理性（Suls，2000）。

公平性的度量比较复杂，尚未形成统一的量化方法，对于公平性的度量大多基于定性研究。从现有研究文献看，量化方法主要包括员工满意度衡量、薪酬差距衡量以及额外薪酬。Core 等（1999）提出了管理层薪酬决定模型，对模型进行拟合计算残差，以此替代高管薪酬的不公平程度。吴联生等（2010）采用 Core 等（1999）的方法对我国上市公司总经理的薪酬公平性进行了研究，把额外薪酬分为正向额外薪酬和负向额外薪酬，从而衡量高管薪酬的外部公平性程度。步丹璐等（2010）分别基于高管特征视角、公司特征视角以及综合视角，合成高管薪酬公平程度综合指标，提供直接量化高管薪酬公平性思路。饶育蕾等（2012）利用高管薪酬变异系数作为衡量内部不公平程度的代理变量，研究对企业未来业绩的影响。王莉等（2014）通过跨层次模型对高管薪酬个人公平性影响因素进行检验，研究表明不同阶层因素对高管薪酬水平变异的解释力度略有差异。祁怀锦等（2014）基于相对分位数计量方法对高管薪酬外部公平性激励效应进行了研究，结果表明我国高管薪酬分配总体上不公平。上述文献对高管薪酬分配公平性的衡量都忽略了高管投入与所得之比较，这为本文以高管投入和所得为基础，研究薪酬分配公平性提供了空间。

二、理论分析与研究假设

国有企业和非国有企业都是市场经济主体，由于两者产权性质存在差异，导致国有企业高管薪酬影响因素同非国有企业相比既有共性又有特性。本文将影响国有企业高管薪酬因素分为基本因素和调整因素。基本因素中的微观因素主要从企业主体微观考虑，宏观因素主要从企业所处宏观环境考虑；调整因素主要从高管权力和在职消费方面加以分析。为了考察两类市场经济主体高管薪酬影响因素共性和差异，以下分析从国有企业和非国有企业对比角度来进行。

（一）影响国有企业高管薪酬的基本因素

由于影响国有企业高管薪酬的基本因素主要包括企业规模、企业经营活动现金流量、企业风险、股权集中度、董事会构成、经营业绩、通货膨胀水平、地区经济发展水平和地区居民消费水平等，所以以下逐一加以分析推演，提出研究假设。

1.国有企业高管薪酬与企业规模

经理主义假说认为高管薪酬取决于企业规模，当企业经营成果符合股东最低预期时，企业高管就不容易被股东更换和市场接管，高管就有动机追求企业规模最大化。高管对规模追求的动因在于，一方面，工作压力和劳动时间的增加，导致薪酬增加；另一方面，对企业规模实施控制比对业绩控制更为容易，高管更倾向于将企业规模纳入到薪酬补偿契约中。因此，高管具有动机扩大企业规模。国内外大量研究成果支持企业规模同高管薪酬具有较强相关性，企业规模是影响高管薪酬的重要因素。基于此，提出假设1。

假设1：国有企业规模越大，高管薪酬越高。

2.国有企业高管薪酬与企业经营活动现金流量

经营活动现金流量一定程度上更真实地反映了企业价值。高管人为操纵经营活动现金流量难度要远大于对盈余的操纵。经营活动现金流量越多，高管人员付出努力也越多，理应得到更多薪酬补偿。基于此，提出假设2。

假设2：国有企业经营活动现金流量越多，高管薪酬越高。

3.国有企业高管薪酬与企业风险

前景理论认为人们对待风险的态度取决于其获得的不确定性。当面对获得前景时，人们倾向于风险规避；当面对损失前景时，更加倾向于风险追逐。人们对损失和获得的敏感度存在差异，损失敏感度要远超获得，这意味着面对等量财富损失的痛苦远大于财富获得的满足。由于国有企业高管风险取向通常为风险厌恶型，经营理念很可能是仕途升迁和工作舒适程度改善。企业进行资本结构决策时，高管通常把企业资产负债率的降低放在首位，从而降低企业风险，进而保证职位和自身薪酬水平的稳定。基于此，提出假设3。

假设3：国有企业资产负债率越高，高管薪酬越低。

4. 国有企业高管薪酬与股权集中度

股权集中度较高时，大股东密切关注企业价值，积极监督高管机会主义行为。股权结构分散时，小股东没有动力监督企业经营决策，"搭便车"现象时常发生，导致高管成为实际控制人，这会给予高管更多的薪酬补偿。股权越集中，大股东对高管的监督约束越强，高管薪酬相对较低。基于此，提出假设4。

假设4：国有企业股权集中度与高管薪酬负相关。

5. 国有企业高管薪酬与董事会构成

董事会中内外部董事比例会影响公司治理效果，外部董事独立性一般会高于内部董事。理论上独立董事比例越高，董事会越可以有效维护股东利益，对高管监督约束作用越强，有利于抑制高管超额薪酬。Boeker(1992)研究发现独立董事能够影响高管薪酬，完善公司治理机制。也有学者研究发现，当高管对董事会有很大影响力时，特别是董事提名制度的存在，独立董事比例的提高并不能影响高管薪酬。由于国有企业独立董事由政府或资产管理部门批准，独立董事无须讨好国有企业高管，且能对高管行为进行更好的监督。基于此，提出假设5。

假设5：国有企业独立董事比例对高管薪酬有负向影响。

6. 国有企业高管薪酬与企业绩效

委托代理理论认为企业本质是委托代理双方的一种契约安排。由于委托代理双方目标函数不尽一致，代理方很可能以牺牲委托方利益实现自身私利最大化。为促使高管和股东目标函数一致，从而产生了最优薪酬契约，强调高管薪酬取决于企业绩效。众多研究结论表明高管薪酬与企业绩效之间具有显著相关性，企业倾向于根据绩效制定高管薪酬契约。

业绩衡量指标主要包括财务指标和市场指标，本文为全面研究国有企业高管薪酬业绩相关性，对财务指标和市场指标都给予考察。我国《中央企业负责人经营业绩考核暂行办法》（以下简称《办法》）中明确规定，国有企业高管任期经营考核基本指标为资本保值增值率和营业收入增长率。本文根据《办法》中的考核指标，选取资本保值增值率、营业收入增长率以及净资产收益率作为财务指标，选取Tobin's Q值作为市场指标。基于此，提出假设6。

假设6：国有企业高管薪酬同企业绩效正相关。

7. 国有企业高管薪酬与通货膨胀水平

经济学认为，货币工资会因通货膨胀持续上涨而导致实际购买力的下降。在目前人力资本持续走高的经济环境下，企业员工会寻求更高的工资水平来补偿实际购买力的下降。企业高管同样也会寻求货币薪酬补偿，保持其实际效用的不变。基于此，提出假设7。

假设7：通货膨胀水平对国有企业高管薪酬有正向影响。

8. 国有企业高管薪酬与地区经济发展水平

国有企业所处地区经济发展水平会影响高管薪酬。当国有企业位于经济发达地区，其所处市场环境良好，市场需求程度较大，市场竞争度可能会较弱，高管生产效率较高，企业经营业绩和市场收益都会得到改善，高管可得到更多的薪酬补偿。陈志广（2002）研究分析表明，高管薪酬水平会因企业所处地区的不同而产生差异性。基于此，提出假设8。

假设 8：地区经济发展水平越高，国有企业高管薪酬越高。

9. 国有企业高管薪酬与地区居民消费水平

经济学理论阐明，人们对消费品的需求并不是固定不变的，而是随着收入水平的提高而增加。高收入水平一般具有更高的消费，消费水平的高增长是以收入水平的提高为前提。反映到微观实体中，即消费水平的提高必然要求薪酬水平的上升。基于此，提出假设 9。

假设 9：地区居民消费水平越高，国有企业高管薪酬也越高。

（二）影响国有企业高管薪酬的调整因素

由于影响国有企业高管薪酬的调整因素主要是高管权力和在职消费，所以以下就这两个因素加以分析，并提出研究假设。

1. 国有企业高管薪酬与高管权力

管理权力理论认为高管利用权力"寻租"，进而获得超额薪酬。超额薪酬扭曲薪酬结构，降低薪酬业绩敏感性，最终降低激励作用甚至产生负激励。越来越多的研究证实高管权力直接或间接地影响其薪酬结构和水平。Fahlenbrach（2009）采用 CEO 任期、两职兼任、董事会规模与独立性、机构投资者持股比例等指标来衡量高管权力，发现 CEO 权力能显著增加高管总薪酬。由于国有企业所有者缺位，高管人员作为"内部人"获取了重要控制权，因此国有企业高管权力较大。本文借鉴卢锐（2008）高管权力度量办法，研究高管权力对高管薪酬的影响。基于此，提出假设 10。

假设 10：国有企业高管权力越大，高管薪酬越高，薪酬业绩敏感性越低。

2. 国有企业高管薪酬与在职消费

薪酬契约的不完全性促使高管有实施机会主义的动机，进行过度在职消费。卢锐等 (2008) 认为在职消费是与高管控制权密切联系，高管对企业控制权越大，内外部监督越薄弱，就越可能享受更多在职消费。吕长江、赵宇恒 (2008) 认为国有上市公司存在"一股独大"的现象，控股股东缺位，导致国有企业高管成为国有企业实际控制人，高管有动机也有能力追求私有收益，这种私有收益既包括货币性薪酬，也包括过度在职消费。根据经济学理论，由于消费倾向具有"向上刚性"的特点，高管在职消费和货币性薪酬之间不存在替代性，高管在职消费的增加并不会减少货币性薪酬，并且高管激励机制的效用大大降低。基于此，提出假设 11。

假设 11：国有企业高管在职消费同货币薪酬之间不存在替代效应。

由于本文研究对象为国有企业高管薪酬影响因素，而非国有企业高管薪酬影响因素仅作为国有企业高管薪酬影响因素的对比参照物，因此，本文仅基于国有企业高管薪酬影响因素提出假设，当然上述假设对非国有企业高管薪酬影响因素基本上也是适用的。

三、研究设计

（一）样本选取和数据来源

本文以 2008~2012 年沪深 A 股上市公司为研究样本，并将样本按上市公司最终控制人属性，分为国有控股和非国有控股。高管薪酬、财务数据、公司治理数据、宏观环境数据主要来源于 CSMAR、CCER 数据库和中国统计年鉴。按以下原则剔除部分数据：①剔除了金融、保险行业上市公司的数据；②剔除了 ST、PT 上市公司财务数据；③剔除上市公司未披露或披露高管薪酬为零和负值数据；④剔除部分不合理的财务数据、公司治理数据。最终得到 3944 个有效样本观测值，其中，国有企业样本观测值为 1842 个；非国有企业样本观测值为 2102 个。为消除极端值影响，对主要连续变量样本进行 5% 的 Winsorize 处理。

（二）模型设计及变量定义

通过前文理论分析，本文将影响国有企业高管薪酬的因素分为基本因素和调整因素两类：基本因素从企业微观特征和所处宏观环境角度考虑，调整因素从高管权力和在职消费角度分析。依据前文分析建立如下基本回归分析模型：

$$PAY = \beta_0 + \beta_1（基本因素）+ \beta_2（调整因素）+ \varepsilon$$

其中，被解释变量 PAY 为年薪最高前三名高管人员年度薪酬总和的自然对数，解释变量为包含多个变量指标的影响因素。具体分析模型如下：模型（1）为高管薪酬基本影响因素分析；模型（2）为高管薪酬调整因素分析；模型（3）为高管薪酬全影响因素分析。

$$
\begin{aligned}
PAY = \beta_0 &+ \beta_1 SIZE_t + \beta_2 CASH_t + \beta_3 CAP_t + \beta_4 SHRCR1_t + \beta_5 INDD_t + \\
&\beta_6 REVCHG_t + \beta_7 APPER_t + \beta_8 Q_t + \beta_9 ROE_t + \beta_{10} CPI_t + \beta_{11} GDP_t + \\
&\beta_{12} CONSUM_t + \beta_{13} CONTROL + \varepsilon
\end{aligned}
\tag{1}
$$

$$
\begin{aligned}
PAY = \beta_0 &+ \beta_1 POWER_t + \beta_2 ROE_t + \beta_3 POWER_t \times ROE_t + \\
&\beta_4 PAID_t + \beta_5 CONTROL + \varepsilon
\end{aligned}
\tag{2}
$$

$$
\begin{aligned}
PAY = \beta_0 &+ \beta_1 SIZE_t + \beta_2 CASH_t + \beta_3 CAP_t + \beta_4 SHRCR1_t + \beta_5 INDD_t + \\
&\beta_6 ROE_t + \beta_7 CPI_t + \beta_8 GDP_t + \beta_9 CONSUM_t + \beta_{10} POWER_t + \\
&\beta_{11} POWER_t \times ROE_t + \beta_{12} PAID_t + \beta_{13} CONTROL + \varepsilon
\end{aligned}
\tag{3}
$$

表1　变量定义及计算方法

指标名称		变量名称	变量定义	变量说明
被解释变量	货币性薪酬	PAY	高管人员货币性薪酬	年薪最高前三名高管人员年度薪酬总和自然对数
解释变量	基本因素（企业微观因素）	SIZE	企业规模	期末资产总额的自然对数
		CASH	现金流量	经营活动现金流量自然对数
		CAP	资本结构	负债总额／资产总额
		SHRCR1	股权集中度	第一大股东持股比例
		INDD	董事会构成	独立董事占董事会人数总比重
		REVCHG	营业收入增长率	（年末营业收入－年初营业收入）／年初营业收入
		APPER	资本保值增值率	年末所有者权益／年初所有者权益
		Q	Tobin's Q	托宾 Q 值
		ROE	净资产收益率	主营业务净利润／期末净资产
	宏观因素	CPI	地区通货膨胀水平	企业所在地区居民消费价格指数
		GDP	地区经济发展水平	企业所在地区国内生产总值
		CONSUM	地区人均居民消费水平	企业所在地区人均消费商品和服务
	调整因素 PAID	POWER	高管权力	借鉴（卢锐等，2008）合成高管权力变量。①总经理兼任董事长 power1 取值为 1，否则为 0；②当第一大股东持股比例除以第二至第十大股东持股比例之和小于 1 时 power2 取 1，否则取 0；③ power1+power2 大于或等于 1 时 power 取 1，否则取 0
		在职消费	在职消费的自然对数（在职消费＝管理费用－董监高领薪总额－坏账准备－存货跌价准备－无形资产摊销）	

续表

指标名称		变量名称	变量定义	变量说明
控制变量	年龄	AGE	高管年龄	董事、监事和高级管理人员平均年龄
	教育背景	EDU	教育程度	董事、监事和高级管理人员平均学历水平
	行业	IND	行业	按照证监会划分的22个行业
	年份	YR	年份	年份

四、实证结果分析

（一）描述性统计分析

表2报告了按产权性质分样本主要变量的描述性统计，可看出，影响国有企业和非国有企业高管薪酬的因素存在异质性，均值T检验和中位数检验在1%显著性水平上基本总体显著。具体而言：被解释变量PAY表明，非国有企业高管薪酬显著小于国有企业；与理论预期和既有文献相符。基本因素中的微观解释变量企业特征、公司治理和业绩在国有企业和非国有企业之间存在差异；宏观解释变量国有企业和非国有企业间同样存在差异性。调整因素中的非国有企业高管权力显著大于国有企业；非国有企业高管在职消费显著小于国有企业。

表2　按产权性质分样本主要变量描述性统计及T检验、中位数检验

变量性质	变量名	非国有企业					国有企业					均值T检验	中位数Mann-Whitney检验
		MEAN	SD	P50	MIN	MAX	MEAN	SD	P50	MIN	MAX		
基本因素变量	PAY	4.65	0.67	4.66	3.48	6.01	4.8	0.68	4.82	3.48	6.01	-7.03^{***}	-6.84^{***}
	SIZE	12.23	0.92	12.09	10.86	15.1	13.06	1.21	12.9	10.86	15.09	-24.67^{***}	-22.15^{***}
	CASH	11.68	1.08	11.64	9.81	14.67	12.54	1.34	12.45	9.8	14.67	-22.11^{***}	-20.02^{***}
	CAP	0.41	0.2	0.4	0.09	0.79	0.51	0.19	0.53	0.09	0.79	-17.21^{***}	-16.55^{***}
	SHRCR1	34.72	13.97	32.76	14.4	64.78	39.87	14.59	40	14.4	64.78	-11.33^{***}	-11.20^{***}
	INDD	0.37	0.04	0.33	0.33	0.44	0.36	0.04	0.33	0.33	0.44	4.98^{***}	3.52^{***}
	REVCHG	0.17	0.26	0.14	-0.28	0.76	0.16	0.25	0.13	-0.28	0.76	0.79	0.59
	APPER	1.16	0.26	1.07	0.88	1.92	1.14	0.23	1.08	0.88	1.92	2.65^{***}	0.91
	Q	1.8	0.77	1.52	0.96	3.78	1.67	0.77	1.38	0.96	3.78	5.10^{***}	8.22^{***}
	ROE	0.08	0.1	0.08	-1.18	0.67	0.07	0.29	0.08	-10.93	0.62	2.17^{**}	1.88^{*}
	CPI	1.03	0.02	1.03	0.98	1.08	1.03	0.02	1.03	0.98	1.09	0.42	-1.91^{*}
	GDP	3.06	1.61	2.96	0.04	5.71	2.17	1.47	1.72	0.04	5.71	18.06^{***}	18.26^{***}
	CONSUM	1.58	0.65	1.53	0.35	3.69	1.41	0.75	1.13	0.41	3.69	7.86^{***}	11.47^{***}
调整因素变量	POWER	0.55	0.5	1	0	1	0.28	0.45	0	0	1	17.81^{***}	17.14^{***}
	PAID	8.86	0.88	8.79	7.41	11.38	9.61	1.12	9.52	7.41	11.38	-23.48^{***}	-20.83^{***}

注：***、**、*分别表示在1%、5%、10%置信水平上显著。

（二）回归分析

1. 相关系数检验

相关系数表列示各变量之间相关系数检验情况，从表3看出，变量之间基本不存在共线性问题。重点关注的高管薪酬影响因素变量与高管薪酬之间基本上都呈现显著相关。

2. 回归结果分析

表4报告了影响因素回归结果。PAY（1）~PAY（3）为模型（1）基本影响因素回归结果；PAY（4）~PAY（6）为模型（2）调整因素回归结果；PAY（7）~PAY（9）为模型（3）全因素回归结果。

（1）微观基本影响因素分析。基本因素中企业特征变量、规模、经营活动现金流量和企业风险都表现出同高管薪酬具有显著相关性。具体而言，变量 SIZE 在 1% 水平上全都显著，且系数为正，表明企业规模越大，高管要求更多薪酬补偿，假设 1 得到支持。变量 CASH 在 1% 水平上全都显著，且系数为正，表明企业经营活动现金流量越大，企业价值也越大，高管薪酬也越高，假设 2 得到检验。变量 CAP 在 1% 水平上全都显著，同高管薪酬之间存在负向关系，证明随资产负债率的提高，企业风险加大，高管薪酬减少，与假设 3 相符。

基本因素中，两个公司治理变量股权集中度和董事会构成对高管薪酬影响存在异质性。具体而言，变量 SHRCR1 对高管薪酬的影响，在国有企业和非国有企业之间存在差异性。国有企业股权集中度较高，一定程度上对高管进行了有效监督，抑制了高管薪酬自利行为，而非国有企业股权集中度较低，并不利于对高管进行有效监督。变量 INDD 对高管薪酬的影响，在国有企业和非国有企业之间存在显著差异性，原因可能是由于国有企业独立董事独立性更高，能够更好地监督国有企业高管的私利行为；非国有企业高管可能会影响独立董事提名，独立董事须刻意讨好高管，导致独立董事机制难以发挥其应有的监督作用。假设 4、假设 5 得到验证。

基本因素中，四种企业绩效衡量指标即营业收入增长率、资本保值增值率、托宾 Q 和净资产收益率对高管薪酬影响既存在相似性也存在差异性。具体而言，变量 ROE 和托宾 Q 对国有企业和非国有企业高管薪酬都具有显著影响，两类企业虽然产权性质不同，但证实业绩是影响高管薪酬重要因素；变量 REVCHG 和 APPER 对国有企业高管薪酬影响显著，而对非国有企业无影响，两者差异性产生的原因，可能是两种不同类型企业绩效考核标准不同。《办法》规定，国有企业高管任期经营考核基本指标为资本保值增值率和营业收入增长率，国有企业高管经营企业时必须关注这两种基本考核指标，非国有企业高管无须考虑上述两项指标。因此，相比净资产收益率和托宾 Q，资本保值增值率和营业收入增长率是国有企业更为合理的业绩衡量指标，假设 6 得到支持。

（2）宏观基本影响因素分析。三个宏观环境影响因素，通货膨胀水平、地区人均居民消费水平以及地区经济发展水平对高管薪酬影响程度并不相同。实证结果表明，变量 CPI 对高管薪酬无影响，同预期假设 7 不一致，可能因为高管薪酬对居民消费价格变化不敏感。有研究发现，食品支出占中高层管理者收入比例的 10% 左右，居民消费价格变化对其生活影响并不大；对于非中高层管理者，食品支出约占收入总数的 25%，居民消费价格的变化对基层员工影响很大。地区经济发展水平和居民消费水平两种影响因素对高管薪酬都具有正向的影响，预期假设 8、假设 9 得到验证。

（3）调整因素回归分析。前文分析四种绩效指标对高管薪酬影响时，发现 ROE 和托宾 Q 在国有企业和非国有企业样本中都显著。模型（2）用于分析调整因素时，选择财务指标 ROE 作为业绩衡量指标验证调整因素影响，以保证研究结果的准确性，同时利用市场指标托宾 Q 进行稳健性检验。从回归结果看出，权力因素对高管薪酬的影响，在国有企业和非国有企业之间既存在相同点又存在差异性。变量 POWER 对国有企业和非国有企业高管薪酬影响均显著，变量 ROE 表明薪酬业绩敏感性显著，但在高管权力和业绩共同作用下，国有企业和非国有企业薪酬业绩敏感性方向相反。国有企业薪酬业绩敏感性为负，说明高管权力显著减弱了薪酬业绩敏感性，非国有企业薪酬业绩敏感性为正，证明高管权力显著增强了薪酬业绩敏感。两者差异产生的原因可能是由于国有企业高管权力主要体现在机会主义行为运用，非国有企业高管权力主要体现在经营决策的执行和效率方面。PAID 变量系数显著且为正，证明在职消费和高管薪酬之间并不存在替代效应，这与国有企业高管在职消费现象难以控制相符。目前对于高管如何适度享受在职消费，规定过于模糊。另外，部分国有企业对高管薪酬激励并未达到适当水平，导致高管在职消费过度扩张。

表3　各主要变量相关系数

	PAY	SIZE	CASH	CAP	SHRCR1	INDD	REVCHG	APPER	Q	ROE	CONSUM	GDP	CPI	POWER	PAID
PAY	1														
SIZE	0.464***	1													
CASH	0.460***	0.860***	1												
CAP	0.082***	0.478***	0.458***	1											
SHRCR1	0.088***	0.239***	0.242***	0.027*	1										
INDD	0.022	0.056***	0.022	−0.002	0.064***	1									
REVCHG	0.105***	0.093***	0.138***	0.075***	0.084***	0.018	1								
APPER	0.105***	0.114***	0.091***	−0.045***	0.041**	0.033**	0.329***	1							
Q	−0.099***	−0.405***	−0.310***	−0.273***	−0.152***	−0.017	0.083***	0.028*	1						
ROE	0.166***	0.091***	0.114***	−0.092***	0.084***	0.001	0.196***	0.200***	0.057***	1					
CPI	0.017	−0.003	−0.006	−0.039***	−0.015	0.002	0.141***	0.033**	−0.213***	0.027*	1				
GDP	0.172***	−0.076***	−0.026	−0.128***	0.007	0.018	−0.023	−0.024	−0.106***	0.003	0.012	1			
CONSUM	0.355***	0.133***	0.108***	−0.067***	0.126***	0.055***	−0.034*	−0.043	−0.114***	0.015	0.030*	0.367***	1		
POWER	0.043***	−0.192***	−0.175***	−0.194***	−0.409***	0.062***	0.024	0.060***	0.077***	−0.003	0.023	0.139***	0.063***	1	
PAID	0.473***	0.791***	0.817***	0.348***	0.175***	0.013	0.067***	0.075***	−0.215***	0.080***	−0.034*	−0.046***	0.130***	−0.121***	1

注：***、**、*分别表示在 1%、5%、10% 置信水平上显著。

表4　回归结果分析

变量	PAY(1)	PAY(2)	PAY(3)	PAY(4)	PAY(5)	PAY(6)	PAY(7)	PAY(8)	PAY(9)
SIZE	0.139*** (5.32)	0.186*** (6.79)	0.147*** (7.88)				0.083*** (3.20)	0.062** (2.29)	0.063*** (3.35)
CASH	0.125*** (5.79)	0.167*** (7.46)	0.155*** (10.07)				0.103*** (4.56)	0.094*** (4.12)	0.107*** (6.69)
CAP	−0.575*** (−7.31)	−0.557*** (−7.10)	−0.572*** (−10.56)				−0.575*** (−7.53)	−0.478*** (−6.27)	−0.519*** (−9.72)
SHRCR1	−0.006*** (−6.89)	−0.001 (−1.21)	−0.003*** (−5.23)				−0.005*** (−5.11)	0.002** (2.20)	−0.002*** (−2.68)
INDD	−0.860*** (−2.80)	0.401 (1.43)	−0.271 (−1.31)				−0.853*** (−2.79)	0.270 (0.99)	−0.273 (−1.33)
REVCHG	0.164*** (3.08)	−0.034 (−0.66)	0.105*** (2.82)						

变量	PAY(1)	PAY(2)	PAY(3)	PAY(4)	PAY(5)	PAY(6)	PAY(7)	PAY(8)	PAY(9)
APPER	0.191***	−0.071	0.074**						
	(3.45)	(−1.45)	(2.00)						
Q	0.108***	0.069***	0.097***						
	(5.18)	(3.53)	(6.99)						
ROE	0.158***	0.898***	0.235***	1.114***	0.734***	1.015***	1.014***	0.471***	0.830***
	(3.82)	(6.43)	(5.70)	(8.89)	(4.49)	(10.39)	(8.58)	(2.91)	(8.76)
CPI	−2.641	2.888	−0.564				−2.566	2.256	−0.045
	(−1.32)	(1.28)	(−0.37)				(−1.29)	(1.03)	(−0.03)
GDP	0.057***	0.019**	0.038***				0.052***	0.012	0.031***
	(6.29)	(2.19)	(6.05)				(5.71)	(1.46)	(5.09)
CONSUM	0.214***	0.204***	0.202***				0.213***	0.176***	0.188***
	(11.45)	(9.51)	(14.34)				(11.44)	(8.38)	(13.44)
POWER				0.225***	0.089***	0.222***	0.167***	0.102***	0.168***
				(7.56)	(2.92)	(11.24)	(5.52)	(3.29)	(8.20)
POWER×ROE				−0.960***	0.758***	−0.760***	−0.894***	0.623***	−0.644***
				(−7.20)	(3.22)	(−7.08)	(−7.18)	(2.73)	(−6.26)
PAID				0.193***	0.317***	0.252***	0.067***	0.224***	0.136***
				(14.73)	(21.52)	(26.96)	(3.32)	(9.75)	(8.94)
AGE	0.010**	0.012***	0.009***	0.024***	0.012***	0.013***	0.006	0.014***	0.008**
	(2.05)	(2.71)	(2.88)	(4.58)	(2.92)	(4.03)	(1.12)	(3.46)	(2.54)
EDU	0.149***	0.144***	0.154***	0.234***	0.121***	0.177***	0.148***	0.128***	0.156***
	(5.85)	(5.56)	(8.57)	(8.57)	(4.65)	(9.45)	(5.82)	(5.09)	(8.83)
CON	2.721	−3.977*	0.256	0.421	0.462*	0.744***	3.740*	−3.018	0.337
	(1.34)	(−1.76)	(0.16)	(1.60)	(1.86)	(4.43)	(1.79)	(−1.38)	(0.22)
YR	Y	Y	Y	Y	Y	Y	Y	Y	Y
IND	Y	Y	Y	Y	Y	Y	Y	Y	Y
Adj-R-squ	0.473	0.378	0.410	0.374	0.363	0.354	0.478	0.413	0.424
N	1842	2102	3944	1842	2102	3944	1842	2102	3944

注：上行为回归系数，下行括号中数据为 T 值。***、**、* 分别表示在 1%、5%、10% 置信水平上显著（双尾检验）；N=3944 全部企业；N=1842 国有企业；N=2102 非国有企业。

五、国有企业高管薪酬公平分配度量

美国著名心理学家亚当斯提出的分配公平理论强调了个体公平性和外部公平性。个体公平性表现为个体实际投入和所得应该相符；外部公平性表现为个体根据自己投入所得同外部进行横向比较，进而寻求分配的公平。基于此，本文对国有企业高管薪酬分配的公平性进行了度量。

（一）高管薪酬分配个体公平性度量

目前主流研究文献，对于高管薪酬分配是否公平的测定大多运用 Core 等（1999）设计的管理层薪酬决定模型（4）进行度量：

$$\ln(COMP_t) = \beta_0 + \beta_1 SIZE_t + \beta_2 LEV_t + \beta_3 ROA_t + \beta_4 ROA_{t-1} + \beta_5 CBD_t +$$
$$\beta_6 BDS_t + \beta_7 SOE_t + \beta_8 CON_t + \varepsilon_t \tag{4}$$

其主要利用残差构造高管薪酬分配的公平性指标。对 Core(1999) 高管薪酬决定模型研究发现，该模型所考虑的影响因素仅涉及微观因素，并未考虑企业所处外部宏观因素影响。同时，残差指标为一个绝对值，对于处于不同时期，不同企业进行薪酬分配公平性的度量具有一定的不适用性。因此，本文在综合考虑影响高管薪酬因素的基础上，尝试性地构建了衡量国有企业高管薪酬分配个体公平性的指标，该指标为：

$$高管薪酬分配个体公平性（FAIR）= \frac{高管实际薪酬}{高管理性预期薪酬}$$

具体度量方法如下，在前文影响国有企业高管薪酬综合因素分析基础上，利用前文实证结果，首先提出国有企业高管薪酬理性预期模型（5），该模型用于计量国有企业高管理性预期薪酬，模型变量定义如前文：

$$PAY = \beta_0 + \beta_1 SIZE_t + \beta_2 CASH_t + \beta_3 CAP_t + \beta_4 SHRCR1_t + \beta_5 INDD_t +$$
$$\beta_6 REVCHG_t + \beta_7 APPER_t + \beta_8 GDP_t + \beta_9 CONSUM_t + \varepsilon \tag{5}$$

然后利用模型（5）对样本企业分年度分行业进行回归，将得到的估计系数代入上述模型；其次通过模型（5）得到高管理性预期薪酬$P\hat{A}Y$；最后采用高管薪酬分配个体公平性度量指标进行衡量，即 $FAIR = \dfrac{PAY}{P\hat{A}Y}$。由公平性度量指标分析可知，当 $FAIR$ 等于 1 时，表明个体分配是公平的；当 $FAIR$ 小于 1 越多时，表明高管实际获得的薪酬就越少，个体分配越不公平；当 $FAIR$ 大于 1 越多时，表明高管实际获得的薪酬就越多，个体分配也越不公平。

本文利用 2008~2012 年国有企业高管薪酬样本数据，对国有企业高管薪酬分配个体公平性给予度量，表 5 和表 6 报告了分析结果。

表5　国有企业高管薪酬分配个体公平性描述性统计

年份	变量	MEAN	P50	MIN	MAX	SD
2008	FAIR	0.99	0.99	0.71	1.35	0.11
2009	FAIR	0.99	1.00	0.71	1.30	0.11
2010	FAIR	0.99	1.00	0.67	1.31	0.10
2011	FAIR	1.00	1.01	0.69	1.29	0.09
2012	FAIR	1.00	1.00	0.74	1.30	0.09
TOTAL	FAIR	0.99	1.00	0.67	1.35	0.10

从表 5 可知，2008~2012 年国有企业高管薪酬分配个体公平性变量 FAIR 的样本中位数略大于或等于均值，最小值和最大值分别在 0.7 和 1.3 附近，表明 FAIR 呈现一定程度左偏分布，证实了国有企业高管薪酬分配个体不公平性的存在，但其程度相对较低。具体来讲，2008 年 FAIR 的平均值和中位数相等，公平性变量 FAIR 最大值为 1.35，表明有高管获得实际薪酬为理性预期薪酬的 1.35 倍，实际分配薪酬数额较多；公平性变量 FAIR 最小值为 0.71，表明有高管获得实际薪酬为理性预期薪酬的 70% 左右，获得的薪酬激励显然不足，上述情况都表明高管薪酬个体分配不公平性的存在。2008 年以后年度 FAIR 值分布情况同 2008 年基本相似，具体分析不再赘述。

表6　国有企业高管薪酬分配个体公平性检验结果

变量	N	MEAN	P10	P25	P50	P75	P90	MIN	MAX	SD
FAIR	1842	0.99	0.85	0.93	1.00	1.06	1.13	0.67	1.35	0.10

从表6的报告结果来看，25% 样本企业的 FAIR 值小于或等于0.93，证明至少有25% 样本企业高管薪酬激励不足，获得实际薪酬低于理性预期薪酬，结果可能导致高管利用过度在职消费来弥补货币性薪酬激励不足。另外，还有至少25% 样本企业高管获得超额薪酬，获得实际薪酬大于理性预期薪酬，这种超额薪酬的获得很可能同调整因素的权力因素有关，国有企业高管很可能利用权力降低薪酬业绩敏感度，进而获得超额薪酬，降低了薪酬分配的公平性。前文调整因素中的在职消费和权力因素实证结果对上述两种情况也给予了证实。

（二）高管薪酬分配外部公平性度量

高管薪酬分配外部公平性度量研究目前还较为有限，吴联生等 (2010) 采用 Core 等（1999）的薪酬决定模型，定量地度量了高管薪酬外部分配的公平性；步丹璐等 (2010) 较全面地总结了高管薪酬分配公平性的相关研究，并提出了高管薪酬外部公平性量化思路；祁怀锦等（2014）从外部公平性对代理人激励行为的角度研究了高管薪酬分配公平性。本文发现上述研究，在考虑高管薪酬外部公平性时存在些许不足，即他们都未考虑高管投入与所得之间的相关性。投入与所得应该是度量薪酬分配公平性的基础，因此衡量高管薪酬外部公平性时必须给予考虑。基于此，本文尝试性地设计了衡量高管薪酬分配外部公平性衡量指标，以单位业绩薪酬中位数值为基准来衡量高管薪酬分配的外部公平性。具体计算方法为：

$$\text{高管薪酬分配外部公平性}（EXFAIR）= \frac{\text{高管单位业绩薪酬}(UNIPAY)}{\text{高管单位业绩薪酬中位数值}(MEDUNIPAY)}$$

此处对于业绩指标采用前文所述的资本保值增值率。首先定义高管单位业绩薪酬（UNIPAY），高管单位业绩薪酬 = 高管薪酬 / 资本保值增值率；其次确定高管单位业绩薪酬中位数值（MEDUNIPAY），高管单位业绩薪酬中位数值为同年同行业内的高管单位业绩薪酬的中位数；最后计算国有企业高管薪酬分配的外部公平性（EXFAIR）。由外部公平性度量指标分析可知，当 EXFAIR 等于1时，表明外部分配相对公平；当 EXFAIR 小于1越多时，表明高管获得单位业绩薪酬激励越小，外部分配越不公平；当 EXFAIR 大于1越多时，表明高管获得单位业绩薪酬激励越大，外部分配也越不公平。

表7　实际薪酬分配外部公平性检验结果

变量	N	MEAN	P10	P25	P50	P75	P90	MIN	MAX	SD
EXFAIR	1842	0.98	0.77	0.88	1.00	1.10	1.20	0.42	1.65	0.17

表7报告了高管实际薪酬外部公平性的检验结果。我们可发现薪酬分配外部公平性变量 EXFAIR 的样本中位数略大于均值，有25% 样本企业 EXFAIR 值小于0.88，EXFAIR 最小值为0.42，仅为行业高管单位业绩薪酬中位数的42%，表明这些样本企业高管所获得单位业绩薪酬小于行业单位业绩薪酬中位数，其薪酬获得显然不足；另有25% 样本企业 EXFAIR 值大于1.10，EXFAIR 最大值为1.65，为行业高管单位业绩薪酬中位数的1.65倍，表明这些样本企业高管所获得单位业绩薪酬大于行业单位业绩薪酬中位数，显然获得了超额薪酬。上述分析证实了国企高管薪酬分配外部不

公平性现象的存在，且较为严重。

表8　理性预期薪酬分配外部公平性检验结果

变量	N	MEAN	P10	P25	P50	P75	P90	MIN	MAX	SD
EXFAIR	1842	0.98	0.79	0.91	1.00	1.07	1.14	0.50	1.47	0.14

表8报告了利用前文计算出的高管理性预期薪酬 $P\hat{A}Y$ 对高管进行薪酬分配的外部公平性检验结果。可以发现，采用理性预期薪酬计算所得的外部公平性各分位数指标数值都向中位数值方向改善，极值也有所改进。因此，证明了利用本文设计的理性预期模型对高管进行薪酬分配，可一定程度改善高管薪酬分配的外部不公平性。

（三）稳健性检验

关于外部公平性的计量，前文将其定义为行业单位业绩薪酬，我们认为行业也是影响薪酬外部公平性的重要元素，基于此，本文在考虑了行业影响的情况下进行了稳健性检验。此处高管单位业绩薪酬中位数值定义为，同年度内全部样本企业高管单位业绩薪酬中位数。表9和表10分别为高管实际薪酬和高管理性预期薪酬分配的外部公平性稳健性检验结果。

表9　实际薪酬分配外部公平性稳健性检验结果

变量	N	MEAN	P10	P25	P50	P75	P90	MIN	MAX	SD
EXFAIR	1842	0.99	0.75	0.88	1.00	1.11	1.21	0.42	1.65	0.18

表10　理性预期薪酬分配外部公平性稳健性检验结果

变量	N	MEAN	P10	P25	P50	P75	P90	MIN	MAX	SD
EXFAIR	1842	0.98	0.78	0.91	1.00	1.08	1.15	0.50	1.47	0.15

表9稳健性检验结果表明，EXFAIR中位数值略大于均值，单位业绩薪酬小于和大于单位业绩薪酬中位数的样本企业均存在，且同时存在薪酬激励不足和薪酬激励过高的极值企业，表明国有企业高管薪酬分配外部不公平性现象比较严重，检验结果同前文一致。表10为利用理性预期薪酬对高管进行薪酬分配的外部公平性稳健性检验结果，同样发现利用理性预期模型对高管进行薪酬分配，各项分位数指标数值趋向公平性完善，且极值也有较大的改善。检验结果同前文一致，证明前文研究结果是稳健的。

六、结论与建议

高管薪酬分配公平性问题一直受到社会广泛关注，本文的研究恰好回应了该问题。本文通过实证研究的方法对高管薪酬影响因素进行了综合分析，并对国有企业高管薪酬分配的公平性给予度量，主要得到以下三点研究结论：

第一，同以往对高管薪酬微观影响因素的研究文献相比，本文研究发现宏观因素中地区经济发展水平和居民消费水平对国有企业和非国有企业高管薪酬具有相同显著影响，而企业绩效、公司治理以及高管权力这些微观和调整因素对国有企业和非国有企业高管薪酬的影响存在差异性。

第二，在分析影响国有企业高管薪酬的宏微观因素基础上，尝试性地构建了国有企业高管薪酬理性预期模型，在此基础上设计了高管薪酬分配公平性的度量方法。

第三，在考虑高管投入和所得基础上，对国有企业高管薪酬分配公平性进行了度量，度量结果表明，国有企业高管薪酬分配总体上不公平，个体不公平性程度相对较小，外部不公平性程度较大。利用本文所构建的高管薪酬理性预期模型进行薪酬分配，一定程度上可缓解国有企业高管薪酬分配的个体和外部不公平性。

根据本文研究结论，提出如下三点建议：

首先，国有企业进行高管薪酬制度设计时，一方面需纳入符合国有企业自身特征的绩效考核指标，如《办法》规定的资本保值增值率、营业收入增长率，另一方面需将地区经济发展水平和居民消费水平等宏观因素考虑在内，同时完善公司治理机制，避免高管利用权力获得超额薪酬。

其次，国有企业高管薪酬分配应考虑高管投入与所得的相关性，以高管投入和所得产生的单位业绩薪酬为基础对高管薪酬进行分配，促使高管薪酬与其所在企业的业绩相适应，进而维护高管薪酬分配的外部公平性。

最后，国有企业可根据企业自身特点，结合本文构建的高管薪酬理性预期模型或对其进行适当修正的基础上对高管进行薪酬分配，以促进高管薪酬分配的公平性。

本文的研究丰富了国有企业高管薪酬影响因素和高管薪酬分配公平性的相关文献，其不足之处在于对相关公平性方面度量仍不尽完善，这有待于继续深入研究。

参考文献

［1］Jensen M. C. & Murphy K. J. Performance Pay and Top-management Incentives［J］. Journal of Political Economy, 1990（2）: 225-264.

［2］Murphy K. J. Corporate Performance and Managerial Remuneration: An Empirical Analysis［J］. Journal of Accounting and Economics, 1985（7）: 11-42.

［3］Mehran Hamid. Executive Compensation Structure, Ownership, and Firm Performance［J］. Journal of Financial Economics, 1995, 38（2）: 163-184.

［4］Bebchuk L., J. Fried, D. Walker. Managerial Power and Rent Extraction in the Design of Executive Compensation［J］. University of Chicago Law Review, 2002（69）: 751-846.

［5］杜胜利, 翟艳玲. 总经理年度报酬决定因素的实证分析——以我国上市公司为例［J］. 管理世界, 2005（8）: 120-126.

［6］李增泉. 激励机制与企业绩效———一项基于上市公司的实证研究［J］. 会计研究, 2000（11）: 38-41.

［7］杜兴强, 王丽华. 高层管理当局薪酬与上市公司业绩的相关性实证研究［J］. 会计研究, 2007（1）: 58-65.

［8］辛清泉, 谭伟强. 市场化改革、企业业绩与国有企业经理薪酬［J］. 经济研究, 2009（11）: 68-81.

［9］刘绍娓, 万大艳. 高管薪酬与公司绩效: 国有与非国有上市公司的实证比较研究［J］. 中国软科学, 2013（2）: 90-101.

［10］杜兴强, 王丽华. 高管薪酬与企业业绩相关性的影响因素分析——基于股权结构、行业特征及最终控制人性质的经验证据［J］. 上海立信会计学院学报, 2009（1）: 53-65.

［11］李维安, 刘绪光, 陈靖涵. 经理才能、公司治理与契约参照点——中国上市公司高管薪酬决定因素的理论与实证分析［J］. 南开管理评论, 2010（2）: 4-15.

［12］权小锋, 吴世农, 文芳. 管理层权力、私有收益与薪酬操纵［J］. 经济研究, 2010（11）: 73-87.

［13］李维安, 孙林. 高管薪酬与公司业绩: 2009～2012年A股上市公司检验［J］. 改革, 2014（5）: 139-147.

［14］Greenberg J. A Taxonomy of Organizational Justice Theories［J］. Academy of Management Review, 1987（12）: 9-22.

［15］Cowherd D. M., Levine D. I. Product Quality and Pay Equity between Lower-level Employees and Top Management: An Investigation of Distributive Justice Theory［J］. Administrative Science Quarterly, 1992（37）: 302-320.

［16］Suls J. M., Wheeler L. Handbook of Social Comparison: Theory and Research［M］. New York: Plenum Press,

2000.

[17] Core J., R. Holthausen, D. Larcker. Corporate Governance, Chief Executive Officer Compensation, and Firm Performance [J]. Journal of Financial Economics, 1999（51）: 371-406.

[18] 吴联生，林景艺，王亚平. 薪酬外部公平性、股权性质与公司业绩 [J]. 管理世界，2010（3）: 117-126.

[19] 步丹璐，蔡春，叶建明. 高管薪酬公平性问题研究——基于综合理论分析的量化方法思考 [J]. 会计研究，2010（5）: 39-46.

[20] 饶育蕾，黄玉龙. 高管薪酬内部公平性、股权性质对公司业绩影响的实证研究 [J]. 系统工程，2012（6）: 30-35.

[21] 王莉，张体勤. 高管薪酬个人公平影响因素跨层次分析与统计检验 [J]. 统计与决策，2014（5）: 87-90.

[22] 祁怀锦，邹燕. 高管外部公平性对代理人行为激励效应的实证研究 [J]. 会计研究，2014（3）: 26-32.

[23] 陈志广. 高级管理人员报酬的实证研究 [J]. 当代经济科学，2002（5）: 58-63.

[24] Fahlenbrach, R. Shareholder rights, boards, and CEO compensation [J]. Review of Finance, 2009, 13（1）: 81-113.

[25] 卢锐，魏明海，黎文靖. 管理层权力、在职消费与产权效率——来自中国上市公司的证据 [J]. 南开管理评论，2008（5）: 85-92.

[26] 吕长江，赵宇恒. 国有企业管理者激励效应研究——基于管理者权力的解释 [J]. 管理世界，2008（11）: 99-109.

JH 公司资本结构优化研究

申报单位：北京京煤化工有限公司

作者：缪海卫

[摘要] 民用爆炸物品行业素有"能源工业的能源，基础工业的基础"之称，是我国工业体系中的基础性产业，肩负着为国民经济建设服务的重要使命。国家正积极推进民爆产业组织结构调整重组，鼓励优势企业做强做大，提高产业集中度，促进规模化和集约化经营；着力培育具有自主创新能力和国际竞争力的龙头企业，打造跨地区、跨领域具备一体化服务能力的骨干企业，引领民爆行业实现跨越式发展。今后产品结构升级优化，产业集中度越来越高，已成为民爆行业的发展主题。资本结构由一个对民爆企业过去来说"不重要"，甚至被企业管理者长期"忽略"的问题，成为如今一个关系到企业各利益相关者的重大问题，对提升可持续增长力和企业的价值都具有重要作用。

资本结构是企业财务决策的核心，对于企业价值和公司治理都十分重要。本文以 JH 公司为研究对象，对资本结构理论研究进行了回顾，并对国内外理论研究的现状进行了分析。以 JH 公司近几年进行并购扩张为背景，从理论研究和实证研究两个方面分析 JH 公司资本结构存在的问题，盈利下降的成因，通过分析研究，寻求资本结构对公司治理结构、企业价值的影响作用，以及治理结构对资本结构优化的能动作用，进而有针对性地对企业资本结构优化模式进行探讨，确定了优化资本结构的总体思路和目标，提出了资本结构优化的方案，并就如何优化资本结构提出了具体的实施措施。

本文讨论了企业资本结构对企业生产经营的影响和对企业盈利能力的影响，寻求适合 JH 公司的最优资本结构，解决 JH 公司在企业扩张中建立并保持怎样的资本结构使企业价值最大化。

[关键词] 资本结构；企业价值；优化

一、绪论

（一）选题的背景

资本结构是一个老话题，但同时也是一个永远年轻的命题。一般来讲，资本结构可以定义为企业债权资本和股权资本的比例关系。研究资本结构理论的主要目的是分析资本结构与企业融资成本、公司价值以及企业治理结构的相互关系。资本结构反映了市场经济条件下企业的金融关系，即以资本和信用为纽带，通过投资与借贷构成的股东、债券人和经营者之间相互制约的利益关系，是企业财务决策的核心。从财务和会计理论来看，合理的资本结构对于任何一个企业来说都是至关重要的，正如吴晓求所言，"现代公司财务理论在现代金融理论中占据了极其重要的基础地位。这其中，公司的资本结构理论又占据了最核心的位置"。

民爆行业是我国工业体系中的基础性产业，肩负着为国民经济建设服务的重要使命。《民用爆炸物品行业"十二五"发展规划》提出：深入推进产业组织结构调整重组，做强做大优势企业，提高产业集中度，促进规模化和集约化经营；着力培育3~5家具有自主创新能力和国际竞争力的龙头企业，打造20家左右跨地区、跨领域具备一体化服务能力的骨干企业，引领民爆行业实现跨越式发展。支持企业借助资本市场平台开展并购重组，鼓励以产业链为纽带的上下游企业资源整合和延伸，推进一体化进程，使优势资源向龙头和骨干企业集中，进一步提高产业集中度，优化产业布局；以骨干企业为载体，建立较为完备的科研生产基地，实现民爆行业集约化、规模化发展。

从2010~2014年统计数据看，全国工业炸药年产量总体上呈稳步增长的趋势，年平均增幅为8.16%，2013年炸药年产量创历史新高，达到437万吨，2014年总产量略有下降，累计完成432万吨。从2010年到2014年，5年间工业炸药年产量增加约91万吨，增幅达到了23%。2010年开始以行业整合为契机，带来民爆行业格局的重大调整，民爆产能资源逐渐向优势企业集中，产品结构逐步转型和升级。在产能资源整合的过程中，以大中型民爆企业集团作为主体重组和兼并一些规模小的民爆企业，这样就形成多元化的资本结构，与原来相对单一的状况相比，资本结构已经发生了很大的变化，因此，资本结构由一个对企业过去来说"不重要"，甚至被企业管理者长期"忽略"的问题，成为如今一个关系到企业各利益相关者的重大问题，对提升可持续增长力和企业的价值都具有重要作用。

根据行业规划，民爆行业"十二五"期间进入一个兼并重组的高峰期，产能的集中度越来越高。JH公司按照做大做强的发展战略，走并购扩张之路，公司规模、竞争力迅速得到提升，截至2014年底，京津冀地区的工业炸药总体产能为27万吨。JH公司炸药产能达到7万吨，占整个京津冀地区产能超过25%，是具有绝对优势的区域龙头企业。但并购扩张需要大量资金的投入，企业自身的积累已远无法满足资金需求，只能通过股东增资、银行贷款等外部融资方式来解决。JH公司从并购扩张开始就面临着融资战略选择、资本结构优化问题。

本文拟讨论企业资本结构对企业生产经营的影响和对企业盈利能力的影响，寻求适合JH公司的最优资本结构，解决JH公司在企业扩张中建立并保持怎样的资本结构使企业价值最大化。

（二）研究主要内容

本文以JH公司为研究对象，在JH公司近几年进行的并购扩张背景下，从理论研究和实证研究两个方面分析JH公司资本结构存在的问题，盈利下降的成因，通过分析研究，寻求资本结构对公司治理结构、企业价值的影响作用，以及治理结构对资本结构优化的能动作用，进而有针对性地对企业资本结构优化模式进行探讨，提出通过资本结构调整改善公司治理结构，提高企业经营绩效和市场价值的政策建议。

（三）研究的主要方法

本文主要采用以下研究方法：

（1）规范分析法。本文整体主要遵循"提出问题、分析问题、解决问题"的思路，强调规范分析。

（2）文献分析法。在撰写本文前及进行写作时，查阅了大量的相关文献，在对文献研究和资本结构理论梳理后，对 JH 公司资本结构优化的研究现状、研究的方向有了整体把握。

（3）比较分析法。资本结构优化的目标很多，根据目标不同其实现的路径也不同，本文将选择适当的目标对 JH 公司资本结构的优化设计方案。

（4）实证研究。本文以 JH 公司为实证，研究能够优化企业资本结构实施方案，并提出相应的建议。

（四）主要创新点

（1）资本结构不合理的现象是制约我国企业建立现代企业制度的障碍，而且企业财务绩效和盈利能力与资本结构的合理与否有着紧密的联系，通过合理的资源配置和合理的资本结构决策，会给企业价值的创造带来较好的推动效应。但目前国内外对上市公司的资本结构研究偏多，一些模型设计也是针对上市公司进行的，对非上市公司研究得较少，而民爆行业在国民经济中算小行业，规模不大，因此，其发展很少受到关注，因此本文着重以 JH 公司的财务数据进行实证分析，得出资本结构与企业价值的关系。

（2）对民爆行业非上市公司展开分析，提出优化民爆行业非上市公司资本结构，提升企业价值的策略。

（五）研究思路

第一部分是绪论，主要介绍了选题的背景、研究的主要内容、研究的主要方法以及本文的主要创新点。

第二部分是相关理论，主要是对资本结构相关理论进行阐述。

第三部分是 JH 公司资本结构现状分析，介绍了 JH 公司基本情况、资本结构存在的问题以及其形成的原因分析。

第四部分是 JH 公司资本结构优化及调整。确定了优化资本结构的总体思路和目标，对资本结构影响因素进行了分析，提出了资本结构优化的方案，并就如何优化资本结构提出了具体的实施措施。

第五部分是结论与展望。通过对 JH 公司的资本结构的研究，提出了本文的研究结论。根据研究结论结合民爆行业的发展趋势提出民爆企业资本结构优化的研究方向。

二、相关理论

（一）资本及资本结构概念

资本是生产资料投入的一个重要组成部分，是生产运营必不可少的，资本的投入包括：劳务、土地、资金，根据目前宏观经济学研究的主流观点认为，资本可以划分为物质资本、人力资本、自然资源、技术知识。从企业会计学理论来讲，资本是指所有者投入生产经营，能产生效益的资金。资本是企业经营活动的一项基本要素，是企业创建、生存和发展的一个必要条件。企业创建需要具备必要的资本条件，企业生存需要保持一定的资本规模；企业发展需要不断地筹集资本和运营资本。资本具有其自身特有的属性，包括资本的垫支性，生产者为了获得剩余价值，必须先垫付一定的货币资本用于购买各种生产要素，为剩余价值生产做准备；资本的运动性，资本之所以能够增值，能带来剩余价值，关键是它处在无休止的运动中，不断地从流通领域进入生产领域，再由生产领域进入流通领域，资本这种不间断的运动是资本取得价值增值的必要前提和条件，一旦停止运动，资本就不能增值；资本的增值性，资本运动的目的是价值增值，是实现利润的最大化，增值性是资本的本质属性。

资本结构是指企业债务资本和股权资本的比例关系，是企业不同融通资金的构成以及所融通资金数量上的关系，反映了企业各项资金来源的组合。企业一般资金来源主要有三种常见的融资方式：第一种是债务融资，即通过银行等金融机构或者通过发行企业债券直接从债务投资人那里筹集资金；第二种是股权融资，即通过发行股票融资；第三种是内源融资，即企业通过提取折旧或者留存收益而获得的资金来源。研究资本结构理论的主要目的就是分析资本结构与企业融资成本、公司价值以及企业治理结构的相互关系。资本结构反映了市场经济条件下企业的金融关系，即以资本和信用为纽带，通过投资与借贷构成的股东、债券人和经营者之间相互制约的利益关系，是企业财务决策的核心。

（二）资本结构理论

1. MM 理论

1958 年，美国经济学家莫迪格利安尼和米勒（Modigliani 和 Miller）在发表的书中首次提出了 MM 理论，MM 理论为资本结构问题研究开创了一个分析基础和理论框架。后来，经过学者不断发展和修正，MM 理论研究逐渐成熟。MM 理论认为如果没有企业所得税的影响因素，无论负债高与低，即权益和负债比率与企业价值没有直接关系，在严格的假设条件下，得到三个重要命题：

命题Ⅰ：企业价值与负债的关系不大，有没有负债企业的价值不受任何影响，即企业的市场价值根据企业未来现金净流量折现得出的，企业的资本结构不会影响企业的市场价值。表达式如下：

$$V=（S+D）=EBIT/P$$

命题Ⅱ：企业的权益资本成本率会随着负债的增加，引起财务杠杆的提高而增加，即企业可以通过改变资本结构从而改变股权收益率，股权收益率与企业负债率呈正相关关系。在 MM 理论中，认为增加负债率会增加股权收益率。

命题Ⅲ：任何情况下企业投资者都会按照最利于自己的利益而进行投资决策，只有企业的投资回报率大于或等于资金成本时才会投资，并且不受用于融资决策的影响。在完全资本市场中，套利是不存在的，企业不能通过使用财务杠杆来改变加权平均成本或总价值，即各种资本结构无优劣之分，融资决策对企业来说并不重要。

过于严格的假设使得 MM 理论并不完全符合现实情况，Modigliani 和 Miller 在 1963 年对 MM 理论进行了修正，考虑了企业所得税的影响。米勒在 1977 年进一步提出了同时引入企业所得税和个人所得税的资本结构理论模型。他认为，在其他条件不变时，个人所得税会降低无负债公司的价值，并且当普通股投资收益的有效税率通常低于债券投资的有效税率时，有负债企业的价值会低于 MM 考虑所得税时有负债企业的价值。

2. 权衡理论

MM 理论虽然分析了由于增加负债实现的税盾效应，却没有考虑负债为企业实现抵税收益的同时也造成企业杠杆率增加所引发的陷入财务困境的成本。Robicheck、Myers 和 Scott 等进一步放松了假设条件，企业不是永续经营，导入破产成本因素，这就是权衡理论。所谓权衡理论就是强调在税盾收益和破产成本之间存在一个平衡点，当债务抵税的边际价值与增加的企业破产成本的现值相等时，两者之间的权衡使得企业综合成本最低，此时的企业价值最大，资本结构最优。即：

$$V_L = V_U + PV_{(利息抵税)} - PV_{(破产成本)}$$

其中，V_L 表示有负债企业的价值；V_U 表示无负债企业的价值；$PV_{(利息抵税)}$ 表示利息抵税的现值；$PV_{(破产成本)}$ 表示破产成本的现值。

引入均衡的概念，有助于解释关于企业的负债到底能不能增加企业价值的问题，有可能为资本结构理论找到最优方案提供了一种方法，为资本结构理论的发展开创了一条新思路。

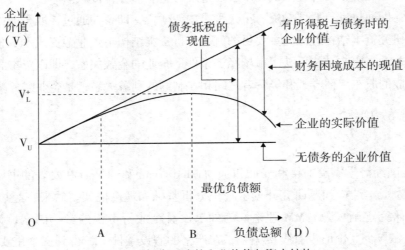

图1 基于权衡理论的企业价值与资本结构

3. 代理理论

詹森和梅克林 1976 年提出代理理论，该理论认为，股权和债权融资都存在代理成本，不一样的资本结构对经理层的激励作用是不相同的，从而产生不一样的代理成本，包括三部分：①委托人的监督成本；②代理人的担保成本；③剩余损失等。企业最佳的资本结构是企业的代理成本最小的时候。詹森和梅克林指出，从所有者结构（资本结构）角度，委托代理关系主要分为两类：

一是权益融资的代理成本。权益融资的代理成本是由权益投资者与经理人之间的委托代理关系导致的行为和目标相矛盾而产生的，这种不一致主要是由经营者认为其得到的报酬未能完全体现其工作贡献导致的。经理人的目标与权益投资者股权价值最大化的目标存在不一致，经理人追求的是在职权力、消费、地位等"特殊待遇"，而且这些不一致会随着企业的规模扩大而扩大，因而企业经理人会偏好将企业的规模做大，以巩固经营者的"特殊待遇"。经理人与权益投资者之间的这种委托代理关系的结果是经理人不持股或部分持股公司的价值往往会小于其完全持股公司的价值，这种差额即为权益投资者与经理人的代理关系所导致的代理成本。

降低经理人与权益投资者代理成本的方法之一是负债经营，权益投资者控制对企业资本金的投入，通过增加负债间接提高经理人的持股比例，使投资者与经理人的行为和目标基本相统一，从而降低投资者和经理人之间的矛盾。

二是负债融资的代理成本。是由权益投资者与债权人之间的借贷关系而产生的，投资者与债权人的利益冲突会随着企业的负债上升而增加。如预期某项投资，带来高利润，如果成功股东将获得超过利息的超额收益；一旦失败，投资人只会按其出资额承担有限责任，其他损失将由债权人来承担。所以投资者倾向于用低成本的债务来从事高风险投资，从而获得超过利息的收益。理性的债权人根据预期股东将来的行为，会要求企业提高利率，制定相应限制条款，提高债务成本，以减少企业用于"特殊待遇"的自有现金，缓解投资者与经理人之间的冲突，从而获得收益。

对于股权融资的代理成本来说，通常采用如审计、限制预算、内部控制体系建设以及激励性补偿机制等进行控制。对于债权的代理成本而言，消除债权代理成本的廉价方法就是让经营者根据合同约定拥有与其所有权相同比例的债券，避免经营者把财富从债权人转移到股东。代理理论对资本结构如何影响企业价值的主要因素以及内存逻辑关系提供了一个基本分析框架，但这些结论并非与企业的实际做法完全一致。如同投资等其他财务决策一样，资本结构决算通过是由经营者在符合自身基本动机的基础上并综合考虑其他多种因素作出的。

4. 信号传递理论

罗斯（Ross）是最早将信号传递理论应用于财务领域的，他通过分析发现如果存在高投资回报投资机会的信息的经营者，这时会偏向于通过内源融资和股权融资，他们会向投资者传递这样的信息。

企业的经营者和外部投资者之间永远会存在信息不对称。公司经营者掌握着比外部投资者更多、更准确的企业内部真实信息，而外部投资人评估企业的价值只能间接通过经营者行动传递的信息来确定。企业的资本结构比率就是一种把内部真实信息向外传递和披露的工具。为使企业的负债能够正确地反映企业的经营状况，避免负债过度，该理论对经营不善的经理人增加了破产惩罚措施。破产惩罚会减少负债水平和破产机会。总的来说，低价值公司更依赖于权益融资，而高价值公司愿意用较多的负债进行融资。

5. 优序融资理论

美国经济学家梅耶（Mayer）很早就提出了著名的优序融资原则：首先选择内源融资；其次选择债务融资；最后选择股权融资。即在内源融资和外源融资中首选内源融资；在外源融资中首选债务融资。优序融资理论只考虑了信息不对称与逆向选择行为影响下，揭示了企业融资时对不同融资方式选择的偏好。但该理论并不能够解释现实生活中所有的资本结构规律。

6. 激励理论

激励理论是由局限于研究资本结构及收入流关系的代理成本扩展到资本结构与公司剩余控制权分配的内部制度设计上的结果。激励理论认为，资本结构会影响经营者的工作、努力水平和其行为选择，从而影响公司未来现金收入和公司市场价值。如果企业负债率较高，则企业的资金依赖债权人，可使债权人在很大程度上控制着企业，从而有效地降低代理成本。由于债务和股票对经理提供了不同的激励，股东将债务视为一种担保机制，这种机制促使经理努力工作。从而降低由于两权分离而产生的代理成本。

尽管不同的理论对企业融资的认识视角不同，但都对负债融资形成共识：适度负债有利于增加企业价值；激励理论认为负债可以激励和约束经营者；控制权理论认为负债可以阻止经营者滥用相机决策权，加强经营者的努力。综观 MM 以来 40 多年的资本结构研究，大部分是围绕 MM 定理并放松其假设进行的。虽然非对称信息论的引入，考虑了个人行为动机，使资本结构理论有了一次大飞跃，但也因其缺乏来自经验的实证支持及各种解释变量之间不具有理论上的一致性等，研究难有突破而陷入停滞，至今仍不能提供一个明确的答案来解决资本结构问题。

（三）资本结构优化

资本结构优化是指通过对企业资本结构的调整，使其资本结构趋于合理化，达到既定目标的过程。从理论上讲，每个企业都存在着一个最优的资本结构，它是"债务增加所可能带来的节税收益"

与因此而可能"增加的代理成本和财务困境成本"两者之间权衡的结果。公司资本结构优化的动力来自所有者对企业价值的追求，在总体资本规模相对稳定的情况下，所有权的结构和债务的选择，将直接影响企业的产权激励机制，进而决定企业的投资决策（包括经营范围的选择）和企业的资本增值情况。

三、JH 公司资本结构现状分析

（一）JH 公司资本结构现状

1. JH 公司简介

JH 公司是 JM 集团公司旗下的全资子公司。截至 2014 年，资产总额 9 亿元，下属 8 家子公司，初步形成了"科研、生产、销售、物流、爆破服务"一体化的经营模式。

近年来，JH 公司大力实施"走出去"发展战略，企业规模不断扩大，经营业务涉及民爆技术、民爆产品、民爆设备、民爆物流、民爆贸易和爆破服务等上下游相关产业，在国内和蒙古国拥有五个生产基地，并通过了 ISO 9001 国际质量体系、GBT28001 职业健康安全管理体系和 ISO14001 国际环境管理体系认证。

JH 公司坚持"科技制胜，持续领先"的科技理念，大力开展技术研发创新活动，引领行业技术革新。截至 2013 年，公司拥有国家授权专利超过 30 项，目前还有多项专利正在受理中。2011年，先后通过了国家高新技术企业评审和市级企业技术中心认定。

高度重视安全管理，坚持"安全可控，事在人为"的安全理念和"安全第一，生产第二"的生产原则，全力深化大安全管控体系，认真实施安全标准化建设，以安全统御生产经营的全过程，以安全保障企业发展。近年来公司先后获全国"安康杯"竞赛优胜单位、全国安全文化建设示范企业、市级安全生产先进单位等市级以上荣誉称号 20 余项。

JH 公司致力于打造优秀的企业品牌、产品品牌和管理品牌，践行"品质为本，文化铸魂"的品牌理念，推进品牌战略的持续实施。公司生产的民爆产品和民爆设备，在业内具有较大影响力和知名度，销售半径已从国内延伸到缅甸、南非、阿尔及利亚、蒙古等国际市场。

JH 公司目前员工总数约 1500 人，其中大专及以上学历人员占员工总人数的 31%；具有中级职称及以上的技术人员占技术人员总人数的 48%，已经打造了一支高素质的人才队伍。JH 公司秉承"求贤育才，人尽其用"的人才理念，注重唯贤用人，以业聚才，不拘一格培养、选用人才，努力创造广纳群贤、人尽其才、才尽其用的良好环境。

经过 50 多年的建设，JH 公司已经具备强大发展的基础。多年来，公司坚持走"绿色、安全、转型、转移"的发展道路，牢固树立"安全可控、事在人为"的安全理念，大力实施科技创新、管理创新和体制机制创新，企业规模不断壮大，经济实力显著增强，员工幸福指数不断提升，实现了企业的安全发展、和谐发展、创新发展和强大发展。

面对新的战略发展机遇期，JH 公司紧紧围绕民爆行业集约化发展，实施"走出去"的发展战略，深化内部改革，扩大开放合作，加快产业结构调整和发展方式转变，在做强、做大传统主导产业的同时，积极推进科研、生产、贸易、物流、爆破服务一体化的发展模式，努力打造一流文化、一流团队、一流技术、一流管理、一流服务和一流环境，为社会提供一流的民爆产品和服务，把 JH 公司建成具有国际竞争力的一流民爆企业。

2.JH 公司经营现状

（1）经营情况概述。JH 公司所处行业为炸药及火工产品制造业，是归属国防科工委管理的特殊行业，由国家专管。该行业属于特殊行业，受严格管控，行业进入壁垒较高。

JH 公司目前主要业务是雷管、炸药、爆破器材的研发、生产和销售，主要产品包括乳化炸药、膨化硝铵炸药、铵油炸药、电子雷管、塑料导爆索等。

1）销售模式。公司目前主要通过两种模式实现销售：

订单销售模式：在民爆产品订货会上签订订货合同，根据合同提出订单生产量，生产部安排组织生产，根据销售合同组织运输和销售。

临时订单销售模式：销售人员与客户签订销售合同，根据库存量按当月生产计划，根据销售合同组织运输和销售。

目前我国民用爆破器材产品销售实行国家指导价，供需双方在价格行政主管部门规定的出厂价格、浮动幅度及经营费率范围内，确定民用爆破器材产品的买卖价格。

2）生产模式。JH 公司严格按照行业批准的安全生产许可规定的产品品种、产量、产能进行组织生产。国内行业主要生产模式分为订单式生产模式和存货式生产模式，JH 公司生产模式主要以订单式生产为主，并储备有部分存货以减低公司的存货缺货成本。

3）研发模式。JH 公司技术中心是负责公司的技术研发工作。JH 公司技术中心设办公室、决策委员会、专家委员会。办公室编制公司中长期科技发展规划、年度科技项目计划及年度研发资金计划。决策委员会审定科技发展规划、年度科技项目计划、年度研发资金计划，对技术中心及各研发机构的工作成效进行评估。技术中心负责实施相关研发项目。专家委员会对研发项目评审、验收。

（2）财务指标分析。

1）资产负债结构分析，如表 1 所示。

表 1　资产负债结构分析

项目	2014 年 12 月 31 日		2013 年 12 月 31 日		2012 年 12 月 31 日	
	金额（元）	结构比（%）	金额（元）	结构比（%）	金额（元）	结构比（%）
流动资产	324700897.08	39.25	267217380.11	38.82	250240569.42	62.91
非流动资产	502803134.75	60.75	421142530.85	61.18	147524130.60	37.09
资产总计	827504031.83	100.00	688359910.96	100.00	397764700.02	100.00
流动负债	589111107.11	71.20	459918111.20	66.81	185549810.77	46.65
非流动负债	1186196.43	0.13	5671858.23	0.82	1110772.00	0.28
负债合计	590297303.54	71.33	465589969.43	67.64	186660582.77	46.93
所有者权益	237206728.29	28.67	222769941.53	32.36	211104117.25	53.07
负债和所有者权益	827504031.83	100.00	688359910.96	100.00	397764700.02	100.00

2）盈利能力指标，如表 2 所示。

表 2　盈利能力指标

盈利能力状况	2013 年度	2012 年度
净资产收益率（%）	−1.88	0.55
毛利率（%）	29.71	30.68
销售净利率（%）	−0.89	0.42

3）营运能力指标，如表 3 所示。

表 3　营运能力指标

资产质量状况	2013 年度	2012 年度
总资产周转率（次）	0.87	0.82
应收账款周转率（次）	17.13	12.21
存货周转率（次）	11.63	9.07

4）偿债能力指标，如表 4 所示。

表 4　偿债能力指标

资产质量状况	2013 年度	2012 年度
资产负债率（%）	67.64	46.93
流动比率	0.58	1.35
速动比率	0.48	1.16

注：①流动比率＝流动资产÷流动负债；②速动比率＝（流动资产−存货）÷流动负债。

（3）经营环境分析。本部分主要采用 SWOT 模型来分析 JH 内外部环境。在市场中，每个公司都会面临着内外部环境的困扰，内部有自身的优势和劣势，外部机遇与威胁并存，为了更全面地分析 JH 公司内外部环境，现对 JH 公司做 SWOT 分析，如图 2 所示。

优势 (Strengths) JH 公司通过不断地整合行业内部资源，形成了生产、科研、销售、配送、爆破服务一体的产业链模式 JH 公司拥有民爆行业领先的研发能力 JH 公司成熟的炸药雷管生产经验和工艺 拥有强大的股东背景	劣势 (Weaknesses) JH 公司目前正在进行厂址搬迁，需要重新开发与当地政府关系 JH 公司下属子公司目前设备老化，需要更新
机会 (Opportunities) 国家鼓励民爆行业的重组整合，公司可以借机短期内扩大公司产能 民爆产品销售有一定的地域范围半径	威胁 (Threats) 我国矿产资源开发速度和开发总量下降 国家鼓励产能跨地区、跨省市的合理流动 行业兼并加剧，扩大大型民爆企业服务范围和能力，竞争加剧

图 2　SWOT 分析

（4）同行业公司主要财务指标比较，如表5所示。

表5 同行业主要财务指标比较

项目	2013 年				2012 年			
	JH公司	江南化工	雷鸣科化	同德化工	JH公司	江南化工	雷鸣科化	同德化工
毛利率（%）	29.77	49.38	39.51	43.45	30.68	47.69	32.00	34.40
销售净利率（%）	-0.89	18.46	9.32	17.65	-0.29	19.14	5.97	13.87
净资产收益率（%）	-1.88	12.14	8.20	16.26	-0.38	12.46	4.00	10.52
资产负债率（%）	67.64	26.63	18.99	27.79	47.16	21.14	17.09	19.18

3. JH 公司资本结构存在的问题

（1）JH 公司资产负债率偏高，盈利能力较低。通过分析可以看出，JH 公司净资产收益率仅为 -1.88%，销售净利率仅为 -0.89%，整体盈利能力较弱。JH 公司与同行业优秀企业相比主要指标均差距较大，可能还有其他方面的原因，但从分析看，资本结构不合理，负债率偏高是其指标恶化的重要原因，由于高负债，沉重的财务成本导致了企业的盈利能力差，而且形成一种循环，企业内源融资能力低，资金来源主要依靠外部融资。在目前经济下行的大环境下只要经营状况稍有变坏，财务杠杆就会产生负效应，亏损将进一步加大，不利于企业价值增加。

（2）负债结构不合理。所有负债均为短期负债，短期借款虽然成本低，但偿还周期短，还本付息压力大，潜在财务风险大，短期偿债能力下降的情况下，一旦还款时间不均衡或者企业经营出现困难，企业的资金链断裂，就可能引发暂时性风险。

（3）股本结构的唯一存在缺陷。只有一个股东，无法保证公司董事会对生产经营的充分决策权，因此不是真正意义上的现代企业制度的公司治理结构。根据激励理论，资本结构会影响经营者的工作、努力水平和其行为选择，从而影响公司未来现金收入和公司市场价值。如果企业负债率较高，则企业的资金依赖债权人，可使债权人在很大程度上控制企业，从而有效地降低代理成本。由于债务和股票对经理提供了不同的激励，股东将债务视为一种担保机制，这种机制促使经理努力工作，从而降低由于两权分离而产生的代理成本。由于 JH 公司是国有独资公司，远离资本市场，股权融资进展缓慢，只一味依靠负债融资大大增加企业经营风险，同时由于政企不分和公司治理结构的缺陷，容易导致内部人控制。

（4）融资手段单一。数据表明，JH 公司负债比率明显偏高，公司 JH 主要融资方式只有银行借款、内部借款和商业信用，没有利用资本市场进行直接融资，单一的融资手段会使企业面临着较大的财务风险，截至 2014 年，公司年财务费用已经达到 2400 万元。银行借款的不断增加将使企业面临越来越大的财务风险。

（5）资产结构与资本结构不对应。通过对比数据可以看出，JH 公司资本结构稳定性差，且严重背离资产结构，资产流动性较低，而非流动资产占比较大；资本结构过度依赖短期借款，造成短期偿债压力过大。

（二）JH 公司资本结构不合理原因分析

1. 公司处于并购扩张期，资金需求较大

根据生产周期理论，企业处于成长期或扩张期，资金需求量大。在中国，作为非上市企业的融资渠道有限，上市周期很长，企业的融资需求主要通过负债融资，导致了资产负债率比较高。JH 公司经过几年的扩张，公司规模逐渐形成，开始总部搬迁、产能转移，使 JH 公司面临着前所未有的机遇和挑战，几年来公司资产负债率一路攀升，从 2012 年的 46.93% 上升到 2014 年的 71.33%，已经超过了国资委规定的工业企业资产负债率 70% 的警戒线。

2. 公司规模小，盈利能力低

JH 公司是从一个生产企业通过收购得到发展，其内源融资根本无法满足扩张资金的需求，虽然经过扩张，公司规模不断壮大，但与同行业上市公司相比，公司规模还是偏小，融资方式单一。但资金来源主要是银行借款，沉重的财务费用大部分抵消了因扩张带来的收益。公司短贷长用，银行贷款本金短期内无法偿还，给企业带来了沉重的债务负担。这也是我国国有非上市企业的客观情况，我国相当数量的企业是国有企业，没有内部积累，自注资金能力弱，没办法用内源融资。我国企业主要依赖于外源融资，内源融资比例很低，体制就决定了企业对银行的依赖性；企业缺乏自我积累的动力和约束力；企业的经济效益低，形不成内部积累。用句通俗的话说，就是企业确实没有钱。所以我国的企业，尤其是国有企业实际是没办法将内源融资放在第一位的。

3. 股东投入不足

JH 公司属于国有独资公司，增资需要上级主管单位批准，程序复杂。再有，从股东的战略发展定位来看，JH 公司不属于主要板块，因此作为股东减少了本应投入的自有资本，这就增加了 JH 公司的借入资本，随着 JH 的规模越扩大，负债势必越多。JH 公司的发展只依靠举债，企业将不堪重负，形成了巨大的财务风险。随着并购项目的落地，和新生产线的建设投产转固，带来运营成本、折旧费、财务成本负担，挤占了盈利空间，尤其是巨额的财务成本无力消化，导致企业盈利能力减弱。

4. 企业融资环境

企业债券市场的发展滞后和商业银行的功能不完善，使我国企业的债务融资渠道不畅，尤其是长期债务融资。银行长期贷款难度较大，审核严，周期长，成本高，银行更愿意短期借款，企业对长期资金的需求，只能依靠短期资金的长期周转来满足，或者通过股权融资满足，但非上市国有企业，由于缺乏股权融资的渠道，造成资产负债率远高于上市公司水平。

四、JH 公司资本结构优化及调整

（一）资本结构优化的目标

企业资本结构优化的主要内容是权衡债务的收益与风险，实现合理的目标资本结构，从而实现企业价值最大化。对于 JH 公司来讲，从企业的角度，资本结构优化就是降低企业融资的综合资本成本，使综合资本成本最低，从而实现企业价值最大化。

由于 JH 公司属于国有独资公司，因此，如果从强化企业内部管理，提升经营效率，合理规划资本结构出发，提升国有资产质量，实现国有资本保值增值是非常重要的，既提高市场占有率，保证经营目标的实现，也要具有足够的生产经营动力机制提高企业的效率，确保企业在市场竞争和未来的发展中保持持续增长。

（二）资本结构的影响因素

影响企业资本结构的因素较多，而且是随着经营环境的变化而变化的，一般可以分为外部因素和内部因素。其中外部因素包括国家宏观政策、税率、利率、通货膨胀等；内部因素又可分为公司规模、盈利能力、成长性、财务灵活性、管理层偏好等。一般来讲，高成长性的企业因为处于快速发展期，对外部融资的需求会较大，比成长性低的同类企业的负债比率要高；一般性用途资产比例高的企业因其资产作为债务抵押的可能性较大，要比具有特殊用途资产比例高的同类企业的负债水平高；现金流量与收益波动较大的企业比现金流量较稳定的同类企业的负债水平低；财务灵活性大的企业要比财务灵活性小的同类企业的负债能力强；盈利能力强的企业因其内源融资的满足率较高，要比盈利能力较弱的同类企业的负债水平低。

需要强调的是，企业资本结构往往受企业政策条件与市场环境及自身状况多种因素的共同影响，并同时伴随着企业经营者的偏好与主观判断，从而使资本结构的决策难以形成统一的原则与模式。

1. 外部因素

（1）利率的影响。修正的 MM 理论引入了企业所得税因素，负债可以产生税盾效应从而增加企业的收益，但这一结论并不是任何时候都能成立，前提必须是企业的投资收益率大于融资的资金成本，而融资的资金成本的大小受资本市场的资金利率决定。当处于市场经济景气周期时，资本市场利率较低，这时如果企业的投资收益率大于资金成本，企业可以短期内利用负债用于企业生产经营，扩大投资规模，发挥税盾效应；当宏观经济过热时，国家就会利用经济杠杆调节市场行为，如提高市场利率，如果企业的投资项目收益率无法抵消市场利率提高的影响，这时负债将会增加企业的负担，收益率越低企业的负担越大，企业必须控制投资规模，减少负债。

（2）税收的影响。企业价值包括债务价值和股东价值，如果不考虑企业所得税，企业创造的经济效益应是由债权人和股东共同享有。无非是债务价值和股东权益此消彼长，但企业总的价值不会减少。但实际上由于税收的存在，企业资产创造的经济效益政府必须参与分配。在总收益不变的情况下，税收的高低影响企业价值的高低，税收越高，股东和债权人的收益就越少，企业价值就越低；反之，税收越低，股东和债权人的收益就越多，企业价值就越高。因此，企业可以利用负债的税盾作用，提高企业价值。

（3）通货膨胀的影响。通货膨胀扭曲了相对价格作为经济活动的调节器的作用，降低了市场效率，影响了资源的优化配置。"通货膨胀主要对企业的资本结构造成两方面的影响：一方面，通货膨胀引起的价格波动会增加企业的经营风险，降低企业的经营收入和稳定性，使企业陷入财务困境甚至破产的可能性增大，为此，企业会选择通过减少负债来降低财务困境成本。另一方面，通货膨胀的发生使得企业从未来投资项目中获利的情况变得不确定，造成评估投资项目时使用更高的贴现率，导致未来投资项目的大量减少，企业成长性遭受损害，进而企业的资金债降低，利用债务资本的意愿减弱"。

（4）国家政策因素。国家经济政策一般会随着宏观经济环境的变化而做出相应调整，调整的主要手段包括产业政策、财政政策、金融政策、税收政策、外汇政策等一系列的政策，这些政策会从各方面来影响融资环境的变化，企业的资本结构及其决策必须综合分析各种政策，做出积极调整。另外，地方政府会在不同时期，对不同行业给予一定的扶持鼓励政策，而且会作出调整，这就使企业之间受国家政策的影响而采取不同的筹资约束条件，从而形成各自不同的资本结构。

2. 内部因素

（1）公司规模。一般来讲，规模大的企业在市场中获得各种投资机会更容易，由于规模效应，其经营风险得到分散，降低了企业的风险，企业破产的风险也会降低，基于这些原因，规模大的企业往往获得资本市场的各种资金支持会更容易，而且融资的资金成本也会相对优惠，有助于经济效益的提高。提高了经济效益企业负债融资的积极性也得到提高，通过融资企业内源融资的能力得到增强。相反，对于规模较小的企业来讲，企业将面临经营和财务风险都会比较大，而且很难得到长期融资的支持，即使有也是面临较高的成本，所有小企业只能获得短期债务融资，因此小企业呈现出高负债的资本结构特征。本文研究的企业发展所需资金主要是来自短期负债，企业的资本结构和规模之间呈负相关，就是规模越小的企业资产负债率越高。

（2）公司营利性。企业的营利能力显著地影响着企业的资本结构，特别是资产收益率。通过国内学者冯根福、吴林江、刘世彦对营利性与资本结构的研究分析得出的结论，一般来讲，盈利能力强的企业内源融资能力也比较强，这一结论验证了 Myers 的优序融资理论。另外，凭借其良好的经营业绩，资产盈利能力强的企业更容易获得外部投资者的资金支持，减少了债券融资需求。在本文的研究中，JH 公司的资产负债率偏高，也说明了营利性与资产负债率呈负相关性。

（3）公司成长性。通常情况下，成长性从以下几个方面影响非上市公司的资本结构。高成长性的企业通常经营风险较小，企业的资本结构可以保持较高的负债率。由于发展速度较快，这时一般都不愿失去企业的控制股权，但企业原有的权益资本又无法满足企业发展的需要，企业只能通过大规模的债务融资获得资金，这样企业不仅拥有充足的资金，而且还能利用债务的税盾作用，增加企业的收益，充分发挥财务杠杆效应。大多数上市公司的实证研究也证明了成长性和资本结构呈正相关性。从本文研究的企业的数据分析来看也证明成长性与资本结构的正相关性。

（4）股东和经理层对风险和控制权的态度。企业股东和经理层对企业控制权的态度，直接决定了企业的资本结构。如果增加权益资本的融资范围，将会稀释原有股东的控制权，经营权也得到分散，从而影响企业控制权和经营权。如果股东和经理层都不想失去企业的控制权，则更多地会选择债务融资。非上市公司一般讲，企业的控制权往往比较集中甚至就是单一股东控制，企业股东如果看重控制权问题，为了保证股东的绝对控制权，通常会采用负债的方式筹集企业经营发展所需资金，尽量避免通过股权筹资。

另外，股东和经理层对待风险的态度也会对资本结构产生影响。保守、悲观的投资者及经理人，往往会偏向于尽可能使用权益资本，较少地利用负债筹资，而激进、对经济发展乐观并有进取精神的投资者及经理人往往偏向于债务筹资，充分利用财务杠杆来增加个人的收益。

（三）资本结构优化的总体思路

资本结构优化设计的原则应以发展和效益为基础，综合考虑各种影响因素。JH 公司应以企业价值最大化为目标，结合企业实际，把握内部兼顾，即着眼于改善内部管理和优化外部资金来源和方式，抓住内部积累和外部融资两种筹资方式，同时提高企业经营管理水平，对环境变化趋势做出准确预计和判断，对资本结构进行优化设计。总体思路是通过对资本结构理论的研究和分析，在综合考虑影响企业资本结构的内外部因素的基础上，对比资本结构决策分析方法的优缺点，选取适当方法计算 JH 公司最优资本结构，根据企业的发展随时调整资本结构设计，为保证资本结构改善提出具体措施。

（四）JH公司资本结构优化方案

根据优序融资原则：首先选择内源融资；其次选择债务融资；最后选择股权融资。即在内源融资和外源融资中首选内源融资；在外源融资中首选债务融资。JH公司面对企业并购扩张和新生产线建设投入资金的财务困境，要走出困境，优化资本结构，在内源融资短期内无法解决、仅凭自身的经营积累很困难的情况下，必须把握内外兼顾，以外部为主，即着眼于改善公司内部治理和优化外部资金来源和方式，以外部融资为主，利用内部和外部两种融资方式，同时提高企业经营管理效率和效益，走依靠自身积累、资本运作和积极争取政策发展的新路。

1.资本结构决策的方法

（1）资本成本比较法。资本成本比较法，是假设各种融资方式数量、比例没有约束，也同时没有财务风险的差异，通过计算各种长期融资组合的加权平均资本成本，资本成本最小的方案即为最优的资本结构。这种方法虽然简单，但是没有考虑各种融资方案之间的财务风险的差异，有时实际工作中这种方法的假设条件难以满足。

（2）每股收益无差别点法。每股收益无差别点法为企业管理者提供了一个简单的融资决策的方法，该方法对不同融资方案进行比较，计算出每股收益相等时的息税前利润，通过比较在企业预期的息税前利润情况下，不同筹资组织的每股收益，每股收益最大的筹资方案则为最优。但是每股收益无差别点法只是计算每股收益最大化，资本结构优化的目标是企业价值最大化，除了股东价值还应包括债务价值最大化。另外，该方法同样没有考虑风险因素，随着收益的上升，风险溢价也会增加，股价不一定会上升，如风险溢价增加大于收益的增加，股价有可能还会下降。

（3）企业价值比较法。企业市场价值（V）一般是企业的股东价值（S）加上企业的长期债务的价值（B）。公式为：V=S+B。

企业价值比较法在假设企业经营利润为永续的，权益资本成本不变的基础上，利用公式计算出企业总价值和加权平均资本成本，企业总价值最大时，企业的加权平均资本成本为最低，此时的债务和权益的比率是最优的，即为最佳资本结构。

股权的市场价值公式：

$$S = \frac{(EBIT - I)(1 - I) - PD}{K_e}$$

资本成本（K_e）采用资本资产定价模型：$K_e = R_f + \beta (R_m - R_f)$

加权平均资本成本：

$$K_{WACC} = K_d(1 - T) \times \frac{D}{V} + K_e \frac{S}{V}$$

其中，K_d表示税后债务资本成本。

2.JH公司最优资本结构确定

企业价值比较法解决随着负债的水平变化从而引起企业的债务和权益的资本成本随之变化的问题。JH公司最优资本结构决策方法将采用企业价值比较法来设计。债务成本是根据企业资信等级来确定利率；权益资本成本，则根据资本资产定价模型来计算。具体而言，β值可以通过金融数据终端——同花顺iFinD获得，然后根据企业的负债水平修正β值。

（1）计算β值，如表6所示。

表6 β值计算

板块名称	民爆用品
证券数量	9
标的指数	沪深300
计算周期	周
时间范围	从 2009/7/1
	至 2014/6/30
收益率计算方法	普通收益率
加权方式	算数平均
加权原始 β	0.9128
加权调整 β	0.9416
加权剔除财务杠杆原始 β	0.7698
加权剔除财务杠杆调整 β	0.8458

资料来源：同花顺 iFinD。

（2）无风险报酬率，如表 7 所示。

表7 无风险报酬率

证券代码	债券简称	起息日期	到期日期	票面利率（发行时）	剩余期限（年）	收盘价 20140630（元）	到期收益率
010011.IB	01 国债 11	2001/10/23	2021/10/23	3.8500	7.3205	102.9964	3.4933
020005.IB	02 国债 05	2002/5/24	2032/5/24	2.9000	17.9123	85.6173	4.0614
050004.IB	05 国债 04	2005/5/15	2025/5/15	4.1100	10.8822	96.4126	4.5928
……	……	……	……	……	……	……	……
060019.IB	06 国债 19	2006/11/15	2021/11/15	3.2700	7.3836	95.9163	3.9784
010107.SH	21 国债 (7)	2001/7/31	2021/7/31	4.2600	7.0904	102.5624	4.1286
010303.SH	03 国债 (3)	2003/4/17	2023/4/17	3.4000	8.8027	94.8986	4.1930
010504.SH	05 国债 (4)	2005/5/15	2025/5/15	4.1100	10.8822	99.3292	4.2467
010512.SH	05 国债 (12)	2005/11/15	2020/11/15	3.6500	6.3836	97.7100	4.1440
010609.SH	06 国债 (9)	2006/6/26	2026/6/26	3.7000	11.9973	100.0507	3.6989
010619.SH	06 国债 (19)	2006/11/15	2021/11/15	3.2700	7.3836	95.9511	3.9728
010706.SH	07 国债 06	2007/5/17	2037/5/17	4.2700	22.8959	100.5264	4.2686
010713.SH	07 国债 13	2007/8/16	2027/8/16	4.5200	13.1370	101.6718	4.5196
101319.SZ	国债 1319	2013/9/16	2043/9/16	4.7600	29.2329	101.3954	4.7580

续表

证券代码	债券简称	起息日期	到期日期	票面利率（发行时）	剩余期限（年）	收盘价20140630（元）	到期收益率
101320.SZ	国债1320	2013/10/17	2020/10/17	4.0700	6.3041	102.8657	4.0648
101324.SZ	国债1324	2013/11/18	2063/11/18	5.3100	49.4192	100.6401	5.3085
101325.SZ	国债1325	2013/12/9	2043/12/9	5.0500	29.4630	100.3044	5.0488
101403.SZ	国债1403	2014/1/16	2021/1/16	4.4400	6.5534	104.0093	4.0815
101405.SZ	国债1405	2014/3/20	2024/3/20	4.4200	9.7288	101.2473	4.4164
101406.SZ	国债1406	2014/4/3	2021/4/3	4.3300	6.7644	101.0558	4.3250
101409.SZ	国债1409	2014/4/28	2034/4/28	4.7700	19.8411	100.8364	4.7683
101410.SZ	国债1410	2014/5/26	2064/5/26	4.6700	49.9397	100.4606	4.6689
101412.SZ	国债1412	2014/6/19	2024/6/19	4.0000	9.9781	100.1315	3.9985
101917.SZ	国债917	2001/7/31	2021/7/31	4.2600	7.0904	102.0724	4.2089
算术平均值							4.1112

资料来源：同花顺iFinD。

（3）平均必要报酬率，如表8所示。

表8　平均必要报酬率

板块名称	净资产收益率-加权（算术平均）[报告期]2009年度[单位]%	净资产收益率-加权（算术平均）[报告期]2010年度[单位]%	净资产收益率-加权（算术平均）[报告期]2011年报[单位]%	净资产收益率-加权（算术平均）[报告期]2012年报[单位]%	净资产收益率-加权（算术平均）[报告期]2013年报[单位]%	五年平均
全部A股	7.97	10.93	8.47	7.24	5.71	8.06

资料来源：同花顺iFinD。

（4）JH公司不同债务水平下的债务和权益资本成本，如表9所示。

表9　不同债务水平下的债务和权益资本成本

债务资本（万元）D	债务利率（%）	个别风险调整系数	公司β值（有财务杠杆β=[1+(1-T)×D/E]×β)	无风险报酬率R_f（%）	市场平均必要报酬率R_m（%）	权益资本成本K_e（%）
0		0.10	1.00	4.11	8.06	8.16
3000	6	0.15	1.09	4.11	8.06	8.56
6000	6	0.23	1.18	4.11	8.06	8.99
9000	7	0.34	1.27	4.11	8.06	9.46
12000	7	0.51	1.36	4.11	8.06	9.99
15000	8	0.76	1.45	4.11	8.06	10.59
18000	8	1.14	1.54	4.11	8.06	11.33
21000	9	1.71	1.63	4.11	8.06	12.25

（5）企业市场价值和加权平均资本成本，如表10所示。

表10 企业市场价值和加权平均资本成本

企业市场价值 V（万元）	债务价值 B（万元）	股权价值（万元）	息税前利润	利息费用	税后利润	权益资本成本 K_e（%）	加权平均资本成本
20833	0	20833	2000	0	1700	8.16	8.16
21062	3000	18062	2000	180	1547	8.56	8.07
21498	6000	15498	2000	360	1394	8.99	7.91
21307	9000	12307	2000	630	1164.5	9.46	7.98
21874	12000	9874	2000	840	986	9.99	7.77
21419	15000	6419	2000	1200	680	10.59	7.94
22202	18000	4202	2000	1440	476	11.33	7.66
21763	21000	763	2000	1890	93.5	12.25	7.81

从表10可以看出，企业在没有债务的情况下，企业的市场价值（V）= 股东价值（S）=20833万元；加权平均资本成本为K_e8.16%。当企业增加债务时，企业市场价值上升，同时加权平均资本成本降低，当债务为18000万元时，企业市场价值最大为22202万元，加权平均资本成本最低为7.66%。当债务继续增加时，企业的市场价值又开始降低，同时加权平均资本成本又开始上升。所以，综上所述，当企业的债务为18000万元时的资本结构为JH公司的最佳资本结构。

（五）JH公司最优资本结构的动态调整

由于受各种因素的共同作用，企业的最优资本结构也会不断发生变化。前面所述的优化设计是在假设资本总额不变的前提下进行定量分析的，但企业在将资本结构调至最优状态的过程中，很难保持原有的规模。因为企业不可能为了保持形式上的最优资本结构而不考虑可能面临的潜在风险，甚至放弃更好的投资机会。因此最优资本结构的确定应该是以最优资本结构所确定的数值为基础的动态的区间选择。

首先来分析外部因素。因为国家的宏观政策和资本市场的运行状况等因素对企业资本结构的影响比较复杂，暂从宏观经济中以下几个重要的因素来分析对资本结构的影响。

（1）国内生产总值增长率。当国内生产总值增长率上升时，企业的获利能力就会增强，同时企业预期的收益率也会增加，一般来讲，这时企业就会偏好负债筹资这一筹资方式来满足资金需求。

（2）利率。当实际借款利率比总资产利润率低时，理性的企业才会有借款的意愿，因为这时企业可以获得财务杠杆效应。

（3）通货膨胀率。当企业经营者通过判断未来通货膨胀率将会上升时，这时企业会通过借款借入资金，因为，通货膨胀率上升，货币的价值会降低，经营者可以用比当初借款时相对较低的价值偿还借款。

（4）货币供应。当国家货币发行量增大，说明此时国家执行的是宽松型货币政策，作为企业获得银行贷款就会比较容易些，经营者这时会偏好负债融资。

（5）固定资产投资。当固定资产投资增长率增加较快，经营者更愿意通过权益融资来满足企业的资金需求，因为投资固定资产是长期投资，周期长，回报慢，其主要资金来源还是企业的所有者对企业的权益投资。

其次来分析内部因素。

（1）公司规模。民爆企业的规模一般都比较小，表示实力比较弱，经营风险较大，相应的破产成本也较高，破产成本较高的企业比较倾向于使用权益融资。

（2）盈利能力。民爆企业的利润率一般比较强，内部积累比较充裕。按照优序融资理论，债务融资的成本要比内源融资的成本高，而权益融资成本又比债务融资成本高，所以内部筹资能力较强的企业，相应的债务融资的比重就会较小，但还需要根据企业发展周期来判断，如在扩张期，则内部积累往往无法满足资金需求。

（3）资产专用性。企业资产的专用性水平越高，权益融资手段将会成为重要的考虑重点；反之，企业资产属于通用性的资产，则经营者将会较多地运用负债融资。对民爆行业的投资一旦转变成企业资产，就具有很强的专用性，很难转作其他用途，因此，民爆行业资产专用性与资产负债率呈负相关关系。

（4）利润分配。国家对国有企业的利润分红率近年来逐渐提高，企业内部积累肯定将降低，经营者对债务融资的愿望将会比较强烈，因此，企业的利润分配与负债规模呈反向变动的关系。

（5）对风险的态度。一般而言，企业经营者对风险的态度也会对资本结构产生一定的影响。稳健型的管理者会安排相对较少的债务，而冒险型的管理者会使用比较高的债务比率。因此，管理者对风险的态度与负债规模呈正向变动的关系。

企业的管理者在进行具体的决策时，第一步应当根据各自企业的实际情况来分析哪些因素会对企业的资本结构产生影响；第二步可以根据每个因素对资产、负债、所有者权益的影响程度以及该因素的变化程度来赋予每一个影响因素相应的权重；第三步根据赋予的权重通过计算各个因素的影响大小进而求出对资本结构总的影响大小，通过计算结构来指导企业资本结构调整的方向、方法和最佳调整时期，使企业的资本结构保持一个动态的调整状态，具有一定的弹性和灵活性，从而适应内外部环境的变化。在企业实际的操作过程中，各个企业面临的内外部环境千差万别，要想比较精确地赋予各个因素权重比例，以进一步计算出最优资本结构的区间范围，有时还需要依靠企业有关专业人员和管理人员的经验和判断。

当然，对单个企业来说资本结构的优化还要因时而异。一个企业处于不同的发展周期，需要采用不同的资本动作策略。因此企业应根据其所处的生命周期，采取相应的融资策略；当企业外部环境发生改变时，企业也应该根据环境的变化及时调整企业的资本运作策略，降低企业的综合资金成本，从而达到资本结构的优化。

总之，企业如何进一步优化资本结构对企业经营者来说是一项系统的、复杂的工程，需要企业在实际的运营过程中，结合企业自身的发展态势，尽可能考虑全对资本结构决策有影响的各种因素，包括内外部因素，综合考虑后再对企业资本结构加以调整，也许这对于企业最终实现资本结构优化，提升企业价值有着非常积极的意义。

（六）JH公司优化资本结构的具体措施

1. 提高盈利能力，强化自身积累

随着近几年民爆行业整合发展，民爆企业在采用自动化、信息化技术改造传统的生产方式和管理模式，引进和消化吸收国外先进技术，加快现有生产工艺、装备和产品的升级换代等方面得到快速发展。现场混装作业、工业炸药制品采用连续化、自动化生产方式得到应用；工业雷管产品组件生产向专业化、规模化、集约化、清洁化和本质安全化方向发展。工业雷管装配和药剂制造生产线

人机隔离自动化生产技术，高强度高精度导爆管雷管和电子雷管生产技术得到突破，最大限度地减少了在线操作人员。工艺和设备技术革新在一定程度上提高了企业的生产劳动效率，降低了劳动强度。JH公司应继续推行精益化管理，向管理要效益，充分运用技术和信息化手段，提升自身的盈利能力，增加内部积累。

（1）加大市场营销投入，完善集团化销售网络。针对民爆产品价格放开带来的市场新变化，总部供销公司要协同各生产单位，充分利用京津冀协同发展的相关政策和机遇，积极协调三地监管部门，进一步优化整合客户资源，研究制定统一的销售策略，强化市场跟踪与服务，最大限度地发挥市场协同优势，实现京津冀销售渠道的融通互补，逐步形成集团化的市场销售网络。

（2）培育新的收入增长点，提升一体化经营质量和效益。民爆销售价格国家实行放开，但生产成本下降的空间很小，民爆产品的毛利率继续提升的空间变得很难。在国家经济下行期，下游产业的低迷，造成民爆行业的需求呈现低迷，民爆企业想要单靠产品销售继续增加收入利润已经很难实现。民爆企业要想发展要么通过并购关联企业形成行业龙头，要么只能向下游延伸产业链一体化经营，向爆破服务进军。但民爆产品的需求已处于低迷状态，片面地横向并购意义不太大，因此向下游延伸就变得非常有必要。受利润下滑和国企改革的共同作用，大型矿山企业剥离采剥业务愿望逐渐强烈。大型矿山企业自有爆破队原来很容易赚钱，但这几年毛利率下降，矿山出现亏损，自有爆破队拖累了大型国有矿山企业。因此在内外因素的影响下，随着国企改革深化，大型矿山企业剥离采剥业务的意愿越发强烈。对于小型矿山企业来看，由于规模小，往往没有足够的财力物力去采购设备、组建爆破人员团队、获得爆破采剥资质，小型矿山企业愿意将矿山采剥业务外包。民爆一体化服务模式是我国民爆企业向矿山开采的前进方向。推广金属非金属矿山爆破作业"一体化"服务，还可以杜绝矿山企业违法使用民爆物品，从而产生安全风险。从上市民爆公司来看，这几年一体化发展的速度处于增速状态，JH公司爆破服务水平还较弱，必须抓住机会，走爆破服务"一体化"之路，增强持续发展能力。

表11　同行业2013年收入、产能、人员规模对比

单位	2013年营业收入（元）						产能规模（吨）		人员规模（人）
	民爆器材	爆破工程	运输	销售	其他	合计	炸药	雷管	
雷鸣科化	71887	20456			1649	93992	10.6	1.6	2485
同德化工	79556				3047	82603	10.8		1549
南岭民爆	144541	4317	1143		10974	160975	16.9	2.9	5347
宏大爆破	67870	225780			1761	295411	11	0.8	3270
雅化集团	105714	15319	1242	5350	807	128432	20.12	1.5	2785
JH公司	38540	581	866	17825		57812	7	0.3	1500

（3）强化成本控制，实现降本增效。牢固树立"过紧日子"的思想，增强"节支降耗"意识，采取非常规的手段堵塞管理漏洞；总部机关部室、分子公司及新建项目预算编制、审批及执行程序，严格控制预算外支出；进一步强化成本控制与资金管理，建立完善内部成本核算体系；进一步扩大物资集中采购范围，降低采购成本；进一步加强搬迁转移项目的招投标管理，最大限度节约项目建设资金；加中应收账款管理，强化税务筹划，控制财务成本；压缩开支。

2.调整负债结构，降低资本成本

（1）统筹合理安排债务的期限。短期借款具有融资速度快、利率低、监管少等优点，是企业融资时最常使用的，但短期借款由于期限短，到期还本付息的压力大，增加企业的财务风险。而长期借款，如固定资产贷款、债券、融资租赁等，相对于其他长期融资有速度快，成本低等优点，通过增加长期借款，减轻企业集中还本付息的压力，将企业的负债结构适度调整，根据代理理论，长期借款增加债务的代理成本，对企业内部治理也有改善。

（2）选择借款的时机。通过财务信息化手段，加强内部资金的集中管理，提高资金的使用效率，盘活各种存量资产，压缩存货和应收账款的占用，增强资产的流动性，增强资金需求的计划性，即要保证生产经营、重大建设项目和到期还款的资金需求，避免出现资金衔接不上，产生财务风险。同时，避免出现资金的闲置，无谓地增加财务成本。加强与金融机构的沟通，处理好银企合作关系，确保资金链的安全。

3.加大资本运作力度

（1）股权多元化。从JH公司的控制主体来看，属于国有股"一股独大"，按照产权理论，一方面，企业的理财主体需要股权多元化。众多公司成功的经验也说明，也符合当前国有企业改革的方向，采取混合所有制有利于管理层决策行为。单一产权的结果是权力集中，没有制衡，股权多元化有助于不同经济利益主体之间互相制衡，一定程度上减少决策的随意和浪费行为。另一方面，股权多元化企业转化经营机制，完善公司治理结构。

JH公司目前正处于总部搬迁、产能转移的关键发展期和并购扩张期，面临着前所未有的机遇和挑战，登陆资本市场将有助于实现企业并购扩张和产业升级。

一是有助于实现混合所有制，提升资产证券化水平。按照市国企改革部署，到2020年，市属国有资本证券化率力争达到50%以上，JH公司登陆资本市场是顺应国资国企改革方向的重要举措。

二是增强公司实力。有利于JH公司迅速筹集公司进一步发展所需资金，树立并巩固行业地位，能够有力地促进公司扩大产能和拓展区域。

三是改善公司治理。企业将真正成为市场经济的竞争主体。由资本力量推动管理变革。通过引进多类机构投资者，改进公司流程，优化决策，全面提高企业竞争能力，建立科学的议事机制、决策机制与监督机制。

（2）争取上市融资。JH公司并购扩张的资金投入仅靠自身的自然积累，根本无法解决，只有依赖外源融资解决。上市融资有助于构建多元化的融资渠道。登陆资本市场后，公司还可以选择公开发行股票、非公开发行股票、发行债券、可转换债券等多种方式进行融资，融资产品大大丰富，融资成本大幅降低。其次有助于提升企业知名度。登陆资本市场后JH公司将向大众传递：令人信赖的公司与管理团队；有盈利保障的公司；有资金实力的公司；有技术实力的公司。企业经营理念、能力、信誉与品牌的信息将会得到广泛宣传。JH公司按照《公司法》规范运作，进行股份制改造，实行股权多元化，通过提升盈利能力，剥离非经营性资产，择机上市进行股权融资，解决JH公司发展中资金短缺问题。

4.加快进行行业内并购，迅速扩大企业规模

行业"十二五"提出加快行业整合，鼓励组建大的企业集团。事实上这几年行业整合速度明显加快，而且竞争激烈，2015年底国家放开了产品销售价格的管制，由市场进行调节，给民爆企业的正常经营带来巨大的冲击。如保利集团并购久联集团组建成为国内最大的民爆集团，产能资源迅

速集中，JH 公司要抓住机会，结合战略发展需要采用合理的价格并购相关联公司及资产，为下一步的快速发展打好基础。立足京津冀地区，继续寻求新的并购商机，发展民爆产品制造及矿山采剥业务，拓展区域市场资源。在做好蒙古国公司经营管理的基础上，力促非洲项目落地。依靠境内、境外两个市场，加快民爆产品及民爆设备制造、原材料贸易及爆破服务业务进军国际市场步伐，进一步壮大经营规模，提升企业国际化竞争力。

JH 公司在实施并购时要谨慎选择合适的并购对象。企业的并购更重要的是在合作的基础上走向融合，而不仅仅是竞争对手的强强联合。因此，在选择并购对象时应着重考虑以下几个方面：产能规模，要结合公司产业升级目标，选择产能规模合适的并购对象；从并购后的整合管理角度看，还要考虑被收购对象的生产设备和工艺技术；市场营销，考虑并购对象时，一方面应考虑在特定区域经营有专长的公司作为收购对象，做到优势互补，以弥补公司的弱势市场；另一方面要考虑并购对象的实力，能否增强公司主业实力；企业文化，考虑收购对象时，企业文化也需要关注。企业文化相近，二者融合的速度相对快一些；企业文化相差较大，二者磨合期可能会长一些甚至决定并购的成败。

JH 公司在实施并购时还要坚持自身战略发展目标，把握并购的时机。关于并购时机的考虑，跟经济周期有关，但是在市场高位时收购，还是在市场低位收购，还应具体情况具体分析。在市场低位收购，收购金额较低，但回收收购成本的周期一般较长，因为下一个市场高位期到来才是开始回收成本的时候。

5. 建立全面风险管控体系

随着公司的发展，规模越来越大。JH 公司应立足公司发展战略的需要，充分考虑企业面临的各种风险因素，以打造符合现代企业制度为战略目标。工作思路要不断创新，工作方法要不断完善，建立适应企业发展的全面风险管理的组织体系、管理制度和公司文化，使风险管控与企业战略相契合，做到调控有力、职责清晰、协同高效的管控模式。将财务风险管控与财务内部控制有机融合。

（1）建立内控管理体系。根据市国资委和集团的要求，作为第一批试点单位，JH 较早地建立了内控管理体系，但随着公司的快速发展，企业的组织机构、业务流程、制度要求、管理权限等都发生了变化，其内控管理体系也不能一成不变，要做到适应公司的发展需要，因此，JH 公司需要重新梳理业务流程，对现有的管理制度和业务流程进行不断优化，强化制度建设，完善内部控制机制，既要保证公司的各种信息真实可信，还应以提高经营活动的效率和效果为出发点，打造标准化管理。完善内部风险管控的组织机构与内部审计工作相融合。建立完善组织机构、人力资源管理、财务资产、工程项目、采购销售、信息沟通等管理体系，加强日常的风险管理和业务评估与考核，从而提升公司整体的抗风险能力。

（2）建立风险监控信息系统，实现在线监控。从现有内控管理体系的执行来看，风险管控应是全员参与的一项工作，需要分层分级各负其责，建立一套完整的风险管理体系，包括风险识别、风险分析和评估、风险控制策略和措施、监控和预警、全面风险管理的报告等。但往往内部控制管理手册涉及的业务流程一个大中型企业可能有几百个、几千个甚至上万个，如果能将所有业务流程、风险指标体系植入计算机，建立风险管控信息系统，这样既能减轻工作强度，实时在线监控风险事项，实现风险的自动预警，又能应对工作中业务流程的调整增加，指标的修订以及后期的评价，促进企业的规范经营，提高工作效率。通过风险点的梳理和自动预警的建立，将风险实时监控，减少内部管理和外部融资带来的财务风险。

6.调整资产结构，增强资产流动性

（1）JH 公司资产结构分布如图 3 所示。

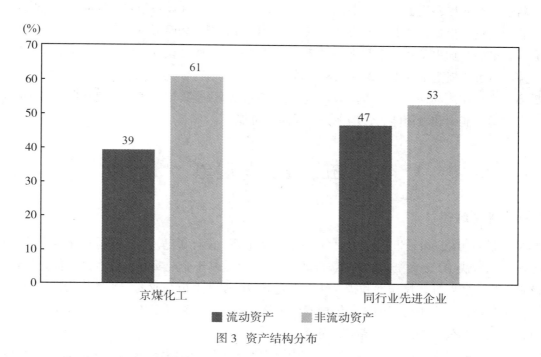

图 3　资产结构分布

（2）JH 公司非流动资产构成如图 4 所示。

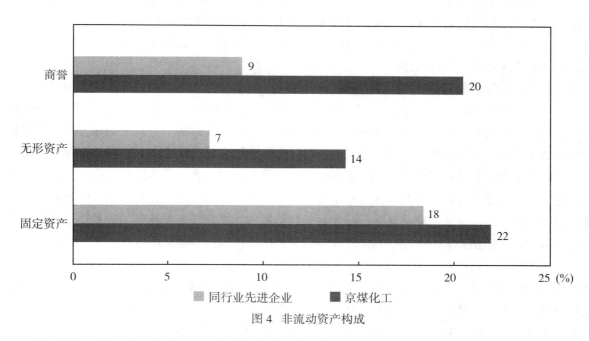

图 4　非流动资产构成

通过图 4 我们可以看出，JH 公司资产结构与同行业先进企业无论是流动资产的结构，还是非流动资产的构成，都存在不理想的部分。因此我们要认真分析目前的资产结构，改进薄弱环节和存在的问题。现在公司资产结构中非流动资产占资产总额比例过大，但由于非流动资产一旦形成，其调整的周期很长，因此，首先，要对存量资产进行分析，要保持战略规划的连续性，突出板块业务职能，提高核心竞争力，那些与主业非相关、对公司盈利能力不能再发挥作用的存量资产，拿出处理和解决办法，及时变现，为生产经营提供部分现金，发挥资产的最大效率，提高资产的优良率。其次，新建生产线提升设备和工艺的先进程度，采用先进工艺和设备技术，同时应最大限度压缩非生产经营固定资产投资，对非核心资产可以采购租赁的形式，从而减少当期资金投入，也摊薄企业经营成本。最后，加强工程建设管理，对工程项目规划、科研、设计、建设、投产各个关键点严格控制，控制造价，提高工程项目的质量和效益。

提高资产整体流动性，加快资产周转速度。加强内部资金集中管理，控制应收账款和存货占用资金，提高运营能力和偿债能力，增强公司风险抵抗能力。

五、结论与展望

（一）研究结论

本文通过对 JH 公司最近两年的财务数据进行分析，设计了适应 JH 公司实际情况的资本结构优化方案，以解决 JH 公司资本结构不合理的问题，这是基于企业实际的资本结构优化设计，具有很强的针对性、实践性、操作性和指导性，为同类型民爆非上市企业的资本结构设计提供了有益的借鉴。通过分析可以看出合理的资本结构不仅关系到企业的生存与发展，而且还决定着企业价值最大化目标的实现和公司法人治理结构的完善。

（1）资本结构是动态的，在实际运行过程中需要进行必要的调整，不应仅考虑负债结构的调整，综合资本成本最小化与企业价值最大化是企业今后需要长期研究的问题。随着市场竞争的日益加剧和变化，民爆企业的发展也越来越艰难，民爆企业不仅要实现经济效益的提高，而且作为高危行业还担负着巨大的安全责任，因此在资本结构的设计上，既要做到符合企业发展战略，还要兼顾企业管理现状和企业自身的行业特殊性。

（2）资本结构受内外部多种因素的影响，非常复杂，需要进行动态的调整，采取多种策略，实施优化步骤，结合流量优化与存量优化，有针对性地设计。民爆企业融资的资金成本是各不相同的，作为企业在资本结构的设计上，就要充分考虑到地域的特点，改变过去单一式的融资方式，采用具有弹性的设计理念，让企业能够在规定范围内根据自己的实际情况选择适合企业自身的资本结构。

（3）每个企业资本结构都是在企业不断筹资后才逐渐形成的，企业资本结构优化的过程，同时也是企业确定最佳筹资方式的过程。作为非上市公司负债筹资主要来源于银行，效益较差的企业可以考虑债转股的方式，合法、巧妙地将银行债权转换为股权，从存量上调整负债权益比使其趋于次优资本结构。满足企业需求，这样也能实现资本结构优化的目标，增强企业的可持续发展能力。

（4）大部分非上市公司的债务结构不是很合理，资本结构中流动负债占负债总额的比重过大，使公司经营面临较大的财务风险。因此，企业适当扩大长期负债融资规模和方式就变得非常必要，加快利用资本市场，鼓励非上市公司通过股权融资，优化资本结构，从而达到真正增加企业价值。

本文还有不足之处，缺少对方案的进度细化和实施时间设计。这也将是今后工作和学习中努力研究的方向。

（二）研究展望

目前，我国民爆行业面临产品结构进一步优化。工业炸药向安全高效、系列化方向发展，将重点发展乳化炸药和多孔粒状铵油炸药；大力发展现场混装和散装型产品；工业雷管向高可靠性、智能型方向发展，着力发展导爆管雷管、高强度导爆管雷管和电子雷管。产业集中度将大幅提高。国家积极推进产业组织结构调整重组，鼓励优势企业做强做大，提高产业集中度，促进规模化和集约化经营；着力培育具有自主创新能力和国际竞争力的龙头企业，打造跨地区、跨领域具备一体化服务能力的骨干企业，引领民爆行业实现跨越式发展。今后产品结构升级优化，产业集中度越来越高，已成为民爆行业的发展主题。

国家经济增速放缓，企业利润趋于下滑。民爆行业由于受宏观经济运行、民爆品价格放开、下游矿产资源投资放缓等因素影响，发展增速将趋于放缓，市场需求将进一步萎缩，主要民爆产品的产销量有所下降并逐步趋于平稳，生产企业的利润增长空间将受到挤压。

（1）未来一个时期，民爆行业"择优扶强"的政策不会改变，将继续加大对大型企业集团和优势企业的政策指导和扶持力度，推进产业结构调整，逐步培育若干具有国际竞争力的大型骨干企业，发挥企业集团在资本运营、技术开发、开拓国内外市场的优势和主导作用，带动整个行业的发展。伴随行业产业集中度的提升，民爆生产企业将加快资源整合和产品结构调整，推进深层次的行业重组，依靠规模化、集约化发展，依靠差异化、高附加值产品，提升经营质量和效益。

（2）未来一个时期，民爆行业将继续推进科技进步，加大民爆器材基础理论研究，用自动化、信息化技术提升民爆器材生产方式，加快推进机器人应用，促进工业装备自动化、智能化生产水平不断提升，少人、无人操作生产线将得到较大范围推广应用，本质安全水平将得到提升。工业炸药向多品种、系列化、散装化、低污染、低感度、性能优良、安全可靠的方向发展，现场混装炸药和爆破服务规模比重加大。工业雷管向高精度、高可靠性、高安全性、环保型方向发展，通过政策引导提高产品准入技术门槛，鼓励发展以导爆管雷管、电子雷管为主体的高精度、高可靠性产品。

（3）未来一个时期，民爆行业发展将由以生产、销售为主向注重生产和服务协调发展转变。目前，民爆产品市场容量已没有更大的提升空间，包装炸药不可能有大的增长，甚至还会逐年萎缩。以现场混装车为代表的生产和服务一体化、爆破服务一体化，是今后行业主导发展方向，同时也将成为民爆企业新的经济增长点。由于各地区矿产类型和开采方式不同，现场混装炸药发展十分不均衡，现场混装作业主要集中在北方地区的煤炭大省，从2014年统计数据看，现场混装炸药年产量超过3万吨的地区有内蒙古、山西、辽宁、新疆和江西，这5个地区产量总和为75万吨，占现场混装炸药总产量的80.23%；其他地区合计产量占19.77%。

（4）未来一个时期，民爆行业监管体制机制将进一步理顺，行业标准、规范、政策将进一步优化整合，监管方式将进一步改进。建立完善民爆行业专家查隐患工作机制，构建行业、地方、企业三级专家查隐患工作体系，建立行业及各级民爆安全监管部门安全生产综合监管信息化平台，推动行业监控信息系统的应用；加大安全执法力度，确保生产、配送、爆破服务一体化安全运行。

（5）未来一个时期，随着民爆产品价格的放开，市场竞争势必加剧。2014年12月25日，国家发改委发文，决定放开民爆物品的出厂价格。民爆品价格管制的放开，意味着民爆产业真正迈上市场经济的轨道，也意味着民爆品价格的形成有了更大的自由度，买卖双方可以在竞争博弈中商定具体的价格。引入价格竞争机制，由市场决定价格，通过优胜劣汰，淘汰一些管理落后、生产成本高、尚没有形成核心竞争力的弱小企业，让具有优势的企业在竞争中发展壮大，实现企业效益最大化和效率最优化。以市场为导向的价格机制的形成与规范，有一个碰撞、磨合的过程，既需行业动态监管，也需市场动态调节，关键需解决治理好地区封锁和地方保护，建立流通顺畅、统一开放、适度竞争的市场体系，建立公平、公正、公开的诚信机制，创造良性竞争的环境氛围。

综上分析，民爆行业价值链正在发生变化，产业格局正处于新的调整期，市场结构、盈利模式都将发生新的调整。由于我国煤炭产能过剩，整个采矿业的不景气，造成民爆企业上下游企业的经营形势都不是很乐观，这种不乐观也将传导其经营风险，影响民爆行业。

从民爆企业自身看，国家经济环境的不确定性，直接影响企业自身的经济效益和财务状况水平，造成经济效益下滑，财务状况不佳。民爆行业素有"能源工业的能源，基础工业的基础"之称，随着上下产业的调整，产业内产品结构的优化和行业整合的力度加强，设备更新、并购扩张仍将保持较高的增长水平，资产负债率也将维持高位运行，作为非上市公司的企业融资难度与融资压力较大，企业的融资成本也将随之升高，企业的盈利空间进一步缩小。

为了适应外部形势和公司发展的需要，按照行业发展规划，确定企业自身的发展战略，推进深化财务集约化管理理念。通过财务集约化管理的实施和深化，促进公司财务管理流程和管理理念的改变。企业未来的资本结构优化不可能是一成不变的，这种优化应随着宏观经济形势和行业的发展的走向，同时结合企业自身战略规划和发展的需要，动态优化调整，才能为企业健康发展保驾护航。

随着我国资本市场的健全和完善，包括新三板的快速发展，可供非上市公司选择的新的融资方式将越来越多，也将能进一步优化企业的资本结构。未来可以针对民爆企业资本结构的特点，通过行业数据分析，建立相应的数据模型，从而找出一个最合适的民爆非上市企业的资本结构。

总之，只有充分认识并改善民爆企业的资本结构，提高资源配置效率，才能更好地促进其健康发展和壮大，促进我国经济的整体发展。

参考文献

[1] 蔡乙萍. 公司最优资本结构的理论与实证研究 [D]. 西南财经大学博士学位论文，2009.

[2] 吴晓求. 资本结构和公司治理的若干理论问题 [J]. 中国经济信息，2003（5）.

[3] 工业和信息化部. 民用爆炸物品行业"十二五"发展规划 [Z]. 2011.

[4] 中国爆破器材行业协会. 2014年民爆行业统计分析报告 [J]. 工作简报，2015（1）.

[5] 宋志宝. 企业资本结构优化问题研究 [J]. 北京经贸，2013（12）.

[6] 中国注册会计师协会. 财务成本管理 [M]. 北京：中国财政经济出版社，2015.

[7] 田力. 浅析上市公司资本结构优化 [J]. 消费导刊，2009（10）.

[8] JH公司十二五发展规划 [R]. 2010.

[9] Agliardi E., Koussis N. Optimal Capital Structure and Investment Options in Finite Horizon [J]. Finance Research Letters，2011（8）：28–36.

[10] 罗桂玉. 国有非上市公司资本结构的优化问题研究 [J]. 会计之友，2010（2）.

[11] 李静. 基于价值最大化的非上市公司资本结构优化研究 [D]. 山东理工大学博士学位论文，2010.

[12] 付小丽，庄炜玮. 资本结构对公司价值的影响因素分析 [J]. 商场现代化，2008（3）.

[13] 胡佐，胡琨. 影响我国房地产上市公司资本结构的宏观因素分析 [J]. 统计与咨询，2009（2）.

[14] 冯根福，吴林江，刘世彦. 我国上市公司资本结构形成的影响因素分析 [J]. 经济学家，2000（5）.

[15] 王棣华，陈艳红. 发挥财务杠杆作用优化企业资本结构 [J]. 资本与金融，2008（7）.

[16] Sheridan Titman, Sergey Tsyplakov. A Dynamic Model of Optimal Capital Structure [J]. Review of Finance，2007（11）：1–451.

[17] 傅杨慧. 我国上市公司资本结构优化研究 [D]. 浙江大学博士学位论文，2010.

[18] 刘志彪，姜付秀，卢二坡. 资本结构与产品市场竞争强度 [J]. 经济研究，2003（7）.

[19] 景敏. 煤炭企业上市公司资本结构优化研究 [D]. 山西财经大学博士学位论文，2013.

[20] Harris, Raviv. The Theory of Capital Structure [J]. Journal of Finical Economics，1991（1）：43–45.

[21] 沈一峰. 资本结构理论史 [M]. 北京：经济科学出版社，1999.

[22] 王彦春. 论财务管理目标与资本结构优化 [J]. 时代金融，2013（2）.

［23］杨亚达，王明虎. 资本结构优化与资本运营［M］. 辽宁：东北财经大学出版社，2001.

［24］Ayla Kayhan, Sheridan Titman. Firms' Histories and Their Capital Structures［J］. Journal of Financial Economics，2007（83）：1-32.

［25］王欣，王磊. 基于财务权变理论的资本结构调整问题研究——对 J 集团的案例分析［J］. 会计研究，2012（10）.

［26］李长山. 战略创新与公司资本结构研究［D］. 工程和商业管理国际学术会议，2012.

［27］严浩军. 基于动态调整模型的中国上市公司资本结构研究［D］. 同济大学博士学位论文，2006.

［28］张彦俐. 浅议上市公司资本结构的优化［J］. 会计师，2014（7）.

［29］周晓虎. 资本结构理论研究回顾与评价［J］. 财会通讯，2009（3）.

［30］万敏. 企业资本结构优化与筹资决策分析［J］. 财经视线，2009（5）.

［31］苏坤，张俊瑞. 终极控制权与资本结构决策［J］. 管理学报，2012（3）.

［32］肖作平. 终极所有权结构对资本结构选择的影响——来自中国上市公司的经验证据［J］. 中国管理科学，2012（4）.

广州地铁"四位一体"全面预算管理研究

申报单位：广州地铁集团有限公司

作者：王晓斌　王　鉴　陈耀辉

[摘要] 全面预算管理，作为能贯穿企业运营，把企业的所有关键问题融合于一个体系之中的创新型企业管理模式，曾长期被诟病战略脱钩、激励无效。随着平衡计分卡（BSC）的提出，学者们发现把 BSC 引入全面预算管理能够解决传统预算管理的弊端，同时在政府监管部门的大力倡导下，全面预算管理开始重新进入聚光灯下，企业界对全面预算管理日益重视，更有一大批大型中央及地方国有企业作为先行者，对全面预算管理开始了长期的探索和研究，推动了全面预算实践的发展。本文通过分析广州地铁"四位一体"的以战略为导向、全面预算管理为平台、绩效考评为目标、标准成本管理为手段的全面预算管理体系为切入点，介绍了全面预算管理在多元化集团的实践应用，展现了以全面预算作为战略规划、成本管理、绩效管理的纽带，形成企业的闭环管理，探讨了广州地铁在盈余筹划和中期预算的尝试。最后针对广州地铁全面预算的实践提出了未来的提升方向。

[关键词] 全面预算管理；盈余筹划

一、引言

全面预算管理，是指企业在预测和决策的基础上，围绕发展规划，对预算年度内各类经济资源和经营行为合理预计、测算并进行财务控制和监督的活动。作为能贯穿企业运营，把企业的所有关键问题融合于一个体系之中的创新型企业管理模式，全面预算管理被我国学术和企业界寄希望用于打通国有企业"任督二脉"，以全面提升企业管理效率，实现国有企业华丽转身的良方。为此，国务院国资委于 2007 年颁布《中央企业财务预算管理暂行办法》（2007），并于 2011 年颁布《关于进一步深化中央企业全面预算管理工作的通知》（2011），对全面预算管理的组织体系、理念、编制方法、对标管理、控制、考核和信息化建设提出了指导性的深化建议和要求，随后各地方国资委在此基础上相继颁布各自的财务预算管理办法，预示着全面预算管理在我国大型国有企业的全面推行。然而，传统预算管理在过去大多国有企业实际运用和执行过程中，显现出众多弊端，主要表现在：

（1）传统预算的财务特性突出，难以与公司战略规划相对接。预算与战略可以看成是面对同一"价值增值"问题的两种不同的文化语言。预算强调数据与财务文化，而战略强调经营文化与非财务因素。因此，无论是从规划还是从控制与评价，都使传统预算管理体系缺乏战略相关性（王斌，2004）。

（2）制定预算中讨价还价现象以及预算松弛、业绩操纵等激励无效问题。我国企业预算实务上的主要问题是预算与战略、与奖惩制度、与作为预算动因的非财务指标相互脱节，预算徒有其名（于增彪等，2004）。

经过了多年的实践探索和研究，随着哈佛大学 Kaplan 和 Norton 教授创造了平衡计分卡，全面预算管理的传统难题得到了解决的途径。Kaplan（1996，2004）和于增彪（2004）提出 BSC 能够在保持原有预算的基础上，将预算与战略、非财务指标连接起来，使预算适应新的环境。此外，在以 BSC 为平台的业绩评价平衡模式上建立了财务指标与非财务指标相结合的业绩评价指标体系，以实现企业整体目标为导向，一方面能长远地评定相关部门和责任人的业绩，避免了单独考察财务指标时被考核者为追求短期效益而带来的对企业长远利益的损害，另一方面因为业绩评价标准的多元化，减轻了责任人财务目标的压力，能够较好地解决传统业绩评价引发的激励失效问题。

二、"四位一体"的全面预算管理体系
——基于广州地铁公司的实践分析

（一）案例背景

广州地铁公司成立于 1992 年 11 月 21 日，截至 2012 年 12 月 31 日，拥有资产约 1252 亿元，在职员工人数超过 2 万，经营范围包括城市轨道交通建设、运营、设计和监理，物业开发、广告、通信、商铺、咨询、旅游等。2009 年，广州地铁启动投融资体制改革工作，以线路运营为主线，将房产、资源、广告等优势资源进行有机整合，逐步走向集团化管理的发展道路。

（二）"四位一体"的全面预算管理体系

全面预算作为财务管理的核心，自 1999 年广州地铁成立预算分析部门，专门引入和推进全面预算管理以来，一直在公司内部控制和经营管理上被赋予了重要的角色，目前已经建立起一套具有广州地铁特色的以经营计划、项目立项、年度预算三大部分组成的全面预算编制体系。随着广州地铁集团化改制的推进以及五年战略规划的落地，全面预算作为广州地铁集团管控的最重要手段之一，建立起"四位一体"的以战略为导向、全面预算管理为平台、绩效考评为目标、标准成本管理为手段的全面预算管理体系（见图 1），并通过 ORACLE 预算管理系统实现了战略规划、预算编制、执行反馈、评价考核的闭环管理，有效确保了企业经营目标的实现，对经营管理过程的成本、费用进行了有效的控制，为年终业绩考评提供了依据，助力了广州地铁的持续发展，广州地铁"四位一体"的全面预算管理体系具体实施步骤如下。

1. 前端树立了确保战略落实、引导资源配置的全面预算管理理念

广州地铁在公司使命愿景的基础上，结合内外部环境和利益相关者分析，制定了五年战略规划，在战略规划目标的基础上，广州地铁全面预算管理以 BSC 为桥梁，从客户、内部流程、学习与发展、财务四个维度对战略目标进行逐层分解，形成针对地铁建设业务、运营业务、物业开发业务、对外咨询服务业务为核心的分业务的年度计划指导纲要（包括关键指标体系和年度重点工作），作为年度预算编制的指导目标，实现了差异化的分业务年度预算管理目标，强调了预算管理对实现企业战略目标的意义。此外，每年根据上一年度各业务预算执行情况对五年战略规划进行滚动修编，

以实现长期战略规划和短期预算的无缝衔接。如图2所示。

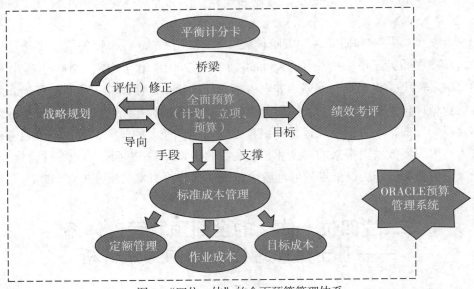

图1 "四位一体"的全面预算管理体系

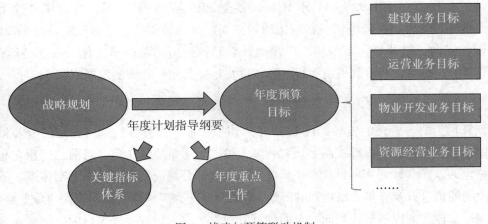

图2 战略与预算联动机制

2. 中端搭建了完善的全面预算控制平台

预算管理的根本点在于通过预算平台来代替管理，使预算成为一种自动的管理机制。为了配合全面预算管理体系的实施，广州地铁已形成了以《广州地铁全面预算管理办法》为核心的制度体系，对全面预算组织体系、编制、执行、反馈及分析等环节提出规范化的要求。同时，针对各业务特点，出台了相应实施细则，并形成了预算编制表格体系、信息反馈体系以及预算考核表格体系，统一预算管理要求和预算数据格式，这些实施细则将有利于预算管理工作的常态化和长效执行。

此外，建立了以管理报告和经营例会为手段的运作体系，通过月度预算执行情况分析、季度财务分析管理报告、季度经营例会点评、季度滚动预算，实现对下属各业务板块的经营情况跟踪、预算差异分析、预警、工作布置，以确保年度预算目标的完成，最终达到了广州地铁财务管控模式从集权管理发展到差异化的授权管理转型，如图3和图4所示。

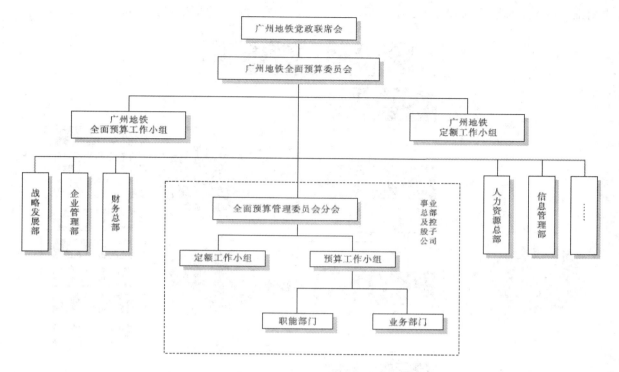

图3　广州地铁全面预算管理组织体系

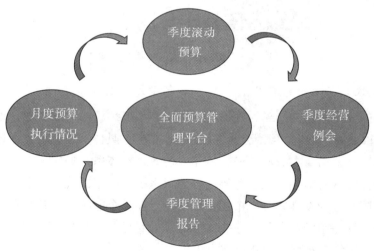

图4　广州地铁全面预算控制平台

3. 标准成本管理体系提升全面预算管理精度

为深化和提升广州地铁全面预算管理水平，从2004年起，广州地铁开始探索标准成本管理体系的搭建，通过多年的数据积累，目前已形成了一套具有轨道交通行业特色和企业特色的定额体系，形成的定额标准超过61000条。此外，根据"地铁＋物业"的战略要求，在宽度横跨所有业务的定额标准体系下，近年来，广州地铁开始探索标准成本管理的纵深发展，一方面针对下属地铁运营业务，分别对客运服务、维修、车辆通信专业、支持性费用实施了作业成本管理；另一方面针对下属物业开发业务，推行了目标成本管理，最终实现了全面预算管理的事前运用标准成本精准编制、事中精细化成本核算、记录和分析、事后运用标准成本实现有效考核激励,如图5所示。

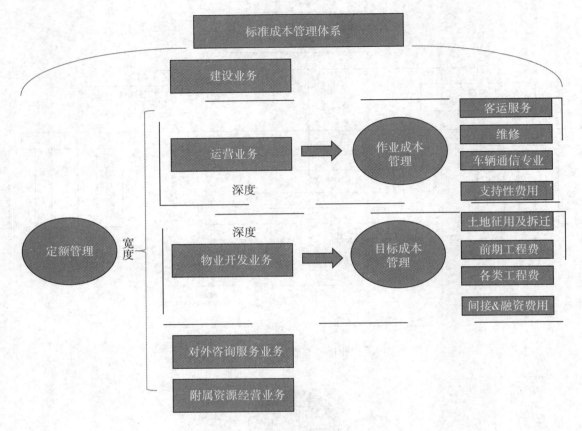

图5　广州地铁标准成本管理体系

4.后端改善型BSC绩效管理确保公司战略和年度预算的有效落地

根据广州地铁的发展阶段,同时为确保公司战略和年度预算的有效落地,近些年,广州地铁引入了BSC,实施了以战略为导向的组织绩效管理(见图6)。具体实施,首先通过识别公司价值创造的关键成功因素,结合公司重大战略举措,搭建了绩效指标体系,强化了对公司整体战略目标、战略重点及中长期目标实现的引导;接着考核内容与权重设置在集团统一要求的基础上,综合考量了公司战略重点、不同业务的发展阶段、市场化程度、行业及企业特点等共性和个性需求。最终通过自上而下的"战略目标—组织绩效目标—个人岗位绩效目标"三级分解,实现了目标落地和考核激励,各级目标涵盖关键绩效指标以及年度重点工作。

5.预算管理信息化推动全面预算管理纵深发展

为了匹配日渐复杂的组织架构,从2011年起广州地铁引入了ORACLE海波龙预算管理系统(见图7),实现了预算管理信息化的从无到有,通过信息化手段,规范填报信息,提高数据使用效率;预算系统覆盖范围包括了预算编制、预算分解、预算滚动、预算控制及预算分析的预算全过程管理,实现了可事前预算、事中控制、事后反馈的全面管理。此外,通过预算系统与合同系统、费用报销系统和财务系统的衔接,实现了预算实时控制,提高了成本管理水平;通过系统间的数据共享和交互,实现了协同效应,提高了数据使用效率;通过自动获取预算实际发生数,提高了预算执行反馈的效率;预算管理系统上线,是广州地铁多年全面预算管理经验的提炼和升级。

广州地铁正在向"战略导向型"的组织绩效管理转变,以实现公司总体战略的有效落地

- 组织绩效管理体系没有"最好"只有"最适合",企业在不同发展阶段,对绩效管理有不同要求

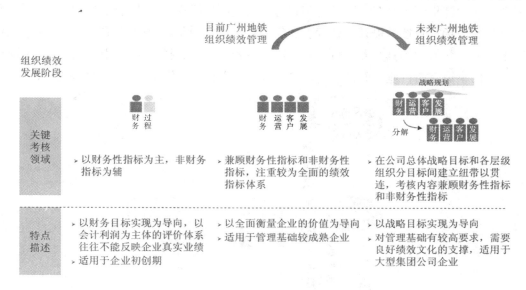

图6　广州地铁组织绩效管理体系

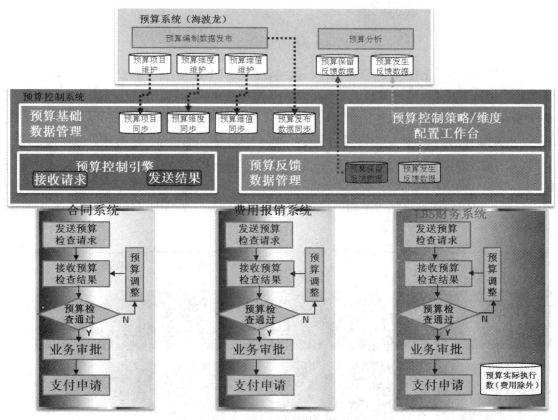

图7　广州地铁全面预算管理信息化概况

（三）全面预算管理成效

自 1999 年实施之始，经过 10 年的探索，广州地铁建立了完善的全面预算管理体系，通过全面预算管理有效地保障了公司战略的落地，改善了公司日常运营，防范了公司财务风险。自 2011 年起，为配合广州地铁集团化改制和财务管理转型，通过深化研究，广州地铁全面预算管理实现了高度上从预算管理向预算管控的提升，广度上从集权管理发展到差异化的授权管理，全面覆盖各业务单元，深度上从定额管理到具有业务特色的标准成本管理体系，搭建了"四位一体"的全面预算管理体系，为我国轨道交通行业全面预算管理实践探明了道路和提供了指引，如图 8 所示。

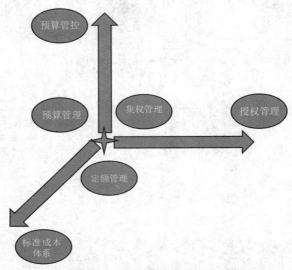

图 8　广州地铁全面预算管理发展历程

近些年，广州地铁全面预算在资本运作、盈余管理、成本控制、统筹规划等方面取得了新的成绩，保障了 236 千米地铁线网建成和运营，并成为国内首家不需要政府提供亏损补贴的轨道交通运营商、实现了集团"一体化 + 多元化"经营的可持续发展、突破了行业特性开辟了以"银行贷款 + 债券"的多元化融资平台，2011~2013 年累计无偿承担超过 20 亿元地铁运营票价优惠的社会责任。

目前，广州地铁开始探索引入"3+1"（未来 3 年 + 本年度）预算管理理念，对人工成本、地铁运营设备大（中）架修、新线建设等对资金和经济效益有着重大影响的预算项目，在公司滚动战略目标内编制 3 年中期预算，有利于推动广州地铁"地铁 + 物业"战略的深化推进，如图 9 所示。

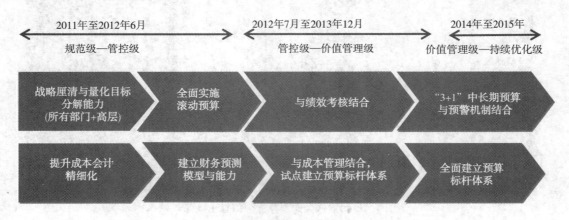

图 9　2011~2015 年广州地铁全面预算深化规划

（四）未来提升的方向

随着集团组织架构日渐复杂和产业日益多元化，广州地铁在具体精细化执行方面仍存在着不少的挑战，有待进一步积累和改善。

（1）目前以定额标准、运营业务作业成本标准、物业开发业务目标成本标准构成的标准成本体系还需要数据的深度积累，提高预算编制的准确性和绩效考核的参照性。下一步以业务单元为基础，通过外部数据的输入和内部基础数据的积累，建立全面预算标杆体系，实现全面预算的自动化编制，提高全面预算编制准确性。

（2）目前仅物业开发业务和土地储备业务按季度进行滚动预算，但随着市场化的深化推进，广州地铁下属多元化产业将面对竞争更加充分的行业市场，外部环境变化加剧，下一步研究建议推行频率更高、覆盖面更广的滚动预算机制，有利于缩短预算周期，提高预算编制准确性。

三、结论与启示

轨道交通行业具有重资产、大投资、长回收期的特点，且社会公益性明显，面临的利益相关者众多，经营难度大。目前，全国一线城市轨道交通企业主要采用建设、运营、经营分业经营管理或者政府补贴弥补亏损两种模式实现"持续发展"，未来全国超过 30 个城市将要开展大规模的轨道交通建设、运营和经营，如何通过建设、运营、经营"一体化"经营管理，实现自负盈亏的真正可持续发展，将是一项关系国计民生的系统工程。本文以广州地铁为蓝本，通过分析广州地铁"四位一体"的全面预算管理体系，介绍了全面预算管理在轨道交通行业的实践应用，为未来轨道交通行业企业管理的创新和探索提供了参照和指引。

参考文献
［1］中央企业财务预算管理暂行办法［Z］. 国务院国有资产监督管理委员会令第 18 号，2007.
［2］关于进一步深化中央企业全面预算管理工作的通知［Z］. 国资发评价〔2011〕167 号，2011.
［3］王斌，高晨. 论管理会计工具整合系统［J］. 会计研究，2004（4）.
［4］王亚兰，程丽娜. BSC 导向下的战略预算管理［J］. 管理研究，2004（2）.
［5］于增彪，袁光华，刘桂英，邢如其. 关于集团公司预算管理系统的框架研究［J］. 会计研究，2004（1）.
［6］于增彪，闫凤翔，刘桂英，郭群英，刘满江. 预算管理与绩效考核集成系统设计——亚新科 BYC 公司案例研究（上）（下）［J］. 财务与会计，2009（1）.
［7］Kaplan & Norton. Balanced Scorecard［M］. Boston: Harvard Business School Press，1996.
［8］Kaplan & Norton. Strategy Maps［M］. Boston: Harvard Business School Press，2004.

内部市场化机制实现方式的探索与实践

申报单位：中石油西部钻探国际钻井公司

作者：李晶晶　杨志坚　朱小东　张发荣　冯　超

[摘要] 西部钻探国际钻井公司推行将内部市场化运用到"四单井"中的管理方式，对成本进行全过程管控。通过制定合理的内部劳务结算价格，建立内部市场化定价基础；通过推行失误成本管理，建立内部市场化责任追究制度；通过实施内部业绩考核，建立内部市场化评价机制。经过多年的探索和实践，在公司内部逐步构建了相对公平合理的内部市场化管理机制，"单井承包责任制"可视为竞争要素的基础，"内部劳务结算价格"可视为价格要素的基础，"失误成本管理"可视为风险要素的体现，"绩效考核"则是内部市场化的标杆和量尺。员工为提高个人收入，主动加大成本管控、加快工作节奏、提高工作质量，公司生产效率逐年提高、单位生产成本逐年下降、员工收入稳步上升，形成了公司与员工"双赢"的内部管理格局。

[关键词] 企业内部市场化；绩效考核；成本管控

一、前言

（一）研究的背景和研究意义

经济规律同自然规律一样，都具有客观必然性。企业的发展必然要遵循经济周期的变化。回顾企业发展史上的并购浪潮，是把企业之间的市场交易关系转化为企业内部的行政隶属关系，称为"市场内部化"，市场内部化造成了企业内部高额的管理费用和严重的组织失效。因此在 20 世纪西方许多企业兴起"企业再造"工程。企业再造主要有两个方面：一是流程重组，二是业务重组。业务重组就是企业内部引入市场机制，将外部竞争效益内部化，从而激发企业的活力，提高企业适应外部环境的能力，将此称为"内部市场化"。

世界上最早实行内部市场化管理的是杜邦公司。杜邦公司为应对一次偶然的工作任务设计出了一套"谁享受服务，谁付费用"的核算方法，由此确立的内部交易主体和交易行为便形成了杜邦公司的内部市场交易行为，该制度就是内部市场化的原型。经过不断的发展和演变，企业内部市场化已经建立起一种统一性和灵活性相结合的企业管理机制，使市场化机制与企业的行政机制相互融合，从一定程度上规避内部单位之间权责不清的问题，对于企业的长期稳定发展具有极其重要的意义。

（二）研究的主要内容

西部钻探国际钻井公司（以下简称国际钻井公司）是一家专业的石油钻探企业，本文主要就国际钻井公司在多年的生产经营过程中，逐步探索内部市场化的实现方式和发展步骤进行分析、总结，对内部客户和内部供应商的职责确认、内部劳务结算价格的制定、内部利润中心的选择和考核主体的确立等问题进行探究，展现其通过内部市场化管理模式取得的管理成果。

（三）研究思路

从理论上对国际钻井公司实行内部市场化方式方法进行研究，还通过引用实际发生的经济数据对其内部市场化取得成果进行论证。

二、国际钻井公司内部市场化管理的理论基础

（一）成本管理理论的内涵

成本管理，是指对企业生产经营活动过程中发生的成本和费用，有组织、有系统地进行预测、计划、控制、核算、考核和分析等一系列科学管理工作的总称。它是对企业生产经营过程中所花费的各项开支，根据计划进行严格的控制和监督，并适时进行分析，找出影响成本升降的主客观因素，发现问题、总结经验，从而制定进一步降低成本的有效措施。国际钻井公司在管理中推行的"四单井"管理办法，即"单井预算、单井核算、单井考核、单井兑现"的成本管理方式就是基于成本管理理论的实际应用。

（二）成本管理的要求

1. 严格执行成本费用的开支范围

成本开支范围是国家对企业在生产经营活动中所发生的各项费用，允许列入成本的具体开支项目及其内容。企业应根据《企业财务通则》、企业财务制度和有关规定确定成本、费用的开支范围。

2. 实行全面成本管理

成本是反映企业各部门工作成果的一项综合性指标，涉及生产的各个环节，只有实行全面性成本管理，才能最大限度地降低成本费用，增加企业利润。全成本管控在实际中主要包含两方面的含义：

（1）对成本费用的全部项目进行监管，即从成本费用的归集核算到追溯考核，均对全部明细项目进行逐项分析。

（2）对成本费用进行全过程管理，即管控生产流程中的材料、人工、设备的耗用等全部生产过程的情况和价格，对企业内部不同单位相互提供的产品和服务通过制定合理的内部劳务结算价格，来规范内部市场行为。这使得内部市场化管理不仅仅局限在某一环节，而是使成本管理呈现横向、纵向交融的立体管理、综合管理。

三、内部市场化的实践与探索

企业内部市场化管理的主要目的就是通过模拟市场环境，在企业内部构建相对公平合理的竞争机制，从而达到降低成本、提升效率、争取公司整体利益最大化的管理目标。作为企业内部市场化

管理方式的尝试探索，"单井承包责任制"可视为竞争要素的基础，"内部劳务结算价格"可视为价格要素的基础，"失误成本管理"可视为风险要素的体现，"绩效考核"则是内部市场化的标杆和量尺。

（一）单井承包责任书

1.签订单井责任书的意义

国际钻井公司实施内部市场化初期，对井队成本管控主要侧重于"六项费用"，即仅对钻头、钻井液、一般材料、能源、运输、修理这六项费用进行监督和考核。经过几年实践，出现"六项费用"达标总成本却超标的怪象，成本管控力度不够的矛盾日益显现。为了解决这一问题，国际钻井公司从近几年单井实际成本入手，结合甲方标价、公司内部劳务结算价格，制定出了单井全成本考核指标，同时根据上一年度实际情况，每年对单井全成本考核指标进行调整和完善，用"单井全成本考核承包责任书"替换了以往的"六项指标表"，实现了单井全成本考核。

2.以往考核指标和单井全成本考核指标的对比

以往是按照区块的考核指标来套算每口井的完成情况，考核指标和单井特点并不能合理匹配、偏差较大，不能完整、准确地反映单井承包效益。自2014年开始实施单井全成本考核，分单井签订"全成本考核承包责任书"。责任书上将固定成本指标和变动成本指标同主要明细指标同时列示，经公司和承包井队共同确认，相当于一份单井业绩合同，具有激励和约束的双重作用。表1列示出2012年和2015年考核指标板式。

表1 2012年和2015年玉门区块六项可控费用考核指标

序号	项目 费用类别	井深或运距	计量单位	酒东 70L	酒东 50L	青西 70L	青西 50L	说明
1	钻头	4000米以内	元/米					是指钻进、划眼、钻塞、取芯等使用的全部钻头费用。定向井每米加10元。侧钻加深井以全部井深计算
		4001~4500米	元/米					
		4501~5000米	元/米					
		5001~5500米	元/米					
		5501米以上	元/米					
2	钻井液	4000米以内	元/米					是指维护钻井液性能所使用的化学处理剂和土粉、石灰石粉、重晶石粉、铁矿粉等，不含固井所使用的水泥添加剂
		4001~4500米	元/米					
		4501~5000米	元/米					
		5001~5500米	元/米					
		5501米以上	元/米					
3	配件材料	井深不限	万元/台月					是指钻井所耗用的除钻头、钻井工具、钻井液、油料的其他备件材料以及辅助材料
4	柴油	井深不限	吨/台月					是指发电机、柴油机所耗用的柴油，其他用油除外。若使用大电，则折合为柴油予以考核
	电	井深不限	万千瓦时/台月					是指油改电钻机所耗用的电量，若使用柴油，则折合为电予以考核

续表

序号	项目 费用类别	井深或运距	计量单位	酒东 70L	酒东 50L	青西 70L	青西 50L	说明
5	运输费	井深不限	万元/台月					包括交通费、拉水、拉油、大宗物资、钻具倒运等运输费用，不包括钻机拆、迁、安、吊费用
	钻机搬安	50千米以内	万元/井次					不含腾井场拆甩设备费用
		51~100千米	万元/井次					不含腾井场拆甩设备费用
		101~150千米	万元/井次					151千米以上的长途调迁另计
6	修理费	井深不限	万元/台月					包括设备修理、井控、固控修理、钻具及钻井工具修理等

表2 国际钻井公司玉门分部鸭6-6井全成本考核承包责任书

受约方：×××钻井队		发约人：		职务		有效期：	
		受约人：		职务	队长	签署日期：	
		受约人：		职务	党支部书记		
井号		设计井深		合同周期（台月）		考核钻井周期（台月）	
井型及井别		其中：取芯		建井周期（台月）		调整系数	
井身结构				套管结构			
序号	项目		计量单位	总成本	单位成本（元/米、元/台月）	备注	
	考核总成本		万元				
一	固定成本		万元				
	其中：人工成本		万元				
二	变动成本		万元				
1	钻头		万元				
2	钻井液		万元				
3	柴油		万元				
	电量		万元				
4	配件材料		万元				
5	修理费		万元				
6	运输费		万元				

通过对比可以看出，单井全成本考核承包责任书的全成本指标更贴合单井实际，个性化设置更加突出和明显。井队前期可通过预算控制费用，施工过程中通过成本稽核确定指标完成情况，最终对单井效益进行核算。从开钻到完成，单井成本管控的方向性更加全面、明确。

（二）推行内部有偿劳务

1. 有偿内部劳务的交易主体

按照"谁受益，谁付费"的思路，国际钻井公司的各个钻井队在生产过程中，所接受的各种内部服务均需向服务提供方支付费用，劳务提供单位作为公司内部市场服务主体将它的产品和服务在内部市场获得收入，必然需要一套项目齐全、价格清晰、实用性强的内部结算价格体系。

国际钻井公司按照工作性质将后勤劳务提供单位划分为生产性单位、服务性（费用性）单位和半生产性单位，由公司成立专门的标价小组，对内部劳务项目全流程的料、工、费进行细致测算，再通过调研市场价格，最终形成了一套相对完整、科学、公平的内部劳务结算价格。

2. 内部有偿劳务的核算流程

后勤服务单位在每次向井队或其他后勤单位提供劳务之后，依照双方签认的内部结算单，按照内部劳务结算价格核算内部劳务收入。

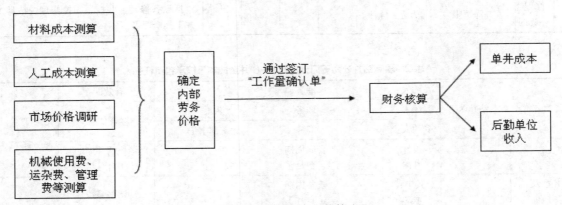

图1　内部劳务价格制定和核算流程

（三）推行失误成本管理

1. 失误成本发生的原因

国际钻井公司在管理过程中发现内部单位存在责任心不强、工作失误或单位之间工作衔接等问题，造成自身或相关方的生产成本增加，最终影响了公司经营效益。为了提高服务质量和工作效率，避免因窝工、返工和人为因素导致的事故等造成不必要的损失，公司提出"失误成本"的概念。

2. 失误成本的四项原则

一是坚持"谁主管，谁负责"的原则，即业务主管部门和单位，负责主管业务服务过程的全程监管；二是坚持"谁服务，谁保障"的原则，即提供服务或产品的单位必须保证质量，如发生质量问题由服务或产品提供方负责；三是坚持"谁受损，谁举证"的原则，即在提供服务的过程中，任意一方因工作失误造成对方成本增加，受损单位可向失误成本管理办公室举证、申请补偿；四是坚持"谁失误，谁埋单"的原则，即在提供服务的过程中，任何一方出现工作失误，失误方须承担对方和自身损失及恢复正常生产所发生的全部费用。

3. 失误成本认定流程

失误成本发生后，按照"五步操作流程"进行责任追究。

第一步由受损单位填报失误成本申报表，向管理办公室举证申报。

第二步由失误成本管理办公室组织财务、企管等相关部门进行验证，经核实后立案取证。

第三步按照失误成本计算方法统计失误成本金额。

第四步由管理委员会对责任主体及失误分类明细进行认证，裁定相关方承担的责任和金额。

第五步将相关方所承担的失误成本金额纳入绩效考核。若出现有异议的项目，由管理委员会组织相关方召开听证会进行最终裁定。

（四）全面推行业绩考核

根据内部市场化的特点，国际钻井公司采用的是以综合考评和以成本考核为侧重点的经济指标考核相结合的考核方式。

1.业绩考核的主要内容

国际钻井公司成立考核领导小组，监督考核指标的完成情况、考核结果的兑现情况、内部分配的公平公正情况。

后勤单位：主要对利润率、变动成本率、材料收入比、燃料收入比、修理费收入比等指标进行量化打分，按综合考评分值兑现效益工资。

井队：实行单井全成本考核，单井成本划分为固定成本和变动成本两部分，按成本节约额的一定比例兑现效益工资。

2.业绩考核的步骤

后勤单位是采用季度考核方式，即在季度终了，对各考核项目的累计发生额进行对标测算，以权重打分的方式确定指标总体完成情况。

国内井队采用完成井季度预兑现、年终总清算相结合的方式，即依照"四单井"管理原则，在每季度终了，将单井作业成本明细与单井责任书中的明细指标一一对应计算节超，确定预考核结果，按应兑现效益工资的70%预兑现；年度终了后，重新统计本年所有完成井成本，并根据单井实际情况调整单井指标，再重新计算指标超节情况，并兑现剩余的30%效益工资，进行年终总清算。通过季度预兑现和年终总清算，既避免了成本入账的不均衡和遗漏，又杜绝了井队在单井成本核算上可能出现的弄虚作假行为，更加准确地反映了单井经营成果。

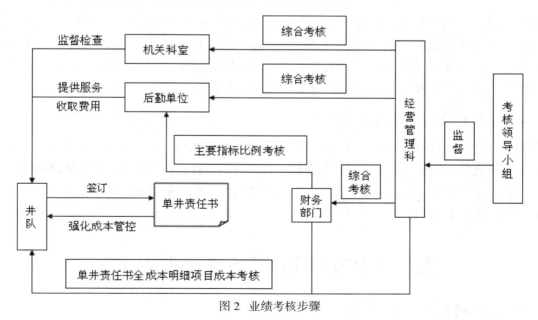

图2　业绩考核步骤

四、内部市场化的实施效果

国际钻井公司以成本管理理论为基础，从内部市场激励监督入手，通过内部业绩考核，提倡"降本增效"和"争先创优赢效益工资"，大大提升了员工自觉主动管控成本、挖潜增效的积极性。从最先的井队"六项费用"考核、五家后勤单位的"四项指标"考核，演变为井队"单井全成本项目"考核、十家后勤单位的"七项指标"考核。在2015年单井考核兑现中，某井队创下人均单井兑现额近1.5万元的最高纪录，也有个别井队只能拿到人均几百元的预兑现额。这种事关员工"钱袋子"的措施，促使井队和后勤单位高度重视管控成本，员工和企业之间，实现了共赢。

（一）劳动生产率得到明显提升

内部市场化提供的相对公平的竞争环境，对钻井队的激励效应尤为突出，"节周期产生效益"深入人心，井队整体素质明显得到提升。公司钻井速度年年提高，劳动生产率大幅上升。其中：钻机月速度2015年较2011年增幅达到45.69%，4年平均增长率9.87%；全员劳动生产率2015年较2011年增幅达到48.33%，4年平均增长率10.36%。

（二）成本管控成效显著

相对于最初单井考核采取的"六项费用"方式而言，全成本考核促使井队更加注重总成本管控，避免了"只管六项费用，不管其他项目"的现象，这就使得井队不仅注重自身成本核算入账情况，也积极监督内部单位收费是否准确、真实，在促进内部市场化相对公平、合理的同时，直接带动公司主营业务单位成本持续平稳下降，钻井每米综合成本2015年较2011年降幅达到20%，4年平均下降率4.74%。

（三）员工收入与经营效益高度正相关

公司实施内部市场化后，2011年人均效益工资最低井队仅为最高井队的10%，2015年人均效益工资最低井队仅为最高井队的12%。悬殊的竞争结果使公司内部市场化运作基本具备了外部市场的严酷性，争先创优不再是口号，"干得好、效率高、钱袋子鼓"不断激励员工提高工作效率和加大成本管控，形成了公司与员工"双赢"的内部市场化格局。

（四）公司内部管理更趋完善

国际钻井公司通过构建系统、完整的考核、评价和价格体系，把各内部单位由过去的行政关系变为市场主体之间的经济关系；通过运用价值规律和价格杠杆，有效转变了经营管理机制，把员工的积极性和创造性充分地调动和发挥出来，从而促进各项工作任务圆满完成，公司综合考评在西部钻探内部始终排在前列。

五、内部市场化的运行中出现的问题

（一）定价措施缺乏市场依据

内部劳务结算价格的制定是保证内部市场交易规范性的基础。一方面，当公司内各交易主体的自身利益与企业整体目标发生冲突时，为避免各交易主体为提升自身的经济效益，而不顾公司的整体利益，公司会从宏观方面干预内部交易的定价，这样就会违背市场的供需关系和价格反应；另一方面，公司通过统一调配来实现物资、资金、技术、人才、劳动力等要素的流动，并未完全尊重市场的选择性和淘汰性，从而内部市场的定价就具有明显的相对性和局限性。

（二）有偿服务缺乏竞争机制

内部市场交易主体是提升公司整体价值最大化的最基本单元，是内部产品生产价值链上一个个战略经营单位，但是并未做到完全自主经营、自负盈亏、自我约束和自我发展，也就是并未完全市场化，这使得内部市场化禁锢了交易主体的自主性、发展性。内部劳务结算价格只能是相对公平、相对市场化的竞争基础，与实质性的市场化相比还有一定差距。

六、改进企业内部市场问题的措施与建议

（一）不断修订和完善内部交易价格体系

齐全、科学、符合实际的内部交易价格体系是内部市场化的保证和基础，要在跟踪市场价格变化的同时，对内部市场化交易主体进行严格的管理和成本核算，及时修订和完善内部交易价格体系。更需从宏观角度出发，统一调控，平衡企业内部市场各交易主体的利润空间，为内部市场运行提供基础和保障，从内部市场化逐步走向真正意义的市场化，提高企业的市场竞争能力，也可为企业多元化发展奠定基础。

（二）适度的运用市场手段和行政手段对企业内部市场进行调节

企业的内部市场主体具有双重身份，作为企业内部单位，需执行企业的总体规划部署，同时要维持自主经营，那么综合运用市场手段与行政手段，使内部单位既有市场经济的活力，又存在着内部单位所具有的"刚性"。一方面，运用市场手段，通过价格、供求以及风险机制调动各交易主体的积极性，从而实现资源的最优配置；另一方面，运用行政手段对内部市场进行调节，及时纠正偏差，保证内部市场的健康稳定发展。最终实现通过推行内部经济实体进行成本利润核算，杜绝"大锅饭"现象，提高企业效率。

七、结束语

企业和市场相互融合的演进趋势是企业采用内部市场化管理模式的过程，内部市场化有效地提高了企业管理的效率。这种崭新的管理模式是一种市场化与组织化的有机结合，提高了企业的适应能力。作为一种还在实践中的新模式，必然存在缺陷，还需在以后的实践中持续完善。

参考文献

[1] 汀贤，裕钟胜，王虹. 论企业内部市场化管理 [J]. 财务会计，2001.

[2] 张栩. 基于内部市场化的企业会计控制系统构建研究 [J]. 财务会计，2003 (1).

[3] 李海舰，聂辉华. 论企业与市场的相互融合 [J]. 财务会计，2004.

[4] 许道德，史光. 大力推行企业内部市场化管理模式 [J]. 财务会计，2003 (7).

[5] 路金波. 企业内部市场化解析 [J]. 财务会计，2003 (4).

[6] 闫庆悦. 论市场交易费用与企业经营管理费用 [J]. 财务会计，2004 (1).

大型钢铁集团资金管理新模式

申报单位：河钢集团有限公司

作者：胡志刚　赵向军　张百兴

[摘要] 以"保安全、控总量、调结构、降成本"为资金管理思路，以资金流管理为中心，以信息网络化管理为手段，按照"融资规模不增加、负债水平不上升、财务费用不升高"的总体要求，加强资金刚性管控，构建了低资金保障下的资金管控体系新模式。

[关键词] 资金流；资金管控

河钢集团有限公司（以下简称河钢集团）组建于 2008 年，现拥有直属子、分公司 18 家，以钢铁为主业，横跨钢铁、装备制造、金融服务、现代物流四大板块，在册员工 14 万余人。河钢集团组建以来，年钢产量由 3108 万吨增长到 4709 万吨；营业收入由 1248 亿元增长到 2806 亿元，总资产由 1480 亿元增长到 3243 亿元，实现双翻番；企业综合竞争力和国际影响力持续增强，连续五年跻身世界企业 500 强，并由 2009 年的世界 500 强第 375 位前进到 2015 年世界 500 强第 239 位，2014 年居中国企业 500 强第 43 位、中国制造业 500 强第 13 位。

河钢集团组建伊始，遇到 2008 年的金融危机，钢材市场急转直下，价格出现了断崖式下跌，钢铁企业经营出现异常困难。组建后的几年内，随着产业技术不断升级、节能环保投入增加以及矿山建设投入，企业自身盈利"造血"功能不足以支撑项目投资需求，主要靠举债融资解决，造成资产负债率偏高，制约了集团的后续融资能力，也带来了较重的财务负担。因此，如何在新常态下构建资金管理新模式，就成为摆在集团面前的现实任务。

早在 20 世纪 90 年代钢铁行业就提出过"企业管理以财务管理为核心，财务管理以资金管理为核心"的管理理念，尤其是在企业面临巨大困难时更为重要，现在资金管理依然为企业管理的核心，下面谈一下我们的主要思路和做法。

一、大型钢铁集团资金管理新模式背景

（一）企业持续经营发展的需要

受经济下行、固定资产投资和主要用钢行业需求增速下降的影响，钢铁行业产量增速下降，钢材价格长期仍处低位运行。2014 年以来，资金风险在行业内不断蔓延，一些企业先后爆出资金链断裂危机，警惕资金风险成为业界最常提到的话题。钢铁企业的生存与发展受到直接威胁，传统的

资金管理模式已经不能保证企业持续经营发展。企业要保证持续经营和发展就必须求变，必须以新的资金管理模式不断提升资金使用效率，必须倾力打造子、分公司低成本、低资金运行模式，让全体员工直接感受到来自外部环境变化带来的巨大压力。与此同时，集团总部必须备足充裕的现金流，保障资金链安全的前提下积极赢得市场主动权。

（二）企业实现转型升级的需要

河钢集团组建至 2013 年底，淘汰了落后产能，完成了技术更新换代，装备水平达到国内领先、世界一流。同时负债规模也翻了一番，资产负债率升高了 6 个百分点。这期间，河钢集团适应了长期依赖高负债维持的发展模式和生产经营方式。一些子公司，对银行"输血"产生了依赖，使企业背负了沉重的包袱，全集团每年要负担巨额财务费用。这种发展方式是钢铁行业持续高盈利期形成的，而现在必须彻底改变这种惯性思维。要实现企业转型升级，实现由大到强，缩小和世界先进企业的差距，必须克服观念、体制等诸多方面的不适应，必须通过全新的资金管理模式来营造环境，激发企业的内生活力和全员干事创业的热情，把企业内部蕴藏的巨大潜力，包括人才潜力、技术潜力、产品潜力、装备潜力等充分发挥出来。

（三）打造最具国际竞争力钢铁企业集团的需要

中国是世界最大的产钢国，河钢集团是中国最大的钢铁企业，河钢必须站在代表民族工业的高度，去定位我们应有的国家战略角色，要实现在全球拥有市场、资源和客户，打造全球最具竞争力的钢铁企业。作为集团全球化发展战略的重要支撑，资金管理和运作模式必须创新，要以全球的视野，构建多元融资渠道，用好海外资本市场和进出口贸易两个平台，把握好债市、股市两个资本市场，拓展产业链和资金链的全球化布局，提高全球资源配置能力，在控制风险基础上，创建融投资管理新模式，加快集团发展步伐。

二、集团资金管理新模式的内涵和主要做法

围绕贯彻落实省委、省政府的决策部署，基于对集团规模、地位和发展现状的分析，2014 年河钢集团提出资金管理要坚持"保安全、控总量、调结构、降成本"的总体思路，将现金流管理作为工作主线，按照"融资规模不增加、负债水平不上升、财务费用不升高"的总体要求，加强资金刚性管控，构建了低资金保障下的运行新常态。主要做法如下：

（一）坚决管住、管活资金

1. 坚决控制贷款规模

2014 年，把"全年无新增贷款"作为不可触碰的"红线"，严格控制贷款规模。一是深化财务管理整合，明确主体责任；二是将目标与工资总额挂钩考核；三是严格控制固定资产投资。通过这些刚性管控措施，彻底扭转了长期以来依赖银行贷款"输血"的被动局面。2014 年底贷款规模不仅没有增加，还实现比年初压减了 30 亿元。

通过压减贷款规模和刚性的资金管控措施，让全体员工直接感受到来自外部环境的巨大压力，改变长期依赖高负债维持的发展模式和生产经营方式，子公司彻底摆脱了长期"依赖集团和贷款输血"的经营惯性，建立起适应新常态的低资金保障下的生产组织模式。

2. 创新融资管理，优化负债结构

一是在融资管理上推进"六个增加"。即增加中长期融资比例，增加美元借款比重，增加融资租赁（或售后回租）方式，增加海外融资规模，增加直接发债等低成本融资方式，增加出口预收款融资规模。二是扩大融资视野，充分发挥进出口贸易平台和香港国际贸易平台作用，海外子公司融资，通过贸易平台转化为国内低息融资。三是积极研究把握金融政策，在全省率先开展了跨境人民币双向资金池业务。通过多渠道创新融资品种，置换传统贷款和高成本融资项目，有效调整负债结构。

3. 资金统一运作，实现资金管理创效

依托集团整体信用优势，扩大统一直接融资比例，降低融资成本；依托河钢集团在线资金管理平台，实现集团所有资金账户的全监控，统一平衡调配资金。充分发挥集团财务公司的功能，提高资金归集率，为子公司倒贷并置换高息贷款。依托进口铁矿石为贸易背景，实现境外押汇融资 43 亿元；利用香港国际贸易公司平台，实现境外发债 5 亿美元，发债成本 3.85%；取得境外 3 年期美元贷款 3 亿美元，利率 3.94%；利用进出口银行政策支持，取得低成本美元贷款 1 亿元，低成本 3 年期人民币贷款 3 亿元。

4. 盘活存量资产，提高资金使用效率

面临严峻的市场形势，集团练好内功，以便提高存量资金使用效率。一是加大应收账款管理，加快资金回笼；二是科学合理地制定大宗原燃料的储备天数，在资金占用与保障生产找到最佳平衡点；三是发挥集团资源共享优势，处置变现无效存货，进一步削减库存资金占用；四是加大低效无效资产处理力度，清理闲置资产。

2014 年存量资金同口径压低 55 亿元，存货资金压缩 17.3 亿元。2014 年河钢集团偿债能力、营运能力等得到明显提升。资产负债率比年初下降 0.07 个百分点；应收账款周转率完成 100.95 次，比上年增加 28.48 次，存货周转率实现 8.54 次，比上年增加 1.79 次。严格控制存货占用，还有效规避了原燃料持续下滑引起的跌价损失。

5. 充分利用信息化手段，实现资金集中管控

面对当前钢铁行业持续低迷的现状，结合各成员单位的实际情况，为有效实现资金管控，集团先后集中上线运行了资金管理软件系统，以信息化的手段为抓手，建立了资金的安全风险防控体系和资金统一运作平台，利用内部利率政策引导与考核，实现了内部结算的高效运转，进一步提高了资金集中管理和结算，避免了集团内部结算而形成的资金沉淀，挖掘了内部结算的潜力，将资金的使用效率发挥到了"极致"。

（1）事前预防和事中监控系统。为了更好地发挥财务风险的防控，河钢集团自主研发了 180 天资金滚动预算软件系统，对集团各成员单位的日常收支情况的相关数据进行了整理，对未来 180 天资金收支按日做出平衡预算，从而有效预测未来 180 天内每一天的资金富余或资金缺口。为确保成员单位资金预算数据真实可靠，为集团资金统一运作提供及时、准确的信息，该系统还附带有一套重点指标考评程序，对预算的制定和执行效果进行系统评价，并纳入专项责任制考核。

（2）事后考核系统。为加强资金风险防控，保障集团资金链安全，有效掌控各成员单位融资情况、授信资源、担保等现状，河钢集团还自主研发了资金管理信息系统，对成员单位月末时点的融资总量、授信资源、担保余额、货币资金余额和期间利息支出情况进行统计分析，依托该套系统，

进一步加强了资金整体管控，提高了集团资金管理工作效率。

（3）票据管理信息系统。票据管理信息系统是一个全方位、全流程的票据管理服务平台，能够有效防范票据资金风险，促进票据管理水平提升。目前，票据管理系统已在财务公司、集团总部、销售总公司、钢贸公司、邯钢、舞钢试运行半年多，各项功能稳定，具备进一步推广条件。

（二）营造环境、激发革新，增加自有现金流

1. 细化成本对标，优化成本结构

全面颠覆高盈利期的传统思维和做法，建立起适应新常态的低成本运营模式。针对"以高价物料生产低端产品"的不合理现象，大力优化成本结构，从源头上杜绝了高价物料的采购和使用，各子公司加大经济物料替代力度，不断优化原燃料入炉结构，有效降低了生产成本。2014年集团层面重点推进了全要素成本管理，子公司重点加强了工序成本控制，生铁成本同比降低441元/吨，降幅18.56%，比行业平均水平低60元/吨；炼钢工序成本同比降低100元/吨，降幅19.23%；轧钢工序成本同比降低38元/吨，降幅13.92%。

2. 市场化改革，激发创新活力

强化客户理念和市场化思维，彻底改变以"自我"为中心的生产组织模式，建立以用户为中心的市场拉动型生产组织模式，正是河钢集团抢抓机遇实现跨越提升的关键一步。紧紧围绕产品和用户升级打造全新营销模式，大力发展直接面对上下游终端客户的战略采购和战略营销，以用户群体的高端化拉动品种结构和品种形象的高端化。结构调整绝对不是简单地出高端产品，它既包括产品结构的调整，也包括生产组织方式和经营模式的调整。

2014年初，河钢集团提出在采购和销售两端市场实现"双50"目标，即大宗原燃料采购价格同口径降低50元，产品销售价格同口径提高50元。采购总公司发挥集中采购规模优势，大力推行招标采购模式，提升市场议价主导能力，全年降低采购成本26亿元；积极开展对外物资贸易，实现贸易创效4600多万元；国贸公司积极调整采购策略，推行"整体操盘采购"，同比降低外矿采购成本11亿元。发挥资源掌控优势，拓展对外贸易渠道，累计创效1.7亿元。销售系统完善"一个市场、两个主体"的营销体制。在发挥集团大营销平台作用的同时，充分调动各子公司开发品种钢和直供市场的积极性。推广舞钢、石钢特钢营销服务模式，主动对接大型终端用户和战略供应商，巩固了主渠道优势。集团全年板材直供比例达到66%。

3. 大力推进产线对标，实现最佳资源配置

产线对标是全方位的对标，包括相同产线的售价、产品结构、人员配置、技术水平配置等方面，是河钢集团内部各产线生产组织和经营管理的一个大起底。通过对标要解决相同的产线和产品，从原料的投放到产线技术人员的配置，到每个人员的待遇分配，存在哪些问题，相同装备水平的产品结构和售价存在哪些差距。

2014年，河钢集团68条产线瞄准行业一流水平，开展全方位的系统对标。通过产线对标，对同类型生产线在产品结构、管理体制、组织架构、营销模式、人力资源结构等方面存在的突出问题，通过创新生产组织模式和人力资源配置方式，推进关键人才向产线和营销一线集中，形成了以产线为中心的资源配置模式，充分挖掘装备和人才潜能，促进了产品升级和结构调整。通过这些措施，全集团高附加值的品种钢比例提高到40.08%。全年研发新产品169个，新产品产量达到了800万吨。生产汽车钢、家电板、管线钢、海工用钢、电工钢等重点品种304万吨，同比增长36%。其中，

生产汽车用钢板 115 万吨，同比增加 72%。

4. 大力削减附加成本，还原钢铁主业先进性

国内钢铁企业综合盈利水平不高，并不是钢铁主业本身竞争力不行，而是附加在主业上的资源效益没有得到充分利用，从而导致了附加成本过高。因此，最大限度地削减附加成本，还原主业先进性，对河钢来说，比其他方法和手段来得更直接、更有效。

2014 年河钢集团大力削减除"原燃料、动力、工资、财务费用"四大基本要素以外的非生产性开支，将清理"外委、外雇、外包"和流通环节中间商作为削减附加成本的突破口。2014 年依法依规清退外雇人员 22258 人，降低费用 6.3 亿元；减少外委、外包项目 644 项，降低费用 5.09 亿元；清理经营流通环节中间商 1310 个，压减 75%，降低费用 7.6 亿元。

5. 创新全面预算管理，削减不必要的开支

2014 年河钢集团创建了以现金流管理为中心，以费用支付项目、支付限额控制为重点、以内部资金交易网络平台为手段的全面预算管理体系。新的预算管理以现代化管理手段替代内部管理的行政手段，本着能够不发生的费用一律不设项目、能自己干的一律不外委的原则，撤销各项中间环节费用，削减不必要的费用项目，在原有预算费用名目 400 多项的基础上，砍掉不必要的开支名目，统一确立全集团四大要素之外费用项目 100 个，确立全集团资金支付名目 106 个。

按照集团统一确立的预算科目体系，各子公司进一步强化了预算管控工作，按照规定的费用项目和资金支付名目控制资金支出，规定项目之外的费用不允许发生、没有支付名目的款项不允许支付。

（三）全方位布局，打造战略资金支持体系

中国钢铁产业正快速融入全球市场，钢铁企业必须尽快适应这一新常态，创新全球市场一体化的经营理念，集团将充分借助海外市场和海外资源，提高国际化经营水平。河钢集团推进海外战略，实施海外发展恰逢其时，这既与国家提出的"一带一路"和"走出去"发展战略相吻合，也符合集团进一步提升竞争力，实现全球化发展的角色定位。未来两三年，集团海外战略还将持续发力，河北钢铁集团必将在短时间内发展成为一个真正的世界级企业。

河钢集团创建的大型企业集团资金管控新常态和资金管理新模式，实现了全方位布局的战略资金支持体系，成为集团全球化发展战略的重要支撑。今后河钢集团将以全球的视野，构建多元融资渠道，在控制风险基础上，提高全球资源配置能力，为集团快速发展保驾护航。

1. 积极拓展银行授信，稳定倒贷资金链

继续保持好工、农、中、建、交五大行的主渠道，同时，积极增加了股份制银行授信额度。"河北钢铁"不是"河北省的钢铁"，河钢集团旗下各子公司技术装备水平属于国内领先、世界一流，能源环保指标达到甚至超过了监管标准。新环保法的施行，对河钢集团是重大利好，并以此为契机进一步扩大了银行授信额度。

2. 组建集团结算中心，创建了集团大资金池

通过集团结算中心的有效运转，在集团内部形成了以资金链条为纽带的模拟市场机制，减少内部周转占用资金，实现内部交易不动用外部货币，解决了内部拖欠问题，提高了资金周转效率。在此基础上进一步打通了原本分散、独立的子公司小资金池，创建了集团统一管控的大资金池。

3. 提高债券融资比例，调整负债结构

依托集团整体授信评级优势，进一步提高直接融资比例。国家多次降准、降息，实体经济财务费用负担水平形成降低趋势。特别是，国家进一步放宽公司债分析条件后，发债品种更加灵活，发债成本明显低于银行贷款。因此，要积极研究增加发债品种和比率，可以进一步调整和优化公司负债结构。

4. 降低库存占用，增加无息商业负债

发挥集团整合效应和市场话语权，积极与上、下游企业建立战略联盟，推进"零库存"管理。充分利用上、下游供需链条，增加集团资金储备。依托河钢集团的信誉，2014 年大力推广了商业承兑汇票结算模式，有效释放了银行承兑保证金，积极与商业银行合作，将河钢商业承兑汇票打造成了准银行承兑汇票。

5. 依托海外贸易平台，加大海外融资比例

伴随河钢国际公司成功运作，河钢集团国际贸易结算量迅速提升。特别是 2014 年成功签约控股全球最大钢铁贸易商——德高公司之后，河钢国际贸易板块将异军突起。巨额进出口贸易背景拓宽了海外融资渠道，研究规避汇率风险和扩大海外融资比例成为河钢集团重点课题。

6. 盘活存量资产，谋划新的发展机遇

河钢集团现有资产 3000 多亿元，非钢就占到 1300 亿元，非钢资产的利用效率提升对河钢集团至关重要。为此，河钢集团确立了非钢发展战略，盘活非钢资产，加快引入社会资本发展混合所有制，逐步解决长期以来钢铁主业包袱问题。

三、大型钢铁集团资金管理新模式的效果

（一）直接经济效益显著

2014 年河钢集团创建的大型钢铁集团资金管理新模式，通过资金统一运作，2014 年河钢集团不仅没有增加贷款，还偿还了 30 亿元贷款。同时优化了债务结构，降低了融资成本，在全行业财务费用同比上升 20% 的情况下，河钢集团全年利息支出与上年持平，实现资金管理创效 25 亿元。

（二）新常态低资金保障下的生产组织模式明显加强

刚性的资金管理模式，为子公司营造了直面市场压力的经营环境，彻底颠覆了高盈利期形成的思维定式和传统管理模式，生产经营状况发生了根本性变化：依赖外部"输血"的高负债经营模式得到了根本扭转；高额附加成本大幅削减，低成本支撑的生产经营方式逐步建立；产品结构调整取得重要进展，一大批高端产品稳步占领高端市场。集团建立起适应新常态的低资金保障下的生产组织模式，收获了比财富更加宝贵的持续发展能力。

（三）企业自身"造血"功能强势增长，综合竞争力显著提升

河北钢铁集团在加强刚性资金管控的前一年（2013 年），实现营业收入 2510 亿元，利润总额 3.06 亿元。2014 年，受国家宏观经济影响，全行业出现了普遍亏损，而河北钢铁集团依托资金管控带来的巨大优势，全年实现营业收入 2806 亿元，利润总额 11.28 亿元，同比分别提高了 12.33%、

268.63%。资产负债率下降 0.02 个百分点，实现了企业运营的良性循环。

（四）打造集团品牌形象，社会效应明显提升

作为产能规模世界第三、全国第一的河北钢铁集团，一直备受国内外各界关注。按照国家产业结构升级调整、"一带一路"、京津冀一体化等政策，加快了国际化发展步伐，成功控股全球最大钢贸商——德高公司；南非 500 万吨钢铁项目正在有条不紊地开展；石钢搬迁正式启动，赢得了打造集团品牌形象标志性企业的新机遇。

四、大型钢铁集团资金管理新模式的成功经验

在新常态下，创建资金管理新模式，取得的成功经验，是与管理理念的转变分不开的，颠覆原来"高盈利"时期的惯性思维，彻底向"市场化改革"转变，以现代化管理手段替代内部管理的行政手段。在这一管理理念的指导下，走出一条成功的经验之路，主要有：

（一）深化市场改革，创新管理模式

深化市场改革，就是要建立以用户为中心的市场拉动型生产组织模式，建立供销系统的市场化运作模式，建立适应新常态的低资金保障的资金管控模式。这些新管理模式的创新，为集团带来的不仅仅是集约与创效，更重要的是找到了一条走出困境、通往成功之路，收获了比财富更为宝贵的管理经验。

（二）加强管理整合，刚性管控资金

河钢集团的组建是先有"子公司"后有"母公司"的模式，具有特殊性，在现阶段钢铁行业具备一定的代表性，谁能深化整合好集团管理模式，就将在竞争中处于有利地位。集团通过深化财务管理整合，采取刚性措施来管控资金，不仅实现了资金的集中管理，更有效地控制了各自为政式的分散投资，控制住了财务风险和负担，树立起了资金管控新理念，也为大型集团资金管理闯出一条新思路。

（三）颠覆传统思维，实行低资金保障

颠覆传统带有"高盈利"时期的粗放式管理，建立"低资金保障"下的经营管理模式，采取的有效措施有：细化成本对标，优化成本结构；通过市场化改革，激发创新活力；大力推进产线对标，实现最佳资源配置；大力削减附加成本，还原钢铁主业先进性；发展非钢产业，消化人工成本；创新全面预算管理，大力削减费用支出；实施海外发展战略，提高国际化经营水平。这些措施不仅实现了降本增效，更为重要的是将自身的理念认知提高到了一个新的水平。

无损检测企业生产经营管理平台
构建及应用研究

申报单位：四川佳诚油气管道质量检测有限公司

作者：曾令晖　赵宇婷　肖　勇　张万川

[摘要] 原油价格持续低位运行，石油行业上游业务的压力空前，无损检测企业面临严峻的生产经营形势，迫切需要探索一种创新高效的财务管理新模式。无损检测生产经营管理平台是无损检测企业为实现企业扭亏解困，破解经营困局而自主研究开发，集企业合同管理、生产进度控制、人员设备调配、成本预警、项目预算考核为一体的大数据管理平台，是一种开源节流、降本增效、外拓市场、内抓管理的新型财务管理模式，为企业的经营决策和生存发展提供了强有力的财务保障。

[关键词] 扭亏解困；大数据；全面预算考核；项目管理

企业应紧紧围绕"抢市场、转机制、降成本、调结构、补短板、去库存、抓科技、强监管、稳增长"的发展思路，适应市场化的新要求，有效推进改革步伐，不断加强合规管理，采取各项行之有效的经营管控措施，积极应对当前油价和投资"双降"，而导致上游企业的市场工作量及结算单价均大幅下挫带来的巨大经营压力。这一情形史无前例地倒逼了上游石油企业创新管理，实现开源节流，降本增效，外拓市场，内强管理，优化生产流程，突出成本优势，走出扭亏解困新路子。

一、企业生产经营管理面临的难题

（一）生产进度、成本进度、结算进度匹配的问题

企业在日常工作中，生产、成本和工程结算通常分属于不同部门、不同的系统（合同管理系统、Fmis财务系统、集团内部交易平台等）统计和管理，数据的填报口径不一致且相对独立，从而缺乏统一标准和横向比较分析，不能准确客观地反映某一时点的关联生产经营指标，延误了决策者对工程某一方面进度滞后或异常问题的发现和整改时间，过程监督出现风险。

（二）工作量、单价和产值匹配的问题

各项目部根据实际生产情况上报生产日报、生产周报和产值到生产和经营部门，其中工作量和产值也是有勾稽关系的，一方面工作量和产值的增减是否正相关，另一方面预估产值是否按定额取费标准和合同单价计算得出，这也是收入和考核计量的重要依据。如果周报工作量和产值偏差较大，

需要立刻找出问题、分析原因。

（三）提高工效和人员数据库动态管理问题

劳务成本占变动成本比重大，因此在降本增效过程中，如何进行机构设置、人员资质管理、人力资源的合理调配是亟待解决的问题。

（四）结算、开票、应收账款回收的问题

工程在FMIS、大司库和集团内部交易平台等财务管理平台中，财务人员只能查询到应收账款开票和收款情况，无法掌握到工程完工进度和竣工资料交接的情况，和甲方沟通及催收应收款时，较为被动。

（五）成本预警及备用金管理的问题

FMIS财务管理平台中的工程施工合同成本记录了项目实际成本，财务人员在参与成本控制时，只能查看到已发生的成本和占用的备用金，工程成本进度和生产进度无法紧密结合。

二、针对经营管理难题，构建生产经营管理平台

（一）构建生产经营管理平台的思路

根据公司目前的生产经营状况，现急需构建一套适度集中的易用平台，涵盖财务、计划、生产运行管理功能的信息系统作为业务支撑。通过搭建信息平台，精细优化运行模式，统筹协调生产组织，强化物资调配、平库，合理高效利用装备，建立人力资源池，对人员进行合理的管控和调用，提升项目管理的综合水平，切实降低企业运行成本，如图1所示。

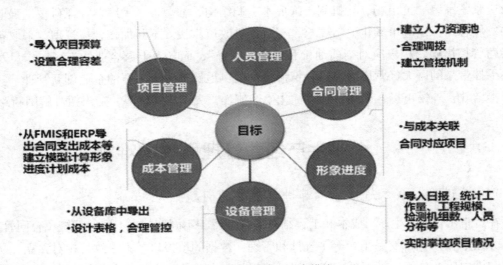

图1 生产经营管理平台模块

（二）生产经营管理平台针对企业重点问题的解决方案

1. 合同管理模块 —— 实现合同关键信息采集

正式签订合同后，合同管理人员在生产经营管理平台中录入工程项目名称、合同工作量、合同单价、合同金额、开完工时间、业主信息、联系方式等内容，完成关键信息的采集工作，如图2所示。

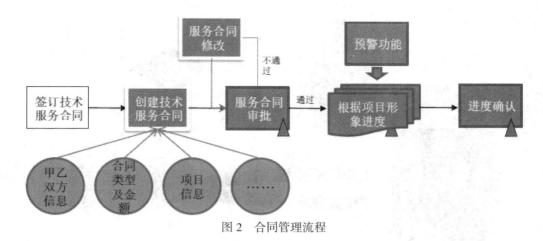

图 2　合同管理流程

生产部门将项目添加给具体实施检测作业的项目部，为下一步工程生产组织、预算管理、项目形象进度确认打下基础。

同时财务部门及时录入相应的结算、开票、收款信息，便于及时掌握结算动态情况。

2. 形象进度模块——规范项目部日报制度

项目部在项目实施过程中及时反映生产工作量及进度，形成日报并录入到生产经营管理平台形象进度模块，公司生产部门进行审核确认；平台可根据用户的需求查询任意期间工作量完成情况，大大提高了生产管理人员的工作效率，使项目进度分析和项目运行监控更加有力，如图 3 所示。

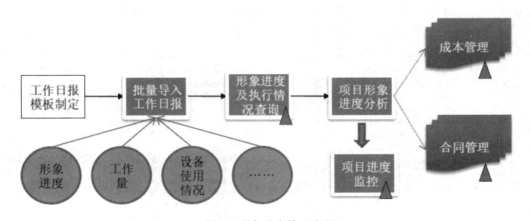

图 3　形象进度管理流程

3. 人员管理模块——建成动态人力资源池

一是从人力资源部门导出员工姓名、出生年月、学历、资质、工种、个人经历、持证情况等基本信息，充实到人力资源池。

二是做好人员的评估和调配工作，对已到项目部人员注明项目名称，对其他人员标识为"待令"状态，从而做到对人员实现动态管理和目视化管理，使人员调配更加有序高效。

三是项目部根据工作量提出用人申请，生产部门从人力资源池中选配人员。

四是项目部在人员管理模块记录员工的到达、离开项目部的日期，每月平台可自动计算出该项目部应分担的人工费、劳务费等人工成本，如图 4 所示。

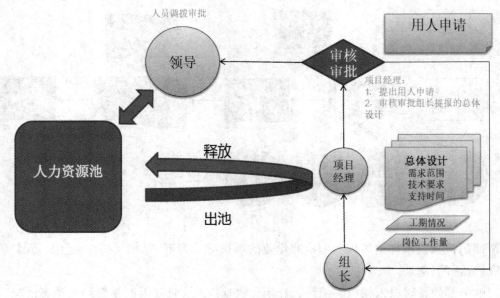

图 4　人员管理模块流程

4. 成本预警模块 —— 加强成本过程控制

这一模块主要通过 FMIS 平台导入项目成本数据，着重强调工程生产进度与成本进度的匹配度，通过容差设置，对项目成本进度进行预警管理，如图 5 所示。

图 5　成本预警提示界面

平台通过筛选，以单个项目的工、料、机、其他费用为统计基础，按费用要素划分项目成本使用情况，便于项目施工单位对项目成本目标的把控，项目经理可以随时随地查询成本结构及使用情况。

5. 报表查询模块 —— 自动生成生产经营所需报表

平台通过工程合同、生产、人员、设备和成本信息的管理，可以随时查询公司总体人员的动态，设备的占用、生产与成本进度，结算及收款情况，也便于项目部随时查询本项目成本的开支情况，并生产制定出相应的报表，从而实现多部门高效、有序、协同工作，提升管理效率和项目整体盈利水平，如图6所示。

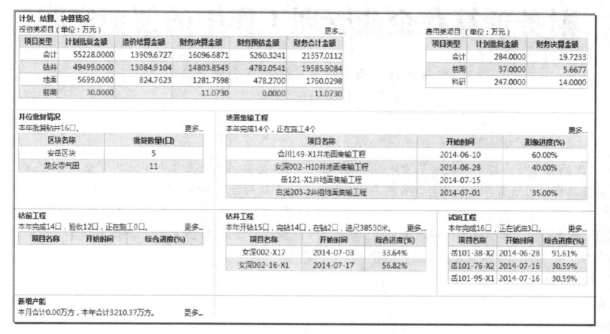

图6 项目报表目视化查询

三、预期效果

生产经营管理平台进一步强调了合同、工作量、生产成本、备用金管理、结算收款等生产经营管理的融合，在现阶段的生产经营管理工作中首次实现了实时对单个工程的生产经营情况作出全方位、全过程的跟踪管理，便于工程预算和全成本考核的实施，为企业管理者制定决策提供了单项工程全面、连续的生产经营信息，缩短了企业的管理链条，提升了企业的运行效率，为企业实现更好的经营效益提供了可靠的财务保障。

参考文献

[1] 中国石油天然气集团公司财务资产部. 中国石油天然气集团公司会计手册2012版［Z］. 北京：中国石油天然气集团公司, 2012.

[2] 张春霞. 国有企业生产经营平台的构建［J］. 长沙：会计之友, 2010.

[3] 财政部企业司. 企业全面预算管理的理论与案例［M］. 北京：经济科学出版社, 2004.

[4] 蒋义. 企业成本控制手册［M］. 上海：立信会计出版社, 2009.

[5] 精益会计实务［M］. 北京：企业管理出版社, 2014.

财务预算在企业管理工作中的创新实践

申报单位：西山煤电（集团）发电分公司

作者：王力军

[摘要] 西山煤电集团公司发电分公司作为西山煤电集团公司发供电板块的专业化管理公司，负责集团公司所属各电厂的经营管理工作。面对日益严峻的经营形势，2015年，发电公司针对各电厂实际情况和特点，以财务预算管理为抓手，创新财务管理方法，全面开展了对各电厂的预测、决策、规划、控制和责任考核评价等工作，取得了显著效果。该文以对兴能电厂的财务预算管理为例，介绍了发电公司财务预算管理创新经验和取得的成果。

[关键词] 预算管理；预测；决策；规划；控制；责任考核评价

西山煤电集团公司发电分公司成立于2011年6月，是集专业化、规模化、规范化的发供电产业管理公司，对外主要代表西山煤电集团发展、规划及投资合作电力及相关产业项目；对内主要承担集团公司的发、供电产业板块运营管理等。公司所属4座火力发电厂、4座瓦斯发电厂和6座变电站。

2015年，受国家产业结构调整，经济增速放缓影响，煤炭及电力市场持续低迷，在集团公司煤炭货款回笼困难，资金极度紧张，经营形势异常严峻和上网电价降低、基础电量下降、环保投入提高与监督力度加大等不利因素共同作用下，发电公司经营形势异常困难，并在今后很长一段时期内得不到根本改变。面对如此严峻的经营形势，发电公司上下主动适应新常态，采取新措施，针对各电厂实际情况和特点，以财务预算管理为抓手，创新财务管理方法，全面开展了对各电厂的预测、决策、规划、控制和责任考核评价等工作，取得了显著效果。下面，以对发电公司所属兴能电厂的预算管理为例，介绍我们的工作经验。

一、建立量本利模型，进行预测

我们建立量本利模型，对发电量—成本—利润三者依存关系进行分析，在取得网调计划电量的同时，在变动成本法的基础上，以数量化的会计模型来揭示销售量、上网电价、固定成本、变动成本、电费收入、利润等变量之间的内在规律性联系，为会计预测、决策和规划提供必要的财务信息。

（一）确定测算基础

确定测算基础如表1所示。

表 1　测算基础

项目	测算基础
厂用电率	按同期
电价（元／度）	执行脱硫、脱硝电价
供电煤耗（克／度）	按同期
标准煤耗量（万吨）	供电煤耗 × 上网电量
标准煤单价（元／吨）	按集团公司定价
燃料煤	标准煤耗量 × 标准煤单价
燃油	按同期
材料	按同期
电力	按同期
水费	按同期
工资	按集团公司核定
附加	按计提比例核定
折旧	按实际测算
修理费	按同期
其他支出	按同期
脱硫费用	发电量 × 脱硫单价 0.006254
脱硝费用	发电量 × 脱硝单价 0.00749
大用户直供电费用	大用户直供电量 × 单价 0.04274
财务费用	实际借款金额 × 平均利率
营业税金及附加	实际应税金额 × 税率
营业外收支净额	按同期

（二）进行预测

（1）按网调计划电量 60.3 亿度测算，预计利润为 –1635 万元。测算过程如表 2 所示。

表 2　预测

序号	项目	2014 年实际	2015 年测算	增减
一	发电量（万度）	735085	603000	–132085
二	厂用电率	9.86%	9.86%	0.00%
三	上网电量（万度）	662606	543544	–119062
四	电价（元／度）	0.3264	0.3207	–0.0057
五	供电煤耗（克／度）	350.78	350.78	0.00
六	标煤耗量（万吨）	232.43	190.67	–41.76
七	标煤单价（元／吨）	439.22	404.39	–34.83
八	大卡价（元／大卡）	0.0627	0.0578	–0.0050
九	收入（万元）	219775	177818	–41957
1	发电收入	216272	174315	–41957
2	供热收入			0

序号	项目	2014 年实际	2015 年测算	增减
3	其他收入	3503	3503	0
十	成本费用（万元）	208225	177474	−30751
1	燃料煤	102089	77103	−24986
2	燃油	721	721	0
3	材料	3911	3911	0
4	电力	697	697	0
5	水费	1019	1019	0
6	职工薪酬	11716	9850	−1866
（1）	工资	6664	5331	−1333
（2）	附加	5052	4519	−533
7	折旧	35518	36118	600
8	修理费	6638	6638	0
9	其他支出	26012	23312	−2700
其中	脱硫费用	5868	3771	−2097
	脱硝费用	2802	4516	1714
	大用户直供电费用	2280	0	−2280
10	财务费用	19904	18105	−1799
十一	营业税金及附加（万元）	854	1849	995
十二	营业外收支净额（万元）	−130	−130	0
十三	利润（万元）	10566	−1635	−12201

（2）预测盈亏平衡点电量，为 618600 万度。测算过程如表 3 所示。

表 3　测算过程

序号	项目	2014 年实际	2015 年测算	增减
一	发电量（万度）	735085	618600	−116485
二	厂用电率（%）	9.86	9.86	0.00
三	上网电量（万度）	662606	557606	−105000
四	电价（元 / 度）	0.3264	0.3207	−0.0057
五	供电煤耗（克 / 度）	350.78	350.78	0.00
六	标准煤耗量（万吨）	232.43	195.60	−36.83
七	标准煤单价（元 / 吨）	439.22	404.39	−34.83
八	大卡价（元 / 大卡）	0.0627	0.0578	−0.0050
九	收入（万元）	219775	182327	−37448
1	发电收入	216272	178824	−37448
2	供热收入			
3	其他收入	3503	3503	0
十	成本费用	208225	180350	−27875
1	燃料煤	102089	79098	−22991

续表

序号	项目	2014 年实际	2015 年测算	增减
2	燃油	721	721	0
3	材料	3911	3911	0
4	电力	697	697	0
5	水费	1019	1019	0
6	职工薪酬	11716	9850	-1866
（1）	工资	6664	5331	-1333
（2）	附加	5052	4519	-533
7	折旧	35518	36118	600
8	修理费	6638	6638	0
9	其他支出	26012	24193	-1819
其中	脱硫费用	5868	3869	-1999
	脱硝费用	2802	4633	1831
	大用户直供电费用	2280	667	-1613
10	财务费用	19904	18105	-1799
十一	营业税金及附加（万元）	854	1849	995
十二	营业外收支净额（万元）	-130	-130	0
十三	利润（万元）	10566	0	-10566

二、进行要素分析，科学决策

2015 年，集团公司给发电公司下达的总体利润指标为 56206 万元，作为发电公司最大的主力电厂，如按网调计划电量预测的 -1635 万元的利润水平，显然并不能得到集团公司及各方面的认可。因此，这就需要我们对影响利润指标的各要素进行分解分析，挖掘潜力，科学决策。

（一）生产能力及计划电量分析

1. 计划电量明显偏少

2015 年网调计划电量 60.3 亿度，对应机组利用小时为 3350 小时。据权威机构预计，2015 年山西省调电厂机组利用小时应在 4000 小时以上，兴能电厂装机容量 180 万千瓦，以 4000 小时预计计划电量，应到达 72 亿度以上。

2. 争取大用户直供电

2015 年，省经信委计划给 30 万千瓦以上机组的大用户直供电量 200 亿度，兴能电厂装机容量 180 万千瓦，且全部为 30 万千瓦以上的机组，通过努力预计可争取 8 亿度以上的大用户直供电量。另外，集团公司计划与兴能电厂签订 2.6 亿度的大用户直供电量，兴能电厂全年预计可实现 11 亿度左右的大用户直供电量。

综上所述，兴能电厂 2015 年在保证机组正常运行的前提下，有可能实现 83 亿度的发电量。因此，我们将兴能电厂 2015 年的发电量目标设定为 83 亿度。

（二）机组效率分析

兴能电厂 2014 年完成了所有机组的脱硫脱硝及除尘改造，2015 年厂用电率和供电煤耗将有所增加，但兴能电厂的机组效率在同行业中处于中游水平，与各大电力集团还有很大差距（2014 年，30 万千瓦以上亚临界空冷机组厂用电率，华能集团为 7.19%，国电集团为 7.49%，大唐集团为 8.38%；30 万千瓦以上亚临界空冷机组供电煤耗，华能集团为 342.85 克／度，国电集团为 343.31 克／度，大唐集团为 340.78 克／度），通过强化对标管理，厂用电率和供电煤耗可实现同期水平。

因此，我们对兴能电厂设定的厂用电率目标值为 9.86%，供电煤耗目标值为 350.78 克／度，均与同期持平。按 83 亿度电量计算的标准煤用量为 262.44 万吨。

（三）成本控制分析

对兴能电厂的各项成本控制，将严格执行集团公司及发电公司制定的若干降本提效的措施，燃煤用量及燃煤单价严格执行集团公司计划；材料费和修理费不得超过同期水平；脱硫脱硝费用按合同单价测算；工资按集团公司核定总额进行测算；固定资产折旧、财务费用和营业税金及附加按实际情况进行测算；其他费用严格执行集团公司规定的可控费用较同期降低 20% 测算。

兴能电厂 83 亿度电量成本控制目标如表 4 所示。

表 4　成本控制目标

序号	项目	2014 年实际	2015 年目标	增减
一	成本费用（万元）	208225	218220	9995
1	燃料煤	102089	106129	4040
2	燃油	721	721	0
3	材料	3911	3911	0
4	电力	697	697	0
5	水费	1019	1019	0
6	职工薪酬	11716	9850	-1866
（1）	工资	6664	5331	-1333
（2）	附加	5052	4519	-533
7	折旧	35518	36118	600
8	修理费	6638	6638	0
9	其他支出	26012	35032	9020
其中	脱硫费用	5868	5191	-677
	脱硝费用	2802	6217	3415
	大用户直供电费用	2280	9701	7421
10	财务费用	19904	18105	-1799
二	营业税金及附加（万元）	854	1849	995
三	营业外收支净额（万元）	-130	-130	0

（四）各要素指标的目标设定

通过各要素指标的目标设定，兴能电厂目标利润确定为 23239 万元。测算过程见表 5。

表 5　测算过程

序号	项目	2014 年实际	2015 年测算	增减
一	发电量（万度）	735085	830000	94915
二	厂用电率（%）	9.86	9.86	0.00
三	上网电量（万度）	662606	748162	85556
四	电价（元/度）	0.3264	0.3207	−0.0057
五	供电煤耗（克/度）	350.78	350.78	0.00
六	标准煤耗量（万吨）	232.43	262.44	30.01
七	标准煤单价（元/吨）	439.22	404.39	−34.83
八	大卡价（元/大卡）	0.0627	0.0578	−0.0050
九	收入（万元）	219775	243439	23664
1	发电收入	216272	239936	23664
2	供热收入			0
3	其他收入	3503	3503	0
十	成本费用	208225	218220	9995
1	燃料煤	102089	106129	4040
2	燃油	721	721	0
3	材料	3911	3911	0
4	电力	697	697	0
5	水费	1019	1019	0
6	职工薪酬	11716	9850	−1866
（1）	工资	6664	5331	−1333
（2）	附加	5052	4519	−533
7	折旧	35518	36118	600
8	修理费	6638	6638	0
9	其他支出	26012	35032	9020
其中	脱硫费用	5868	5191	−677
	脱硝费用	2802	6217	3415
	大用户直供电费用	2280	9701	7421
10	财务费用	19904	18105	−1799
十一	营业税金及附加（万元）	854	1849	995
十二	营业外收支净额（万元）	−130	−130	0
十三	利润（万元）	10566	23239	12673

三、根据决策制定规划，进行控制

规划就是通过编制各种计划和预算，将事先确定的目标分解落实到有关预算中去，合理有效地组织协调供、产、销及人、财、物的关系。控制是根据规划制定的标准，并根据其在执行过程中实际与计划发生的偏差，进行理由分析，采取措施调整改善。其思路是先分解指标，然后运用制度进行制约。

2015 年，我们的规划、控制措施主要包括：

（一）编制全面预算

成立由董事长亲自任组长的预算委员会，制定出全公司及各子分公司的利润目标、销售目标、成本目标，并下发各有关部门，组织各部门按具体目标要求编制相关预算。以销售预算为基础，依次编制生产预算、直接材料预算、直接人工预算、制造费用预算和产品成本预算，制定并执行先进合理的原料、能源消耗定额，采取有效的措施，努力增收节支、降本提效。预算执行过程中，凡是预算外的开支一律不得列决，无预算的资金一律不予保障。

（二）以确保完成目标利润为前提，出台相关规定

我们紧紧围绕集团公司 2015 年职代会、工作会精神，根据集团公司《关于下达二〇一五年度财务预算指标的通知》和《西山煤电集团公司 2015 年强化经营管控三十条措施》等有关文件精神，制定并下发了《发电公司 2015 年强化经营管控措施》《关于下达发电公司二〇一五年度财务预算指标的通知》和《发电公司直属单位 2015 年度预算指标分解考核办法》等一系列加强生产经营管理，确保完成集团公司考核指标的相关文件，将各项指标分解落实到分管领导和责任部门，从增加收入、强化基础管理、控制成本、优化资金管理和项目建设五个方面予以落实。

（三）加强经营绩效考核工作

根据各项生产经营目标任务，结合各单位生产经营实际，制定《发电公司 2015 年经营业绩考核评价办法》，严格刚性考核，充分调动各单位经营层及员工的工作积极性，发挥好考核奖惩机制的导向作用。

（四）严格报表签收制度

要求各单位在每月的 3 日前上交报表，对晚交报表的单位，每晚交半天在财务评比考核中扣10 分。对完不成利润指标的单位，要求详细分析利润指标完不成的原因，发电公司认可后方可上报集团（股份）公司。

（五）强化成本管理，压缩非生产性支出，有效降低"三项"费用

严格执行焦煤、西山两级集团加强成本控制及廉政建设的若干规定和发电公司的"八个不得"，严格控制会议费、招待费、差旅费、车辆费、福利费等管理费用支出，上半年可控费用同比降低20% 以上。

四、责任考核及评价

责任考核及评价是通过对预算目标完成情况的实时评价和对责任主体的严格考核，来确保主要目标得以实现。通过责任考核及评价可以及时发现问题，寻找不足，实现预算管理预测、决策、规划、控制的动态循环，从而将管理会计解析过去、控制现在、筹划未来这三方面的职能紧密地结合在一起，综合发挥作用。

对兴能电厂上半年目标任务的考核及评价结果如下：

（一）对各主要目标完成情况的评价

（1）虽然电力市场疲软，但兴能电厂在全省同规模机组电厂中的排名靠后，上半年平均机组利用小时为 1975.72 小时，而兴能电厂只完成 1678.16 小时，与全省平均水平差距较大。

（2）从上半年全省发电量情况看，年初我们制定的 83 亿度电量目标有些过高。

（3）上半年兴能电厂用电率 10.59%，未能完成 9.86% 的目标。

（4）上半年标准煤单价 450.93 元/吨，较预算 404.39 元/吨增加 46.54 元/吨，主要原因是集团公司供煤热量较低，且未严格执行以热定价政策。

（5）受电力市场疲软及 4 月 20 日起电价降低 2 分钱（不含税）的影响，兴能电厂上半年未能完成利润预算目标，因此，对兴能电厂上半年利润指标的考核将剔除电量及电价的影响因素后予以考核。

（6）成本费用控制较好，其中修理费较预算减少 2830.15 万元，材料费较预算减少 1985.48 万元，财务费用较预算减少 1066.23 万元，职工薪酬较预算减少 686.92 万元。

（7）供电煤耗控制较好，上半年供电煤耗 327.06 克/度，较预算目标 350.78 克/度降低 23.72 克/度。

（二）考核结果

兴能电厂上半年累计完成利润 11.32 万元，较均衡预算 11619.5 万元减利 11608.18 万元，加上剔除电量、电价因素后的视同利润 13574.09 万元后，视同超利 1965.91 万元。因此，我们建议集团公司视同兴能电厂完成预算利润指标，但不予利润换取工资。

视同利润计算过程如下：

1. 电量因素视同利润

因机组利用小时数 1678.16 小时，较全省平均利用小时数 1975.72 小时相差 297.56 小时，所以按全省平均利用小时数计算电量因素视同利润：

（1）按全省平均利用小时数计算的上网电量：

（全省平均利用小时数 × 机组规模）×（1－预算厂用电率）

=（1975.72×180）×（1－9.86%）

=355629.6×0.9014

=320564.52（万度）

（2）上网电量影响收入减少额：

（均衡预算上网电量－按全省平均利用小时数计算的上网电量）× 预算电价

=（374081－320564.52）×0.3207

=53516.48×0.3207

=17162.74（万元）

（3）按上网电量影响燃煤成本减少额：

（预算燃煤成本/预算上网电量）×（均衡预算上网电量－按全省平均利用小时数计算的上网电量）

=（104624/748162）×（374081－320564.52）

=0.1398×53516.48

=7481.60（万元）

（4）未完成厂用电率扣减视同利润：

（实际厂用电率－计划厂用电率）× 实际发电量 × 电度毛利

=（10.59%－9.86%）×302070×0.1576

=0.0073×302070×0.1576

=347.53（万元）

（5）电量因素视同利润：

上网电量影响收入减少额 – 标准煤用量影响燃煤成本减少额 – 未完成厂用电率扣减视同利润

=17162.74 – 7481.60 – 347.53

=9333.61（万元）

2. 电价因素视同利润

（预算电价 – 本期实际平均电价）× 累计上网电量

=（0.3207 – 0.3050）× 270094.13

=0.0157 × 270094.13

=4240.48（万元）

3. 视同利润合计

电量因素视同利润 + 电价因素视同利润

=9333.61 + 4240.48

=13574.09（万元）

五、针对不足，采取措施

（1）强化市场营销手段，确保机组利用小时数达到全省平均水平，争取全省排名靠前。

（2）如全省全年继续维持上半年电力市场的颓势，年底要建议集团公司对兴能电厂全年电量及利润的考核进行必要的调整。

（3）强化对标管理，认真查找不足，切实将厂用电率降到合理的范围之内。同时，在利润考核中将严格还原此指标对利润的影响。

（4）积极与集团公司协调，燃煤严格执行以热定价政策。

六、兴能电厂采取措施后的效果

（1）7~12月平均月发电量58139.13万度，较1~6月平均月发电量50344.93万度，增加7794.20万度。7~12月平均月机组利用小时数323.00小时，较1~6月平均月利用小时数279.69小时，增加43.31小时。

（2）7~12月平均厂用电率9.88%，较1~6月平均厂用电率10.59%，降低0.71%。但比厂用电率目标值9.86%仍高0.02%。

（3）7~12月平均实现利润1416万元，较1~6月平均利润2万元，增加1414万元。但比均衡月预算1936.59万元减少520.59万元。

（4）7~12月标准煤平均单价444.87元/度，较1~6月平均单价450.93元/吨，降低6.06元/吨。但仍比预算目标404.39元/吨高40.48元/吨。

综合以上案例，发电公司在对兴能电厂的财务管理中，积极创新运用预算管理，采取有效措施，努力增加收入、降低成本支出，取得了显著的效果，但月利润、厂用电率及标煤单价与预算目标还有一定的差距。在接下来的2016年工作中，我们还需针对具体问题，积极采取措施，争取优化各项主要预算指标，确保全年利润指标的顺利完成。

国产支线客机运营成本性态分析及管控对策研究

申报单位：幸福航空有限责任公司

作者：贾　锐　张艳朝

[摘要] 本文通过分析我国唯一以单一国产 MA60 客机运营的幸福航空有限责任公司的成本性态和结构特点，分析了支线航空公司和国产支线飞机的成本特点，研究了针对主要成本的管控措施，反映了国产支线飞机和国内支线航空公司当前存在的问题。

[关键词] 国产支线；航空公司；成本性态

20 世纪 90 年代起，随着我国社会经济高速发展和对外开放交流增加的双重利好情况下，我国航空运输业实现了快速增长，根据国际航空运输协会数据显示，2004 年至 2012 年中国民航旅客运输量增长率约为 12.9%，远高于同期全球民航 5.0% 的增长率。除了生产量的增长，我国也建设了众多中小型机场，预计 2015 年底，我国新建机场将达 70 座，改扩建机场 101 座。

虽然目前国家大力倡导基本航空交通服务，行业主管部门也努力通过各种方式推动支线航空业务的发展并相继出台了一些政策，但因为支线航空成本过高，又缺乏有效的扶持政策，所以国内航空公司普遍首选运营投入干线航空，或者选择干线机型来运营支线航空。截至 2015 年 5 月底，我国航空公司在册民用运输飞机共 2448 架，其中中小型机 152 架，占总量的 6.2%，国产客机（MA60 飞机）只有 23 架，仅占总量的 0.9%。作为航空大国，我国国内民用航空器的市场占有率和支线航空的发展还很不均衡。

本文将通过研究国内唯一一家以单一国产支线客机（MA60）机队运营的幸福航空有限责任公司（以下简称幸福航空）的成本性态和结构，分析支线航空公司和机型的成本特点，反映支线航空公司和国产支线飞机当前存在的问题。

一、幸福航空运营简介

幸福航空由中航工业集团公司旗下的幸福航空控股有限公司和东航股份公司共同组建，双方出资比例为 95%∶5%，公司注册资本 10 亿元。幸福航空是以运营国产飞机为主的航空公司，公司的使命是发展国内支线航空市场，促进国产民机制造产业。截至 2015 年 5 月，幸福航空共拥有 9 架国产 MA60 涡桨飞机，员工 489 人。公司以西安、银川、合肥 3 个机场为基地，运营 11 条往返航线。

二、成本结构及存在的问题

基于成本和生产量之间的依存关系，成本结构分为变动成本、固定成本和混合成本。在应用中通过分类和分析将全部成本划分为变动成本和固定成本两大类。以幸福航空为例，运营国产支线飞机的支线航空公司变动成本占总成本的比例仅为40%，固定成本占总成本的比例为60%。而以某大型成熟航空公司为例，固定成本占总成本的比例高达70%。相比之下支线航空公司的成本结构不合理，与正常的成熟航空公司的成本结构相反。

导致支线航空公司成本结构不合理和总成本相对较高的原因是多方面的，主要有以下几个因素：

（一）飞机日利用率低

支线航程较短，飞机起降频繁，总过站时间相对干线较长。同时大多数支线小型机场配套设备较差，无法进行夜航。国产支线飞机自身的性能较差，故障较干线飞机多。以上种种原因导致支线飞机的日利用率较低。日利用率低导致无法摊薄固定成本。

（二）飞机数量较少，通用性差

国产支线飞机所使用的配套设施，如拖车、除冰车、电源车等特种车辆不同于国内主要运营机型所使用的车辆，同时航材备件也无法通用，各机场相应的航材支援能力几乎没有，所以必须在各地建立专门的维修站点，增加航材库存，也导致了公司运营成本增加。

（三）支线航空固有的高成本特点

与干线飞机相比，支线飞机的座位数少，公布票价低，所以航班收入较少，经营的利润更仰仗于对成本的控制。而成本居高不下正是当前约束支线航空发展的重要"瓶颈"。根据前面的分析，在国内航空运输市场的环境和目前的收费标准中，支线客机基本和干线飞机处于相同的水平。由于支线航程偏短、座位数少的特点，单座成本或每座公里所分摊的起降费、地面服务费、电脑订座费等均高于干线飞机。支线航空公司这些费用占收入的比例也远大于干线航空公司。

（四）资金及财务状况

与运营干线飞机的大中型公司相比，运营国产支线飞机的公司较小，机型的盈利能力和经营现金流入较差，使得公司的运营资金较为紧张，为了保障公司的生产和发展，通常会采取借款、售后回租等方式来筹集资金，这样会导致公司的财务费用越来越重。

三、成本特征与管控对策

从对成本的可控性来分析，分为可控成本和不可控成本。从公司实际运营来看，这样区分较粗略，不利于有针对性地进行成本管控。所以，本文结合不同的成本特性，把成本管控的对策分为可以控制、有限控制、重大影响、完全不可控、争取优惠五种，下面针对不同的成本特性，逐一分析其成本性态和控制对策。

幸福航空的成本比例构成见表1，对于主要的成本项目分析如下。

（一）航空燃油成本

航空燃油成本是航空公司运营的重要直接成本，该成本取决于飞机的航油消耗量和航油的价格。

在我国现行的航空管理体制下，航空燃油的采购成本根据国家发改委价格通知，每月进行调整。具体的加油工作主要由中航油和华南蓝天等几大航油公司进行专营，对于不同的机场存在不同的进销差价。

此项成本属于典型的变动成本。在价格上航空公司无法控制，一般的应对措施是设立节油奖，鼓励飞行人员在飞行过程中节省燃油消耗，同时优化加油地点，在保证安全和飞行的前提下尽量选择在航油进销差价较低的机场进行加油的手段来控制成本。对于国产支线客机MA60来说，其飞行标准油耗难以测算，导致无法制定节油标准，无法通过节油奖来鼓励节油，所以难以降低油耗。MA60的每小时耗油量较干线客机少，但是其巡航速度较慢、座位数少，摊到每座位的成本比A320飞机更高，具体如表1所示。

表1　成本

机型	小时油耗（千克/小时）	飞行速度（千米/小时）	每千米油耗（千克/千米）	座位数	单座油耗（千克/千米×座位）
MA60	600	420	1.4286	50	0.0286
A320	2800	955	2.9319	150	0.0195

此项成本约占总成本的14.2%，由于机型的问题，基本上完全不可控。

（二）航空性和非航空性业务收费

飞机在机场的航空性和非航空性业务收费标准，根据民航局和发改委的民航发〔2007〕159号文件收取，主要包括五项航空性业务收费（起降费、停场费、客桥费、旅客服务费、安检费）和非航空性业务收费（地面服务收费、头等舱公务舱休息室出租、办公室出租、售补票柜台出租、值机柜台出租）。

起降费在航空性业务收费中占比重最大，表2是MA60和A320的起降费收费对比。

表2　对比（一）　　　　　　　　　　　　　　　　　　单位：元

机型	最大起飞重量（吨）	起降费标准	座位数	单座起降费
MA60	21.8	250	50	5.00
A320	77	1606	150	10.71

从表2可见，A320的单座起降费为MA60的2倍左右。但MA60飞行时间短，起降较频繁，所以其起降费要大大高出A320的一半。

在旅客服务费方面，通常一类1级机场收取标准为34元/人，一类2级机场为40元/人，二类机场为42元/人。通常干线飞机通航城市主要集中在一类机场，因此在地面服务费收取标准方面较低，而对于支线飞机而言受机型限制，通常主要在二类和三类机场间往返，支付的旅客服务费价格反而更高。

此项成本属于典型的变动成本。该项目的收费航空公司基本不可控，在运营中幸福航空也和一些非枢纽的中小机场进行协商谈判，争取一定时间段内部分航空性收费的减免优惠，但是通常优惠时间有限，优惠力度也不是很大。

此项成本约占总成本的5.9%，宜采用争取优惠的对策。

（三）航空配餐和机供品费用

航空公司在运营过程中，根据与机场配餐公司的机供品及配餐协议，向机组成员和旅客提供餐食和机供品，该项费用主要是与配餐公司的收费标准和机组、旅客人数相关。

此项成本属于典型的变动成本。大型航空集团公司会进行产业链的延伸，成立自己的配餐公司，从而降低航空公司的配餐价格，而中小型航空公司一般没有这个条件，无法降低配餐和机供品的价格，只能通过控制机组人数和降低旅客的机供品标准来控制该项成本。对于支线航空公司而言，由于所飞各机场不具备机务放行能力，只能采用公司机务跟班放行，同时要培养飞行学员，所以与中型的干线飞机相比机组的人数并不少，难以控制配餐费用。

此项成本约占总成本的 0.7%，基本上完全不可控。

（四）民航发展基金

民航发展基金属于政府性基金，根据财综〔2012〕17 号文件规定，收费取决于飞机最大起飞全重、飞行里程、航段类型等因素。

此项成本属于刚性成本。对于国产支线航空公司，运营 600 千米以下和使用飞机最大起飞全重 50 吨以下的机型，民航发展基金减半征收。表 3 是 MA60 和 A320 机型的民航发展基金对比。

表3 对比（二）

机型	最大起飞重量（吨）	民航发展基金标准（元 / 千米）	座位数	单座民航发展基金（元 / 千米 × 座位）
MA60	21.8	0.4	50	0.0080
A320	77	2	150	0.0133

相比从 2011 年起乘坐支线飞机的旅客免收机场建设费的优惠政策，对于支线飞机航空公司的民航发展基金优惠力度还存在一定空间。

此项成本约占总成本的 0.5%，完全不可控。

（五）空勤人员小时费

空勤人员小时费由航空公司的薪酬标准和飞行的小时量决定，在当前日益激烈的竞争航空市场环境中，飞行员尤其是成熟机长不足是影响各航空公司的生产力的最大因素。

此项成本属于重大影响成本。在目前的环境中航空公司无法对空勤人员的待遇进行控制，中小型航空公司需要比大型航空公司支付更高的薪酬标准。由于运营国产支线飞机，飞机的设备性能和舒适度较干线喷气飞机差，又是较小型的公司，其空勤人员的薪酬待遇标准普遍高于成熟的大型航空公司。

此项成本约占总成本的 7.7%，基本上完全不可控。

（六）飞发日常修理费

飞发日常修理费主要是指飞机、发动机、周转件的日常修理费，还包括 APU 修理、起落架修理、部附件修理。主要是根据制造厂商的手册、飞机和航材的使用现状等进行维修，主要是维修厂商的工时费和维修过程中的材料费用。

该费用可通过对飞机的合理维护，拓宽航材维修渠道，提升议价能力，尽量降低维修价格等方式进行有限的控制。国产支线客机的机队规模小，各厂家取适航证投入大，积极性不高。因此修理厂家少，可供选择余地不大，维修的价格也相对难以降低。

此项成本约占总成本的 5%，可以进行有限控制。

（七）航材消耗件

航材消耗件指的是航空公司在飞机运营过程中所消耗的，不能构成周转件的航空器材及其修理费，大多是维修的零部件。其收费标准主要是各维修厂商提供的产品价格目录。

航空公司对于该费用的控制方式与飞发日常修理费的控制方式基本相同，但力度明显偏弱。运营国产支线航空公司面临的问题，也是产品的市场化程度不高，可供选择的厂商不多，难以降低价格。MA60机型所占市场份额太少，在遇到飞机故障时，难以得到其他航空公司在航材上的有效支援，所以往往在外站需要设立航材储备点，并增大航材储备量。

此项成本约占总成本的1.7%，可以施加重大影响。

（八）组件飞发大修储备

组件机身和组件发动机的大修储备是航空公司在飞机和发动机在两次大修的间隔期间计提或摊销的维修储备费用。其费用标准是按照制造厂商的手册大修要求，用工作量法根据飞机和发动机实际运行的小时来核算应计的费用。

航空公司可通过加强监修力度，寻找替代的更为经济的大修厂家，并通过规模化来尽可能地降低飞机和发动机大修成本。目前，困扰支线航空公司的问题是修理规模小，国内配套环境不成熟，发动机只能送出国外进行热检和大修，费用高且周期长。

此项成本约占总成本的4.9%，可以进行有限控制。

（九）销售代理手续费

代理手续费主要是航空公司在分销渠道进行销售时，支付给机票代理商的佣金。其费用标准取决于航空公司对分销代理商的返点政策。近两年各航空公司大力开拓直销渠道，对于分销渠道额代理手续费也打破了多年来销售票面的3%+X%的标准，目前部分大航空集团公司已经调整为0%+X%，减少和取消固定费率，以更为灵活的浮动费率来促进分销。

对于航空公司来说，可以根据公司销售策略较为灵活地控制。对于支线航空来说，由于销售量较少，竞争力也较弱，销售上更需要代理商的支持，支付代理手续费比率相对成熟大型公司较高。

此项成本约占总成本的1.3%，可以进行控制。

（十）电脑订座费

电脑订座费是航空公司通过中航信的销售系统进行销售时，经过中航信订座系统处理的所有客票产生的费用。该费用取决于公司每月的旅客航段量和收费单价，根据中航信现有的收费政策，所有旅客包括没有成行的都要收取，收费标准采用分段累进制，随着旅客数量的增加单位标准不断降低。

此项成本属于刚性成本。航空公司每月运输量越大，平均的单人成本可以被摊薄，对于运输量较小的航空公司来说，该项成本无法降低。幸福航空由于规模较小，旅客数量较少，目前一直按照最高标准9.9元/人收取，订座费占票面收入的比例为大型成熟航空公司的5.5倍。

此项成本约占总成本的0.7%，完全不可控制。

（十一）营业税金及附加

在航空运输业全面施行营业税改增值税之后，营业税金及附加主要是缴纳营业税项目的其他业务收入，所占比例很小。对于增值税的销项税各公司都用进项税来抵扣，进项税一般较多。

此项成本很小，完全不可控制。

（十二）其他人工成本

根据局方规章的要求，航空公司的飞行员、机务维修人员、飞行签派员都有明确的数量要求，各执照专业人员的工作时间也有限制。

各公司对于人工成本主要是通过机构改革，优化流程和岗位职责，加大培训力度，尽量降低员工数量，提高单位工作效率来进行有限控制。对于支线航空公司来说，由于市场化的竞争较为激烈，各类专业人员的薪酬待遇需要高于一般的航空公司。

此项成本约占总成本的 25%，公司可以进行有限控制。

（十三）折旧和摊销

对于飞机、发动机和高价件折旧，以及飞行员摊销，航空公司主要是参考财建函〔2002〕24号的文件和飞机制造商的手册，根据飞机最大起飞全重的不同来确定飞机及其发动机的折旧年限。

此项成本约占总成本的 18.3%，完全不可控制。

（十四）财务费用

航空公司的财务费用主要由租赁飞机的租金和借款利息构成。飞机的租金由租赁飞机的合同和利率确定。借款利息是公司根据发展的需要，从银行贷款或其他渠道融资产生的利息。

对于支线航空公司而言，由于市场环境等因素造成经营困难，如果没有稳定的自有资金支持和保障，被迫通过借款或融资来缓解公司资金压力，将导致财务费用大幅度增高，陷入恶性循环中。

此项成本约占总成本的 6.4%，完全不可控制。

（十五）其他成本费用

其他成本费用主要以公司可控费用为主，如地面运输费、水电办公费、差旅费、招待费等。公司通过预算管理，提高效率等方式可以对这些费用做到控制。

此项成本约占总成本的 7.5%，可以进行控制。

四、解决支线航空困境和促进发展的对策

基于以上分析，支线航空成本明显高于干线航空，且能够有效控制的成本较少（20% 左右），市场收入明显较差，导致处于亏损状态。

支线航空的健康发展，一方面需要支线航空公司自身不断提高管理水平、运营效率、努力降本增效，确定可行有效的经营模式；另一方面需要得到行业主管单位如民航局、各相关机场、中国航信等支持。在目前国内航空运输市场环境中，建议各主管和保障单位可以考虑支线航空运营的不同特点，对部分收费和扶持政策进行调整，如降低支线飞机的起降费和地面服务费收费标准，对支线航空公司的电脑订座费进行优惠，进一步放开支线航空的票价水平，提高支线航空的支线补贴等。以更好地促进国内支线航空发展，推进实现我国航空制造大国的目标。

参考文献

［1］中国民航统计年鉴 2014［M］. 北京：中国民航出版社，2014.
［2］谢云双. 低成本航空公司成本量化分析［J］. 北京：中国民用航空，2004（12）.

大型能源投资集团财务公司 "票据池"综合服务模式的构建与运行

申报单位：京能集团财务有限公司

作者：张　伟　王　申　周丽玉　周　园

[摘要]京能财务为适应金融环境，为集团产业链金融提供便利工具，创新地提出构建"票据池"来拓展各项综合业务。通过"票据池"产品组合，努力满足客户需求，为集团成员单位提供多元化票据业务和融资需求服务。

[关键词]"票据池"；服务

一、京能财务简介

京能财务是北京市国资委系统第一家财务公司，也是中国投资协会地方电力委员会会员单位的第一家财务公司。近几年京能财务大力推进专业化管理平台建设，创新发展票据金融服务，构建面向集团企业客户"票据池"综合服务模式。京能集团以"电力能源投资、煤炭生产与供应、热力生产和供应、房地产开发经营"为主业，上游包括煤炭、燃气、建材等多种行业，下游主要为电网公司、冶金、化工、热力经销商以及个人等，其中内部主业之间也存在供求关系。搭建"票据池"的思路是立足于将财务公司的金融服务延伸至成员单位的上下游企业而进行的整体设计。旨在依托财务公司在集团成员单位产业链上的核心地位，发挥其对产业链上物流、商品流、信息流的控制优势，借助"票据池"这一管理手段，对产业链上相关企业提供金融产品和服务。主要创新思路在于：不但在集团内部提供票据总体周转服务，而且延伸至产业链上下游企业，为产业链实体经济的金融需求提供票据融资新选择，盘活集团资产、拓宽集团对外融资渠道，解决产业链上下游中小企业融资难问题，降低成员单位的采购价格和供应商的融资成本。

二、"票据池"综合服务模式背景

一是支持实体经济融通资金的重要媒介。近年来，票据贴现、转贴现、回购交易继续保持活跃；票据融资价格较贷款业务更具备市场化特性，若企业能够准确地捕捉市场动态，将大幅降低融资成本。

二是适应金融环境发展的需要。中国票据市场是重要的货币子市场。财务公司是金融体系的重要组成部分，积极主动地适应金融环境发展新态势，为集团整体利益服务是其重要的职责。

三是集团票据集约化管理的需要。"票据池"集中管理之前，经常出现集团企业应收银行承兑汇票金额和承兑手续费用居高不下的"双高"现象，资金使用效率低下，企业集团的财务协同效益无从发挥。财务公司通过建立集团"票据池"，盘活票据存量资源并统筹票据风险管理。一方面，发挥财务公司的金融服务优势，另一方面，可以节省票据业务运作成本和减少外部机构利润分成，减少中间环节，增加票据资管业务综合收益，有效地控制票据业务风险。

四是财务公司创新发展的需要。在我国金融深化改革的背景下，存贷款利差逐步收窄和利率、汇率常态化波动将成为银行业经营的现实环境。新常态对财务公司票据业务服务实体经济和业务创新提出了更高要求，驱使财务公司借助票据托管、票据融资、票据咨询顾问以及票据代理交易等多类型跨市场票据金融服务，实现盈利模式的多元化，推动电子票据业务发展和票据信息化经营转型。

三、"票据池"综合服务模式内涵、特点与实施

（一）"票据池"综合服务模式的内涵

京能财务"票据池"综合服务模式是集收票与代保管、出票与承兑、背书与贴现、质押与质出、转贴现与再贴现等各项业务为一体的统一管理的运作模式。"票据池"综合服务模式的运作旨在实现纸票池、电票池和资金池的三池融通，内外源资金融通，跨区域、上下游企业票据融通，如图1所示。

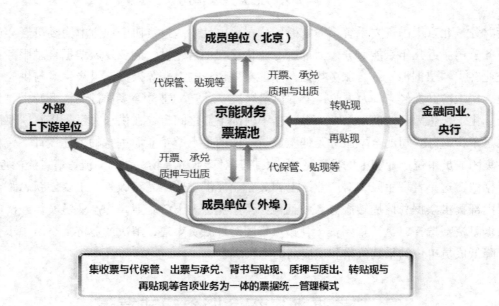

图 1 京能财务"票据池"综合服务模式总览

（二）"票据池"综合服务模式的特点

京能财务"票据池"综合服务模式的特点重在"融通"。

（1）实现三池融通：纸票池、电票池和资金池。

（2）实现内外融通：京能财务票据池与外部企业、银行同业、央行的票据融通。

（3）实现跨区域融通：京能财务票据池与京内、京外成员单位票据的融通。

四、主要做法

京能财务"票据池"综合服务模式全面涵盖收票和代保管、背书与贴现、评级与授信、票据定价、转贴现与再贴现、电子票据产业链融资、信息系统、风险管理与内控等各方面。

（一）服务先行，推出收票和代保管业务

京能财务通过"票据池"在收票和代保管环节为成员单位提供商业汇票保管和信息查询等中间业务服务。

（二）积极稳妥，逐步开展出票和承兑业务

京能财务为客户票据结算提供便捷服务，为集团成员单位外开出京能财务承兑的纸质商业承兑汇票或者电子商业承兑汇票，或委托外部银行开出银行承兑汇票。

（三）互惠互利，深化背书和贴现业务

集团成员单位内部之间可以互相背书，也可以背书给集团外部单位，京能财务为成员单位提供贴现融资服务，延后并缓解企业支付压力。

（四）创新授信评级体系，将票据业务纳入整体授信

京能财务作为京能集团的内部银行，较外部金融机构更了解成员单位信息，将票据承兑和贴现额度纳入客户授信总量，为成员单位办理业务提供便利。

（五）以市场为导向，确保京能财务票据定价具备竞争性

京能财务票据贴现定价采取流动性、随行就市、政策导向等原则。票据贴现利率参照 shibor 上浮一定比例，同时考虑风险溢价和公司融资成本等因素。

（六）盘活票据资产，拓展票据的再融资渠道

为实现票据的流动性，京能财务为客户贴现后的在票据市场上进行转贴现或与人民银行开展再贴现业务。

（七）电子票据产业链再融资

京能财务将电子银行承兑汇票融资业务为突破口，创新产品设计为成员单位办理融资。该业务利用京能财务在金融机构的授信额度，在不占用集团内资金、不使用银行贷款的情况下，解决了成员单位融资困难问题；成员单位可以获得低成本资金；成功地将一头在外的票据业务纳入集团"票据池"统一管理；为下一步深入开展银财合作奠定基础。

（八）与时俱进，切实抓好电子商业汇票系统接入

京能财务"票据池"在业务办理初期采用共享间联模式接入电子商业汇票系统。2012 年，公司搭建"内部结算票据池"，变更为代理模式。随着经验积累和业务量的提升，最终实现与人民银

行直联模式。

（九）三道防线，做深做细做实票据业务风险与内控管理

主要是票据产品开发前期的详尽调研与风险评估；事中的合规性审查与流程控制；以及事后的后督与稽核。通过三道防线严格把控票据业务风险。

五、"票据池"综合服务模式实施效果

（一）解决成员单位融资困难，提供集团整体收益

通过京能财务"票据池"运作，一方面节约了成员单位融资成本，另一方面将成员单位在银行办理承兑、贴现等业务的手续费、贴现息等转化为集团财务公司的内部利润，从而提高集团整体收益，如表1所示。

表1 京能财务 2013 年至 2014 年票据承兑、贴现业务提高集团整体收益情况

年份	节约融资成员单位融资成本（万元）	将支付给银行的费用转化为集团内部手续费收入（万元）	将支付给银行的利息支出转化为集团内部利息收入（万元）
2014	230.24	1.10	59.86
2013	47.34	1.59	43.08
合计	277.58	2.70	102.94

（二）拓宽成员单位融资渠道，降低集团整体融资成本

京能财务创新开发的成员单位电子银行承兑汇票融资业务成功为成员单位降低物资采购成本，实现了 8000 万元供应链采购便利。实现成员单位外部票据贴现融资 12700 万元，节约其融资成本 387 万元左右。

（三）创新银行授信品种，拓宽票据融资渠道

（1）为成员单位增加授信额度。目前已取得六家银行，31 亿元的票据创新授信额度。通过两年的努力，基本实现成员单位在票据市场主导行可办理业务，并实现全国范围内跨地域授信额度共享。

（2）实现转贴现与再贴现零的突破。京能财务为创新融资方式，开拓外源融资渠道，提高资产营运效率、盘活资产，开拓了票据转贴现和再贴现新融资渠道。2013 年和 2014 年先后实现了票据转贴现和再贴现"零"的突破。

（3）强化创新，提升京能财务服务能力。京能财务通过票据池的构建和运行，努力满足京能集团成员单位多元化的金融服务需求。同时通过多方合作，系统培训公司工作人员，切实提升了京能财务服务能力。

参考文献

[1]汇通票据网. 中国票据市场发展的新常态［EB/OL］. 2009.

论企业管理会计的应用路径

申报单位：大庆油田矿区服务事业部

作者：郭文军　杨国辉　李跃武　张春懿

[摘要] 本文提出了企业管理会计的应用路径问题。企业管理会计的应用路径是实现管理会计目标的基本路线，是以管理会计的职能和管理会计活动为基础，表现为企业价值信息的创建和更迭的运动轨迹，是管理会计应用的目标、原则和要素的相互链接。

[关键词] 企业管理会计的应用路径；管理会计活动；价值信息；决策信息；协同决策；价值创造

一、问题的提出

《管理会计基本指引（征求意见稿）》（以下简称《基本指引》）为企业开展管理会计工作提供了基本框架结构，是企业应用管理会计的基本指南，对企业管理会计的应用实践和提升创造价值能力具有强大的促进作用。《基本指引》明确了管理会计的应用目标、应用原则和应用要素，回答了管理会计能解决什么问题，怎么解决问题和如何应用管理会计。但是没有表述管理会计的应用目标、应用原则和应用要素之间的关系，没有回答如何才能实现管理会计的应用目标问题。实质上，是没有指明管理会计的应用路径。

为了深入贯彻落实《关于全面推进管理会计体系建设的指导意见》，完善管理会计指引，明确和开展企业管理会计的应用路径研究是非常必要的。

二、企业管理会计的应用路径是
实现管理会计目标的基本逻辑路线

企业管理会计的应用路径是发挥管理会计职能，驱动管理会计要素，贯彻管理会计原则，实现管理会计目标的基本逻辑路线和基本思维模式。企业管理会计的应用路径的模型如图 1 所示。

企业管理会计的应用路径是企业管理会计目标实现过程的具体表现形式。企业管理会计的应用路径是由应用基础和应用路线两部分构成的。企业管理会计的应用基础可以表述为纵横二维坐标。其纵向维度是管理会计的职能，计量是基本职能，决策是高级职能；其横向维度是管理会计活动，左端是反映企业组织结构和管理体系的决策链，右端是反映企业生产技术和经营运作的价值链。企业管理会计的应用路线是将财务与业务的信息进行整合，通过集成转化为企业的价值信息；再将价值信息和决策资源整合，进一步集成转化为决策信息，并协同经营管理者开展最优化的价值决策，最终实现企业价值创造，如图 1 所示。

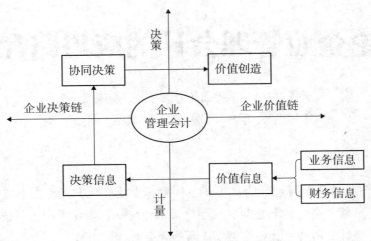

图 1　企业管理会计的应用路径的模型

三、企业管理会计的应用路径是
管理会计职能作用于管理会计环境的体现

企业管理会计的基本职能是价值计量，高级职能是协同决策，计量和决策是企业管理会计发展的两个方向。《基本指引》第八条规定，管理会计的应用环境"主要包括与管理会计建设和实施有关的价值创造模式、组织架构、管理体系、资源、信息系统以及外部相关环境等"。这些应用环境元素构成了企业的价值链、决策链和信息链，即价值创造模式和资源构成企业的价值链，组织架构和管理体系构成企业的决策链，信息系统和外部相关环境构成企业的信息链。企业管理会计发挥价值计量和协同决策职能，作用于企业的价值链和决策链，即形成了企业的信息链，为实现企业管理会计目标创造了条件。

在企业价值链的情境中，企业管理会计发挥价值计量的职能，按照战略导向原则和业财融合原则的要求，将财务会计的信息和价值链上的业务信息整合成价值信息。价值信息是反映企业全局的、未来的和具有竞争能力的关键指标数据，财务会计信息是价值信息的基础因素，业务信息是价值信息的驱动因素；在决策链的情境中，企业管理会计进一步发挥价值计量的职能，按照适应性原则和成本效益原则的要求，将价值信息与决策资源相结合，进一步生成决策信息。决策信息是反映企业战略性、创新性和提升价值创造能力的可决策的指标数据。价值信息只是处于企业价值的描述形态和分析形态的信息，而决策信息是处于企业价值的组织确认形态和选择形态的高级的信息。

在决策链的情境中，企业管理会计发挥协同决策职能，将决策信息和决策时机整合成决策方案，纳入决策程序，统一协调，达成共识，完成决策，决策信息就形成政策命令和执行指标，实际已经形成了更高级的行为信息。行为信息再传递回价值链情境时，企业的价值链就形成新的价值创造活动，行为信息转化为价值行为，当活动完成的时候，新的价值就创造出来了，企业管理会计的目标也就实现了。

四、企业管理会计应用路径是管理会计活动的运行轨迹

企业管理会计活动是从经营环境需求出发，以成本效益管理为核心，通过规划预算、执行控制和绩效责任评价等经营管理环节，实现经营效益最大化地促进价值提升的价值计量和协同决策的过程。企业管理会计活动的内容是企业的纵向的决策链和横向的价值链的有机结合，是战略决策体系和生产运营体系的融合，可描述为决策链与价值链相结合的二维结构模型，如图2所示。

企业的价值链是哈佛大学教授波特提出来的，能够准确地反映企业的经营业务结构、职能管理结构和价值创造结构，如图2所示。

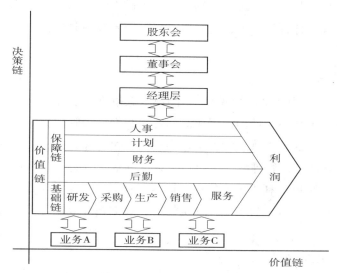

图2 企业管理会计活动内容模型

企业的决策链是由企业的组织机构、价值链和基本业务单元构成的。从股东会到经理层是公司的治理结构，从董事长到价值链是公司的经营结构，从总经理到基本业务单元是管理结构。

企业管理会计活动，在应用路径方面表现为企业信息形态的变化和更迭。即"财务会计信息 + 其他业务信息"—价值信息—决策信息—行为信息—绩效信息。这些信息构成了企业管理会计运营的基本轨迹。

五、企业管理会计的应用路径是
管理会计工具方法发挥作用的成果

企业管理会计的应用路径是从财务会计信息和业务信息整合出发，通过逐步生成演化，最终实现价值创造，获取业绩信息的过程。事实上，企业信息的获取和演化更迭，都是应用管理会计工具方法的成果。对财务会计信息的获取、分析、提炼和整合，是管理会计的最初形态，成本效益理念的落实和相关指标的测算及分析是管理会计的基本工具方法。业务信息的整合是企业价值信息的补充完善和驱动因素的确立，也是管理会计工具方法的重要体现。如卡普兰的平衡计分卡是财务会计信息和业务信息围绕战略目标进行整合的最成功的工具方法。因此，企业管理会计的应用路径是管理会计信息的创建和更迭过程，也是企业管理会计工具方法的应用过程。

六、《管理会计基本指引（征求意见稿）》修改意见

1. 关于管理会计目标

问题：《管理会计基本指引（征求意见稿）》的第四条管理会计目标的表述，没有表达出管理会计的主体和管理会计的本质。我们认为单位管理会计的主体应明确为管理会计部门。这个部门可以是单独设立的管理会计部门，也可以是财务部门，还可以是财务和其他相关的经营管理部门组建的联席工作机构。管理会计的本质是单位创造价值的优化运筹管理，具体表现为价值计量和协同决策，这是管理会计安身立命的关键。

修改：管理会计的目标是单位管理会计部门通过提供价值信息，运用管理会计工具方法，开展价值计量，充分发挥管理会计解析过去、控制现在和筹划未来的职能，协同价值决策，促进管理创新，实现战略发展。

2. 关于管理会计活动

问题：《管理会计基本指引（征求意见稿）》的第十五条管理会计活动的表述，只表述出管理会计的基本内容，没有表达出管理会计的深层次的内容。我们认为管理会计具有两个层面的内容：一是基本层面的内容，即单位的基本管理活动，包括规划、执行和评价；二是深入层面的内容，即单位的方向性、全局性和长久性的管理活动，包括决策、创新和战略。

修改：管理会计活动是单位利用价值信息，运用管理会计的工具和方法，通过规划预算、执行控制和绩效评价等关键管理环节，为实现科学决策、管理创新和战略发展，提升价值创造能力的管理过程。

3. 关于工具方法的应用领域

问题：《管理会计基本指引（征求意见稿）》的第二十二条和第二十三条管理会计工具方法应用领域的表述不够准确。

修改：第二十二条　管理会计工具方法主要应用于以下领域：成本效益分析、发展战略管理、投资融资管理、规划预算管理、执行控制管理、绩效评价管理。

取消第二十三条。

参考文献

[1] 郭文军，杨国辉. 现代企业管理会计结构重构研究 [J]. 新会计，2015（10）.
[2] 财政部. 关于全面推进管理会计体系建设的指导意见 [R]. 财政部会计司网站，2014.
[3] 财政部. 管理会计基本指引（征求意见稿）[R]. 财政部会计司网站，2016.

精细化管理在石油钻井工程
"四单井"中的应用探析

申报单位：中国石油集团西部钻探克拉玛依钻井公司

作者：曹卫刚　袁　洪　李庆江　李　会　张春阳

[摘要] 石油钻井工程是一个多工种、多部门、相互配合、连续作业的系统工程，在钻井成本管理中，表现为成本项目繁多，单位成本高的特点，如何进一步强化成本管控成为石油钻井公司可持续发展的必然要求。单井钻井成本是石油钻井公司成本支出的重要源头，单井成本精细化管理的好坏，直接决定钻井公司利润水平的高低，对公司整体效益具有至关重要的影响。

[关键词] 精细管控；单井钻井成本；"四单井"管理

随着石油钻井市场竞争的日趋激烈，油田开发难度的加大，成本管理压力逐年增大，近两年来，受国际油价下跌的持续影响，作为技术密集型和资本密集型的国有钻井公司，面临着市场和经营方面严重的挑战与压力。如何进一步降低钻井作业成本是钻井公司发展所面临的首要问题，精细化管理作为一种现代管理模式，在企业管理中取得了显著效果，在钻井作业成本精细管控方面，推行精细化"四单井"管理，即单井预算、单井核算、单井考核和单井兑现，目标是建立单井的预算、核算、考核兑现体系和激励约束机制，激发员工参与单井管理的主动性，实现管理机制的良性循环，进而实现低成本战略目标。

一、成本精细化管理的内涵

（一）成本精细化管理

成本精细化管理是石油钻井公司实现低成本战略的必要手段，是钻井公司精确化、细微化、定量化的成本细分理念，在传统管理的基础上，对人力资源、物料消耗、技术装备等各个要素进行精细化、标准化、科学化的全方位控制，其目的是实现钻井公司经营目标明晰化，内部管理规范化，产出效益最大化。

（二）成本精细化管理的特点

（1）成本精细化管理是以精细操作为基本特征，关注量化、关注执行、关注结果的一种管理模式。通过提升员工素质克服惰性、控制企业滴漏，强化协作管理，从而提高企业整体效益的管理方法。

（2）全员全过程参与。企业生产的作业过程，整个施工周期中都会有成本的发生，涉及各部门及每一位员工，每一位员工都是管理者，都是企业精细化管理的参与者。精细化管理是一个全员参与的过程，把精细化管理落到实处，把精细理念融入到每一环节，使其发挥应有的最大功效。

（3）精细化管理的核心和灵魂是持续改进、不断创新、追求永无止境。提倡自上而下的决策指导与自下而上的积极配合呼应，不断改进优化企业自身流程，所有员工不断学习与提高，不断改善管理工作，改善工作方法。使精细化的管理需要在企业流程的每一个细微的环节中得到体现，逐步形成适合自己企业的精细化管理模式，以适应外部环境的变化。

二、单井钻井作业成本管理存在的问题

单井钻井作业成本按照费用要素划分，主要由直接材料费、直接人工费、机械使用费、安全费用、其他直接费用、其他工程支出等几部分费用组成，明细成本项目较多，控制难度较大。目前，石油钻井公司在单井成本管控方面，仍存在一些不足，具体表现在以下几个方面。

（一）单井预算编制不够精细

对单井预算只进行简单的水平分解，或依靠定额成本进行个别费用要素的预算，未将预算的控制活动纵向到底延伸到钻井生产的每个过程和环节，对预算的执行缺乏动态控制，不能从根本上找到成本发生的驱动因素和控制点。

（二）单井成本核算不够规范

单井没有实现全口径、全成本核算，管理费用或部分固定费用没有分摊到单井，部分单井预提费用不及时、不准确，造成成本核算不全、核算滞后，不能准确反映单井盈亏情况。

（三）单井激励约束机制不完善

单井考核奖的结构设计不合理，单井成本节约奖所占比例较低，影响钻井队控制成本积极性；成本定额指标准确性差，与现场实际偏差较大，在考核上较难把握，不能有效发挥定额成本的导向作用。

（四）全员参与覆盖面不够

部分钻井队管理人员和员工对单井的控制目标不了解，在思想认识上存在偏差，缺乏对经营目标控制的主动性和积极性。

三、实现单井钻井作业成本精细化管理的途径

面对目前石油钻井市场的激烈竞争环境，实施低成本战略是石油钻井公司生存与发展的需要，钻井单井作为石油钻井公司最基本、最重要的管理单元，对石油钻井公司实现整体经营管理目标起着决定性的作用。

依据石油钻井工程的生产特点，在钻井队推行有效的"四单井"管理机制，建立全覆盖运行、

全口径预算、全口径核算、全面考核兑现的"四单井"核算与考核管理体系，将单井效益与钻井队员工利益直接挂钩，进一步强化钻井队的经营主体意识、全员成本管控意识，激发员工节约成本、提升效益的积极性和主动性，形成全员参与经营管理的激励与约束机制。

（一）精细化单井预算

1. 单井预算的编制

（1）单井收入预算。由公司市场部门参照与甲方签订的单井或区块合同单价，根据单井设计井深对单井收入进行预算编制。

（2）单井成本预算。钻井作业单井成本预算由两部分组成，一是单井固定成本的预算，是指为保证生产经营活动的正常运行发生的相对固定的费用，主要包括人工成本、设备折旧摊销、劳动保护费、保温费、财产保险费、上级管理费等费用。二是变动成本的预算，是指在钻井施工过程中，随着工作量变化而变化的全口径成本费用，主要包括材料费、燃料费、动力费、运输费、技术服务费、安全费用支出等。变动费用也是钻井队控制的主要成本支出。

由公司财务部门与各职能部门相互沟通，相互合作，参考工程设计及以前年度单台钻机或成熟区块实际成本水平进行各变动费用要素的预算编制。一是按照单井设计工期和钻机类型对柴油、润滑油、一般材料，液化气、生活服务费等与钻井周期有关的各项费用进行编制；二是按照所承钻的区块、井型对钻头、钻井液、固井费、套管附件、生产水费、运输费、租赁费、特车劳务费、完井作业费等各项费用进行编制。

（3）单井边际贡献预算。单井边际贡献是指单井总收入减去变动成本后的余额，单井边际贡献反映的是单井为公司盈利所做贡献的大小，也是钻井队单井考核的重要指标。

2. 单井预算的分解下达

单井成本预算要做到"横向到边、纵向到底、落实到岗、责任到人"，钻井队在预算分解过程中，根据单井边际贡献指标对变动成本进行全面的、科学的、合理的分解。分解的预算指标作为刚性指标，下达后应严格落实，明确责任到钻井队各工序、各班组、各岗位，并制定相应的保障措施，确保指标完成的严肃性。

（二）精细化单井核算

单井核算的目的是及时向公司生产经营决策提供科学准确的会计信息，单井预算是事前的预测，单井核算是事后的总结，因此精细化的成本核算是成本管控的重要环节。

公司财务部门是单井核算的职能部门，对单井各项成本按照全口径、全成本要求进行审核归集，包括直接材料费、机械设备使用费、其他直接费用等，由公司财务部门运用财务系统完成账务处理和单井核算工作。钻井队经管人员参与到核算工作中，记录好钻井施工过程中每一项直接消耗费用，并向公司财务部门提供相关工作量和实物量的信息，以便于对已发生未结算的费用进行准确预提，确保单井会计信息的准确性。

（三）精细化单井考核

任何模式的管理，都应有相应的考评机制，考核也是人力资源管理的重要环节，钻井队单井成本管控的目标，应自上而下，逐层传递，使责任目标清晰化、规范化，做到责任到岗，人人有指标。

单井考核以单井经营结果为目标，单井边际贡献是钻井队单井量化考核的重要指标，业绩激励与单井创造的价值相结合，以强化钻井队增收、节支意识，转变以往钻井队只重进尺、不重效益的现象，使钻井队管理者、员工的工作目标与公司保持一致。

单井考核实行单队滚动预考核，考核的边际贡献由累计边际贡献减上一轮考核的边际贡献余额作为本次考核的边际贡献值，其目的是消除口井间变动成本不均衡的影响；年末按照最终的结算收入和完全变动成本计算边际贡献对钻井队进行联算考核。

（四）单井兑现

坚持"严考核，硬兑现"是钻井公司推动单井成本控制的有效奖惩制度，单井精细化管理成果，直接与员工的效益挂钩，加大单井边际贡献超额奖励比例，减小单井进尺奖所占比重，坚持一轮井兑现一次；以物质奖励为主，精神激励为辅，形成全方位、全过程的激励制度，使钻井队广大员工充分发挥岗位才能，不断提高自身积极性和创造性，确保公司成本支出的源头得到有效管控，从而保证公司的持续稳定发展。

四、结论

面对国际油价持续下跌的影响和竞争日趋激烈的石油钻井市场，不断提高公司效益和实现低成本可持续发展，在市场竞争中激流勇进，是目前石油钻井公司急需解决的问题之一。单井作业成本是钻井公司成本支出的源头，借鉴精细化管理理论，通过细化企业管理单元，在单井成本管控上推行精细化"四单井"管理，明确目标，改进单井管理，有助于提高钻井公司效益，增强市场竞争能力，实现钻井公司低成本战略目标。主要观点包括以下几个方面：

（1）简要说明了精细化管理理论的内涵及特点；

（2）结合钻井公司实际，简要阐述目前石油钻井单井成本管控的现状；

（3）针对钻井作业成本精细化管理，提出了具体管理途径，主要包括精细化单井预算、精细化单井核算、精细化单井考核和单井兑现的"四单井"管理机制，以确保钻井公司单井成本得到有效控制。

浅述财务部门对公司合同的管理创新

申报单位：北京通用航空有限公司

作者：陈 娜 赵 耘 陈 洁

[**摘要**] 现代企业财务管理涉及企业运行的方方面面，其中合同管理也是财务发挥管理职能的重要领域。传统财务对于公司合同仅局限于依据业务部门签署完成的合同，履行相应的收付款业务，起到简单核算员的作用。现代企业财务管理延伸到合同管理的全过程，从合同谈判、合同起草、合同签订、合同履行、合同执行后续评价等进行贯穿式管理，这就势必要求财务管理对合同管理的模式和方法不断创新。

公司财务对合同的管理思路分为纵向管理、横向管理和交叉管理多个维度。纵向管理贯穿合同谈判、签订、履行、后续评价的全过程。横向管理在财务部门内部管理会计、核算会计、税务多岗位之间协同管理。交叉管理为公司财务部与业务部门、法务部、综合管理部等多部门对合同进行后续交叉协同管理。公司财务在不同维度引入创新管理方式。

财务管理利用创新方式充分发挥在合同管理中的重要作用，运用科学高效的管理方法参与到合同管理中来，对合同进行事前评审、事中控制、事后评价。财务管理对合同管理具有现实的重要应用价值，必将越来越得到企业的重视和认可。

[**关键词**] 财务；合同；管理创新

在现代企业中，企业生产经营各环节的运行都离不开合同，小到物资采购，大到对外投资，皆是履行合同的过程。因此，合同管理在企业管理中占有至关重要的地位，财务对合同的管理也显得日趋重要。

一、传统财务对合同管理的现状

传统财务往往在合同履行环节中发挥作用，仅局限于依据业务部门签署完成的合同实施相应的收付款业务，起到简单核算员的作用。较为严重的是，由于财务在合同签订前期介入较少，造成合同在财务风险把控、经济效益衡量、后续评价等方面缺乏财务专业意见的指引，影响合同履行经济效益和效果。因此，传统财务对于合同的管理没有充分发挥财务部门的专业作用，亟须财务对合同进行持续的管理创新，体现财务专业价值。

二、财务从多维度对合同开展创新管理

现代企业财务管理涉及企业运行的方方面面，其中合同管理也是财务发挥管理职能的重要领域。现代企业财务管理延伸到合同管理的全过程，从合同谈判、合同起草、合同签订、合同履行、合同执行后续评价等进行贯穿式管理，这就势必要求财务管理对合同管理的模式和方法不断创新。

笔者所在的公司是一家国有企业，主营业务涉及飞机研发、飞机销售、飞机制造、飞机运营业务及投资等航空业领域，立志打造成为一家涉及航空产业全业务链集团化企业。公司对外签订的合同具有合同标的金额大、合同条款复杂、合同履约期长等特点。因此，合同管理在企业财务管理中显得尤为重要，对合同管理的模式和方法也在实践中不断摸索和创新。公司财务对合同的管理思路分为纵向管理、横向管理和交叉管理多个维度，在不同维度引入创新管理方式。

（一）纵向管理维度创新

纵向管理即财务贯穿合同谈判、签订、履行、后续评价的全过程。财务管理延伸到合同管理前沿，加强合同谈判阶段的财务介入深度，充分发挥财务人员专业知识与能力。公司财务部设立管理会计室专门负责对公司各类合同的对接管理，从合同谈判阶段开始全程参与，对每份合同前期进行内部评审，合同执行过程中进行跟踪管控，合同履行完毕后开展后续评价，不断积累合同管理经验，提高合同管理能力。

鉴于笔者所在公司大部分合同相对价值金额较高、合同条款较复杂等特点，公司财务内部提高对合同评审的管理力度，引入管理创新机制，推行财务内部评审制度，实行合同逐级审批，层层把关。表1为笔者所在公司采用的财务内部合同评审表样。

通过这份评审表格，可以透视出公司财务对合同管理的关注重点：

首先，合同的财务相关条款是财务合同管理的核心内容，与合同金额、收付款及票据有关的合同条款财务需重点关注，也是评审的主要内容。

其次，财务内部分三级对合同进行逐级评审，一级对一级负责，由财务总监对重大合同进行最终评审出具意见。充分发挥了财务部各级管理人员的管理职能，体现了财务人员的专业能力。

最后，合同财务内部评审结果及时反馈业务及相关部门，针对财务提出的意见和建议，对合同进行完善与修订，促进合同签订及后续履行。同时将此评审结果提供给公司领导层作为其决策依据，为公司领导提供决策支持。

笔者所在公司自2014年11月起实行此财务内部评审制度，截至目前，已完成公司各类重要合同累计近300份，合同金额累计超数十亿元，通过财务内部评审提出的财务专业意见多达数百条，修正、控制风险金额逾数百万元。通过此种方式财务部门在公司风险管理工作中发挥了重要的关键作用，得到了集团及本公司各部门和领导的一致肯定。

（二）横向管理维度创新

横向管理是在财务部门内部管理会计、核算会计、税务多岗位之间协同管理。合同执行阶段涉及财务多岗位工作，合同签订审核的财务主责岗位是管理会计，合同履约执行的财务主责岗位是核算会计及税务岗人员。

为了实行高效的合同管理，财务内部实施管理创新，利用网络信息化技术将多个岗位联系在一起，协同办公。笔者所在公司的具体做法是利用公司共享网络，建立共享文件夹，将公司合同集中

表1 财务内部合同评审

×××公司（ ）方		内部评审编号	
合同（协议）财务内部评审单		接审时间	
合同名称及编号		预算编号	
送审部门及人员		联系电话	
签约方及单位全称	（ ）方：	（ ）方：	
	（ ）方：	（ ）方：	
合同协议项目：			
数量		单价	
金额		期间	
（收、付）款条件		发票种类及税率	
财务会计评审意见			
财务部长评审意见			
财务总监评审意见			
取走人员及时间		联系电话	

在财务共享文件夹内，财务内部相关岗位人员可对文件进行编辑整理，全体人员可对合同具体情况进行查阅，提升了财务人员对合同实际履行过程中的跟踪管理。表2为笔者所在公司采用的财务内部合同跟踪管理样表。

表2　财务内部合同跟踪管理

序号	财务内部评审编号	提交评审日期	经办部门	经办人	合同名称	甲方	乙方	合同总金额	合同签订日期	合同编号	付款进度1	日期	付款进度2	日期	付款进度3	日期	已付款总额	未付余款	合同类型	印花税率	印花税额	支付日期	备注	凭证号

财务多个相关岗位均可通过表2发挥管理职责：

首先，管理会计人员负责整理有关合同审核阶段信息；

其次，核算会计人员负责整理合同履行付款阶段信息；

最后，税务人员负责整理与合同纳税申报有关信息。

通过财务多岗位协同操作上述合同管理表，整合了合同全过程中的财务相关工作职责，反映了合同签订与执行的全貌。同时，该表格还附加链接了合同电子文本，供全体人员随时调阅合同条款，提高了财务对合同管理的效率和效果，也保证了印花税缴纳的及时性和准确性。

（三）交叉协同管理维度创新

交叉协同管理为公司财务部门与业务部门、法务部、综合管理部等多部门对合同进行后续交叉协同管理。针对合同文本进行交叉协同管理，就合同内容签订审核、合同履约执行、合同后续跟踪管理、合同变更、合同完成后评价等合同管理全过程进行协同管理，多部门联动。表3为公司各部门协同签署的合同审批表。

财务部门与多部门主动协同，提高协同管理能力，加强财务部与公司多部门对合同进行协同管理的能力。为公司整体运营架起了一张立体交叉式的安全保护网络，保障了公司各项业务和工作的有序高效开展。

三、结论

财务管理利用创新方式充分发挥在合同管理中的重要作用，运用科学高效的管理方法参与到合同管理中来，对合同进行事前评审、事中控制、事后评价。财务管理对合同管理具有现实的重要应用价值，必将越来越得到企业的重视和认可，如表3所示。

表3　公司合同审批

×××公司合同审核会签单

经办业务部门填写	合同名称		合同编号	
	经办业务部门		经办人	
	是否重大	□是　　□否	送审时间	年　　月　　日
经办业务部门意见	主办人员意见：			
	分管副总意见：			
法律主责部门意见	主办人员意见：			
	分管副总意见：			
财务管理部门意见	主办人员意见：			
	分管副总意见：			
审计主责部门意见	主办人员意见：			
	分管副总意见：			
纪检监察主责部门意见	主办人员意见：			
	分管副总意见：			
其他部门意见	主办人员意见：			
	分管副总意见：			
总经理意见				

①经办业务部门填写合同目的、合同签署过程及需要审核的重要事项（可附加说明材料），由经办业务部门负责人出具意见后，连同合同文本草案、合同相对方的主体、资信状况证明报给法律主责部门、财务管理部进行合同会签。对于重大合同，审计主责部门、纪检监察主责部门参与合同会签。经办业务部门根据需要可以请公司其他相关部门根据职责参与合同会签。
②审核部门会签时，按其他部门、审计、法律、财务及纪检的先后顺序进行。
③重大合同，需各审核部门的分管副总经理签署意见，非重大合同，由主办人员签署意见。
④如审核意见较多，可另附文件说明，如对合同内容没有异议的，应签署同意确认。

大型集团公司母子公司管理制度探析

申报单位：中国航空工业集团公司成都飞机设计研究所

作者：唐　娅

[摘要] 在现代企业中，股东会、董事会、管理层在公司战略管理中扮演不同的角色。在集团公司战略发展中，母子公司都是独立的法人主体，各自遵循上述原则。在集团公司的战略管理中，为保证集团整体的战略协同性，集团公司对战略的管理应采取集权式。本文结合集团公司目前的战略管理现状，提出诸项建议。

[关键词] 公司管理；集团公司；子公司

一、某大型集团公司母子公司管理制度现状

在产权明晰的公司治理结构框架下，内部制度化管理主要从战略管理、资产管理、人事管理、财务管理、审计管理、信息管理等方面，对母子公司责权利进行界定，从而保障母子公司在程序化、规范化、法制化的环境下处于良性运行，规避子公司的逆向选择和道德风险。

某大型集团公司（以下简称集团公司）作为特大型国有企业成立于1999年7月1日，目前拥有大中型工业企业47家，科研院所31个，直属专业公司及事业单位22个，共有员工24万人，资产总额超过1000亿元。目前，该集团母子公司管理制度现状如下：

（一）战略管理

集团公司强调母子公司战略发展的协同性、一致性，所有子公司的发展战略均统一在集团公司的发展战略之下。集团党组发文提出了"深入实施大集团战略，大力推进战略转型，谋求集团价值最大化"的战略发展思路以及"跻身世界500强"的战略发展目标，要求狠抓该决定所提出的各项任务和措施的落实，强调各子公司的战略服从。

（二）资产管理

集团公司资产管理的目的主要是通过投资项目管理、流动资产、无形资产及固定资产管理，达到资本收益最大化、投资风险最小化，使下属子公司资产真正实现保值增值。集团公司对下属子公司流动资产质量进行动态监控考核，对于流动资产及固定资产报损制定了严格的审批、备案程序。为改善和加强资产管理，集团公司先后组织两次企业财产清查、一次科研事业单位清产核资工作，盘活大量不良资产及账销案存资产；在对外投资方面实施审批和备案相结合的管理模式，要求下属子公司的投资决策体系按规定程序决策和实施，并将项目经济性分析、过程节点、投资方案以及论

证报告上报集团，集团公司对项目实施进行检查、考核和评估。

（三）人事管理

母子公司人事管理主要针对子公司高级管理者，包括其职责、权限、权利、义务等相关内容的规范化管理以及相应的管理程序。集团公司大力推行下属子公司领导人员任期、轮岗和交流制度以及财务总监（总会计师）交流制度，各单位党政"一把手"纳入年薪制考核管理，同时通过开展"四好"领导班子活动，对各下属子公司整体经营班子从政治素质、工作业绩、团结协作、作风形象四个方面进行了全面的考核和评价，极大地促进了下属子公司管理层经营业绩的提高。

（四）财务管理

目前集团公司财务模式为分权式，集团公司只保留对下属子公司重大财务事项的决策权或审批权，而将日常财务事项的决策权与管理权下放到子公司，决策结果由子公司提交集团公司备案。各子公司相对独立，集团公司不干预子公司的正常生产经营与财务活动。

1. 强调对结果的评价

集团公司强调对子公司的经营业绩考核，并与主要经营者个人绩效直接挂钩。为此，集团公司制定了详细的考核指标体系，对子公司从科研任务、产品交付情况、收入利润指标完成情况、安全质量工作、科技成果等诸多方面进行考核。其中在财务方面主要从收入利润计划完成率、增长率以及资产周转率等方面进行考核。

2. 集团公司对子公司拥有重大财务事项决策权

集团公司对于子公司资本增减变动、重大投资项目、重大贷款、担保项目均拥有最后的审批权，对于非重大财务决策项目（如一定金额以下的投资项目、贷款、担保项目等）实行备案制度。需报批的投资项目包括：项目投资超过企业净资产50%；一般单位资产负债率达80%以上，其中贸易类达85%以上，多元业务75%以上；集团公司已有规划布局的防务产业和民用航空产业的能力和条件建设；可能引发内部无序竞争的项目；超出集团公司已确定的产业发展方向或产业限定的。

3. 子公司财务机构具有相对独立性

集团公司财务部负责集团公司财务工作战略规划与预算管理，负责制定并下发财务管理制度并监督财务制度的执行。子公司设置独立财务机构，接受集团公司财务部的业务指导，负责向集团财务部报送本单位经营业绩情况，目前主要采取月度财务快报、旬报、季度经济运行情况分析等形式进行反映。

4. 财务主管备案制

各子公司财务负责人、会计机构负责人更换要求在集团公司备案，同时对部分较大的下属企业实施了总会计师轮换。

5. 全集团实施全面预算管理

预算管理是集团公司推行大集团战略，实现集团战略目标的重要手段，集团公司全面推行预算管理，下发了《全面预算管理办法》并设计了集团公司全面预算编制体系。在编制年度预算的基础上，开始编制五年预算及三年滚动预算，将集团公司的战略目标通过预算落实到各子公司的日常经营活动中，实现"战略落地"，对确保战略目标的实现发挥了积极作用。

6.实施资金适度集中管理

目前集团公司通过成立财务公司，对集团内子公司资金实施了适度集中，由集团财务部根据各单位正常预算支出设定账户资金限额，超过限额资金自动上存财务公司，在不影响子公司资金收益、不改变资金所有权属的前提下，充分发挥闲置存量资金的效益。

（五）审计管理

目前集团公司开展的审计内容主要是以真实性、合规性为导向的财务审计，包括子公司经营者的任期经济责任审计、离任审计、年度决算审计、基本建设项目审计等，由于集团审计部人员较少，项目审计人员主要由集团审计部从各子公司财务人员或审计人员中选派，集团审计部工作人员负责审计项目过程监督、协调及结果确认。内部审计的开展增强了子公司经营的透明度，促进了子公司财务管理水平的提高，一定程度减少了内控风险的发生。

（六）信息管理

目前集团公司正倾力打造"数字××"，通过利用信息技术构建集团公司协同工作平台，支撑集团公司的战略发展。特别是财务信息化建设方面，在统一子公司财务软件的基础上，通过××网实现了各单位与集团总部的信息联网，为管理与决策提供了快捷、准确的财务信息，加强了集团总部对子公司的财务控制力度。

二、集团公司母子公司管理制度存在的问题

自集团公司成立以来，在母子公司管理制度建设方面取得了显著的成效，为集团公司实施大集团战略提供了良好的制度基础。但是，由于集团本部是由原部委演变而来，集团公司的成立带有浓厚行政干预色彩，国有产权"一股独大"，没有实现真正意义上的产权多元化，尚未真正建立现代企业制度，法人治理结构有待完善，母子公司管理较多使用行政命令模式，而不是靠资本说话。要实现战略转型，跻身世界500强，必须在完善公司治理结构的基础上，认真分析管理制度安排方面存在的问题，理顺母子公司权责利关系，实现母子公司的战略协同，使集团公司各子公司在母公司统一的战略、资产、财务、人力、信息等资源优化配置下，形成核心的市场竞争力，使集团公司价值最大化。目前，集团公司在母子公司管理制度方面存在以下问题：

（一）战略管理方面集权不够

由于集团公司部分下属子公司基本上不存在资本、技术、财务和人事上的联系，业务重叠，甚至是竞争对手，经常出现利益分歧和冲突，尽管集团公司强调战略协同，但由于战略管理方面集权不够，缺少对子公司战略制定、实施的监督以及实施效果的评估，可能导致子公司在制定战略时存在本位主义，难以统一到集团战略上，影响集团战略目标的顺利实施。

（二）财务管理方面有待加强

集团公司从财务人员管理以及财务资源控制方面对子公司实施了有效的控制和监督，但是笔者认为要适应大集团发展战略，在财务管理方面应在保持子公司经营自主权的基础上进一步强调集权式管理，为集团战略目标的实现提供有力的财务支持。

1.对财务负责人的管理

虽然在近几年集团公司对部分单位的总会计师实施了交流，但是对于财务负责人尚未实行委派制，各单位财务负责人出于本身利益的考虑，可能做出不符合集团战略的决策，不利于集团公司通过对财务人员的控制促使子公司的财务决策符合集团整体利益最大化的要求。

2.全面预算管理

集团公司在推行全面预算管理方面做了大量的工作，但从总体上来看，存在重预算编制，轻过程控制与考核的问题。在预算执行过程中，没有形成对预算偏离的定期分析汇报制度，预算执行结果未全面纳入子公司的考核，削弱了预算对集团战略目标实现的支持作用。

3.经营业绩财务评价指标过于单一

目前集团公司主要采取收入、利润指标对子公司进行考核，采取此类考核指标可能带来的问题是，子公司盲目追求收入规模，忽视收入质量以及对资本成本缺乏考虑，影响集团公司整体经济运行质量，不利于集团公司经济又好又快发展。

4.财务信息集成化程度不够

目前集团公司已全面实现各子公司的财务软件的统一，并通过金××网实现了与总部的联通，但是财务数据的集成化程度还不够，不利于相关领导获取实时、动态、直观的财务信息。

（三）投资链管理需加强

为实现集团整体经济的快速增长，鼓励子公司培育更多的经济增长点，集团公司放宽了子公司自主发展项目或产业的投资决策审批权，同时对集团控股公司的投资管理权放宽到集团公司以下第三级，上述措施充分调动了各单位主动率先发展的积极性、主动性，但是由于子公司投资权过大，投资链延长，带来监管上的难度，子公司可能存在盲目投资、扩大经营规模的行为，存在投资监管失控的危险。

（四）审计管理内容有待丰富

集团公司目前还停留在传统的内部审计范畴上，审计内容有待进一步完善和充实，同时审计人员存在缺失以及结构不合理等问题，不利于实施子公司审计控制。

三、集团公司母子公司管理制度安排相关建议

按照集团公司的发展战略，通过"专业化整合、资本化运作、产业化发展"整合后，集团公司本部将成为控股公司，整个集团通过整合，建立规范的公司治理结构，以资本为纽带，实行资本授权经营，成为真正意义上的母子公司控制模式。在此基础上，进一步完善母子公司管理制度，将对实现集团公司的战略目标起到有力的促进作用。

（一）实行战略管理集权式管理

在现代企业中，股东会、董事会、管理层在公司战略管理中扮演不同的角色。董事会根据股东会的战略发展要求制订相应战略发展方案，经股东会决议通过后，委托管理层实施战略发展方案。在集团公司战略发展中，母子公司都是独立的法人主体，各自遵循上述原则。在集团公司的战略管

理中，为保证集团整体的战略协同性，笔者认为，集团公司对战略的管理应采取集权式。结合集团公司目前的战略管理现状，笔者建议具体做法如下：

（1）母公司董事会成立战略发展委员会负责集团公司战略管理（包括战略发展方向确定、战略目标制定、战略方案设计、战略实施监督、战略实施结果评估等）；

（2）母公司战略定位以增强集团公司核心竞争力为战略发展方向，在此前提下建议选择相关多元化的发展战略，即集团公司的业务重组或资源整合向核心业务和业务增值能力强的方向集中；

（3）子公司战略服从母公司战略，下属子公司根据自身优势结合集团战略拟订战略发展方案上报集团审批；

（4）战略决策权集中于母公司，母公司负责按照集团战略对子公司战略发展规划进行批复；

（5）子公司按照集团公司批复的战略实施；

（6）母公司对战略实施进行监督并对实施效果进行评估。

在上述集权式管理模式下，可以督促子公司战略发展方向统一到母公司发展战略上，实现集团战略发展的协同性以及集团整体资源配置的有效性，最终实现集团公司价值的最大化。

（二）强化投资链管理

在目前集团公司对子公司投资决策审批权放宽、投资链延长的情况下，笔者建议必须强化对投资链上各控股公司的控制监管力度。各控股子公司、孙公司必须按照现代企业制度建立完善的法人治理结构，母公司以资本为纽带，逐级履行出资人实际控制权力；各控股子公司、孙公司会计信息必须按照规定纳入合并报表口径进行反映；投资链上各控股公司必须履行重大事项上报制度，对于影响公司经营状况、财务状况的重大事项及时逐级上报备案或审批；集团公司考核、审计延伸至投资链上所有控股公司。通过上述措施，防止因投资链较长所导致的母公司控制力度逐级弱化，防范投资运作风险，在有效激励各子公司自主发展积极性的基础上，约束各子公司的经济行为。

（三）实行财务主管委派制

实行财务主管委派制的主要目的是通过对财务人员的控制促使子公司的财务决策符合集团公司整体利益最大化的要求。财务管理是母子公司管理的核心内容，而要实施对子公司的有效财务控制，必须在财务人员的控制方面采取措施。在集团公司目前的分权式的财务管理模式下，笔者建议推行总会计师（财务总监）委派制。

（1）明确总会计师（财务总监）选拔任用标准，包括职业道德、学习能力、沟通和协调能力、职业素质、管理创新能力等方面。

（2）母公司作为子公司的所有者或主要出资人，向子公司派出财务主管，由子公司董事会聘任；财务主管受母公司人力资源部管理，定期向母公司进行述职汇报，并接受母公司人力资源部的考核和测评，其激励机制纳入母公司薪酬委员会的管理。

（3）财务主管在子公司处于双重身份，一是作为母公司经营者的代表，贯彻执行母公司的财务目标、财务管理政策制度以及章程，对子公司经营活动以及财务活动进行监督；二是承担子公司主管财务的负责人或总会计师的职责，建立健全子公司的各项财务控制体系，协助子公司经营者做好各项重大财务决策。

（四）实施全面预算管理

全面预算管理是集团公司整合集团资源、强化内部控制、全面提升全集团管理能力、实施大集团战略的主要手段，在下一步的预算管理改进工作中，笔者认为应强调以下几点：

1. 强调预算编制的科学性

预算编制应与战略目标相结合，由于战略目标的确定是在系统分析宏观经济政策、行业政策、外部市场竞争环境和未来发展趋势以及集团公司现有资源能力和优势的基础上提出的，从而可以确保预算编制的科学性。另外，由于松弛的预算无疑会提高子公司经营者的工作回报和个人目标实现的概率，预算松弛的现象难以避免，因此母公司预算编制部门应积极与子公司进行有效沟通，深入了解子公司的经营状况，尽可能减少预算松弛的现象。

2. 强调预算执行的动态控制

预算管理的主要目的就是通过预算控制来掌握整个集团公司的发展方向。因此，必须采取措施促使各子公司的预算执行活动与企业的总体战略目标相一致。对于预算执行情况应建立定期（季度）汇报制度，各子公司应认真分析预算执行偏差产生的原因以及下一步的纠偏措施，集团公司财务部汇总分析预算执行情况并向集团预算管理委员会汇报，从而动态监控预算执行情况，及时采取纠偏措施，使子公司的经营行为始终统一在集团公司预算目标之上。

3. 强调预算的考核与奖惩

预算考核应与经营者业绩考核挂钩。集团公司建立、完善预算考核奖惩办法，全面考核子公司的预算管理工作（预算编制、预算执行、预算分析、预算控制、预算调整、例外事项的申请、执行预算的及时性、规范性和严肃性）以及预算执行效果，两者在预算考核中所占的权重由集团公司全面预算管理委员会确定。

（五）加强对子公司的审计监控力度

在母子公司管理制度中，审计是母子公司自我约束机制的重要组成部分，是母子公司治理不可或缺的重要环节，是保证子公司在母公司战略发展方向牵引下依法经营、规范管理、健康发展的重要手段。笔者认为，集团公司在母子公司管理中应该积极推进内部审计由财务审计为主向与管理效益审计并重转变，实现内部审计工作全面转型与发展，支持和促进集团公司经济增长方式的转变，实现集团公司整体健康和可持续发展。

建立相对垂直管理的内部审计组织体系，充实内部审计人员队伍，改善母子公司审计队伍素质及知识结构，建立一支稳定的、结构合理的审计人员队伍；审计观念上由对内部审计本质的认识是检查系统向控制机制转变；由内部审计注重结果、重在治标向注重过程、重在治本转变。审计职能由单纯监督向监督与服务并重转变。审计目标从查错纠弊向内部控制评价和风险评估转变。审计内容由财务控制向业务控制和信息系统控制转变。审计方式由事后监督向事前、事中全过程监督转变。审计手段由手工操作为主向利用计算机、网络信息技术为主转变。

大数据时代外贸企业管理会计信息系统探究

申报单位：江苏汇鸿国际集团中天控股有限公司

作者：尹加远

[**摘要**] 随着信息化新技术的发展，大数据技术在企业的经营管理活动中日益成为重要的管理工具。外贸企业通过建设以大数据为技术支撑的管理会计信息系统，应对不断多变的风险因素，进一步加强风险管控能力，提升经营管理水平。

[**关键词**] 大数据；外贸企业；管理会计信息系统

随着社会经济的发展和企业改善经营管理的需求，从传统会计分离出来的管理会计和财务会计一起影响着企业的经济活动，在企业经营决策、内部控制、绩效管理等方面，起到越来越重要的作用。在新常态经济下，外贸企业立足自身特点建设管理会计信息系统，并结合大数据工具进行数据提取和处理，对其提升核心竞争力、应对各种风险和挑战，以及促进我国外贸行业的发展，具有积极的现实意义。

本文选取江苏 HH 股份有限公司（以下简称"HH 公司"）为分析样本，对外贸企业在大数据时代的管理会计系统进行研究和设计构想。

一、大数据技术与管理会计信息系统相结合的可行性分析

（一）大数据的概念及特点

大数据，或称巨量数据、海量数据；是由数量巨大、结构复杂、类型众多数据构成的数据集合，通过数据的集成共享，交叉复用形成的智力资源和知识服务能力。大数据的特点可概括为：大量、高速、多样、价值。大数据包括大量的非结构化数据和半结构化数据，包括大量的数据、文本、图片、视频等。外贸企业以货物贸易往来为主，经营中会产生大量的合同、仓单、提单、信用证等文本信息，财务数据和银行金融信息等。大数据技术对于解决外贸企业各类非同质化信息的提取、储存和分析，具有巨大作用。

在数据的采集、存储、处理分析、价值发掘方面，大数据技术较以前的数据统计分析有着革命性的进步。大数据可以进行多种类、多学科、多维度的分析，快速准确地建立数据模型，在各类平台上呈现数据处理结果。

（二）管理会计信息系统在企业经营中的作用和变化

管理会计信息系统就是利用管理会计理论通过信息技术对企业活动进行决策、控制、评价的内部管理信息系统。《财政部关于全面推进管理会计体系建设的指导意见》（财会〔2014〕27号）提出："指导单位建立面向管理会计的信息系统，以信息化手段为支撑，实现会计与业务活动的有机融合，推动管理会计功能的有效发挥。"

目前大多数建立管理会计信息系统的企业，依然存在信息孤岛、数据失真、无效处理等情况，缺少系统化挖掘和精确数据处理，没有完全达到管理会计信息系统为企业提供决策、控制的作用。做好系统的整合和改进，尤其是财务数据和业务数据的处理分析，可以有效地提升企业管理效率和价值创造能力。

（三）运用大数据技术促进外贸企业管理会计信息系统充分发挥职能

随着外贸企业规模的增长，一方面经营所产生的各项数据会不断累积，另一方面对历史数据的分析需求也不断增加。汇率波动风险、银行信贷风险、客户违约风险等经济变动因素不断增加，外贸企业如何快速准确地识别各项经济数据以及所带来的风险，已成为外贸行业发展的新课题。

管理会计信息系统融合大数据技术，通过用户端即时采集和存储数据，利用分布式数据库对存储于其内的巨量数据进行分析和分类汇总，并基于大数据的算法和数据模型，提取挖掘信息，以提供决策支持。

二、"HH公司"企业管理会计信息系统分析

（一）"HH公司"的基本情况

"HH公司"是早期在上海证券交易所上市的大型外贸企业之一，2014年进出口总额达到9.31亿美元，各项营业收入总额超90亿元。"HH公司"涉及纺织品、机电、危化品等进出口贸易。

根据其最近连续三年披露的年报和内部控制报告分析，"HH公司"存在着三个普遍的特点：一是资产负债率偏高，最高达到81%，这主要源于外贸行业经营的特点。由于外贸销售回款有一定的账期限制，"HH公司"普遍通过银行贸易融资等负债杠杆提高竞争力，营业规模的增加导致了资产负债率的升高。二是利润率低，由于近几年行业竞争激烈以及商品价格波动，"HH公司"利润率普遍在2%及以下。三是风险承受能力低，"HH公司"面临诸如汇率波动风险、关税及退税政策风险、法律诉讼风险等。

（二）"HH公司"的会计信息系统现状

"HH公司"在2011年引进"NB7.0"ERP系统，该系统生产商是中国外贸企业ERP市场的主要供应商。"NB7.0"ERP系统集合了业务系统和财务系统，是"HH公司"管理会计信息系统建设的阶段成果。但是巨大的业务量和庞大的财务数据，导致"NB7.0"ERP系统在日常使用中会出现瘫痪情况，作为顶层设计的决策支持系统也未能正常使用。目前业务系统和财务系统关联度不高，缺乏信息的分析和价值挖掘。"HH公司"正在进行企业管理会计信息系统二次开发，以满足其经营管理需要。

三、基于大数据技术的外贸企业管理会计系统设计
——以"HH公司"为案例

（1）外贸企业属于商品流通企业，业务流程和贸易流程紧密结合，梳理现有业务流程及信息，再造以风险控制和利润为中心的业务流程。整体系统建设需要成立工作小组，统筹协调，确定建设思路和技术团队。

（2）管理会计信息系统是企业管理会计系统的重要组成部分和实践载体。管理会计信息系统是由企业员工操作和使用的，财务人员的使用尤为重要。组织结构就是组织中正式确定的使工作任务得以分解、组合和协调的框架体系。企业财务管理组织的结构设计应以企业的经营模式、业务种类和内外部环境等各方面因素为参考。

根据管理会计系统的功能划分，重新设置财务组织架构对财务信息的流通和各模块的有效运转具有实际意义。原有的以分子公司或者业务小组为单位的财务核算小组，不能够满足该系统的信息处理要求。财务付款、申报退税、编制报表等模块的工作量和信息量不同，应根据其实际情况设置岗位人员。财务部门是公司的财务管理中心，依据公司的需要划分为若干财务功能中心。各功能中心协同办公和处理公司日常工作，负责所属功能中心的工作。通过财务组织的重构，协同处理各模块业务，确保数据的准确与及时处理。

财务管理组织应增设参与大数据及信息系统开发的人员小组，对今后系统的继续开发十分重要。在新的组织结构中，数据分析师运用统计学、数学等学科建立数据分析模型，创造新数据，通过系统向使用者提供数据支持。

（3）企业应当根据自身特点，确定决策支持系统的内容并选择好大数据处理工具。"HH公司"根据其外贸经营业务产品和模式的特点，在原有的ERP系统上，确定决策支持系统内容：一是业务模块和账务模块运行流畅并实现相关数据互通。二是设立资金管理项目，对各类资金及债务信息进行监控管理，实时更新数据。三是建立风险波动预警，有效地识别内外部环境变化带来的风险，并作出预估。四是建设客户管理数据库，对公司现有客户及潜在客户进行信用、资金额度等管理。五是强化成本核算功能，建立预算管理中心。

（4）大数据处理和管理会计信息系统相结合，"HH公司"依托现有的ERP系统进行升级，由于大数据包括大量的非结构化数据和半结构化数据，其对数据库的要求远高于"NB7.0"ERP系统对数据库的要求，两者需要统一数据库的存储介质。大数据的处理和分析遵循其技术的特性，无法与"HH公司"ERP系统融合，必须建立数据接口，将经过特定软件处理分析后的大数据传送至ERP中的决策支持系统，通过Web、微信平台等工具，向数据使用者提供决策支持，如图1所示。

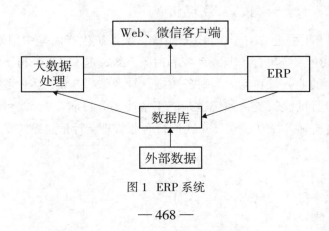

图 1　ERP 系统

（5）基于大数据的"HH公司"管理会计信息系统功能模块设计。"HH公司"和其他外贸企业在经营模式基本相同，其模块设计可依据决策需要和业务及管理间的联系进行设计。基于大数据技术，各模块不能独立，应该建立逻辑联系，统一由大数据处理分析模块调用。通过大数据的处理和分析，实现财务信息流、业务信息流和管理信息的联通，彻底解决"信息孤岛"问题。依据设计的数据模型，对不同信息进行相关性分析。管理会计信息系统还可依托大数据强大的数据处理能力，对数据进行纵向和横向的比较分析，报告数据分析结果。这里以汇率管理模块为例，介绍数据处理分析功能。

根据经营分析，汇率的波动影响到外汇收款模块、结售汇模块、进口押汇模块、外币负债管理模块、应收账款模块、客户管理模块。各模块都和大数据处理建立了数据接口，以方便调用关联数据。数据的调用和分析通过大数据技术处理和分析，以最快的速度联动反映各模块的预警功能，为各管理模块提供决策支持。假设美元兑人民币中间价由6.2波动至6.25，通过各关联模块预设的数据模型，进行大数据技术处理，可以很快知道汇率波动对公司相关业务的决策影响。如图2所示。

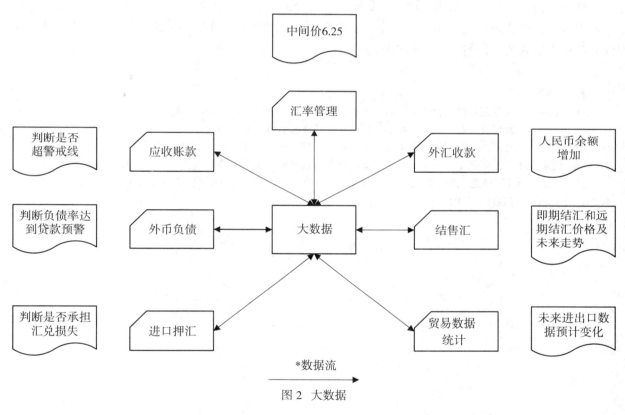

图2 大数据

（6）强化数据安全管理，提升管理会计系统安全系数。基于大数据的管理会计信息系统使用的大量数据都是"内部"的，不但对企业内部加强管理起着至关重要的作用，也涉及企业战略发展、行业核心竞争力等相关的大量数据，一旦发生泄密，将造成难以弥补的损失，因此必须确保数据和系统安全。加强数据信息安全需要从以下几个方面努力：一是高度重视数据存储设备的安全，确保数据不被盗用和泄露。二是加强网络管理，防止病毒和黑客攻击，保护信息系统生态，反之恶意篡改数据模型，杜绝错误数据导致的决策失灵。三是在公司内部设立严格的数据端口开放机制，根据工作岗位和工作需要合理设置员工调取数据的权限。

（7）建立系统开发长效机制，在原有基础上求变创新。管理会计信息系统是面向企业经营管理的辅助系统，需要根据企业的经营情况、外部环境、转型升级等因素的变化而升级。根据实际情况，吸收新开发的大数据和信息系统技术，以增强外贸企业应对不断变化的国际经济环境，提高竞争力。企业在原有开发人员组织的基础上可以设立评估和研发小组，对现有的系统进行评估，以确定是否继续开发升级。

四、大数据时代外贸企业管理思想的变革

大数据在管理会计信息系统的应用，不仅是外贸企业管理工具的革新，也引发了外贸企业管理思想的变革。风险是外贸企业面临的最大问题。风险包括内部风险、外部风险、政治风险、经济风险等。"大风起于青萍之末"，细小的变化都可能造成巨大的风险，对于外贸企业可以造成致命的打击。因为技术手段的原因，以前外贸企业的管理模式是发现问题，再去解决问题。大数据时代是及时处理数据，分析挖掘数据，然后提出解决方案。

机遇与挑战并存，外贸企业通过大数据时代管理会计信息系统的运用，挖掘数据潜在价值，提升管理水平，降低企业成本和风险。外贸企业管理最大的变革是抛弃了经验主义判断，转为寻找数据与各种变量的关系，基于大数据的处理和分析。

参考文献

[1] 唐洪明. 大数据背景下企业集团财务管理新趋势 [J]. 管理观察，2014（4）.

[2] 何军. 大数据对企业管理决策影响分析 [J]. 科技进步与对策，2013（9）.

[3] 杜荣瑞，肖泽忠，周齐武. 中国管理会计研究述评 [J]. 会计研究，2009（9）.

[4] 周琳，潘飞，刘燕军，马保州. 管理会计变革与创新的实地研究 [J]. 会计研究，2012（3）.

[5] 财政部会计司信息化为支撑提升管理效率 //《财政部关于全面推进管理会计体系建设的指导意见》系列解读之五 [J]. 财务与会计，2015（6）.

强化企业资金管理的探讨

申报单位：江西洪都航空工业股份有限公司

作者：胡焰辉 黎仙云

[摘要] 为应对全球金融危机对实体经济的影响，我国经济也正在经历新一轮金融改革，企业如何转变管理机制、强化内部控制成为能否走出困境的关键因素。本文主要探讨的是在当前经济形势下，企业如何设计有效的资金管理机制，落实资金管理责任，在风险可控的同时，提高资金使用效率和收益，以期对企业提升管理水平、强化内部控制起到抛砖引玉的作用。

[关键词] 货币资金；管理机制；效益

在会计报表中，货币资金主要体现在资产负债表和现金流量表中，财务报表的使用者往往局限于表内会计信息，难以看到表外资源产生的效益。通过调研，笔者发现企业都或多或少地存在资金沉淀、存量资金收益低的现象。一定程度上，这些低估了收益的货币资金也是企业重要的表外资源。如何盘活存量资金，如何解决子公司贷款难的问题，如何设计有效的资金管理机制，将管理责任落实到人，提高资金的使用效率和收益，是企业财务管理亟须解决的问题。

一、现阶段货币资金管理存在的问题

（一）资金管理的企业内部责任不清

国家颁布的制度体系中，虽然明确界定企业货币资金运作的管理责任人，例如，《总会计师条例》第七条规定"编制和执行预算、财务收支计划、信贷计划，拟订资金筹措和使用方案，开辟财源，有效地使用资金"，但是相应的考核监督机制并不健全，只要是资金本金不受到损失，资金管理就可以达到考核或监管的要求。而实体企业制定的财务管理制度大多局限于资金的保管和安全控制，也就是说，国家政策和企业制度还没有足够重视对货币资金的收益管理，造成企业货币资金运作缺乏有效的监督管理和规范的运作机制。部分企业的总会计师可以指导财务部门从事资金管理工作，但是也有不少企业资金的运作不属于总会计师的主管业务方向，总会计师只有参与权，没有决定权，无法落实直接责任。

（二）资金存量充裕，资金收益不佳

加入 WTO 之后，中国经济迎来了 10 多年的黄金发展期，企业总体上货币资金相对充裕。但是企业和监管部门对货币市场认识还不到位，企业也缺乏有效的资金管理手段，不少企业的存量资金

只是与银行签订了协定存款协议，获得的利息收入较低，一般仅介于 1.15% 至 1.31% 之间。虽然这的确是安全、有效的资金管理方式，却忽视了货币的增值能力，不少上市公司也存在沉淀多年的募集资金只是以协定利率存款的现象。协定存款的利息只是高于活期存款，但远远低于定期存款，更远远低于同期货币市场利率收益，其收益补偿不了货币的贬值损失。现阶段实体企业在资金运作上，缺乏一套能够保值增值的有效管理模式。

（三）资金分布不均，部分企业融资困难

大型国有企业经营比较稳定，资信等级较高，受金融危机影响相对较小，融资相对容易；但企业同时在多家银行以及同一银行几个分支机构开户的现象依然普遍存在，资金分散，难以集中管理。而中小企业受到注册资本、经营规模、资信等级等条件的限制，贷款相对困难，融资成本较高。再加上近几年国际金融危机的影响，实体经济受到了严重的冲击，外贸型企业受到的影响最大，不少公司面临巨大的生存压力，财务状况恶化，资金缺口较大。

二、货币资金管理的运行机制

针对上述货币资金管理中存在的问题，企业可以采取以下几个方面的措施，建立货币资金的运行机制，加强和提高资金运作的水平和效益。

（一）借助财务公司，集中管理多级法人间的资金和银行账号

目前不少大型集团企业都成立了财务公司，企业可以借助财务公司对多级法人之间的资金和银行账号进行集中管理：

（1）全资子公司可以实现高度集中的资金归集。

（2）控股子公司可以与股东协商后采取适当比例的资金归集方式，例如按照控股比例进行归集。

（3）上市公司需要通过"三会"（总经理办公会、董事会、股东大会）通过公告后才能执行资金归集。

财务公司可以设计相对完整的内部控制机制，将归集的资金统一管理，合理配置，科学理财，达到增收增效的目的。

（二）科学高效管理资金，有效解决资金需求

集团型企业母子公司间应及时核对往来账，建立月清月结制度，核对一致的往来账应及时用货币清欠；因历史原因无法及时核对一致的往来账，应遵照谨慎性原则，按照较小金额清账，同时成立专项工作组对往来差异研究处理。集团型企业应建立资金运作的信息沟通机制，规定子公司的存贷款信息应通过内部网络公开，子公司需要资金或资金富余都可以在网上及时查询，母公司可以撮合交易，例如，通过资金富余的子公司向急需资金的子公司委托贷款，这样一方面可以提高富余资金的收益，同时降低贷款的成本。当贷款需求大于富余资金存量时，母公司应组织子公司向银行集中询价，应收账款保理或者统一发行短期融资券、中期票据等债券产品，降低集团整体的融资成本。当贷款需求小于富余资金存量时，母公司应集中向货币市场询价，把流动性过剩的资金在控制风险的情况下通过债权型理财产品或交易型国债、票据等产品，提高资金运作效率，谋求资金的最大收益。

（三）落实内部资金管理责任，建立资金运作的机制

企业在设计资金管理的内控制度时，必须明确谁是资金管理运作的直接责任人，建立资金管理运作的工作机制和考核机制。工作机制至少应该包括如何编制审批资金预算，根据预算合理预计资金收支金额和最佳现金持有量；如何进行货币市场利率询价，决定超过最佳现金持有量的富余资金的现金管理方案；资金运作如何长短期结合，最终形成均衡滚动的格局；大额资金的运作如何进行总经理办公会或董事会集体决策。现阶段，全国平均存贷利差为2.9%，也就是说，贷款基准利率为6%，存款收益应达到3.1%。富余资金收益不应显著低于上述存款收益。公司应及时公布存贷款指导利率，对资金运作加强考核。

（四）健全资金效益性控制，提高货币资金运营收益

资金效益性控制是通过运用各种筹资、投资手段合理高效地持有和使用货币资金，使其发挥最大的效益。企业生产经营中，资金是以储备资金、生产经营资金、成品资金、投资资金以及结算资金等多种形态存在。各种形态资金应该保持合理比例和最优结构，减少资金在各环节的浪费，加速资金的周转，促进资金的有效使用。制定先进合理的消耗定额，严格控制开支范围，杜绝不合理开支，减少浪费，降低消耗，促进资金合理有效地使用。企业市场营销中，根据产品的市场占有率、产品质量与价格等方面的竞争能力，确定合理的信用政策。综合平衡促销与应收账款机会成本、坏账成本和现金折扣成本的关系，科学确定信用期限和现金折扣等赊销政策，减少应收账款，控制坏账损失，加速资金周转。企业筹资、投资决策时，科学设计筹资、投资手段，制订货币资金长期收支计划，科学管理资金，降低资金储量。在综合分析的基础上，权衡各种方案的决策收益以及考虑今后中长期的货币资金状况，对备选方案进行可行性研究，选择最优方案，最大限度地提升经济效益。

（五）设立智能银行存款账户，提高资金运作的灵活性

集团型企业可以与战略合作银行签订协议，开设智能定期存款账户。智能定期存款账户可以按照资金的结存期间，自动匹配国家标准的存款期间，按最大的存款期间组合计息。例如资金存期满3个月，但不足6个月，可以优先按照3个月的定期存款计息，超出部分的存期再匹配活期存款或通知存款计息；存期若超过9个月，但不足12个月，可以优先按照6个月的定期存款计息，再按照3个月的定期存款计息，超出部分的存期再匹配活期存款或通知存款计息。智能定期存款可以获取显著高于协定存款的利息收益，适合作为企业安全储备账户。

参考文献

［1］鲁雪芹. 加强资金管理促进企业发展［J］. 中国科技博览，2013（13）.

［2］胡文业，卢相文. 关于提高企业资金管理水平的探讨［J］. 中国管理信息化，2013（7）.

关于建立会计共享中心的思考与探索

申报单位：中国石油西南油气田川中油气矿
作者：王　清　赵洪斌　杨　梅　张　斌　张骞文

[摘要] 按照《关于深化国有企业改革的指导意见》以及西南油气田公司《关于开展分公司主要生产单位机构编制优化调整工作的通知》，川中油气矿针对企业自身改革发展中存在的突出矛盾和问题，已经全面铺开油气矿的机构优化工作，全面系统地开展了深化企业改革的一系列举措。本文即是在油气矿机构优化的背景下，针对财务管理机构设置进行的优化构思，既体现改革的协同性、耦合性，又体现措施的针对性、有效性。并希望通过财务机构的优化设置，推动油气矿建立、完善现代企业制度，激发管理活力，推进绩效管理，增强油气矿价值创造力，并为油气矿管理会计体系的全面建设打好基础。

[关键词] 国企改革；会计共享中心；现代财政制度

一、企业改革背景

（一）国企改革背景

国有企业属于全民所有，是推进国家现代化、保障人民共同利益的重要力量，是我们党和国家事业发展的重要物质基础和政治基础。财务管理工作是企业管理的核心，深刻影响企业的日常运转和长远发展。自从改革开放以来，我国的国有企业经历了漫长的发展时期，取得了长足的发展，总体上已经同市场经济相融合，运行质量和效益明显提升。在国际国内市场竞争中涌现出一批具有核心竞争力的骨干企业，为我国经济的发展和民生改善做出了应有的贡献。与此同时，国有企业的财务管理体系日渐完善，财务管理水平日益提高。特别是最近几年，国有企业在财务管理方面进行了大胆探索和实践，国有企业整体的财务管理面貌发生了很多可喜的变化。但是我们应该清醒地认识到，国有企业的财务管理工作尚面临不少问题和挑战，尚存在一些与现代企业运作没有接轨的地方，也存在不少跟国有企业改革大势不相适应的方面。这些都要求国企财务管理者站在国企改革大局的角度上，审时度势，锐意改革。

（二）会计组织机构变更的必然

企业会计业务内容的变化必然需要变化的企业会计组织来实现。许多核算型企业的会计工作有70%的时间花在账务核算及报表处理上，如纳税申报、工资核算等，企业会计工作面临着从以财务会计为主的核算型会计向以管理会计为主的管理型会计转变。如何从组织上保障企业实现会计工作转型是企业经济转型的重要问题。当然，如何让会计人员从大量、重复、单调的财务会计的核算工作中走出来，不仅是企业要解决的问题，也是会计人员关心的问题。

二、会计共享中心

（一）企业集团的会计组织创新

会计共享中心是近年来在国内外集团企业广泛推行的会计和报告业务的管理组织，旨在提供有效和高质量的会计服务。它是利用现代信息技术，通过对企业集团内所有会计核算业务、技术设备及其流程和会计人员的有效整合，在管理有效、运营成本可控的地方执行企业集团内所有会计核算业务、核算流程的标准化的一种算账、报账、财务一体化的创新组织，它主要提供统一会计算账、报账等以事务性处理（Transaction Processing）功能为主的服务和提供税务、法律事务、资金管理等提高价值的专业建议的服务。一般来说，纳入会计共享中心的会计工作主要有核算业务、结算业务、账簿管理业务、系统维护业务。其中，核算业务包括业务凭证生成、费用报销、固定资产、税金核算、准备金与再保、工资及福利费、费用预提、费用摊销、库存管理、投资核算等；结算业务包括资金调拨、行政付款、银行对账、业务收付等；账簿管理业务包括凭证归档、报表归档、月结/年结等；系统维护业务包括各种财务软件系统的维护。

会计共享中心具有节约财务运作成本、提升财务效率与管理水平、支持集团战略运作，甚至可以对外界提供财务服务等优点。会计共享中心吸取了分权和集权的优势，将共性的、重复的、标准化的业务集中到共享服务中心，使日常会计核算业务集中处理，管理会计工作职能向集团各个决策与控制层级拓展。同时，通过会计共享中心的实施促使财会人员转型，使财务人员由核算型会计转向管理型会计。

（二）降本增效，共享之优

对于企业而言，进行制度性的变革无非是降低成本来提高效率，抑或降低风险等，进而提升企业价值。会计共享中心的建立，最明显的就是降低了企业运行过程中的营运成本和财务人力成本。在分散式的财务核算及管理模式下，随着企业规模的不断扩大，企业集团下的每个子公司都需要按照配套的财务体系设置财务人员及相关岗位，耗费了大量的人力物力财力。而建立起会计共享中心后，对这一问题的解决便会带来立竿见影的效果。将各地区的财务部门整合到共享中心后，财务人员的数量便大为减少，并且在区域的选择上，企业不仅可以降低财务整合成本，还可以转移会计共享中心到租金成本较低的地区，进一步降低营运成本。另外，由于财务工作的相似性，在进行整合的过程中，将相关业务进行流程化、标准化处理，使得财务人员处理业务的熟练程度大大提高，工作效率和质量进一步提升。此外，财务活动的集中处理使得信息能够充分地共享，克服了"信息孤岛"效应，不仅使得各个业务单元能够更专注于自己的核心业务，也使得管理会计对业务的支持力和战略的推进力得以真正实现。

三、川中油气矿关于会计共享中心的探索

（一）川中油气矿现状

川中油气矿隶属中国石油天然气股份有限公司西南油气田分公司，矿机关设在四川省遂宁市。

位于四川盆地中部，以遂宁、南充为中心，横跨川、渝、陕三省 42 个市县，矿权总面积 4 万多平方千米，主要从事区域内的油气勘探开发和销售业务。现下设职能科室 13 个，直属机构 7 个，直属单位 5 个，基层单位 26 个。截至 2015 年底，油气矿共计 4900 余人。

截至目前，共发现 17 个含油气层、15 个油气田、17 个含油气构造，累计探明原油地质储量 8 千万吨、天然气 1 万多亿立方米。油气当量继 2006 年建成 100 万吨后，2009 年实现 200 万吨，2010 年跨越 300 万吨，2014 年迈上 400 万吨新台阶，2015 年突破 600 万吨。截至 2015 年底，累计完钻井 2399 口，建成油气生产站场 855 座；油气集输管道 928 条，3896 千米；天然气净化装置 5 套，轻烃装置 6 套；CNG 加气加油站 6 座；累计生产原油 549 万吨、天然气 515 亿立方米。资产原值 382.65 亿元，净值 184.91 亿元。目前具有年产石油液体 6 万吨、天然气 104 亿立方米的配套生产能力，天然气日产量达到 3000 万立方米以上，占西南油气田公司日产量的 50%。

（二）川中油气矿财务机构设置及管理现状

川中油气矿目前下属基层单位 23 个，其中代管终端公司 6 个，共有在岗财务人员 159 名。设置财务办公室的单位 20 个，其余 3 个费用单位各配置了一名财务人员，主要职责是负责对本单位各项费用的审核、报销、支付工作。财务办公室主要职责包括对本单位的财务管理、资金管理、会计档案、参与合同管理、部门综合管理及会计核算和财务监督职能。

目前，油气矿在各基层单位设置财务机构的管理模式可以使财务人员更贴近生产前线，及时了解本单位的生产经营情况，及时向矿区反映生产经营过程中出现的各类涉及财务管理的情况，充分发挥了财务的管理职能。但也存在各单位分设财务机构，基层财务人员长期从事单一的会计业务，长期业务接触面较窄，思想容易僵化，综合能力提升较慢，财务人员资源利用不足，加上矿区近年来的快速发展，财务人员数量因进入渠道受限已不能满足目前管理模式需要。同时在目前的财务管理模式下，各基层单位更多时候财务监督处于同体监督，本单位财务人员对本单位的经济业务进行审查复核，不可避免地有"屁股指挥脑袋"的时候，导致违规会计业务处理形成事实，而财务科的监督往往在事后，对过程的监督作用发挥不充分。

随着油气矿业务整合和机构改革工作的稳步推进，在优化机关科室职能的同时将会增加 5 个科级基层单位，每个科级单位设立财务办公室的财务管理模式已不能满足目前油气矿财务人员现状，财务人员数量不足与质量不高的矛盾将会更加显现。

（三）会计共享中心具体设置方案

会计共享中心设置应本着"财务管理"与"会计核算、监督"相分离的原则，将会计核算、监督职能、资金计划管理职能、会计档案管理职能上移至会计共享中心，财务管理职能、参与合同管理职能保留在基层单位，综合管理职能分别还原到基层单位其他部门和上移至会计共享中心。

依托油气矿行政事务管理中心的设立，下设财务办公室（即会计共享中心），将研究所、消防大队等 13 个后勤辅助单位的会计核算、费用审核、资金支付等财务工作一并纳入会计共享中心。

（四）设立会计共享中心的意义

1. 提高会计信息质量，强化会计监督职能

会计共享中心人员从机构优化的各单位抽调主办会计组成，业务素质较高，有丰富的工作经验，严格按照矿区统一会计核算及报销制度进行审核和核算，从技术层面保证会计核算质量；独立的会

计共享中心，能保证从源头杜绝徇私舞弊、滥收滥支的现象发生，保证会计信息可信度。

2.提高会计工作透明度，精简机构和人员

行政事务中心下属各单位的会计核算及日常费用报销均由财务办公室完成，实现对部分单位会计集中核算，实现整合财务人力资源，减少财务监督管理层级，促进油气矿财务管理转型升级。

按此种方案优化配置后，只需财务人员14人，较现有财务管理模式可减少财务人员25名，减少幅度达64%，可节约年度人工成本费用438万元，同时还可以缓减财务人员数量不足的矛盾。

（五）会计共享中心与基层单位管理界面

为避免推行会计共享中心后，形成基层单位生产经营过程的管理真空，各基层单位的职能定位为：行使本单位的财务管理职能，编制本单位财务预算，层层分解年度财务预算指标，制订本单位生产经营计划，管理本单位资产，做好财务收支活动的分析、总结，基层经管员按相关财经制度、办法报销、审核、确认生产经营过程中的各项费用。会计共享中心的职能定位为：对基层单位的财务活动行使财务核算和监督职能，对凭证进行准确分类、正确核算、及时入账、生成报表，及时向单位提供相关信息，做好会计档案管理，但同时要注重同各单位的沟通联系，加强对账与盘点工作，切实做到账账相符、账实相符。

成立会计共享中心后，各基层单位仍然作为独立的成本中心在FMIS系统中核算，但基层单位经营员应根据需要设置辅助台账，以满足基层管理及经管员与会计共享中心单据交接确认的需要。

（六）会计共享中心业务处理流程

基层单位经管员对本单位生产经营过程中涉及的所有费用进行初审确认—会计共享中心审核确认—授权范围内开出资金单—会计共享中心主任审核—结算中心审核支付（授权范围外开出资金单—上传财务科按权限签字—结算中心审核支付）—回单—会计共享中心按《股份公司会计核算手册》进行账务处理—编制所需管理报表—信息反馈基层单位（上报油气矿）—会计档案整理—档案归档。

四、需进一步探讨的问题

（一）基层单位经管员设置数量及职责

目前作业区一级的单位员工人数都在200人以上，加上集中报销系统要求管理员报销费用必须进行扫描，费用报销的工作量较大，经管员就没有足够的时间来参与本单位的财务、资产、合同等生产经营过程管理及相关分析工作，如果数量设置过多就达不到优化财务人员的目的。如果由会计共享中心人员分别到所属基层单位定时报销，则有可能出现员工费用不能及时得到报销的情况。

（二）集中报销系统的权限设置

各基层单位机关员工费用的报销原则都必须通过集中报销系统审核，成立会计共享中心后财务审核权限是分配给会计共享中心还是分配给基层经管员还需进一步探讨。如果分配给经营员，则各基层单位可以分散将报销单据打印出来，但同时也可能出现经管员审核后报销费用会计共享中心审核退回，导致部门预算额度作废。如果权限分配给会计中心，则可能导致报销单据打印大量集中在会计共享中心。

（三）员工报销费用支付期延长

目前基层单位员工报销的费用经基层财务人员审核后向财务提交资金支付申请，财务科按授权审批程序办理后转结算中心审核后支付，一般 2~3 天能到员工账户，每周可以实现多次支付。成立会计共享中心后，员工费用需报基层经营员定时将初审后的单据提交会计共享中心，会计共享中心审核后按授权规定向结算中心提交资金申请，结算中心审核后再支付，月度最多实现支付 2~3 次。

（四）会计监督工作存在盲点

会计共享中心人员脱离了各自分管单位的实际业务工作，很难了解真实工作情况，只能依据报销票据及流程来进行审核，而对经济业务的真实性无法判断，形成事后监督。

五、几点对策

（一）会计职能从核算型向管理型转化

会计共享中心主要是资金支付和会计核算，不能只作简单的记账，必须加强资金支付的事前控制，确定其是否支付，如何支付。会计共享中心发展，必须从核算型向管理型转化，扭转会计共享中心是核算机构的观念。

（二）加强审计，完善内部控制

会计共享中心对核算单位的监督应该由事中、事后延伸到事前，必须加强会计人员的自身素质，加强财政法规的学习，熟练掌握会计核算准则，更要努力提高综合素质。加强内部控制，主动接受外部审计，明确责任强化风险意识，提高会计信息真实性。

企业财务风险管理浅析

申报单位：山东钢铁集团有限公司

作者：张　颖

[**摘要**] 财务风险是市场竞争的产物，能综合反映企业的经营状况。因此，在激烈的市场竞争中，企业必须要加强财务风险管理，以有效防范和控制财务风险，增强企业竞争力。本文主要对此进行探讨。

[**关键词**] 企业财务风险；财务风险管理；财务管理创新

一、引言

随着在全球经济一体化和我国加入世界贸易组织，各国之间的经济联系更为密切，我国企业所面临的发展环境及竞争风险，都较以往发生了巨大的变化。在激烈的市场竞争中，企业面对的风险也更加多样，而且最终都表现在财务风险上。可以说，财务风险是市场竞争的必然产物。财务风险作为一种经济信号，能综合反映企业的经营状况。企业要想在激烈的市场竞争中立足并发展，就必须要加强财务风险管理，有效防范和控制财务风险。比如，安然事件、中航油事件及德国最大影视传媒集团基尔希集团破产等，大都因为忽略了对财务风险的有效管理，从而导致企业财务状况恶化甚至资金断流。

二、我国企业财务风险管理存在的问题

（一）缺少强烈的财务风险意识

受传统经济发展模式的影响，我国部分企业对于资金的认识不够科学，缺少有效的资金管理策略，导致企业大量现金处于闲置状态，并未对企业的周转做出贡献。另外，多数企业处于高负债状态，虽然在短期内得到迅速发展，但潜伏着众多风险，最终导致财务风险问题严重。大型企业一般具有一定的资金周转能力，但由于对各类突发状况评估失误或资金安置等不合理行为导致出现财务风险，但中小型企业本着"快速发展"的成长观念，其并不重视资金积累，甚至多数是负债成长，因此，财务风险时常发生，这对企业应对日常开支以及实现长远性发展十分不利，一旦出现较为严重的财务危机，企业则有可能踏上破产、关闭的不归路。

（二）资金筹措途径单一

我国企业在发展过程中，缺乏足够的资金是其出现财务风险的主要原因，另外，企业的融资途径少，只能利用内部资源进行融资，未能将企业外部的大量资金吸收过来。主要是其自身力量较弱，无法吸引大型企业的重视，以向其提供资金支持，另外，中小型企业发展过于急功近利，不注重自身品牌建立以及规模效益的形成，缺乏开拓海内外市场的动力，因此，其不能够获得其他来源的资金供给，只能向银行借贷，但借贷额度有限，没有足够的资金进行周转，加大了财务风险发生的概率。

（三）财务人员综合素质不高

很多企业的财务管理人员自身素质不高，知识、年龄结构不符合科学搭配，年老的财务管理人员，缺乏财务管理以及经济领域的专业知识，对现代财务管理系统认识不够，无法有效实现企业财务管理电子化、技术化；年轻的财务人员虽能够与时俱进，但缺少一定的管理经验，这就削弱了企业财务管理效率；同时，我国中小型企业中聘任财务管理人员方式随意，无证上岗情况普遍存在，极大降低了企业财务核算的效率。

（四）财务管理方式不科学

①现金控制不合理，企业在物资采购、销售货品等时，经常通过现金支付，部分企业对于收益的现金存在不登记行为，这种混乱的管理局面，加大了财务风险形成的可能；②当产品出现市场供大于求时，企业有可能过度降低产品价格于是便出现了恶性竞争，使得企业应收账款失去控制；③多数企业在生产时没有对市场进行充分调研，一旦产品积压，就会占用大量的流动资金；④企业对于固定资产管理，没有落实到位，责任没有落实到人，存在资产流失的现象。

三、解决企业财务风险管理的对策

（一）强化风险意识，做好预防机制建设

企业财务管理者应增强风险意识，谨慎使用各项资金，做好风险基金备用工作，当发生风险时，便启用此项基金做好应对工作，从而减少不必要的损失。做好对企业资金运用情况的监督工作，因此，企业应成立专门的监督评估小组，对于财务部门的各项工作进行实时监督；同时，企业应重视合理投放流动资金，保证流动资产周转顺畅，即出现风险时，企业能够变现一定量的资金；另外，合理管理固定资产，以保证企业拥有足够的周转资金。

（二）正确识别财务风险

这要求企业能够掌握风险种类及具体特点，在风险出现之前或已经出现时，判定风险类别，对其进行合理应对。可借助现场直接贷有的方法，对企业的生产流程以及相应的业务活动进行观察，以明确企业所面临的风险；也可通过深入分析企业的现金流表以及资产负债表等会计报表，找出企业风险存在的原因，从而进行合理应对。

（三）建立财务预警机制

主要通过财务管理部门对企业的管理方法、生产流程、市场环境等进行数据化分析，以数字报

表的形式将可能出现的风险提前向管理者告知，使其探究风险发生的原因，并找到相应的解决对策，减少风险带来的损失。

（四）优化资金管理安排

企业在发展过程中，尽量保证，有一定数额的资金用于周转，防止出现过度负债现象，提升企业资产的流动率，保证企业具备一定的偿债能力。这要求企业做好优化资金安排管理工作，无论日常开支，还是大型投资项目等，都要做好风险评估，尽量为企业留有支付一定风险的资金，以应对意外事故的出现。同时重视资金管理，在使用资金时，财务人员应结合企业自身特点以及生产规模，做出正确的资金调动安排，不仅确保日常生产活动能够顺利进行，而且留有一部分资金用于还款，拓宽资金来源渠道，保证企业自身具有足够的资金流。同时，管理者应做好风险评估工作，在进行资金使用决策之前，从市场、损失等方面做好评估工作，预测可能发生的风险，从而做出正确的决策。

（五）提高会计人员综合素质

会计人员是建立会计内部财务风险控制制度的主体，业务人员应当具备精湛的业务水准、渊博的知识、高尚的职业操守，并且根据环境变化不断对自身知识进行填充以及更新。提高企业会计人员的综合素质，就必须要不断地加强会计人员自身会计专业知识和会计专业技能的学习，勤练内功提高业务水平。与此同时，企业应该组织会计人员加强内部财务风险控制的学习，使会计人员明白财务风险存在于财务管理的各个环节，任何环节的工作失误都可能会给企业带来财务风险，会计人员必须把风险防范意识贯穿于财务管理工作的始终，从根本上防范财务风险。

四、结语

企业财务管理风险是客观存在的一种经济现象，是其理财过程中经常遇到的经济风险，以其特有的方式贯穿于企业财务管理的不同层面。只有通过合理的预防、做好资金应对准备，逐步建立并完善企业的风险管理体系，从而找到预防风险的有效对策为企业经营者提供科学有效的财务决策建议，尽可能减少企业风险发生的概率。将企业损失降到最低，保证企业获得最佳利润，不断提高我国企业财务风险的管理水平，促进企业健康、稳定地发展。使企业在激烈的市场竞争中赢得竞争的优势，实现可持续发展。

参考文献

[1] 于桂红. 试论企业财务风险的控制和防范 [J]. 财经界（学术版），2014（23）.
[2] 张轩. 浅析企业财务风险管理存在的问题及对策 [J]. 时代金融，2014（36）.

大中型煤炭企业集团旧欠清收体系设计与实践

申报单位：山西煤炭运销集团晋中有限公司

作者：张宏伟　郭晓丽　尹晓亮　程志军

[摘要] 本文在分析大中型煤炭企业集团旧欠形成原因、特点的基础上，构建煤炭企业集团旧欠清收管理体系，结合所在煤炭集团的实践经验，提出大中煤炭企业集团的清欠管控建议。

[关键词] 旧欠清收；财务管理

2015 年是煤炭行业形势较为艰难的一年，根据中国煤炭工业协会的统计数据，全国 90 家大型煤炭企业的利润总额仅 51.3 亿元，比 2014 年同期减少了 500 亿元，下降约 91%，超八成煤炭企业处于亏损状态。经营问题，尤其是资金问题成为整个煤炭行业亟待解决的难题之一。在存量债务高企、银行收紧放贷的情况下，最大限度盘活存量资金，成为煤炭企业必然采取的举措。其中，旧欠清收是存量资金盘活的重要一环。

煤炭行业应收账款持续增长与煤炭企业资金严重短缺成为煤炭企业的一大矛盾。据统计，2015 年前三季度，全国规模以上煤炭企业应收账款 3854 亿元，为历史最高；山西五大煤炭集团 2015 年全年的应收账款达到 678.2 亿元，比 2014 年增长 30.4%；中国神华 2015 年应收账款达 233.7 亿元；中煤能源 2015 年应收账款为 96.8 亿元，增幅 17.7%。化解资金困局，从自身出发，清理旧欠，提高应收账款回收率，成为煤炭企业的必然选择。

本文将在分析大中型煤炭企业集团旧欠形成原因、特点的基础上，构建煤炭企业集团旧欠清收管理体系，结合集团的实践经验，提出大中型煤炭企业集团的清欠管控建议。

一、大中型煤炭企业集团陈旧外欠的特点和形成原因

大中型煤炭企业集团陈旧外欠具有欠款金额大、账龄年限长、清欠难度大和欠款背景复杂等特点。那么大中型煤炭企业集团外欠普遍高企是如何形成的呢？根据笔者从事欠款清理的实践经验，原因归结为以下三个方面：

（一）煤炭企业自身原因

（1）体制因素。20 世纪 90 年代，煤炭行业由计划经济向市场经济过渡，国家下放采矿权，导

致小煤窑遍地开花，加之国家以产量来衡量企业规模，引致煤炭产能过剩，价格下跌，市场竞争激烈，大中型煤炭企业为保市场份额，只能扩大赊销，导致形成大量外欠。

（2）产能过剩。进入 21 世纪，煤炭行业经过全面整合，建立了一大批大中型煤炭企业集团，产能动辄上千亿吨，导致产能严重过剩。供需失衡情况下，大中型煤炭企业集团"以产定销"的观念未发生转变，为消化库存，只能大量赊销产品，外欠持续增长。

（3）合同管理。大中型煤炭集团下属煤矿，在执行合同中，因未严格履行合同，导致合同煤数量错发（如超发、亏吨问题）、合同煤质量不符（如煤种、热值等不匹配），用户拒付而又未及时处理，形成拖欠。

（4）并购重组。在大规模的煤炭资源整合和并购重组过程中，因政府主导、时间紧迫、双方争议等原因，多付整合收购款、代垫投资款等，形成外欠。

（5）其他因素。如在买方市场下，所属煤矿"口头煤""关系煤"等，以及约定不明确的合同等原因，导致双方扯皮、争议等，形成拖欠。

（二）客户原因

（1）不良客户。煤炭买卖中，经常有恶意客户，欺骗手段签订合同而不履行或少履行付款义务，发煤后以各种理由拒付煤款，长期拖欠。

（2）客户经营不善。在购销业务发生后，客户因经营不善、倒闭破产、资金紧缺，无力偿还，形成拖欠。

（3）煤炭贸易经销。大中型煤炭集团在进行煤炭生产业务的同时，大都开展煤炭买进卖出的经销业务。在此过程中，与社会上一些销售代理、中间人、皮包公司等贸易中间商发展经销业务，形成了大量的"三角债"，成为贸易外欠的一大组成部分。这部分外欠，一些可能是三方债务互相牵制，互相推诿，只认不还，一些可能是资金已结清但三方票据未有效传递，形成"虚债权债务"，仅反映在财务账面上。

（4）客户兼并重组。在外欠形成后，经常发生客户实体已经不存在，原有客户被兼并、分立、转让、政府接管、租赁和代管等，存续单位不承认或推迟、拒付债务，形成拖欠。

（三）其他原因

（1）内部借款：大中型煤炭企业债权中，由于历史背景、管理不善等原因，长期难以清收的内部借款普遍存在。

（2）投资款、分红款未收回：大中型煤炭集团在业务拓展过程中，投资款支付后未落实投资，导致投资款长期挂账，难以收回，形成外欠。被投资单位因为经营不善等原因，约定的分红款不能及时收回，也形成外欠。

（3）企业集团服务费未收回：企业集团为下属单位提供管理、咨询、资金服务，服务费难以收回，形成了企业集团内部的债权债务。

（4）赞助支出难落实：大中型煤炭集团承担着广泛的社会义务，各项赞助支出常常难以取得国资委认可或当地政府的合规票据，未能落实营业外支出，形成债权挂账等。

只有全面分析大中型煤炭企业的旧欠特点和形成原因，才能更为全面地进行煤炭集团的旧欠清收体系设计。

二、大中型煤炭企业集团旧欠清收体系设计和实践

旧欠清收体系设计，目标是建立一种系统化、程序化、适用于大中型煤炭企业集团的"一揽子"旧欠清收方案和机制。根据经验，旧欠清收体系由清欠保障机制、旧欠分析加工机制、追欠实施机制和考核评价机制四部分构成，四部分依次排列，保障机制是其他三部分的前提和必要条件，分析加工机制是清欠的科学研究环节，实施机制是落实环节，最终清欠的结果要反映在考核上。

需要说明的是，本文方案和机制的构建，是基于大中型煤炭企业集团的以下几方面事实：

（1）大中型煤炭企业集团存续时间较长，大多经历了煤炭经济周期的几番波动，旧欠多，历史背景复杂。

（2）大中型煤炭企业集团在发展煤炭开采外，利用规模优势，也在做大煤炭贸易，公铁海路煤炭贸易和运输也成为煤炭企业集团的主要经营项目。

（3）大中型煤炭企业集团在煤炭经营方式由粗放到集约转变过程中，都在积极调结构、谋转型，在主业外发展了一大批多元产业，如电力、房地产开发、旅游、酒店服务等。

（4）在21世纪初，大中型煤炭企业集团多数都响应国家资源整合号召，成为资源整合主体，并购整合了一大批矿井，整合过程中除了接收对方资产外，连带债务也承接过来。

（5）国有大中型煤炭企业都在积极扩大规模，提升生产能力，一大批基建矿井正处于基本建设阶段，占用及待投资金大，短期难以看到效益，成为负担。

（6）大中型煤炭企业集团在国有企业改革过程中，引进了先进的管理模式，建立起现代化企业管理制度，机构设置完善，权责明确。

大中型煤炭企业集团旧欠清收体系的基本模型，如图1所示。

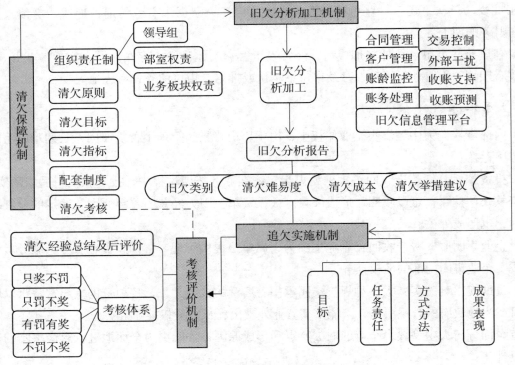

图1　旧欠清收体系的基本模型

（一）清欠保障机制的建立

清欠工作的开展，清欠保障体系发挥纲领性、总括性的作用。建立清欠保障体系，应包含以下内容：

（1）应明确清欠小组。首先，煤炭企业集团清欠领导组的成员构成，决定了清欠在集团内被提到何等高度；其次，应明确部室权责。后勤部室，如财务应提供债权数据资料，资金管理部门把好资金关口，企管部门、办公室应做好集团范围内部署和考核，宣传部门应做好集团内宣传和塑造典型，纪检审计部门负责监控；业务部门应明确清收责任，投身到清欠当中；最后，清欠应落实到各业务板块上。煤炭生产板块、煤炭贸易板块、多元板块（电力、房地产、服务业）等旧欠，各有特点，需各板块专项清收。

（2）应讲原则、追责任。国有煤炭企业集团清欠，要严格执行"三重一大"，强化法人责任、经营责任、投融资责任和监督责任，保证清欠的严肃性。

（3）清欠要以一定的清欠指标为目的。

（4）清欠配套制度的建立。清欠是一个系统工程，包含内部机构协调制度、信息管理制度、新欠防控制度、项目审批制、责任追究制度等。

（5）考核保障。

山西煤炭运销集团在清欠保障体系建设上，建立了以董事长为组长、党纪领导为副组长、各分管经理为成员的清欠领导组，各分管领导根据清欠任务安排，部署所辖部室的职责。按业务板块，集团成立了煤矿清欠管控组、公路贸易清欠管控组、铁路贸易清欠管控组和多元项目清欠管控组，并由纪委和审计部联合组成纪检审计组，对整个清欠工作进行督导。在清欠目标上，集团以财务旧欠总金额为依据，确定了三年清欠任务，责令下属单位每年清收本单位旧欠金额的一定比例。整个清欠工作，明确了任务目标，建立了组织保障，各板块各司其职，各部门全面参与，为清欠工作的开展奠定了基础。

（二）旧欠分析加工机制的运行模式

旧欠分析加工阶段，是清欠的准备阶段。只有在集团内部对旧欠进行了深入的分析和判断，才能使清欠工作更加有效。旧欠分析加工机制是对旧欠按照"一户一策"的原则进行，通过以下程序化原理运行的，如图2所示。

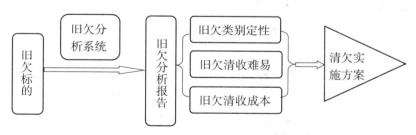

图2　旧欠分析加工机制的运行原理

首先，按照"一户一策"原则，选出某一项拟清收债权标的，搜集债权信息，进入分析阶段；其次，分析阶段，利用旧欠分析系统完成。旧欠分析系统由清收企业构建，本文搭建的分析系统依据合同管理、客户管理、交易控制、外部干扰、账龄监督、收账支持、账务处理展开分析，实务中，对旧欠分析可按表1的指标体系完成。通过对表1指标体系的打分，可以用于完成旧欠分析报告；最后，旧欠分析报告主要对旧欠的定性（内部借款债权、内部三角债、外部客户债权、政府债权、替其他股东垫资等）、旧欠的清收难易程度、清欠成本做出评判。在此基础上，制订出清欠方案，用于指导清欠工作的实施。

表1 旧欠分析系统指标体系

客户信息	客户名称	（企业、个人、其他）	集团内外	
	信用等级	A类、B类、C类、D类	交易金额	
	客户等级	战略、长期、一般、偶发	欠款金额	
偿债能力	①资本实力（净资产高低、资本流动性好坏）②支付能力（支付能力强弱、付款进度快慢）③盈利能力（盈利能力强弱、利润水平高低）			
债权信息	①加权平均账龄②账务处理（坏账计提情况）			
债权文件	①合同订单完整度②有无近期询证对账单③有无回单			
经营现状	a.正常经营　　　b.不正常经营　　　c.停止经营			
拖欠原因	a.困难　　　b.赖账　　　c.纠纷　　　d.其他			
还款意愿	a.积极明确　　　b.消极模糊　　　c.拒绝			
外部因素	是否有合并、分立、破产等			

山西煤炭运销集团部分下属单位，在清欠过程中建立了清晰的债权分析台账，分析台账准确地反映了债权的形成原因和业务背景、清收难点等信息，有效地服务清欠活动。下属单位在债权台账的建立过程中，定位并发现了一批历史背景复杂、整改困难的问题，如债务人破产债权、三角债中间人失联、政府接管债权等，并上报集团公司，作为专项债权进行处置。

（三）追欠实施机制的建立

在对标的旧欠进行分析的基础上，展开追欠措施，是清欠的核心内容。追欠一要制定清欠目标，二要落实责任，在明确目标责任的基础上，才能展开追欠。大中型煤炭企业实务中，往往重业务轻管理，对于清欠有一个误区，就是只要是债权，都是财务部门的事，追欠应由财务部门沟通完成，业务部门不参与其中。所以明确目标责任尤为必要，接下来才是清欠的方法问题。按照清欠体系模型，根据我们在煤炭企业清欠过程中的经验，总结出如下追欠方法，如表2所示。

表2 煤炭企业清欠方式方法

清欠方式	责任部门	适用范围	清欠措施
账务清欠	财务部门	①未形成争议和纠纷的旧欠②内部个人往来借款形成的旧欠③集团内部单位之间的旧欠④由于缺乏票据导致仅停留在账面上的三角债⑤与政府部门有关的清欠⑥股息红利性债权⑦未取得票据的营业外支出等	①往来账务核对，确认债权②发出"催款通知书"③利用集团财务优势，调度内部资金化解内部债权债务④督促三角债所涉业务人员取得业务发票，化解账面债权
协商清欠	业务部门如煤矿销售部门、公铁海运的发运部门、合同执行部门、多元项目部等	①因双方合同过错形成的争议债权②因煤炭企业自身原因未收回的争议债权③与政府部门有关的债权④三方互不履行义务的"三方债权"⑤其他股东未尽出资义务债权⑥投资失败的既出资金	各方以事实为依据，在平等的基础上进行协商，本着相互谅解、互相协作、互利互惠的原则，适当彼此让步，化解争议，处理债权

续表

清欠方式	责任部门	适用范围	清欠措施
法律清欠	法务部门、相关业务部门	①以上协商不成的债权 ②债务人恶意拒不履行的债权 ③债务人隐匿、转让财产的债权	一要采取策略，争取、把握、延长诉讼时效；二要最大限度搜集证据，提高胜诉可能
委托清欠	清欠部门	①清欠难度较大的债权 ②不适合主动出面的债权 ③自主清欠成本较高的债权	委托人才力量雄厚、资历丰厚的专业追账代理公司；委托双方认可的中间人；委托政府部门出面协商等
债务转让	清欠部门	①清欠希望渺茫的债权 ②清欠成本较高的债权 ③外部第三方有意向接手的债权等	把债权出售给金融公司、投资公司或转让给其他愿意接收债权的第三方
债务重组	清欠部门	①偿债能力有限但有收回希望的债权 ②债务人与债权人企业有产业交叉的债权 ③经营困难的战略用户的债权 ④实物偿还债务的债权 ⑤需要财务保全措施的债权	可以通过债务减免收回债权；以非现金资产收回债权；债务转资本收回债权；修改债务期限等条件收回债权

通过采取上述手段，公司首先开展了账面债权清理，那些长期挂账的账面债权得到了有效清理，简化了账面债权结构；各下属单位业务人员主动出击，通过沟通协商，清回了大量业务欠款；法律清欠有效防患了债权灭失风险，保障了债权的安全。集团在清欠过程中，成效最为显著的是部分下属单位委托专业人员进行清收，对长期找不到相关债务人的债权，专业人员想方设法、几经周转、长期盯守，最终清回了不少资金和抵账实物，挽回了或有损失。

（四）清欠考核评价机制的实施

一项清欠活动，如何最大限度发挥作用，清欠考核评价机制必不可少。考核机制通过对旧欠清收结果的奖惩，能激发大家参与清欠的积极性；评价机制作为清欠活动的经验教训总结，更能指导清欠活动。

山西煤炭运销集团在制订清欠考核方案时，制定了三级考核机制，将清欠结果与工资绩效挂钩。第一，将各下属煤矿、煤炭贸易企业、多元产业的清欠完成情况与该企业的经营业绩考核奖惩兑现挂钩，考核下属各单位的管理层，督促下属单位做好本企业清欠；第二，将清欠完成情况与集团机关各清欠职能部门的绩效挂钩，考核集团各职能部室，督促各职能部室积极清欠；第三，将各板块的清欠完成情况和整体清欠结果与集团各板块分管领导的工资绩效挂钩，考核各板块分管领导，以使其抓好清欠工作。除此之外，对于清欠工作中表现优秀的企业、部室、个人，按清回金额的一定比例予以奖励。

三、清欠实践的成果展示

通过采取以上清欠举措，实施一年来，全集团累计清收资金近百亿元，取得了较好的清收效果。具体表现在：第一，各板块清回大量资金。其中，煤矿清欠组清收占15%左右，公铁两路煤炭贸易清欠组清收占50%左右，投资管控组清收股东不到位资金和投资分红款数亿元，多元清收组如电力板块清收电费、房地产板块清收购房款等数亿元。整个清欠活动，缓解了集团的资金压力，一定程度上保证了整个集团的资金安全，意义重大。第二，清回了一批"老大难"债权。集团内一批

"老大难"债权，债权背景复杂、存续时间长、清理困难大，这次清欠活动中，在集团的引导和下属单位的努力下，清回了一批财务已做坏账处理的债权，清欠质量和能力得到提升。第三，提升了企业内部管理水平。通过全集团、全部门参与清欠，清欠意识在整个集团内得到贯彻，管理部门和业务部门在签订合同、履行义务、取得合法权利方面，都以资金回笼为目的，集团应收账款规模得到控制，新增应收账款的坏账率得到压减。提高了集团的凝聚力和全体员工的作战能力。通过清欠，集团上下凝心聚智、团结协作，共同投身一项工作，增强了上下级、部门间、单位间的理解和沟通，也显示出集团上下的强大的工作战斗能力。

四、大中型煤炭企业集团清欠活动的思考和建议

通过上述清欠研究和清欠的实践经验，笔者对煤炭企业集团的清欠活动，给出如下建议：

（一）清欠责任主体要明确，并要层层落实

煤炭企业集团重业务轻管理的思维，常常把清欠活动作为财务部门的事，这种观念是错误的。财务部应作为清欠活动的发起部门，而不是清收部门。清欠活动应按"谁销售、谁回款，谁批准、谁负责"的原则进行，销售部门或业务主管部门应作为清欠的责任主体。另外，作为煤炭企业集团，清欠要落到实处，清欠的责任要落实到下级单位。旧欠主要存在于各个基层业务当中，必须让基层单位发挥主人公作用，否则，集团层面的清欠，只是空中楼阁。

（二）集中清欠要与日常管理相结合

清欠针对的对象是旧欠，是为了减少应收账款。日常经营管理中不注重应收款管理，而把款项回收放在清欠上，显然是舍本逐末。只有在日常经营管理中，加强对客户的信用管理、合同管理和发货管理，建立一定的货款回收制度和收款预警机制，从源头上管理应收款项，再结合清欠举措，才能给予企业真正的资金保障。

（三）清欠只是化解煤炭企业集团资金困境的一种手段

在煤炭形势下行的情况下，很多煤炭企业集团面临巨大的资金压力，认为清理欠款是一根救命的稻草。事实上，清理旧欠只是化解资金困境的一种渠道，煤炭企业还应多拳出击，打组合拳。比如，煤炭生产企业不盲目生产，煤炭贸易企业合理购进，清理库存，加快存货周转水平，比如合理调度闲置生产设备和生产材料，减少生产资料对资金的占用；比如降低生产成本，提高利润水平；比如充分利用融资租赁、售后回租等形式；比如处置不良资产、盘活闲置资产等。

（四）清欠的过程是艰苦曲折的，清欠的结果并不常常尽如人意

在清欠实践中，我们的清欠人员长期驻外，风餐露宿，苦中作乐，经常找到债务人也拿不到钱，协商不成，常常只能实施盯守战术；诉讼清欠往往要奔走取证，与律师所、政府等各方沟通。清欠结果并不都是好的，往往几经周折，毫无成效。所以，清欠是一项艰苦的工作，要有一战到底的精神，清欠工作也不是周期性的，只要有旧欠，就有清欠活动在，就有"清欠大军"在。

浅析全面预算管理在港口企业中的应用

申报单位：广州港股份有限公司
作者：郭立薪

[摘要] 全面预算管理是现代企业管理的重要方式，是适应激烈的市场竞争重要的推动力量，在港口企业的发展中同样发挥着重要的作用。针对港口企业中全面预算管理现状，分析全面预算管理在港口企业实施中存在的主要问题，并且在港口企业发展战略的指导下制定有效的措施进行完善。

[关键词] 全面预算管理；港口企业

市场经济变化发展对港口企业经济效益的提升具有重要的影响。港口企业为了适应激烈的市场竞争，不断提升经济效益，必须持续地强化内部管理控制。通过建立完善的内部管理控制体系，为港口企业的经济效益提升以及质量水平奠定基础。全面预算管理是港口企业强化内部管理控制的关键措施，通过对各种财务及非财务资源进行分配、考核、控制、激励、评价等，有效地组织和协调企业的生产经营活动，以实现企业既定的战略目标，保证港口企业生产力的提高，实现港口企业经济效益的增长。市场风云变幻，港口企业应该对市场变化发展的情况进行积极有效的预测分析，推动全面预算管理标准化发展。通过建立、完善全面预算管理体系，不断地推进港口企业的转型升级发展。

一、港口企业全面预算管理作用分析

（一）港口企业全面预算管理是实现企业生产经营目标的重要措施

港口企业通过全面预算设定合理业绩指标，将年度目标、战略目标细化，将一系列经营活动以数量形式呈现，预算的执行过程也是企业战略目标实现的过程。港口企业根据目标利润制定货物吞吐量、集装箱量等生产指标，预测营业收入、营业成本、现金收支及为实现经营目标所需要配备的能力等，以利润表、资产负债表、现金流量表等一系列预算表样清晰呈现计划期内企业的全部经济活动及其相关财务结果。全面预算管理根据目标发展的要求制定战略规划，保证全面预算管理的有效实施。

（二）港口企业全面预算管理是规范管理控制和提升管理效率的重要方面

港口企业的预算涉及业务、经营和资本等方面，预算指标数据直接体现了各部门对各种资源的需求程度，对港口企业经营管理模式、固定资产投资建设等都会产生重要的影响。

港口企业实行集团化的经营模式，管理水平不断地提升。全面预算管理以提高企业整体经济效益为根本出发点，对企业生产业务、技术、财务和投资管理等各部门的预算进行综合协调平衡，能够实现港口企业内部管理中资源的有效整合，规避与化解潜在风险，积极推动港口企业集团化经营方式的完善，如业务模式改进，业务流程优化，管理方法创新等，并且在预算管理过程中制定战略发展目标指导当前的经营，推动港口企业管理效率的提升。港口企业在全面预算管理的影响下能够不断地提升市场适应能力，增强自身的竞争力。

（三）港口企业全面预算管理是发挥各级管理人员积极性的重要举措

全面预算管理是一项全员参与工程。港口企业全体员工积极参与预算编制工作，企业制定的预算才易于被员工重视和接受；企业经批准的预算经过层层分解，才能变成各部门的目标和可执行方案；企业预算和预算执行的有关数据成为业绩考核指标的数据来源，才能最大限度地调动经营者、员工的积极性和创造性。人人参与全面预算管理，落实企业各级管理人员的责任和目标，采取各种措施保证预算切实可行，为顺利实现企业全面预算管理目标提供保障。

二、港口企业全面预算管理工作中存在的主要问题

（一）港口企业全面预算管理受到市场变化的制约，在编制上存在较大的问题

港口企业在编制全面预算之前，相关人员没有对行业发展趋势和企业环境变化做出理性预测和分析，从而使企业的收入增长和成本节约计划脱离实际；编制工作人员没有进行详细的预算编制，不能够按照编制的要求采取合适的预算编制方法，对指标分解不彻底，造成了全面预算管理在港口企业应用中的计划较为粗略，严重的可能会影响到港口企业经营发展的主要目的的实现，很难指导港口企业的经营规范正常运转。

（二）全面预算管理与港口企业无法进行有效的配合

部分港口企业的全面预算管理缺乏有效的全面预算组织，不能形成协同效应，预算指标不客观。全面预算在较多企业没有健全的组织机构，没有对预算项目进行很好的整合，仍然误认为是财务部门的管理职责，比较多地存在收入指标保守预计，成本指标夸大预计的情形，导致全面预算管理在执行上力度不够，不能够充分地发挥出全面预算管理在港口企业中的作用。

（三）全面预算管理考评方法不符合港口企业发展的要求

港口企业全面预算管理考核机制缺乏有效的执行，说明港口企业在考评方式的制定上较为简单，偏重指标考核，不能够充分地利用指标进行动态化考评管理。同时在出现预算执行的时候不能够根据存在的差异性特点进行及时的处理，直接导致全面预算管理体系较为松散，管理效果差。

三、以全面预算管理提升企业经营管理水平的措施

（一）确保预算编制与企业生产经营的一致性

对于港口企业的全面预算管理应该遵循"实事求是、全面准确"的原则，对于全面预算管理中所涉及的预算项目、项目要素、资金收支金额、预期发生时间以及预算项目的可行性、必要性，确保预算计划能够与港口行业特点相一致。此外，在全面预算管理的编制方法上，应该根据港口行业的不同预算项目，采取固定预算、塔形预算、零基预算等多种预算方法相结合的编制方法。对于全

面预算的编制程序，在编制准备阶段，应在企业内部组织动员，并将预算编制项目细化分解，交由港口企业内部的各个部门负责，按照预算编制要求、模板以及时间安排进行预算计划的编制。在完成预算计划的编制以后，应在港口企业内部组织评审，重点确保全面预算计划与港口企业经营目标的一致性以及较强的可操作性，完成评审以后即可执行实施。

（二）强化全面预算的执行管控

全面预算管理真正能够起到指导港口企业生产经营的作用，必须强化全面预算计划的执行力度。在全面预算管理的执行上，应当结合不同的预算项目目标，明确不同预算项目的执行责任人，按照金额管理、项目管理与数量管理的方法强化执行。为了确保全面预算计划能够得到有效的落实和实施，企业应该将全面预算计划按照月度或者是季度为周期进行分解，按照"谁可控谁承担，责任到人"的原则分解到管理部门和个人，按照"有预算不超支，无预算不开支"的原则严格预算执行，对经批准正式下达执行的预算，一般不予调整。只有当预算前提发生较大变化，致使预算不可能执行或难以执行时，预算管理部门经批准进行项目调剂控制，但要保证整体的年度预算范围。此外，对企业预算执行情况要进行跟踪监控，及时发现预算执行偏差，分析原因，加以改进。

（三）建立有效的全面预算考核体系

全面预算考核体系是港口企业日常管理的重要组成部分，能够实现港口企业资源配置优化发展，提升港口企业生产效率和日常管理效率，增长港口企业经济效益，从而促进港口企业发展目标的实现。各港口企业应建立科学的预算考评体系，强化预算约束力。

全面预算考核体系的建立应该遵照一定的原则，预算考评应该科学、客观、公正，最好以主要业绩指标作为考评指标的主要内容，而企业主要业绩指标设置应当以战略规划为基础。预算考评指标应按照可控性原则设置，把可控的预算执行指标与经营者、职工的经济利益挂钩，实施奖惩，充分发挥员工的创造性和主动性，确保企业经营管理目标的最终实现。

港口企业全面预算考核体系的建立要兼顾运营各方面差异性效果，并且根据差异性进行详细的评价分析，这样才能够准确地反映出港口企业全面预算考核执行效果。在全面预算考核体系执行的过程中应该保证全面预算管理的权威性，这样能够保证全面预算管理能够充分地发挥作用。此外，根据港口企业基本情况制定奖励措施，这样能够进一步提升港口企业内部控制效果。

四、结束语

市场的变化发展对港口企业的发展提出了全新的要求。强化全面预算管理在港口企业的作用是港口企业有效运营的重点。港口企业应该做好全面预算管理，完善全面预算管理体系建设，强化全面预算管理在执行过程中的力度，充分地发挥全面预算管理在港口企业日常管理中的监督管理作用。全面预算管理水平的提升能够促进港口企业经济效益的增长，并且为未来港口企业的发展奠定良好的基础。

参考文献

［1］方梦庚，刘运国. 作业成本法在港口企业的应用研究（下）——基于 SX 港的案例［J］. 财会通，2010（31）.

［2］朱宏波，苏春华，王泽坤. 全面预算管理如何在港口企业得到有效运用［J］. 交通财会，2012（3）.

［3］吕海艳. 全面预算管理在港口企业中的应用［J］. 中国集体经济，2014（12）.

［4］陈永霞. 简论全面预算管理在企业经营中的应用［J］. 科技致富向导，2013（4）.

构建仓储盈利模型 提升单库创效能力

申报单位：中国石油四川销售仓储分公司
作者：赵蓉斌　刘　艳　王怡娟　刘小峰

[摘要]油库是油品中转、仓储、分销、配送的重要场所，是中国石油上下游一体化产销衔接的纽带，在保障炼厂正常生产和市场稳定供应方面发挥着重要作用，其投资规模与费用大小不仅关系到公司资产保值增值，而且关系竞争能力和盈利能力的提高。本文旨在以某成品油销售企业仓储公司为例，构建仓储盈利模型，将某销售企业下属油库从仓储单元转变为经营单元，促使油库管理者以利润为导向，深挖控费、创效着力点，提升价值管理水平，助力企业有质量、有效益、可持续发展。

[关键词]成品油；仓储企业；盈利模型利润中心；创效能力

由于油价持续低迷，经济增速放缓、产业结构转型、新能源发展等内外部环境影响，成品油销售企业的创效能力，盈利空间持续收窄。销售企业已从重规模速度转变为重质量效益、从重视扩大投资转变为重视强化管理。针对此现状，创建仓储盈利模型，设立油库经营单元，促使油库管理转型，以利润总额倒逼油库严控投资规模与费用开支、优化油库资产结构、增加作业总量，提升油库环节在成品油销售链上增值创效、挖潜增效能力，是一项积极有益的尝试。

一、某销售企业油库管理现状

四川地区某成品油销售企业共有油库23座，由下属仓储公司集中管理，分布于四川省21个州县，数量多、范围广、管理难度较大。就外部条件上看，各油库地理位置、所处环境、经济政策等不尽相同；就内在条件上看，各油库新旧程度、作业能力、人员构成等也参差不齐。尽管如此，按照油库安全保供的本质使命，近年来，仓储公司在油库安全、投资及油品数质量的管控中仍取得了突出成绩。但与之对应，鉴于仓储公司作为上级公司成本中心，在价值管理方面，力度稍显薄弱。

二、仓储公司管理中存在的问题

（一）价值管理理念淡薄、目标单一

石油工业已进薄利时代，面对新时期、新形势，公司对油库的管理不仅要放在保安全、保供给这一本质使命上,更要将管控重心扩展到提升油库增值创效、挖潜增效的价值管理中去。但是,基于油库成本中心的定位,公司经营服务不计收入、财务报表不见利润,费用开支均由上级拨付,全员价值管理理念淡薄;更为重要的是设置费用总额完成率作为公司业绩考核指标,决定了公司价值管理目标重在控费,致使公司经营管理决策与经营管理行为均以控费为出发点,目标短期而单一,致使企业难以做出长远性、全局性发展规划。长此以往,不仅全员挖潜增效的积极性将逐步消磨殆尽,公司在成品油销售价值链上的作用也将被湮灭。

(二)缺乏油库投资决策与评价费用管控水平的标准

由于未对收入与利润进行货币计量,项目投资前的可行性研究也就无法从财务角度预测项目未来可能产生的投资回报和经济效益,更谈不上准确评价投资资金的规模和流向的合理性,不利于实现资源的合理配置,容易盲目投资,形成低效、无效项目。在费用管控上,由于缺乏油库间统一的评判标准,费用管控更多是关注单库费用同期变动趋势的合理性,不能真实反映费用与效益间的内在联系,"赚钱才能花钱"的经营理念淡薄,费用怎么花、该花多少缺少一个科学的标准。投资是花钱,费用是省钱,只有构建仓储盈利模型,才能引导管理者关注投入与产出效益,把投资资金用在刀刃上,挤干不合理的油库费用开支,降低油库运行成本。

(三)考核的激励性与导向性发挥不够充分

油库作为一个成本单元,效益类考核指标为费用总额,维度单一、缺乏可比性,仅适用于对单库管理优劣的纵向评价,不能实现油库间价值贡献的横向排名,相应的考核机制也比较单一,激励作用不明显。油库主任对油库的管理则更多停留在"搞业务、保安全"层面上,没有建立起"经理人"意识,对运行成本的管控仅仅是有多少钱、办多少事,对如何创收、如何节费思考不足,缺乏节费创效、挖潜增效的主动性,缺少管理转型的紧迫感。

三、构建仓储公司盈利模型

针对仓储公司油库管理中存在的问题,引入内部市场机制、构建仓储盈利模型,将仓储公司从成本中心转变为利润中心,将油库从仓储单元转变为经营单元,建立直观、有效、可执行考核指标,完善配套奖惩激励机制,是激发油库执行力,推进公司增值创效、挖潜增效,助力企业有质量、有效益、可持续发展的有效途径。

(一)建立模拟利润中心

创建仓储盈利模型正是借鉴人为利润中心理论,引入内部市场机制,参考市场公允价格设置内部转移价格,按照油库的周转量模拟计算油库的仓储费收入。同时,全口径反映单库运行财务账,计算模拟利润,单独编制报表,使油库真正成为自负盈亏、自担风险、自我发展的"独立"经营个体。其中:

(1)模拟利润 = 模拟价格 × 周转量 – 成本。

(2)模拟价格:参考市场公允价格设定 35 元/吨的内部转移价格。

(3)周转量:以上年周转量实际为基础,结合当年市场资源调配变化趋势确定。

(4)成本:模拟核算期间内油库全口径运行成本。

为此,公司可根据上年经营成果,在确定当年经营目标基础上,结合预测周转量,反推当年各油库费用总额的合理区间，并以此为依据分解费用预算，确定单库费用预算考核目标值。

（二）完善油库考核指标

本着直观、有效的原则，可对油库设立营业收入、费用总额、利润总额 3 项效益考核指标与安全作业 1 项重点工作考核指标（见表 1），其中：利润总额与营业收入指标依据全省排名与同期对标两个维度进行考核，费用总额可以预算目标值完成情况进行考核，安全管理依据事故重大程度进行考核。

表 1　油库考核指标明细

考核指标	权重（%）	考核说明
利润总额	50	①基础分 35 分，按照利润排名，按名次依次递减 0.5 分； ②基础分 15 分，按照同比变动，增幅 1% 以内（含 1%）加 0.1 分，小于 1%~2%（含 2%）加 0.2 分，依次类推，最高加分不超过 5 分；小于上一年度同期值的依次扣分，最高扣分不超过 5 分
营业收入	20	①基础分 15 分，按照收入排名，按名次依次递减 0.5 分； ②基础分 5 分，按照同比变动，增幅 1% 以内（含 1%）加 0.1 分，小于 1%~2%（含 2%）加 0.2 分，依次类推，最高加分不超过 2 分；小于上一年度同期值的依次扣分，最高扣分不超过 2 分
费用总额	20	基础分 20 分，超额完成预算目标值 1% 以内加 0.15 分，1%~2%（含 2%）加 0.3，依次类推，最高加分不超过 3 分；未完成目标值，依次扣分
安全管理	10	出现安全事故、造成不良影响，一次全扣

通过定期计算、通报油库考核综合得分，实现多维度量化评价油库创效能力，让基层油库更加直观地掌握自身价值贡献与管理差距，逐步建立"有量才有费、量费要平衡"管理思路、以效益为中心管理目标，增强管理行为有序性、导向性；同时，以综合得分为实施奖惩依据，对指标完成率位居前三、后三的油库分别进行奖惩，如书面通报、大会表彰、设置单项奖励、与工资薪酬挂钩等，确保评价激励机制对油库经营管理水平的提升发挥实效，进一步提高油库管理创效的积极性与迫切感。

（三）仓储盈利模型的应用

以仓储公司 2013 年实际费用总额为例，设定内部转移价格为 35 元 / 吨，公司全年利润总额为 1.19 亿元，全省运行油库 23 座，盈利库 15 座，占比 65.22%；亏损库 8 座，占比 34.78%。为此，公司一方面可对盈利库进行横向对标分析，如以周转量为分组依据，将组内综合得分最高油库设为标杆，与其他油库逐一对比，从油库作业方式、资产规模大小、资产老旧程度、设施设备自动化水平、用工总量等角度，排查管理"短板"，进一步提升盈利油库精细化管理水平与经营创效能力；另一方面可对亏损库进行纵横结合的专题分析。如通过对 8 座亏损库的周转效率与查找制约其他油库提质增效的关键因素、主要费用开支分析，发现导致亏损库形成的原因并不单一，主要有：

（1）投资过剩，设计库容远大于实际作业量，致使年度收入无法负担折旧费用，出现亏损；包括：B 油库与 E 油库。

（2）单库用工过剩，生产力配置大于作业量需求，致使年度收入无法负担员工成本，出现亏损；包括：C 油库与 H 油库。

（3）发生专项性检维修业务，致使当期收入无法负担费用开支，出现亏损；包括：A 油库、D

油库。

（4）其他因素的影响，主要为 G 油库。如表 2 所示。

表 2　2013 年亏损库经营情况分析

序号	油库名称	周转次数	排名	人均周转量	排名	吨油折旧折耗	排名	吨油修理费（元）	排名
1	A 油库	9.93	2	0.57	4	6.47	3	15.94	7
2	B 油库	3.63	8	9.49	1	34.51	8	1.05	3
3	C 油库	6.2	5	0.3	8	6.37	1	4.77	5
4	D 油库	15.74	1	0.63	2	10.44	6	25.22	8
5	E 油库	5.38	6	0.6	3	18.19	7	0.94	2
6	F 油库	5.34	7	0.4	6	7.45	4	3.57	4
7	G 油库	8.58	3	0.54	5	10.02	5	7.71	6
8	H 油库	7.61	4	0.35	7	6.39	2	0.47	1

四、提升单库创效能力

虽然制约油库发展体质增效因素无外乎周转量与费用总额两项，但精细划分，可主要分为 4 个方面。

（一）克服主观制约，提高作业总量

不考虑技改、检修等特殊情况，制约油库作业量高低因素主要有两个：油库运行效率或当地油品销量受限。针对前者情形，可通过对铁路接卸泵房及栈桥设备进行技改，建立符合自身实际的铁路接卸车操作标准等措施，提升铁路接卸能力，确保油品"收得多"；加强与上级调运部门沟通，科学预测油品需求，根据市场情况、库容品种等因素，强化库存经营管理，确保库容预留到位，确保油品"装得下"；持续开展油库生产作业操作流程诊断活动，针对发现问题，制订"一库一策"运行提效方案，包括：发油设施加泵改造、实行多仓车多品种同时发油、减少不必要的作业管理要求等，确保油品"发得快"。

（二）优化资产结构，降低折旧折耗

优化资产结构就是要控制新增资产、提升使用效益：一是物流优化关停低效油库，通过关停油库、报废或计提资产减值准备，减少后期支出；二是加强对投资决策的定量分析，利用投资回报率计算公式，合理预测油库未来实现收入水平，控制企业投资欲望、减少低效投资工程，优化施工方案、减少不合理造价；三是减少新购置资产。购置资产势必会增加当期折旧费用，油库在有购置需求时，尽量采取调剂使用旧设备的方式，节约新购置成本；四是延长资产寿命，一方面严把油库工程建设材料与设备质量关，择优购置，另一方面加强对油库员工设备维护知识培训，实行设施设备预防性检维修。

（三）减少单库用工，降低员工成本

单库用工人数决定员工成本高低，一方面可从深化油库信息化建设入手，通过实施下装改造、信息系统集成等工程，提高设施设备自动化水平，规范、简化业务操作，降低员工劳动强度，减少用工人数；另一方面加强员工培训，强化岗位员工一岗多能，提高整体用工综合能力，实现用工"一人多岗"，减少员工基数。除此，合理判断油库核心作业流程，对非核心岗位实行业务外包，通过合同管理方式规范并积极推进业务运行，并采取分流油库用工到第三方服务机构，也是减少油库用工的有力举措。如检维修、绿化后勤、警卫消防等业务岗位人员。

（四）多措并举，减少不必要费用开支

将油库日常费用分为生产性费用与管理性费用两类，牢固树立"少花钱也是赚钱"管理理念，对生产性费用在保障到位基础上，要结合油库生产作业特点，进行优化管理，不断提升费用开支效益。如针对修理费，要坚持"以养代修、多养少修"的设备管理理念，按时对设施设备进行周期护养与检修，以预防性维修、减少设备故障率，降低日常修理费开支，将修理费更多地投入到提升油库生产效率、保障油库生产安全的项目中去；针对水电能耗，可通过分生产和生活区安装电表、充分利用电价谷期安排生产作业、取消不必要大功率电器、加强对空调与电脑等办公设备的监控与管理、及时收取共用电费等措施，有效降低电费支出。对管理性费用开支要严格控制、挤干水分，如针对办公费、低值易耗品费用项目，可通过实行集中采购、争取经济价格，加强对办公与耗材用品领用台账管理，降低开支；针对业务招待费，要反对浪费、提倡节约，严格审核公务接待事由，针对无接待清单或派出单位公函的业务费用，不予报销；针对劳动保护费，可通过优化管理人员工作服配置频次，由一年一配变为两年一配，减少不必要的浪费。

五、结论

本文以某成品油销售企业仓储公司为例，运用人为利润中心理论，引入内部市场机制，创建仓储盈利模型：

（1）将公司对油库管理从仓储单元转变为经营单元，设定效益类指标，促使油库管理者在以利润为导向的考评激励机制下，倒逼油库费用开支，不断优化管理、降本压费，走上职业经理人的管理之路。

（2）将公司管理模式从成本中心转变为利润中心，可从收入与投资合理性、费用配比性等多角度入手，加强对油库的经营成果分析，查找存在的问题，探索优化管理思路，确保对油库管理指导的科学性、全面性，提升单库创效能力，助力公司有质量、有效益、可持续发展。

参考文献

[1] 陈军意. 石化仓储企业收入分类和确认的探讨 [J]. 财会探索, 2016（11）.

[2] 吴锡君. 仓储企业的成本控制与利润增长 [J]. 珠江水运, 2003（9）.

[3] 章劲, 程静. 从价值管理角度对加油站会计核算模式的研究和探索 [J]. 全国商情, 2013（1）.

[4] 王福胜. 管理会计学（第2版）[M]. 北京：人民大学出版社, 2009.

对外投资企业转型发展的
目标体系建设和实践

申报单位：上海华谊（集团）公司
作者：黄伟平

[**摘要**] 大型国有企业对外投资企业数量众多，层级纵深，集团总部管理难度很大，面对激烈的市场经济竞争，对外投资企业既要面临生存发展的考验，也要面临集团总部整合的考验，唯有转型发展，适应形势的要求，自觉纳入集团总部发展规划，才能进一步持续生存和发展，本文试图结合华谊集团情况，就对外投资企业转型发展的目标体系建设和实践进行深入探讨和总结。

[**关键词**] 投资企业；转型发展；目标体系；建设和实践

上海华谊（集团）公司（以下简称集团）是从事能源化工、先进材料、精细化工、绿色轮胎制造和化工服务的特大型国有企业，拥有上市公司双钱集团股份有限公司、上海氯碱化工股份有限公司、上海三爱富新材料股份有限公司等其他生产经营性企业 269 户，年营业收入 606 亿元，年利润 10.14 亿元。

集团在追求高端发展、创新发展过程中，加快对外投资企业改革调整，不断提升管理水平和经营能力，集团经济效益逐年提高，企业排名逐年向上，被上海市国资委列入重点扶持发展的六大集团之一。2013 年集团位列中国企业 500 强第 231 位，位列中国制造业 500 强第 111 位，位列中国化学原料及化学品制造业 100 强第 5 位，中国企业纳税前 200 名第 163 名。

一、对外投资企业转型发展的目标体系建设的背景

面对集团要成为可持续盈利能力具有市场综合竞争力的企业目标，必须转型发展，摒弃传统的行政管理模式。只有通过一体化战略，集聚资源、资产、资金、人才，集聚核心主业，加快优势企业发展，才能加快提升集团综合竞争力。要有所不为，才能有所为，对不具备市场经济竞争力的企业，必须加快对外投资企业调整工作，从一个侧面助推集团总部经济建设。

（一）对外投资企业转型发展的目标体系建设是集团转型发展的必然要求

集团是从化工局转制过来的国有企业，下属企业许多中小型企业的历史很长，每个企业发展到今天，都有自己独立的发展思路，产业布局，投资取向。据 2005 年清产核资调查：集团共有企业

786 户，如表 1、表 2 和表 3 所示。

表 1　集团企业层级分布

一级	二级	三级	四级	五级	六级	合计
1	79	409	247	47	3	786

表 2　集团企业性质情况分布

全资	控股	参股	合计
293	284	209	786

表 3　集团二级子公司下属企业数前十名

1	2	3	4	5	6	7	8	9	10
双钱集团股份有限公司	上海涂料有限公司（现上海华谊精细化工有限公司）	上海天原（集团）有限公司	上海化工装备有限公司（现已经注销）	上海中远化工有限公司	上海焦化有限公司（现上海华谊能源化工有限公司）	上海塑料工业有限公司	上海吴泾化工有限公司	上海染料有限公司	上海化学试剂有限公司（现已经破产注销）
110	75	68	61	61	49	46	44	41	29

集团下属众多小企业大多是依附性的，为了安置职工设立的三产企业，普遍经营能力较差，缺乏市场竞争力，依靠主体企业维持生计。据统计分析，有 168 户企业已停业、歇业和被工商吊销营业执照的企业，有 108 户企业存在着产权不清、经营管理不正常等问题，以上企业占集团企业 786 户的 35.11%。

二级子公司下属企业最多前十名企业共有 584 户，占集团企业 786 户的 74.30%。分析发现：企业间资源分散，内部往来甚多；领导兼职过多，忙于三产事务，分散了抓主业的精力；有一部分三产管理不到位，腐败现象时有发生。

随着上海国资国企改革的深入发展，集团制定了具有国际竞争力的化工企业集团的战略目标，对标世界化工 50 强企业，集团在许多方面存在着巨大差距，仅从企业结构这一项看，就存在企业数量过多，主营业务不突出，盈利能力差等诸多问题，这样的企业状况显然难以适应集团转型发展的要求。

（二）集团总部经济建设需要对外投资企业转型发展的目标体系建设

长期以来，企业从自我发展战略出发，实施对外投资，无节制的扩张，造成了产业分布散、规模效应低、经济效益差等方面问题，总部经济要求集约化管理，集中产业分布，扩大投资规模，增大投资回报率。

集团总部经济建设过程中，下属企业众多的管理，是继续放手自主管理，还是集团总部统一管理，决定了集团的定位和总部经济形成的速度。集团制定了三级定位管理模式：集团总部为决策中心、二级企业为利润中心、三级企业为成本中心。即集团总部加强对"资源、资本、资产、资金"的运作，实现财务集中、资产集中、技术决策集中、投资决策集中；二级企业组织好生产经营，加强市场运作和成本控制，实现利润最大化；三级企业则组织好生产管理，装置化管理，加强成本管理控制，实现成本最小化。

集团三级定位管理模式，决定了基层企业未来发展方向，企业管理一体化成为必然要求，为完善集团企业架构，势必要对众多企业进行梳理，加快对外投资企业调整工作，使得每一个企业都具有市场竞争力，创造财富的地方。

（三）对外投资企业转型发展的目标体系建设是建设集团总部经济的组成部分

集团从事化工生产，受到节能减排、城市规划等方面的制约，提升竞争力要从多方面综合考虑，如何构建集团总部企业架构，面对不同层次、不同规模、不同主营业务等集团下属众多企业，只有加快对外投资企业调整工作，才能加快建设集团总部经济。

以调整促发展，集团对外投资企业转型发展的目标体系建设着力做到"五个相结合"：与节能减排要求相结合，服务于城市发展规划；与突出核心业务快速发展相结合，紧跟同行业产业发展前沿；与深化国企改革相结合，吸引各种资本做赢企业；与稳定就业相结合，稳妥安置职工就业；与集团管理体制和机制创新相结合，创新求变。着力推进"三个收缩"；纵向消除四级次以下企业，横向收缩二级投资管理幅度，非核心业务退出。

二、对外投资企业转型发展的目标体系建设的内涵和主要做法

对外投资企业转型发展的目标体系建设是指从集团总体目标出发，根据企业产品的竞争力、产业的领先性、企业的规模大小、未来发展的潜力分析，对现有存续企业进行梳理，对壳体企业、僵尸企业、亏损企业清算注销，对资不抵债企业进行破产清算，对非主业企业、经济效益差的企业进行改制、股权转让，国有资本退出，对集团内同类产品生产企业进行整合，形成优势企业。集团从行业到企业推进对外投资企业转型发展的目标体系建设，主要做法包括：

（一）强化组织领导是扎实推进企业调整工作的重要基础

对外投资企业调整工作是一项十分艰巨困难的工作，涉及职工、干部和单位等方方面面的利益，涉及职工安置、资产处置、历史遗留问题解决、政策法规的规范实施，需要强有力的领导力和充满智慧的协调力。因此，只有高层领导的重视，组织保障，落实措施，才能有效开展对外投资企业转型发展的目标体系建设工作。

1.各级领导重视，多渠道推进

任何工作的开展，没有领导的重视是很难取得实效的。实践证明，由于对外投资企业转型发展的目标体系建设得到集团领导充分重视，对外投资企业调整工作进展理想。

每逢集团重要会议，集团领导总要讲对外投资企业调整工作，在集团双月总经理例会上，定期检查对外投资企业调整工作进度，表扬先进，批评落后，使得落后企业领导倍增压力。集团主要领导亲自到对外投资企业调整工作进度缓慢的二级子公司了解情况，召开座谈会，使得对外投资企业调整工作局面迅速改观。

开展对外投资企业调整工作，经费是不可缺少的，这些费用增加了管理费的支出，不少企业为此困惑，超出预算将直接影响到经营者年度考核。集团领导了解情况后，果断地同意在每年企业经营预算中单独增加一项对外投资企业调整工作费用预算，专项资金，单独考核，有力地为对外投资企业调整工作提供了条件。

2.转变观念，统一思想认识

基层企业长期来形成习惯于自我发展，并已经形成了自我发展的思路，要适应集团总部经济建设，基层企业转变观念是一项十分紧迫的任务。

集团结合五年发展规划制定，让企业紧跟集团发展思路，从一体化发展思路出发，重新审视自己企业的未来发展的基点，将企业发展规划引导到落实集团发展规划上来。结合各种宣传条件，宣传集团总体发展目标，一体化发展的优势，使基层企业清楚地看到在市场经济激烈竞争中，靠中小企业单打独斗已经很难维持下去的严酷事实，自觉将企业的命运与集团的命运捆绑在一起。企业自觉从主导产业发展出发，衡量主业发展、投资规模、盈利状况等因素，自我排定需要保留发展的企业，并制订每年对外投资企业调整工作的目标计划，先易后难，分层次推进企业调整工作。

3.组织专业团队，加强指导和协调

开展对外投资企业调整工作，集团资产部为主要负责职能部门，定期商议具体工作。一是制订对外投资企业调整工作计划和工作标准；二是抓进度，不定期地召开专题协调会、政策讨论会，资产部经理会议，以联系人邮件等形式，定期汇总和通报各企业清理进度；三是抓落实，走下去，到基层现场办公，了解对外投资企业调整工作中的难点和节点，主动搞好内外部协调。

对外投资企业调整工作，涉及职工安置、稳定工作，资产审计评估、资产处置、法律事务等方方面面，需要集团内部形成相互监督机制，共同推进。规范对外投资企业调整工作程序，集团其他职能部门协助配合，集团制定了相应制度。一般要走好以下程序：制订方案，报集团各部门会审，完善方案后，报集团党政联席会议或领导批准。职代会通报方案，通过职工安置方案，资产审计评估，公开公正公平履行交易手续或实施企业清算。

随着企业清算政策的进一步规范，对外投资企业调整工作难度越来越大，集团建立企业清理调整指导小组，组织数名资产清理骨干，定期研究各企业上报共性问题，咨询政府部门有关政策，与政府部门协调，总结企业清理难点突破的案例，提出解决共性问题的建议。

创造条件，考核实事求是。集团每年下达对外投资企业调整工作任务多于考核数，实际考核与企业沟通商量确定。一般对外投资企业调整工作需要两年时间，通过每年滚动操作，既保证完成每年有一定数量企业清理任务，又为第二年企业清理创造条件。集团对基层企业已经尽力，因客观原因，集团暂时也没有办法解决的，视作完成阶段性清理任务，大大提高了企业调整工作人员的积极性。

（二）对外投资企业转型发展的目标体系建设是检验实效的准则

推进对外投资企业转型发展的目标体系建设工作开展，重点是减少没有必要存续的企业数量，退出非主业企业的国有资本，只有量化的考核标准，才能有效地开展工作。

1.制定标准是目标体系建设的重要一环

根据对外投资企业实际现状，2008年集团制定了加快推进企业调整工作的指导意见，统一规范了企业调整工作完成任务三项标准。

一是销户标准：工商注销、企业合并、股权转让、股东减资、调整账务、企业破产、参股企业吊销后，经清理后投资核销。

二是关闭歇业标准：停止一切经营活动；所有人员清退完毕；银行账户全部注销，确实无法注销的账户清空后停止进出；账册印章二级公司集中保管封存。提供股东清算报告，并明确工商无法注销原因；二级公司出具承诺书。

三是完成阶段性调整任务，视作完成标准：经企业自身努力，因客观条件限制，集团认为无法深入清理的企业。

2. 列入经营者年度考核是保证落实的重要措施

为保证每年集团对外投资企业调整工作目标实现，结合预算工作，集团在与二级企业充分沟通的基础上，确定考核目标。然后，将对外投资企业调整工作任务列入经营者年度考核。

根据对外投资企业调整工作的目标任务轻重，在经营者年度考核100分中，根据二级子公司实际情况，分别设50分、20分、10分、5分，由于权重占考核比例较大，引起各级企业主要领导的充分重视，有力地推进这项工作的开展。

第二年的1月，集团对企业调整工作的目标任务完成情况进行核对，考核打分，集团每年还发红头文件《关于对完成企业调整工作有功人员奖励的通知》，进一步调动从事对外投资企业调整工作人员的积极性和创造性。

（三）着力推进对外投资企业转型发展的目标体系建设

实干是一切工作的落脚点，只有切实落实措施，扎扎实实开展工作，集中精力打歼灭战，一个一个地去解决历史遗留下来的问题，才能加快对外投资企业转型发展的目标体系建设工作。

1. 借力推进，有所不为才能有所为

2008年，市国资委在集团开展对外投资企业转型发展的目标体系建设工作试点的基础上，在集团召开了市发改委、工商局、税务局、房地局、社保局、民政局、高院、国资委改革重组处、电气集团、华谊集团、纺织集团等单位参加贯彻《关于进一步推进上海国资国企改革发展的若干意见》座谈会，解决了相当一部分疑难问题。

集团借力推进，根据市国资委国资国企改革要求，在调查分析的基础上制订了《推进企业主辅分离、辅业资产调整、中小企业改制重组总体方案》，围绕集团发展规划，坚持"有所为有所不为"指导思想，集中精力、一心一意抓好主业发展，核心产业基地完善布局，核心企业调整优化，提升集团综合竞争力，确定了保留核心企业在150户左右的目标。

2. 两条战线，同步推进对外投资企业调整工作

开展对外投资企业调整工作，集团分两条战线同步展开，一是以集团核心业务发展平台，能源化工、先进材料、精细化工、绿色轮胎等主要行业公司，重点是结合自我发展，推进主辅分离。二是以上海华谊集团企业发展有限公司为调整平台，将上海化学试剂有限公司、上海化工厂有限公司、上海染料有限公司、上海塑料工业有限公司、上海化工装备有限公司、上海华向橡胶制品有限公司六个调整型行业公司划入调整平台，组织专门力量，集中精力抓好非主业企业调整，做好人员安置和资产清理工作，直至企业清算注销。

3. 履行出资人权利和义务，严格新设企业审批制度

以前，化工局与基层企业关系是政府和企业关系，现在，集团与企业的关系是出资人和经营者关系，前后两种关系发生了根本的变化。以前的企业为了生存和发展，可以自行决定对外投资，所以每年新设企业数量增长不受控制。现在的企业必须遵循集团总部的要求，开展生产经营活动，拓展业务。

随着集团总部经济思路清晰化，集团总部定位决策中心，为此，专门发文规定：新设对外投资企业、现有对外投资企业增减资、转让、收购兼并等行为一律报集团批准后实施。从源头上控制新设企业的数量，凡不符合总部经济的对外投资难以获得集团批准。在例行检查中，发现未规定而设立新的企业，通报批评，责令改正。数年来，由于严格把控，集团每年新设企业数明显减少，集团核心业务得到了稳步加强。

三、对外投资企业转型发展的目标体系实践成果

调整和发展始终是集团加快总部经济建设的双轮驱动重要抓手，集团对外投资企业转型发展工作，主要通过行业整合，产业归类整合，塑造集团平台公司企业架构；通过单体企业的国有资本股权转让、减资退出、吸收合并、清算注销、破产清算等销户方式，处理已经丧失企业生存必要的企业，从而优化集团企业结构。数年来，坚持调整和发展并举，不断完善集团总部经济企业架构，通过对外投资企业转型发展的目标体系建设工作，有力地助推集团总部经济建设，取得了丰硕成果。

1. 节能减排，调整化工生产基地

集团内中小型化工企业历史悠久，遍布市区内外，随着上海城市向宜居城市发展，市区范围已经扩展到外环线，化工生产企业节能减排压力甚大，化工生产企业向园区搬迁成为趋势。

数年来调整，集团对外环线内30多家危化品生产企业调整布局，实行关停并转，部分产品向漕泾化工区、金山二工业区转移，有些好的产品向浙江、江苏的化工工业园区转移。产品前景差的企业则停产关闭，腾笼换鸟，支持城市建设。

集团形成了"上海3+1"和"全国3+1"基地：上海：上海化学工业区成为高端技术产品的生产基地；吴泾基地成为以循环经济为特征的化工生产示范基地和以产业化为目标的化工技术研发基地；吴淞基地由精细化工向生产性服务业转型，闵行高端载重轮胎基地。全国：安徽无为建成煤基多联产精细化工循环经济示范基地；江苏常熟基地重点发展氟化学品的生产和出口；江苏如皋和重庆基地重点发展轮胎及橡胶制品生产，内蒙古基地重点发展大型资源型化工生产。

2. 推进混合所有制，提升企业竞争力

以前集团内部交叉持股现象比较普遍，企业管理制度落后，又牵涉许多领导的精力，经济效益未能有所改观。数年的调整，有146户企业退出了集团内部交叉持股。通过引进战略合作伙伴，与杜邦、巴斯夫、霍尼威尔、卡博特、阿科玛等国际著名化工公司、合资建立了40多家中外合资合作企业，与国内著名企业中石化、神华、宝钢等央企以及民营资本合资，共同发展，建立了138户混合所有制企业，在市场经济中共进退，优势叠加，扬长补短，为企业奠定了较好的发展基础。

3. 突出核心业务，形成"4+1"主业平台

通过对外投资企业调整工作，集团同类业务归类集合发展，核心业务已经形成了四个主业发展平台：以煤基多联产业务设立能源化工平台，以"双钱""回力"轮胎品牌设立绿色轮胎平台，以高分子材料业务设立先进材料平台，以涂料、颜料、定制化学品、丙烯酸业务设立绿色精细化工平台。

同时，搭建一个大化工服务平台，从单一生产性企业向生产与服务并举转型。将分散在大企业中三家设计院联合组建上海华谊工程有限公司，形成工程设计、建设一体化总承包商；将原来散在集团各处室管理的服务性三产企业和将主业企业有10%以上收益的非主业投资企业股权全部划归到投资公司管理，以获取投资效益专业经营平台；氯碱、焦化公司等旗下的房地产企业重组到华谊

地产平台中去，发挥资源、资金、人才集中效应；将集团贸易、物流企业整合到天原集团，形成年销售 100 亿元服务贸易平台。

4. 压缩行业分布，集聚核心业务

集团企业投资涉及领域、分布十分广泛，为集聚核心业务，大力压缩非主业行业，完成印刷业和记录媒介复制，废弃资源和废旧材料回收加工业，塑料制品业、皮革，毛皮、羽毛及其制品和制鞋业，非金属矿采选，管道运输等行业国有资本退出任务，行业大类从 31 个调整到 25 个，行业小类从 58 个调整到 54 个。

为适应化工服务业发展，将后勤、物流、机修等配套服务，实现社会化服务，与主业分离，已经在能源化工行业展开。主业企业实现化工装置化管理和经营，进一步提高劳动生产率。辅业发挥了社会化服务功能，拓展服务范围，提高服务品质和效益。

5. 夯实资产质量，企业竞争力提高

集团从 2005 年企业总数 786 户下降到 2013 年底企业总数 269 户，绝对数净减少户数 517 户。集团消灭六级企业层级，四级以下企业从 297 户减少至 59 户。

随着集团稳定发展，新设企业以每年 15 户以上增长，同时，深化企业清理，又查漏企业累计超过 150 户企业。数年来，通过坚持不懈做好对外投资企业调整工作，企业产权清晰，工商登记、财务账目、国资产权证登记进一步一致化。集团完成企业调整销户 682 户（见表 4），几乎将原有的企业进行彻底调整，使得目前存续企业质量有了大幅提升。其中对 18 户资不抵债企业实施破产清算，解决了历史债务 8.22 亿元。集团还核销不实资产 37.6 亿元，集中了调整企业 183.2 万平方米土地，为集团夯实资产质量，转型发展奠定了坚实基础，提升了集团的综合竞争力，从 2006 年集团员工 4.7 万人、销售收入 292 亿元、利润 3.47 亿元，到 2013 年集团员工 2.8 万人、销售收入 606 亿元、利润 10.14 亿元。集团对外投资企业转型发展工作，获得了市国资委的高度肯定。

表 4　2006~2013 年对外投资企业调整销户情况

年份	2006	2007	2008	2009	2010	2011	2012	2013	合计
销户数量	96	110	140	125	77	63	42	29	682

四、结束语

对外投资企业转型发展的目标体系建设和实践，从一个侧面对集团总部经济建设形成起到助推作用，集团正在要从调整中求发展转变到从发展中不断调整的思路，进一步深化国企改革，向世界 50 强化工企业学习，按照高端发展、创新发展、一体化发展、跨市发展、绿色发展的指导思想，通过 3~5 年的努力，集团核心资产整体上市，力争实现成为 5~8 家全球布局、跨国经营，具有国际竞争力和品牌影响力的跨国集团之一目标。

基于管理会计的财务报表评价模型构建

申报单位：黑龙江旅游集团有限公司

作者：厉士兵

[**摘要**] 管理会计作为企业的管理实践是指根据一定的工具和方法对企业相关财务或非财务信息进行科学的处理，使之为企业管理的计划、决策和控制提供效用，在这个角度上看，企业财务报表评价必然成为管理会计一个重要的内容。在此我们将探讨用科学的方法和专业统计工具 SPSS 解读财务报表，进而了解企业财务状况，分析企业运营状况。科学地解读财务报表对经营者认识理解企业资金运营情况，进而做出合理化的财务战略决策。

[**关键词**] 财务报表；资金管理；SPSS

一、管理会计的财务管理认知

财务管理一般是管理企业的资金运动，主要涉及筹资、投资、营运、分配四项活动；管理会计，从广义上来说是包括财务会计、成本会计、财务管理等；狭义的管理会计一般只是针对企业内部的一些管理，制定的各种报表也是为企业内部服务的。

二、财务管理业务数据流程图

图1是企业财务管理业务的第一层数据流程图，图中将财务管理业务分成应收账管理、应付账管理、总账管理、财务报表、固定资产管理、工资管理、银行对账管理、成本管理八个子系统。

三、财务报表指标体系评价模型的构建

财务报表分析的主要内容：通过分析资产负债表，可以了解公司的财务状况，对公司的偿债能力、资本结构是否合理、流动资金充足性等作出判断；通过分析损益表，可以了解分析公司的盈利能力、盈利状况、经营效率，对公司在行业中的竞争地位、持续发展能力作出判断；通过分析现金流量表，可以了解和评价公司获取现金和现金等价物的能力，并据以预测公司未来现金流量。

（一）数据调查

本文旨在分析指标的意义和计算方法，在此借鉴张新民教授《企业财务战略研究——财务质量分析视角》中引用的广东科龙电器有限公司 2005 年度报告中涉及财务方面的相关资料。

选用部分报表如图 2 所示。

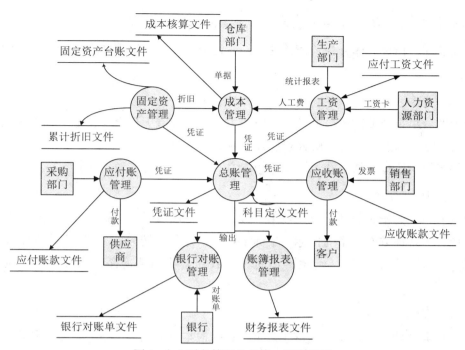

图1 企业财务管理业务第一层数据流

负债和股东权益	年末数		年初数	
	合并	公司	合并	公司
流动资产:				
短期借款	2,160,522,820.56	1,268,135,260.17	2,911,715,168.00	1,172,365,000.00
应付票据	183,465,027.51	1,803,408,773.71	1,719,560,637.00	1,987,375,448.00
应付账款	2,068,885,828.19	50,629,618.23	1,939,251,222.00	955,442,361.00
预收账款	301,318,221.63	239,312,012.34	862,004,102.00	765,356,039.00
应付工资	52,542,739.06	33,437,359.51	25,677,559.00	7,052,331.00
应付福利费	886,321.43	230,307.94	620,446.00	0.00
应付股利	2,067.02	0.00	0.00	0.00
应交税金	174,340,203.01	159,037,949.21	-8,794,208.00	-58,379,072.00
其他应交款	4,048,161.18	950,004.58	4,355,736.00	970,585.00
其他应付款	734,951,850.68	2,444,833,810.08	455,086,270.00	323,251,472.00
预提费用	287,686,505.72	239,438,823.59	111,995,056.00	87,207,364.00
预计负债	209,915,745.89	201,937,388.53	119,337,512.00	119,337,512.00
递延收益	0.00	0.00	0.00	0.00
一年到期的长期负债	0.00	0.00	4,215,420.00	0.00
其他流动负债	0.00	0.00	0.00	0.00
流动负债合计	6,178,565,491.88	4,818,283,407.89	8,145,024,920.00	5,359,979,040.00
长期负债:				
长期借款	0.00	0.00	16,723,295.00	0.00
应付债券	0.00	0.00	0.00	0.00
长期应付款	73,923,424.44	68,779,557.54	69,962,105.00	64,991,061.00
应急被投资单位债务	0.00	1,016,803,629.34	0.00	185,758,823.00
长期负债合计	73,923,424.44	1,085,583,186.88	86,685,400.00	250,749,384.00
递延税项:				
递延税款带向	0.00	0.00	0.00	0.00
负债合计	6,252,488,916.32	5,903,866,594.77	8,231,710,320.00	5,610,728,424.00
少数股东权益	257,705,794.23	0.00	334,637,548.00	0.00
股东权益:				
股本	992,006,563.00	992,006,563.00	992,006,563.00	992,006,563.00
资本公积	1,581,099,648.75	1,977,886,351.38	1,576,684,229.00	1,997,201,731.00
盈余公积	114,580,901.49	114,580,901.49	114,580,901.00	114,580,901.00
其中:公益金	114,580,901.49	114,580,901.49	114,580,901.00	114,580,901.00
未分配利润	-3,782,492,927.69	-3,916,790,302.30	-88,877,490.00	-93,888,076.72
外币折算差额	4,954,274.87	0.00	-390,921.00	0.00
已宣告现金股利	0.00	0.00	0.00	0.00
累计弥补子公司亏损	0.00	0.00	0.00	0.00
股东权益合计	-1,089,851,539.58	-833,116,486.43	2,594,003,282.00	3,009,901,118.28
负债及股东权益合计	5,420,343,170.97	5,070,750,108.34	11,160,351,150.00	8,620,629,542.28
注:单位:人民币元				

图2 资产负债表（截图部分）

（二）财务报表分析指标体系建立原则及其建立

财务状况的评价指标大体分为：偿债能力、营运能力、盈利能力和发展能力等方面的指标或指标体系分析。

1. 偿债能力的分析

偿债能力的分析是企业财务分析的一个重要方面，企业有无现金支付能力和偿债能力是企业能否健康发展的关键，通过这种分析解释和预警企业的财务风险。

偿债能力包括偿还短期债务和长期债务的能力。

2. 企业营运能力的分析

企业营运能力主要指企业营运资产效率和效益两方面的分析。评价企业营运效率指标主要是用来衡量公司在资产管理方面效率的指标。指标主要有：存货周转天数、应收账款周转天数、流动资金周转天数、总资产周转天数、营运资金周转天数和营业周期（存货周转天数＋应收账款周转天数）。

3. 企业盈利能力的分析

根据战略管理会计思想，获利是企业三个存在的根本目的之一，是企业重要的经营目标，其不仅直接关系到所有者的利益，同时也是评价企业资产运营效益的重要依据和内容。

评价企业获利能力常用的财务比率有资产报酬率、股东权益报酬率、销售毛利率、销售净利率、成本费用净利率和市盈率等。

4. 发展能力状况分析

企业发展能力是企业通过有效的生产经营活动，可持续扩大企业积累而形成的发展潜能，企业能否健康发展建立在多种因素之上，包括企业使命的确定、外部经营环境评价，企业内部资源、能力和条件的分析等。

主要分析指标有：营业增长率、资本积累率、总资产增长率、固定资产成新率。

（三）报表指标体系评价模型的构建

财务报表分析有多种已被理论和实践确认的方法，主要包括三种，即财务比率指标分析、企业不同时期比较分析、本企业与同行业其他企业之间的比较分析。

财务比率指标分析是指对本企业一个财务年度内的财务报表各项目之间进行比较（数据必须绝对可比性前提），通过计算相应比率指标，进一步判断企业在报告年度内偿债能力、资本结构、经营效率、盈利能力情况等。

使用本方法时常选用企业所处行业的平均水平或行业标准水平，通过比较得出公司在行业中的地位，也可结合 SWOT 分析，对本企业的优势与不足有深刻认识，真正确定公司的价值。

1. 财务比率分析，分析其财务状况

依据上述指标体系对原始数据进行处理得到表示财务状况的财务比率如表1所示。

由表1各指标对照，可以直观地看出，科龙电器的短期偿债指标都偏低，说明企业短期偿债能力不够强，企业经营存在很大的财务风险。此时，对经营者而言，说明其充分利用了财务杠杆，为企业带来更大利润，另外，对于股民或投资者而言需要承担更大的风险。日常资金链易断裂，企业有破产的危险，应减持此种财务状况的股票。

表1　科龙电器 2005 年度财务比率

偿债能力	企业短期偿债能力	流动比率	0.4711
		速动比率	0.269
		现金比率	−0.2863
		现金流量比率	−0.4328
		到期债务本息偿付比率	−0.393
	企业长期偿债能力	资产负债率	1.1535
		股东权益比率	−0.1535
		负债股权比率	−5.737
		偿债保障比率	−4.963
		利息保障倍数	−21.5489
企业营运能力		存货周转率	2.9829
		应收账款周转率	13.1944
		固定资产周转率	3.5559
		总资产周转率	0.8417
企业获利能力		资产报酬率	0.4455
		股东权益报酬率	−4.9112
		销售毛利率	2.35
		销售净利率	−0.5293
		成本费用净利率	−0.3752
企业发展能力		营业增长率	−0.1192
		资本积累率	−1.4201
		总资产增长率	−0.5143

同时，根据企业有关资料，科龙电器长期偿债能力，实在令人担忧，利息保障倍数偏离参考值最大，这个比率太低，说明企业难以用经营所得来按时、按量支付债务利息，这会引起债权人的担心。一般来说，企业的利息保障倍数比值越高，企业长期可持续增长能力一般越强。科龙电器反映出用企业经营活动产生的现金净流量偿还全部债务所需时间，长期偿债能力很弱，存在很大的财务风险。

经数据整理分析可以看到，应收账款周转率指标最高，则其应收账款回收期越长，致使呆账坏账可能性增加，即企业赊销现象严重，严重影响企业的经营运作。

依据指标分析，可知股东权益报酬率呈现负数状态严重，说明企业严重亏损，处于亏损运营状态，企业经营者应立刻采取有效措施，改善目前经营状态，以图摆脱破产命运。

而且，企业发展能力指标全部小于 0，表明企业发展能力欠佳。

2. 分析企业的资本结构

资本结构一般指长期负债与权益的分配情况。

一般认为最佳资本结构是指能使企业资本成本最低且企业价值最大并能最大限度地调动利益相关者积极性的资本结构，就上市公司而言，是使企业股东财富最大或企业股价最大的资本结构，当然这种标准仍然存在争议，但是股权融资与债权融资应当形成相互制衡的关系，已经形成了理论界和行业实践的共识，不可否认，过分偏重任何一种融资都会影响到公司经营的稳定和市场价值的提升。

真正合理的融资结构，其作用是直接有效的，既可以降低融资成本、发挥企业财务杠杆的调节作用，又能使企业获得更大的自有资金收益率。

经数据对比分析，科龙电器总资产下降了近50%，资产严重缩水，因而很容易发现，科龙电器资产结构发生了很大变化，流动资产比例发生了重大的结构变化，2005年度与2004年度相比流动资产占总资产的比例大幅度上升。

3. 与行业其他公司的财务指标进行比较

表2 同行业营运能力分析

项目	2004年	2003年	2002年	同行业水平
总资产周转率（%）	0.74	0.72	0.69	30.55
应收账款周转率（%）	7.16	11.09	16.2	30.55
存货周转率（%）	2.21	2.92	3.28	34.25

如表2所示，存货周转率和应收账款周转率远远偏低于同行业水平，周转速度慢，管理效率低。存货影响销售，影响收入，反映企业销售能力差。

科龙三年的比率都呈现下降趋势，说明负债的能力越来越差。经过2001年的大亏之后，2002年、2003年经过重组之后有所好转，继续下降的趋势有所缓解，2005年财政年度中，经过前任董事长顾雏军先生等人涉嫌经济犯罪事项的事件之后，负债已经达到最低点，现金流动很少，周转速度也越来越慢，远远低于同行业水平，危机重重。

表3 同行业获利能力指标作对比分析

报告期	2004年	2003年	2002年	同行业水平
毛利率（%）	21.60	27.31	21.02	28.22
销售净利润率（%）	−0.76	3.28	2.08	9.09
每股收益（元）	−0.06	0.2	0.1021	
每股净资产（元）	2.826	2.83	2.5957	

由表3可看出，科龙电器财务指标：反映出企业毛利率不高，净利率开始负数，市场竞争通过表3中数据对比，可以看出企业市场竞争能力低。连续两年亏损，盈利能力差。

结论：通过前面各种指标的分析，可以得出，科龙电器2005年财务状况非常糟糕，已病入膏肓，公司严重资不抵债，面临破产清算以及资产重组。

4. 检验模型的正确性

经实践验证，科龙电器在2005年，财务状况空前恶化，资产流失严重，企业高层设计侵吞国家财产，问题烦乱如麻。

解决方案如下：

一是加强企业内部管理，完善内控制度。

二是树立科龙的形象，使得公众对科龙的信心加强。

三是整理好公司方向，加强公司的销售能力，加强应收账款的管理。

综上，通过使用 SPSS 统计软件，认识到统计图表在表述问题方面简洁直观的特点。完整的系统应该包括数据库、应用程序、数据分析、开发文档这四个核心的部分；数据库提供数据存储的支持、数据分析从数据库中调用相关数据，做进一步的分析，评价模型的建立必须基于完整的系统，这点不可忽视。

参考文献

[1]李长秋. 资本结构相关理论及其对我国的影响［J］. 河南财经学院硕士学位论文，2007.

[2]何淑慧. 如何加强企业资金管理［J］. 国际商务财会，2010（8）.

[3]邓济哲. 加强企业财务管理相关探讨商场现代化［J］. 商业，2010（15）.

[4]荆新，王化成，刘俊彦. 财务管理学［M］. 北京：中国人民大学出版社，2010.

[5]张新民. 企业财务战略研究——财务质量分析视角［M］. 北京：对外经济贸易大学出版社，2009.

[6]薛薇. 基于 SPSS 的数据分析［M］. 北京：中国人民大学出版社，2006.

[7]王永全，刘琴. 专业统计与信息系统［M］. 北京：北京大学出版社，2006.

[8]郎咸平. 科龙电器——财务报告分析［R］. 2004.

建立企业预算管理体系

申报单位：青海盐湖工业股份有限公司化工分公司

作者：郭清先

[**摘要**] 企业预算是一个企业对未来某一特定期间如何取得资源和使用资源的一种详细计划，是企业对未来整体经营规划的总体安排。作为一种重要的管理工具，它能够帮助管理者进行计划、协调、控制和业绩考评。推行全面预算管理对企业建立现代企业制度、提高管理水平、增强未来竞争力有着十分重要的意义。作为现代企业管理机制之一，预算管理具有机制性、战略性、全员性等一系列其他管理手段无法替代的作用特征。建立与完善现代企业制度，就必须建立科学化的预算管理体系，预算管理的最高境界是将预算作为一种意识，内置于企业所有行为活动之中，使之成为"沉默的企业宪法"。

[**关键词**] 全面预算；预算编制

企业预算是一个企业对未来某一特定期间，如何取得资源和使用资源的一种详细计划，是企业对未来整体经营规划的总体安排。作为一种重要的管理工具，它能够帮助管理者进行计划、协调、控制和业绩考评。推行全面预算管理对企业建立现代企业制度、提高管理水平、增强未来竞争力有着十分重要的意义。作为现代企业管理机制之一，预算管理具有机制性、战略性、全员性等一系列其他管理手段无法替代的作用特征。建立与完善现代企业制度，就必须建立科学化的预算管理体系，预算管理的最高境界是将预算作为一种意识，内置于企业所有行为活动之中，使之成为"沉默的企业宪法"。

一、实施预算管理是企业生存和发展的必然选择

（一）预算管理是企业产权制度改革的必然产物

在传统的计划经济体制下，企业只有单一的投资者——国家。由于利润上缴国家，亏损由国家补偿，维持简单再生产或扩大再生产所需的资金由国家拨给，因此，所有者关注的中心当然是经营成果——首先是产品，进而是利润，管理者的管理重点是与之相适应的。随着经济体制改革的不断深入，企业的产权结构逐渐多元化，出现了分散的投资者群体。分散的投资者不仅关注企业当前的经营成果，而且关注企业未来的发展前景，也就是说，投资人手中的企业股权的价值，不仅取决于企业当前实现的利润，而且取决于企业未来的盈利能力和发展潜力。这样，管理者对企业的控制和

规划，自然要从经营结果扩大到对经营过程和经营质量的关注。实施预算管理，能够帮助企业健全内部控制体系，达到控制和改善企业物流和资金流，最终提高经营质量的目的。

（二）预算管理是企业生存和发展的客观需要

企业预算管理是国外大中型企业普遍采用的一种现代管理机制。近年来，为适应市场经济条件下企业生存、发展的需要，这种管理机制的理论方法和成功经验日益被我国企业所重视。首先，现代企业制度需要现代水平的预算管理。其次，资产的安全完整需要严谨高效的预算管理。最后，优胜劣汰机制、激励约束机制需要具有法律效力的预算管理。

（三）实施预算管理是提高企业科学管理水平的有效工具

建立现代企业制度要求企业实现科学管理，进行全面预算管理，这必然可以极大地提高企业科学管理的水平。全面预算建立在对市场预测的基础上，并可以随着市场的变化而不断进行反馈、适应和调整。

（四）实施预算管理是国家对国有及国有控股的大中型企业的基本要求

国务院办公厅《关于转发国家经贸委〈国有大中型企业建立现代企业制度和加强管理基本规范（试行）〉》（国办发〔2000〕64号）中明确指出，国有及国有控股的大中型企业要建立全面预算管理制度，以现金流量为重点，对生产经营各环节实施预算编制、执行、分析、考核，严格限制无预算资金支出，最大限度地减少资金占用等。

二、企业预算管理的本质

（一）预算管理是一种权力控制管理，是一种机制安排

企业预算制定后如同一部内部"宪法"，各责任单位必须执行。预算本身不是目的，预算的目的是为了控制。预算使各责任单位的权力得以用表格化的形式体现，这种分权，是以不失去控制为最低限度。预算是权力控制者采用的合理方式，即在为实现企业整体利益的目标下，明确各单位之间的权力范围。在此范围内，各预算单位既有权利又有义务为自己该为之事，且多为不行，少为亦不行。因此，预算的决定性作用是权力控制。这种权力控制是通过机械化程序形成的激励与约束并存的制度来实现的。

（二）预算是一种"全面预算"管理，具有全面控制的能力

企业预算既是由销售、采购、生产、盈利、现金流量等单项预算组成的责任指标体系，又是企业的整体"作战方案"，还是到期（年终）奖惩的标准、激励和约束制度的核心。它通常以企业目标利润为预算目标，以销售前景为预算的编制基础，综合考虑市场和企业生产营销诸因素，按照目标明确的原则，由企业最高权力机构讨论通过的企业未来一定期间的经营思想、经营目标、经营决策的财务数量说明和经济责任作为约束依据。这种依据适用于企业的一切生产经营领域，并将各个预算统一于总预算体系之下，因而称之为"全面预算"。它不仅是财务部门的事情，而且是企业综合的、全面的管理，是具有全面控制约束力的一种机制。

三、企业预算管理目标的确定——预算编制

（一）预算目标的指标导向及其含义

预算目标确定需要解决的问题是如何选择预算指标。一种普遍的认识是，预算指标就是利润指标，但在现实过程中，并不完全如此。我们认为，决定或选择预算目标的指标至少要考虑：

（1）可操作性。

（2）导向性或战略性。

符合上述条件的指标可归纳为两类：一是效益指标（如费用或利润）；二是规模指标（如收入、市场增长率或市场份额等）。这两类指标的权重要视不同企业、同一企业不同发展阶段而有所侧重。当企业处于成熟期时，效益指标可能是最主要的，或者说是唯一的。但是，当企业还处于成长期时，董事会的战略意图可能会认为效益与规模并重，因为不顾未来规模效益的效益不可能持续长久，而只顾规模不顾效益等于无效劳动。因此，笔者认为，问题的关键不在于如何确定这两者权重，而在于树立起一种正确的预算目标意识，即预算指标并不简单的是指效益指标，可能还有其他要素或指标要考虑。在认识这一问题之后，需要我们认真对待的问题是："效益指标是什么？"对于这一问题的回答因责任中心不同而各异。即对于费用或成本中心而言，它指成本或费用本身；对于利润中心或投资中心，它是指利润和投资收益。具体分析为：

1）利润中心的"利润"。由于利润中心不具备投资权力和对外筹资权力，因此公司下属的经营分部可定义为利润中心，集团公司下属的控股子公司，在母公司看来也可定义为利润中心。这里的利润是指可控利润，也就是该中心占用资产所能发挥的全部效能，在管理会计中表现为贡献毛益或者是息税前利润（EBIT）。

2）投资中心的"利润"。由于投资中心具有独立的投资权限和对外筹资权限，因此只对股东的投资收益负责，如单一法人企业或者具有投资权限的集团公司下属子公司，则其利润表现为税后利润（或净利润）。这就表明，预算目标中利润预算指标的确定，可能表现为对投资中心税后净利润目标的确定，也可能表现为对利润中心的贡献毛益或息税前利润预算目标的确定。至于规模指标，可以用销售规模、销售增长率或者市场占有率等指标来衡量，它们在预算目标确定的功能上是一样的。在实际经济活动中应注意的是，在用这些规模指标衡量规模并用于目标确定时，必须考虑其衡量口径，它可以按照会计准则中关于收入确认条件来确定规模，也可以按照企业或行业的确认依据进行计量。

（二）单一法人利润预算目标确定及其目标分解

单一法人制是企业集团多级法人制的对称。这类企业利润预算目标确定与分解主要涉及四个问题。具体分析如下：采用倒挤法确定利润预算目标。利润预算目标确定是一个讨价还价的过程，作为委托代理的各方，董事会处于委托方地位，具有对最终预算目标的决策权，而作为徒理一方的经营者，在取得对全部法人资产的经营责任之后，行使对资产的使用权。这是一种典型的资产经营责任。在单一法人制下，利润预算目标确定一般采用倒挤法，一方面根据股东期望收益率，在考虑各种准备与积累之后（公司法规定的法定分配程序与分配比例），来倒挤出税前经营利润；另一方面，董事会及总经理会按照市场状况与利润预测得出另一结果。在经过讨价还价之后，最终确定利润预算目标。预算目标分解的前期工作，在确定预算目标之后，另一个问题是如何将利润预算目标按照

经营与管理业务分工，将其分解到各个责任中心中去，这属于董事会在下达预算目标之后由总经理控制的管理事务，与董事会决策无关。总经理如何分解落实利润目标，主要基于责任中心的定位。而责任中心的定位又取决于对现存企业组织框架的职责定义与岗位说明。总经理在分解利润目标时，需要进行两项基本工作：

（1）按照作业类型，将现存组织所完成的作业分为两部分，即增值性作业和非增值性产业，为避免有限资源的浪费，需要对内部的非增值性作业及其所涉及的部门、组织资源进行适当调整；同时，对增值性作业部门或组织按照最大化效益原则进行必要安排。前者称之为组织再造，而后者称之为流程再造，其目标都是充分发挥现有资源的潜力。

（2）在经过组织再造与作业流程再造之后，对保留下来的组织，按照功能、属性等进行责任中心定位，有些组织被归为成本费用中心，而有些则定位为利润中心（有些属于自然利润中心，也有些则属于人为利润中心）。预算目标分解的依据及对利息的处理，在确定目标与完成再造之后，如何给不同责任中心确定与分解不同的责任预算，自然也就成为下一步的工作重点。

从方法来讲，各责任中心的责任预算因性质不同而各异，具体为：①对于费用中心或成本中心，建议采用零基预算法，按照其工作职责和应完成作业量来确定其预算费用目标；②对于经营单位，笔者主张将其定义为利润中心，并按一定的标准来分解可控利润，其分解标准或依据，可以是该利润中心所占有的资产总额或者是人力资本总额，或者是营业使用面积等。在这里，可控利润定义为可控成本、费用，总部各项管理费用不属于二级责任中心可控范围，可不纳入利润中心的费用预算之中。

正确处理利润中心与分权的关系。对各责任中心的责任人而言，不能混淆利润中心与分权的关系。事实上，利润中心并不必然导致分权，成本中心所拥有的权限有时可能比利润中心还大，因此这是两个不同的概念。"决定一个责任中心是采用成本还是利润中心的关键问题不是是否存在高度的分权，而应是与成本中心相比，利润中心是否将更好地解决目标一致和管理努力问题"，也就是说，利润中心的设置要达到有利于经理人员作出一套从组织整体角度看更为有效的决策的目的。

（三）多级法人制与企业集团利润预算目标确定

多级法人制是企业集团的一个重要特征。在企业集团内部，集团母公司与其成员企业（控股子公司或参股公司）各自为独立法人，但在很多政策选择上，成员企业要受到母公司的控制与引导。就预算管理而言，多级法人制下的母公司预算管理主要包括两个方面：一是集团公司总部的预算管理；二是母公司对子公司的预算控制。从预算目标的确定看，它相应地也包括两方面，即总部预算目标确定和子公司、分部预算目标分解。

母公司总部预算目标的确定。集团公司总部预算目标确定，视不同集团公司类型而定。在我看来，集团母公司可以作为纯粹控股式的母公司，专门从事对子公司的买入、持有和卖出，对于这类母公司，习惯上称之为控股公司，总部职能大多表现为对于公司的选择与买卖上，属于纯粹的投资管理职能。与此相对应的另一类母公司，则兼具投资管理与生产经营职能，也就是说，总部不单纯从事投资管理活动，而更多的是作为生产或经营总部的角色出现，因此它属于经营型母公司。区分这两种类型的公司非常重要。母公司性质不同，预算目标确定结果不同，其确定的复杂程度也不同。

具体地说，对于控股型母公司，母公司收益完全来源于子公司所分得的红利（假定不考虑子公司利用母公司无形资产的报酬收益，如商标、土地使用权等）。母公司股东收益或目标利润主要由母公司股东确定，它同样存在着母公司董事会与总经理之间的讨价还价机制。母公司的股东收益期望通过税率（二层征税）和母公司管理费等方式，转换为对各子公司的收益目标。对于经营型母公司，与控股型母公司相反，经营型母公司的预算目标确实有一定的难度，主要表现在：

第一，经营型母公司的功能定位因不同企业集团性质和战略发展需要而不同。比如有些母公司将生产中的材料采购、最终产品销售的权限都集中在母公司，而视子公司为一个法律上独立的经济实体，充当母公司总部"加工厂"或"生产车间"的作用（这种类型的母公司在我国不在少数）。

第二，转移定价问题。也就是说，如果生产经营型的母公司视子公司为其车间，则无论是材料采购或是产品销售，都存在着母子公司间的移定价问题，事实上，这类组织的转移定价权限都不同程度地集中在总部，并从生产计划、采购供应、产品销售等各方面，母公司都充当其"保护神"角色。而转移定价问题本身是一个难点。

第三，母公司从子公司所取得的收入包括两部分：一是通过转移定价赚取的子公司利润；二是通过对子公司的投资来取得子公司的税后收益。这两种收入源，都最终体现在母公司的预算目标之中。单就母公司目标预算的确定而言，其机制与单一企业并无二致，但必须考虑不同的收入源，以最终确定其目标。

综上所述，开展全面预算管理，是企业强化经营管理、增强竞争力、提高经济效益的一项长期任务。

预算管理的本质要求是一切经济活动都围绕企业目标的实现而展开，在预算执行过程中落实经营策略、强化企业管理。因此，必须围绕实现企业预算落实管理制度，提高预算的控制力和约束经济活动。企业预算的执行机构按照预算的具体要求，严格执行预算政策，及时反映和监督预算执行情况，并且适时实施必要的制约手段，把企业管理的方法策略融会贯通于执行预算的全过程中去，最终形成全员和全方位的预算管理局面。

浅谈资金管理在降本增效中的应用

申报单位：中国石油管道中原输油气分公司

作者：钟　蔚　黄　昕　张晓榕　李博雅　潘传桢

[摘要] 本文首先阐述了资金管理对于降本增效的重要性；其次，从五个方面研究了资金管理在降本增效中的应用；再次，以油气运输企业为实例，将资金管理与运行管理相结合，实现了降本增效的目的；最后，为了保障资金管理能更好地贯彻实施，笔者提出了若干建议，希望能有利于协调企业的长期生产经营活动。

[关键词] 资金管理；降本增效；运行管理

一、资金管理与降本增效的联系

（一）资金管理内容、方式

资金使用贯穿于企业整个生产经营活动中，通过资金管理，合理统控资金，确保资金安全，提高资金使用效率，可以为企业经营提供充足活力。资金管理通常通过维持资金流动性和适当的资本机构，以谋取资金效益最大化为目的，筹措和使用资金。

（二）"开源节流，降本增效"的内容

《荀子·富国》中有这样一句话：下贫则上贫，下富则上富，故明主必养其和，节其流、开其源。后人将其归纳为"开源节流"。开源节流，降本增效是保障生产持续经营的重中之重，新环境下企业只有努力做到降成本、增效益，才能在市场竞争中获得一席之地。

（三）资金管理对于降本增效的重要性

企业实施资金管理，有利于实现整体利益最大化和企业战略方向的调整，有效控制企业成本，在市场经济多元化的发展趋势下，企业所处的经济环境、市场环境为资金运营提供了一个良好的平台，如何通过有效的资金管理，降低成本，提高经济效益，以适应国内外市场竞争，是财务管理工作的重中之重。

二、资金管理在降本增效中的应用

（一）发挥资金调度作用

系统管理资金，实行财务集中管理制度，有利于资金合理调度，严格用款计划。根据项目的轻

重缓急、工程的进度情况，主抓重点项目、生产急需的资金，把有限的资金合理分配、使用，确保资金的有效运用。例如，对企业最初的物资采购和刚开始的工程项目，因需要大量的资金运转，对各种工程款要尽量避免使用现金结算，加强利用集中系统结算。根据预算统控和资金计划平衡各工程结算时间和支出，避免一次性支付大量资金造成资金流转困难。完善内部资金管理核算制度有利于杜绝利用新建工程和初始物资采购而造成资金的大量倾斜进而导致资金的无效耗费。

落实资金定额预算管理，严把预算关，可以更好地发挥资金调度作用，有效控制资金流向。通过预算定额程序，加强企业资金有序地运作，避免因分散管理在资金投向控制、筹措管理、对外担保等内部控制的无序性和盲目性。另外通过内部审批，严格执行预算定额管理结果，有效加强资金使用监控，避免不合理开支，为企业资金运作的合规性、安全性和效益性提供保障。

（二）实现资金集中管理

集团制的企业形式下，母子公司的多头开户现象比较普遍，资金滥用现象比较严重，所以资金集中管理成为重中之重。在集团内部建立集中的资金管理体制，对资金进行统一筹措、统一管理、统一结算、统一调控，建立高效灵敏的资金管理和调度体系，充分发挥资金的规模效力。同时资金计划要与预算相结合，各个单位根据本单位的实际情况制定生产经营预算，并在此基础上编制资金预算，在安排资金支出的使用方面，坚持量入为出的原则，严格执行资金预算制度，防止资金流失，造成不必要的浪费，提升资金的运行效益。

在内部成员单位之间因销售货物、提供劳务等交易业务一律通过内部转账结算，通过走账不走钱的方式，大大降低了整个集团公司的资金使用需求，减少内部资金积压，降低了银行贷款的数额，从而降低了财务费用。

（三）统控往来款项

加强往来款项的管理工作，是提高企业经济运行机制、降低经营风险、规避资金损失所采取的一项有效举措，应收账款一旦不能及时收回，就会直接降低企业的资金周转速度，进而产生一系列的债务纠纷，甚至导致企业财务危机的出现。如若确实存在无法收回的款项，应首先分析其原因，加以说明，并按照账销案存的原则保留继续追索的权力。企业应该重视发挥效能监察的作用，从而为降本增效提供大力支持。应该对企业的往来款项进行全面调查，重点摸底，针对往来交易款项及时进行清算处理。

（四）多种交易支付方式

在交易业务中，可以采取现金、银行存款、承兑汇票等多种交易方式。例如以企业诚信为依托，采用商业承兑汇票的方式进行结算，可以灵活选择支付货款的方式，规避现金运送的风险。对于买方来说，利用远期付款，以有限的资金购进尽可能多的货物，降低资金使用成本，最大限度地减少对营运资金的占用，对于贷款融资来说，可以大幅度地减少财务费用，并有利于培养企业自身良好的商业信誉。

（五）完善基建财务管理

增强财务工作对工程前期的参与程度，在项目可行性研究阶段，发挥财务人员的专业知识，对整个项目实行财务监管和控制，发挥财务的控制能力，以成本优先为原则，在完成指标控制的基础上，最大限度地节约成本。在工程施工中完善领用材料、设备的出入库手续，严格管控物资盘亏现象，减少工程建设成本以简化工程结算难度。加强费用支出控制制度，严格按照预算标准执行，定期检查，对实际发生额与预算差异及时分析，严格管控工程建设规模，避免重复建设。

三、本单位资金管理在降本增效中的创效做法

在现代化的油气运输企业管理和经营活动中，以管道公司中原输油气分公司资金管理为实例，采用资金账户管理、成本费用定额管理、资金预算管理等多种模式，将企业资金管理与优化运行管理相结合，取得了较好的经济效益和社会效益。

（一）收支两条线

公司为了实现资金集中管理，提高资金运行效率，降低财务风险，实行"收支两条线"管理办法。"收支两条线"资金管理模式主要是以资金流动为纲进行资金管理，既要求在所在地协作银行分别开设收入账户和支出账户，并规定与各种收入有关的现金都必须存入收入账户，最终上划至股份公司，而所有的支出都必须从支出账户支付。此种管理模式有助于减少现金持有成本，加速资金周转，提升财务管理水平，增加企业效益，并可有效避免"小金库"和"账外账"发生。

（二）透支管理

股份公司与签约合作银行约定，对支出账户每日在资金计划限额之内，由银行先行垫付资金，在授信额度范围内实现零余额支付，每日终了由股份公司对透支额度进行补平，实行零余额管理。账户透支业务，满足了企业临时资金周转的需求，加强财务管理水平，减少了企业资金的无效闲置，提高了资金使用效率。另外很重要的一点，它能帮助企业节省大量的财务支出。

（三）零余额管理

零余额管理是指对银行的资金统一归集，在收入账户上收收入，支出账户透支余额补平，纳税专户纳税完税后，余额为零。零余额管理是一种极为高效的账户管理模式，它可以让企业实现资金统一上收，让账户没有余额存在，避免资金闲置浪费。零余额的特性使所有预算资金得以集中控制，从而克服传统的因分散、重复设置账户而导致的预算资金大量滞留以及由此引发的一系列弊端。而且零余额管理不会造成企业资金大量滞留于账户，造成过多的闲置资金、资源的浪费。

（四）成本费用定额管理

成本费用定额，是指公司在一定的生产技术和组织结构中，生产、服务或执行预算所完成单位合格产品对人力、财力、物力的利用和消耗应当遵守的标准。它是公司为完成某项作业或完成单位合格产品对所需资源消耗的平均先进水平的客观科学反映，对规范各种成本费用支出有重要的指导意义，也是实施成本责任考核，提高经营绩效的重要手段。单位积极推广成本费用定额的编制工作，多方收集、核准成本费用定额指标，参与相关评审。通过成本费用定额管理的运用发现，制定和执行合理的成本费用定额标准，可以明确成本费用的发生业务部门及所属单位应承担的成本效益责任，并以此为依据对成本支出水平进行明细核算。同时将成本费用定额标准的完成情况作为业绩评价的指标，考核各部门及所属单位的成本费用支出的经济效益，进一步核实各成本费用责任中心的职责履行情况，真正实现合理配置企业资源，推进全方位、全过程、精细化成本管理的进程，也强化了内部控制，提高了管理水平和经济效益。

（五）资金预算管理

引入资金预算管理体系，融入资金管理系统中，强化资金管理的事前控制。资金预算管理是由预算编制、预算调整及监督考核三部分组成，根据年度资金预算，将现金流量预算细化到季度、月、周、日，根据实际情况不断调整，提高预算的准确性。每月末上报下个月的资金计划，据此对日常现金流量进行统筹安排、动态控制，并对执行情况进行跟踪分析、及时反馈。如此行之有效的管理和控制措施，使财务人员从单纯审定资金变为直接参与，增强预见性，减少盲目性，资金预算管理实施以来，分公司资金使用效率有了明显的提高，每月的资金计划执行率均高于90%，提高了资金利用率。

降本的主要对象以及增效的突破点，是我们面临的首要问题。如何通过资金管理解决这些问题是企业经营管理的重点。通过实践我们认识到，从牙缝里挤出来的效益，不是有质量的效益，不是可持续的效益，要向管理要效益，要向创新要效益，敢于创新，敢于突破，围绕有质量、有效益、可持续发展的目标，积极开展开源节流降本增效工作。

四、结束语及建议

（一）结束语

综上所述，首先，经济效益是企业赖以生存的基础，将全面资金管理运用到企业的长期发展战略中，是企业求生存、谋发展的法宝；其次，与企业实际业务相结合的实例，进一步验证了资金管理在企业降本增效中举足轻重的作用。

（二）建议

资金管理并不是简单的实行计划管理，对各项资金的使用、调度不合理，可能导致企业陷入财务危机，因此为保证资金管理在企业中能够顺利实施达到预期效果，应做好以下几个方面：

（1）强化资金管理意识，建立健全管理体系；

（2）结合企业自身情况，完善资金管理模式；

（3）增加资金管理手段，充分利用社会资源；

（4）及时关注企业资金管理风险，避免为企业带来严重的财务风险，给企业带来不必要的经济责任和法律责任。

对于公共交通财政补贴政策的思考

申报单位：乌鲁木齐市公共交通集团有限公司
作者：杨民新

[摘要]公共交通是城市公共服务体系的重要组成部分，是公众极为关注的热议的话题。城市公共交通，是城市文明的标志程度的指标。近年来，随着经济的快速增长，城市化和城市公共交通的快速发展步伐的加快，人们每年都在当前下享受安全、方便、舒适的公交出行服务，伴随着财政补贴的迅速增加和经济下行压力，随着政府财政收入的增长，庞大的财政补贴显得引人注目，市政府虽大力支持财政补贴政策，但由于长期巴士公司无法全额补贴，企业举步维艰。而公共交通是准公共产品，政府有责任向公众提供足够的公共产品。为此，各地政府纷纷出台相应的财政补贴政策，支持公共交通企业的发展。本文从政府的角度出发，不断提升公共产品，并结合实际工作经验，思考了公共交通企业合理、高效的财政补贴政策，并提出建议。

[关键词]公共交通；财政补贴

一、公共交通财政补贴产生的原因

（一）票价制定的不符

目前全国大多数城市的公交票价制定于20世纪90年代末期，基本上是计划经济的产物，10年来未进行调整，随着经济社会的发展，公交票价价格与价值背离，票价与公交企业实际成本严重倒挂，已不符合市场规律的要求。以乌鲁木齐公交企业为例，现行票价制定于1999年，已实行16年，根据测算2015年综合每票成本为1.7元，而综合每票收入仅为0.74元，每人次亏损0.96元，综合每票成本为综合每票收入的2.3倍。

（二）公益性质的决定性

由于公交的公益性质决定了公交必然实行低票价，2006年，建设部等四部委出台的《关于优先发展城市公共交通若干经济政策意见》明确指出："要继续实行城市公共交通低票价政策，城市公共交通是公益性企业，是城市交通的主要载体，必须实行低票价政策，以最大限度吸引客流，提高城市公共交通工具的利用效率。"

（三）各历史时期经济政策不同

大多数城市公交企业历史都比较悠久，由于经历不同的历史时期，每个历史时期实行的经济政策各不相同，又经历公交市场投资主体多元化的改革，加上长期的投入不足，造成城市公交企业底子薄、包袱重，长期处于亏损的经营状况。

（四）主要公司分析

以乌鲁木齐公共交通补贴情况为例，2011 年全部财政补贴额度为 3 亿多元，2015 年已增加到近 10 亿元，五年增加了近 7 亿元，而公交企业由于固定资产投资与收到财政补贴的时间性差异造成资金紧张，经营困难。其票价的制定和公益性质决定了财政补贴的需求。又因资金紧张，造成员工工资增长缓慢，影响驾驶员队伍稳定。

二、公共交通财政补贴的模式

（一）专项资金补贴模式

专项资金补助：是国家或有关部门或上级部门下拨的具有专门指定用途或特殊用途的资金。这种资金都会要求进行单独核算，专款专用，不能挪作他用。而对于公共交通产业补贴体现在中央财政的燃油补贴、市级财政的车辆更新补贴、场站建设补贴、老人免费乘车补贴、学生优惠乘车补贴、冷线运营补贴、政府指令性任务补贴、运营亏损补贴等。

（二）综合资金补贴模式

综合资金补贴：国家财政为了实现特定的政治经济和社会目标，向企业或个人提供的一种补偿。主要是在一定时期内对生产或经营某些销售价格低于成本的企业或因提高商品销售价格而给予企业和消费者的经济补偿。而对于公共交通产业补贴体现在成本规制补贴模式、基准票价补贴模式。

（三）政策性非现金补贴模式

减免税款是指依据税收法律、法规以及国家有关税收规定给予纳税人减税、免税。而对于公共交通产业体现在免征城市公交企业新购置公交车的车辆购置税，免征城市公交企业场站城镇土地使用税，免征城市公交企业公交车辆的车船税，对城市公交企业新增新能源车给予购车补贴和实行优惠电价等。

（四）主要公司分析

以乌鲁木齐公交为例，2006 年以前对公交补贴较少，年均在 200 万 ~300 万元左右；2006~2010 年实行的是专项资金补贴模式，即老人卡、学生卡、月票卡等公益支出补贴，年均在 1.5 亿元左右；2011~2014 年实行的是综合资金补贴模式，即实行了成本规制办法，年均在 6 亿元左右；2015 年开始实行成本规制补贴占 60%、基准票价补贴占 40% 的新的财政补贴模式，预计 2015 年补贴额度将达到 10 亿元。

三、公交财政补贴的结症

公交企业的亏损主要是由票价与企业实际成本严重倒挂造成的，票价是城市政府制定的，而实际发生的各项成本开支是由企业经营产生的，城市政府认为公交企业的成本还有下降的空间，而公交企业又认为成本空间下降有限，财政补贴额度不足。城市政府和公交企业都承认公交企业为政府提供了公交服务产品，城市政府要购买公共服务产品，它们之间矛盾的焦点就是公共服务产品怎样计量、量是多少。即财政补贴怎样科学界定，合理计算，额度是多少。

四、对于公共交通可持续良性发展的建议

为了贯彻落实城市公共交通优先发展战略，提高公交财政补贴的合理性、科学性和可操作性，提高补贴资金的使用效率，确保公交行业持续稳定健康发展，达到城市政府满意、公交企业满意、市民满意的目的，提出以下几点建议：

（一）落实城市公共交通优先发展战略

确定公共交通的公益性和在城市交通体系中的主导地位，把公交财政补贴纳入公共财政预算，给予公交企业优惠的政策扶持，彻底解决公交发展的政策"瓶颈"。

（二）深化城市公共交通体制机制改革

实施城市政府、公交企业、监督评价三位一体的管理模式，三者各司其职，相互分离，相互制约。在城市公共交通体系中，科学规划，合理确定常规公交、快速公交、轨道交通的运力设置，提高公交出行分担率。

（三）完善公交财政补贴机制

制定科学、合理、公正的公交财政补贴依据，最终实现公交财政补贴的长效机制。做好公交企业成本监审工作，制定运营成本评价制度，公平合理准确地核定公交企业运营成本，同时公开公交企业运营成本和补贴金额。

（四）建立合理的价格机制

近年来，公交企业各项成本价格大幅上涨，尤其是人工成本，企业收入增长幅度无法弥补企业成本上升的增量，企业亏损日益加重，导致票价收入与企业成本严重倒挂。应建立成本、收入价格联动机制，即在每票成本超过每票收入的 2 倍时，启动公交票价调整程序，以减小财政补贴的压力。

公交财政补贴涉及城市政府、公交企业和市民三方利益，准确合理地核定公交财政补贴更是一项系统工程。要用市民、城市政府的满意度为标准解决好公交财政补贴的问题。

五、结论

总之，优先发展公交的政策，公交公益性的定位，低票价的实施，票价与公交企业实际成本的严重倒挂，公交发展的历史过程等诸多因素是造成巨额公交财政补贴的主要原因。而公交财政补贴无论采取何种模式，每年城市政府对公交企业的巨额补贴事实无法改变。尽管如此，公交企业仍处于经营困境，资金链有随时断裂的风险。有些城市公交企业无钱发放工资、无钱支付燃料款、无钱更新车辆，企业只能是最低限度地维持。职工工资福利待遇低，驾驶员队伍不稳定，势必影响市民出行的需要，政府不满意，企业不满意，市民不满意。而公共交通的可持续发展才会带来城市的稳定和谐和快速发展。希望政府与企业携手创造公共交通行业的广阔未来。

论诚信是会计之本

申报单位：湖南省建材供销储运公司

作者：王　迅

[摘要] 作为会计人一定要诚信为本，任何不道德的东西都是不可持续的，要行大道就是要符合道德，只有行大道，才能立天下，这是做一切事情之本。会计工作应以诚信为基石，大力提升财务管理水平，积极推动企业战略转型，"把国有企业做大做强做优"。

[关键词] 诚信；会计

值此"十三五"开局之年，作为财务管理人员的我们应紧跟国家政策和改革步伐，将企业财务管理创新与自身角色转型完美结合，为企业创造更多的价值。以诚信为基石，大力提升财务管理水平，积极推动企业战略转型，把国有企业做大、做强、做优！

诚信是中华民族的传统美德，是中华民族共同的心理归趋。社会主义核心价值观的培育和践行离不开诚信这一道德基石，只有在社会中普遍培育诚信意识，社会主义核心价值观才能内化为人们的自觉追求并转化为其实际行动。

一、诚信是个人、社会和国家生存、发展的基石

古今中外，诚信一直都是社会和谐的纽带，在人际交往、社会发展、治理国政等方面都发挥着十分重要的作用。

首先，诚信是个人安身立命的根本。孟子说："诚者，天之道也；思诚者，人之道也"，意即诚既是自然万物的本质和规律，又是个人安身立命的根本和为人处世的基本道德原则。孔子说："人而无信，不知其可也。"可见，诚信是个人安身立命的根本。一个人只有以诚信为本，才能立足于社会，才会事业有成。

诚：左边一个言字，右边一个成字。表示真心、实在地说到做到，就成功了。

信：左边一个人字，右边一个言字。表示顶天立地人的言论就应当诚实、可靠。

《弟子规》中有说：凡出言，信为先，即开口说话，诚信为先，答应他人的事情，一定要遵守承诺，没有能力做到的事不能随便答应，答应了就要全力以赴，按时、按质、按量完成。

其次，诚信是社会存续发展的基础。诚信是一种社会道德资源，在社会生活中扮演着极其重要的角色。对于一个社会而言，诚信是健康良性的社会运行必须具备的基础性原则，是社会存续发展的基础生活秩序。可以说，人类社会得以存在和延续的一个重要基石就是诚信。一旦诚信缺失，社

会便会道德沦丧，市场混乱，人心唯危。

最后，诚信是为政治国的基本原则。"诚信"概念一开始就是在行政语境下使用的。孔子提出"为政以德"的主张，把诚信道德上升为治国的基本方略。为政者如果损信于民则国必乱，失信于民则国必危。因此，为政者要想长治久安，必须率先垂范，为政以德，讲求诚信，取信于民。

诚信是核心价值观的基本要素和道德取向。

诚信不仅是我国古代道德体系的基础和根本价值取向，也是我国当代道德体系的基础和根本价值取向，更成为社会主义核心价值观的道德基石，言而有信、一诺千金是我们中华民族的传统美德。

首先，诚信是社会主义核心价值观的基本要素。诚信价值观属于个人层面的基本价值准则。在当代社会道德规范体系中，诚信作为一个最为重要和基本的道德规范，不仅是对个人的基本道德要求，也是对整个社会的基本道德要求。如今，诚信不再是一种单纯的道德信念，只靠人们的内心自觉来实现，它还是一种规范要求，其原则精神已融入当代法律规范和经济制度之中。

其次，诚信是社会主义核心价值观的道德基础。诚信是人类社会的基本道德规范，是市场经济运行的基本道德原则，也是人的自由发展应有的品质，因此，社会主义核心价值观的构建离不开诚信这一道德基石。当前我国社会各个领域诚信缺失现象严重，以至于出现了某种程度的诚信危机。积极倡导和培育以"诚信"为道德基础的核心价值观，加强以诚信为主要内容的公民道德建设，是全面推动社会主义核心价值观落地生根、开花结果的有效途径。

最后，诚信是社会主义核心价值观的基本价值取向。诚信是现代社会普遍适用的基本伦理原则。诚信价值观不仅具有内生外化的结构和效应，而且具有动机与效果相统一、自律与他律相统一、工具理性与价值理性相统一的特性。正是这些特性，使诚信成为普遍的社会伦理原则，对社会和个人都起着规范和引导的作用。

二、诚信教育是培育和践行核心价值观的桥梁

首先，诚信教育是核心价值观教育的基础环节。从诚信教育做起，从塑造公民诚信品格、加强社会诚信体系建设等方面做起，大力加强诚信教育，大力培育诚信文化和诚信意识。诚信教育需要家庭、学校、社会的通力合作。要"把诚信建设摆在突出位置，大力推进政务诚信、商务诚信、社会诚信和司法诚信建设，抓紧建立健全覆盖全社会的诚信体系，加大对失信行为的惩戒力度，在全社会中广泛形成守信光荣、失信可耻的氛围"。

其次，培育和践行社会主义核心价值观需要社会诚信体系的支撑。首先要从政府诚信做起。诚信，既是对个人的要求，也是对政府和制度的要求。如果没有政府诚信和制度诚信，个人诚信是很难建立起来的。

最后，要以诚信的态度去践行社会主义核心价值观。核心价值观要内化于心、外化于行，需要贯彻和落实到实践层面。这就要求人们由内而外地认知和认同，以诚信的态度来践行。践行社会主义核心价值观，必须从心里认同，然后才能做到知行合一、言行一致。践行社会主义核心价值观，要从个人做起，从诚信做起，在认识、改造自然和社会的活动中，尊重客观事实，信守承诺，反对虚妄和欺骗。只有国家、社会和个人都讲诚信，人人都以诚信原则要求和约束自己，社会主义核心价值观才能真正成为社会风尚。

财政部提出："必须以培育中国会计文化，树立中国会计精神为支撑，提振中国会计行业的'精气神'。要努力将会计文化建设成为社会尊重的先进文化。"

会计人员言行一致，实事求是，表现如下：

（1）正确核算，尽量减少和避免各种失误，不损坏国家和社会公众利益。

（2）保密守信，会计人员因职业特点经常接触到单位和客户的一些秘密。因而，会计人员应依法保守秘密，这也是诚实守信的具体体现。

（3）执业谨慎，信誉至上诚实守信，会计人员始终保持应有的谨慎态度，对客户和社会公众尽职尽责，形成"守信光荣、失信可耻"的氛围，以维护职业信誉。

传道以可实践者为真。学习十八大精神，关键在于落实。我们应当将学习十八大精神与本职工作结合好，立足本职岗位，推动十八大建成小康社会伟大目标早日实现，这种导向促进会计人员思考如何结合本职工作更好地服务社会、服务人民。

作为一名有18年党龄的共产党员，笔者在工作实践中越来越深切地感受到我们党"以为人民服务为宗旨，始终不渝地为最广大人民谋利益"的先进性；笔者不断加强政治理论学习，用科学发展观武装头脑，将"三个代表"重要思想全面深入地贯彻到工作、生活的各个方面。

自2010年加入到共青团中央授予"中国青年志愿者优秀项目奖"的长沙亲子共读经典公益大讲堂，成为一名志愿者老师。六年来，坚持每周末在湖南省图书馆为大家上中华传统文化经典课及传播关爱地球、环保节能等方面的理念及知识，获得了中华经典文化教育协会颁发的证书；长沙市城市志愿者联合会颁发的优秀志愿者证书。

紧紧围绕建材行业的发展总体目标，在提供服务的同时，认真组织会计核算，规范各项财务工作。站在财务管理和战略管理的角度，以成本为中心、资金为纽带，不断提高工作质量。

我们所在的单位是湖南省建材供销储运公司，是中国ISO标准砂湖南省唯一总经销单位。标准砂作为检测水泥强度基准材料，用于对水泥、混凝土等质量的检测，其质量好坏与否将直接关系到人民群众的生命财产安全、关系到国计民生。

作为经营的企业，我们始终坚持诚信、服务于客户，坚持用自己的热情去打动客户，主动与客户沟通，把售前、售中、售后服务作为一切工作的出发点和落脚点，自始至终实践于全心全意为人民服务的全过程。

坚持走可持续发展道路：宗旨就是以人为本，统筹兼顾，全面协调可持续。

习近平总书记提出：中国梦，人民的梦，中国梦归根结底是人民的梦，必须紧紧依靠人民来实现，必须不断为人民造福。

没有梦想的船无论风怎么吹都不是顺风。梦想虽然看不见，但是没有梦想你就会失去方向，失去前进的动力，一个有能力的人，只会改变方法，而不会去改变梦想。

作为一个会计人，就是希望能够以自己的专注、专心、专业为企业、为国家贡献自己的一分力量；能够通过自己的努力让大家过得更幸福、更快乐。

心有多大，梦想就有多大。李克强总理在答中外记者招待会上说："要行大道、民为本、立天下。"这同时也给我们会计人指明了前进的方向，我们会计人要诚为本、学为先、共发展。

作为会计人一定要诚信为本，任何不道德的东西都是不可持续的，要行大道就是要符合道德，只有行大道，才能立天下，这是做一切事情之本。学为先，作为一个会计人，要不断地学习，我们生存的时代是一个知识时代，停止了学习，就失去了披荆斩棘的宝剑，以人为本就是一句空话。共发展，在实现自己的路上，我们不是孤独的行者，我们要和身边的人一起成长，一起努力，一起欢笑，一起哭泣，只有共发展才能使集体团结，才能使小家、大家都欢乐，才能使大家更和谐。

希望大家都能人尽其才。每个人都有自己的特长，都希望自己的努力得到承认，都希望能够得到自己应得的那一份。作为一个会计人，大家都希望能有提升的空间，大家都有希望通过自己的努力实现自己梦想的渴望，但是人各有所长，每一个人又有各自的特点和追求，我们每个人所做的每一项工作没有高低之分，都是为社会添砖加瓦，我们社会的进步发展离不开每一个人，每个人都能尽自己所能做好工作，出纳、会计、部长、总会计师都是社会链条中的一个链，需要我们都各尽所能，发挥我们的才干。让我们能够梦想有起飞的机会，有起飞的跑道，这就是笔者理解的会计人的中国梦。

做好自己。千里之行始于足下，梦想可以很高，但是生活总是很近，我们要将梦想分段实现，不能空谈，总改变梦想的人，会碌碌无为，不放弃梦想、不改变跑道的人，一定能够享受追逐梦想的喜悦，因为我们在路上，我们为理想打拼，我们无悔今生。

实现梦想从每一天、每一刻开始，工作是我们的舞台，是历练我们的场所，我们的会计工作磨炼了我们，给了成就我们自己的机会。你的态度决定着你的未来，你想做工作和别人让你做工作，是工作的两个境界，是会产生两个结果的。做好自己就是对社会的最大贡献。

中华民族的伟大复兴，需要我们每个中国人为之奋斗，当然也需要我们会计人的加油，让我们的梦想携手中国梦一起飞翔！

让我们立足诚信之本，实现发展之梦！